Die Bestände
des Wirtschaftsarchivs
Baden-Württemberg

WIRTSCHAFTSARCHIV
BADEN-WÜRTTEMBERG

Mit Gott A.o 1754 — 3A

Soll haben

1754	30	Aprill	pr. waaren Conto	28	2	519	45
	—	Ditto	pr. Simile	29	—	5	50
	8	Decemb.	pr. Simile	44	—	3	35
1755	21	Martz	pr. Simile	50	—	58	39
						587	49

Soll haben

1757	15	8bris	pr. waaren Conto	95	35	72	18
	29	9bris	pr. Simile	97		89	17
1758	14	Janu.	pr. Simile	101	37	13	3
	15	8bris	pr. Simile	113	—	94	5
	19	Xbris	pr. Simile	115	—	102	45
1759	12	May	pr. Simile	122	—	224	15
	16	Ditto	pr. Cassa Conto	—	36	30	55
	29	7bris	pr. Simile	129	—	59	7
1760	19	Aprill	pr. Frantz Max. Schlosser	136	28	178	15
		May	pr. waaren Conto	137	37	230	39
	14	7bris	pr. Simile	142	44	198	23
	28		pr. Frantz Max. Schlosser	143	28	84	—
1761	21	Ditto	pr. Cassa Conto	150	36	152	—
	10	Martz					
	20	aprill	pr. waaren Conto	151	44	374	12
	6	Ditto	pr. Frantz Max. Schlosser	153	28	97	37
1762	27	Aprill	pr. waaren Conto	166	44	439	12
	2	8bris	pr. Simile	173	—	267	30
						2707	36

Soll Haben!

1776	27	7bris	pr. waaren Conto				
1777	18	May	pr. Simile	377	101	21	40
	5	augst	pr. Simile	388	—	20	18
1778	14	8bris	pr. Simile	392	—	22	20
1779	10	Februar	pr. Simile	407	119	23	42
	5	Juny	pr. Simile	413		11	48
	17	7bris	pr. Simile	416	—	14	3
1780	28	Janu.	pr. Simile	419	—	34	30
	12	may	pr. Simile	424	125	11	55
	2	Sept.	pr. Simile	429	—	14	30
	6	8bre	pr. Simile	433	—	14	50
	10	9bre	pr. Simile	434	—	14	30
1781	5	Jan.	pr. Simile	435	—	7	10
	19	9bre	pr. Simile	439	—	12	56
	21	xbre	pr. Simile	449	—	44	6
1782	5	Aprill	pr. Simile	453	—	6	—
	27	Septemb.	pr. Simile	455	133	7	22
				462	—	39	46
			Transp. Fo.	340		316	46

Stuttgarter historische Studien
zur Landes- und Wirtschaftsgeschichte | Band 30
Herausgegeben von Sabine Holtz, Gert Kollmer-von Oheimb-Loup,
Sibylle Lehmann-Hasemeyer und Franz Quarthal

Gert Kollmer-von Oheimb-Loup/
Jutta Hanisch (Hg.)

Die Bestände des Wirtschaftsarchivs Baden-Württemberg

Unternehmen, Industrie- und Handelskammern,
Handwerkskammern, Verbände, Vereine, Nachlässe

Jan Thorbecke Verlag

Die Drucklegung der Arbeit wurde unterstützt
- von der Robert Bosch GmbH
- der Mercedes-Benz AG
- dem Sparkassenverband Baden-Württemberg
- der Gesellschaft für Wirtschaftsgeschichte Baden-Württemberg e.V.

MIX
Papier aus verantwortungsvollen Quellen
FSC® C089473
FSC www.fsc.org

Klimaneutral
Druckprodukt
ClimatePartner.com/14549-2003-1001

Für die Verlagsgruppe Patmos ist Nachhaltigkeit ein wichtiger Maßstab ihres Handelns. Wir achten daher auf den Einsatz umweltschonender Ressourcen und Materialien.

Bibliographische Information der Deutschen Bibliothek
Die Deutsche Bibliothek verzeichnet diese Publikation in der Deutschen Nationalbiografie; detaillierte bibliografische Daten sind im Internet über http://dnp.d-nb.de abrufbar.

2., überarbeitete und erweiterte Auflage

Verlagsgruppe Patmos in der Schwabenverlag AG, Ostfildern
www.thorbecke.de

Umschlaggestaltung: Finken & Bumiller, Stuttgart
Umschlagabbildungen: siehe Abbildungsverzeichnis in diesem Band
Druck: Beltz Grafische Betriebe GmbH, Bad Langensalza
Hergestellt in Deutschland
ISBN 978-3-7995-5581-4

Inhalt

Vorwort der Herausgeber

Im Jahre 2005 legte die Stiftung Wirtschaftsarchiv Baden-Württemberg zu ihrem 25jährigen Bestehen eine Gesamtübersicht ihrer Archivbestände vor. Die Publikation »Die Bestände des Wirtschaftsarchivs Baden-Württemberg. Unternehmen, Industrie- und Handelskammern, Handwerkskammern, Verbände, Vereine, Nachlässe« stieß in Fachkreisen und in der interessierten Öffentlichkeit nicht nur des Südwestens und der Bundesrepublik, sondern auch international auf große Aufmerksamkeit und war rasch vergriffen.

Seit dem Erscheinen der ersten Auflage hat das Wirtschaftsarchiv Baden-Württemberg seine erfolgreiche Arbeit zur Sicherstellung und Bewahrung wirtschafts- und unternehmenshistorischer Quellen unseres Landes sowie der Beratung der Privatwirtschaft in archivfachlichen wie unternehmenshistorischen Fragen fortsetzen und seine herausragende Stellung in der deutschen wie europäischen Archivlandschaft weiter ausbauen können. So nahmen die Bestände des Wirtschaftsarchivs in den letzten fünfzehn Jahren durch weiteres wertvolles und teilweise für die Geschichte Baden-Württembergs bisher nicht bekanntes Archivmaterial sowie zahlreiche Nachlieferungen deutlich zu. Damit konnte der Zugang für die wirtschafts-, unternehmens-, sozial- und technikhistorische Forschung im südwestdeutschen Raum erheblich erweitert und für die Öffentlichkeit eine breitere Grundlage an schriftlichen und visuellen Quellen für das Verständnis der heutigen, historisch gewachsenen, exzellenten Stellung der Wirtschaftsregion Baden-Württemberg in der Weltwirtschaft geschaffen werden.

Mit dem 40jährigen Bestehen der Stiftung erscheint nun die zweite und stark erweiterte Auflage der Gesamtübersicht. Die Dokumentation der ertragreichen Arbeit bietet einen schnellen und zugleich ausführlichen Zugang und Einblick in die zahlreichen Bestände des Wirtschaftsarchivs Baden-Württemberg und informiert über deren Inhalt und Beschaffenheit, den Erschließungsgrad und die Benutzbarkeit.

Gert Kollmer-v. Oheimb-Loup
Jutta Hanitsch

Das Wirtschaftsarchiv Baden-Württemberg

Geschichte, Gremien, Entwicklung

Bereits 1901 wurde durch den Syndikus der Handelskammer Stuttgart, Professor Huber, die Gründung eines südwestdeutschen Wirtschaftsarchivs empfohlen. Zwei Weltkriege, Inflation und die Zeit des Wiederaufbaus haben die Verwirklichung dieses Planes verzögert. 1980 wurde er in die Tat umgesetzt, um nicht durch konjunkturelle Entwicklungen und Strukturwandel weitere Quellenverluste zu riskieren: Die Industrie- und Handelskammern und die Landesregierung gründeten mit Unterstützung der Universität Hohenheim ein regionales Wirtschaftsarchiv für das Land Baden-Württemberg.

Das Wirtschaftsarchiv ist eine Stiftung privaten Rechts. Die Stiftungsorgane bestehen aus einem Vorstand, einem Kuratorium und einem Wissenschaftlichen Beirat. Vorstand und Kuratorium sind die Führungs- und Kontrollgremien der Stiftung. Ihnen gehören Führungskräfte aus Politik, Wirtschaft, Verwaltung, Wissenschaft und Kirche an.

Der Wissenschaftliche Beirat besteht aus Ordinarien des Faches Wirtschafts- und Sozialgeschichte sowie Archivaren. Sie beraten das Archiv in wissenschaftlichen Fragen und tragen zur wissenschaftlichen Auswertung der Quellen bei.

Seit Bestehen des Archivs wuchs die Zahl der Bestände mit außerordentlicher Geschwindigkeit. Bereits nach wenigen Jahren waren die Hohenheimer Magazine gefüllt, so dass im Jahre 1988 das erste Außenmagazin angemietet wurde. Die 1990er und 2000er Jahre waren geprägt von starken Archivzugängen mit besonders umfangreichen Beständen, nicht zuletzt als Folge der konjunkturellen Entwicklung und von Fusionen. Dies führte dazu, dass das Wirtschaftsarchiv Baden-Württemberg in den Jahren 2003 und 2015 neue Außenmagazine mit insgesamt 2.000 qm Lagerfläche anmieten musste. Seit der ersten Auflage im Jahr 2005 sind vom Wirtschaftsarchiv rund 300 neue Archivbestände übernommen worden. Mit seinen derzeit über 700 Beständen mit insgesamt rund 14.000 Metern gehört das Wirtschaftsarchiv Baden-Württemberg zu den großen regionalen Wirtschaftsarchiven Europas.

Aufgaben

Zentrale Aufgabe des Wirtschaftsarchivs ist die Bewahrung, Erschließung und Bereitstellung historisch wertvollen Schriftgutes aus dem Wirtschaftsleben Baden-Württembergs. Indem das Archiv Schriftgut und sonstiges Dokumentationsgut sammelt, sichert es Informationen und fungiert als Datenspeicher, für die Forschung, für die abgebenden Unternehmen sowie für die Öffentlichkeit. Die persönliche Archivbenutzung steht jedem offen, der laut Archivgesetz ein sog. berechtigtes Interesse nachweisen kann. Grundlage der Einsichtnahme ist die Benutzungsordnung des Archivs. Beschränkungen erwachsen durch die im Landesarchivgesetz festgelegten allgemeinen und personenschutzrechtlichen Sperrfristen, individuellen Auflagen von Unternehmen oder aus konservatorischen Gründen.

Das Landesarchivgesetz regelt die Pflege und Nutzung von Archivgut des im öffentlichen Bereich entstandenen Schriftguts. Darunter fällt auch das Archivgut von Industrie- und Handelskammern sowie Handwerkskammern, für die das Wirtschaftsarchiv gesetzliche Aufgaben übernimmt. Die Privatwirtschaft unterliegt jedoch keinen archivgesetzlichen Bestimmungen. Gerade deshalb sieht es das Wirtschaftsarchiv Baden-Württemberg als eine seine vornehmsten Aufgaben an, sich der dauerhaften Sicherung und Aufarbeitung des in der Wirtschaft des Landes entstandenen Archivguts anzunehmen sowie dessen Nutzung zu ermöglichen. Aus diesem Grunde arbeitet das Archiv eng mit den Universitäten und anderen wissenschaftlichen Einrichtungen des Landes zusammen, regt Forschungen zur südwestdeutschen Landesgeschichte mit dem Schwerpunkt der Wirtschafts- und Sozialgeschichte an und hat zu diesem Zweck auch eine eigene Schriftenreihe eingerichtet. So ist das Wirtschaftsarchiv eine zentrale Beratungsstelle für die Wissenschaft mit ihren vielfältigen Teildisziplinen, da viele Bestände ein breites Informationsspektrum zu wirtschafts- und sozialhistorischen sowie aktuellen volks- und betriebswirtschaftlichen Themen bis zur Kunst-, Technik- oder Kulturgeschichte bieten. Darüber hinaus versteht sich das Wirtschaftsarchiv auch als eine Informations- und Auskunftsstelle für Ausstellungen, Medien und Schulen. Zusätzlich zu den Archivbeständen bietet die Fachbibliothek des Wirtschaftsarchivs umfangreiche Informationen.

Am Beginn der praktischen Archivarbeit steht die Akquirierung, Sichtung, Kassation und Übernahme der Bestände. Danach werden sie gereinigt, restauriert, archivgerecht verpackt und magaziniert, um diese dauerhaft sicherzustellen. Voraussetzung für die Benutzung der Bestände ist deren Erschließung und die Erstellung von Findmitteln. Über gedruckte Repertorien (Findbücher) oder Datenbanken als Ergebnis der detaillierten Verzeichnung können sich Archivnutzer umfassend über die Bestände informieren. Erst damit ist ein schneller und zuverlässiger Zugriff auf die gesuchten Quellen gewährleistet. Die professionelle Aufarbeitung des Archivguts nützt nicht nur der Wissenschaft und Öffentlichkeit, sondern auch den abgebenden Unternehmen, die dadurch ihr Archiv für ihre tägliche Arbeit erst nutzen können.

Bei der zentralen Zukunftsaufgabe der Digitalen Archivierung betreten alle Archive Neuland. Mit der Archivierung von originär digital entstandenem Archivgut beginnt eine neue Ära: Zum ersten Mal müssen Archive möglichst bei Entstehung der Akten eingebunden werden, bisher begann ihre Arbeit nach Schließung einer Akte. Nunmehr aber müssen Archive ihre Anforderungen hinsichtlich Übernahme, Sicherheit, Verzeichnung und Aufbewahrung von Archivgut an EDV-Abteilungen oder IT-Berater vermitteln.

Bestände und Bibliothek

Das Wirtschaftsarchiv Baden-Württemberg unterteilt seine Bestände in Industrie- und Handelskammern (A-Bestände), Unternehmen (B-Bestände), Handwerkskammern (H-Bestände), Nachlässe (N), Verbände und Vereine (V) sowie die Sammlungen (S). Noch nicht verzeichnete Bestände werden mit Y und einer vorläufigen Nummer versehen.

Die Bestände der Privatwirtschaft stammen von Industrieunternehmen der unterschiedlichsten Branchen, dem Dienstleistungsbereich wie den Banken, Versicherungen, Einzel- und Großhandelsfirmen sowie dem Handwerk. In ihrer Gesamtheit spiegeln sie die Wirtschaftsstruktur Baden-Württembergs wider. Das Wirtschaftsarchiv strebt dabei eine allen Landesteilen Rechnung tragende Überlieferung an. Die Übernahme ist vom Alter eines Unternehmens, seiner Größe, seiner lokalen und regionalen Bedeutung, von der Branche sowie vom Strukturwandel der Wirtschaft bestimmt, der seit den 1950er Jahren folgenreich für die Textil-, Uhren-, Metall-, Maschinen- und Tabakindustrie war. Deshalb wird Firmenarchiven von schrumpfenden, aussterbenden, sich wandelnden oder einer hohen Konzentration unterworfenen Branchen besondere Aufmerksamkeit geschenkt, ebenso den Unternehmen, die aus dem Markt ausscheiden. Hierbei übernimmt das Archiv eine »Feuerwehrfunktion«. Etwa 70 Prozent der Bestände wurden im Zuge von Liquidationen und Konkursen übernommen.

Dabei wird ein breiter Fächer an Themen abgedeckt, so zur Geschichte des Unternehmens und der Gründer, zur Unternehmensführung, Produktion, zu Investitionen und technischen Entwicklung, Immobilien oder Arbeit und Soziales. Oft bildet der Marketingbereich einen Schwerpunkt, häufig ist das Rechnungs- und Finanzwesen überliefert. Keineswegs selten ist die Kriegs- und Nachkriegszeit dokumentiert.

Die Bestände können sehr unterschiedlich sein – sowohl im Umfang als auch in der Qualität. Das ist davon abhängig, was von der ursprünglichen Registratur überliefert ist, was gesichtet und übernommen werden kann. So können die aus den Registraturen ausgesuchten archivwürdigen Teile ein Geschäftsbuch bis zu mehrere Lastwagenfuhren umfassen. Dabei ist das Wirtschaftsarchiv stets bemüht, möglichst Vollständigkeit zu erreichen und dazu auch im Umfeld des Unternehmens ergänzende Informationen zu bekommen. Die Erfahrung zeigt, dass das Wirtschaftsarchiv auch bei erloschenen Firmen selbst nach Jahren noch Zuwächse und Ergänzungen über Dritte sowie andere Bestände erhalten kann.

Der zeitliche Schwerpunkt der Bestände liegt zwischen 1850 und 1980. Durch Umzüge, Kriege oder Unachtsamkeit wurde vieles vernichtet, die Überlieferung ist dann zwangsläufig unvollständig. So kann es vorkommen, dass nur noch das Werbearchiv, technische Zeichnungen oder Buchhaltungsunterlagen vorhanden sind. Aber selbst kleine Bestände nützen der vergleichenden Erforschung einer Branche, einer Epoche oder eines Wirtschaftsraumes. Dabei dokumentieren die Archivalien nicht ausschließlich die Unternehmenstätigkeit, sondern mit Briefen, Reiseberichten, Tagebüchern u.v.m. auch den gesellschaftlichen, politischen und privaten Bereich.

Zu den sowohl im Umfang als auch Alter herausragenden Beständen zählen die der Schwäbischen Hüttenwerke in Wasseralfingen (SHW). Mit ihren Archiven aus den landesweit verzweigten Bergwerks- und Verhüttungsbetrieben bilden sie eine nahezu geschlossene Überlieferung dieser Branche seit dem 17. Jahrhundert. Es handelt sich mit seiner ersten urkundlichen Erwähnung im Jahr 1365 um das älteste noch existierende Unternehmen Deutschlands.

Zu den am häufigsten überlieferten Branchen gehört die Textil- und Bekleidungsindustrie mit all ihren Teilbranchen der Herstellung, Verarbeitung und Veredelung von Baumwolle, Wolle und Seide. Unter den Beständen befinden sich auch solche, die um die Mitte des 19. Jahrhunderts mit Schweizer Kapital in Südwestdeutschland gegründet wurden. Als Leitbranche des 19. Jahrhunderts war sie am frühesten industrialisiert und setzte zur Voraussetzung der Massenproduktion als erste Hochtechnologie ein. Entsprechend bieten die Bestände wertvolles Material zur Industrialisierungsgeschichte des Landes sowie zur Technikgeschichte. Um nur einige zu nennen, seien beispielhaft genannt: Adolff, Backnang; Bleyle, Stuttgart; Calwer Decken; Elmer & Zweifel, Bempflingen; Esbi, Kuchen; Paul Hartmann AG, Heidenheim; Herosé, Konstanz; KBC, Lörrach; Kollnauer Spinnerei und Weberei, Waldkirch; Merkel & Kienlin, Esslingen; Schiesser AG, Radolfzell; Seidenweberei Rheinfelden, Rheinfelden; Tuchfabrik Lörrach, Lörrach; Württembergische Baumwollspinnerei bei Esslingen; Württembergische Cattunmanufaktur (WCM), Heidenheim.

Mit der reichen Überlieferung im Metall- und Maschinenbau bewahrt das Wirtschaftsarchiv wertvolles Schriftgut seit den 1830er Jahren. Die Quellen bieten neben den allgemeinen unternehmens- und sozialgeschichtlichen Bezügen auch umfassende Einblicke zu technischem Fortschritt und Technologietransfers. Der für den Südwesten typische Metall- und Maschinenbau ist sehr zahlreich vertreten, insbesondere die Spezialindustrien wie z.B. die Herstellung von Drehbänken, Pressen, Dampfkesseln und Apparaten, Eisenbahnwaggons, Fahrzeugen, Maschinen für die Textilherstellung, Lederbearbeitung, Uhrenherstellung oder die Feinmechanik. Als herausragende Beispiele seien zwei Archivbestände genannt: das Archiv der Maschinenfabrik Esslingen (ME) einschließlich der fusionierten Maschinen- und Kesselfabrik von G. Kuhn und Gebr. Decker. Diese Unternehmen waren für die Entwicklung der Metallindustrie und der Industrialisierung Südwestdeutschlands, insbesondere der Region des Mittleren Neckars, von herausragender Bedeutung. Überliefert ist umfangreiches Schriftgut zum Maschinen- und speziell zum Lokomotivbau in Baden und Württemberg. Die internationalen Aktivitäten des Unternehmens geben vielerlei Einblicke in die technische Entwicklung des Maschinen- und Fahrzeugbaus im 19. und 20. Jahrhundert. Ein weiteres Beispiel ist die Voith GmbH aus Heidenheim. Der Hersteller von Papiermaschinen und Turbinen ist typisch für ein vom Handwerk zum industriellen Großbetrieb aufgestiegenes Unternehmen. Auch der Fahrzeugbau und Zulieferindustrie findet sich im Wirtschaftsarchiv, wie z. B. die Omnibusbauer Auwärter (Neoplan), Kässbohrer und Drögmöller, der Motorradbauer Kreidler, Beru, Reutter (Recaro) oder Karosserie Baur.

Zum weitgefassten Bereich der Metallindustrie gehören auch die Metallwaren mit einer Konzentration in Ludwigsburg, Cannstatt, Esslingen und Göppingen sowie einem besonderen Schwerpunkt der Versilberungsbranche in den Hauptzentren Pforzheim, Schwäbisch Gmünd, Esslingen und vor allem Geislingen mit der Württembergischen Metallwarenfabrik (WMF).

Gut überliefert sind die Papierindustrie und das Verlagswesen, darunter so bekannte Firmen wie die Papierfabriken Gebr. Rauch in Heilbronn, August Köhler in Oberkirch, Scheufelen in Oberlenningen oder die Verlage wie G. Braun aus Karlsruhe, J. F. Schreiber aus Esslingen oder die Deutsche Verlagsanstalt (DVA) aus Stuttgart. Hervorzuheben sind auch die Bestände von Musikinstrumentenherstellern wie Hohner, weltbekannt für seine Akkordeons und Mundharmonikas, oder der Orgelbaufirma C. F. Walcker, der Zigarrenindustrie in Baden, der Lebens- und Genussmittelindustrie wie von Birkel, Hengstenberg, Eszet oder Kessler-Sekt sowie der Lederwarenherstellung wie von Salamander. Vertreten sind auch die chemische Industrie mit der Herstellung von Arzneimitteln, Farben, Lacke, Öle und Fette, das Baugewerbe, die Holzverarbeitung, der Groß- und Einzelhandel, insbesondere die Firma Zahn Nopper mit ihren Ursprüngen in der Calwer Zeughandelscompagnie, die Herstellung von elektrotechnischen und feinmechanischen Geräten wie z.B. die schon früh innovative Firma C. & E. Fein in Stuttgart/Schwäbisch Gmünd oder Bizerba in Balingen sowie die Schmuck- und Uhrenindustrie. Viele Bestände repräsentieren nicht zuletzt die für das Land typischen Spezial- und Nischenindustrien, die häufig Weltgeltung erlangten wie der Büroartikelhersteller Louis Leitz oder der Weltmarktführer für industrielle Maschinennadeln Groz-Beckert in Albstadt-Ebingen.

Einen weiteren Schwerpunkt stellen die Bestände von Banken, Volksbanken, Sparkassen, Bausparkassen und Versicherungen dar. So ist die heutige LBBW (Landesbank Baden-Württemberg) mit ihren Vorgängerinstituten vertreten, zahlreiche Kreis-

sparkassen und Sparkassen (Bodensee, Esslingen-Nürtingen, Freudenstadt, Horb, Ludwigsburg, Ravensburg), die Vereinigte Volksbank Sindelfingen, die Südwestbank AG, die Württemberger Hypo, W & W mit den Bausparkassen Wüstenrot und Leonberg, die Württembergische Versicherung mit ihren Vorläufern und fusionierten Gesellschaften wie die Karlsruher Lebensversicherung oder die Allgemeine Rentenanstalt (ARA). Auch das Archiv der Börse Stuttgart befindet sich im Wirtschaftsarchiv.

Der am umfangreichsten und umfassendsten überlieferte Bereich ist die Energiewirtschaft Baden-Württembergs. Diese Überlieferung setzt sich zusammen aus den Archiven der heute unter dem Dach der EnBW fusionierten Energieunternehmen, insbesondere das Badenwerk, die Energieversorgung Schwaben (EVS), die Neckarwerke und die Technischen Werke Stuttgart (TWS). Die Bestände reichen zurück bis zum Beginn der Elektrifizierung des Landes und erfassen auch kleinste E-Werke. Darin dokumentiert ist auch die Werbung zur Anwendung elektrischer Geräte in Industrie und Privathaushalten sowie deren zunehmende Verbreitung.

Für die Industrie- und Handelskammern als Selbstverwaltungsorgane der gewerblichen Wirtschaft ist das Wirtschaftsarchiv die durch das Landesarchivgesetz vorgeschriebene zentrale Einrichtung zur Archivierung ihrer Bestände. Sie belegen 150 Jahre Kontinuität und Wandel im Wirtschaftsleben Baden-Württembergs. Seit 1855 konstituierten sich in Württemberg die Kammern, in Baden erhielten die zunftartigen Handelskammern 1878 eine einheitliche Rechtsgrundlage. Die ältesten Archivalien stammen von Zünften aus Freiburg und Lahr, die bis ins 16. bzw. 18. Jahrhundert zurückreichen.

Von den traditionellen Aufgaben der Kammern, die sich in allen Beständen wiederfinden, seien hier genannt: Förderung der regionalen Wirtschaft durch Raum- und Wirtschaftsstrukturplanung, Verkehrserschließung und -anbindung, Erstellung von Gutachten zu Insolvenzen und Kreditanträgen aus öffentlichen Mitteln, Information

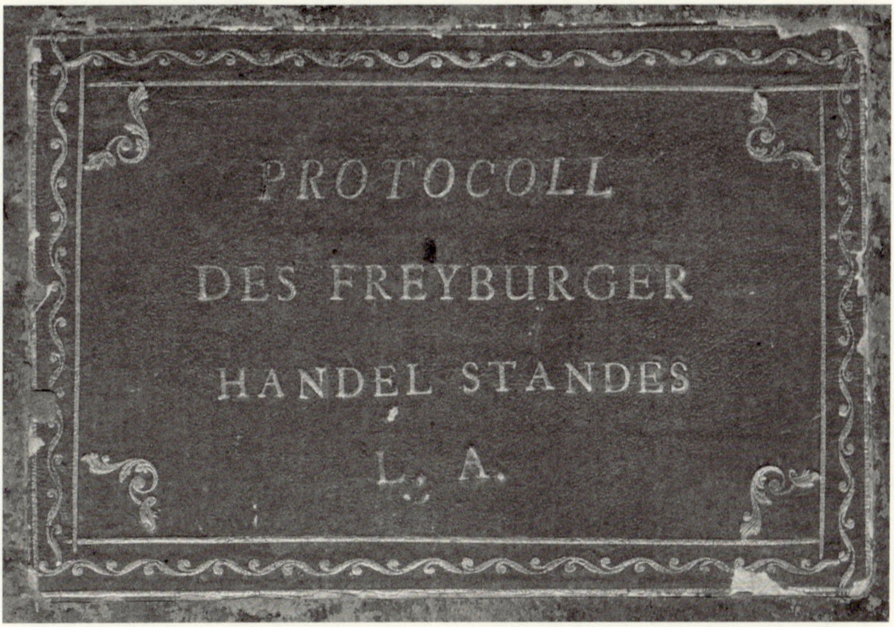

und Beratung über Steuern, Gesetze, Absatzwirtschaft, Exportmärkte, Zölle, Messen und Ausstellungen, Prüfung von Firmenbezeichnungen, Benennung von Sachverständigen sowie Überwachung von Wettbewerbspraktiken. Zu den Schwerpunktaufgaben gehören vor allem die berufliche Bildung und Weiterbildung. Ohne staatlichen Auftrag machten sich die Kammern schon früh für die Förderung, Regelung und Durchführung der kaufmännischen und gewerblichen Lehrlingsausbildung stark. Durch Vorschläge und Gutachten auf allen Gebieten der Wirtschaft unterstützen sie die Regierung und erstatten über die regionale wirtschaftliche Situation Bericht. Hingewiesen sei auch auf den Bestand des Baden-Württembergischen IHK-Tages, der die Aufgabe hat, die Interessen der Wirtschaft auf Landesebene zu bündeln und wirtschaftliche Grundpositionen in die Landespolitik einzubringen.

Kammerarchive sind flächendeckend und branchenübergreifend und somit aufschlußreich für die Wirtschaftsgeschichte des Landes. Regionale und strukturelle Schwerpunkte wie die Pforzheimer Schmuckindustrie, die Textilindustrie im Bezirk Reutlingen oder das ausgestorbene Tabakgewerbe in Mittelbaden sind ebenso dokumentiert wie Strukturdaten einzelner Firmen.

Auch für die Handwerkskammern als Körperschaften des öffentlichen Rechts gelten die Vorschriften des Landesarchivgesetzes. Das Wirtschaftsarchiv ist zuständig für die Archivierung der Bestände der Handwerkskammern Freiburg, Heilbronn, Karlsruhe, Konstanz, Mannheim, Reutlingen, Stuttgart und des Baden-Württembergischen Handwerkstags mit Sitz in Stuttgart. Mit der Handwerksnovelle von 1897 war die Voraussetzung zur Errichtung von Handwerkskammern in Deutschland geschaffen, die dann im Jahr 1900/01 erfolgte. Anhand der Überlieferung lassen sich Entstehung, Entwicklung und Tätigkeit der Handwerkskammern sowie des Handwerks verfolgen. Besonders gut dokumentiert sind die Organisation und Überwachung der Lehrlingsausbildung sowie der Meisterprüfung. Belegt sind auch die Unterstützung der Behörden sowie des Handwerks durch Information und Gutachtertätigkeit, Fragen zur Handwerksordnung, die Veröffentlichung von Jahresberichten zur Lage des Handwerks, die Aufsicht über Kreishandwerkerschaften und Innungen sowie die Organisation des Handwerks. Weitere Schwerpunkte im Bereich des Handwerks sind die Archivbestände von Kreishandwerkerschaften und Innungen.

In Ergänzung zu den Archiven von Firmen und Kammern übernimmt das Wirtschaftsarchiv auch historisches Schriftgut von Wirtschaftsverbänden und Vereinen. Erwähnenswert sind die Bestände des Südwestdeutschen Kanalvereins und Rheinschifffahrts-Verbands mit einer wertvollen Spezialbibliothek zu Themen der Schifffahrt.

Gesammelt werden ebenso Nachlässe von Personen, die in der Wirtschaft, Wissenschaft und Verwaltung eine bedeutende Rolle spielten. Hingewiesen sei hier auf den Nachlass des Luftfahrthistorikers Gustav Ewald aus Friedrichshafen mit seiner ausführlichen Dokumentation zu den Themen Luftfahrt und Feuerwehrtechnik oder die Tagebücher des in mehreren Maschinenbauunternehmen tätigen Ingenieurs Ludwig Beckh aus Stuttgart.

Von hoher kulturgeschichtlicher Bedeutung sind die umfangreichen Fotodokumentationen zu Personen, Gebäuden, Arbeitsplätzen, Produktion und Werbung wie auch die Überlieferung von rund 3.000 Filmen.

Unabhängig von den Beständen werden gesonderte Sammlungen aufgrund von zugehenden Einzelstücken systematisch auf- und ausgebaut: Geschäftsberichte, Werbeunterlagen wie Prospekte und Kataloge, Briefköpfe, Satzungen, Betriebsordnungen, Plakate, Fotos und Firmenfestschriften. Über dieses umfangreiche Sammlungsgut, die in dieser Publikation nicht ausgewiesen wird, ist eine eigene Gesamtübersicht geplant.

Ferner hat das Wirtschaftsarchiv eine Spezialbibliothek mit dem Schwerpunkt Wirtschafts- und Sozialgeschichte Südwestdeutschlands aufgebaut, die inzwischen über 60.000 Bände umfasst. Fachgebiete bilden darin die Literatur zur Binnenschifffahrt, zum Bergbau- und Hüttenwesen, zur Gewerbekunde, zur künstlerischen Produktgestaltung und Werbung, zur Technikgeschichte des 19. Jahrhunderts sowie Publikationen von Kammern und Verbänden.

Wichtige Quellen zum Einstieg in die Archivbestände bilden Firmenfestschriften, Werkszeitschriften, Adreßbücher und sonstige Nachschlagewerke zu Personen und Unternehmen. Seit 2003 ist der Bibliotheksbestand über den Südwestdeutschen Bibliotheksverbund (SWB) recherchierbar.

Archiv und Wissenschaft

Außer der Erschließung und Bereitstellung von historisch relevantem Wirtschaftsschriftgut aus Baden-Württemberg ist es eine wichtige Aufgabe des Wirtschaftsarchivs, die Erforschung der durch die Landesgeschichte bislang viel zu wenig aufgegriffenen ökonomischen, sozialen, technik- und kulturhistorischen Einzelfragen und deren interdisziplinärer Zusammenhänge anzuregen. Mit dem Wirtschaftsarchiv ist dafür eine breite Basis geschaffen worden. Durch die Kooperation mit den Lehrstühlen im Land werden Forschungsarbeiten über volks- und betriebswirtschaftliche Prozesse initiiert und bei gemeinsamen Tagungen werden historische Wirtschaftsthemen behandelt, die auch eine aktuelle Relevanz besitzen. Studierende werden an die schriftlichen Quellen aus dem Wirtschaftsleben herangeführt, um mit diesem außerordentlichen Fundus empirische Studien und Abschlussarbeiten mit wirtschafts- und sozialhistorischen Themen durchführen zu können.

Das Wirtschaftsarchiv unterhält als Forum für Forschungsarbeiten über die wirtschaftliche und gesellschaftliche Entwicklung unseres Landes eine eigene Schriftenreihe. Seit 1983 wurden einschlägige Monographien unter dem Titel »Beiträge zur südwestdeutschen Wirtschafts- und Sozialgeschichte« herausgegeben. In der Reihe sind bis zum Jahr 2000 fünfundzwanzig Bände erschienen, die unter dem Titel »Stuttgarter historische Studien zur Landes- und Wirtschaftsgeschichte« ihre Fortsetzung gefunden haben (Liste der bisher herausgegebenen Titel s. »Die Schriftenreihen« im Anhang). Die Geschichtsschreibung im südwestdeutschen Raum kannte bis dahin keine eigene Publikationsreihe, die sich wirtschafts- und sozialhistorischen Fragestellungen angenommen hatte. Mit dem Wirtschaftsarchiv Baden-Württemberg ist eine breite Basis geschaffen worden, unternehmens- und regionalhistorische Entwicklungen erforschen zu können. In dessen Schriftenreihe werden die hierbei über ökonomische, soziale und historische Einzel- und Gesamtprozesse gewonnenen Erkenntnisse publiziert.

Anleitung zur Benutzung der Gesamtübersicht

Grundlage dieser Gesamtübersicht ist die Inventur sämtlicher Bestände, die bis Ende 2019 vom Wirtschaftsarchiv übernommen wurden. Die insgesamt rund 730 Bestände weisen stark divergierende Umfänge aus. Daraus resultierte, dass umfangreiche Bestände eher kursorisch, kleinere Bestände dagegen detaillierter aufgenommen wurden. Das bedeutet, dass die Archivalien der Bestände in den Rubriken unterschiedlich tief dargestellt sind. Sehr häufig können die Bestände unabhängig von ihrem Gesamtumfang in den einzelnen Rubriken unterschiedlich umfangreich überliefert sein. So kann es vorkommen, dass ein Bestand hauptsächlich aus Werbematerial, technischen Zeichnungen, Buchhaltungsunterlagen oder Fotos besteht.

Die vorgelegte Gesamtübersicht dient als Wegweiser zur Benutzung der vorhandenen Bestände und bietet einen ersten Einblick zu gesuchtem Material. Bei bereits verzeichneten Beständen stehen Findbücher und Datenbanken zur weiteren und ausführlicheren Recherche zur Verfügung.

Bei der Bergung von Archivalien

31
Baur, Stuttgart

Name Karosserie-Baur
Geschäftstätigkeit Karosseriebau
Branche Nr. 342
Umfang 5
Laufzeit 1914–1999
Benutzbarkeit Eingeschränkt
Bestand Y 319

Bestandsgeschichte Das Archivgut wurde 2004 anlässlich des bevorstehenden Abrisses der Firmengebäude übernommen.

Geschichte Karl Baur gründete 1910 eine Karosseriebaufirma, 1917 bezog er die Gebäude der ehemaligen Großschen Textilfabrik in Stuttgart-Berg. Die Gebäude wurden für den Karosseriebau ständig erweitert. 1939 waren bereits 450 Personen beschäftigt. Baur besaß zahlreiche Patente und Gebrauchsmuster. Die Kunden waren Firmen der Automobilbranche, für die Baur Spezialkarosserien herstellte. Dazu zählten die Auto-Union, Wanderer, DKW, Porsche und vor allem BMW. Baur wurde zum Spezialist für exklusive Cabriolets. 1956 kam das Reparaturgeschäft, 1965 der Autohandel als weitere Standbeine hinzu. 1978 starb Karl Baur. 1980 waren noch 270 Personen beschäftigt, 1999 musste die Firma Konkurs anmelden.

9 AOK-Meldebücher 1914–1980, Betriebsratssitzungen 1959–1999, Personalkartei 1920er–1960er, Verbandbuch 1976–1983
15 Prospekte 1950–1970
16 Hauptbücher 1914–1956, Bilanzen 1933–1962
47 Fotos: Produktion, Modelle 1990er
48 Zeitschrift »Der kleine Musterkoffer« 1951–1974
50 Im WABW nicht vorhanden.

I. Teil

31 = Fortlaufende Nummer
Baur, Stuttgart
Gekürzte Wiedergabe des Namens (danach sind die Einträge alphabetisch sortiert), Ort

Name Ungekürzter Name
Geschäftstätigkeit
Branche s. Branchenschlüssel (Anhang)
Umfang in laufenden Metern
Laufzeit Zeitspanne der Archivalien
Benutzbarkeit s. Erläuterung (S. 31)
Bestand Signatur, nach der ein Bestand magaziniert ist

Bestandsgeschichte
Kurze Beschreibung der Bestandsübernahme

Geschichte
Entwicklungsgeschichte

II. Teil

Die **Archivalien** werden gem. den Rubriken (s. dazu Legende im Vorsatz) aufgeführt.

III. Teil

Unter **49** werden eventuell vorhandene Querverbindungen zu anderen Beständen genannt.

Unter **50** finden sich Literaturhinweise.

Hinweise zum Aufbau der Gesamtübersicht

Die Einträge in der Gesamtübersicht sind alphabetisch nach den Namen geordnet.

Das Nachschlagewerk informiert, wie sich die Bestände zusammensetzen. Ein Namensindex (Personen, Unternehmen, Kammern, Verbände, Vereine) sowie ein geographischer Index erleichtern die Suche.

Jede einzelne Bestandsübersicht setzt sich aus drei Teilen zusammen. Der **erste Teil** umfasst den einheitlichen Kopf mit Namen und allgemeinen Angaben zum Bestand. Im **zweiten Teil** sind die Archivalien nach Art und Zeitraum in 50 Rubriken gemäß der Klassifikation des Wirtschaftsarchivs erfasst, nach der auch die Repertorien aufgebaut sind. Dabei ist zu beachten, dass die Zuordnung der Archivalien zu einer Rubrik nach deren Schwerpunkt erfolgte, Überschneidungen zu anderen Rubriken dadurch möglich sind. (Beispiel: Errichtung einer Fertigungsstraße als Rationalisierungsentscheidung der Geschäftsführung. Betroffen sind dabei die Rubriken Unternehmensführung, Organisation, Einkauf, Produktion, Buchhaltung.) Als **dritter Teil** finden sich weiterführende Angaben in den beiden letzten Rubriken.

I. Teil

Bei den Angaben im Kopfeintrag handelt es sich im Einzelnen um:

Fortlaufende Nummer des Bestands mit gekürzter Wiedergabe des Namens, nach der die Gesamtübersicht alphabetisch geordnet ist, mit Angabe des Ortes.

Name Derzeitiger vollständiger Name, die dabei genannte Rechtsform kann inzwischen Änderungen erfahren haben.

Geschäftstätigkeit Auflistung der Geschäftsfelder.

Branchen-Nummer Zuordnung des Bestands gemäß dem Branchenschlüssel des Wirtschaftsarchivs (s. Anhang).

Umfang Umfang des Bestandes in laufenden Metern.

Laufzeit Zeitspanne vom ältesten bis zum jüngsten Archivale.

Benutzbarkeit Dabei gibt es die drei Möglichkeiten ja, eingeschränkt, nein.
Ja gilt für verzeichnete Bestände (A, B, H, N, S, V) in Anlehnung an das Landesarchivgesetz und dessen Vorschriften zur Benutzung, soweit mit dem Eigentümer nicht abweichende Regelungen vereinbart wurden.
Eingeschränkt oder nein gilt bei unverzeichneten Beständen (Y). Soweit der bei diesen unverzeichneten Beständen erhöhte Arbeitsaufwand für die Bereitstellung nicht unverhältnismäßig hoch ist, stehen sie eingeschränkt zur Verfügung. Bei Y-Beständen, die zukünftig nach und nach verzeichnet sein werden, wird diese Einschränkung dann entsprechend aufgehoben.

Bestand Die Bestands-Signatur setzt sich aus einem Buchstaben (A, B, H, N, S, V, Y) und einer Nummer zusammen. Damit sind die Bestände eindeutig gekennzeichnet und magaziniert. Die Bestands-Signatur dient ebenso zur Zitierung.

Bestandsgeschichte Erläuterungen, wann und unter welchen Umständen der Bestand vom Wirtschaftsarchiv übernommen wurde und welche Besonderheiten der Bestand aufweist. Bei Nachlässen wird darin der Bestand vollständig beschrieben, hier ist die folgende Gliederung nicht anwendbar.

Geschichte Knappe Wiedergabe der Entwicklungsgeschichte.

II. Teil

Archivalienrubriken Die Archivalien sind erfasst in den Rubriken:

1. Geschichte = allgemeine Geschichte.
2. Geschichte Ort = Ortsgeschichte.
3. Geschichte Familie = Familiengeschichte.
4. Geschichte Firma = Firmengeschichte.
5. Gründung = Gründungs- und Rechtsvorgänge (Verträge, Handelsregister, Konkurs u.ä.).
6. Zusammenschlüsse = Zusammenschlüsse, Beteiligungen, Töchter u.ä., Kapitalanlagen.
7. Unternehmensführung = Vorstand, Aufsichtsrat, Hauptversammlung, Management, Geschäftsführer, Gesellschafterversammlung, Inhaber.
8. Organisation = Organisation, Rationalisierung, Planung, Sanierung, Standort.
9. Arbeit = Arbeit, Personal, Soziales (inner- und überbetrieblich).
10. Immobilien = Grundstücke, Gebäude, Wasserrechte.
11. Finanzierung = Eigen- und Fremdfinanzierung.
12. Einkauf = Statistik, Angebote, Bestellungen, Lieferanten, Einkaufspreise, Wareneingang, Warenbestand.
13. Produktion = Statistik, Schutzrechte (Patente etc.), Rezepturen, Produktionsablauf, Hilfsbetriebe, Anlagen, Maschinen, Technische Zeichnungen, Produktionsbücher, Aufträge, Versuche.
14. Verkauf = Statistik, Preise, Aufträge, Kunden, Verkäufe, Umsatz, Absatzwege, Konkurrenz, Marktbeobachtung.
15. Werbung = Kataloge, Prospekte, Werbeschriften, Preislisten, Musterbücher, Inserate, Plakate, Messen, Öffentlichkeitsarbeit.
16. Rechnungswesen = Statistik, Unterlagen zum Jahresabschluß, Bücher der Buchhaltung, Abschreibung, Kalkulation, Betriebsanalysen.
17. Steuern = sämtliche Steuerarten.
18. Versicherungen = sämtliche Versicherungsarten.
19. Krieg = Krieg und Kriegsfolgen des 1. und 2. Weltkrieges, Inflation, Bewirtschaftung, Militärregierung.

20. Verbände = Mitgliedschaften in Verbänden und sonstigen Organisationen; Behörden.
21. Rechtsstreitigkeiten = sämtliche Rechtsstreitigkeiten.
22. Gesellschaft = Aktivitäten in Gesellschaft und Politik, Spenden, Stiftungen und sonstiges soziales Engagement.

Für die Bestände der Industrie- und Handelskammern gelten die Rubriken 23.–34.:

23. Die IHKn allgemein = Kammergesetz, Organisation, Aufgaben, DIHT, Wirtschaftskammern.
24. Die eigene IHK = Satzung, Bezirk, Geschichte, Organisation und Verwaltung.
25. Recht und öffentliche Verwaltung = sämtliche Rechtsfragen.
26 Volks- und Betriebswirtschaft = Wirtschaftspolitik, Wirtschaftsberichte, Umweltschutz.
27. Wirtschaftszweige = Industrie, Groß- und Einzelhandel, Banken, Versicherungen und sonstige Dienstleistungen.
28. Außenwirtschaft = Außenhandel, Zölle, Entwicklungshilfe.
29. Öffentliche Finanzen und Steuern = Finanz- und Steuerpolitik, Finanz- und Steuerverwaltung.
30. Verkehr = Verkehrspolitik, Verkehrsplanung, Post- und Fernmeldewesen, Rundfunk und Fernsehen.
31. Bildung, Berufsbildung = Bildungspolitik, Berufsausbildung, Prüfungswesen.
32. Arbeit und Soziales, Kultur = Arbeitsmarkt, Sozialpolitik.
33. Vereine und Verbände = Fachvereine und Verbände.
34. Firmenakten.

Für die Bestände der Handwerkskammern gelten die Rubriken 35.–45.:

35. Die eigene Handwerkskammer = Geschäftsführung, Geschichte, Satzung, Organisation, Vollversammlung, Vorstand.
36. Organisationen des Handwerks = Arbeitsgemeinschaft, Handwerkstag, Innungen.
37. Handwerks- und Gewerberecht = Handwerksordnung, Handwerksrolle.
38. Berufsbildung = Gesellenprüfung, Lehrlingsrolle, Meisterprüfung.
39. Gewerbeförderung = Betriebsberatung.
40. Volks- und Betriebswirtschaft = Ausstellungen, Messen, Statistiken.
41. Finanzen und Steuern = Beiträge, Jahresrechnungen, Haushalt.
42. Arbeit und Soziales = Arbeitsrecht, Krankenversicherung, Gewerkschaften.
43. Staat und Wirtschaft = Ministerien und sonstige staatliche Stellen.
44. Außenwirtschaft = Außenhandel, Exportberatung.
45. Firmenakten.
46. Periodika = Publikationen der IHKn bzw. der HWKn.
47. Bild- und Tondokumente = Fotos sowie andere Medien wie Filme, Videos, Tonbänder, also alle Bild- und Tonquellen.

48. Sonstiges = Gegenstände.
49. Querverweise = Hinweise auf damit im Zusammenhang stehende Bestände.
50. Literatur = Hinweise auf ein- oder weiterführende Literatur.

Nicht aufgeführt werden:

- Der Erhaltungszustand. Wenn dieser in seltenen Fällen die Benutzbarkeit einschränkt oder nicht zulässt, ist dies im Findbuch vermerkt.
- Die Ausstellungswürdigkeit, da diese Einschätzung subjektiv ist und durch Veränderungen in den Forschungsthemen und Präsentationsformen auch Änderungen unterworfen sein kann.

Hinweise zum Anhang

Neben einem Abkürzungsverzeichnis, einem Verzeichnis der Schriftenreihen sowie dem Namens- und geographischen Index gibt der Anhang weitere Hilfestellungen bei der Benutzung der Gesamtübersicht und dem Zugriff auf die Archivbestände.

Die Bestände sind entsprechend der Geschäftstätigkeit der Bestandsbildner einer oder auch mehrerer Branchen gemäß dem Branchenschlüssel des Wirtschaftsarchivs zugeordnet. Der Branchenschlüssel weist sämtliche Bestände einer jeweiligen Branche mit den fortlaufenden Nummern, nach der diese Gesamtübersicht aufgebaut ist, aus. Damit ist dem Leser die Möglichkeit gegeben, alle die im Wirtschaftsarchiv zu einer Branche vorhandenen Bestände zu recherchieren.

Die Konkordanzliste der Bestandssignaturen gibt die Konkordanz zwischen den alphabetischen Bestandssignaturen (z.B. B 1) und den fortlaufenden Nummern in dieser Gesamtübersicht wieder.

Die Liste der »Archivaliengruppen von A-Z« gibt die Nummer der Archivalienrubrik (Nr. 1–50) wieder, unter der die Archivaliengruppe in den einzelnen Bestandsbeschreibungen zu finden ist (s. Archivalienrubriken Nr. 1–50 im Vorsatz sowie in der Anleitung zur Benutzung der Gesamtübersicht).

Die Bestände von A–Z

1
ABB, Mannheim

Name Asea Brown Boveri
Geschäftstätigkeit Energietechnik und Automatisierung
Branche Nr. 291/310
Umfang 2
Laufzeit 1995–2000
Benutzbarkeit Nein
Bestand Y 449

Bestandsgeschichte Der Bestand wurde dem WABW 2012 von einem Rechtsanwalt aus Kirchheim/Teck (vermutlich vorm. Baden-Baden) übergeben.
Geschichte Die ABB in Mannheim und die ABB Flexible Automation GmbH in Butzbach waren Kläger in einem Rechtsstreit vor dem Landgericht Gießen und Braunschweig gegen ehemalige Mitarbeiter wegen des Verdachts der Bestechung, Bildung einer kriminellen Vereinigung, Erpressung, Geldwäsche und Bestechung, § 12 UWG, mit Bezügen nach Zürich und Liechtenstein. Involviert war u. a. auch die Volkswagen AG, Wolfsburg.

2
Abel, Wernau

Name Gebrüder Abel GmbH
Geschäftstätigkeit Handschuhfabrik
Branche Nr. 180
Umfang 10
Benutzbarkeit Eingeschränkt
Bestand Y 1

Bestandsgeschichte Die Muster-Handschuhkollektion wurde 1984 übernommen.
Geschichte Die zuvor in Grüna, Sachsen, ansässige Firma gründete 1950 im Gewerbepark Wernau eine Fabrik zur Herstellung von Handschuhen bzw. Stoffen für die Handschuhherstellung. Mit nachlassendem Umsatz im Handschuhbereich verlagerte sich das Schwergewicht auf die Herstellung und Ausrüstung von Stoffen. Neben Strick- und Wirkwaren waren es vor allem Trikotstoffe zur Herstellung von Sportartikeln. Bis Mitte der 1960er Jahre entwickelte sich der Betrieb zur zweitgrößten Fabrik in Wernau mit bis zu 500 Beschäftigten. 1984 musste die Firma Konkurs anmelden.
13 Handschuhkollektion für Damen und Herren
50 Im WABW nicht vorhanden.

3
Adolff, Emil, Reutlingen

Name Emil Adolff GmbH & Co
Geschäftstätigkeit Spinnereihülsen- und Spulenfabrik
Branche Nr. 210
Umfang 7
Laufzeit 1877–1960
Benutzbarkeit Eingeschränkt
Bestand Y 2

Bestandsgeschichte Das Archivgut wurde 1983 von der Geschäftsleitung übernommen.
Geschichte Der 1851 in Backnang geborene Textilingenieur Emil Adolff stellte ab 1874 in Stuttgart Spinnereihülsen und Hartpapierspulen her. 1877 verlegte er den Betrieb nach Reutlingen. Nachdem die Produktion 1890 auf Pappbüchsen ausgedehnt worden war, stieg die Zahl der Beschäftigten rasch über 250 an. 1903 zog sich Emil Adolff krank aus dem Betrieb zurück, sein Neffe Emil Fallscheer übernahm die Firma. Bis zum Ersten Weltkrieg entwickelte sie sich zu einer der größten ihrer Branche in Deutschland. 1921, ein Jahr vor seinem Tod, veranlasste Emil Fallscheer die Umwandlung in eine Familien-Aktiengesellschaft. In den darauf folgenden Jahren expandierte das Unternehmen durch die Übernahme verschiedener Firmen aus dem Spulen- und Verpackungssektor. 1937 erfolgte die Umwandlung in eine Kommanditgesellschaft. 1983 ging die Papier- und Hülsenfabrik in Liquidation.
4 Gästebuch, Firmenchronik, Firmengeschichte, 75-jähriges Jubiläum 1877–1960
9 Betriebsordnungen, Sozialberichte, Werkszeitung, Werkswohnungen um 1940–1960
10 Grundstücke, Gebäude, Werkswohnungsbau um 1950–1960

13 Maschinen, Produktion, Investitionen um 1945–1960
14 Exportstatistik 1914–1935
15 Prospekte
47 Fotos: Fabrikansichten (auch Lithografie) 1930, Maschinen, Arbeitsplätze, Belegschaft, Messestände, Maschinen, Lehrlingswerkstatt um 1900–1960
50 Rolf Ludwig Mehmke, Archiv für Schwäbische Wirtschaftsgeschichte 1, S. 6–12, Typoskript im WABW. Stadtschultheißenamt u. a. (Hg.), Reutlingen, Berlin 1925, S. 87–89. Das Land Württemberg, Seine wirtschaftliche und kulturelle Bedeutung, II. Ausgabe, Verlag Stuttgarter Neues Tagblatt, Stuttgart 1927, S. 27. Paul Weber (Hg.), Westdeutsche Wirtschaftschronik, Band 2: Württemberg, Stuttgart 1954, S. 187–189.

4
Adolff, J. F., Backnang

Name J. F. Adolff AG
Geschäftstätigkeit Baumwollspinnerei
Branche Nr. 170/171
Umfang 46
Laufzeit 1833–1998
Benutzbarkeit Ja
Bestand B 144

Bestandsgeschichte Das Archivgut wurde 1991 und 1998 mit Nachlieferungen bis 2016 übernommen.
Geschichte 1832 gründeten der Tuchscherer Immanuel Adolff und seine Partner Heinrich Grunsky und Friedrich Koch in Backnang eine mechanische Wollspinnerei und Appreturanstalt. Immanuel Adolffs Sohn Johann Friedrich war zuerst als Tuchscherer für den Vater tätig, 1834 trat er als Angestellter in die Spinnerei ein. Bis 1839 hatte er die Einlagen der Partner erworben und firmierte unter Spinnerei J. F. Adolff. Ab 1856 wurde auch Baumwolle versponnen. Das Unternehmen, um 1900 einer der größten Spinnereibetriebe in Deutschland, blieb unter der Leitung von Familienangehörigen, die es 1927 in eine Aktiengesellschaft umwandelten und die Produktion am Standort Backnang stetig modernisierten und ausdehnten. Ab den späten 1920er Jahren etablierte Adolff Zweigbetriebe an anderen Standorten und kaufte fremde Betriebe auf, so die Kammgarnspinnerei Kaiserslautern und die Schwäbischen Textilwerke Ebersbach. Nach dem Zweiten Weltkrieg wurden auch synthetische Garne produziert. Es folgten die Gründung einer Spinnerei für Teppichgarne in Berlin, die Gründung der AGA-Garn GmbH in Crailsheim (gemeinsam mit der Ackermann-Göggingen AG) und die Übernahme weiterer Betriebe, u. a. der Zell-Schönau AG (»irisette«-Bettwäsche), der später der Frottierwäsche-Hersteller Möve in Reutlingen angegliedert wurde. Um 1970 war die Adolff-Gruppe europaweit einer der führenden Hersteller von Baumwoll-, Teppich- und Streichgarnen und beschäftigte rund 9.500 Arbeitskräfte. Im Zuge der allgemeinen Krise in der Textilindustrie geriet das Unternehmen in wirtschaftliche Schwierigkeiten. 1989 wurden die Werke in Backnang und Dietenheim (Alb-Donau-Kreis) geschlossen, die Mitarbeiterzahl von noch rund 800 auf rund 500 reduziert. 1991 folgte der Konkurs.
3 Stammbaum Adolff bis 1924
4 Chronik 1928–1953, Presseberichte, Jubiläen, Zeitungsartikel, Literatur
5 Gründungsprotokoll (AG) und Konsortialvertrag 1927, Satzungen
6 Übernahmen und Gründungen ab 1929, Wertpapierbesitz 1929–1951, Anteilsbewertung 1953–1960, Ausgliederungsvorhaben 1988, sonstige Beteiligungsvorhaben 1933–1969;
Mech. Trikotweberei Mattes & Lutz AG bzw. Emella Wirk- und Strickwarenfabrik Mattes & Lutz AG Besigheim a. N.: Satzungen, Protokolle HV 1929–1948, AR 1931–1969, Verwaltungsausschuss 1938–1969, Beirat 1935–1940, Berichte Vorstand und AR 1935–1948, Personalia Direktion 1932–1973, Personal, Geschäftsberichte 1923/24–1934, Prüfungsberichte 1930–1954, Bilanzen 1929/30–1948, Umsatzsteuer 1938–1943, Lagepläne;
Kammgarnspinnerei Kaiserslautern AG: Chronik 1930er, Satzungen, Protokolle HV 1938, AR und Verwaltungsausschuss 1935–1938, Geschäftsberichte 1933–1956, Prüfungsberichte 1937–1957, Bilanzen 1935–1961, Steuern 1937–1944, Personalia Vorstand/Direktion 1935–1943, Personal, Kraftanlage/Stromlieferung 1935–1937, Rüstungs-/Ersatzstoffproduktion 1942/43,

Kriegsschäden 1944/45, Lagepläne, Einhundert Jahre Kammgarnspinnerei Kaiserslautern 1857–1957 (Jubiläumsschrift);
Schwäbische Textilwerke AG Ebersbach: Protokolle HV 1924–1940, AR und Verwaltungsausschuss 1937–1972, Personal, Geschäftsberichte 1925–1936, Prüfungsberichte 1932–1966, Bilanzen 1924, 1936–1959, Steuern 1938–1967, Lageplan 1937;
Baumwollspinnerei Ehingen an der Donau: Gesellschaftsverträge ab 1910, Protokolle Gesellschafterversammlung 1910–1951, Verwaltungsausschuss 1937, Vertrauensrat 1934–1936, Personal 1923–1938, Bilanzen und Berichte 1935–1938, Hauptbücher 1899–1904, 1937, Wareneingangsbuch 1922–1924, Lagepläne;
Spinnerei Dietenheim: Lohnlisten 1938–1949, Personal 1969–1990, Berichte 1937–1939, Hauptbuch 1938–1940, Betriebsprüfung 1937–1940, Steuern 1932–1943, Lagepläne;
Spinnerei Illertissen:, Lohnlisten 1938–1949, Lohnkontokarten 1952–1959, 1970–1972, Hauptbuch 1939–1942, Vermögensaufstellung und Betriebsprüfung 1937, Rückerstattungsverfahren 1946–1950, Lagepläne;
J. F. Adolff-Textilwerke Berlin GmbH: Protokolle Verwaltungsausschuss 1963–1970, Geschäftsführung 1963–1971, Hauptbücher 1964–1968, Betriebsübersichten 1962–1969, Prüfungsberichte 1962/63–1966/67, Bilanzen 1962/63–1969;
Zell-Schönau AG Zell: Protokolle HV, AR und Verwaltungsausschuss 1968–1974;
Etimex Europa Textil Import und Export GmbH bzw. Etimex Gesellschaft für Textil- und Kunststoff-Erzeugnisse mbH Stuttgart: Konsortialverträge 1951, 1967, Protokolle Gesellschafterversammlung und Verwaltungsausschuss 1951–1955, Personalia Geschäftsführung 1946–1976, Geschäftsbericht 1952, Prüfungsberichte 1951–1954, Rechtsfragen, Steuern und Immobilien 1950–1965;
ETIMEX Kunststoffwerke GmbH Stuttgart: Kapitalerhöhung und Organverhältnis 1971;
J. F. Adolff Handels AG Zug: Protokoll Gesellschafterversammlung 1967, Personalia 1957;
Adolff-Garn-Export GmbH Stuttgart: Jahresbericht 1971;
AGA-Garn GmbH Crailsheim: Personalia Geschäftsführung 1968–1977;
Sportboden-Systeme GmbH Backnang: Prüfungsberichte 1987–1988

7 Schriftwechsel AR/Vorstand 1926–1942, Anordnungen des Vorstands 1930–1950, Personalia Vorstand 1935–1966, AR 1935–1957, Teilhaber 1907–1979, Protokolle HV 1927–1953, 1981–1985, AR 1926 (OHG), 1927–1931, 1937–1968, Verwaltungsausschuss 1937–1968, Geschäftsausschuss und Beirat 1938–1945, Vorstand 1970

8 Organisation 1956–1985, Rationalisierung 1930–1935, 1959–1961, Betriebsuntersuchung durch die DAF 1940

9 Personalstatistik 1938–1975, Arbeiterlisten 1884–1978, Arbeitskarten /-bücher 1907–1990, Lohn- und Gehaltsbücher/-listen 1908–1968, Berichte Lohnbüro 1939–1967, Bewerbungen 1927–1933, DAF Mitgliedsbücher und Aktivitäten 1935–1945, Kriegsbeihilfe 1939–1945, Eisernes Sparen 1941–1945, Volkssturm 1944/45, Entnazifizierung 1945–1948, An-/Abmeldungen 1952–1958, Mitarbeiterwerbung 1960–1965, Stellenbeschreibungen 1960–1976, Strafregister 1911–1928, Kündigungen 1965–1973, Versetzungen 1967–1971, Betriebsvereinbarungen 1973–1990, AR-Wahlen Arbeitnehmer 1976–1981, betriebliche Ausbildung 1920–1989, Jubilarfeiern 1937–1961, Schwerbeschädigte 1925–1966, ausländische Mitarbeiter 1966–1983, AOK 1935–1963, Betriebskrankenkasse 1893–1960, Adolff-Hilfe e. V. 1938–1944, Unfallanzeigen 1947–1968, Betriebskindergarten 1939–1945, Pensionsrückstellung 1950–1983, Personalverpflegung 1915–1927, 1957–1960, Kantine 1967–1989, Wohnheime 1945–1963, Wirtschaftsvorsteherin 1910–1943, Betriebsfeiern/-ausflüge 1933–1957, Betriebssport 1941–1956, Leistungsbericht 1940–1942, Werkszeitung 1952–1970

10 Grundstücke und Gebäude, Einheitswert 1940–1949, Abwasserentsorgung 1930er, Lagepläne, Grundstücksverkäufe Ehingen a. d. Donau 1978–1982 und Backnang 1984

11 Finanzplanung 1939–1943, Grundschulden und Darlehen 1959–1988, internationaler Zahlungsverkehr 1922–1939

12 Rohstoffpreise 1928–1963, Lieferanten 1959–1971, Stromlieferung KRAWAG 1927–1961

13 Kalkulations- und Partiebücher 1908–1938, Produktionsstatistik 1958–1970, eigene Forschung 1959–1989, Wasseruntersuchung 1933, Papiergarn 1934/35, Azetat-, Transparentfolienfaser 1935, Bastgarn 1941–1943, Produktions-

planung, Maschinenaufstellung, Betriebsanleitungen, Fachliteratur, Spinnereiutensilien, Maschinenteile (Artefakte) ca. 1950–1970
14 Aufträge Lohnspinnerei 1832–1842, Verkaufspreise 1920–1970, Auftrags-/Umsatzberichte 1967–1973, Preisbindung 1940–1943, Kunden 1961–1962, Konkurrenzgespräche 1968–1970
15 Broschüren und Prospekte 1959–1984, Werbung und Pressearbeit 1964–1974, Produktmuster 1834–1838, 1911–1984
16 Geschäftsberichte 1963/64–1989, Prüfungsberichte 1923–1971, 1981–1987, Bilanzen 1924–1928 (oHG), 1927–1969 (AG), Hauptbücher 1948/49–1969, Kontokorrentbücher 1833–1838, 1913–1924, Kassenbücher 1926–1981, Inventur 1906–1949, Betriebsabrechnung 1969–1982, Kalkulation 1902–1924, 1952–1973
17 Gewerbe-, Körperschaft-, Lohn-, Bürger-, Vermögen-, Umsatz-, Grundsteuer um 1927–1960
19 Zweiter Weltkrieg: Reichsarbeitsdienst, DAF, Wehrpflicht, Volkssturm, Kriegsproduktion, Kriegsgefangene, Ostarbeiter, Eisernes Sparen, Kriegsunterstützung, Kriegsernährung, Luftschutz, Kriegsfolgen
20 Deutscher Baumwollkontrakt 1920, Bezirksrat Backnang 1929/30, Börse Stuttgart 1940/41, Fachgruppe Baumwollspinnereien der Wirtschaftsgruppe Textilindustrie Berlin 1940, Deutscher Beratungsausschuss für die Textil- und Bekleidungswirtschaft 1945/46, Betriebsverein des Technikums für Textilindustrie e. V. Reutlingen 1983
22 Eugen und Anna Adolff-Stiftung 1934, Ausstellung 750 Jahre Backnang 1987
47 Fotos und Grafiken: Ortsansichten Backnang um 1800–1957, Werksansichten um 1838–1980, Baumwollanbau und -verarbeitung; Fotos: Schautafeln zur Ausstellung 750 Jahre Backnang 1987, Teilhaber, Vorstand, leitende Mitarbeiter 1903–1981, Belegschaft um 1910, Arbeitsplätze Produktion, Labor und Büro um 1938–1970, Werkschule 1941, Sanitär- und Versorgungsräume, Großküche, Wohnhäuser um 1955, Betriebssport um 1941–1959, Betriebsausflüge 1937–1950, Mitarbeiterjubiläum 1951, Kinderbetreuung um 1965, Plakatmotive Gefahrenvermeidung um 1935, Verkaufsbüro Tailfingen um 1970, Werke und Tochterunternehmen (Werke Ehingen, Dietenheim und Illertissen, J. F. Adolff Textilwerke Berlin GmbH, Kammgarnspinnerei Kaiserslautern AG, Zell-Schönau AG, Schwäbische Textilwerke AG Ebersbach/Fils, Spinnerei Atzenbach AG, AGA-Garn GmbH Crailsheim, Spinnerei Breisach) um 1955–1978, Produktionsräume und Arbeitsplätze Spinnerei, Kunstfaserproduktion, Färberei um 1935–1985, historische Spinn- und Webmaschinen, Garn- und Textilmuster um 1965–1980, Werbung Textilien und Bekleidung um 1965, Kunstrasen-Sportplätze um 1980–1988, Gewerbeausstellungen 1937–1987, Schautafeln zur Ausstellung 750 Jahre Backnang 1987, »Gründerbuch« 1832–1838, Kriegsteilnehmer 1939–1945, Werksfeuerwehr, Werkssanität 1940/41
48 Schautafel vom Werdegang der Flox-Faser mit Mustern um 1950, Spinnereiutensilien, Maschinenmodell, Ringspinnmaschinenteil
49 Y 345 (Dr. jur. Peter Adolff); A 20 Fi 34 (IHK-Firmenakte); B 183
50 Einhundertfünfundzwanzig Jahre J. F. Adolff Aktiengesellschaft in Backnang / Württemberg 1832–1957, Darmstadt [1957] (Festschrift). Adolff, Backnang 1970 (Festschrift). Rudolf Kühn, Die Frühzeit der Industrie in Backnang (1832–1918), in: Backnanger Jahrbuch 3 (1995) S. 39–70, 4 (1996) S. 51–87 und 6 (1998) S. 41–104. Rolf Ludwig Mehmke, Archiv für Schwäbische Wirtschaftsgeschichte 1, S. 6–12, Typoskript im WABW. Klaus J. Loderer, Das Wirken des Architekten Philipp Jakob Manz in Backnang – Ein Beitrag zum Industriebau zu Anfang des 20. Jahrhunderts = Backnanger Stadtarchiv, Mitteilungen und Berichte, 16. Jg., Nr. 1, 1988.

5
Adolff, Peter, Stuttgart

Name Dr. jur. Peter Adolff
Geschäftstätigkeit Geschäftsführung, Vorstand
Branche Nr. 171/241/650
Umfang 5
Laufzeit 1907–2013
Benutzbarkeit Eingeschränkt
Bestand Y 345

Bestandsgeschichte Das Archivgut privater Provenienz enthält Unterlagen aus verschiedenen beruflichen und ehrenamtlichen Tätigkeiten sowie zur Familie. Es wurde ab 2004 mit Nachlieferungen von Dr. jur. Peter Adolff übernommen und umfasst dessen Tätigkeit in der Wirtschaft im Konzern der J. F. Adolff AG (Backnang), in der Wacker-Chemie (München), in der Allianz (München und Stuttgart) sowie in Gremien verschiedener anderer Unternehmen, außerdem Aufsätze, Referate, Interviews, geschäftliche und private Korrespondenz, Notizen, Einladungen, Presseausschnitte, Reiseberichte, gesellschaftliches Engagement und Mitgliedschaften in Vereinen.

3 Stammtafel und Stammbuch der Familie Adolff (Kopien); Nachlass Martin Adolff 1974; Dr. Peter Adolff: persönlicher Schriftwechsel 1973–1976, 2000–2004, Weihnachts- und Geburtstagspost 1977–2003, persönliche Einladungen 1980–2002, Dissertation 1961, Reden, Aufsätze und Interviews 1966–2013, Amerikareise 1979

4 J. F. Adolff AG Backnang 1907–1976; Wacker-Chemie GmbH München 1971–1976; Allianz AG in Baden-Württemberg 1984–1996; Robert Bosch GmbH Stuttgart (u. a. Prüfungsberichte, betriebliche Altersversorgung) 1980–1998; Dresdner Bank AG Frankfurt a. M. (u. a. Verwaltungsbeirat) 1987–1992

22 Rotary Club München (Jubiläumsschrift 1978); Bayerischer Yacht-Club (Jubiläumsschrift 1988); Zukunftskommission Gesellschaft 2000 der Landesregierung Baden-Württemberg 1997–2000

47 Fotos Dr. Peter Adolff

49 Y 317 Dr. Peter Adolff – Stifterverband für die Deutsche Wissenschaft

6
Aich, Munderkingen

Name E. Aich
Geschäftstätigkeit Blech- und Lackierwarenfabrik
Branche Nr. 287
Umfang 0,1
Laufzeit 1910–1911
Benutzbarkeit Ja
Bestand B 73

Bestandsgeschichte Das Archivgut wurde 1987 von einem privaten Sammler übernommen.
Geschichte 1863 gegründet, firmiert das Unternehmen seit den 1990er Jahren als Aich Metallbau GmbH und produziert Behältersysteme für Gabelstapler.

14 Verkaufsbuch 1910–1911

50 Im WABW nicht vorhanden.

7
Albrecht, mehrere

Name Nachlass Willi Albrecht
Geschäftstätigkeit Lehrer und Fotograf
Branche Nr. 950
Umfang 0,1
Laufzeit 1952–1995
Benutzbarkeit Eingeschränkt
Bestand Y 551

Bestandsgeschichte Der Bestand wurde vom Wirtschaftsarchiv Baden-Württemberg im November 2018 übernommen.
Geschichte Willi Albrecht wurde 1901 in Nürnberg geboren und verstarb 1973 in Landau/Pfalz. Neben der Lehrtätigkeit befasste er sich mit dem Journalismus. Er interessierte sich vor allem für die Geschichte und Volkskunde Süddeutschlands. Er besuchte alte Handwerksbetriebe, erstelle Berichte darüber und machte Fotoaufnahmen. Von der Bibelherstellung, über den Feilenhauer bis zur Arbeit von Spitzenklöpplerinnen sind seine Berichte und Fotos in diesem Bestand vertreten.

47 Zahlreiche Fotoaufnahmen aus verschiedenen Handwerksbetrieben in Baden-Württemberg.

50 Im WABW nicht vorhanden.

8
Allianz, Stuttgart

Name Allgemeiner Deutscher Versicherungs-Verein in Stuttgart; Stuttgarter Verein
Geschäftstätigkeit Versicherungen
Branche Nr. 650
Umfang 8
Laufzeit 1875–2000
Benutzbarkeit Eingeschränkt
Bestand Y 567

Bestandsgeschichte Der Bestand wurde Ende 2019 kurz vor Redaktionsschluss übernommen. Weiterführende Hinweise unter: https://wabw.uni-hohenheim.de
Geschichte 1875 gründete Carl Gottlob Molt in Stuttgart den Allgemeinen Deutschen Versicherungsverein a. G. (ADVV) mit den Sparten Haftpflicht-, Unfall- und Lebensversicherung. Molt gilt als Pionier der Haftpflichtversicherung. Der gelernte Bäcker erkannte während der beginnenden Industrialisierung die Chancen der Haftpflichtversicherung für Arbeitgeber und Arbeitnehmer. Bald war er auch ein gefragter Berater der Politik, so zog das Reichskanzleramt ihn in den 1880er Jahren bei der Entwicklung der gesetzlichen Unfallversicherung hinzu. Mit innovativen Angeboten wie der Vermögensschadenhaftpflicht für Rechtsanwälte und Notare (1893) und der ersten Autohaftpflichtversicherung (1900) entwickelte Molt den ADVV innerhalb kürzester Zeit zum Marktführer in der Sparte. Als der Gründer 1910 starb, war die Versicherungsgesellschaft einer der größten Arbeitgeber in Stuttgart. Für die damalige Zeit verfügte der ADVV über moderne Sozialeinrichtungen, wie etwa einem Betriebssportverein. Molts Nachfolger, der Esslinger Jurist Max Georgii, führte das Unternehmen durch Krieg und Inflation. In seine Ägide fallen die Umfirmierung des ADVV in den Stuttgarter Verein und die Umfirmierung zur Aktiengesellschaft. 1927 führte Georgii den Stuttgarter Verein in die Fusion mit der Allianz und übernahm den Vorsitz des Aufsichtsrats.
9 Mitarbeiterzeitschriften
15 Kundenzeitschriften; Werbeblätter
16 Bilanzbücher
48 Emailschilder

9
Allweiler, Radolfzell

Name Gotthard Allweiler Pumpenfabrik Aktiengesellschaft
Geschäftstätigkeit Maschinenfabrik: Herstellung von Pumpen
Branche Nr. 292
Umfang 1,5
Laufzeit 1893–1946
Benutzbarkeit Ja
Bestand Y 489

Bestandsgeschichte Der Bestand wurde von Frau Eva Löbe, geb. Kling, Radolfzell, dem WABW 2015 übergeben.
Geschichte Die Gründung des Unternehmens erfolgte 1860 durch Gotthard Allweiler. Das Unternehmen begann mit der Herstellung von Feuerlöschpumpen. Seit 1874 ging der Betrieb zur Serienfertigung über, die Produktion erfolgte in Radolfzell. Seit den 1880er Jahren vertrieb das Unternehmen seine Produkte international; 1884 wurde eine eigene Gießerei eröffnet. Seit 1905 wurde die Produktion von Kreisel- und Kolbenpumpen aufgenommen. Aufgrund der erfolgreichen Expansion wurde das Unternehmen 1909 in eine Aktiengesellschaft umgewandelt. Nach dem Zweiten Weltkrieg seit den 1950er und 1960er Jahren wurden auch Schraubenspindelpumpen, Block-, Inline-, Thermalöl- und Marinepumpen ins Fertigungsprogramm aufgenommen. Seit 1998 ist Allweiler Teil der Colfax Corporation (Richmond, USA).
7 Geschäftsberichte 1909–1922, Dividendenscheine 1921–1929, Dividenden-Erneuerungsscheine 1921
9 Mitgliedskarte der Fabrikkrankenkasse 1900, Satzungen der Fabrik- und Betriebskrankenkasse 1906–1939, Statuten der Unterstützungskasse 1907, Krankenordnung der Betriebskrankenkasse 1914, Krankengeldbücher (beinhalten Krankengeld, Dauer und Art der Erkrankung) 1906–1946, Krankenstandsbücher 1920–1939, Löhne 1927, Satzung der Statuten für die Betriebskrankenkasse der Aktiengesellschaft der Eisen- und Stahlwerke vorm. Georg Fischer in Singen 1909 und 1914, Allgemeine Ortskrankenkasse für Radolfzell und Umgebung 1913–1915, Satzung der Betriebskrankenkasse der Firma

Maggi Ges. mbH in Singen 1913, Satzung der Betriebskrankenkasse der Firma Jacques Schießer in Radolfzell, Stockach und Engen 1914, Preußische Gebührenordnung für approbierte Ärzte und Zahnärzte 1924/1925

11 Kapitalerhöhung 1922

13 Bau einer Dampfanlage (Angebote, Kostenvoranschläge, Preisvergleiche, Prospekte, technische Zeichnungen u. a. Gesellschaft für Electrische Industrie, Karlsruhe; Maschinenfabrik Esslingen; Maschinenfabrik Augsburg; Maschinenfabrik G. Kuhn, Stuttgart; Piedboeuf, Düsseldorf; Siemens & Halske-Schuckert, Berlin; Lahmeyer, Frankfurt a. M.; Maschinenfabrik P. Kyll, Köln Bayenthal; H. Reisert, Köln; Maschinenbaugesellschaft Karlsruhe; Brown, Boveri & Cie., Mannheim; Christoph Herrmann & Sohn, Kamin- und Feuerungsbau, Mannheim; Düsseldorf-Ratinger Röhrenkesselfabrik vorm. Dürr& Co.; Grünzweig & Hartmann, Korksteinfabrik, Ludwigshafen/Rhein 1903–1904. Korrespondenzen und Verträge mit dem Kraftwerk Laufenburg 1911. Bau elektrischer Anlagen (u. a. Kostenvoranschläge der Allgemeinen Elektrizitäts-Gesellschaft, Berlin/Freiburg i. Br. und der Brown, Boveri & Cie., Mannheim) 1911. Einbau einer Dampfmaschine und Kesselanlage (Kostenvoranschlag der Maschinenfabrik Esslingen und G. Kuhn) 1911

16 Inventarbücher 1893, 1902, 1912; Bilanzunterlagen um 1900/1914

18 Feuerversicherung (Magdeburger-Feuerversicherungs-Gesellschaft, Berliner Feuerversicherungs-Anstalt) 1907

10
Ammann, Albstadt-Tailfingen

Name Martin Ammann GmbH & Co
Geschäftstätigkeit Trikotwarenfabrik
Branche Nr. 180
Umfang 21
Laufzeit 1900–1980
Benutzbarkeit Nein
Bestand Y 5

Bestandsgeschichte Das Archivgut wurde 1983 und 1984 übernommen.

Geschichte Der 1862 geborene Martin Ammann arbeitete zunächst als Weber für den Tailfinger Textilunternehmer Martin Conzelmann, trat dann 1886 zusammen mit seinem Zwillingsbruder Konrad als Werkführer in einen sächsischen Trikotagen-Großbetrieb ein. 1888 gründeten sie die Trikotwarenfabrik Gebr. Ammann in Tailfingen. 1904 gründete Martin Ammann die Mech. Trikotwarenfabrik Martin Ammann. 1918 wurde die Trikotfabrik Müller & Keller in Truchtelfingen erworben. Nachdem die drei Söhne des Gründers 1936 die Geschäftsleitung übernommen hatten, folgten in den Jahren darauf die weitere Expansion des Stammwerks und weitere Firmenzukäufe. 1938 wurden die Fabrikationsanlagen der ISCO-Wirkwarenfabrik in Stuttgart übernommen. Ab den 1950er Jahren kamen unter den Markenbezeichnungen »Amata«, »Amatex« und »Amalon« die Fertigung von modischer Oberbekleidung und von Maschenstoffen sowie die Textilveredelung als neue Geschäftszweige dazu. Mitte der 1960er Jahre übernahm der Enkel Hans Martin Ammann die Geschäftsleitung. Zu dieser Zeit arbeiteten im Stammhaus und in vier Filialbetrieben in umliegenden Dörfern rund 300 Beschäftigte. 1983 ging das Unternehmen in Konkurs.

3 Carl Ammann, Katharina Ammann, Martin Ammann, Reinhold Ammann, Eugen Conzelmann um 1930–1970

4 Typoskripte zur Firmengeschichte

5 Handelsregisterauszüge, Gesellschafterverträge um 1918–1970

6 Filiale Weilen 1940–1954, Beteiligungen, Aufkäufe, Zusammenschlüsse: Eisen-Rieg Darmstadt um 1930–1975, Rhema Mainz um 1950–1970, ISCO Stuttgart um 1947–1960, Autohaus

Darmstadt um 1960–1970, Martin Ammann, Müller & Keller, Süddeutsche Trikotagenfabrik um 1917–1952, Fischer Darmstadt um 1946–1980, Sanetta Meßstetten 1957, Axel Hahn KG 1952, Thomas Textil GmbH 1948–1963
7 Gesellschafter um 1930–1970
9 Löhne und Gehälter, Arbeitsverträge, Leistungszulagen, Einstellungen, Arbeitsgericht, Betriebsrat, Arbeitnehmerdarlehen, sozialpolitische Rundschreiben, Tarifverträge, Fremdarbeiter, Mitbestimmung, Lehrlinge, Tarifverhandlungen, Arbeitsplatzgestaltung, Kantine, betriebliche Mitteilungen um 1920–1980
10 Grundstücke und Gebäude, Erdbebenschäden, Baugesuche, Hypotheken, Reparaturen, Mieten, Einheitswerte, Fabrikumbauten, Fabrikneubauten, Baupläne um 1900–1980
11 Darlehen, Debitoren um 1930–1940
12 Garneinkauf, Stromversorgung um 1950–1980
13 Maschinen, Patente, Warenzeichen- und Gebrauchsmusterschutz, Rationalisierung, Produktionsverfahren, TÜV, Modegestaltung um 1925–1975
14 Vertreter, Vertretungen, Preislisten, Frachtbuchserie, Kunden, Bestellungen, Umsätze um 1925–1970
15 Prospekte, Musterbücher, Werbemittel der Konkurrenz, Werbeaktionen, Öffentlichkeitsarbeit, Etiketten, Briefbögen um 1925–1980
16 Jahresabschlußberichte, Hauptbuchserie, Kassenbuchserie, Kalkulationen, Inventurserie, Aufwendungen, Wertpapiere, Kostenstellen, Privatkonten, Betriebsabrechnungen, Betriebsvergleiche, Auftragseingang, Statistiken, Betriebsübersichten, Buchprüfungen, Bilanzserie, Kostenrechnung, Kreditoren, Bilanzbewertung, Journalserie, Geheimbuchserie um 1905–1980
17 Vermögensteuer, Gewerbesteuer, Körperschaftsteuer, Einkommensteuer, Industriebelastung, Soforthilfe-Abgabe, sonstige Steuerangelegenheiten um 1920–1975
18 Gebäudebrandversicherung um 1940–1975
19 Kriegsschäden 1944–1969
20 Fachvereinigung Wirkerei/Strickerei Ebingen 1963–1977, Verband Württembergische Textilindustrie e. V. um 1960–1980, Hauptausschuß Fachvereinigung Wirkerei Ebingen e. V. um 1969–1975, Gesamtmasche Fachvereinigung 1975–1980, Hauptausschuß des Gesamtverbandes der Deutschen Maschenindustrie 1963–1969
47 Fotos: Firmenansichten
50 Hermann Bitzer, Tailfinger Heimatbuch, Tailfingen 1953, S. 344 f.

11
Ammer, Reutlingen-Betzingen

Name Richard Ammer
Geschäftstätigkeit Metallwerk, Metallgießerei
Branche Nr. 270
Umfang 0,3
Laufzeit 1890–1988
Benutzbarkeit Eingeschränkt
Bestand Y 175

Bestandsgeschichte Das Archivgut wurde 1993 von privater Seite übernommen.
Geschichte 1912 erwarb Richard Ammer das 1888 von Herrn Boberczyk gegründete Unternehmen in Reutlingen-Betzingen. 1934 erfolgte die Änderung der Rechtsform von einer OHG in eine Kommanditgesellschaft und 1982 in eine GmbH & Co. KG. 1955 zählte die Belegschaft 220 Arbeiter und Angestellte. 1987 wurde das Unternehmen aufgeteilt in Metallwerk Richard Ammer GmbH & Co. KG, in SG Sandguss GmbH & Co. KG sowie in DKG Druck + Killenguss GmbH & Co. KG. Bereits 1988 erfolgte die Rückführung der DKG in die Metallwerke Richard Ammer GmbH & Co. KG. Geschäftszweck war die Herstellung von Druckgußwerkzeugen, Kokillen, Druckgußteilen aus Leichtmetall und Legierungen sowie die Fertigbearbeitung von Gußteilen auf NC-gesteuerten Maschinen. Abnehmer waren die Elektro-, Schwermetall-, Werkzeugmaschinen- und Fahrzeugindustrie. 1993 stellte das Unternehmen den Betrieb ein.
4 Firmenchronik 1888–1988
9 Arbeitsordnung 1920
10 Grundbuchheft 1924–1985, Gebäudegrund- und -aufrisse 1955–1960
13 Technische Einrichtungen 1955–1980
15 Teilnahme an Wettbewerben 1971, Prospekte um 1980, Briefköpfe um 1980–1985; Reklameblatt Albert Stotz um 1890
16 Prüfungsberichte 1948–1966

20 Verband Deutscher Metallgießereien
47 Fotos: Fabrikgebäude, Produktion, Kantine, Betriebsausflug um 1930–1982
50 Arthur Katz-Foerstner, Handbuch der Württembergischen Wirtschaft, Berlin 1925, S. 39.

12 Amos, Heilbronn

Name Amos Maschinenfabrik und Anlagenbau GmbH
Geschäftstätigkeit Maschinenfabrik
Branche Nr. 290/293/295
Umfang 1
Laufzeit 1920–1985
Benutzbarkeit Nein
Bestand Y 6

Bestandsgeschichte Das Archivgut wurde 1987 von der Geschäftsleitung übernommen.
Geschichte Christian Amos gründete 1860 eine mechanische Werkstatt in Horkheim, die Landmaschinen und Maschinen für die obst- und traubenverarbeitende Industrie herstellte. 1905 wurde dem Betrieb ein Handel mit Fremderzeugnissen u. a. der Landmaschinenhersteller Fahr Gottmadingen, Saxonia, Pflugfabrik Eberhardt Ulm, Deutz angegliedert. 1927 konnte sich das Familienunternehmen stark vergrößern, indem es das Gelände und die Werkanlagen der ehemaligen Heilbronner Landbaumaschinen AG erwarb. Ein Jahr später wurde der Sitz von Horkheim nach Sontheim verlegt. 1939 erfolgte die Umwandlung in eine Familien-Kommanditgesellschaft, 1972 wurde die Rechtsform der GmbH gewählt. In den 1950er und 60er Jahren wurden zahlreiche Filialen und Werkstätten im Raum Heilbronn-Franken eröffnet. 1986 stellte das Unternehmen Vergleichsantrag.
4 Festschriften 100 Jahre 1960, 125 Jahre 1985
5 Gesellschafterverträge 1930er Jahre
9 Löhne und Gehälter, Provisionsabrechnungen, Bewerbungen um 1930–1955
10 Bauakten 1920er Jahre
13 Patente, Produktionsnachweise, Produktion um 1925–1975
14 Exportumsätze, Preislisten um 1940–1970
15 Prospekte, Referenzen
16 Bilanzen 1937–1955
47 Fotos: Produkte
50 125 Jahre Amos Landmaschinen, Heilbronn [1985] (Festschrift).

13 Anderssen, Neckarsulm

Name J. Anderssen GmbH & Co. KG
Geschäftstätigkeit Schiffbau, Kesselschmiede, Metallverarbeitung
Branche Nr. 282/343/351
Umfang 1,5
Laufzeit 1879–1994
Benutzbarkeit Ja
Bestand B 185

Bestandsgeschichte Der Bestand der Firma J. Anderssen, Neckarsulm, wurde nach der Schließung des Unternehmens im Jahr 2016 in das Wirtschaftsarchiv Baden-Württemberg übernommen.
Geschichte Julius Otto Anderssen wurde am 27.10.1847 in Helsingborg, Schweden, geboren. Nach der Ausbildung zum Schiffbauingenieur arbeitete er zunächst auf Werften in Kopenhagen, Hamburg und Dresden. Die am Neckar in Neckarsulm gelegene Werft wurde im Jahr 1872 von dem Heilbronner Schiffbauer Franz Bauhardt gegründet. 1877 wurde Anderssen als Berater für den Bau von Kettenschleppschiffen engagiert. Als Bauhardt 1878 verstarb, wurde der Betrieb von der Schleppschifffahrt auf dem Neckar AG erworben, die das Unternehmen an Julius Anderssen verpachtete. 1880 wurde dann erstmals auch eine Kesselschmiede erwähnt, die Anderssen betrieb. In diesem Jahr beschäftigte der Betrieb bereits 30 Mitarbeiter. In den folgenden Jahren wurden weitere Kettenschlepper gebaut, von denen einige auch auf dem Main zum Einsatz kamen. Außerdem fertigte man mit der Württemberg im Jahr 1900 auch ein eisernes Dampfschiff für den Verkehr auf dem Bodensee. Schließlich konnte Anderssen das Unternehmen 1901 von der Schleppschifffahrt auf dem Neckar AG erwerben.
Nach dem Tod Julius Anderssens am 17.04.1918 wurde das Unternehmen von seinen Söhnen als

Schiffswerft, Kesselschmiede, Hammer- und Sägewerk weitergeführt. Nach dem Ersten Weltkrieg ergänzten Paddelboote aus gepresstem Blech das Sortiment. In einer Phase wirtschaftlicher Schwierigkeiten Anfang der 1930er Jahre rettete ein Auftrag von Daimler-Benz zur Herstellung gezogener Bremstrommeln das Unternehmen. 1939 entschloss man sich zur Umstrukturierung zu einem Zieh- und Presswerk und verkaufte die Werft an die Mannheimer Schiffs- und Maschinenbau AG. Der Erlös wurde in ein Werk zur Fertigung von Kesseln und zwei hydraulische Pressen investiert.
Nach dem Zweiten Weltkrieg wurden zunächst Geräte für den täglichen Bedarf produziert, bevor man wieder als Zulieferer der Nutzfahrzeugbranche Fuß fasste. Bis in die 1980er Jahre machten Anbauteile für die Nutzfahrzeugbranche und Druckbehälter einen großen Anteil der Produkte aus. In den 1990er Jahren wurde der Behälterbau eingestellt. Nachdem das Unternehmen 2008 noch ein Drittel über der Normalkapazität produziert hatte, brachen ab 2009 die Aufträge weg. In partnerschaftlicher Zusammenarbeit mit Kunden, Lieferanten, Betriebsrat, der IG Metall, Politikern und Banken gelang es, die Firma zunächst zu retten. 2015 erteilte ein Kunde, dessen Bestellungen 70 Prozent des Umsatzes ausmachten, keine Aufträge mehr. Da dieser Ausfall nicht kompensiert werden konnte, wurden die Mitarbeiter in eine Transfergesellschaft überführt und die Geschäftstätigkeit zum Jahresende eingestellt.

4 Ausdruck des Artikels aus Wikipedia über die Neckarwerft
7 Statistische Angaben zu Gelände und Gebäuden, Mitarbeiterzahl, Produktivität und Rationalisierungsmöglichkeiten
9 Lohnbücher 1929–1952, Lohn- und Gehaltskonten 1945–1950, Stundenbuch 1958–1963
10 Lagepläne, Baugesuche, Grundbuchauszüge
16 Bilanzen 1921–1960, Inventuren 1938–1968, Kassenbücher, Belege
47 Fotos von Schiffen, dem Werftgelände, Arbeiten auf der Werft und Messeauftritten
50 Im WABW nicht vorhanden.

14
Anderwert, Stuttgart

Name Georg Anderwert
Geschäftstätigkeit Tapetenhandlung
Branche Nr. 520
Umfang 0,1
Laufzeit 1857–1886
Benutzbarkeit Ja
Bestand B 57

Bestandsgeschichte Das Geschäftsbuch wurde 1986 übernommen. Sämtliche weitere Überlieferung des Unternehmens scheint im Zweiten Weltkrieg verbrannt zu sein.
Geschichte Georg Anderwert, aus dem Schweizer Kanton Thurgau stammend, zog 1860 nach Stuttgart und gründete eine Tapeten-, Rouleaux- und Wachstuchhandlung, die bis Mitte der 1960er Jahre bestand.
16 Strazzabuch 1857–1886
48 Barkasse (Blech und Draht) um 1870
50 Im WABW nicht vorhanden.

15
Anner, Reutlingen

Name J. J. Anner
Geschäftstätigkeit Nähfadenfabrik, Zwirnerei
Branche Nr. 171
Umfang 1
Laufzeit 1883–1980
Benutzbarkeit Eingeschränkt
Bestand Y 220

Bestandsgeschichte Das Archivgut wurde 1996, 1997 und 2002 übernommen.
Geschichte Johann Jakob Anner gründete 1873 die Zwirnerei und Nähfädenfabrik in Reutlingen, indem er die Lohnzwirnerei seines Schwiegervaters Hamann übernahm. 1927 erwarb die Firma die Bleicherei und Färberei Hermann Lachemann in Reutlingen und 1938 die Zwirnerei und Nähfadenfabrik Levi & Co in Hechingen. Bereits 1965 beteiligte sich die MEZ AG, Freiburg, an der Firma J. J. Anner. Am 23.1.1970 fusionierten die Firmen J.J. Anner, Ludwig Blu-

cke KG, Faurndau, und Wagner Söhne, Kirchentellinsfurt, zur UNIGARN GmbH & Co. KG mit Sitz in Kirchentellinsfurt. Ab 1989 war UNIGARN eine 100-prozentige Tochter von MEZ, Freiburg, und wurde ein Jahr später mit den Standorten Kirchentellinsfurt und Pfullingen stillgelegt.

3 Erbauseinandersetzung Adolf Anner; Wilhelm Benger Söhne, Stuttgart/Bad Rappenau (Umsätze, Finanzpläne, Protokolle der Gesellschaftersitzungen 1962–1971, Prüfungsberichte Wilhelm Benger Söhne 1950–1961, Prüfungsberichte Benger GmbH 1948–1959, Prüfungsberichte Benger KG 1960–1963, Prüfungsberichte Benger Wohnungsbaugesellschaft mbH 1951–1957, Richtfest Bad Rappenau 1963, Geschäftsanteile, Grundstücke, Gewinn, Vermögen 1957–1965, Verträge 1896–1966, Nachlass Alex und Louise Benger 1948, Verkauf Fabrikgebäude Stuttgart 1961–1962, Fotos vom Richtfest Bad Rappenau 1963)

4 Firmengeschichte (Manuskript) um 1980

5 Liquidation

8 Organisation um 1955–1965

10 Fabrikpläne, Bauzeichnungen um 1925–1965

13 Werk Sondelfingen, Färberei, Finishing, Abwasser, Zweigwerk Hechingen, Rezepturen, Zwirnproduktion, Maschinenpark, Zwirnerei- und Spinnereitechnik um 1883–1980

14 Umsätze

15 Warenzeichen

16 Inventarbuch-Serie, Hauptbuch-Serie, Statistik, Monatsberichte, Investitionen, Wertgutachten 1883–1966

17 Steuerbescheide um 1960–1980

18 Gebäudebrandversicherungsbücher 1912

21 Benger-Prozess 1961–1978

47 Fotos: Produktion, Kraftanlage, Fabrikgebäude, Privathaus Adolf Anner, Familie Anner; Familienwappen Anner

49 WABW B 36, N 12

50 Paul Weber (Hg.), Westdeutsche Wirtschaftschronik, Band 2: Württemberg, Stuttgart 1954, S. 192.

16
Ansorge, Stuttgart/Mannheim

Name Ansorge
Geschäftstätigkeit Nachlass eines Privathaushalts
Branche Nr. 950
Umfang 1
Laufzeit 1927–1952
Benutzbarkeit Nein
Bestand Y 7

Bestandsgeschichte Das Archivgut wurde 1990 übernommen.

Geschichte Die Familie Ansorge wanderte aus Schlesien ins Ruhrgebiet zu, wo die Männer im Bergbau Anstellung fanden. Karl Ernst Ansorge (1862–1952) arbeitete nach einer kaufmännischen Lehre in einer Kohlenhandlung in Mannheim. Dort war er bis um 1927 tätig, zuletzt als Prokurist. Nach dem Ende seiner Berufstätigkeit zog er nach Hameln.

16 Kontobücher 1934–1946, Wäschebuch 1949–1950, Rechnungen 1929–1945, Quittungen 1939–1949, Kontoauszüge 1927–1929, Lebensmittelmarken 1945–1946, Bilanzen 1933–1951, Kassabuch 1951–1952, Süddeutsche Diskontogesellschaft

50 Im WABW nicht vorhanden.

17
ARA, Stuttgart

Name Allgemeine Rentenanstalt Lebens- und Rentenversicherungs-AG
Geschäftstätigkeit Versicherung
Branche Nr. 650
Umfang 16
Laufzeit 1825–1990
Benutzbarkeit Ja
Bestand B 93

Bestandsgeschichte Das Archivgut wurde 1991 in der Folge des Zusammenschlusses zwischen der ARA und der Württembergischen Feuerversicherung AG übernommen. Schwerpunkte bilden die Protokolle der Organe der Gesellschaft sowie eine den Zeitraum 1920 bis 1990 umfassende Sammlung von Werbeschriften, Richtlinien und Formularen, die einen Überblick über die Angebotspalette geben.

Geschichte Die Allgemeine Rentenanstalt wurde 1833 als erste deutsche Rentenversicherungsgesellschaft von der Königlichen Württembergischen Staatsregierung genehmigt. Nach anfänglichen Schwierigkeiten erfolgte 1853 die Umstrukturierung des Unternehmens. Eine neue Satzung garantierte den Versicherten die größtmögliche Sicherheit für ihre Ansprüche. Die erste deutsche Rentnersterbetafel wurde 1854 von Professor Zech in Tübingen erstellt, auf deren Basis Rentenversicherungen angeboten wurden. Sicherheits- und Reservefonds mit festgelegten laufenden Zuführungen wurden angelegt. 1860 wurde die Lebensversicherung aufgenommen. Infolge der Vernichtung eines Großteils der Kapitalanlagen durch den Ersten Weltkrieg und die Inflation wurde die Gesellschaft in eine Aktiengesellschaft umgewandelt. Der Zweite Weltkrieg brachte die Vernichtung des größten Teils des Gebäudebesitzes und die Entwertung des mobilen Vermögens. Das bisher ganz Deutschland umfassende Arbeitsgebiet wurde auf die Bundesrepublik und Westberlin reduziert. Mit dem Neuaufbau nach der Währungsreform und der Verbesserung der wirtschaftlichen Situation verlagerte sich das Schwergewicht auf die Lebensversicherung. Hinzu kamen weitere Versicherungsarten. Der Außendienst wurde stark ausgebaut. Eine Kooperation wurde mit der Württembergischen Feuerversicherung und der Leonberger Bausparkasse AG eingegangen. 1991 erfolgte der Zusammenschluss mit der Württembergischen Feuerversicherung. Sie nannte sich danach Württembergische Lebensversicherung AG. Seit 1999/2000 ist das Unternehmen vollständig in die neue Dachholding Wüstenrot & Württembergische integriert.

4 Abhandlungen zur Firmengeschichte, Jubiläen 100, 125, 140, 150 Jahre

5 Statuten 1833–1986

6 Beteiligung an der Württembergischen Feuerversicherung 1938

7 Vorstandsmitglieder: v. a. Dr. Fritz Rueff 1934–1987, Dr. Wilhelm Paulus 1969–1976, Dr. Dieter Paulus 1988, Walter Burkhardt 1976–1977; Verwaltungsausschuß: Rechenschaftsberichte 1855–1889, Protokolle 1928–1959; Treuhänder 1933 und 1936, Aufsichtsratsprotokolle 1919–1938, Angelegenheiten des Aufsichtsrats 1969–1988, Hauptversammlungen 1964–1989, Reichsaufsichtsamt für Privatversicherung 1902–1945

8 Betriebsordnungen 1934, 1950, grafische Darstellung der Arbeitsabläufe 1948–1970, Einführung von EDV-Systemen 1966–1986, interne Rundschreiben 1926–1991, Schulungen 1958–1975

9 Gehaltsordnungen 1898, 1910, Untersuchung über Arbeitsplätze und Arbeitsflächen 1972, Betriebsratswahlen 1987–1990, Beamtenpensionskasse 1869–1933, Kübel-Stiftung 1905–1934, von Kölle-Jubiläumsstiftung 1905, Dr. Otto Hafner-Stiftung 1942–1973, satirische Faschingszeitung 1970–1974, Weihnachtsspiele und Theaterstücke 1976–1980, Hauszeitschrift 1925–1990

10 Ara-Bau Tübinger Straße 1953–1981, Calwer Straße/Calwer Passage 1976–1978, Wohnanlage Korntal Karl-Peters-Straße 1970

11 Dividende 1833–1838, Schuldverschreibung 1904, Stammaktien 1928 und 1939, Entwicklung der Überschußanteile 1925–1933, Vermögensübersichten 1949–1954; Deckungskapitalien 1920–1950, Rückversicherung v. a. mit der Bayerischen Rückversicherungsbank 1924–1954

13 Sterbetafeln, Tarife 1907–1989, Statistiken 1968–1984

14 Abschluß Lebensversicherung 1882–1890, 1921, Prämien, Rückvergütungswerte 1938–1956; Außendienst 1872–1989, Allgemeine Versicherungsbedingungen 1888–1973, Versicherungsurkunden und -scheine 1825–1968

15 Prospekte, Werbebriefe, Broschüren, Drucke 1836–1990

16 Umstellungsrechnung Reichsmark/DM 1946–1954, Umstellungsrechnung aus Anlass der Neuordnung des Geldwesens 1963–1965, Geschäftsberichte 1924–1989

17 Vermögensteuer 1931–1940, 1946, Umsatzsteuer 1931–1953, Gewerbe- und Körperschaftsteuer 1946, Versicherungssteuer 1960–1961

19 Gesetze der Militärregierung in der amerikanischen Zone 1946, Meldungen an die Militärregierung gemäß Gesetz Nr. 52, Versicherungsangelegenheit Berlin 1945–1950

20 Reichsverband der Privatversicherung 1931–1938, Verband der Lebensversicherungsunternehmen e. V. 1946–1956

22 Spenden 1975, 1980
47 Tonbänder und Kassetten von den Einweihungsfeiern der Gebäude Tübinger und Paulinenstraße 1957, Calwer Straße 1977/78, Rotebühlplatz 1978, vom Firmenjubiläum 1958 und 1983; Filme über Betriebsausflüge der 1950er und 1970er Jahre, die Versicherungsbranche, Calwer Passage
48 Emailleschilder 1960–1980
49 WABW B 92 (Württembergische Feuerversicherung)
50 Das Land Württemberg, Seine wirtschaftliche und kulturelle Bedeutung, I. Ausgabe, Verlag Stuttgarter Neues Tagblatt, Stuttgart 1927, S. 31. 100 Jahre Allgemeine Rentenanstalt AG Stuttgart 1833–1933, Stuttgart 1933 (Festschrift). 125 Jahre im Dienste der Gemeinschaft, Stuttgart [1958] (Festschrift). 150 Jahre Allgemeine Rentenanstalt AG, Stuttgart 1983 (Hauszeitschrift als Festschrift).

18
Argenwerke, Wangen im Allgäu

Name Elektrizitätswerke der Argen AG
Geschäftstätigkeit Energiewirtschaft
Branche Nr. 400
Umfang 1,4
Laufzeit 1886–1953
Benutzbarkeit Ja
Bestand B 2001

Bestandsgeschichte Das Archivgut wurde im Sommer 2000 als Teil der Unterlagen der Energie-Versorgung Schwaben übernommen. Etwa drei Viertel des Bestands waren bei der Archivpflegeaktion unter Wolfgang Leiner ab 1967 neu formiert, gelocht und in DIN-A-4-Stehordnern abgelegt worden. Das restliche Viertel fand sich im unbearbeiteten Teil des EVS-Bestands sowie bei einer Sammlung von Museumsgegenständen im Dampfkraftwerk Marbach. Der Bestand enthält zahlreiche Einzelschriftstücke der Provenienz OEW, vereinzelt auch der EVS ab 1939.
Das Kreisarchiv Ravensburg verwahrt als Gegenüberlieferung sechs Einheiten im Bestand B.AG.II. WG Landratsamt Wangen (Selekt Allgaier) mit der Gesamtlaufzeit 1909–1968.

Geschichte Eine erste Gründung als Aktiengesellschaft erfolgte im August 1891 in Lindau auf Betreiben der Maschinenfabrik Oerlikon bei Zürich, die auf der Suche nach Anwendungsgebieten für die mit der AEG entwickelte Drehstromtechnik die Wasserkräfte der Argen nutzen wollte. Das erste Projekt, der Bau eines Wasserkraftwerks in Langnau, scheiterte. Darauf gründeten größtenteils dieselben Aktionäre im Juli 1892 in Wangen eine neue Gesellschaft. Bis Oktober 1893 ging als eines der frühesten im Land das Lichtnetz Wangen in Betrieb. Die Leistung lieferten nach und nach gebaute Wasserkraftwerke an der Argen. 1929 übernahm der Bezirksverband Oberschwäbische Elektrizitätswerke (OEW) die Aktienmehrheit. 1934 wurde die AG aufgelöst, ihre Anlagen vom OEW übernommen, der eine Geschäftsstelle in Wangen einrichtete. 1939 gingen Anlagen und Vermögen der Argenwerke mit dem OEW in der neu gegründeten Energie-Versorgung Schwaben auf.
2 Theater Lindau 1886
4 Sammlung 1924–1952
5 Planung Argenkraftwerk 1891–1893, Statuten und Satzungen 1891–1931
6 Kooperation mit dem Bezirksverband Oberschwäbische Elektrizitätswerke (OEW) 1914–1934, Übergang in den OEW 1924–1937
7 Aufsichtsratsprotokolle 1892, 1895/96, 1909–1935, Protokolle der Hauptversammlungen 1893–1933, Geschäftsführung 1892–1934
9 Personal 1921–1934, Arbeitsunfälle 1927–1934, Betriebsrat 1920–1934, nationalsozialistische Mobilisierung 1933/34
11 Aktionäre 1891–1920, Kapitalerhöhungen 1892–1934
13 Planung von Hoch- und Mittelspannungsnetzen 1892–1923, Ortsnetze Wangen, Isny, Leutkirch, andere 1894–1934, Betriebstagebuch 1911–1932, interne Statistik 1928–1934, Wasserkraftwerke an der Argen (Au, Aumühle, Gottrazhofen, Neumühle, Talerschachen) 1891–1934, Revisionsbuch Dampfkesselanlage Au 1906–1934
14 Strompreise 1899–1933, Sondervertrags- und Großkunden 1895–1934 (OEW / EVS bis 1953), Versorgungsverträge mit verschiedenen Gemeinden 1896–1934
15 Kundenzeitschrift 1926–1934
16 Abschlußprüfung 1934, Geschäftsberichte 1919–1934

17 Allgemeines, Grund-, Körperschaft- und Vermögensteuer 1926–1934
49 WABW B 2010, B 2000; Kreisarchiv Ravensburg, Bestand B.AG.II. WG Landratsamt Wangen (Selekt Allgaier)
50 Das Land Württemberg, Seine wirtschaftliche und kulturelle Bedeutung, I. Ausgabe, Verlag Stuttgarter Neues Tagblatt, Stuttgart 1927, S. 44. Wolfgang Leiner, Die Elektrizitätswerke der Argen AG, in: Mitarbeiterzeitschrift EVS-Bericht Nr. 3/1969, S. 1–4. Wolfgang Leiner, Geschichte der Elektrizitätswirtschaft in Württemberg Band 1: Grundlagen und Anfänge (bis 1895), Stuttgart 1982, S. 233–247.

19 Arnold, Wolfschlugen

Name Gottlob Arnold
Geschäftstätigkeit Metzger und Gastwirt
Branche Nr. 150/151
Umfang 0,1
Laufzeit 1863–1910
Benutzbarkeit Ja
Bestand B 14

Bestandsgeschichte Das Archivgut wurde 1981 von der Familie übernommen.
Geschichte Gottlob Arnold übernahm das Gasthaus Ochsen in Wolfschlugen am 2. Februar 1863.
7 Geschäftsbuch 1863–1910
50 Im WABW nicht vorhanden.

20 Assmann & Stockder, Stuttgart

Name Assmann & Stockder GmbH
Geschäftstätigkeit Maschinenfabrik
Branche Nr. 290/292
Umfang 10
Laufzeit 1908–1980
Benutzbarkeit Nein
Bestand Y 8

Bestandsgeschichte Das Archivgut wurde 1987 von den ehemaligen Gesellschaftern übernommen.
Geschichte Das Unternehmen wurde 1872 in Stuttgart-Bad Cannstatt von dem Ingenieur Gustav Bausch gegründet. Ende der 1880er Jahre ging die Fabrik in Besitz der Herren Assmann und Kettner über. Nach Eintritt des Ingenieurs Hugo Stockder als Teilhaber änderte sich die Firmierung in Assmann & Stockder. Zwischen 1901 und 1907 wurde die Fabrik nach Stuttgart-Münster verlegt. Die Firma stellte seit der Gründung Lokomobile her, die sich zu einer Spezialität entwickelten. Seit der Übernahme der Kältemaschinenfabrik Stein, Bad Cannstatt, im Jahr 1916 produzierte die Firma auch Großkälteanlagen. Im Zweiten Weltkrieg erlitt der Betrieb durch Luftangriffe schwere Schäden. Nach dem Zweiten Weltkrieg beschäftigte der Betrieb 110 Mitarbeiter. Die letzten Eigentümer liquidierten das Unternehmen 1984.
12 Zulieferungen, Bezugsquellen, Angebote 1917–1951
13 Korrespondenz und technische Unterlagen, Kesselabnahmen, Reparaturen, Vorräte, Modellbücher, Zubehör, Betriebsbuch, Produktionsbücher um 1910–1970, technische Zeichnungen und Zeichnungsbücher um 1920–1980
14 Kopierbücher, Kunden, Preisbücher 1914–1950
15 Kataloge, Messen, Referenzen um 1908–1960
16 Kalkulation, Gewinnabführung, Controlling um 1935–1960
17 Gewerbesteuer, Umsatzsteuer, Aufbringungsumlage, Feststellungsbescheide um 1930–1950
47 Fotos: Fabrikansichten, Produktion, Montage, Produkte, Geschäftsführung, Belegschaft
48 Holzmodelle für Gussteile

50 80 Jahre Assmann & Stockder KG Stuttgart-Münster, in: Industrie- und Handelsblatt, Nachrichtenblatt der Industrie- und Handelskammer Stuttgart 1953, Nr. 7, S. 147.

21
Auftragsberatungsstelle, Stuttgart

Name Auftragsberatungsstelle Baden-Württemberg
Geschäftstätigkeit Gewerbeförderung
Branche Nr. 910
Umfang 7
Laufzeit 1936–2000
Benutzbarkeit Eingeschränkt
Bestand Y 268

Bestandsgeschichte Das Archivgut wurde 2001 übernommen.
Geschichte Die Auftragsberatungsstelle Baden-Württemberg (ABSt) ist hervorgegangen aus der 1943 in Württemberg-Hohenzollern ins Leben gerufenen Stiftung Württembergische Wirtschaftshilfe. Diese fungierte sowohl als betriebswirtschaftlicher als auch steuerlicher Beratungsdienst für die Wirtschaft. 1948 im Zuge des Wiederaufbaus als Stiftung des bürgerlichen Rechts neuerrichtet, konzentrierte sie sich – entsprechend den Aufgaben der bereits vor dem Zweiten Weltkrieg eingerichteten Landesauftragsstellen – auf die Beratung der Gesamtheit der gewerblichen Unternehmen in Fragen des öffentlichen Auftragswesens. Initiatoren waren die Industrie- und Handelskammern und andere Organisationen der Wirtschaft. Die ABSt unterstand der Aufsicht des Wirtschaftsministeriums und finanzierte sich aus laufenden Zuschüssen des Wirtschaftsministeriums und der Arbeitsgemeinschaft der Industrie- und Handelskammern. Stiftungsorgane waren der Stiftungsrat und der Geschäftsführer. 2001 wurde die ABSt liquidiert.
5 Wirtschaftshilfe Baden-Württemberg: Korrespondenz, Satzungen 1945–1969, Württembergische Wirtschaftshilfe 1950–1951
7 Stiftungsratssitzungen 1946–2000, Geschäftsberichte 1951–1996, ständige Konferenzen der Auftragsberatungsstellen 1987–1991
8 Organisation 1938–2000
9 Altersversorgung 1951–1976, Gehälter 1980–1998, Personalunterlagen 1971–1997
16 Bankkonten 1980–1997, Buchführung, Rechnungsabschlüsse 1996–1998, Haushaltspläne 1972–1998, Journale 1983–1997, Kassabuch 1969–1998, Sonderfonds »Wirtschaftshilfe«, Bankbelege, Depotauszüge 1982–1998
17 Lohnsteuer 1987–1998, Mehrwertsteuer 1967–1983
18 Sozialversicherung 1987–1998, Württembergische Gebäudeversicherung, Kraftfahrzeugversicherung, Unfallversicherung, Einbruchversicherung 1963–1968
20 Bezirksausgleichstelle Württemberg-Hohenzollern 1936–1969, Versorgungsanstalt des Bundes und der Länder 1962–1998, Verwaltungsberufsgenossenschaft 1949–1998
21 Arbeitsgerichtsprozess 1984–1986, Gemeinnützigkeit der ABSt 1949–1952
50 Jürgen Tychsen, Die Auftragsberatungsstelle Baden-Württemberg hilft, in: Wirtschaft zwischen Alb und Bodensee, Mitteilungsblatt der Industrie- und Handelskammern Ulm und Bodensee-Oberschwaben, 1992 Heft 11, S. 16 f.

22
Auwärter (Neoplan), Stuttgart-Möhringen

Name Gottlob Auwärter GmbH & Co. KG
Geschäftstätigkeit Fahrzeugbau (Omnibusse)
Branche Nr. 342
Umfang 5
Laufzeit (1852) 1917–2005
Benutzbarkeit Ja
Bestand B 121

Bestandsgeschichte Das Archivgut wurde 2005 aus dem Firmensitz in Stuttgart-Möhringen übernommen.
Geschichte Die Wurzeln des Unternehmens liegen im Jahr 1854, als Friedrich Auwärter eine Getreidereinigungsmaschine (Putzmühle) erfand und eine Wagnerei in Möhringen bei Stuttgart gründete. 1893 übernahmen seine Söhne Jakob und Gottlob die Firma. Im Jahr 1934

wurde die Firma, die seit einigen Jahren die ersten Omnibusse produzierte, in eine oHG umgewandelt. 1935 schied Gottlob Auwärter jr. aus der OHG aus und gründete unter seinem Namen eine eigene Karosseriebaufirma. Bis zum Zweiten Weltkrieg wuchs die Belegschaft auf 30 Mitarbeiter an, nach dem Krieg begann der schwierige Wiederaufbau. Eine Innovation Auwärters brachte 1953 den Durchbruch: Er konstruierte die erste freitragende Omnibus-Karosserie unter der Bezeichnung »Neoplan« (neues Personenbeförderungsmittel). In den folgenden Jahrzehnten wurden die Fabrikationsstätten in Stuttgart-Möhringen kontinuierlich ausgebaut. Hier wurden vor allem Doppeldecker und Flughafenbusse produziert. 1973 eröffnete ein zweites Werk für Linienbusse in Pilsting/Oberbayern, 1974 expandierte Auwärter nach Ghana, Afrika und Anfang der 1980er nach Colorado, USA. Niederlassungen in Deutschland, Vertriebsgesellschaften in Europa und ein weltweites Netz von Vertretungen sorgten für internationale Präsenz. Zahlreiche Preise erhielt die Firma für einzelne technische Innovationen sowie für ganze Busmodelle, auch der Firmengründer wurde mehrfach ausgezeichnet. Neben der Unternehmensentwicklung dokumentiert das Archiv Gottlob Auwärters Engagement bei der Innung und in Branchenverbänden. 2001 übernahm der MAN-Konzern, München, die Marke »Neoplan« und aus der Gottlob Auwärter GmbH & Co. KG wurde die NEOPLAN Bus GmbH. Neoplan und die Omnibussparte von MAN wurden in der Neoman GmbH gebündelt, die 2008 in der MAN-Nutzfahrzeuge-Gruppe aufging. Ende 2005 wurde die Fertigung am Stammsitz in Möhringen eingestellt, 2006 der Sitz der Unternehmenszentrale zunächst nach Pilsting verlegt und seit 2008 in Plauen konzentriert. Das Partnerunternehmen Viseon Bus GmbH übernahm das Werk Pilsting und einige Produktionslinien der Marke Neoplan.

2 Stuttgart-Möhringen 1917, 1967–1987, 2004

3 Stammbaum Familie Auwärter 1870–2004, Meisterbrief Gottlieb Auwärter 1852 (Kopie), Stammbaum der Nachkommen von Johann Michael Wolf und Christine Breuning 1884–1975, Familienregisterauszüge Familien Gottlob, Friedrich und Johann Auwärter 1982, Hochzeiten 1962–1983, Gottlob Auwärter (u. a. Zeugnisse, Urkunden 1920–1954, Eheschließung mit Rosine »Rösle« Kraus 1933, Tätigkeit im Bezirksbeirat Möhringen, Ehrungen, Geburtstage, Tod 1993), Albrecht Auwärter (50. Geburtstag 1986, Tod 1994), Konrad Auwärter (50. Geburtstag 1990), Familienkorrespondenz 1982–1992

4 Firmenchronik 1854–2004, Prospekte, Broschüren 1920, 1968, 1979, 1995, Zeitungsausschnitte 1954–1958, 1985, Mitarbeiter und Umsatz 1971, Jubiläumsansprachen 1976–1986, 50-jähriges Jubiläum 1985, 60-jähriges Jubiläum 1995, Gästebuch zu verschiedenen Anlässen (Eröffnungen, Geburtstage, Messen) 1976–1993, Broschüre »50 Jahre Neoplan-Omnibusentwicklung« 1985, Presseberichte und Zeitungsausschnitte 1954–1995, 2003

5 Gesellschaftsvertrag der Auwärter GmbH & Co., Geschäftsordnung, Verträge 1998–2000

6 Werk Pilsting (Geschäftsführerberichte 1986–2001, Jahresberichte 1993–1995), Neoplan Ghana (Mitarbeiterschulung, Reiseberichte, Fünf-Jahres-Plan 1980–1989), Neoplan USA Corp. (Werkseröffnung in Lamar, Colorado 1980–1982, Studienreisen 1986, 1991, Werkseröffnung in Honey Brook, Pennsylvania 1985), Neoplan Berlin (Eröffnung 1980, Umsatz und Produktionszahlen 1981–1992, Jahresbericht 1987, 1991–1994), Neoplan Plauen, Sachsen (Jahresabschluss, Gesellschafterversammlungen, Bilanzbesprechungen 1993–1997, Werkserweiterung 1997), Neoplan Rhein-Ruhr, Oberhausen (Jahresabschluss 1980–1996, mit Lücken, Geschäftsberichte 1990–1996, Verkaufsstatistiken 1990–1996, 25-jähriges Jubiläum 1999), Neoplan-Vertriebsunternehmen in Europa 1990–2000, Saudi Arabien Projekt (Personalunterlagen 1981–1998, Protokolle, Verträge 1986–1988, Korrespondenz 1986–1990, technische Unterlagen 1985–1990), NEOMAN Busvertrieb GmbH (Broschüre, Mitarbeiterzeitung 2004/05)

7 Jahresstrategiebesprechung 1990–1999, Jahresberichte 1986–2001, Geschäftsbericht 1996, 1998, Geschäftsführer 2001

8 Vordrucke u. Formulare 1980er

9 Mitarbeiterzahlen 1993/94, Betriebsrat, Firmentarifvertrag, Arbeitszeit 1999/2000, Werkszeitung 1970/71, 1975–2004 (mit Porträts leitender Mitarbeiter)

10 Grundstücke in Stuttgart-Möhringen: Erwerb 1935, 1969, Schätzung 1939, 1950, 1959,

Modernisierung u. Ausbau 1948, 1958, 1965, 1980, Lagepläne und Zeichnungen 1950, 1958, Mietverträge 1951, Wohnhausneubau 1960, Wertgutachten für Betriebsanlagen 1968, Einweihung der neuen Fertigungs- und Verwaltungsgebäude 28.8.1969, Bauvorhaben der ACF – GBR 1979–1985, Eröffnung des neuen Vertriebszentrums 1987

11 Anlage-Zertifikat 1984

13 Patente 1921–1961, Produktionszahlen 1983–1989, Technikberichte in der Werkszeitschrift, Technische Zeichnungen 1981–1987, 1992–1995, Ersatzteilkatalog 1985, 1993; Gebrauchtwagencenter (1970)–1985, 1993–2000

14 Rechnungen für Omnibuskarosserien 1935–1938, Vertriebsorganisation 1989, Neoplan Service Ring 1975, 1983, 1996, 2001, Konkurrenzunternehmen: Ikarus in Ungarn 1987, Statistiken zur Konkurrenz 1953–1988, Umsatzentwicklung, Statistik 1953–1991

15 Werksprospekte 1977–2001, Produktprospekte 1960–2004, Technik, Ausstattung u. Preislisten div. Bustypen 1982–1996, Ausstellungsprospekte 1986–1991, Internationale Automobil Ausstellung IAA 1981–1985, Neoplan-Autobus-Ausstellung NAA 1991–1995, Katalog über Neoplan Werbeartikel 1997, 2001, Werbemittel 1980–1990

16 Bilanz (GuV-Rechnung, Jahresabschluss, Finanzplan, Bilanzierungsunterlagen) 1938 (inkl. Inventurliste) u. 1950–1995

17 Umsatzsteuer, Gewerbesteuer 1951, 1956, Grundsteuer 1984–1986, diverse Steuern 1982–1984

20 Landesinnungsverband des Baden-Württembergischen Karosserie- und Fahrzeugbauhandwerks 1963–1982, Zentralverband des Deutschen Fahrzeug-, Wagen- und Karosseriebauhandwerks e. V. 1968–1972, Verband der Baden-Württembergischen Omnibusunternehmer e. V. 1951, 1992, Bundesverband deutscher Omnibusunternehmer e. V. 1981, Chronik Internationaler Bustouristik-Verband RDA 1951–1991, Wirtschaftshilfe Baden-Württemberg e. V. 1954, Broschüre Neoplan Akademie e. V. (Wartungsseminare, Sicherheitstraining) 2000–2002

21 Korrespondenz Rechtsabteilung 1955–1988

22 Eröffnung des Auwärtermuseums in Stuttgart-Möhringen 1997, Neoplan Oldie-Treffen 1986/87, Unfallforschung, Verkehrssicherheit von Reisebussen 1986–1993

47 Fotos: Familie 1860er–2004, Busmodelle (Fertigung, technische Details, Ausstattung) 1954/55, 1960–2001, Ausstellungen und Messen 1966–2001, Oldtimer-Omnibusse 1926–1977, Pferdeomnibus Paris um 1830, Firmen- und Wohngebäude Möhringen 1930, 1940, 1968–2001, Werke und Vertretungen weltweit 1974–2001, Personal (u. a. Betriebsausflüge, Ausbildung, Jubiläen) 1965–2001, Kameradschafts-Posaunenchor 1920–1925

48 Zeitschrift »Omnibus-Spiegel« 1979–1984

49 WABW Y 341 (Ernst Auwärter)

50 Gottlob Auwärter GmbH & Co (Hg.), Günter Wirbitzky: 80 Jahre Gottlob Auwärter. Pionier des Omnibusbaus. Leinfelden-Echterdingen 1983. Festschrift zum 75jährigen: Ein Leben für den Omnibus. Gottlob Auwärter. 6. Juni 1903 – 6. Juni 1978.

23
Auwärter, August, Schlierbach

Name August Auwärter
Geschäftstätigkeit Strumpffabrik
Branche Nr. 180
Umfang 1
Laufzeit 1876–1957
Benutzbarkeit Eingeschränkt
Bestand Y 448

Bestandsgeschichte Das Archivgut gelangte 2012 durch Vermittlung des Stadtmuseums Stuttgart an das WABW.

Geschichte August Auwärter gründete 1876 in Schlierbach eine Strumpffabrik. 1899 nahm er Adam Petri als Gesellschafter in die nun unter Auwärter & Petri firmierende Firma auf. Bis 1900 eröffnete das Unternehmen Filialbetriebe in Hattenhofen und Rutesheim. Als Adam Petri 1906 aus dem Unternehmen austrat, fiel der Betrieb unter der Bezeichnung August Auwärter Strumpfwarenfabrik an die Familie Auwärter zurück. Nach dem Tod August Auwärters im Jahr 1907 führten sein Sohn August jr. und sein Schwiegersohn Richard Hilt den Betrieb zunächst gemeinsam weiter. Als August Auwärter junior jedoch 1919 verstarb, übernahm Richard Hilt die alleinige Führung der Geschäfte.

In Roßwälden wurde 1927 ein dritter Filialbetrieb eröffnet. Ein Jahr später zählte die Gesamtbelegschaft 220 Arbeiter und Angestellte. Die beiden Söhne Richard Hilts, Richard jr. und Gerhard, traten 1935 in das Unternehmen ein. Kurz nach Ende des Zweiten Weltkrieges wurden große Teile des Maschinensaals zerstört. Die Produktion konnte dennoch bereits 1945 wieder aufgenommen werden. In den 1960er Jahren stellte das Unternehmen als eine der ersten Firmen der Branche neben Strümpfen und Socken auch Strumpfhosen her. Die Cousins Gisela und Ulrich Hilt übernahmen die Geschäftsführung der Firma Auwärter & Hilt GmbH im Jahr 1973.

4 50-jähriges Jubiläum 1926, 75-jähriges Jubiläum 1951

7 Verträge 1876–1909

8 Strickerei Rutesheim 1912–1936

10 Baupläne 1896–1909, Umbau und Neubau mit Einrichtungen und Installationen 1930–1940

12 Garnkäufe 1904–1937, Lagerbuch laut Spinnstoffgesetz 1950–1957, Inventuren 1924–1928

13 Größeneinteilungen 1902

14 Vermarktung 1920–1939

17 Gewerbesteuer 1911–1932, Umsatzsteuer 1916–1932, Einkommensteuer 1920–1932, Vermögensteuer 1920–1930

19 Kriegssteuer 1914–1919

50 Im WABW nicht vorhanden.

24
Auwärter, Ernst, Steinenbronn

Name Ernst Auwärter Karosserie- und Fahrzeugbau KG
Geschäftstätigkeit Fahrzeugbau (Omnibusse)
Branche Nr. 342
Umfang 5
Laufzeit 1934–2004
Benutzbarkeit Eingeschränkt
Bestand Y 341

Bestandsgeschichte Das Archivgut wurde 2006 übernommen.

Geschichte Die Wurzeln des Unternehmens gehen ins Jahr 1854 zurück, als Friedrich Auwärter eine Getreidereinigungsmaschine (Putzmühle) erfand und eine Wagnerei in Möhringen bei Stuttgart gründete. 1893 übernahmen die Söhne Jakob und Gottlob die Firma. Im Jahre 1934 wurde die Firma, die seit einigen Jahren die ersten Omnibusse produzierte, in eine oHG umgewandelt. Gottlob Auwärter junior schied 1935 aus der oHG aus und gründete unter seinem Namen eine eigene Karosseriebaufirma, die durch die Omnibusmarke neoplan bekannt wurde. In den kommenden Jahren wurden die Karosserien komfortabler und neue Werkstoffe und Technologien kamen zum Einsatz. Die oHG wurde 1936 von Wilhelm, Ernst und Paul Auwärter weitergeführt und ausgebaut. 1937 wurde die erste gebogene und ausstellbare Panorama-Windschutzscheibe zur Verbesserung der Sichtverhältnisse als Patent angemeldet. Durch den Tod von Wilhelm Auwärter im Jahr 1944 führten nun Paul und Ernst Auwärter die Firma alleine weiter. Allerdings nur für kurze Zeit, denn bereits 1949 wurde die oHG in zwei neue Betriebe aufgespalten. Während Paul Auwärter den Geschäftszweig Landwirtschaftliche Fahrzeuge und Anhänger übernahm, blieb Ernst Auwärter der Tradition des Hauses treu und baute den Omnibus- und Karosseriebau weiter aus. In der Nachkriegszeit führte Ernst Auwärter seine Firma zu einem führenden Omnibusaufbauhersteller in Mitteleuropa und erhielt seit den 1970er Jahren zahlreiche nationale und internationale Auszeichnungen. Die Belegschaft wuchs und 1973 wurde die Firma unter dem neuen Geschäftsführer Ernst Auwärter jun. in eine Kommanditgesellschaft umgewandelt. Kommanditisten sind die Töchter des Seniors Olga Zellner, Ingeborg Bahn und Elisabeth Schlabs. Die Werkstätten in Möhringen wurden immer weiter ausgebaut, 1974 erwarb Auwärter Gelände in Steinenbronn und 1976 siedelte die Firma in das neugebaute Werk um. Nach dem Mauerfall wurde 1992 die EA Karosserie- und Fahrzeugbau Gera GmbH gegründet. 2004 wurde das 150. Jubiläum als Ernst Auwärter Karosserie- und Fahrzeugbau KG, Steinenbronn begangen. 2005 musste Auwärter Insolvenz anmelden, im selben Jahr übernahm die österreichische Firma Pucher aus Linz den Omnibusbauer.

3 Gottlob Auwärter 1903–1978, 80. Geburtstag Ernst Auwärter 1982

4 Firmenchronik 1972–1977, 50 Jahre Auwärter 1978
9 Löhne 1942–1999, Belegschaft 1978–1979, Beschäftigten-Zahl 1949–1978
10 Grundstück Balinger Str. Stuttgart-Möhringen 1967–1976, Umbauten Bürogebäude, Werkstatt 1969–1970, Gebäudewertschätzung 1960
13 Technische Zeichnungen 1930–1964, Export nach Schweden und Norwegen 1982–1989, Plandaten 1979–1988, Iran-Konferenzbus 1984–1985, Patente, Gebrauchsmuster 1949–1972, Maschinen 1940–1987, Produktion 1977–1998
14 Umsatzzahlen 1946–1986, Preislisten 1965–1979, Prospekte der Konkurrenz 1973–1978, Kunden Frankreich 1997, Kundenkartei, Warenpreis-Entwicklung 1961–1974
15 Werbeanzeigen 1990–1999, Prospekte, Bestellformulare 1970–1996, Werbegeschenke 1990–2000
16 Wechsel Kopierbuch 1968–1975, Journal 1964–1969, Kassenbuch 1956–1971, Kalkulation 1942–1991
47 Fotos: Busse, Werkstattaufnahmen 1965–1990
48 Urkunden für Reisebusse 1972, 1977, Stempel, Firmenschilder
49 WABW B 121
50 Ernst Auwärter KG 1854–1976 Ursprung – Gegenwart, Steinenbronn 1976. Die Geschichte der Firma Ernst Auwärter und ihre Entwicklung seit 1854, Steinenbronn ca. 1987. 150 Jahre Ernst Auwärter, Steinenbronn 2004 (Festschrift)

25
Auwärter, Paul, Simmozheim

Name Paul Auwärter KG
Geschäftstätigkeit Anhängerbau
Branche Nr. 342
Umfang 18
Laufzeit 1898–2008
Benutzbarkeit Eingeschränkt
Bestand Y 461

Bestandsgeschichte Die Unterlagen wurden im Mai 2013 in das WABW übernommen.
Geschichte 1854 gründete Friedrich Auwärter eine Stellmacherei. Ab 1928 produzierte das Unternehmen Omnibusse. 1944 übernahmen Paul und Ernst Auwärter den väterlichen Betrieb und teilten diesen 1949 auf. Während Ernst weiter Omnibusse produzierte, spezialisierte sich Paul auf den Anhängerbau. Am 8. Juni 2008 wurde die Auwärter-Anhänger-Produktionsstätte in Simmozheim geschlossen.
4 Pressespiegel 1982–2008
7 Verträge 1970–1998, Korrespondenz der Geschäftsleitung 1983–1993, Skizzenbücher Paul, Gottlob und Wilhelm Auwärter 1924,
9 Betriebsordnungen 1939–1978; Betriebsfeiern/-Ausflüge 1986, Ausbildung 1983, Mitarbeiterverzeichnis 1934–1959, Betriebsratsprotokolle 1981–1999, Personalunterlagen 1991–2001, Betriebsordnung
10 Vermietung einzelner Liegenschaften und Gebäude 2004, Kaufverträge 1898, Grundschuldbrief 1900, Bauunterlagen (Lageplan 1991, Baugesuche 1950–1997, Korrespondenz 1968–1998) Rötestr. Simmozheim und Kaltentalerstr. Stuttgart-Möhringen
12 Wareneingangsbuch 1935
13 technische Unterlagen (Allgemeine Betriebserlaubnis, Zeichnungen, Ersatzteil- und Preislisten) 1964–2002, Patente 1950–1956
14 Auftragsbücher 1949–2004, Kommissionsbuchserie 1950–2003, Auftragsbuch 1912–1947
15 Prospekte und Verkaufsunterlagen 1957–1998
16 Kassenbuch 1980–2001, Bilanzen 1936–1991
17 Steuerprüfung 1973–2001, Steuerbescheide 1978–2000, Steuerberater Unterlagen 1992–2001
21 Prozessakten 1981–1998,
50 Ernst Auwärter KG: Paul Auwärter KG 1854–1980, Simmozheim 1981.

26
Bäckerei Kiefer, Stuttgart

Name Bäckerei Kiefer
Geschäftstätigkeit Bäckerei
Branche Nr. 156
Umfang 3,5
Laufzeit 1958–2007
Benutzbarkeit Eingeschränkt
Bestand Y 460

Bestandsgeschichte Das Schriftgut wurde 2013 vom Wirtschaftsarchiv Baden-Württemberg übernommen.
Geschichte Otto Kiefer führte die Bäckerei mit seiner Ehefrau Rosemarie bis zur Aufgabe des Geschäftes 1996. Im Geschäft gab es ein Depot der Firma Eduscho und es wurden verschiedene Vereine und Kirchen zu Festen und Kantinen beliefert. 1968 zog Otto Kiefer von der Finkenstraße in Stuttgart-Süd in die Engelbergstraße in Stuttgart-Bergheim und führte dort eine größere Bäckerei weiter.
14 Gewerbeabmeldung 1995
16 Jahresabschlüsse und Sachkonten 1989–96
18 Personenbezogene Unterlagen 1970–1996; Werbung 1965–1968; Meisterbrief; Baugesuche 1978; Inventur 1978–1980
49 Württembergischer Bäcker-Keglerverband Stuttgardia 1976–1996; Chor der Bäckerinnung Stuttgart Philia 1988–2003; Bäckerverein Stuttgardia 1987–88
50 100 Jahre BÄKO Region Stuttgart eG (Festschrift, 1999)

27
Bäckerinnung Alb-Neckar-Fils, Stuttgart

Name Bäckerinnung Alb-Neckar-Fils
Branche Nr. 910
Umfang 3,5
Laufzeit 1634–1984
Benutzbarkeit Ja
Bestand H 104

Bestandsgeschichte Das Schriftgut, das teilweise auch Unterlagen der Vorgängerinnungen und des Zunftwesens umfasst, wurde im November 2010 vom WABW übernommen. 2014 kam das Schriftgut der Bäckerinnung Schwäbisch Gmünd hinzu.
Geschichte Am 7. Februar 2011 schlossen sich die Bäcker-Innungen Aalen, Esslingen, Geislingen, Göppingen, Nürtingen-Kirchheim, Reutlingen-Tübingen und Schwäbisch-Gmünd zur neuen Bäcker-Innung Alb-Neckar-Fils zusammen.
35 Protokolle Tübingen 1925–1948, Protokolle Reutlingen 1915–1944, Stuttgart 1962–1987
36 Bäcker-Innung Tübingen 1904, 1972–1984, Bäcker-Zunft Reutlingen 1688, 1826–1830, 1840, 1845–1860, Bäcker-Innung Reutlingen 1908–1918, Bäckergenossenschaft Tübingen 1831–1922, Bäckergenossenschaft Reutlingen 1864–1870, 1886–1933, Bäcker- und Müller-Innung Reutlingen 1820–1826, Württembergischer Bäcker-Innungsverband 1933, BÄKO Uhingen 1981, Bäckerinnung Schwäbisch Gmünd 1881–1990, Sparwerk der deutschen Bäckerjugend e. V. 1954–1955, Kreishandwerkerschaft Ostalb 1970–1987, Kreishandwerkerschaft Schwäbisch Gmünd 1962–1964, Landesinnungsverband für das württembergische Bäckerhandwerk 1953–1986
38 Protokollbuch Lehrverträge 1849–1862, Meisterprüfungsprotokoll 1857–1861, Protokollbuch Lehrlinge 1882–1909, Ausbildungsbedingungen 1972–1973, Gesellen- und Zwischenprüfungen Schwäbisch Gmünd 1955–1969, 2 Werkstattwochenbücher 1954–1959
41 Steuerzettel 1870–1909, Gewinn/Verlustrechnung 1916, 1919, Jahresrechnung 1975, 1984, Kassenbericht 1983, Haushalt Landesinnungsverband 1961–1965, 1976, Haushalt Schwäbisch

Gmünd 1928–1934 und 1954–1969, Haushalt Bäckerfachschule Stuttgart 1961–1965
42 Tarifverträge 1951–1963
47 Brotwerbeplakatstreifen, Werbeplakat zu 100 Jahre Bäckerinnung Schwäbisch Gmünd
47 Ausflüge, Veranstaltungen und Versammlungen der Innung 1930er–1980er, Fotopostkarten der Feldpost 1940–1942
50 Diverse Festschriften der früheren Bäckerinnungen, Die Einstellung des deutschen Verbrauchers zum Brot Sonderheft der Informationen Brotgetreideerzeugnisse, Modellsatzung für Bäckerinnungen, Kalkulationsschema für die Preisberechnung im Bäckerhandwerk vom Reichsinnungsverband des Bäckerhandwerks.

28
Bäckerinnung Stuttgart, Stuttgart

Name Bäckerinnung Region Stuttgart Nord
Branche Nr. 910
Umfang 1
Laufzeit 1875–1994
Benutzbarkeit Ja
Bestand H 110

Bestandsgeschichte Das Schriftgut wurde im August 2014 vom WABW übernommen.
Geschichte Die Bäckerinnung Region Stuttgart Nord wurde 1891 gegründet und gab sich laut Statut von 1902 den Namen Bäcker-Innung (Zwangs-Innung) des Amtsbezirks Stuttgart. Zuvor gab es schon eine Bäckergenossenschaft in Stuttgart. 1875 gründete sich die Bäckergenossenschaft Cannstatt und bot ab 1882 gemeinsame Kurse in einer Fortbildungsschule an. Aus der Genossenschaft wurde 1902 die Freie Bäckerinnung Cannstatt und Bezirk, 1906 wurde die Gründung einer eigenen Krankenkasse beschlossen. Ab 1928 gab es die Freie Bäckerinnung Stuttgart-Cannstatt & Bezirk, im Oktober 1934 wurde eine Zwangsinnung installiert sowie ein neuer Obermeister durch die Handwerkskammer eingesetzt.
Die Innung unterhielt eigene Sterbekassen sowie Glas- und Schaufensterversicherungen.
36 Bäckerinnung Stuttgart 1884–1938, 1991; Bäckereinkauf Besigheim eGmbH 1943–1975; Bäckerzunft Echterdingen 1823; Bäckerinnung Cannstatt und Bezirk 1901–1934; Bäckergenossenschaft Cannstatt 1875–1901; BÄKO Backnang Bäcker- und Konditoren-Einkauf eG 1988–1992; Bäckereinkauf Backnang eGmbH 1951–1992; Bäckereinkaufsgenossenschaft Ludwigsburg 1922–1993; Bäckereinkauf Winnenden eGmbH 1940–1972; Bäcker-Einkaufsgenossenschaft Kreis Waiblingen 1964–1971
38 Ein- und Ausschreibbuch der Bäckerinnung Stuttgart 1884–1935; Kopierbuch von Gesellenbriefen 1905–1912
44 Auszüge der internationalen Arbeitskonferenz des Völkerbunds 1924–1925
47 Maiumzug 1928; Bäckerei-Fachausstellung 1952; Mitglieder der Innung; Übergabe einer Gedächtnismünze zur jahrelangen Zusammenarbeit von der Bäckerinnung Straßburg 1980
50 Diverse Festschriften der früheren Bäckerinnungen.

29
Badenwerk, Karlsruhe

Name Badenwerk AG
Geschäftstätigkeit Energiewirtschaft
Branche Nr. 400
Umfang 282
Laufzeit 1903–1999
Benutzbarkeit Ja
Bestand B 88

Bestandsgeschichte Das Archivgut wurde 1990 übernommen. Das Findbuch wurde im Februar 2000 vorläufig abgeschlossen. Seither wird der Bestand durch Nachlieferungen ergänzt.
Geschichte 1921 verabschiedete der Landtag das grundlegende Gesetz über die Gründung der Badischen Landes-Elektrizitäts-Versorgung Aktiengesellschaft mit Sitz in Karlsruhe, die das bereits seit 1912 geplante und seit 1917 betriebene Murg-Kraftwerk bei Forbach weiter ausbaute. 1938 erfolgte die Umbenennung in Badenwerk AG. 1995 gründeten Badenwerk und Energie-Versorgung Schwaben (EVS) den Energieverbund Baden-Württemberg (EBW) als Vor-

stufe zur Fusion. 1997 fusionierten Badenwerk und EVS zur Energie Baden-Württemberg AG, zunächst unter dem Kürzel EBW, ab Januar 1998 als EnBW.

2 Klimaverhältnisse des Großherzogtums Baden 1912, Elektrizitätsversorgung des Ghgt. Baden 1914

4 Denkschriften 1914–1924, Festschriften 1928–1996

5 Landtagsdrucksachen 1921–1925, Gesellschaftsvertrag 1921, Satzungen 1921–1994, Handelsregistereinträge 1921–1996

6 Badische Kraftlieferungsgesellschaft (BAKAGE) Freiburg 1903–1973, Murgwerk bzw. (1956 umbenannt) Rudolf-Fettweis-Werk Forbach 1904–1993 (618 Akteneinheiten plus Fotos, siehe separaten Bestand B 89), Electricité de France (EdF) 1948–2001, Beteiligungen an: Rheinkraftwerk Albbruck-Dogern in Waldshut 1929–1997, Kernkraftwerk Kaiseraugst in Baden (Schweiz) 1973–1990, Kernkraftwerk-Betriebsgesellschaft Karlsruhe (KBG) 1966–1986, Rheinkraftwerk Koblenz-Kadelburg 1928–1957 GROWAG Mannheim 1924–1998, Neckar AG Stuttgart 1926–1996, Elektrizitätswerk Rheinau AG (ERAG) in Baden (Schweiz) 1946–1998, Kraftwerk Ryburg-Schwörstadt in Rheinfelden 1926–1977, Rheinkraftwerk Säckingen AG 1959–1997, Schluchseewerk AG Freiburg 1928–1998, andere 1921–1998; internationale Energiewirtschafts-Beteiligungen (CERGA, DWK, GDE, GKB, Interuran, SIPU und andere) 1966–1993, Beteiligungen in Sachsen 1990–1994 und im Kosovo 1978–80; Übernahmen: Elektrische ÜberlandCentrale Oberhausen-Herbolzheim (EUCO) 1953–1959, Strombezugsverband Waldshut-Bonndorf-St. Blasien 1913–1958 (siehe B 87)

7 Berichte Vorstand an den Aufsichtsrat 1960–1996, Hauptversammlung 1953–1997, Vorstand 1929–1998 (Protokolle 1936–1941, 1968–1997), Aufsichtsrat Protokolle 1921–1982, Aufsichtsrat Ausschüsse 1921–1998, Aufsichtsrat Handakten einzelner Mitglieder 1921–1967, Vorstände Rudolf Fettweis, Carl Theodor Kromer, Hugo Rhein, Rudolf Guck und andere 1939–1996. Zentrale Überlieferung des Vorstands und zum Aufsichtsrat 1965–1998 als Vorprovenienz in B 97, EnBW.

8 Registraturpläne 1933, 1939, nach 1945

9 Tarifangelegenheiten, Löhne und Gehälter 1921–1997, Personalakten 1920–1979, Ausbildung 1945–1998, Betriebsrat 1965–1988, Betriebsfürsorge (Hinterbliebenenkasse, Pensionskasse usw.) 1922–1997, Arbeits- und Betriebsordnungen 1921–1966, Mitarbeiterinformation 1935–1998, Organisationspläne verschiedener Bereiche 1920–1986 (u. a. Richtlinien der Hauptabteilung 1966–1983), Registratur/Aktenplan/Mikroverfilmung 1938–1984

10 Grundstücksbücher 1922–1953, Umspannanlagen 1914–1995, technische Zeichnungen, Werkswohnungen 1960–1996, Verwaltungsgebäude 1958–1997

11 Begebene Anleihen 1921–1987, Aktienkapital 1951–1997, Bau und Finanzierung von Großanlagen 1952–1988, Gesamtgrundbuchschuld 1963–1984, Darlehen von Kreditinstituten 1952–1986

13 Kraftwerke: Bexbach 1978–1987, Eberbach Itterkraftwerk 1923–1972, Freiburg Rheinkraftwerk Albbruck-Dogern 1930–1982, Iffezheim Rheinkraftwerk 1973–1994, Kaiseraugst Kernkraftwerk 1970–1994, Karlsruhe Rheinhafen-Dampfkraftwerk 1952–1996, Laufenburg 1932–1994, Leibstadt Kernkraftwerk 1970–1992, Mannheim Großkraftwerk 1921–1992, Murgwerk siehe Bestand B 89, Neckarwestheim Kernkraftwerk 1972–1992, Obrigheim Kernkraftwerk 1959–1995, Philippsburg Kernkraftwerk 1970–1994, Rheinau 1938–1989, Rheinfelden 1920–1994, Ryburg-Schwörstadt 1926–1990, Säckingen Rheinkraftwerk 1959–1972, Schluchseewerk 1927–1991, St. Blasien 1950–1962, Projekt Waldshut-Koblenz 1942–1973, Projekt Wyhl (Kernkraftwerk Süd) 1973–1994, Pumpspeicherwerk Forbach 1963–1983, Schwarzenbachtalsperre 1987–1996

14 Hochspannungsleitungen und Ortsnetze 1919–1997 (u. a. Ortsnetzverzeichnis 1941), Verbundwirtschaft, Stromlieferungsbedingungen und Strompreistarife 1919–1997 (u. a. Bayernwerk 1921–1997), Energie-Versorgung Schwaben (EVS) 1917–1997, Kraftwerk Laufenburg / CH 1919–1997, Nordostschweizerische Kraftwerke AG Baden / CH 1927–1997, Kraftübertragungswerke Rheinfelden (KWR) 1916–1998, RWE Essen 1925–1996), Stromlieferung an Gemeinden und Unternehmen 1919–1995 (u. a. Stadtwerke: Baden-Baden 1936–1989, Bruchsal 1936–1989, Ettlingen 1931–1990, Karlsruhe

1929–2002, Konstanz 1928–1997, Pforzheim 1914–1977, Rastatt 1936–1998, Überlandwerk Achern 1930–1994, Elektrizitätswerk Elsenztal 1935–1989, Freiburger Energie- und Wasserversorgungs AG 1938–1989, Kraftwerk Helmreich in Heidelberg-Wieblingen 1922–1970, Pfalzwerke AG Ludwigshafen 1919–1999, Aluminiumhütte Rheinfelden 1931–1991), regionale Vertriebsbüros 1924–1997, Gasversorgung 1986–1996, Müllentsorgung 1989–1994, Fernwärme 1976–1992, Karten, Pläne

15 Verkauf Elektrogeräte 1928–1997, Energieberatung, Werbeveranstaltungen 1936–1990, Messebeteiligung 1979–1991, Kundenzeitschrift 1924–1935 und 1972–1997, Pressespiegel 1961–1996, Plakate, Wandkalender

16 Geschäftsberichte 1921–1997, interne Geschäftsberichte 1928–1941, Jahresabschlüsse 1924–1988, Abschlußprüfungen 1959–1964, Hauptbücher 1920–1949, Kassenbücher 1924–1953, Anlagekonten 1915–1949, Revisionen Rechnungshof 1938–1978

17 Verschiedene 1951–1994

20 Arbeitgeberverband 1922–1934, Vereinigung Deutscher Elektrizitätswerke 1925 und 1955–1989, Deutsche Verbundgesellschaft 1952–1990, Studiengesellschaft für Höchstspannungsanlagen 1926–1972; internationale Verbände

21 Kernkraftwerk Süd (Wyhl) 1971–1994, Strompreisprozesse gegen Bosch, Dynamit Nobel, Stadt Mosbach 1971–1986, Stromzahlungsboykott 1977–1983

22 Heinrich-Hertz-Preis 1971–1993, Kunstausstellungen 1992–1999, Sponsoring 1971–1997, Diskussion um Kern-/ Atomkraft ab 1958

47 Fotos: Rund 4.500 Stück, in eigenem Findbuch erschlossen, Schwerpunkte: Eigene Kraftwerke (Rudolf-Fettweis-Werk Forbach, Rheinhafen-Dampfkraftwerk, Schluchseewerk, Kernkraftwerke Obrigheim, Philippsburg, Planung Wyhl), Baudirektion Forbach (Murgausbau, Schwarzenbachsperre), Umspannanlagen, Hochspannungs- und Ortsnetze, Betriebsbüros der Regionalverwaltungen, Verwaltungsgebäude, Werbung Elektrogeräte, Mitarbeiter, Veranstaltungen; Polyesterfilme, Videokassetten

48 Werbegeschenke, Firmenschilder, Geschirr; Zeiterfassungsgerät

49 Alle Bestände zur Energiewirtschaft, insbesondere B 97 (EnBW)

50 Denkschrift des Badischen Innenministeriums an das Präsidium der Zweiten Kammer der Landstände über die Elektrizitätsversorgung des Landes vom 21. Januar 1914, Landtagsdrucksache, 43 Seiten. Badische Landes-Elektrizitätsversorgung Aktiengesellschaft (Badenwerk) Karlsruhe i. B. [1928] (Festschrift). Franz Goerg, Elektrizitätswirtschaft im Freistaat Baden, in: J. W. van Heys (Hg.), Deutschlands Elektrizitätswirtschaft, Dresden 1931, S. 563–613. Die Elektrizitäts-Wirtschaft im Deutschen Reich, Berlin 1934, S. 88–93. 25 Jahre Badenwerk AG Karlsruhe 1921–1946, Karlsruhe 1946 (Festschrift). Badenwerk Aktiengesellschaft 1921–1961, Karlsruhe [1961] (Festschrift). Endlich in eigenen Räumen, [Karlsruhe 1965] (Festschrift zum Bezug des Verwaltungsgebäudes). Strom und Land, Ein Dokument pulsierenden Lebens, Karlsruhe [1971] (Festschrift). Badenwerk Aktiengesellschaft [Informationsbroschüre], Karlsruhe 1980. Die elektrisierte Gesellschaft, Ausstellungskatalog des Badischen Landesmuseums in Zusammenarbeit mit dem Badenwerk aus Anlaß des 75-jährigen Jubiläums, Karlsruhe 1996. Bernhard Stier, Staat und Strom, Die politische Steuerung des Elektrizitätssystems in Deutschland 1890–1950, Ubstadt-Weiher 1999, S. 73–151. Bernhard Stier, Otto Helmle: Elektroingenieur, Vorstandsmitglied der Badenwerk AG, in: Baden-Württembergische Biographien II, Stuttgart 1999, S. 212–215. Bernward Janzing, Baden unter Strom, Eine Regionalgeschichte der Elektrifizierung, Vöhrenbach 2002. Robert Möllenberg, Die ökonomischen Folgen unterschiedlicher Marktmacht und vertikaler Integration, Eine historische Fallstudie der Elektrizitätswirtschaft von Baden und Württemberg in der Zwischenkriegszeit (1918–1933) (Stuttgarter historische Studien zur Landes- und Wirtschaftsgeschichte 20), S. 143–150.

30
Bader, Freiburg i. Br.

Name Julius Bader Hotel zur Wartburg
Geschäftstätigkeit Hotel und Gaststätte
Branche Nr. 550
Umfang 0,1
Laufzeit 1940–1950
Benutzbarkeit Eingeschränkt
Bestand Y 154

Bestandsgeschichte Das Archivgut wurde 1985 übernommen.
Geschichte Zur Geschichte konnten keine Daten ermittelt werden.
16 Einnahmen- und Ausgabenbuch 1940–1950
50 Im WABW nicht vorhanden.

31
Badische Bank, Karlsruhe

Name Badische Bank AG
Geschäftstätigkeit Bankgeschäft
Branche Nr. 650
Umfang 35
Laufzeit 1870–1994
Benutzbarkeit Eingeschränkt
Bestand B 114

Bestandsgeschichte Das Archivgut wurde 2007 übernommen. Eine kleinere Nachlieferung erfolgte 2009.
Geschichte Am 25. März 1870 wurde die Staatsgenehmigung für die Gründung einer Aktiengesellschaft zur Errichtung einer Bank in Mannheim mit der Befugnis zur Ausgabe von Banknoten erteilt. Gründungsmitglieder waren vor allem angesehene, einflussreiche Bankiers und Kaufleute aus Mannheim, Karlsruhe und Heidelberg. Maßgeblich beteiligt an der neuen Notenbank war insbesondere das Frankfurter Haus M. A. Rothschild & Söhne, vertreten durch Maier Carl Freiherr von Rothschild. Am 1. Januar 1871 nahm die Badische Bank ihre Geschäftstätigkeit in Mannheim auf, am 1. Februar die Filiale in Karlsruhe am Friedrichsplatz. Eine Agentur in Freiburg wurde 1894 errichtet. 1932 wurde der Hauptsitz der Badischen Bank an den Karlsruher Friedrichsplatz verlegt. Mit dem Ende des Notenbankprivilegs im Jahr 1936 wurde sie zur regionalen Geschäftsbank. Mittels Übernahme von Privatbanken errichtete sie Filialen in Pforzheim, Freiburg und Triberg. Die Badische Bank fusionierte 1977 zusammen mit der Württembergischen Bank und der Handelsbank Heilbronn zur Baden-Württembergischen Bank AG (BW-Bank) mit Hauptsitz in Stuttgart. Die BW-Bank wurde 2001 von der Landesbank Baden-Württemberg (LBBW) übernommen und 2005 vollständig eingegliedert.
2 Bankgeschichte Badens; Gründung Nationalindustriebank 1848
4 Dokumentation zur Gründung der Badischen Notenbank (Aktenkopien) 1842–69; Josef Ruby: Die Badische Bank 1870–1908. Ein Beitrag zur Notenbankfrage in Deutschland, Karlsruhe 1911; Badische Bank 1870–1895 (Maschinenskript); Urkundensammlung Gründung und Geschichte der Badischen Bank 1870–1875; 100-jähriges Jubiläum Badische Bank 1970; Materialsammlungen zur Geschichte der Bank
5 Konzessionsurkunde (Original und Kopien), 1864–1870; Banknotenprivileg 1889–1901; Satzungen 1932–1974
6 Filiale Mannheim (Hauptbücher 1947–1960, Verwaltungsgebäude 1976–1994); Filiale Pforzheim (Depotregister 1933, Depot-Limit-Bücher 1950–1960, Depot-Quittungen 1943–1965, Effekten-Orderbuch 1943–1962, Depot-Kontrollbücher 1962–1965, Coupons 1921–1923); Beteiligungen 1960–1980 (u. a. Gesellschaft für Vermögensverwaltung und Kapitalverkehr mbH Mannheim und Karlsruhe (VEUKA), Oberrheinische Vermögensverwaltungs-GmbH Karlsruhe (OVG), Informations-Zentrum Immobilien GmbH Mannheim (IZI), WIBA-Immobilien- und Industrie-Vermittlungs-GmbH Heidelberg, Werbe-Druck WIBA-GmbH, Karlsruhe); Fusion BW-Bank 1977–1978; Umstellungsrechnung Bankhaus Bensel & Co. 1948–1960
7 Gründungskomitee 1870; Vorstandsmitglieder 1904
10 Verlegung des Banksitzes von Mannheim nach Karlsruhe 1932; Zeitungsartikel über das Verwaltungsgebäude in Mannheim 1976
13 Aktienscheine in 50, 100, 1000-Stückelung; Staatsanleihen 1925–1960; Badische Banknoten 1930er Jahre; Anleihen Badenwerk 1921–1965;

Anleihen des Freistaats Baden 1927 und des Landes Baden-Württemberg 1957–1967; Wertpapierbereinigung von Anleihen
14 Unterschriftenblätter 1920–1980; Ausländerkontenkartei 1950–1975; Sperrkontenkartei 1950–1960
16 Hauptbücher 1870–1960; Geschäftsberichte 1871–1974; Effektenbücher 1877–1940; Depothauptbücher 1916–1950; Registerburch für Vermögenskontrolle 1937–1948; Hauptkontenkarten 1940–1960; Gewinn- und Verlustrechnung 1936–1975; Statistik 1952–1970; Prüfungsberichte 1952–1980; Bilanzen 1929–1972
19 Finanzamt Mannheim Stadt Verwaltung jüdischen Vermögens, Einzelfälle A-Z 1942/1943, Wiedergutmachung, Einzelfälle O-Z 1951–1962
20 Korrespondenz mit dem Reichswirtschaftsministerium 1930er
47 Originalentwürfe und Zeichnungen von Notenscheinen 1918–1920; internationale Scheckvordrucke 1900; Fotoalben Verwaltungsgebäude in Mannheim 1978–1994, Reproduktionen der Gründungsunterlagen; Fotos des Bankgebäudes in Mannheim
48 Lithographiesteine, Druckplatten und Klischees für Noten und Aktienscheine; Schatulle mit Prägung »BB«, Mechanische Maschine zur Scheckausstellung (Safe-Guard Check-Writer) ca. 1918–1928
49 WABW B 110 Baden-Württembergische Bank AG
50 Willi A. Boelcke, 125 Jahre Baden-Württembergische Bank, Stuttgart 1996. Georg Richter (Bearb.), Badische Bank, 100 Jahre, 1870–1970, Karlsruhe 1970 (Festschrift).

32 Badische Maschinenfabrik, Karlsruhe

Name BMD Badische Maschinenfabrik Durlach GmbH
Geschäftstätigkeit Maschinenfabrik
Branche Nr. 290
Umfang 0,8
Laufzeit 1876–1958
Benutzbarkeit Ja
Bestand B 8

Bestandsgeschichte Das Archivgut wurde 1981 übernommen.
Geschichte 1855 gründete Johann Georg Sebold eine Maschinenfabrik und Eisengießerei in Durlach. Das Unternehmen produzierte Dampf-, Hobel-, Bohr- und Zündholzmaschinen sowie Drehbänke. 1885 erfolgte die Umwandlung in eine Aktiengesellschaft mit dem Firmennamen »Badische Maschinenfabrik und Eisengießerei AG« vorm. G. Sebold und Neff. Seit 1890 wurden Gerbereimaschinen hergestellt. Bald wurde die Einrichtung von Gerbereien und Lederfabriken sowie von Eisen-, Stahl- und Metallgießereien zum Hauptfabrikationsprogramm. Eine Spezialität waren Sandstrahlgebläse und Formmaschinen. 1929 wurde die Firma an die Svenska Tändsticks Aktiebolaget (später ARENCO) verkauft, 1986 an die dänische A. P. Möller Group verkauft und in die DISA A/S integriert. 2002 wurde der Standort Durlach aufgegeben. Der Geschäftsbereich Formtechnik und Sandaufbereitungstechnik wurde 2007 von DISA an die 1981 von ehemaligen Mitarbeitern der Badischen Maschinenfabrik gegründete SOMAKO Hirsch + Attig GmbH veräußert, die ihn 2013 in die eigenständige BMD Foundry Technology GmbH überführte.
4 Firmengeschichte 1921; 75-jähriges Firmenjubiläum 1930; 100-jähriges Firmenjubiläum 1955
7 Aufsichtsratsprotokollbuchserie 1884–1943
9 Arbeiterstammrollen, Sozialversicherung, Anwesenheitslisten, Deutsche Arbeitsfront, Lohnbücher 1910–1958
10 Grundbuchauszüge, Schätzungen 1900–1945
12 Rohstoffpreise 1914–1932
13 Produktionsbuchserie 1884–1888

15 Katalog um 1920, Prospekt, Anzeige, Briefbogen 1923–1935
16 Kalkulationsbuchserie 1876–1884, Geschäftsberichte 1884–1943
47 Fotos: Kriegsschäden 1944–1945, Gründer und Teilhaber, Produkte, Firmengebäude
50 Hundert Jahre Badische Maschinenfabrik A.-G. Seboldwerk 1855–1955, Karlsruhe 1955 (Festschrift). 125 Jahre Badische Maschinenfabrik, Karlsruhe 1980 (Festschrift).

33
Badische Waggonfabrik, Rastatt

Name Badische Waggonfabrik Rastatt
Geschäftstätigkeit Waggonbau
Branche Nr. 350/352
Umfang 7
Laufzeit 1898–1980
Benutzbarkeit Eingeschränkt
Bestand B 85

Bestandsgeschichte Das Archivgut wurde 1987 von der Geschäftsleitung übernommen.
Geschichte Die 1897 als »Waggonfabrik Actiengesellschaft in Rastatt« gegründete Firma stellte als eines der größten Unternehmen Badens Eisenbahn- und Straßenbahnwagen und vor dem Ersten Weltkrieg auch Omnibusse her. Bis 1919 deckten die Großherzoglichen Badischen Staatseisenbahnen hier ihren Bedarf. Nach der Übernahme der Aktienmehrheit durch die Firma Bauknecht wurde die AG 1971 in eine GmbH umgewandelt. Die drei Jahre zuvor in das Fertigungsprogramm aufgenommene Herstellung glasfaserverstärkter Polymerwerkstoffe gewann in den Folgejahren zunehmend an Bedeutung und erreichte bald ein Drittel des Umsatzes. Diese Produktionssparte, vor allem für den Kunststoff-Karosseriebau eingesetzt, stellte nach der Einstellung des Schienenfahrzeugbaus und dem Konkurs der Firma Bauknecht auch das Hauptmotiv für die Bizerba-Gruppe dar, das Unternehmen mit seinen noch rund 250 Beschäftigten 1985 zu übernehmen. Der Betrieb firmierte fortan als BWR-Bizerba Werkstoffsysteme und Fahrzeugbau. Es folgten weitere Eigentümerwechsel und Umfirmierungen, zuletzt in BWR Waggonreparatur GmbH mit dem Schwerpunkt Revision, Umbau und Restaurierung von Schienenfahrzeugen.
4 Firmengeschichte, Chronik
5 Handelsregistereinträge, Satzung
7 Hauptversammlungsprotokolle um 1898–1970
11 Aktienbücher, Aktien 1952
13 Werkstatthefte, technische Zeichnungen, Zeichnungs-Verzeichnis um 1900–1940
15 Prospekte
16 Geschäftsberichte, Revisionsberichte 1899–1980
47 Fotos: Produkte (u. a. Schienenfahrzeuge, Aluminium-Schienenfahrzeuge, Postwagen, Personenwagen, D-Zugwagen, Packwagen, Güterwagen, Kesselwagen, Straßenfahrzeuge, Straßenbahnen, Getriebefahrgestelle, Stahlbau, Lichtmasten, LKW-Anhänger, Wohnwagen) und Firmenansichten um 1898–1965
48 Klischees
50 Waggonfabrik Aktiengesellschaft Rastatt, Gegründet 1897, Rastatt [1922] (Festschrift). Wolfgang Löckel, Wie vor 40 Jahren, Waggonfabrik Aktiengesellschaft Rastatt, Baden, in: Eisenbahn-Kurier 33 (1998) S. 54–56.

34
Baduf, Furtwangen

Name Badische Uhrenfabrik GmbH
Geschäftstätigkeit Uhrenfabrik
Branche Nr. 330/335
Umfang 2
Laufzeit 1897–1980
Benutzbarkeit Nein
Bestand Y 10

Bestandsgeschichte Das Archivgut wurde 1984 übernommen.
Geschichte Das Unternehmen wurde 1889 als Aktiengesellschaft gegründet und ging aus dem Zusammenschluss der ehemaligen Uhrenfabrik Furtwangen AG und Leo Faller am Bach & Sohn in Gütenbach hervor. Mitte der 1920er Jahre war das Unternehmen das größte seiner Art im badischen Schwarzwald und beschäftigte ungefähr 750 Mitarbeiter. Das Produktionsprogramm umfasste u. a. Weckeruhren, Jahresuhren, Regu-

latoren, Büro- und Küchenuhren. Der Absatz der Uhren erstreckte sich über alle Weltteile. Die Firma experimentierte auch auf dem Sektor der Radiogeräte, Radiobestandteile und -zubehör, konnte aber gegen den Konkurrenten SABA nicht bestehen und musste 1932 Konkurs anmelden. Im Jahr 1983 folgte der zweite Konkurs. Die Schwarzwälder Uhrwerke-Fabrik Burger in Schonach übernahm die Firma 1984, schloß jedoch die Produktion in Furtwangen.

5 Handelsregisterauszüge, Gründung der GmbH um 1897–1935
10 Bauangelegenheiten um 1903–1977
13 Patente, Gebrauchsmuster um 1899–1957
15 Kataloge um 1970–1980
16 Hauptbuchserie, Bilanzen, Bilanzbeilagen, Gewinn- und Verlustrechnungen, Jahresabschluß-Prüfungen um 1933–1960
50 Erich Köhrer (Hg.), Das Land Baden, Seine Entwicklung und seine Zukunft, 2. Aufl. Berlin 1925, S. 195. Repräsentanten der deutschen Industrie und Wirtschaft, Baden-Württemberg, Düsseldorf 1962/63, S. 170 f. Helmut Kahlert, Die Badische Uhrenfabrik Furtwangen: Einst bedeutend, fast vergessen, in: Heimatjahrbuch des Schwarzwald-Baar-Kreises 27 (2003) S. 155–161.

35
Baier, Asperg

Name Maschinenfabrik Otto Baier GmbH
Geschäftstätigkeit Werkzeugherstellung
Branche Nr. 290
Umfang 0,1
Laufzeit 1980
Benutzbarkeit Ja
Bestand Y 396

Bestandsgeschichte Die Archivalien wurden 2009 übernommen.
Geschichte Die Gründung der Firma erfolgte 1938 in Stuttgart-Münster. 1953 zog sie nach Asperg um. Die Gesellschaft ist mit Niederlassungen in Frankreich, Italien und Dänemark bis heute am Markt erfolgreich.

15 2 Plakate (5 Stück) DIN A 2: Schlagbohrmaschinen, Mauernutfräse, undatiert [um 1980]
50 http://www.baier-tools.com/de/unternehmen/historie.html [Zugriff 16.6.2015].

36
BAKOLA Karlsruhe, Karlsruhe

Name Badische Kommunale Landesbank-Girozentrale, öffentliche Bank und Pfandbriefanstalt, Zweiganstalt Karlsruhe
Geschäftstätigkeit Bankgeschäft
Branche Nr. 650
Umfang 35
Laufzeit 1905–1985
Benutzbarkeit Ja
Bestand B 105

Bestandsgeschichte Das Archivgut wurde 2001 von der Landesbank Baden-Württemberg (LBBW) übernommen. Eine größere Nachlieferung erfolgte 2010.
Geschichte 1922/1923 eröffnete die Badische Girozentrale – öffentliche Bankanstalt mit Sitz in Mannheim eine Zweiganstalt in Karlsruhe. Bereits nach kurzer Zeit trug sie entscheidend dazu bei, die Abwicklung des Zahlungsverkehrs zwischen Girozentrale, Sparkassen und den staatlichen Kassen zu erleichtern. Sie avancierte damit zum festen Bestandteil des Karlsruher Wirtschaftslebens. Während des Zweiten Weltkriegs übernahm die Zweiganstalt die Funktion der Bezirksgirozentrale für das Unterelsass. Im Jahr 1988 beschlossen der Badische und der Württembergische Sparkassen- und Giroverband die Fusion der jeweiligen Landesbanken zur Südwestdeutschen Landesbank Girozentrale (SüdwestLB). Durch die Vereinigung der SüdwestLB, der Landesgirokasse und der Landeskreditbank Baden-Württemberg – Marktteil – entstand 1999 die Landesbank Baden-Württemberg (LBBW).

4 Pressenotizen 1951–1957
6 Hauptanstalt Mannheim 1931–1952, Zweigstellen im Elsass 1945–1949, Organisationsprüfungen Zweiganstalt Freiburg und Zweiganstalt Karlsruhe 1957, 1960, Badische Landesbausparkasse (Bausparverträge Provisionen) 1950–1953
7 Direktionskorrespondenz 1924–1952, Direktionsbesprechungen 1957–1959, Direktionsbesprechungen Hauptanstalt Mannheim 1955–1956, Beiratsprotokolle 1937–1957, Verwaltungsratsprotokolle und Verwaltungsratsvorlagen 1953–1960, Verwaltungsratssitzung Dezember 1964, Kreditausschussprotokolle 1958–1959, Handakten Direktor Däuble 1954–1961

8 Registraturplan 1927–1952, Dienstanweisungen 1929–1937, Dienstreisekostenordnung 1925–1953, Rundschreiben 1936–1965, Neuordnung der Kreditabteilung 1937–1952, Aktenplan ca. 1950–1970, Geschäftsverteilung und Organisationspläne 1956–1982

9 Personalakten 1920–1985, Personal (Mitarbeiterlisten, Stellenanzeigen, Bewerbungen, Rundschreiben) 1923–1969, Personalstatistik 1933–1985, Arbeitszeit 1924–1953, Gehälter, Leistungszulagen, Jubiläumsgaben 1924–1976, Urlaub 1924–1974, Pensionsrückstellungen 1926–1975, Sozialversicherung 1935–1962, Badische Fürsorgekasse bzw. Badische Versicherungsanstalt für Gemeinde- und Körperschaftsbeamte 1924–1953, Versicherungspflicht zur Großhandels- und Lagereiberufsgenossenschaft Berlin-Wilmersdorf, Reichsunfallversicherung der Kreditinstitute 1926–1953, Kriegsopfer und Schwerbeschädigte 1927–1974, Betriebsausflüge 1930–1950, Personalkonten (Girokonten, Sparkonten, Eisernes Sparen, Versicherungskonten) 1941–1954, Deutsche Arbeitsfront, Gesetz zur Wiederherstellung des Berufsbeamtentums 1933–1942, Werkbücherei 1938–1941, Aus- und Fortbildung (Lehrlinge, Prüfungen, Kurse, Berufswettkämpfe) 1938–1981, Sparkassenfachprüfung 1954–1971, Winterbeihilfe 1950–1973, Betriebsrat, Gewerkschaftsbund 1945–1951, Stellenpläne 1954–1975, Tätigkeitsmerkmale 1968–1974, Darlehen an Betriebsangehörige 1954–1963, Kindergeld 1954–1974, Reichstarifvertrag für das deutsche Bankgewerbe 1929–1933, Tarifvertrag für das private Bankgewerbe 1949–1953

10 Anstaltsgebäude Karlsruhe 1929–1937, Seldenecksches Gelände 1935–1939, Verwaltung bankeigener Grundstücke 1935–1943

13 Steuerbegünstigtes Sparen 1950–1952

14 Kreditakten 1924–1940, erloschene Kredite 1950–1960, Landwirtschaftskredite 1928–1971, Wohnungsbauförderung 1935–1968, Kreditgewährung an Flüchtlinge 1946–1952

15 Geschäftsreklame 1937–1951, Werbemaßnahmen 1948–1951, Werbeanzeigen 1950–1953, Werbematerial für Veranstaltungen, Festspiele, Arbeitseinsätze »Ehrendienst« 1936–1950

16 Revision 1927–1930, Bilanzunterlagen 1935–1944, Ergebnisrechnungen 1935–1943, Hauptbuch 1937/1938, Registerbücher 1924–1938, Abrechnung Zweigstelle Straßburg 1942–1943, Währungsreform 1948–1952, Betriebsvergleiche der Sparkassen 1952–1958, interne Prüfung der Personalabteilung 1960/1961, 1967/1968, Haushaltspläne, Verwaltungskostenvoranschläge 1951–1957, Wertpapierbereinigung (Belege) 1955–1960, Österreichische Wertpapierbereinigung, Vermögensvertrag 1957–1962, Wertpapierbereinigung GEWAG Karlsruhe AG, früher Wohnungsgesellschaft der Oberrheinischen Handwerks, GEWAG Stuttgart, Stuttgarter Kassenverein 1950–1960, Verzeichnis der verwalteten Umstellungsgrundschulden (u. a. Badische Landeskreditanstalt für Wohnungsbau, Th. Schneider Sägewerk und Holzhandlung Baden-Baden, Reichsbahndirektion Stuttgart) 1948–1955, Hypothekengewinnabgaben (Überleitungsbogen, Übertragung an die Städtische Sparkasse Karlsruhe) 1952–1961

17 Gemeinde-, Kreis-, Grund- und Gewerbesteuer 1924–1949, Vermögensteuer 1936–1951, Körperschaftsteuer 1929–1951, Gebäudesondersteuer 1942–1943, Lohnsteuer 1923–1971, Gehaltsberechnung (Wehrsteuer, Bürgersteuer, Kirchensteuer) 1936–1945

18 Wasserleitungsschadenversicherung 1924–1953, Haftpflichtversicherung 1927–1938

19 Quartier- und Verpflegungsgutscheine KdF 1936–1941, Nutzungsentschädigung Gebäude Karlstr. Karlsruhe 1939–1946, Sparmarken KdF-Volkswagen 1939–1942, Sondermaßnahmen in der Kriegszeit 1939–1945, Mitarbeiterwerbung zum Beitritt in die NS Kulturgemeinde, Europa-Bund u. a. 1936–1948, Kontensperrungen 1941–1951, Errichtung von Sparkassen im Elsass 1941–1951, Kriegssparen 1939–1940, Eisernes Sparen 1941–1946, Geldverkehr mit Heeresstandortkassen 1942–1946, Fliegerschäden 1942, Kriegsschäden 1944, Militärregierung 1945/46, Erklärungen der Mitarbeiter nach Gesetz 52 (Sperre und Kontrolle von Vermögen) und 104 (Befreiung von Nationalsozialismus und Militarismus) 1945–1948, Sondergenehmigungen für Sperrkonten 1953–1956, Konversionskasse für deutsche Auslandsschulden Berlin 1960/61

20 Arbeitsgemeinschaft öffentlich-rechtlicher Kreditanstalten 1947–1952, Arbeitsgemeinschaft Deutscher Sparkassen-, Giroverbände und Girozentralen 1948–1953, Fortbildung des Personals beim Badischen Sparkassen- und Giroverband

und Deutschen Sparkassen- und Giroverband 1954–1973, Arbeitgeberverband des Bankgewerbes in Baden, der Pfalz e. V., Mannheim 1925–1945, Bankseminar der Verwaltungs- und Wirtschafts-Akademie Baden in Karlsruhe 1959–1968, Sparkassenschule Rastatt 1975–1985
21 Verwaltungsrechtssache Bakola gegen Bundesminister der Verteidigung wegen Erstattung von Beiträgen für Wehrdienstleistende 1953–1968
22 Spenden 1949–1961
49 WABW B 104 (BAKOLA Mannheim); WABW B 106 (SüdwestLB)
50 Hubert Ladenburg, Die neuere Entwicklung des Verhältnisses der Badischen Sparkassen und ihrer Girozentrale zum privaten Bankgewerbe, Diss. Universität München, München 1928. 50 Jahre Badische Kommunale Landesbank Girozentrale 1917–1967, Mannheim 1967 (Festschrift). Akzente der Zeit, 75 Jahre SüdwestLB, Frankfurt 1991 (Festschrift).

37
BAKOLA Mannheim, Mannheim

Name Badische Kommunale Landesbank – Girozentrale, öffentliche Bank und Pfandbriefanstalt Mannheim
Geschäftstätigkeit Bankgeschäft
Branche Nr. 650
Umfang 83
Laufzeit 1915–2002
Benutzbarkeit Ja
Bestand B 104

Bestandsgeschichte Das Archivgut wurde 2002 und 2005 von der Landesbank Baden-Württemberg (LBBW) übernommen. Nachlieferungen folgten 2011 und 2012.
Geschichte Die Badische Sparkassen-Girozentrale nahm 1917 in den Räumen der Städtischen Sparkasse Mannheim ihre Geschäftstätigkeit auf. Sie war eine Einrichtung des Giroverbandes badischer Gemeindesparkassen. Neben Giro- und Überweisungsverkehr wurden seit 1918 auch die Geschäftsbereiche Geldvermittlung, Geldausgleich, kommunaler Geld- und Kreditverkehr und das Privatkreditgeschäft abgedeckt. Damit wurde die Badische Sparkassen-Girozentrale zur Kommunalbank. Seit 1920 firmierte sie als Badische Girozentrale-öffentliche Bankanstalt, Träger war der Giroverband. Zwischen 1921 und 1922/1923 wurden Zweigstellen in Darmstadt, Freiburg und Karlsruhe errichtet. Die Aufnahme des Hypothekengeschäfts 1929 machte es erforderlich, der Bank eine eigene Rechtspersönlichkeit zu verleihen. Damit einher ging die Umbenennung in Badische Kommunale Landesbank – Girozentrale – öffentliche Bank- und Pfandbriefanstalt. Der Geschäftsbereich der Bank wurde 1940 auf das Elsass ausgedehnt, die Stadtsparkasse Straßburg zur Zweiganstalt umfunktioniert. Ende des Zweiten Weltkriegs übte die Zweiganstalt Freiburg die Girozentralfunktion für Südbaden aus, die Hauptanstalt Mannheim war für die amerikanische, die Zweiganstalt Karlsruhe für die französische Zone zuständig. Im Jahr 1988 beschlossen der Badische und Württembergische Sparkassen- und Giroverband die Fusion der jeweiligen Landesbanken zur Südwestdeutschen Landesbank Girozentrale (SüdwestLB). Anfang des Jahres 1999 entstand durch die Vereinigung der SüdwestLB, Landesgirokasse und Landeskreditbank Baden-Württemberg-Marktanteil die Landesbank Baden-Württemberg (LBBW).
2 Sparkassen 1931–1949, Neuordnung der Bankenstruktur in Baden-Württemberg 1976–1978, 1985
4 Entwicklung der Badischen Kommunalen Landesbank 1916–1981, 25-jähriges Jubiläum, Sparkasse – historischer Rückblick 1968, Presseberichte 1982–1984
5 Urkunden 1922–1937, Satzungen 1928–1986, Fusion mit der Landesbank Stuttgart (Vertrag, Organisation, Recht, Satzung) 1987/1988
6 Errichtung von Sparkassenzweigstellen 1928–1963, Zweigstelle Karlsruhe 1921–1981 (Kreditausschuss 1965–1968), Wohnungsgesellschaft des Oberrheinischen Handwerks Karlsruhe 1938–1958, Zweiganstalt Freiburg 1921–1985 (Kreditausschuss 1964–1966), Zweigstelle Straßburg 1940–1947, Zweigstellen im Elsass 1948–1959, BAKOLA International S.A. Luxembourg (Arbeitsausschuss, Geschäftsberichte, Prüfungsberichte) 1977–1988, BAKOLA London 1981–1983, BAKOLA Schweiz (nur Kreditausschuss) 1981–1988, Forfaitierung und Finanz AG

Zürich FFZ (nur Kreditausschuss) 1981–1987, Vereinsbank & Spargesellschaft für Stadt- und Landgemeinden AG, Heidelberg (Jahresabschluss) 1975, Vereinsbank Heidelberg AG (Geschäftsberichte, Prüfungsberichte) 1977–1987, BAKOLA-Grundstücksverwaltungsgesellschaft mbH, Mannheim 1980–1985, 1988; Prüfungsberichte: Süd Mobilien-Leasing GmbH Stuttgart 1987, Süd-Factoring GmbH Stuttgart 1987, SÜDWESTFINANZ Leasing- und Beteiligungsgesellschaft mbH bzw. BAKOLA Leasing- und Beteiligungsgesellschaft mbH Mannheim 1976–1980; Verhandlungen mit der Württembergischen Landeskommunalbank – Girozentrale (u. a. Fusion Städtische Spar- und Girokasse und Württembergische Landessparkasse) 1973–1975
7 Direktionssitzungsprotokolle 1924–1968, Vorstandsprotokolle 1971–1988, Verwaltungsratsprotokolle 1926–1988, Dienstverträge der Direktoren 1967–1969, Kreditausschussprotokolle 1929–1941 und 1956–1988, Mitglieder Kreditausschuss und Verwaltungsrat 1978–1988, Personalausschuss 1957–1960 und 1976, Bauausschuss 1983/1984, Unterschriftenverzeichnis 1975, Unternehmenskonzeption 1982
8 Dienstanweisungen 1919–1964, Geschäftsbetrieb 1928–1960, Betriebsaufbau und Betriebsordnung 1928–1949, Rundschreiben 1931–1949, Aktenplan, Registratur und Archiv 1956–1960, 1977–1980, Organigramme 1975–1988
9 Arbeitsunfälle, Krankenstand 1925–1934, Personalbesoldung 1929–1950, Treuedienst, Ehrungen 1938–1943, Personalunterlagen der Abteilungsdirektoren 1923–1936, Mitarbeiterzeitschrift 1978–1988, Personal der Teilzahlungsabteilung 1957–1971
11 Eigenkapital 1923 und 1978–1982, Liquidität 1955–1965, Unternehmenswert 1974/1975
13 Wertpapiergeschäft 1915–1959
14 Hypothekenabteilung 1928–1974, Darlehen für Sparkassen aus Amerikaanleihen der Deutschen Rentenbank-Kreditanstalt (Landwirtschaftliche Zentralbank) Berlin 1925–1935, Wohnungsbauförderung 1932–1980, Konsortialkredite 1944–1962, Kraftloserklärung von Reichswechseln 1950/1951
15 Briefbogengestaltung 1949–1972, Anzeigen 1929–1953
16 Geschäftsberichte 1917–1987, Bilanzen 1926–1987 (wenige Lücken), Jahresabschlussprüfungen 1926–1988, Hauptbücher 1934–1958, Kontrollbücher 1927–1955, Depotprüfungen 1930, 1949–1960, Revision 7c-Geschäft (Wohnungsbaudarlehen) 1954–1960 und 1971, Protokolle der Bilanzprüfungskommission 1976–1988, Reichsmark-Abschlussprüfung 1948, Umstellungsrechnung 1948–1960, Währungsreform 1948–1968, Wertpapierbereinigung 1949–1976, Postausgangsbuch 1963–1970
17 Kapitalverkehrssteuer, Wertpapiersteuer 1936–1943
19 Vermögensbeschlagnahmungen und Vermögenssperrungen 1940–1951, Darlehensentnahmen der Landeszentralbank von Baden-Württemberg, Hauptstelle Mannheim 1950–1974
20 Badischer Sparkassen- und Giroverband (Vorstandssitzungen 1918–1927 und 1939–1943, Verbandsversammlung 1919–1932, Ausschussprotokolle 1921–1954, Sparkassen-Rechnerkonferenz 1927–1932, Sitzungen der leitenden Direktoren der Girozentralen 1921–1941, Konferenz der Vorstandsmitglieder der Badischen Sparkassen 1978–1989), Deutscher Sparkassen- und Giroverband (Vorstandsprotokolle 1939–1943, Rundschreiben 1985–1987, Ausschussprotokolle 1989, Organigramm 1970), Wirtschaftsgruppe Privates Bankgewerbe und Wirtschaftsgruppe öffentlich-rechtlicher Kreditanstalten (Rundschreiben) 1940–1945, Kreditengagements der Württembergischen Girozentrale 1969, Kontakte zu anderen Girozentralen 1980–1987
22 Spenden 1936–1980, Aufbauförderungsgesellschaft Mannheim 1952–1961, Karlsruher Flughafengesellschaft 1954–1966
47 Fotos: Bankgebäude: Freiburg 1956, 1987, Karlsruhe 1955, Mannheim, Augusta-Anlage 1957 und Erweiterungsbau Otto-Beck-Straße 1983, Verlagsgebäude Hans Witte in Karlsruhe 1948; Porträts Direktion 1923, 1967, Verwaltungsratssitzung am 15.12.1978 in Luxemburg
49 WABW B 105 (BAKOLA Karlsruhe)
50 Hubert Ladenburg, Die neuere Entwicklung des Verhältnisses der Badischen Sparkassen und ihrer Girozentrale zum privaten Bankgewerbe, Diss. Universität München, München 1928. 50 Jahre Badische Kommunale Landesbank Girozentrale 1917–1967, Mannheim 1967 (Festschrift). Akzente der Zeit, 75 Jahre SüdwestLB, Frankfurt 1991 (Festschrift). Sonja Scherb, Die

Landesbank Baden-Württemberg in Mannheim von Josef Durm, Magisterarbeit Universität Heidelberg 2009, Typoskript im WABW.

38
Bankhaus Frisch, Stuttgart

Name Bankhaus Joseph Frisch
Geschäftstätigkeit Bankgeschäft
Branche Nr. 650
Umfang 10,5
Laufzeit 1920–2003
Benutzbarkeit Ja
Bestand B 166

Bestandsgeschichte Das Archivgut des Bankhauses Joseph Frisch gelangte nach dem Tod von Dr. Karl Graf von Demblin durch dessen Sohn Dr. Alexander Graf von Demblin im Jahr 2004 an das Wirtschaftsarchiv Baden-Württemberg.
Geschichte Der Bankier Joseph Frisch (geb. 1881 in Gaggenau, Kreis Rastatt) gründete 1922 ein Bankhaus in der Königstraße 19a in Stuttgart. Durch Eintritt des Prokuristen Otto Essele wurde das Unternehmen am 5. April 1949 in eine offene Handelsgesellschaft umgewandelt. Zwischen 1948 und 1951 beschäftigte das Bankhaus zwischen zehn und zwölf Mitarbeiter. Nach dem Tod Joseph Frischs am 26. April 1953 traten seine Witwe Emma Frisch geb. Offermann sowie seine Töchter Hertha Meeh und Irmgard Gräfin von Demblin als Kommanditistinnen in die Firma ein. Die Unternehmensspitze stellte zu diesem Zeitpunkt die Familie Frisch. Als Muttergesellschaften fungierte einerseits die Familienpersonengesellschaft des Bankhauses Joseph Frisch und andererseits die Verwaltungs-Aktiengesellschaft Zavelstein, eine Kapitalverwaltungsgesellschaft, in der Joseph Frisch 52 Prozent und die beiden Töchter jeweils 24 Prozent des Aktienbesitzes hielten. Das Bankhaus war zum Zeitpunkt des Jahres 1953 an der Himmelwerk AG Tübingen, der Fr. Kammerer AG Pforzheim, der Progresswerk AG Oberkirch, der Tewa AG Darmstadt und der Knopffabrik Neuenbürg GmbH beteiligt. 1955 wurde der Firmenname in Joseph Frisch Nachfolger geändert. An die Stelle der Kommanditistinnen trat die Verwaltungs-Aktiengesellschaft Zavelstein, die mindestens seit 1923 bestand und ab 1956 in Verwaltungs-Aktiengesellschaft Stuttgart umbenannt wurde. Am 30. Juni 1965 stellte das Bankhaus Joseph Frisch Nachfolger seinen Geschäftsbetrieb ein und wurde am 5. Januar 1966 aufgelöst. Die Niederlassung in der Königstraße übernahm die Bank für Teilzahlungskredit GmbH Düsseldorf, die 1980 mit der Absatzkreditbank AG Hamburg verschmolz. Nach der Auflösung führte die Verwaltungs-Aktiengesellschaft Stuttgart in den Räumen und in enger personeller Verknüpfung mit der Württembergischen Bank und der BW-Bank am Kleinen Schlossplatz 11 einen Teil der Geschäfte weiter. Zum 9. Juni 1972 wurde die Verwaltungs-Aktiengesellschaft Stuttgart in die Verwaltungs-Gesellschaft GmbH Stuttgart umgewandelt. Die Verwaltungs-Gesellschaft mbH und die Erbengemeinschaft Joseph Frisch wurden mit Wirkung zum 26. April 1978 aufgelöst.
3 Privatrechnungen Graf und Gräfin von Demblin 1938–2002, Kontoauszüge Fam. v. Demblin (von Deutsche Bank Gotha 1939–1944, Länderbank Wien 1943–1944, Bankhaus Joseph Frisch 1944–1951, Bankhaus Paul Kapff, Stuttgart 1943–1959, Sparkasse Ellwangen 1945–1949, Deutsche Bank Stuttgart 1945–1953); Erbengemeinschaft J. Frisch Testamentsvollstreckung 1947–1965 (Testament Frisch, Rechtsstreit, Nachlass Hertha Meeh), Joseph Frisch Erbengemeinschaft 1932–1985, Vermögensverwaltung der Familie von Demblin 1938–2003
8 Liquidation des Bankhauses Joseph Frisch Nachfolger 1965, Umwandlung der Verwaltungs-Aktiengesellschaft Stuttgart in die Verwaltungs-Gesellschaft mbH 1958–1972, Liquidation der Verwaltungs-Gesellschaft mbH 1976–1978
9 Personalverwaltung des Bankhauses Joseph Frisch und Joseph Frisch Nachfolger 1953–1967, Gehaltsbuch 1960–1965, Personalverwaltung der Verwaltungs-Aktiengesellschaft Stuttgart und der Verwaltungs-Gesellschaft mbH 1965–1978, Gehaltsbuch 1968–1976, Krankenkassenbeiträge und Gehaltsabrechnungen der Verwaltungs-Gesellschaft mbH 1973
10 Immobilien der Familie Frisch und Nachfolger in Stuttgart und Zavelstein 1926–1973
13 Einlagengeschäfte 1922–1969, Effektengeschäfte 1922–1965, Versicherungen 1944–1950, Beteiligungen 1948–2002

16 Buchführung des Bankhauses Joseph Frisch und Joseph Frisch Nachfolger 1920–1971, Betriebsprüfungen 1946–1955, 1967–1971, Buchführung der Verwaltungs-Aktiengesellschaften Zavelstein und Stuttgart 1923–1971, Buchführung der Verwaltungs-Gesellschaft mbH 1967–1977
17 Steuerverwaltung der Joseph Frisch Erbengemeinschaft, der Verwaltungs-Aktiengesellschaft Stuttgart und der Verwaltungs-Gesellschaft mbH 1962–1978
20 Berichte, Rundschreiben und Einladungen des Vereins der Auslandsösterreicher in Baden-Württemberg e.V. Stuttgart 1964–1976
21 Aussetzung der Grunderwerbsteuer für Gebäude und Grundstücke im Zuge der Umwandlung von der AG zur GmbH 1972–1975, Rechtsstreit der Joseph Frisch Erbengemeinschaft um die Höhe der Erbschaftssteuer im Zuge der Auseinandersetzung des Nachlasses Joseph Frischs 1948–1964, Rechtsstreit zwischen den Erbinnen Joseph Frischs und den Testamentsvollstreckern über die Vergabe des frei gewordenen Aufsichtsratspostens 1959–1960
47 Fotos: Fotos aus dem Nachlass von Ottilie Bücher 1910–1920, 1950–1980; Himmelwerk AG Tübingen [1948]; Immobilien in Zavelstein 1975
48 Schreibmappe um 1930, Werbedruck der Firma Ludwig Kreiser Ulm [1970]
49 WABW B 110 (BW-Bank), B 113 (Württembergische Bank)
50 Wilhelm Hohmann, Kompendium der Privatbanken in Stuttgart 1865 bis Ende der 1980er Jahre (= Stuttgarter historische Studien zur Landes- und Wirtschaftsgeschichte 14), Ostfildern 2009, S. 312 f. Sibylle Lehmann-Hasemeyer/Andreas Neumayer, Does the preference for investment in local firms rise in turbulent times? Evidence from the portfolio of Joseph Frisch, private banker (1923–55), in: Zeitschrift für Unternehmensgeschichte 64 (2019), Heft 1, S. 1–18.

39 Bankhaus Sauer, Ravensburg

Name Bankhaus Sauer & Co. KG
Geschäftstätigkeit Bankgeschäft
Branche Nr. 650
Umfang 17
Laufzeit 1923–1961
Benutzbarkeit Eingeschränkt
Bestand Y 299

Bestandsgeschichte Das Archivgut wurde 2002 aus Familienbesitz übernommen.
Geschichte Im Jahr 1906 gründete der Bankier Julius Sauer in Ravensburg das Bankhaus Sauer & Co., Kommanditgesellschaft, Ravensburg, Bank- und Wechselgeschäft. Sauer leitete die Anstalt am Frauentorplatz als alleiniger Geschäftsführer. Kommanditisten waren Maria Sauer, Hildegard Sauer und Dr. Albert Sauer. Die Geschäftstätigkeit umfasste vor allem das Effekten-, Wechsel-, Kassen- und Kouponwesen sowie die Einlagenübernahme gegen Zinsvergütung. Julius Sauers Tochter, Johanna Sauer, trat 1929 als Angestellte in das Unternehmen ein und übernahm später die Geschäftsführung. Im Jahr 1953 wurde Insolvenz angemeldet, 1993 erfolgte die Löschung im Handelsregister.
5 Geschäftsbedingungen 1924–1930
8 Betriebsübersicht 1944, Betriebsführung und Organisationsrichtlinien 1961
9 Personalakten 1923–1935
14 Kriegsanleihen 1919–1937, Reichsanleihen 1935–1937, Kreditakten 1940–1951, Effektenübertragungen und -auslieferungen 1956–1961
15 Formulare und Visitenkarten 1900–1950, Scheckhefte (leer)
16 Journalserie 1906–1952, Kassabücher 1906–1908, Rentabilitätsrechnung 1913–1917, Privatkopierbuch 1913–1938, Skontrobücher 1915–1943, Bilanzunterlagen 1916–1947, Einlagebücher 1917–1923, Depotbücher 1919–1950, Kontogegenbuch 1920–1921, Hauptbücher 1922–1952, Kouponbücher 1932–1953, Saldibücher 1936–1953, Verlosungskontrollbücher 1937–1945, Bilanz-Prüfungsberichte 1937–1942, Wechsel-Obligo 1939–1952, Kontobücher 1941–1950, Limitbuch 1943–1953, Reichsmark-Schlussbilanz 1948, Währungsreform 1948, Wechselkopierbuch 1952–1953

17 Einkommensteuererklärung 1938–1941
19 Sperrkontenkartei
50 F[ranz] C[aspar] Huber, Festschrift zur Feier des 50-jährigen Bestehens der Württembergischen Handelskammern, II. Teil, Stuttgart 1910, S. 296. Manfred Pohl, Die Entwicklung des privaten Bankwesens nach 1945, in: Institut für bankhistorische Forschung (Hg.), Deutsche Bankengeschichte 3, Frankfurt am Main 1983, S. 246.

40 Bantel, Kirchheim u. Teck

Name Bantel am Markt
Geschäftstätigkeit Textileinzelhandel
Branche Nr. 520/521
Umfang 4
Laufzeit 1991–2011
Benutzbarkeit Eingeschränkt
Bestand Y 440

Bestandsgeschichte Der Bestand wurde anlässlich des Ausscheidens der beiden Inhaber Mitte 2011 dem Wirtschaftsarchiv übergeben.
Geschichte 1989 übernahmen das Ehepaar Susanne und Dipl. Kaufmann Manfred Bantel das alteingesessene Kaufhaus Battenschlag in Kirchheim unter Teck. Sie modernisierten es in mehreren Etappen und führten es von 1991 bis Mitte 2011 unter dem Namen Bantel am Markt mit ca. 40 Mitarbeitern. Das Warensortiment, das auf 1 400 Quadratmetern angeboten wurde, umfasste Mode für Damen, Herren und Kinder sowie Wäsche und Strümpfe. Die Firma war Mitglied beim größten deutschen Textileinkaufsverband, der KATAG AG in Bielefeld. Das Modehaus wurde Mitte 2011 von den ortsansässigen Textileinzelhändlern Bantlin und Gerber übernommen, die es gemeinsam unter dem Namen Eck- Mode am Markt weiterbetreiben.
4 Lebenslauf und Arbeitsbereiche von Manfred Bantel und Susanne Bantel
9 Arbeits- und Wochenpläne, Personaleinteilung 1995–2008, Ausbildung: Textilwarenkunde für Wäsche aus Maschenware, Handbuch für die Ausbilder, Musterbuch über Stoffqualitäten, Reden anlässlich von Weihnachtsfeiern
15 Pressemitteilungen, Prospekte, Inserate eigene 1991–2010, Werbemittel auch von der ortsansässigen Konkurrenz 2000–2010 und von Lieferanten z. B. Schiesser, Mey, Triumph
47 Innen- und Außenaufnahmen vom Modehaus, Modeschauen (d), VHS-Werbefilm von Olymp für Herrenhemden, ca. 2008
50 –

41 Bantlin, Reutlingen

Name Paul Bantlin
Geschäftstätigkeit Lederfabrik
Branche Nr. 190
Umfang 11,5
Laufzeit 1860–1999
Benutzbarkeit Eingeschränkt
Bestand Y 11

Bestandsgeschichte Das Archivgut wurde 1990 und 1994 von Nachkommen der letzten Gesellschafter übernommen. Eine Nachlieferung geringen Umfangs erfolgte im Dezember 2016.
Geschichte Paul Bantlin, Sohn des in Reutlingen ansässigen Lederfabrikanten Georg David Bantlin, gründete 1875 seine eigene Fabrik, in der er vor allem Antriebsriemen herstellte und auch eine Gerberei betrieb. Das Unternehmen, das auch nach dem Tod des Gründers ein Familienbetrieb blieb, wurde 1958 liquidiert.
3 Unterrichtsunterlagen von Paul Bantlin (Arithmetik, Buchhaltung) 1865, genealogischer Überblick über die Familie Bantlin 1820–1958
7 Privatakten 1903–1958, Zirkulare 1944, Korrespondenz 1952
9 Lohn- und Gehaltsbuchserie 1939–1951, Lohnbuchserie um 1914–1923, Lohnkarteien 1935–1950, Arbeitsordnung, Tarifbestimmungen für Angestellte 1948 und 1953, Unterstützungsfonds für die Belegschaft 1910–1958, betriebliche Sozialleistungen 1942–1956
10 Bauakten 1919–1928, Verzeichnisse der Gebäude und Grundstücke, Mietverträge, Telefon 1873–199
11 Deutsche Bankfiliale Reutlingen 1929–1950, Süddeutsche Bank Reutlingen 1950–1954, Bankauszüge 1919–1935, Effektenkonto 1935–1958,

Industriekreditbank (Sondervermögen, Investitionshilfe) 1952–1957
12 Wareneingangsbuch-Serie 1877–1958, Wareneingangs- und Warenausgangsbuch 1935–1948, Warenbewegungen 1953–1958, Lagerbuch 1916–1919, Warenbestände auf 20.1.1945
13 Patent, 1885, Maschinen- und Utensilienverzeichnisse, Dampfkessel-Revisionsbuchserie 1903–1943, Aufzugsrevisionsbuch 1937–1956, Gerberei 1881–1897, Einarbeitungsbuch 1918–1924, Produktionsbücher 1898–1908, Gebrauchsanweisungen, 1955
14 Offerten 1909, Kommissionen 1910–1956, Kundenregister um 1890–1935, Provisionen 1916–1958, Reiseberichte 1949–1954, Versandbuchserie 1913–1958, Bestandsaufnahme Versand 1919–1947, monatliche Umsätze 1910–1917, Preislisten 1955–1957
15 Briefköpfe
16 Privatbuch 1903–1905, dubiose Firmen 1907–1954, Inventuren und Bilanzen 1944–1947, 1951, Bilanzbuchserie 1914–1930, Monatsbilanzbuch-Serie 1904–1957, Auszüge aus Monatsabschlüssen 1938–1951, Zwischenbilanzen 1918–1955, Hauptbuchserie 1902–1957, Auszüge aus dem Hauptbuch 1902–1904, Geheimjournal 1918–1943, Journalbuchserie 1914–1959, Handelswaren-Konto 1916/17, Inventuren 1898–1910, 1947 und 1957, Kassenbuchserie 1889–1960, Kontokorrentbuchserie 1908–1939, Wechselkopierbuchserie 1860–1950, Wechsel- und Scheckkopierbuchserie 1925–1956, Postscheckbuchserie 1914–1959, Postbücher 1943–1953, Rechnungen C. F. Roser in Feuerbach 1918–1940, Riemenkalkulationsbücher 1913–1954, Kalkulation »Büffel« 1910–1912, Kalkulation »Java und Büffel« 1910–1914, Preisunterlagen um 1941–1948
17 Umsatzsteuerbücher 1935–1959, Steuerakten um 1900–1939
18 Gebäudebrandversicherung, Statuten des Allgemeinen Deutschen Versicherungsvereins Stuttgart 1885, Feuerversicherung um 1900–1958, Wasserversicherung 1942/43, verschiedene Versicherungen um 1900–1941
19 Stillegung 1942/43, Luftschutzplan, Reichsstelle für Lederwirtschaft 1940–1944, Erklärungen nach § 22 Kriegswirtschaftsordnung 1941–1944, Außenstelle des Reichs- und Preußischen Wirtschaftsministeriums 1937–1941
20 Leder und Riemen Patentverwertungsgesellschaft 1927, Fachgruppe Ledererzeugende Industrie 1934/35, Fachgruppe Lederriemenindustrie 1935–1937, Verband der Treibriemen- und technische Lederartikel und ASA Industrie 1950–1952, Gauwirtschaftskammer Württemberg-Hohenzollern 1944
47 Fotos: Paul Bantlin, Albertine Bantlin geb. Kenngott
48 Fabrikschild
50 Stuttgarter Ausstellungs-Nachrichten, Zeitung für die Elektrizitäts- und Kunstgewerbe-Ausstellung zu Stuttgart im Jahre 1896, S. 528. Stadtschultheißenamt u. a. (Hg.), Reutlingen, Berlin 1925, S. 114.

42
Baresel, Stuttgart

Name Baresel AG
Geschäftstätigkeit Bauunternehmung
Branche Nr. 450
Umfang 17
Laufzeit 1900–1976
Benutzbarkeit Ja
Bestand B 159

Bestandsgeschichte 2005 übergab die Bauabteilung des Unternehmens dem WABW eine umfassende Fotosammlung. 2016 kam im Rahmen der Bestandsbereinigung die im Stadtarchiv Vaihingen/Enz archivierte Personalkartei hinzu.
Geschichte Carl Baresel gründete 1876 in Frankfurt a. M. ein Bauunternehmen. 1897 erfolgte die Gründung einer Niederlassung in Pforzheim. 1903 wurde der Stammsitz nach Stuttgart verlegt und die Söhne Wilhelm und Fritz traten in die Geschäftsführung ein. Das Unternehmen beschäftigte 1910 1.000 Mitarbeiter. 1921 wurde es in eine Aktiengesellschaft umgewandelt und firmierte ab 1922 als C. Baresel AG. Kurz vor Ausbruch des Zweiten Weltkriegs füllten vor allem Autobahnbau, Tunnelbauarbeiten und das Errichten von Brücken die Auftragsbücher des Unternehmens. Inzwischen zählte es 2.200 Mitarbeiter. Nach Kriegsende entwickelte sich die Firma zu einem bedeutenden Bauunternehmen. Zahlreiche Großprojekte im In- und Ausland wurden durchgeführt. 1973

bezog die Firma das Verwaltungsgebäude in der Stuttgarter Nordbahnhofstraße. Der Umsatz überstieg 100 Millionen DM. Um 1990 waren die Familien Baresel-Bofinger, Steidle-Sailer und die Hofkammer des Hauses Württemberg Hauptaktionäre. Seit 1993 besaß die Hofkammer die Mehrheit und 1999 übernahm die Köster Bau AG & Co. in Osnabrück das Unternehmen. Seit 2005 ist Baresel eine hundertprozentige Tochter der Köster Gruppe. Das Unternehmen wurde neu ausgerichtet. 2006 wurde die Unternehmenszentrale von Stuttgart nach Leinfelden-Echterdingen verlegt. Die Rechtsform wurde von einer AG in eine GmbH geändert. 2019 folgte die Umfirmierung der Baresel GmbH in die Baresel Tunnelbau GmbH.

4 Chronik 1951

9 Personal- und Leistungskartei 1900–1950; Verzeichnis Baustellen, Poliere, Schachtmeister, Ausgetretene 1905–1942; Satzung Betriebskrankenkasse 1957–1959; Arbeiterkarten Groß-Sachsenheim 1939–1945; Listen OT-Front-Kompanie 1939–1947, DAF Beitragskarten 1939–1947

47 Fotos zu Baustellen: Caroni Brücke, Venezuela 1950; Kreiskrankenhaus Leonberg 1950; Breuninger-Markt Stuttgart 1950; Robert-Bosch verschiedene Standorte und Gebäude 1950; MTU Friedrichshafen 1950; EVS Walheim und Goldshöfe 1950; Daimler-Benz Untertürkheim 1950; Fa. Behr Feuerbach und Mühlacker 1950; IBM Sindelfingen und Böblingen 1950; IHK Stuttgart 1950; TWS Stuttgart 1950; Coca-Cola Lindau 1950; Schlachthof Stuttgart 1950; Thieme-Verlag Stuttgart 1950; Fährhafen Konstanz 1950; Neckarstaustufe Oberesslingen 1950; Königsbau (Wiederaufbau) Stuttgart 1950; Städtische Girokasse Stuttgart 1950; Sparkassenversicherung Stuttgart 1950; UNI-Konstanz 1950; Bayerische Zugspitzbahn AG 1928–1930; Wehranlagen und Kraftwerke 1919–1968; Kellmünz Illerstaustufe IV 1926–1928; Oberesslingen, Staustufe 1953–1957; Neckarzimmern, Staustufe 1933–1934; Heilbronn, Staustufe 1950–1952; Rockenau, Staustufe 1931–1932; Guttenbach a. N., Staustufe, Schleuse 1958; Ulm-Donaukraftwerk 1951–1954; Konstanz-Meersburg, Fährhafen 1952–1954; Brücken, Unterführungen, Viadukte 1911–1971; Eberhardsbrücke Tübingen 1900–1910; Bäche und Brunnen 1932–1957; Straßen und Autobahnen 1925–1957; U- und S-Bahnen 1966–1976; Stuttgart Feuerbach Eisenbahntunnel 1908–1910; Königsbau Stuttgart, Wiederaufbau 1957; Stuttgart Untertürkheim, Fabrikneubau der Ver. Seifenfabriken 1924; Cannstatt, Beamtenwohnhäuser 1924–1928; Stuttgart, Beamtenwohnhaus Rotebühlstraße 1926–1927; Böblingen, Fabrikanlage Contessa-Nettel 1922–1924; Friedrichshafen Luftschiffwerft 1929; Nagold Talsperre 1966–1972; Heuberg, Truppenübungsplatz 1937; Memmingen, Schiessstandanlage 1936–1938; Echterdingen, Flugplatz 1951; Lindau, Inselsammler 1959; Blaubeuren, verschiedene Anlagen für Zementwerk Spohn 1935–1936; Münsingen, Abstellplätze 1962; Besigheim, Stützmauer 1958; Balingen, Stützmauer 1963–1964; Bad Cannstatt, Verlegung einer Gasleitung durch den Neckar 1907; Gingen/Brenz, Kläranlage 1960; Stuttgart, Hauptpostamt, Abbrucharbeiten 1949; Besichtigungen, Ausstellungen 1930–1952; Hochbau 1970er Jahre; Stuttgart, Wagenburgtunnel, Gewölbefertigteile 1940

43 Barth, Ludwigsburg

Name G.W. Barth GmbH & Co.
Geschäftstätigkeit Maschinenfabrik, Eisengießerei
Branche Nr. 290/295
Umfang 3,5
Laufzeit 1890–1981
Benutzbarkeit Ja
Bestand B 3

Bestandsgeschichte Das Geschäftsschriftgut des Unternehmens lag in den Kellerräumen des Verwaltungsgebäudes. Es wurde 1981 vom Konkursverwalter übernommen.

Geschichte 1890 trat Georg Wilhelm Barth, bis dahin kaufmännischer Angestellter der Firma Heinrich Franck Söhne (Kaffee), Ludwigsburg, in die Fabrik für patentierte Sicherheitsröster Josef Haag, Ludwigsburg, als Gesellschafter ein. Die Firma beschäftigte sich seit ihrer Gründung mit dem Bau von Röstmaschinen für Kaffee, Kakao, Zichorien, Malz- und Kornkaffee sowie Erdnüsse. 1919 übernahm Dr. med. Carl Schaefer als Alleininhaber die Firma bis zu seinem Tode 1970. Das Unternehmen ging 1980 in Konkurs. Eine Nachfolgefirma übernahm das Programm und die alte Firmierung.

5 Auflösungsvertrag 1893, Nachlaßregelung Carl Schäfer 1970–1981

9 Belegschaftsbücher, Gehaltsbücher, Gefolgschaftshilfe, Berufsausbildung 1890–1975

10 Brandversicherungskataster, Lagepläne 1907–1951

11 Kredite 1949–1955, Wertpapierbestand 1940–1959, Darlehensvergabe 1905–1926

13 Maschineninventare 1893–1943, Patente, Gebrauchsmuster, Warenzeichen, Lizenzrechte, technische Revision, Dampfkesselanlage, Energie 1905–1968

14 Verträge, Angebote, Aufträge, Versand 1896–1962

15 Prospekte, Referenzlisten, Ausstellungen, Messen, Firmensignet 1900–1960

16 Inventuren, Bilanzen, Gewinn- und Verlustrechnung, Jahresabschlüsse, Geheimbücher, Hauptbücher, Journale, Wechselbücher, Kassenbücher, Kostenstellenrechnungen 1913–1970

17 Einkommen-, Gewerbe-, Kapitalertrags-, Vermögen-, Grund-, Hausgebühren- und Brandschadensteuer 1932–1948

19 Kriegsschäden 1945–1948

47 Fotos: Montage, Produktion, technische Zeichnungen

50 Im WABW nicht vorhanden.

44
Baruch & Söhne, Hechingen

Name B. Baruch & Söhne
Geschäftstätigkeit Baumwollweberei
Branche Nr. 170/172
Umfang 0,1
Laufzeit 1847–1888
Benutzbarkeit Ja
Bestand B 13

Bestandsgeschichte Die Süddeutsche Baumwollindustrie in Kuchen übernahm im Zuge der Arisierung das Hechinger Werk der Göppinger Firma A. Gutmann & Co. und damit auch als Vorprovenienz dieses Geschäftsbuch. Es wurde im August 1982 zusammen mit dem Schriftgut der Süddeutschen Baumwollindustrie vom WABW übernommen.

Geschichte Der zunächst als Textilverleger in Sielmingen tätige Benedikt Baruch gründete mit seinen Söhnen Leopold und Salomon 1845 eine Weberei für baumwollene und halbwollene Waren. In den 1850er Jahren traten Abraham Löwengard und Mitglieder der Familie Einstein aus Buchau und Ulm in die Firma ein. Zwischen 1904 und 1909 schieden die Familien Baruch und Einstein aus. Das Hechinger Werk wurde an die Firma A. Gutmann & Co., Göppingen, verkauft und durch Arisierung der Süddeutschen Baumwollindustrie in Kuchen eingegliedert.

16 Inventarbuch (u. a. Maschinen, Gewinnverteilung, Kredite) 1847–1888

49 WABW B 39 Esbi – Süddeutsche Baumwolle-Industrie AG in Kuchen

50 Jacob Toury, Jüdische Textilunternehmer in Baden-Württemberg 1683–1938, Tübingen 1984, S. 49 f.

45
Bauer, Dr., Stuttgart

Name Dr. Hans Bauer
Geschäftstätigkeit Wirtschaftsprüfer
Branche Nr. 741
Umfang 0,3
Laufzeit 1947–1970
Benutzbarkeit Eingeschränkt
Bestand Y 170

Bestandsgeschichte Das Archivgut wurde 1992 übernommen.

Geschichte Dr. Hans Bauer war in den 1950er bis 1970er Jahren als Wirtschaftsprüfer und Betriebsberater für verschiedene Unternehmen insbesondere im Bereich des Rechnungswesen tätig.

16 Gemeinnützige Wohnungswirtschaft (Kostenwesen, Preisermittlung, Statistik, Abschluß, Prüfungsberichte, Mehrwertsteuer) 1963–1970, Organisation Rechnungswesen 1947, Organisation des Hilfswerks der Evangelischen Kirchen in Deutschland 1947, Betriebsabrechnungs-

bogen und Kostenbögen, Rieterwerke Konstanz
50 Im WABW nicht vorhanden.

46
Bauer, Eugen, Stuttgart

Name Eugen Bauer GmbH
Geschäftstätigkeit Filmprojektorenhersteller
Branche Nr. 330/334
Umfang 6
Laufzeit 1920–1981
Benutzbarkeit Eingeschränkt
Bestand Y 12

Bestandsgeschichte Das Archivgut wurde 1985 übernommen. Den größeren Teil der Bauer-Registratur verwahrt das Archiv der Robert Bosch GmbH in Stuttgart. Das Landesmuseum für Technik und Arbeit in Mannheim übernahm einige Geräte.
Geschichte 1905 gründete der 1880 geborene Eugen Bauer in Stuttgart eine feinmechanische Werkstatt. 1907 begann er, Filmprojektoren für Kinos zu fertigen. 1928 wurde das Unternehmen in eine GmbH umgewandelt und bezog neue Gebäude in Untertürkheim. Ab 1929 kamen Tonfilm- und Diaprojektoren zum Produktangebot hinzu. 1932 wurde die Firma von der Robert Bosch GmbH als Tochterunternehmen übernommen. Nach dem Zweiten Weltkrieg verschob sich der Produktionsschwerpunkt langsam von Projektoren zu Filmkameras der Formate 16 und 8 mm. 1980 beschäftigte der Bosch Geschäftsbereich Photokino rund 3.300 Arbeitskräfte, davon 950 im Stammwerk in Untertürkheim, die anderen in Zweigwerken in Turin, Malaysia und Taiwan. Zu Beginn der 1980er Jahre gab Bosch diesen Geschäftsbereich aus Rentabilitätserwägungen heraus auf.
4 Jubiläumszeitung 75 Jahre Bauer 1980
7 Korrespondenz 1951–1957
9 Betriebsratsprotokolle 1952–1961
13 Projektkarten 1974–1980, Kamerafertigung 1957
14 Verkaufspolitik 1977/78, Gesellschaft für Konsum-, Markt- und Absatzforschung Foto-Panel (GFK) 1971–1981, Bauer-Marketing Informationen 1974, Präsentationen 1976
15 Prospekte Fremdfirmen (u. a. Zeiss-Ikon, Niezoldi & Krämer, Braun, Siemens, Klangfilm, AEG) um 1950–1980, eigene Prospekte um 1920–1980, Plakate, Aufkleber, Gerätebeschreibungen, Bedienungsanleitungen und Anzeigen um 1950–1980, Kampagnentexte, Sales Promotion, Media-Planung 1977/78, Richtlinien für die Planung und Einrichtung von Lichtspieltheatern, Europafoto 1977, Gestaltung der Bauer-Werbung 1977, Bauer-News 1978, Anleitungen und Tipps zur Bedienung der Bauer-Geräte sowie zur Regiegestaltung um 1935–1980
16 Statistik 1952
47 Fotos: Kinoaußenaufnahmen, Projektoren und Kinosäle international um 1920–1960, Produkte um 1950–1980
49 Werksarchiv der Robert Bosch GmbH, Stuttgart; Landesmuseum für Technik und Arbeit, Mannheim
50 Eugen Bauer GmbH Stuttgart-Untertürkheim, in: Filmwoche 7 (1952) S. 536. 75 Jahre Bauer, Jubiläumszeitung [im Eigenverlag] 1980.

47
Bauknecht, Stuttgart

Name Bauknecht GmbH
Geschäftstätigkeit Hausgerätehersteller
Branche Nr. 290/299
Umfang 3,5
Laufzeit 1949–1981
Benutzbarkeit Nein
Bestand Y 13

Bestandsgeschichte Das Archivgut wurde 1983 und 1985 von der Firma übernommen.
Geschichte 1919 eröffnete der 27-jährige Gottlob Bauknecht aus Neckartenzlingen eine Elektrowerkstatt in Tailfingen. Fünf Jahre später machte er in Stuttgart ein Verkaufsbüro mit angeschlossenem Reparaturbetrieb auf. 1930 begann Bauknecht mit der Fabrikation eigener Elektromotoren, zwei Jahre später konstruierte er den ersten geschlossenen Elektromotor, der für die folgenden Jahre den technischen Standard setzte. Nach dem Zweiten Weltkrieg begann Bauknecht mit der Fertigung von Küchenmaschinen, Kühlschränken, Herden,

Öfen, später kamen Waschmaschinen, Geschirrspüler, Gefriertruhen und dergleichen hinzu. Der ersten großen Fabrikationsanlage im Stuttgarter Süden 1933 folgten zahlreiche weitere im In- und Ausland. Die Zahl der Beschäftigten entwickelte sich von 1.000 im Jahr 1943, 2.000 im Jahr 1953, 10.000 im Jahr 1967 bis zu 14.000 im Jahr 1979. Bereits drei Jahre später wurde Vergleich angemeldet, das Unternehmen wurde in vier Teile aufgeteilt. Die Sparte Haushaltsgeräte wurde vom Philips-Konzern übernommen.

5 Handelsregisterauszüge 1958–1970
8 Organisationshandbuch 1976
10 Grundstücks-, Immobilien- und Bauangelegenheiten 1949–1979, Grundbesitzbuch 1973, Mietangelegenheiten 1957–1974, Gleisanschlüsse 1962–1974
15 Prospekte um 1970–1980
16 Bilanzen und Jahresabschlüsse 1974–1980, Jahresabschlußprüfungsbericht Bauknecht GmbH 1981, Jahresabschlußprüfungsbericht Bauknecht Grundbesitzgesellschaft KG Stuttgart 1981, Jahresprüfungsabschlußbericht Bauknecht Vermögensgesellschaft KG Stuttgart 1981, Jahresprüfungsabschlußbericht Gottlob Bauknecht Elektromotorenbau Stuttgart 1980
48 Bauknecht Feuerzeug um 1975
50 Willi Schickling, Vom Handwerker zum Industriellen, Die Geschichte eines erfolgreichen schwäbischen Unternehmers [Gottlob Bauknecht], Stuttgart und Welzheim 1952. Bauknecht, beweglich und unabhängig, Stuttgart 1962 (Festschrift). Fünfzig Jahre Bauknecht, beweglich und unabhängig, Stuttgart [1969] (Festschrift). Erfolg durch Leistung und Zuverlässigkeit, Stuttgart 1978 (Festschrift). Qualität aus dem Nordschwarzwald für ganz Europa, Bauknecht – Motor technischen Fortschritts, in: Jahrbuch für den Landkreis Calw 5 (1987) S. 214–223.

48 Baumgärtner & Burck, Markgröningen

Name Baumgärtner & Burck GmbH & Co. KG
Geschäftstätigkeit Asphaltbeläge, Flachdachbau
Branche Nr. 451
Umfang 2,5
Laufzeit 1903–1937
Benutzbarkeit Ja
Bestand B 21

Bestandsgeschichte Das überwiegend aus Geschäftsbüchern bestehende Archivgut wurde 1984 übernommen.
Geschichte 1857 begann der Zimmermann Wilhelm Burck in Zuffenhausen Dachpappen industriell herzustellen. Die Herstellung der Dachpappe führte bald zur Produktion von Rohteer und Klebemassen sowie synthetischem Asphalt und Asphalt- und Zementplatten. 1909 traten Gottlob Baumgärtner und Paul Bauder als Teilhaber in die Firma ein. 1925 erfolgte eine Trennung des Geschäftsbetriebs. Während Gottlieb Baumgärtner das Ausführungsgeschäft unter der Firma Baumgärtner & Burck fortsetzte, führte Paul Bauder unter seinem Namen die Fabrikation von Dachpappen und Teererzeugnissen fort. 1959 wurde das Unternehmen in eine KG und 1992 in eine GmbH & Co. KG umgewandelt.

7 Teilhaber 1925–1931
14 Bestellbuchserie, Garantiebuch 1903–1937
16 Rechnungsbuchserien, Journalbuchserie, Kassenbuchserie, Inventuren, Bilanzserie 1906–1936
50 100 Jahre Baumgärtner & Burck 1857–1957, Stuttgart 1957 (Festschrift).

49
Baur, Stuttgart

Name Karosserie-Baur
Geschäftstätigkeit Karosseriebau
Branche Nr. 343
Umfang 12
Laufzeit 1907–2001
Benutzbarkeit Ja
Bestand B 172

Bestandsgeschichte Das Archivgut wurde 2004 anlässlich des bevorstehenden Abrisses der Firmengebäude übernommen, hinzu kamen Nachlieferungen aus Privatbesitz.
Geschichte Karl Baur gründete 1910 eine Karosseriebaufirma, 1917 bezog er die Gebäude der ehemaligen Großschen Textilfabrik in Stuttgart-Berg. Die Gebäude wurden für den Karosseriebau ständig erweitert. 1939 waren bereits 450 Personen beschäftigt. Baur besaß zahlreiche Patente und Gebrauchsmuster. Die Kunden waren Firmen der Automobilbranche, für die Baur Spezialkarosserien herstellte. Dazu zählten die Auto Union, Wanderer, DKW, Opel, Audi, VW, Bitter, Porsche und vor allem BMW. Baur wurde zum Spezialisten für exklusive Cabriolets. 1956 kam das Reparaturgeschäft, 1965 der Autohandel als weitere Standbeine hinzu. 1978 starb Karl Baur. 1980 waren noch 270 Personen beschäftigt, 1999 musste die Firma Konkurs anmelden.
4 Firmenchronik
5 Gesellschaftsverträge 1948–1958, Handelsregister 1953–1963, 1995; Vertrag mit BMW 1992
8 Sanierungskonzepte
9 AOK-Meldebücher 1914–1980, Betriebsratssitzungen 1955–1998, Personalkartei 1922–1958, Verbandbuch 1976–1983
10 Grundstücke 1909–1922, Lagepläne 1948, 1993
11 Finanzierung 1940–1973
13 Produktionsstatistik 1946–1993; Patente 1914–1968; Produktion und Kalkulationen, Stücklisten 1978–2001; technische Zeichnungen 1936–1998; Versuche 1966–1995; Betriebsanleitungen 1961–1993
14 Aufträge 1983–1996
15 Werbung, Prospekte, Preislisten, Presse 1913–2003
16 Hauptbücher 1914–1956, Bilanzen 1933–1962, Jahresabschlüsse 1984–1997
19 Kriegsschäden 1943–1947
47 Fotos: Personen, Gebäude, Produktion, Produkte 1901–1997
48 Zeitschrift »Der kleine Musterkoffer« 1951–1974, Plaketten, Werbegeschenke
50 Fachpublikationen 1944–1984, Thomas G. Müller, Kleine Baur Chronik, Hamburg [2013] (Privatdruck).

50
BBC, Eberbach a. N.

Name BBC-Werk Eberbach/Beuth
Geschäftstätigkeit Elektronikfertigung
Branche Nr. 310
Umfang 0,3
Laufzeit 1940–1990
Benutzbarkeit Eingeschränkt
Bestand S 006

Bestandsgeschichte Die Sammlung wurde 2010 von Reinhard Beuth, Köln, Neffe von Maria Beuth, dem WABW übergeben.
Geschichte Die aus Druckschriften und vereinzelnden Archivalien bestehende Sammlung stammt aus dem Arbeitsbereich von Maria Beuth, die Leiterin der Personalabteilung des BBC Werkes Eberbach war. 1941 trat sie als Sekretärin der Geschäftsleitung bei der 1940 gegründeten Stotz-Apparatebau GmbH ein, einer Tochtergesellschaft der BBC. 1946 übernahm sie die Personalleitung sowohl des Stotz-Werkes als auch des auf diesem Gelände angesiedelten BBC-Geschäftszweigs Elektronik-Fertigung, das unter BBC Werk Eberbach firmierte. In dieser Position war sie bis zu ihrer Pensionierung auch zuständig für die Überwachung der Lehrlingsausbildung und Fürsorge der Betriebsangehörigen.
4 Chronik, Festschrift 50 Jahre BBC Mannheim 1950, 90 Jahre ABB-Mannheim 1990, 100 Jahre ABB, 1991; Biografie Julius Möller, 1981
5 C.H. Sturm, Gründung und Bau der Werksanlagen 1975
8 Organisationsplan BBC-Werk Eberbach 1967, Telefonverzeichnis 1952
9 Gehälter 1948, 1954, 1970–75; Arbeitsordnung, Sozialordnung, Arbeitszeugnisse

1947/48; Arbeitsmittel zu Lehrgängen (IBM-Lochkartenverfahren, Kostenrechnung und Kalkulation, analytische Arbeitsbewertung), Lehrlingsbegrüßungsansprachen 1958–1970
13 Abhandlung über Erzeugnisse BBC-Werk Eberbach 1975
15 »Der Kontakt« BBC-Hauszeitung 1950–1990
20 Verband Württ.-Badischer Metallindustrieller (Tarifsammlung) 1963–1970
50 –

51 Bechtle, Esslingen

Name Nachlass Dr. Friedrich Bechtle
Geschäftstätigkeit Ehrenämter in Verbänden und IHKn, Teilhaber der Stuttgarter Verlagsgesellschaft
Branche Nr. 910/220
Umfang 10
Laufzeit 1953–2001
Benutzbarkeit Ja
Bestand N 5

Bestandsgeschichte Der Nachlass wurde 2001 und 2003 übernommen.
Geschichte Dr. Friedrich Bechtle (1926–2002), Mitinhaber der Esslinger Zeitung und des Bechtle-Verlags, wirkte ehrenamtlich in verschiedenen Gremien der Industrie- und Handelskammer Esslingen und nach dem Zusammenschluss der Industrie- und Handelskammer-Organisation in der heutigen Industrie- und Handelskammer Region Stuttgart. Von 1981–1999 war er Präsident der Bezirkskammer Esslingen, von 1987 an stellvertretender Präsident der Industrie- und Handelskammer Region Stuttgart. Außerdem war er in seinen jungen Jahren Mitglied im Verband Junge Unternehmer. Sein besonderes Interesse galt der Pflege der deutsch-amerikanischen Beziehungen, die er durch die Mitgliedschaft in der Deutsch-Atlantischen Gesellschaft sowie in der Atlantik-Brücke mitgestaltete. Die Atlantik-Brücke ist eine überparteiliche Vereinigung von führenden Persönlichkeiten aus Politik und Wirtschaft, deren Zielsetzung die Verbesserung und Förderung der Beziehungen zwischen Deutschland und den USA ist. In seiner Eigenschaft als Verleger und Teilhaber an der Stuttgarter Zeitungsverlags GmbH wirkte er in deren Gremien mit.
3 Dissertation Friedrich Bechtle, 1952, Familie Bechtle 1925–1986, Familie Kollmar, Pforzheim
4 100 Jahre Esslinger Zeitung, 1968, Kollmar & Jourdan, Pforzheim, (25 Jahre) 1910, Festschrift 50 Jahre Stuttgarter Zeitung, 1995
7 Stuttgarter Zeitungsverlags GmbH, Gruppe Württembergischer Verleger im STZV (Aufsichtsrats-Protokolle, Korrespondenz, Jahresabschlüsse) 1973–1999, Südwestdeutsche Medien Holding (Gesellschaftsverträge) 2000
15 Kollmar & Jourdan, Pforzheim, Prospekte 1950er
16 Kollmar & Jourdan, Pforzheim (Ertrags- und Vermögenslage) 1973–1980
20 Verband Junge Unternehmer: Kasse, Korrespondenz 1956–1959, Tagungen und Treffen 1954–1957, Rundschreiben 1962–1963, »Junge Wirtschaft« Zeitschrift für fortschrittliches Unternehmertum 1956–1961, Redemanuskripte von F. Bechtle 1953–1999, Briefe 1955–1957, Hauptausschuss 1955–1957, »Unsere Wirtschaft« Mitteilungen der Industrie- und Handelskammer Stuttgart 1972–1974, Vollversammlung Industrie- und Handelskammer Mittlerer Neckar 1973–1985, Geschäftsstelle Esslingen, u. a. Präsidentenschaft 1981–2001, Vollversammlung Industrie- und Handelskammer Mittlerer Neckar 1975–1985, Satzungsänderung Industrie- und Handelskammer Mittlerer Neckar 1976–1978
22 Deutsch-Atlantische Gesellschaft: Schriftwechsel 1958–1967, Mitteilungen, Satzungen, Pressestimmen 1957–1973, Rundschreiben 1958–1964, Veranstaltungen 1958–1972, Atlantik-Brücke: Druckschriften, Protokolle, deutsch-amerikanische Konferenzen 1969–1992; Ehrenurkunde v. Schwäbischen Sängerbund, Esslingen
47 Tonband Max Kollmar zur Firmengeschichte 1963, Tonband Trauerfeier Max Kollmar 1966; Fotos vom 100-jährigen Jubiläum des Bechtle-Verlags 1968; Fotos (Besuch Großherzog Friedrich II. von Baden bei der Fa. Kollmar & Jourdan, Max Kollmar)
48 Medaillen und Orden (Kriegerheimgedenkmünze 1916/17, Kriegsverdienstmedaille und Kriegsverdienstkreuz 2. Klasse 1939, Großes Bundesverdienstkreuz)

49 WABW A 16, WABW A 18
50 Kollmar & Jourdan AG, in: Deutsche Städte, Pforzheim, hg. vom Kunst- und Industrie-Verlag Stuttgart 1921, S. 68 f.

49 Zeitschrift Voran für die BV-Tankstellen 1955–1956; Allgemeine Fischerzeitung [1950er]; Mitteilungsblatt Yacht-Club Radolfzell 1952–1956; Zeitschrift des ADAC 1952–1956
50 Im WABW nicht vorhanden.

52 Beck & Söhne, Reichenau

Name Yacht- und Bootswerft Beck & Söhne
Geschäftstätigkeit Bootsbau
Branche Nr. 351
Umfang 2
Laufzeit 1926–1956
Benutzbarkeit Eingeschränkt
Bestand Y 469

Bestandsgeschichte Das Schriftgut wurde im April 2014 vom Wirtschaftsarchiv Baden-Württemberg übernommen.
Geschichte 1897 eröffnete Isidor Beck eine Bootswerft und -werkstatt in Reichenau. Im Laufe der Zeit wurde ein Nebengrundstück zur Erweiterung gekauft, ein Winter- und Holzlager gebaut und die Anlegestelle ausgebaut. Den beiden Söhnen Emil und Franz wurde 1935 der Betrieb übergeben. Während der Wirtschaftskrise wurde eine Bootsvermietung und bis Anfang der 1970er auch eine Seetankstelle angegliedert. 1960 wurde der Verband der Bootsbauer am Bodensee gegründet, dem Franz Beck als Vorsitzender angehörte. Franz Beck bekam zwei Töchter, von denen eine den Lehrling Friederich Winterhalter heiratete. Dieser erbte 1973 die Werft. 1997 wurde das 100-jährige Jubiläum mit einem Fest gefeiert und 2002 übernahm der Sohn Rolf Winterhalter den Betrieb.
8 Reichsinnung des Tischlerhandwerks (Fachgruppe Boots- und Schiffbauer) 1943; Boots- und Schiffbauerinnung Konstanz 1935–1945, Schriftverkehr 1928–1950, Winterlager 1946–1953
16 Materialkostenrechnungen 1932–1944
21 Schutzbriefe des schweiz. Konsulates für Boote
22 Meisterprüfung von 2 Gesellen
48 Blaupause und Zeichnungen des Motorbootes Hund, Prospekte und Angebote 1932–1949

53 Beckh AG, Pforzheim

Name Brauerei Beckh AG
Geschäftstätigkeit Brauerei
Branche Nr. 150/159
Umfang 3
Laufzeit 1891–1983
Benutzbarkeit Eingeschränkt
Bestand Y 14

Bestandsgeschichte Das Archivgut wurde 1985 übernommen. 1993 kam eine Nachlieferung aus dem Stadtarchiv Pforzheim hinzu.
Geschichte Der Bierbrauer und Küfer Christoph Beckh übernahm im Jahr 1855 die seit 1809 in Pforzheim bestehende kleine Brauerei von Johann Adam Ungerer. 1863 bezog Beckh größere Produktionsräume und begann so den Ausbau zum Großbetrieb. Die offene Handelsgesellschaft wurde 1923 in eine Familien-AG umgewandelt, diese im Jahr 1973 in eine GmbH. Im selben Jahr begann eine enge Zusammenarbeit mit der Heilbronner Brauerei Cluss. 1982 übernahm die Brauerei Dinkelacker, Stuttgart, die Mehrheit der Beckh-Muttergesellschaft Cluss und legte 1983 die größte und älteste Brauerei Pforzheims still.
4 Firmengeschichte, 125-jähriges Firmenjubiläum um 1978–1980
5 Gesellschafter, Gesellschaftsverträge um 1925–1983
6 Konsortialverträge
7 Generalversammlungsprotokolle, Verwaltungsratsprotokolle, Korrespondenz, Brauverträge um 1925–1983
9 Personalstatistik, Betriebsrat, Betriebsvereinbarungen, Gewerkschaft, Arbeitssicherheit 1973–1983
11 Darlehen um 1949–1950
15 Plakate von Ludwig Hohlwein, Kusche
16 Soll-Ist-Vergleiche, Bilanzen, Geschäftsberichte, Revisionsberichte um 1937–1980

47 Fotos: Fabrikareal, Brauereigebäude, Restaurant Beckh auf dem Pforzheimer Marktplatz, Fuhrwerk, Bierschlitten, Lastwagen, Fuhrpark, Eisstechen, Brauereieinrichtungen, Fässer, maschinelle Anlagen 1891–1980
48 Glaskrug
49 WABW A 11 Firmenakte 123
50 75 Jahre Brauerei Beckh Pforzheim 1855–1930, Pforzheim 1930 (Festschrift).

54 Beckh, Ludwig, Stuttgart

Name Ludwig Beckh
Geschäftstätigkeit Ingenieur
Branche Nr. 731/950
Umfang 0,2
Laufzeit 1873–1928
Benutzbarkeit Eingeschränkt
Bestand Y 198

Bestandsgeschichte Das Archivgut wurde 1985 übernommen.
Geschichte Ludwig Beckh wurde am 12.11.1855 als Sohn des Bahnbauingenieurs August von Beckh und dessen Ehefrau Amalie geb. Finckh geboren. Er wuchs in Zürich und Stuttgart auf, wo er 1878 das Studium des Maschinenbaus an der TH absolvierte. Beckh arbeitete zunächst als technischer Zeichner an der TH, als Angestellter des Ingenieurs Prof. W. Kankelwitz, 1881/82 als Ingenieur bei Gebr. Decker in Bad Cannstatt, ab 1882 bei der Maschinenfabrik Esslingen, ab 1885 bei Hildt & Metzger in Stuttgart-Berg, ab 1888 bei der Schlackenzementfabrik Gebr. Erhardt & Lingenbrink in Neunkirchen/Saar, ab 1890–1892 in der Giesserei- und Maschinenfabrik Konstanz sowie 1902–1912 in der Klotz'schen Maschinenfabrik Stuttgart. Nach seiner Kündigung arbeitete er als selbständiger Ingenieur. 1892 heiratete er Johanna Kayser aus Konstanz. Das Ehepaar hatte zwei Kinder. Beckh war seit 1883 schwerhörig, seit 1909 taub. Er starb am 6.8.1928 in Stuttgart.
3 Familienchronik um 1890–1928, Tagebücher 1873–1928
47 Fotos: Alben (Familie, Reisen) um 1900–1910
49 WABW B 183
50 Im WABW nicht vorhanden.

55 Beh, Esslingen a. N.

Name Otto Beh
Geschäftstätigkeit Gravier- und Prägeanstalt, Druckerei
Branche Nr. 360/366
Umfang 12
Laufzeit 1882–2010
Benutzbarkeit Eingeschränkt
Bestand Y 15

Bestandsgeschichte Das Archivgut wurde in zwei Ablieferungen 1986 und 2011 von den Gesellschaftern übernommen.
Geschichte Otto Friedrich Beh (1859–1944) gründete im Jahr 1884 eine Gravierwerkstätte am Hafenmarkt in Esslingen und ließ sie in die Handwerksrolle eintragen. Als Mitglied der Sozialdemokratischen Partei übte er Ende des 19. Jahrhunderts verschiedene Ämter und Funktionen aus. Sein Sohn Max Beh (1897–1965) übernahm und erweiterte den Betrieb nach dem Ersten Weltkrieg. Dessen Söhne Otto und Ulrich vergrößerten das Unternehmen weiter. Zu den Produkten gehörten bis 1986 insbesondere Kunsthandwerkliches, Schilder, Stempel und Medaillen. Heute fertigt Beh Frontplatten, Gehäuseteile und Eloxal.
3 Ausgabenliste von Otto Beh 1879, Satzung der »Werkstatt« Verein jetziger und ehemaliger Studierender der Kunstgewerbeschule zu Stuttgart, Theaterstück Wintersommerwende (Schwäbischer Albverein) 1906, Ehrenurkunde des Schwäbischen Albvereins für 40jährige Vereinszugehörigkeit für Otto Beh 1935, Max Beh stellv. Vorsitzender der Ortsgruppe Esslingen des Schwäbischen Albvereins 1934, Faltblatt »Pflegt die Hausmusik« um 1930/35, 9. Geschäftsbericht des Bau- und Sparvereins Esslingen eGmbH 1910, Kolonien des Bau- und Sparvereins Esslingen Plan 1930, patriotische Schrift über Otto v. Bismarck, Abschieds-Predigt von Dekan Planck 1912, Zeitungsausschnitt-Sammlung über Esslinger historische Gebäude und Personen, Einladungskarten 1894, 1960, Frühstückskarte Münchener Ausstellungs-Bierhalle (Entwurf Paul Neu) 1908, Modekatalog der Tuchhandlung Reiss & Ulmer in Esslingen um 1910, Konvolut über die von Otto Beh gelesenen und teils abon-

nierten Zeitungen und Zeitschriften ca. 1885–1930
4 Chronik, Notizen zur Firmengeschichte[1959, nach 1965], Vorträge von Prof. Dr. Gert Kollmer v. Oheimb-Loup zum 100jährigen und 125jährigen Jubiläum
7 Notizkalender von Otto Beh 1883, Notizbuch von Otto Beh 1891, Korrespondenzen 1884–1904
9 Zahltagzettel von A. Ritter & Co. in Esslingen für Otto Beh 1880, Fabrikordnung von A. Ritter & Co. in Esslingen 1880, Lohnbuch 1882, Löhne und Gehälter 1907–1960, Reichstarifvertrag für das Graveur- und Ziseleurgewerbe 1931, Leistungsanerkennung zum Leistungskampf der deutschen Betriebe 1938/1939, Urlaubsbuch 1948–1970
10 Gebäudefakturenbuch 1896–1921, Hausreparaturen 1904–1954
12 Prospekt Mercedes Benz Typ 170 1937, Wareneingang 1946–1953
13 Maschinen und Einrichtungen 1928–1963, Kataloge, Prospekte und Preislisten von Werkzeug- und Maschinenfabriken (u. a. Schuler Pressenfabrik, Göppingen 1895/1896) und Schriftgießereien ca. 1880–1960), Gebrauchsmustersammlung, Postkarten, Musteretiketten, Zeichnungen, Schrift- Symbol- und Ziermustervorlagen, Probeabschläge, Fotos ca. 1880–1940, Kataloge, Prospekte und Preislisten von Konkurrenzunternehmen ca. 1880–1940, Produktionsbuch (mit Handzeichnungen und Abschlägen) 1900–1930
14 Auftragsbuchserie (enthält u. a. Produkte, Abdrücke, Abschläge, Zeichnungen, Preise, Zahlungseingang) nach Einzelfirmen (C. F. Fuchslocher in Esslingen 1888–1894, Hofmann & Petri Knopffabrik in Esslingen 1889–1893, J. F. Duderstadt in Esslingen 1891–1896, Wilhelm Langguth in Esslingen 1899–1903, Hüttenwerke Friedrichsthal 1914–1938, Karl Schwatt in Esslingen 1915–1916, A. Moser in München 1926–1936, Wilhelm Brandt Goldschmiede in Esslingen 1934–1997, Fritz Zimmermann in Esslingen 1936–1939, Berndorfer in Esslingen 1937–1959, F. W. Quist in Esslingen 1937–1978, Karl Rex in Stuttgart 1937–1943, Stadt Esslingen 1939–1976, Daimler-Benz in Untertürkheim 1939–1972, Kreissparkasse Esslingen 1940–1966, Max Weeber Stempelfabrik in Pforzheim 1941–1989, J. Eberspächer in Esslingen 1941–1976, Banholzer & Wenz, Esslingen 1942–1969, Friedrich Paule, Metallwarenfabrik in Obertürkheim 1942–1978, Mann & Hummel Filterwerk in Ludwigsburg 1944–1978, A. & W. Maurer Stempelfabrik in Stuttgart 1951–1976, Neckarwerke in Esslingen 1953–1981, Merkel & Kienlin Textilfabrik in Esslingen 1953–1969, Friedr. Dick Feilen- und Messerfabrik in Esslingen 1953–1983, Seitz-Werke Kreuznacher Maschinenfabrik in Bad Kreuznach 1954–1977, C. A. Greiner & Söhne Korkverarbeitungs- und Kunststoffwerk in Nürtingen 1954–1970, AVG/Bender Werke in Frankenthal/Pfalz 1954–1966, Eberhard Bauer Elektromotorenfabrik in Esslingen 1955–1997, SEL in Esslingen 1955–1985, AEG in Esslingen 1956–1977, Gebr. Hohl in Esslingen 1956–1999, Heinrich Ritter Metallwarenfabrik in Esslingen 1956–1982, Wilhelm Weber/Ernst Eberspächer in Esslingen 1957–1972, Wicander (ALCOA) Verpackungswerk in Worms 1958–1979, Maschinenbauwerkstätte Niefern 1958–1969, Fritz Müller in Esslingen 1959–1983, Traub in Reichenbach 1960–1982, Heinrich Gillet, Laternen- und Metallwarenfabrik in Edenkoben a. d. Weinstraße 1960–1972, Heinrich Bilz Werkzeugfabrik Zell a. N. 1961–1981, G. Boley Werkzeugmaschinenfabrik in Esslingen 1961–1985, Delmag Maschinenfabrik in Esslingen 1961–1982, Mahler in Esslingen 1961–1981, Firmen Abel, Saßenscheidt, Brogle in Esslingen 1962–1978, Stahl/Thyssen Aufzüge 1965–1984, Georg Knoblauch Werkzeugkassettenfabrik in Giengen/Brenz 1969–1980, Marggraf Elektrotechnik in Waldenbuch 1976–1998, Erbe Elektromedizin in Tübingen 1978–1994, Optima Maschinenfabrik in Schwäbisch Hall 1983–1992, Hans Kaltenbach Maschinenfabrik in Lörrach 1984–1994, Taunus Elektrobau in Flörstein 1984–1991, Zinser Textilmaschinen in Ebersbach a. d. Fils 1985–1995, R. Kurz Industrieelektronik in Remshalden 1986–1999, Hortmann in Neckartenzlingen 1987–1996, MTU in Friedrichshafen 1990–1993), Auftragsbuchserie (enthält u. a. Kunden, Produkte, technische Angaben, Abschläge, Preise, Zahlungseingänge) 1884–1916, Auftragsbuchserie (enthält u. a. Kunden, Preise, Abschläge, Zahlungseingänge) 1956–2001, Auftragsbuchserie für Gummistempel (enthält u. a. Kunden, Preise, Abdrucke, Zahlungseingänge) 1950–1981, Auftragsbuchserie (enthält u. a. Kunden, Produkte,

Preise, techn. Angaben, Abdrucke, Abschläge, Zeichnungen, Zahlungseingänge) 1884–1902, Auftragsbuch elektrische Brennstempel (enthält u. a. Kunden, Produkte, Preise, Abdrucke, Zahlungseingänge) 1945–1968, Auftragsbuch Siebdruck (enthält u. a. Kunden, Produkte, Preise, Abdrucke, Zahlungseingänge) 1962–1971, Auftragsbuch Fotosatz (enthält u. a. Kunden, Produkte, Preise, Abdrucke, Zeichnungen, Zahlungseingänge) 1963–1970, Auftragsbuch Dymo-Präger (enthält u. a. Kunden, Produkte, Preise, Abdrucke, Zahlungseingänge) 1965–1968, Kommissionsbücher (enthält u. a. Kunden, Produkte, Abdrücke, Abschläge, Zeichnungen) 1914–1949, Kundenkartei ca. 1925–1970, Korrespondenz mit der Staatlichen Münze Stuttgart 1954–1963, Kataloge und Musterbücher (der Konkurrenz) um 1890–1960

15 Werbeblätter und Preislisten der Gravier- und Prägeanstalt Otto Beh ca. 1885–1983, Anzeigenwerbung ca. 1890–1990, Betriebsbesichtigung 1981, 100jähriges Firmenjubiläum 1984, Wandkalender zum 100jährigen Jubiläum 1984

16 Einnahmenbücher 1891–1907, Kalkulationsbuch 1884, Journalbuchserie 1948–1952, Depositenbuch 1930–1934, Debitoren- und Kreditorenauszüge 1934–1953, Kassenbuchserie – Eingänge 1905–1934, kleine Kassenbuchserie 1939–1946, Inventarbuch 1897–1915, Vorrats- und Bestandslisten 1940–1953, Jahreszusammenstellungen 1942–1949, Ausgabenheft 1955–1958, Hauptbuch 1923–1941, Tageseinnahmen 1852–1954

17 Steuerangelegenheiten 1917–1940

20 Mitgliederliste des »Bundes selbständiger Graveure, Ziseleure und verwandter Berufs-Kollegen Deutschlands« 1907, Urkunde des Gewerbevereins Esslingen für 35jährige Mitgliedschaft 1922, Anmeldung zur Gesellenprüfung bei der Handwerkskammer Stuttgart 1912, Berufsgruppe Stahlstanzengraveure Leistungsklasse A-Meister Handwerk und Kultur 2 Anstecknadeln mit Zeichnung 1940, Festschrift 75 Jahre Mechaniker Innung Esslingen 1923–1998

48 Halb-Relief von Otto Beh, Abzeichen, Plaketten, Medaillen, Werkzeuge für die Prägung, Etikettenstempel, Blindprägestempel, Brennstempel, Golddruckstempel, Schilder geätzt, graviert, bedruckt und geprägt, Gussmodelle, Probepressungen, frei gesetzte Schriftzüge, Gussschilder, Musterspritzlinge, en, Gesenke, Handschlagstempel, Prägestempel für Werkzeug- und Kontrollmarken, Rändelrollen, Prägewerkzeuge für Blechverpackungen, Flachstich-Ziergravuren, Siegel, Messing-Firmenstempel, Untersetzer-Prägung (Fa. Chr. Wagner, Esslingen), Werkzeuge für Milchflaschenverschlüsse und Kronkorken, Werkzeugkontroll- und Pfandmarken, Abdrücke von Siegel-, Blindpräge- und Golddruckstempel, Frontplatten aus Aluminium, Folienschilder, Frontfolien, Alufrontplatten,

50 100 Jahre Gravier- und Prägeanstalt Otto Beh Esslingen 1884–1984, Esslingen 1984 (Festschrift). Gerhard Kümmel: 125 Jahre Gravier- und Prägeanstalt Otto Beh. Medaillen – Plaketten – Anstecknadeln. 2009

56
Behr, Wendlingen

Name Behr International
Geschäftstätigkeit Möbelherstellung, Möbelhandel
Branche Nr. 361/521
Umfang 13
Laufzeit 1885–1999
Benutzbarkeit Nein
Bestand Y 375

Bestandsgeschichte Anlässlich des Konkurses von E. Behr-Automotive in Wendlingen wurde dem WABW 2008 vom Konkursverwalter die in Wendlingen gelagerten Unterlagen des Möbelherstellers Behr übergeben.

Geschichte Die Wendlinger Möbelfirma wurde 1912 von Erwin Behr gegründet, der auch den Verband für Wohnkultur (WK) gegründet hatte. 1921 brachte Behr mit dem An- und Aufbau-Möbelprogramm von Franz Schuster eine Designinnovation auf den Markt. Im Zuge der aufkommenden Rundfunkindustrie stieg Behr 1931 mit wegweisenden Technologien der Holzverformung und -verleimung in die Gehäusefertigung ein, später kamen Teile für Flugzeuge (Heinkel, Messerschmidt) sowie Spinde und Beschläge für die Schiffsindustrie hinzu. Ein Meilenstein in der Geschichte des Unternehmens war 1950 die Erfindung der Dreischicht-

Spanplatte, für die Behr weltweit Lizenzen hatte. 1956 kamen das Anbaumöbel ›BMZ‹ (Behr Möbel Zerlegbar), 1968 das Wandmöbel ›Waeckerlin‹ und das Alu-Rundstollenprogramm ›1750‹, in den 1960er-Jahren die ›Behr Collection‹ mit Sitzmöbeln, Sideboards, Auszieh- und Stecktischen, die Einzelmöbelprogramme ›Behr 2002‹ und ›Behr 4004‹ sowie 1969 das Schrankmöbelprogramm ›Behr 1600‹ auf den Markt. Behr fertigte für Audi, Mercedes und Porsche die Holz-Innenausstattungen. 1981 bzw. 1988 kamen die Möbelprogramme ›Swingform‹ und ›System‹ hinzu, 1992 entwarf Peter Maly das Möbelprogramm ›Metrix‹. Ende der 1990er-Jahre wollten die Erben die Behr-Unternehmensgruppe verkaufen. Die Gruppe von Behr Einrichtungshäuser, Behr Holzformtechnik und Behr International wurde zerschlagen. Kruse + Meinert AG übernahm Behr International und baute eine eigene Produktion auf, die Fertigung in Wendlingen wurde geschlossen. Kruse + Meinert AG musste 2003 Insolvenz anmelden, im Januar 2004 erwarb der jetzige Inhaber Behr International aus der Insolvenzmasse. 2005 feierte Behr International bei der Internationalen Möbelmesse in Köln ein Comeback. 2007 meldete E. Behr-Automotive Insolvenz an.

3 Familien-, Erb-, Gesellschaftsverträge 1912–1975

4 Festschrift 25 Jahre, 1937; 15 Jahre Raumkunst Erwin Behr, Ulm 1937; Verwaltungsrat, Geschäftsvertrag, Gesellschaftsverträge 1950–1975

5 Gesellschaftsvertrag Carl Ege und Erwin Behr, 1885

7 Protokolle, interne Anweisungen, Verbrauch, Arbeiterfrage etc. 1912–1924; Korrespondenz Valparaiso, Chile, Springer & Behr 1926–1935; Chile-Post 1935–1937; Jahresberichte 1952–1977

9 Behr Echo (Werkzeitschrift) 1958–1963; Berichte der Betriebsgemeinschaft 1941–1944; Arbeitsordnungen 1912–1941; Gehälter 1919–1925, 1932–1935, 1958–1966

10 Baugesuche 1912–1972; Fabrikeinrichtung 1928; Heizungsanlage 1989; Schätzung der Maschinen und Einrichtungen 1967; Nummernverzeichnis der Maschinen und Apparate 1912–1999; Baugesuche 1912–1972

13 Skizzen und Zeichnungen von Möbeln 1920–1961; Patente 1937–1972; Versuchsberichte Spanholz 1950–1969, Formholz 1940–1950, Anfertigungen für die Automobilindustrie 1993–1998, Richtlinien für Holzflugzeugbau 1942, Bericht über die Erzeugnisse (mit Fotos) 1914–1918

14 Versandbuch 1914/15, Umsätze und Statistik 1931–1935, 1942; Verkäufe und Versand 1917–1930

15 Kataloge (u. a. von Epple & Ege, Königl. Möbelfabrik, Stuttgart [später Schildknecht]), Prospekte, Preislisten 1910–1995; Presse 1972–1978, Werbung 1937–1949, Hauszeitschrift Deutsche WK-Möbek 1930er, Kundenmagazin »Unentbehrlich« 1990er

16 Hauptbücher 1913–1943, Geheimbuch 1920–1930

17 Steuern 1919–1935

19 Soziales, Aktennotizen, Luftschutz etc. 1940–1945; Sozialbericht 1941/42; Verlagerung 1945

47 Fotos und Glasplatten mit Abbildungen der Produkte, Gebäude, Personen, Messen, Produktion, Betrieb, Veranstaltungen 1910–1990er; Film »Aus gutem Holz« 1940er (?)

48 Zwei Schallplatten Reichsrundfunk 1942

57 Behringer, Häusern

Name Behringer KG
Geschäftstätigkeit Härtemittelhersteller
Branche Nr. 240
Umfang 16
Laufzeit 1866–1968
Benutzbarkeit Eingeschränkt
Bestand Y 178

Bestandsgeschichte Das Archivgut wurde 1993 mit einer Nachlieferung übernommen.
Geschichte Der von Meinrad Behringer 1842 in Häusern bei St. Blasien gegründete Betrieb befasste sich mit der Herstellung von Härtepulver zum Härten v. a. von Eisen, Stahl, Siemens-Martin-Chromnickelstahl und Werkzeugstahl. 1951 wurde die Rechtsform von einer OHG in eine Kommanditgesellschaft geändert. Der Betrieb unterhielt ein Zweigwerk in Rastatt/Baden und wurde 1993 aufgelöst.

5 Gesellschafterverträge 1952–1968

7 Kopierbuch-Serie 1866–1933, Korrespondenzen 1894–1939, Gesellschafterversammlungs-Protokolle 1952–1968
9 Lohnbuch-Serie 1936–1951, Löhne und Gehälter 1923, Arbeits- und Berufsbücher von Mitarbeitern 1937–1952, AOK-Beiträge 1921–1945, Berufsgenossenschaft 1919–1945
10 Bauangelegenheiten 1892–1945
12 Wareneinkaufsbuch 1918–1924
14 Verkaufsbuch-Serie 1893–1959, Angebotsbuch-Serie 1926–1939, Angebote 1887–1915, Frachtbuch-Serie 1928–1950, Export-Valuta 1932–1938, Umsätze 1938–1948
15 Musterbuch-Serie 1887–1921, Referenzen um 1900, Zeitungsanzeigen 1920er Jahre, Flugblätter 1930–1960er Jahre
16 Memorialbuch-Serie 1899–1913, Kassenbuch-Serie 1898–1927, Kassenkonto 1891–1903, Konto pro Diverse 1899–1931, Inventur und Bilanz 1898–1901, Bilanzbuch 1904–1907, Bilanzen 1931–1958, Konto-Buch 1888–1926, Wechsel-Skonto 1899–1908, Ausgabenbuch 1894–1896, Debitoren 1902,1917/18, Journalbuch-Serie 1914–1939, Hauptbuch-Serie 1903–1911,1951–1964, Kontoauszüge 1923–1939, Posteinlieferungsbuch-Serie 1897–1943, Wechselbuch 1887–1892, Fernsprechgebühren 1914–1940, Postscheck 1917–1945, Kalkulationen 1952–1958, Rechnungen 1893–1936
17 Einkommensteuer, Umsatzsteuer, Vermögensteuer, Gewerbesteuer, Grundsteuer, Lohnsteuer, Lohn- und Kirchensteuer, sonstige Steuern 1920–1949, Rundschreiben zu Steuerfragen des Verbandes südwestdeutscher (badischer) Industrieller 1921–1933
18 Versicherungen 1920–1945
20 Industrie- und Handelskammer-Beiträge 1923–1945
22 Spenden
47 Fotos: Firmengebäude
50 Im WABW nicht vorhanden.

58
Belser, Mühlacker

Name Belser
Geschäftstätigkeit Gastwirtschaft
Branche Nr. 550
Umfang 0,3
Laufzeit 1817–1971
Benutzbarkeit Eingeschränkt
Bestand Y 262

Bestandsgeschichte Das Archivgut wurde 2000 und 2001 übernommen. Es enthält die Provenienzen zweier Wirtshäuser: Kronenwirt Belser in Ötisheim und Ochsenwirt Christian Belser in Mühlacker.
Geschichte Gründung und Anfang sind unbekannt. Christian Belser verkaufte sein Wirtshaus um 1900, in den 1950er Jahren wurde das Gebäude abgerissen.
3 Zeugnisse 1903/1908, Ernennungsurkunden, Führungszeugnis 1905; Gemalte Bilder von J. Haering 1895–1896. Lateinisches Handwörterbuch 1817, Schnellrechner für den Markt- und Geschäftsverkehr 1880, sämtliche Werke von Eugen Sue 1847, Der Freidenker 1872–1874
10 Pläne (Aufsicht, Grundriss) zu den Umbauarbeiten 1971
14 Anschreibebuch 1847–1897
16 Bierrechnungen 1873–1882, Hauptbuch 1877–1883, Hausbuch 1840–1874
18 Versicherungspolice 1931
47 Fotos: Gruppenbild Lagerbierbrauerei, Postdirektion Esslingen 1901, Oskar Haering 1908
50 Im WABW nicht vorhanden.

59
Belser, Chr., Stuttgart

Name Chr. Belser
Geschäftstätigkeit Verlag
Branche Nr. 220
Umfang 1
Laufzeit 1900–1970
Benutzbarkeit Eingeschränkt
Bestand Y 409

Bestandsgeschichte Die Archivalien wurden durch die Vermittlung des Stadtarchivs Stuttgart 2010 aus Privatbesitz (betr. Stuttgarter Evangel. Sonntagsblatt) übergeben.
Geschichte 1835 gründete der Buchbinder Christian Jacob Belser in Stuttgart die Belsersche Verlagshandlung und Druckerei als Verlag mit Verlagsbuchhandlung, später unter Chr. Belser Druck und Verlag, der für seine aufwändigen Farbdrucke und Kunstbücher bekannt wurde. Das Geschäft ging 1867 an Carl Walcker über. Das Verlagsprogramm bestand aus Gebetbüchern, Predigtbüchern und Erbauungsliteratur der Evangelischen Theologie. Daneben erschienen im Verlag christliche Zeitschriften und Wochenschriften, z. B. das Stuttgarter Evangel. Sonntagsblatt, der Stuttg. Kirchenbote, Jugendfreunde, Württemberg. Schulwochenblatt, Neue Blätter aus Süddeutschland für Erziehung und Unterricht sowie die ›Zeitfragen des christlichen Volkslebens‹. Anfang des 20. Jahrhunderts kam zur theologischen Literatur die Regionalliteratur zu Stuttgart und Württemberg hinzu. Ab 1960 verlagerte der Verlag seinen Schwerpunkt auf Kunst-Bildbände und Kulturgeschichte, u. a. die ›Belser Stilgeschichte‹, ein Standardwerk in der deutschsprachigen Kunstgeschichte. 1983 bis 1998 wurden Faksimile-Ausgaben in Zusammenarbeit mit der Vatikanischen Bibliothek für Buchschätze aus deren Beständen verlegt. In den 1980er Jahren wurde die Druckerei nach Nürnberg zur Bertelsmann Tiefdruckgruppe Maul + Co. – Chr. Belser GmbH & Co. KG Nürnberg/Stuttgart verlagert.

7 Interner Schriftverkehr
13 Schriftverkehr mit Pfarrern vor und während des 2. WK im Zusammenhang mit dem Stuttgarter Evangel. Sonntagsblatt; Ausgaben des Sonntagsblatts
16 Rechnungen, Bilanzen
47 Fotos von Geistlichen aus Stuttgart

60
Benger, Bad Rappenau

Name Benger Ribana GmbH & Co. KG
Geschäftstätigkeit Trikotwarenfabrik
Branche Nr. 170/176/180
Umfang 1,5
Laufzeit 1865–1983
Benutzbarkeit Ja
Bestand B 36

Bestandsgeschichte Das Archivgut wurde 1984 vom Konkursverwalter übernommen.
Geschichte 1844 eröffnete der Strumpfwirker Wilhelm Benger in Degerloch eine eigene Werkstatt, die seit 1874 unter dem Namen Wilhelm Benger Söhne firmierte. Mit dem Aufkommen des Trikothemdes, das als Arbeitshemd rasch zum Markenartikel wurde, stellte Benger 1852 den ersten in Deutschland gefertigten »französischen Rundstuhl« der Firma Fouquet auf. Mit der Einführung des französischen Rundstuhls begann die Erzeugung billiger Standardartikel wie Kinder- und Badebekleidung sowie Unterwäsche und Nachtbekleidung. 1879 schlossen die Brüder Gottlieb und Wilhelm Benger einen Vertrag mit Prof. Dr. Gustav Jaeger, die in Mode gekommene wollene Unterkleidung nach Prof. Jaeger zu produzieren und zu verkaufen. Noch vor dem Ersten Weltkrieg wurde unter dem Namen Ribana gemusterte Wirkwaren auf neuen amerikanischen Feinrippmaschinen hergestellt. 1936 wurde die Firma in eine Kommanditgesellschaft umgewandelt. 1963 erfolgte der Umzug nach Bad Rappenau, 1973 die Umwandlung des Familienunternehmens von einer KG in eine GmbH & Co. KG. Das Konkursverfahren wurde 1983 eröffnet.

3 Pflegschaft Benger, Gotthold Benger 1874–1899
5 Kapitaleinlagen 1874–1877, Konkurs 1983
7 Geschäftsübernahme von Wilhelm und Gottlieb Benger, Austritt Gotthold Benger 1874, 1899
9 Leistungsbericht 1942
10 Grundstücke und Gebäude, Kauf- und Mietverträge 1888–1897

11 Bodenkreditpfandbriefe 1895
13 Kalkulationsbücher, Dr. Jaeger's Wollsystem 1884–1900, Filiale Bregenz: Maschinenliste 1893
14 Versandbuch 1869–1872, Amerikageschäft 1884–1902
15 Werbenachweisbücher, Prospekte, Anzeigen 1900–1965
16 Inventarbuchserie, Bilanzen, Hauptbuch, Geheimbuch, Kostenaufstellungen 1865–1896; Filiale Bregenz: Inventarbuchserie 1890–1896, Jahresprüfungsberichte Benger GmbH Stuttgart 1948–1959, Jahresprüfungsberichte Wilhelm Benger Söhne, Stuttgart 1950–1962, Jahresprüfungsberichte Benger Wohnungsbaugesellschaft mbH 1951–1957, Jahresprüfungsberichte Benger KG Stuttgart 1960–1963
18 Feuerversicherung 1874
21 Rechtsstreit Anner/Benger 1961–1976
47 Fotos: Portrait Prof. Dr. Gustav Jaeger 1912
49 WABW Y 220 Anner, Reutlingen (Archivalien aus dem Nachlaß der Miteigentümerin Frau Louise Anner geb. Benger), Bestand N 12
50 Jubiläumsfirmen des Handelskammerbezirkes Stuttgart, Leipzig 1927, S. 35. Die Geschichte des Hauses Wilhelm Benger Söhne Stuttgart 1844–1954, Darmstadt [1954] (Festschrift). Wilhelm Benger Söhne 1844–1969, Bad Rappenau 1969 (Festschrift). Rolf Ludwig Mehmke, Archiv für Schwäbische Wirtschaftsgeschichte 1, S. 101–112, Typoskript im WABW.

61
Bergmeister, Stuttgart

Name Nachlass Ursula Bergmeister
Geschäftstätigkeit Fotografin
Branche Nr. 748
Umfang 0,3
Laufzeit 1962–1986
Benutzbarkeit Eingeschränkt
Bestand Y 504

Bestandsgeschichte Der Bestand wurde 2015 aus dem privaten Nachlass übernommen und umfasst vorwiegend Dias und Negative.
Geschichte Ursula Bergmeister (1919–2014) unterhielt als Fotografin in Stuttgart die Photographische Werkstätte Ursula Bergmeister. In den 1960er bis 1980er Jahren fotografierte sie für Unternehmen und Architekten mit Schwerpunkt in der Region Stuttgart deren Betriebe, Produkte und/oder Entwürfe.
14 Korrespondenz mit Bildagenturen 1968–1982
47 Dias/Negative: u. a. Karl Baedeker Verlag Ostfildern (Bücher), Beck Packautomaten GmbH & Co. KG Frickenhausen (Maschinen und Werk), Bohm + Co GmbH Gerlingen (Apparate »bomco«), G. Boley Esslingen (Uhrmacher-Kleinwerkzeuge), Deutsche Asphalt GmbH (Gebäude), Deutsche Verlags-Anstalt Stuttgart (Bücher), Deutscher Apotheker Verlag Stuttgart (Gebäude, Bücher), Deutsche Apotheker Zeitung Stuttgart (Gebäude), Architekt Prof. Karl Gonser Stuttgart (Gebäudemodelle Projekt Tübingen), Ferdinand Gröber GmbH & Co. KG Tübingen (Kinderkleidung), Metallbau Karl Gscheidle GmbH & Co. Stuttgart (Gebäude/-fassaden), Hammerl GmbH Gemmrigheim (Bauzubehör), Kessler & Söhne Württ. Eisenwerk GmbH & Co. KG Stuttgart (Schranksysteme), Georg Kramp GmbH & Co. KG Bad Cannstatt (später Fellbach) (Maschinen, Arbeiter), Kunzendorf Spedition GmbH Berlin Niederlassung Waiblingen (Gebäude), Lesonal (später Akzo Nobel Coatings GmbH) Stuttgart (Kfz-Zubehör), Mairs Geographischer Verlag Kurt Mair GmbH Ostfildern (Bücher), Meissner Modellbau GmbH Steinen (Produktion), Modernfold GmbH Gerlingen (Raumteiler), Offenhäuser GmbH & Co. Furniere Ditzingen (Holz-, Furnierlager), Patch Barracks Stuttgart (Gebäude), Petrocarbona GmbH Anwendungstechnische Beratung Knittlingen (Gebäude), Spieth, Ertle und Müller GmbH Stuttgart (Rolltore), Ingeborg Schäffler-Wolf (Tapisserien), TKB Wall-Bank AG Stuttgart (Gebäude, Betrieb, Personen), Wissenschaftliche Verlagsgesellschaft Stuttgart (u. a. Autoreiseapotheke), Gussstahlwerk Witten AG, ab 1965 Edelstahlwerk Witten AG (später Deutsche Edelstahlwerke GmbH) Witten (Betrieb, Personen), WKV Bank GmbH Stuttgart (Betrieb, Personen), Wuppermann-LAMAG GmbH Leverkusen Niederlassung Stuttgart (Metallregalsysteme), S. Zimmermann GmbH Stuttgart (Gebäude, Herd-Ausstellungsraum)
50 Im WABW nicht vorhanden.

62
Berner, Stuttgart

Name Holzhandlung Karl Berner
Geschäftstätigkeit Schreinerei
Branche Nr. 515
Umfang 2
Laufzeit 1912–2013
Benutzbarkeit Ja
Bestand B 179

Bestandsgeschichte Das Schriftgut wurde im April und November 2014 vom Wirtschaftsarchiv Baden-Württemberg übernommen.
Geschichte Karl Berner wurde 1897 in Großgartach bei Heilbronn geboren und absolvierte seine Ausbildung bei einem Onkel in Würzburg. Danach begann er in einer Holzhandlung in Stuttgart-Vaihingen zu arbeiten und übernahm leitende Positionen. Am 1. Juli 1932 machte sich Karl Berner in der Schockenriedstr. 4 in Vaihingen selbstständig. Das Grundstück wurde 18 Jahre lang gepachtet. Anfang der 1940er Jahre kaufte Karl Berner mehrere Parzellen in der Vogelsangstr. 26 in Stuttgart-Vaihingen. Im Laufe der Zeit entstanden ein Lager mit Schuppen, Werkswohnungen und Garagen und schließlich wurde 1951 ein neues Bürogebäude errichtet. 1944 wurde die Holzhandlung Bürkle in Weilimdorf als Filiale mit Vorräten und Grund und Boden erworben. Im Jahr 1957 feierte der Betrieb sein 25-jähriges Jubiläum und hatte insgesamt 30 Mitarbeiter. Die Produktpalette umfasste Schnittholz, Sperrholz, fertige Türen, Kunststoffplatten, Tisch- und Fußbodenbelag und Hartfaser- und Dämmplatten. Seit Gründung der Vereinigung Württembergischer Holzgroßhandlungen übernahm Karl Berner ehrenamtlich das Amt des Schatzmeisters. 1967 starb Karl Berner und die Töchter führten den Betrieb bis 1976 weiter, wobei die Filiale in Stuttgart-Weilimdorf aufgelöst wurde. Danach wurde das Grundstück in Stuttgart-Vaihingen verpachtet und die Holzhandlung unter dem selben Namen weitergeführt. 2010 wurde der Betrieb aufgegeben und das Grundstück nicht weiter verpachtet. Nach dem Abriss aller Gebäude wurde das Grundstück 2014 verkauft.
8 Bericht Sägewerke Neustadt a./D. und Altenmuhr 1918, Holzbedarf einer Mannschaftsbaracke vom Oberkommando des Heeres 1939
16 Kassenbuch 1951–1955, Vermögensaufnahme und Erfolgsrechnung 1932–1947, Rechnungen 1927–1929, 1932–1947, Rechnungen Gebr. Märklin Göppingen 1946–1947, Bilanzen mit teilweise Erfolgsrechnungen und Lagerbestand 1940–1974
18 Warenbestand, Inventar, Holzlieferungen und Sägewerk 1932–1947, KFZ, Jubiläum 1957, Briefpapier, leere Rechnungen und Angebote, Visitenkarten, Schreibmappen und Werbekalender, Geschäftsaufgabe Schreinermeister Seufert 1927–1929, Grundstückserwerbe in Vaihingen und Geislingen 1942, Übernahme Holzgroßhandlung Bürkle Stuttgart-Weilimdorf 1944, Personal 1927–1965, Korrespondenz 1927–1965, Herstellerverzeichnis Holzplatten, Betriebsvergleich, Meterstäbe, Klebemarken, Grundbucheinträge, Lage- und Baupläne der Industriestr. 26 Stuttgart-Vaihingen und Turbinenstr. 51 Stuttgart-Weilimdorf, Baukosten und Materialbedarf, Möbelskizzen, Korrespondenz Bauamt und Bauaufsicht, Wertermittlung und Beschlagnahmung Turbinenstr. 51, Handelsregister, Ehe- und Erbvertrag 1951, Gesellschaftsvertrag 1958, Konkurs der Firma Junget 1927–1928, Urkunde 25-jähriges Geschäftsjubiläum 1957, Stempel und Prägehammer
22 Lehrlinge 1932–1947
47 Luftbild der Holzhandlung in Vaihingen [1960er], Abriss der Gebäude Industriestr. 26 Stuttgart-Vaihingen 2012, Luft- und Gebäudebilder Industriestr. 26, Portrait Karl Berner 1949, Messestand der Gemeinschaftsschau Württ. Holzgroßhandlungen e. V.
48 Werbeplakat mit Holzhandlungsansicht, Werbeschild mir der Aufschrift KBV und Logo
49 WABW A 16 Fi 189
50 Diverse Literatur und Aufsätze zu den Themen Preisbestimmung, Handelsgebräuche, Verordnungen, Umrechnungs- und Kubiktabellen, Güteeinteilung, Holzwirtschaftliches Jahrbuch, Fachwörterbuch, Unfallverhütung, Ausbildung, Österreichischer Sägewerksatlas und einzelne Holzplattenarten, Sammelalbum Fussballweltmeisterschaft 1966.

63
Beru, Ludwigsburg

Name Beru
Geschäftstätigkeit Autozulieferer
Branche Nr. 343
Umfang 16
Laufzeit 1922–2012
Benutzbarkeit Eingeschränkt
Bestand Y 447

Bestandsgeschichte Der Bestand wurde dem WABW von der Firma Beru 2011 mit Nachlieferungen von 2012 übergeben.

Geschichte Nachdem Albert Ruprecht 1912 sein erstes Patent auf Zündkerzen erhalten hatte, gründete er im selben Jahr eine Fabrikation für Zündkerzen in gemieteten Räumen in Stuttgart. 1914 übersiedelte er nach Asperg. Seine Zündkerzen kamen unter dem Namen Ruprecht-Zündkerzen in den Handel. 1919 erwarb er ein Fabrikgebäude in Ludwigsburg in der Wernerstraße, wo er zusammen mit Julius Behr Zündkerzen, Schlauchbinder zum Abdichten von Kühlwasserschläuchen und Kompressionsventile für die Automobilindustrie hergestellte. Die Anfangsbuchstaben beider Betriebsinhaber Behr und Ruprecht ergaben den Firmennamen BERU. Nachdem Julius Behr 1927 ausgeschieden war, befand sich die Firma wieder in Alleinbesitz der Familie Ruprecht. Die 1931 erfundene zweipolige Drahtglühkerze war ein beachtlicher Fortschritt für die Entwicklung des Dieselmotors. Da sämtliche namhaften Automobilfirmen ihre Fahrzeuge damit ausrüsteten, sah sich Beru veranlasst, Lizenzen auch an andere Glühkerzenhersteller zu vergeben. Ebenso nahm Beru die Fertigung von Zündkerzen für Motorräder und Flugzeuge auf. 1940 übernahm Beru ein Werk zur Herstellung von Flugzeugkerzen in Kielce, Polen. 1945 ging die Geschäftsführung an seinen Sohn Adolf Ruprecht über, sein Schwiegersohn Dinnies v. der Osten wurde Verkaufsleiter und Mitglied der Geschäftsführung. Mit der rasch einsetzenden Motorisierung in den 1950er Jahren erlebte Beru eine rasche Aufwärtsentwicklung. 1959 starb der Firmengründer Albert Ruprecht. 1960 wurden die Fabrikanlagen in der Wernerstraße erweitert, ab 1969 wurde im Gebiet Waldäcker sukzessive ein neues Werk errichtet. 1977 wurde die 1967 aufgenommene Kondensatorenfertigung in ein neues Zweigwerk nach Muggendorf in Oberfranken verlagert. 1986 eröffnete Beru eine Fertigungsstätte mit einem Entwicklungszentrum in Tralee, Irland. Es folgten weitere Produktions- und Vertriebsstandorte im In- und Ausland. 1997 wurde das Familienunternehmen in eine börsennotierte Aktiengesellschaft umgewandelt. 2005 erwarb der amerikanische Automobilzulieferer BorgWarner die Aktienmehrheit, 2009 wurde das Unternehmen in eine GmbH umgewandelt und ist heute eine Tochter des US-Konzerns mit dem Namen BorgWarner Beru Systems GmbH.

3 Albert Ruprecht (Schulzeugnisse, Belobigungen, Geburtstage, Würdigungen), Adolf Ruprecht (Bundesverdienstkreuz), Todesanzeigen von Familienmitgliedern u. a. Dinnies von der Osten

4 Festschrift 25 Jahre, historische Rückblicke anlässlich von Firmenjubiläen (50, 75, 90, 100 Jahre), 10 Jahre Zweigwerk Muggendorf

5 Gesellschaftsverträge 1976–1996, Handlungsvollmachten 1939–1991, Umwandlung in eine AG 1936, 1996–1997

6 Zweigwerke Inland: Muggendorf 1977–1989, Neuhaus-Schierschnitz 1991–1992, Hakatherm Elektronik, Viernheim 1983–1997, Zweigwerke Ausland: Beru- Electronics County Kerry, Tralee/Irland 1986–1997, Sibal, Chazelles/Frankreich, 1987–1991, Beru St. Germain en Laye/Frankreich 1993–1996, Musorb/Frankreich 1994–1997

7 Prokuren, Direktoren Max Munk, Eberhard von Puttkammer, Gesellschafterversammlungsprotokolle Beru-Werk Albert Ruprecht 1961–1997, Verkaufsgesellschaft Ruprecht GmbH 1951–1984, Ruprecht Verwaltungsgesellschaft 1962–1997, Hakatherm Elektronik, Viernheim 1985–1991

8 Organisationspläne Beru-Werk, Beru-Verkaufsgesellschaft, Rationalisierungsmaßnahmen 1979, Geheimschutz 1970–1973, Einführung der EDV 1979

9 Gehälter 1925–1948, Altersversorgung 1975–1979, Betriebsfeiern, Betriebsausflüge 1952–1960, Jubilare 1965, Mitarbeiter-Zeitschrift »Beru intern« 1979–2012

10 Grundbuchauszüge 1935–1998, Gebäude Wernerstrasse 1959–1996

13 Prüfberichte (Zündkerzen) 1931–1940, Pro-

duktanalyse 1982, Lizenzen u. a. Verträge mit Rob. Bosch GmbH 1941–1989, Patentschriften 1922–1957, Fertigungsmethoden 1960–1961, Erfindungen von Mitarbeiter 1971–1972
14 Dienststellenverzeichnisse 1936–1939, Preislisten und Prospekte 1933–1939, 1950–1981, Zeitschrift »Beru-aktuell«, Informationen für Werkstatt und Handel 1980–2010
15 Werbepostkarten 1930er, Firmenlogo 1920, Presseinformationen 1985–2008, Pressespiegel 1997–2006
16 Hauptbücher 1924–1945, Kassenbücher 1944–1950, Geheimjournal 1937–1943, Bilanzprüfungsberichte 1934–1997, steuerliche Betriebsprüfungsberichte 1944–1991, Geschäftsberichte 1978–2007
18 Feuerversicherung 1992–1998
19 Zweigwerk Kielce/Polen, vorm. C. Wawrzyniak 1939–1945; Luftschutzraum unter dem Theaterbau in Ludwigsburg 1944
21 Zuwiderhandlung gegen Preisvorschriften 1945–1948
47 Ausstellungen, Firmenjubiläum, Betriebsfeiern, Einweihungsfeier Entwicklungszentrum 1998, Betriebsausflüge, Arbeitsjubiläen, Neubauten, Werk Neuhaus-Schierschnitz 1928–1999; Eisspeedway WM 1990–1998
49 WABW B 183
50 Der Kreis Ludwigsburg (Heimat und Arbeit), Stuttgart und Aalen 1977, S. 416. 75 Jahre Beru 1912–1987, Ludwigsburg 1987 (FS).

64
Beton- und Monierbau, Stuttgart

Name Beton- und Monierbau AG Bauunternehmung
Geschäftstätigkeit Bauunternehmung
Branche Nr. 450/451/265
Umfang 11
Laufzeit 1908–1988
Benutzbarkeit Nein
Bestand Y 16

Bestandsgeschichte Das Archivgut wurde in den Jahren 1988, 1989 und 1990 übernommen. Die Provenienz der Unterlagen beschränkt sich auf die Niederlassung in Stuttgart.

Geschichte Die Anfänge der Entwicklung des Monierbaus gehen auf den Franzosen Joseph Monier zurück, der 1867 das erste Patent auf die Herstellung von eisenbewehrten Betonkübeln erhielt. Dieses Patent erwarb 1886 der Ingenieur Gustav Adolf Wayß für seine Firma G.A. Wayß & Co. Mit dem Regierungsbaumeister Matthias Koenen zusammen gründete Wayß 1889 in Berlin die Actien-Gesellschaft für Monierbauten. Als Wayß 1891 aus der Gesellschaft schied, übernahm Koenen die alleinige Leitung. 1894 wurde der Name der Gesellschaft in Actien-Gesellschaft für Beton- und Monierbau und im Jahre 1925 in Beton- und Monierbau Aktien-Gesellschaft umgeändert. Das Unternehmen fertigte neben verschiedenen Wirtschaftsgebäuden insbesondere Großfundamente, Brücken, Schleusen und Wasserkraftwerksanlagen. Eine Niederlassung in Stuttgart bestand seit 1908. Nach dem Zweiten Weltkrieg hatte die Hauptverwaltung des Unternehmens ihren Sitz in Düsseldorf. 1979 musste die Gesellschaft Konkurs anmelden.
4 Firmengeschichte, 75-jähriges Jubiläum um 1950–1965, persönliche Erinnerungen Werner Gebhardt 1988
5 Handelsregisterauszüge 1908–1912, Konkurs 1979–1980
6 Kooperation mit Les Chantiers Modernes
7 Meldungen an die Hauptverwaltung, Interne Rundschreiben 1973–1978, Hauspost intern 1977–1979, Tageskopien 1975–1979, Besprechungen des Vorstandes mit den Zweigniederlassungsleitern, Besprechungen der Zweigniederlassungsleiter, Oberingenieur-Besprechungen, Bauverträge
8 Organisation, Geschäftsverteilungsplan 1977
9 Personalfragen, Werkszeitschrift 1953–1983, Betriebssatzungen, Betriebsvereinbarungen, Tarifverträge, Löhne und Gehälter um 1970–1980, Lohntarife 1959–1978, Arbeitszeit um 1970–1980, Unfallverhütung, Arbeitsschutz, Arbeitsmedizin, Fortbildung, Auszubildende, Krankenkassen
11 Bürgschaften, Finanzpläne
12 Lieferanten, Einkauf-Vergabewesen, Subunternehmerverträge, Nachunternehmer 1976–1979, Personalverleih-Firmen, Ingenieur- und Architektur-Büros
13 Baubetrieb, U-Bahn-Bau Stuttgart, S-Bahn-

Bau Stuttgart, DB-Streckenbau Stuttgart-Mannheim, Betonlabor Hauptverwaltung, Baustoffe, Baustellen (Einzelakten) 1973–1979, Arbeitsgemeinschaft-Baustellen, Aufträge 1975–1977; technische Informationen zu Beton und Mörtel
14 Angebotsstatistik, Monatsmeldungen, Auftragsbücher 1967–1979, Umsatz- und Auftragsstatistik 1968–1979
15 Werbesonderhefte, Werbedrucke um 1960–1980, Referenzlisten um 1960–1980, Presseberichte 1977–1979, Zeitschrift Baustoff Beton 1968–1979
16 Kostenuntersuchungen, Reisekosten, Kalkulationen, Bilanzen, Leistungs- und Ertragsplanung 1977–1979, Kontenplan, Geschäftsberichte 1955–1978, Geschäftsberichte Zweigniederlassung Stuttgart 1972–1979
18 Versicherungen
20 Fachverband Bau 1970–1979
47 Fotos: Baustellen (In- und Ausland), Firmengebäude um 1950–1980. Filme: Bau der Schleuse Stuttgart-Bad Cannstatt, Bau der Taubertalbrücke, Filmverzeichnis
49 WABW Y 41 und Y 177 (Gebhardt)
50 Beton- und Monierbau Aktiengesellschaft, Berlin [um 1930] (Werbeschrift). Beton- und Monierbau Aktiengesellschaft, Berlin [um 1950] (Werbeschrift). Beton- und Monierbau Aktien-Gesellschaft, Düsseldorf 1956 (Werbeschrift). 75 Jahre Beton- und Monierbau AG 1889–1964, 2 Bände Düsseldorf 1964 (Festschrift).

65
Beuttenmüller, Bretten

Name C. Beuttenmüller & Cie.
Geschäftstätigkeit Metallwarenfabrik
Branche Nr. 287
Umfang 0,1
Laufzeit 1882–1903
Benutzbarkeit Eingeschränkt
Bestand Y 482

Bestandsgeschichte Das Archivgut wurde 2014 übernommen.
Geschichte Der Kaufmann Christian Beuttenmüller (1830–1903) gründete nach der Aufgabe des väterlichen Kolonialwarengeschäfts in Bretten 1862 gemeinsam mit dem später ausgeschiedenen Kaufmann Hermann Weißenburger die Metallwarenfabrik C. Beuttenmüller & Cie. Die Firma führte als eines der ersten Unternehmen in Baden Erdöl und Petroleumlampen aus den USA ein und stellte ab 1863 selbst Laternen und Petroleumlampen her. Die Produktion wurde bald um lackierte und blanke Metallwaren von Zuckerdosen und Kaffeemaschinen bis hin zu Feuerwehrausrüstungen erweitert. Mit 15 Mitarbeitern und einem neu errichteten Fabrikgebäude war die Firma 1869 das größte Unternehmen im Ort und gilt als erste Brettener Fabrik. In den folgenden Jahrzehnten verlagerte sich die Produktion von Haushaltsartikeln hin zu Waren und Halbfabrikaten für industrielle Abnehmer im In- und Ausland sowie Laternen für die Eisenbahn- und Straßenbeleuchtung. Im Jahre 1912 waren 78 Mitarbeiter im Unternehmen beschäftigt. 1949 fertigte die Firma mit 166 Beschäftigten Laternen sowie Press-, Stanz- und Ziehteile und Metallschnellsägen. Das Unternehmen wurde 1972 von einer GmbH in eine Kommanditgesellschaft umgewandelt. 1975 folgte der Konkurs.
16 Rechnungen an die Firma 1882/83, 1903
50 Festschrift zum 50-jährigen Jubiläum der Lackier- und Metallwaren-Fabrik C. Beuttenmüller & Cie., Bretten, 1862–1912, [Bretten 1912]. Otto Beuttenmüller, Übersichtstafel [u. Nachkommenliste des Kaufmanns Maximilian Christian Beuttenmüller in Bretten], [Bretten 1938] (im WABW nicht vorhanden). 125 Jahre Volksbank Bretten – Raiffeisenbank eG, 1864–1989, Bretten 1989.

66
BFA Uhingen, Uhingen

Name Bleicherei, Färberei und Appreturanstalt Uhingen GmbH
Geschäftstätigkeit Bleicherei, Färberei, Appreturanstalt
Branche Nr. 170/173
Umfang 1
Laufzeit 1866–1969
Benutzbarkeit Ja
Bestand B 26

Bestandsgeschichte Das Archivgut wurde 1983 von der Geschäftsleitung übernommen. Weitere Unterlagen scheinen nicht überliefert zu sein.
Geschichte 1869 entschlossen sich die Stuttgarter Industriellen Ludwig Bartels, August Blezinger, Paul Federer, Emil Mohl und Friedrich Sick eine Ausrüstungsanstalt für Gewebe in Württemberg als Aktiengesellschaft zu gründen, da die vorhandenen Anstalten dieser Art nicht ausreichten. Die Standortwahl fiel auf Uhingen, weil dort die Firma Haug & Emhard ihre dortige Holzschleiferei und Wasserkraft zum Verkauf anbot. 1871 lief die Produktion an. Die Garnbleicherei wurde 1875 aufgegeben und das Unternehmen legte das Hauptgewicht ihres Fabrikationsprogramms auf Stückbleicherei und Stückfärberei. Seit 1892 wurden auch Gardinenstoffe gebleicht, nach 1900 kam die Ausrüstung von Buchleinen hinzu. Die Textillohnveredelung von Geweben aus Baumwolle, Zellwolle und Synthetiks, Beschichtung, Herstellung von Kunstleder sowie Bucheinband und Rollostoffe bildeten die Hauptproduktion nach dem Zweiten Weltkrieg. Ab 1901 hieß die Firma Bleicherei, Färberei und Appreturanstalt Stuttgart in Uhingen und 1941 erhielt das Unternehmen die Firmenbezeichnung Bleicherei, Färberei und Appreturanstalt Uhingen AG. 1977 erfolgte die Umwandlung in eine GmbH, die dem Unternehmensverband Textilgruppe Hof angeschlossen wurde. 1993 wurde die Gesellschaft aufgelöst und die Produktion eingestellt.

2 Historischer Abriß der Gemeinde Uhingen 1939
4 Firmengeschichte, 75-jähriges Jubiläum, 100-jähriges Jubiläum, 1910, 1943, 1969
5 Gründungsprospekt, Kalkulation, Kostenübersicht, Statuten 1869, 1895–1938
7 Vorstand, Aufsichtsrat, Vollmachten, Aufsichtsrat-Protokollserie, Generalversammlung-Protokollserie
9 Belegschaft, Gehälter, Löhne, Leistungsbericht, betriebliche Sozialleistungen, Betriebsordnung 1888, 1929–1947
11 Anleihe 1872
13 Kalkulation, Kosten, Statistik 1872, 1941
14 Preislisten, Aufträge 1866–1903
16 Bilanzbuchserie, Statistik, Gewinn- und Verlustrechnungen, Inventuren, Jahresabschlußprüfungen 1869–1951, Geschäftsberichte 1869–1963
19 Firmennotgeld (Bleicherei, Färberei und Appreturanstalt Uhingen) 1923
47 Fotos: Vorstands- und Aufsichtsratsmitglieder, Fabrik- und Wohngebäude, Werksgelände, Ortsansicht Uhingen, Produktion, Maschinen 1869–1960
49 WABW A 12, Firmenakte
50 Das Land Württemberg, Seine wirtschaftliche und kulturelle Bedeutung, II. Ausgabe, Verlag Stuttgarter Neues Tagblatt, Stuttgart 1927, S. 28. 75 Jahre BFA Bleicherei, Färberei und Appretur-Anstalt Uhingen AG 1869–1944 (Festschrift). 100 Jahre Bleicherei Uhingen AG, Ein Unternehmen und seine Märkte, Uhingen 1969 (Festschrift).

67
Bierfelder, Stuttgart

Name Professor Dr. Wilhelm Hans Bierfelder (Nachlass)
Geschäftstätigkeit Forschung Betriebswirtschaftslehre
Branche Nr. 732
Umfang 3
Laufzeit 1969–1990
Benutzbarkeit Ja
Bestand Y 17

Bestandsgeschichte Das Archivgut aus verschiedenen Sonderforschungsbereichen wurde 1991 von Professor Dr. Wilhelm Hans Bierfelder übernommen. Es umfasst die Bereiche Energiewirtschaft (Vorlesungen, Unterrichtsmaterialien, Kolloquien, Arbeitspapiere, Energieprognosen,

Energiekonzepte, Energiemanagement, Spartechnologie); den Sonderforschungsbereich computergestützte Arbeitsplätze; Verwaltungsreform; Reform des öffentlichen Dienstes, um 1969–1990.
Geschichte Wilhelm Hans Bierfelder (geb. 30. 4. 1926 in Forchheim, gest. 8. 2. 2017) war seit den 1950er Jahren an verschiedenen Universitäten tätig und verfasste zahlreiche Bücher und Beiträge zu wissenschaftlichen Sammelwerken. Von 1971 bis 1991 war er Inhaber des Lehrstuhls für ABWL sowie Innovations- und Organisationsforschung an der Universität Stuttgart.
50 Im WABW nicht vorhanden.

68
Bildstein, Kürnbach

Name Joseph Bildstein
Geschäftstätigkeit Schmiedemeister
Branche Nr. 284
Umfang 0,1
Laufzeit 1936–1969
Benutzbarkeit Eingeschränkt
Bestand Y 247

Bestandsgeschichte Der Band wurde von einem Privatsammler übernommen.
Geschichte Zur Geschichte konnten keine Daten ermittelt werden.
16 Kassenbuch 1936–1969
50 Im WABW nicht vorhanden.

69
Binz, Lorch

Name Binz GmbH & Co. KG
Geschäftstätigkeit Karosseriebau
Branche Nr. 343
Umfang 0,5
Laufzeit 1936–2011
Benutzbarkeit Nein
Bestand Y 555

Bestandsgeschichte Der Bestand wurde 2019 kurz vor Redaktionsschluss übernommen. Weiterführende Hinweise unter: https://wabw.uni-hohenheim.de

70
Bioland, Esslingen a. N.

Name Bioland e. V.
Geschäftstätigkeit Landwirtschaft, Verein
Branche Nr. 000/910
Umfang 5
Laufzeit 1986–2011
Benutzbarkeit Eingeschränkt
Bestand V 006

Bestandsgeschichte Das Archivgut wurde 2017 übernommen.
Geschichte Am 25.04.1971 schlossen sich 12 Männer und Frauen zum bio gemüse e. V. in Honau am Fuß der schwäbischen Alb zusammen, um Ideen zum organisch-biologischen Landbau auszutauschen und gemeinsame Interessen besser vertreten zu können. Die erste Geschäftsstelle befand sich in Laufen/Baden. Grundlage für die Anbauweise war die vom Schweizer Agrarpolitiker Dr. Hans Müller, Dr. Maria Müller und dem deutschen Arzt Dr. Hans-Peter Rusch entwickelte Idee, die zunehmenden chemisch-technischen Prozesse in der Landwirtschaft und die damit verbundene Abhängigkeit der Landwirte von der Industrie abzuwenden. Aus bio gemüse e. V. wurde 1974 zunächst die Fördergemeinschaft organisch-biologischer Landbau e. V., bis 1978 Bioland als Warenzeichen des Vereins eingetragen wurde und 1979

der Vorstand beschloss, künftig Bioland auch als Vereinsnamen zu führen. In den 1980er Jahren kam es zu Gründungen der ersten Landesverbände als regionale Ergänzung zum Bundesverband, diese erweiterten sich im Laufe der Jahre und gründeten Regionalbüros. 1987 wurde eine neue Satzung und der Vereinsname Bioland Verband für organisch-biologischen Landbau e. V. verabschiedet. Die 1998 gegründete Bioland Verlags GmbH verlegt die Fachzeitschrift »bioland«, welche seit 1980 als Mitgliederzeitung erscheint, sowie Fachbücher und andere Informationsblätter wie z. B. Einkaufsführer.
Seit 2006 wurden Aufgabenbereiche im Gesamtverband zusammengelegt, neben den bestehenden Regionalgruppen wurden Fachgruppen und eine bundesweite Beitragsordnung eingeführt. Der Sitz des Gesamtverbandes von Bioland e. V. befindet sich seit 1998 in Mainz, der Sitz des Landesverbandes Baden-Württemberg in Esslingen a. N.

4 Dokumentation zur Entstehung 1973–1996, 25-jähriges Jubiläum 1997, Pressespiegel 1994–2006, Plakate zum 40-jährigen Jubiläum 2011
5 Landesverband Baden-Württemberg 1988–2002, Bioland Handelsgesellschaft 1993–2003
7 Landesvorstandssitzungen 1987–2011, Landesdelegiertenversammlung 1995–2002, Landesverband Gruppenvertreter 2001–2005
8 Schulungsunterlagen 1994–1996, Seminare, Biolandtage 1995–2002
9 Mitgliederrundbriefe 1988–2016, Mitgliederbetreuung/-befragung 1999, Aktionstage Ökolandanbau 1998–2001,
14 Presse- und Informationsmaterial: Gruppeninformationen, Rundbriefe 1996–2000
15 Pressearbeit 1988–2003, Einkaufsführer, Rezepte, Verbraucher Informationen für gesunde Ernährung, Flyer, Sticker 1988–2006
20 Arbeitsgruppe Legehennen 2000–2002
22 Gentechnik, Nürtinger Bündnis 1993–2000
50 Verbandsorgan des Bioland e. V.: Bio-Land, Fachmagazin für den ökologischen Landbau, Mainz.

Wolfgang Schaumann; Georg E. Siebeneicher; Immo Lünzer: Geschichte des ökologischen Landbaus, Bad Dürkheim, Stiftung Ökologie und Landbau, 2002.

71
Birkel, Mannheim

Name Birkel Teigwaren GmbH
Geschäftstätigkeit Herstellung von Teigwaren
Branche Nr. 150/156
Umfang 36
Laufzeit 1890–2002
Benutzbarkeit Nein
Bestand Y 18

Bestandsgeschichte Das Archivgut wurde 1990, 2005 und 2009 von der Geschäftsleitung übernommen.
Geschichte Balthasar Stefan Birkel (1844–1911) eröffnete 1874 eine Mehl- und Produkthandlung in Schorndorf. 1896 richtete er dort eine eigene Nudelfabrik ein. Nach dem Eintritt seiner drei Söhne 1906 firmierte das Unternehmen unter Schwaben-Nudel-Werke B. Birkel Söhne. 1909 zog die Firma nach Endersbach im Remstal um und baute dort eine neue Nudelfabrik. In den folgenden Jahren expandierte das Unternehmen durch den Bau neuer Anlagen, durch Aufkäufe anderer Nudelhersteller – angefangen mit Hantschel und Haas in Villingen 1926 und der Buxtehuder Teigwarenfabrik 1936 – und durch den Aufbau eines Vertriebsnetzes im In- und Ausland. 1977 weitete Birkel das Angebot auf Paniermehl, Soßen und Fertiggerichte aus, die neuen Produkte brachten binnen sechs Jahren ein Viertel des Umsatzes. Das Unternehmen erreichte eine Personalstärke von 1.200. Vier Generationen lang ging es mit dem Familienunternehmen in der Rechtsform einer GmbH stetig bergauf. Doch in den 1980er Jahren begann ein Konglomerat aus Überkapazitäten, Konzentration im Handel und wachsender ausländischer Konkurrenz die gesamte Branche in Schwierigkeiten zu stürzen. Für Birkel kam 1985 der sog. »Flüssigei-Skandal« hinzu. Zwar gewann das Unternehmen den Rechtsstreit mit dem Land Baden-Württemberg und erhielt Schadenersatz; Klaus Birkel, das letzte Mitglied der Gründerfamilie, entschloss sich dennoch, es 1989 an den Danone-Konzern zu verkaufen. Als sich Danone 1997/98 wieder auf sein Kerngeschäft besann, erwarben drei führende Mitarbeiter Firma und Marke Birkel im Rahmen eines sogenannten »Management-Buy-

out«, mit finanzieller Unterstützung einer Beteiligungsgesellschaft um die Dresdner Bank und andere deutsche Finanzinstitute. Im Jahr 2000 arbeiteten 200 Beschäftigte in der Produktion in Mannheim, 70 in der Verwaltung in Waiblingen. Im selben Jahr übernahm Birkel den zweitgrößten deutschen Nudelproduzenten Drei Glocken GmbH in Weinheim.

3 Visitenkarten für Frieder Birkel, Karl Christian Birkel und Theodor Birkel

4 60 Jahre Birkel 1934, 75 Jahre Birkel 1949, 100 Jahre Birkel 1974, Firmenbroschüren 1970–1991

6 Werk Buxtehude 1988

7 Eintritt von Friedel Birkel in die Geschäftsleitung 1955, Interne Berichte, Protokolle 1983–1985, Sitzungsberichte 1935–1937

8 Rundschreiben 1953–1967, Nachrichtendienst 1942–1943

9 Betriebsfeste, Betriebsausflüge 1935–1972, Lohnstreifen, Leistungsbericht 1940–1942, Arbeitsjubiläen, Weihnachtsbrief an die Mitarbeiter 1960, Heimarbeit 1950–1959, Statistik 1959–1972, Personal 1927–1931, Sportgemeinschaft 1972, Betriebsausflüge 1935–1972

10 Baupläne 1911–1949, technischer Ausbau 1940–1948, Richtfest 1968, Einweihung eines neuen Lagerhauses 1965, Einweihung Außenlagersilo 1983, Grundsteinlegung Birkel-Griess-Silo, Urkunde Grundsteinlegung 1958, Fabrikbesichtigungen 1936–1965

13 Patentsachen 1942–1952, Inbetriebnahme der ersten automatischen Nudelstraße 1956, Packungszuschnitte, Polybeutel, Markenbeantragungen 1980–2000, abgelaufene Warenzeichen 1933–1989

14 Verkaufsbedingungen 1939, Verkaufsmittel Haller, Preislisten 1940–1967, Umsätze 1928–1951, Verkauf 1996, Preislisten Teigwaren 2000, Wettbewerbsbeobachtung 1996–1999, Vertreter Gebietsaufteilungen 1950–1959, Bestellscheine 1925, Lieferungen verschiedener Marken 1961–1986, Korrespondenz 1981–1984, Verbraucherzuschriften 1981–1985, Angebote 1982–1985

15 Briefbögen und Postkarten 1953–1955, Briefumschläge der Firma Schüle, Plüderhausen 1911–1954, Rechnungsvordrucke, Kalender 1938–1990, Merkblatt für Werbedamen, Werbedruck Handzettel Schwabenmädchen 1932–1934, Werbedrucksachen allgemein 1938–1966, Reklame der Konkurrenz, Briefumschläge, Aufsteller, Plakate, Faltschachteln um 1900–1960, Faltschachteln der Konkurrenz (u. a. Schüle, Edelstolz, Kathra, Gidelfi, Kaiser's), Pergaminbeutel, Anzeigen und PR-Beiträge 1949–1960, Marketing 1968, 1970, 1980–1981, 1999–2000, Birkel Picobello 1987–2001, Anzeigenbelege 1949–1999, Kundensammelalben 1962–1965, Werbebroschüren 1980–1989, Imagebroschüre 1987

16 Mahnungen, Lieferscheine, Rechnungen, Frachtbriefe, Lebensmittelbestellscheine (Formulare), Kontenblätter, Kalkulationen 1936–1958, Handelsdaten 1983–1986, Buchhaltungsunterlagen 1899–1963, Umsätze 1928–1951

19 Leistungsberichte 1938–1942

47 Fotos: Verkaufsaufnahmen für Messestände, 75-Jahr-Feier; Schallplatte »Birkellied«, Werksaufnahmen 1982–1986, Olympia 1988

48 Muster-Etuis, Birkel-Emailschilder, Werbepräsente, Packungsmuster 1988, Packungszuschnitte 1977

49 WABW B 183

50 60 Jahre Schwabennudel-Werke B. Birkel Söhne Endersbach bei Stuttgart 1874–1934, Endersbach 1934 (Festschrift). 75 Jahre Birkel 1874–1949, Endersbach 1949 (Festschrift). 100 Jahre Birkel, Das Nudel-Jubiläum, Endersbach 1974 (Festschrift).

72
Bizerba, Balingen

Name Bizerba GmbH & Co. KG Balingen
Geschäftstätigkeit Waagenbau
Branche Nr. 332
Umfang 20
Laufzeit 1900–1998
Benutzbarkeit Ja
Bestand B 170

Bestandsgeschichte Das Archivgut wurde 2015 von der Firma übernommen.

Geschichte 1866 gründete Mechanikermeister Andreas Bizer in Balingen eine Waagenbauwerkstatt. Durch die Kombination seines Familiennamens und des Ortsnamens Balingen entstand der Firmenname Bizerba. 1906 verkaufte Bizer seine Werkstatt an seinen Schwiegersohn, den späteren Prof. Wilhelm Kraut, der schrittweise eine Umwandlung des Handwerksbetriebes in ein Industrieunternehmen mit rationeller Serienfertigung einleitete. Diese Entwicklung trieb sein ältester Sohn Wilhelm Kraut jr., der die Unternehmensführung 1923 übernahm, maßgeblich weiter voran. Bis 1928 wird Bizerba so zur größten Waagenfabrik im damaligen Deutschen Reich. Ende der 1920er Jahre begann auch die Zusammenarbeit mit der August Sauter KG, Ebingen, deren Produkte Bizerba unter dem Markenzeichen ASE als Ergänzung des eigenen Programmes in den Vertrieb aufnahm. 1930 erfolgte der Einstieg in die Fertigung von Industriewaagen, in der Folge ergänzten Aufschnittschneidemaschinen, Fleischwölfe und Kaffeemühlen das Angebot. 1949 kam die Vertikalaufschnittschneidemaschine ins Programm, 1951 die optisch-preisanzeigenden Waagen der OP-Baureihe. Da die Produktionskapazitäten im Stammwerk in Balingen nicht mehr ausreichten, eröffnete das Unternehmen 1952 in Meßkirch ein Zweigwerk, in das die Fertigung von Schneide- und Fleischbearbeitungsmaschinen ausgelagert wurde.

1957 erwarb Bizerba die Aluminium-Gießerei Villingen (AGV) und konnte so fortan die Aluminium-Gussteile für die eigenen Produkte selbst fertigen. Die AGV wuchs in der Folge auch zu einem namhaften Zulieferer der Automobilindustrie heran. Da diese in den 1980er Jahren verstärkt auch Bauteile aus Verbundwerkstoffen nachfragte, erwarb die Bizerba Gruppe 1984 die BWR Badische Waggonfabrik Rastatt, die nun als BWR Bizerba Werkstoffsysteme und Fahrzeugbau GmbH firmierte, 1991 aber wieder abgestoßen wurde.

1992 verstarb Senator Wilhelm Kraut, der zu diesem Zeitpunkt die Firmenleitung bereits an seinen Sohn Günter Kraut abgegeben hatte. 1995 verstarb unerwartet auch Günter Kraut.

Mit der Ernennung von Andreas Wilhelm Kraut zum Vorsitzenden der Geschäftsführung trat 2011 die mittlerweile fünfte Generation der Gesellschafter an die Spitze des Familienunternehmens. Dieses konnte 2016 sein 150-jähriges Bestehen feiern und befand sich nun auch wieder zu 100% im Besitz der Gesellschafterfamilie Kraut. Die Bizerba SE & Co. KG setzte dabei ihren Wachstumskurs fort und übernahm 2016 Firmen in Italien und Kanada.

3 Besitzerfamilie Kraut, Prof. Wilhelm Kraut, Senator Wilhelm Kraut, Günter Kraut, u. a. Ehrungen, Ernennungen, Geburtstage, Arbeitsjubiläen, Todesfälle

4 Grußworte und Festreden zum 100-jährigen Firmenjubiläum 1966, Redenmanuskripte und Presseausschnitte zum 125-jährigen Firmenjubiläum 1991, Feierlichkeiten anlässlich der Eröffnung des neuen Verwaltungsgebäudes und Familientag zum 125-jährigen Firmenjubiläum 1991, Festakt in der Liederhalle Stuttgart anlässlich des 125-jährigen Firmenjubiläums 1991

9 Mitarbeiterzeitschrift 1967–1973, Unterlagen zu Bizerba-Generalvertreter Karl Mütze, Solingen 1978–1989

10 Grundbuchauszüge und Verträge zu Firmengrundstücken 1940–1966, Geschichte der Bebauung des Bizerba-Werksgeländes in Balingen 1917–1989, Korrespondenz zur Privatvilla von Wilhelm Kraut 1932–1936,

11 Darlehensverträge und Korrespondenzen zum Zweigwerk Messkirch 1951–1960

13 Kommissions- und Produktionsbücher 1937–1970, Zeichnungsbuch 1926–1962

14 Statistiken zum Auftragseingang 1965

15 Prospekte, Kataloge, Preislisten, Werbematerial, Anzeigenmotive, Pressespiegel 1900–1998, Unterlagen zu Konkurrenz- und Partnerunternehmen

16 Buchpüfungsberichte 1928–1932, Geschäftsberichte 1980–2004

19 Reparationsleistungen und Demontagen 1946–1948

21 Rechtstreitigkeiten zwischen Bizerba und der Berkel GmbH, Duisburg 1964–1965

47 Messen, Produkte; Firmenansichten, Milieufotos, Portraitfotos Leitungspersonen, Ölgemälde Prof. Kraut

48 Historische Banknoten, Gedenktafel zum 25-jährigen Betriebsjubiläum von Direktor Anton Wesching, Erinnerungsmedaillen zu Veranstaltungen und Messen, Anstecknadeln zu Arbeitsjubiläen, Erinnerungsmedaillen an Prof. Wilhelm Kraut

49 Badische Waggonfabrik, Rastatt

50 Festschriften zum 100-jährigen und 125-jährigen Firmenjubiläum, Redenband zum 75. Geburtstag von Senator Wilhelm Kraut

73
Bleyle, Stuttgart

Name Wilhelm Bleyle KG
Geschäftstätigkeit Strickwarenfabrik
Branche Nr. 170/176/180
Umfang 14
Laufzeit 1885–1991
Benutzbarkeit Ja
Bestand B 68

Bestandsgeschichte Das Archivgut wurde in mehreren Ablieferungen zwischen 1985 und 1988 vom Unternehmen übernommen.
Geschichte 1889 begann Wilhelm Bleyle in Stuttgart mit der Fabrikation und dem Verkauf von gestrickten Kleidern. Berühmt wurde er durch seine Matrosenanzüge. Im neuen Industriezweig konfektionierter Strickkleidung wurde Bleyle im In- und Ausland eine bekannte Marke. Um 1900 waren im Stammwerk Stuttgart sowie in den Filialen Ludwigsburg und Brackenheim 700 Personen beschäftigt, 1914 waren es bereits 1.500. 1921 wurde das Unternehmen in eine GmbH und 1962 in eine KG umgewandelt. Nach 1945 erlebte Bleyle einen steilen Aufschwung, Damen- und Herrenkonfektion löste nun die Kinderkleidung vollends ab. Als Folge der Textilkrise ab den 1970er Jahren musste das Unternehmen 1987 Vergleich anmelden. 1995 gingen auch die Nachfolgegesellschaften Bleyle Classic GmbH und Bleyle Underwear GmbH in Konkurs. 2016 übernahm die Pfeiler Wäsche Manufaktur GmbH in Eppendorf (Sachsen) die Lizenzrechte für Bleyle Wäsche.
3 Familienchronik, Schriftwechsel, Feiern, Veröffentlichungen, Persönliches, Vermögen, Privatgebäude, Erbangelegenheiten, Rechtsstreitigkeiten, Ehrungen, Steuern, Kredite, Nachlässe, Familiennachrichten betreffend Familienmitglieder u. a. Wilhelm Bleyle, Arthur Weber, Fritz Bleyle, Max Bleyle, Albert Griesinger, Adolf Mann, Erich Hummel, Erich Weber-Bleyle 1903–1981
4 Firmengeschichte, Firmenjubiläen 1938–1988
5 Handelsregisterauszüge, Firmeninhaber, Kommanditisten und stille Gesellschafter, Gesellschafteranteile, Gesellschaftsverträge, Konkursbericht 1895–1981
6 Schwäbische Zellstoff AG, Ehingen 1937–1953, August Friedrich Sauer GmbH 1958, Eurotex (Herold Strickwaren GmbH) 1959, Bleyle Mailand 1961, Bleyle Diffusion SARL, Paris 1983–1985, Bleyle V. V. (Mann & Hummel), Ludwigsburg
7 Geschäftsführung, Handlungsbevollmächtigte, Kopierbuchserie (Korrespondenzen), Gesellschafterversammlungen, Sanierungskonzepte 1894–1986
8 Organisationspläne 1975
9 Löhne und Gehälter, Arbeitsordnungen, Tarifverträge, Arbeitszeit, Urlaub, Mitarbeiterstatistik, Auskünfte, Betriebsrat, Stiftungen, Unterstützungskassen, Kantine, Leistungsberichte, soziale Sicherung, Werkszeitschrift 1899–1984
10 Grundstücke und Gebäude, Lagepläne, Grundrisse, Hypotheken, Grundbuchauszüge, Bautätigkeit, Kriegsschäden, Vermietung 1900–1974, Tuschezeichnungen Gebäude um 1938–1950
11 Darlehen, Finanzplanung, Grundschulden 1892–1968
12 Statistik, Lieferantenlisten, Lagerhaltung, Jahresberichte der Einkaufsabteilung 1924–1956
13 Patente, Geschmacksmuster, Designmuster, Modezeichnungen um 1938–1980, Warenzeichen, Strick- und Wirkmuster, Normenblätter, Produktionspläne, Näherei 1885–1985
14 Preise, Umsatz, Statistik, Geschäftsbeziehungen 1903–1969
15 Inserate, Prospekte, Kataloge, Verkaufsinformationen, Werbemittel, Marken- und Warenzeichen, Plakate, Plakatentwürfe in Öl 1950, Aufsteller, Verpackungen, Kundenzeitschrift, Zeitungsartikel 1900–1991
16 Bilanzen, Jahresabschlüsse, Gewinn- und Verlustrechnungen, Ertragsanalysen, Inventuren, Hauptbuchserie, Kontokorrentbuch, Geheimbuchserie, Journalbuchserie, Gewinnverteilung, Jahres- und Geschäftsberichte, Kalkulation 1890–1978
17 Steuerangelegenheiten 1901–1950
19 Kriegsstiftung von Wilhelm Bleyle sen. 1915–1919, Devisenstrafverfahren 1933–1942, Kriegsschäden 1943–1951, Militärregierung 1945–1958
20 Wirtschaftskammer für Württemberg, Verband der Süddeutschen Textilindustrie, Deutscher Altersheim-Verein 1930–1964
21 Rechtsstreitigkeiten zwischen Bleyle V. V. und Bleyle KG 1936–1955

47 Fotos: Gesellschafter (u.a. Wilhelm Bleyle), Arbeitsjubiläen, Gedenkfeiern, soziale Betriebseinrichtungen, Firmengebäude, Maschinen, Luftschutz, Produktion, Warenpräsentation, Filialen und Verkaufsstellen, Kriegsschäden ca. 1900–1990. Filme: Werbefilme um 1970–1980, Filme zu Privatreisen der Familie Bleyle (Italien, Tschechoslowakei, Österreich, Frankreich, Türkei, Griechenland, Mittelmeer, Südamerika, USA mit dem Luftschiff Hindenburg) 1929–1937
48 Klischees um 1910–1940, Industrie- und Handelskammer-Medaille 1957
49 WABW A 7, Y 199, Y 289
50 Wilhelm Bleyle 1850–1915, Zur 100. Wiederkehr seines Geburtstages am 7. April 1950, Stuttgart 1950 (Festschrift). Für unsere Neuen, Kleiner Wegweiser durch die Wilh. Bleyle oHG. Strickwarenfabriken Stuttgart mit Zweigbetrieben in Ludwigsburg, Brackenheim und Neuhausen, [Stuttgart nach 1950]. 100 Jahre Bleyle GmbH, Stuttgart 1989 (Festschrift). Robert Kuhn und Bernd Kreutz, Der Matrosenanzug, Kulturgeschichte eines Kleidungsstücks, Dortmund 1989. Christel Köhle-Hezinger und Gabriele Mentges, Der neuen Welt ein neuer Rock, Studien zur Kleidung, Körper und Mode an Beispielen aus Württemberg, Stuttgart 1993.

74 Blickle's Wwe., Albstadt-Tailfingen

Name Balth. Blickle's Witwe GmbH & Co. KG
Geschäftstätigkeit Trikotwarenfabrik
Branche Nr. 180
Umfang 4
Laufzeit 1886–1989
Benutzbarkeit Eingeschränkt
Bestand Y 19

Bestandsgeschichte Das Archivgut wurde 1990 übernommen.
Geschichte Im Jahr 1876 kaufte Balthas Blickle (1851–1885) eine Rundwirkmaschine und betrieb sie zusammen mit seiner Frau Salome in Heimarbeit. Die beiden wurden zunächst wie viele andere Tailfinger Hausbetriebe – im Jahr 1890 bestanden in Tailfingen 124 Trikotwirkereien unterschiedlicher Größe – von der Firma Liebmann & Levi in Hechingen verlegt. Noch im Gründungsjahr schaffte das Ehepaar die erste Nähmaschine an, konnte so die Röcke fertigmachen und versandbereit abliefern. 1877 stellten sie mit Schwager Bitzer den ersten Arbeiter ein, der die folgenden 52 Jahre lang als Werkführer tätig sein sollte. 1884 produzierte man bereits mit zwölf Rundwirkmaschinen. Nach Balthas' Blickles frühem Tod führte seine Witwe Salome den Betrieb fort, der bis zum Schluss ein Familienunternehmen blieb. Im Lauf der Unternehmensgeschichte verlagerte sich die Produktion von Trikotagen zu Wirk- und Strickwaren, am Ende zur Sport- und Freizeitkleidung. 1989 legte der Vergleichsverwalter den Produktionsbetrieb still.
4 Zeitungsausschnitte 1951–1981
5 Gesellschaftsverträge, Handelsregisterauszüge um 1915–1979
6 Jahresabschlüsse Cosmea 1971–1987
8 Betriebsorganisation 1958–1988
9 Löhne, Belegschaft, Jubilarfeiern, Arbeitsordnungen um 1903–1989, AOK-Meldebücher 1928–1965, Ein- und Austrittsbuch 1896–1944
10 Erdbeben 1943, 1978–1981, Immobilien in Berlin um 1940–1950
11 Bürgschaften 1932–1938
13 Warenzeichen 1937, Gebrauchsmuster 1952
15 Prospekte und Preislisten um 1955–1986
16 Inventurbuch 1886–1928, Jahresabschlüsse 1927–1986, Bilanzen um 1930–1948, Hauptbuchserie 1934–1966, Rechnungen um 1922–1926, Kalkulation 1960–1965
47 Fotos: Gebäude, Produktion, Mitarbeiter, Arbeitsjubiläen um 1950–1975
48 Klischees
50 Hermann Bizer, Tailfinger Heimatbuch, Tailfingen 1953, S. 342f., 363.

75
Böckinger Ziegel, Heilbronn-Böckingen

Name Böckinger Ziegel GmbH
Geschäftstätigkeit Ziegelei
Branche Nr. 260/262
Umfang 13
Laufzeit 1883–1980
Benutzbarkeit Eingeschränkt
Bestand Y 20

Bestandsgeschichte Das Archivgut wurde 1986 vom Konkursverwalter übernommen.
Geschichte 1872 wurden die Böckinger Ziegelwerke gegründet. Sie sind aus der Baugesellschaft Heilbronn AG hervorgegangen. Die Gesellschaft betrieb eine Kies- und Sandgrube, eine Ziegelei und – in Ubstadt bei Bruchsal – eine Zementfabrik. 1923 übernahm sie die Dampfziegelei Neckargartach, die 1930 geschlossen wurde. 1937 wurde die Firmierung in Ziegelwerke Heilbronn-Böckingen AG geändert. Ab 1950 erneuerte die Gesellschaft ihre Produktionsanlagen in Böckingen. 1971 übernahm das Weinsberger Ziegelwerk Koch & Söhne die Aktienmehrheit vom Württembergischen Portland-Cementwerk in Lauffen. Die neuen Eigentümer änderten die Rechtsform 1975 in eine GmbH und ließen die Gesellschaft 1977 unter dem neuen Namen Böckinger Ziegel GmbH eintragen. 1983 wurde der Vergleich beantragt.
7 Aufsichtsrat um 1965–1970, Monatsberichte an den Aufsichtsrat um 1970–1975
9 Lohnlisten um 1950–1955
11 Dividendenscheine um 1965–1972
13 Produktionsanweisungen, Produktionsberichte, Statistik, Fabrikationsrapporte, Güteschutz-Prüfungszeugnisse um 1958–1978
14 Verkaufsbuch-Serie 1912–1917 und 1945–1950, Versandbuch 1953–1954, Kundenkartei um 1955–1960, Reiseberichte um 1959–1975
16 Jahresbericht der Baugesellschaft Heilbronn AG mit Bilanz 1883, Bilanzen und Bilanzunterlagen 1924–1975, Kreditoren- und Debitorenkonten um 1930–1975, Kassenbuch-Serie 1943–1952
17 Vermögen-, Körperschaft-, Umsatz-, Gewerbe- und andere Steuern um 1935–1960
18 Feuerversicherung, Haftpflichtversicherung um 1935–1980
20 Bundesverband der Deutschen Ziegelindustrie um 1970–1975
49 WABW A 21 IHK Heilbronn, Firmenakte Böckinger Ziegel GmbH
50 Manfred Oexner in: Böckingen am See, Ein Heilbronner Stadtteil – gestern und heute, Heilbronn 1998, S. 530–532.

76
Bockshammer, Stuttgart-Berg

Name Mechanische Baumwollspinnerei Bockshammer
Geschäftstätigkeit Baumwollspinnerei
Branche Nr. 171
Umfang 0,1
Laufzeit 1833–1946
Benutzbarkeit Ja
Bestand B 83

Bestandsgeschichte Die Bilanzserie war im Nachlaß von Dr. Rolf L. Mehmke (Bestand N 4) enthalten.
Geschichte Die Firma wurde 1810 von Carl Bockshammer in Berg gegründet und war die erste mechanische Baumwollspinnerei in Württemberg. 1812 errichtete G. C. Schöllkopf eine mechanische Baumwollspinnerei in Esslingen. Seit 1830 kooperierten beide Unternehmen zum Gemeinschaftsunternehmen, zu dem außer den Spinnereien in Berg und Esslingen eine Spinnerei und Färberei »in der Au« in Cannstatt und eine gemeinsam betriebene Handlung zählten. Das Unternehmen wurde 1855 an Meyer & Kober verkauft, die die Produktionsstätten noch bis 1873 betrieben. Der alte Firmenname erlosch mit dem Verkauf.
4 Firmengeschichte 1940
16 Bilanzen und Gewinn- und Verlustrechnungen 1833–1846
49 WABW B 44 (Merkel & Kienlin)
50 Statistisch-topographisches Bureau (Hg.), Beschreibung des Stadtdirektions-Bezirkes Stuttgart, Stuttgart 1856, S. IV und 225 ff. Henrich Tiessen, Industrielle Entwicklung, gesellschaftlicher Wandel und politische Bewegung in einer württembergischen Fabrikstadt des 19. Jahrhunderts: Esslingen 1848–1914, Sigmaringen 1982.

77
Bodan-Werft, Kressbronn

Name Bodan-Werft
Geschäftstätigkeit Schiffsbau
Branche Nr. 350/351
Umfang 12,2
Laufzeit 1919–1984
Benutzbarkeit Eingeschränkt
Bestand Y 21

Bestandsgeschichte Das Archivgut wurde 1984 und 2016 von der Geschäftsleitung übernommen.
Geschichte Der vom Schiffsbau begeisterte Kaufmann Hermann Stachelhaus aus Mannheim gründete das Unternehmen im Jahr 1919. Mit zehn Beschäftigten nahm es in Kressbronn den Betrieb auf und erreichte 1984 eine Mitarbeiterzahl von 125. Die Werft begann mit dem Bau von Holzmotorbooten. Bereits Mitte der 1920er Jahre erfolgte die Umstellung zum Stahlschiffbau. Für den Bodensee, aber auch für zahlreiche weitere Gewässer baute die Bodan-Werft unter anderem Passagierschiffe, Autofähren, Eisenbahn-Trajektschiffe sowie Boote für Behörden und Fischer. Hinzu kamen militärische Auftrage für Wehrmacht und Bundeswehr. Zwischen 1948 und 1984 baute die Werft insgesamt 317 Schiffe, Fähren und Boote, darunter die 1980 in Betrieb genommene größte Bodensee-Fähre »Meersburg«. Ab den 1960er Jahren gewann die Diversifikation an Bedeutung. Zu den Produkten gehörten fortan auch Windkanäle und Spezialcontainer. Um 1990 begann der Bau von Schwimmbadbecken aus Edelstahl. 2011 trat die Schiffbausparte in die Insolvenz.
4 Firmengeschichte 1984
7 Korrespondenz um 1920–1950
8 Organisation des Rechnungswesens 1938
9 An- und Abmeldebuch-Serie für die Krankenkasse 1921–1975; Personalliste 1923; Überstundenzuschläge, Urlaub 1939–1942
13 Kommissionen um 1919–1955, darin Korrespondenz mit J. M. Voith Maschinenfabrik und Gießerei St. Pölten u. a.; Betriebsanleitung Klein-Diesel-Motor 1934; Betriebsbuch 1944–1952; nicht ausgeführte Projekte um 1950–1960
14 Verkaufsbuch 1946–1950; Frachtenbuch 1956–1957
16 Journalbuchserie 1919–1938; Kassenbuchserie 1919–1951; Hauptbuchserie 1919–1938; Postscheckbuchserie 1924–1938; Inventuren 1929 und 1940; Erfolgsrechnungen 1941–1948
17 Bürgersteuer, Lohnsteuer 1939–1941
50 Im WABW nicht vorhanden.

78
Boehringer, Göppingen

Name Gebr. Boehringer GmbH
Geschäftstätigkeit Maschinenfabrik, Eisengießerei
Branche Nr. 290/294
Umfang 15
Laufzeit 1900–1980
Benutzbarkeit Ja
Bestand B 10

Bestandsgeschichte Der geschlossene Bestand, der alle Unternehmensbereiche abdeckt, wurde im Jahr 1981 übernommen. Weitere Nachlieferungen erfolgten 2004 und 2010. Eine Besonderheit sind Unterlagen von Dr. Rolf Boehringer, die seine Tätigkeit in den Vereinigten Drehbankfabriken (VDF) und der ERFA-Gruppe sowie seine ehrenamtlichen Tätigkeiten in Ausschüssen und Verbänden dokumentieren.
Geschichte Johann Georg Boehringer, zuvor Fabrikaufseher in der Wollspinnerei Baumann in Göppingen, gründete 1844 eine mechanische Werkstätte in Göppingen, die sich zunächst mit Reparaturen von Spinn- und Webmaschen und seit Mitte der 1850er Jahre mit dem Bau von Dampfmaschinen beschäftigte. Daraus entwickelte sich in den 1870er Jahren eine Werkzeugmaschinenfabrik, die sich seit Ende des 19. Jahrhunderts auf Drehbänke und Hobelmaschinen spezialisierte und zu einem der größten deutschen Drehbankhersteller wurde. Seit ca. 1900 wurden auch Revolverdrehbänke für die aufkommende Automobilindustrie gebaut. Das von Erwin Sturm in den 1920er Jahren entwickelte hydrostatische Kompaktgetriebe wurde von Boehringer als »Boehringer-Sturm-Öl-Getriebe« gebaut. Dieser Unternehmensbereich wurde 1987 in die Tochterfirma Hydrokraft GmbH ausgegliedert. Die Firma gründete 1928 mit drei

anderen deutschen Herstellern eine Fabrikations- und Vertriebsgemeinschaft Vereinigte Drehbankfabriken (VDF). Während des Zweiten Weltkrieges wurde auf Heeresproduktion umgestellt. Rolf Boehringer übernahm von der Gold- und Silberwarenfabrik Erhard & Söhne in Schwäbisch Gmünd, die mit dem Erfinder des Unimogs (Albert Friedrich) einen Produktionsvertrag abgeschlossen hatte, den Bau der Unimog-Fahrzeuge, die von 1949 bis 1951 serienmäßig bei Gebr. Boehringer gebaut wurden. 1950 verkaufte Boehringer die Unimog-Produktion an Daimler-Benz. Seit Juni 1951 wurde der Unimog bei Daimler-Benz in Rastatt gefertigt. 1972 ging Boehringer eine Kooperation mit der Firma Oerlikon-Bührle AG in Zürich ein, die 1973 eine Mehrheitsbeteiligung erwarb. 1981 wurde der Firmenname in Oerlikon-Boehringer geändert.

3 Familie Boehringer (1500–1985), August Boehringer, Dr. Georg Boehringer, Emil Boehringer, Kurt Boehringer, Dr. Rolf Boehringer, Werner Boehringer u. a. Lebensläufe, Ernennungen, Ehrungen, ehrenamtliche Tätigkeiten, Publikationen, Nachrufe, Stammtafeln,

4 100-jähriges Firmenjubiläum 1944

6 Zusammenarbeit mit anderen Firmen: Vereinigte Drehbankfabriken, ERFA-Gruppe II, Siemens AG u. a. 1912–1967

8 Innerbetriebliches Gutachten 1959, Organisation 1968–1973

9 Betriebsordnungen, Personal, Personalstatistik, Leistungsberichte, betriebliche Sozialleistungen, Ausbildung, Betriebsrat 1912–1980, Strukturbericht Arbeitsamt Göppingen 1959

10 Gebäude und Grundbesitz 1928–1942

11 Kredite 1920–1933

12 Materialbeschaffung 1940

13 Maschinen, Fuhrpark, Patente, Gießerei, Materialprüfung 1933–1974

14 Kalkulation, Preisbildung, Konkurrenz, Marktbeobachtung, Reiseberichte, Vertreter, Aufträge, Umsätze 1914–1965

15 Publikationen, Presse, Kataloge, Werbeschriften 1900–1979

16 Bilanzen, Gewinn- und Verlustrechnungen, Inventuren, Bestandslisten, Finanzberichte 1908–1943

19 Militärische Besatzungsmacht, Demontage, Reparationen, Entnazifizierung, Industrieberichterstattung 1945–1949

20 Wirtschaftskammern, Verein Deutscher Werkzeugmaschinenfabriken e. V., Verein Deutscher Eisengießereien, Verein Deutscher Eisenhüttenleute, Gießereiverband Württemberg-Baden 1935–1953

47 Fotos: Inhaber, Personal, Produkte, Produktion, Gebäude, Maschinen sowie eine umfangreiche Nachlieferung des gesamten Fotoarchivs im Jahr 2004 mit Schwerpunkt der produzierten Maschinen

48 Gerahmte Portraits (Zeichnungen): Werner Böhringer (1901–1979, Dr. Rolf Böhringer (1901–1955), Johann Georg Böhringer (1803–1859), Georg Christian Böhringer (1832–1910), Georg Adam Böhringer (1845–1910), August Karl Böhringer (1835–1916), Emil Julius Böhringer (1867–1930), Firmenansichten (Gemälde und Graphik) 1936/1937

50 Rolf Ludwig Mehmke, Archiv für Schwäbische Wirtschaftsgeschichte 1, S. 124–136, Typoskript im WABW. 10 Jahre Vereinigte Drehbankfabriken VDF, Göppingen 1937 (Festschrift). Astrid Barbara Welck, Ein Württembergischer Unternehmer im Nationalsozialismus, Magisterarbeit Tübingen 1991. Gian Mario Deligios, Die Bedeutung der Russengeschäfte in den deutsch-sowjetischen Wirtschaftsbeziehungen der Zwischenkriegszeit, dargestellt an einem württembergischen Maschinenbau-Unternehmen, Diplomarbeit Hohenheim 1992, Typoskript im WABW. Astrid Gehrig, Nationalsozialistische Rüstungspolitik und unternehmerischer Entscheidungsspielraum, München 1996.

79
Boensel, Stuttgart

Name H. Boensel KG
Geschäftstätigkeit Handelsvertretung
Branche Nr. 510
Umfang 0,5
Laufzeit 1877–1977
Benutzbarkeit Ja
Bestand B 5

Bestandsgeschichte Das Archivgut wurde 1982 vom Mitinhaber und Geschäftsführer übernommen.
Geschichte Die Firma H. Boensel, Einfuhr- und Handelsvertretung, wurde 1877 von Hermann Boensel in Stuttgart, Augustenstraße, gegründet. Neben Kerzen, Seifen und Fetten wurden Lebensmittel und Kolonialwaren aus Deutschland sowie dem europäischen und außereuropäischen Ausland ein- und ausgeführt. 1894 erfolgte der Eintrag in das Handelsregister als OHG. Der Enkel des Firmengründers, Walter Boensel, nahm 1938 Walter Stierle als Teilhaber auf. 1970 wurde die Firma in eine KG umgewandelt.
4 Inhaber 1877–1977
5 Handelsregisterauszüge, Handelserlaubnis 1894–1935
12 Lieferantenkartei 1889–1946
14 Kundenkartei 1908[–1950]
16 Inventar, Bilanzen, Kontobücher, Hauptbücher, Provisionsstatistik 1881–1949
47 Fotos: Inhaber 1877–1977
50 75 Jahre Handelsvertretungen H. Boensel, Stuttgart, in: Industrie- und Handelsblatt, Nachrichtenblatt der Industrie- und Handelskammer Stuttgart 1952 Nr. 21, S. 467.

80
Bohner & Köhle, Esslingen

Name Bohner & Köhle GmbH & Co. KG
Geschäftstätigkeit Werkzeugmaschinenfabrik
Branche Nr. 290/294
Umfang 2
Laufzeit 1897–1989
Benutzbarkeit Eingeschränkt
Bestand Y 209

Bestandsgeschichte Das Archivgut wurde 1995 von der Firma übernommen.
Geschichte 1919 gründeten Karl Bohner und Karl Köhle eine mechanische Werkstätte in gemieteten Räumen in der Mauerstraße in Esslingen, wo sie zunächst Maschinen und Werkzeuge reparierten. 1920 ließen sie die Firma als OHG ins Handelsregister eintragen. Nachdem sie 1921 ein eigenes Gebäude in der Weilstraße bezogen hatten, begannen sie 1923 mit dem Bau eigener Werkzeugmaschinen, seit 1928 mit Modell- und Kernkastenfräsmaschinen, die zum festen Bestandteil des Produktionsprogramms wurden. Außerdem stellten sie Drückmaschinen, Feinstbohrwerke zum Bearbeiten von Pleuelstangen und Lagerschalen, Werkzeugschleifmaschinen sowie Polier- und Läppmaschinen her. Nach dem Zweiten Weltkrieg wurde das Werk demontiert und die Produktion konnte erst 1948 wieder aufgenommen werden. 1951 wurde die Firma in eine Kommanditgesellschaft umgewandelt. 1962 wurde ein Zweigwerk in Neuhausen auf den Fildern, 1970 ein weiteres Zweigwerk in Saulgau in Betrieb genommen. 1964 wurde die BOKÖ-Verwaltungs-GmbH gegründet und die Firma in eine GmbH & Co. KG umgewandelt. 1982 hatte das Unternehmen mit 501 Mitarbeitern seinen Höchststand erreicht. Die Rezession ab 1991 traf auch den Werkzeugmaschinenhersteller, der 1996 Konkurs anmelden musste.
2 Zeitungsausschnitte zu allgemeinen wirtschaftlichen Fragen sowie Betriebsschließungen und Wegzüge Esslinger Betriebe 1950–1987
3 Gesellschafterfamilien Bohner, Köhle, Hummel 1948–1977, stille Beteiligungen 1924
4 50-jähriges Firmenjubiläum 1969, 60-jähriges Firmenjubiläum 1979, 500. Läppmaschine 1950, Chronik 1919–1982

5 Handelsregister 1920–1947
7 Geschäftsführer Karl Bohner 1913–1946, Korrespondenzen 1969–1970, Verträge 1936, Kooperations- und Lizenzverträge 1927–1932, 1972–1979
8 Betriebsorganisation
9 Betriebsordnungen 1934–1980, Mitarbeiterrundschreiben 1931, Leistungsbericht 1941/42, Arbeitskräftebeschaffung 1969–1970, betriebliche Altersrente, Betriebssport, Werkszeitschrift 1964–1974, Belegschaft 1919–1982, Löhne und Gehälter 1931–1972, Kurzarbeit 1931, Werksbücherei um 1970, Prämien und Gratifikationen 1943–1969, Unterstützungskasse 1952, Weihnachtsfeiern 1948, ausländische Beschäftigte 1943, Deutsche Arbeitsfront 1944, Lebensversicherung für Mitarbeiter 1945, Tarifwesen 1939, Schwerbeschädigte 1925
10 Werk Esslingen: Baukorrespondenz, Lagepläne, Baupläne, Kaufverträge, Grundbuchauszüge 1897–1963, Werk Neuhausen: Baugesuche, Baukorrespondenz, Investitionen 1957–1982, Werk Saulgau: Baupläne, Baukorrespondenz, Investitionen 1969–1974, Brand 1971, Schätzungen, Verkehrswerte, Pacht- und Mietverträge 1918–1947
11 Finanzierung Werk Neuhausen 1960/61, Finanzierung Werk Saulgau 1969/70, Darlehen 1925–1933, 1952–1958, staatliche Zuschüsse 1948
13 Produktionsprogramm, Feilenhaumaschinen, Fabrikations- und Herstellungsgenehmigung, Maschinenpark 1919–1976, Investitionen 1924–1982, Werk Neuhausen 1958–1982, Werk Saulgau 1969–1974, Investitionslisten 1924–1982, Versuche 1942, Patente und Gebrauchsmuster 1964–1983, Fließdrückverfahren 1957–1975, Fertigung 1969–1970, technische Pläne um 1950–1985, Industrieberichterstattung 1945–1948
14 Preislisten 1935–1978, Umsätze 1919–1982, Auftragsbestand 1945, Marktforschung 1974, Verkaufsstatistik der Produkte
15 Prospekte, Informationsschriften, Händlerrundschreiben, Werbeschriften 1920–1985, Referenzen, Angebotsmuster, Arbeitsmappen, Bedienungsanleitungen, Pressenotizen um 1925–1982, Briefbogenmuster, Messen und Ausstellungen, Vorführungen
16 Kostenaufstellungen (Werke Neuhausen und Saulgau) 1924–1982, Gewinne 1919–1982, Statistik 1919–1982, betriebliches Anlagevermögen 1948, Firmenwerte 1947–1952, Goldmarkbilanz 1923, Reisekosten 1923
18 Feuerversicherung 1937
19 Notgeldscheine 1920–1923, Preisüberwachung 1940–1945, Militärregierung 1945–1948, Demontage 1934–1969, Betriebsstillegung 1946, Beschlagnahmung 1946, Reparation 1945–1947, Fliegerschäden 1945, Kleiderspende 1945
20 Süddeutsche Eisen- und Stahl-Berufsgenossenschaft 1947, Deutscher Normenausschuß 1937, VDMA 1982–1989, Wirtschaftsgruppe Maschinenbau 1934
22 Karl Bohner-Stiftung 1954
47 Fotos: Außen- und Innenaufnahmen der Werke Esslingen, Neuhausen, Saulgau um 1920–1980, Maschinen um 1928–1985
50 50 Jahre Bokö, Werkszeitschrift Der Bokö-Mitarbeiter, Esslingen, Heft 6 Dezember 1969.

81
Bohnet, Zwiefaltendorf

Name Modellfirma Anneliese Bohnet, Werkstätten für individuelle Kleidung
Geschäftstätigkeit Handweberei und Modellschneiderei
Branche Nr. 170/180
Umfang 1
Laufzeit 1945–1971
Benutzbarkeit Ja
Bestand B 151

Bestandsgeschichte Das Archivgut wurde dem Wirtschaftsarchiv 2007 aus Familienbesitz übergeben.
Geschichte Als Existenzgründerin betrieb die gelernte Damenschneiderin Anneliese Bohnet (1914–2005) ab 1. Januar 1946 im Alten Schloss in Ludwigsburg-Oßweil, ab Oktober 1948 im Schloss Zwiefaltendorf eine Handstrickerei (später aufgegeben) und eine Handweberei mit angeschlossener Modellverarbeitung, in denen sie zwischen 15 und 30 Angestellte beschäftigte. Dazu kamen in den ersten Jahren noch Heimarbeiterinnen in Asperg und Kornwestheim. Ihr schriftlicher Nachlass gibt einen lebendigen Ein-

blick in die (textil)wirtschaftliche Situation nach dem Zweiten Weltkrieg und dokumentiert für zweieinhalb Jahrzehnte die Behauptung kunsthandwerklichen Textilschaffens in einer Nische neben der Fertigkonfektion. Trotz eigener Lehrlingsausbildung in der Handweberei ab Mitte der 1950er Jahre war es jedoch schwierig, die jungen Gesellinnen ländlicher Herkunft auch nach der Heirat im Betrieb zu halten. So wurde bei der Betriebsaufgabe 1970 die Handweberei-Einrichtung nach auswärts verkauft, während der Fertigungsbetrieb für die »Bohnet-Modelle« – Petticoatkleider und zuletzt Sport- und Chanelkostüme aus Bouclėstoffen – dank eines bürgerlich-konservativen Kundenstamms in dem Textilkaufmann Reinhold Sollmann einen neuen Inhaber fand.

5 Gründung und Betriebsaufbau 1945–1953, Betriebsverkauf 1970–1971

8 Betriebseinrichtung, Betriebsorganisation 1947–1971

9 Anwerbung von Heimarbeiterinnen 1948 (mit Werbeplakat), Beschäftigte 1948–1970, Personalakquise 1954–1968, Lehrlingsausbildung 1955–1970

11 Kreditvertrag 1949

12 Materialbeschaffung 1947–1970

14 Messebeteiligungen 1947–1970, Zusammenarbeit mit der Hamburger Großhandelsfirma Manus GmbH 1947–1949, Einzelhandelskunden, Vertreter 1947–1969, Modell- und Preislisten 1950–1969, Kundenzuschriften 1950–1965

15 Faltprospekt »Handgestrickte Schuhe auf Pressholzsohlen« 1948, Modellkataloge 1950–1959, Werbeanzeigen 1959–1960

16 DM-Eröffnungsbilanz zum 21. Juni 1948, Betriebsabwicklung 1969–1971

17 Gewerbesteuer 1948–1969

20 Mitgliedschaft in Fachvereinigungen 1955–1965

21 Räumungsklage der Stadt Ludwigsburg 1948, Beendigung des Geschäftsverhältnisses mit der Manus GmbH 1949–1950, Arbeitsgerichtliche Auseinandersetzungen 1964–1967

22 »Soziologische Studie« zur Lage der Heimatvertriebenen in Kornwestheim 1948

47 Modellfotos 1948–1958, Fotos von Messeständen 1948–1964

48 Stoffmusterkollektion ca. 1965–1970

49 WABW B 152

50 Im WABW nicht vorhanden.

82
Boley, Esslingen

Name Boley GmbH
Geschäftstätigkeit Werkzeugmaschinenfabrik
Branche Nr. 290/294
Umfang 8
Laufzeit 1870–1992
Benutzbarkeit Eingeschränkt
Bestand Y 266

Bestandsgeschichte Das Archivgut wurde 2000 von der Firma übernommen.

Geschichte Gustav Adolf Boley gründete nach der Uhrmacherlehre in Stuttgart und Berufstätigkeit in Ulm, St. Gallen und Zürich im Jahr 1861 in Le-Chaux-de Fonds in der französischsprachigen Schweiz eine Handlung für Uhrenzubehör. 1870 kehrte Boley nach Deutschland zurück, erwarb 1872 in Esslingen ein Haus und begründete dort die erste Uhrmacherwerkzeugfabrik Deutschlands. Neben der Werkzeugfabrikation wurde die Herstellung von Präzisions-Werkzeugmaschinen und Schraubstöcken aufgenommen. 1875 brachte er die erste Drehmaschine für Uhrmacher auf den Markt. 1885 ließ er eine neuartige Revolverdrehbank patentieren. Das Unternehmen expandierte schnell und betrieb schon früh einen regen Auslandsexport. Nach dem Tod des Gründers 1891 führte seine Witwe, Elisa Boley, als alleinige Gesellschafterin das Unternehmen weiter. 1902 nahm Elisa Boley ihren ältesten Sohn Willi und den langjährigen Mitarbeiter Josef Leinen als Teilhaber auf. Nachdem sich die Zusammenarbeit der Beiden nicht bewährte, schied Josef Leinen 1904 aus und gründete unter der Firma »Boley und Leinen« (siehe Y 22) ein eigenes Unternehmen. 1905 trat Diplomingenieur Paul Pfleiderer und 1912 Hans Gustav Boley (zweiter Sohn des Gründers) als Teilhaber ein. Die Nachkommen dieser drei Stämme führten fortan das Unternehmen. 1976 verkaufte Boley seine ersten CNC-Drehmaschinen; die computergesteuerten Werkzeugmaschinen hatten bis 1985 drei Viertel des Umsatzes erreicht. 1992 wurde das Unternehmen an den Citizen-Konzern verkauft.

2 Ortschronik 1914–1918, Stadt Esslingen 1939

4 Chronik der Firma 1988, Zeittafel 1970

5 Handelsregister- und Grundbucheintragung 1931–1983
7 Vertreterverträge mit Boley 1905–1922, Druckschriften über betriebs- und volkswirtschaftliche Themen
8 Aktenplan 1960, Betriebsstruktur Statistik 1938–1974, Organisationspläne 1971–1991, Betriebsorganisation 1950
9 Boley-Mitteilungen 1942/1943, Deutsche Arbeitsfront 1934–1940, Akkordarbeit 1913–1919, Arbeitsordnung 1934/1965, Betriebsordnung, Krankenordnung 1939, Tarifordnungen 1885–1965, Erhebungen Arbeitnehmer 1940–1958, Lebensläufe von Arbeitnehmern, Berichte zum Leistungskampf der Betriebe 1937–1944, Mitarbeiterstatistik 1924–1970, UK-Stellungen 1944, Gefolgschaftsmitglieder 1944, Unterstützungskasse für Angestellte und Arbeiter 1927–1977, Lehrwerkstatt 1941, Durchschnittslöhne 1913–1915, Gefolgschaftsentwicklung 1944–1955, Arbeiterverzeichnis 1912–1918, Berufsgenossenschaft 1923–1940, Personalbuch 1910–1920, Satzung der Betriebskrankenkasse 1944, Personalbericht 1960, Karl Arnold, Umgang mit Menschen im Betrieb, hrsg. Reichsorganisation der NSDAP, 1941
10 Gebäudepläne 1892–1920, Stollenbau 1943–1945, bauliche Veränderungen 1937
11 Schecks für Darlehen 1936–1949
13 Auftragsbuch 1912–1924, Patente 1885–1971, Auftragseingang Maschinen 1955–1985, Fertigung 1939 (Wirtschaftsgruppe Maschinenbau), Fertigungsstatistik 1949–1963, Fertigungspläne und Auftragsentwicklung 1949–1980,
14 Preislisten Präzisionswerkzeuge 1903–1954, Statistik Verkäufe 1900–1920, Statistik Aufträge/Umsätze 1970–1992, Umsätze 1920–1960, Kundenkontenbuch 1879–1891, Auslandsreisen 1909–1914
15 Zeitungsannoncen 1920–1923, Kataloge Drehstühle, Werkzeuge und Werkzeugmaschinen 1870–1941, Druckschriften, Prospekte von Werkzeugmaschinen 1931–1975, Ausstellung von Maschinen 1925–1927
16 Betriebsanalyse 1959, Inventur 1923–1944, Inventurzusammenstellung 1914–1944, Kontenjournalbuch 1931, Geheimbuch 1882–1950, Kassenbuch 1923–1958, Bilanzen 1902/1904/1920, Hauptbuch 1883–1931/1956, Journal für Hauptbuch 1912–1946, Betriebsrechnung 1954, Kontenplan 1956–1957, Kosten für Drehbänke und Schraubstöcke 1900–1919, Kopierbuch 1903–1920, Betriebsabrechnung 1952, Kalkulationsbuch von Bestellungen 1890–1920, Unkosten 1916/1917
17 Steuerunterlagen 1905–1936
18 Versicherungen allg., Policen 1906–1940, Angestelltenversicherung 1913–1923
19 Schriftwechsel mit Rüstungskommission 1943–1944, Produktionsauftrag für Militärregierung 1945, Maßnahmen gegen Feindeinwirkung 1944
20 Bezirkswohltätigkeitsverein Esslingen 1923–1940
47 Fotos: Stammhaus in Esslingen, Fabrikgebäude, Gustav Boley, Innen- und Außenaufnahmen des Werks um 1960, Waschräume, Belegschaft 1955, Bohrmaschinen und Werkbänke, Messen 1953/1954/1957
49 WABW Y 22 und N 4 Bü 11
50 Festschrift 100 Jahre, 1970. Rolf Ludwig Mehmke, Archiv für schwäbische Wirtschaftsgeschichte I, S. 137–141, Typoskript im WABW.

83
Boley & Leinen, Esslingen

Name Boley & Leinen
Geschäftstätigkeit Werkzeugmaschinenfabrik
Branche Nr. 290/294
Umfang 14
Laufzeit 1890–1985
Benutzbarkeit Eingeschränkt
Bestand Y 22

Bestandsgeschichte Das Archivgut wurde 1986 und 1989 übernommen. Einzelne Patentunterlagen, technische Zeichnungen und Fotografien aus der Zeit vor 1905 sind offensichtlich der Provenienz Boley (Y 266) zuzurechnen.
Geschichte Josef Leinen (1857–1922), langjähriger Mitarbeiter der Uhrmacherwerkzeugfabrik Boley (siehe Y 266) und seit 1902 auch deren Teilhaber, schied Ende 1904 aus dem Unternehmen aus und machte sich 1905 unter dem Namen Boley und Leinen selbständig. Er nahm einige Patente mit und entwickelte eine ganze Reihe

weiterer. Die Firma spezialisierte sich auf Präzisionsdrehmaschinen und -bänke sowie Parallelschraubstöcke, die sie unter der Marke »Leinen« auch nach Frankreich, Spanien und die USA vertrieb. 1925 eröffnete das Unternehmen eine eigene Gießerei in Wasseralfingen. 1951 übernahm Diplomingenieur Günther Leinen den Betrieb in dritter Generation. 1986 ging das Unternehmen in Konkurs.

4 Firmenchronik 1964
6 Lizenzverträge
7 Korrespondenz um 1950–1983
9 Zahltagsbücher 1905–1943, Zahltagshauptbücher 1925–1947, Lohnlisten 1927–1980, Lehrlingswesen 1952–1967, Betriebsausflüge 1966–1980
12 Statistik 1967–1972, Journale 1969–1972
13 Produktionsunterlagen zu den hergestellten Maschinen 1957–1971, Maschinenprogramm 1965–1979, technische Zeichnungen von Revolverdrehbänken, Patentangelegenheiten um 1890–1985
14 Preise um 1890–1985, Kundenadressen, Vertreter In- und Ausland um 1950–1985, Versand um 1950–1985, Bestellbücher 1950–1979, Verkaufsjournal 1962–1968, Verkaufsstatistik 1965–1974, Montageaufträge 1966, Auslandsinvestitionen 1960er–1970er Jahre, Marktuntersuchungen 1974–1979
15 Prospekte, Briefbögen um 1890–1985, Anzeigen, Ausstellungen, Messen, Ehrenurkunde Expo 1967, Verlagskorrespondenz 1980er Jahre
16 Hauptbuch 1905–1921, Inventurbuch 1906, Inventuren 1911–1926, Statistik um 1950–1985, Rücklagen um 1960–1980, Finanzjournal 1969–1972
20 Verein Deutscher Maschinenbau-Anstalten um 1960–1980, Fachverband Werkzeugindustrie 1971–1979, Industrie- und Handelskammer Esslingen 1967–1972
47 Fotos: Produkte (u. a. Revolverdrehbänke, Drehbänke, Uhrmacherartikel, Schraubstöcke) um 1900–1985, Ausstellungen und Messen um 1930–1980; Fabrikansicht (Lithografie)
48 Arbeitszeituhr
49 WABW Y 266
50 Leinen, Firmenchronik, Esslingen 1964.

84
Börse Stuttgart, Stuttgart

Name Boerse Stuttgart Holding GmbH
Geschäftstätigkeit Börsengeschäft
Branche Nr. 650
Umfang 63
Laufzeit 1928–2003
Benutzbarkeit Eingeschränkt
Bestand Y 442

Bestandsgeschichte Das Archivgut wurde 2011 von der Vereinigung Baden-Württembergische Wertpapierbörse e. V. übernommen.
Geschichte Der Stuttgarter Börsenverein eröffnete im Jahr seiner Gründung 1861 eine Tagesbörse. Bereits ein Jahr zuvor hatte der Stuttgarter Industriebörsenverein eine Warenbörse zum Handel mit Baumwolle, Farbwaren und Chemikalien eröffnet. Der gemeinsame Ausschuss beider Börsen tagte im Königsbau, bis die Warenbörse 1880 zur Industrie- und Handelsbörse erweitert wurde und sich verselbständigte. Ab 1897 firmierte die Tagesbörse als Stuttgarter Effektenbörse. 1928 wurde der Terminhandel eingeführt, 1936 der Name in Württembergische Wertpapierbörse geändert. Der kriegsbedingt eingestellte Handel wurde bereits Ende 1945 eingeschränkt wieder aufgenommen. 1949 folgte die Umbenennung in Wertpapierbörse in Stuttgart. Die elektronische Datenverarbeitung wurde 1974 eingeführt. Im Jahr 1979 erfolgte die Namensänderung in Baden-Württembergische Wertpapierbörse zu Stuttgart. Durch Handelsinnovationen Mitte der 1990er Jahre gelang es der Börse zum zweitgrößten Börsenplatz in Deutschland nach Frankfurt aufzusteigen. Im Jahr 1998 wurde die Vereinigung Baden-Württembergische Wertpapierbörse e. V. als neuer Träger der Börsenveranstaltung in das Handelsregister eingetragen. Eine Tochter der Vereinigung, die Baden-Württembergische Wertpapierbörse GmbH, übernahm 2005 die Trägerschaft. Die Gründung der Boerse Stuttgart Holding GmbH erfolgte 2007. Sie nimmt die Leitungsfunktion für die operativ tätigen Teile der Gruppe Börse Stuttgart wahr. Der Sitz der Börse in Stuttgart wechselte seit ihrer Gründung mehrfach. Im Jahr 2002 wurde das neue Börsengebäude in der Schloßstraße (heute Börsenstraße) eingeweiht.

2 Stadt Stuttgart Anleihe 1983
4 125-jähriges Jubiläum 1986
6 Stuttgarter Liquidationsverein für Zeitgeschäfte e. V. (Geschäftsordnung, Satzung) 1930er, Gesellschafterausschuss der Betriebsgesellschaft Datenverarbeitung für Wertpapiergeschäfte Düsseldorf 1979–1983
7 Vorstandsprotokolle 1949–1980, 1991–1995, Mitgliederverzeichnisse der Gremien (Aufsichtsrat, Börsenrat, Vorstand, Zulassungsstelle, Kommissionen, Ausschuss) 1960–2003 (nicht für alle Gremien vollständig), Zulassungsstelle und Börsenvorstand (Protokolle, Korrespondenz, Mitgliederverzeichnisse) 1949–1989, Zusammensetzung Freiverkehrsausschuss 1971–1999, Präsidiumssitzungen 1998/99
8 Börsenordnung, Gebührenordnung, Geschäftsbedingungen 1928–1994, Änderung der Börsenordnung 1999–2003, Börsenzulassungsgesetz und -verordnung, geregelter Markt 1983–1987, Richtlinien für den Neudruck von Wertpapieren 1949–1997, EDV-Anschluss, Automatische Börsengeschäftsabwicklung 1971–1981, Handelszeiten 1986–2000, Kontrolle und Courtage der Makler 1954–2001
10 Börsengebäude Stuttgart Büchsenstraße, Hospitalstraße, Königsbau (Umzüge, Bauanträge, Pläne, Ausstattung) 1954–2001, Umbau Prinzenbau Schillerplatz 4 (Pläne) 1985
13 Amtliches Kursblatt 1944–2002, Blankette Prüfung, Bogenerneuerung 1960–1997, Blankette für Pfandbriefe und Kommunalobligationen 1949–1990
14 Kartei der Erstzulassungen Firmen A-Z (1900) 1943–1950, Lieferbarkeit von Wertpapieren 1952–1995, Händlerlisten 1949–1974, Emittentenlisten 1973–1987, Wertpapierverzeichnis (Anleihen ab 1940) 1955–1962; Firmenakten für die Zulassung von Wertpapieren (Geschäftsberichte, Prospekte, Satzungen, Zeitungsanzeigen): AESCULAP Werke AG 1946–1998, ASS Vereinigte Altenburger und Stralsunder Spielkarten-Fabriken AG 1973–1996, Allweiler AG 1971–1979, ARA Allgemeine Rentenanstalt Lebens- und Rentenversicherungs-AG bzw. Württembergische Lebensversicherung AG 1948–1992, Badenwerk AG 1955–1990, BBC Brown, Boveri & Cie. AG 1960–1982, Hugo Boss AG 1981–1989, BSU Beteiligungs-AG 1951–1996, Bilfinger & Berger und Grün & Bilfinger AG 1953–1992, Württembergische Bank und BW-Bank AG 1948–1997, Calwer Decken- und Tuchfabriken AG 1946–1999, Commerz- und Disconto-Bank AG, mit Korrespondenz der Commerz- und Credit-Bank AG 1953–1958, John Deere – Lanz 1962–1968, Deutsche Linoleum-Werke AG (DLW AG) 1961–1992, Dürr Beteiligungs-AG Stuttgart 1987–1990, eff-eff Handels-GmbH & Co. u. eff-eff Fritz Fuss GmbH & Co. KG auf Aktien (v. a. Prüfungsberichte) 1994/95, esbi Süddeutsche Baumwolle-Industrie AG 1945–1986, Energie-Versorgung Schwaben AG 1944–1960, EX-Cell-O Holding AG 1989–1998, Fuchs Petrolub AG Oel + Chemie 1979–1986, GEHE AG 1978–1995, Heidelberger Zement AG 1947–1993, Gritzner-Kayser-AG Karlsruhe-Durlach 1937–1970, HYMER AG u. Eriba Hymer GmbH 1985–1990, Ikon AG Präzisionstechnik bzw. Zeiss Ikon AG (m. Umstellungsrechnung) 1949–2002, IWKA Industrie-Werke Karlsruhe Augsburg AG 1975–1988, Kolbenschmidt AG 1981–1997, Kolb & Schüle AG 1951–1990, KAWAG Kraftwerk Altwürttemberg AG 1945–1997, Mineralbrunnen Überkingen-Teinach AG 1974–1991, MLF Holding für Umwelttechnologien AG 1946–1999, Mittelschwäbische Überlandzentrale AG 1946–1997, Maschinenfabrik Esslingen AG 1945–1999, Michael Wenig AG 1988–1998, MLP Heidelberg 1987–1995, MotoMeter 1981–1996, MVG AG für Internationale Mode Sindelfingen bzw. MAYON Strick- und Sportswear Design-GmbH 1987–1996, Neckarwerke AG 1945–2003, Oberland Glas AG 1985–1989, Porsche AG 1981–1994, Progress-Werk Oberkirch AG 1976–1989, RHEIN-HYP Rheinische Hypothekenbank AG 1965–1998, Salamander AG 1946–2003, SAP AG 1985–1996, Schluchseewerk AG 1941–1960, Schwabengarage AG 1986–1994, Schwäbische Zellstoff AG (m. Umstellungsrechnung) u. Sappi Ehingen AG 1947–2003, Sektkellerei Schloss Wachenheim AG 1947–1997, Sto AG 1988–1994, Stuttgarter Bank AG 1983–1997, Stuttgarter Hofbräu AG 1945–1997, Südzucker AG 1946–1996, Südmilch AG 1986–1996, Traub AG (1959) 1986–1994, Technische Werke der Stadt Stuttgart AG 1958–1980, WCM Württ. Cattun Manufaktur AG (m. Umstellungsrechnung) 1946–1993, WEAG Württ. Elektrizitäts-AG (m. Umstellungsrechnung) 1947–1995, WERU AG 1986–1991, WMF AG (m. Umstellungsrechnung) 1946–1990,

Wolldeckenfabrik Weil der Stadt AG (m. Umstellungsrechnung) 1945–1999, Württ. Baumwollspinnerei und -Weberei 1983/84 (m. Umstellungsrechnung 1948–1957), Württ. Hypothekenbank 1938, 1952–1998, Württ. Feuerversicherung AG bzw. Württembergische AG Versicherungs-Beteiligungsgesellschaft (WürttAG) 1947–1998, WÜBA Württ. und Badische Vereinigte Versicherungsgesellschaften AG 1944–1994, ZEAG Zementwerk Lauffen – Elektrizitätswerk Heilbronn AG und Württ. Portland-Cement-Werk 1947–1998, ZWL Ziegelwerke Ludwigsburg (m. Umstellungsrechnung) bzw. Grundbesitz- und Beteiligungs-AG Ludwigsburg 1955–1998; Umstellungsrechnungen (m. Satzungen, Geschäftsberichten) 1948–1957 für: Julius Berger Tiefbau AG Wiesbaden, Bleicherei Uhingen, Brauerei Cluss AG, Hansa-Mühle AG Hamburg, Ph. Holzmann AG, Württ. Leinenindustrie Blaubeuren, Zellstoffabrik Waldhof AG Mannheim, Schleppschiffahrt auf dem Neckar AG Heilbronn, Stuttgarter Straßenbahnen (SSB); Stückzinsen und Kotierungsgebühren für tarifbesteuerte festverzinsliche Wertpapiere 1961–1983

15 Anzeigenentwürfe 2000–2002

16 Bilanzen und Gewinn- und Verlustrechnungen 1942–1954, Jahresabschlüsse, Prüfungsberichte 1950–1995 (wenige Lücken), Hauptbücher 1944–1964, Journale 1944–1984, Börsenumsätze, Meldungen an die Militärregierung und an die Deutsche Bundesbank 1945–1962, Prozentuale Anteile der Mitgliederinstitute am Börsenumsatz 1959–1978, 1987–1991, Umsätze, Jahresstatistik (Übersichten) 1992–1996, Quartalsberichte, Umsatzentwicklung 1999–2001

19 Kriegsschäden, Verzeichnis des Inventars 1939, Wiedereröffnung der Stuttgarter Wertpapierbörse (Vorstandsprotokolle, Mitgliederversammlungen, Prüfungsberichte) 1945–1955, Zins- und Dividendenzahlungen, Sammelliste aufgerufener Wertpapiere 1945/46, Beschlüsse des Affidavit-Ausschusses zur Ausstellung von Lieferbarkeitsbescheinigungen 1949–1954

20 ARGE Arbeitsgemeinschaft der Deutschen Wertpapierbörsen (Protokolle, Jahresabschlüsse, Korrespondenz, Börsenordnung, Ausschuss für Fragen des Wertpapierdrucks) 1946–2002, Börsen in Berlin, Bremen, Düsseldorf, Frankfurt a. M., Hamburg, Hannover, Mannheim, München (Gremien, Geschäftsbedingungen, Händlerlisten) 1949–1982, Vereinheitlichung der Usancen (Geschäftsbedingungen) 1950–2002

47 Fotos: Königsbau Stuttgart 1990. Videoband: Blick in die Baden-Württembergische Wertpapierbörse zu Stuttgart 1998

50 Börse Stuttgart 1861–2011, Festschrift mit Beiträgen von Gert Kollmer-von Oheimb-Loup, Reinhold Weber und Bernd Weber, Stuttgart 2011. Junge Börse 100 Jahre alt, Sonderveröffentlichung der Deutschen Zeitung zum Jubiläum der Wertpapierbörse in Stuttgart 25. Februar 1961. Hermann Ayen, Die Stuttgarter Effektenbörse in ihrer geschichtlichen Entwicklung bis zum Kriegsausbruch im Jahre 1914, Diss. Universität Würzburg 1923.

85
Braitmaier, Stuttgart

Name Nachlass Dietrich Adolf Braitmaier (Maschinenfabrik Esslingen)
Geschäftstätigkeit Eisenbahnhistoriker
Branche Nr. 352/290
Umfang 3
Laufzeit 1846–2006
Benutzbarkeit Ja
Bestand N 6

Bestandsgeschichte Der Nachlass des Eisenbahnhistorikers Dietrich Adolf Braitmaier wurde 2005/2006 dem WABW übergeben.

Geschichte Der Bestand enthält Schrift- und Bildquellen der Maschinenfabrik Esslingen (ME).

Zu den Schriftquellen zählen firmengeschichtliche Abhandlungen über die ME und deren Direktoren, v. a. Emil Kessler, Geschichte des Lokomotivbaus, Betriebsfeiern und Werkszeitschrift 1935–1964, Projekte und Verträge betr. vereinzelte Lokomotiven, Original-Konstruktionszeichnungen von Dampflokomotiven und Dampfschiffen 1846–1890, technische Abhandlungen und Fachberichte aus dem Arbeitsprogramm der ME 1852–1985 sowie Lieferverzeichnisse, die einen Einblick in das stark diversifizierte Produktionsprogramm des Unternehmens von 1950 bis 1968 geben.

Die Bildquellen umfassen ca. 1470 Fotos, die einen großen Teil der Produktion dokumentieren, etwa Dampf- und Diesellokomotiven, Triebwagen, Straßenbahnen, Personen- und Güterwagen aller Art. Ferner liegen Fotos von Elektrofahrzeugen, Kompressoren, Brücken und Stahlhochbauten vor. Bei den Fotos handelt es sich zum Teil um Unikate, die sich nicht im Bildarchiv der ME (vgl. Bestand B 250) nachweisen lassen.

49 WABW B 250 Maschinenfabrik Esslingen AG; Deutsches Museum, München

86
Brangs + Heinrich, Leinfelden-Echterdingen

Name Brangs + Heinrich GmbH
Geschäftstätigkeit Herstellung und Großhandel von Spezial-Papieren
Branche Nr. 210/211
Umfang 5
Laufzeit 1875–2002
Benutzbarkeit Eingeschränkt
Bestand Y 279

Bestandsgeschichte Das Archivgut wurde zwischen 2001 und 2004 vom Geschäftsführer übernommen. Dieser hat die Sammlung angelegt und deren Vorordnung chronologisch und nach Produktgruppen vorgenommen.
Geschichte Brangs + Heinrich wurde 1875 in Solingen gegründet. Seit 1921 wird unter gleichem Namen eine Firma in Stuttgart geführt, 1972 erfolgte der Umzug nach Musberg (Leinfelden-Echterdingen). Die beiden gleichnamigen Firmen haben den Markt in Deutschland nach Nord und Süd aufgeteilt. Die Spezialpapiere dienen dem Verpacken, Schützen und Sichern von Produkten aller Art. In Deutschland bestehen elf Vertretungen sowie weitere im europäischen Ausland.

4 Chroniken, Jubiläumsschriften, Reden
5 Gesellschaftsvertrag, Verträge bis 1975
7 Interne Mitteilungen 1965–1989, Unternehmensgrundsätze 1984–1997
9 Gehaltsbuch 1945–1949, Liste der Geschäftsführer und leitenden Mitarbeiter
12 Lieferverträge mit Papierherstellern
14 Handelsvertreterverträge bis 1980er, Verkaufsbesprechungsprotokolle 1969–1989
15 Werbebriefe, Prospekte, Produktinformationen, Preislisten, Briefbögen, Etiketten, Banderolen, Mustertaschen, Musterbuch (teilweise in englisch, französisch, italienisch) 1950er–2000, Zeitschrift »Verpacken, Schützen, Sichern« 1990–2001
16 Jahresbilanzen 1932–1965, 1975/1976, 1980, Jahresberichte 1950–1978, Scheck- und Wechselkopierbuch, Kontenrahmen, Kontenplan 1943–1957, Kassenbuch 1961–1964
47 Fotos: Personen, Veranstaltungen, Messen (1875–)1917–2002
50 Im WABW nicht vorhanden.

87
Braun, C. F., Stuttgart

Name C. F. Braun GmbH
Geschäftstätigkeit Textileinzelhandel
Branche Nr. 520/521
Umfang 17
Laufzeit 1861–1981
Benutzbarkeit Ja
Bestand B 56

Bestandsgeschichte Das Archivgut wurde 1987, 1994, 2001, 2004 und 2011 übernommen.
Geschichte 1842 machte sich der Seidenwebermeister Georg Friedrich Braun selbständig und erwarb 1846 das Stammhaus in der Sporerstraße in Stuttgart. Dieses Datum gilt als das eigentliche Gründungsjahr des Geschäftes. Es wurde als »Betten-Braun« in den über 150 Jahren seines Bestehens zu einem bekannten Traditionsunternehmen des Einzelhandels für Betten, Wäsche und Mode. 1995 wurde am bisherigen Firmensitz ein Neubau eröffnet. Bis zum Konkurs im Jahre 2000 blieb das Unternehmen in Familienbesitz.

3 Familiennachrichten, Carl Friedrich Braun: Vermögen, Familiennachrichten, Familiengrab, Christian Eugen Braun: Ausbildung, Familienkorrespondenz, Vermögen, Bezirksarmenpfleger, Carl Friedrich Braun: Presseveröffentlichungen, Ehrenämter, Lebenslauf, Familienfeiern,

Elisabeth Braun: Testament, Emil Friedrich Braun: Familienfeiern, Tod, Julie Braun: Haushaltsbuch, Mietabrechnungen, Erbschaftsangelegenheiten der Familie 1866–1985
4 Firmengeschichte, Firmenjubiläen, Presseveröffentlichungen 1926–1996
5 Gesellschaftsverträge, Rechtsform 1936–1989, Handelsregister 1954–2000, Gesellschafter, Gesellschafter-Versammlungen 1971–2001, Insolvenz 1995–2002
6 C.F. Braun Verwaltungs-GmbH 1965–2000, C.F. Braun GmbH Betten Wäsche Mode Stuttgart 1969–2000; ARNO: Arbeits- und Einkaufsgemeinschaft in- und ausländischer Ausstattungshäuser GmbH Frankfurt 1943–1985
7 Geschäftsleitung 1962–1966, Beirat und Gesellschaft 1967–2000, Unternehmensbeteiligungen 1961–1971, Tantiemen für Gesellschafter 1966–1983, Prokura Eberhard und Ulrich Braun 1973
9 Arbeitsjubiläen, Betriebsfeien, Betriebsausflüge 1935–1988, Gratifikationen 1936–1980, Löhne 1942–1978, Unterstützungsfonds 1941–1982, betriebliche Altersversorgung 1979–2000, Personal 1929–1955, Lehrverträge 1951–1955, Stellenanzeigen 1964–1973, Gefolgschafts-Zusammenkünfte 1933–1939
10 Grundstücke und Gebäude, Bautätigkeit, Kaufverträge, Grundbuchauszüge 1888–2000
11 Wertpapiere 1954–1956, Kapitalerhöhung 1997–1998
12 Lieferantenumsätze, Lieferantenverzeichnisse, Einkaufsreisen 1929–1979
14 Kontobuchserie, Statistik 1861–1979, Kunden 1942–1956, Lagerbestand 1944–1950
15 Prospekte, Kataloge, Werbekampagnen, Anzeigen, Briefbögen 1909–1999
16 Jahresabschlüsse, Hauptbuchserie, Kassenbuchserie, Tagesumsatzserie, Liquiditätsberechnungen, Privatabrechnungen 1915–1999, Statistik 1949–1973, Inventar 1922, 1967–1976
17 Vermögensteuer, Einkommensteuer, Bürgersteuer, Grundsteuer, Gebäudeentschuldungssteuer, Gebäudebrandschadensumlage, Kfz-Steuer 1928–1999
18 Versicherungen 1930–1957
19 Korrespondenzen (u.a. mit Behörden, Verbänden, Gauwirtschaftskammer, IHK Stuttgart, Wirtschaftsrat der Stadt Stuttgart und der Militärregierung zu Problemen der Kriegs- und Nachkriegswirtschaft) 1944–1950
20 Behörden, Verbände 1967–1975
22 Mitgliedschaft im Verein für Arbeiterkolonien 1883
47 Fotos + Dias: Betriebsausflüge, Betriebsfeste, Betriebschor, Schlußverkäufe, Arbeitsjubiläen, Belegschaft, Inhaber, Familie Braun, Schaufensterdekorationen, Gebäude, Fuhrpark, Außenaufnahmen, Inneneinrichtungen, Kriegszerstörungen, Wiederaufbau, einzelne Abteilungen, Luftaufnahmen Stuttgart (altes Rathaus). Filme: Werbefilme 1880–1998
48 Postkarten u.a. von Käthe Kruse 1906, Porträtzeichnung Elisabeth Braun 1952
50 Festschrift zum 90-jährigen Bestehen der Firma C. F. Braun 1936.

88
Braun, G., Karlsruhe

Name G. Braun GmbH & Co.
Geschäftstätigkeit Verlag
Branche Nr. 220
Umfang 64
Laufzeit 1810–1999
Benutzbarkeit Eingeschränkt
Bestand Y 259

Bestandsgeschichte Das Archivgut wurde 2000 und 2001 von der Geschäftsleitung übernommen. Den Schwerpunkt bildet eine Serie von Belegexemplaren aller seit 1811 verlegten Bücher.
Geschichte Gottlieb Braun erhielt 1813 die Genehmigung zur Eröffnung einer Sortiments- und Verlagsbuchhandlung in Karlsruhe. 15 Jahre später wurde er Hofbuchhändler und Hofbuchdrucker und druckte neben dem »Badischen Merkur« das »Badische landwirtschaftliche Wochenblatt«. 1835 übernahm Albert Knittel, ein Schwager Gottlieb Brauns, der auch Abgeordneter des badischen Landtags war, den Verlag. Mit der Übernahme der »Karlsruher Zeitung« 1847 erhielt das Unternehmen eine beachtliche publizistische Position, die von den Erben auf allen Gebieten des Druckerei- und Verlagswesens ausgebaut wurde. Vor Ausbruch des Ersten Weltkrieges zählte das Unternehmen rund 240 Mitarbeiter. Nach der Umwandlung in eine GmbH im Jahr 1923 wurden die technischen

Bereiche modernisiert und die umliegenden Gebäude am Stammsitz hinzugekauft. Der Zweite Weltkrieg verursachte große Schäden. Das Verlagsarchiv wurde 1944 nahezu restlos vernichtet. Nach 1945 erlangten Schulbücher und wissenschaftliche Werke große Anerkennung. Das Landesadressbuch und örtliche Telefonbücher gehörten fortan zum festen Verlagsprogramm, ebenso die Zeitschriften »Baden«, »Badische Heimat« und »Baden-Württemberg«. Im Jahr 2000 wurde das Unternehmen vom DRW-Verlag in Leinfelden-Echterdingen übernommen, 2011 kaufte die G. Braun Telefonbuchverlag GmbH & Co. KG den G. Braun Buchverlag von DRW Weinbrenner wieder zurück.

4 Reden Dr. Albert Knittel, Fotokopien des »Archivs«: Gesuch des Buchhändlers Braun um Errichtung einer Buchhandlung in Karlsruhe 1812–1828, Erteilung einer Druckerlaubnis 1828, Herstellungskosten 1838–1852, Glückwünsche zum 75. Geburtstag Dr. Eberhard Knittel, Festakt 1988

7 Lizenzanträge 1945, Lizenz Behren 1945, Vertrag Albert Knittel 1810–1903, Verträge um 1900

9 Personalregister 1920–1930er Jahre, Personalübersicht 1880–1894, Personalstammdaten 1994–1995

10 Baupläne, Umbauarbeiten 1920er–30er Jahre, Kassette zum Druckerei-Neubau

13 Produkte des Verlags 1811–1999, Zeitschriften: »Mein Heimatland« 1914–1958, »Tonband 1965–1988«, »Zeitschrift für die Geschichte des Oberrheins« 1850–1965, »Badische Heimat« 1924–1985, »Der Landwirt« 1912–1982, »Hifi-Stereophonie« 1963–1983; »Reichsarchiv« 1932–1941; Landesadressbücher 1905–1962

16 Kassenbuch 1880–1995, Druckereikonto 1832–1879, Ausgangsrechnungen 1995, Eingangsrechnungen 1955, Inventar des Verlags 1923–1944, Setzerei-Inventar 1909–1927, Register zum Schrifteninventar 1942, Verlagsinventar 1883–1923

19 Militärregierung, Vermögenskontrolle 1945

21 Prozess Südwestrundfunk 1935

47 Fotos: Fliegerangriffe 1942, Betrieb und Büro 1949, Gautschen 1955/56, Buchmesse 1952–1954, Dr. Albert Knittel, Schulbesuch 1962, Empfang 1963, Besichtigung Neubau 1984; Filme: Videokassetten betr. den Festakt Braun 1988

50 Werke und Wege, Eine Festschrift für Dr. Eberhard Knittel zum 60. Geburtstag dargebracht von Freunden und Mitarbeitern, Karlsruhe 1959. 150 Jahre G. Braun 1813–1963, Karlsruhe 1963 (Festschrift). G. Braun Chronik, Herausgegeben Anlässlich des 175-jährigen Jubiläums 1988, Karlsruhe [1988] (Festschrift). Dr. Eberhard Knittel zum 85. Geburtstag, [Karlsruhe 1984] (Festschrift). Karl-Heinz Röpke, Informativ, Verlagshaus G. Braun Karlsruhe, in: Deutsche Bauzeitung, 125. Jg. 1991 Heft 2, S. 56–59.

89
Braun, J. A., Stuttgart-Bad Cannstatt

Name J. A. Braun GmbH & Co. KG
Geschäftstätigkeit Teer- und Asphalthersteller, Dachbaustoffe
Branche Nr. 240/265
Umfang 13
Laufzeit 1884–1973
Benutzbarkeit Eingeschränkt
Bestand Y 24

Bestandsgeschichte Das Archivgut wurde 1984 übernommen.

Geschichte Josef Anton Braun (1859–1918) aus Esslingen und Wilhelm Volz (1852–1919) aus Großbottwar gründeten 1884 in Stuttgart und Feuerbach das Württembergische Theer- und Asphaltgeschäft. 1894 schied letzterer aus und eröffnete die eigene Firma Teer-Volz in Feuerbach. Braun verlegte das Geschäft von Stuttgart nach Cannstatt. Zu den Produkten kamen bald Bitumen und Teerpappe hinzu. 1919 übernahmen die Söhne Dr. Ing. Otto Braun (1885–1974) und Hans Braun (1886–1955) die Geschäftsleitung im Rahmen einer Kommanditgesellschaft, an der auch die Geschwister Martha und Max beteiligt waren. 1971 erfolgte die Umwandlung in eine GmbH & Co. KG. Der Familienbetrieb musste mit zuletzt 120 Mitarbeitern und einem Jahresumsatz von 40 Millionen DM zum hundertjährigen Jubiläum 1984 Konkurs anmelden.

3 Erbschaftsangelegenheiten 1918–1927, Entnazifizierung 1945–1948, Geburtstag Dr. Braun 1965

4 50-jähriges Firmenjubiläum 1934, Daten zur Firmengeschichte 1984
5 Liquidation 1984
7 Korrespondenzen, Betriebsanweisungen 1957, Verträge um 1900–1957
9 Angestellte 1910–1939, Ein- und Austrittsbücher 1926–1939, Lohntarife 1950–1956, Löhne 1937–1959, Personalfragebögen 1960–1962, Werksarzt 1950–1956, Unfallschutz, Gas- und Luftschutz um 1934–1950, Feuerschutz 1934, Leistungsberichte 1940–1945, Betriebsordnung 1934, Hausmitteilungen um 1937–1965
10 Immobilien, Baugesuche, Lagepläne, Brandakten um 1884–1964
13 Mobilien, Geräte, Gleisanlagen, Fuhrpark um 1923–1935, Listen Maschinenanlagen 1940–1949, Dachpappe-Maschinen um 1912, Patente, Rostschutz 1914–1923, Schutzmarken, Normierung, Materialprüfung 1929–1956, Erfahrungsaustausch 1943/44, Prüfungszeugnisse (Baustoffe) 1907–1932, Pressebelege um 1930–1970, Entwicklung der Dachpappe, Revisionsbücher um 1908–1951, Industrie- und Produktionsberichte 1950–1956
14 Umsatz 1931–1967, Versandbücher 1930–1942, Referenzen um 1900–1961
15 Druckschriften 1916–1970, Anzeigen um 1925–1970, Preislisten um 1928–1973, Messen und Ausstellungen 1928–1972, Urkunden und Diplome um 1935–1944, Konkurrenzanzeigen, Briefbögen, Kleinwerbung 1956–1973, Werbeetat 1963–1969, Warenverpackung
16 Hauptbuchserie 1884–1924, Inventuren und Bilanzen 1884–1918, Jahresabrechnungen um 1907–1949, Kostenberechnungen und -abschlüsse 1937–1943, Betriebsabrechnungsbogen 1956–1958, Betriebsbuchhaltung 1935–1956, Warenbestände 1924–1948, Kalkulation um 1935–1956, Betriebserhebung 1946, Statistik 1931–1965, Selbstkosten 1933
19 Bewirtschaftung von Kohlewerkstoffen 1936–1942, Zollangelegenheiten 1939–1943, Fliegerschäden 1943–1948, Besatzungsschäden 1945–1948, Militärregierung 1946–1948
20 Verband der Dachpappenindustrie 1949–1954, Studiengesellschaft für Automobilstraßenbau 1925–1938
47 Fotos: Städteansichten (u. a. Stuttgart), Werkfotos 1940–1972, Referenzfotos der Bauabteilung um 1908–1958, Referenzfotos Produkte um 1925–1945, Betriebsfeiern um 1933–1973
50 Im WABW nicht vorhanden.

90
Braun, O. P., Stuttgart

Name Otto P. Braun GmbH & Co. KG
Geschäftstätigkeit Sanitär- und Heizungstechnik
Branche Nr. 450/452
Umfang 2
Laufzeit 1946–1974
Benutzbarkeit Eingeschränkt
Bestand Y 23

Bestandsgeschichte Das Archivgut wurde 1985 übernommen.
Geschichte Der Ingenieur Otto P. Braun gründete 1946 in Stuttgart eine Firma unter seinem Namen, die sich mit der Ausführung von Heizungs-, Lüftungs- und sanitären Anlagen beschäftigte. Bevor sich Otto P. Braun selbständig machte, war er zwischen 1931–1945 Mitinhaber der in der selben Branche tätigen Firma Klein & Co., Stuttgart, zuletzt in der Funktion des technischen Leiters. Die Firma beschäftigte anfangs 34 Mitarbeiter in Stuttgart und unterhielt auch einen Filialbetrieb in Bruckmühl/Oberbayern. Der Betrieb stellte 1985 Konkursantrag.
5 Gewerbeanmeldung 1946–1949
9 Löhne und Gehälter 1949–1962
14 Auftragsbuch 1946–1966
16 Bilanzen und Bilanzbeilagen sowie Inventuren 1963–1974
17 Beförderungssteuer 1958–1965
50 Im WABW nicht vorhanden.

91 Bregenzer, Stuttgart

Name L. Bregenzer
Geschäftstätigkeit Gießereibedarf
Branche Nr. 515/267
Umfang 2
Laufzeit 1913–1988
Benutzbarkeit Eingeschränkt
Bestand Y 391

Bestandsgeschichte Das Archivgut wurde 2009 übernommen.
Geschichte Die Firma Bregenzer wurde 1913 als Spezialgeschäft für Gießereibedarf von Leodegar Bregenzer und seinem Sohn Emil in Bad Cannstatt gegründet. Schwerpunkt des damaligen Lieferprogramms war der Kohlenstaub. Zusammen mit einem Partner wurde in Friedrichsthal im Saarland eine Kohlenmahlanlage betrieben. Zu den Kunden gehörten u. a. namhafte Gießereien wie MAN, MAG Geislingen, Maschinenfabrik Esslingen und Sachs. 1920 wurde ein Lagerhaus am Cannstatter Güterbahnhof errichtet. Seit 1924 wurde auf dem Gebiet der Feuerfestmaterialien mit der Eisenberger Klebsand-Werken zusammengearbeitet. Bregenzer übernahm die Vertretung im alten Land Württemberg-Hohenzollern. 1944 wurden das Büro in der Wildbader Straße und das Lager am Güterbahnhof bei einem Luftangriff zerstört, jedoch Anfang der 1950er Jahre wieder aufgebaut. Im Jahre 1969 wurde die Firma A. Grieser und 1970 die Firma Ulrich & Roser übernommen. Nach dem Tod von Otto Bregenzer, dem Enkel des Firmengründers, übernahm die Firma IKO Industriekohle in Marl-Sinsen am 1. Juli 1977 den Familienbetrieb als hundertprozentige Tochter. Bis dahin hatte sich die Firma auf den Vertrieb von Produktionshilfsmittel und Produktionszubehör für Gießereien spezialisiert. Nun wurden neue Produktbereiche wie die Isolier-, die Speisetechnik und die Filtration von Metallschmelzen in das Programm aufgenommen. Ferner wurde auch ein Wandel vom reinen Handelsunternehmen zum Serviceunternehmen für die Gießereien im Hinblick auf die technische Beratung vollzogen. 1999 zog das Unternehmen nach Stuttgart-Stammheim. 2000 schlossen sich die Firmen BentoCarbon, L. Bregenzer und IBECO mit IKO-Erbslöh zu einem Unternehmen zusammen. Damit erlosch der Name L. Bregenzer.
4 75-jähriges Jubiläum 1988
10 Lagepläne Lagerhaus Bad Cannstatt 1952, 1963, Mietvertrag Lagerplatz Bad Cannstatt 1931
12 Einkaufs-Bücher 1914–1955, Statistik über Einkauf 1915
14 Statistik über Verkauf 1915, Umsätze 1916–1921
15 Briefbogen L. Bregenzer 1988
16 Journal 1913–1919, Hauptbuch 1913–1923, Kassen-Bücher 1913–1946, Geheim-Buch 1913–1915, Bank-Bücher 1943–1961
47 Foto: Gussstück mit Arbeitern ca. 1918
50 Im WABW nicht vorhanden.

92 Breidenbach, Mannheim

Name Feldbahnfabrik Breidenbach GmbH
Geschäftstätigkeit Feldbahnen
Branche Nr. 352/355
Umfang 3
Benutzbarkeit Eingeschränkt
Bestand Y 465

Bestandsgeschichte Der Archivbestand wurde 2014 von einem privaten Sammler übernommen.
Geschichte Feldbahnen sind Schmalspurbahnen (meist in 600 mm Breite) in einfachster Bauart, die zum innerbetrieblichen Transport z. B. von Schamotte, Ziegeln, Holz, Steinen, Ton, Kalk, Torf u. v. m. dienten. Sie wurden seit Ende des 19. Jahrhunderts bis hauptsächlich in die 1950er Jahre eingesetzt, später übernahmen z. B. LKWs oder Förderbänder diese Aufgabe. In Großbaustellen wurden temporär mobile Feldbahnanlagen eingerichtet. 1938 wurde der Sitz von Breidenbach nach Mannheim verlegt, Ende 1967 wurde die Firma gelöscht.
13 Technische Zeichnungen von Einzelteilen, Gleisanlagen, Schiebebühnen, Lager, Radsätze, Rundkipper, Schrägwagen, Weichen, Drehscheiben, Spezialfahrzeugen, Plattformwagen, Muldenkipper, Etagenwagen, Aufzugsbahnen, Anhängerkipper, Transportwagen, Loren.
14 Karteikarten der Kunden, unterteilt nach:

Sägewerke, Ziegeleien, Steinbrüche, Basaltwerke, Tonindustrie, Kalkwerke, Bauunternehmen, Fabriken, Eisenwerke

93
Brenk, Pforzheim

Name Emil Brenk GmbH
Geschäftstätigkeit Gold- und Silberwarenfabrik
Branche Nr. 360/362
Umfang 0,5
Laufzeit 1912–1973
Benutzbarkeit Ja
Bestand B 32

Bestandsgeschichte Das Archivgut wurde 1983 übernommen.
Geschichte 1907 gründete Emil Brenk die Firma in Pforzheim; sie ging aus der Firma Louis Friesinger hervor, in die Emil Brenk ein Jahr zuvor als Teilhaber eingetreten war. Die Produktion von Etuis, Dosen und Feuerzeugen aus oxidiertem Stahl wurde bald zugunsten der Fertigung aus Edelmetallen aufgegeben. 1945 wurde der Betrieb durch Bomben zerstört. Nach dem Wiederaufbau umfasste das Produktionsprogramm vor allem Etuis, Dosen, Bilderrahmen und Feuerzeuge. 1981 wurde die Firma im Handelsregister gelöscht.
3 Tagebuch 1945, 1957
4 50-jähriges Jubiläum, Ansprachen 1945, 1957
10 Grundstücke 1923, 1938
13 Musterbücher 1930–1937, 1966–1973
16 Bilanzbuch 1912–1940
19 (s. Tagebuch 1945)
49 WABW A11 Firmenakte 36
50 Pforzheim Stadt und Landkreis. Ein Heimatbuch mit Wirtschaftsbiographien, Stuttgart 1953, S. 35.

94
Brenzinger, Freiburg im Breisgau

Name Brenzinger & Cie. GmbH
Geschäftstätigkeit Bauunternehmung und Zementfabrik
Branche Nr. 450/451
Umfang 38
Laufzeit 1900–1976
Benutzbarkeit Nein
Bestand Y 25

Bestandsgeschichte 1990 und 1997 wurden Teile der Bibliothek sowie das sogenannte technische Archiv der Firma übernommen. Der Bestand enthält überwiegend Pläne und Zeichnungen von durchgeführten Projekten. Teile des technischen Archivs wurden nach eingehender Beratung mit der Firma als nicht archivwürdig bewertet und kassiert.
Geschichte Julius Brenzinger (1843–1924) gründete 1872 ein Betonbaugeschäft mit Zementwarenfabrikation im Freiburger Ortsteil Stühlingen. Das Betriebskapital lieh er sich von seinem Vetter Joerger, der hinter dem »Cie« im Firmennamen steckte. Der Betrieb wandte die von Monier entwickelte Eisenbetonbauweise an, neben Werksteinen und Rohren fertigte er auch kunsthandwerklich gestaltete Fassaden und goss Standbilder. Zu Beginn des 20. Jahrhunderts expandierte das Unternehmen mit Fertigungsstätten in Kirchzarten (Betonwarenfertigung seit 1908) und Mülhausen im Elsass. 1912 arbeiteten schon rund 400 Beschäftigte für Brenzinger. Nach dem Tod des Gründers 1924 übernahm der Sohn Heinrich Brenzinger (1879–1960) die Geschäftsleitung, der sie 1956 an seinen Schwiegersohn Helmut Wolfgang Dyllick-Brenzinger weitergab. Das Unternehmen beteiligte sich am Wiederaufbau Freiburgs nach dem Zweiten Weltkrieg und realisierte im Bauboom der 1960er und 70er Jahre einige größere Projekte wie die Studentensiedlung in Freiburg oder die Ochsenbrücke über die Dreisam. 1964 wurden in Gründlingen neue Produktionsanlagen errichtet. 1976 übernahm Michael Dyllick-Brenzinger die Firma und 1979 wurde das Unternehmen in die Baufirma Brenzinger Wohnbau GmbH und in die Brenzinger Grundstücksverwaltung KG rechtlich getrennt. Das älteste Freiburger Bau-

unternehmen wird noch immer als Familienunternehmen, derzeit in vierter Generation, geführt.

13 Registratur Freiburger Projekte 1912–1954, Registratur Projekte A-Z 1904–1954 (private und öffentliche Bauten: Wohnhäuser, Firmengebäude, Kliniken), Mappen nach Nummern mit Plänen, Zeichnungen und Korrespondenz von diversen Bauprojekten bis 1976; Abhandlung über einen ausgeführten Auftrag »Wasserturm in Eisenbeton für die Gemeinde Seckenheim bei Mannheim, 1914«

15 Musterbuch mit Preisverzeichnis über Abgüsse in Zement, Gips und Trockenstuck 1900

50 Brenzinger & Cie Freiburg i. Br., Interessante Ausführungen in Eisenbeton, Sonderdruck aus der Deutschen Bauzeitung, Mitteilungen über Zement-, Beton- und Eisenbetonbau, X. Jg. 1913, Nr. 19 und 20. Renate Liessem-Breinlinger, Heinrich Brenzinger 1879–1960, Ingenieur, Unternehmer, Historiker, Biographie eines Freiburgers, in: Schauinsland, Zeitschrift des Breisgau-Geschichtsvereins 109 (1990) S. 165–177. Renate Liessem-Breinlinger, Brenzinger, Heinrich, Ingenieur und Bauunternehmer, in: Baden-Württembergische Biographien 1 (1994) S. 44–45. Andrea Haußmann [Enkelin], Heinrich Brenzinger (1879–1960), Privatdruck Freiburg im Breisgau 1996. Walter Preker, Heinrich Julius Brenzinger 1879–1960, in: Freiburger Biographien, Freiburg im Breisgau 2002, S. 232–233. Internet: http://www.brenzinger.com

95 Briegel, Villingen-Schwenningen

Name Adalbert Briegel
Geschäftstätigkeit Bauunternehmung
Branche Nr. 450/451
Umfang 3
Laufzeit 1919–1977
Benutzbarkeit Eingeschränkt
Bestand Y 26

Bestandsgeschichte Das Archivgut wurde 1986 übernommen.

Geschichte 1908 eröffnete Adalbert Briegel ein Bauunternehmen in Villingen. 1919 gehörte er zu den Gründungsmitgliedern der Schwarzwälder Ziegelwerke. Das Familienunternehmen baute selbständig kleinere Wohn- und Geschäftshäuser, in Gemeinschaft auch größere Wohnblocks und Gewerbegebäude. 1986 ging Briegel in Konkurs.

3 Erbangelegenheiten 1941–1968

6 Schwarzwälder Ziegelwerke Villingen 1919–1975, ARGE Zubringer Süd (Bilanzen) 1969–1977

7 Verträge, Korrespondenz 1928–1977

9 Angestelltenkorrespondenz 1934–1966, Löhne und Gehälter 1953–1966, Unterstützungskasse 1951–1976

15 Prospekte von Fremdfirmen

16 Bilanzen 1924–1966, Bilanzunterlagen 1951–1973, Vermögensaufstellung 1950–1953, Inventarbuch 1960–1971, Treuhandberichte Albert Briegel KG 1968–1975, Treuhandberichte Briegel Wohnbau KG 1972–1976, Hauptbuch 1933–1950, Kassenbuch-Serie 1950–1966, Rechnungsausgangsbuch 1956–1970, Wechsel-Kopie-Buch 1963–1977, Journal 1957–1976

17 Steuerangelegenheiten 1938–1974, Gewerbe-, Umsatz-, Lohn-, Grund-, Gebäudesteuer, Lastenausgleich, Einheitswerte 1936–1976, Erfahrungsaustausch über Steuern in der Bauwirtschaft 1964–1974

20 Verband der Bauindustrie 1970–1975

50 Im WABW nicht vorhanden.

96
Brinkmann, Bovenden, Fellbach

Name Dr. Uwe Brinkmann (Nachlass)
Geschäftstätigkeit Schriftleiter
Branche Nr. 290/330/220
Umfang 1,5
Laufzeit 1982–2001
Benutzbarkeit Ja
Bestand Y 507

Bestandsgeschichte Der Bestand wurde im November 2015 durch Vermittlung der Berthold Leibinger Stiftung, Ditzingen, von dem ehemaligen Chefredakteur der Zeitschrift »Laser und Optoelektronik« Dr. Uwe Brinkmann übernommen.
Geschichte Dr. Uwe Brinkmann war von 1982 bis 2001 für die Zeitschrift »Laser und Optoelektronik« redaktionell verantwortlich. Sein redaktionelles Konzept sah vor, vorzugsweise zusammenfassende Fachbeiträge aus Forschung und Entwicklung zu veröffentlichen, die inhaltlich gut verständlich sein sollten und dabei Perspektiven der Anwendung aufzeigen sollten. Die Zeitschrift wurde ab 1997 Mitteilungsorgan der Deutschen Gesellschaft für angewandte Optik (DGaO) und der Wissenschaftlichen Gesellschaft für Lasertechnik (WLT). Der Nachlass beinhaltet die Jahrgänge der im AT Verlag, Fellbach, erschienen Fachzeitschrift »Laser und Optoelektronik« (1992–2001), seine Korrespondenz mit Autoren und Fachkollegen sowie seine Korrespondenz zu Leserbriefen und Patent-Abstractaufforderungen. Die Zeitschrift »Laser und Optoelektronik«, seit 1969 herausgegeben, war die erste deutschsprachige Fachzeitschrift auf dem Gebiet der Lasertechnik. Der Schriftwechsel mit Wissenschaftlern und Firmen über Forschungsergebnisse, Produktneuheiten und Branchennachrichten bieten umfangreiches Material für eine Diskursanalyse zur Laserentwicklung und gewährt Einblicke in die wissenschaftliche Kommunikation zwischen Forschern aus West- und Osteuropa zur Zeit des Kalten Krieges. Korrespondenz und Zeitschrift ergeben ein umfangreiches Bild der in Deutschland aufkeimenden Laserszene und der »Laser-Schaffenden«, die in diesem Zeitabschnitt zu einer Fachgemeinschaft wurden.

97
Brombach, Brombach/Baden

Name Druckerei & Appretur Brombach AG
Geschäftstätigkeit Textildruckerei und Ausrüster
Branche Nr. 170/173
Umfang 0,1
Laufzeit 1912–1916
Benutzbarkeit Ja
Bestand B 29

Bestandsgeschichte Das Journal wurde dem WABW 1984 von der Winkler GmbH überlassen. Weiteres Schriftgut ist nach Auskunft von Winkler nicht überliefert.
Geschichte Die Druckerei & Appretur Brombach wurde 1899 als GmbH gegründet. 1922 wurde das Unternehmen in eine Aktiengesellschaft umgewandelt, die 1969 an die Firma Winkler GmbH Werk Wiese überging. Das Unternehmen beschäftigt sich mit der Herstellung, Ausrüstung und Vertrieb von Textilwaren.
16 Journalbuch 1912–1916
50 Im WABW nicht vorhanden.

98
Brüggemann, Heilbronn

Name L. Brüggemann KG
Geschäftstätigkeit Chemische Fabrik
Branche Nr. 240
Umfang 0,1
Laufzeit 1871–1947
Benutzbarkeit Ja
Bestand B 6

Bestandsgeschichte Das Archivgut wurde 1982 übernommen.
Geschichte 1868 gründete Louis Brüggemann in Heilbronn eine Spritfabrik. Er hatte ein Verfahren entwickelt, das ihm ermöglichte, aus den Melasserückständen der Heilbronner Zuckerindustrie hochwertigen Sprit zu gewinnen. 1892 richteten seine Söhne eine Melasse-Brennerei in Schwetzingen ein. 1900 wurde ein Neubau im Industriegebiet Heilbronns in Betrieb genommen. Nach dem Ersten Weltkrieg stellte der

Betrieb auf die Herstellung von Branntweinreinigern und chemischen Erzeugnissen um. Nach der weitgehenden Zerstörung der Fabrikanlage im Zweiten Weltkrieg wurde 1947 die Produktion von gereinigtem Spiritus und Chemieerzeugnissen wiederaufgenommen. 1965 wurde im Heilbronner Werk eine neue Abteilung für die Herstellung von Kunststoff-Additiven aufgebaut.

10 Lage- und Baupläne, Baugesuche 1899–1915
16 Inventar 1871–1900
19 Kriegsschäden 1947
50 Ein Jahrhundert L. Brüggemann KG Heilbronn 1868–1968, Darmstadt 1968 (Festschrift).

99
Burkhardt, Hechingen

Name Chr. Burkhardt
Geschäftstätigkeit Kraftfahrzeugreparaturwerkstätte/Tankstelle
Branche Nr. 500
Umfang 0,1
Laufzeit 1935–1939
Benutzbarkeit Ja
Bestand Y 167

Bestandsgeschichte Der Band wurde 1984 von einem privaten Sammler übernommen.
Geschichte Vermutlich wurde der Betrieb 1935 gegründet. Im Reichsadreßbuch 1931 ist die Firma noch nicht genannt. Nach dem Zweiten Weltkrieg betrieb die Firma auch einen Kraftfahrzeughandel.

16 Hauptbuch 1935–1939
50 Im WABW nicht vorhanden.

100
Büsing, Reutlingen

Name Büsing GmbH & Co.
Geschäftstätigkeit Textilwarenfabrik
Branche Nr. 170/180
Umfang 38
Laufzeit 1848–1985
Benutzbarkeit Nein
Bestand Y 27

Bestandsgeschichte Das Archivgut wurde in mehreren Ablieferungen zwischen 1984 und 2001 vom letzten Gesellschafter übernommen.
Geschichte Die Gründung erfolgte 1865 unter dem Namen Büsing & Kessler. 1875 erwarb Christian Döttinger den Betrieb und führte ihn unter »Büsing & Co. KG« weiter. Seither sind die Familien Döttinger-Werwag Eigentümer des Unternehmens. Hauptprodukte waren im 19. Jahrhundert gestrickte Säuglings- und Kinderbekleidung, zu Beginn des 20. Jahrhunderts kamen Badeanzüge und Sportbekleidung hinzu. Seit 1936 zählte Büsing zu den Ausrüstern der deutschen und anderer Olympiamannschaften. Um die Mitte der 1970er Jahre beschäftigte die Firma einschließlich ihrer Filialen in Reutlingen-Sondelfingen und Kelheim an der Donau rund 500 Personen. 1982 stellte sie die Produktion ein.

3 Leichenpredigt Christian Döttinger 1906, Ehrenämter Christian Döttinger (AOK 1888–1891, Technikum Reutlingen), Haushaltskonten 1906–1954, Steuerangelegenheiten
4 Firmengeschichte 1936
5 Gründungsakten, Gründungsvertrag 1867, Gesellschafterverträge, Handelsregisterauszüge um 1935–1980
7 Leitende Angestellte um 1890–1911, Kopierbuch-Serie um 1890–1920, Korrespondenz Preisprüfungsstelle um 1935–1945
9 Arbeitsverträge 1870er Jahre, Arbeiterstatistik 1848–1948, An- und Abmeldebücher Hauptwerk und Filialen um 1900–1980, Betriebsordnung, betriebliche Bekanntmachungen 1927–1945, Belegschaft 1938–1982, Leistungsberichte 1942/43, Löhne und Gehälter, Strickakkord, Unabkömmlich-Stellungen 1939–1945, Deutsche Arbeitsfront, Pensionsunterstützungskasse 1934, Beschäftigung jüdischer Vertreter 1930er

Jahre, Weihnachtsgratifikationen 1898– um 1980, Korrespondenz Betriebsrat, Betriebsversammlungen, Gewerkschaft
10 Pläne, Bauakten, Baurechnungen der Filialbetriebe Metzingen, Sondelfingen und Eningen 1890–1985, Mietverträge um 1930–1950, Gebäudebrandschätzungen 1970er Jahre, Brandschaden 1978
11 Wertpapiere 1935, Investitionshilfe, Bürgschaften
12 Börsenpreis-Notierungen für Baumwolle und Wolle 1906–1909, Lieferbücher 1889–1915, Stoffeinkauf 1960er Jahre, Garnmeldungen 1934–1939
13 Maschinenbuch-Serie 1907–1982, Produktionsbücher um 1923–1980, Produktionszahlen um 1900–1970er Jahre, Patente, Gebrauchsmuster Lizenzen um 1930–1980, Warenzeichen, Wortzeichen um 1930–1960, Strickvorschriften um 1904–1914, Herstellungsvorschriften 1930er Jahre, Materialbedarf 1962–1968, Versuche
14 Preislisten um 1890–1930, Verkaufsstatistiken, Preislistenbücher 1934–1938 und 1950–1982, Preisprüfungen 1938, Preiserhöhungen um 1939–1945, Umsätze 1934–1982, Verkaufsgenehmigungen 1946–1948, Export 1947, Devisen-Prüfung 1939, Meldungen an Verteilungsstellen, Vertreter 1950er Jahre, Messe-Umsatzbücher
15 Kataloge, Plakate, Aufsteller um 1900–1980, Probestoffe, Prospektsammlung von Konkurrenzfirmen um 1900–1945, Briefköpfe um 1900–1980, Werbeetat, Fachpresse-Veröffentlichungen, Anzeigen um 1930–1980
16 Hauptbuch-Serie 1876–1963, Kalkulationen um 1876–1960, Bilanzen 1876–1973, Inventuren 1881–1952, Abschreibungen 1898–1915 und 1950–1980, Finanzbuch-Serie 1886–1938, Kontobuchserie 1914– um 1950, Prüfungsberichte 1928, Jahreszusammenstellungen 1936–1947, Geheimbücher 1921–1937, Vermögensschätzungen, Vermögensaufstellungen 1949–1974, Gewinn- und Verlustrechnung 1930–1958, Wirtschaftsberichte 1956, Monatsberichte Büsing GmbH & Co einschließlich Textil-Gesellschaft 1978–1982, Betriebsübersicht 1941, Kosten 1928–1962, Betriebsabrechnungsbogen 1942–1949, Statistik 1975–1976, Kassenbuchserie 1959–1982
17 Steuerbücher 1896– um 1950, Steuergutscheine 1932/33, Steuerakten (u. a. Gewerbe-, Körperschafts-, Umsatz-, Grundsteuer) um 1930–1980, Einheitswerte 1925–1974, Lastenausgleich, Vermögensabgabe
18 Feuerversicherung 1911
19 Wehrmacht, Luftschutz 1930er Jahre, Kriegsfolgeschäden 1949
47 Fotos: Familie Büsing, Familie Döttinger Weltkriegsteilnehmer 1914, Betriebsausflug 1934, Fabrikgebäude und Wohnhäuser um 1905–1940, Fabrikinnenansichten um 1900–1980, Kollektionen um 1930–1980, Sportler und Nationalmannschaften in Olympia-Sportkleidung um 1930–1980, Arbeitsjubiläen, Messen, Leistungsbericht 1940/41
48 Ölbild Christian Döttinger (1851–1906), Coup d'Or Preis des französischen Mode-Instituts (3 Pokale), Schaufensterpuppe Porolastik um 1935
50 Stadtschultheißenamt u. a. (Hg.), Reutlingen, Berlin 1925, S. 95. Paul Weber (Hg.), Westdeutsche Wirtschaftschronik, Band 2: Württemberg, Stuttgart 1954, S. 204.

101
BW-Bank, Stuttgart

Name Baden-Württembergische Bank
Geschäftstätigkeit Bankgeschäft
Branche Nr. 650
Umfang 113
Laufzeit 1952–2013
Benutzbarkeit Eingeschränkt
Bestand B 110

Bestandsgeschichte Das Archivgut wurde ab 2007 übernommen und wird laufend ergänzt.
Geschichte Am 21. November 1977 wurde die Fusion der drei Regionalbanken Badische Bank (Karlsruhe), Handelsbank Heilbronn und Württembergische Bank (Stuttgart) zur Baden-Württembergische Bank AG (BW-Bank) beschlossen. Am 24. November erfolgte der Eintrag ins Handelsregister. Als bedeutende Regionalbank in Baden-Württemberg war die BW-Bank hauptsächlich Ansprechpartner für mittelständische Unternehmen. Auch im Ausland wurden Tochtergesellschaften und Repräsentanzen gegründet, etwa in Dublin und Hongkong. Die BW-

Bank wurde 2001 von der Landesbank Baden-Württemberg (LBBW) übernommen und zum 1. August 2005 als unselbstständige Anstalt eingegliedert. Im LBBW-Konzern betreibt sie das Privat- und Firmenkundengeschäft mit Schwerpunkt Mittelstandsgeschäft in Baden-Württemberg und erfüllt in Stuttgart die Aufgaben einer Sparkasse.

4 125-jähriges Jubiläum BW-Bank 1996; 25-jähriges Jubiläum Badische Bank in Singen 1977; 20-jähriges Jubiläum Singen 1972

5 Fusion BW-Bank 1976–79; Fusionspläne 1977–2001; Integration in die LBBW 2001–2003; Handelsregister (einschl. Filialen) 1978–2005

6 Anzeigen von Zusammenschlussvorhaben an das Bundeskartellamt 1978–1990; Beteiligungsberichte 1986–1999; Meldungen gemäß Kreditwesengesetz wegen Beteiligungen und Filialen 1963–2005; Filiale Sachsen 1990–1993; Eröffnung Filiale Dresden 1991/1995, Filiale Leipzig 1991/1996, Filiale Ludwigsburg 1986, BW Capital Markets, Inc., New York, 1997–2002; Filiale Singen: Akkreditivbuch Export 1952–1999; Filialen 2005–2007;
Beteiligungen und Mandate 1953–2005: BW-Immobilien GmbH Stuttgart, Banco Comercial Transatlantico, Ashdowne Investment Company Ltd. Dublin, Fa. Zoeppritz, Deutscher Kassenverein, Deutsche Wagnisfinanzierungsgesellschaft GmbH, Deutsche Verlags-Anstalt, Gesellschaft zur Finanzierung von Industrieanlagen mbH (GEF), Brauerei Cluss, Heilbronner Maschinenbau GmbH, Mietfinanz GmbH Mühlheim/Ruhr, Papierfabrik Weissenstein, Leonberger Bausparkasse, Brauerei Moninger, Handels- und Gewerbebank Heilbronn, Hotel-AG Reutlingen, Rosenau-Brauerei Eckert GmbH Heilbronn, Rodi & Wienenberger AG Pforzheim, Haus der Wirtschaft Hotel-Gesellschaft mbH Stuttgart, IVG Immobilien-Vermittlungs-Gesellschaft mbH Karlsruhe, Immobilien Winter GmbH & Co. KG Heidelberg, Gebr. Rauch GmbH, Schwäbische Treuhand AG, Union-Investment-Gesellschaft mbH Frankf./M., STAR Automobil-Beteiligungsgesellschaft mbH, Frankf./M., Stuttgarter Bäckermühlen AG Esslingen, Bankhaus Bensel GmbH, Bankhaus H. Anselm & Co. KG, WKV Waren-Kredit-Bank GmbH Stuttgart, Karlsruhe, Süddeutsche Zucker-AG, Storopack GmbH & Co. KG Weinstadt, ADIG Allgemeine Deutsche Investment-Gesellschaft mbH München, Eisen- und Drahtwerk Erlau AG, Unternehmensbeteiligungsgesellschaft Baden-Württemberg AG, Volksbank Mosbach, INULA Grundstücks-Verwaltungsgesellschaft mbh & Co. KG Grünwald, Technologiezentrum Heilbronn, Grundstücksvermittlungsgesellschaft GVG mbH Heilbronn, SUEVIA Verwaltungsgesellschaft mbH Stuttgart, BGB Gesellschaft bürgerlichen Rechts zwischen BW-Bank und Landeskreditbank Baden-Württemberg Karlsruhe, LIKO Liquiditäts-Konsortialbank GmbH Frankfurt/M., BAWEX Baden-Württembergische Export-Genossenschaft mittelständischer Unternehmen eG, Palaterra Verwaltungs- und Beratungs-Gesellschaft für Vermögensanlagen mbH Mannheim;
Kooperation Landeskreditbank 1980–2000; Projekt Fusion mit Landesgirokasse 1991–1996; Strategie- und Kooperationsprojekte 1997–2000;
Bankhaus Georg Wiedmann & Co. KG, Aalen (später BW-Bank Filiale Aalen): Hauptbücher 1923–1964; Bilanzunterlagen 1934–1981; Wirtschaftsprüfung 1937–1973; Effektenbuchhaltung 1921–1949; Kontokarten 1936–1950; Währungsreform 1948/1949; Altsparerentschädigung 1952–1963; Lastenausgleich 1950–1965; Inventar 1953–1972; Buchungswesen 1964; Geschäftsstempel;
Mandate: Allgaier Werke GmbH Uhingen 2006–2011; Behr GmbH & Co. KG Stuttgart 2005–2011; Diakonissenmutterhaus der Olgaschwestern in Stuttgart e. V. 1987, 1996–2008; DLW AG Bietigheim-Bissingen 1991–1998; Dürr AG Bietigheim-Bissingen 2007–2012; Dürr AG Stuttgart 2001–2011; Heinz Dürr GmbH Berlin 1990–2007; Evangelische Gesellschaft Stuttgart e. V. 1997–2009; Hans Wolfgang Fein Testamentsvollstreckung / C. & E. Fein GmbH Stuttgart 2002–2011; Forum Region Stuttgart e. V. 2004–2009; Informatik Consulting Systems AG Stuttgart 2002–2011; Internationales Bankhaus Bodensee AG Friedrichshafen 1995–2006; Karlsruher Lebensversicherung 2004–2006; Kolbenschmidt AG Neckarsulm 1993–1997; Kommunalentwicklung LEG Baden-Württemberg GmbH Stuttgart 2002–2008; Leitz GmbH & Co. KG Oberkochen 2003–2009; Ludwigsburger Schlossfestspiele Internationale Festspiele Baden-Württemberg gGmbH 2003–2009; MKB Mittelrheinische Bank GmbH Koblenz / MMV Leasing GmbH Koblenz 2000–

2012; Roth Motorgeräte GmbH & Co. Pleidelsheim 1998–2008; Stuttgart Institute of Management and Technology 1999–2007; Waldburg-Zeil Kliniken GmbH & Co. Isny-Neutrauchburg / Rehabilitationsklinik Bad Wurzach GmbH 2001–2003; Walter AG Tübingen 1994–1999

7 Vorstand: Organisation und Mitglieder 1962–2007, Sitzungsprotokolle 1977–1997, 2000–2013, Mandate 1978–2007, Klausur 1994–1997, Vergütung 1998–2005; Aufsichtsrat: Sitzungsprotokolle 1977–2008, Unterlagenversand 1982–2005, Arbeitnehmervertreter-Wahlen und Mitbestimmungsgesetz 1986–2002; Aufsichtsrat, Verwaltungsausschuss und Beirat: Adressen, Schriftwechsel, Vergütung, Sitzungsgelder 1968–2005; Beirat 1978–2008; Kreditausschuss 2005–2010; Hauptversammlungen, Satzungen 1970–2005 (bis 1977 Württembergische Bank); Unterschriftenverzeichnisse 1986; Meldungen gemäß Kreditwesengesetz wegen Tätigkeit der Gesellschafter 1976–2005, wegen Bestellung/Ausscheiden eines Geschäftsleiters 1964–2005

8 Outsourcing 2003–2005

9 Mitarbeiterzeitschrift 1977–2005; Gesamtbetriebsfeier in der Schwabenlandhalle zu Fellbach (Jubiläumsveranstaltung) 19. September 1987; Geburtstage, Dienstjubiläen, Verabschiedungen 1985–2009

10 Bankgebäude Kleiner Schlossplatz Stuttgart 1952–2000

11 Eigenkapital 1920–1923 (Badische Bank), 1973–2000; Haftendes Eigenkapital 1976–1993; Meldungen gemäß Kreditwesengesetz wegen Eigenkapital 1994–2002; Aktionäre 1987–2008; Squeeze-out BW-Bank-Aktien 2002–2006

14 Insider-Regeln 1971–1998; Finanzdienstleistungsaufsicht 1982–2005; Einlagensicherung 1990–2005; Meldungen gemäß Außenwirtschaftsverordnung 1992–2005; Kapitalmarktgeschäft 1996–2004; Kreditgeschäft 2003–2005

15 Pressemitteilungen, Pressespiegel 1996–2003; Ad hoc-Publizität 1994–2005; Pressekonferenzen 2004–2008; Unternehmensleitbild 1997–2001

16 Geschäftsberichte 1977–2004 (Badische Bank 1924–1976, Handelsbank Heilbronn 1938–1976, Württembergische Bank 1872–1976); Wirtschaftsprüfungsberichte 1977–2005; Depotprüfungsberichte 1985–1998; sonstige Prüfungsberichte 1995–2005; Bilanzunterlagen 1977/1978

17 Gewerbesteuer 1978–1982; Umsatzsteuer 1982

20 Landeszentralbank in Baden-Württemberg, Deutsche Bundesbank 1974–2003; Baden-Württembergische Wertpapierbörse zu Stuttgart 1948–2000; Vereinigung Baden-Württembergische Wertpapierbörse, Stuttgart, 1997–2005; Bundesverband deutscher Banken 1990–2005; Bankenverband Baden-Württemberg 1949–2005 (u. a. Gesprächsrunde Club Stuttgarter Wirtschaftsjournalisten, Parlamentarische Abende, Buchpräsentation Baden-Württembergische Bankgeschichte 1992); Bankenverband Hessen 1989–2005; Bankenverband mittel- und ostdeutscher Länder/Ostdeutscher Bankenverband 1990–2005

21 Insolvenzverfahren FlowTex Technologie GmbH & Co. KG Ettlingen 1999–2007; Schiedsverfahren GE Capital mietfinanz GmbH & Co. KG Köln 2003–2004

22 Bundesaufsichtsamt für das Kreditwesen, Staatsministerium, Wirtschafts- und Finanzministerium, Führungsakademie Baden-Württemberg 1945–2001; treffpunkt foyer (Veranstaltungen der Stuttgarter Nachrichten in der Schalterhalle der BW-Bank) 1979–1998; Ausstellungen 1985–1996; Stiftungsinitiative der deutschen Wirtschaft »Erinnerung, Verantwortung und Zukunft« 1999–2001; Sponsoring (u. a. BW-Bank Jazz Open Stuttgart, Schlossfestspiele Ludwigsburg, Stuttgart German Masters Internat. Reitturnier, VfB Stuttgart) 1992–2010; Ausstellungen, Vernissagen 2002–2010; Emil-Wachter-Stiftung Karlsruhe 2003–2007

47 Videobänder (Betriebsfeste, Betriebsversammlungen, betriebsinterne Sportmeisterschaften, Landesgirokasse) 1980–2003; Fotoalben (Feiern, Personen, Sportgruppen) 1980–1990; Fotos Vorstand, Hauptversammlung, Zentrale Stuttgart, Filialen, Abteilungen, Betriebsausflüge, Veranstaltungen; Fotos Filiale Singen: 25-jähriges Jubiläum 1977, Verabschiedung Direktor Adolf Mayer 1988, Ausstellungen 1970, 1981, Filialen in Singen 1950er, 1991, 2001, Jubiläum 1991, Stadtfeste 1974, 1978, 1988

48 Geschäftsstempel (auch Vorgängerinstitute); Geschirr und Besteck Badische Bank

49 WABW B 108 (Landesbank Baden-Württemberg), B 112 (Handelsbank Heilbronn), B 113 (Württembergische Bank), B 114 (Badische Bank); WABW A 9 Fi 2826 BW-Bank Filiale Ulm

50 Willi A. Boelcke, 125 Jahre Baden-Württembergische Bank, Stuttgart 1996; Baden-Württembergische Bank (Hg.), Stuttgarter Kunst vor 25 Jahren. Malerei und Plastik. Eine Ausstellung zum 25jährigen Bestehen des Bankgebäudes am Kleinen Schloßplatz in Stuttgart, Stuttgart 1993. Stadt und Standort, Bau und Bauherren der Baden-Württembergischen Bank, von Friedrich Teutsch, Stadtarchiv Mannheim, Mannheim 1994.

Vereinigte
DECKENFABRIKEN
CALW
SCHUTZ-MARKE
·A-G·
GARANTIRT KAMEELHAAR
TELEGR:-ADR: DECKENFABRIK CALW
TELEPHON
Nº 341.

102
Calwer Decken, Calw

Name Calwer Decken- und Tuchfabriken AG
Geschäftstätigkeit Decken- und Tuchfabrik
Branche Nr. 170/174
Umfang 67
Laufzeit 1814–1997
Benutzbarkeit Eingeschränkt
Bestand Y 216

Bestandsgeschichte Das Archivgut wurde 1998 übernommen. 2006 und 2012 kamen als Deposita der Stadt Calw 34 Karten, Lage- und Baupläne von Werksanlagen und rund 60 lfm an Geschäftsbüchern hinzu. Weitere Nachlieferungen kamen 2017 und 2018 hinzu.
Geschichte Die Calwer Decken- und Tuchfabriken AG führen ihren Ursprung auf die im Jahre 1650 in Calw gegründete Calwer Zeughandelscompagnie zurück. Ende des 18. Jahrhunderts wurde die Compagnie aufgelöst und von verschiedenen Teilhabern übernommen. Seit 1895 bestand die Kommanditgesellschaft Vereinigte Deckenfabriken Calw, Zoeppritz, Wagner & Co. KG. 1905 erfolgte die Umwandlung in eine AG unter der Bezeichnung Vereinigte Deckenfabriken Calw AG. 1959 wurde der Firmenname in Calwer Decken- und Tuchfabriken AG geändert. Das Produktionsprogramm umfasste Wolldecken, Kamelhaardecken und Konfektionsstoffe. 1997 stellten die Calwer Decken Vergleichsantrag.
3 100. Geburtstag Erwin Sannwald 1972, Genealogie Schill, Wagner, Zahn
4 Festschrift zum 300-jährigen Bestehen 1955, Jubiläum 1955
5 Handelsregister, Gründung der Aktiengesellschaft 1896–1905, Verträge 1814–1992
6 Beteiligung: Schwarzwälder Tuchfabrik (Inventar, Maschinen 1917–1920, Gesellschafteranteile, Teilhaberverträge Kaufverträge 1917–1918, Einkommensteuererklärung 1918, Korrespondenz mit Kriegsgarn und Tuchverband e. V., Militärtuchlieferungen 1918, Dt. Rechtssyndikat GmbH Gesellschaftsvertrag 1918), Gesellschaftsvertrag Wolldeckenfabrik Weil der Stadt GmbH 1910
7 Verträge, Protokolle 1847–1872, Aufsichtsratsprotokolle 1971–1994, Korrespondenz mit Schwarzwälder Tuchfabrik (Bilanzen, Gewinn- und Verlustrechnung, Verträge) 1918–1980, Zukunftsplanung 1993
8 Vorstandsverantwortungsbereiche 1994
9 Betriebskrankenkasse 1991–1994, Angestelltenverträge 1891–1913, Sozialbericht 1937, Allianz-Renten / Unterstützungsverein 1989–1992, Weber 1924–1926
10 Grundstücke 1991–1992, Grundrisse, Lagepläne, Baupläne 1847–1961, Baumaßnahmen 1957–1984, Werkswohnungs-Verkauf Nagold-Iselshausen 1993, Karten, Lage- und Baupläne von Werksanlagen 1836, 1891–1961
11 Korrespondenz des Aufsichtsrats mit Banken 1978, Aktie 1922
12 Farbstoffeinkauf 1895–1966, Garnbücher 1892–1899
13 Maschinen, Investitionen 1957–1994, Produktionskennzahlen 1965–1991, Produktionsmethoden um 1960–1967, Namenseinwebungen Jacquard 1962–1967, technische Daten 1993, Designbuchserie 1938–1954, Warenzeichen 1936, 1938–1995, Deckenbücher 1909–1943
14 Umsatzstatistik 1905–1961, Liefervertrag mit dem württembergischen Train-Depot (Nr. 13) 1892, Korrespondenz (Bekleidungsamt des XIII. Armeekorps) 1895, Kollektions-Händlerkataloge (Decken) mit Preislisten 1971–1997, Umsätze Werksverkauf 1988–1992, Exportstraße, Exportbücher 1879–1932, Preisbuch 1925
15 Kataloge, Stoffkollektionen, Werbeaktivitäten 1957–1994, Exportmusterlager Stuttgart, Farbmusterkarten um 1980
16 Kontokorrent 1885, 1939–1941, Kostenkalkulation und Betriebsvergleiche Rohrdorf / Weil der Stadt / Calw 1956–1962, Kundenkonten 1889–1895, Primanota 1895–1910, Warendebitoren 1890, 1855–1914, Wollekalkulation, Wollebücher 1885, 1910–1940, 1965/66, Bilanzen 1905–1924, Bilanzbuch 1924–1945, Jahresabschlüsse und Lageberichte 1981–1993, Betriebsvergleich 1984–1992, Geschäftsberichte 1929–1989, Monatsberichte 1981–1982, Effektenkonto 1895–1914, Kalkulationen 1985–1990, Wirtschaftsprüfungsberichte 1933–1982
17 Umsatzsteuer 1902
18 Unfallversicherung 1905, Transportversicherung 1895–1898, Warenversicherung 1899, Heil-

bronner Versicherungs-Gesellschaft (Statuten) 1895
19 Behörden 1941–1947, Kriegsschadensforderungen 1940–1963
20 Verband Deutscher Wolldeckenfabriken e. V. Bad Godesberg 1954–1995, Deutsche Tuch- und Kleiderstoffkonvention 1930–1967, Deutscher Kolonialverein, Mitteleuropäischer Motorwagenverein um 1930–1940
22 Adolf-Hitler-Spende der deutschen Wirtschaft, Metallspende, Winterhilfswerk um 1934–1944
47 Fotos: Ferdinand Steinbeis mit Widmung
48 Stoffmuster
49 WABW B 41, Y 190, Y 310. Stadtarchiv Calw.
50 Das Land Württemberg. Seine wirtschaftliche und kulturelle Bedeutung, II. Ausgabe, Sonderausgabe des Stuttgarter Neuen Tagblatts, 1928, S. 43. Ernst Rheinwald, Theodor Seybold, Hermann Georgii, Die Vereinigte Deckenfabriken Calw AG und ihre Vorläufer in dreihundert Jahren, Calw 1955, Typoskript im WABW. [Werbeschrift ohne Titel, Calw um 1980]. Georg Schürle, Chronik der Calwer Decken- und Tuchfabriken AG in Calw, Tübingen 1988.

103
Calwer Volksbank, Calw

Name Calwer Volksbank eG
Geschäftstätigkeit Kreditgenossenschaft
Branche Nr. 650
Umfang 31
Laufzeit 1861–1993
Benutzbarkeit Ja
Bestand B 134

Bestandsgeschichte Das Archivgut wurde 2005 von der Vereinigten Volksbank AG in Sindelfingen übernommen. Eine Nachlieferung geringen Umfangs erfolgte im September 2014.
Geschichte Die Calwer Volksbank wurde am 23. April 1862 als Handwerkerbank Calw gegründet. Im Jahr 1871 erfolgte mit der Eintragung in das Genossenschaftsregister die Umbenennung in Spar- und Vorschussbank Calw. Ende 1919 erwarb die Bank den alten Kassensitz Marktplatz 14, das sogenannte Georgii'sche Anwesen, das 1924 zum neuen Banksitz umgebaut wurde. Mit der Gründung der Kreditbank für Landwirtschaft und Gewerbe 1868 war Calw zum Sonderfall einer Gemeinde mit zwei Genossenschaftsbanken geworden. Das Konkurrenzverhältnis wurde 1933 mit der Übernahme der Kreditbank durch die Spar- und Vorschussbank beendet, die sich dabei in Calwer Bank umbenannte. Nach einem gescheiterten Fusionsvorhaben mit der Liebenzeller Bank 1975 war die Volksbank Calw wiederum 1978 übernehmendes Institut bei der Fusion mit der Gechinger Bank samt ihren Geschäftsstellen in Stammheim und Holzbronn. 1990 erfolgte die Fusion mit der Volksbank Weil der Stadt zu einem gemeinsamen Institut unter dem Namen Vereinigte Volksbanken eG Weil der Stadt/Calw.
4 Mitglieder, Mitgliederverzeichnisse 1899–1979
5 Statuten 1871
6 Vorgängerinstitute: Kreditbank für Landwirtschaft und Gewerbe in Calw 1868–1933 (Vorstands-, Aufsichtsrats-, Generalversammlungsprotokolle 1868–1933, Kreditgeschäft 1914–1933, Sparbuch 1919–1932), Gechinger Bank 1889–1978 (Vorstands-, Aufsichtsrats-, Generalversammlungsprotokolle 1889–1978, Jahresrechnungen 1889, 1931–1939 und 1964–1978, Lagerhaus(um)bau 1951–1967). Außerdem enthält der Bestand Unterlagen der mit der Gechinger Bank 1969 fusionierten Genossenschaftsbank Stammheim (gegr. 1892) 1900–1969 (Vorstands-, Aufsichtsrats-, Generalversammlungsprotokolle 1900–1968, Geschäfts- und Lagerhausneubau 1959–1961) sowie der von der Genossenschaftsbank Stammheim 1966 übernommenen Darlehenskasse Holzbronn 1892–1966 (Vorstands-, Aufsichtsrats-, Generalversammlungsprotokolle 1892–1966, Baupläne Lagerhaus und Waaghäuschen 1954–1961)
7 Vorstands-, Aufsichtsrats-, Generalversammlungsprotokolle 1862–1990
8 Geschäftsordnung 1877
9 Dienstverträge Kassier Paul Georgii 1914 und Fritz Fischer 1927, Mitarbeiterverzeichnisse 1939–1970
10 Verkauf des Hauses der Kreditbank für Landwirtschaft und Gewerbe 1933
11 Wertpapiere 1919–1960, Aktienerwerb 1960–1962, Beteiligungen 1965 ff.

13 Wertpapier-Depotbücher und Wertpapierkartei 1919–1969, Kontokarten Mitgliedergeschäftsguthaben 1936–1966, Kredit-Depotbuch um 1919–1934, Protokollbuch für Kredite, Darlehen und Wechselobligos 1939–1964, diverse Kreditfälle 1953–1984
16 Bilanzen, Jahresabschlüsse, Geschäftsberichte 1878–1989, Hauptbücher 1942–1963
17 Betriebsprüfungen durch das Finanzamt Karlsruhe-Stadt für 1980–1988
20 Verhandlungsberichte des 28.–45. und 47.–51. Verbandstages des Revisionsverbandes württembergischer Kreditgenossenschaften 1914–1932, 1934–1939, Mitteilungen des 63.–67. Genossenschaftstages des Deutschen Genossenschaftsverbandes 1926–1930
21 Konflikt um die Schließung des WLZ-Warenlagers Dorfäckerstraße 6 in Gechingen 1988/1989
22 Beschlagnahme des Vermögens eines jüdischen Kunden 1939–1941
47 Fotos: Geschäftsgebäude am Marktplatz um 1962–1990, Abriss und Neubau der Zweigstelle Calwer Straße 10 in Gechingen 1986–1989
48 6 Sparbücher 1933–1995. Im Bestand sind auch Unterlagen der Einkaufsgenossenschaft für das Bäckergewerbe Calw 1907–1962 überliefert (Jahresabschlüsse und Geschäftsberichte 1907–1960, Warenbewirtschaftung 1935–1945).
49 WABW B 130 (Vereinigte Volksbank AG), B 136 (Liebenzeller Bank)
50 Denkschrift zum 50jährigen Bestehen der Kreditbank für Landwirtschaft und Gewerbe in Calw 1869–1919 (Festschrift, Kopie). 100 Jahre Volksbank Calw eGmbH, 1962 (=Geschäftsbericht 1961). 80 Jahre Gechinger Bank eGmbH 1889–1969, 1969 (Festschrift). 1862 bis 1987 – 125 Jahre Calwer Volksbank, 1987 (Festschrift). Emil Molt, Meine Calwer Lehrzeit [in der Firma des Bankkassiers Georgii] August 1891 bis September 1894, Sonderdruck Calwer Volksbank 1989.

104
Casper, Remchingen

Name Karl Casper KG
Geschäftstätigkeit Gießerei
Branche Nr. 275
Umfang 0,1
Laufzeit 1860–1997
Benutzbarkeit Ja
Bestand B 124

Bestandsgeschichte Das Archivgut wurde 1997 von der Geschäftsleitung übernommen.
Geschichte 1877 gründete der Gießereimeister Karl Casper in Pforzheim eine Eisengießerei, die bis heute noch Schmelzeinrichtungen für die Pforzheimer Gold- und Silberwarenindustrie herstellt. Infolge der wachsenden Nachfrage insbesondere der Maschinenindustrie nach Rohguss verlagerte die Gießerei ihren Produktionsschwerpunkt auf Eisen- und Aluminiumguss. Der Betrieb wurde 1907 aus Expansionsgründen nach Pforzheim-Brötzingen verlegt. Seit 1961 wird auch Kunstguss hergestellt. Zwischen 1955 und 1957 errichtete die Firma in Remchingen-Nöttingen eine moderne Gießereianlage. Mit dem Eintritt von Till Casper 1973 gewann der Umweltschutzgedanke große Bedeutung. Laufend wurden neue umweltschonende Herstellungsverfahren eingeführt, für die das Unternehmen 1992 mit dem Innovationspreis Baden-Württembergs ausgezeichnet wurde. Die Produktpalette umfasst heute sämtliche hochwertigen Gussteile für den Maschinenbau. Till Casper war von 1994 bis 2007 Präsident der IHK Nordschwarzwald, anschließend ihr Ehrenpräsident und von 2000 bis 2006 auch Präsident des Baden-Württembergischen IHK-Tags. Seit Juni 2007 ist sein Sohn Felix Casper Mitglied der Geschäftsleitung.
3 Karl Casper (persönliche Notizen) 1860–1874, Korrespondenz 1950–1955, Ahnentafel Familie Casper
4 Firmengeschichte, Firmenchronik um 1900–1921, 50-jähriges Firmenjubiläum 1927, 75-jährige Firmenjubiläum 1952, Firmenfestschrift 1952, Zeitungsausschnitte um 1950–1985
5 Gewerbegenehmigung 1877
9 Belegschaft, Ausbildungswesen, Betriebsfeste, Jubilarfeiern um 1950–1985

10 Fabrikgebäude und -grundstücke (Pforzheim, Nöttingen), Lagepläne, Bauakten Nöttingen 1948–1975
13 Fertigungsprogramm, Produkte, Maschinen und Anlagen
14 Aufträge
15 Werbematerial, Kataloge 1900–1905, 1971–1997
16 Bilanzen, Statistik, Rentabilität um 1950–1975
47 Fotos: Familienmitglieder um 1870–1920, Firmenansichten um 1948–1985, Firmen-LKW 1914, Grabmal Familie Casper
50 Die Eisengießerei von Gustav und Hermann Casper in Pforzheim, in: Deutsche Städte, Pforzheim, hg. vom Kunst- und Industrie-Verlag Stuttgart 1921, S. 189. Walter Baumgärtner, Wo die Funken stieben ..., Gießerei Karl Casper, Kunst und Technik, in: Kultur Leben Natur in Baden-Württemberg, 43. Jg. 1996 Heft 2, S. 42–44. 125 Jahre [Karl Casper KG], [Remchingen 2002] (Festschrift).

105
Conzelmann, Albstadt

Name Martin Conzelmann
Geschäftstätigkeit Textilgewerbe
Branche Nr. 170
Umfang 1
Laufzeit 1960–2003
Benutzbarkeit Nein
Bestand Y 545

Bestandsgeschichte Der Bestand wurde 2019 kurz vor Redaktionsschluss übernommen. Weiterführende Hinweise unter: https://wabw.uni-hohenheim.de

Drais Fahrradwerke
G. m. b. H.
Abteilung: Fahrräder
Waldhof-Mannheim.

106
Danell, Bensheim

Name Nachlass Max Danell
Geschäftstätigkeit Waagentechnik
Branche Nr. 332
Umfang 4
Laufzeit 1850–1990
Benutzbarkeit Eingeschränkt
Bestand Y 337

Bestandsgeschichte Der Nachlass Max Danell wurde durch Dr. Günther Hartner, Ebingen, vermittelt. Anfang 2006 wurden 63 Ordner vom WABW übernommen.
Geschichte Max Danell aus Bensheim a. W. baute über Jahrzehnte eine sehr umfangreiche Dokumentation über die Präzisionswaagenindustrie auf der Schwäbischen Alb auf. Insbesondere Firmen, die zum großen Teil heute nicht mehr existieren, finden darin Erwähnung wie u. a. Gustav Hartner, Gottlieb Kern & Sohn, August Sauter, G. Kistler und Ernst & Schaal, die Gebr. Boss und Gottlieb Haigis aus Onstmettingen sowie die Firmen Gebr. Bosch, Johannes Bosch & Söhne aus Jungingen. Bei den übergebenen Unterlagen handelt es sich generell um Kopien von firmengeschichtlichen Schriftstücken, Preislisten, Produktkatalogen, Korrespondenzen, Briefköpfen, Werbeschriften, Patente und Presseartikel. Ein zweiter Satz dieser Dokumentation befindet sich im Schulhaus von Onstmettingen, das eine kleine Waagenausstellung beherbergt.
3 Schriftwechsel der einzelnen Unternehmen
4 Zeitungsartikel u. sonstige Publikationen
13 Patentunterlagen
15 Produktkataloge; Briefköpfe; Preislisten; Werbeschriften
50 100 Jahr-Feier der Bizerba-Werke, Grußworte und Festreden, Balingen o. J.; 125 Jahre Geb. Bosch Feinwaagen, Jungingen 1977; 100 Jahre Hartner 1879–1979, Albstadt 1979; Das Werk Bizerba: Waagen- und Maschinenfabrik, Balingen 1983; 125 Bizerba-Jahre, Balingen 1991; Marie-Ann Maushart, Die Entwicklung der Feinwaagenindustrie auf der Schwäbischen Alb am Beispiel der Firma Kern & Sohn, Diplomarbeit Hohenheim 1993, Typoskript im WABW; Martin Sauter, 150 Jahre Kern – Gottlieb Kern & Sohn, Albstadt 1994.

107
Daniel & Jäger, Stuttgart

Name Daniel & Jäger GmbH
Geschäftstätigkeit Sanitärgroßhandel
Branche Nr. 510/515
Umfang 0,8
Laufzeit 1900–1977
Benutzbarkeit Ja
Bestand B 59

Bestandsgeschichte Das Archivgut wurde 1983, 1985, 1987 und 2009 übernommen.
Geschichte 1897 gründeten A. Bach, E. Daniel und Th. Jäger eine Großhandlung für Gas-, Wasser- und Dampfleitungsgegenstände in Stuttgart mit Firmensitz ab 1908 in der Rotebühlstraße 89b. Nachdem der Teilhaber A. Bach 1907 ausgeschieden war, wurde der Firmenname 1910 in Daniel & Jäger geändert. Nach mehreren Wechseln der Gesellschafter bis hin zu Angehörigen der Familien Würthner und Stipernitz erfolgte 1967 die Umwandlung von einer OHG in eine KG, 1987 in eine GmbH. 1969 erweiterte die Firma ihr Angebot um Farben und chemisch-technische Produkte, die von der neu gegründeten DUNDI-Betriebs- und Spraytechnik GmbH, z. T. auch von einem österreichischen Partner vertrieben wurde. 1973 folgte der Aufbau einer Abteilung für Dichtungstechnik. Ende 2008 wurde die Firma Daniel & Jäger liquidiert. Der Großhandel mit Spraytechnik und liquiden Dichtungen wird unter der Firma DUNDI Daniel & Jäger, seit 2009 mit Sitz in Fellbach, weitergeführt.
5 Gesellschaftsvertrag zwischen Ewald Daniel und Theodor Jäger 1913, Ausscheiden von Theodor Daniel 1933–1944, Eintritt des Gesellschafters Oskar Ensinger 1934, Ausscheiden von Oskar Ensinger 1959–1962
6 Vertriebsvertrag mit Electronic Chemicals, London, 1970; Gründung der DUNDI Betriebstechnik GmbH in Wien 1977
9 Arbeitsbuch, Meldebücher für die Kranken-, Invaliden- und Hinterbliebenenversicherung 1917–1945
10 Kaufvertrag zwischen Brauerei Siegelberg und der Firma Bach, Daniel & Jäger 1904, Immobilienschätzung Rotebühlstrasse in Stuttgart 1924–1958, Umbau der Kellerräume zu einem Luftschutzraum 1939–1951

11 Vergleichsvorschlag für Gläubiger 1931
15 Kataloge, Preislisten, Prospekte 1900–1969, Prospekte von Konkurrenzunternehmen Adolf Reisser, Böblingen, Reichert & Ensinger, Stuttgart und Wilhelm Gienger, Stuttgart-Bad-Cannstatt, 1955–1960
16 Hauptbuch 1928–1934, Bilanzbücher 1930–1961, Bilanzen 1947–1965
19 Kraftfahrzeugkriegsbeorderung, Militärregierung, Vermögenskontrolle 1939–1947, Kriegsschäden (Flieger- und Brandschaden) 1943–1945, Entschädigung für die Inanspruchnahme einer Immobilie durch die US-Streitkräfte 1953–1959
21 Rechtsstreit Theodor Daniel 1933–1944
47 Gebäudeansicht 1988, Rotebühlestraße, Messestände 1950er
49 WABW B 183
50 Im WABW nicht vorhanden.

108
Decker, Cannstatt

Name Gebr. Decker
Geschäftstätigkeit Maschinenfabrik
Branche Nr. 281/282/284/275/291/292
Umfang 0,5
Laufzeit 1862–1940.
Benutzbarkeit Eingeschränkt
Bestand B 251

Bestandsgeschichte Mit dem Kauf der Firma Gebr. Decker durch die Maschinenfabrik Esslingen (ME) im Jahr 1882 kamen auch Akten von Gebr. Decker an die ME. Über den Umfang und deren Inhalt ist jedoch nichts bekannt. Wenige Archivstücke haben sich im Archiv der ME erhalten. Sie kamen mit der Übergabe des ME-Archivs durch die Daimler AG im Jahre 2014 ins WABW. Aus den Einzelakten vor 1882 wurde 2014 der Bestand Gebr. Decker gebildet.
Geschichte 1863 gründete Ferdinand Decker (*16.4.1835 in Stuttgart, + 15.7.1884 in Nürnberg) mit seinem Bruder Chr. Friedrich Decker die Maschinenfabrik Gebr. Decker & Co. in Cannstatt. Teilhaber waren zwischen 1866 und 1869 der Unternehmer Heinrich Völter aus Heidenheim und zwischen 1872 und 1882 Wiessner (Vorname unbekannt). Ferdinand Decker besuchte von 1851 bis 1855 das Polytechnikum Stuttgart. Praktische Tätigkeiten folgten, u. a. 1857 bis 1863 als Ingenieur in der Maschinenfabrik Straub in Geislingen. Das Unternehmen firmierte als Maschinenfabrik, Kesselschmiede und Brückenbauwerkstatt. Es stellte Maschinen, Anlagen, Eisengussartikel und Einrichtungen unterschiedlichster Art her, wie z. B. Transmissionen, Wasserturbinen, Mühleneinrichtungen, Dampfmaschinen, Dampfkessel, Dampfpumpen, Lokomobile, Maschinen für die Papierfabrikation, Kalander, eiserne Bau- und Brückenkonstruktionen. Die Fabrik wuchs schnell, bereits ein Jahr nach Gründung waren dort 66, 1871 knapp 500 Arbeiter beschäftigt. 1865 begann sie mit dem Bau von Tenbrinkkesseln. Decker arbeitete auch mit dem Heidenheimer Unternehmer und Erfinder Heinrich Voelter zusammen und produzierte Holzschleifmaschinen für die Papierherstellung. Zwischen 1865 und 1881 baute das Unternehmen ca. 650 Dampfkessel und führte als erstes die Ventilsteuerung für Dampfmaschinen in Württemberg ein. 1873 errichtete Decker eine moderne Eisengießerei zur Herstellung von Bau- und Ornamentguss, die Gussteile bis zu 25 Tonnen Stückgewicht und 10 Meter Länge fertigen konnte. 1882 wurde Gebr. Decker zu einem Preis von 2 Millionen Mark an die ME verkauft. Ferdinand Decker verließ das Unternehmen und trat 1883 in die Firma Schuckert in Nürnberg als Direktor ein. Die ME vereinigte beide Gießereien. Seitdem befanden sich in Cannstatt auf dem Deckerschen Gelände folgende Abteilungen der ME: die Gießerei, der Brückenbau und der Allgemeine Maschinenbau. Ferner hatte die Elektrotechnische Abteilung der ME dort ihren Sitz.
4 Geschichte der Firma, Biografie Ferdinand Decker o. D.
13 Herstellungsverzeichnis über Dampfmaschinen ca. 1870–1880, Liste der von Decker bis 1881 gebauten Brücken 1921, Projekt einer Brücke über den Masnersund 1883,
14 Instruktionen für die Beamten der Gebr. Decker & Co. (über Korrespondenzen, Bestellungen, Berechnungen, Pläne mit Produktabbildungen) 1876, Manual-Preiscourant (mit Produktabbildungen) 1874, Bestellzettel für Lokomobile 1876

15 Briefköpfe mit Werksansicht um 1875, Prospekte für Maschinen und Referenzlisten ca. 1875, Prospekte und Referenzlisten Brückenbau ca. 1875–1880,
47 Fotoalben: Eiserne Brücken 1864–1879, Dampfmaschinen, Dampfpumpen, Dampfkessel, Brücken 1874/1875, Fotos: Dampfmaschinen und Dampfpumpen, Brücken und andere Produkte ca. 1870er/1880er Jahre, Ferdinand Decker ca. 1880, Fabrikansicht 1862, 1882, 1884–ca. 1940
49 B 250
50 Wolfgang Friedrich, 75 Jahre Graugießerei in Mettingen. Stuttgart 1988.

109 Deffner, Esslingen

Name Sammlung C. Deffner
Geschäftstätigkeit Metallwarenfabrik
Branche Nr. 287
Umfang 0,3
Laufzeit 1803–1969
Benutzbarkeit Eingeschränkt
Bestand Y 276

Bestandsgeschichte Das Archivgut wurde 2001 von einem privaten Sammler übernommen, der es Stück für Stück auf Flohmärkten, bei Antiquitätenhändlern und von Familienmitgliedern erworben hatte. Das Unternehmensarchiv C. Deffner soll nach der Liquidierung der Firma Ende der 1960er Jahre vernichtet worden sein.
Geschichte 1815 trat Carl Christian Ulrich Deffner als Teilhaber in die vermutlich 1810 von Heinrich Rudy aus Neuwied gegründete Blechlackierfabrik ein. Dieser Betrieb war der erste in Württemberg, der lackierte Blechwaren, erst handwerklich, dann industriell, produzierte. Schon zehn Jahre nach der Gründung bezog er ein neues Fabrikgebäude in Esslingen. Neben dem Blechverarbeitungsbetrieb entstand eine eigene Gießerei und ein Walzwerk, wo mit Silber plattierte Bleche nach einem von der Firma als erstes in Deutschland angewandten Verfahren hergestellt wurden. Die Erzeugnisse – Serviertablette, Brotkörbe, Kuchenbleche und viele Neuschöpfungen – wurden auf zahlreichen Ausstellungen in Berlin, Paris und Mailand prämiert und fanden auf nationalen und internationalen Märkten regen Absatz. Nach 1854 führte Wilhelm Deffner in der zweiten Generation die galvanische Vernickelung und Versilberung von England ein. Die Metallwarenfabrik war 155 Jahre lang in Familienbesitz. Sie spezialisierte sich auf feine Tafel- und Gebrauchsgegenstände sowie kunstgewerbliche Artikel und wurde zum 31.12.1969 liquidiert. Die gängigsten Produkte wurden von der Firma August Wellner Söhne, Schwäbisch Gmünd weitergeführt.
3 Biografien von Carl Christian Ulrich Deffner und seinem Sohn Carl Ludwig Deffner, Lehrvertrag und Reisepass für Christian Carl Deffner 1803, 1807
4 Festrede zum 150-jährigen Firmenjubiläum 1965
5 Privat- und Gesellschaftsverträge 1894, 1897, Betriebseinstellung 1969
9 Statuten der Krankenkasse 1872
15 Urkunden von den Weltausstellungen Paris 1867, Wien 1873, Ausstellung des bayerischen Kunstgewerbevereins, München 1877, 1983
47 Fotos: Esslinger Fabrikkaffee 1850er, Ausstellungsstand in der Stuttgarter Gewerbehalle 1881, Personen, Gebäude, Produkte; Fabrikansicht (Lithografie)
49 WABW S 1; Stadtarchiv Esslingen
50 Paul Weber (Hg.), Westdeutsche Wirtschaftschronik, Band 2: Württemberg, Stuttgart 1954, S. 676–678. Henrich Tiessen, Industrielle Entwicklung, gesellschaftlicher Wandel und politische Bewegung in einer württembergischen Fabrikstadt des 19. Jahrhunderts: Esslingen 1848–1914, Esslingen 1982.

110
Delmag, Esslingen

Name DELMAG-Maschinenfabrik Reinhold Dornfeld GmbH &Co.
Geschäftstätigkeit Maschinenfabrik
Branche Nr. 290/295
Umfang 14
Laufzeit 1900–1989
Benutzbarkeit Eingeschränkt
Bestand B 190

Bestandsgeschichte Das Archivgut wurde 1994 von einem Mitglied der Gründerfamilie übernommen. Der Bestand wurde durch Nachlieferungen 2018 ergänzt.
Geschichte Aus der von Reinhold Dornfeld initiierten Fusion der 1900 in Oberesslingen gegründeten Esslinger Holzbearbeitungsmaschinenfabrik Pflüger und Steinert mit der Stuttgarter Elektromotorenenfabrik Fischer & Co. ging im August 1922 die DELMAG Deutsche Elektromaschinen- und Motoren-Bau-AG mit Sitz in Oberesslingen hervor. Das Unternehmen war auf die Herstellung von Straßen- und Tiefbaugeräten wie Rammen, Bohreinrichtungen und Stampfer spezialisiert. 1937 wurde die Rechtsform der DELMAG-Maschinenfabrik Reinhold Dornfeld von einer AG in eine Einzelfirma im Besitz Dornfelds, 1952 in eine OHG und 1954 in eine KG geändert. 1956 entstand ein zweites Werk, 1972 ein drittes Werk in Esslingen. 1997 musste die Firma Insolvenz anmelden. Im Jahr 2000 wurde sie von der ABI, Maschinenfabrik und Vertriebsgesellschaft mbH in Niedernberg übernommen.
3 Barth. Dornfeld 1922–1980
4 Interne Firmenabteilungschroniken 1922–1984, 50-jähriges Jubiläum, Entwicklung des Unternehmens 1948–1972, Presseartikel 1926, Gästebuch 1961–1979
5 Gesellschafterverträge 1922, Handelsregistereintragungen 1900–1975, Vorläuferfirmen Pflüger & Steinert 1900–1922 und Fischer & Co 1920–1922, Gründung DELMAG 1922, Aktionäre, Aktien 1923–1937, Rechtsform 1937
6 Kirchheimer Maschinenbau (u. a. Gesellschaftsvertrag, Handelsregistereintragungen) 1950–1967
7 Geschäftsführer und leitende Angestellte 1922–1978, Generalversammlungen, Aufsichtsratssitzungen 1922–1937, Gesellschafterversammlungs-Protokolle 1923–1935, 1965, Geschäftsführerbesprechungen 1958, interne Anweisungen und Mitteilungen 1952–1971, Sanierung 1984
8 Firmenorganisation, Unternehmensberatung 1952–1983
9 Arbeits- und Betriebsordnung 1941–1980, Arbeitszeit 1940–1982, Urlaubsregelung 1941–1980, Löhne und Gehälter 1929–1980, betriebliche Altersversorgung 1937–1977, Sozialleistungen 1938–1979, Werkswohnungen 1951–1977, Betriebsrat, Betriebsversammlungen, Streik, Aussperrung, Mitarbeiterinformationen 1922–1982, Weihnachtsfeiern 1934–1980, Sozialplan 1984, Leistungsbericht 1939/40, Berufserziehung 1939/40
10 Grundstücke und Gebäude 1900–1931
13 Produktionszahlen 1928–1945, Patente um 1925–1983, Lizenzen 1924–1951, Produktionsbuch-Serie 1935–1973
14 Vertretungen Deutschland 1928–1982, Verkaufsschulung 1969, Verkaufsstatistik 1930–1976, Preislisten um 1922–1980, Reiseberichte 1969, Bestell- und Versandlisten 1940–1957
15 Werbung 1922–1980, Prospekte um 1922–1989, Kundenmitteilungen und -informationen 1962–1972
16 Bilanzen 1923–1936, Geschäftsberichte 1932–1936, Revisionsberichte 1923–1933, Statistik, Rentabilitätsberechnungen 1968, Gewinn 1928–1946, 1961, Kostenkontrolle 1962
17 Industriebelastung 1922–1924, Erbschaftssteuer 1940
19 Militärregierung 1946
47 Fotos: Firmenansichten 1933–1954, Belegschaft 1933–1954, Auslandsvertreter 1929, Betriebsausflüge 1933–1954, Kameradschaftsabende, Jubilarfeiern 1934–1983, Produkte um 1925–1989
50 40 Jahre DELMAG-Maschinenfabrik Reinhold Dornfeld Esslingen am Neckar 1922–1962, Esslingen [1962] (Festschrift).

111
Dethleffs, Isny im Allgäu

Name Dethleffs
Geschäftstätigkeit Wohnwagenbau
Branche Nr. 342
Umfang 8
Laufzeit 1902–1997
Benutzbarkeit Ja
Bestand Y 498

Bestandsgeschichte Die Archivalien wurden 2015 von Bernd Riedle, dem Neffen von Arist Dethleffs und ehemaligen Geschäftsführer der Firma Dethleffs, übernommen und 2018 durch eine Nachlieferung ergänzt.
Geschichte Das Unternehmen wurde 1832 als Vereinigte Peitschenfabrik in Isny im Allgäu gegründet. Nach dem Ersten Weltkrieg kam die Herstellung von Skistöcken hinzu. 1931 entwarf Arist Dethleffs den ersten Wohnwagen. Bereits ein Jahr später wurden Wohnwagen auf Bestellung hergestellt. Für den Wohnwagenbau wurde 1937 die Firma Arist Dethleffs Wohnautobau in Isny gegründet. Im selben Jahr wurde die Vereinigte Peitschenfabriken GmbH in die Firma Gebrüder Dethleffs umgewandelt, die bei Auflösung der Arist Dethleffs Wohnautobau 1951 deren Betrieb übernahm und 1961 in Dethleffs umfirmierte.
Während des Zweiten Weltkriegs wurde der Wohnwagenbau zugunsten von Sanitätsschlitten erheblich eingeschränkt und 1941 wurde eine Wohnwagenserie für das Deutsche Afrikakorps gebaut. Nach dem Zweiten Weltkrieg wurde die Produktion 1948 wieder aufgenommen. 1952 begann die Serienfertigung von Caravans und 1977 brachte Dethleffs das erste serienreife Wohnmobil auf den Markt. 1971 wurde das Unternehmen an Wolfgang Thrun und Jakob Eicker (T.E.C.) verkauft. Die Firma Dethleffs erlosch 1978, der Markenname blieb bestehen. 1980 wurde die Firma CMC von Wolfgang Thrun, Jakob Eicker und Erwin Hymer gegründet, in welche die Marken Dethleffs, Eribva, Hymer und T.E.C. eingingen. Drei Jahre später erwarb Hymer CMC, womit die Marke Dethleffs in den Hymer-Konzern integriert wurde.
16 Hauptbuch Gebrüder Dethleffs 1902–1954
17 Steuerunterlagen Albert Dethleffs 1917–1947
18 Versicherungsunterlagen 1916–1954
49 WABW A 5 Fi 146
50 Ursula Merkel, Monika Scholl: Friedel Dethleffs-Edelmann, Ursula Dethleffs. Ein Überblick. Isny im Allgäu 1997.

112
Dick, Esslingen/Deizisau

Name Friedr. Dick GmbH
Geschäftstätigkeit Werkzeug- und Maschinenbau
Branche Nr. 280/286/290/295
Umfang 1
Laufzeit 1976–1990
Benutzbarkeit Eingeschränkt
Bestand Y 476

Bestandsgeschichte Der Bestand wurde 2011 dem Wirtschaftsarchiv übergeben. Er enthält vor allem Werbematerial aus den 1980er Jahren. Der Verbleib der älteren Firmenüberlieferung ist nicht bekannt.
Geschichte Johann Friedrich Dick gründete 1778 eine Feilenhauerwerkstatt in Esslingen. Eine Erweiterung des handwerklichen Familienbetriebs wurde durch die Gründung der Maschinenfabrik Esslingen im Jahr 1846 angeregt. 1873 übernahm der spätere Kommerzienrat Paul Friedrich Dick das Geschäft, der die Wetzstahlproduktion aufnahm. 1878 wurde eine kleine Fabrik mit 20 Mitarbeitern errichtet, die wenig später die erste Feilenhaumaschine in Betrieb nahm. 1889 zog die Firma mit rund 100 Mitarbeitern in die Eisenbahnstraße (heute Fleischmannstraße) um, wo die Fertigung von Feilen aller Art durch die Herstellung weiterer Spezialwerkzeuge, Fleischermesser und Spalter ergänzt wurde. Auf die bauliche Erweiterung des Betriebes bis 1920 – um den Ersten Weltkrieg waren rund 600 Arbeiter beschäftigt – folgten 1924 die Gründung einer Tochtergesellschaft zur Herstellung von Metallkreissägen und 1932 die Aufnahme von Elektrosägen für die Fleischindustrie in das Fertigungsprogramm. Die 1919 erfolgte Trennung des Unternehmens in die Stahlwaren- und Werkzeugfabrik Paul F. Dick und die Feilen- und Raspelfabrik Friedr. Dick

GmbH endete 1943 mit dem Zusammenschluss zur Friedr. Dick GmbH. 1977 wurde ein Zweigwerk für die Fleischermesserfertigung in Bayreuth errichtet. Es folgte die Gründung von Auslandsniederlassungen in Europa und den USA. 1997 zog das nach wie vor familiengeführte Unternehmen von Esslingen nach Deizisau um. Neben Koch- und Fleischerwerkzeugen werden weiterhin Feilen und Raspeln sowie Säge- und Maschinenmesser und Spezialwerkzeuge für die Gummi-, Papier- und Kunststoffbearbeitung produziert. Die 2001 erworbene Besteck-Manufaktur Pott in Solingen (später Mettmann) wurde 2006 wieder verkauft. 2015 hat das Unternehmen ca. 240 Mitarbeiter.

3 Familienstammbaum Dick (1851–1988)

4 Programm Jubiläumsfeier 1978

7 Geburtstags-, Abschiedsfeiern 1985–1988

8 Telefonverzeichnisse 1981–1989; Formulare, Briefbögen, Visitenkarten ca. 1980–1990

9 Mitarbeiterzeitschrift »DICK-Nachrichten« 1978–1986; Versorgungs-Ordnung 1979; Broschüre Verbesserungsvorschläge 1980; Arbeitsordnung 1987; Betriebsratswahlen 1987, 1990

13 Kataloge, Prospekte 1976–1990; Preislisten 1977–1982; Wetzstahl-Wirkungsanalyse um 1985

15 Werbeprospekte, -anzeigen, Verpackungen, Bedienungsanleitungen, Etiketten, Aufkleber (u. a. Werbegrafik für Fleischereiwerkzeuge um 1914) ca. 1980–1990; Konkurrenzvergleich Kochwerkzeug-Kataloge 1983; Becku Werkzeugvertrieb GmbH Remscheid: Etiketten, Preislisten 1985–1989

47 Fotos: Fabrikgebäude Eisenbahnstraße (später Fleischmannstraße) um 1980; Produkte ca. 1980–1990; Messen und Ausstellungen 1983–1989; Lkw 1986

48 Werbemittel ca. 1980–1990

49 WABW Y 15 Otto Beh, Y 467 Albert Walker; Stadtmuseum Esslingen (Gemälde des Werks um 1930)

50 Friedr. Dick GmbH 200 Jahre jung 1778–1978, Esslingen [1978]. Otto Dick, Die Feile und ihre Entwicklungsgeschichte, Berlin 1925. Alfred Bauschert, Die Feile, Esslingen 1980.

113
Die Lese, Stuttgart

Name Die Lese
Geschäftstätigkeit Verlag
Branche Nr. 220
Umfang 3
Laufzeit 1910–1920
Benutzbarkeit Eingeschränkt
Bestand Y 185

Bestandsgeschichte Das Archivgut wurde 1993 übernommen.

Geschichte Der Verlag Die Lese gab das gleichnamige Wochenblatt für Unterhaltung und Bildung heraus. Erster nachweisbarer Firmensitz war in der Schloßstraße 84 in Stuttgart, letzter Firmensitz in der Höderlinstraße 54, wo auch die Archivalien anlässlich eines Einzugs zum Vorschein kamen. Weitere Daten zur Geschichte konnten nicht ermittelt werden.

7 Korrespondenzen 1915–1919, Korrespondenzen Redaktion 1915–1919

12 Bücher-Bezüge 1914–1918, Einkaufsbuch 1915–1918, Lagerbuch 1917–1919

14 Portobuch 1919–1920, Kommissionsbuchhandlung Volckmar Leipzig 1910–1918

16 Kassa-Konto 1910–1911, Kassa-Buch-Serie 1914–1918, Kreditoren-Konto 1910–1911, Hauptbuch-Serie 1910–1918, Journalbuch-Serie 1911–1918, Memorialbuch-Serie 1915–1919, Postscheckbuch-Serie 1913–1917, Postsparkasse 1915–1918, Rechnungen 1914–1920

19 Kriegswirtschaftsstelle für das Zeitungs-Gewerbe 1917–1918

50 Im WABW nicht vorhanden.

114
Dietz, Stuttgart

Name Heinrich Dietz (Heinrich Dietz & Co., Wien)
Geschäftstätigkeit Bankgeschäft
Branche Nr. 650
Umfang 0,1
Laufzeit 1925–1927
Benutzbarkeit Eingeschränkt
Bestand Y 207

Bestandsgeschichte Die Geschäftsbücher wurden 1995 antiquarisch erworben.
Geschichte Daten zur Geschichte über das Bankhaus Heinrich Dietz & Co., Wien und Stuttgart, konnten nicht ermittelt werden.
16 Journalbuchserie 1925–1927
48 Stempel
50 Im WABW nicht vorhanden.

115
Ditzel, Bammental

Name Gebr. Ditzel GmbH
Geschäftstätigkeit Tapetenfabrik
Branche Nr. 210
Umfang 3
Laufzeit 1922–1984
Benutzbarkeit Eingeschränkt
Bestand Y 28

Bestandsgeschichte Das Archivgut wurde 1986 übernommen.
Geschichte Das Unternehmen hatte zwei Wurzeln: a) Die 1838 gegründete Tapetenfabrik Bammental. b) 1905 begann Heinrich Ditzel (1868–1933) in Meckesheim südlich Heidelberg eine Zündholzfabrikation. Kurz darauf trat sein Bruder Clemens (1877–1931) in den Betrieb ein, der fortan unter Zündholzfabrik Badenia Gebr. Ditzel firmierte. Nachdem die Brüder auch die Produktion von Bohnerwachs und Schuhcreme aufgenommen hatten, änderten sie 1911 den Namen der Firma in Zündholz- und Wichsefabrik Gebr. Ditzel. 1922 erfolgte die Umwandlung in eine Aktiengesellschaft. 1933 erweiterten die Söhne der Gründer die Produktion um Kerzen und chemisch-technische Wachswaren. 1934 änderten sie den Unternehmensnamen in Gebr. Ditzel AG. 1935 übernahm die Gesellschaft die vom Konkurs bedrohte Papier- und Tapetenfabrik Bammental AG und führte sie unter eigener Firma fort. In den Jahren des Wirtschaftswunders erreichte die Gesellschaft mit 600 ihre höchste Anzahl an Beschäftigten. 1971/72 änderte sie ihre Rechtsform in eine GmbH und zog nach Bammental um. 1982 geriet das Unternehmen in eine Krise und reduzierte die Belegschaft um 130 auf etwa 400. Dennoch musste es 1985 Vergleichsantrag stellen. Im Zuge der Sanierung erfolgte der Umzug nach Neidenstein und eine Reduzierung des Personals auf rund 100 Personen. Eine erneute Krise führte 1996 zur Aufspaltung in vier juristisch selbständige Gesellschaften, darunter die Tapetenfabrik Bammental in Neidenstein. Der neue Eigentümer entließ die Mehrzahl der Mitarbeiter; 1998 wurde Konkurs eröffnet. Auf dem Großteil des ehemaligen Betriebsgeländes in Bammental entstand 1996 ein Seniorenpark mit Wohnheimen; das alte Gebäude der Tapetenfabrik bezog im Jahr 2000 ein Softwareunternehmen.
5 Vertragsunterlagen (u. a. Konsortialvertrag, Gesellschafterverträge und -vereinbarungen) 1930–1968, Handelsregister 1965, Verschmelzungsvertrag 1971
6 Werola GmbH (Memorial 1948–1968)
7 Aufsichtsratsprotokolle 1922–1966, Hauptversammlungsprotokolle 1943–1971
9 Belegschaftsmitgliederbuch 1937–1946, Belegschaftsstatistik 1937–1946, Zahltagsbuch 1929–1934, Leistungsbuch (Löhne und Krankenhilfe) 1948–1954, Protokollbuch Betriebsgemeinschaftskasse 1941–1944, Prüfberichte der Betriebskrankenkasse 1933–1950, Protokollbuchserie der Gefolgschaftsunterstützungskasse 1938–1974, Memorial der Belegschafts-Unterstützungskasse 1965–1974, Journal der Belegschafts-Unterstützungskasse 1938–1965, Satzung der Betriebskrankenkasse 1937, Beitragsbuchserie für freiwillig Versicherte 1942–1951, Vermögensbuch der Betriebskrankenkasse 1930–1950
11 Aktien und Zinsbögen 1954
13 Korrespondenz mit Patentamt 1924–1975
14 Verkaufs- und Umsatzstatistik 1948–1966, Offertenbuch 1930–1934

15 Musterbücher 1932–1984, Werbeprospekte 1935–1980, Werbekalender 1968, Pressemappe 1980, Werbeaufsteller um 1970–1980
16 Hauptbuchserie 1944–1972, Memorialbuch 1950–1971, Tagesabschlußbuchserie 1941–1952, Jahresabschlußberichte und Bilanzen 1944–1976, Ersatzleistungsbuch 1938–1950, Statistik 1973–1984
47 Fotos: Produktion, Büros, Fuhrpark um 1960–1980
48 Messingklischees
50 50 Jahre Gebr. Ditzel AG, Bammental 1955 (Festschrift). 125 Jahre Dural Tapeten aus Bammental, Bammental 1963 (Festschrift).

116
DLW, Bietigheim

Name Deutsche Linoleum-Werke
Geschäftstätigkeit Produktion von Linoleum und anderen Bodenbelägen
Branche Nr. 175
Umfang 120
Laufzeit 1896–2015
Benutzbarkeit Eingeschränkt
Bestand Y 518

Bestandsgeschichte Im August 2016 wurde das Archivgut der Deutschen Linoleum-Werke vom WABW von der Geschäftsleitung der DLW Flooring GmbH in Bietigheim übernommen. Der Bestand wurde 2018 durch Nachlieferungen ergänzt.

Geschichte Im Jahre 1844 wurde das Linoleum in England entwickelt. Der neue Bodenbelag fand bald auch auf dem europäischen Kontinent eine gesteigerte Nachfrage. Das erste deutsche Linoleumwerk wurde in Delmenhorst 1882 gegründet. 1899 begann auch in Württemberg die Zeit der Linoleumproduktion. In diesem Jahr gründeten der Stuttgarter Linoleumhändler David Heilner und der schottische Linoleumfabrikant Michael Nairn aus Kirkcaldy eine Linoleumfabrik in der Rechtsform einer Aktiengesellschaft in Bietigheim mit einem Stammkapital von 1,2 Millionen Mark. Einer der ersten Großaufträge war die Ausstattung des Stuttgarter Katharinenhospitals mit dem neuen Bodenbelag. Bereits im Jahre 1900 wurde die Firma in Germania Linoleum Werke A.G. umbenannt. Aufgrund der internationalen Wirtschaftslage schlossen sich die Deutschen-Linoleum-Werke Hansa in Delmenhorst mit den Bremer Linoleum-Werken Delmenhorst, mit der Delmenhorster Linoleum-Fabrik, mit der Linoleum-Fabrik Maximiliansau AG und der Germania Linoleum-Werke AG in Bietigheim 1926 zusammen. Der neue Konzern mit dem Namen Deutsche Linoleum-Werke (DLW) bekam damit in Deutschland eine marktbeherrschende Stellung. Sitz der Gesellschaft wurde Berlin, doch blieb in Bietigheim weiterhin eine Werksverwaltung bestehen; hier war auch die Verkaufszentrale des Gesamtkonzerns. 1928 gründete die DLW zusammen mit der schwedischen Linoleum Aktiebolaget Forshaga und der Schweizer Linoleum AG Giubiasco die Continentale Linoleum Union, aus der sie Ende der 1930er wieder ausstieg. Zur Zeit der Konzernbildung arbeiteten in Bietigheim über 1100 Beschäftigte. Die Weltwirtschaftskrise und die Konzeption der NS-Wirtschaft setzte dem Konzern, der auf Rohstoffimporte angewiesen war, stark zu. Eine Folge davon war auch die Verlegung des Hauptsitzes der DLW von Berlin nach Bietigheim im Jahre 1938. Erst mit der zunehmenden Ausweitung des Marktes für Bodenbeläge seit den 1950er Jahre stiegen Umsatz, Export und auch die Zahl der Beschäftigten an. Schon seit den 1920 Jahren hatte das Unternehmen an neuen Produkten gearbeitet und immer wieder Bodenbeläge auf unterschiedlicher Basis entwickelt. Zum Linoleum kamen Beläge aus Kunststoffen und Textilien, die spätestens seit den 1960er Jahren den Hauptteil der Produktion ausmachten. So wurde aufgrund der veränderten Nachfragestruktur die Linoleumproduktion 1968 in Bietigheim aufgegeben und nach Delmenhorst verlegt. Durch die Verdrängung des Linoleums durch andere Bodenbeläge sanken die Produktionszahlen erheblich und erst in den 1980er Jahren erlebte das Linoleum wieder eine zunehmende Nachfrage. 1996 gründete die DLW mit dem indischen Konzern Birla Corporation Ltd. ein Joint Venture zum Vertrieb und zur Produktion von Linoleum in Indien. 1998 übernahm der amerikanische Bodenbelaghersteller Armstrong World Industries, einer der größten Hersteller von Bodenbelägen, die Aktienmehrheit bei der DLW, die zuvor bei der Allianz Deutschland AG und der Baden-Württembergischen Bank lag. Das Unternehmen erhielt den Namen Armstrong-DLW-AG. Ende 2014 stellte das Unternehmen einen Insolvenzantrag. Durch den Einstieg der niederländischen Fields Beteiligungsgruppe konnte das Fortbestehen des Unternehmens, jetzt unter dem Namen DLW-Flooring, gesichert werden.

4 Unveröffentlichtes Manuskript zur Geschichte der deutschen Linoleumindustrie, Firmengeschichte von Otto Rombach, Materialsammlung zur Geschichte der Linoleumindustrie und der DLW

7 Generalversammlungsprotokolle der Deutschen Linoleum-Werke Hansa, Delmenhorst 1896–1903, Kopierbuch 1899–1902, Geschäftsberichte 1944–2007, Unternehmensberatung (Berichte) 1968–1970, DLW-Ural (Gründung) 1995

9 Arbeiterverzeichnis 1897–1927, Gehaltsunterlagen 1925–1926

11 Aktienbuch 1922

14 Musterbücher (Linoleum) 1900–1990, Linoleum Fliesen und Musterstücke 1900–2000, Musterbücher (Stragula) 1928–1968, Musterbücher (Teppichboden) 1920–1987, Musterbücher (Kunststoffe) 1960–1990, Musterbücher Armstrong 1998–2014, Bodenbelagsübersichten 1979–1986, Technische Informationen 1967–1995,

15 Unternehmenspräsentationen 1997–2002, Propaganda-Berichte (u. a. Etat, Vorschläge) 1928–1935, Werbekampagnen (u. a. Etat) 1959–1985, Marketing und Kommunikation (u. a. Werbeanzeigen, Vertreterinformationen, Gesundheitsvorteile, Corporate Design) 1920–2004, Werbeanzeigen 1920er Jahre, Pressedokumentation und -informationen 1998–2015, Pressekonferenzen (u. a. Bilanzpressekonferenzen) 1989–2001, DLW-Kalender 1952–2005, Werbedrucke (Linoleum 1953–1995, Teppichboden 1961–1975, Kunststoffbeläge 1965–1990, Objektmailing 1980–1981, Referenzen 1950–1998, Urkunden und Auszeichnungen 1929–1958, Produktübersichten und Messen 1926–2009, Mitarbeiter- und Kundenzeitschriften (u. a. DLW-Nachrichten, Wir vom Linoleum, Werk und Leben) 1927–2000

16 Hauptbuchserie 1902–1909, Kassabuch 1918–1924, Kreditorenbuch 1913, Debitorenbuch Ausland 1922–1923, DLW-Ural (u. a. Ergebnisrechnung, Finanzplan, Bilanzen) 1995–1999

17 Steuerunterlagen 1966

47 Fotos 1920–1975: Werksräume, Luftbilder des Werks, Fotoalbum Produktionsgebäude, Produkte, Großprojekte, Werbefotos. Filme: Werbung, Produkte 1920–2015. Objekte: Linoleum Rohmaterialien, Halb- und Ganzfabrikate

117
Dopfer & Zeller, Wasseralfingen

Name Dopfer & Zeller
Geschäftstätigkeit Eisenverarbeitung
Branche Nr. 270
Umfang 0,2
Laufzeit 1894–1900
Benutzbarkeit Ja
Bestand B 94

Bestandsgeschichte Die Archivalien der Präzisionszieherei wurden 1997 als Teil des Archivgutes der SHW GmbH und Vorgängerunternehmen in das WABW übernommen.

Geschichte Das 1881 von F. Dopfer und E. Zeller in Wasseralfingen gegründete Unternehmen verarbeitete neben Walzeisen des Hüttenwerks Wasseralfingen bis 1912 auch größere Materialmengen des Hüttenwerks Lauchertal und der Röchlingwerke zu hochwertiger Drahtware, Stabeisen und Röhren. Daneben unterhielten die Gründer ein gutgehendes Bausteingeschäft. Trotz kleinbetrieblicher Produktionsstrukturen (Arbeiter 1891: 10; 1911: 26) verfügte das Werk über einen großen regionalen und überregionalen Kundenkreis. Durch die 1922 zunächst pachtweise und ab 1924 durch Kauf erfolgte Übernahme der Zieherei als Abteilung der Schwäbischen Hüttenwerke GmbH, Werk Wasseralfingen, wuchsen Belegschaft (1937: 167) und Produktion weiter an.

14 Kunden- und Lieferantenkontenbuch (»Hauptbuch«) 1894–1900

15 Produktkatalog (»Profilheft«) 1900–1914

20 Feuerversicherungsbuch, 1911

49 WABW B 1007 (Hüttenwerk Wasseralfingen)

50 WABW B 1009 Bü 31: Maschinenschriftliche

Notizen zum 50-jährigen Bestehen der Zieherei, 1941.

118
Draiswerke, Mannheim

Name Draiswerke
Geschäftstätigkeit Spezialmaschinenfabrik
Branche Nr. 295/354
Umfang 0,5
Laufzeit 1896–1951
Benutzbarkeit Ja
Bestand B 181

Bestandsgeschichte Die Unterlagen der Draiswerke hat das WABW vom Insolvenzverwalter, RA Kind (Kanzlei Schulze & Braun, Achern), 2004/2005 übernommen.
Geschichte Die Draiswerke wurden 1896 als Spezialmaschinenfabrik auf dem Waldhof in Mannheim gegründet. Die Firma geht auf Carl Friedrich Freiherr von Drais, dem Erfinder des Zweirades zurück. Von dessen Erfolg wollten auch einige Mannheimer Unternehmer profitieren und liehen sich deshalb seinen Namen. 1897 waren in dem von ihnen gegründeten Werk bereits 245 Mitarbeiter beschäftigt. Doch ein Fahrrad war für viele unerschwinglich, so dass die 16 Unternehmer bald auf den Maschinenbau im Bereich der Nahrungsmittelproduktion sowie der Farben- und Lackindustrie umstellten. Aus der Zweiradproduktionsstätte wurde die Draiswerke – Spezialmaschinenfabrik Mannheim-Waldhof GmbH. Ihre Glanzzeit erlebte sie in den 1960er Jahren. Zu Beginn der 1980er Jahre sank die Zahl der Mitarbeiter. Mangelnde Investitionen und ein veralteter Maschinenpark brachten die Firma in Schwierigkeiten. Sie schied aus der Firmengruppe Werner & Pfleiderer aus, deren Tochtergesellschaft sie seit 1927 war. 1996 übernahm die Belegschaft den Betrieb für DM 1,00. Ein Beirat unter der Leitung von Oberbürgermeister Gerhard Widder und Peter Toussaint von der IG Metall führte das Unternehmen aus der Krise. Im Jahr 2000 übernahmen Beteiligungsgesellschaften der Capiton AG, ein Tochterunternehmen der Gothaer Versicherung, das Unternehmen, welches im Mai 2003 in drei Unternehmensteile getrennt wurde, wovon zwei Einheiten veräußert wurden. Ende 2003 erfolgte die Abwicklung des Betriebs.
2 Stadtplan Mannheim Käfertal 1948
4 Maschinenschriftliche Zusammenfassung wichtiger Daten, Namen und Zahlen der Unternehmensgeschichte; Reden zu Firmenjubiläen, Sammlung von Zeitungsartikeln zum Unternehmen
5 Statuten 1896;
7 Fusion mit Werner & Pfleiderer, Stuttgart, 1951
9 Gehaltslisten 1907–1912; »Miethbestimmungen und Hausordnung für die Beamten- und Arbeiterwohnungen der Draiswerke GmbH auf dem Waldhof«
13 Verzeichnis von technischen Zeichnungen
14 Kommissionsbücher 1901–1906; Preisbuch der Draiswerke 1912 mit beigelegten Ergänzungen nach dem Ersten Weltkrieg
15 Kataloge und Prospekte für Fahrräder 1896–1903; Fotos von Produkten 1970er Jahre
47 Konvolut mit 262 Fotos von Drais-Maschinen für Außendienst-Mitarbeiter
50 Im WABW nicht vorhanden

119
Dreher, Aldingen

Name J. Dreher und P. Pfisterer
Geschäftstätigkeit Brennmaterialienhandlung (Kohlenhandel)
Branche Nr. 510/515
Umfang 0,1
Laufzeit 1924–1935
Benutzbarkeit Eingeschränkt
Bestand Y 155

Bestandsgeschichte Die Bände wurden 1985 übernommen.
Geschichte Zur Geschichte konnten keine Daten ermittelt werden.
14 Lieferbuchserie 1924–1935
50 Im WABW nicht vorhanden.

120

Drei Glocken, Weinheim

Name Drei Glocken
Geschäftstätigkeit Herstellung von Teigwaren
Branche Nr. 156
Umfang 21
Laufzeit 1900–1998
Benutzbarkeit Eingeschränkt
Bestand Y 390

Bestandsgeschichte Der Bestand wurde 2009 übernommen.
Geschichte Gegründet wurde Drei Glocken als Erste Badische Dampfteigwarenfabrik im Jahre 1884 in Weinheim. Die ersten Markennudeln mit dem Namen Glockenblume kamen 1899 auf den Markt. Der Glockenname wurde Programm: je mehr Glocken, desto höher die Qualität; nach Alpenglocke folgten die Marken Glocke, 2 Glocken, und schließlich 3 Glocken. Als erste Nudelmarke verzichtete Drei Glocken auf die Einfärbung der Nudeln und entwickelte die erste fertige Nudelsoße namens Pikanto. Die VK Mühlen AG, Hamburg, erwarb 1990 die Mehrheit an der Drei Glocken GmbH. 1994 wurde Drei Glocken eine 100%ige Tochter der VK Mühlen AG. Im Jahre 2000 fusionierte Drei Glocken mit der Birkel Teigwaren GmbH, Waiblingen. 2007 übernahm der spanische Lebensmittelkonzern Ebro Puleva S.A. die Firma Birkel. Zum 1.1.2014 erwarb die Newlat Group S.A., Lugano, die Nudelmarken Birkel und 3 Glocken von Ebro Foods.

4 100-jähriges Jubiläum 1984, Kurze Historie des Unternehmens 1992
7 Korrespondenz 1949, Geschäftsberichte 1990–1998
9 Mitarbeiterzeitschriften 1960–1969
10 Werksbrand Zeitungsartikel 1957
13 Warenzeichen 1–470, Auslandswarenzeichen, Musterbücher 1973–1976, Vitaminierung von Lebensmitteln 1961–1968, Patentanmeldungen 1960
15 Werbemappen 1976–1994, Anzeigenbelege Fachzeitschriften 1987–1989, Rezepte 1995
47 Werksaufnahmen 1950–1960, Negative (Betrieb, Personen, Urkunde, Packungen) 1965, Messestand 1989, Betriebsausflug 1964, Außendiensttagung 1994
48 Faltschachteln 1900–1914, 1920–1929, 1933–1939, 1950–1959, 1976–1981, Faltschachteln der Konkurrenz 1950–1960, Verpackungsetiketten 1903–1914

121

Dreyspring, Lahr

Name C. F. Dreyspring GmbH
Geschäftstätigkeit Kartonagen- und Etuifabrik, Druckerei
Branche Nr. 220
Umfang 8
Laufzeit 1868–1965
Benutzbarkeit Ja
Bestand B 19

Bestandsgeschichte Das Archivgut wurde 1983 übernommen. Schwerpunkte bilden die Auftragsbücher und die Etikettensammlung vom ersten Drittel des 20. Jahrhunderts.
Geschichte Der Buchbinder Carl Friedrich Dreyspring gründete 1816 die erste Kartonagenfabrik in Lahr. 1960 erwarb Heinz Vieser die Firma und begründete damit die Lahrer Kartonagen- und Etuifabrikation. Neben der Herstellung von Schachteln erweiterte Dreyspring den Betrieb um eine Druckerei für Schachtel- und vor allem Arzneimitteletiketten. 1968 wurde die Firma an Adolf Sievert verkauft.

7 Geheimbuch, Geheimjournal 1882–1932
9 Lohnbuchserie, Krankenkasse, Invalidenversicherung, Heimarbeiter 1923–1962
11 Kredite 1929–1931
12 Wareneingangsbuchserie 1917–1965
14 Bestellbuchserie, Auftragsbuchserien, Verkaufsbuchserien, Versandbuchserie 1904–1965
15 Referenzlisten, Musterbücher, Prospekte 1868–1959
16 Geheimjournal, Inventarbuch, Kontokorrentbuchserie, Journalbuchserie, Kassenbuchserie, Schuldbuchserie, Postscheckbuch, Wechsel- und Scheckbuchserie 1882–1956
17 Umsatzsteuer 1929–1945
19 Devisengenehmigungen 1935–1942
50 August Schaub, Die industrielle Entwicklung der Stadt Lahr, Dissertation Freiburg i. Br. [1921], S. 44–51, Typoskript im WABW. Käthe

Roth, Die Stadt Lahr, Bad Godesberg 1961, S. 82. Gabriele Bohnert und Dieter Geuenich (Bearb.), Geschichte der Stadt Lahr Band 2, Lahr 1991, S. 154–158.

122
Drögmöller, Heilbronn

Name Drögmöller Karosserien GmbH & Co. KG
Geschäftstätigkeit Omnibusbau
Branche Nr. 341/342
Umfang 15
Laufzeit 1930–1990
Benutzbarkeit Eingeschränkt
Bestand Y 329

Bestandsgeschichte Das Archivgut wurde vom WABW zwischen 2005 und 2014 übernommen.
Geschichte Drögmöller wurde 1920 als Karosseriebau-Betrieb in Heilbronn gegründet. Er begann mit Reparaturen und Umbauarbeiten an PKWs und Anfertigung von Sonderkarosserien auf Pkw-Fahrgestelle. 1930 beginnt der Omnibusbau, erst auf Lkw-Fahrgestelle, später auf Busfahrgestelle verschiedener Hersteller. Um 1935 kamen Busse mit Stromlinienform hinzu, in den Kriegsjahren wurden Wehrmachtsgüter produziert. Bei den Omnibus-Aufbauten wurde nach dem 2. WK die bisherige Bauweise der Gerippestruktur von Holz auf Stahl/Stahlhohlprofile umgestellt. 1965 begann eine neue Ära: Beim neu entwickelten Fahrzeugtyp DR 35 wurde auch die Bodengruppe (bisher Fahrgestell) angefertigt. Damit begann der Bau kompletter Fahrzeuge in selbsttragender Bauweise. Die mechanischen Komponenten wurden von Fremdherstellern (va. Daimler-Benz) bezogen. Drögmöller-Busse zeichneten sich durch eine hohe Qualität, Komfort, eigenständiges Design und eine spezifische Lininenführung aus. Spezialität war die ansteigende Bodenplatte. 1994 wurde Drögmöller unter dem Namen Volvo Busse Deutschland GmbH ein Tochterunternehmen der Volvo-Gruppe, 2005 wurde der Standort Heilbronn geschlossen.
9 Lohnbuch 1930er Jahre
13 Technische Zeichnungen, Patente, Typenverzeichnis, Auftragsordner der verschiedenen Bustypen
14 Kommissionslisten
16 Jahresabschlüsse
47 Fotos der Fahrzeuge

123
Dürr, Stuttgart

Name Adolf Dürr GmbH & Co.
Geschäftstätigkeit Bauunternehmung
Branche Nr. 451
Umfang 1,5
Laufzeit 1922 – 1980
Bestand Y 492

Bestandsgeschichte Das Unternehmensarchiv wurde vom WABW im Jahre 2015 übernommen.
Geschichte Das Unternehmen wurde im Jahre 1922 unter dem Namen Dürr & Gemmrig in der Kniebisstrasse 60 in Stuttgart gegründet. 1952 wurde der Firmensitz in die Bergstrasse 88 verlegt und 1991 erfolgte der Umzug auf das Gelände des ehemaligen Gaisburger Güterbahnhofes. Die Bauunternehmung ist seit ihrer Gründung für den Kanal- und Leitungsbau für den örtlichen Energie- und Wasserversorger tätig.
9 Lohnbuchserie 1925–1960, 1966; An- und Abmeldebuchserie (Saisonarbeiter) 1926–1954; Meldebuch (Krankenversicherung) 1922; Zeugnisse und Lehrverträge 1923–1961
16 Jahresabschlüsse 1922–1923 und 1951–1980; Bilanzen 1931, 1960–1969; Hauptbuchserie 1922–1939, 1951–1960; Inventarbuchserie 1922–1964; Kassenbuchserie 1934–1951; Kontobuchserie 1934–1953; Firmengebäude (Neu- und Umbau) Kontobücher 1951–1959
17 Steuerjournal 1928–1932

124
DVA, Stuttgart

Name Deutsche Verlags-Anstalt
Geschäftstätigkeit Verlagsgewerbe
Branche Nr. 220
Umfang 77
Laufzeit 1825–2003
Benutzbarkeit Eingeschränkt
Bestand Y 328

Bestandsgeschichte Das Archivgut wurde in vier Abholungen in den Jahren 2005 und 2010 übernommen.

Geschichte Die DVA ist der Nachfolger der Hallbergerschen Verlagshandlung in Stuttgart, welche 1831 von Ludwig Hallberger gegründet wurde. 1848 gründete sein Sohn Eduard von Hallberger einen eigenen Verlag. 1873 wurden beide Verlage vereint. Nach dem Tod von Eduard von Hallberger wurde das Unternehmen 1881 unter dem Namen Deutsche Verlags-Anstalt in eine Aktiengesellschaft umgewandelt. Robert Bosch wurde ab 1920 Mehrheitseigner der DVA. Ziel der Beteiligung war es, nationalsozialistische Einflüsse auf die DVA zu verhindern. Nach 1933 musste Robert Bosch auf Druck der Nationalsozialisten seine Aktien verkaufen. Man gliederte die DVA in den regimetreuen Verlag Franz Eher Nachfolger ein. Nach dem Zweiten Weltkrieg entwickelte sich die DVA zu einem der größten deutschen Verlage. 1950 wurden den Erben von Robert Bosch die Anteile an der DVA zurückerstattet. Die DVA kaufte den Engelhorn Verlag und beteiligte sich am Deutschen Taschenbuchverlag. 1980 wurde eine neue Eigentümerstruktur angestrebt. Ein Drittel der Aktien übernahm die DVA-Stiftung, die aus Mitteln der Erben von Robert Bosch gegründet wurde, die anderen zwei Drittel kaufte die FAZ. Die FAZIT-Stiftung hielt ab 1997 alle Aktien der DVA, die sowohl den Manesse Verlag wie 2001 den Kösel Verlag in München übernahm. Nach dem Ortswechsel der DVA von Stuttgart nach München im Jahre 2000 wurde die Zeitschriftensparte 2003 an die Konradin Mediengruppe veräußert. Schließlich übernahm die Verlagsgruppe Random House des Bertelsmann-Konzerns im Jahr 2005 die Anteile der FAZ an der DVA.

3 Briefe der Familie Engelhorn 1867–1871, Vorsteher des Börsenvereins 1825–1925, Familiengeschichte Engelhorn 1897–1965

4 Verlagsgeschichte Engelhorn 1860–1991, Verlagsgeschichte Hallberger 1848–1897

7 Korrespondenz Hallberger 1873–1907, Korrespondenz Verlagsleitung 1959, Korrespondenz Aufsichtsrat 1952–1965

12 Korrespondenz Ausländische Verlage 1972–1999, Korrespondenz Agenten 1948–1986, Korrespondenz mit Autoren 1900–1980, Korrespondenz mit Autoren des Engelhorn Verlags 1871–1894, 1950–1957

15 Anfragen Leseexemplare 1957, Werbeunterlagen 1943–1981

16 Bericht Wirtschaftsprüfung 1949–1952

49 WABW B 112 Handelsbank Heilbronn und B 183

50 Paul Hirschfeld, Württembergs Großindustrie und Großhandel, hrsg. von der Deutschen Export-Bank Berlin, Leipzig 1889, S. 5–8 (WABW 232/18). Im 110. Jahr, Almanach der Deutschen Verlags-Anstalt Stuttgart im Jahre der Wiedererrichtung ihres Verlagshauses, 1848–1958, Stuttgart 1958. Neubau auf altem Grund, Zur Erinnerung an die Einweihung des Verlagshauses der Deutschen Verlags-Anstalt im 110. Jahr ihres Bestehens, Stuttgart 1958 (WABW 2216/128). 125 Jahre Deutsche Verlags-Anstalt 1848–1973, Stuttgart [1973] (WABW 2216/69). 175 Jahre DVA, Die Deutsche Verlags-Anstalt 1831–2006, München 2006.

Eszet
Schnitten
Aus feiner
Halbbitter-Schokolade
Eszet
Schokolade
auf Brot
Schmackhaft und nahrhaft zugleich
1 Paket DM -.85

125
Eberspächer, Esslingen

Name Eberspächer Gruppe GmbH & Co. KG
Geschäftstätigkeit Kfz Zubehör, Verarbeitung von Glas
Branche Nr. 343/261
Umfang 62
Laufzeit 1858–2017
Benutzbarkeit Eingeschränkt
Bestand Y 522

Bestandsgeschichte Der Bestand wurde 2017 von der Firma dem WABW übergeben. Die Unterlagen wurden in den letzten 20 Jahren von ehrenamtlich tätigen Mitarbeitern zusammengetragen und verwahrt.
Geschichte Am 9. Juli 1865 gründete Jakob Eberspächer in der Webergasse 5 in Esslingen einen Klempnereibetrieb. 1870 entwickelte er das Prinzip der kittlosen Verglasung. Der Kitt, der die Glasdächer der Fabriken abdichtete, war häufig eine Schwachstelle und führte schnell dazu, dass die Fenster undicht wurden. Die Idee, die Gläser auf Blechsprossen zu montieren und die Verbindungen mit einen pechgetränkten Faden abzudichten, war innovativ und erfolgreich. Mit dieser Technik baute Eberspächer die Glasdächer von namenhaften Gebäuden wie dem Mailänder Bahnhof im Jahre 1929. Das Geschäft betrieb der Gründer gemeinsam mit seiner Frau Frederike. Nach dem Tod Jakobs 1899 übernahm sie die Geschäftsleitung und führte die Söhne Paul und Adolf ein. Zu diesem Zeitpunkt beschäftigte das Unternehmen 80 Mitarbeiter. 1911 wurden beide Brüder als haftende Gesellschafter in die neu firmierte OHG eingetragen. Die Tätigkeit als Automobilzulieferer begann 1931 mit dem Bau von Schalldämpfern. Zwei Jahre später wurden Heizgeräte entwickelt. Während des Zweiten Weltkriegs produzierte Eberspächer Flugmotorenteile für die Rüstungsindustrie. 1953 ging die Standheizung für den VW-Käfer, Deutschlands meist verkauftes Auto, in Serie. Standheizungen sind bis heute eines der wegweisenden Produkte der Eberspächergruppe genauso wie Katalysatoren, die 1974 das erste Mal in Serie für den amerikanischen Markt gefertigt wurden. 2004 trennte sich Eberspächer vom Glasbausektor. Heute wird das Familienunternehmen in der fünften Generation geleitet. Es zählt über 9.000 Mitarbeiter und ist mit rund 70 Standorten weltweit vertreten.

4 75–, 100–, 125–, 150-jähriges Jubiläum (u. a. Gedichte und Reden sowie Festschriften) 1940–2015; Produktchronologie Glasbau 1920–1958; Chronik Abteilung Gitterrost 1943–1958; Betriebschronik Menesa 1954; Lehrbrief Jakob Eberspächer 1858
5 Gesellschafts- und Handelsverträge 1913–1968
6 Eberspächer Nordamerika 2003; Schoppmann KG 1950er Jahre; Glasbaubeteiligungen in Zürich, Polen, WEMA France 1920–1930; Eberspächer Menesa 1954–2003; Böhnike Zwickau 1930er Jahre; Eidelkamp und Schmidt 1921–1983; Fa. Becker, Berlin 1896; Zweigniederlassungen Berlin und Leipzig 1925–1962; Reisebericht 1950–1954
7 Kopierbücher 1898–1914; Verträge 1918
8 Organigramme 1930–1965; innerbetriebliche Bekanntmachungen 1916–2006
9 Jubilare 1956–2010; Werkszeitung 1942–2015; Mitarbeiterinformation 1990–1998; Berichtsheft Mitarbeiter 1965–1966; Ausbildung 1940; Leistungsbericht 1940; Werksküche Einkaufsbuch 1947–1948; Sozialbericht 1966; Hausbesuche von Kranken 1959–1960; Betriebssport 1950–1990; Betriebsrat (u. a. Satzung zur Altersversorgung) 1914–1968; Werksfeuerwehr 1950er Jahre; Monteurschule 1930er Jahre; Dokumentation Personaldaten 1886–2013; Arbeitsbuch Mitarbeiter 1935–1984; Betriebsordnung 1941
10 Grundstücksverträge und Grundbuchauszüge 1912; Einrichtung Rohrpost 1965
12 Aufträge Holland, Österreich, Schweden und Polen 1919–1933
13 Patente 1936–1999; Bauart- und Typengenehmigungen 1970–2000; Zeichnungsbücher 1938–2003; Produktblätter 1930er Jahre; Prospekte und Betriebsanleitungen Heizungsbau 1935–2005; Schwingfeuer 1950–1970; Prospekte und Betriebsanleitungen Abgastechnik 1983–2004; Flugzeugbau 1933–1945; Prospekte und Produktinformationen Glasbau 1923–1998; Glasdachnormung 1920–1938; Schalldämpfer 1956–1958; Turbolader 1963–1972; Q-dot-Wärmetauscher 1988–1995; Sprossen 1943–1961; Technische Zeichnungen zu Produkten 1910–1989; Körperprothesen 1950er Jahre; Dokumentation Produktionszahlen 1925–2000

14 Verkäuferhandbuch und Referenzen 1926; Kommissionsbuch 1908
15 Pressemitteilungen 1970–2000; Firmenbroschüren 1990er Jahre; Werksbesichtigung 1934–1960; Zeitungsanzeige Jacob Eberspächer 1865; Briefköpfe 1890–1940
16 Geschäftsberichte 1946–1957
19 Zwangsarbeit 1939–1950; Monatsberichte zum Flugzeugbau an das Reichsluftfahrtministerium 1939–1945; Verdunkelung 1937; Luftschutzstollen 1930–1988; Notprodukte 1945–1950
47 Werksansichten 1950–1980; Flugmotorenfertigung 1930–1978; Referenzfotos Glasbau 1926–1980; Fotoablage des Werksfotografen zum Flugzeugbau, Glasbau, Schalldämpfer, Gitterrost, Turbolader 1926–1978; Fotos Personal 1914–1959; Werksbesichtigungen 1978–1988; Fotos Inhaberfamilie 1896–1963;
48 Schautafel Sprossen; Muster kittlose Verglasung; Emailetafeln
50 Helmut Eberspächer: Rückblicke, Esslingen 2006.

126
Eberspächer, Emil, Esslingen

Name Emil Eberspächer
Geschäftstätigkeit Modelleur
Branche Nr. 285
Umfang 0,1
Laufzeit 1912–1913
Benutzbarkeit Eingeschränkt
Bestand Y 248

Bestandsgeschichte Das Archivale wurde 1984 übernommen.
Geschichte Zur Geschichte konnten keine Daten ermittelt werden.
16 Vermögensaufstellung 1912–1913
50 Im WABW nicht vorhanden.

127
Ebona, Albstadt-Ebingen

Name Ebona-Werk Gebrüder Friederich GmbH & Co.
Geschäftstätigkeit Wirk- und Strickwarenfabrik
Branche Nr. 170/176/180
Umfang 16
Laufzeit 1913–1986
Benutzbarkeit Eingeschränkt
Bestand Y 29

Bestandsgeschichte Das Archivgut wurde 1982 und 1992 vom letzten Gesellschafter übernommen.
Geschichte Im Jahr 1912 übernahm Eugen Friederich (1885–1955) von Gottlieb Schmid junior dessen 1899 gegründete Mechanische Tricotwaren-Fabrik in Onstmettingen mit 40 Arbeitskräften. 1919 war der Kaufpreis an Schmid vollständig bezahlt, Eugens Brüder Albert und Karl Friederich traten in die Firma ein und ließen sie unter Gebrüder Friederich ins Handelsregister eintragen. 1925 und 1927 errichteten die Brüder neue Werksbauten in Ebingen und Onstmettingen; aus den je beiden Anfangsbuchstaben der beiden Standorte leiteten sie zunächst die 1926 eingetragene Marke »EBON« ab, der 1933 noch ein »A« angehängt wurde. Bis vor dem Zweiten Weltkrieg hatte sich die Zahl der Beschäftigten auf 400 erhöht. Der Markenname hatte nach einigen Jahren solche Bedeutung erlangt, dass der Sohn des Gründers 1956 den Firmennamen in EBONA-Werk Gebrüder Friederich Wirk- und Strickwarenfabrik änderte. Aus Arbeitskräftemangel resultierte in den folgenden Jahren die Notwendigkeit, Werkswohnungen zu bauen und Filialbetriebe in der Umgebung zu eröffnen. Die Produktion umfasste Unterwäsche sowie Sport- und Freizeitbekleidung.
Im Juni 1981 beantragte das Ebona-Werk ein gerichtliches Vergleichsverfahren. Im Jahr darauf wurde der Betrieb aufgelöst.
4 50-jähriges Firmenjubiläum 1962
5 Rechtsform 1936, Konkursverfahren 1982
6 Kleiderfabrik Zizmann in Göppingen (Bilanzen, Jahresabschlüsse) 1947–1961
8 Betriebsorganisation
9 Personalkartei 1920–1980, Löhne und Gehäl-

ter 1927–1952, Personalbücher 1938–1981, Personalakten Angestellte 1940–1981, Betriebliche Sozialleistungen 1968–1980, Lohnfortzahlung 1970–1979, Betriebsrat und Betriebsversammlungen 1970–1981
10 Jahreszusammenstellungen der Wohnungsbaugesellschaft 1933–1972, Grundstücke und Gebäude, Bauakten, Vermietungen 1951–1985
11 Finanzpläne und Finanzübersichten 1948–1969, Kredite 1959–1969
13 Dampfkessel-Revisionsbuch-Serie 1923–1927, Maschinen 1926–1981, Produktionsberichte, Garnstatistik, Industrieberichte um 1934–1981
14 Auftragseingänge 1968–1981, Export 1974–1978, Preislisten 1969–1981
15 Kataloge, Rundschreiben, Werbemittel, Anzeigen um 1935–1981, Korrespondenz mit Werbeagenturen 1975–1981, Stoffmuster 1970er–1980er Jahre
16 Bilanzen 1913–1943 und 1972–1986, Inventuren 1913–1965, Einlagen 1914–1922, Jahreszusammenstellungen 1933–1973, Hauptbuchserie 1956–1961, Konten 1945–1972, Kassenberichte 1956–1964, Betriebsabrechnungsbogen 1968–1980, Debitoren um 1950–1969
17 Steuerangelegenheiten 1937–1985
18 Verschiedene um 1981–1985
21 Arbeitsgerichtsprozesse, Prozeßgemeinschaft Streifenkennzeichnung 1967–1977
47 Fotos: Produkte
50 50 Jahre Ebona-Werk Gebrüder Friederich 1912–1962, Ebingen 1962 (Festschrift).

128
EBW, Karlsruhe

Name Energieverbund Baden-Württemberg GmbH
Geschäftstätigkeit Energiewirtschaft
Branche Nr. 400
Umfang 0,6
Laufzeit 1993–1998
Benutzbarkeit Ja
Bestand B 2099

Bestandsgeschichte Rund die Hälfte der Unterlagen gelangte mit der großen Ablieferung der EVS-Unterlagen im Juli 2000 ins Wirtschaftsarchiv. Die andere Hälfte folgte am 30. Juni 2004 mit der Verabschiedung des EnBW-Vorstandsmitglieds Hans-Jürgen Arndt und der gleichzeitigen Abgabe von Akten aus Arndts Büro.
Geschichte Die Energieverbund Baden-Württemberg (EBW) GmbH bildete eine eigenständige Einheit zwischen der Energie-Versorgung Schwaben AG (EVS) und der Badenwerk AG auf der einen Seite, der EnBW AG auf der anderen Seite. Sie markierte gleichsam einen Zwischenschritt auf dem Weg der Fusion. Die beiden Unternehmensziele lauteten Bündelung der energiepolitischen Interessen in Baden-Württemberg und Schaffung der Voraussetzungen für die auf Ende 1998 geplante Verschmelzung von Badenwerk und EVS.
Die EBW GmbH mit Sitz in Karlsruhe bestand aus den fusionierten Holdings von EVS und Badenwerk. Deren Hauptversammlungen fassten am 20. August 1997 den Beschluss zur Fusion, die rückwirkend auf 1.1.1997 gültig wurde. Der Gründungs-Aufsichtsrat wählte am 21. August Gerhard Goll zum Vorsitzenden des Vorstands, den Landrat in Ravensburg Guntram Blaser zum Vorsitzenden des Aufsichtsrats. Auf 27. August 1997 (Eintrag ins Handelsregister) firmierte die Gesellschaft um in Stimmrechtsbindungsgesellschaft EBW Energieverbund Baden-Württemberg GmbH, Firmensitz blieb Karlsruhe.
In seiner letzten Sitzung am 17. November 1997 beschloss der Aufsichtsrat, die Gesellschaftsanteile unter Abtretung der Geschäftsanteile an die auf 22. Oktober 1997 (Eintrag ins Handelsregister) neu gegründete Energie Baden-Württem-

berg AG zu verkaufen. Die Kurzbezeichnung der neuen AG lautete zunächst ebenfalls EBW, wurde jedoch bereits im Januar 1998 aus Marketinggründen in EnBW geändert.
5 Konsortialvertrag 1995
6 Gründung EBW Stromhandels GmbH 1997–1998
7 Gesellschafterversammlung 1996–1997, Aufsichtsrat 1995–1997, Vorstands-Klausurtagung 1997, Geschäftsführung 1996–1997, Vorbereitung der Fusion EVS – Badenwerk 1994–1997
8 Geschäftsordnung 1995, Organisation 1996–1997
9 Beteiligung der Arbeitnehmervertreter 1993–1997
49 WABW B 88, B 97, B 2000
50 Im WABW nicht vorhanden.

129
Eckardt, Stuttgart

Name Foxboro Eckardt GmbH
Geschäftstätigkeit Messtechnik
Branche Nr. 330
Umfang 31
Laufzeit 1923–2007
Benutzbarkeit Eingeschränkt
Bestand Y 532

Bestandsgeschichte Das Archivgut wurde 2017 vom WABW übernommen
Geschichte 1873 gründete der Hamburger Mechaniker Johannes Carl Eckardt in Stuttgart eine mechanische Werkstätte zur Fertigung von Werkzeugmaschinen für die Uhrenindustrie. Ab 1895 begann Eckardt mit der Fabrikation von Messgeräten wie Manometern, Thermometern und Mengenmessern. 1897/98 bezog man am Standort Bad Cannstatt neue Fabrikationsräume mit 100 Mitarbeitern und begann ab 1912 die Entwicklung von Dampfdruckmessern, Druckreglern und Kolbenzählern. Ernst Sieglin, Mitglied einer Stuttgarter Unternehmerfamilie, erwarb das Unternehmen 1923, investierte in den Ausbau und ließ einen Verwaltungsbau und einen weiteren Fabrikbau errichten. Das Unternehmen wurde 1924 in eine Aktiengesellschaft umgewandelt. 1937 wurde ein Zweigwerk in Sonneberg (Thüringen) errichtet, wo Bordinstrumente für die Luftfahrt hergestellt wurden, und die Vertriebsgesellschaft Société Anonyme J. C. Eckardt in Brüssel gegründet. Unter Leitung des Vorstandsvorsitzenden Prof. E. Wintergerst wurde 1960 ein Zweigwerk in Schmiden bei Stuttgart eröffnet. 1969 übernahm Gunter Sieglin, der jüngere Sohn von Ernst Sieglin, die Leitung des Unternehmens. Zwischen 1970 und 1976 erfolgte der systematische Ausbau des europäischen Vertriebsnetzes mit Gründung von Tochtergesellschaften in Österreich, Frankreich, Belgien, Großbritannien, den Niederlanden und der Schweiz. 1982 errichtete Eckardt in Soultz (Frankreich) eine weitere Produktionsstätte und gründete Tochtergesellschaften in Houston/USA und Singapur. Eckardt wurde 1993 von Siebe PLC (Windsor, GB) übernommen. Dabei wurden Ende 1993 die Unternehmen Foxboro und Eckardt – unter dem Dach der Siebe PLC zum Geschäftsbereich Industrie-Automatisierung zusammengeführt. 2014 kaufte der französische Konzern Schneider Electric Foxboro. Schneider Electric beschloss 2017, die Produktion in Stuttgart einzustellen. Die gesamten Gebäude des Unternehmens in der Pragstrasse in Stuttgart-Bad-Cannstatt wurden 2016 an Mahle verkauft.
5 Handelsregister 1937–2000, Grundkapital und Kapitalerhöhungen 1935–1994, Satzungen 1996, Gesellschaftsvertrag 1996,
7 Korrespondenz 1945–1956, Rundschreiben 1945–1951, Aufsichtsratssitzungen 1979–1996, Handakten und Korrespondenz des Aufsichtsrates 1948–1969, Aufsichtsratsbeschlüsse 1958–1993, Verwaltungsrat und Verwaltungsausschuss 1982–1993, Tätigkeit des Vorstandes 1989–1994, Aktennotizen Geschäftsleitung 1957–1960
9 Lohnkonten und Sondervergütungen 1926–1940, Personal 1925–1957, AT-Verträge 1940/71, Freiwillige Zuwendungen 1940, Soziale Leistungen 1939–1943, Gefolgschaftsbuch 1937–1945, Weihnachtsgratifikation 1946, Arbeitsunterstützungskonto 1936, Berufliche Betreuung von Soldaten 1940–1941, Ausbildung 1940, Veranstaltungen 1935–1936, Personal 1957–1966, Aushänge 1984–1997
10 Abrechnung Fabrikbauten 1936, Grundstücke und Gebäude 1932–1936, Abrechnungen Hallenbau 1930–1945, Neubau Verwaltungsge-

lände 1967–1939, Mieten 1944–1955, Errichtung Lehrlingsheim 1940, Gebäude 1999–2004, Grundbuch Cannstatt 1976–1994, Grundstücke Glockenstraße 1957 und 1991–1997, Verkauf und Räumung in Fellbach-Schmieden 1998, Grundbuch Schmieden 1971–1994, Immobilien in Cannstatt und Schmieden 1969–1976 und 1989–1998, Grundstücksverhandlungen 1959–1961, Mietverträge Glockenstraße 1971–1976

11 Umstellungsgrundschuld der Industriebank 1950–1952

12 Mahnungen von Lieferanten 1944–1946

13 Molkereischreiber 1935, technische Zeichnungen ca 1930–1970, Statistiken Werk Cannstatt 1934/35, Tachometerfertigung 1950, Montage- und Gebrauchsanleitungen 1950er, Armaturen- und Apparatebau Hannover 1963–1968, Montageberichte 1950, Lizenzverträge 1959/60, Fertigung in Frankreich 1979–1982

14 Auszeichnungen Messe Leipzig 1964–1979

15 Kataloge und Prospektblätter 1923–1980er

16 Buchungsbelege 1952–1956, Sparkonten 1939–1941, unzustellbare Rechnungen 1944/45, Rechnungen, die auf Grund eidesstattlicher Erklärungen gezahlt wurden 1945–1947, Forderungsverzicht von Sorba-Gläubigern 1944–1946, Zwischenbilanzen und Aktenvermerke 1938, Jahresabschlüsse 1938–1941 und 1943–1951, Finanzplanung 1952–1954, Rechnungen 1945, Forderungen an die IG Farben 1947–1955, Geschäftsbücher 1928–1945, Berliner Guthaben 1946–1951, Banken 1927–1935, Buchhaltungsunterlagen 1928–1948, Bilanzunterlagen 1956–1993, Jahresabschlüsse 1934–1994, Steuern 1984–1994, Buchführung 1935–1955, Betriebsprüfungen 1957–2002

18 Versicherungen 1939–1944

19 Kriegsschäden 1944–1948, Stollenbau 1939–1945, Fliegerschäden 1944, Reichsluftfahrministerium 1938–1945, Militärregierung 1945–1947

20 Mitteilungen Wirtschaftsgruppe 1941–1943, Abgeschlossene Mitgliedschaften 1942–1943, IHK 1944, Siebe-Eckardt 1993–1997, Übernahme ESU 1992. TOG Elsass 1980, STILL Recklinghausen 1984/88, ARMA Hannover 1957–1968, Industrielle Computersysteme GmbH Karlsruhe 1990–1995

21 Klagen 1949/50

22 Produktion in Senneberg 1938–1996

47 Glasplatten Industriegelände 1930er, Fotos von Gebäuden, Fotos von Produkten zu Werbezwecken

130
Edelmann, Stuttgart

Name Foto-Edelmann
Geschäftstätigkeit Fotograf und Fotohandel
Branche Nr. 748
Umfang 30
Laufzeit 1952–1995
Benutzbarkeit Eingeschränkt
Bestand B 125

Bestandsgeschichte Nach Aufgabe des Fotogeschäfts in Stuttgart-Möhringen wurde das Archiv 2006 vollständig übernommen.
Geschichte Foto-Edelmann war das zentrale Fotofachgeschäft für Firmen und Privatpersonen in Stuttgart-Möhringen. Hauptauftraggeber war die ortsansässige Firma Gottlob Auwärter (B 121), für die Edelmann die neu produzierten Neoplan-Busse fotografierte. Als dieser Auftraggeber seinen Firmensitz schließen musste und die zunehmende Digitalisierung die Fotobranche insgesamt in Schwierigkeiten brachte, wurde das Geschäft aufgegeben.

13 Verzeichnisse der angefertigten Fotografien 1952–1995

47 Fotografien (Negative, Glasplatten und z. T. Abzüge) von zahlreichen Firmen und ihrer Produkte sowie von Personen in Möhringen und Umgebung, insbes. der Firmen Gottlob Auwärter (Neoplan), Ernst Auwärter, der Motorradfabrik UT sowie von Einzelhändlern.

49 B 121 Gottl. Auwärter, Stuttgart (Neoplan)

131
Edinger, Edingen-Neckarhausen

Name Edinger Spezialbrot und Keksfabrik Heinrich Philipsenburg GmbH & Co. KG
Geschäftstätigkeit Spezialbrot- und Keksfabrik
Branche Nr. 150/156
Umfang 2
Laufzeit 1954–1983
Benutzbarkeit Eingeschränkt
Bestand Y 30

Bestandsgeschichte Das Archivgut wurde 1986 übernommen.
Geschichte Die von den Brüdern Heinrich und Hermann Philipsenburg als GmbH 1946 gegründete Edinger Brot-, Keks- und Lebkuchenfabrik wurde 1973 in eine GmbH & Co. KG umgewandelt. Das Unternehmen befasste sich sowohl mit der Herstellung von Brot-, als auch Konditoreiwaren. Im Dezember 1982 wurde das Konkursverfahren eröffnet; 1983 übernahm die Karl Jaus & Söhne GmbH u. Co. KG, Stuttgart, die Edinger Spezialbrot- und Keksfabrik.
4 Zeitungsausschnitte um 1960–1980
5 Handelsregisterauszüge 1972–1980
7 Aktennotizen 1966–1982, Verträge 1980–1983, Unternehmensberatung 1982
9 Hausmitteilungen
10 Grundbuchauszüge um 1970–1980
13 Industrieberichte 1978–1983
14 Preise, Kundenlisten, Rabatte, Export um 1960–1980
16 Kreditoren 1983
17 Gewerbesteuerausgleich 1954–1966
20 Arbeitgeberverband 1973–1981, Verband der deutschen Brot- und Backwarenindustrie 1981/82
50 Im WABW nicht vorhanden.

132
Egelhaaf, Reutlingen

Name C. C. Egelhaaf KG
Geschäftstätigkeit Maschinenfabrik
Branche Nr. 290/297
Umfang 10
Laufzeit 1860–1963
Benutzbarkeit Eingeschränkt
Bestand Y 31

Bestandsgeschichte Das Archivgut wurde 1986 von der Geschäftsleitung übernommen.
Geschichte Das Unternehmen, das 1861 in Betzingen gegründet wurde, war spezialisiert auf Textilmaschinenzubehör, insbesondere auf die Herstellung von Webereiutensilien. Es gehörte zu den weltweit führenden seiner Art. 1905 ging der Betrieb durch Kauf an die Firma Gebr. Held aus Stuttgart über. 1949 trat Curt Wagner, dessen Betrieb in Chemnitz nach 1945 enteignet wurde, als persönlich haftender Gesellschafter in die Firma ein. Seit 1965 unterhielt das Unternehmen eine technische und wirtschaftliche Kooperation mit der Firma Grob & Co. in Horgen in der Schweiz. 1982 wurde Konkurs angemeldet. 1985 wurde das Unternehmen von dem Pfullinger Anhängerfabrik Fischer aufgekauft und firmierte unter dem Namen C. C. Egelhaaf GmbH und Co. KG Maschinenfabrik mit Sitz in Pfullendorf.
3 Privatunterlagen Familie Egelhaaf um 1949
7 Verträge 1898–1948, Kopierbuchserie 1907–1922
9 Fabrikkrankenkasse 1893–1948, Lohnbuchserie 1899–1915, Gehälterbuch 1922–1924, Betriebsrat 1932–1954
10 Wasserbauakten um 1860–1900
12 Wareneinkaufsbuchserie 1911–1950
13 Patente 1929–1960, Lizenzen um 1930–1960, Maschinen 1932–1947, Montageabrechnungen 1940–1951, Reklamationen 1933–1951
14 Auftragseingänge 1891, 1942–1944, Versand 1904–1947, Warenverkaufsbuchserie 1920–1922, 1943–1948, Reiseabrechnungen, Reiseberichte 1940–1963
15 Kataloge 1926, 1959, Preislisten 1891–1907, um 1930–1950, Konkurrenzpreise um 1950
16 Journalbuchserie 1891–1893, Hauptbuchserie 1905–1948, Gemeinkosten 1907–1922, Inventurbuchserie 1895–1904, 1933–1948, Provisions-

und Lizenzgutschriften 1941–1943, Geldverkehr 1944–1948, Debitoren- und Kreditorenverzeichnisse um 1950
21 Rechtsstreitigkeiten 1898–1948
50 F. C. Huber, Festschrift zur Feier des 50-jährigen Bestehens der Württembergischen Handelskammern, Teil 2 Stuttgart 1910, S. 160.

133
Egeria, Tübingen

Name Württ. Frottierweberei Lustnau GmbH
Geschäftstätigkeit Frottierweberei
Branche Nr. 172/174
Umfang 1,5
Laufzeit 1920–2003
Benutzbarkeit Eingeschränkt
Bestand Y 520

Bestandsgeschichte Die Archivalien und Dokumentationen wurden dem WABW von einem ehemaligen Mitarbeiter 2016 und 2018 übergeben.
Geschichte Die Württembergische Frottierweberei Lustnau GmbH wurde 1920 durch Aufkauf eines seit 1911 bestehenden Textilbetriebs von Konrad Hornschuch und Hermann Schweitzer gegründet. Der Betrieb begann mit 44 Mitarbeitern. Hergestellt wurden vor allem Hand- und Badetücher, später kamen Bademäntel hinzu. Die Produkte galten als hochwertig, namhafte Hotels und der Schnelldampfer Bremen wurden mit Egeria-Frottierwaren ausgestattet. In den 1950er und 1960er Jahren waren bis zu 1.500 Mitarbeiter beschäftigt. Bekannt wurde das Unternehmen unter dem Markennamen Egeria, unter dem die Produkte verkauft wurden. Zeitweilig war das Unternehmen der größte industrielle Arbeitgeber Tübingens. Mit dem Niedergang der deutschen Textilindustrie geriet auch Egeria in Schwierigkeiten. 1992 wurde das Konkursverfahren eröffnet, einige Jahre später wurde der Betrieb eingestellt.
4 Dokumentationen über die Gebäude und technischen Anlagen, die Werkfeuerwehr und das Heizkraftwerk; Firmenchronik 1920–2002; Insolvenz 1992
9 Egeria-Post; Unterstützungsverein; Personalkarten
10 Pläne zu Gebäuden, Umbauten und Abrisse, Geländekauf
13 Aufzeichnungen über die Energieversorgung; Kraftwerk; Maschinenkarten
15 Kataloge zu Egeria, Nina Ricci, Jantzen
47 Fotos vom Werk und Betriebsabteilungen ab 1930, Betriebsausflüge, Versammlungen, Büros; CD mit Bildern und Texten

134
Ehninger, Dettingen-Teck

Name Ehninger KG
Geschäftstätigkeit Lebensmittelgroßhandlung
Branche Nr. 513
Umfang 1
Laufzeit 1905–2009
Benutzbarkeit Eingeschränkt
Bestand Y 451

Bestandsgeschichte Das Archivgut wurde im Zuge der Liquidation 2012 dem WABW von dem Gesellschafter Ulrich Ehninger übergeben.
Geschichte 1905 gründeten die Eheleute Robert und Anna Ehninger in der Marktstraße 48 in Kirchheim unter Teck ein Lebensmittelgeschäft unter dem Namen Robert Ehninger zum Pflug. 1950 erfolgte die Umwandlung der bisherigen Einzelfirma in eine Kommanditgesellschaft, deren Leitung in den Händen von Bernhard Waggershauser und Werner Ehninger lag. Letzterer war 1952 eingetreten. 1953 schloß sich die Firma der Handelskette AFU Arbeitsgemeinschaft freiwilliger Unternehmer mit Sitz in Mannheim an, die später in der HKG-Gruppe, Köln aufging. Die Weiterentwicklung der Verkaufsformen im Lebensmittelgroßhandel erforderte einen Standortwechsel mit Möglichkeiten zur Expansion. 1963 errichtete das Unternehmen auf der Markung Dettingen den ersten SB-Großmarkt nach dem Cash und Carry-Prinzip im Kreis Nürtingen. Es folgte ein Verwaltungsgebäude, eine Großlagerhalle sowie eine Großtankstelle. Als AFU-Bezirksgroßhandlung belieferte die Firma vor allem selbständige Lebensmitteleinzelhändler,

die Gastronomie, Gewerbetreibende und Großverbraucher in den Kreisen Nürtingen, Esslingen, Göppingen, Reutlingen und Münsingen. Aufgrund der erfolgreichen Entwicklung kam es 1970 zur Übernahme der Lebensmittelgroßhandelskette Nagel & Co. in Nürtingen. Gleichzeitig gründete sie die selbständige Tochtergesellschaft C + C Großmarkt Nagel & Co., die einen zweiten SB-Großmarkt in Nürtingen eröffnete. 1973 erstellte die Ehninger KG im Neckarhafen Plochingen ein Lagergebäude mit Großtankstelle und Waschanlage sowie einen SB-Großmarkt. Aufgrund der zunehmenden Konzentration im Lebensmitteleinzelhandel musste einer der letzten mittelständischen Lebensmittelgroßhändler in Baden-Württemberg 2009 seine Geschäftstätigkeit an allen Standorten einstellen.

3 Lehrvertrag Werner Ehninger, 1952
4 Festschriften: 75 Jahre Ehninger KG, 1980, 25 Jahre SB-Markt Dettingen, 1988
5 Handelsregisterauszug 1962
6 Genossenschaft GeKaWe Kolonialwaren-Großhandel mbH, Stuttgart 1948; Kauf der Lebensmittelgroßhandlung Otto Maute Nachfolger, Esslingen 1958
9 Arbeitsbücher 1935–1949, Lohnbücher 1939–1960, Löhne und Gehaltstarife im Groß- und Einzelhandel in Baden-Württemberg 1948–1962
10 Gebäudeschätzungsprotokoll Marktstraße 1938, Kaufvertrag Grundstück Dettingen 1963, Inventarbücher 1963–1981
12 Einkaufskontor Württembergisch-Badischer Kolonialwarenhändler 1948–1961, Afu-Kolonialwaren-Werbe- und Vertriebs-GmbH 1955–1960
14 Umsätze 1905–1940, Umsatzboni 1952–1958, Eröffnung von AfU-Einzelhandelsläden
16 Betriebsprüfung 1956, Jahresabschlüsse und Prüfberichte 1948–1982, 2007
17 Einkommen-, Gewerbe-und Umsatzsteuer 1919–1990
20 Verband des Nahrungsmittelgroßhandels Baden-Württemberg, sozialrechtliche Rundschreiben 1938–1957
47 Digitale Bilder vom SB-Großmarkt in Dettingen, Plochingen und Nürtingen, Verwaltungsgebäude (Innen- und Außenaufnahmen) 2005–2009
48 –
49 –
50 Firma Ehninger KG feierte Jubiläum. Ein Dreivierteljahrhundert im Dienste des Lebensmittel-Handels in: Beiträge zur Heimatkunde des Bezirks Kirchheim unter Teck, Heft 32/1980

135
EHT, Teningen

Name EHT Werkzeugmaschinen GmbH
Geschäftstätigkeit Werkzeugmaschinenbau
Branche Nr. 294
Umfang 6
Laufzeit 1906–2002
Benutzbarkeit Eingeschränkt
Bestand Y 385

Bestandsgeschichte Der Bestand wurde 2009 übernommen.
Geschichte 1771 errichtete der Schmied Jakob Zimmermann in Teningen eine Hammerschmiede, die 1815 von seinem Sohn Georg Friedrich zu einem wasserkraftgetriebenen Hammerwerk ausgebaut wurde und das sich mit der Fabrikation von Hauen, Schaufeln, Äxten, bekannt als »Teninger Feld- und Waldgeschirr«, einen Namen machte. In der dritten Generation ging das Werk 1881 auf den Schwiegersohn (Mechaniker und Uhrmacher) Karl Saaler (1837–1913) über, der eine mechanische Werkstätte angliederte. 1903 wurde die Maschinenfabrik und Eisengießerei Saaler, wie sich das 1884 zusätzlich um eine Gießerei und 1904 um ein Röhrenwalzwerk erweiterte Unternehmen jetzt nannte, in eine Familien-Aktiengesellschaft umgewandelt. Unter der Geschäftsführung von Emil Tscheulin entwickelte sich die Herstellung von Aluminiumfolien zu einem neuen Geschäftsfeld. Als sich Tscheulin jedoch 1913 mit einem eigenem Aluminiumwerk selbständig machte, geriet die Saaler AG in eine Krise. 1931 wurde das Familienunternehmen je zur Hälfte an Emil Tscheulin sowie an den Münchener Unternehmer Hans Theissen verkauft. Seit 1950 werden hauptsächlich Werkzeugmaschinen, Schneide- und Biegemaschinen für die Blechbearbeitung produziert.

4 Firmenjubiläum 1951, 1971
8 Betriebsorganisation, Dienstanweisungen 1960–1979, Lizenzfertigung 1971–1975

9 Arbeiterverzeichnis 1913–1928, Betriebsrat, Betriebsversammlungen, Arbeitsjubilare 1970–1983
10 Wasserkraftanlage 1920–1922, Werkslagepläne 1922–1955, Modellhaus 1940–1942
13 Material- und Lohnkostenverzeichnis 1923–1933, Gießtagebuch der Lehrgießerei 1942–1943
14 Auftragskorrespondenz, Bestell- und Versandbücher 1911–1961
15 Werbetafel »Teninger Feld- und Waldgeschirr«, Produktwerbung 1906–2002
16 Bilanzen, Inventuren 1922–1947, Prüfberichte RM-Abschluss- und DM-Eröffnungsbilanz 1948, Wechsel- und Scheckkopierbücher 1928–1943, Rechnungsausgangsbücher 1932–1950, Kassenbuch 1937–1940
47 Fotos: Produktion, Produkte
48 Einblattdruck zur Erinnerung an Karl Saaler
50 Nachruf Karl Saaler, in: Breisgauer Sonntagsblatt Jg. 1913 Nr. 47. Das Eisen- und Hammerwerk GmbH Teningen, in: Gemeinde Teningen. Amtliche Nachrichten der Gemeindeverwaltung Jg. 1941 Nr. 4. 180 Jahre Werksgeschichte der Eisen- und Hammerwerk GmbH Teningen 1771–1951 (Festschrift). Eisen- und Hammerwerk GmbH 1771–1971 (Festschrift).

136
EKH, Herrenberg

Name Elektrische Kraftübertragung Herrenberg eGmbH
Geschäftstätigkeit Energiewirtschaft
Branche Nr. 400
Umfang 9
Laufzeit 1902–1988
Benutzbarkeit Ja
Bestand B 2006

Bestandsgeschichte Das WABW übernahm die Archivalien der Elektrischen Kraftübertragung Herrenberg eGmbH im Sommer 2000 zusammen mit den Unterlagen der Energie-Versorgung Schwaben (EVS). Aus den Einzelakten des Genossenschaft war im Archiv der EVS ein eigener Bestand gebildet worden. Weitere Unterlagen gelangten aus Übernahmen aus der Geschäftsstelle Herrenberg und der Betriebsverwaltung Ludwigsburg ins WABW. Mit knapp zwei Dritteln des Gesamtumfangs bilden die umfänglichen Unterlagen zu den Jahresabschlüssen 1905 bis 1945 den Schwerpunkt des Archivbestands.
Geschichte Die Gründung der Elektrischen Kraftübertragung Herrenberg (EKH) erfolgte 1905 als Genossenschaft mit dem Verwaltungssitz Unterjesingen. 1907 nahm sie ihr Leitungsnetz in Betrieb. Den Strom bezog die Genossenschaft aus einem Wasserkraftwerk mit angeschlossener Dampfzentrale in Kiebingen am Neckar, das sie der Uhrenfabrik Gebr. Junghans und Thomas Haller in Schramberg 1912 abgekauft hatte. 1920 verlegte die EHK ihren Geschäftssitz nach Herrenberg. Ab 1933 übernahmen die Nationalsozialisten die Kontrolle über den Aufsichtsrat und damit über den Betrieb. Die Geschäftsführung lehnte 1939 ein Übernahmeangebot der soeben formierten Energie-Versorgung Schwaben AG (EVS) ab, da sie die Abfindung für die Genossenschaftsmitglieder für unzureichend hielt. Politischer Druck und ein verbessertes Angebot führten jedoch dazu, dass die Genossenschaft ihre Auflösung auf Ende 1941 und damit das Aufgehen in der EVS beschloss. Die EVS-Betriebsverwaltung Herrenberg führte die Geschäfte fort.
2 Ortsnetz Vaihingen auf den Fildern 1908–1946 (v. a. Karten)
4 Festschriften 1907 und 1925, Pressedokumentation 1907–1939
5 Statuten 1905–1936
6 Übernahme durch die EVS 1939–1947, Beteiligung an Kraftwerk Tübingen-Herrenberg GmbH Tübingen 1928–1943
7 Berichte des Vorstands an den Aufsichtsrat 1909–1942, Sitzungsprotokolle des Aufsichtsrats 1907–1943, Generalversammlungen der Genossenschaft 1913–1943, Zusammenarbeit mit dem Städtischen Elektrizitätswerk Stuttgart und anderen Stromversorgungsunternehmen 1914–1944
9 Personalakten 1922–1947, Werkswohnungen 1922–1962
12 Neckarwerke Esslingen 1926–1951, Städtisches Elektrizitätswerk Stuttgart 1914–1944, Städtisches Elektrizitätswerk Tübingen 1920–1944
13 Ausbau des Fernleitungsnetzes und der Ortsnetze 1907–1943, Karten und Pläne der Ortsnetze

1908–1946, Umspanneinrichtungen 1906–1947, Wasserkraftwerk Kiebingen 1902–1953, Neckarregulierung,
Nutzung der Neckar-Wasserkräfte 1921–1932, Projekt Neckarkraftwerk Hirschau 1918–1926
14 Lieferungsbedingungen 1907–1935, Lieferung an Elektrizitätswerke, Kommunen und andere Großkunden 1902–1957, Wasserversorgungs-Verbände 1907–1950, Bahnstrom 1910–1938, Abgrenzung zum Versorgungsgebiet der Neckarwerke Esslingen 1909–1942, desgl. des Elektrizitätswerk Klinglers Erben in Nagold 1907–1938
15 Kundenzeitschrift 1928–1941
16 Geschäftsberichte 1908–1942/43, Jahresabschlüsse mit Beilagen 1905–1945, gesetzliche Revision
1905–1939, Hauptbuch 1906–1909
17 Verschiedene Steuern 1932–1943
21 Auseinandersetzung mit den Gemeinden Kirchentellinsfurt und Wannweil sowie dem Kraftwerk Reutlingen-Kirchentellinsfurt AG um die beiden Ortsnetze 1909–1933
49 WABW B 2000 Klassifikationspunkt 11.17.5 Betriebsverwaltung Herrenberg
50 Kurze Beschreibung der Überlandzentrale Elektr. Kraftübertragung für den Bezirk Herrenberg und Umgebung E.G.m. b. H. Unterjesingen, [Unterjesingen 1907] (Festschrift). Zwanzig Jahre Elektr. Kraftübertragung Herrenberg e. G.m. b.H Herrenberg, Herrenberg 1925 (Festschrift). Das Land Württemberg, Seine wirtschaftliche und kulturelle Bedeutung, I. Ausgabe, Verlag Stuttgarter Neues Tagblatt, Stuttgart 1927, S. 39. Wolfgang Leiner, Die Elektrische Kraftübertragung Herrenberg e. G.m. b. H., 2. Auflage Stuttgart 1982.

137 Elektrochemische Fabrik, Rheinfelden/Baden

Name Elektrochemische Fabrik Natrium GmbH
Geschäftstätigkeit Elektrochemische Fabrik
Branche Nr. 241
Umfang 1
Laufzeit 1901–1937
Benutzbarkeit Eingeschränkt
Bestand Y 241

Bestandsgeschichte Das Archivgut wurde dem WABW 1998 vom Inhaber des Lehrstuhls für Wirtschafts- und Sozialgeschichte am Historischen Seminar der Universität Freiburg übergeben.

Geschichte 1898 wurde die Elektrochemische Fabrik Natrium GmbH als Gemeinschaftsgründung der Degussa Frankfurt a. M. und der englischen Aluminium Company in Rheinfelden mit 100 Arbeitern errichtet. Entscheidend für die Standortwahl war die Inbetriebnahme des ersten europäischen Wasserkraftwerks am selben Ort, das billigen Strom für die Herstellung von metallischem Natrium auf elektrolytischem Wege lieferte. Metallisches Natrium wurde vornehmlich zur Weiterverarbeitung für die Indigoherstellung benutzt. Darüber hinaus wurde Natriumperoxid hergestellt, das zu Bleichzwecken in der Textilindustrie Verwendung fand. Die Anlage wurde mehrfach erweitert, so 1907, als die Produktion von Natriumperborat hinzu kam. Es war ein Bestandteil des ersten selbsttätigen Waschmittels Persil, das die Firma Henkel in Düsseldorf auf den Markt brachte. 1930 lief eine Anlage zur elektrolytischen Herstellung von Wasserstoffperoxid an, die – nach dem Zweiten Weltkrieg vollständig demontiert – Anfang der 1950er Jahre wieder in Gang kam. Ende der 1950er Jahre konnten die Sauerstoffprodukte ohne elektrischen Strom erfolgreich gewonnen werden. In den 1970er Jahren wurde die Herstellung von Autoabgaskatalysatoren aufgenommen. Mit über 800 Mitarbeitern war das Degussa-Werk Ende 1980 ein wichtiger Wirtschaftsfaktor am Hochrhein.
9 Lohnbücher 1901–1915, Personalakten Buchstabe E-S, Sch-Z, 1907–1937

49 WABW B 146 (Kraftübertragungswerke Rheinfelden AG)
50 Horster, Die volkswirtschaftliche Bedeutung der chemischen Industrie am Oberrhein besonders als elektrolytische, elektrothermische und metallurgische Industrie, Ein Beitrag zur Industrialisierung durch Wasserkräfte, Schopfheim 1922. Horst Pistor, Chronik des Degussa-Werkes Rheinfelden, Begonnen 1973 im Jahre des 75-jährigen Bestehens des Werkes, hrsg. von der Degussa AG [Rheinfelden 1973]. Der Kreis Lörrach (Heimat und Arbeit), Stuttgart 1980, S. 390. Mechthild Wolf, Im Zeichen von Sonne und Mond, Von der Frankfurter Münzscheiderei zum Weltunternehmen, hrsg. von der Degussa AG, Frankfurt am Main 1993, S. 84–89. Helmut Brünner, »Entkoppeln Sie die Dinge«, Ernst Wagner, in: Immer eine Idee besser, Forscher und Erfinder der Degussa, hrsg. von der Degussa AG, Frankfurt am Main 1998, S. 84–113.

138
Ellwanger & Geiger, Stuttgart

Name Bankhaus Ellwanger & Geiger
Geschäftstätigkeit Bankgeschäft
Branche Nr. 650
Umfang 1
Laufzeit 1924–1986
Benutzbarkeit Eingeschränkt
Bestand Y 113

Bestandsgeschichte Das Archivgut wurde 1992 von der Geschäftsleitung übernommen.
Geschichte Im Jahr 1912 eröffneten die Notariatspraktikanten Wilhelm Ellwanger und Eugen Geiger ein Hypothekengeschäft in Stuttgart, das neben der Abgabe von Darlehen und Vermittlung von Hypotheken bald zur Universalbank mit Aktiv- und Passivgeschäft wurde. Die Versicherungssparte kam 1927 hinzu. Sie wurde 1961 in die Dr. Ellwanger & Kramm GmbH ausgegliedert. Im Jahr 1937 erweiterte der Sohn des Mitbegründers, Dr. Erich Ellwanger, den Tätigkeitsbereich durch die Vermittlung von Haus- und Grundbesitz. Dr. Friedrich-Wilhelm Hofmann trat 1972, Wolfram Nestel 1978 als Gesellschafter ein. In der Folge wurden weitere Gesellschafter aufgenommen, darunter die Kommunale Landesbank-Girozentrale-Stuttgart. Ab 1973 kamen neue Niederlassungen, Gründungen und Beteiligungen hinzu, u. a. für das Engagement bei USA-Immobilien.
4 Firmengeschichte 1986
16 Bilanzen, Gewinn- und Verlustrechnungen 1924–1943, Jahreszusammenstellungen 1938–1949, Betriebsübersicht mit Abschlussbilanzen 1948–1958, Reichsmark-Schlussbilanz 1948–1953, DM-Eröffnungsbilanz 1948–1953, Umstellungsrechnung 1948–1968, Umwandlung der Einlagen und Kredit-Forderungen 1948–1949, Prüfungsberichte 1941–1952, Hauptbuchkonten 1948–1956, Effekten-Konto 1927–1961, Mitteilungen und Informationen zur Währungsumstellung 1948–1955
19 Salamander AG Restitutionsvergleich 1950–1964
48 Ehrenmedaille der Industrie- und Handelskammer Stuttgart 1981
49 WABW B 150 (Salamander AG)
50 Ellwanger und Geiger, Ein Bankhaus in Stuttgart, Stuttgart 1978 (Festschrift). Wilhelm Hohmann, Kompendium der Privatbanken in Stuttgart 1865 bis Ende der 1980er Jahre (= Stuttgarter historische Studien zur Landes- und Wirtschaftsgeschichte 14), Ostfildern 2009, S. 241–244.

139
Elmer & Zweifel, Bempflingen

Name Gebr. Elmer & Zweifel GmbH & Co.
Geschäftstätigkeit Baumwollspinnerei und Weberei
Branche Nr. 170
Umfang 25
Laufzeit 1853–1984
Benutzbarkeit Eingeschränkt
Bestand Y 184

Bestandsgeschichte Das Archivgut wurde 1990 von der Geschäftsleitung übernommen.
Geschichte Die Gebrüder Gabriel und Johann Jakob Elmer aus Glarus/Schweiz errichteten 1855 in Bempflingen eine mechanische Baumwollspinnerei und -weberei, an der auch Esajas

Zweifel beteiligt war. Im selben Jahr wurde auch die Firma unter dem Namen Gebrüder Elmer & Zweifel Baumwollspinnerei und Weberei ins Register des Oberamtes Urach eingetragen. 1876 wurde eine neue Weberei in Mittelstadt errichtet. 1885 erreichte die Firma mit 795 Personen den höchsten Beschäftigtenstand in ihrer Geschichte. Während des Zweiten Weltkrieges wurden Kraftfahrzeuge mit Spezialeinrichtungen ausgestattet, die textile Fertigung wurde stillgelegt. Nachdem die Weberei in Mittelstadt 1965 stillgelegt wurde, konzentrierte man die Produktion auf das Stammwerk in Bempflingen. 1993 wurde es durch einen modernen Fertigungsbetrieb in der Tschechischen Republik erweitert. Das Unternehmen fertigt heute vor allem Gewebe- und Textilprodukte für industrielle und medizinische Anwendung, den Pflegebereich, Heim und Haus und für Landwirtschaft und Gemüsebau.

4 Besuchertagebuch 1977–1979
5 Gesellschafterverträge 1876, Teilhaber Artur Goeppinger 1898
9 Arbeitsverträge 1874, Erwerbslosenfürsorge 1917
10 Grundstückskäufe 1853–1868, Bauunterlagen (u. a. technische Pläne von Maschinen, Lagepläne, Aufrisse, Grundrisse) 1853–1922, Wasserbau, -rechte, -kraft 1853–1984
11 Kredite 1856–1863
13 Maschinen 1853–1854, Turbinenbau 1856–1858, Stromlieferung 1912
16 Statistik 1868–1905, Kalkulationsbuch 1858–1901, Inventare und Bilanzen 1853–1867, 1888–1897, Journalbuchserie 1854–1944
17 Einkommensteuer 1917–1924, Wehrbeitrag und Besitzsteuer 1913, Kriegssteuer 1917, Gewerbesteuer 1912–1919, Umsatzsteuer 1919–1923, Vermögenszuwachssteuer 1921
18 Feuerversicherung 1856–1928, Unfallversicherung 1925–1932, Landtransportversicherung 1931, Kfz-Haftpflichtversicherung 1924–1931
20 Verein Süddeutscher Baumwollindustrieller 1920
50 125 Jahre Gebrüder Elmer & Zweifel, Reutlingen [1980] (Festschrift).

140
EnBW, Karlsruhe

Name Energie Baden-Württemberg AG
Geschäftstätigkeit Energiewirtschaft
Branche Nr. 400
Umfang 346
Laufzeit 1995–2016
Benutzbarkeit Eingeschränkt
Bestand B 97

Bestandsgeschichte Das Archivgut geht dem WABW seit dem Jahr 1997 in regelmäßigen Ablieferungen zu. Sechs Ablieferungen von rund 300 lfm im Zeitraum 2014/15 enthielten die Akten des Vorstands, vor allem der Vorstandsvorsitzenden Gerhard Goll, Utz Claassen und Hans-Peter Villis, aus den Jahren 1997 bis 2012. Die Ablieferung aus dem Vorstandsbüro von Gerhard Goll umfasste unter anderem als Vorprovenienz die Vorlagen und Protokolle der Vorstandssitzungen des Badenwerks aus den Jahren 1965 bis 1998.
Geschichte Die Energie Baden-Württemberg Aktiengesellschaft entstand 1997 durch Fusion der Badenwerk AG und der Energie-Versorgung Schwaben AG (EVS). Im Januar 1998 wurde die Abkürzung EBW aus Marketinggründen in EnBW geändert. Anfang 2000 verkaufte das Land Baden-Württemberg seinen Aktienanteil von 25,1 % an den vom französischen Staat dominierten Energiekonzern Electricité de France (EdF). Die EdF und der zweite Hauptaktionär, der Zweckverband Oberschwäbische Elektrizitätswerke (OEW), stockten ihre laut vertraglicher Festlegung paritätischen Anteile in der Folge bis auf jeweils 45,01 % auf. 2003 erfolgte die Eingliederung der schon zuvor beherrschten Neckarwerke Stuttgart AG, die 1998 aus einer Fusion zwischen den Neckarwerken Esslingen und den Technischen Werken der Stadt Stuttgart (TWS) hervorgegangen war, in den Konzern. Im Oktober 2010 kaufte das Land Baden-Württemberg auf Initiative des Ministerpräsidenten Stefan Mappus die Unternehmensanteile der EdF für rund 4,7 Mrd. Euro.

4 Pressespiegel 1992–2002 und 2009–2016
5 Innere Fusion, Integration der Konzernteile, interne Leistungsbeziehungen 1998–2000, Privatisierung 1999

6 U-Plus Umweltservice AG Ettlingen 1994–1999, Bodensanierung Bischofswerda 1994–2001, Beteiligungen in Sachsen (GESO, ESAG) 1999–2003, tesion Stuttgart 2001–2002, Beteiligungen Stadtwerke 2000–2006, Beteiligungen in Österreich 2001–2003, Beteiligungen in der Schweiz / Lonza AG Basel 2001–2003, Gasversorgung Süddeutschland GmbH (GVS) 2001–2002, Salamander AG 1997–2003
7 Handakten des Mitglieds der Geschäftsführung Michael Zerr 1997–2002, Electricité de France 2001–2002, Handakten der Vorstandsvorsitzenden Gerhard Goll, Utz Claassen und (in Teilen) Hans-Peter Villis 1997–2012; Vorstand und Aufsichtsrat der Badenwerk AG 1965–1998 hier als Vorprovenienz
9 Mitarbeiterzeitschriften und Mitarbeiterinformation 1998–2014 (»Intern« 99–01, »News« 99–03, »Zeitung« 98–13, »Team« 2014–, Rundschreiben 98–03), Mitteilungen Betriebsrat 2000–2003
13 Jahr-2000-Computerproblematik (»Y 2 K«) 1998–2000
15 Kundenzeitschrift 2000–2015, Umweltbericht 1998–2009, Innovationsbericht 1997–2010, Plakate 1999–2013, Broschüren und Faltblätter 1998–2014, Kataloge geförderter Kunstausstellungen 1999–2014, Kalender 1998–2012, Pressemitteilungen 2003–2012
16 Geschäftsberichte 1997–2014
47 Filme: Sammlung Videofilme zu Energiethemen 1995–2010
48 Textile Werbeträger und Arbeitskleidung 1998–2015
49 WABW B 88 (v. a. Vorstand und Aufsichtsrat 1965–1998), B 2000, B 150, B 2030
50 Bernd Kreutz, Also ich glaube Strom ist gelb, Über die Kunst, Konzerne Farbe bekennen zu lassen, Ostfildern-Ruit 2000.

141
Erhard Armaturen, Heidenheim an der Brenz

Name Johannes Erhard Inh. H. Waldenmaier Süddeutsche Armaturenfabrik
Geschäftstätigkeit Armaturenfabrik, Bronze- und Eisengießerei
Branche Nr. 275/282
Umfang 0,1
Laufzeit 1916–1918
Benutzbarkeit Ja
Bestand B 163

Bestandsgeschichte Die Unterlagen wurden 2012 von einem Privatmann aus Heidenheim übernommen.
Geschichte 1871 gründete Johannes Erhard eine Gießerei mit Armaturenfabrik in der mittleren Vorstadt in Heidenheim. 1904 übernahm der Neffe des Gründers, Ingenieur Josef Waldenmaier, das Unternehmen. 1911 zog der Betrieb in neue Werkstätten an der Meeboldstraße um. Nach dem Tod von Josef Waldenmaier 1934 ging die Geschäftsleitung auf dessen Söhne Erhard und Heinz Waldenmaier über. 2001 übernahm der US-amerikanische Konzern Tyco Waterworks das Unternehmen. Seit 2010 gehört es mit anderen einschlägigen Firmen der Armaturentechnik zur neu gegründeten Firma Talis Management Holding mit Sitz zunächst in Rodgau bei Frankfurt, mittlerweile in Heidenheim an der Brenz.
Von Dezember 1936 bis März 1939 arbeitete Georg Elser im Unternehmen, zunächst als Gussputzer, dann im Materialeingang, wo er unter anderem Pulver und Zünder empfing und weiterverteilte und dabei Material für sein Attentat auf Adolf Hitler im Münchener Bürgerbräukeller am 8. November 1939 abzweigen konnte. Das Produktportfolio reicht von Hausanschluss-Armaturen über Großanlagen für Industriebetriebe bis zu Armaturen für Wasser- und Abwasser-Leitungssysteme wie z. B. die Bodensee-Wasserversorgung zwischen Sipplingen und Stuttgart, Rohrleitungen der Vorarlberger Illwerke AG in Bregenz oder die Kanalisation der Metropole Kairo.
4 Organisation und Tätigkeit der vom Kriegsamt in die Firma abgeordneten Inspekteure des

Waffen- und Munitions-Beschaffungsamts, konkret: Inspektion, Abnahme und Versand der bei Erhard / Waldenmaier hergestellten Artilleriemunition

49 WABW 1250.93: Erhard-Berichte (Lücken).

50 Karl Kaspar Meck, Die Industrie- und Oberamtsstadt Heidenheim a. Br. nebst dem Schloß Hellenstein in der Vergangenheit und Gegenwart, Teil 2, Heidenheim 1910, S. 162 f. Deutscher Heimatdienst Verlag und Archiv Dochtermann, Die Landkreise Aalen, Schwäb. Gmünd und Heidenheim mit Wirtschaftsbiographien, Stuttgart 1954, S. 145 f. 100 Jahre Erhard Armaturen, Heidenheim [1971] (FS). Karl Götze, Menschen und Werke, 100 Jahre Erhard-Armaturen 1871–1971, Heidenheim 1971 (FS).

142 Erlau, Aalen

Name Erlau AG
Geschäftstätigkeit Eisen- und Drahtwerk
Branche Nr. 287
Umfang 5
Laufzeit 1854–2000
Benutzbarkeit Ja
Bestand B 156

Bestandsgeschichte Das Archivut wurde nach der Übernahme durch die Firma Rieger und Dietz (RUD) im Jahr 1990 an das WABW abgegeben. Hinzu kamen kleinere Nachlieferungen.

Geschichte 1828 kauften die drei Geschäftspartner Betzler, Führgang und Anderwerth aus Aalen eine bereits seit 1795 bestehende Drahtzieherei und gründeten eine OHG mit der Firmenbezeichnung Betzler, Führgang & Co. Das Unternehmen setzte die Produktion von Draht fort, fertigte ab 1847 auch Drahtstifte und begann 1851 mit der Produktion von Ketten, zunächst primär für den landwirtschaftlichen Bereich. Seit 1847 trug die Firma die offizielle Bezeichnung Eisen und Drahtwerk auf der Erlau, so hieß die Wiesenlandschaft nahe der Stadt Aalen, wo das Unternehmen seine erste Produktionsstätte hatte und wo bis heute das Hauptwerk der Erlau AG steht. 1870 erfolgte die Umwandlung in eine Aktiengesellschaft. In den 1920er Jahren wurde die Produktion von Fahrzeugketten aufgenommen, 1926 die industrielle Massenfertigung von Schneeketten. Ab 1956 erlangte die Herstellung von Stahlmöbeln, insbesondere für den Freiluftbereich, einen zunehmenden Stellenwert. Die Bedeutung der Firma wuchs durch die Übernahme von drei Wettbewerbern in den 1950er und 1960er Jahren, der Pistor-Ketten GmbH aus Wuppertal, der Kettenfabrik Hetz aus Ettlingen sowie der Bayers Ruhrkettenfabrik aus Iserlohn. Zunehmend expandierte Erlau auch auf Absatzmärkte in den USA, Brasilien und Australien. Die wechselvolle Beziehung zum benachbarten Kettenproduzenten Rieger und Dietz (RUD) in Aalen-Unterkochen mündete 1987 in den Kauf der Aktienmehrheit der Erlau AG durch Rieger und Dietz. Nach der Fusion der Erlau AG mit der bisherigen Muttergesellschaft im Jahr 2018 wurde Erlau eine Marke der RUD Gruppe.

4 Firmenjubiläen 1895–1970

6 Pistor-Ketten GmbH 1959–1961, Gutachten zu den Unternehmenswerten Erlau und RuD 1980–1981

7 Protokollbuchserie der Aufsichtsratssitzungen 1870–1923, 1937–1982, Aufsichtsrat 1958–1989, Vorstandsberichte an den Aufsichtsrat 1950–1975, Hauptversammlung 1899–1970

9 Personalliste 1879–1928

10 Geschäftsimmobilien 1952–1970

13 Qualitätsprüfung 1944–1955

14 Preise 1928–1985

15 Produktwerbung 1957–1986, Kundenreferenzen 1941–1966

16 Hauptbuch 1913–1937, Bilanz 1927–1946, Jahresabschlussprüfung 1935–1976, Geschäftsberichte 1959–1970, 1982–1987, Umsätze 1965–1971

20 Süddeutsche Eisen- und Stahlberufsgenossenschaft 1956–1961, Verband Württemberg-Badischer Metallindustrieller 1948–1963, IG Draht, Fachverband Draht 1958–1962

21 Rechtsstreit mit RuD 1551–1954

47 Fotos: Produkte, Produktion, Werksgebäude, Versuche/Materialprüfung, Werbung, 100jg. Jubiläum um 1900 – um 1975, Filme Produkte im Einsatz 1950er Jahre

48 Bronzebüste Heinrich Holch (um 1960?), Medaille Landwirtschaftliche Gesellschaft 1952

50 Monographien deutscher Wirtschaftsgebiete, Band 14: Ulm – Ostalb – Neckar – Hohenlohe – Franken, Oldenburg 1961, S. 205. 125 Jahre Erlau 1828–1953, Aalen 1953 (Festschrift). Eisen- und Drahtwerke Erlau AG, zum 100-jährigen Bestehen als Aktiengesellschaft, Aalen 1970 (Festschrift). Die RUD-Kettenfabrik, [erweiterter] Sonderdruck zum 90-jährigen Bestehen der RUD-Kettenfabrik Rieger & Dietz, Unterkochen/Württ., aus »Die Westdeutsche Wirtschaft und ihre führenden Männer«, Frankfurt am Main 1963. Der Ostalbkreis (Heimat und Arbeit), Stuttgart und Aalen 1978, S. 504f., 519f.

143
Ernst & Meissner, Marbach am Neckar

Name Ernst & Meißner
Geschäftstätigkeit Lederfabrik
Branche Nr. 190
Umfang 0,1
Laufzeit 1904–1941
Benutzbarkeit Ja
Bestand B 63

Bestandsgeschichte Das Archivgut wurde 1990 aus Familienbesitz übernommen, verbunden mit dem Hinweis, weitere Unterlagen des Unternehmens seien nicht überliefert.
Geschichte Das Unternehmen wurde 1904/1905 in Marbach gegründet und verarbeitete überwiegend Zylinderkalbsleder für Spinnereien.
10 Baukosten 1904/05
16 Kassenbuch, Wertpapiere 1911–1941
17 Steuererklärungen, Reichsnotopfer, Einkommensteuer 1909–1921
50 Im WABW nicht vorhanden.

144
Ernst, Hermann, Marbach a. N.

Name Hermann Ernst
Geschäftstätigkeit Gemischtwarenhandlung
Branche Nr. 520
Umfang 0,1
Laufzeit 1900–1924
Benutzbarkeit Ja
Bestand B 51

Bestandsgeschichte Die Archivalien wurden 1987 von einem privaten Sammler übernommen.
Geschichte Die Gemischtwarenhandlung existierte unter dem Namen Wilhelm Ernst bereits in den 1880er Jahren. Sie ging dann an Hermann Ernst über. Nach dessen Tod führte die Witwe das Geschäft in den 1920er Jahren fort.
16 Posteinlieferungsbuch, Hauptbuch, Rechnungen 1900–1924
50 Im WABW nicht vorhanden.

145
Esbi, Kuchen

Name Süddeutsche Baumwolle-Industrie AG
Geschäftstätigkeit Baumwollspinnerei und Weberei
Branche Nr. 170/171/172
Umfang 45
Laufzeit 1850–1942
Benutzbarkeit Eingeschränkt
Bestand B 39

Bestandsgeschichte Das Archivgut wurde in mehreren Teillieferungen ab 1983 übernommen. Besonders gut dokumentiert ist der gesamte Arbeits- und Sozialbereich, Zimelien sind die Archivalien zur Weltausstellung 1867 in Paris.
Geschichte Der Schweizer Johann Heinrich Staub errichtete zwischen 1852 und 1854 eine mechanische Baumwollspinnerei in Geislingen-Altenstadt (J. H. Staub & Söhne). 1861 übernahm sein Sohn Emil den Betrieb in Altenstadt. Der andere Sohn, Arnold, gründete 1857 eine mechanische Baumwollweberei Staub & Comp. In

Kuchen, zu der 1859 ein Spinnereibetrieb hinzukam. Als 1871 Emil Staub in Altenstadt zahlungsunfähig wurde, erwarb sein Bruder Arnold 1871 das Unternehmen. Infolge von Zahlungsschwierigkeiten wurde der Kuchener Betrieb unter Führung der Württembergischen Vereinsbank von Arnold Staub 1881 aufgelöst und in eine AG umgewandelt, die den Firmennamen Süddeutsche Baumwollindustrie AG (SBI) erhielt. Neuer Vorstand wurde der Industrielle Emil Waibel, der die Fabriken von Waibel & Co., die Weberei in Günzburg und die Spinnerei in Waltenhofen in die Aktiengesellschaft hereinnahm. Arnold Staub behielt die Altenstädter Fabrik, die jedoch nach seinem Tode 1883 ebenfalls in der SBI aufging. 1983 ging das Unternehmen in Konkurs. 1986 wurde die Gesellschaft aufgelöst.

3 Arnold Staub (Abschiedsbrief 1882)

4 Entstehungsgeschichte SBI 1881–1927

5 Korrespondenzen 1853, Eintragung ins Handelsregister 1946, Gesellschaftsvertrag 1981, Konkursverfahren 1982–1984

6 Gebr. Marx, Stuttgart, A. Gutmann & Co GmbH, Hechingen 1937–1938, Produktübernahme Gminder 1964–1973, Teilhaberschaft Baruch & Söhne 1870–1930

7 Handlungsvollmachten, Prokura 1925–1936, Aufsichtsrat 1946–1982, Vorstand 1924–1963, Hauptversammlung 1975–1982

9 Arbeiterbuchserie, Zeugnisse, Fabrik- und Hausordnungen, Strafenbücher, Löhne, Konfessionsfragen 1871–1936, Zahltagsrapporte 1885–1890, Streiks und Aussperrungen 1920, Leistungsbericht 1940–1941, Werkschutz 1962–1965, Werksfeuerwehr 1948–1956, 1971–1983, Arbeiterlöhne, Lohn- und Arbeiterstatistik 1947–1963, Wohlfahrtskasse 1930–1982, Süddeutsche Textilberufsgenossenschaft 1921, Betriebsbesichtigung 1951, Arbeitsordnung, Tarifvertrag 1918–1921, Betriebsmitteilungen 1960–1982, Betriebsverfassungsgesetz 1960–1975, Gewerkschaft 1946, Akkord 1948–1974, Betriebsrat 1920–1981, Personalstatistik 1955–1962, Betriebskrankenkasse 1967–1981, Sozialplan 1980

10 Wasserrecht 1834–1913, Kauf- und Tauschverträge 1866–1983, Grundstücke und Gebäude 1882, 1939, Fabrikanlage und Arbeitersiedlung Kuchen (auch Lithographien und Stiche) 1867, Bauakten 1900–1955, Zusammenstellung der Grundstücke 1978, Baugenehmigungen 1924–1975, Baugesuche 1909–1921, Lagepläne, Pläne, Fabrikansichten

11 Darlehen, Bürgschaften, Kredite 1973–1983, Aktienbuch 1932–1973

12 Bremer Baumwollbörse 1887

13 Statistik 1882–1967, Gütezeichen 1955–1960, Spinnerei 1951–1967, Weberei 1947–1974, Warenzeichen 1930–1980, Elektrisierung 1914–1922, Uniform, Krawatten

15 Weltausstellung 1867, Stoffmusterbücher, Kataloge von Fremdfirmen

16 Betriebsstatistik 1928–1964, Betriebsprüfung 1951–1983, Bilanzen 1926–1927, 1977–1982, Kosten-Leistungsvergleiche 1955–1956, Jahresabschlussprüfungen 1950–1981, Ertragsrechnungen 1939–1941, 1979–1980, Geschäftsberichte 1931–1980, Hollerithbuchhaltung 1938

17 Umsatzsteuer, Mehrwertsteuer, Gewerbesteuer, Körperschaftsteuer 1900–1983

18 Reichsversicherungsanstalt für Angestellte 1946

19 Spruchkammerakten 1946–1948, Militärregierung 1946

20 Verband deutscher Weberausrüster 1933, Mitteilungen des Deutschen Forschungsinstituts für Textilindustrie 1937, Verband der südwestdeutschen Textilindustrie 1962–1967, Verband der baden-württembergischen Textilindustrie 1964–1966, Verband der süddeutschen Baumwollindustrie 1960–1965, Verband für Arbeitsstudien 1960–1962, Hauptverband Baumwollspinnerei 1957–1965

47 Fotos: Gründer Johann Heinrich Staub mit Familie um 1850, Brand 1964. Ölgemälde von Arnold Staub 1889

48 Goldmedaille Weltausstellung Paris 1867, Kasse, Stempel, Spulen, Verpackungen

49 B 183

50 Das Land Württemberg, Seine wirtschaftliche und kulturelle Bedeutung, II. Ausgabe, Verlag Stuttgarter Neues Tagblatt, Stuttgart 1927, S. 19. E. Waibel, 50 Jahre Süddeutsche Baumwoll-Industrie A.-G. Kuchen, Erinnerungs-Schrift anlässlich des 50-jährigen Jubiläums der Firma [Kuchen 1932] (Festschrift). Karlheinz Bauer, Geschichte der Stadt Geislingen an der Steige, Band 2: Vom Jahre 1803 bis zur Gegenwart, Geislingen [um 1975], S. 315–324. Christel Köhle-Hezinger und Walter Ziegler (Hg.), »Der glorreiche Lebenslauf unserer Fabrik«, Zur Geschichte von Dorf und Baumwollspinnerei Kuchen, Weißenhorn 1991.

146
Escher Wyss, Ravensburg

Name Escher Wyss GmbH (Voith Paper)
Geschäftstätigkeit Papiermaschinen, Turbinen
Branche Nr. 291/296
Umfang 57
Laufzeit 1856–1994
Benutzbarkeit Eingeschränkt
Bestand Y 358

Bestandsgeschichte Das Archivgut wurde 2005 und 2007 übernommen.
Geschichte Der Ursprung der Firma Escher Wyss in Ravensburg geht auf die 1805 vom Architekten und Ingenieur Hans Casper Escher und dem Bankier und Jurist Salomon von Wyss gegründete Baumwollspinnerei Escher, Wyss & Cie. in Zürich zurück. Infolge der Kontinentalsperre ging das Unternehmen dazu über, Textilmaschinen und dazugehörige Ersatzteile zu produzieren. Die Produktionsbereiche wurden auf Wasserräder, Dampflokomotiven und ab 1835 auf Dampfschiffe erweitert. Mit dem Verkauf von Wasserturbinen begann die Firma 1844. Escher Wyss konzentrierte sich auf den gewinnbringenden Maschinenbau und schloss die Spinnerei im Jahre 1860.
Die große Nachfrage nach Maschinen, Zölle und verkehrstechnische Gründe veranlasste die Firma, ein Tochterunternehmen in Deutschland zu gründen. Das Unternehmen entschied sich für den Standort Ravensburg wegen der vorhandenen Wasserkraft, den verfügbaren Arbeitskräften und den günstigen Verkehrsverhältnissen. Unter der Leitung des Ingenieurs Walter Zuppinger, dem Werkmeister Johannes Reisser und 18 Arbeitern wurde dort 1859 die Produktion von Spinnmaschinen, Transmissionen und Wasserrädern aufgenommen. 1862 wurde die Eisengießerei fertiggestellt. Das Fabrikationsprogramm wurde nach und nach um Hobel- und Bohrmaschinen, Mühlen, Verstellpropeller, Turbinen und Papiermaschinen erweitert. 1889 wurde die Firma in eine Aktiengesellschaft der Maschinenfabrik von Escher, Wyss & Cie., Ravensburg umfirmiert und nach wirtschaftlichen Schwierigkeiten im Jahr 1931 folgte 1932 die Reorganisation des Unternehmens, welche zur rechtlichen Selbstständigkeit als Firma Escher Wyss Maschinenfabrik GmbH Ravensburg führte. Nach 1945 wurde die Fabrikation von Wasserturbinen, Pumpen, Dampfturbinen, Papiermaschinen und Anlagen für die Verfahrenstechnik wieder aufgenommen. 1966 beteiligte sich die Sulzer AG aus Winterthur mit 53 Prozent an der Escher Wyss GmbH und übernahm sie 1969 als hundertprozentige Tochtergesellschaft Sulzer-Escher Wyss GmbH Ravensburg. 1994 kam es zur Gründung eines Joint Ventures im Papierbereich zwischen der J. M. Voith GmbH, Heidenheim und der Sulzer AG, zur rechtlichen selbstständigen Voith Sulzer Papiertechnik GmbH. Im Jahr 2000 übernahm Voith von der Sulzer AG den Großteil der Anteile am Joint Venture in der Papiertechnik. Der Konzernbereich wurde in Voith Paper umbenannt. Bei den anderen Sparten kam es ab 1995 zu Ausgliederungen, zu Spezialisierungen und zur Gründung von eigenen GmbHs. Es entstanden die Sulzer Hydro, die heute zum Andritz-Konzern in Graz gehört, die Sulzer Turbo (heute MAN-Service) und die Sulzer Chemtech, die über die Austrian Energy zum VA-Tech-Konzern und später zu Andritz, Graz wechselte.

5 Gründungsunterlagen 1856–1955, Handelsregister-Eintragungen 1870–1933, Umwandlung in GmbH 1929–1936

6 Escher Wyss Zürich 1894–1951

7 Direktor Dr. Georg Meyer 1911–1955, Direktor August Maas 1911–1936, Oberingenieur Georg Großmann 1919–1939, Direktions-Akten 1936–1953

9 Jubilare 1913–1934, Darlehen 1902–1940, Lebensmittelpreise 1914–1925, Betriebskrankenkasse, Versorgungskasse 1909–1984, Pensionskasse, Betriebs-Rentner 1930–1938, Personal-, Gehalts-, Steuer-, Wahllisten, Belegschaft 1868–1948, Lohngruppenkatalog 1942, Werkszeitung 1961–1983, Arbeitszeugnisse 1893–1937, Personal 1892–1959

10 Bauvorhaben, Bauabrechnungen, Kraftanlagenerneuerung 1907–1931, Direktor-Wohnhaus,

Beamten- (Angestellten) Wohnhaus 1922–1934, Grundstückserwerb, Grundbuchauszüge 1896–1938, Baugesuche, Baupläne 1892–1949, Wasserkraftanlage Schussen 1871–1918
13 Kaplan-Turbinen, Wasserkraftanlagen, Papiermaschinen, Zentrifugen, Walzentrockner, Kompressoren, Verstellpropeller, Zoelly-Dampfturbinen 1903–1943, Patente 1888–1938, Gießerei 1901–1922, Technische Zeichnungen 1901–1924
14 Wasserkraftanlagen 1922–1955, Wasserturbinen-Lieferungen 1909–1949, Bestellte Papiermaschinen 1841–1921
15 Prospekte, Werbeanzeigen, Broschüren 1867–1990
16 Inventuren 1890–1903, 1912–1914, Jahresabschlüsse, Bilanzen, Kalkulationen und Rentabilitätsberechnungen 1911–1916, Geschäftsberichte 1912–1914, 1927–1929
18 Stuttgarter Pferde-Versicherungs-Gesellschaft a. G. 1905–1917, Feuerversicherung 1884, 1892, Gebäudeversicherung 1904–1908
20 Verein der Wasserturbinenbauer Berlin 1919–1926, Außenhandelsstelle für Württemberg 1935–1936, Verein Deutscher Ingenieure 1917–1933, Vereinigung deutscher Maschinenbau-Anstalten 1934, VDMA Fachuntergruppe Papierherstellungsmaschinen 1933–1935, Industrieverband Oberschwaben 1933–1936
22 Stiftungen 1914–1922
47 Fotos: Direktion, Wasserturbinen, Verstellpropeller, Papierbau, Trockner, Zentrifugen, Zellstoff, Kaplan- und Propellerflügel, Gießerei, Betrieb, Forschung 1915–2004, Filme: Produktion, Standorte Ravensburg, Winterthur, Zürich, Forschungsversuche 1950–1994
49 B 80 Voith
50 100 Jahre Escher Wyss Ravensburg, Ravensburg 1956 (Festschrift), 125 Jahre Escher Wyss Ravensburg 1856–1981, Ravensburg 1981 (Festschrift), Der Escher. Mitarbeiterzeitschrift am Standort Ravensburg der Voith Sulzer Papiertechnik und Sulzer-Gesellschaften, Ravensburg 1958–1966

147
Eszet, Stuttgart-Untertürkheim

Name Eszet Staengel & Ziller KG
Geschäftstätigkeit Schokoladen- und Kakaofabrik
Branche Nr. 150/158
Umfang 26
Laufzeit 1586–1986
Benutzbarkeit Eingeschränkt
Bestand Y 33

Bestandsgeschichte Das Archivgut wurde 1982 vom letzten Inhaber übernommen.
Geschichte 1857 gründete der Konditormeister Ernst Staengel d. Ä. die Schokoladen-, Kakao- und Bonbonfabrik in Stuttgart. Teilhaber war der Schwager von Ernst Staengel, Karl Ziller, der 1869 aus der Firma ausschied. Infolge zunehmender Expansion übersiedelte das Unternehmen 1899 nach Stuttgart-Untertürkheim, wo eine neue Fabrik errichtet wurde. Nach der Jahrhundertwende wurde das Warenangebot erheblich verkleinert, 1912 die Bonbonfabrikation aufgegeben. 1904 wurde »Eszet« als Warenzeichen eingetragen. Nach dem Ersten Weltkrieg erfolgte die Spezialisierung auf Tafelschokolade und Kakaopulver, seit 1933 produzierte das Unternehmen die Eszet Schnitten. Im Jahre 1931 nach dem Tode von Ernst Staengel d. J. wurde Elisabeth Staengel bis zu ihrem Tode 1973 geschäftsführende Gesellschafterin. 1974 stellte die Untertürkheimer Firma Antrag auf Liquidationsvergleich.
3 Wappenbrief der Familie Staengel 1586, Tod von Ernst Staengel 1931, Tod von Rolf Eberhard Staengel, runde Geburtstage und Tod von Elisabeth Staengel 1942–1973, Gert Staengel (Berufsausbildung, Firmeneintritt, Familienfeiern) 1945–1971, Erbschaft Ernst Staengel 1931–1938
4 Betriebschronik 1900–1955, Kriegschronik 1914–1918, Kriegschronik »Eszet-Post« 1939–1944, 50 Jahre Eszet 1924, 75 Jahre Eszet 1932, Musikstücke Eszet (gewidmet von Nandor-Supp), 100-jähriges Jubiläum 1957, Festschrift zum 100-jährigen Jubiläum
5 Handelsregister 1915–1971, Gesellschafts- und Eheverträge 1902–1967
6 KEG Kakao-Einkaufsgenossenschaft 1969–1974, KEG: Monatsberichte 1959–1969,

Geschäftsanteil und Dividenden 1946–1974, Gesellschafterversammlung und -berichte 1955–1961, Bilanzen und Gewinn- und Verlustrechnungen 1948–1973, Aufsichtsrat 1959–1971, Jahresabschlüsse 1970–1973, Gesellschaftsvertrag 1955

7 Korrespondenz Beratervertrag 1954–1973, Stabsbesprechungen 1965–1968, Korrespondenzen mit Rechtsanwälten und Wirtschaftsprüfern 1969–1974

8 Organisation Eszet 1974

9 An- und Abmeldebücher zur Krankenkasse 1897–1972, Löhne 1972, Industrie-Pensions-Verein 1974–1975, Pensionsrückstellungen 1960–1964, Leistungskampf um 1940, Ansprachen (u. a. Betriebsversammlungen) 1954–1969

10 Immobilienkartei 1948–1972, Grundstücke (u. a. Grundbuchamt, Belastungen, Verträge, Lagepläne) 1957–1980, Fabrikanwesen (Lagepläne, Schätzungen etc.) 1959–1973, Grundstücksverkauf 1970–1974, sozialer Wohnungsbau für Belegschaftsmitglieder 1950–1975, Baumaßnahmen mit Rechnungen und Plänen 1898–1944

11 Darlehen ausgeschiedener Gesellschafter 1968–1971, Korrespondenzen mit Bankhaus Anselm & Co KG Stuttgart 1970–1976, Commerzbank Stuttgart 1969–1973, Landeszentralbank Stuttgart 1971–1974, Bankhaus Neuvians, Reuschel & Co. München 1968–1970, Handels- und Gewerbebank Heilbronn 1968–1972, Bankkontakte 1972, Kredit 1968

12 Butterkäufe 1973–1974

13 Maschinen- und Utensilienbuch 1891–1897, Kartei (Immobilien, Mobilien, Maschinen mit Zu- und Abgängen, Abschreibungen) 1948–1972, Produktbeschreibung, Eszet Sortiment 1949–1974, Rezeptbuch von Konditor Ernst Staengel 1842, Herstellungsbücher 1932–1967, Kontrollnummernbücher um 1910–1961, Aufzug-Prüfungsbuch 1927–1935, Kartei Warenzeichen (In- und Ausland) 1899–1986, Korrespondenz Warenzeichen, Patente, Gebrauchsmuster um 1910–1962, Patent- und Gebrauchsmusterurkunden 1952–1963

14 Umsätze 1964–1971, Kundenrundschreiben 1946–1969, Marketing und Produktplanung 1968–1974, Marktuntersuchung Schokoladenverbrauch 1956, Packungstests, Meinungsumfragen 1961–1973, Konsum-, Markt- und Absatzuntersuchung GfK-Nürnberg 1973, IFO-Institut für Wirtschaftsforschung e. V. (Umfrage gefüllte Schokolade) 1961, Produkttest Pralinen GfK 1972, Distributionsuntersuchung Eszet Schnitten 1972–1973, Gutachten zu Absatzgestaltung 1957–1974, Kunden 1970–1971

15 Preislisten 1885–1973, Umschläge, Einschlagpapier, Einlegezettel, Aufkleber um 1914–1970, Verkaufsförderung 1973, Produktverpackungen sowie Hülsen, Tragetaschen und Attrappen (Schokolade, Bonbons, Waffeln, Kakao etc.) u. a. mit Auflagenhöhe und Bestellungen (Druckerei Stähle & Friedel) um 1900–1970, Aufsteller, Briefköpfe, Klebemarken, sonstiges Werbematerial 1910–1970, Pressenotizen 1975

16 Hauptbuch 1864–1895, Inventurbuchserie 1866–1898, Geheimbuchkonto 1895–1905, Buchhaltungsbücher (Einkauf, Verkauf, Kunden, Banken, Postscheck, Geld, Hauptbuch) 1935–1970, Jahresabschlußberichte 1939–1950, vorläufige Jahresabschlüsse 1935–1951, Jahresabschlüsse Staengel & Ziller, Eszet Kakao- und Schokoladenfabrik 1951–1973, Ertragslagebericht Eszet 1964, Jahresabschlüsse Schokoladenfabrik Mitterfelden GmbH 1972, konsolidierte Bilanzen und Gewinn- und Verlustrechnungen, Eszet und Edelweiß Schokoladenfabriken Mitterfelden GmbH 1969–1970, DM-Eröffnungsbilanz 1948, Betriebsabrechnungsbogen 1962–1966, Platzkosten 1941, Ertragsrechnungen 1949–1953, DM-Eröffnungsbilanz 1950, Liquidationsbilanz 1968, Kontenplan, Inventuren 1968–1971, Wechselkopierbuch 1973–1974

17 Aufbringungsumlage und Vermögensteuer 1932–1938, Betriebsprüfungen 1943–1952

18 Feuerversicherung 1959–1971, Ausstellungsversicherung 1961–1974, Maschinenversicherung 1973–1974, Haftpflichtversicherung 1951–1975, Warenkreditversicherung 1970–1974, Transportversicherung (Rohstoffe, Maschinen) 1963–1974, Feuer- und Betriebsunterbrechungsversicherung 1956–1976, Kreditversicherung 1974–1976, Lebensversicherung 1974, Frachtstundungsversicherung 1943–1974

19 Korrespondenz Spruchkammer 1945–1950

47 Fotos: Produktion, Fuhrpark, Ernst Staengel und Emilie Ziller um 1880–1960, Wohngebäude Olgastraße 1912, Maschinen, Fabrikeinrichtungen, Arbeitsplätze, Fabrikgebäude um 1920–

1960, Ausstellungen und Messen 1907–1953, Betriebsausflüge um 1930–1960, Belegschaft, Jubilare, Trauerfälle, Verband Deutsche Süßwarenindustrie, Betriebsrat, Vertreterbesprechungen um 1930–1950, 100-jähriges Firmenjubiläum 1957, Fuhrpark um 1900–1960, Mitglieder der Familie Staengel um 1930–1970, Ernst Staengel d.J. (im Ersten Weltkrieg: Belgien, Dadizaele, 27. Res. Korps), Gruppenfotos der Verbandstagungen der Deutschen Schokoladefabrikanten in Köln und Dresden 1904 und 1911, Fotoalbum der Feier zur Grundsteinlegung der IHK Stuttgart Jägerstraße 30 1952, 60. Geburtstag Elisabeth Staengel 1942. Schallplatten: Eszet Schlager 1953–1963. Tonband: Feierstunde 85. Geburtstag Elisabeth Staengel 1967, Tonbänder und Schallplatte zur Hundertjahrfeier. Fotoband über New-York aus dem Besitz von Hans Eberhard Staengel 1936. Ölgemälde von Adolf Senglaub: Kakao- und Schokoladenwerbung, Ernst Staengel d. Jüngere und der Ältere, Otto Staengel, Rolf Staengel, Elisabeth Staengel, Ruth Klaiber, Hans-Eberhard Staengel, Jubiläumsurkunde (Ölbild zum 50-jährigen Firmenjubiläum)
48 Vasen, Reklamespiegel, Zahlteller, Aschenbecher, Geschenkschachteln, Vertreterkoffer (Leder) um 1925, Ehrenplakette der Industrie- und Handelskammer Stuttgart mit Urkunde 1952
50 100 Jahre Eszet 1857–1957, Stuttgart 1957 (Festschrift).

148 EVS, Stuttgart

Name Energie-Versorgung Schwaben AG
Geschäftstätigkeit Energiewirtschaft
Branche Nr. 400
Umfang 404
Laufzeit (1874–1919) 1920–1999
Benutzbarkeit Ja
Bestand B 2000

Bestandsgeschichte In den Jahren ab 1967 setzte Dipl. Ing. Wolfgang Leiner verschiedene Maßnahmen zur Sicherung älteren Schriftguts bei der EVS durch und schuf damit die Grundlage für ein Firmenarchiv. Rund ein Viertel des im Jahr 2000 übernommenen Archivguts, insbesondere Unterlagen von EVS-Vorgängerunternehmen, waren unter Leiners Anleitung gemäß einer selbst entwickelten Ziffernklassifikation neu formiert worden. Dabei wurden auch verschiedene Provenienzen nach Pertinenzgesichtspunkten neu zusammengestellt (Beispiel: B 2001 Elektrizitätswerke der Argen in Wangen enthält Akten sowohl der Argenwerke, als auch des Bezirksverbands Oberschwäbische Elektrizitätswerke betreffend Argenwerke).
Im Januar 2000 überantwortete die Energie Baden Württemberg AG (EnBW) die Pflege ihres Historischen Archivs einschließlich des Archivguts ihrer Vorgängerunternehmen dem WABW. Darauf übernahm es den Bestand EVS zusammen mit der gesammelten Überlieferung der EVS-Vorgängerunternehmen im Sommer 2000 aus dem Verwaltungsgebäude in der Kriegsbergstraße in Stuttgart. Das WABW klassifizierte und ordnete den gesamten Bestand. Die gleichzeitig durchgeführte Bewertung der Altregistraturen in den zahlreichen Geschäftsniederlassungen der ehemaligen EVS, die seit 1997 zur EnBW gehören, und die Akquisition der archivwürdigen Dokumente ist so weit abgeschlossen, dass der Bestand im Wesentlichen vollständig vorliegt.
Im Bestand finden sich nicht wenige Vorakten derjenigen Unternehmen, aus deren Vermögen und Anlagen 1939 die EVS formiert wurde, insbesondere des Bezirksverbands Oberschwäbische Elektrizitätswerke (OEW, B 2010).
Geschichte Mit Wirkung auf 1. April 1939 übertrugen die als Bezirks- bzw. Gemeindeverbände organisierten Überlandwerke Oberschwäbische Elektrizitätswerke (OEW), Aistaig, Enzberg-Mühlhausen, Hohenlohe-Öhringen, Ingelfingen-Hohebach, Teinach-Station und Tuttlingen ihr Vermögen, ihre Anlagen und ihr Personal auf die seit 1934 bestehende Gesellschaft Elektrizitäts-Versorgung Württemberg (EVW), die daraufhin ihren Namen in Energie-Versorgung Schwaben AG (EVS) änderte. Zum Ausgleich erhielten die Verbände entsprechende Anteile am auf 41 Mio. RM erhöhten Aktienkapital der neuen EVS. Bis 1998 erfolgten zahlreiche Aufkäufe lokaler und regionaler Energieversorger, darunter 1943 die Elektrische Kraftübertragung Herrenberg. Im Oktober 1997 (Eintrag ins Handelsregister) fusionierten EVS und Badenwerk

AG zur Energie Baden Württemberg AG, abgekürzt zunächst EBW, ab Januar 1998 EnBW.
2 Studien zur Donauversinkung 1925–1957
4 Registratur und Historisches Archiv 1956–1992, gesammeltes Material zur Geschichte der EVS 1939–1987, zur Geschichte der Elektrizitätswirtschaft, Kopien zur Geschichte der Energieversorgungsunternehmen ab etwa 1890, Ausarbeitungen und Publikationen 1968–1987 von Wolfgang Leiner zur Geschichte der Energieversorger und Stromwirtschaft, Aufsätze und Vorträge von Mitarbeitern 1950–1998, Presseausschnittsammlung 1874–1962, Festschriften 1954–2002, Jubiläumsfeier 50 Jahre EVS 1989
5 Gründung 1934–1944
6 Fusion mit dem Badenwerk 1992–1997; Vorarlberger Illwerke Bregenz (Planung, Verträge, Anteilseigner, Geschäftsleitung, Finanzen, Bau, Kraftwerke, Erzeugung, Vertrieb, Generalvergleich zwischen EVS und RWE) 1920–1988; Projekt Oberrheinkraftwerk Koblenz-Waldshut-Kadelburg 1939–1965; kleinere Energieversorgungsunternehmen: Lieferung / Kooperation / Beteiligung / Übernahme (v. a. Alb-Elektrizitätswerk Geislingen 1939–1966, Stadtwerke Heidenheim 1924–1966, GROWAG Heilbronn 1930–1954, Elektrizitätswerk Heilbronn 1937–1968, Gebrüder Bauer AG Mühlacker 1939–1976, Elektrizitätswerk Nagold 1944–1987, Elektrizitätswerk Weißenhorn) 1943–1994; internationale Beteiligungen: DDR / Beitritsgebiet 1990–1996, Interuran 1986–1991, Thailand 1996–1998, Ungarn 1996/97
7 Energiepolitik und -planung 1933–1998, Energieträger Kohle-Gas-Öl-Kernkraft 1949–1987, Unternehmensstrategie und -planung 1943–1991, Arbeitsgemeinschaften mit Badenwerk, Neckarwerken, TWS 1975–1997, Vorstand: Allgemeines / Geschäftsordnung / Personal 1939–1995, Vorstandsprotokolle in Überlieferung verschiedener Vorstände 1939–1995, Handakten verschiedener Vorstände 1939–1997, Vierteljahresberichte an den Aufsichtsrat 1939–1997, Aufsichtsrat: Allgemeines / Geschäftsordnung / Personal 1939–1993, Aufsichtsrat: Sitzungsprotokolle 1947–1998, Handakten verschiedener Aufsichtsräte 1939–1998, Ausschüsse des Aufsichtsrats 1939–1997, Regionale Energiebeiräte 1994–1996, Wahrnehmung von Aufsichtsratsmandaten in anderen Energieversorgungsunternehmen 1958–1997 (v. a. in den Neckarwerken Esslingen ab 1967), Berichte an die Hauptversammlung 1971–1977, Hauptversammlung 1939–1997, Geschäftsleitung Einzelpersonen 1953–1998, Prokura Handelsregister 1963–1997, Adolf Pirrung 1924–1933 und 1945–1963
8 Statistik: interne Zahlen und Berichte an Verbände über Produktion, Vertrieb, Einnahmen, Erzeugungskosten, Wasserkraft und mehr 1923–1997, Unternehmensführung und -organisation 1949–1995, Allensbach-Umfragen 1973–1992, Unternehmensberater 1989–1997, Betriebsorganisation 1939–1995, Abteilungsleiterbesprechungen 1950–1998, betriebsinterne Rundschreiben der Hauptverwaltung 1939–1995, interne Rundschreiben verschiedener Abteilungen (technisch, kaufmännisch, Vertrieb, Personal) 1952–1995, Fernmeldewesen 1954–1966, Fuhrpark 1939–1945, Berichte der Geschäftsstellen 1939–1956, Betriebsverwaltungen (Biberach, Freudenstadt, Herrenberg, Öhringen, Ravensburg, Tuttlingen) 1939–1988, Telefonverzeichnisse 1968–1998, Datenverarbeitung 1964–1998, Berichte der Innenrevision 1967–1976, Normung 1940–1993, Einheitskommission 1968–1983, Katastrophenschutz und Krisenvorbereitung 1972–1985
9 Mitarbeiterzeitschrift EVS-Bericht 1959–1998, Personal allgemein 1939–1968 und 1977–1979, Löhne und Gehälter 1939–1972, Betriebsfürsorge (dabei Werkswohnungen, Ferienheime) 1951–1997, Torfaktion 1953–1959, Arbeitsschutz und Unfallverhütung 1935–1998, Betriebliche Aus- und Fortbildung 1950–1970, EVS-Bildungsprogramm 1984–1998, Personalvertretung 1941–1987, Wirtschaftsausschuss 1960–1990, Betriebsversammlung 1983–1992, Betriebskrankenkasse 1951–1983, Kindergeld 1955–1962
10 Verwaltungsgebäude Stuttgart 1950–1963, Geschäftsimmobilien 1939–1998
11 Finanzplanung (Haushaltspläne, Fünfjahrespläne, Investitionspläne) 1939–1991, Kapitalerhöhungen 1952, 1963, 1972, 1986, begebene Anleihen Inland 1940–1959, Auslandsschuldverschreibungen der OEW 1926–1975, Aktienkapital 1939–1972, Hauptaktionäre (v. a. OEW) 1939–1999, Kredite 1935–1969, Hypotheken-Grundschulden 1951–1964, Staatsbürgschaften 1949–1962, Staatsdarlehen und Kreditanstalt für Wiederaufbau 1943–1954

12 Brennstoffbeschaffung (Kohle, Öl) 1945–1991, Uranbeschaffung und -anreicherung 1974–1981, nukleare Wiederaufarbeitung 1989
13 Kraftwerkstandorte in Baden-Württemberg allgemein 1973–1983, Planung Wasserkraftwerke 1939–1976, Obere Donau Kraftwerke AG 1957–1998, Neckar AG 1930–1997, Illerkraftwerke 1939–1956, Elektrizitätswerk Aach 1939–1989, Dampfkraftwerk Ulm 1947–1998, Dampfkraftwerk Heilbronn 1948–1996, Dampfkraftwerk Marbach 1935–1993, Kraftwerk Bexbach Verwaltungsgesellschaft 1977–1986, Ölschieferkraftwerk Dotternhausen 1941–1965, Dampfkraftwerk Ensdorf 1964–1982, Projekt Kernkraftwerk Lauffen/Neckar 1961–1969, Projekt Kernkraftwerk Breisach 1971/72, Kernkraftwerk Obrigheim 1960–1999, Kernkraftwerk Philippsburg 1969–1998, Gemeinschaftskraftwerk Neckar Neckarwestheim 1981–1998, Hoch- und Mittelspannungsnetz 1924–1979, Niederspannungs-Ortsnetze 1922–1973, Umspannanlagen und Steuerung 1939–1971, externe technische Aufsicht 1949–1981, Entsorgung und Umweltschutz 1950–1985, technische Versuche und Studien 1952–1960, Studien zur Wasserkraftnutzung 1948–1989, Schneller natriumgekühlter Brutreaktor 1981–1987, Materialprüfung, Meßtechnik und Qualitätssicherung 1940–1962, Störungen (-erfassung, -meldungen) 1928–1985, nicht realisierte Projekte (v. a. 600 MW Steinkohlekraftwerk 1974–1984, fahrbares Gasturbinenkraftwerk 1975–1981, Ölverwertung in Oberschwaben 1955–1966, Projekt Ausbau der Argen-Wasserkräfte 1935–1981, Wasserkraftwerk Enzberg 1968–1984, Kernkraftwerk Süd (Wyhl, mit Gerichtsverhandlung) 1973–1992, Patentsachen 1916–1957, technische Zeichnungen 1939–1980
14 Stromtarife und Anschlußbedingungen 1941–1988, Verbundwirtschaft allgemein 1929–1979, Verbund mit Badenwerk, Bayernwerk, Neckarwerke, RWE, TWS und anderen 1939–1982, Vertrieb (Netzplanung, Lastverteilung) 1939–1998, Kleinabnehmer und Tarifkunden 1929–1950, Großkunden 1939–1964, »Grüner Plan« = Förderung ländlicher Stromversorgung 1956–1960, Siedlungsgesellschaften 1961–1967, Geschäftsfeld Gas 1985–1997, Geschäftsfeld Fernwärme 1972–1996, Geschäftsfeld Müll und Entsorgung 1964–1997, Karten 1950–1990
15 Öffentlichkeitsarbeit und Presseinformation 1948–1999, Werbepublikationen 1939–1998, Werbekampagnen 1954–1998, Ausstellungen und Messestände 1931–1974, Kundenzeitschrift Kleinabnehmer 1939/40 und 1949–1998, Kundenzeitschrift Sondervertragskunden 1978–1991, Elektrogemeinschaft EVS 1938–1991, Werbung für elektrische Geräte 1950–1969, Elektrifizierung der Landwirtschaft 1933–1964, BfE – Beratungsstelle für Elektrizitätswirtschaft 1949–1974, Plakate 1980–1997,Taschen- und Wandkalender 1963–1997
16 Geschäftsberichte 1939–1998, Jahresabschlüsse 1939–1994, externe Prüfung der Jahresabschlüsse 1939–1997, »Presse-Echo« auf die Abschlüsse 1971–1997, Kreditoren und Debitoren 1928–1940, Hauptbuch 1939–1947, Kostenentwicklung und Kostenvergleiche 1932–1989, interne Abrechnung 1939–1980, interne Buchführung Serien: Erzeugung, Bezug, Aufteilung, Lieferung, Einnahmen 1949–1978, Zählerablesevergütung 1938–1949, Allgemeine Werte und Stromeinnahmen nach Kreisen 1939, Umsatzzahlen 1952–1954, Kassenbuch Hauptverwaltung 1940–1947, Bezug und Abgabe Hauptverwaltung 1931–1980
17 Verschiedene Steuern (v. a. Umsatzsteuer) 1937–1966
19 Strombewirtschaftung 1942–1952, Kupferaktion 1941–1945, Abrechnung von Kriegsschäden 1940–1951, Französische Militärregierung 1945–1950, US-amerikanische Militärregierung 1945–1950, Länderrat-Ausschuß für Energiewirtschaft 1946–1955, Landeslastverteilung 1945–1953
20 AEL – Arbeitsgemeinschaft für Elektrizitätsanwendung in der Landwirtschaft Essen 1964–1982, AKS – Arbeitsgemeinschaft Baden-Württemberg zum Studium der Errichtung eines Kernkraftwerkes Stuttgart 1955–1961, Arbeitgeberverband 1972–1984, Berufsgenossenschaft 1963, 1980–1998, CIGRE – Conférence Internationale des Grands Réseaux Électriques Paris 1957–1972, Deutsches Atomforum 1956–1997, Deutsche Atomkommission Bonn 1968–1971, DVG – Deutsche Verbundgesellschaft (allgemeines, Mitgliederversammlungen 1948–1998, Ausschuß Neues Energierecht / Rechtsausschuß 1953–1979, Ausschuß Große Kraftwerksblöcke 1961–1969, Planungsausschuß 1949–1972, Ausschuß Öffentlichkeitsarbeit 1962–1972, Aus-

schuß Wirtschaft und Betrieb 1950–1980, Kraftwerksausschuß 1985–1993, Regionalgruppen Österreich, Italien, Frankreich, Schweiz 1950–1982, Interalpen 1949–1969, DDR 1990, verschiedene Arbeitsgruppen und Fachausschüsse 1951–1970), DWK – Deutsche Gesellschaft für Wiederaufarbeitung von Kernbrennstoffen 1977–1996, ECE – Economic Commission for Europe Genf 1951–1972, FGH – Forschungsgemeinschaft für Hochspannungs- und Hochstromtechnik 1972–1989, GDE – Gesellschaft zur Durchführung der Entsorgung von Kernkraftwerken 1982–1990, GKB – Gesellschaft für Kernbrennstoffe 1974–1981, GNS – Gesellschaft für Nuklearservice 1988–1997, GRS – Gesellschaft für Anlagen- und Reaktorsicherheit 1976–1989, HEA – Hauptberatungsstelle für Elektrizitätsanwendung Frankfurt 1951–1977, IZE – Informationszentrale der Elektrizitätswirtschaft 1973–1991, Kammern und Innungen 1953–1965, Kernforschungszentrum Karlsruhe mit WAK 1961–1991, KSK – Kraftwerks-Simulator-Gesellschaft Essen 1987–1992, KTA – Kerntechnischer Ausschuß beim Institut für Reaktorsicherheit Köln, SfH – Studiengesellschaft für Höchstspannungsanlagen Berlin (= ab 1972 Forschungsgemeinschaft für Hochspannungstechnik Mannheim) 1930–1995, Studiengesellschaft Windkraft Stuttgart 1946–1960, Sozialrechtliche Vereinigung von Elektrizitätswerken in Württemberg und Baden 1948–1972, UCPTE – Union pour la Coordination de la Production et du Transport de l'Électricité Paris 1978–1987, VDE – Verband Deutscher Elektrotechniker 1954–1996, VDEW – Vereinigung Deutscher Elektrizitätswerke (enthält VdEW – Verband der Elektrizitätswerke Baden-Württemberg [und Vorgängerländer] 1921–1985 mit u. a. Erhebungen über sämtliche Stromproduzenten in Baden-Württemberg 1939–1972, WEV – Wirtschaftsgruppe Elektrizitätsversorgung 1936–1945, AdEW – Arbeitsgemeinschaft der Elektrizitätswerksverbände in Baden-Württemberg 1947–1957, VDEW allgemein 1952–1981, zwanzig Fachgruppen und -ausschüsse 1950–1995), VDI – Verein Deutscher Ingenieure 1954–1987, VGB – Vereinigung der Großkraftwerksbetreiber Essen 1956–1998 mit Kraftwerksschule 1972–1998, WVE – Wirtschaftliche Vereinigung von Elektrizitätswerken Berlin 1914–1920 = Wirtschaftsverband der Elektrizitätswerke bis 1933 = Einkaufsgemeinschaft der Elektrizitätswerke 1934–1951, TÜV Vorstandsrat 1984–1989, Verschiedene 1929–1995

21 Energiewirtschaftsrecht (Meldungen nach Energiewirtschaftsgesetz, Durchleitung) 1935 und 1947–1980, Kartellanmeldungen 1958, behördliche Betriebsgenehmigungen (»polizeiliche Erkenntnisse«) 1924–1953, Aktiengesetz 1958–1996, Dienstbarkeiten 1942–1963, Preisrecht 1948–1955, Einzelne Prozesse und Vergleichsverfahren 1947–1983, Nutzungsrechte, Konzessionen, Genehmigungsverfahren 1939–1996

22 Mitgliedschaften (allgemein, Beiträge u. dgl.) 1939–1964, Spenden 1953–1963, Stiftung Energieforschung Baden-Württemberg 1989–1997, Materialsammlung über Bund für Umweltschutz Tübingen (Anti-Atomkraft-Bewegung) 1975–1980

47 Fotos: Verwaltungsgebäude, Kraftwerke, andere Betriebsanlagen, Personen, Veranstaltungen und Ereignisse, Schulungs- und Unterrichtsmaterial, 1939–1997. Filme: Kraftwerke, Anlagen, Bau, Lehrfilme Elektrizität und Kernenergie, Reklame für Elektrogeräte, 1930–1989

48 Werbemittel (Gegenstände) 1975–1997

49 Alle Unternehmen der »Bestandsfamilie« EVS (WABW B 2001–2027, 2098–2099), insbesondere B 2010

50 Energie-Versorgung Schwaben AG, Stuttgart 1954 (Festschrift). Die Energie-Versorgung Schwaben AG, Stuttgart 1968 (Festschrift). Die Energie-Versorgung Schwaben AG, Stuttgart 1974 (Festschrift). 30 Jahre Elektro-Gemeinschaft EVS, Stuttgart 1979 (Festschrift). Energie-Versorgung Schwaben 50 Jahre Dienstleistung Energie, Stuttgart 1989 (Festschrift). Geschichte und Geschichten rund um das GKN, Erinnerungen 25 Jahre GKN 1971–1996, Neckarwestheim [1996] (Festschrift). Bernhard Stier, Staat und Strom, Die politische Steuerung des Elektrizitätssystems in Deutschland 1890–1950, Ubstadt-Weiher 1999, S. 198–212. Jürgen Gysin, Adolf Pirrung – Ingenieur, Elektrizitätswirtschaftler, in: Baden-Württembergische Biographien II, Stuttgart 1999, S. 352–355.

149
EVS (Innenministerium), Stuttgart

Name EVS, Straßen- und Wasserbau (Innenministerium)
Geschäftstätigkeit Planung, Genehmigung, Energiewirtschaft
Branche Nr. 750/400
Umfang 0,7
Laufzeit 1890–1939
Benutzbarkeit Ja
Bestand B 2098

Bestandsgeschichte Wie das staatliche Schriftgut aus der Altregistratur des Innenministeriums Württemberg zur EVS gelangt ist, läßt sich aus den vorliegenden Unterlagen nicht ermitteln. Möglicherweise wurden anläßlich einer Kassation nach 1970 die Betreffe »Kraftwerke« und »Elektrizitätswirtschaft« abgesondert und dem Unternehmen, seinerzeit vollständig im Eigentum der öffentlichen Hand, überlassen.
Bei der Ordnung des im Jahr 2000 übernommenen EVS-Fonds (B 2000) wurde die Provenienz als eigener Bestand formiert.
Geschichte Die Zuständigkeit der Ministerialabteilung für den Straßen- und Wasserbau im württembergischen Innenministerium für die Unternehmen der Elektrizitätswirtschaft ergab sich schon sachlich daraus, dass die meisten selbst produzierenden Werke, dabei alle größeren, Strom aus Wasserkraftanlagen zogen. Im engeren Sinne erstreckte sich die Zuständigkeit der Behörde weiter auf die Beratung aller öffentlichen Körperschaften in Fragen der Elektrizitätswirtschaft sowie die technische Abnahme und die Genehmigung aller Starkstromanlagen.
2 Material zu Energiewirtschaft und Verkehr 1909–1939
13 Planung, Prüfung und Genehmigung von öffentlichen Arbeiten allgemein (1911–1932), von Wasserbauanlagen (1896–1939) und von Wasserkraftwerken, insbesondere des Kocherkraftwerks Ohrnberg (1890–1928)
49 Staatsarchiv Ludwigsburg E 166 und E 226/81
50 Friedrich Haller, Handwörterbuch der Württembergischen Verwaltung, Stuttgart 1915, S. 853–855. Alfred Dehlinger, Württembergs Staatswesen in seiner geschichtlichen Entwicklung bis heute, Band 1 Stuttgart 1951 §§ 147 f., Band 2 Stuttgart 1953 § 312.

150
EVW, Stuttgart

Name Elektrizitäts-Versorgung Württemberg AG
Geschäftstätigkeit Energiewirtschaft
Branche Nr. 400
Umfang 2,5
Laufzeit 1923–1948
Benutzbarkeit Ja
Bestand B 2024

Bestandsgeschichte Das WABW übernahm die Archivalien der Elektrizitäts-Versorgung Württemberg AG im Sommer 2000 zusammen mit den Unterlagen der Energie-Versorgung Schwaben (EVS). Aus den Einzelakten der EVW war im Archiv der EVS ein eigener Bestand gebildet worden.
Geschichte Ein dezentrales System zweier konkurrierender Verbundunternehmen, der Württembergischen Landeselektrizitäts-AG (WÜLAG), Stuttgart, und der Württembergischen Sammelschienen AG (WÜSAG), Stuttgart, prägte zunächst die Energiewirtschaft Württembergs. Dieses war im Vergleich zum restlichen Teil Deutschlands in den 1930er Jahren nicht mehr zeitgemäß. Bei wachsendem Energiebedarf waren WÜLAG und WÜSAG von Importen abhängig. Bereits in den 1920er Jahren versuchte die württembergische Regierung eine Kooperation anzustoßen, worauf die Energieversorger jedoch nicht eingingen. Die Nationalsozialisten erhöhten im Rahmen ihres Zentralisierungskonzeptes den Druck. 1934 fusionierten WÜLAG und WÜSAG zur Elektrizitäts-Versorgung Württemberg AG (EVW).
Die EVW sollte den Stromaustausch innerhalb Württembergs regeln, Wasser- und Wärmekraftstrom beschaffen und verwerten, Strom nach Württemberg einführen und den in Württemberg nicht verwertbaren Überschussstrom anderweitig unterbringen. 1939 schloss sich die EVW mit dem Bezirksverband Oberschwäbische Elektrizitätswerke und den in Gemeindeverbänden organisierten Überlandwerken Aistaig, Hohenlohe-Öhringen, Ingelfingen-Hohebach und Tuttlingen und Elektrizitätswerken Enzberg-Mühlhausen, Kocherstetten und Teinach-Station zusammen und änderte ihren Namen in

Energie-Versorgung Schwaben AG (EVS). Nachdem 1934 somit der Stromtransport optimiert worden war, wurde mit der Gründung der EVS auch die Stromerzeugung zusammengefasst.
4 Abriss über Aufbau und Entwicklung des Unternehmens 1934
5 Protokoll und Akten 1933–1937
6 Überleitung in die EVS 1938–1939, Vermögensüberleitung der Überlandwerke auf die EVW [= Gründungsakt EVS] 1939
7 Elektrizitätspolitik und Elektrizitätswirtschaft in Württemberg 1933, Wirtschaftsministerium 1935–1939, Anteilseigner 1934–1939, Hauptversammlung 1934–1939, Aufsichtsrat 1935–1939
9 Lohnkonto 1923–1938 [von WÜLAG], Lohnbuch Sonntagsarbeiten 1933–1940 [von WÜLAG], Personalverwaltung 1935–1939, Betriebsordnung 1936
10 Bauprogramme 1935–1940, Immobilienerwerb 1935–1940, Grundstückskonto 1935
12 Verbund, Stromeinkauf von verschiedenen Energieversorgungsunternehmen 1934–1939
13 Materialprüfung 1928–1939, Kurzschlußversuche im Hochspannungsnetz 1927–1936, Tests mit der Studiengesellschaft für Höchstspannungsanlagen 1935, Argenprojekt [Ausbau Wasserkraft, mit AEG] 1933–1940, Leitungsnetz 1937–1939, Patente 1930–1940
14 Stromverkauf an verschiedene Kunden 1930–1940
16 Hauptbuch IV 1936–1939, Geschäftsbericht 1934–1938, Abschlußprüfung 1934–1939
20 Wirtschaftsgruppe Elektrizitätsversorgung 1934–1939
49 WABW B 2000, B 2019, B 2023
50 Wolfgang Leiner: Geschichte der Elektrizitätswirtschaft in Baden-Württemberg – Der Weg zur Großwirtschaft, Bd. 2,2, Stuttgart 1985, S. 399–407. Bernhard Stier, Staat und Strom, Die politische Steuerung des Elektrizitätssystems in Deutschland 1890–1950, Ubstadt-Weiher 1999, S. 193–203.

151
EW Beilharz, Vöhringen Kreis Rottweil

Name Elektrizitätswerk Vöhringen Gebrüder Beilharz
Geschäftstätigkeit Energiewirtschaft
Branche Nr. 400
Umfang 0,1
Laufzeit 1897–1985
Benutzbarkeit Ja
Bestand B 2009

Bestandsgeschichte Das WABW übernahm die Archivalien des Elektrizitätswerks im Sommer 2000 zusammen mit dem Archiv der EVS.
Geschichte 1908 schlossen die Gemeinde Vöhringen als Empfängerin und die Brüder Johannes und Fritz Beilharz, Eigentümer einer ansässigen Maschinenfabrik, als Lieferanten einen Vertrag zur Elektrizitätsversorgung. 1909 und 1910 schloss das Elektrizitätswerk Lieferungsverträge mit den Gemeinden Bergfelden und Wittershausen ab. Private Tarifkunden und gewerbliche Groß-abnehmer folgten. 1919 ersetzten die Brüder Beilharz den alten Sauggasmotor durch ein 320 PS starkes Dieselaggregat, das zuvor in einem deutschen Unterseeboot Dienst geleistet hatte. 1954 gaben die Gebrüder Beilharz die eigene Energieproduktion auf, kauften Strom bei der Energie-Versorgung Schwaben AG (EVS) ein und vertrieben diesen weiter. Die EVS kaufte 1985 das Unternehmen.
3 Erbteilungsvertrag Fritz Beilharz / Erbengemeinschaft Johannes Beilharz 1938
5 Vertrag mit der Gemeinde zum Betrieb eines Elektrizitätswerks 1908, Baugenehmigung 1897, 1909
12 Belieferung durch den Bezirksverband Heimbachkraftwerke und das Überlandwerk Glatten in Freudenstadt 1922–1929, Belieferung durch die EVS 1941 und 1951–1958
13 Bau des Kabelnetzes 1939–1948
14 Lieferungsverträge mit Kommunen und Privatabnehmern 1908–1952; Auseinandersetzungen um Strompreise 1914–1939; Preiserhöhungen 1915, 1921–1923; Lieferung an die Maschinenfabrik Johannes Beilharz KG 1965–1968; Anmeldung bei der Kartellbehörde 1958–1961
16 Umsätze 1936–1938, Stromgeldeinnahmelisten 1925–1938

19 Fragebogen der französischen Besatzungsbehörde 1948
21 Forderungen gegen die Trippelwerke GmbH in Liquidation 1945–1947
50 Im WABW nicht vorhanden.

152
EW Besigheim, Besigheim

Name Elektrizitätswerk Besigheim Wilhelm Röcker
Geschäftstätigkeit Energiewirtschaft
Branche Nr. 400
Umfang 1
Laufzeit 1963–2000
Benutzbarkeit Eingeschränkt
Bestand Y 514

Bestandsgeschichte Das Archivgut wurde 2005 übernommen.
Geschichte Wilhelm Röcker baute 1901/02 ein Elektrizitätswerk, das Strom an die eigene Nagelfabrik lieferte. Ab 1903 versorgte es auch die Stadt Besigheim mit Strom. 1974 legte die Wilhelm Röcker GmbH und Co. KG ihren Nagel- und Drahtbereich still und betrieb ausschließlich die Stromversorgung für Besigheim als Verteilerunternehmen. 1997 verkaufte der Eigentümer das Elektrizitätswerk Besigheim an die Neckarwerke Esslingen AG.
7 Hauptversammlungen 1987–1994
9 Mitarbeiterjubiläen, Verabschiedung von Mitarbeitern 1996–2000
10 Neubau des Verwaltungs- und Betriebsgebäudes 1991–1995
13 Blockheizkraftwerk in Gustav-Siegle-Halle in Besigheim 1996–1997
16 Geschäftsberichte 1997–1999
22 Spenden an Stadt Besigheim 1963–1989
47 Werk und technische Anlagen, Dienstjubiläen, Verabschiedung von Mitarbeitern 1998
49 Y 218

153
EW Friz, Gaildorf

Name Elektrizitätswerk Friz
Geschäftstätigkeit Energiewirtschaft
Branche Nr. 400
Umfang 0,1
Laufzeit 1896–1953
Benutzbarkeit Ja
Bestand B 2025

Bestandsgeschichte Die Archivalien des Elektrizitätswerks Friz in Münster bei Gaildorf wurden vom Wirtschaftsarchiv Baden-Württemberg (WABW) zusammen mit den Archivalien der Energie-Versorgung Schwaben (EVS) im Sommer 2000 übernommen. Aus den Einzelakten des Elektrizitätswerks Friz wurde im Archiv der EVS ein eigener Bestand gebildet.
Geschichte Gottlieb Friz, Eigentümer der Münstermühle, schloss im Februar 1896 mit der Elektrotechnischen Firma Wilhelm Reisser aus Stuttgart einen Vertrag über den Bau eines Elektrizitätswerks für die Stadt Gaildorf und Gemeinde Münster.
Der Konzessionsvertrag des privaten Elektrizitätswerks mit der Stadt Gaildorf datiert wie die Inbetriebnahme des Ortsnetzes auf 1896.
Das Familienunternehmen der Mühle Friz & Cie. In Münster bei Gaildorf verkaufte die Energiesparte 1991 an die EVS.
4 Chronik 1896–1996
7 Gemischte Geschäftsunterlagen 1897–1948
13 Beschreibung des Wasserkraftwerks Münstermühle 1902, Plan der Maschinenfabrik Heinrich Lanz in Mannheim für stationäre Dampflokomobile 1896
14 Verträge mit der Gemeinde Gaildorf 1896–1920, einzelne Karten und Pläne
18 Feuerversicherungsunterlagen 1910–1951
50 K. Statistischen Landesamt (Hrsg.): Oberamt Gaildorf, Stuttgart, Kohlhammer, 1905
Dettmar, Georg (Hrsg.): Statistik der Elektrizitätswerke in Deutschland, Berlin, Verlag Julius Springer, 1913

154
EW Heubach, Heubach

Name Elektrizitätswerk Heubach der SUSA-Werke
Geschäftstätigkeit Energiewirtschaft
Branche Nr. 400
Umfang 0,5
Laufzeit 1892–1996
Benutzbarkeit Ja
Bestand B 99

Bestandsgeschichte Die Archivalien des Elektrizitätswerks Heubach der SUSA-Werke wurden vom Wirtschaftsarchiv 2001 in gutem Erhaltungszustand von der Geschäftsleitung übernommen.
Geschichte Die seit 1859 bestehende Korsettweberei Schneider & Sohn stellte 1892 vom Handbetrieb auf den Maschinenbetrieb um und baute dazu Dampfkessel und Dampfmaschine im neuen Kesselhaus ein. 1896 schlossen Schneider & Sohn und die Gemeinde Heubach einen Vertrag zur Einrichtung eines Elektrizitätswerks einschließlich der elektrischen Straßenbeleuchtung Heubachs ab. 1900 wurde bereits die zweite Dampfmaschine, 1907 die dritte aufgestellt. Ab 1922 musste das Elektrizitätswerk Strom bei der Überlandwerk Jagstkreis AG (UJAG) zukaufen, um den gestiegenen Energiebedarf vor Ort zu decken. 1975 zwang die Überalterung der technischen Anlagen zur Aufgabe der Eigenerzeugung und somit zur Beschränkung auf die Distribution. Mit der Liberalisierung des Strommarkts in Deutschland gegen Ende der 1990er Jahre sah die Unternehmensleitung hohe Investitionslasten auf dem Elektrizitätssektor auf sich zukommen, daher verkaufte die Schneider & Sohn AG (SUSA) 1999 ihre Stromsparte an die EnBW-Tochter UJAG Ellwangen.
4 Jubiläumsfeier 1996
5 Antrag an den Gemeinderat 1896, Verträge mit der Stadt und anderen Geschäftspartnern 1896–1922
10 Abkommen mit der Reichs-/Bundesbahn über Kreuzung von Bahnlinien 1921–1966, Trafostationen in Heubach 1958–1974
12 Lieferungsverträge mit UJAG Ellwangen 1938–1973
13 Genehmigungsurkunden und Revisionsbücher der 1892 und 1900 aufgestellten Dampfmaschinen 1892–1975
14 Konzessionsverträge mit der Stadt Heubach 1916–1993, Kundenliste 1942, Verträge mit Großkunden 1946, Installationsabkommen mit Elektromeistern 1934 und 1960
19 Einschränkung des Stromverbrauchs 1943–1945
47 Fotos: Dampfmaschinen, Fußballmannschaft, Belegschaft, einzelne Mitarbeiter ab 1957, Trafostationen, 25-jähriges Betriebsjubiläum, Frau Direktor Herta Hörmann 1970, Betriebsgelände ab 1985
50 SUSA-Vertriebs-GmbH (Hrsg.): 125 Jahre SUSA seit 1859, Heubach, 1984.

155
EW Laichingen, Laichingen

Name Elektrizitätswerk Laichingen
Geschäftstätigkeit Energiewirtschaft
Branche Nr. 400
Umfang 0,1
Laufzeit 1908–1912 (1922, 1962)
Benutzbarkeit Ja
Bestand B 2011

Bestandsgeschichte Der Bestand wurde im Sommer 2000 als Teil der Unterlagen der Energie-Versorgung Schwaben (EVS) ins WABW übernommen. Die Akten wurden offenbar, sofern nicht vernichtet, vom OEW bzw. der EVS übernommen und fortgeführt.
Geschichte Das 1908 von der Gasanstalt Betriebsgesellschaft mbH Berlin gegründete Unternehmen versorgte Laichingen und neun weitere umliegende Orte mit Strom und Gas. Es wurde 1924 vom Bezirksverband Oberschwäbische Elektrizitätswerke (OEW) gekauft, 1925 übernommen, der Verwaltungssitz zur Geschäftsstelle umgewandelt.
4 Geschichtlicher Abriß 1962, Unternehmensbeschreibung [1922]
10 Lageplan 1908
13 Genehmigung von Anlagen 1909–1912
49 WABW B 2010
50 Im WABW nicht vorhanden.

156
EW Laupheim, Laupheim

Name Elektrizitätswerk Laupheim
Geschäftstätigkeit Energiewirtschaft
Branche Nr. 400
Umfang 0,1
Laufzeit 1902–1972
Benutzbarkeit Ja
Bestand B 2004

Bestandsgeschichte Das Wirtschaftsarchiv übernahm die Archivalien des Elektrizitätswerks im Sommer 2000 zusammen mit dem Archiv der EVS. Aus den Einzelakten des Elektrizitätswerks war im Archiv der EVS ein eigener Bestand gebildet worden.
Geschichte Ingenieur Karl Mohn gründete 1903 das Elektrizitätswerk Laupheim. Mit einem Dieselkraftwerk in Laupheim und einem Wasserkraftwerk an der Riss auf der Markung Obersulmetingen erzeugte Mohn elektrische Energie für die beiden Orte Laupheim und Obersulmetingen. Im Laufe der Zeit kaufte er zunehmend Strom beim Bezirksverband Oberschwäbische Elektrizitätswerke (OEW) und ab 1939 bei der EVS ein. Mohns Erben verkauften 1972 das Werk an die EVS. (vgl. Geschichte zu B 2015).
12 Angebote, Kostenvoranschläge und Rechnungen 1902–1931
13 Maschinen und -wartung im Kraftwerk Obersulmetingen 1906–1972, Kreuzung von Freileitungen mit Eisenbahnlinien 1906–1969
49 WABW B 2010, B 2000
50 Im WABW nicht vorhanden.

157
EW Merzbacher, Stuttgart und Langenburg

Name Hohenlohe'sches Elektrizitätswerk Merzbacher, Arndt & Cie
Geschäftstätigkeit Energiewirtschaft
Branche Nr. 400
Umfang 0,1
Laufzeit 1909–1926
Benutzbarkeit Ja
Bestand B 2027

Bestandsgeschichte Das Wirtschaftsarchiv übernahm die Archivalien des Elektrizitätswerks Merzbacher, Arndt & Cie im Sommer 2000 zusammen mit dem Archiv der Energie-Versorgung Schwaben AG.
Geschichte Das Hohenlohe'sche Elektrizitätswerk Merzbacher, Arndt & Cie wurde Ende 1909 als GmbH gegründet. Es hatte seinen Verwaltungssitz in Stuttgart und ein Betriebsbüro in Langenburg. Ab 1910 verkaufte es den im Wasserkraftwerk Unterregenbach gewonnenen Strom an Abnehmer in neun Gemeinden, später auch an die Reichsbahn.
Am 4. Januar 1927 genehmigte die Verbandsversammlung des Elektrizitätswerks Kocherstetten in Künzelsau (WABW B 2014) den vier Wochen zuvor erfolgten Kauf des Elektrizitätswerks Merzbacher, Arndt & Cie mitsamt allen Ortsnetzen, Leitungen und weiterem Material.
1939 schloss sich der Gemeindeverband Elektrizitätswerk Kocherstetten mit dem Bezirksverband Oberschwäbische Elektrizitätswerke und weiteren Gemeindeverbänden mit der Elektrizitäts-Versorgung Württemberg AG zusammen, welche ihren Namen daraufhin in Energie-Versorgung Schwaben AG (EVS) änderte.
10 Grunddienstbarkeiten 1910–1926
14 Konzessionsverträge 1909–1921
49 WABW B 2014
50 Im WABW nicht vorhanden.

158
EW Munderkingen, Munderkingen

Name Elektrizitätswerk Munderkingen AG
Geschäftstätigkeit Energiewirtschaft
Branche Nr. 400
Umfang 0,3
Laufzeit 1902–1947
Benutzbarkeit Ja
Bestand B 2015

Bestandsgeschichte Die Archivalien der Elektrizitätswerk Munderkingen AG wurden vom WABW zusammen mit den Archivalien der EVS im Sommer 2000 übernommen. Aus den Einzelakten des Unternehmens wurde im Archiv der EVS ein eigener Bestand gebildet.
Geschichte Die seit 1890 bestehende Stadtmühle in Munderkingen wurde im Jahre 1911 von der Firma Robert Bosch, Stuttgart, käuflich erworben und zu einem Elektrizitätswerk umgebaut. Anfang des Geschäftsjahres 1912/1913 wurden die Stromlieferungen der neu gegründeten Elektrizitätswerk Munderkingen AG aufgenommen. 1914 übernahm der Bezirksverband OEW, Biberach, sämtliche Aktien. Die OEW führte die Elektrizitätswerk Munderkingen AG als eigenständige Gesellschaft weiter und gliederte sie erst 1921 vollständig ein.
Die Stadtgemeinde Munderkingen bezog zunächst ihren Strom von einem 1899 gegründeten Elektrizitätswerk des Karl Mohn (Mohnmühle) aus Algershofen. 1918 konnte die Elektrizitätswerk Munderkingen AG einen Stromlieferungsvertrag mit der Stadtgemeinde Munderkingen abschließen und sodann das Elektrizitätswerk der Mohnmühle käuflich erwerben. Mit dem Kauf der Mohnmühle ging das Kraftwerk Zwiefaltendorf mit der Stromversorgung der Ortschaften Algershofen, Unter- und Obermarchtal, Gütel- und Luppenhofen, Datthausen, Unlingen und Zwiefaltendorf an die Elektrizitätswerk Munderkingen AG. 1925 wurde die Wasserkraft von Algershofen und Munderkingen durch eine gemeinsame Wehranlage zusammengelegt. 1926 wurde im Elektrizitätswerk Munderkingen anstelle der zwei veralteten Turbinen eine Kaplanturbine der Firma Escher Wyss eingebaut. Mit dem Kraftwerksumbau wurde gleichzeitig der Umbau des Ortsnetzes der Stadtgemeinde Munderkingen von Gleich- auf Drehstrom vorgenommen und das Kraftwerk Algershofen stillgelegt.

4 Chronik des Wasserkraftwerks Munderkingen
5 Gesellschaftsvertrag der Elektrizitätswerk Munderkingen AG
6 Eingliederung in den Bezirksverband OEW 1921
7 Aufsichtsrat 1912–1915, Berichte des Vorstands 1912–1914, Geschäftsberichte 1912–1913; 1913–1914; 1918–1919
9 Gehaltsbücher 1916–1920; 1920–1922
10 Miet- und Pachtverträge 1914–1920, Grundbucheintragungen 1914–1916
13 Kraftwerk Ersingen 1902–1947
14 Verträge mit Kommunen 1910–1920
16 Jahresabschluß 1912–1914, Betriebskosten 1913–1920
21 Streitsache mit den Gemeinden Risstissen und Ersingen 1916–1917
49 WABW B 2010
50 Dettmar, Georg (Hrsg.): Statistik der Elektrizitätswerke in Deutschland, Berlin, Verlag Julius Springer, 1913, S. 266.
Diemer, Kurt: Stromversorgung in Baden-Württemberg, Ulm, Süddeutsche Verlagsgesellschaft, 2001.
Handbuch der deutschen Aktiengesellschaften, Ausgabe 1917–1918, Berlin, Verlag für Börsen- und Finanzliteratur, 1918, S. 804.

159
EW Waldsee-Aulendorf, Aulendorf

Name Elektrizitätswerk Waldsee-Aulendorf AG
Geschäftstätigkeit Energiewirtschaft
Branche Nr. 400
Umfang 0,2
Laufzeit 1900–1922
Benutzbarkeit Ja
Bestand B 2002

Bestandsgeschichte Das WABW übernahm die Archivalien der Elektrizitätswerk Waldsee-Aulendorf AG im Sommer 2000 zusammen mit den Unterlagen der Energie-Versorgung Schwaben (EVS). Aus den Einzelakten des Unternehmens

war im Archiv der EVS ein eigener Bestand gebildet worden. Er beschränkt sich fast ausschließlich auf Genehmigungsunterlagen zu Bau, Umbau, Erweiterung und Betrieb von Betriebsanlagen.
Geschichte Fabrikant Paul Reißer aus Stuttgart gründete 1900 das Elektrizitätswerk Waldsee-Aulendorf. 1905 musste Reißer das Alleineigentum aufgeben und das Unternehmen in eine Aktiengesellschaft umwandeln. Als Überlandwerk versorgte die Gesellschaft zehn Gemeinden mit zahlreichen Teilgemeinden in Oberschwaben. 1913 übernahm der Bezirksverband Oberschwäbische Elektrizitätswerke (OEW) die Gesellschaft. Ab 1921 führten die OEW die Firma unter dem Namen „Oberschwäbische Elektrizitäts-Gesellschaft AG" (OEG) mit Sitz in Waldsee als bloßes Installationsgeschäft weiter. Auf 1. Januar 1926 liquidierten sie die OEG.
1939 schlossen sich die OEW und die ebenfalls in Gemeindeverbänden organisierten Überlandwerke Aistaig, Hohenlohe-Öhringen, Ingelfingen-Hohebach und Tuttlingen und Elektrizitätswerke Enzberg-Mühlhausen, Kocherstetten und Teinach-Station mit der Elektrizitäts-Versorgung Württemberg AG (EVW) zusammen, welche ihren Namen daraufhin in Energie-Versorgung Schwaben AG (EVS) änderte.

4 Kopien aus dem Kommunalarchiv Aulendorf zur Geschichte des Werks 1901–1911

13 Bau und Genehmigung von Betriebsanlagen (Schussenkraftwerk zwischen Aulendorf und Bad Waldsee, Hochspannungs-Fernleitungen und Ortsnetze, mit zahlreichen Karten) 1900–1921

14 Anschlußbedingungen und Tarife 1912

16 Geschäftsberichte 1915 – 1922

49 WABW B 2010, v. a. 00.05.04

50 Leiner, Wolfgang, Geschichte der Elektrizitätswirtschaft in Württemberg Band 2.1: Die Zeit der Vollabdeckung (1896–1915), Stuttgart 1985, S. 192–196, 214–216.

160
EW Weingarten, Weingarten

Name Städtisches Elektrizitätswerk Weingarten
Geschäftstätigkeit Energiewirtschaft
Branche Nr. 400
Umfang 1
Laufzeit 1906–1948
Benutzbarkeit Ja
Bestand B 2005

Bestandsgeschichte Das WABW übernahm die Archivalien des Elektrizitätswerks Weingarten im Sommer 2000 zusammen mit dem Archiv der EVS. Der Schwerpunkt der Überlieferung liegt auf den Angeboten zahlreicher Firmen aus dem ganzen Reichsgebiet im Zusammenhang mit dem Ausbau der Wasserkraftanlagen 1925. Die kaufmännische Überlieferung, insbesondere Jahresabschlüsse und Geschäftsberichte, fehlt weitgehend. Das Stadtarchiv Weingarten verwahrt Unterlagen zum Elektrizitätswerk aus der Zeit von 1899–1961.
Geschichte Gegründet wurde das Werk 1904 durch Übernahme und Umbau einer privaten Wasserkraft- und Sauggasanlage durch die Kommune. Ab 1922 bezog es einen Teil der Energie vom Bezirksverband OEW. 1938 umfasste das Versorgungsgebiet die Stadt Weingarten mit etwa 11.000 Einwohnern. Die ab 1938 geführten Verhandlungen über den Kauf des städtischen Werks durch den OEW mündeten im Aufgehen beider Unternehmen in der neu geschaffenen EVS ab Anfang 1939.

2 Private und öffentliche Großkunden 1927–1942

6 Finanzen Wasserwerk 1913–1935, Übernahme durch OEW bzw. EVS 1938–1948

12 Strombezug von verschiedenen Anbietern 1911–1937

13 Erzeugungsstatistik ab 1905, Erneuerung und Erweiterung des Werks, der Dampf- und der Wasserkraftanlagen 1906–1941, Erzeugungs- und Bezugskosten 1922–1929, Fernleitungen 1922–1940, Ortsnetz 1913–1940, Installation 1908–1938

14 Abgabestatistik 1908–1922, Preistarife und Abgabebedingungen 1923–1936

15 Elektrogemeinschaft 1933/34

16 Abschlüsse für 1919/20, 1920/21 und 1925/26, Buchprüfung 1932/33 und 1933/1934, Aktivdarlehen 1925–1935
21 Stromdiebstahl 1930–1933
49 WABW B 2010, B 2000; Stadtarchiv Weingarten
50 Im WABW nicht vorhanden.

161
Ewald, Friedrichshafen

Name Nachlass Gustav Ewald (Luftfahrt, Luftmelde- und Feuerwehrtechnik)
Geschäftstätigkeit Luftfahrt, Luftmelde- und Feuerwehrtechnik
Branche Nr. 350/353/731
Umfang 11
Laufzeit 1905–1980
Benutzbarkeit Eingeschränkt
Bestand N 8

Bestandsgeschichte Gustav Ewald (1895–1983) erstellte seit 1945 eine umfassende technische Dokumentation zu den Themen Luftfahrt, Luftmelde- und Feuerwehrtechnik. Dazu gehören jedes Flugzeug, jeder Flugzeugmotor, jedes Triebwerk, jede luftmeldetechnische Anlage sowie Feuerwehrgeräte, die in Deutschland gefertigt worden waren. Die Dokumentation umfasst rund 40.000 Fotos und Zeitungsausschnitte sowie technische Daten der einzelnen Fabrikate. Teilweise lassen sich auch Originale von Flugzeugprospekten, Bedienungsanleitungen sowie persönliche Korrespondenz mit Pionieren der Luftfahrt nachweisen. Die Sammlung wird ergänzt durch Angaben über Flugzeughersteller aus Europa und Übersee, Segelflugzeugfirmen und Feuerwehrausstattungsfirmen. Der Bestand enthält ebenso ein Manuskript Ewalds über eine Buchveröffentlichung »Geschichte der deutschen Luftfahrzeugindustrie«, die jedoch nicht zur Ausführung kam. Unterlagen des im Jahr 1878 gegründeten Küstriner Unternehmens Gustav Ewald Feuerlöschgeräte sind im Bestand nicht enthalten.
Die Sammlung wurde 1991 mit Mitteln der Stiftung Kulturgut Baden-Württemberg von Gustav Ewalds Witwe Gabriele Ewald-von Arnauld de la Perrière erworben.

Geschichte Gustav Ewald wurde 1895 in Küstrin als Sohn des Fabrikanten Theodor Ewald geboren. Nach dem Militäreinsatz im Ersten Weltkrieg begann er 1918 ein Maschinenbaustudium, das er jedoch nach wenigen Semestern abbrechen musste, um die von seinem Großvater gegründete Firma zu übernehmen. Er erhielt mehrere Patente im feuerwehrtechnischen Bereich und arbeitete maßgeblich im Unterausschuss für Schläuche und Armaturen des Deutschen Normenausschusses mit. 1936 kehrte Ewald als aktiver Offizier in den Militärdienst zurück. Er übernahm bei der Luftwaffe Verantwortung für die Nachrichtentechnik – unter anderem mit der praktischen Entwicklung der Funkmessgeräte, Vorläufer des Radars – und hatte zum Schluss als Regimentskommandeur den Rang eines Obersten. Die Fabrik in Küstrin wurde 1945 zerstört und nach dem Krieg nicht wieder aufgebaut. Nach der Kriegsgefangenschaft arbeitete Ewald bis 1963 als Geschäftsführer der Kölner Marmorwerke. Danach ließ er sich am Bodensee nieder, wo er sich bis zu seinem Tod 1983 als Technikhistoriker der Luftfahrttechnik und Feuerwehrgeschichte widmete.
4 Dokumentation zu Flugzeugtypen und -motoren sowie Flugzeugkonstrukteuren und -produzenten, sowohl aus Deutschland als auch international; Nachlass v. Arnauld (wohl Friedrich v. Arnauld de la Periere)
50 Im WABW nicht vorhanden.

C. & E. Fein Stuttgart
Propaganda Stuttgart
Der beste Bohrapparat
Fein-Fabrikat

162
Faber, Stuttgart

Name Optische Werke Faber
Geschäftstätigkeit Herstellung von Brillen
Branche Nr. 330
Umfang 4
Laufzeit 1848–2001
Benutzbarkeit Nein
Bestand Y 549

Bestandsgeschichte Der Bestand wurde 2019 kurz vor Redaktionsschluss übernommen. Weiterführende Hinweise unter: https://wabw.uni-hohenheim.de

163
Faber & Becker, Weilheim/Teck

Name Carl Faber & M. Becker GmbH Vereinigte Textilwerke
Geschäftstätigkeit Baumwollspinnerei, -weberei und Zwirnerei
Branche Nr. 170/172
Umfang 0,1
Laufzeit 1894–1966
Benutzbarkeit Eingeschränkt
Bestand B 128

Bestandsgeschichte Das Archivgut wurde 1991 übernommen.
Geschichte Das Unternehmen ist aus den früheren Firmen Carl Faber GmbH, Stuttgart (Fabrik Kirchheim) und M. Becker OHG, Weilheim/Teck, hervorgegangen. Die Vereinigung der beiden Buntwebereien zu einer GmbH erfolgte 1931. Sitz der Gesellschaft war seitdem Weilheim/Teck.
Die Anfänge der Firma Carl Faber gehen auf das Jahr 1837 zurück, als Carl Faber in Stuttgart ein Aussteuerhaus erwarb und später auch Waren aus eigener Handweberei verkaufte. Zuerst wurde in Beuren bei Neuffen eine Handweberei, dann 1860 eine mechanische Weberei in Kirchheim/Teck und schließlich 1908 eine Spinnerei und Zwirnerei in Gosbach eingerichtet. Das Unternehmen fertigte Inlett und Matratzendrell.
Die Firma Becker wurde 1858 von dem Webermeister Michael Becker gegründet. 1884 kam es zum Bau einer mechanischen Weberei mit den Produktionsschwerpunkten Inletts, Bettzeugstoffe, Schürzen- und Blusenstoffe, Drillich, Hemdenflanelle und Matratzenstoffe.
1968 wurde die Faber & Becker eine 100-prozentige Tochter von Kolb & Schüle AG, Kirchheim/Teck. 1993 wurde sie ausgegliedert und in eine GmbH & Co. KG umgewandelt. Zwei Jahre später erwarb sie den Möbelstoffhersteller Aste in Eislingen und verlagerte die Produktion nach Weilheim, wo eine eigene Jacquardweberei aufgebaut wurde. Im Jahr 2001 stellte das Unternehmen Antrag auf Konkurs.

4 Festschrift 50 Jahre M. Becker 1958
7 Geschäftskorrespondenz mit Firma P. & C. Schoop in Biberach an der Riss 1897–1901
9 Strafenbuch 1894–1917, Arbeiterverzeichnis 1908–1966, Betriebskrankenkasse 1907–1913, Betriebsordnungen 1934–1935
13 Spinn- und Nähmaschinen 1908, 1932–1934, Produktionsstatistik 1932
16 Verzeichnis insolventer Geschäftspartner 1932–1936
49 WABW B 55 (Kolb & Schüle)
50 50 Jahre Spinnerei und Zwirnerei Gosbach 1908–1958, Spinnen und Weben im Geissentäle, Darmstadt [1958] (Festschrift). Paul Weber (Hg.), Westdeutsche Wirtschaftschronik, Bd. 2: Stuttgart 1954, S. 722 f. Sabine Widmer, Kirchheim unter Teck zwischen Handwerk und Industrie 1806–1914, Kirchheim unter Teck 1987. Hans Schwenkel (Hg.), Heimatbuch des Kreises Nürtingen Band II, Nürtingen 1953, S. 482 f.

164
Faller, Gütenbach

Name Gebr. Faller GmbH
Geschäftstätigkeit Spielwaren
Branche Nr. 365
Umfang 7
Laufzeit 1948–2011
Benutzbarkeit Eingeschränkt
Bestand Y 421

Bestandsgeschichte Das Archivgut wurde in den Jahren 2010 und 2011 in das WABW übernommen.

Geschichte Die Brüder Edwin und Hermann Faller gründeten 1946 in Stuttgart ein Unternehmen mit der Idee, Modellhäuser im Baukastensystem anzubieten. Aus Mangel an geeigneten Räumlichkeiten verlegten sie die Firma Gebrüder Faller noch im gleichen Jahr in ihren Heimatort nach Gütenbach im Schwarzwald. Zuerst wurden Kämme aus Buchenholz und Modellbaukästen (Marathon-Modellbaukasten) hergestellt. Nach der Währungsreform produzierte das Unternehmen mit wachsendem Erfolg Zubehör für Modelleisenbahnen der Spur H0. Anfang der 1950er Jahre nahm Faller erstmals an der Nürnberger Spielwarenmesse teil. Bald darauf wurden die ersten Modelle aus Kunststoff gefertigt. Als 1963 die Produktionsanlagen vergrößert werden mussten, entstand das mehrstöckige Faller-Hochhaus in Gütenbach. Ein Jahr später wurde hier eine Lehrwerkstatt eingerichtet. In den 1980er Jahren produzierte das Unternehmen neben den Bausätzen für die Schienenspurweiten H0 und N auch Modelle für die Spur Z. 1988 belebte das »FALLER car system« das Produktionsprogramm. 2009 wurde ein Insolvenzverfahren eingeleitet. Nach einer Reorganisation der Produktionsabläufe bietet das Unternehmen wieder Gebäudebausätze und Zubehör für den Modellbau an.

7 Verträge 1952–2008, Gesellschafterbeschlüsse, Gesellschaftsverträge, Notariatsurkunden 1971–2003, Geschäftsführung 1986–1993, Aufsichtsrat und Gesellschafter 1991–1995, Kapitalerhöhung 1992, Kapitalherabsetzung 2001

9 Mitarbeiterzeitschrift »Tanne« 1970

10 Baupläne Schuppen, Hanggebäude und Schreinerei Gütenbach 1948–1959, Firma A. Hoffmann Kunststoffe in Braunau (Inn) 1950er/1960er Jahre, Fabrikerweiterungsbau Firma M. Reiner & Co. Uhrenfabrikation in Furtwangen 1954, Anbau Uhrenfabrik Herr KG in Gütenbach 1954–1956, Baupläne Hochhaus Gütenbach 1956–1993, Bauvorhaben der Eigenheim-Baugenossenschaft Freiburg im Breisgau in Vöhrenbach 1961, Arbeiterwohnheim Gütenbach 1961–1969, Neubau Arbeiterwohnheim Gütenbach 1962, Fabrikneubau Firma Faller in Broggingen 1962, Fabrikerweiterungsbau Gütenbach 1963, Versandlager, Kantinen- und Werkstattgebäude, Aufstockung Erweiterungsbau, Rechenzentrum Gütenbach 1963–1967, Fabrikneubau Denzlingen 1965, Bestandsaufnahme Wohnhaus Frau Hulda Faller Gütenbach 1966, Neubau, Umbauten, Aufzug, Böden, Heizung, Parkplatz Gütenbach 1970–1979, Garagenneubau mit Siloaufbau Gütenbach 1970–1991, Besuchereingang Gütenbach 1988–1989, Schuppen Gütenbach 1991, Logistik und Lageroptimierung Gütenbach 1992

12 Werkzeuge und Maschinen 1985–1987

15 Spielzeugkataloge AMS racing, playtrain, e-train 1950, 1959–1985, Broschüren Modellbau, Stadtbausätze, Standard-Sortiment, Modellbahn-Zubehör, Eisenbahn-Zubehör, Geländebau 1950–1959, Prospekte 1953–2006, Jahreskataloge mit Preislisten 1954, 1956–1965 1975–2007, Kataloge mit Preislisten Gesamtprogramm, Inventurlisten, Händler-Preisliste, Neuheitenprospekte 1955–2008, Modellbaumagazin 1957–1967, Kataloge mit Preislisten e-train, playtrain, Playland, Autoland, Hitcar, Hittrain, Famos, Pionier, Flugzeuge 1957–1984, Prospekte H0, combi-kit, Spur N (Bus), playtrain, Hittrain, Hitcar, Faller AMS Post, Club racing, Verkaufshilfe 1958–1977, Sonderhefte 1960–1970, Kataloge und Anleitungen 1960–1980, Prospekte AMS racing 1963–1983, Faller Magazin für Freunde des Modellbaus 1968–1974, Kataloge Spur Z, Spur N (Bus) 1969–1989, Prospekte Modellbau Z, Anlagenbau H0 1972–1981, Werbeposter und Aushänge, Sonderprospekte und Kundenaktionen 1972–1985, Werbedokumentation 1974–1983, Neuheitenprospekte ITALERI 1979–1984, Taschenkalender für Modelleisenbahner 1980, 1982, 1984–2000, Kataloge POLA G, POLA H0/N 1987–2009, Anleitungen e-train,

AMS racing, Autoland 1983–1984, Kataloge car system, Military, Memory cars, 1zwei3, Weihnachtskrippen 1991–2008, Neuheitenprospekt 2010, Gesamtkatalog 2011

16 Bilanzen 1956–1968, Prüfungsberichte 1969–1989, Lageberichte und Erläuterungen zum Jahresabschluss 1990–2009, Faller France SARL 1980–1981, 1983–1993

18 Einschätzungsverzeichnis der Versicherung von Fabrik und Privatgebäuden (1940–1984)

21 Rechtsstreitigkeiten 1989–1990

47 2 VHS-Kassetten Messe 2006, Landesschau 2006

48 Faller Plastiktüte 2010

50 Faller – Die Welt im Modell. Ein halbes Jahrhundert für den Modellbau. Die Geschichte der Firma Gebrüder Faller GmbH von 1946 bis 1996, Kornwestheim [1996] (Festschrift).

165
Fehrle, Stuttgart

Name Friedrich Fehrle
Geschäftstätigkeit Möbelhandlung
Branche Nr. 524
Umfang 0,7
Laufzeit 1884–1996
Benutzbarkeit Ja
Bestand B 177

Bestandsgeschichte Der Bestand wurde vom WABW im Jahre 2016 von der Familie Fehrle übernommen.

Geschichte Im Jahr 1884 gründete Friedrich Fehrle in Stuttgart in der Judengasse eine Handlung mit neuen und gebrauchten Möbeln. Das Geschäft übersiedelte 1886 in die Obere Bachstraße 9 in Stuttgart. Infolge des guten Geschäftsgangs wurde das Haus nach wenigen Jahren erworben und im Jahr 1900 wurde an derselben Stelle ein neues Geschäftshaus erbaut. Nach Auflösung des Unternehmens verkaufte die Familie das Grundstück an die Stadt Stuttgart und spendete den Erlös für wohltätige Zwecke.

3 Genealogie Familie Fehrle; Schrift zur Silberhochzeit von Friedrich und Creszentia Fehrle 1909; Haushaltsbuch; Memoiren von Justina Fehrle; Zeugnis Friedrich Fehrle 1921; Rentenbescheide 1921–1996, Nachlass und Testament von Friedrich und Creszentia Fehrle 1926–1954

4 Tagebuch Friedrich Fehrle 1945–1947

7 Gesellschaftsvertrag zwischen Friedrich Fehrle jr. und Paul Natter 1926

9 Krankenversicherung Familie Fehrle 1899

10 Kaufverträge 1893–1902; Bauunterlagen mit Bauzeichnungen und Lageplänen 1897–1961; Grundstücks- und Gebäudeunterlagen 1944–1953; Grundbuchheft 1953, Grundstücksverkauf 1952–1978

11 Schuldschein

14 Preislisten 1884–1923

16 Bilanzen 1942–1959, Journal 1961–1962, Hauptbuch 1939–1962

19 Auslagerungslisten (Möbel) 1943, Fragebogen Militärregierung 1945, Kriegsschäden und Soforthilfe 1948–1962, Investitionshilfe der gewerblichen Wirtschaft 1952, Lastenausgleich 1969

22 Spende an die Diözese Rottenburg-Stuttgart 1978–1982

47 Fotos: Familie Fehrle, Friedrich Fehrle, Familienmitglieder, Ladenansichten 1900–1960, Fotoalben u. a. Studentenverbindung, Familienmitglieder, Beisetzung König Karl von Württemberg, 1. Weltkrieg 1890–1918

48 Banknoten 1910–1923, Martinus-Medaille 1978

166
Feigenbaum & Gminder, Reutlingen

Name Feigenbaum & Gminder
Geschäftstätigkeit Heizungsbau und sanitäre Anlagen
Branche Nr. 450/452
Umfang 0,1
Laufzeit 1949–1971
Benutzbarkeit Eingeschränkt
Bestand Y 36

Bestandsgeschichte Das Archivgut wurde 1982 übernommen.

Geschichte Das Unternehmen wurde 1932 in Reutlingen gegründet und ging 1982 in Konkurs.

14 Aufträge 1949–1956

17 Lastenausgleich, Einheitsbewertung, Grund-

steuermeßbescheide, Vermögensteuer, Gewerbesteuer, Umsatzsteuer 1959–1971
50 Im WABW nicht vorhanden.

167
Fein, Stuttgart

Name C.& E. Fein GmbH
Geschäftstätigkeit Herstellung von Elektrowerkzeugen
Branche Nr. 316
Umfang 21
Laufzeit 1880–2006
Benutzbarkeit Eingeschränkt
Bestand B 167

Bestandsgeschichte Das Archivgut wurde 2007 von der Firma C. & E. Fein übernommen.
Geschichte Gegründet wurde die Firma C.& E. Fein, Elektrowerkzeuge, im Jahre 1867 von Wilhelm Emil Fein und seinem Bruder Carl Fein in Karlsruhe. Nach zwei Jahren wurde die Firma nach Stuttgart verlagert und Carl Fein zog sich aus der Firma zurück. Das Unternehmen zeichnet sich durch eine hohe Innovationsfähigkeit aus. Die ersten Produkte waren medizinische Induktionsapparate, 1875 erfand Wilhelm Emil Fein den ersten elektrischen Feuermelder. Fein fertigte Feuermeldeanlagen und Dynamomaschinen. Ein Meilenstein in der Firmengeschichte war die Entwicklung der weltweit ersten elektrischen Handbohrmaschine 1895, die als Vorläuferin aller Elektrowerkzeuge gilt. Die Firmennachfolge wurde durch vier Söhne des Gründers und seiner Frau Anna Regina, geb. Stückle, gesichert: Emil, Bertold, Richard und Paul. Schon 1898 verstarb Wilhelm Emil Fein und sein ältester Sohn Emil Fein übernahm die Firmennachfolge. Auch sein Bruder Bertold wurde Ingenieur, trat der Firma bei und leitete den Außendienst. Emil Fein schränkte die Produktion zugunsten der Spezialisierung auf Elektrowerkzeuge ein. 1914 wurde die erste Bohrmaschine mit elektropneumatischem Schlagwerk gebaut, 1927 entwickelte Fein die erste elektrische Blechschere und Stichsäge und 1967 kam das erste Elektrowerkzeug mit Oszillationstechnik auf den Markt. Schon 1920 starb Emil Fein, zwei Jahre später seine Mutter Anna Regina.
Die Nachfolge seines Bruders übernahm Dr. Bertold Fein. Unter seiner Führung wurde das noch heute bekannte Markenzeichen, Fein im Kreis, geschaffen.
Richard Fein übernahm die Leitung der Niederlassung in Berlin und Paul Fein, der vierte Bruder, war neben seiner Tätigkeit als Offizier auch im Verkauf der Firma Fein tätig.
Der Enkel des Firmengründers, Dr. Hans Fein, übernahm während des Zweiten Weltkrieges die alleinige Leitung des Unternehmens.
Im Zweiten Weltkrieg wurde das Stuttgarter Hauptwerk durch Fliegerbomben nahezu zerstört. Nach dem Ende des Zweiten Weltkrieges wurde das Stuttgarter Werk wieder aufgebaut und eine Filiale in Bargau (Kreis Schwäbisch-Gmünd) errichtet, wo sich heute der Firmensitz befindet.
3 Chronik der Familie Fein mit Familienwappen 1890–1920, 1962, Gedenkbuch Bertold Fein 1949, Gedenkbuch Hans Fein 1970, Korrespondenz Martha Fein 1880–1962; Postkartensammlung 1890–1975; Feldpostbriefe 1914; Gästebuch Paul Fein 1927–1946; Bundesverdienstkreuz 1964; Nord- und Südamerikareise 1960; Familienbuch 1900; Ahnenforschung 1936–1967; Wappenkunde 1965–1993; Familienbuch 1927–1940
4 Festschrift zum 50-jährigen Jubiläum 1925, Feier der 100.000 Maschine, Festreden 1925, 50 Jahre Lehrwerkstatt 1968, Geschichte und Portrait eines Unternehmens (mehrsprachig) 1969; Berichte, Prospekte sowie Festschrift zum 100-jährigen Jubiläum 1967; Festschrift zum 125-jährigen Jubiläum 1992; 25-jähriges Jubiläum Werk Bargau 1975; Fein Museum 1978;
5 Werk Sonnenbühl-Genkingen 1959–1999, Werk Bargau, Schwäbisch-Gmünd 1950–1966
6 Konkurrenzbeobachtung 1950–1971
7 Interne Rundschreiben 1967–1977
8 Organisationspläne der Direktion und der verschiedenen Abteilungen 1950–1968; Änderung Rechtsform 1969
9 Mitarbeiterzeitschriften 1938–1968, Lehrwerkstätte und Lehrlingsausbildung 1937; Arbeitsbescheinigungen 1908; Verdiensttabellen 1949–1950; Arbeitsordnungen 1934–2008; Lehrvertrag 1896; Richtlinie Lehrlingsausbildung 1931–1944; 50 Jahre Fein-Lehrwerkstatt 1968; Arbeitsjubiläen 1959–1991

10 Baugesuche 1921–1928; Einweihung Werk Genkingen 1961; Lage- und Baupläne 1868–1987
13 Fabrikationsbücher 1925–1929, Produktentwicklungen 1898–1938; Entstehung und Entwicklung von Fein-Handbohrern 1914–1952; Fabrikationsbuchserie 1924–1943; Maßblätter und Technische Zeichnungen 1935–1979; Zeichnung des elektrischen FEIN-Beleuchtungswagens 1900; FEIN-Robot 1986–1988; Bedienungsanleitungen 1929–2003
14 Bedienungsanleitungen 1950–1959, Unterlagen zur Vertreterkonferenz 1930–1978; Kostenvoranschläge 1887–1934; Referenzen 1947; Vertreterberichte 1951; Vertreter- und Händlerinformation 1948–1955; Kundendienst 1952–1983;
15 Werbebroschüren 1950–2001, Presseberichte 1974–2001, Prospekte 1893–1986, Werbeanzeigen 1902–2001; Kataloge und Preislisten 1874–2013; Messen 1891–2003; Oldtimer Suchaktion 1971; Jahresberichte 1969–2006; Neues vom Hause 1974–1977; Sonderdrucke und Artikel 1888–1984
19 Tagebuch Ostfeldzug 1941, Geschäftschronik und Kriegerehrenbuch 1914–1918; Leistungskampf 1941–1945
47 Nachlass Martha Fein 1880–1970, Familienalben 1878–1950, Fotos Erster Weltkrieg, Hochzeitsfeier Friedrich-Karl von Knorr mit Rosemarie Fein 1951, Betriebsfeiern 1950–1985, Kameradschaftsabend 1938, Werksaufnahmen Bargau, Schwäbisch-Gmünd 1951, Ausstellungsstände 1948–1980, Betriebe Werksaufnahmen 1947, Beitrag zum Leistungskampf der Betriebe 1941; Produktfotoserie 1945–1997; Werksansichten 1870–1995; Produktionsansichten 1910–1978; Lehrlinge und Lehrwerkstatt 1950–1968; Zerstörung im 2. Weltkrieg und Wiederaufbau 1944–1950; Fotos Mitarbeiterveranstaltungen 1920–1999; Konferenzen 1930–1995; Messen und Ausstellungen 1880–2000
48 Medaillen 1863–1972
50 Wilhelm Emil Fein baut die erste Handbohrmaschine (der Welt), Joachim Sauer, in: Baldenhofer, Jörg (Hrsg.): Schwäbische Tüftler und Erfinder, Leinfelden-Echterdingen 1989, S. 100–105

168
Fensterbau Eisel, Mühlacker

Name Fensterbau Richard Eisel
Geschäftstätigkeit Fensterbau
Branche Nr. 452
Umfang 12
Laufzeit 1915–1998
Benutzbarkeit Eingeschränkt
Bestand Y 372

Bestandsgeschichte Das Archivgut wurde 2008 von der Witwe des letzten Firmeninhabers dem WABW angeboten.
Geschichte Im Jahr 1928 gründete der Glasermeister Otto Eisel einen Betrieb für Fenster- und Rolladenbau. Er spezialisierte sich auf Fenster- und Rolladenbau. Bekannt wurde er insbesondere durch die Verleimung von Fensterkandeln. 1984 musste das Unternehmen seinen ersten Konkurs anmelden, fünf Jahre später folgte der zweite Konkurs. Der Sohn des Firmengründers starb 1993.
3 Verträge mit Stadt Ilshofen 1986–1991
4 Richard Eisel Maschinenschlosser 1943, Sterbeanzeigen: Otto Eisel 1956, Pauline Eisel 1959, Schäden Privateigentum 1990
5 Konkurs 1985–1996, Schätzung (Gutachten) 1991–1992, Zwangsversteigerung Grundstücke (Wertfeststellung) 1989, Vertrag Glasarbeiten Deutsche Bahn 1954
6 Beteiligungen an Firmen 1998
7 Korrespondenz Geschäftsführung 1986–1992
8 Unternehmensberatung 1983–1993
9 Lohnlisten 1970–1983, Löhne 1950–1961, 1965–1966
10 Neubau 1962–1963, Baugenehmigungen 1933–1981, Mietverhältnis Ilshofen 1991–1992, Vermietung Stadt Ilshofen 1991–1992, Verkauf Grundstück Ilshofen 1990–1993, Grundstück Ilshofen 1986–1992, Grundstücksgemeinschaft 1991, Baugenehmigung Erweiterung Fabrikhalle 1968
11 Bankunterlagen Finanzierung, Kredite 1983–1985
12 Lieferanten 1983–1987, 1990–1994, Preislisten 1987–1988, Sägewerk Mauz 1985–1986, 1990–1993, Wareneingangsbuch 1963
13 Patente 1975–1987, Technische Zeichnungen 1946, 1967, 1981

14 Preislisten Konkurrenz 1990–1992, Holzhändler Bremen 1994–1995
15 Werbeanzeigen Zeitungen 1974–1984, Kataloge 1978–1987, Gebrauchsmuster 1969–1977, 1981–1987, Preisliste 1968
16 Inventar 1987–1996, Journal 1950–1956, 1970, Hauptbuch 1928–1934, Kassenbuch 1927–1948, 1950–1952, 1954, Jahresabschluss 1988, Bilanz 1956–1983, 1986–1988, Lohnbuchhaltung 1973–1985, Rechnungsprüfung 1977–1979, 1982
17 Steuern 1948–1969, 1978–1982, 1989–1991, Steuerberater Unterlagen 1986–1990, Finanzamt Schwäbisch Hall 1989–1990
18 Gebäudeversicherung Ilshofen 1990
20 Institut für Fenstertechnik e. V. [ca. 1987]
21 Bauschäden Zirkus 1991–1993, Rechtsstreit Landgericht Stuttgart 1990–1993, Rechtsstreitigkeiten 1992, Korrespondenz Rechtsanwälte 1989–1993, Staatsanwaltschaft 1988–1992
47 Schäden Grundstück und Fabrikhalle 1990
50 Im WABW nicht vorhanden.

169
Fettweis-Werk, Forbach

Name Rudolf-Fettweis-Werk der Badenwerk AG
Geschäftstätigkeit Energiewirtschaft
Branche Nr. 400
Umfang 26
Laufzeit 1904–1998
Benutzbarkeit Ja
Bestand B 89

Bestandsgeschichte Der Aktenbestand und die Fotodokumentation der Baudirektion des Murg-Schwarzenbachwerks wurden im November 1994 übernommen.
Geschichte 1913 begann der Bau des Murgwerks, 1917 lieferte das Werk den ersten Strom. Weitere Ausbauarbeiten wurden 1930 abgeschlossen, ab dann lief die Anlage im Vollbetrieb. 1921 übernahm die Badische Landes-Elektrizitäts-Versorgungs-AG, die ab 1938 als Badenwerk firmierte, den Betrieb. 1956 wurde das Murgwerk nach seinem langjährigen Oberingenieur und Leiter in Rudolf-Fettweis-Werk umbenannt.

2 Karten Forbach und Murgtal 1904, 1914, 1958
4 Denkschriften, Aufsätze, Beschreibungen 1917–1933
5 Denkschrift 1908, Genehmigung 1913–1927, wasserwirtschaftliche Vorschriften 1917–1950
7 Bauleitung und Bauaufsicht 1914–1937
9 Unfallmitteilungen, -schutz, -statistik, -versicherung 1920–1969, Personalakten 1914–1990, Lohnabrechnungen 1923–1956, Personalfürsorge und Soziales 1923–1987, Personallisten 1935–1970, Arbeitszeit 1936–1952, Lehrlinge 1942–1967, Bedienungs- und Betriebsvorschriften 1917–1963
10 Bau und Unterhaltung der einzelnen Betriebsanlagen, Talsperren und Zuleitungen 1913–1972, Baupläne 1910, 1921–1923, Baumaschinen 1912–1962, Grunderwerb, Pacht, 1913–1927, Werkswohnungen 1931–1991
12 Materialbeschaffung 1917–1981
13 Maschinen und technische Anlagen, v. a. Turbinen, Generatoren, Transformatoren, Schaltanlagen, Verteilanlagen 1913–1971, Ölaufbereitung 1934–1953, Wasserwirtschaftsstatistik 1923–1956, Betriebsberichte, Betriebsergebnisse und Betriebsstatistik 1931–1976
14 Sonderabnehmer und Kleinkunden 1922–1955, Verbundwirtschaft 1923–1969
16 Bankjournale 1924–1947, Kassenbücher 1935–1993
47 Fotos: Luftaufnahmen: Schwarzenbachtalsperre 1935, 1944, 1984, 1998, Forbach undatiert und 1944, Bereich Unterbecken 1971, Werk 1973. Gesamtaufnahmen: 1912, 1952, 1966, 1969/70. Stauwehre, Staumauern 1926–1989. Druckrohrleitung 1926–1989. Kraft- und Schalthaus 1953–1995. Turbinen, Generatoren und andere Maschinen 1923–1995. Schaltzentrale und elektrische Anlagen 1930, 1950, 1989. Niederdruckwerk Forbach 1931–1973. Vereisung der Anlagen 1956. Hochwasser und Talsperren-Überläufe 1927–1983. Kriegsschäden 1944, 1952; sonstige Schäden 1931, 1955–1968.
49 WABW B 88 (Badenwerk)
50 Siemens Bauunion GmbH KG (Hg.), Führer durch das Schwarzenbachwerk II, Ausbau des Murgwerks, Potsdam [um 1925]. Bernward Janzing, Baden unter Strom, Eine Regionalgeschichte der Elektrifizierung, Vöhrenbach 2002.

170
Feucht, Stuttgart

Name Walter Feucht
Geschäftstätigkeit Elektrotechnik, Nachrichtentechnik
Branche Nr. 320
Umfang 0,5
Laufzeit 1913–1971
Benutzbarkeit Eingeschränkt
Bestand Y 353

Bestandsgeschichte Die Sammlung wurde 2006 übernommen.
Geschichte Dipl. Ing. Walter Feucht legte eine Sammlung zur Elektrotechnik, Rundfunk-, Telefon-, und Nachrichtentechnik (Post und Telegraphie) an. Darunter befinden sich seltene Dokumente zur Elektrotechnik im 1. Weltkrieg, über die Oberpostdirektion in Stuttgart 1925–1928, Programmzeitung des Süddeutschen Rundfunks 1925/1926, eine Sammlung von Glückwunschtelegrammen 1924–1934, Festschrift 20 Jahre Gemeindeverband Elektrizitätswerk Teinach-Station 1927, über den Sender Mühlacker, zu Telefunken u.v.m.

171
Feuerbacher Gesenkschmiede, Heidenheim an der Brenz

Name Fritz Feuerbacher Gesenkschmiede
Geschäftstätigkeit Fabrik- und handwerksmäßige Herstellung von Erzeugnissen aus Stahl, Eisen und anderen Metallen
Branche Nr. 275/284
Umfang 0,5
Laufzeit 1918–1996
Benutzbarkeit Ja
Bestand Y 356

Bestandsgeschichte Das Archivgut wurde am 20. November 2006 vom ehemaligen kaufmännischen Prokuristen des Unternehmens, der im Ruhestand in Heidenheim lebt und die Unterlagen nach Abschluss des Konkurses zu Hause verwahrt hatte, übernommen. Entsprechend liegt der Schwerpunkt der Überlieferung auf kaufmännischem Schriftgut und dem Konkursverfahren.
Geschichte Jakob Friedrich Feuerbacher aus Zwerenberg im Oberamt Calw heiratete 1856 die Tochter des Schlossers und Schmieds Georg David Kicherer in Heidenheim und übernahm zugleich dessen Betrieb. Die Schmiede führte vor allem Kunstschmiede- und Bauschlosserarbeiten durch. 1901 verlegte Jakob Friedrichs Sohn Friedrich Hermann – genannt Fritz – Feuerbacher den Betrieb von der Brenzstraße 25 in das größere Firmengelände Brenzstraße 53. Gegen Ende des Ersten Weltkriegs stellte Feuerbacher die ersten Gesenkschmiedestücke für die Rüstungsindustrie her. In den folgenden Jahren liefen der alte und der neue Produktionszweig nebeneinander her, bis sich mit dem Aufkommen der Kraftfahrzeugindustrie die ausschließliche Produktion von Gesenkschmiedestücken ab ca. 1926 durchsetzte. Nach Fritz Feuerbachers Tod 1943 übernahmen seine Söhne Fritz und Karl den Betrieb. Ab 1986 firmierte das Unternehmen als Feuerbacher GmbH & Co. 1990 wurde das erste Konkursverfahren eröffnet; der Personalstand belief sich zu dieser Zeit auf 151. Auch über die Nachfolgegesellschaft wurde 1992 das Konkursverfahren eröffnet. Der Konkurs wurde 1995 abgeschlossen.

2 Konkursbericht Fa. Walther Electronic AG Gerstetten 1985
4 Zeitungsartikel 1994–1996
5 Gesellschaftsvertrag 1973, Abschlussbericht des Konkursverwalters 1990, Konkursabwicklung 1990–1995
9 Betriebsordnungen 1952 und 1960, Anwartschaft Ruhegeldordnung (mit Liste der Arbeiter) 1959–1990, Nachfolgebetrieb Schieber GmbH (Zahlungsplan, Rechnungen, Verträge, Korrespondenz, Belastungen) 1990–1993
10 Lagepläne, Baugenehmigungen 1986–1990, Altlasten, Kontamination, Gewässerschaden auf Betriebsgelände 1991–1992
11 Großkredit Landeskreditbank 1987–1988
13 Genehmigungsurkunden für Betrieb von Anlagen 1918–1991
16 Zusammenstellungen über Soll und Haben 1919–1926, Bilanzen 1936–1966 und 1989–1993, Betriebsprüfungsberichte 1935 und 1952, Wirtschaftsprüfungsberichte 1985–1988
18 Großbrand auf Firmengelände und Wiederaufbau 1962–1965

50 Fritz Feuerbacher, Gesenkschmiede, Heidenheim-Brenz, in: Deutscher Heimatdienst Verlag und Archiv Dochtermann, Die Landkreise Aalen, Schwäb. Gmünd und Heidenheim mit Wirtschaftsbiographien, Stuttgart 1954, S. 132.

172
Feyerabend, Ludwigsburg

Name Adolf Feyerabend
Geschäftstätigkeit Teilh. d. Blechwarenfabrik Kallenberg & Feyerabend
Branche Nr. 287
Umfang 0,2
Laufzeit 1872–1934
Benutzbarkeit Ja
Bestand B 50

Bestandsgeschichte Die Überlieferung des Fabrikanten und Teilhabers der Blechwarenfabrik Kallenberg & Feyerabend in Ludwigsburg wurde dem Wirtschaftsarchiv 1987 von einem privaten Sammler übergeben. Der Bestand umfasst ausschließlich die private Buchführung des Adolf Feyerabend.
Geschichte Kallenberg & Feyerabend wurde 1851 als OHG gegründet und 1922 in eine Aktiengesellschaft umgewandelt. 1887 trat Adolf Feyerabend als Teilhaber ein. Noch in den 1950er Jahren produzierte das Unternehmen in der Solitudestraße 46 in Ludwigsburg mit 70 Arbeitern und 20 Angestellten Blechwaren.
16 Privatjournalbuch, Privathauptbücher, Privatkassenbücher 1872–1934
50 Im WABW nicht vorhanden.

173
Ficker, Kirchheim u. Teck

Name Otto Ficker AG
Geschäftstätigkeit Briefumschlagfabrik, Feinpapiergroßhandel
Branche Nr. 210
Umfang 13
Laufzeit 1905–2007
Benutzbarkeit Eingeschränkt
Bestand Y 432

Bestandsgeschichte Das Archivgut wurde 2011 von der Ficker-Stiftung übernommen.
Geschichte 1858 gründete Albert Ficker eine Buchbinderei in Kirchheim unter Teck, der er auch eine Papierhandlung angliederte. 1894 folgten ihm seine beiden Söhne Otto und Eugen Ficker in der Geschäftsführung. 1898 nahmen diese die Produktion von Briefhüllen auf. 1920 wandelten sie das Unternehmen in eine Familien-Aktiengesellschaft um. Da beide Eigentümer kinderlos geblieben waren, gründeten sie 1928 eine gemeinnützige Stiftung unter dem Namen Otto und Eugen Ficker-Stiftung. Diese dient bis heute der Förderung der Schulbildung an allen Kirchheimer Schulen und der Unterstützung Bedürftiger. Nach dem Tod des letzten Familienmitgliedes ging das gesamte Aktienkapital auf die Stiftung über. Durch Übernahme der Georg Steib GmbH in München im Jahr 1989 und einer 50-prozentigen Beteiligung an der tschechischen Briefumschlagfabrik Frances a. s. in Prag im Jahr 1993 stieg das Unternehmen zum drittgrößten deutschen Hersteller von Briefhüllen und Versandtaschen auf. Es produzierte im Jahr 2000 mit 300 Mitarbeitern jährlich mehr als 1,5 Milliarden Briefumschläge und Versandtaschen, wovon Banken und Versicherungen den Großteil abnahmen. 2004 fusionierte das Unternehmen mit der Blessing GmbH & Co. KG in Pfullingen zu BlessOF. Nachdem die Standortkonzentration in Kirchheim unter Teck keinen Erfolg gezeigt hatte und eine Belebung auf dem Mailingmarkt ausgeblieben war, musste das Unternehmen starke Umsatzverluste hinnehmen. 2008 wurde BlessOF von der Mayer-Kuvertnetwork GmbH mit Sitz in Heilbronn übernommen.
3 Todesanzeigen Otto und Eugen Ficker, Caroline Ficker

4 Festschriften 75 und 125 Jahre OFK, Selbstdarstellung 2000, Geschichte des Briefumschlags
5 Handelsregister, Satzungen 1959–2003
6 Übergabe Papiergroßhandel an Flinsch 1988–1989, Übernahme Georg Steib GmbH München 1988–2005; Beteiligung Frances s. a. Prag, Tschechien 1992–2008; Fusion mit Blessing GmbH, Pfullingen zu BlessOF 2001–2004
7 Vorstandsmitglieder und Vorstandsberichte 1962–2004, Aufsichtsrat, Mitglieder und Protokolle 1954–2002
8 Organisationsanweisungen Beratungsberichte 1985–1990
9 Leitende Angestellte 1971–1990, freiwillige Leistungen 1999, Betriebsfeste, Jubilarfeiern 1969–1988, betriebliche Altersversorgung (Versorgungsordnungen) 1974–1995; Mietshäuser, Mietverträge 1954–1972, Betriebsrat 1969–2003
10 Neubau einer Fertigungs- und Lagerhalle 1969–1978, Grundstücke, Hochregallager-Projekt 1986–2001, Renovierung Sekretariat und Kantine 1991–1992, Gebäudekonten 1948–2002
11 Kapitalerhöhungen 1975, 1992, 2001, Sonderausschüttung 1999
12 Luftpolstertaschen 1986–1998
13 Maschinen A-Z 1971–1982, Maschinenabschreibungsblätter, Betriebsausstattung, Fahrzeuge 1924–1959
14 Handelsvertreter-Verträge 1949–1983, Auslieferungslager und Verkaufsbüros Offenbach und München 1969–1989, Absatz- und Umsatzplanung 1986–2003, Außendienst-Gebietsveränderungen 1997–1999, Verkaufsstatistik 1993–2003, Verträge mit IMT Inter Mail Trade Zürich 1977; Preislisten 1930er, 1957–1989, Kataloge und Musterbücher 1920er –1990er
15 Briefköpfe, stilisierte Werksansichten; Ratgeber Direktwerbung 1985
16 Betriebsprüfung 1931, Jahresabschlußberichte 1967–2007
17 Grunderwerbsteuer, Grundsteuer, Einheitswerte und Grundsteuermessbescheide, Entwässerungsgebühren, Brandschaden 1979–2003
20 Verein Deutscher Briefumschlag-Fabrikanten, 1903, VDBF (Verband der Briefumschlagfabriken) 1998–2002, Beiträge zur IHK, Gemeinschaftshilfe der Wirtschaft, Reichsnährstand 1924–1965
21 Rechtsstreit mit einem Verkaufsbüroleiter 1972–1989
22 Otto und Eugen Ficker-Stiftung, Ficker-Stift, Spenden 1951–2003
47 Fotos von Otto und Eugen Ficker, Wohnhäuser, Park, Fabrikgebäude, Luftaufnahmen, Büro, Sozialräume, Produktion, Richtfest Auslieferungslager Gräfelfing/München, Verkaufsbüro Offenbach 1900–2000
48 Werbeuhr

174
Findeisen, Kirchheim/Teck

Name Hans Findeisen
Geschäftstätigkeit Textilhandelsvertretung
Branche Nr. 510/517
Umfang 1
Laufzeit 1952–1959
Benutzbarkeit Eingeschränkt
Bestand Y 37

Bestandsgeschichte Das Archivgut wurde 1988 übernommen.
Geschichte Von 1952 bis 1990 betrieb Hans Findeisen in Kirchheim/Teck eine Textilhandelsvertretung.
47 Fotos: Kollektionen von Kinder- und Frauenmode (Alben) 1952–1959
50 Im WABW nicht vorhanden.

175
Finsterer, Stuttgart

Name Alfred Finsterer
Geschäftstätigkeit Künstler, Grafiker, Typograph
Branche Nr. 925/220
Umfang 16
Laufzeit 1928–1994
Benutzbarkeit Eingeschränkt
Bestand Y 528

Bestandsgeschichte Der Bestand wurde dem WABW 2017 bei der Auflösung der Stuttgarter Wohnung des Künstlers übergeben.
Geschichte Alfred Finsterer (1908–1996) war ein deutscher Maler, Grafiker und Typograph. Er

wurde an der Kunstgewerbeschule Nürnberg zum Industrie-Grafiker ausgebildet. Ab 1935 war er Dozent, 1939–1945 Professor und Leiter der Meisterklasse für Holzschnitt an der Akademie für graphische Künste und Buchgewerbe in Leipzig. 1946/47 war er als Redakteur für die Buchausstattungen im Sebaldus Verlag, Nürnberg, tätig. 1947–1973 war er künstlerischer Leiter des Philipp Reclam jun. Verlags in Stuttgart, 1952–1957 Berater der Schriftgießerei Gebrüder Klingspor, Offenbach/Main, 1957–1973 für das Druck- und Verlagshaus Belser in Stuttgart tätig. Außerdem übernahm er für zahlreiche Buchverlage die Buchausstattungen. Ab den 1960er Jahren stellte er großformatige Farbradierungen her, seine Werke befinden sich in verschiedenen Museen.

3 Tagebücher 1941–1981

13 Zahlreiche Skizzen, Radierungen und Holzschnitte; Kartei der Zeichnungen, Aquarelle und Gouachen 1928–1996; Skizzen, Zeichnungen etc. u. a. betr. den Verlagen Reclam, Artemis, Hiersemann.

14 Adressen-Kartei der Verlage, Galerien, Privatpersonen; Ordner zu Ausstellungen; Listen zu einzelnen Werken 1963–1988.

47 Fotos sämtlicher Werke

50 Alfred Finsterer, Farbradierungen, Gouachen, Zeichnungen, Friedrichshafen 1976. Paul Quensel, Alfred Finsterer, Gedanken über sein Leben und Werk, Stuttgart 1979, Alfred Finsterer, Zeichnungen und Radierungen, Albstadt 1990. Heimo Ertl, Alfred Finsterer, Graphiken zur Bibel, Ötisheim 1994.

176
Fischer, Freiburg

Name F. L. Fischer
Geschäftstätigkeit Medizintechnik
Branche Nr. 331
Umfang 0,1
Laufzeit 1895–1905
Benutzbarkeit Ja
Bestand Y 459

Bestandsgeschichte Das Hauptbuch wurde dem WABW 2012 aus einem privaten Nachlass übergeben.
Geschichte F. L. Fischer wurde 1866 gegründet und stellte medizinische Hilfsmittel, insbes. HNO-Instrumente, aber auch Praxis- und Krankenhauseinrichtungen her. Fischer gilt als Keimzelle der Freiburger Medizintechnik. 1992 wurde die Firma umfirmiert zu Leibinger, 1998 übernahm Howmedica das Unternehmen, das dann auf den US-Konzern Stryker übergeht. Der Konzern gehört zu den größten Unternehmen der Welt im Bereich computerunterstütze Chirurgie.

16 Hauptbuch 1895–1905

177
Fleischerinnung Mannheim, Mannheim

Name Fleischerinnung Mannheim-Heidelberg
Branche Nr. 910
Umfang 7
Laufzeit 1818–2005
Benutzbarkeit Eingeschränkt
Bestand Y 491

Bestandsgeschichte Das Schriftgut wurde im Januar 2015 vom WABW übernommen.
Geschichte Die Fleischer-Innung Mannheim wurde am 14.04.1878 als Zwangsinnung gegründet, nachdem die Metzgerzunft aufgrund der Gewerbefreiheit 1862 aufgelöst wurde. 1882 führte man ein Schiedsgericht für Lehrlingsstreitigkeiten ein. Der Landesverband Baden-Pfalz wurde 1879 gegründet und später in Bezirksverein Baden im Deutschen Fleischerver-

band umbenannt. Ab 1899 wurde die Fleischer-Innung Mannheim in eine freie Innung umgewandelt. Die Mannheimer Schlachtvieh-Versicherung wurde von der Innung 1903 gegründet. In der Folge wurde auch eine eigene Sterbekasse und eine Krankenkasse errichtet. Durch die Zerstörung des 1900 erbauten Schlachthofes im 2. Weltkrieg musste die Innung auf den Schlachthof in Weinheim ausweichen. Der Wiederaufbau dauerte bis 1965. 1921 wurde ein Sängerchor für die Fleischer-Innung Mannheim gegründet und ab den 1930er Jahren gab es für die Lehrlinge einen extra Unterricht im Schlachthaus am lebenden Objekt von der Innung und dem Veterinäramt. 1983 eröffnete der neugebaute Schlachthof, das Fleischversorgungszentrum Mannheim, indem auch die Innung ihren Sitz fand. Der erste Leberwurstwettbewerb wurde 1986 von der Innung ausgetragen und entwickelte sich zu einem internationalen Wettbewerb. Auf dem Maimarkt in Mannheim ist die Innung mit einem eigenen Stand vertraten und entwickelt dafür eigene Wurstkreationen.
Die Fleischer-Innung Heidelberg wurde am 03.07.1896 gegründet. 1937 wurde ein eigenes Innungsgebäude mit der Häute- und Fett-Verwertung E.V.G. bezogen. Mit dem Bau eines neuen Schlachthofes am Güterbahnhof 1955 bezog auch die Innung dort ein neues Gebäude mit Fleisch-Markt. Ab 1989 wurde der Markt auf alle landwirtschaftlichen Produkte erweitert und als Frische-Markt weiter geführt. Nach der Auflösung wurde das Gebiet der Fleischer-Innung Heidelberg mit der Fleischer-Innung Mannheim fusioniert.

36 Fleischerinnung Mannheim 1878–2005; Fleischerinnung Heidelberg 1818–1990; Fleischerinnung Weinheim 1891–1939; Fleischerinnung Bruchsal 1996; Kommission für Fleischpreise Heidelberg 1906–1917; Deutsche Fleischer-Verbandstage 1926, 1953–1957, 1966; Übergaben Deutsches Fleischermuseum 1984–1995; Fleischer-Gesellen-Verein e. V. Mannheim 1896, 1952; Süddeutsche Fettschmelze EVG 1932–1950, 1975–1996; Bezirksverein Baden im Deutschen Fleischerverband 1895, 1929–1934; Viehmarkt-Verein Mannheim 1926–1942; Fleischer EVG Heidelberg 1952–1966; Heidelberger Schlachtviehversicherung 1904–1918; Landesinnungsverband für das Fleischerhandwerk Baden-Württemberg 1984–1985, 1992; Juniorenverband des Deutschen Fleischerhandwerks 1990–1993

37 Statuten Fleischerinnung Mannheim 1899; Satzung Mannheimer Schlachtviehversicherung 1906, 1963; Innungssatzung Heidelberg 1954; Satzung Sängerchor der Fleischerinnung Heidelberg 1962

38 Lehrlingsrolle Mannheim 1936–1975; Kartei Ausbildungsbetriebe Mannheim 1950er–1980er; Lossprechungsfeiern Mannheim 1982–1988, 1999; Lehrlingswerbung Mannheim 1992; Gesellenausschuss Mannheim 1954, 1970–1996; Prüfungsausschuss Mannheim 1983–1996; Zwischen- und Gesellenprüfungen Mannheim 1956–1975; Zulassungsgesuche Mannheim 1956–1975; Stammrolle Mannheim 1930er–1950er; Namensliste zu ausgegebenen Wanderbüchern Mannheim 1890–1936; Verbandswanderbuch Otto Raubinger 1893–1897; Meisterprüfungszeugnis 1923; Namensliste zu ausgegebenen Wanderbüchern Heidelberg 1887–1981; Lehrlingsprüfungen Heidelberg 1896–1909

40 Maimarkt 1986–2005; Leberwurstwettbewerb Mannheim 1986–1997; Mannheimer Wurstcolleg 1983; Betriebsstatistik Mannheim 1983–1996; Aufstellung Maschinen und Schlachtung nach Betrieben 2001

41 Bilanzbücher Mannheim 1879–1962; Haushaltspläne Mannheim 1956–1996; Jahresabschlüsse Mannheim 1981–1996; Kassenprüfungen Mannheim 1966–1973; Mitgliedsbeiträge Mannheim 1979–1995; Sterbekasse Mannheim 1979–1995; Jahresabschlüsse und Gewinnermittlung Maimarkt und Leberwurstwettbewerb 1985–1996; Rechnungen Heidelberg 1912–1913; Kassenbuch Heidelberg 1839–1855, 1863–1896; Geschäfts- und Vermögensberichte Heidelberg 1908, 1928–1956; Nutzung der Gesellenbeiträge Heidelberg 1818; Schlachthofkasse Heidelberg 1893–1901; Verzeichnis Schlachtvieh und Kassenbuch Heidelberg 1854–1860, 1906–1908; Rechnungsbeilagen Metzgergenossenschaft Heidelberg 1859–1866; Rechnungen Heidelberg 1854–1863

42 Weihnachtsspende 1982–1994; Weihnachtspakete 1940–1953; Personalfragebögen 1936, 1940; Sterbebeihilfe 1930er–1950er; Innungsausflüge 1987–1994; Leberwurst und Pellkartoffel-Essen 1990–1997

45 Adress- und Mitgliederlistenlisten Mann-

heim 1966–1998; Mitgliederlisten Heidelberg 1895–1921
46 Innungsjubiläen Mannheim: 75 Jahre, 100 Jahre, 125 Jahre
47 Werbeplakate Maimarkt und Leberwurstwettbewerb Mannheim; Werbeplakate Weihnachtsspende 1988–1994, Werbeplakat Schlachthoffest Mannheim 1984–1986, Postkarte Fleischerverbandstag Mannheim 1896
47 Straßenbahnwerbung Mannheim 1985–1988; Übergabe Altmeisterurkunden Mannheim 1982–1996; Wahl Gesellenausschuss Mannheim 1954; Restaurierung der Innungsfahne 1993–1994; Fotoserie maschinelle Enthäutung und verschiedene Häute 1940er/50er; Messestand Süddeutsche Fettschmelze EVG 1940er/50er; Fotoserie Verwaltung, Schmelze, Borstentrockenanlage Reklame und Innungsausflüge Mannheim 1940er/50er; Innungsjubiläum Mannheim 1953; Maimarkt 1925, 1959, 1985–1987, 1996–1998; Lossprechungsfeier Mannheim 1985–1987; Fotoserie Fahne, alte Dokumente, Obermeisterzimmer und Innungsversammlung Mannheim 1996–1998; Eröffnung des Schlachthofs Mannheim 1983; Fleischer bei der Darmentnahme 1951; Vorstand zum 100-jährigen Jubiläum Mannheim 1978; Vorstand Mannheim 1964–1965; Innungsjubiläum 75 Jahre Fleischerinnung Mannheim 1953; Fuhrwagen der Fleischerei Otto Raubinger 1908–1909; Metzgermeister Gustav Maier Senior 1949; Veranstaltungen und Viehhof Heidelberg 1951–1964; Verkaufstheke Metzgerei Ehinger Mannheim; Gesangabteilung Fleischerinnung Mannheim; Meisterprüfung Mannheim 1928
50 Systematische Sammlung aller amtlichen Vorschriften der Ernährungswirtschaft mit Erläuterungen: Sonderdruck Vieh- und Fleischwirtschaft; Kunstgemäße Garnierung von Schüsseln, Verlag der Allgemeinen Fleischer-Zeitung; Schaufenster-Dekorationen für das Fleischer- und Wurstmacher-Gewerbe, Verlag der Allgemeinen Fleischer-Zeitung; Kostbarkeiten des Fleischerhandwerks – Aus Zunftgeschichte und Volkskunst.

178
Flughafengesellschaft, Konstanz

Name Flughafengesellschaft Konstanz GmbH
Geschäftstätigkeit Flughafengesellschaft
Branche Nr. 600
Umfang 0,5
Laufzeit 1934, 1943–1962
Benutzbarkeit Eingeschränkt
Bestand Y 277

Bestandsgeschichte Das Archivgut wurde 2001 von der IHK Rhein-Neckar mit Sitz in Mannheim übernommen. Es enthält Akten von Dr. Fritz Uhlig, dem Syndikus der IHK Mannheim, die seine Tätigkeit als Geschäftsführer der Flughafengesellschaft Konstanz GmbH von 1952 bis 1961 dokumentieren.
Geschichte 1925 wurde die Luftverkehrsgesellschaft Konstanz GmbH gegründet. Ihre Aufgabe war es, die Luftverkehrsinteressen im Bodenseegebiet und in Südbaden zu fördern. 1937 erfolgte die Umbenennung in Flughafengesellschaft Konstanz GmbH. Nach dem Zweiten Weltkrieg stand der Flughafen unter französischer Militärverwaltung. Die ehemalige Flughafengesellschaft hatte de jure weiterbestanden. Gesellschaftsmitglieder waren die Stadt Konstanz, das Land Baden-Württemberg, die Badisch-Pfälzische Flugbetriebs AG, die IHK Konstanz und Flugkapitän W. Truckenbrodt. Sie bemühte sich seit 1951 um den Erhalt des Flughafens und die Wiederaufnahme des Flugbetriebes für Segel- und Motorflugzeuge. Am 3.12.1958 wurde dazu die Genehmigung erteilt.
5 Gesellschaftsverträge, Handelsregister 1951
7 Aufsichtsrats-Sitzungen, Gesellschafterversammlungen 1951–1961, Geschäftsführer-Korrespondenz, Geschäftsführerberichte mit Bilanzen 1943–1961
9 Personalakten 1958–1962
10 Pachtvertrag mit der Stadt Konstanz, Lagepläne Flugplatz Konstanz
11 Beteiligungsverhältnisse, Aufstockung des Gesellschafterkapitals
17 Einheitswert und Vermögensteuerbescheide
18 Luftfahrthaftpflichtversicherung 1958–1959
50 Im WABW nicht vorhanden.

179
Fortuna, Stuttgart

Name Fortuna-Werke
Geschäftstätigkeit Maschinenfabrik
Branche Nr. 290/294
Umfang 30
Laufzeit 1888–1986
Benutzbarkeit Nein
Bestand B 157

Bestandsgeschichte Das Archivgut wurde 1988, 1994 und 2007 übernommen.
Geschichte Der Ingenieur Carl Albert Hirth übernahm 1903 das von Benno Fischer im Jahr 1892 gegründete Unternehmen Fortuna-Werke in Cannstatt. Die damalige OHG wurde 1913 in eine GmbH Fortuna-Werke Spezialmaschinenfabrik und 1922 in eine Aktiengesellschaft umgewandelt. Haupterzeugnisse waren Lederschärf- und Schleifmaschinen, Lederspaltmaschinen, Schleifspindeln, Flaschenetikettier- und Plombiermaschinen. 1906 fiel gleichsam als Nebenprodukt der »Hirth-Minimeter« an, ein Feinmessgerät, das grundlegend für die Massenfertigung von Präzisionsteilen, vor allem in der Automobilindustrie, werden sollte. Daneben gründete Albert Hirth im Jahr 1904 zusammen mit dem deutsch-amerikanischen Ingenieur E. G. Hoffmann das Unternehmen Norma Compagnie GmbH zur Herstellung von Kugellagern. 1935 starb Albert Hirth. Der Zweite Weltkrieg führte zur Zerstörung der Produktionsstätten, die direkt nach Beendigung des Krieges wieder aufgebaut wurden.
Im Jahr 1953 wurde auf der Messe in Pirmasens eine völlig neue Lederschärf- und Spaltmaschine vorgestellt. Mitte der 1960er Jahre wurde der Neubau des Fortuna-Zweigwerkes für die Schärf- und Spaltmaschinenmontage in Weil der Stadt bezogen. In den folgenden Jahren florierte die Produktion des Unternehmens. Fortuna entwickelte 1991 weltweit die erste computergesteuerte Schärfmaschine für die Schuh- und Lederwarenindustrie. Die Bereiche Leder und Spindeln wurden 1996 gesplittet und firmierten unter folgenden Namen: Spindeln unter Fortuna-Werke Maschinenfabrik GmbH, Leder unter Fortuna Spezialmaschinen GmbH. 1998 gelang die Neuentwicklung einer computergesteuerten Schärfmaschine für die Papier- und Verpackungsindustrie. Seit 1975 gehört Fortuna zur GETRAG-Gruppe. Der Standort Stuttgart wurde 1994 aufgegeben, der Betrieb in Weil der Stadt weitergeführt. Die Fortuna Spezialmaschinen GmbH wurde 2002 von der PMF GmbH aus Schweix übernommen. 2005 folgte der Einstieg in den Anlagenbau im Getränkeverpackungssegment in Zusammenarbeit mit IPBM (Genf) als Kooperationspartner. Im selben Jahr übernahm die neu gegründete Ullmer Holding GmbH (Schweix) im Zuge einer Neugestaltung der Firmenstruktur alle Anteile an der Fortuna Spezialmaschinen GmbH. Den Spindelbereich der Fortuna-Werke übernahm 2003 die Fischer AG (Schweiz), die ihn in die neu gegründete Fischer Fortuna GmbH einbrachte. 2016 wurde er in die Fischer AG integriert.

4 Jubilare, Trauerbriefe 1958–1964, Jubiläen, Glückwünsche 1934–1973, Rede Max Knorr 1953, 25-jähriges Jubiläum 1928, 50-jähriges Jubiläum 1953, 70. Geburtstag Emil Lilienfein 1936, Fortuna-Werksgeschichte 1926–1935, Presseartikel

5 Kaufvertrag »Fortunawerke Cannstatt, Benno Fischer an Albert Hirth 1903

6 Zweigwerk 1941–1947, Fortuna Machine Company Ltd. Leicester, England 1906–1932, Sägemaschinenfabrik Fortuna AG Stuttgart-Cannstatt 1922–1927, Norma Compagnie GmbH Cannstatt 1905–1929, Norma Company of America New York, 1905–1929, SKF-Norma Berlin 1905–1929

7 Vorträge Dir. Reiber 1959–1973, Vorträge Max Knorr 1960–63, Korrespondenzen, Vorstand 1941–1950, Unternehmensberatung, Reisen (Ausland) 1948–1952, Aufsichtsrat 1952–1973, Finanzausschuss 1961–1973, Verträge 1949–1953, private Korrespondenz 1955–1965, Emil Lilienfein: Rechnungen und Korrespondenz, Privates, Kopierbuch, Kontokorrentbuch 1888–1945, Hauptversammlungs-Protokolle 1913–1943, Gesellschaftervertrag 1917, Protokolle der Aufsichtsrats-Sitzungen 1928–1943, Pensions-Vertrag Albert Hirth 1932, Albert Hirth 1913–1920, Gesellschafter-Korrespondenz 1913–1928, Direktor Ferdinand Schönfeld 1921–1926

8 Organisation 1976–1979, Erfa 1932–1983

9 Betriebssport 1939/40, Leistungsberichte, Arbeitsjubiläen, 1940/41, Kunsthefte 1952–1973,

Betriebsrat 1949–1973, Werkzeitschrift (Wir bei Fortuna) 1953–1974, Seminare, Arbeitsordnungen, Betriebsversammlungen 1972–1985, Löhne 1930–1949
10 Inventar 1919, Baugesuche 1905–1940, Anwesen Untertürkheim 1926–1928, Grundbuchamt 1913, Hauskauf Hackländerstraße Stuttgart 1935–1936, Pragstraße Stuttgart 1949–1950, Grundstückskäufe 1903
11 Deutsche Bank 1930–1956
13 Patente 1900–1955, Stücklisten 1913, technische Zeichnungen 1898–1972, Forschungsunterlagen, Lagerlisten, Werkzeugkatalog, Fortuna Reklame-Apparat 1912–1912, Schleifmaschinen 1926–1931, Lizenzen 1909–1939, Patente Fichtel & Sachs Schweinfurt 1911–1912
14 Marktuntersuchungen 1972, Konkurrenz, Vertreter Inland/Ausland 1942–1952, Seidenstoffweberei Markgröningen, Firmenkontakte 1940–1945, Vereinigte Uhrenfabrik Gebr. Junghans & Haller Schramberg 1903–1908, Vertreter-Versammlungen 1927–1928
15 Prospekte (deutsch, französisch, englisch), Messen und Ausstellungen 1947–1954, Referenzschreiben von Firmen 1903–1929
16 Bilanzen 1903–1947, Hauptbücher 1903–1932, Kassenbücher 1932–1946, Rechnungen 1933, Kalkulation, Umsatz und Geschäftsberichte 1924–1986, Jahresabschlüsse 1946–1955, Inventur 1913–1924, Kapital-Aufstockung 1941–1942, Württembergische Vereinsbank 1908, Darlehen 1924–1926, Commerzbank 1927–1929, Investitions-Kredit 1949–1952, Finanzierung von Russen-Aufträgen 1930–1934, Hauptbuch-Journal 1924–1927, Geheimkasse 1905–1937
17 Steuerangelegenheiten 1914–1952
18 Feuer-, Kfz-, Haftpflicht-, Fliegerschäden-, Unfall-Versicherung 1914–1929, Allianz-Versicherungen 1940–1946
19 Kriegswirtschaft (Korrespondenzen mit Behörden) 1938–1945, Kriegs- und Kriegsfolgeschäden 1937–1951, Soldatenbriefe 1944–1945, Soldatenkartei Zweiter Weltkrieg, Reichsamt Kriegsforderungen 1914–1920
20 Industrie- und Handelskammer Stuttgart 1963–1970, Süddeutsche Eisen- und Stahl-Berufsgenossenschaft 1913–1930, Siedlungsverein Groß-Stuttgart 1913–1919, Landesausschuss für Kriegsinvalidenfürsorge 1918, Verband Württembergischer Metallindustrieller Stuttgart 1918–1924, Verband Württembergischer Industrieller Stuttgart 1918–1923
47 Fotos: Werk, Produkte, Personal, Lehrlinge, Jubilare, Albert Hirth, Emil Lilienfein 1929–1940. Tonbänder, Filme und Filmtexte: technische Filme, Betriebsfeste, Ausflüge 1937–1970er Jahre
48 Hirth-Minimeter, Werkstücke (Schleifproben)
49 WABW B 183
50 25 Jahre Spezialmaschinenbau 1903–1928, Fortuna-Werke Spezialmaschinen, Stuttgart 1928 (Festschrift). 50 Jahre Fortuna-Werke 1903–1953, Beitrag zur Geschichte eines schwäbischen Fabrikunternehmens, Stuttgart 1953 (Festschrift). Repräsentanten der deutschen Industrie und Wirtschaft, Baden-Württemberg, Düsseldorf 1962/63, S. 76 f. Astrid Gehrig, Nationalsozialistische Rüstungspolitik und unternehmerischer Entscheidungsspielraum, München 1996.

180
Franck, Ludwigsburg

Name Heinrich Franck Söhne
Geschäftstätigkeit Zichorienverarbeitung
Branche Nr. 158
Umfang 0,5
Laufzeit 1880–1976
Benutzbarkeit Eingeschränkt
Bestand Y 346

Bestandsgeschichte 2006 erwarb das WABW das Notizbuch von Hermann Franck (1880–1887) antiquarisch. Weiteres Archivgut wurde 2014 von Karin Freifrau Schenck zu Schweinsberg, geb. Breyer dem Wirtschaftsarchiv Baden-Württemberg übergeben. Nach der Auflösung des Nestlé-Werks in Ludwigsburg 2019 wird eine umfangreiche Nachlieferung erwartet. Eine Zusammenführung mit der Werbemittelsammlung (ca. 600 lfd. Meter) aus dem Staatsarchiv Ludwigsburg im WABW ist geplant.
Geschichte Nach kaufmännischer Lehr- und Soldatenzeit übernahm Johann Heinrich Franck das väterliche Leinwandbleichgeschäft in Vaihingen a. d. Enz, aus dem er 1823 wieder austrat und ein Spezereigeschäft eröffnete. 1827 machte er die ersten Versuche zur Fabrikation von Zicho-

rienkaffee und gründete 1828 eine Cichorienkaffeefabrik. Anfang der 1850er Jahre wurde die Fabrikation durch das Werk Riethertal bei Vaihingen a. d. Enz erheblich vergrößert. Hinzu kamen die Errichtung und Ankauf von mehreren Darren in der Region. 1868 wurde das Stammwerk wegen eines notwendig gewordenen Eisenbahnanschlusses nach Ludwigsburg verlegt. Nach dem Tod des Firmengründers führten vor allem seine Söhne Wilhelm und Hermann das Geschäft erfolgreich weiter. 1913 gab es in elf Staaten der Erde insgesamt 27 Franckschen Zichorienfabriken. Das Unternehmen beschäftigte vor dem Ersten Weltkrieg ca. 200 Reisende, 450 Angestellte und 2.800 Arbeiter. Neben dem Aufkauf kleinerer Konkurrenzunternehmen beteiligte sich die Firma Heinrich Franck Söhne 1911 zusammen mit der Kathreiner-Malzkaffee-Fabriken in München an der Resag AG in Berlin, 1930 erfolgte die Fusion mit der Helvetia Schweizerische Kaffee-Surrogat-Fabriken zur Helvetia & Heinrich Franck Söhne AG, Basel. 1944 fusionierte die Firma Franck mit der Kathreiner's Malzfabrik zu Franck & Kathreiner. 1964 Eintritt in das Feinkostgeschäft (»Thomys«) und Änderung des Firmennamens in Unifranck Lebensmittelwerke GmbH, Ludwigsburg. 1987 erfolgte die Nestlé Übernahme durch die Allgäuer Alpenmilch AG in München, die wiederum 1987 mit der Nestlé Maggi GmbH zur Nestlé Deutschland AG fusionierte.

3 Villen und Landhäuser des Kaiserreichs in Baden und Württemberg, hg. von Gert Kähler (München 2005) u. a. Villa Franck in Murrhardt S. 146–149

4 100 Jahre Franck 1828–1928 (Festschrift). Die »INGA« Internationale Nahrungs- und Genußmittel-Aktiengesellschaft im Wandel der Zeit 1913–1963, Zürich 1964. Roman Sandgruber: Franck in Linz. Geschichte eines Familienunternehmens, Linz 2014.

6 Bericht des Verwaltungsrates der Ursina-Franck AG Bern an die Generalversammlung über die Fusion mit der Nestlé Alimentana A.G. Cham und Vevey 1971, Tausch von Interfranck-Aktien gegen Ursina-Franck-Aktien 1971

7 Notizbuch der Geschäftsleitung, angelegt von Hermann Franck (enthält u. a. Feuerwehr, Versicherungen, Zirkularschreiben, Zichorienanbau, Zichorienernte, Zichorieneinkauf, Marktberichte, Produktqualität, Produktsortiment, Gesundheitsschäden Kaffee und Kaffeesurrogate, Preise, Preisentwicklung, Verkauf und Versand, Verkaufsstatistik, Umsätze, Umsatzstatistik, Kalkulationen, Maschinenkäufe, Organisation, Personal, Werbung, Export, Agenten und Reisende (In- und Ausland), Konkurrenz, Zölle, Soziales, Fabrikaufrufe, Arbeiterdarlehen, Betriebsfeiern, dazu auch gedruckte Werbemittel, Zeitungsausschnitte) 1880–1887, Liste der Gesellschafter der Unifranck Lebensmittelwerke GmbH 1978

9 Weihnachtsblätter Jahrgänge 1951–1976

15 Vollständige Werbemittelsammlung ca. 1870–1980

16 Geschäftsberichte Unifranck Lebensmittelwerke GmbH Ludwigsburg 1965–1966, 1970–1971, 1973–1975, 1978–1985, Ergänzung der Geschäftsberichte 1970–1974, Geschäftsberichte Interfranck Holding AG Zürich 1965–1968, Geschäftsbericht Ursina-Franck AG 1970

48 6 Werbe-Bleistifte Thomy's und INKA-Kaffee

49 Staatsarchiv Ludwigsburg PL 5

50 Die Hauptstadt der Cichoria. Ludwigsburg und die Kaffeemittel-Firma Franck, Katalog zur Ausstellung des Stadtmuseums Ludwigsburg 1989. S. a. Festschriften in der Bibliothek.

181
Frick, Göppingen

Name Gertrud Frick (Harmonikalehrerin)
Geschäftstätigkeit Nachlass
Branche Nr. 800
Umfang 1
Laufzeit 1870–1969
Benutzbarkeit Eingeschränkt
Bestand Y 210

Bestandsgeschichte Das Archivgut wurde 1995 übernommen.

Geschichte Gertrud Frick (1901–1995) studierte am württembergischen Konservatorium für Musik in Stuttgart und gründete 1932 die Deutsche Hohner-Handharmonikaschule in Göppingen. Sie gilt als die erste Harmonika-Lehrerin Deutschlands.

3 Persönliche Unterlagen von Franz Frick, Vater von Gertrud Frick 1870–1960er Jahre, Gertrud Frick: Württ. Konservatorium für Musik Stuttgart 1919, Lebenslauf 1931, Arbeitsbuch 1940–1944, Harmonika-Orchesterprogramme, Konzertkarten 1930er–1940er Jahre, persönliche Korrespondenzen u. a. mit der Firma Hohner 1930er Jahre, Gründung einer Deutschen Hohner-Handharmonika-Schule in Göppingen 1932, Zeitungsartikel 1930er Jahre, Zeugnisse, Diplome, Fortbildung 1930er Jahre, Korrespondenz mit Rudolf Würthner 1953, Korrespondenzen mit den Eltern 1940er–1960er Jahre, Ausweise und Rentenunterlagen 1930er–1980er Jahre
47 Fotos: Portraitfotos, Konzerte, Familie, Freundeskreis um 1910–1960
48 3 Medaillen
49 WABW Y 141 Wilhelm Wahler Maschinenbau, Rommelshausen
50 Im WABW nicht vorhanden.

182
Fricke, Stuttgart

Name Fricke GmbH & Co. KG
Geschäftstätigkeit Druckerei
Branche Nr. 220
Umfang 1,5
Laufzeit 1924–1990
Benutzbarkeit Eingeschränkt
Bestand Y 39

Bestandsgeschichte Das Archivgut wurde 1991 übernommen.
Geschichte 1924 gründete Gustav Fricke in Stuttgart eine Offsetdruckerei. Nach dem Zweiten Weltkrieg verlegte er den Betrieb nach Stuttgart-Untertürkheim. 1953 schied der Firmengründer aus. 1959/60 übersiedelte der Betrieb nach Stuttgart-Feuerbach. 1991 ging das Unternehmen in Konkurs.
4 50-jähriges Jubiläum 1974, Gästebuch 1987–1990
10 Bauangelegenheiten 1946–1978
13 Kalender und sonstige Druckerzeugnisse
14 Vertreter 1961–1962, Umsätze 1968
15 Zeitungswerbung 1924, Auszeichnungen 1975–1985
16 Bilanzen und Bilanzunterlagen 1948–1960, Abschreibungen 1962–1981, Inventarbuch 1966–1980, Gewinne 1961–1971
47 Fotos: Betriebsausflüge, -feiern, Maschinen um 1956–1974. Film: Umzug, Aufstellung einer Druckmaschine 1959–1960
48 Klischees, Stempel
50 50 Jahre Fricke 1924–1974, Stuttgart 1974 (Festschrift).

183
Frieda Klimsch-Stiftung, Königsfeld

Name Kindersanatorium der Schwester Frieda Klimsch-Stiftung
Geschäftstätigkeit Sanatorium
Branche Nr. 850
Umfang 5
Laufzeit 1905–1976
Benutzbarkeit Eingeschränkt
Bestand Y 40

Bestandsgeschichte Das Archivgut wurde 1982 vom Konkursverwalter übernommen.
Geschichte Das Kindersanatorium Luisental in Königsfeld wurde 1910 von Frieda Klimsch gegründet. 1916 kam ein Neubau für Infektionskrankheiten hinzu. 1919 errichtete Frieda Klimsch die Stiftung Kinderheim Luisenruhe, Schwester Frieda Klimsch Stiftung, die der Universität Heidelberg gewidmet ist. Das Sanatorium diente vor allem Kindern mit Erkrankungen der Atemwege zur Erholung. 1982 ging das Sanatorium infolge zu geringer Belegungszahlen in Konkurs.
4 25-jähriges Jubiläum 1936
5 Rechtsform Stiftung 1942–1959
7 Ärzte 1935–1949, leitende Schwestern 1915–1942, Jahresverwaltungsberichte 1958–1972, Korrespondenz Verwaltungsrat 1937–1951, Berichte an den Verwaltungsrat 1935–1951, Pflegesatzverhandlungen 1951–1963
9 Personal 1936–1948, Löhne und Gehälter, Tarife 1940–1953, Dienstordnung, Vertrauensrat 1941, Pensionen 1936–1945
10 Grundstücke und Gebäude, Bauangelegenheiten 1905–1967, Wasserversorgung 1911–1941,

Einrichtung und Technik um 1925–1974, Miet- und Pachtangelegenheiten 1946–1952, Fuhrpark 1944–1946
11 Darlehen 1935–1962, Grundschulden 1942–1966, Zuschüsse 1963–1972
12 Strombezug 1926–1974, Brennmaterial 1941–1945, Lieferantenkartei um 1943–1949, Nahrungsmittellieferungen 1946–1947, Tierhaltung 1953–1963
13 Krankenberichte 1927–1930, Belegung 1945–1974, Statistik 1969–1974
15 Prospekte
16 Bilanzen 1919–1936, Haushaltspläne 1937–1976, Kassenbuchserie 1938–1949, Kontobuch 1935–1938, Krankenabrechnungsbücher 1936–1945, Inventar 1941, Kontobuchserie Gäste 1907–1911, Forderungen 1939–1972, Lieferantenkonten, Kinderkonten um 1943–1949
17 Steuerangelegenheiten 1919–1947
19 Luftschutz 1937–1940, NSDAP 1941–1944, Requisitionen 1945–1949
20 Badisches Hilfswerk Freiburg 1946–1948, Landesversicherungsanstalt 1941–1944, Paritätischer Wohlfahrtsverband 1951–1962, Wirtschaftsamt Villingen 1942–1947, Reichsbund der freien Schwestern und Pflegerinnen 1938–1941
47 Fotos: Gebäude, Innenräume, Kinder, Personal
48 Klischees
49 Archiv der Ruprecht-Karls-Universität Heidelberg
50 Walter Jens, Vergangenheit – gegenwärtig, Biographische Skizzen, Stuttgart 1994, S. 7.

184
Friseurinnung Baden-Baden, Baden-Baden

Name Friseur- und Kosmetikinnung Baden-Baden/Bühl
Branche Nr. 910
Umfang 2,7
Laufzeit 1960–2006
Benutzbarkeit Ja
Bestand H 101

Bestandsgeschichte Das Schriftgut wurde im Februar und Juni 2010 vom WABW übernommen.
Geschichte 1906 erfolgte die Gründung der Friseur-Innung Rastatt, Baden-Baden, Bühl und Achern. Im Herbst 1922 wurde die große Innung in zwei kleinere aufgeteilt, zuständig für Rastatt und Baden-Baden einerseits, sowie Bühl und Achern andererseits. Als Rechtsnachfolgerin der 1934 aufgelösten Friseur-Zwangsinnung Achern-Bühl wurde gemäß § 4 der Ersten Handwerksverordnung von 1934 am 1. Oktober 1934 durch die Badische Handwerkskammer die Friseur-Innung Bühl errichtet. Die Trennung der Innung Rastatt-Baden-Baden wurde erst im Frühjahr 1951 von der Innungsversammlung beschlossen. Zum 1. Januar 2008 fusionierte die Friseur-Innung Baden-Baden mit der Friseur- und Kosmetikinnung Bühl zur Friseur- und Kosmetikinnung Baden-Baden/Bühl. Die Innungen Baden-Baden/Bühl und Rastatt fusionierten 2017 zur Friseur- und Kosmetikinnung Mittelbaden.
35 Satzung 1976–1981, Vorstand 1985–1989, 1995–1998, Gesellenprüfungsausschuss 1995–2006, Wahlen 1985–1989, 1995–1998, Mitgliederliste 1976–1981, 2004, Pressespiegel 1962–1975, 1982–1989, 1995–1998, Rundschreiben 1981–1982, 1997, Kreisreform 1975–1979
36 Zentralverband des Deutschen Friseurhandwerks 1981–1989, 1991–1998, Landesverband Friseurhandwerk Baden-Württemberg 1983–1989, 1991–1998, Jahresbericht der HK Karlsruhe 1996–1998, Kreishandwerkerschaft 1983–1989, 1991–1998
37 Bekämpfung Jugendarbeitslosigkeit 1983–1984
38 Gesellenprüfung 1985–1989, 1995–1998
41 Journal 1972–1992, Haushaltspläne 1976–1981, 1996–1997, 2003–2004, Haushalt und Jahresrechnung Landesinnungsverband 1998

42 Tarifverträge 2000, 2002, Ehrungen 1966–1969
47 Werbefotos, Dias zu Frisurentrends 1984–1990
50 Im WABW nicht vorhanden.

185
Friseurinnung Bretten, Bretten

Name Friseur- & Kosmetik-Innung Bretten
Branche Nr. 910
Umfang 0,1
Laufzeit 1912–2007
Benutzbarkeit Ja
Bestand H 100

Bestandsgeschichte Das Schriftgut wurde im Januar 2011 vom WABW übernommen.
Geschichte Am 17. September 1912 wurde die Innung gegründet. Im Jahre 1920 konstituierte sich die Zwangsinnung für die Amtsbezirke Bretten, Eppingen und Sinsheim mit Sitz in Bretten, die jedoch nur bis 1926 bestehen sollte. Die Innung Bretten existierte dann bis 1940, als sowohl Kreishandwerkerschaft und Innung aufgelöst wurden. Nach dem Zweiten Weltkrieg dauerte es bis zum 4. Mai 1953, bis die Innung in alter Form wieder ins Leben gerufen wurde. Seit 1965 verfügt die Innung an der Fachschule Bretten über eine überbetriebliche Ausbildungsstätte. 2014 schloss sie sich mit der Friseur- & Kosmetik Innung Karlsruhe (vgl. Bestand H 103) zur Friseur- und Kosmetik-Innung Karlsruhe-Bretten zusammen.
35 Protokolle Vorstand 1912–2007, Jubiläum 1987, 2002, Gewerbeball Bretten 1980
38 Internationales/Nationales Preisfrisieren (Karl Nessler Pokal) 1960, 1967, 1976, 1981, 1985, 1987
50 Festschrift 90 Jahre Friseurinnung Bretten.

186
Friseurinnung Karlsruhe, Karlsruhe

Name Friseur- & Kosmetik Innung Karlsruhe
Branche Nr. 910
Umfang 0,5
Laufzeit 1882–1966
Benutzbarkeit Ja
Bestand H 103

Bestandsgeschichte Das Schriftgut wurde im Februar 2010 vom WABW übernommen.
Geschichte Am 22. August 1884 wird die freie Barbier-, Friseur- und Perückenmacherinnung Karlsruhe unter dem Vorsitz von Friedrich Rehfuß gegründet. Die behördliche Genehmigung erfolgt jedoch erst 1886. Im darauffolgenden Jahr wird ein Gehilfenausschuss gegründet, 1894 folgt die Errichtung eines Schiedsgerichts für Lehrlinge. Im Jahre 1899 fusionierte die Innung Karlsruhe mit der Innung Baden zur Zwangsinnung Friseur- und Perückenmacher-Innung Karlsruhe, neuer Obermeister wird Karl Moser. Die Gründung einer Innungskrankenkasse erfolgt 1906. Durch die nationalsozialistische Erste Verordnung über den vorläufigen Aufbau des deutschen Handwerks vom 15. Juni 1934 wird die bisherige Innung aufgelöst und zusammen mit der Durlacher Innung unter dem neuen Namen Friseur-Innung Amtsbezirk Karlsruhe neugegründet. Schon kurz nach Kriegsende ergeht von der amerikanischen Militärregierung die Aufforderung, die Innungsgeschäftsstelle wieder zu eröffnen. Die erste Innungsversammlung erfolgt 1946 unter dem Vorsitz des Obermeisters Eduard Höfele. 1982 wird die überbetriebliche Ausbildung durch die Innung eingeführt. Am 21. April 2009 wird die Namensänderung in Friseur- & Kosmetik-Innung Karlsruhe beschlossen. 2014 schließt sich die Innung mit der Friseur- & Kosmetik-Innung Bretten (vgl. Bestand H 100) zur Friseur- und Kosmetik-Innung Karlsruhe-Bretten zusammen.
35 Protokollbücher 1882–1966
36 Protokollbuch des Landesverbandes Baden im Bund Deutscher Friseure 1933–1935
38 Leitfaden zu Lehrplänen im Friseurgewerbe 1934, Prüfungsvorschriften 1934
46 Zeitschrift Das Haar 1955–1957
50 Im WABW nicht vorhanden.

Telegramm-Adresse: NADELN EBINGEN.
Fernsprech-Anschluss N° 8.
Fabrikation von Rundstuhl- & Strickmaschinennadeln aller Systeme
GEGRÜNDET 1852.
Tägliche Production 50,000 Strickmaschinennadeln 80,000 Rundstuhlnadeln
Arbeiterpersonal 500. Eigene Maschinenbauerei.
THEODOR GROZ & SÖHNE
Ebingen
Fabrik II Bitz
Fabrik I Bitz
Wien 1873
Utrecht 1876
Ebingen, Württemberg, den

187
Gaenslen & Völter, Metzingen

Name Gaenslen & Völter GmbH & Co. KG
Geschäftstätigkeit Tuchfabrik
Branche Nr. 172
Umfang 13
Laufzeit 1835–1995
Benutzbarkeit Eingeschränkt
Bestand Y 301

Bestandsgeschichte Das Archivgut wurde 2002 übernommen.
Geschichte 1790 gründete Michael Raifstänger in Metzingen eine Tuchfabrik. Bereits 1883 ging diese in die Hände von Heinrich Gaenslen und Christian Völter über, die zuvor eine Tuchfabrik in Schiltach gegründet hatten. 1915 beschäftigte das Unternehmen 173 Personen. Während der Zeit des Zweiten Weltkrieges war die Firma ausschließlich mit der Herstellung von Militärtuchen beschäftigt. 1948 wurde die betriebseigene Siedlungs-GmbH gegründet. In den 1950er Jahren umfasste das Fabrikationsprogramm Herrenanzugsstoffe, Damenmantelstoffe, Behördentuche und technische Filze. Gaenslen & Völter entwickelte sich zur größten Tuchfabrik Süddeutschlands, ein Schwerpunkt ist die Herstellung von Bezugsstoffen für die Autoindustrie. Inzwischen verrichten nicht mehr Webstühle, sondern hochtechnisierte, computergesteuerte Webmaschinen die Arbeit.
3 Porträts
5 Gründung 1883
6 Tuchfabrik Raifstänger 1835–1882
7 Kopierbuch 1890–1921, Verträge 1858–1887
9 Fabrikkrankenkasse-Hauptbuch 1885–1904, 100 Jahre Gewerkschaft Textilbekleidung 1991, Leistungsbericht 1938–1941, Gehälter 1941, Betriebsratslöhne 1955–1977, Zeugnisse 1885–1907, Bewerbungen 1907–1915, Lehrverträge 1896–1936, Taglohnliste 1883, Arbeitsordnung 1892, 1915, Satzung der Betriebskrankenkasse 1914
10 Baupläne 1915–1918, Neubau Sägemühle 1904
11 Pfandbriefe, Schuldverschreibungen 1944, Aktien 1938
13 Herbst- und Winterkollektion 1951, Garne 1936–1952, Tuche 1934, Stoffe 1954–1957, Wollbücher 1905–1962, Maschinenbestandsverzeichnis 1970–1974, Strickerei 1971, Einbau des Dampfkessels 1862, Einbau eines Hochdruckdampfkessels 1901, Statistik 1935–1938
14 Versandbücher 1923–1951, Kunden 1949–1959, Preislisten 1934–1981, Umsätze 1963–1966
16 Bilanzen 1964–1970, Hauptbücher 1911–1963, Kalkulationen 1883, 1953–1956, Kassenbücher 1905–1979, Abschluss 1908–1967, Inventuren 1898–1995, Debitoren 1900–1931, Verbindlichkeiten 1942–1951, Wirtschaftsprüfung 1955–1970, Kostenrechnen 1883, Rechnungen 1883–1884, Journale 1911–1929, Betriebsabrechnungsbogen 1947–1968
17 Umsatzsteuer 1960–1977, Finanzamt 1954–1959
18 Schätzungsprotokoll für Brandversicherungen 1913–1935, Gebäudebrandversicherung 1934–1959
19 Bekleidungsamt Armee-Korps 1912–1918, Tuchlieferung 1916–1918, Wehrmachtsaufträge 1936–1941, Prüfung durch Bekleidungsamt der Luftwaffe 1937–1944, Kriegsproduktion 1941, französische Besatzung 1945–1947
20 Verband der Tuch- und Kleiderstoffindustrie 1979, Industrie- und Handelskammer Reutlingen 1947–1948, Zentralstelle für Textilwirtschaft 1948, Industriegesellschaft Geislingen 1883
47 Fotos: Kantine, Arbeitsplatz, Betriebsausflüge, Betriebsratswahl 1960er, Uniform des Eisenbahn- und Bodenseeschiffahrtspersonals um 1910, Firmenansichten, Besuch Lothar Späth 1995
48 Druckplatten für Stoffe
50 Paul Weber (Hg.), Westdeutsche Wirtschaftschronik, Band 2: Württemberg, Stuttgart 1954, S. 409 f. Petra Braitling, Handeln in einer zerrissenen Welt, Porträt des Unternehmers Frieder Gaenslen, Hamburg 1994. Petra Braitling, GV-Stories festgehalten, Heitere und ernste »Stücke« einer Tuchfabrik, [Eigenverlag] Metzingen 1995. Gaenslen + Völter, Standort 1995, Metzingen 1995 (Festschrift).

188
Gaissmaier, Ulm

Name Karl Gaissmaier GmbH & Co. KG
Geschäftstätigkeit Lebensmittelfilialhandel
Branche Nr. 520/521
Umfang 1
Laufzeit 1884–1984
Benutzbarkeit Ja
Bestand B 61

Bestandsgeschichte Das Archivgut wurde 1984 übernommen.
Geschichte 1874 ließ Karl Gaissmaier in Ulm sein Geschäft im Handelsregister eintragen. Er machte Großhandelsgeschäfte als Importeur von Südfrüchten, insbesondere von Rosinen. 1904/05 begann die Filialisierung durch weitere Geschäftsgründungen in Göppingen, Stuttgart und Ulm. Als weiterer Schwerpunkt kam ab 1904 der Weinhandel hinzu. 1922 wurde die Firma in eine Kommanditgesellschaft umgewandelt. Nach Kriegszerstörungen der Zentrale in Ulm und der Niederlassung in Stuttgart sowie weiterer 40 Filialen begann 1945 der Wiederaufbau. Anfang der 1950er Jahre führte das Unternehmen das Selbstbedienungsprinzip ein. 1974 erfolgte die Kooperation mit dem Lebensmittelfilialbetrieb Max Klett KG, Böblingen, und 1977 die Übernahme der Verbrauchermärkte von Max Fleischle, Biberach. 1979 wurden die ersten big-Discount-Filialen eröffnet. 1984 beteiligte sich die Nanz-Gruppe an der Firma und übernahm 1985 das gesamte Unternehmen. Karl Gaissmaier und die Lebensmittel-Einzelhandelsgruppe Nanz hatten 1984 die Einkaufsgesellschaft Handelsunion Nanz + Gaissmaier OHG mit Sitz in Stuttgart gegründet. 1985 verkaufte Gaissmaier alle Anteile an Nanz. Die Firma Gaissmaier GmbH & Co. KG wurde im Handelsregister gelöscht.
2 Nahrungsmittelhandwerk in Ulm
3 Persönliches Karl Gaissmaier, Nachlässe, Familienanzeigen, Geburtstage 1917–1971
4 Firmenfestschrift, Jubiläumsfeiern, Firmenportrait, Presseartikel 1934–1975
5 Gesellschaftsverträge 1921–1971
6 Max Klett KG, Böblingen, Max Fleischle, Biberach 1974–1976
7 Geschäftsführer 1971
8 Rationalisierung, Lochkarten 1965–1970
9 Belegschaft, Betriebsausflüge, Betriebsrat, Lehrlingsausbildung, Firmenzeitschrift 1945–1982
10 Grundstücke und Gebäude, Baumaßnahmen 1958–1973
12 Wareneinkauf 1950–1955
13 Weinproduktion, Fleischproduktion 1928, 1981
14 Filialen 1927–1984
15 Preislisten, Werbebriefe, Anzeigen, Preisausschreiben, Rabattsystem 1884–1973
16 Statistik, Gewinne, Rentabilitätsberechnungen, Jahresberichte, Finanzstatus, Bilanzen, Vermögensaufstellungen 1927–1975
19 SPD-Kriegspolitik, Soldatenräte 1915–1919, Lebensmittelkarten 1943, amerik. Militärregierung, Entnazifizierung 1946–1947
47 Fotos: Inhaber, Ladengeschäfte, Schaufenster, Schaufensterdekorationen, Gebäude, Personal, Inneneinrichtungen, Fuhrpark, Weinfässer, Betriebsausflüge, Jubiläen 1900–1983
49 WABW B 5
50 60 Jahre Karl Gaissmaier, [Ulm 1934] (Festschrift). Miteinander, Zeitschrift für Mitarbeiter des Hauses Gaissmaier, Ausgabe zum 100-jährigen Bestehen des Unternehmens 1974 (Festschrift).

189
Gauss, Stuttgart

Name Fotostudio Julius Gauss
Geschäftstätigkeit Fotograf
Branche Nr. 748
Umfang 8
Laufzeit ca. 1935–1970
Benutzbarkeit Ja
Bestand B 183

Bestandsgeschichte Der Bestand wurde im März 2010 vom WABW übernommen. Bei dem Bestand handelt es sich ausschließlich um Negative und Abzüge, ca. 1700 s/w-Negative
Geschichte Bei dem Bestand handelt es sich um den fotografischen Nachlass (ausschließlich Fotos). Der Schwerpunkt liegt auf der Produkt- und Architekturfotografie. Gauss' Auftraggeber

waren mehrheitlich Unternehmen und Betriebe. Kunden waren beispielsweise das Plastikwerk Erich Schumm in Murrhardt, die Getriebe- und Zahnradfabrik Getrag in Ludwigsburg, die Adolff AG oder zahlreiche Möbelhersteller. Bei den Fotos handelte es sich um Produktfotografien, um Aufnahmen aus dem Arbeitsumfeld für Werbezwecke oder etwa für Imagebroschüren. Zu den Kunden zählten auch zahlreiche Architekten und Firmen oder Institutionen (z. B. Hochbauamt der Stadt Stuttgart), die als Bauherren auftraten. Hier fotografierte Gauss die fertiggestellten Objekte und dokumentierte darüber hinaus häufig auch verschiedene Bauphasen. In einigen Fällen wurde er auch bei Richtfesten, Einweihungen oder Jubiläen herangezogen. In der Zeit kurz vor und während des 2. Weltkrieges nahm er zusätzlich auch Aufträge von Privatpersonen (Portraitaufnahmen) an.
Über den Werdegang des Fotografen Julius Gauss ist wenig bekannt. Der Sitz des Studios war vor dem 2. Weltkrieg in der Alexanderstraße 23 in Stuttgart-Ost und später für eine längere Zeit in der Hohenhaslacher Straße 20 in Stuttgart-Zuffenhausen. Der Name des Studios war Fotograf Gauss. Seine letzten Geschäftsräume hatte er in der Rathenaustraße in Stuttgart-Nord, wo er auch wohnte. Er verstarb dort 1984.
47 Fotonegative bzw. Digitalisate (insgesamt ca. 4.500 Einzelaufnahmen): Zu sehen sind Fotos in den Wirtschaftszweigen Industrie und produzierendes Gewerbe. Darüber hinaus zeigen die Aufnahmen Szenen aus den Bereichen (Einzel)Handel und Verkauf, Lebensmittel, Gastronomie und Freizeit, Verlags- und Druckereiwirtschaft, Handwerk und Möbelherstellung, Architektur und Kunst.
50 Im WABW nicht vorhanden.

190
GAV, Stuttgart

Name Großabnehmerverband elektrischer Energie Baden-Württemberg e. V.
Geschäftstätigkeit Verband
Branche Nr. 910
Umfang 0,1
Laufzeit 1946–1969
Benutzbarkeit Eingeschränkt
Bestand V 1

Bestandsgeschichte Das Archivgut wurde 1995 als Teil des Firmenbestands Chr. Wandel Reutlingen (B 79) übernommen und wird als eigene Provenienz geführt. Da die Geschäftsstelle des GAV bei einem Luftangriff im September 1944 zerstört wurde, dürfte älteres Schriftgut allenfalls noch bei Mitgliedsfirmen vorhanden sein.
Geschichte 1919 als Großabnehmerverband elektrischer Energie gegründet, beschränkte der Verband die Interessenvertretung für die ersten 50 Jahre auf gewerbliche Stromkunden. Heute – die jüngste Satzung datiert auf 1999 – versteht sich der GAV als Interessenvertretung seiner mehreren hundert Mitgliedsfirmen aller Branchen, den Kunden der Energieformen Strom, Erdgas und Fernwärme, gegenüber der Energiewirtschaft, der Politik und den Körperschaften. Er arbeitet eng mit dem Landesverband der baden-württembergischen Industrie (LVI) zusammen.
4 Festschrift 50 Jahre 1969
5 Satzungen 1946, 1956
7 Sitzungsprotokolle der Hauptversammlungen 1950–1969
13 Informationsbriefe und Rundschreiben an die Mitgliedsfirmen 1950–1969
50 50 Jahre Großabnehmerverband elektrischer Energie Baden-Württemberg, Stuttgart 1969 (Festschrift).

191
Gebhardt Ingenieurbüro, Esslingen

Name Dipl.-Ing. W. Gebhardt Ingenieurbüro Bauwesen
Geschäftstätigkeit Bauingenieurbüro
Branche Nr. 742/450
Umfang 2
Laufzeit 1975–1985
Benutzbarkeit Eingeschränkt
Bestand Y 41

Bestandsgeschichte Das Archivgut wurde 1988, 1989 und 1993 von Werner Gebhardt übernommen.
Geschichte Dipl. Ing. Werner Gebhardt unterhielt von 1979/80 bis 1991 ein Ingenieurbüro in Esslingen, nachdem er seine Tätigkeit bei der in Konkurs gegangenen Beton- und Monierbau AG beenden musste.
7 Baustelle Wehr Iffezheim 1975–1985
49 WABW Y 16 (Beton- und Monierbau) und Y 177 (Gebhardt)
50 Im WABW nicht vorhanden.

192
Gebhardt, W., Esslingen

Name Dipl.-Ing. W. Gebhardt, Bausachverständiger
Geschäftstätigkeit Bausachverständiger
Branche Nr. 731/450
Umfang 5?
Laufzeit 1979–1992
Benutzbarkeit Eingeschränkt
Bestand Y 177

Bestandsgeschichte Das Archivgut wurde 1988, 1989 und 1993 von Werner Gebhardt übernommen.
Geschichte Dipl. Ing. Werner Gebhardt hat nach dem Ende seiner Tätigkeit für die in Konkurs gegangene Beton- und Monierbau AG (Bestand WABW Y 16) von 1979/80 bis 1991 als ein von der IHK Mittlerer Neckar vereidigter Bausachverständiger für Betriebstechnik, Bauablaufplanung, Baupreisbildung und Abrechnung im Ingenieurhoch- und Tiefbau gearbeitet.
4 Persönliche Erinnerungen, Lebenslauf 1984–1988
7 Bausachverständigen-Gutachten 1979–1992, Sachverständiger für die Sachverständigensozietät Aurnhammer, Stuttgart und die Firma MOBAG International, Zürich 1979–1985 betr. Wohnungsbau in Teheran, Iran
9 Aus- und Weiterbildungskurse 1979–1983
20 Fachverband Bau Württemberg e. V., Stuttgart 1980–1992, Institut für Sachverständigenwesen e. V., Köln 1979–1991, Gesellschaft des Bauwesens e. V., Eschborn 1983–1989
49 WABW Y 16 (Beton- und Monierbau AG) und Y 41 (Gebhardt).
50 Im WABW nicht vorhanden.

193
Geco, Waghäusel

Name Geco Heinrich Gentner & Co. KG
Geschäftstätigkeit Möbelfabrik
Branche Nr. 360/361
Umfang 3,5
Laufzeit 1948–1982
Benutzbarkeit Eingeschränkt
Bestand Y 42

Bestandsgeschichte Das Archivgut wurde 1987 übernommen.
Geschichte Die Polstermöbelfabrik wurde vermutlich 1912 als Handwerksbetrieb in Wiesental, Kreis Bruchsal gegründet. 1953 firmierte der Betrieb unter dem Namen Heinrich Gentner & Co. Matratzen- und Polsterwarenfabrik in Wiesental, Kreis Bruchsal. 1968 wurde die Firma, die bis zu 120 Personen beschäftigte, in Geco Heinrich Gentner & Co. KG umgewandelt. 1983 wurde das Konkursverfahren eingestellt. Das Unternehmen wurde von der Polstermöbelfabrik H. I. Koch GmbH übernommen.
7 Korrespondenzen 1952–1982, Verträge 1953–1976
9 Belegschaft, Löhne und Gehälter, Tarifangelegenheiten 1960–1976
10 Grundstücke und Gebäude 1953–1981
13 Produktion 1964–1973, Patente 1959–1974, Produktionsstatistik 1961–1967
14 Auftrags- und Umsatzstatistik 1961–1975

15 Kataloge, Preislisten, Stoffmuster um 1948–1980
16 Bilanzunterlagen und Bilanzprüfberichte 1951–1980, Inventuren 1978–1982, Statistik 1960–1976
17 Steuerangelegenheiten 1956–1972
18 Versicherungen 1948–1982
20 Verband der badischen Holzindustrie und Kunststoffverarbeitung, Fachverband der Polstermöbelindustrie 1970–1976
47 Fotos: Gebäude, Produkte
50 Im WABW nicht vorhanden.

194
Gehring, Ostfildern

Name Gehring
Geschäftstätigkeit Automobilbau, Maschinenbau (Hontechnologie)
Branche Nr. 340/290/294
Umfang 5
Laufzeit ca. 1880–2000
Benutzbarkeit Eingeschränkt
Bestand Y 403

Bestandsgeschichte Das Archivgut wurde im Jahre 2010 von der Familie übernommen. Den Schwerpunkt bildet umfangreiches Fotomaterial von der Familie Gehring und der Gehring Maschinenfabrik in Naumburg a. d. Saale und nach der Flucht aus der Sowjetischen Besatzungszone in Ruit. Einzelne Archivstücke beziehen sich auf die Automobilfabrik Peter & Moritz in Eisenberg, später Naumburg a. d. Saale.
Geschichte Der Ingenieur Christoph Wilhelm Gehring (1892–1981) gründete 1926 die Gehring Maschinenfabrik in Naumburg a. d. Saale. Im Ersten Weltkrieg lernte er den Kaufmann P. O. Peter aus Eisenberg und den Ingenieur A. C. Moritz aus Berlin kennen. Gehring beteiligte sich an der von Peter und Moritz gegründeten Automobilfirma und wurde deren technischer Direktor für die Entwicklung und Fertigung. Das 1919 gegründete Unternehmen übersiedelte 1922 von Eisenberg nach Naumburg a. d. Saale. 1920 wurde von Peter, Moritz und Gehring beim Reichspatentamt ein Motorwagen angemeldet und Anfang der 1920er Jahre produzierte das Unternehmen mit ca. 350 Mitarbeitern 10–12 Wagen pro Monat. Es wurden auch Rennwagen gebaut; Gehring entwickelte 1925 den ersten Sechszylinder-Motor. Infolge der Inflation und der zunehmenden Konkurrenz musste das Unternehmen 1925 Konkurs anmelden. 1926 gründete C. W. Gehring die Maschinenfabrik Gehring zur Motoreninstandsetzung. Dabei kam er mit der Technik der präzisen Oberflächenbearbeitung von Rundbohrungen in Berührung und entwickelte das sogenannte Honverfahren weiter. 1935 baute er die erste Präzisions-Honmaschine der Welt. 1936 beschäftigte das Unternehmen bereits 50 Mitarbeiter, die Automobilreparaturen wurden zugunsten des Maschinenbaus eingestellt. Um 1938 wurden ca. 120–130 Honmaschinen jährlich produziert. 1948 flüchtete die Familie Gehring nach der Enteignung aus der Sowjetischen Besatzungszone und errichtete in Ruit auf den Fildern einen neuen Betrieb. 1967 übernahm der Sohn des Firmengründers, Heinz Gehring, die Geschäftsleitung. Seit Ende der 1970er Jahre entstanden Produktions-, Vertriebs- und Serviceeinrichtungen in USA, Frankreich, England, Indien, China und Brasilien. 1983 hatte das Unternehmen als größter ausschließlicher Hersteller von Honmaschinen weltweit ca. 600 Mitarbeiter bei einer jährlichen Produktion von 200 Honmaschinen. Nach der Wiedervereinigung erwarb das Unternehmen einen Teil des in der DDR weitergeführten Gehringschen Betriebs (VEB Naumburg), der Stahlbau betrieb. Seit 1997 baut Gehring Laser-Honmaschinen. 2008 beantragte der Marktführer Gehring infolge des international rückläufigen Automobilabsatzes Insolvenz. Der Betrieb wurde jedoch nahtlos fortgeführt und für die Firmengruppe Gehring konnte ein Investor gefunden werden, der auch die Tochtergesellschaften übernahm.
3 Familienpapiere, Zeugnisse, Korrespondenzen, Todesanzeigen 1880–1920, Korrespondenz Genealogie 1982
4 Geschichte der Firma Peter & Moritz, Geschichte der Firma Gehring 1919–1983, Druckunterlagen für die Jubiläumsschrift »Fa. Gehring 1892–1997« ca. 1995–1997, Zeitungsausschnitte ca. 1920–1930, Tätigkeit C. W. Gehrings bei der Automobilfabrik Peter & Moritz AG
9 Belegschaftszahlen 1945–1947, Korrespon-

denz mit ehemaligen Mitarbeitern in Naumburg a. d. Saale (Päckchenversand) 1955–1980
11 Kredit Bankhaus Randebrock 1930er Jahre
13 Technische Zeichnungen (Honmaschinen) ca. 1920–1950, Gebrauchsmusterrolle ca. 1920–1940, Patentanmeldung (Luftfederung) C. W. Gehring 1925, Patentberichterstattung 1939, Besuchsbericht BMW 1942
14 Umsätze Honmaschinen 1930–1940, Auftragsbestand 1949
15 Prospekt des Automobilwerks Peter & Moritz ca. 1925, Prospektmaterial Honmaschinen 1930–1950, Referenzen 1939/40
47 Fotos: Fotos und Negative Automobilfabrik Peter & Moritz, Autoproduktion, PKWs, Rennwagen 1919–1925, Firmengründer und Familie Gehring 1880–1960, Werkstatt, Autoreparaturen, Bau der Maschinenfabrik Gehring in Naumburg a. d. Saale, 50jähriges Firmenjubiläum, Innen- und Außenansichten der Firmen Gehring in Naumburg a. d. Saale und in Ostfildern/Ruit 1910–2000, Maschinen der Fa. Gehring, Naumburg a. d. Saale und Ostfildern/Ruit (u. a. Läppapparate, Honmaschinen) 1920–1980, Flucht aus der Sowjetischen Besatzungszone 1948, 1. Honmaschine für die Firma Hirth in Zuffenhausen 1949, Fotoalbum »Deutschlandrundfahrt« 1951, Dreitagerennen 1953, Innenansichten der Fabrik in Ostfildern 1980/1990, Gehring India, Geschäftsbesuche 1970–2000, Betriebsfeste, Betriebssport (Fußball) 1950–1960

195 Gehrung, Stuttgart

Name Ferdinand Gehrung
Geschäftstätigkeit Planen- und Markisenfabrik
Branche Nr. 174
Umfang 6
Laufzeit 1901–2003
Benutzbarkeit Eingeschränkt
Bestand Y 322

Bestandsgeschichte Das Archivgut wurde 2004 übernommen.
Geschichte Ferdinand W. Gehrung jr. gründete 1901 ein Einzelhandelsgeschäft mit Planen für Landwirtschaft, Botenfuhrwerke, Säcke, Pferdedecken und Zelte in der Tübinger Straße in Stuttgart. Im selben Jahr übernahm er das 1876 gegründete Aussteuergeschäft seiner Eltern in der Eberhardstraße. Von nun an spezialisierte er sich auf die Verarbeitung von Schwergeweben, auf Mietplanen und LKW-Planen sowie auf komplette Markisen- und Verdunklungsanlagen. 1910 zog die Firma in die Sophienstraße und 1926 in die Hauptstätter Straße um. Nach dem Zweiten Weltkrieg passte sich die Firma dem modernen Baubedarf an und produzierte Leichtmetall-Jalousetten, Leichtmetall-Sonnenblenden sowie Total-Verdunklungsanlagen für Krankenhäuser, Universitäten und Schulen. Mit dem Eintritt des neuen Inhabers Hans Gehrung wurde die Firma in eine Kommanditgesellschaft umgewandelt. 1962 erfolgte durch ein Tauschgeschäft mit der Stadt Stuttgart der Umzug in die Breitwiesenstraße in Stuttgart-Vaihingen. Ein weiterer Umzug folgte 1980 nach Pliezhausen. Aus Altersgründen und ohne Nachfolger in der Familie verkaufte Hans Gehrung seine Firma 1995 an die Brüder Andreas und Ralf Müller, die nach Stuttgart umsiedelten.
4 40jähriges Jubiläum 1941, Firmenchronik 1998
5 Handelsregister 1953, 1981
7 Unternehmensnachfolge 1995
9 Betriebsordnung 1934, Arbeitsbücher 1935–1936, Lohnkonto-Buch 1914–1919, 1937–1939
10 Gebäude Hauptstätter Str. Stuttgart 1924–1960, Mietverträge 1925–1958, Grundstück Schockenried Möhringen 1961, Kaufvertrag Hauptstätter Str. Stuttgart 1938
13 Patente 1912–1972
14 Auftrag über Zeltbahnen vom türkischen Kriegsministerium 1914/15, Kooperation mit Wilhelm Bleyle 1914
15 Referenzlisten 2003, Prospekte, Kataloge 1950–1979
16 Buchhaltung 1932–1936, Hauptbücher 1901–1948
47 Fotos: Gebäude Hauptstätter Str. Stuttgart 1965, Neubau Breitwiesenstr. 1962
50 Im WABW nicht vorhanden.

196
Gemeindeverband GEK, Künzelsau

Name Gemeindeverband Elektrizitätswerk Kocherstetten
Geschäftstätigkeit Energiewirtschaft
Branche Nr. 400
Umfang 0,5
Laufzeit 1910–1961
Benutzbarkeit Ja
Bestand B 2014

Bestandsgeschichte Die Archivalien des Gemeindeverbands Elektrizitätswerk Kocherstetten wurden vom Wirtschaftsarchiv zusammen mit den Archivalien der EVS im Sommer 2000 übernommen.

Geschichte Im Jahr 1910 gründeten 14 Gemeinden des Oberamtsbezirks Künzelsau den Gemeindeverband Elektrizitätswerk Kocherstetten (GEK). Die Stromerzeugung erfolgte in eigenen Wasserkraftwerken. Dazu kaufte der GEK zunächst die Buchenmühle bei Mosbach und baute diese zur elektrischen Zentrale aus. Der Betrieb konnte 1913 aufgenommen werden. Eine wesentliche Vergrößerung erfuhr der GEK 1917 durch Kauf des im Jahre 1911 erbauten Elektrizitätswerks Buchenbach von Horlacher & Hahn. Durch diese Angliederung wurde das Verbandsgebiet um 23 Gemeinden erweitert. Durch den Bau des Wasserkraftwerks Neue Buchenmühle in den Jahren 1922 bis 1923 wurde eine neuzeitliche Wasserkraftanlage mit 2 Turbinen von je 340 PS Leistung erstellt. Der Verband wuchs weiter durch Zukauf. 1926 erwarb er das private Elektrizitätswerk Merzbacher, Arndt & Cie in Langenburg-Unterregenbach. 1927 ging der Gemeindeverband Franken mit dem Wasserkraftwerk Oberscheffach in dem GEK auf, was eine weitere Vergrößerung des Verbandsgebietes bedeutete. 1933 verpachtete der GEK den Betrieb auf 25 Jahre an den Bezirksverband Oberschwäbische Elektrizitätswerke (OEW) und verteilte den überwiegenden Teil der 400.000 RM Pachtsumme an seine Verbandsgemeinden.
1939 schlossen sich die OEW, die in Gemeindeverbänden organisierten Überlandwerke Hohenlohe-Öhringen, Ingelfingen-Hohebach, Tuttlingen und Aistaig und Elektrizitätswerke Enzberg-Mühlhausen, Teinach-Station und Kocherstetten mit der Elektrizitäts-Versorgung Württemberg AG zusammen, welche ihren Namen daraufhin in Energie-Versorgung Schwaben AG (EVS) änderte. Die OEW brachte als größter Partner ihr Betriebsvermögen zur Gründung der EVS ein und wurde zugleich deren Hauptaktionär. Mit diesem und ihrem im Laufe der Jahre hinzugekauften Anteilen an der Badenwerk AG wurde die OEW bei der Gründung der Energie Baden-Württemberg AG (EnBW) 1997 auch deren Hauptaktionär.

5 Satzungen 1910–1929
6 Pachtvertrag mit dem OEW 1932/33, Vermögensübertragung an die EVS 1939, Listen der Ortsnetze, Anlagen, Verträge und anderen Vermögenstitel des GEK 1933–1939
7 Sitzungsprotokolle der Verbandsorgane 1911–1943
12 Verträge mit dem Überlandwerk Hohenlohe-Öhringen und mit dem Elektrizitätswerk Braunsbach in Obersteinach (Oberamt Gerabronn) über gegenseitigen Strombezug 1928–1931
13 Genehmigung elektrischer Anlagen 1920–1961
14 Karten des Versorgungsgebiets [1918/19]; Stromtarife und Anschlußbedingungen 1928–1932
49 WABW B 2000, B 2010
50 Werner Kleider, Die Entwicklung der Energieversorgung in Württembergisch-Franken 1862–1919, St. Katharinen 1987, S. 120–123.

197
Gemeindeverband GET, Bad Teinach

Name Gemeindeverband Elektrizitätswerk Teinach-Station
Geschäftstätigkeit Energiewirtschaft
Branche Nr. 400
Umfang 1,2
Laufzeit 1901–1999
Benutzbarkeit Ja
Bestand B 2012

Bestandsgeschichte Das WABW übernahm den Bestand im Sommer 2000 zusammen mit den Unterlagen der Energie-Versorgung Schwaben (EVS). Aus den Einzelakten des Gemeindeverbands war im Archiv der EVS ein eigener Bestand gebildet worden. Weitere Unterlagen gelangten aus Übernahmen aus der Geschäftsstelle Freudenstadt und dem Wasserkraftwerk Teinach ins WABW.
Geschichte Die Gründung des Unternehmens erfolgte 1907 unter Führung des Stadtschultheißen Müller in Neubulach als Gemeindeverband Elektricitäts-Werk für den Bezirk Calw. Es beteiligten sich 24 der 43 Oberamtsgemeinden. Ziel war die elektrische Nutzung der Wasserkraft, insbesondere der Nagold. 1909 trat der gleichfalls zwei Jahre zuvor gegründete Gemeindeverband Elektrizitätswerk Eyachtal bei. Dem Verband gehörten damit knapp 100 Gemeinden an, die jedoch im Mittel nur 500 Einwohner zählten. 1910 gingen die ersten Ortsnetze in Betrieb. Den Strom bezog der Verband zunächst von der Elektrischen Kraftübertragung Herrenberg, bis er 1911 eine eigene Gaskraftanlage in Betrieb nahm. 1913 kam ein Wasserkraftwerk an der Talmühle bei der Station Teinach hinzu.
Der Verband änderte 1913 seinen Namen in Gemeindeverband Elektrizitätswerk Teinach-Station (GET) und trug damit der Ausweitung seiner ursprünglich angestrebten Aufgaben Rechnung. In diesem Jahr wurden auch die Leitungsorgane umbenannt. Der 1907 eingerichtete Verwaltungsausschuss, der die operativen Geschäfte führte, hieß ab 1913 Verwaltungsrat; der Verbandsausschuss, der seit 1907 als Aufsichtsgremium wirkte, erhielt 1913 die Bezeichnung Verbandsversammlung.
In den 1930er Jahren übten die Nationalsozialisten im Rahmen ihres Zentralisierungskonzepts Druck auf die kleineren Energieversorger aus, miteinander zu fusionieren. 1939 schloss sich der Gemeindeverband Elektrizitätswerk Teinach-Station mit dem Bezirksverband Oberschwäbische Elektrizitätswerke und den ebenfalls in Gemeindeverbänden organisierten Überlandwerken Aistaig, Hohenlohe-Öhringen, Ingelfingen-Hohebach und Tuttlingen und Elektrizitätswerken Enzberg-Mühlhausen und Kocherstetten mit der Elektrizitäts-Versorgung Württemberg AG (EVW) zusammen, welche ihren Namen daraufhin in Energie-Versorgung Schwaben AG (EVS) änderte.
4 Festschrift 1927, Kopien von Archivalien 1905–1935 im Staatsarchiv Ludwigsburg, Sammlung des Bürgermeisters Gottlob Klepser von Bad Liebenzell zur Geschichte des GET 1913–1949 und zum Gemeinde-Elektrizitätsverband Schwarzwald-Donau (GSD) 1947–1949 [kommunale Interessenvertretung gegen EVS; Kopien]
5 Vortrag des Ingenieurs Emil Wahlström 1907, Druck Gründungsmitteilung 1908, Satzungen 1908–1913, Verbandsmitglieder 1909/10
7 Jahresberichte für die Verbandsversammlung 1911–1926, Verwaltungsrat und Verwaltungsausschuß 1909–1919, Sozialisierung der Elektrizitätswirtschaft 1919/20
10 Wassernutzungsrechte 1914–1919
11 Aktivdarlehen und Schuldner 1926–1939
12 Verbundwirtschaft und Stromeinkauf von verschiedenen Elektrizitätswerken (u. a. Badenwerk, WÜSAG) 1914–1937
13 Kraftwerke 1901–1937, Nagold-Kraftwerk Teinach mit Nebenanlagen (Pläne, Ansichten, Bautagebuch, Genehmigung, Besucherbuch) 1911–1949, Ortsnetze und Stromlieferung an Tarifkunden und Großabnehmer 1912–1936
14 Interne Statistik 1928–1937
16 Betriebsrechnung / Geschäftsbericht 1911–1937, Abschlußprüfung 1938
19 Luftschutzplan Wasserkraftwerk Teinach 1938/39
49 WABW B 2000
50 Das Land Württemberg, Seine wirtschaftliche und kulturelle Bedeutung, I. Ausgabe, Verlag Stuttgarter Neues Tagblatt, Stuttgart 1927, S. 45. Wolfgang Leiner, Geschichte der Elektrizitätswirtschaft in Württemberg Band 2.1: Die Zeit der

Vollabdeckung (1896–1915), Stuttgart 1985, S. 91–99.

198
Gemeindeverband GVE, Mühlacker

Name Gemeindeverband Elektrizitätswerke Enzberg-Mühlhausen
Geschäftstätigkeit Energiewirtschaft
Branche Nr. 400
Umfang 5,5
Laufzeit 1874–1987 (2010)
Benutzbarkeit Ja
Bestand B 2017

Bestandsgeschichte Die Archivalien des Gemeindeverbands Elektrizitätswerke Enzberg-Mühlhausen wurden vom WABW zusammen mit den Archivalien der Energie-Versorgung Schwaben (EVS) im Sommer 2000 übernommen. Aus den Einzelakten des Gemeindeverbands Elektrizitätswerke Enzberg-Mühlhausen wurde im Archiv der EVS ein eigener Bestand gebildet. Die Registratur dieses Zweckverbands ist vergleichsweise komplett erhalten geblieben.
Geschichte Bereits im Jahr 1906 begann die Gemeinde Enzberg über die gemeinsame Verwertung der Wasserkräfte an der Enz zur Erzeugung von elektrischer Energie nachzudenken. Nach langen Vorarbeiten schlossen sich am 30. Oktober 1909 neunzehn Gemeinden zum Zweck gemeinsamer Versorgung mit elektrischer Energie zu einem Verband zusammen. Der Gemeindeverband Elektrizitätswerk Enzberg (G.V.E.) erbaute in den Jahren 1910/1911 eine Wasserkraftanlage an der Enz bei Enzberg, welche im Juni 1911 mit einem 200 PS starken Dieselmotor in Betrieb genommen wurde. Im September des gleichen Jahres konnte die Stromversorgung auch durch das Wasserkraftwerk mit zwei Francis-Zwillingsturbinen je 250 PS in Betrieb gesetzt werden. Aus Anlass der Einweihung des Kraftwerks in Enzberg fand 1912 die erste Hauptversammlung des Gemeindeverbands statt. Der G.V.E. entwickelte sich beachtlich, immer mehr Gemeinden schlossen sich dem Verband an. Das Enzberger Kraftwerk konnte schon bald den Strombedarf der angeschlossenen Gemeinden nicht mehr decken. Zur gegenseitigen Aushilfe wurde 1913 eine Verbindungsleitung zum Gemeindeverband Teinach aufgestellt. Auch die Aufstellung eines weiteren Dieselmotors mit einer Leistung von 1000 PS, welcher im Juli 1920 in Betrieb genommen wurde, verschaffte eine vorübergehende Sicherheit. Eine weitere Energiequelle bot sich in der unausgenutzten Wasserkraft an der Enzschleife bei Mühlhausen. Der G.V.E. musste zunächst Änderungen der Wasserzuführung vornehmen, von den baulichen Veränderungen profitierte die Stadt Mühlhausen, da die Hochwasserabflussverhältnisse verbessert wurden. Mit den Bauarbeiten in Mühlhausen wurde 1920 begonnen, das Kraftwerk mit drei Francis-Zwillingsturbinen je 550 PS Leistung konnte im Dezember 1921 in Betrieb gestellt werden. 1923 wurde im Kraftwerk Enzberg ein weiterer Dieselmotor mit 700 PS in Betrieb genommen. Im Jahr 1929 bestand der Gemeindeverband Elektrizitätswerke Enzberg-Mühlhausen, wie er sich nun nannte, aus 28 Gemeinden der Oberämter Maulbronn, Brackenheim, Leonberg und Vaihingen/Enz. Der Verband beteiligte sich an dem entstehenden Verbundnetz in Württemberg und konnte sich so auch den Anschluss an das überregionale Netz sichern. 1937 übernahm der Gemeindeverband das Kraftwerk der Firma Roser AG am Oberlauf des Enzkanals und errichtete dort ein neues Wasserkraftwerk Enzberg I. Das Kraftwerk am Unterlauf aus dem Jahr 1911 wurde fortan als Enzberg II bezeichnet.
1939 schloss sich der Gemeindeverband Elektrizitätswerke Enzberg-Mühlhausen mit dem Bezirksverband Oberschwäbische Elektrizitätswerke und den ebenfalls in Gemeindeverbänden organisierten Überlandwerken Tuttlingen, Hohenlohe-Öhringen, Ingelfingen-Hohebach und Aistaig und Elektrizitätswerken Kocherstetten und Teinach-Station mit der Elektrizitäts-Versorgung Württemberg AG zusammen, welche ihren Namen daraufhin in Energie-Versorgung Schwaben AG (EVS) änderte. In den folgenden Jahren blieb in Enzberg eine EVS-Betriebsverwaltung bestehen.
Der Verband bestand nach der Übertragung der Betriebsanlagen auf die EVS weiterhin, hatte allerdings nur noch die Aufgabe, im Zusammenwirken mit der EVS die Interessen der Verbands-

mitglieder und der Stromabnehmer seines Gebiets zu wahren und das ihm als Treuhänder der in ihm zusammengeschlossenen Verbandsgemeinden zufallende Vermögen zu verwalten. 1943 löste sich der Elektrizitäts-Zweckverband Enzberg-Mühlhausen auf Anraten des damaligen Württembergischen Innenministers auf, das Verbandsvermögen wurde auf die Verbandsmitglieder aufgeteilt.

4 25-jähriges Betriebsjubiläum (Vorbereitung, Bericht über die Feier, Festschrift) 1936, 100 Jahre Jubiläumsbroschüre: Ein Jahrhundert der Stromversorgung – Vom Gemeindeverband Elektrizitätswerk Enzberg bis zur EnBW, 2010

5 Sammlung Akten 1909–1912 zur Gründung, Satzung 1909–1941

6 Beteiligungen an GROWAG, Elektrizitätswerk Gebr. Bauer, WÜSAG und EVW 1923–1939, Verschmelzung mit der EVS 1935–1941

7 Sitzungsprotokolle der Verbandorgane 1909–1943, Hauptversammlung 1912–1943, Vorstand 1909–1936, Gutachten des Landesgewerbeamts über Wirtschaftlichkeit und Geschäftsführung 1933–1941, Anforderungen von Ministerien und NSDAP 1934–1937

9 Personal 1910–1943, Personalvertretung 1934–1938, Zugriffe von NS-Stellen auf das Personal 1933–1938

10 Liegenschaftsbeschreibung 1925–1955, Liegenschaftsverwaltung 1925–1938, Dienstbarkeiten 1911–1949

11 Kreditaufnahmen und Tilgung 1913–1941

12 Verbundwirtschaft und Strombezug 1914–1936

13 Technische Verwaltung (Installation, Instandsetzung, Geräte) 1910–1938, Kolb'sche Mühle in Maulbronn (Abschriften 1802–1906), Kraftwerke (mit Plänen) 1910–1959, Netzplanung, Leitungsführung und Genehmigungen 1910–1925, Hochspannungsnetz 1909–1947, Ortsnetze mit -plänen und Installation 1906–1923, technische Revision 1912, Stromerzeugung und -verkauf 1922–1947

14 Verhandlungen und Verträge mit den Verbandsgemeinden 1906–1943, Statistik Stromabgabe 1911–1915, einzelne Großabnehmer (u. a. Schwäbische Textilwerke Ebersbach/Fils, Elektrizitätswerk Dürrmenz-Mühlacker) 1910–1938, Gemeindeverträge 1913–1916

15 Öffentlichkeitsarbeit 1910–1936

16 Hauptbuch 1911, Jahresabschluß 1911–1937, externe Rechnungsprüfung 1933–1938, Geschäftsbericht 1913–1939, Haushaltsplan 1934–1939, Buchhaltung 1914–1937

17 Verschiedene 1923–1939

18 Verschiedene 1913–1937

21 Rechtsstreitigkeiten und Entschädigungen 1910–1939, Vermögensansprüche an die EVS 1947

22 Spenden und Mitgliedschaften (u. a. Winterhilfswerk, Adolf-Hitler-Spende) 1914–1938

47 Fotos

49 WABW B 2000

50 Das Land Württemberg, Seine wirtschaftliche und kulturelle Bedeutung, I. Ausgabe, Verlag Stuttgarter Neues Tagblatt, Stuttgart, 1927, S. 43.

25 Jahre gemeinnützige Arbeit auf dem Gebiet der Elektrizitätsversorgung durch den G.V.E., Enzberg, 1936 (Festschrift).

Mitarbeiterzeitschrift EVS-Bericht Nr. 1/1964, S. 8–12.

Wolfgang Leiner: Geschichte der Elektrizitätswirtschaft in Württemberg – Band 2.1: Die Zeit der Vollabdeckung (1896–1915), Stuttgart, 1985, S. 99–123.

Wirtschaftsgruppe Elektrizitätsversorgung (Hrsg): Die Elektrizitäts-Wirtschaft im Deutschen Reich 1938, Berlin, 1938, S. 312.

199 Gemeindeverband ÜW Aistaig, Oberndorf am Neckar

Name Gemeindeverband Überlandwerk Aistaig
Geschäftstätigkeit Energiewirtschaft
Branche Nr. 400
Umfang 3,1
Laufzeit 1912–1971
Benutzbarkeit Ja
Bestand B 2013

Bestandsgeschichte Das WABW übernahm die Archivalien des Gemeindeverbands Überlandwerk Aistaig im Sommer 2000 zusammen mit den Unterlagen der Energie-Versorgung Schwaben (EVS). Aus den Einzelakten des Gemeindeverbands war im Archiv der EVS ein eigener

Bestand gebildet worden. Ein Drittel des Bestands erbrachte eine Übernahme im Gebäude der Geschäftsstelle Aistaig 2004.

Geschichte Der Gemeindeverband Überlandwerk Aistaig bei Oberndorf am Neckar ist 1913 aus dem Gemeindeverband Wasserversorgungsgruppe des Kleinen Heubergs hervorgegangen. Einige Gemeinden im Gebiet des Kleinen Heubergs gründeten 1908 einen Verband, um eine gemeinsame Versorgung mit Trink- und Nutzwasser aufzustellen. Sie entschlossen sich auch dazu, die Wasserkräfte für eine gemeinschaftliche Stromversorgung zu verwerten. Während die Gemeinden die Gründung eines Verbandes zur Stromversorgung juristisch vorbereiteten, begannen sie mit dem Bau eines Leitungsnetzes und stellten einen Dieselmotor auf. Am 13. Juli 1913 trat der Gemeindeverband Überlandwerk Aistaig zu seiner konstituierenden Versammlung zusammen. Die Kreisregierung Reutlingen billigte die vom Verwaltungsausschuss aufgestellte Satzung drei Tage später. Der technische Betrieb war bereits am 30. November 1912 eröffnet worden. Alle wichtigen Ortschaften mit etwa dreitausend Kunden wurden bis 1916 an das Netz angeschlossen.

Die Nachfrage nach Strom stieg stetig an, sodass die Wasser- und Dieselanlage bald nicht mehr ausreichte. Der Gemeindeverband schloss 1914 Lieferverträge mit anderen Werken und stellte einen neuen leistungsstärkeren Dieselmotor auf. Gegen Ende des Ersten Weltkriegs wurde es schwieriger, Strom zu erzeugen und zu beschaffen, da es an Kohle und Öl mangelte. Um die eigene Stromerzeugung zu erweitern, baute der Gemeindeverband am Neckar das Wasserkraftwerk Denkenhauser Bach, das 1923 seinen Betrieb aufnahm.

In den 1930er Jahren übten die Nationalsozialisten im Rahmen ihres Zentralisierungskonzepts Druck auf die kleineren Energieversorger aus, miteinander zu fusionieren. Der Gemeindeverband Überlandwerk Aistaig führte von sich aus Verhandlungen mit anderen Verbänden, um einer Zwangszusammenlegung zu entgehen, zunächst jedoch ohne Ergebnis. 1939 schloss sich der Gemeindeverband Überlandwerk Aistaig mit dem Bezirksverband Oberschwäbische Elektrizitätswerke und den ebenfalls in Gemeindeverbänden organisierten Überlandwerken Hohenlohe-Öhringen, Ingelfingen-Hohebach und Tuttlingen und Elektrizitätswerken Enzberg-Mühlhausen, Kocherstetten und Teinach-Station mit der Elektrizitäts-Versorgung Württemberg AG zusammen, welche ihren Namen daraufhin in Energie-Versorgung Schwaben AG (EVS) änderte. Der Standort Aistaig blieb als Geschäftsstelle der EVS erhalten.

4 Festschrift 25 Jahre (Bericht und Rechnungsabschluss für 1937) 1938, Der Zweckverband Überlandwerk Aistaig, Sonderdruck aus EVS-Bericht 1/69 1969

5 Satzungen 1913–1934

6 Betriebsgemeinschaft mit und Übernahme durch OEW 1934–1938, Übergang in die Energie-Versorgung Schwaben AG 1939

7 Sitzungsprotokolle der Verbandsorgane 1913–1939

9 Personal 1934–1939, Dienstordnung 1936

10 Bau- und Instandsetzungsarbeiten im Verwaltungsgebäude 1919–1971, Wasserrechte 1931–1961

12 Bezug von OEW und WÜSAG 1925–1936

13 Dieselkraftwerk 1912–1967, Wasserkraftwerk 1916–1965, Hochspannungsnetz 1912–1922 mit Plänen, Ortsnetzpläne 1912–1934, Baukostenanschläge diverser Firmen 1912–1926, Umspannwerk 1929–1937

14 Allgemeine Bedingungen für die Lieferung elektrischer Arbeit aus dem Leitungsnetz 1914–1931, Stromlieferungen an Kunden 1917–1943, Gebietsabgrenzung 1928–1935

15 Gründung einer Elektrogemeinschaft und Durchführung gemeinsamer Werbeaktionen 1933–1939

16 Bilanzen 1916–1938, Betriebsrechnung 1924–1937

18 Gebäudebrand- und Feuerversicherung 1943–1965, Montage- und Transportversicherung 1944–1963

19 Rundschreiben zu Kriegsschäden 1940–1942

20 Vereinigung der Elektrizitätswerke / Wirtschaftsgruppe Elektrizitätsversorgung 1917–1939

21 Beschwerden über Wasserführung des Neckars und Schäden durch das Wasserkraftwerk 1923–1946

49 WABW B 2000

50 Das Land Württemberg, Seine wirtschaftliche und kulturelle Bedeutung, I. Ausgabe, Verlag

Stuttgarter Neues Tagblatt, Stuttgart 1927, S. 45. 25 Jahre Zweckverband Überlandwerk Aistaig, Aistaig 1938 (Festschrift). Der Zweckverband Überlandwerk Aistaig, Sonderdruck aus EVS-Bericht 1/1969 (B 2013 Bü 55). Wolfgang Leiner, Geschichte der Elektrizitätswirtschaft in Württemberg Band 2.1: Die Zeit der Vollabdeckung (1896–1915), Stuttgart 1985, S. 147–153.

200 Gemeindeverband ÜW Tuttlingen, Tuttlingen

Name Gemeindeverband Überlandwerk Tuttlingen
Geschäftstätigkeit Energiewirtschaft
Branche Nr. 400
Umfang 1,3
Laufzeit 1911–1980
Benutzbarkeit Ja
Bestand B 2016

Bestandsgeschichte Die Archivalien des Gemeindeverbands Überlandwerk Tuttlingen wurden vom WABW zusammen mit den Archivalien der EVS im Sommer 2000 übernommen. Aus den Einzelakten des Gemeindeverbands Überlandwerk Tuttlingen wurde im Archiv der EVS ein eigener Bestand gebildet. Ein großer Teil der Organisationsakten scheint verloren zu sein. Der Überlieferungsschwerpunkt liegt auf den Bandserien der Protokollbücher und Betriebsrechnungen.

Geschichte Der Gemeindeverband Überlandwerk Tuttlingen wurde am 27. April 1912 nach langjährigen Vorverhandlungen unter dem Namen Gemeindeverband elektrische Überlandzentrale für den Oberamtsbezirk Tuttlingen gegründet. In Tuttlingen bestand seit 1896 ein von der Maschinenfabrik Esslingen gebautes und betriebenes Elektrizitätswerk, das 1910 in kommunales Eigentum überging. Daraufhin fanden in den verschiedenen Gemeinderäten des Oberamtsbezirks intensive Gespräche zur Gründung eines gemeinnützigen Verbands zwecks Versorgung der Gemeinden mit elektrischer Energie statt. Die konstituierende Verbandsversammlung fand im Jahr 1911 statt, die erste Verbandssatzung wurde am 4. April 1912 regierungsbehördlich genehmigt. Da am 27. April 1912 die Wahl der Verwaltungsorgane vorgenommen wurde, gilt dieses Datum als Gründungsdatum. Zunächst traten 20 Gemeinden des Bezirks Tuttlingen dem Verband bei, das Verbandsgebiet umfasste den Oberamtsbezirk mit Ausnahme der Städte Tuttlingen und Trossingen. Mit dem Bau von Fernleitungen, Ortsnetzen und Transformatorenstationen wurde im Jahr 1913 begonnen. Die Stromversorgung wurde begründet auf einen Stromlieferungsvertrag mit dem Kraftwerk Laufenburg. 1914 konnten die Gemeinden die elektrische Straßenbeleuchtung in Betrieb nehmen. Als erste eigene Stromerzeugung übernahm der Verband 1913 den Ausbau und Betrieb der Wasserkraft der Stadtmühle Fridingen an der Donau und baute dort anschließend ein Pumpspeicherwerk. Das Kraftwerk ging 1915 in Betrieb und wurde auch unter dem Namen Berakraftwerk bekannt. 1921 kaufte der Verband die Elektrizitätswerke Aach und Neufra dazu. Der Verbandssitz war zunächst in Wurmlingen am Wohnort des ersten Verbandsvorsitzenden, ab 1924 jedoch im eigenen Verwaltungsgebäude in Tuttlingen. 1925 wurde durch eine neue Satzung der Name des Unternehmens in Gemeindeverband Überlandwerk Tuttlingen geändert. 1939 schloss sich der Gemeindeverband Überlandwerk Tuttlingen mit dem Bezirksverband Oberschwäbische Elektrizitätswerke und den ebenfalls in Gemeindeverbänden organisierten Überlandwerken Hohenlohe-Öhringen, Ingelfingen-Hohebach und Aistaig und Elektrizitätswerken Enzberg-Mühlhausen, Kocherstetten und Teinach-Station mit der Elektrizitäts-Versorgung Württemberg AG zusammen, welche ihren Namen daraufhin in Energie-Versorgung Schwaben AG (EVS) änderte. In den folgenden Jahren blieb in Tuttlingen eine EVS-Betriebsverwaltung bestehen.

4 Festschrift 25 Jahre Gemeindeverband Überlandwerk Tuttlingen
5 Satzungen 1912–1933
7 Sitzungsprotokolle der Verbandsorgane 1912–1939 (Bandserie), Verbandsvorsitzender 1933/34, Verbandsgemeinden 1911–1980
9 Werkszeitung des GT1928–1934
12 Strombezug von verschiedenen Produzenten 1925–1935

14 Vertragsgemeinden 1913–1947, Stromlieferung an das Elektrizitätswerk Rottweil 1925–1939
16 Betriebsrechnung 1917–1939 (Bandserie), Jahresabschluß 1916–1938
49 WABW B 2000
50 Das Land Württemberg, Seine wirtschaftliche und kulturelle Bedeutung, I. Ausgabe, Verlag Stuttgarter Neues Tagblatt, Stuttgart, 1927, S. 42. Leiner, Wolfgang: Geschichte der Elektrizitätswirtschaft in Württemberg – Band 2.1: Die Zeit der Vollabdeckung (1896–1915), Stuttgart, 1985, S. 123–146.
Wirtschaftsgruppe Elektrizitätsversorgung (Hrsg): Die Elektrizitäts-Wirtschaft im Deutschen Reich 1938, Berlin, 1938, S. 705.

201 Genossenschaftsbank Holzgerlingen, Holzgerlingen

Name Genossenschaftsbank Holzgerlingen eG
Geschäftstätigkeit Kreditgenossenschaft
Branche Nr. 650
Umfang 5
Laufzeit 1905–1970
Benutzbarkeit Ja
Bestand B 140

Bestandsgeschichte Das Archivgut wurde 2005 von der Vereinigten Volksbank AG in Sindelfingen übernommen.
Geschichte Die Genossenschaftsbank Holzgerlingen wurde 1905 auf Betreiben des Schultheißen Georg Mosthaf als Darlehenskassenverein und Genossenschaft gegründet. 1935 erfolgte die Umbenennung in Spar- und Darlehenskasse sowie der Zusammenschluss mit dem Landwirtschaftlichen Ortsverein, der ein eigenes Warengeschäft, ein Lagerhaus, einen landwirtschaftlichen Maschinenraum und eine Jungviehweide mit in die Genossenschaft einbrachte. Zwei Jahre später wurde eine Gemeinschaftswaschküche in Betrieb genommen, 1959 auch eine Gemeinschaftsgefrieranlage. Die Umbenennung in Genossenschaftsbank Holzgerlingen erfolgte 1958. Für die weitere Entwicklung war entscheidend, dass die Volksbank Böblingen 1959 eine Zweigstelle am Ort eröffnete. Da beide Institute bald größere Räumlichkeiten beanspruchten und sich zudem die jeweiligen Verbände, der Württembergische Genossenschaftsverband (Schulze-Delitzsch) e. V. und der Württembergische Raiffeisenverband, zum 1. Januar 1970 vereinigten, bot sich eine Fusion an, die noch im Oktober 1970 vollzogen wurde. Als vorbereitender Schritt wurde die Genossenschaftsbank Holzgerlingen in eine Aktiengesellschaft umgewandelt und in Holzgerlinger Bank umbenannt. Unter diesem Namen firmierte die Bank zunächst als Zweigstelle der Volksbank Böblingen (siehe Bestand B 132) und anschließend auch über die späteren Fusionen hinaus.
4 Mitglieder, Mitgliederverzeichnisse 1906–1979
6 Fusion mit der Volksbank Böblingen 1969/70
7 Vorstands-, Aufsichtsrats-, Generalversammlungsprotokolle 1906–1970, Verzeichnis der Vorstands- und Aufsichtsratsmitglieder 1935–1970
10 Kaufvertrag Grundstück Schloßstraße 1952, Inventarverzeichnis 1957–1965, Baupläne Geschäftsgrundstücke Turm- und Gartenstraße sowie Rathausplatz 1959–1969, Gemeinschaftsgefrieranlage 1958–1963
13 Kreditgeschäft 1924–1970, Wertpapier-Depotbücher 1926–1970, Kontokarten 1940–1946, Kontobücher Mitgliedergeschäftsguthaben 1942–1968, Währungsumstellung 1948–1965
14 Warenausgangsbuch 1962/63, Viehwaagbuch 1968–1984
16 Bilanzen, Geschäftsberichte 1932–1968
17 Steuerunterlagen 1948–1959
21 Gerichtsverfahren 1933–1935
47 Fotos: Bildvorlagen Festschrift 1980
49 WABW B 130 (Vereinigte Volksbank AG), B 132 (Volksbank Böblingen)
50 Wie die Holzgerlinger ihre Bank gründeten und was dann so alles passierte, 1905–1980 (Festschrift).

202
GHO, Öhringen

Name Gemeindeverband Überlandwerk Hohenlohe-Öhringen
Geschäftstätigkeit Energiewirtschaft
Branche Nr. 400
Umfang 0,2
Laufzeit (1890–) 1910–1955
Benutzbarkeit Ja
Bestand B 2008

Bestandsgeschichte Das WABW übernahm die Archivalien im Sommer 2000 zusammen mit dem Archiv der EVS. Aus den Einzelakten des Gemeindeverbands war im Archiv der EVS ein eigener Bestand gebildet worden.
Geschichte Zahlreiche Gemeinden im Gebiet um Öhringen gründeten am 24. Januar 1910 den Gemeindeverband Überlandwerk Hohenlohe-Öhringen. Die Initiative hatte der landwirtschaftliche Bezirksverein Öhringen ergriffen, der schon 1908 mit den Planungen begonnen hatte. Die Kreisregierung des Jagstkreises in Ellwangen genehmigte am 26. März 1910 die Satzung. Der Gemeindeverband bezog den Strom zunächst von externen Kraftwerken. Im November 1910 schloss er dazu einen Stromlieferungsvertrag mit den Enzgauwerken Bissingen ab, die in einer provisorischen Kraftzentrale in Bitzfeld mit Lokomobilen Strom erzeugten. Da die Enzgauwerke die vereinbarte Menge nicht liefern konnten, wurde der Vertrag wieder aufgelöst. Um nicht mehr von fremden Lieferungen abzuhängen, ging der Gemeindeverband dazu über, den Strom selbst zu erzeugen. 1912 kaufte er das Elektrizitätswerk Öhringen, das mit Dieselmotoren lief, und 1914 das Elektrizitätswerk Karl Winter in Künzelsau mit einem Wasserkraftwerk sowie das dortige Ortsnetz von Heinrich Horlacher. 1923 ging das Wasserkraftwerk bei Ohrnberg am Kocher in Betrieb. Der Gemeindeverband gründete 1921 zusammen mit der Kraftwerk Altwürttemberg AG (KAWAG) die Großkraftwerk Württemberg AG in Heilbronn (GROWAG). 1923 beteiligte er sich mit einem Anteil von acht Prozent am Grundkapital an der Gründung der Württembergischen Sammelschienen AG (WÜSAG). 1932 übernahm er das Versorgungsgebiet der Jagst-Bauland GmbH Jagsthausen und wurde damit zweitgrößter Zweckverband im Land nach dem Bezirksverband Oberschwäbische Elektrizitätswerke (OEW).
In den 1930er Jahren übten die Nationalsozialisten im Rahmen ihres Zentralisierungskonzepts Druck auf die kleineren Energieversorger aus, miteinander zu fusionieren. 1939 schloss sich der Gemeindeverband Überlandwerk Hohenlohe-Öhringen mit dem Bezirksverband OEW und den ebenfalls in Gemeindeverbänden organisierten Überlandwerken Aistaig, Ingelfingen-Hohebach und Tuttlingen und Elektrizitätswerken Enzberg-Mühlhausen, Kocherstetten und Teinach-Station mit der Elektrizitäts-Versorgung Württemberg AG (EVW) zusammen, welche ihren Namen daraufhin in Energie-Versorgung Schwaben AG (EVS) änderte. Der Standort Öhringen blieb als Geschäftsstelle der EVS erhalten.
4 Festschrift 25 Jahre 1936, Kopien zur Geschichte des Unternehmens und der Stromwirtschaft im Versorgungsgebiet 1890–1950
5 Satzungen 1910, 1914
6 Überlandwerk Jagstbauland GmbH Öhringen: Abschlußprüfungen der Schwäbischen Treuhand AG 1938–1941
12 Verträge mit GEK, UJAG, GROWAG, WÜSAG, OEW und EVW 1917–1935
13 (Kraftwerk Ohrnberg siehe B 2098)
14 Verträge mit GEK, UJAG, GROWAG, WÜSAG, OEW und EVW 1917–1935, Lieferungsverträge mit Kommunen und Großabnehmern 1914–1932, Strompreistarife 1910–1939
16 Geschäftsberichte 1912–1937/38, Abschlußprüfungen Schwäbische Treuhand AG 1938
49 WABW B 2000 (EVS), B 2098 (Württembergisches Innenministerium, Abt. für den Straßen- und Wasserbau: Kraftwerk Ohrnberg)
50 Das Land Württemberg, Seine wirtschaftliche und kulturelle Bedeutung, I. Ausgabe, Verlag Stuttgarter Neues Tagblatt, Stuttgart 1927, S. 41. Erwin Renz, 50 Jahre Stromversorgung Hohenlohe-Öhringen, hrsg. von der EVS, [Stuttgart 1961]. Wolfgang Leiner, Geschichte der Elektrizitätswirtschaft in Württemberg Band 2.1: Die Zeit der Vollabdeckung (1896–1915), Stuttgart 1985, S. 154–168. Werner Kleider, Die Entwicklung der Energieversorgung in Württembergisch-Franken 1862–1919, St. Katharinen 1987, S. 105–120, 127–142.

203
Gipswerke Eltingen, Leonberg

Name Gipswerke Leonberg-Eltingen Schüle & Co.
Geschäftstätigkeit Gipsfabrik
Branche Nr. 100/265
Umfang 2
Laufzeit 1900–1961
Benutzbarkeit Eingeschränkt
Bestand Y 43

Bestandsgeschichte Das Archivgut wurde 1989 aus dem Nachlass der letzten Geschäftsführerin übernommen.
Geschichte Das Unternehmen Gipswerke Eltingen-Leonberg ging 1909 aus einem Zusammenschluss der beiden von Imanuel Eppinger gegründeten Gipsfabriken in Leonberg (gegründet 1890) und Eltingen (gegründet 1896) hervor. 1910 nahm Eppinger als Teilhaber Emil Schüle, Sohn des Cannstatter Gipsfabrikanten Eduard Schüle, auf. Das Unternehmen wurde in der Rechtsform einer OHG geführt. Nach dem Ersten Weltkrieg zählte das Unternehmen zu den bedeutendsten Baugipswerken in Süddeutschland. Neben Gips stellte das Werk auch Chemikalien wie Kunstdünger her und betrieb eine ausgedehnte Landwirtschaft mit Getreideanbau und Viehzucht. Nach dem Tode von Wilhelm Eppinger 1953 führten seine Erben das Unternehmen weiter; 1975 firmierte es unter Gipswerke Leonberg-Eltingen Schüle & Co., 1977 unter Gips Schüle KG und wurde dann aufgelöst.
3 Erbangelegenheiten Schüle, Eppinger 1913, 1921–1923
5 Handelsregisterauszüge 1910–1929, Gesellschaftsverträge 1926–1934
6 Stuttgarter Gipsgeschäft, Untertürkheim (Geschäftsberichte, Bilanzen, Monatsberichte, Satzung) 1929–1953; Süddeutsche Gipsverkaufsstelle, Untertürkheim 1937–1948; Schwäbische Gipsverkaufsstelle Stuttgart 1933–1950; Württembergische Gipsindustrie AG, Stuttgart; Württembergische Gipsverkaufsstelle Stuttgart 1930–1949; Dampfsägewerk Leonberg, Heerlein & Co 1919–1941; Schwarzwälder Gipswerke Deißlingen (u.a. Bilanzen, Inventuren, Korrespondenzen, Verträge, Handelregisterauszüge, Geschäftsführung) 1912–1957; Gips- und Gipsdielenfabrik Ottendorf (u.a. Gesellschaftsverträge, Bilanzen, Inventuren, Betriebsprüfung, Korrespondenzen, Grundbuchauszüge, Pachtangelegenheiten, Steuern, Liquidation) 1915–1957
7 Korrespondenzen 1912–1956
9 Belegschaft 1936–1952, Tarifangelegenheiten 1931 und 1941, betriebliche Sozialleistungen 1911–1952, Arbeitsjubiläen 1912–1944, Betriebsfeiern, -ausflüge 1934–1953, Treuhänder der Arbeit 1933–1944, Arbeiter 1928–1954, Angestelltenversicherung 1932–1943
10 Grundstücke und Immobilien 1910–1952
11 Vermögensberechnung 1900–1901, Obligationen 1917–1932, Schuldscheine 1932–1943
13 Kohlen- und Elektrizitätsbewirtschaftung 1947–1949, Gipsvorkommen in Vellberg 1938, Projekt Dachziegelfabrik Schwaigern 1912–1913
16 Bilanzen 1903–1943, Journal 1912–1925, Hauptbuchserie 1920–1961, Kontenblätter 1912–1915, Kassenbuchserie 1926–1948
17 Steuerquittungen 1908–1923, Einkommen-, Vermögen-, Erbschaftsteuer, Lastenausgleich 1913–1948
18 Feuerversicherung 1931
20 Fachgruppe Gips 1937–1939, Arbeitsgemeinschaft Gipsindustrie Deutscher Gipsverein 1948–1949
22 Pferdezuchtverein Leonberg 1933–1952, Schützengesellschaft Leonberg 1926–1934
50 F. C. Huber, Festschrift zur Feier des 50-jährigen Bestehens der württembergischen Handelskammern, Teil 2 Stuttgart 1910, S. 68.

204
Glashütte Schönmünzach, Schönmünzach-Baiersbronn

Name Glashütte Schönmünzach
Geschäftstätigkeit Glashütte
Branche Nr. 261
Umfang 0,5
Laufzeit 1825–1832
Benutzbarkeit Ja
Bestand B 1008

Bestandsgeschichte Das Archivgut der Glashütte Schönmünzach wurde 1997 als Teil des Archivgutes der SHW GmbH und ihrer Vorgängerunternehmen übernommen.
Geschichte Die Glashütte wurde 1733 nördlich von Schwarzenberg an der Murg gegründet. Nach erfolglosem Betrieb durch mehrere Privatinvestoren erfolgte 1825 der Ankauf durch den württembergischen Staat, der dort eine Musterfabrik aufzubauen gedachte. Nach andauernden wirtschaftlichen Schwierigkeiten verpachtete man 1832 die Anlage zunächst auf 10 Jahre und verkaufte sie schließlich 1842. Die Glasfabrikation wurde 1902 aufgegeben.
7 Befehlbuch 1825–1828
8 Amtsgrundbuch 1829–1832
16 Hauptbuch 1829/30
50 Im WABW nicht vorhanden.

205
Gminder, Reutlingen

Name Ulrich Gminder / Ulrich Adam Knapp
Geschäftstätigkeit Spinnerei und Weberei
Branche Nr. 170
Umfang 0,1
Laufzeit 1900–1990
Benutzbarkeit Eingeschränkt
Bestand Y 182

Bestandsgeschichte Das Archivgut wurde 1993 von einem Nachkommen des Gründers übernommen. Nach Auskunft des Firmeneigentümers ist keine weitere Überlieferung vorhanden.
Geschichte Schon lange vor der Gründung der Firma Ulrich Gminder war die Familie im Reutlinger Textilhandwerk tätig: Konrad Gminder wanderte 1650 aus dem Appenzell zu und heiratete in die eingesessene zünftige Färberfamilie Ruf ein. 1802 übernahm Ulrich Gminder das elterliche Geschäft und begründete damit die nach ihm benannte Firma. Färbte er Leinen- und Baumwolltücher zunächst noch im Alleinbetrieb, so konnte er 1814 mit Andreas Schradin den ersten Lehrjungen einstellen. Die Söhne von Ulrich Gminder vergrößerten das Geschäft, 1864 wurde ein zweistockiges Fabrikgebäude als mechanische Weberei errichtet. Der zweiten Weberei folgte 1885 die erste Spinnerei. 1904 starb Louis Gminder, der Betrieb wurde in die Rechtsform einer Gesellschaft mit beschränkter Haftung umgewandelt. Zwischen 1904 und 1914 ließ das Unternehmen die Arbeitersiedlung Gmindersdorf erbauen, um dem Mangel an qualifizierten Arbeitskräften abzuhelfen. Während des Zweiten Weltkriegs verlegte die Robert Bosch GmbH einen Teil ihrer Produktion aus dem durch Luftangriffe gefährdeten Stuttgart in Gebäude von Gminder nach Reutlingen – Hans Lutz Merkle hatte seine Ausbildung 1935 bei Gminder begonnen. Die Gminder GmbH wurde 1956 in eine Familien-Aktiengesellschaft umgewandelt. 1964 übernahm Bosch das Textilunternehmen.
3 Aus den Tagebüchern des Reutlinger Kaufmanns Johann Georg Knapp 1804–1843, Ehevertrag Ulrich Gminder und Karoline geb. Baur 1899, Kommerzienrat Louis Gminder (1842–1904): Testament, Ehe- und Gesellschaftsverträge, Leichenpredigt, Nachrufe, Erbauseinandersetzung 1902–1925, Testament und Nachlaßteilung Louis Gminder 1902 / 1905, Leichenpredigt für Kommerzienrat Louis Gminder 1904, Geschichte der Familie Gminder (Buch) 1923, Vereinbarungen zwischen Oskar und Ulrich Knapp über die Geschäftsübernahme 1925, Zeitungsartikel und Aufsätze über Emil Gminder, Ulrich Gminder und Joh. G. Knapp, Genealogie der Familie Gminder Reutlingen, Lebensbild Emil Gminder
4 175 Jahre Ulrich Gminder 1989, Dokumente zur Geschichte der Firma Gminder (Buch) 1945–1948, Festschrift 200 Jahre Ulrich Adam Knapp Eisenhandlung Reutlingen 1954

9 Geschichte Gmindersdorf
10 Aufsätze und Beiträge zur Architektur der Firmenbauten Gminder sowie der Villen der Familien Knapp und Gminder um 1900
22 Altenhofstiftung
50 F[ranz] C[aspar] Huber, Festschrift zur Feier des 50-jährigen Bestehens der Württembergischen Handelskammern, II. Teil: Großindustrie und Großhandel in Württemberg, Stuttgart 1910, S. 177. Stadtschultheißenamt u. a. (Hg.), Reutlingen, Berlin 1925, S. 60–68, 115. Paul Weber (Hg.), Westdeutsche Wirtschaftschronik, Band 2: Württemberg, Stuttgart 1954, S. 190–191. Karl Grüner, 25 Jahre Bosch Reutlingen und Rommelsbach, 175 Jahre Ulrich Gminder, Reutlinger Arbeitergeschichte von unten, Tübingen 1989.

4 100-jähriges Jubiläum 1991
5 Handelsregisterauszüge 1891
13 Rezeptbuchserie 1910–1931, Warenzeichen, Produktionsprogramm
14 Versandbuch 1891–1894, Rundschreiben 1918, Zollangelegenheiten 1932–1975
15 Plakate um 1885–1930, Werbezettel, Musterbücher 1908–1931, Preislisten, Gebrauchsanleitungen, Markenzeichen, Verpackungen 1908–1931, Besuchsanzeigen, Firmenbriefkopf, Werbepostkarten, Reklame- und Rabattmarken um 1900
16 Kassenbuch 1891–1893
19 Umstellung auf Friedensproduktion 1918
47 Fotos: Gebäude, Personal, Innenräume 1916, 1991
50 Im WABW nicht vorhanden.

206
Grau Aromatics, Schwäbisch Gmünd

Name Grau Aromatics GmbH & Co. KG (Grau & Locher)
Geschäftstätigkeit Chemische Fabrik
Branche Nr. 245
Umfang 1
Laufzeit 1885–1991
Benutzbarkeit Eingeschränkt
Bestand Y 44

Bestandsgeschichte Das Archivgut wurde 1991 von den Gesellschaftern übernommen.
Geschichte 1891 gründeten Heinrich Grau und August Locher die chemische Fabrik Grau und Locher in Schwäbisch Gmünd. Anfangs wurden Schuhcreme, Bohnerwachs, Seifen- und Insektenpulver produziert. Nach dem Ersten Weltkrieg wurde der Firmenname in Gebrüder Grau & Co. geändert. Neben den chemisch-technischen Produkten wurden einige Kosmetikartikel ins Programm aufgenommen. Nachdem 1958 mit Heinz Grau die dritte Generation die Geschäftsführung übernommen hatte, verlagerte sich der Schwerpunkt auf die Fertigung von Rohstoffen. Dazu zählen außer Emulgatoren für die Parfümerie und Kosmetik auch Riechstoffe und Aroma-Chemikalien. 1979 erhielt die Firma den neuen Namen Grau Aromatics GmbH & Co. KG.

207
Greiner, Nürtingen

Name Greiner GmbH
Geschäftstätigkeit Kork- und Schaumstoffherstellung, Labortechnik
Branche Nr. 200/250
Umfang 3
Laufzeit 1786–1991
Benutzbarkeit Ja
Bestand B 60

Bestandsgeschichte Das Archivgut wurde 1989 vom Geschäftsführer übernommen.
Geschichte 1868 gründete Carl Albert Greiner zunächst ein Kolonial- und Eisenwarengeschäft in Nürtingen, dem 1872 eine Sodawasserfabrikation angegliedert wurde. Als Carl Greiner beim Besuch der Weltausstellung in Paris 1878 eine Korkschneidemaschine erstand, verlagerte sich der Schwerpunkt auf die Produktion von Korken. 1899 wurden in Österreich, 1905 in Spanien, 1921 in Chile und 1927 in Portugal Filialen gegründet. Neben Korken aller Art wurden auch Schwimm- und Rettungsringe produziert. Nachdem ab 1950 die Korklieferländer hohe Exportzölle einführten, begann das Unternehmen mit der Herstellung von PU-Weichschaumstoffen und Kunststoffverpackungen. 1973 wurde in Kremsmünster, Österreich, die Produktion von

Labortechnikartikeln aufgenommen. 1989 fusionierten die Greiner-Unternehmen in Österreich und Deutschland zur Greiner-Holding AG in Kremsmünster.

3 Familienwappen, Genealogie Familie Greiner, Reiterverein Nürtingen Erich Greiner 1926–1972, Erbschaftsangelegenheiten, persönliche Unterlagen von Familienangehörigen, Familiennachrichten, Familienfeiern 1786–1990

4 Firmengeschichte, Chronik, 75-jähriges Jubiläum, 100-jähriges Jubiläum, Interviews zur Firmengeschichte 1942–1990

5 Gewerberegisterauszug 1869, Gesellschaftsverträge

6 Konzerngliederung 1979–1989, Werk Dettingen (Schaumstoffwerk) 1959–1970, Werk Ebersbach an der Fils (Vorgängerfirma: Schwäbische Textilwerke AG, Ebersbach) 1962–1990, Werk Frickenhausen (Labortechnik) 1964–1990, Werk Solingen 1970, Werk Coburg 1960, Auslieferungslager München-Neuaubing 1961, Filiale Kremsmünster/Österreich 1940, 1977–1991, verbundene Unternehmen C.A. Greiner und Greiner KG (Geschäftsführung, Bilanzen) 1899–1979, C. A. Greiner e Hijos, San Feliu de Guixols (Geschäftsführung, Fotoband) ca. 1895–1976, C. A. Greiner Lda., Faro / Portugal (u. a. Gründung, Bilanzen, Aufträge) 1942–1950; R. Pecher, Nürtingen (u. a. Firmenübernahme, Umsätze, Preise) 1900–1949; C.A. Greiner e Hijos, Santiago /Chile 1923; C.A. Greiner Son, London; C.A. Greiner & Söhne, Geisa/Röhn 1937–1990; Preßstoffwerk Groitzsch Greiner & Co.(u. a. Korrespondenzen, Bilanzen, Inventar) 1936–1990; C.A. Greiner et Fils, S.`a. r.l., Bischwiller / Frankreich 1962; Verkaufszentrale der Vereinigten Preßkorkenfabriken (Gründung, Preise) 1931–1944; Mechanische Weberei Pausa AG, Mössingen (Korrespondenzen, Gesellschaftsvertrag, AR-Sitzungen, Bilanzen, Geschäftsberichte) 1936–1973; Spinnerei & Weberei Johannisthal (Gesellschaftsvertrag, Kredite, Korrespondenzen, Bilanzen) 1939–1975; Classic Textilkunst GmbH, Wendlingen (Gesellschaftsvertrag, Korrespondenzen, Bilanzen) 1948–1955; Greiner B.V., Alphen/Niederlande Gründung) 1976

9 Unterstützungskasse, Betriebsfeiern, Betriebsausflüge, Tarifabkommen, Löhne und Gehälter, Urlaub, Arbeitsjubiläen, Firmenzeitschrift (Greiner-Informationen Kremsmünster)

10 Grundstücke und Gebäude, Bautätigkeit, Lagepläne, Baupläne, Grundbuchauszüge 1868–1981

11 Hypotheken, Kredite 1910–1915

12 Korkeinkauf, Bestellungen 1892–1909

13 Maschinen, Energieversorgung, Patentangelegenheiten, Gebrauchsmuster, Reklamationen, Korkproduktion 1876–1972

14 Vertreter, Reiseberichte, Kommissionen, Preise, Kundenlisten, Verkaufsförderung, Konkurrenz, Bundeswehrlieferungen, Umsätze 1879–1968

15 Briefbögen, Annoncen, Prospekte, Referenzen, Musterbücher 1885–1990

16 Bilanzen, Investitionen 1908–1968

20 Wirtschaftsgruppe Holzverarbeitende Industrie 1935–1939, Arbeitsgemeinschaft Mehlkorkverarbeitende Industrie 1961–1962

47 Fotos: Firmengebäude, Firmengelände, Baumaßnahmen, Lager, Produktion, Büro, Maschinen, Ausstellungen und Messen, Korkernte, Betriebsfeiern, Familie Greiner, Inhaber, Jubiläen, Belegschaft, Betriebsfeiern ca. 1880–1990; Fotoalbum C.A. Greiner e Hijos, San Feliu de Guixols ca. 1895

50 Hans Schwenkel (Hg.), Heimatbuch des Kreises Nürtingen Band II, Nürtingen 1953, S. 892 f. 100 Jahre C. A. Greiner + Söhne KG, [Nürtingen 1968] (Festschrift). 125 Jahre Greiner – Nürtingen, Nürtingen 1993 (Festschrift).

208
Griesinger, Stuttgart

Name Griesinger
Geschäftstätigkeit Teehandlung
Branche Nr. 520
Umfang 0,1
Laufzeit 1792–1850
Benutzbarkeit Eingeschränkt
Bestand Y 160

Bestandsgeschichte Das Archivgut wurde 1986 übernommen.
Geschichte Zur Geschichte über das in der Hauptstätter Straße ansässige Unternehmen konnten keine Daten ermittelt werden.

16 Hauptbuch 1792–1806

48 Kasse aus Weißblechdraht um 1850
50 Im WABW nicht vorhanden.

209 Gross, Gebrüder, Bad Urach

Name Gebrüder Groß
Geschäftstätigkeit Spinnerei
Branche Nr. 170
Umfang 2
Laufzeit 1906–1977
Benutzbarkeit Eingeschränkt
Bestand B 161

Bestandsgeschichte Das Archivgut wurde 1994 übernommen.
Geschichte 1869 gründeten Louis Groß und Rudolf Deusch, die Inhaber der Türkischrotfärberei und Garnhandlung J. P. Deusch & Co. in Urach, eine mechanische Weberei mit 110 Webstühlen an der Erms. Wenig später wurden Rudolf und Eugen Groß, die Söhne des Mitgründers, als Teilhaber aufgenommen; 1873 trat Rudolf Deusch aus der Firma aus. 1887 wurde eine weitere Weberei in Betrieb genommen, 1906 wurde eine Spinnerei erbaut, 1948 wurde das Unternehmen um eine Garnfärberei erweitert, 1967 wurden die Webereien stillgelegt zugunsten der Erweiterung der Spinnerei. Der Betrieb produzierte 1975 mit 260 Mitarbeitern Buntgarne und Effektgarne für die Strickereiindustrie. 1993 meldete das Unternehmen, das seit Gründung in Familienhand war, Konkurs an.
6 Webwarengesellschaft Gebrüder Groß 1951–1966
9 Deutsche Arbeitsfront 1941–1944, Unterstützungskasse 1926–1940, Unterstützungsverein 1941–1952, Urlaub-Angestellte 1946–1955, Weihnachtsgeschenke, Arbeiterdividende 1947–1949, Personalkosten 1966–1967, Kurzarbeit-Angestellte 1967
14 Garnlieferungen 1954–1965
15 Stoffmuster
16 Bilanzen 1948–1949, Bilanzunterlagen 1924–1947, konsolidierte Bilanzen Gebrüder Groß GmbH und Webwarengesellschaft Gebrüder Groß 1951–1966, Journal 1963–1966, Hauptbuch 1949–1950, Anlagekonten 1906–1923, Anlagekonten mit Abschreibungen 1924–1949, Kassenbuch 1977, Umbuchungen 1948–1949, Durchgangskonten 1949–1952
17 Steuerangelegenheiten 1937–1949, Betriebsprüfung 1963–1967
47 Fotos: Werbefotos 1970er Jahre
50 Das Land Württemberg, Seine wirtschaftliche und kulturelle Bedeutung, II. Ausgabe, Verlag Stuttgarter Neues Tagblatt, Stuttgart 1927, S. 26. 100 Jahre Gebr. Gross GmbH Urach, Urach [1969] (Festschrift). Der Kreis Reutlingen (Heimat und Arbeit), Stuttgart 1975, S. 381–382.

210 Grossmann, Sindelfingen

Name Grossmann-Kirchhofer Fachvertrieb Haustextilien
Geschäftstätigkeit Textilgroßhandlung
Branche Nr. 517
Umfang 0,5
Laufzeit 1900–1975
Benutzbarkeit Eingeschränkt
Bestand Y 45

Bestandsgeschichte Das Archivgut wurde 1984 übernommen.
Geschichte 1883 gründete Friedrich Grossman im Stuttgarter Stadtzentrum eine Garn- und Textilgroßhandlung. 1944 wurde das Familienunternehmen durch Kriegseinwirkungen total zerstört. 1953 erfolgte die Übernahme der seit 1881 bestehenden Textilgroßhandlung Alfred Theurer Nachf., Gaildorf, früher Stuttgart. Walter Grossmann verlagerte das Unternehmen 1970 nach Sindelfingen und schloß sich mit anderen Firmen zu einem textilen Handelszentrum zusammen.
3 Familie Grossmann (persönliche Schriftstücke) um 1930–1975
4 Firmengeschichte um 1900–1975, 50-jähriges und 75-jähriges Jubiläum
9 Betriebliche Sozialleistungen (u. a. Verein Gefolgschaftshilfe) 1942–1971
16 Bilanzen 1926–1950, Journalbuchserie 1900–1943, Hauptbuchserie 1900–1948, Kapitalkonten 1949–1969
50 75 Jahre Fr. Grossmann-Kirchhofer Stutt-

gart, in: Industrie und Handel, Nachrichtenblatt der Industrie- und Handelskammer Stuttgart 7 (1959), S. 182.

211
GROWAG, Heilbronn / Ludwigsburg

Name Großkraftwerk Württemberg AG
Geschäftstätigkeit Energiewirtschaft
Branche Nr. 400
Umfang 4
Laufzeit 1910–1978
Benutzbarkeit Ja
Bestand B 2021

Bestandsgeschichte Das WABW übernahm die Archivalien im Sommer 2000 zusammen mit den Unterlagen der Energie-Versorgung Schwaben (EVS). Aus den Einzelakten der GROWAG war im Archiv der EVS ein eigener Bestand gebildet worden.
Geschichte Die Großkraftwerk Württemberg AG (GROWAG) wurde am 4. November 1921 von der Kraftwerk Altwürttemberg AG (KAWAG) und dem Überlandwerk Hohenlohe-Öhringen gegründet. Der Verwaltungssitz war in Ludwigsburg. Der württembergische Staat hielt eine Sperrminorität von 26 Prozent des Grundkapitals. Die Gesellschaft baute, besaß und betrieb das 1923 fertiggestellte Dampfkraftwerk Heilbronn. Überdies beteiligte sie sich 1924 an der Württembergischen Sammelschienen AG, die 1934 mit der Württembergischen Landes-Elektrizitäts-AG zur Elektrizitäts-Versorgung Württemberg AG (EVW) zusammenging. Ebenfalls im Jahr 1924 gründete sie gemeinschaftlich mit dem Land Vorarlberg und den Oberschwäbischen Elektrizitätswerken (OEW) die Vorarlberger Illwerke in Bregenz (VIW). Die GROWAG pachtete ab 1925 das erste im Zuge der Neckarregulierung entstandene Flusskraftwerk in Kochendorf von der Neckar AG. Sie gab 1930 einen Teil ihrer 47,5 Prozent Anteile an den VIW an die Rheinisch-Westfälische Elektrizitätswerk AG (RWE) in Essen ab. 1951 schied die GROWAG als Aktionärin der Energie-Versorgung Schwaben AG (EVS), die 1939 aus der Fusion der EVW mit zahlreichen Gemeindeverbänden und den OEW entstanden war, aus. Die EVS übernahm auf das Jahr 1954 die GROWAG vollständig, liquidierte sie und baute in der Folge auf dem Gelände am Neckar weitere Dampfkraftwerkblöcke.
5 Gründungsprotokolle und -akten 1920–1925 (Abschriften 1938), Gesellschaftsvertrag 1921, Liquidation 1948–1953, Satzungen 1938–1951
7 Anteilseigner 1924–1953, Verträge mit der RWE 1934–1950, Memorial 1921–1929, Wirtschaftlichkeitsberichte 1925–1944
9 Personal 1931–1953, Gefolgschafts- bzw. Werkshilfe GmbH 1944–1953
13 Kraftwerk 1923–1952 mit Plänen und Konstruktionszeichnungen, Erzeugungsstatistik 1923–1951
14 Stromlieferung und Kunden 1924–1951
16 Anlagewerte 1924–1932, Bilanz 1949–1951, Buchprüfung 1928–1950, Geschäftsberichte 1921–1953, Hauptbuch 1921–1947, Bilanzhauptbuch 1928–1932, Bilanz bzw. Abschluß 1924–1953 (31 Bände), Aktienbuch 1921–1953, Kontokorrent 1921–1928, Stromdebitoren 1923–1929, Kreditoren 1923–1929, Belege Bau Dampfkraftwerk 1924–1932, Kohlenlagerbuch 1923–1928, Rechnungsbuchregister 1952–1954
17 Steuern (Körperschaft-, Gewerbe-, Umsatz-) und Abgaben 1922–1954, Steuergutscheine 1939–1942
49 WABW B 2000
50 Das Land Württemberg, Seine wirtschaftliche und kulturelle Bedeutung, I. Ausgabe, Verlag Stuttgarter Neues Tagblatt, Stuttgart 1927, S. 41. Die Elektrizitäts-Wirtschaft im Deutschen Reich, Berlin 1934, S. 132–137. Wolfgang Leiner, Geschichte der Elektrizitätswirtschaft in Württemberg Band 2.2: Der Weg zur Großwirtschaft (1916–1945), Stuttgart 1985, S. 314–316.

212 GROZ-BECKERT, ALBSTADT

Name Groz-Beckert KG
Geschäftstätigkeit Nadelherstellung
Branche Nr. 287
Umfang 22
Laufzeit 1852–2016
Benutzbarkeit Eingeschränkt
Bestand B 165

Bestandsgeschichte Das Archivgut wurde 2013 von der Firma dem WABW übergeben und durch mehrere Nachlieferungen ergänzt.

Geschichte 1852 gründete Theodor Groz in Ebingen ein Spiel- und Galanteriewarengeschäft, in welchem er zugleich eine Nadlerwerkstatt einrichtete, die bald Fabrikgröße erreichte. Durch die Automatisierung der Herstellung konnte die Firma Groz 1880 mehr als eine Million Nadeln produzieren. 1879 wurden die beiden Söhne Theodor und Daniel Teilhaber. Dies spiegelte sich auch im neuen Firmennamen Theodor Groz & Söhne wieder. Nach dem Tod des Firmengründers 1892 übernahmen die beiden jüngeren Söhne Oskar und Adolf Groz gemeinsam mit Heinrich Cless, dem Schwager Oskars, die Firmenleitung. 1902 zog das Unternehmen in die heutige Parkstraße, wo es auch heute noch seinen Hauptsitz hat.

Parallel dazu gründete Ernst Beckert 1871 im sächsischen Eibenberg eine Firma zur Herstellung von Nadeln. 1905 eröffnete er einen Firmensitz in Chemnitz. Die Leitung übernahm Julius Seelmann-Eggbert. 1937 führten Hans und Walter Groz sowie Fritz Seelmann-Eggbert die beiden Unternehmen unter dem Namen Groz-Beckert zusammen. Während des Zweiten Weltkriegs wurden das Werk in Chemnitz sowie der Hauptsitz in Ebingen durch Bombentreffer schwer beschädigt. Nach Kriegsende wurde der sächsische Teil des Unternehmens zu einem Volkseigenen Betrieb.

Groz-Beckert exportierte bereits 1948 in 39 Länder. Ab 1952 gründete das Unternehmen Produktions- und Vertriebstochtergesellschaften im In- und Ausland. Bis 1980 spezialisierte es sich auf den Bereich der Wirk- und Strickmaschinennadeln, 1980 erweiterte es sein Sortiment um Näh- und Schuhmaschinen- sowie Filz- und Strukturnadeln. Mit dem Kauf der Marke Eisbär 1998 und der schweizerischen GROB HORGEN AG im Jahr 2000 ist es seit der Jahrtausendwende auch im Bereich der Tufting- und Webmaschinennadeln präsent. 2010 errichtete Groz-Beckert ein Entwicklungs- und Technologiezentrum am Stammsitz in Ebingen.

3 Ausbildungszeugnis und beruflicher Werdegang von Theodor Groz 1845; Notizbücher Sophie und Daniel Groz 1888; Arbeitsbücher von Adolf, Hans, Erich und Walter Groz; Pflege und Privatkorrespondenz Wilhelm Groz 1932–1947; Stammbaum der Familie Groz 1990

4 Zeitzeugenberichte von Mitarbeitern 1952–1955; 50–, 100–, 150– jährige Firmenjubiläen (Festschriften, Organisation, Recherchen) 1902–2002; Chronik 1960

5 Handelsregister (Auszüge und Eintragungen) 1895–1996;

6 Firma Zimmermann (Monats-, Jahres-, und Produktionsberichte 1962–1970, Fabrikationsprogramm 1954–1970; Zeitungsartikel 1951–1996); Gründung der Tochtergesellschaften: Sinotech Asia Limited 1978; SMC GmbH (Werbematerial); Gründung Produktionsstätten in Chandigarh Indien 1960–1961 und Frankreich 2003–2010; Vertriebsgesellschaft in Frankreich (u. a. Gründungsvertrag, Satzung, Sitzungsprotokoll Geschäftsführung) 1927–1995; Torrington Company (Besprechungsprotokolle) 1980–1986; Grob AG (nochmals gesondert untergliedert)

7 Korrespondenz mit der Geschäftsleitung mit Personen, Unternehmen, Behörden, Vereinen, etc.; 1894–1970; Notizbücher von Theodor Groz (1876–1877); Geschäftsbeziehungen 1906–1992; Notizbuch von Hans Adolf Groz 1927; Unterschriftenverzeichnis 1915; Führungswechsel 1897–1963

8 Dienstanweisungen 1928–1937; Unternehmensgliederung 1971; Einzelne Werke, Tochtergesellschaften und Verkaufsstellen (1881–2010)

9 Betriebsversammlungsprotokolle 1953–1964; Ausbildungszeugnis 1863; Gästebücher Erholungsheim Alpirsbach 1957–1971; Werkszeitschriften »Der Nadler« 1953–1964 und »Informationen für die Belegschaft« 1965–1966; Leistungsbuch 1935–1949; Arbeitsbücher; Weihnachtsgratifikation 1930–1934; Betriebsratsprotokolle 1972–1994; Betriebsvereinbarungen;

Mitteilungen 1956–1966; Jubiläumsheft 100 Jahre Betriebskrankenkasse 1988; Veranstaltungen 1973–2003; Vergütung der Mitarbeiter 1942–1950; Mitarbeiterverzeichnis 1927; Unfallverhütungsvorschriften 1934; Arbeitsordnung 1913–1959; Organisation von Lehrlingsausbildung 1961–1972; Betriebsrat; Abschiede verschiedener Mitarbeiter; Materialsammlung zur Zeitschrift »Der Nadler« 1920–1969; Werkswohnungen 1928–1977; Ausbildung 1960–1980; Arbeitsordnungen 1897–1959

10 Grundsteinlegung Erweiterungsbau 1957; Neu- und Umbau der Gebäude an der Wiesenstraße, Bahnhofstraße in Ebingen, Panoramastraße in Bitz, des Firmengeländes in Meßstetten (u.a. Baugesuche, Pläne, Kostenvoranschläge, Urkunden, Verträge) 1875–1967; Bau von Werkswohnungen 1898–1907; Verträge 1933, Rechnungen für Bauarbeiten 1875–1907, Baugesuche 1896–1924

11 Korrespondenz Banken 1932–1955; Bankakzepte 1913–1938

12 Ersteigerung einer historischen Fertigungsmaschine 1942–2009; Korrespondenz und Verträge mit der Torrington Company 1966–1980;

13 Patentschriften 1882–1885; Technische Zeichnungen 1884–1989; Produktanalysen 1953–1963; Produktionsstatistiken 1955–1982; Bestandsbücher 1891–1961; Revisionsbücher 1902–1956; Produktionsverzeichnisse 1934–1952; Nadelmaße und Härtewerte 1962–1963; Maschinenbau und Entwicklung 1965–1967; Qualitätsmanagement 1997; Fachbegriffe und Bezeichnungen von Nadeln 1929–1992; Materialprüfung und -analyse 1902–1950; Produktionsverzeichnisse 1934–1952; Produktionsanlagen, Maschinen und Werkzeuge 1904–1991; Produktionsablauf und Arbeitsgänge 1922–1985; Normwerte und Tabellen; Patente 1882–1935

14 Kaufverträge 1886–1889; Musterkarten der Marke Eisbär; Preislisten; Reklamationen 1936–1937; Kundenaufträge 1936–1937; Verkauf (?) 1962–1989; Produktdiversifikation 1976–1978; Marktanalysen 1983–1988; Marktbeobachtung; Analyse von Konkurrenzunternehmen; Absatzwege; Preise und Angebote

15 Briefköpfe 1897–1961; Produktinformation 1950–2011; Werbematerial von Fremdfirmen; Groz-Beckert Messe 1975–1993; Corporate Design Handbuch; Konzernbroschüren; Werbeanzeigen 1955–1998; Werbefilme; Werbekalender; Messestände; Musterbücher und Musterproben; Bücher zu GB-Nadeln; Produktkataloge und Prospekte 1889–2006

16 Kassenbücher 1924–1959; Hauptbücher 1859–1935; Kopierbuch 1853–1866; Gehaltsabrechnungen 1930–1935; Kontobücher 1893–1938; Portobuch; Debitorenkonten 1894–1914; Korrespondenz mit der Treuhand AG 1937–1941; Inventare 1891–1944; Geschäftsberichte 1999–2009; Statistiken 1955–1989; Bilanzen 1892.1919

17 Steuerbücher 1925–1937; Kraftfahrzeugsteuer 1922–1939;

19 Reparationsleistungen und Demontagen 1945–1953; Kriegsschäden 1945

20 Verband der Industriellen (Rundschreiben, Mitgliedsbeiträge) 1927–1936; Verband Deutscher Wirkmaschinennadelfabriken Hohenstein-Ernstthal, Sachsen (Einladungen, Rundschreiben) 1918–1924; Zahlung von Mitgliedsbeiträgen; Korrespondenz mit Kammern;

21 Rechtsstreitigkeiten (Patente, Liquidierung von Verkaufsstätten bei Zusammenschluss 1921–1934) 1875–1886; Prozessakten 1925–1935

22 Spenden 1960–1961; Reden auf Veranstaltungen; Vorträge

47 Portraitaufnahmen der Firmenleitung; Produkte; Werke; Veranstaltungen; Mitarbeiter; Grob AG; Werbe- und Imagefilme; Mitschnitte von Veranstaltungen

48 Klischees, Druckgraphiken zum Handwerk des Nadlers, Collagen aus Groz-Beckert-Nadeln

50 Theodor Groz & Soehne Ebingen. 50-jähriges Jubiläum der Firma 1852–1902, Ebingen 1902. 100 Jahre Theodor Groz & Söhne & Ernst Beckert Nadelfabrik Commandit-Gesellschaft 1852–1952, Ebingen 1952. Gass, Martin: Fragmente zum 150-jährigen Jubiläum Groz-Beckert – Der Nadelmacher, Die Firma Ernst Beckert nach 1900 – Der Zusammenschluss, Albstadt 2002.

213
Grub, Stuttgart

Name Grub Brugger Partnerschaft von Rechtsanwälten mbH
Geschäftstätigkeit Rechtsanwaltskanzlei/ Insolvenzverwaltung
Branche Nr. 741
Umfang 70
Laufzeit 1940–2014
Benutzbarkeit Eingeschränkt
Bestand Y 517

Bestandsgeschichte Im Jahre 2015 erfolgte durch das WABW die Sichtung des Aktenlagers der Kanzlei Grub Brugger in Stuttgart. Es beinhaltete die Akten aller von der Kanzlei durchgeführten Konkurse. Das WABW übernahm 2016 von RA Dr. Volker Grub davon die Akten von 88 Konkursfällen baden-württembergischer Unternehmen.

Geschichte Nach dem Studium der Rechtswissenschaften ließ sich Dr. Volker Grub 1966 als Rechtsanwalt in Stuttgart nieder. 1969 wurde er zum Konkursverwalter bestellt. Dr. Volker Grub hat sich als einer der ersten Konkursverwalter für das Konkursverfahren zur Restrukturierung von Unternehmen eingesetzt und damit die Entwicklung des Insolvenzrechts in Deutschland entscheidend geprägt. Er ist Mitglied zahlreicher Gremien und Expertenbeiräten, die sich mit Fragen des Insolvenzrechts befassen. 1996 beriet er die russische Regierung in Insolvenzfragen. Seit 1999 ist er Mitherausgeber der »Deutschen Zeitschrift für Wirtschafts- und Insolvenzrecht«. 2001 fusionierte die Kanzlei mit der Anwaltskanzlei Wellensiek in Heidelberg (Wellensiek Grub & Partner) und ging eine Kooperation mit Ernst & Young ein. Diese Kooperationen wurden 2002 (Ernst & Young) und 2004 (Wellensiek) wieder aufgelöst. Die Kanzlei firmiert seitdem als Grub Brugger & Partner.

4 Im Jahre 1966 gründete RA Dr. Volker Grub eine Rechtsanwaltskanzlei in Stuttgart; 1969 wurde er zum ersten Mal zum Konkursverwalter bestellt und seit 1975 widmete er sich ausschließlich der Konkursabwicklung.

13 Das Archiv von Grub Brugger beinhaltet Konkurs- und Vergleichsaktenakten (u. a. Gerichtsakten, Gläubigerbeirat, Gläubigerausschuss, Konkursstatus Handelsregisterauszüge, Bilanzen, Verträge, Satzungen, Aktenvermerke, Organschaftsverträge, Jahresabschlüsse, Unterlagen zu Tochtergesellschaften, Konkursberichte, Sozialpläne, Auffanggesellschaften, Protokolle, Prospekte, Geschäftsberichte, Konkursschlussberichte) zu folgenden Unternehmen: 1. FC Pforzheim e. V., Pforzheim (2004); Activenet (2002–2006); Adolf Fritz GmbH, Stuttgart-Bad-Cannstatt (1976–1983); J. F. Adolff AG, Backnang, Berlin, Ehingen (1989–1993); Metallwarenfabrik Stockach GmbH (Alustockach GmbH), Stockach (1997–2005); Amtrol Nova GmbH & Co. KG, Donaueschingen (2004–2006); Backshop Fichtner (2008–2014); Bammesberger GmbH & Co. Maschinen- und Werkzeugbau, Leonberg, Pfullingen, Lomersheim, Merklingen (1975–1979); Maschinenfabrik und Eisengießerei G. W. Barth, GmbH & Co., Ludwigsburg (1979–1993); G. Bauknecht GmbH, Stuttgart (1976–1995); Bauknecht Elmot (1976–1988); Baukontrakt-Bauträgergesellschaft mbH & Co. KG, Stuttgart, Mannheim (1973–1987); Bäurer AG, Hüfingen (2002–2006); Beier (1994–1997); Berker (1976–1979); Besemer (1998–2004); Bleyle KG, Stuttgart, Ludwigsburg, Brackenheim (1962–1995); Balth. Blickle's Witwe, GmbH & Co. KG, Albstadt (1986–1995); Bock/Schupp (1996–2000); Burger und Söhne (2001–2005); BW Bauplanung (1987–1994); Bytesteps AG, Stuttgart (1999–2006); Centralwohnbau (2000–2005); CSB (1997); Die Möbelwerkstatt (1996–2000); Dillenius (1999–2008); Drescher(2003–2009); Egisys (2003); Engel (1998–2004); EPV (1998–2004); Ernst Gideon Bek (1992–1993); esbi Süddeutsche Baumwolle-Industrie AG, Kuchen, Günzburg, Hechingen (1981–1986); Esterer WD GmbH & Co., Rottenburg, Reutlingen, Altötting (2004–2007); Ettwein Holzbau GmbH, Villingen-Schwenningen (2005–2010); Otto Ezel KG, Illingen (1976–1978); F+F Verw.; Fröschle (2003–2005); Fuchs (1988–1992); Fahrzeugbau Haller GmbH, Stuttgart, Dortmund, Berlin, Großbritannien, Spanien (1996–2006); Gabler (2001–2004); Gaub (1990–1992); Gero (2001–2008); GFKOM (2001–2004); Gottlob Grimmer Elektrotechnische Fabrik, Stuttgart-Bad-Cannstatt (1974–1975); Götz (1999–2010); Michael Graessner KG, Steinenbronn (1993–2007); Graf (2001); Gral Glashütte GmbH, Dürnau (1974–1987); Grässer (2006–2007); Greiner (2000); Paul Grüninger Bauunternehmung KG, Esslingen (1974–1976); GVG (1997–2004); GWS (2004); Hafner Holzbau (1999–2005); Hahn & Kolb GmbH & Co., Stuttgart (1993–1995); Hammerbacher (2005–2007); Harer (2002); Hausch (1998–2003); Emil Helfferich Nachfolger, Kirchheim/Teck (1972–1987); Hepa (2001–2008); Herlan & Co. Maschinenfabrik GmbH & Co., Pfinztal (1993–2006); Hermann (2002–2006); Herold (1997–2007); Hettich (1982–1985); Hetzel; Hollywood (1997); Holz & Form (2003); Hornung (1992–1998); Hotel Alpenpanorama (2008–2012); Hotzenblitz-Mobile GmbH & Co., Ibach/St. Blasien (1996); Irgel (1987–1994); Irion Flurförderfahrzeuge und Lagertechnik Vertriebs GmbH, Vaihingen/Enz, Hamburg, Heppenheim, Ratingen, München (1984–1987); M. Jope & Co., Tübingen (1976–1982); KBC Manufaktur Koechlin, Baumgartner & Cie. GmbH, Lörrach (1999–2001); Kiesel (2008); Klafs-Saunabau GmbH & Co., Schwäbisch Hall (1989–1997); Klotz (2010–2013); KOC; Kollmar & Jourdan AG, Pforzheim (1977–1980); Kollmar Stiftung, Pforzheim (1940–1980); Kreidler Fahrzeuge GmbH & Co. KG, Kornwestheim (1968–1989); KSW (1988–1997); Kunstbuch Valentin GmbH, Stuttgart (1972–1978); Lambda (1999–2001); Landfrisch (2009); Lauffenmühle GmbH, Lauchringen, Lörrach, Steinen, Blumberg (1993–1998); Lauterbach; Karl Leibfried GmbH, Herrenberg (1975–1987); Ludwigsburger Maschinenbau GmbH, Ludwigsburg (1977–1980); Maico Fahrzeugfabrik GmbH, Pfäffingen, Burbank/Kalifornien (1982–1995); Maschinenfabrik Ravensburg AG, Ravensburg (1995–1999); Medimod (2003–2006); C. Eugen Meier (1988–1993); Meier's (2002–2006); Melter + Kühn (1999–2000); Gebr. Metz GmbH & Co. Verlag, Tübingen (1990–1995); Metzger & Becker (1994–1997); Mitra GmbH, Stuttgart (1970–1974); Gottlob Müller Hoch- und Tiefbau GmbH, Stuttgart, Magstadt (1979–1985); Wilhelm Muth KG(1970–1972); Nachlass Prasch; Neff GmbH Antriebstechnik Automation, Waldenbuch (1992–2001); Neubauer (2002); OH & Söhne (1997); Orient (2000–2005); Paul Ott GmbH & Co. KG, Waiblingen (1986–1990); Ott/Hasemann (1981–1990); Papierfabrik zum Bruderhaus GmbH, Reutlingen (1978–1993); Papierfabrik Niefern, Niefern (1999–2006); Papierfabrik Weissenstein AG, Pforzheim (1998–2004); Philippin (1989–1991); Rapp-Uhren Adolf Rapp KG, Schwäbisch Gmünd (1983–1989); Reicherter, Esslingen (1985–1995); Reisser-Schraubenwerk GmbH & Co., Künzelsau (1991–1997);Riethmüller (1994–1997); Ritter AG, Karlsruhe (1960–1995); RMF (2001–2008); Rommel & Betz (1994–1996); C. F. Roser AG Lederfabrik, Stuttgart, Esslingen, Ichenhausen, Graben-Neudorf, Rehau (1999–2001); Roxy Uhren- und Goldwarenfabrik Emil Werner, Pforzheim (1978–1979); Sahm Raumdesign Werner Sahm Inneneinrichtungen GmbH & Co. KG, Ditzingen-Schöckingen, Leingarten, Willsbach (1974–1990); Sander & Ebert (1991–1994); Schadt (1998–2009); Schaffitzel (1998); Willy Scheuerle Fahrzeugfabrik GmbH & Co., Pfedelbach (1988–1990); Schlech & Söhne (1975); Ing. Alfred Schmidt GmbH, St. Blasien (1988–1997); Schweizer; Seco (1986–1993); C. Seeger Maschinenfabrik GmbH & Co., Fellbach (1981–1984); Simon KG (1987–1997); Sonnenhof (2005–2010); Spar- und Kreditbank GmbH, Stuttgart (1974–1984); Südmilch AG, Stuttgart (1989–1996); Südrad Autoräder GmbH & Co. KG, Ebersbach, Soultzmatt/Elsass (1995–2003); Suevia-Hausbau GmbH, Stuttgart (1974–1978); Trautmann (1973–1991); TSG (1998–1999); Gebr. Uhl GmbH, Vogt, Illmensee, Esenhausen, Untereschach, Lyon, Goslar, Kennelbach/Vorarlberg Österreich (1984–1988); Universal (1997–1998); Walter Vetter GmbH & Co. Fahrzeugfabrik, Fellbach (1983–1988); Veyhl GmbH, Zwerenberg (2002–2005); Wega (2003); Winkler GmbH & Co. KG Bäckereimaschinen-Backöfen, Villingen-Schwenningen (1992–2006); WSG (2000–2001); Spinnereien und Webereien Zell-Schönau AG, Irisette GmbH, Weberei Schönau GmbH, Heimtex Konfektion GmbH, Spinnerei Atzenbach, Small GmbH, Zell-Schönau, Urbach (1991–1995); Zeyko (1978–2004); Eisenbau Albert Ziefle KG, Kehl am Rhein (1976–1983); Zimmermann (2001–2010)

214
Gugel, Neuhausen/Fildern

Name Theodor Gugel GmbH & Co. KG
Geschäftstätigkeit Ziegelei
Branche Nr. 262
Umfang 0,1
Laufzeit 1938–1980
Benutzbarkeit Eingeschränkt
Bestand Y 46

Bestandsgeschichte Das Archivgut wurde 1985 übernommen.
Geschichte 1983 beantragte die 1906 gegründete Firma Konkurs.

13 Produktion 1938–1980, Maschinen um 1950–1980
50 Im WABW nicht vorhanden.

MEISTERBRIEF
HERR·WILLY·WETTSTEIN·
AVS·PFORZHEIM·
HAT·HEVTE·VOR·DER·VNTERZEICHNETEN·
PRVFVNGSKOMMISSION·DER·HANDWERKS=
KAMMER·KARLSRVHE·DIE·MEISTERPRVFVNG
BESTANDEN·VND·DEMGEMÄSS·NACH·DER·REICHS=
GEWERBEORDNVNG·DIE·BEFVGNIS·ZVR·AN=
LEITVNG·VON·LEHRLINGEN·VND·DAS·RECHT
ZVR·FÜHRVNG·DES·MEISTERTITELS·IM·
·EISENDREHER=HANDWERK·
ERWORBEN.
KARLSRVHE, DEN ·30. JVLI· 1926
DIE MEISTERPRVFVNGSKOMMISSION
VORSITZENDER
BEISITZER
HANDWERKSKAMMER·KARLSRVHE
VORSITZENDER
SYNDIKVS

215
Haas, Professor, Stuttgart

Name Nachlass Professor Dr. Hermann Haas
Geschäftstätigkeit Wirtschaftsstatistik
Branche Nr. 732
Umfang 0,8
Laufzeit 1935–1987
Benutzbarkeit Ja
Bestand N 2

Bestandsgeschichte Professor Haas hat seinen wissenschaftlichen Nachlass dem WABW zwischen 1986 und 1988 übergeben. Die Unterlagen enthalten zahlreiche seiner Veröffentlichungen zur wirtschaftlichen und sozialen Entwicklung in Baden-Württemberg, überwiegend aus der Zeit nach dem Zweiten Weltkrieg bis in die 1980er Jahre. Ausgangsmaterial waren jeweils statistische Daten, die Haas unter vielfältigen Gesichtspunkten interpretiert und durch Schaubilder verständlich gemacht hat. Hervorzuheben ist die Denkschrift über die Neugliederung des Bundesgebietes 1954 und seine Veröffentlichungen für das Institut für Südwestdeutsche Wirtschaftsforschung. Der Nachlass enthält auch Angaben über seinen beruflichen Werdegang, u. a. als Direktor des Statistischen Landesamtes in Stuttgart.

49 Ordner »Institut für südwestdeutsche Wirtschaftsforschung« im Bestand der IHK Region Stuttgart

50 Im WABW nicht vorhanden.

216
Habereckl, Mannheim

Name Privatbrauerei Habereckl
Geschäftstätigkeit Brauerei
Branche Nr. 159
Umfang 3
Laufzeit 1933–1981
Benutzbarkeit Ja
Bestand B 180

Bestandsgeschichte Der Bestand des Bürgerlichen Brauhauses zum Habereckl wurde 1984 vom Notar Dr. Preusche mit Einwilligung der Binding-Brauerei AG, Frankfurt/Main, als Rechtsnachfolgerin in das WABW übernommen.

Geschichte Die Habereckl-Brauerei wurde 1736 gegründet und nach einer alten Braustätte in der Innenstadt benannt. Die Brauerei war bei ihrer Übernahme die letzte selbständige Brauerei Mannheims. Der Ausstoß wurde 1982, im Jahr der Übernahme durch die Binding-Brauerei AG, mit 32.000 Hektolitern Bier und 5000 Hektolitern alkoholfreien Getränken angegeben. Hauptabnehmer waren etwa 100 Gaststätten in Mannheim und Umgebung. Die Braustätte lag in der Innenstadt im Quadrat Q 4. Sie bot Anfang der 1980er Jahre keine Möglichkeiten zur Erweiterung oder Modernisierung. Die Marke wird heute nicht mehr hergestellt beziehungsweise vertrieben. Das 1936/37 errichtete Sudhaus wurde 1984 abgerissen.

3 Private Korrespondenz und Steuerunterlagen Familie Dingeldein 1945–1970

6 Dingeldein GmbH (Jahresabschlüsse 1973–1981); Süd-Treber, Stuttgart (Jahresabschlüsse 1964–1970); Rhein-Neckar-Getränkehandel (Jahresabschlüsse 1961–1980); Information für die Presse über die Binding-Brauerei AG als neuen Gesellschafter

8 Stellenbeschreibungen 1977

9 Löhne und Gehälter 1943–1950; Deutscher Gewerkschaftsbund 1946–1955; Sozialrechtliche Fachgemeinschaft 1959–1967; Dienstanweisungen

10 Lagepläne und Baupläne 1959

11 Süddeutsche Bank 1946–1956; IKB Düsseldorf 1957–1969; Journale Rhein-Neckar-Getränkehandel

13 Produktionszahlen 1946–1967

14 Verkäufer 1967–1972; Belieferung der Bahnhofsgaststätte Ludwigshafen
15 Werbematerial
16 Bilanzen 1933–1939; Bilanzunterlagen 1965/66; Buchprüfungsberichte 1940–1951; Journalbuchserie 1961–1968; Inventuren 1969–1975; Jahresabschlüsse (Bürgerliches Brauhaus zum Habereckl) 1948–1979
17 Steuerangelegenheiten (u. a. Beförderungs-, Investitions-, Grund-, Gewerbe-, Einkommensteuer, Kreditgewinnabgabe) 1937–1978
18 Gebäudeversicherung; Invaliden- und Krankenversicherung
19 Treuhänder Vermögenskontrolle 1945–1947, Fliegerschäden 1943–1973, Wiederaufbau 1949–1954
50 Im WABW nicht vorhanden.

217
Habermaas, August, Stuttgart

Name Nachlass August Habermaas
Geschäftstätigkeit Bankgeschäft
Branche Nr. 650
Umfang 0,2
Laufzeit 1851–1890
Benutzbarkeit Eingeschränkt
Bestand Y 407

Bestandsgeschichte Der private Briefnachlass von August Habermaas wurde durch Vermittlung des Bosch-Archivs im Jahr 2009 übernommen.
Geschichte August Habermaas war von 1867 bis 1893 Vorstandsmitglied der Württembergischen Hypothekenbank. Der private Schriftwechsel umfasst überwiegend seine Briefe an Ehefrau Marie, geb. Stirm, sowie weitere Familienkorrespondenzen, u. a. von Marie an ihre Schwester Elise und von Sohn Hermann an die Eltern.
4 Tod des Sohnes Gustav am 23. Juni 1867
49 WABW Y 180 (Württembergische Hypothekenbank)
50 Hundert Jahre Württembergische Hypothekenbank, Frankfurt 1967. 125 Jahre Württembergische Hypothekenbank, Ein Streifzug durch die Jahrzehnte, Stuttgart [1992] (Festschrift).

218
Häckert, Heidenheim an der Brenz

Name Achim Häckert
Geschäftstätigkeit Foto-Designer
Branche Nr. 744/748
Umfang 0,2
Laufzeit 1971–1989
Benutzbarkeit Ja
Bestand Y 450

Bestandsgeschichte Achim Häckert war als selbständiger Fotograf insbesondere im Bereich Werbefotografie tätig. Anlässlich seines Eintritts in den Ruhestand gab er im Jahr 2011 zahlreiche seiner Belegfotos an das WABW. Repräsentiert sind vor allem Firmen aus dem ostwürttembergischen Raum mit Schwerpunkt auf Heidenheim.
14 Auftrags- / Verkaufsbücher 1971–1989
47 v. a. Negative, auch Diapositive und Papierabzüge, v. a. farbig, auch schwarzweiß, zu v. a. Deutsche Bundespost (Niederlassungen Aalen und Heidenheim), Paul Hartmann AG, Ismet Elektrogeräte, Stahlbau Mayer (Heidenheim), Metalltuchfabrik und Drahtweberei F. Oberdorfer (Heidenheim), Papierfabrik Palm (Aalen-Neukochen), Druckerei Rees (Heidenheim), J.M. Voith, Taschentuchwerke Winkler (Aalen), Bettwäsche »Irisette« der Zell-Schönau AG (Zell im Wiesental), Zoeppritz AG; 1971–1989
49 B 18, B 46, B 80
50 Im WABW nicht vorhanden.

219
Häfele, Nagold

Name Häfele GmbH & Co.
Geschäftstätigkeit Beschlagtechnikhersteller
Branche Nr. 515/516
Umfang 33
Laufzeit 1915–2008
Benutzbarkeit Ja
Bestand B 58

Bestandsgeschichte Das Archivgut wurde 1997 übernommen und wird seither laufend ergänzt.
Geschichte Am 1. Dezember 1923 gründeten die Kaufleute Adolf Häfele und Hermann Funk ein Fachgeschäft für Schreinereibedarf in Aulendorf. 1927 wurde Adolf Häfele Alleininhaber und verlegte 1928 den Firmensitz nach Nagold. 1949 zählte Häfele 29 Mitarbeiter. Die Firma entwickelte sich zu einem führenden Unternehmen für Bau- und Möbelbeschläge sowie Werkzeuge für Holzbearbeitung mit Produktionsbetrieben und Verkaufsniederlassungen in Deutschland und im Ausland. Seit 2003 leitet Sibylle Thierer in dritter Generation das Familienunternehmen. Ende 2016 beschäftigte die Häfele GmbH & Co. KG weltweit 7.300 Mitarbeiter. 48 Vertriebsniederlassungen betreuen die ausländischen Märkte in mehr als 150 Ländern.
2 Tennisclub Nagold 1952–1961
3 Adolf Häfele 1915–1949, Else Häfele 1947–1984, Walther Thierer 1955–1982, Horst Häfele 1960–1994 (Gesellschafter) u. 2001 (Verleihung der Bürgermedaille Nagold), Günther Häfele 1949–1966
4 Firmengeschichte 1923–1998, Zeitungsausschnitte 25-jähriges Jubiläum 1948, 50-jähriges Jubiläum 1973, Presseberichte (BVC), Presseberichte 1957–2003
5 Gesellschafterverträge, Rechtsform 1946–1993
6 BVC Salzuflen GmbH (Gesellschafterverträge, Gesellschafterversammlungen, Handelsregister, Firmenzeichen, Bilanzen, Gewinn- und Verlustrechnungen, Ertragslage, Kostenstellen, Kostenanalyse, Kredite, Liquidität, Rabatte, Betriebsprüfungen, Steuerangelegenheiten, Umsätze, Industrieberichte, Bauangelegenheiten, französische Militärregierung, Presseberichte) 1937–1985, BVC (Bilanzen) 1974–1978, 2-H-Beschlag GmbH in Herford / Westfalen (Gesellschaftsvertrag Fa. Richard Heinze GmbH & Co. KG in Herford, Lizenzvertrag, Gesellschafterbeschlüsse, Bilanzen) 1976–1990, Itex, Metallex (Mattes) (Gesellschaftsverträge, Personal, Kataloge, Konkurs) 1968/69, Itex-Industrievertretungen GmbH, Gärtringen 1969–1974, 1986–1993; Jahresabschlüsse: Paul Krüger KG, Berlin 1969–1992, Anton Schneider GmbH, Kenzingen 1974–1990, Häfele-France GmbH & Co, Nagold 1967–1985, Häfele-France GmbH, Nagold 1967–1986, Häfele France S.A.R.L, Franconville / Frankreich 1985–1993, Häfele Kreuzlingen / Schweiz 1963–1990, Häfele UK Limited 1980–1990, Häfele Australia PTY. Ltd. 1983–1990, Häfele Italia s.r.l. 1985–1990, Häfele Nederland B.V. 1986–1990; Bilanzen: Häfele + Thierer Verwaltungs GmbH 1972–1990, Häfele-Holding GmbH Nagold 1982–1990, Ulrich Lippert KG 1968–1990, Metallwarenfabrik Berlin / Berliner Beschlag 1964–1990, Häfele America Corp. 1974/75–1986, Häfele America Co. 1975–1991, T & H Associates, USA 1981–1996; Kooperationen u. Joint-Ventures m. Firmen in Japan, Schweiz, Portugal 1967–1984; HHC Heim- und Handwerker – Center 1968–1976, Häfele Verkaufsbüros 1988
7 Gesellschafterbeschlüsse, Geschäftsleitung, Unternehmenskäufe, Korrespondenzen der Geschäftsleitung 1973–1984, Hauspost, innerbetriebliche Informationen und Anweisungen 1968–2003 (mit Lücken)
8 EDV 1961–1973, 1980–2000, Gesellschaftsneugliederung 1941, Organisation 1958–1990, Registraturrichtlinien 1976, Abteilungsorganigramme 1969/70, 1990/91
9 Häfele Sozialwerk, betriebliche Altersversorgung 1935, 1951–1987, Ausbildung, Arbeitsverträge, Urlaub, Arbeitsordnung 1977, Kantine 1963, Jubiläumsfeiern, Jubilare, Betriebsabende und Betriebsausflüge 1950–1995, Jubiläen und Ehrungen für die Geschäftsführung 1954–1996, Studien-Reisen 1956, Häfele-Mitarbeiterzeitschrift 1966, 1981–2008 (Register für 1986–2001), Personalentwicklung Häfele KG, Häfele-Gruppe und Tochterunternehmen 1923–2001
10 Grundbuchauszüge, Großbrand 1950/1951, Wolfsberg-Vertriebszentrum 1968–1978, Neubau 1996, Neubau Werk Jettingen-Unterjettingen 1987–1994, Mietshäuser in Nagold und München 1967–1993

11 Kapitalentwicklung
12 Lieferantenrechnungen 1927–1931, Eisenbezugsscheine 1947–1949, Einkaufsbedingungen 1976
13 Produktion, Schutzrechte, Patente, Lizenzen um 1945–1997, technische Zeichnungen 1963–1997
14 Vertriebsvereinbarungen, Vertriebsorganisation 1960–1973, Marketing-Konzeption 1971–1974, Verkaufs-, Lieferungs- und Zahlungsbedingungen 1974, Herstellungs- und Vertriebsverträge, Geschäftsbedingungen, Verkaufsanalysen 1984–1994, Export, Preislisten Hermann Funk & Co (Vorläuferfirma) 1924–1927, Kunden-Preisbuch 1938/39, Preislisten 1947–2000, Auftragsbestätigungen 1947–1949, Vertreterstatistik 1927–1980, Vertretertagungen 1978, 1986–1991, Exportkooperationen und Handel in Afrika und Asien 1987–1989, Reiseberichte Europa, Südamerika, Mittelamerika, Karibik, Kanarische Inseln, Südpazifik, Südwestpazifik, Fernost, Mittlerer Osten, Naher Osten, Afrika 1965–1988
15 Rundschreiben, Prospekte, Kataloge 1935–2003, Weihnachtsbriefe, Katalogschreiben, Werbematerial, Formulare, Vordrucke 1927–2001, Firmenzeichen 1927–1951, Werbeanzeigen 1970–2003, Messen 1977–1993
16 Bilanzen (teilweise mit Bilanzanalyse) Häfele KG, Nagold 1943–1971, Jahresabschluss und Prüfungsberichte Häfele KG 1972–1990, 1996/97, Gewinn- und Verlustrechnungen, betriebliche Kennzahlen, Lagerumschlagshäufigkeit 1965–1977, Deckungsbeitragsrechnung, Kalkulationen 1971, Statistik und Umsätze 1927–2002, Mahnwesen 1952–1956, Inventuren 1949–1962, Buchhaltung: Betriebsabrechnung 1958 u. 1960
17 Steuerangelegenheiten, Einkommen-, Gewerbe-, Umsatzsteuer, Vermögensbewertungen 1940–1955, Einheitsbewertung 1938–1947
18 Versicherungen 1928–1955
21 Wettbewerbs- und arbeitsrechtliche Auseinandersetzungen 1949–1992
22 Vertriebsaufbau in der ehem. DDR 1990–1992
47 Fotos: Firmengebäude um 1925–1990, Geschäftsleitung, Belegschaft, Auszubildende, Firmenjubiläum, Ehrungen, Betriebsausflüge, Betriebssport um 1925–1990, Reisende 1947–1949, Messen und Ausstellungen 1933–1991, Schulungen, Tagungen 1954–1991, Büroorganisation 1951–1991, Zentralverwaltung 1950–1990, Informationsbesuche 1964–1987, Tochterfirmen
48 Medaillen, Druckstöcke, Werbemittel, Stempel um 1928–1980, Musterkoffer mit Zierbeschlägen 1950er, Filme (VHS und Super 8): Lehrfilme, Produkte, Firmengeschichte, Messen 1973–2001
50 Ralf Köhler, Beschläge aus Nagold für die Welt, Häfele, Erfinder, Produzent und Spezialist für Möbel- und Baubeschläge, in: Der Landkreis Calw, Jahrbuch 9 (1991), S. 213–223. Die Häfele Story, Nagold 2002 (chronologische Werbeschrift).

220
Hafner, Wimsheim

Name C. Hafner Edelmetall-Technologie
Geschäftstätigkeit Gold- und Silberscheideanstalt
Branche Nr. 274
Umfang 9
Laufzeit 1939–1980
Benutzbarkeit Eingeschränkt
Bestand Y 511

Bestandsgeschichte Der Bestand wurde im Jahre 2016 vom WABW übernommen.
Geschichte Im Jahr 1850 gründete Carl Hafner das Unternehmen, das auf die Rückgewinnung von Edelmetallen aus Abfällen der Schmuckindustrie spezialisiert war. Sein Sohn Robert Hafner führte das Unternehmen weiter und fusionierte 1892 mit der Probieranstalt Carl Dieterle. Seine Söhne Robert jr. und Dr. Herbert Hafner traten 1920 bzw. 1923 in das Unternehmen ein; es wurde die Produktion von Halbzeugen für die Schmuckindustrie aufgenommen. Dr. Herbert Hafner forcierte die Entwicklung von Metalllegierungen für die Zahnheilkunde, womit er im Unternehmen den Geschäftsbereich Dental begründete und 1930 die erste zahnfarbene Goldlegierung (»Elfenbeingold«) entwickelte. Nach der Zerstörung des Unternehmens im Krieg baute Robert Hafner jr. das Unternehmen neu auf. Zwischen 1958 und 1961 traten Dr. Ruth Reisert-Hafner und Jobst Werner Hafner in

die Geschäftsführung ein. Neben dem Ausbau der Laboratorien wurde das Sortiment erweitert, eine Palladium Schmucklegierung entwickelt und 1966 die Rohrfertigung der Firma Victor Rehm übernommen. 1995 folgen Brigitta Hafner und Dr. Philipp Reisert in der Geschäftsführung. Das Unternehmen, das heute ca. 200 Mitarbeiter beschäftigt, erweiterte in den folgenden Jahren das Angebot im Dental- und Goldschmidebereich und übernahm den Lotpasten-Hersteller Hilderbrand in Genf. 2015 werden die Unternehmensstandorte durch eine neue Firmenzentrale in Wimsheim zusammengefasst.

7 Informationssammlung Geschäftspartner 1956–1964; Betriebsvergleich Schmuck- und Silberwaren 1964–1969

9 Lohn- und Gehaltslisten 1943–1978

10 Bauunterlagen (Wiederaufbau) 1948–1950, Bauunterlagen Parkhalle 1959–1960

16 Jahresabschlussberichte 1959–1976; Hauptbücher 1942–1975; Inventar 1939–1948; Rohbilanzen und Inventuren 1945–1971; Betriebs- und geschäftsausstattung 1946–1954; Sonderabschreibungen/Fabrikgebäude 1955–1956;

17 Steuerunterlagen 1947–1980

19 Kriegsschadensmeldungen 1945–1949

20 Industrieverband Schmuck- und Silberwaren 1964–1967; Fachvereinigung Edelmetalle 1964–1967

22 Spenden 1956–1967; Jagdpacht 1972–1973

221
Hager + Elsässer, Stuttgart

Name Hager + Elsässer GmbH
Geschäftstätigkeit Wasseraufbereitungsanlagen
Branche Nr. 292
Umfang 13
Laufzeit 1934–2007
Benutzbarkeit Eingeschränkt
Bestand Y 369

Bestandsgeschichte Das Archivgut wurde 2007 übernommen.

Geschichte Der Ingenieur Willy Hager gründete 1932 in Stuttgart die Firma Willy Hager Apparatebau, die sich auf den Bau von Wasseraufbereitungsanlagen und Heizungstechnik spezialisierte. Bereits ein Jahr später trat der aus Stuttgart-Vaihingen stammende Schlossermeister und spätere Teilhaber Heinrich Elsässer in das Unternehmen ein, der es 1943 wieder verließ. Nach dem Zweiten Weltkrieg wuchs die Firma u. a. wegen des großen Bedarfs an Anlagen zur Wasseraufbereitung und der Nachfrage nach Wasserenthärtern für Haushalte und Kleinbetriebe. In den 1950er Jahren baute Hager + Elsässer überwiegend Schnellentkarbonisierungsanlagen für Brauereien und stellte 1958 den Geschäftsbereich Heizungsbau ein. Nach dem Tode von Willy Hager wurde 1973 die Willy-Hager-Stiftung zum Zweck der Forschungsförderung auf dem Gebiet des Umweltschutzes gegründet. Das Unternehmen wurde von den Nachlassverwaltern an die EVT (Energie- und Verfahrenstechnik GmbH, Stuttgart) verkauft. 1981 übernahm Hager + Elsässer die ebenfalls in der Wasseraufbereitung tätige Firma Permutit GmbH in Berlin und 1989 erwarb die GEC Alsthom die Mehrheit an der EVT. Mit ihren Reinstwasseranlagen für die Pharmazie und die Computerindustrie konnte Hager + Elsässer weltweit Aufträge akquirieren. Das Unternehmen wurde 1998 durch die Philipp Müller GmbH erworben. Kurz darauf entschloss sich der Mutterkonzern, die französische Degrémont/Suez, Philipp Müller mit Hager + Elsässer zusammenzuführen. Ab 1999 hieß die Firma Philipp Müller Hager + Elsässer GmbH (PMHE). 2001 wurde das Industriegeschäft von Degrémont in die Ondeo Industrial Solutions GmbH ausgegliedert und führte 2002 zur Umwandlung von Philipp Müller Hager + Elsässer GmbH in Ondeo Industrial Solutions GmbH. Durch einen erneuten Gesellschafterwechsel im Jahr 2006 wurde das zur Stulz Hager + Elsässer Group gehörende Unternehmen wieder in Hager + Elsässer GmbH umbenannt. 2014 erwarb die Aquarion AG in Baar (Schweiz) die Hager + Elsässer GmbH.

3 75-jähriges Jubiläum 2006–2007

4 Geschäftschronik 1972

5 Handelsregister-Auszüge 1933–1992

6 Degrémont/Suez, Frankreich 1981–1989

7 Prof. Dr. Bernhard Schönbucher 1990–1999, Kurt Marquardt 1970–1971, Dr. Münch 1995, H. Brandt, Nachlass Willy Hager 1963, Gesellschafterbeschlüsse 1981–1991

8 Führungs-Organisation 1984, Arbeitsorganisation 1963, Unternehmensanalyse 1992
9 Betriebsversammlungen 1995–2006, Betriebssport Fußball 1970–1988, Mitarbeiterzahl 1942, 1949
13 Bestellbuch 1944–1964, Aufträge 1958–1959, wissenschaftliche Aufsätze + Vorträge u. a. über Permutit und Umkehrosmose-Verfahren 1979–2003, Auftrags-Statistik 1994–1996, Montage 1975–1981, Abwicklungsbuch 1950–1969
14 Kunden 1980–1989, Velsico Chemical Corporation, Chicago 1984–1985, Lizenzverträge Electronica Voronezh, UDSSR 1989–1991
15 Referenzen 1950–1998, Bilanzen 1934–1963, 1974–1989, Messe IFAT 90 1989–1990, Prospekte, Sonderdrucke 1954–1990, Intern. Maschinenbaumesse Brünn/CSSR 1986, Prospekte Konkurrenz 1970–1982
16 Geschäftsberichte 1992/93–1997/98, Bilanzen 1944–1977, Bilanzen SERVO 1965–1975
17 Steuern 1951–1969
18 Mitgliederverzeichnis des Bundesverbandes der Heizungs- und Klimaindustrie 1965
22 Willy-Hager-Stiftung 1980–2003
47 Fotos: Produktaufnahmen 1950–1989, Belegschaft 1950–1959, Messestände 1957–1987, Außenaufnahmen Verwaltungsgebäude Stuttgart-Vaihingen 1950–1979, Betrieb Holzgerlingen 1950–1979, Innenaufnahmen Kunden 1950–1979, Jubiläumsfeiern 1979–1987, Vertreter-Tagungen 1974–1980, Abteilungsleiter und Geschäftsführung 1974–1982, 50 Jahre Hager + Elsässer 1982, Luftaufnahme 1975, Festakt 100 Jahre Philipp Müller 1996, Kurt Marquardt 1970, Willy Hager 1970, Filme: Montage 1982–1986, Tonbänder, CDs: Interviews, Vertretertagungen 1964–2007
48 Medaille »Max Buchner, Gründer der Achema 1866–1934, 50 Jahre Achema 1920–1970«
50 Hager + Elsässer. Die ersten 75 Jahre. Von Menschen mit Pioniergeist und Leidenschaft, Stuttgart 2007 (Festschrift). 50 Jahre Hager + Elsässer GmbH 1932–1982, Stuttgart 1982 (Festschrift)

222
Hagos, Stuttgart

Name Hagos e. G.
Geschäftstätigkeit Genossenschaft
Branche Nr. 910
Umfang 10
Laufzeit 1823–2004
Benutzbarkeit Nein
Bestand Y 539

Bestandsgeschichte Der Bestand wurde 2019 kurz vor Redaktionsschluss übernommen. Weiterführende Hinweise unter: https://wabw.uni-hohenheim.de

223
Hahn, Heidenheim an der Brenz

Name Hahn, Dr. Wilhelm
Geschäftstätigkeit Ingenieur (Turbinenbau)
Branche Nr. 731
Umfang 0,1
Laufzeit 1908–1939
Benutzbarkeit Eingeschränkt
Bestand Y 349

Bestandsgeschichte Der Nachlass wurde im September 2002 durch Vermittlung von Herrn Dr.-Ing. Hermann Schweickert, ehemaliger Mitarbeiter der Firma Voith, dem WABW übergeben. Wilhelm Hahn (1882–1939) verbrachte einen Großteil seines beruflichen Lebens bei der Fa. Voith in Heidenheim, wo er zunächst als Oberingenieur (1921–1930) und später als Direktor der Abteilung Turbinenbau (1930–1937) tätig war. Bei den Unterlagen handelt es sich um wissenschaftliche Aufsätze, Urkunden, Zeugnisse, Lebenslauf und Korrespondenzen mit den Firmen J. M. Voith Heidenheim, der Maschinenfabrik Germania vorm. J. S. Schwalbe & Sohn Chemnitz.
49 WABW B 80
50 Im WABW nicht vorhanden.

224
Hahn & Kolb, Stuttgart

Name Hahn & Kolb GmbH & Co.
Geschäftstätigkeit Großhandel mit Werkzeugen und Werkzeugmaschinen
Branche Nr. 516
Umfang 57
Laufzeit 1898–1992
Benutzbarkeit Eingeschränkt
Bestand Y 181

Bestandsgeschichte Das Archivgut wurde in mehreren Ablieferungen zwischen 1993 und 1998 übernommen.
Geschichte Gegründet wurde die Firma 1898 von Hermann Hahn und Adolf Kolb. Die Firma erwarb in kurzer Zeit zahlreiche Vertretungen führender Firmen des Werkzeugmaschinenbaus und der Werzeugherstellung. 1913 übernahm Hahn & Kolb die Werkzeugmaschinenfabrik Index in Esslingen, die seit 1917 als selbständiges Werk in Besitz von Hermann Hahn und Karl Tessky (seit 1929 Teilhaber) geführt wurde. 1926 bezog die Firma das »Hahn & Kolb-Haus« in der Königstraße, das erste Hochhaus in Stuttgart, das 1944 einem Bombenangriff zum Opfer fiel. Als Vermittler zwischen Hersteller und Verbraucher nahm das Unternehmen einen raschen Aufschwung mit zahlreichen Niederlassungen im In- und Ausland. Große Auslandsaufträge, die die Einrichtung ganzer Fabrikanlagen umfassten, waren keine Seltenheit. 1993 geriet die Hahn & Kolb GmbH & Co. in Konkurs. Als Auffanggesellschaft wurde die Hahn & Kolb Werkzeuge GmbH gegründet, die 1995 von der Würth-Gruppe, Künzelsau, übernommen wurde. Die Firmenzentrale zog 2013 von Stuttgart-Feuerbach nach Ludwigsburg um.
4 Firmendokumente, Zeitungsausschnitte 1898–1986, Geschichte der Filialen 1987–1991
7 Geschäftsleitung 1944–1948, Geschäftsbericht 1949/1950
9 Betriebsausflüge, Lehrlingssport 1940, Betriebschor 1954/1984, Weihnachtsfeier 1965, Betriebsappell 1941, Hahn & Kolb-Nachrichten 1952–1988; Werkszeitschrift der Herion Werk KG 1962–1966
13 Betriebshandbücher, Gebrauchsanweisungen, Geräteverzeichnis 1931/1937, Beschreibungen für Revolverautomaten, für Spezialschraubenautomaten, Entwicklung Tornomat 1954–1967, Entwicklung Variomatic 1956–1972, Entwicklung Läppmaschinen 1930–1970, Entwicklung Tauchschleifmaschine 1950–1967, Patente 1930–1950, 1976–1984, »Das Tauchschleifverfahren von Dr. Paul Wellner«, »Betriebsanleitung für die Kuhlmann Gravierfräser-Schleifmaschine« o. D., »Praktische Winke für die Verarbeitung von Metallen auf Pressgießmaschinen« Venus/1959, Puzzle »CIM Bausteine für den Werkzeug- und Formbau
14 Preislisten für Werkzeuge 1900–1951, Auftragseingang 1934, Leipziger Messe 1952–1979, Messe Hannover 1959, Handwerksmesse München 1965
15 Kataloge für Werkzeuge und Werkzeugmaschinen 1904–1985, Inserate 1921–1992, Kalender von Hahn & Kolb 1950–1971, Inserate, Briefköpfe
22 Korrespondenz mit dem Feldhaus-Archiv 1954–1957
47 Fotos: Produkte, Gefallene 1939–1945, Belegschaft 1934, Großer Preis von Frankreich 1934, Internationales Automobilrennen in Pescara 1934, Frida Sauter 1950, Hermann Hahn 1935, Werksbesichtigung 1960er, Vorführwochen, Vertretertagung 1953, Fortbildungsseminar 1989, Betriebsausflüge 1936–1961, Lehrlingssport 1940, Filialräume in München 1970, Richtfest in Feuerbach 1971, Weihnachtsfeier 1965, Betriebsfeiern, Personal, Deutsche Industriemesse 1960, Ansichten von Stuttgart
49 WABW B 112 (Gesellschaftsvertrag 1941), WABW Y 179, Firmenakte Hahn & Kolb, Stuttgart
50 Hahn & Kolb, Von Werkzeugen und Werkzeugmaschinen, Denkschrift zum 40-jährigen Bestehen der Firma, Stuttgart 1938 (Festschrift). 75 Jahre Hahn & Kolb, Stuttgart 1973 (Festschrift). Hahn & Kolb, Zur Erinnerung, [Stuttgart 1988] (Festschrift). Das INDEX-Buch, Eine Festschrift zum 50-jährigen Bestehen der INDEX-Werke, Esslingen 1964 (Festschrift). 75 Jahre INDEX-Werke, Stuttgart 1989 (Festschrift).

225
Haizmann, Stuttgart

Name Haizmann, Friedrich
Geschäftstätigkeit Fabrikation und Handel mit Baubeschlägen und Werkzeugen
Branche Nr. 516/299
Umfang 2
Laufzeit 1898–1991
Benutzbarkeit Eingeschränkt
Bestand Y 245

Bestandsgeschichte Das Archivgut wurde 1999 von der letzten Inhaberfamilie bereits vorsortiert übernommen.
Geschichte Die Firma Friedrich Haizmann wurde 1898 in Stuttgart als Hersteller und Händler von Beschlägen, insbesondere Baubeschlägen, und Werkzeugen gegründet. 1931 erfolgte die Umwandlung in eine Kommanditgesellschaft. 1944 wurde das Firmenanwesen in Stuttgart vollständig zerstört, der Sitz wurde nach Unterlenningen verlegt. Durch die gute Geschäftsentwicklung waren die Räumlichkeiten nicht mehr ausreichend und der Standort 1962 nach Stuttgart-Wangen verlegt. In den 1980er Jahren zählte das Unternehmen 100 Mitarbeiter. Zu den namhaften Kunden gehörten die Firmen Häfele, Hahn & Kolb, Zahn Nopper und Roto. 1994 musste Konkurs angemeldet werden, die VBH in Korntal hat die Firma übernommen.
3 Testamente u. a. Familiendokumente 1926–1950
4 Reden und Chronik 40 Jahre Haizmann 1938, 50. Geschäftsjubiläum 1948, Firmengeschichte 1988
7 Verträge, Handelsregister 1925–1961
9 Personalien, Lohn- und Gehaltsabrechnungen, Arbeitsbücher, Lehrlingsausbildung, Betriebsfeste, Betriebsausflüge, Gedichte 1898–1981
10 Baupläne, Baugenehmigungen, Kaufvertrag 1904–1953
13 Patente, Gebrauchsmuster 1908–1928
15 Kataloge, Preislisten, Zeitungsanzeigen, Formulare 1906–1993
19 Kriegsschäden 1940–1950
47 Fotos: Gebäude, Betriebsausflüge und Betriebsfeste, Schaufenster, Messen, Verkaufsräume, Stuttgart 1938–1991
50 s. Chroniken im Bestand.

226
Hammer Brennerei, Heilbronn

Name Hammer Brennerei Landauer & Macholl GmbH
Geschäftstätigkeit Brennerei, Likörfabrik
Branche Nr. 159
Umfang 5
Laufzeit 1937–2004
Benutzbarkeit Eingeschränkt
Bestand Y 48

Bestandsgeschichte Nach Auskunft der Geschäftsleitung ist die ältere Unternehmensüberlieferung im Zweiten Weltkrieg vollständig verbrannt. Das noch vorhandene Archivgut wurde 1983 und 2015 übernommen.
Geschichte Max Landauer gründete 1861 errichtete am Kirchhöfle in Heilbronn eine Branntweinbrennerei und Likörfabrik. 1866 trat sein Schwager Leopold Macholl als Teilhaber in das Unternehmen ein, das seither unter dem Namen Landauer & Macholl firmierte. 1874 schied Macholl wieder aus und das Unternehmen wurde von Max Landauer alleine geführt. 1876 wurde eine neue Dampfbrennerei und Likörfabrik in Heilbronn errichtet. Seitdem wurde das Produktsortiment bei Likören und Weinbränden stark ausgeweitet. Mit der Schutzmarke »Hammer« erwarb die Firma 1894 eines der ältesten deutschen Warenzeichen. Die Firma führte unter anderem als erste deutsche Brennerei Cherry Brandy ein. Im Zuge der Arisierung wurde das Unternehmen 1938 zwangsverkauft und firmierte dann unter dem Namen Hammer Brennerei Schürger & Co. KG. Nach dem Rückerstattungsverfahren 1950 wurde der Firmenname wieder wie ursprünglich in Hammer-Brennerei Landauer & Macholl zurückgeführt. Die 1944 zerstörte Fabrikanlage wurde neu errichtet. 1966 erwarb die Hammer Brennerei die Tochtergesellschaft E. Ballin & Co. in Berlin. Infolge rückläufiger Umsätze wurde der Betrieb in Heilbronn 1981 geschlossen und das Unternehmen liquidiert. Alle Rechte und Rezepturen wurden von der Berliner Firma Mampe übernommen. Werner Landauer blieb bis zum Konkurs der Firma Ballin & Co. (2004) Geschäftsführer des Berliner Unternehmens.
5 Gesellschafterverträge 1950–1990; Handels-

registereinträge 1950–2004; Liquidation 1980–1987

6 Tochtergesellschaft E. Ballin & Co, Berlin: Firmengeschichte E. Ballin & Co., Verträge, Gesellschafterversammlungen, Gesellschafterrundschreiben 1984–2005, Bilanzen, Bilanzunterlagen, Kontenplan 1966–2006, Inventar 1976–2004, Journalbuchserie 1972–2003, Konkurs 2004

7 Chef-Dispositionsbuch 1980–1981

9 Personalbögen 1937–1966, Personal-Korrespondenzen und Zeugnisse 1950–1990, Mitarbeiter-Unterstützungsverein 1953–1983, Abfindungen 1981–1982

10 Bauangelegenheiten 1945–1968, Grundstücksverkäufe 1998–2004

15 Werbematerial, Briefbögen Hammer-Brennerei, Liedtext, Noten: »Wieviel schöner ist das Leben …« o. D.

16 Bilanzen 1938–1979; Steuerbilanzen 1948–1976; Inventuren 1945–1948, 1974

17 Steuern 1947–2003

19 Kriegsschäden um 1945–1948, Militärregierung 1946–1976

47 Fotos: Firmenansicht, Firmenjubiläum 1961, Schallplatte: »Wieviel schöner ist das Leben …«

49 WABW A 21 Firmenakte 98, B 112 Bü 98

50 Alkohol-Industrie, Ausgabe 16/1972.

227
Handels- und Gewerbeverein Göppingen, Göppingen

Name Handels- und Gewerbeverein Göppingen
Geschäftstätigkeit Verein
Branche Nr. 910
Umfang 0,1
Laufzeit 1883–1932
Benutzbarkeit Eingeschränkt
Bestand Y 186

Bestandsgeschichte Die Bände wurden 1990 mit einer Ablieferung der IHK Bezirkskammer Göppingen übernommen und als eigene Provenienz zu einem Bestand formiert.

Geschichte Der Gewerbeverein Göppingen wurde 1843 gegründet. Er zählt zu den ersten Einrichtungen dieser Art in Württemberg und firmierte seit der Fusion 1868 mit dem 1866 gegründeten Handelsverein als Handels- und Gewerbeverein Göppingen. Als Vertretungsorgan der gesamten örtlichen Wirtschaft von Industrie, Handel und Handwerk engagierte er sich vor allem in den Bereichen des Verkehrs-, Ausstellungs- und Bildungswesens und nahm im 19. Jahrhundert auch zu nationalen Fragen Stellung.

7 Kopierbuchserie 1893–1912, Protokollbuchserie 1883–1932

50 Im WABW nicht vorhanden.

228
Handelsbank Heilbronn, Heilbronn

Name Handelsbank Heilbronn AG
Geschäftstätigkeit Bankgeschäft
Branche Nr. 650
Umfang 50
Laufzeit 1901–1978(1996)
Benutzbarkeit Eingeschränkt
Bestand B 112

Bestandsgeschichte Das Archivgut wurde 2007 mit Nachlieferungen bis 2018 von der Landesbank Baden-Württemberg übernommen. Neben der Überlieferung der Zentrale enthält es auch Material der Niederlassungen Bad Mergentheim, Neckarsulm und Öhringen. 2014 erfolgte die Übernahmen von Unterlagen der Filiale Bietigheim vom Stadtarchiv Bietigheim-Bissingen.

Geschichte Am 10. Januar 1902 eröffnete die Heilbronner Gewerbekasse AG ihre Schalter. Anlass für ihre Gründung war der Zusammenbruch der Heilbronner Gewerbebank (gegr. 1889) im Jahr 1901. Unter Beteiligung der Handelskammer Heilbronn, der Stadtverwaltung sowie der Gewerbekammer wurde die Heilbronner Gewerbekasse AG als neue Mittelstandsbank ins Leben gerufen. 1918 wurde ihr Name in Handels- und Gewerbebank Heilbronn AG geändert. Filialen und Zahlstellen gab es in Böckingen, Sontheim, Weinsberg, Bad Mergentheim, Bad Wimpfen, Bietigheim, Crailsheim, Lauffen, Neckarsulm, Neuenstadt, Öhringen sowie

Schwäbisch Hall, die teilweise im Zweiten Weltkrieg zerstört wurden. Nach dem Krieg knüpfte die Handels- und Gewerbebank Heilbronn an ihre Funktion als regionale Geschäftsbank wieder an. Ab 1974 firmierte sie als Handelsbank Heilbronn AG. 1977 fusionierte sie mit der Badischen Bank und der Württembergischen Bank zur Baden-Württembergische Bank AG (BW-Bank) mit Hauptsitz in Stuttgart. Die BW-Bank wurde 2001 von der Landesbank Baden-Württemberg (LBBW) übernommen und 2005 als unselbstständige Anstalt eingegliedert.

2 siehe Rubrik 50 (im Bestand vorhanden)

4 50-jähriges Jubiläum 1952; Aufzeichnungen zur Geschichte der Bank

5 Protokolle der Gründung und der ersten Generalversammlung 1901, Zeichnungsliste und -scheine 1901, Gesellschaftsverträge 1901–1923, Satzungen 1938–1974, Namensänderung 1918

6 Filiale Neckarsulm (Spareinlagebücher 1926–1954; Saldenlisten Spareinlagen 1942–1952; Spareinlagen Kontokarten 1953–1963; Kontokorrent-Kontenbücher A-Z 1932–1949; Saldenlisten Kontokorrent 1942–1949; Persönliches Depotbuch 1919–1951; Kassenbuch 1934–1949); Filiale Bad Mergentheim (Bilanzen 1929–1936; Effektenbücher 1929–42; Kontenbücher 1930–1951; Maschinenbauanstalt Gaukönigshofen 1931–1935; Steuerunterlagen 1938–1943; Reichsbanknebenstelle 1939–43; Statistik 1945–1949; gesperrte Konten 1949); Filiale Öhringen (Kassenbuch 1921–1923); Filiale Bietigheim (Rechnungswesen 1921–1952; Steuern und Abgaben 1937–1950; Schriftwechsel intern, mit Banken und Kunden 1943–1953; Kontoinhaber-Unterschriften 1922–1948; Kontenkartei bis 1942; Vermögenskontrolle 1945–1951; Personalkonten, -beiträge zur Krankenkasse 1941–1949; IHK Ludwigsburg 1947–1949); Filialrundschreiben 1958–1961; Beteiligungen an den Bankhäusern H. Anselm & Co. KG Stuttgart, Eugen Hoerner GmbH Heilbronn, Partin & Co. Bad Mergentheim, Stuber & Co. KG Stuttgart, Wiedmann & Co. KG Aalen; Beteiligungen an den Heilbronner Firmen Max Fork, Heilbronner Treuhand-GmbH, Litei – Kalenderfabrik GmbH, Lucca GmbH, Koepff & Söhne GmbH, Maschinenbau-Gesellschaft m. b. H., Salzwerk Heilbronn AG, Glashütte Heilbronn AG, Württembergische Transport-Versicherungs-Gesellschaft, Württembergische und Badische Vereinigte Versicherungsgesellschaften AG, Württembergisches Portland-Cement-Werk zu Lauffen am Neckar; Beteiligungen Allgemeine Deutsche Investment-Gesellschaft mbH München, Allgemeine Rentenanstalt Lebens- und Rentenversicherungs-AG Stuttgart, Bayerische Vereinsbank München, Cornelius Heyl AG Worms, Deutsche Linoleumwerke AG Bietigheim, Deutsche Verlagsanstalt GmbH Stuttgart, Süddeutsche Zucker-AG Mannheim, Vereinigung für Bankbetriebswirtschaft und Datenverarbeitung VBD GmbH Frankfurt a. M., Württembergische Feuerversicherung AG Stuttgart; Fusionsprojekte baden-württembergischer Regionalbanken 1969–1974; Unternehmensbewertung Badische Bank, Württembergische Bank u. Handelsbank Heilbronn 1976; Fusion zur Baden-Württembergischen Bank 1977

7 Aufsichtsratsprotokolle 1901–1977; Generalversammlungsprotokolle 1903–1937; Hauptversammlungsprotokolle 1903–1975; Vorstandsprotokolle 1976/77; Vorstandsberichte 1947–1967; Kreditausschussprotokolle 1957–1977; Geschäftsordnungen und Geschäftsverteilungspläne Vorstand 1961–1975; Schriftwechsel mit der Geschäftsführung der Robert Bosch GmbH Stuttgart 1953–1973; Schriftwechsel Vorstand Friedrich Mück mit Theodor Heuss 1918–1933 (Kopie); Akten Vorstand Dr. Hermann Nothwang betr. J. Weipert & Söhne Heilbronn 1941–1973 und Richard Drautz-Stiftung Heilbronn 1965–1974

8 Betriebsordnung 1965; Gebäudemanagement 1939–1943

9 Personallisten 1901–1953; Unterstützungskasse 1914–1996 (ab 1977 Baden-Württembergische Bank); Zeugnisse 1915–1947; Personalrundschreiben 1945–1959; Gratifikationen 1934–1950; Gehaltskarten Vorstand und Direktion 1945–1951; Ruhe-/Gnadengehalt Vorstand 1957–1976

10 Abschreibungen und Entschuldungssteuer auf Gebäude 1930–1943; Gebäude-Konto-Heft 1937–1951; Tresorschränke 1890–1919; Einweihung neues Bankgebäude 1952

11 Aktie über 100 Reichsmark 1925, Kapitalerhöhungen, Aktionärsvereinbarungen, Beteiligung der Robert Bosch GmbH Stuttgart

13 Wechsel; Sparbücher 1911–1982; Eisernes

Sparen 1942–1945; Konto-Salden Anerkenntnisse 1944–1947; Entschädigung für Sparguthaben Vertriebener 1945–1956; Reichsmark-Abwicklungskonten 1948/49; Kredit- und Bürgen-Listen 1902–1910; Zinstafel um 1970; Persönliche Depotbücher 1913–1933; Verrechnungs-Scheck 1923; Eurocheques 1975
15 Presse-Inserate 1921, 1925; Rundschreiben an Außenhandelskunden 1949/50; Klischees mit Werbesprüchen um 1975
16 Geschäftsberichte 1902–1976, Bilanzen 1919–1940, Kassenbücher 1919–1949, Depotbücher 1921–1934, Spareinlagenbücher 1926–1948, Hauptbuch 1924–1936, Kontenbücher 1940–1948, Wechselkopierbuch, Journale 1944–1962, Währungsreform 1948–1949, Prüfungsberichte 1931–1977, Revision 1919, 1939–1978
17 Steuerunterlagen 1921–1948, 1974–1977
19 UK-Stellung von Mitarbeitern 1939–1943; Luftschutz 1939–1944; Meldungen an die US-Militärregierung 1945/46; Entnazifizierung 1945–1947
20 Heilbronner Banken-Vereinigung 1925/26
21 Rechtsstreit Württembergische und Badische Vereinigte Versicherungsgesellschaften AG Heilbronn 1964–1968
47 Fotoalben (Personen, Gebäude, Filialen, Feiern) 1920–1970, Tonmitschnitt der Feierstunde zum 50-jährigen Jubiläum 1952. Film: Handels- und Gewerbebank Heilbronn AG (Gebäude) 1950–1952
48 Flasche im Holzkasten »Halbbitter Götz« (Fa. Lucca AG, Heilbronn), Schriftzüge u. Klischees
49 WABW B 110
50 Festschrift zum fünfzigjährigen Jubiläum und zur Einweihung des neuen Bankgebäudes, Heilbronn 1952.
Helmut Sauter, Heilbronn – ein wichtiger Bankenplatz, in: Stadt- und Landkreis Heilbronn, Stuttgart/Aalen 1974, S. 370–374.
Handelsbank Heilbronn AG, Schwäbisch Hall, in: Der Kreis Schwäbisch Hall, Stuttgart/Aalen 1976, S. 405.
Bernhard Müller, Bankenplatz Heilbronn, eine kommentierte Materialsammlung für den Unterricht, Heilbronn 2006.
Helmut Friedle, Die (Not-)Schecks der Heilbronner Banken als Notgeld im Inflationsjahr 1923, zugleich eine Geschichte der (Heilbronner) Geldinstitute und ein Rückblick auf die Inflationszeit bis 1923, Heilbronn 1980; ders., Die Notgeld-Scheine von Heilbronn 1917–1923, Heilbronn 1984.

229
Händle, Mühlacker

Name Händle GmbH
Geschäftstätigkeit Herstellung von Maschinen zur Tongewinnung und -fertigung
Branche Nr. 295
Umfang 20
Laufzeit 1870–2001
Benutzbarkeit Ja
Bestand B 191

Bestandsgeschichte Das WABW übernahm den Archivbestand 2019 kurz vor Redaktionsschluss, weiterführende Hinweise unter: https://wabw.uni-hohenheim.de
Geschichte Der Schlossermeister Karl Händle gründete 1870 die heutige Händle GmbH. Zu den ersten Produkten zählten Blecharbeiten und Maschinen aller Art. 1890 baute Händle die erste Ziegelpresse für eine Ziegelei im Nachbarort. Dies war der Beginn der Spezialisierung auf Ziegeleimaschinen. 1906 erfand Händle den Misch- und Kastenbeschicker, der eine reibungslose Fließfertigung in der grobkeramischen Industrie ermöglichte. 1922 kam eine Gießerei hinzu, 1937 wurde ein Vakuum-Aggregat entwickelt, 1966/67 kam der erste horizontal arbeitende Ausschäumautomat auf den Markt. Seit 2000 ist der US-amerikanische Ziegeleimaschinenhersteller J. C. Steele & Sons am Unternehmen beteiligt. Die Produkpalette umfasst den gesamten Komplex der Aufbereitung und Formgebung in der grobkeramischen Industrie.

230
Handwerk Druckschriften

Name Sammlung Druckschriften Handwerk
Geschäftstätigkeit Handwerk
Branche Nr. 950
Umfang 5
Laufzeit 1927–2001
Benutzbarkeit Ja
Bestand S 8

Bestandsgeschichte Die Sammlung wurde im April 2013 zusammengeführt und wird laufend fortgeführt. Die gesammelten Druckschriften stammen aus einer früheren Sammlung unbekannter Herkunft, diese werden aus Übernahmen verschiedener Handwerksorganisationen ergänzt. Die Sammlung umfasst Hefte, Aufsätze, Bände, Faltblätter und Teile von Drucksachen, die wie folgend kategorisiert sind:
1. Berufe des Handwerks, 1.1 Bauhandwerke, 1.2 Metallhandwerke, 1.3 Holzhandwerke, 1.4 Bekleidungs-, Textil- und Lederhandwerke, 1.5 Nahrungsmittelhandwerke, 1.6 Gesundheits- und Körperpflegehandwerke, chemische und Reinigungshandwerke, 1.7 Glas-, Papier-, keramische und sonstige Handwerke, 1.8 Handwerksberufe übergreifend, 2. Handwerksorganisationen, 2.1 Handwerkskammern, 2.2 Kreishandwerkerschaften, 2.3 Innungen, 2.4 BWHT, 2.5 Landesverbände, 3. Aus- und Weiterbildung im Handwerk, 3.1 Ausbildung allgemein, 3.2 Ausbildungs- und Prüfungsordnungen, 3.2.1 Vorschriften Meisterprüfung, 3.2.2 Vorschriften Lehrlingswesen, 3.3 Weiterbildung
50 Im WABW nicht vorhanden.

231
Handwerk Zeitzeugnisse

Name Sammlung Zeitzeugnisse Handwerk
Geschäftstätigkeit Handwerk
Branche Nr. 950
Umfang 0,2
Laufzeit 1859–2008
Benutzbarkeit Ja
Bestand S 7

Bestandsgeschichte Die Sammlung wurde im April 2013 begonnen und wird laufend ergänzt, sie umfasst Kleinstbestände und einzelne Fundstücke zu den Kategorien: Biographien, Aus- und Weiterbildung, Betriebsführung, einzelne Handwerke, Innungen, Kreishandwerkerschaften und Landesverbände
50 Im WABW nicht vorhanden.

232
Handwerkerbank Nürtingen, Nürtingen

Name Handwerkerbank Nürtingen
Geschäftstätigkeit Bankgeschäft
Branche Nr. 650
Umfang 0,1
Laufzeit 1871–1902
Benutzbarkeit Eingeschränkt
Bestand B 86

Bestandsgeschichte Der Bestand kam 1989 in Kopie ins WABW.
Geschichte Durch Beschluss des Nürtinger Gewerbevereins wurde 1863 die Handwerkerbank Nürtingen gegründet, um den Kleingewerbetreibenden und insbesondere dem Handwerkerstand einerseits die Möglichkeit zur Geldanlage und andererseits zur Kreditvergabe zu geben. Zwischen 1970 und 1993 fusionierten folgende genossenschaftliche Banken mit der Volksbank Nürtingen: 1970 Volksbank Neuffen, 1974 Volksbank Zizishausen, 1975 Volksbank Oberboihingen, 1979 Volksbank Wendlingen, 1989 Volksbank Reudern, 1990 Volksbank Neckartenzlingen (in der 1963 und 1971 die Volksbanken Altenriet und Schlaitdorf aufge-

gangen waren), 1992 Volksbank Aich-Neuenhaus (die 1965 mit der Volksbank Neuenhaus verschmolzen war), 1993 Volksbank Köngen, Volksbank Neckarhausen, Volksbank Grötzingen und Volksbank Neckartailfingen (in der 1969 die Volksbank Altdorf aufgegangen war).

5 Statuten 1871–1875

7 Protokollbuch für Generalversammlung und Ausschuss 1871–1902

14 Schuldschein 1872

16 Bilanzen, Gewinn- und Verlustrechnungen, Reservefonds, Einnahme- und Ausgaberechnungen, Mitgliederzahlen 1883–1884

50 Hans-Jörg Sittig, 125 Jahre Volksbank Nürtingen, Die Handwerkerbank Nürtingen im Jahre 1863, Ein wirtschafts- und sozialgeschichtlicher Hintergrundbericht, Nürtingen 1987 (Festschrift).

233
Handwerkskammer Freiburg, Freiburg

Name Handwerkskammer Freiburg
Branche Nr. 910
Umfang 35
Laufzeit 1880–2007
Benutzbarkeit Ja
Bestand H 4

Bestandsgeschichte Der Bestand wurde im Juli und im Dezember 2000 vom WABW übernommen. Dieser wurde durch Nachlieferungen in den Jahren 2010, 2016 und 2019 ergänzt.

Geschichte Kaiser Wilhelm II. verfügte im § 103 der Novelle zur Gewerbeordnung vom 26. Juli 1897, die am 1. April 1900 Gesetzeskraft erlangen sollte, die Gründung von Handwerkskammern. Das Großherzogliche Badische Ministerium des Inneren ordnete durch Erlass der Ausführungsbestimmungen und der Wahlordnung am 9. April 1900 die Errichtung von vier Handwerkskammern in Baden an. Die konstituierende Versammlung in Freiburg trat am 22. März 1901 im Rathaussaal zusammen. Bis 1929 waren Innungen, Fachvereine, Handwerkervereine und Gewerbevereine Wahlkörper, ab 1929 wählten die Handwerker des Kammerbezirks die Vollversammlung. Mit Wirkung vom 25. April 1933 wurden die Handwerkskammern Mannheim, Freiburg und Konstanz aufgehoben und in Nebenstellen der neu errichteten Badischen Handwerkskammer Karlsruhe umgewandelt. Freiburg verkümmerte jedoch langsam zu einer einflusslosen Verwaltungsstelle, insbesondere da die Handwerkskammer Karlsruhe durch die Zusammenlegung der Handwerkskammern und Industrie- und Handelskammern 1943 zur Gauwirtschaftskammer Oberrhein lediglich noch als Abteilung Handwerk weiter existierte. Am 27. November 1944 wurde das Kammergebäude in der Bahnhofstraße 6 völlig zerstört. Zunächst wurde im Gebäude des Arbeitsamtes gearbeitet, später konnte das Haus Kaiser-Joseph-Straße 224 gemietet werden. Die vom Badischen Finanz- und Wirtschaftsminister mit Zustimmung der französischen Militärregierung erlassene Verordnung vom 16. Oktober 1945 erwirkte die Wiedereinrichtung der Handwerkskammer Freiburg. Seit 1965 existiert ein Partnerschaftsvertrag mit der chambre de métiers du Doubs in Besançon.

35 Statistik Handwerkskammer Freiburg 1936–1954, Vollversammlung 1947–1982, Pressespiegel 1975–1982, Organisationsplan, Vorstand 1931–1982, Präsident 1951–1982, Wahlen 1948–1979, Organisationsstatistik 1954–1983, Geschäftsberichte 1905–1930, 1983–1988, 1994, 1996, 1998, 1999, Manuskript zur Geschichte der Handwerkskammer von Dietmar Wottawa, Manuskript Der Weg zur Handwerkskammer im 19. Jahrhundert 1980, Statistik der Badischen Handwerkskammer, Abteilung Freiburg 1936–1945, Partnerschaft mit der französischen Handwerkskammer in Besançon 1963–1969, Organisationsplan 1972–1980, Organisationsstatistik 1952–1976, Satzung 1954, 1968, 1974, Vollversammlung 1903–1983, Vorstand 1931–1933, 1945–1978, Präsident 1945–1989, Geschäftsführung 1952–1983, Berufsbildungsausschüsse 1970–1989, Wahlen 1914, 1945–1992, Geschäftsberichte 1904–1930, 1983–2007, Pressespiegel 1969–1996

36 Deutsches Handwerk 1935–1944, Aufsicht über die Innungen der Bezirkskammer Lahr 1900–1940, Partnerschaft mit französischer Handwerkskammer in Besançon 1966–1969, Informationen Zentralverband des Deutschen

Handwerks 1968, 1983–1986, Kooperationsausschuss der Handwerkskammern Freiburg und Konstanz 1973–1980, Kontakt zu Handwerkskammern in der sowjetisch besetzten Zone 1951–1967, Handwerkskammern im Bundesgebiet 1959–1980, Kreishandwerkerschaften 1939–1976, Satzungen Bundesinnungsverbände 1953–1961, Landesinnungsverbände 1921–1972, Innungen 1880–1986, Landesverband badischer Gewerbe- und Handwerkervereinigungen 1926
37 Handwerksrolle 1961–1968, Handwerksrollenstatistik 1952–1971, Handwerkszählung 1957–1978, Handelsregister 1940–1974, Gewerbeordnung 1965–1981, Gewerbliche Sonderregelungen 1976–1980, Abgrenzung Handwerk/Industrie 1946–1968, Abgrenzung Handwerksberufe 1935–1968, Handelsregister 1938–1974, Novellierung Handwerksordnung 1927–1973, Handwerksrecht 1959–1978, Verordnungen Lebensmittelhandwerk 1950–1975, Handwerksrolle 1913–1980, Handwerksrollenstatistik 1945–1972, Gewerbeordnung 1965–1981
38 Meisterprüfungsstatistik 1946–1980, Begabtenförderung 1991–1996, Berufsbildungsausschüsse 1961–1989, Anleitungsbefugnis 1921–1979, Lehrlingskartei 1900–1981, Lehrlingsstatistik 1933–1989, Freisprechungsfeiern 1993, Meisterprüfungsausschüsse 1946–1983, überbetriebliche Ausbildung 1976–1980, 1993–1994, Lehrlingswesen 1938–1948, 1965, Gesellenprüfungsausschüsse 1960–1982, Gesellenprüfungsstatistik 1949–1985, Lehrlingswart 1952–1980, 1946–1969, Lossprechungsfeier 1983–1988, Praktischer Leistungswettbewerb 1991–1996, Gesellenprüfungsprotokolle 1902–1936, Meisterprüfungsprotokolle 1903–1936
39 Förderung des Handwerks 1939–1954, Jahresberichte der betriebswirtschaftlichen und technischen Beratungsstelle der Handwerkskammer Freiburg 1968–1985
40 Betriebsstatistik 1934–1977, Statistik Land Baden-Württemberg 1986–1987, Handwerkszählung 1953–1978
41 Jahresrechnung 1951–1977, 1979–1982, Haushaltsplan 1951–1977, 1981–1983
42 Betriebsrat 1974–1981
43 Gewerbeförderung durch das Landesgewerbeamt 1950–1966, Fragebögen Innungsmitglieder 1945–1947
45 Akten erloschener Firmen 1990
46 Nachrichten der badischen Handwerkskammer Freiburg 1948–1967, Deutsches Handwerksblatt 1925–1984 (es fehlen die Jahrgänge 1935–1948),
50 25 Jahre Handwerkskammer Freiburg 1901–1926 (Festschrift 1926). Badische Handwerkskammer Freiburg im Breisgau (Festschrift 1951). Handwerk Brücke zur Zukunft, 75 Jahre Handwerkskammern in Deutschland (Festschrift 1975).

234 Handwerkskammer Heilbronn, Heilbronn

Name Handwerkskammer Heilbronn-Franken
Branche Nr. 910
Umfang 21
Laufzeit 1902–2007
Benutzbarkeit Ja
Bestand H 6

Bestandsgeschichte Der Bestand wurde im August 2000 vom WABW übernommen. Da Heilbronn im Zweiten Weltkrieg stark zerstört wurde, konnten aus der Vorkriegszeit nur die Meister- und Gesellenprüfungsprotokolle archiviert werden. Diese waren aufgrund der bisherigen Lagerverhältnisse mit Schimmel befallen. Nachdem die Unterlagen im Februar 2001 behandelt wurden, sind sie wieder für die Nutzung zugänglich. Der Bestand wurde durch eine Nachlieferung im Mai 2011 ergänzt.
Geschichte Kaiser Wilhelm II. verfügte im § 103 der Novelle zur Gewerbeordnung vom 26. Juli 1897, die am 1. April 1900 Gesetzeskraft erlangen sollte, die Gründung von Handwerkskammern. Das Königliche Württembergische Ministerium des Inneren erließ daraufhin am 31. Oktober 1899 die notwendigen Ausführungsbestimmungen. Nach der Wahl der Vollversammlung nahm die Handwerkskammer Heilbronn 1900 ihren Betrieb auf. Im Mai 1919 konnte dann das Kammergebäude in der Allee 36 bezogen werden, das bis zum Dezember 1944 als Geschäftsstelle diente. Am 1. April 1943 wurde die Handwerkskammer aufgelöst und in

die Gauwirtschaftskammer Stuttgart eingegliedert, Heilbronn wurde zur Zweigstelle. Bei den Luftangriffen auf Heilbronn am 4. Dezember 1944 wurde das Kammergebäude vollständig zerstört. Durch die Rechtsanordnung zur Ordnung des Handwerks vom 5. November 1946 erhielt das Handwerk in Württemberg-Hohenzollern wieder eine gesetzliche Grundlage. Die Konstituierung der Vollversammlung der Handwerkskammer erfolgte jedoch erst 1949 durch die Wahl des Präsidenten und Vorstandes. Noch im selben Jahr erwarb die Handwerkskammer das Anwesen in der Allee 76, das nach dem Umbau 1950 eingeweiht wurde. Die letzte Änderung des Kammerbezirks Heilbronn-Franken erfolgte 1974 durch die Kreisverwaltungsreform. Die Handwerkskammer betreut seither Handwerksbetriebe des ehemaligen Landkreises Tauberbischofsheim ebenso wie Betriebe aus den Räumen Bad Rappenau, Eppingen und Gaildorf.
35 Vollversammlung 1958–1979, Protokolle des Kammerbeirats 1946–1955, Vorstandssitzungen 1954–1980, Geschäftsführung 1987–1992, Beitragsordnung 1960–1980, Geschäftsberichte 1958–1999, Satzung 1967, 1972, Vollversammlung 1958–1979, Vorstand 1954–1980, Protokolle Kammerbeirat 1946–1955, Wahlen 1959–1979, Geschäftsberichte 1957–1959, 1961–1999, 2007, Rundschreiben 1992–2004
36 Deutscher Handwerkstag Heilbronn 1991, Deutsches Handwerksinstitut 1956–1969, Gewerbevereine 1960–1981, Deutscher Handwerkskammertag Heilbronn 1991, Gründung der Handwerkskammer Frankfurt/Oder (Fotos) 1990, Handwerk in der DDR 1989–1991, Versorgungswerk der Innungen im Bezirk der Handwerkskammer Heilbronn 1978–1990, Deutsches Handwerksinstitut 1956–1992, Gewerbevereine 1960–1992, Handelsvereine 1973–1992, Baden-Württembergischer Handwerkskammertag 1992–2005, Zentralverband des Deutschen Handwerks 1994–2004, Arbeitsgemeinschaft der Handwerkskammern Baden-Württemberg 1990–1991, Deutscher Handwerkskammertag 1997–2004, Innungen 1953–1989, Innungen Satzungen 1967–1974
37 Handwerksrollenstatistiken 1963–1991
38 Gesellenprüfungsprotokolle 1903–1939, Meisterprüfungsprotokolle 1902–1939, Praktischer Leistungswettbewerb 1992–1994, Nachwuchswerbung 1967–1982, Stiftung für Begabtenförderung 1969–1987, Berufsbildungsreferenten 1962–1987, Berufsbildungsausschuß 1980–1991, Ausbildungsplatzsituation 1982–1985, Stiftung für Begabtenförderung im Handwerk 1954–1992, Landesausschuss für Berufsbildung 1980–1991, Tagungen der Handwerkskammer-Berufsbildungsreferenten 1960–1987, Nachwuchsförderung 1964–1984, Lehrlingswarte 1985, Lehrverhältnisse 1998
40 Statistik 1982–1984, Allgemeine Statistik 1981–1986, Betriebsstatistik 1964–1967, 1969–1980, Handwerksstatistik 1963–1986, 1992
41 Haushaltsplan 1962–1989, Jahresrechnungen 1965–1981, Beitragsordnung 1960–1987, Gebührenordnung 1954–1985, Jahresrechnung 1959–1989, Haushaltsplan 1961–1989
42 Personalakten 1945–1994
43 Wirtschaftsministerium 1984–2000
45 Akten erloschener Firmen 1971–2001
46 Mitteilungsblatt der Handwerkskammer Heilbronn 1950–1970, Deutsches Handwerksblatt 1979, 1981, 1983–1986, Regionalteil Deutsche Handwerkszeitung 1971–1999
50 100 Jahre Handwerkskammer Heilbronn (Festschrift 2000).

235 Handwerkskammer Karlsruhe, Karlsruhe

Name Handwerkskammer Karlsruhe
Branche Nr. 910
Umfang 101
Laufzeit 1900–2017
Benutzbarkeit Ja
Bestand H 3

Bestandsgeschichte Der Bestand wurde im Mai 1999 im Zuge des Umbaus der Handwerkskammer Karlsruhe vom WABW übernommen. Aufgrund der starken Zerstörung von Karlsruhe im Zweiten Weltkrieg und zugleich durch die Auslagerung vieler Aktenbestände nach Straßburg nach 1943 konnten aus der Zeit vor dem Zweiten Weltkrieg nur die Gesellen- und Meisterprüfungsprotokolle übernommen werden.
Geschichte Kaiser Wilhelm II. verfügte im § 103

der Novelle zur Gewerbeordnung vom 26. Juli 1897, die am 1. April 1900 Gesetzeskraft erlangen sollte, die Gründung von Handwerkskammern. Das Großherzogliche Badische Ministerium des Inneren ordnete durch Erlass der Ausführungsbestimmungen und der Wahlordnung am 9. April 1900 die Errichtung von vier Handwerkskammern in Baden an. Die konstituierende Versammlung in Karlsruhe trat am 17. Dezember 1900 unter dem Vorsitz des Landeskommissärs zusammen, die erste Vorstandssitzung folgte am 23. Januar 1901. 1924 wurde unter der Bezeichnung Handwerksamt Pforzheim eine Nebenstelle eingerichtet. Mit Wirkung vom 25. April 1933 wurden die Handwerkskammern Mannheim, Freiburg und Konstanz aufgehoben und in Nebenstellen der neu errichteten Badischen Handwerkskammer Karlsruhe, deren Geschäftsbereich nun ganz Baden umfasste, umgewandelt. Auf Anordnung des Reichsstatthalters Robert Wagner vom 12. Oktober 1942 wurde der Dienstsitz nach Straßburg verlegt, was tatsächlich aber erst im November 1943 passierte, und der Name in Handwerkskammer Oberrhein geändert. Im April wurde die Handwerkskammer aufgelöst und firmierte fortan als Handwerksabteilung in der Gauwirtschaftskammer Oberrhein. In den Kriegswirren floh die Verwaltung im November 1944 aus Strasbourg und arbeitete in Notunterkünften in Pforzheim und Ettlingen weiter. 1945 errichtete der Badische Finanz- und Wirtschaftsminister vier Handwerkskammern im amerikanisch besetzten Rumpfgebiet, darunter die Bezirkshandwerkskammer Karlsruhe, die nunmehr nur noch für die Stadt und den Landkreis zuständig war. Die Wiedergründung der Handwerkskammer erfolgte am 1. April. Eine erste Änderung des Kammerbezirks erfolgte 1954. Die Zuständigkeit der Handwerkskammer erstreckte sich auf die Landkreise Karlsruhe, Bruchsal, Pforzheim, Baden-Baden, Rastatt und Bühl. Die letzte Änderung des Kammerbezirks erfolgte 1974 durch die Kreisverwaltungsreform. Neu hinzu kam der Landkreis Calw.

35 Präsident 1945–1965, Geschäftsführer 1952–1965, Vorstand und Beirat 1945–1964, Satzung 1945–1955, Rundschreiben 1946–1963, Jahresberichte 1945–1964, Sitzungsberichte 1949–1950, Dienstbesprechungen 1954–1965, Dienstordnung 1947–1949, Bewerbungen 1950, Sachverständige 1946–1958, Geschäftsbericht 1947, 1961, 1998, Errichtung der Handwerkskammer Pforzheim und Bruchsal 1945–1965, Umbau der Handwerkskammer 1938, Errichtung der Handwerkskammer Pforzheim 1945–1962, Errichtung der Handwerkskammer Bruchsal 1945–1965, Wiederaufbau nach dem 2. Weltkrieg 1945–1965, Mitgliedschaft in Vereinen und Verbänden 1948–1958, Verdingungsstelle 1947–1963, Vorstand und Beirat 1945–1964, Präsident 1945–1965, Geschäftsführung 1944–1949, Geschäftsberichte 1998, 2007–2009, 1952–1965, Rundschreiben 1945–1964

36 Zentralarbeitsgemeinschaft der Handwerkskammern 1947–1966, Badischer Genossenschaftsverband 1952–1956, Arbeitsgemeinschaften der baden-württembergischen Handwerkskammern 1947–1966, Baden-Württembergischer Handwerkstag 1950–1964, Deutscher Handwerkskammertag 1956–1966, Zentralverband des Deutschen Handwerks 1954–1959, Gewerbefreiheit 1949–1961, Errichtung von Landesverbänden 1946–1965, Gewerbevereine 1945–1964, Innungen 1930–1970, Kreishandwerkerschaften 1950–1972, Landesinnungsverband des Elektrohandwerks 1954–1960, Reichsstand des Deutschen Handwerks (Rundschreiben) 1937–1940, Geschäftsordnung der Organe der Handwerkskammer Pfalz 1950, Zentralverband des Deutschen Handwerks 1954–1959, Deutscher Handwerkskammertag 1959–1966, Zentralarbeitsgemeinschaft der Kammern im vereinigten Bundesgebiet 1947–1954, 1956–1961, Baden-Württembergischer Handwerkstag 1950–1964, Arbeitsgemeinschaft der baden-württembergischen Handwerkskammern 1947–1966, Geschäftsordnung der Organe der Handwerkskammer Pfalz 1950, Kreishandwerkerschaften 1952–1972, Landesinnungsverbände 1933–1939, 1946–1965, Innungen 1930–1970, Rundschreiben des Reichsstandes des Deutschen Handwerks 1935–1941, Genossenschaften und Gewerbevereine 1944–1964

37 Organisationsrecht des Handwerks 1945–1965, Handwerksrolle 1945–1965, Gewerbeordnung 1944–1965, Schwarzarbeit 1946–1962, Handelsregister 1948–1966, Gewerbeförderung 1947–1966, Verkehrsrecht 1952, Wasserwirtschaftsrecht 1952, Handwerkswerbung/Wettbewerb 1954–1965, Wettbewerbsrecht 1949–1966, Abgrenzung Industrie und Handwerk 1935–1962, Ehrengerichtsverfahren 1934–1944, Badischer Genossenschaftsverband 1952–1957, Abgrenzung Industrie/Handwerk 1935–1965, Handelsregister 1948–1966, Handwerksrolle 1945–1965, Organisationsrecht des Handwerks 1944–1965, Gewerbeordnung 1951–1956, Wirtschafts- und Gewerberecht 1945–1965, Gewerbefreiheit 1947–1966, Sachverständige 1946–1958, Schwarzarbeit 1946–1962, Preisüberwachung 1944–1965, Wettbewerb 1953–1966

38 Meisterprüfungsprotokolle 1900–1985, Lehrlingsrolle 1945–1976, Gesellenprüfungsprotokolle 1904–1960, Lehrlingsfachschulen 1946–1965, Schul- und Unterrichtswesen 1949–1963, Errichtung von Berufsschulen 1946–1965, Lehrverträge 1952–1964, Lehrlingswesen 1938–1972, Prüfungsordnungen, Prüfungsausschüsse 1949–1966, Prüfungswesen 1949–1965, Meisterprüfungsprotokolle 1906–1985, Prüfungsordnung Meister 1957–1965, Gesellenprüfungsprotokolle 1902–1959, Lehrlingsrolle 1949–1965, Lehrlingsrolle Calw 1972–1975, Lehrlingsrolle Karlsruhe 1969–1976, Lehrlingsrolle Bruchsal 1945–1965, 1969–1975, Lehrlingskartei Ausbildungsbetriebe 1900–1989, Lehrlingswesen 1942–1966, Praktischer Leistungs-wettbewerb 1960, Berufs- und Gewerbeschulen 1946–1966, Schul- und Unterrichtswesen 1959–1965

39 Förderung des Handwerks 1945–1966, Betriebsberatung 1946–1958, Gewerbeförderung 1945–1966, Wettbewerb und Handwerkerwerbung 1953–1966, Beratungsstellen 1949–1959

40 Betriebserhebungen 1949–1966, Ausstellungen und Messen 1946–1957, Statistik 1946–1966, allgemeine statistische Erhebungen Handwerkskammerbezirk Karlsruhe 1946–1966, Handwerksstatistik 1946–1955, Ausstellungen und Messen 1946–1966

41 Kassenanweisungen 1948–1949, Ausgaben 1947–1948, Haushaltspläne 1946–1949, Geld- und Kreditwesen 1946–1962, Steuerangelegenheiten 1946–1964, Festsetzung Beiträge 1946–1962, Haushaltspläne 1946–1953, Steuerangelegenheiten 1946–1964, Geld- und Kreditwesen 1946–1962

42 Altersversicherung 1944–1958, Kranken- und Unfallversicherungswesen 1950–1965, Arbeitsrecht 1954–1965, Altersversorgung 1944, 1948–1958, Arbeitsrecht 1950–1965, Tarifverträge und Lohnfragen 1945–1958, Arbeitszeiten 1945–1965, Sozialrecht 1950–1965, Badischer Genossenschaftsverein 1944–1957, Verband der Landeslieferungsgenossenschaft des Deutschen Handwerks 1945–1946, Versicherungswesen 1942–1965, Kranken- und Unfallversicherung 1947–1965, Arbeitszeit 1946–1965, Sozialrecht 1947–1952

43 Wirtschaftsministerium Württemberg-Baden 1947, Rundschreiben des Regierungspräsidiums Nordbaden 1957, Stadt Karlsruhe 1957, IHK Karlsruhe 1949–1960, Stellungnahmen gegenüber der Stadt 1949–1957, Landesgewerbeamt 1934–1965, Genossenschaften und Gewerbevereine 1946–1964, Wirtschafts-, Finanz- und Kultusministerium 1946–1964, Stadtverwaltung 1949–1957, Landesgewerbeanstalt 1952–1965, Abrechnung der Kriegsschäden 1945–1958, Beschlagnahme von Maschinen und Einrichtungen 1945–1951

44 Außenhandel 1947–1965, Richtlinien Außenhandel 1947–1965

45 Firmenakten gelöschter Ausbildungsbetriebe 1925–1997

46 Mitteilungsblatt der Handwerkskammer Karlsruhe 1947–1965

50 25 Jahre Handwerkskammer Karlsruhe 1900–1925 (Festschrift 1925). 50 Jahre Handwerkskammer Karlsruhe (Festschrift 1950). Rudolf Ruf, Ein Leben für das Handwerk, Karlsruhe 1996. 100 Jahre Handwerkskammer Karlsruhe (Festschrift 2002).

236
Handwerkskammer Konstanz, Konstanz

Name Handwerkskammer Konstanz
Branche Nr. 910
Umfang 60
Laufzeit 1902–2015
Benutzbarkeit Ja
Bestand H 2

Bestandsgeschichte Das Schriftgut wurde im März 2001 vom WABW übernommen. Bis 2016 erfolgten mehrere Nachlieferungen (2007, 2010, 2011, 2015, 2016).
Geschichte Kaiser Wilhelm II. verfügte im § 103 der Novelle zur Gewerbeordnung vom 26. Juli 1897, die am 1. April 1900 Gesetzeskraft erlangen sollte, die Gründung von Handwerkskammern. Das Großherzogliche Badische Ministerium des Inneren ordnete durch Erlass der Ausführungsbestimmungen und der Wahlordnung am 9. April 1900 die Errichtung von vier Handwerkskammern in Baden an. Die konstituierende Versammlung in Konstanz trat am 21. Januar zusammen. 1914 wurde das heutige Gebäude der Handwerkskammer am Webersteig 3 bezogen und 1918 eine Wirtschaftsstelle eingerichtet. Mit Wirkung vom 25. April 1933 wurden die Handwerkskammern Mannheim, Freiburg und Konstanz aufgehoben und in Nebenstellen der neu errichteten Badischen Handwerkskammer Karlsruhe umgewandelt. Konstanz verkümmerte jedoch langsam zu einer einflusslosen Verwaltungsstelle, insbesondere da die Handwerkskammer Karlsruhe durch die Zusammenlegung der Handwerkskammern und Industrie- und Handelskammern 1943 zur Gauwirtschaftskammer Oberrhein lediglich noch als Abteilung Handwerk weiter existierte. Die vom Badischen Finanz- und Wirtschaftsminister mit Zustimmung der französischen Militärregierung erlassene Verordnung vom 16. Oktober 1945 erwirkte die Wiedereinrichtung der Handwerkskammer Konstanz. Somit konnte die Arbeit nach dem Zweiten Weltkrieg im unzerstörten, von den Franzosen zurückgekauften, Gebäude wieder aufgenommen werden. Im Jahr 1961 beschloss der Vorstand eine eigene Gewerbeförderungs- bzw. Beratungsstelle einzurichten. Zur Intensivierung der Beziehungen zum französischen Handwerk wurde 1977 die Partnerschaft mit der Handwerkskammern Montereau beschlossen. Die letztmalige Änderung des Kammerbezirks Konstanz erfolgte 1974 durch die Kreisverwaltungsreform. Die früheren Kreise Überlingen und Stockach wurden ausgegliedert, neu hinzu kamen Rottweil und Tuttlingen.
35 Vorstandsprotokolle 1946–1970, 1995–2001, Vollversammlung 1925–32, 1945–1985, Satzung Konstanz bis 1972, Kammergebäude 1909–1998, Kammerbeiträge 1913–1918, 1931–1962, Kopierbuch 1920–1921, Gästebuch 1914, Reden Hauptgeschäftsführer 1949–1954, Karl Leo Nägele (Präsident) 1959–1994, Reden Karl Leo Nägele (Präsident) 1965–1974, Reden Ernst Held (Präsident) 1974–1994, Reden Bernhard Hoch (Präsident) 1993–2008, Kammergebäude Webersteig 1906–1916, 1942–1998, Rückerwerb Kammergebäude 1952–1953, Abwicklung Gauwirtschaftskammer 1947–1990, Treffen deutsch-französischer Handwerkskammern 1964–1970, Kopierbuch 1920–1921, Gästebuch Einweihung Kammergebäude 1914, Geschäftsverteilungsplan 1966–1970, Organisationsstatistik 1952–1988, Satzung 1945–1972, Vorstand 1946–1972, 1980–1994, Präsident Karl Leo Nägele 1959–1994, Hauptgeschäftsführer Schuhmann 1947–1963, Berufsbildungsausschuss 1954–1987, 1991–2004, 1994–1998, Wahlen 1958–1977, Geschäftsberichte 1904–1919, 1926–1927, 1930, Obermeisterrundschreiben 1963–1979, Gebietsreform des Kammerbezirks/ Verwaltungsreform 1969–1973
36 Kundgebungen des Handwerks 1965–1980, 2003, Reform Kreishandwerkerschaft 1970–1972, Innungswahlen 1960–1966, Protokollbuch des Damen- und Wäscheschneiderhandwerks 1934–1962, Landesinnungsverband für das Baugewerbe 1951–1953, Obermeisterwahlen 1946–1953, Treffen deutsch-französischer Handwerkskammern 1964–1970, Vollversammlungen des Zentralverbands des Deutschen Handwerks 1961–1975, Zentralverband des Deutschen Handwerks Rundschreiben 1968–1971, Zentralverband des Deutschen Handwerks Jahrestagungen 1965–1968, Arbeitsgemeinschaft der baden-württembergischen Handwerkskammern 1953–2006, Deutscher Handwerkskammertag Jahrestagungen 1962–1972, Innungswesen 1945–1955, Obermeisterversammlungen 1963–1979, Lan-

desinnungsverbände 1945–1958, Straffung der Innungsorganisation 1965–1970, Satzungen der Innungen 1954–1967, Satzungen der Kreishandwerkerschaften 1953–1957, Kreishandwerkerschaften 1953–1970, Gauwirtschaftskammer 1940, Handwerksrat des Zentralverbands des Deutschen Handwerks 1959–1994, Organisationsstatistik 1952–1988, Baden-Württembergischer Handwerkstag 1956–1958, Zentralverband des Deutschen Handwerks 1959–1994, Deutscher Handwerkskammertag 1962–1972, 1963–1974, Baden-Württembergischer Handwerkstag 1953–1979, Handwerk in der DDR/neuen Bundesländern 1989–1993, Satzung Handwerkskammern Hamburg und Frankfurt/Main 1967, Landesinnungsverbände 1945–1958, Kreishandwerkerschaften 1953–1973, Innungen 1934–1998, Gewerbeverein Konstanz 1927–1935, Bundesverband Junghandwerker 1965–1979, Institut für Technische Betriebsführung im Handwerk (ITB) 1958–1997; Arbeitstagung der Geschäftsführer der Kreishandwerkerschaften mit der Handwerkskammer 1996–1998

37 Neueintragungen in die Handwerksrolle 1945–1962, Gebühren Handwerksrolleneintragung 1959–1968, Novelle Handwerksordnung 1945–1965, Handwerkskammerbeiträge 1956–1962, Abgrenzung Industrie Handwerk 1946–1960, Abgrenzung Handwerk/Industrie 1950–1993, Abgrenzung innerhalb des Handwerks 1904–1928, 1946–1992, Handelsregister 1971–1995, Handwerksordnung 1948–1949, 1957–1975, Handwerksrolle 1945–1973, Sachverständigengutachten 1960–1978, Schwarzarbeit 1983–1986, unlauterer Wettbewerb 1969–1986; Stammdaten Handwerksrolle 1976–1990

38 Erteilung und Verweigerung der Anleitungsbefugnis 1950–1975, Statistik Zwischenprüfung 1956–1979, Grundsatzfragen Gewerbeschulen 1953–1978, Protokollsammlung Berufsbildungssausschuss 1954–1970, Bildungsstatistik 1967–1986, Bildungsstätten Planung 1972–1975, Lehrpläne Überbetriebliche Ausbildung 1962–1978, Werkstättenentwicklungsplan 1972–1976, Beschlüsse zur überbetrieblichen Ausbildung 1963–1972, Lehrlingsordnung 1909–1970, Bundesausschuß für Berufsbildung 1970–1974, Statistik Gesellenprüfung 1949–1983, Protokollsammlung Berufsbildungsausschuß anderer Handwerkskammern 1971–1973, Fernlehrinstitut Leuchtturm 1972, Fernlehrinstitut Europa 1963–1972, Gesellenprüfungsprotokolle 1900–1950, Meisterprüfungsprotokolle 1903–1950, Meisterprüfungsausschüsse 1946–1949, Fachliche Vorschriften für die Meisterprüfung 1959–1974, Bildungspolitik 1978–1983, Bildungsstatistik 1967–1986, Berufsbildungsprogramm Bund 1973–1996, Bundesinstitut für Berufsbildung 1970–1993, Protokolle des Berufsbildungsausschusses der Handwerkskammern in Baden-Württemberg 1974–1986, 1990–1999, Bundesausschuss für Berufsbildung 1968–1977, Landesausschuss für Berufsbildung 1971–1999, Lehrstellensituation 1975–1995, Lehrlingsordnung 1935–1970, überbetriebliche Ausbildung 1962–1992, Werkstättenentwicklungsplan 1972–1976, Anleitungsbefugnis 1950–1975, Meisterprüfungsprotokolle 1903–1965, Meisterprüfungsausschüsse 1946–1949, Gesellenprüfungsprotokolle 1902–1965, Gesellenprüfungsstatistik 1949–1983, Zwischenprüfungsstatistik 1957–1980, Gewerbeschulen 1953–1978, Europa Fernschule 1963–1972, Leuchtturm Fernschule Konstanz 1955–1980

39 Institut für technische Betriebsführung 1958–1964, Unlauterer Wettbewerb 1968–1986, Sachverständigengutachten 1962–1971, Institut für technische Betriebsförderung im Handwerk Karlsruhe 1961–1967

40 Handwerkerzählung 1956, 1963, 1977, 1988

41 Handwerkskammerbeitrag 1953–1973, Beiträge der Bezirksämter zur Handwerkskammer 1913–1918, 1924–1933, 1945–1965, Innungsbeiträge 1934–1962, Gebühren Handwerksrolle 1959–1968, Haushalts- und Kassenordnung der Handwerkskammern in Baden-Württemberg 1953–1959, Kassenbuch 1964, Jahresrechnung 1946–1998, 2000, Haushaltsplan 1946–1998, 2000

42 Ehrungen für Jubilare 1956–1970, Tarifwesen 1945–1988, Wahlen Personalrat 1970–1985, Arbeitsrecht 1969, Altersversorgung der Handwerker 1943–1971, Arbeitsrecht 1968–1986, Arbeitssicherheit 1967–1978, Ausbildungsvergütungen 1972–1978, Tarifvertrag Grundsatzfragen 1963–1977, Tarifverträge 1954–1988, Personalratswahlen 1970, 1973, 1977, 1980, 1985, Betriebs- und Geschäftsjubiläen 1956–1970–1976, Arbeitssicherheit 1967–1978, Vermögensbildung der Arbeitnehmer 1964–1965, Altersversorgung der Handwerker 1943–1970

43 Militärregierung 1945–1949, Landesentwicklungsplan 1973, Wirtschaftsministerium 1946–1959, Innenministerium 1947–1957, Finanzministerium 1947–1957, Kultusministerium 1947–1957, Landesarbeitsamt 1947–1957, Landesgewerbeamt 1947–1957, Landesentwicklungsplan Baden-Württemberg 1968–1973, EU-Förderung 1994, Landesministerien 1945–1959, Badisches Landesgewerbeamt 1945–1954, Landesarbeitsamt 1945–1957, Entnazifizierung 1947–1949, Militärregierung 1945–1951
45 Akten erloschener Firmen 1934–2015
46 Mitteilungsblatt 1966–1974, Deutsche Handwerkszeitung (Seite der Handwerkskammer Konstanz) 1970–1981, 1989–1990, Deutsche Handwerkszeitung Mitteilungen 1964–1974,
50 25 Jahre Handwerkskammer Konstanz 1900–1925 (Festschrift 1925). 50 Jahre Badische Handwerkskammer Konstanz (Festschrift 1950). 100 Jahre Handwerkskammer Konstanz 1900–2000 (Festschrift 2000)

237 HANDWERKSKAMMER MANNHEIM, MANNHEIM

Name Handwerkskammer Mannheim Rhein-Neckar-Odenwald
Branche Nr. 910
Umfang 56
Laufzeit 1901–2019
Benutzbarkeit Ja
Bestand H 5

Bestandsgeschichte Der Bestand wurde im Dezember 2000 und Februar 2001 vom WABW übernommen, im Juni 2008 und Mai 2019 ergänzt durch eine umfangreiche Nachlieferung.
Geschichte Kaiser Wilhelm II. verfügte im § 103 der Novelle zur Gewerbeordnung vom 26. Juli 1897, die am 1. April 1900 Gesetzeskraft erlangen sollte, die Gründung von Handwerkskammern. Das Großherzogliche Badische Ministerium des Inneren ordnete durch Erlass der Ausführungsbestimmungen und der Wahlordnung am 9. April 1900 die Errichtung von vier Handwerkskammern in Baden an. Die konstituierende Versammlung in Mannheim trat am 30. Januar 1901 unter dem Vorsitz des Landeskommissars zusammen. Mit Wirkung vom 25. April 1933 wurden die Handwerkskammern Mannheim, Freiburg und Konstanz aufgehoben und in Nebenstellen der neu errichteten Badischen Handwerkskammer Karlsruhe umgewandelt. Die Nebenstelle verkümmerte jedoch langsam zu einer einflusslosen Verwaltungsstelle, insbesondere da die Handwerkskammer Karlsruhe durch die Zusammenlegung der Handwerkskammern und Industrie- und Handelskammern 1943 zur Gauwirtschaftskammer Oberrhein lediglich noch als Abteilung Handwerk weiter existierte. Während des Zweiten Weltkrieges wurde das Kammergebäude vollständig zerstört. Ihre Tätigkeit nahm die Handwerkskammer wieder im Dezember 1945 auf, u. a. wurde ein monatlich erscheinendes eigenes Mitteilungsblatt herausgegeben. 1958 konnte dann endlich der Neubau bezogen werden, ein Bildungszentrum wurde 1983 fertiggestellt. Die letzte Änderung des Kammerbezirks Mannheim erfolgte 1974 durch die Kreisverwaltungsreform. Die Handwerkskammer Mannheim wurde auf die Stadtkreise Mannheim, Heidelberg, den Rhein-Neckar-Kreis und den Neckar-Odenwald-Kreis begrenzt. Der Kreis Tauberbischofsheim, Randbezirke der Kreise Buchen und Mosbach sowie der halbe Kreis Sinsheim werden von anderen Kammern verwaltet.
35 Präsidententreffen 1980–1993, Vollversammlung 1925–1930/1951–1989, Vorstandssitzung 1945–1993, Rundschreiben der Kammer 1951–1957, Akten Präsident Link 1975–1977, Neubau 1957–1961, Geschäftseinteilung, Satzung 1926–1948, Neuerrichtung 1945, Kammerwahlen 1959–1994, Reden Präsident Sieber 1947–1973, Kalender 1950–1993, Bau des Bildungs- und Technologiezentrums 1993–1997, Geschäftsberichte 1926, 1980, 1982, 1983, 1984, 1988, 1994, Neubau Verwaltungsgebäude 1952–1963, Bau Bildungs- und Technologiezentrum 1993–1997, Neueinrichtung der Handwerkskammer 1945, Vermögensangelegenheiten nach dem Zweiten Weltkrieg 1945–1969, Geschäftsverteilungsplan ca. 1930, Verwaltungsangelegenheiten 1929–1945, Vollversammlung 1925, 1929–1931, 1945–1998, Vorstand 1946–1997, Präsident Robert Sieber 1947–1973, Präsident Link 1975–1978, Präsident Herbert Gutfleisch

1978–1992, 1995–1997, Präsident Walter Tschischka 1998–2003, 2006, Vizepräsident Waldemar Heger 1984–1997, Hauptgeschäftsführer Busch 1983–1992, Hauptgeschäftsführer Dieter Müller 1998–2006, Wahlen 1954–1989, Geschäftsberichte 1901–1913, 1923, 1926, 1930–1936, 1980, 1982–1984, 1988–1989, 1994, Pressespiegel 1994–2003, Presseinformationen 1993–1997, Rundschreiben 1951–1957, 1976–1992

36 Deutscher Handwerkskammertag Hauptgeschäftsführerkonferenzen 1979–1981, Haus des Handwerks in Heidelberg 1989–1996, Kreishandwerkerschaft 1945–1989, Sitzungen der Arbeitsgemeinschaft der baden-württembergischen Handwerkskammern 1947–1988, Arbeitstagung im Wirtschaftsministerium der baden-württembergischen Handwerkskammern 1975–1983, Baden-Württembergischer Handwerkstag 1960–1984, Junghandwerkerschaften 1955–1975/1983–1984, Korrespondenz mit baden-württembergischen Handwerkskammern 1970–1984, Innungswesen 1954/1963–1987, Handwerkerforum 1975–1977, Bezirksinnungsmeister 1935, Rundschreiben des Reichsstands des Deutschen Handwerks 1930–1940, Organisation des Handwerks im Elsass 1940, Zentralverband des Deutschen Handwerks 1981–1997, Obermeister der Innungen 1945–1954, Junghandwerkerbund Baden-Württemberg 1969–1975, Gewerbevereine 1956–1981, Deutscher Handwerkstag 1979, Gauwirtschaftskammer ab 1940, Handwerkerausschuß der US-Zone 1948–1951, Handwerks- und Gewerbezeitung 1950–1959, Berichte des Handwerksinstituts Bonn 1970–1979, Konjunkturberichte der Handwerkskammern 1978/79, Zentralverband des Deutschen Handwerks 1980–1997, Deutscher Handwerkskammertag 1949–1997, Handwerkskammerpräsidententreffen 1979–1993, 1997, Baden-Württembergischer Handwerkstag 1957–1996, Arbeitsgemeinschaft der baden-württembergischen Handwerkskammern 1949–1987, Hauptgeschäftsführerkonferenz der baden-württembergischen Handwerkskammern 1953–1984, 1991–1995, Handwerkerausschuss der US-Zone 1947–1951, Korrespondenz mit anderen Handwerkskammern 1947–2000, Kooperation mit den Handwerkskammern Heilbronn und Karlsruhe 1973–1984, Zentralverband des deutschen Baugewerbes 1970–1973, Verband Bauindustrie Nordbaden 1978–1998, Landesinnungsverbände 1968–1996, Kreishandwerkerschaften 1936–1992, Innungen 1934–1999, Jung-handwerkerschaften 1954–1975, 1983–1984, Deutsches Handwerksinstitut 1962–1979, Reichsstand des Deutschen Handwerks 1933, Gewerbevereine 1956, 1965–1981, Zusammenarbeit mit Industrie- und Handelskammern 1983–1994, Landesmuseum für Technik Mannheim 1981–1992

37 Entscheidungen gegen die Eintragung in die Handwerksrolle 1931–1934, Änderung der Handwerksordnung 1992–1994, Statistik Handwerksrolle 1950–1966, Abgrenzung Handwerk und Handel 1960, Abgrenzung Industrie-Handwerk 1940, 1956–1967, Abgrenzung innerhalb des Handwerks 1966–1990, Novellierung Handwerksordnung 1992–1994, Handwerksrecht 1934–1936, Handwerksrolle 1927–1965, Eintragungen und Löschungen Handwerksrolle 1930–1996, Gleichstellung Industrie- und Handelskammern mit Handwerkskammern 1952–1991, Vermittlungsstelle der Handwerkskammer 1952–1994, Bekämpfung Schwarzarbeit 1974–1997

38 Gesellenprüfungsausschüsse 1934, Lehrlingswesen 1944, Berufsbilder des Handwerks 1957–1968, Lehrlinge 1948–1969, Überbetriebliche Ausbildung 1975–1980, Gesellenstatistik 1949–1956, Fortbildungsausschuß 1960–1972, Meisterprüfungsprotokolle 1903–1940, Gesellenprüfungsprotokolle 1902–1939, Begabtenförderung 1990, Fachliche Vorschriften zur Regelung des Lehrlingswesens 1964, Gesellenzeitung 1971, Stiftung Begabtenförderung im Handwerk 1977–1993, Fortbildungsausschuss überbetriebliche Ausbildung 1951–1972, 1975–1990, überbetriebliches Ausbildungszentrum Mannheim-Wohlgelegen 1969–2000, Landesakademie des Handwerks Baden-Württemberg 1982–1991, Meisterprüfungsprotokolle 1903–1972, Gesellenprüfungsprotokolle 1902–1939, Lehrlingsstreitigkeiten 1932–1934, Lehrlingswesen 1957–1969, Lehrpläne 1971–1974, Berufsschulen 1951–1972, Berufsbilder des Handwerks 1957–1968

39 Betriebsberatung 1981–1984, Geschäftsplan Gewerbeförderungsstelle 1939, Landeskreditbank Baden-Württemberg Förderanträge 1987–1995, Betriebsberatungsstelle 1962–1984

40 Handwerkerbefragung 1961, Berichte Wirtschaftslage 1928–1931, Vergabe öffentlicher Aufträge in Notstandsgebieten 1939, Sekundärsta-

tistik Baden-Württemberg Handwerk 1949–1969, Handwerkskammerbezirksstatistik 1922–1936
41 Haushaltspläne 1954–1982, Jahresrechnungen 1949–1973, Kassenrevision 1959, Kredithilfe 1939–1940, Einziehung von Handwerksforderungen 1938, Steuerberatung 1939, Landesgewerbebank 1944, Arbeitsausschuß Finanz und Steuer 1970, Niederschriften des Bürgschafts- und Bewilligungsausschusses 1956–1974, Landesgewerbebank Konsortialkreditkonto 1936–1938, Protokolle des Bewilligungsausschusses der Kreditgarantiegemeinschaft des baden-württembergischen Handwerks GmbH 1955–1974, Jahresrechnungen 1928, 1949–1983, Haushaltspläne 1951–1992, Kassenrevision 1958–1990
42 Personalakten 1919–1936/1950–1990, Arbeitsrechtliche Spruchsammlung des Handwerks 1934–1936, Arbeitsrechtliche Spruchsammlung 1934–1936, Befragung für das Handwerksversicherungsgesetz 1961–1962, Krankenversicherungsanstalt a. G. zu Dortmund 1949–1967, Personalakten 1907–2000, Gehaltsbezüge von Angestellten 1940, Arbeitsausschuss Finanz und Steuer 1970–1972, Klärung von Steuerfragen 1935–1939
43 Verordnung über die Durchführung des Vierjahresplanes auf dem Gebiet der Handwerkswirtschaft 1939, Landesgewerbeamt Kontenübersicht 1936–1938, Volksvertretung Württemberg-Baden 1945–46, Institut für südwestdeutsche Wirtschaftsforschung 1963–1968, Industrie- und Handelskammer 1971–1980, Statistisches Landesamt 1985, Bericht Landesgewerbeamt Stuttgart 1974, Schulbeirat Stadt und Land 1988–1996, Landesarbeitsamt Baden-Württemberg 1980–1983, Volksvertretung Württemberg-Baden 1946, Raumordnungsverband Rhein-Neckar 1985–1995, Korrespondenz mit Parteien 1986–2003, Arbeitstagungen des Wirtschaftsministeriums mit den Hauptgeschäftsführern der Handwerkskammern 1975–1980, 1988–1998, Wirtschaftsministerium 1990–1997, Institut für südwestdeutsche Wirtschaftsforschung 1963–1968, Durchführung des Vierjahresplans auf dem Gebiet der Handwerkswirtschaft 1939, Landesjubiläum 40 Jahre Baden-Württemberg 1991–1992
45 Gelöschte Betriebe 1966–1980
46 Mitteilungsblätter der Handwerkskammer 1954–1987, Deutsche Handwerkszeitung 1977–2019
47 Überbetriebliche Ausbildung 1980er, Mannheimer Maimarkt 1984, überbetriebliches Ausbildungszentrum 1980–1983
50 Handwerk Brücke zur Zukunft 75 Jahre Handwerkskammern in Deutschland (Festschrift 1975). 100 Jahre Handwerkskammer Mannheim (Festschrift 2000).

238
Handwerkskammer Reutlingen, Reutlingen

Name Handwerkskammer Reutlingen
Branche Nr. 910
Umfang 41
Laufzeit 1880–2019
Benutzbarkeit Ja
Bestand H 1

Bestandsgeschichte Das Schriftgut der Handwerkskammer Reutlingen wurden in den Jahren 2000, 2012, 2018 und im August 2019 vom WABW übernommen.
Geschichte Kaiser Wilhelm II. verfügte im § 103 der Novelle zur Gewerbeordnung vom 26. Juli 1897, die am 1. April 1900 Gesetzeskraft erlangen sollte, die Gründung von Handwerkskammern. Das Königliche Württembergische Ministerium des Inneren erließ daraufhin am 31. Oktober 1899 die notwendigen Ausführungsbestimmungen. Nachdem die Wahl der Vollversammlung im Herbst 1900 erfolgt war, nahm die Handwerkskammer Reutlingen im Mai 1901 den Geschäftsbetrieb auf. 1908 erwarb die Handwerkskammer das alte Kameralamtsgebäude in der Nürtingerhofstraße 12. Die wachsenden Aufgaben führten u. a. zur Errichtung eines eigenen Verdingungsamts im Jahr 1913, um die Vergabe von öffentlichen Aufträgen zu regeln. 1920 erfolgte der Umzug ins frühere Gasthaus „Zur Krone" am Burgplatz. Am 1. April 1943 wurde die Handwerkskammer aufgelöst und in die Gauwirtschaftskammer Stuttgart eingegliedert. Fortan existierte in Reutlingen nur noch ein Handwerksreferat der Zweigstelle der Gauwirtschaftskammer. Durch die Rechtsanordnung zur Ordnung des Handwerks vom 5. November 1946 erhielt das Handwerk in Württemberg-

Hohenzollern wieder eine gesetzliche Grundlage. Die Konstituierung der Vollversammlung der Handwerkskammer erfolgte jedoch erst 1949 durch die Wahl des Präsidenten und Vorstandes. Zur Intensivierung der Beziehungen zum französischen Handwerk wurde 1969 die Partnerschaft mit den Handwerkskammern in Loire Roanne und St. Etienne beschlossen. Die letztmalige Änderung des Kammerbezirks Reutlingen erfolgte 1974 durch die Kreisverwaltungsreform. Die früheren Kreise Calw, Rottweil und Tuttlingen wurden ausgegliedert, neu hinzu kamen Teile der früheren Kreise Münsingen, Saulgau, Stockach und Überlingen.

35 25-jähriges Jubiläum, 50-jähriges Jubiläum, Rundschreiben 1949–1952, Satzung 1896–1994, Wahlordnung 1930, Vorstandsprotokolle 1901–1979, Wahlen 1900–1979, Vollversammlungen 1903–1984, Vorstandssitzungen 1901–1983, Gesellenausschuss 1901–1982, Haushaltspläne und Jahresrechnungen 1931–1990, Geschäftsberichte 1938/1939, 1962–1966, 1977, 1978, 1979, 1985, 1987, 1988, 1989, 1991, 1992, 1996, 1997, 1999, 2000, Kammergebäude, Bauakten 1901–1987, Partnerschaft mit Roanne und St. Etienne 1977–1996, Geschäftsordnung 1899–1980, Besoldung Geschäftsführer 1914–1978, Kammergebäude 1901–1932, 1939–1982, Erweiterung Kammergebäude 1936–1939, 1983–1987, Bauakten 1907–1940, 1952–1960, Inventar 1901–1928, Handwerkskammergebäude Sigmaringen 1909–1983, Handwerkskammer Sigmaringen Gewerbeförderungsanstalt 1910–1976, Gewerbliche Einziehungsstelle e. G. bei der Handwerkskammer 1914–1985, Partnerschaft mit St. Etienne und Roanne 1977–1996, Jubiläen der Handwerkskammer 1925, 1950, 1975, 2000, Organisation und Aufgabenverteilung 1961–1988, Geschäftsverteilungspläne 1978–1989, Satzung 1909–1974, Geschäftsordnung 1899, 1911, 1930, Vollversammlung 1903–1986, Vorstand 1901–1986, Ehrenpräsident Ernst-August Karrer 1989–1997, Geschäftsführung 1914–1978, Gesellenausschuss 1901–1913. 1935–1982, Sitzungen Berufsbildungsaus-schuss 1970–1985, Wahlen Gremien 1900–1998, Wahlordnung 1930, Geschäftsberichte 1938/39, 1962–1966, 1977–1979, 1985, 1987–1992, 1996–2002, Rundschreiben 1949–1952, Neugliederung des Kammerbezirks 1953, 1973–1975

36 Deutscher Handwerks- und Gewerbekammertag 1900–1986, Deutsches Handwerksinstitut 1929–1958, Gewerbevereine 1891–1901, 1938, Reichsverband des Deutschen Handwerks 1919–1926, Württembergischer Handwerkskammertag 1913–1933, Arbeitsgemeinschaft der baden-württembergischen Handwerkskammern 1947–1982, Baden-württembergischer Handwerkstag, Landeshandwerksführer 1932–1943, Zusammenlegung der württembergischen Handwerkskammern 1953–1932, Zentralverband des Deutschen Handwerks 1948–1996, Aufsicht über Innungen 1899–1987, Obermeister 1934–1939, Errichtung der Kreishandwerkerschaften und Aufsicht 1934–1986, Landesfachverbände 1934–1938, Bundesvereinigung der Zentralfachverbände 1953–1966, Landesinnungsverbände 1965–1989, Zentralverband des Deutschen Handwerks 1949–1979, 1981–1995, Deutscher Handwerks-kammertag 1948–1986, Deutscher Handwerks- und Gewerbekammertag 1900–1943, Baden-Württembergischer Handwerkstag 1959–1981, Württembergischer Handwerkskammertag 1913–1916, 1919, 1922–1933, Arbeitsgemeinschaft der baden-württembergischen Handwerkskammern 1947–1982, süddeutsche Handwerkskammern 1920–1921, Kooperation mit der Handwerkskammer Ulm 1973–1978, Zusammenlegung der württembergischen Handwerkskammern 1923–1932, Kreishandwerkerschaften 1932–1986, Bundesvereinigung der Fachverbände des deutschen Handwerks (Bundesvereinigung der Zentralfachverbände) 1953–1966, 1980–1996, Landesfachverbände 1934–1935, Landesinnungsverbände 1951–1956, 1965–1989, Kreisinnungsverbände 1935–1955, Innungen 1899–1987, Deutsches Handwerkerinstitut 1929–1958, Reichsverband des Deutschen Handwerks 1908–1935, Reichsstand des Deutschen Handwerks 1933–1943, Reichshandwerksführer 1934–1936, Verband deutscher Gewerbevereine 1891–1901, 1953–1955, Gewerbeverein Tübingen 1938–1939, Bund deutscher Kunsthandwerker 1934–1937

37 Handwerksrolle 1932–1962, Neueinteilung der Handwerkskammerbezirke 1946–1953, Ehrengericht 1933–1957, Handwerksrollenstatistik 1973–1982, Hauptausschuß Organisation und Recht 1968–1979, Abgrenzung Industrie und Handwerk 1930–1975, Gewerbeordnung

1896–1959, Handwerksordnung 1946–1997, Abgrenzung Industrie/Handwerk 1936–1963, Ehrengericht 1933–1957, Handelsregister 1927–1964, Handwerksordnung 1946–1978, 1994–1997, Handwerksrolle 1925–1979, Handwerksrollenstatistik 1973–1982, Gewerbeordnung 1896, 1959, Vertretung der Handwerkskammer 1979–1987, Rechts- und Amtshilfe 1950–1959, Sitzungen Hauptausschuss ZDH „Organisation und Recht" 1959–1995, Sachverständige Vereidigung 1946–1957, Schwarzarbeit 1949–1950, unlauterer Wettbewerb 1933–1954, Kehrbezirke für Schornsteinfeger 1929–1961

38 Ausbildungsstatistik 1990er, Lehrlingsausbildung 1909–1997, Berufsbildungszentrum Tübingen 1979–1990, Lehrlingsordnung 1909–1965, Lehrlingswarte 1937–1961, Meisterprüfungsprotokolle 1905–1944, Statistik Meisterprüfung 1976–1980, Meisterfeiern 1934–1975, Gesellenprüfungsprotokolle 1925–1940, Praktischer Leistungswettbewerb 1974–1991, Landeswettbewerb 1990–1991, Überbetriebliche Lehrlingsunterweisung 1964–1975, Gewerbeschulen 1929–1947, Berufsbildungsausschuss 1971–1985, Stiftung Begabtenförderung im Handwerk 1955, 1989–1991, Ausbildungsbeihilfen 1954–1959, überbetriebliche Ausbildung 1967–1977, Meisterprüfungsprotokolle 1904–1944, Meisterprüfungsstatistik 1975–1980, Meisterprüfungswesen, 1909, 1928–1963, Gesellenprüfungsprotokolle 1925–1940, Gesellenprüfung 1933, Gesellenprüfungsordnung 1909, Prüfungsausschüsse 1958–1966, Lehrlingswarte 1937–1961, Nachwuchswerbung 1957–1960, Lehrstellenumfrage 1996–1997, Ausbildungsbefugnis 1930–1980, Lehrlingsordnung 1909, 1926–1932, 1957–1965, Lehrlingsausbildung 1909–1997, Ausbildungsstatistik 1991–1995, Praktischer Leistungswettbewerb 1952, 1974–1993, Berufsschulen 1929–1955, 1979–1986, 1953–1968, Berufsbildungszentrum Tübingen 1979–1986

39 Gewerbeförderung allg. 1910–1997, Betriebsberatung 1964–1996, Einführung von Normen 1937–1949, Landesauftragsstelle 1929–1965, Ausstellungen 1937–1961, Technologietransfer 1988–1994, Wettbewerbsrecht 1928–1960, Maßnahmen zur Förderung des Handwerks 1934–1938, 1962–1976, 1983–1985, Gewerbe-förderungsstellen 1910–1976, 1996, Betriebsberatung 1964–1968

40 Statistische Angaben zu Ausbildungsverhältnissen und Betrieben 1929–2002, Berichte über wirtschaftliche Entwicklung 1927–1951, Wirtschaftlicher Lagebericht 1927–1952, 1992–1997, Vergabe öffentlicher Aufträge 1933–1956, Betriebsstatistik 1929–1930, 1938, Lehrlingsstatistik Württemberg 1930–1959, Gewerbesteuerstatistik 1958–1962, statistische Erhebung im Handwerk 1949–1997, Organisationsstatistik Handwerkskammer Reutlingen 1957–1960, Handwerkerzählung 1963–1965, Deutsche Handwerksmesse 1953–1961, Ausstellungswesen 1937–1949

41 Beitragspflicht 1964–1975, Bürgschaftsbank 1984, Haushaltspläne 1949–1983, Jahresrechnungen 1981–1987, Steuerfragen 1927–1964, Bausparkassen 1934–1957, Verdingungswesen 1913–1933, Gebührenordnung 1930, Beitragsordnung 1960–1981, Beitragspflicht 1964–1975, Festsetzung Gebühren 1957–1979, Handwerkskammerbeiträge 1955–1975, Jahresrechnungen 1981–1990, Haushaltspläne 1948–1983, Steuergesetzgebung 1927–1964, Stellenplan 1930, Haushalts- und Kassenordnung 1955–1963, Finanzierung von Darlehen 1939–1950

42 Personalrat 1977–1978, Berufsgenossenschaften 1912–1961, Betriebsverfassungsgesetz 1949–1952, Lohnzahlung 1943–1958, Versicherungsschutz 1943–1966, Altersversorgung 1956, Jugendarbeitsschutz 1939–1961, Kündigungsschutz 1951, Arbeitsschutz 1952, Lohnfortzahlungen 1948–1958, Urlaubsanspruch 1949, Betriebsverfassungsgesetz 1949–1952, Schwerbeschädigten-, Spätheimkehrer- und Betriebsrätegesetz 1942–1954, Genossenschaftswesen 1901–1961, Personalrat 1977–1978, Personalwesen 1905–1971, Versicherungsschutz 1943–1959, Gewerkschaftsbund Süd-Württemberg-Hohenzollern 1948, Ehrungen 1906–1980

43 Ministerialblatt des Reichsministeriums 1943/1944, Arbeitstagung Wirtschaftsministerium, Behandlung von Juden im Handwerk 1933–1942, Militärregierung 1945–1950, Zusammenarbeit zwischen Rundfunk und Handwerk 1949–1956, Zuweisung von Vermögenswerten nationalsozialistischer Organisationen 1949, Aufsicht über die Handwerkskammern 1920–1930, Beschlagnahmung durch die Militärregierung 1945–1946, Aufnahme von Flüchtlingen 1946–1960, Marshall-Plan und Wirtschaftspolitik

1948–1950, Südweststaat 1949–1952, Gemeinderatswahlen 1957–1962, Neuordnung der Kreisgrenzen 1930–1954, Arbeitstagungen des Wirtschaftsministeriums 1977–1983, Ministerialblatt des Reichswirtschaftsministeriums 1943–1944, Aufsicht über die Handwerkskammern 1920–1930, Verwaltungsgerichtsordnung 1954–1960, Neufassung der Gemeindeordnung 1948–1955, Landesvereinigung Baden-Württembergischer Arbeitgeberverbände 1978–1980, Entnazifizierung 1946–1949, Vermögenswerte nationalsozialistischer Organisationen 1945, Militärregierung 1940–1950, Juden im Handwerk/Dokumentation der Judenschicksale 1933–1942, 1963–1966, Reichsstatthalter 1931, Aufnahme von Flüchtlingen 1946–1960, Zusammenarbeit Rundfunk und Handwerk 1949–1956
44 Export 1993–1997, Außenwirtschaftsrecht 1956, Außenwirtschaftsrecht 1956, Export 1993–1997
45 Akten erloschener Firmen 1923–1989
46 Mitteilungen der Handwerkskammer Reutlingen 1946–1955, Deutsche Handwerkszeitung 1955–2019
47 Plakate zur Bekämpfung der Schwarzarbeit, 1950
47 Gebäude der Handwerkskammer 1910–1987, Personen: Präsidenten und Geschäftsführer 1900–1997, Adolf Hitler 1935, Kurt Georg Kiesinger 1965, Jubiläen und Veranstaltungen der Kreishandwerkerschaften 1934–1985, Lehrbrief, Meisterbrief 1850–1858, Gesellenprüfung der Bäcker 1974, Veranstaltungen 1972–1999, Gewerbeförderung 1978–1990, Gerber 1930, Schreinerei 1900, Schuhmacher 1930, Flaschnerei Karl Rex 1940, Plakate zur Schwarzarbeit 1950
50 25 Jahre Handwerkskammer Reutlingen (Festschrift 1925). 50 Jahre Handwerkskammer Reutlingen (Festschrift 1950). Handwerk Brücke zur Zukunft 75 Jahre Handwerkskammern in Deutschland (Festschrift 1975). 1900–2000, 100 Jahre Handwerkskammer Reutlingen (Festschrift 2000).

239 Handwerkskammer Stuttgart, Stuttgart

Name Handwerkskammer Region Stuttgart
Branche Nr. 910
Umfang 59
Laufzeit 1900–2019
Benutzbarkeit Ja
Bestand H 7

Bestandsgeschichte Der Bestand wurde im Januar und Mai 2001 sowie in 2002 und 2003 vom WABW übernommen. Aufgrund der schweren Bombenangriffe auf Stuttgart im Zweiten Weltkrieg hat der Bestand starke Verluste erlitten. Er wurde durch zahlreiche Nachlieferungen bis 2009 ergänzt.
Geschichte Kaiser Wilhelm II. verfügte im § 103 der Novelle zur Gewerbeordnung vom 26. Juli 1897, die am 1. April 1900 Gesetzeskraft erlangen sollte, die Gründung von Handwerkskammern. Das Königliche Württembergische Ministerium des Inneren erließ daraufhin am 31. Oktober 1899 die notwendigen Ausführungsbestimmungen. Nach der Wahl der Vollversammlung im Herbst, trat die konstituierende Versammlung am 3. Dezember 1900 zusammen. Im Jahre 1908 wurde in der Neckarstraße 57 ein eigenes Gebäude gekauft. Die wachsenden Aufgaben führten u. a. zur Errichtungen einer eigenen Lehrstellenvermittlung 1911, eines Einziehungs- und Auskunftsamtes 1912, einer Verdingungsstelle 1914 und eines Steuerbüros 1922. Der Neubau des Kammergebäudes in der Kriegsbergstr. 26, das bei Bombenangriffen am 12. September 1944 völlig zerstört wurde, wurde 1926 bezogen. Im April 1943 wurde die Handwerkskammer aufgelöst und firmierte fortan als Handwerksabteilung in der Gauwirtschaftskammer Württemberg-Hohenzollern. Im September 1945 begann der Wiederaufbau der Handwerkskammer. Im September wurde der Vorstand durch das Wirtschaftsministerium ernannt und unter seiner Regie wurde im Sommer 1947 eine Rohstoffstelle der württemberg-badischen Handwerkskammern aufgebaut. Die vorläufige Neukonstituierung durch die Vollversammlung erfolgte am 28. April 1949. Im Juli 1961 zog die

Handwerkskammer wieder in ihr eigenes Gebäude.

35 Vorstandssitzungen 1927–1931, 1948–1979, Vollversammlung 1927–1933, 1949–84, Besprechungen der Hauptgeschäftsführer und der Präsidenten 1968–1979, Neubau der Handwerkskammer 1960–1962, Rundschreiben der Handwerkskammer Stuttgart 1945–1981, 50-jähriges Jubiläum, 75-jähriges Jubiläum, Satzung und Umbildung der Kammer 1954–1970, Kammerbezirksneueinteilung 1974, Geschäftsführung, Ausschüsse 1956–1962, Veranstaltungen, Öffentlichkeitsarbeit 1961–1977, Pressewesen, Pressenachrichten 1953–1987, Geschäftsverteilung und Kammergebäude 1950–1975, Freitag-Abend-Forum 1962–1989, Mitgliedschaften der Kammer 1944–1954, Richtlinien für Ehrungen 1956–1971, Vorstand 1927–1981, Satzung 1929–1974, Präsidium 1946–1949, Rechnungsprüfungsausschuss 1954–1966, Berufsbildungsausschuss 1961–1976, Bauausschuss 1958–1964, Ausschüsse allgemein 1950–1967, Meisterprüfungsausschuss 1949–1966, Rundschreiben 1945–1957, 1960–1990, Jubiläen Handwerkskammer 1950, 1960, 1975, Einweihung Kammergebäude 1962, Grundstück Kriegsbergstraße/Friedrichstraße 1945–1974, Neubau Verwaltungsgebäude 1953–1973, Geschäftsberichte 1953–1974, 1978–2007, Organisations- und Geschäftsverteilungsplan 1952–1975, 1987, Kundgebungen des Handwerks 1948–1955, 1959, 1963, 1969, 1976, Geschäftsordnung 1948–1955, Wahlen 1949–1979, Abwicklung Gauwirtschaftskammer Württemberg 1947–1954, Inventar 1979, Partnerschaft mit der Handwerkskammer Strasbourg 1963–1977, Neueinteilung des Kammerbezirks 1973–1974, die Handwerkskammer Region Stuttgart hat circa 30.000 Betriebe inne.

36 Aufbau und Organisation des Handwerks nach dem II. Weltkrieg 1947–1955, Protokolle der Kreishandwerkerschaftssitzungen 1976–1990, Gewerbevereine 1946–1968, Rechtsnachfolge Gauwirtschaftskammer 1947–1954, Bundesinnungsverbände 1954–1974, Partnerschaft Handwerkskammer Straßburg 1964–1967, Satzungen und Lageberichte anderer Handwerkskammern 1954–1962, Schriftenreihe der Handwerkskammern 1962–1985, Deutsch-Französisches Handwerkskammertreffen 1962–1995, Rundschreiben des Baden-Württembergischen Handwerkstages 1950–1965, Sitzungsniederschriften des württembergischen Kammertages 1921–1933, Bundesverband Junghandwerk Rundschreiben 1971, Internationales Studieninstitut des Mittelstandes 1962, Deutsches Handwerksinstitut 1951–1976, Deutscher Handwerkskammertag 1950–1976, Zentralverband des Deutschen Handwerks 1949–1988, Landesinnungsverbände 1944–1977, 1992–1993, Institut für technische Betriebsführung im Handwerk 1957–1973, Arbeitsgemeinschaft der baden-württembergischen Handwerkskammern 1946–1979, Baden-Württembergischer Handwerkstag 1948–1977, Landesverband der Gewerbe- und Handelsvereine 1949–1975, Bundesvereinigung der Fachverbände des Deutschen Handwerks 1950–1976, Handwerkskammerausschuss der US-Zone 1946–1952, Bund der Kunsthandwerker 1948–1973, Kreishandwerkerschaften 1945–1990, Junghandwerk 1950–1975, Innungen 1934–1994, Württembergischer Handwerkertag 1921–1933, Handwerker-Schulungsheim St. Leonhard e. V.

37 Handwerksrolle Allgemein 1948–1963, Handwerksrolle Löschungen 1986–1989, Handwerksordnung 1945–1973, Betriebsstatistik 1950–1987, Handwerkszählung 1949, Eintragungen in die Handwerksrolle 1981–1989, Handwerkszählung 1963, 1968, Handwerksrolle 1948–1963, 1981–1989, Handwerksordnung 1945–1974, Berufsbilder des Handwerks 1948–1960, Jugendarbeitsschutzgesetz 1949–1966

38 Lehrlingsstatistik 1941–1989, Meisterprüfungsstatistik 1949–1990, Stiftung Begabtenförderung 1948–1967, Meisterprüfungsvorbereitungskurse 1947–1968, Meisterprüfungsordnung 1949–1972, Zulassungen zur Meisterprüfung 1949–1959, Meisterprüfungsausschuss 1949–1966, Schulpolitik Grundsatzfragen 1949–1975, Gesellenaustausch 1949–1966, Lehrstellenbörse 1980–1986, Nachwuchswerbemaßnahmen 1953–1973, Lehrlingslossprechung 1951–1970, Gesellenprüfungsordnung 1960–1971, Ausbildungsvergütung 1949–1967, Nachwuchslage 1949–1965, Berufsbildungsgesetz 1949–1971, Ausbildungsberechtigung 1949–1957, »Der Lehrlingswart« 1968–1972, Berufsbildungsreferententagungen 1960–1980, Landesausschuss für Berufsbildung 1970–1980, Son-

derprogramm Ausbildungsplatzangebot 1979–1984, Berufsberatung 1956–1979, Statistik überbetriebliche Ausbildung 1980–1989, Stiftung Begabtenförderung im Handwerk 1948–1979, Meisterprüfungswesen 1941–1968, Meisterschulen 1947–1973, Statistik Gesellenprüfung 1948–1989, Ausbildungserlaubnis 1948–1973, Ausbildungsvergütung 1949, 1954–1967, Reform Grund- und Hauptschule 1949–1960, Berufsschule 1949–1975, Nachwuchswerbung 1953–1967, 1970–1973, Lehrlingskarteikarten 1903–1960, Statistik Berufsausbildung 1970–1984
39 Gewerbeförderungsstelle 1953–1972, Kunsthandwerk 1949–1960, Weiterbildungsseminare 1989, Beratungsstellen allgemein 1957–1974
40 Amtliches Statistisches Material 1939–1970, Messe Handwerk 1983–1989, Betriebsberatung Einzelfälle 1984–1987, Statistik Betriebsberatung 1970–1978, Betriebsstatistik 1950–1989, Handwerkerzählung 1948–1969, Organisationsstatistik Baden-Württemberg 1949–1989, Berichte zur wirtschaftlichen Lage des Handwerks bisher 1942–1982, Betriebs- und Beschäftigtenzahlen im Handwerk 1968–1977, Handwerkliche Produktionsberichte 1949–1953, Handwerk in Zahlen 1964–1992, amtliches statistisches Material 1939–1960, Landesstatistik Baden-Württemberg 1947–1970, Ausstellungen Handwerk 1982–1989
41 Banken und Geldinstitute 1948–1977, Kreditwesen 1955–1965, Haushaltspläne 1930–1931, 1945–1980, Jahresrechnungen 1930–1931, 1945–1980, Kreditanstalt für den Wiederaufbau 1948, Landeskreditanstalt 1970–1973, Bausparkassen 1954–1972, Deutsche Genossenschaftskasse 1950–1951
42 Arbeits- und Tarifpolitik 1948–1972, Gewerkschaften 1957–1962, Arbeitsförderungsgesetz 1969–1979, Personalakten ca. 1960–1997, Bundessozialgericht 1953–1954, Arbeitsgerichte 1949–1960, Landesarbeitsamt 1948–1969, Arbeitsämter 1948–1974, Ehrungen 1952–1971, Betriebsjubiläen 1934–1970
43 Landesgewerbeamt 1951–1966, Landesplanungsrat 1963–1971, Bundesministerium für Wirtschaft 1948–1952, Bundessozialgericht 1953–1954, Landesregierung 1954–1971, Arbeitsgerichte 1949–1960, Landesarbeitsamt 1948–1974, Ministerium für Arbeit, Gesundheit und Sozialforschung 1952–1974, Beschlagnahmungen 1948–1956, Liquidierung von Kriegsmaßnahmen 1945–1969, Kriegsgefangenschaft und Entnazifizierung 1945–1957, Nachkriegspolitik 1951–1970, Wirtschaftliche Lageberichte 1942–1980, Handwerkskammerausschuss der US-Zone 1946–1947, Beschlagnahmung und Besatzungsschäden 1948–1956, Kriegsschäden 1945–1969, Wiedergutmachung 1945–1957, Nachkriegspolitik der Besatzungsmächte 1945–1957, Unterbringung von Vertriebenen 1950–1955, Flüchtlingsorganisationen 1948–1965, Betreuungsstelle ostdeutsches Handwerk 1952–1965, Landesplanungsrat beim Innenministerium 1963–1971, Arbeitsministerium 1952–1959, 1962–1974, Wirtschaftsministerium 1948–1952, Landesgewerbeamt 1951–1966, Landesregierung 1952–1971, Regierungspräsidium 1953–1954, Aufbau und Organisation des Handwerks nach dem II. Weltkrieg 1946–1955, Gewerkschaften 1957–1962
44 Exportkurzberatungen 1976–1985, Rundschreiben 1960–1970, Exportberatung 1953–1957, 1964–1985
46 Schriftenreihe 1986–1989, Deutsche Handwerkszeitung 2008–2019, Baden-Württembergische Handwerks-Nachrichten 1953–1956, Handwerks- und Gewerbezeitung für Baden-Württemberg 1950–1975
50 25 Jahre Handwerkskammer Stuttgart 1900–1925 (Festschrift 1925). 50 Jahre Handwerkskammer Stuttgart 1900–1950 (Festschrift 1950). Die neue Handwerkskammer Stuttgart, Stuttgart 1962. 75 Jahre Handwerkskammer Stuttgart (Festschrift 1975). Das Handwerk und seine Kammer, 1989. 100 Jahre für das Handwerk, Skizzen aus der regionalen Wirtschaftsgeschichte (Festschrift 2000).

240
Handwerkstag, Stuttgart

Name Baden-Württembergischer Handwerkstag
Branche Nr. 910
Umfang 11
Laufzeit 1957–2012
Benutzbarkeit Ja
Bestand H 8

Bestandsgeschichte Der Bestand wurde im Mai 2001 vom WABW übernommen.
Geschichte Im Jahr 1950 erfolgte die Gründung des Württemberg-Badischen Handwerkstages, dem die Handwerkskammern, die Fachverbände, die Genossenschaftsbanken und die berufsständischen Versicherungen angehören und zu dessen ersten Präsidenten Robert Sieber gewählt wurde. Der Baden-Württembergische Handwerkstag wurde 1960 als Dachverband des baden-württembergischen Handwerks als Verein gegründet. Die Arbeit des BWHTs wurde bis 1960 auch von der Handwerkskammer Stuttgart übernommen.
35 Vorstand und Beirat 1960–1990, Haushalt 1960–1994, Pressemeldungen 1980–1996, Geschäftsbericht 1997, Mitgliedschaft 1960–1974, Mitgliederversammlung 1960–1988, Vorstand 1960–1989, Beirat 1960–1989, Geschäftsführerkonferenzen mit den Handwerkskammern 1979–1989, Geschäftsbericht 1990, 1992–1994, 1997, 1999, 2001, 2003, 2005–2007, 2009, Mittelstandskundgebungen in Sindelfingen 1976, 1980, 1983–1984, Pressenachrichten 1960–1996, Rundschreiben 1991–1999
36 Arbeitsgemeinschaft Fachverbände 1962–1990, Hauptgeschäftsführerkonferenzen 1960–1990, Wirtschaftliche Lageberichte der Handwerkskammern 1979–1980, Arbeitstagung Kammerjuristen 1968–1977, Arbeitstagung der Sachbearbeiter der Handwerksrolle 1966–1980, Zentralverband des Deutschen Handwerks Koordinierungsausschuß 1973–1980, Sitzung des Handwerksrats 1977–1980, Deutscher Handwerkskammertag 1975–1990, Rundschreiben 1991–1996, Zentralverband des Deutschen Handwerks 1963–1998, Deutscher Handwerkskammertag 1968–1990, Arbeitsgemeinschaft der baden-württembergischen Handwerkskammern 1962–1989, Gebührenordnungen der Handwerkskammern 1960–1975, Handwerkskammern 1962–1998, Arbeitsgemeinschaft der Fachverbände 1964–1990, Bundesvereinigung der Fachverbände des Deutschen Handwerks 1962–1977, Innungen 1968–1974, Junghandwerkerverband Baden-Württemberg 1960–1976, Institut für technische Betriebsführung im Handwerk in Karlsruhe 1963–1978
37 Bekämpfung der Schwarzarbeit 1975–1979, Handwerksrollenstatistik 1960–1980, Arbeitstagung Handwerksrolle 1966–1980, Arbeitstagung der Fachjuristen 1968–1977, Sachverständige 1957–1976, Schwarzarbeit 1975–1979
38 Grundsatzfragen 1990, Nachwuchswerbung 1980–1996, Leistungswettbewerb 1961–1975, Protokolle der Sitzungen der Berufsbildungsreferenten 1960–1992, Meisterprüfungsordnungen bis 1972, Weiterbildung Allgemein 1986–1996, Berufsbildung Coburger Kreis 1994, Prüfungsausschuß allg. 1966–1992, Berufsbildungsausschuss auf Landesebene 1969–1994, Berufsberatung Grundsatzfragen 1974–1994, Landesarbeitskreis für Weiterbildung 1970–1977/1994, Integrierte Gesellen- und Berufsschulabschlussprüfung 1959–1969, Arbeitsgemeinschaft Meisterprüfungsausschüsse 1967–1992, Protokolle Hauptausschuß Berufsbildung Deutscher Handwerkskammertag 1994, Berufsbildung in der EG 1989–1994, Bundestagung der Berufsbildungsreferenten 1985–1994, Arbeitskreis berufliche Bildung 1992, Ausländische Lehrlinge 1982–1994, Prüfungsgebühren 1965–1987, Grundsatzfragen Gesellenprüfung 1970–1993, Berufsausbildung allgemein 1967–1997, Arbeitsgemeinschaft berufliche Fortbildung 1969–1993, Nachwuchswerbung 1961–1996, Weiterbildung 1969–1996, Meisterprüfungsordnung 1960–1989, Meisterprüfung 1961–1994, Gesellenprüfung 1959–1999, Ausbildungsberatung 1969–1994, Ausbildungsverhältnisse allgemein 1960–1991, Berufsfachschulen 1965–1974, Praktischer Leistungswettbewerb 1961–1975
39 Hauptausschuß Gewerbeförderung 1985–1990, Betriebsbörse 1988–1993, Mittelstandsförderung 1974–1996, Hauptausschuss Gewerbeförderung 1998, Existenzgründungsförderung 1986–1996, ZDH-Hauptausschuss für Gewerbeförderung 1967–1998, Betriebsberatung 1980–1994, Mittelstandsförderung 1969–1992, Stein-

beis-Stiftung für Wirtschaftsförderung 1969–1991
40 Unternehmensberatung Allgemein 1983/1984, Handwerkszählung 1968, 1990, Arbeitskreis Betriebsberatung 1987–1995, Handwerk und Umwelt 1990–1993, Technologietransfer 1990–1992, Jungmeisterbefragung 1985, Berufsberatungsstatistik 1987, wirtschaftliche Lageberichte der Handwerkskammern 1979–1981, Arbeitsstättenzählung 1967–1970, Handwerkszählung 1967–1973, 1990, Vergabe- und Vertragsordnung für Bauleistungen 1961–1980
41 Kreditgarantiegemeinschaft des Baden-Württembergischen Handwerks 1961–1980, Gebührenordnung der Handwerkskammern 1960–1975, Beiträge der Mitglieder 1960–1965, Mitgliedsbeiträge 1960–1965, Haushaltspläne 1960–1994, Jahresrechnungen 1960–1994, Landeskreditbank 1971–1994, Prüfungsgebühren 1963–1991
42 Tarifänderungsmeldungen 1990, Grundsatzfragen Arbeits- und Sozialrecht 1965–1980, Tarifkoordinierung Metallhandwerk 1962–1986, Arbeits- und Sozialrecht 1965–1980, Tarife 1965–1980, Landesvereinigung baden-württembergischer Arbeitgeberverbände 1972–1980, Deutscher Gewerkschaftsbund 1975–1980
43 Beirat für die berufliche Bildung beim Wirtschaftsministerium 1968–1970, Ministerium und Berufsbildung 1993, Konjunkturberichte Bauwirtschaft 1997–1998, Wirtschaftsberichterstattung 1985, Informationsgespräche mit dem Landesgewerbeamt 1981–1994, Landesschulbeirat 1961–1980, Landesgewerbeamt 1985–1994, Wirtschaftsministerium 1968–1970, 1983–1999, Gespräche mit Fraktionen 1976–1985
46 Deutsche Handwerkszeitung 1977–1995
50 Kohler, Heinz / Richter, Hartmut: Das Handwerk im Land: Vielseitig an der Basis – geeint an der Spitze, in: Rudolf Ruf. Ein Leben für das Handwerk, hrsg. von der Handwerkskammer Karlsruhe, Karlsruhe 1996, S. 49–52.

241
Hardtmann, Esslingen

Name Gebr. Hardtmann
Geschäftstätigkeit Tuchfabrik
Branche Nr. 172
Umfang 0,1
Laufzeit 1844
Benutzbarkeit Ja
Bestand B 22

Bestandsgeschichte Der Bestand umfasst mehrere Überlieferungssplitter. Das Inventar ist mit dem Archivgut der Firma Merkel & Kienlin ins WABW gelangt, Angebot und Quittung wurden 2014 vom Stadtarchiv Esslingen übergeben.
Geschichte Die Tuchfabrik wurde von den Brüdern Fritz und Christian Hardtmann im Jahre 1826 in Esslingen gegründet. Infolge des Niedergangs der Tuchindustrie ging die Firma 1869 in Konkurs. Die Nachfolgefirma firmierte seit 1870 unter dem Namen Tuchfabrik Esslingen, Aktiengesellschaft. Sie wurde 1886 liquidiert.
9 Angebot zum Eintritt in die Firma 1840
16 Inventar 1844; Blankoquittung um 1840
49 WABW B 44
50 Henrich Tiessen, Industrielle Entwicklung, Gesellschaftlicher Wandel und politische Bewegung in einer Württembergischen Fabrikstadt des 19. Jahrhunderts: Esslingen 1848–1914, Sigmaringen 1982, passim.

242
Hartmann, Stuttgart

Name Familienverband Hartmann e.V.
Geschäftstätigkeit Genealogische Forschung
Branche Nr. 950
Umfang 5
Laufzeit 1782–2012
Benutzbarkeit Eingeschränkt
Bestand B 171

Bestandsgeschichte Das Archiv des Familienverbands wurde 2007 mit mehreren Nachlieferung als Depositum dem WABW übergeben. Es ergänzt das Firmenarchiv der Verbandstofffabrik Paul Hartmann AG, Heidenheim.

Geschichte Der 2002 in Stuttgart gegründete Familienverband Hartmann e. V. bezieht sich auf die aus Stuttgart-Plieningen stammende Familie Hartmann, die 1558 erstmals urkundlich belegt ist. Die Nachkommen stammen überwiegend von den in Württemberg bekannten Familienmitgliedern Georg Hartmann (1710–1796), Oberstutenmeister im herzoglichen Gestüt Marbach, und dessen Sohn Johann Georg Hartmann (1731–1811), Hof- und Domänenrat, ab. Die heutigen sechs Familienzweige gehen auf Johann Georg Hartmanns Kinder zurück.
Seit 1878 begann der Theologe und Landeshistoriker Julius Hartmann (1836–1916) die Familienzusammengehörigkeit durch die Veranstaltung von sogenannten Hartmann-Tagen und die Herausgabe von Hartmann-Büchern zu fördern. Seit Gründung des Familienverbands findet alle zwei Jahre eine Mitgliederversammlung im Rahmen eines Hartmann-Tages statt. Der Verband hat es sich laut Satzung zur Aufgabe gestellt, die genealogische Forschung innerhalb der Landesgeschichte zu fördern und das Archiv des Verbands zu sichern und zu mehren.

3 Briefe und genealogische Meldungen 1782–1984, Hartmann-Bücher 1878 – 1953 und Nachträge bis 2008, Hartmann-Tage (Teilnehmerverzeichnisse, Fotos) 1898–1978, Adressenverzeichnisse, Hartmann-Wappen, Literatur zur Ahnenforschung, Publikationen, private Fotos und Lebenserinnerungen von Mitgliedern, Personenkartei »Heidenheimer Linie«

49 WABW B 46, Rubrik 3

243 Hartmann AG, Heidenheim an der Brenz

Name Paul Hartmann AG
Geschäftstätigkeit Hersteller von Medizin- und Hygieneprodukten
Branche Nr. 170/175
Umfang 145
Laufzeit 1790–2012
Benutzbarkeit Ja
Bestand B 46

Bestandsgeschichte Das Archivgut wurde im unternehmenseigenen Archiv auf dem Betriebsgelände verwahrt und lag gemäß einer firmeninternen Systematik geordnet in Archivschachteln. Die Übernahme ins WABW erfolgte in mehreren Ablieferungen zwischen 1987 und 2004. Die archivische Erschließung orientiert sich an der unternehmensinternen Gliederung.
Geschichte 1818 gründete Ludwig von Hartmann, ehemals Direktor der Firma Meebold, Schüle & Co., in Heidenheim eine mechanische Baumwollspinnerei. 1830 erweiterte er diese um eine mechanische Baumwollspinnerei im nahegelegenen Herbrechtingen. 1843 übergab Ludwig von Hartmann die Bleiche und die Spinnereien an seine drei Söhne Karl, Paul und Eduard, welche von da an unter L. Hartmann & Söhne firmierten. 1867 erwarb Paul Hartmann sen. Die Scheckenbleiche in Heidenheim und gründete unter seinem Namen eine eigene Firma. Zwischen 1877 und 1879 wurde die Trennung der brüderlichen Unternehmen vollzogen, Paul Hartmann sen. Übernahm auch die Spinnerei in Heidenheim. Unter Einfluss seines Sohnes Paul jr. Beschritt er neue Wege, indem er neuartige antiseptische Verbandsstoffe industriell herstellte. Aufgrund der großen Nachfrage baute er sein Unternehmen zu einer Verbandstofffabrik aus. Zwischen 1875 und 1914 stieg die Produktion sprunghaft an und das Unternehmen eröffnete in den 1880er Jahren Filialbetriebe in Italien, Böhmen, Paris, Berlin, London, Barcelona und New York. Bis heute ist das Unternehmen, seit 1912 in der Rechtsform einer Aktiengesellschaft, mit Medizin- und Hygieneprodukten weltweit vertreten.

2 Stadt- und Wirtschaftsgeschichte Heidenheims, Zeitungsartikel, Broschüren, Vorträge, Vereine, Ausstellungen 1805–2002, Deutsche Geschichte: Militärgeschichte, Kriegsanleihen, Notgeld, Arbeiter- und Soldatenräte, Sozialpolitik, nationalsozialistische Wirtschaftspolitik, Erster und Zweiter Weltkrieg 1849–1960, Württembergische Geschichte: Verfassung, Industrie, Militär, Sozialpolitik, Verkehr, Ersatzstoffe 1832–2000, Medizingeschichte: Allgemeine Medizingeschichte, Ärzte und Erfinder, Verbandsstoffgeschichte, Technik der Verbandstoffherstellung, Verbandtechnik, Metalltherapie, Militär-Sanitätsausrüstung, Pharmazie, Normung 1720–2000

3 Chronik und Genealogie der Familie Hartmann, Hartmannbücher, Familienwappen, Korrespondenzen, Biographien, Trauerreden, Hartmannsche Familienstiftung 1839–1996

4 Firmengeschichte, Firmenchronik, Gründung, Aufsätze, Beiträge, Firmenbeschreibungen, Zeitungsartikel, Erinnerungen und Anekdoten von Mitarbeitern, Firmenjubiläen 1867–1992

5 Geschäftsübertragungen, Gesellschafterverträge, Umwandlung in eine AG, Satzungen, Handelsregister 1818–2010

6 J.H.Ziegler GmbH, Oberachern (Chronik, Finanzen und Steuern, leitende Angestellte, Geschäftsführung, Aufsichtsrat, Hauptversammlung, Personal, Löhne, Betriebsrat, Bilanzen, Prüfungsberichte, Grundstücke und Gebäude, Prozesse, Abnehmer 1919–1998), Degen & Kuth, Düren (Chronik, Prüfungsberichte, Prospekte, Preislisten 1912–1974), Watte und Verbandstoffe Verwaltungsgesellschaft mbH, Frechen (1976–1980), Filiale Barcelona (Verträge, Chronik, Geschäftsführung, Geschäftsberichte, Aufsichtsrat, Hauptversammlung, Bilanzen, Umsätze, Finanzierung, Gebäude, Schutzrechte, Verträge, Kataloge und Preislisten 1897–1977), Filialen in Italien (Chronik, Bilanzen, Gebäude, Schutzmarke, Kataloge und Preislisten 1881–1944), Frankreich: Hartmann & Maaß, Paris (Korrespondenzen, Preislisten, Bilanzen, Statistik, Verträge, Werbung 1883–1919); Laboratoires Herbel, Paris (Geschichte, Verträge, Personalwesen, Jahresabschlüsse, Bilanzen, Gewinn- und Verlustrechnungen, Gebäude, Maschinen, Schutzrechte 1929–1954); Hartmann & Kleining, Hohenelbe (Geschichte, Personalwesen, Verträge, Geschäftsführung, Korrespondenzen, Statistik, Bilanzen, Gewinn- und Verlustrechnungen, Kalkulationen, Steuern, Umsatz, Produktion, Gebäude, Maschinen, Schutzmarke, Warenzeichen, Preislisten, Werbung 1882–1957), Heeresfertigung Paris 1941–1944; London (Geschichte, Korrespondenzen, Gründung der Sanitary Wood Wool Company London, Verträge, Dividenden, Finanzierung, Personalwesen, Bilanzen, Gewinn- und Verlustrechnungen, Geschäftsberichte, Werbung 1885–1930); Karl Schweizer, Rorschach (Verträge 1921–1923); Zweigniederlassungen und -werke Inland: Berlin (Räume, Korrespondenzen, Verträge, Handelsregisterauszüge, Tagebuch der Filiale, Personalwesen, Vertreter, Absatz, Rundschreiben, Korrespondenzen, Protokolle, Steuern Berliner Verbandstofffabrik Gericke Gebrüder GmbH Berlin 1884–1968); Chemnitz/Dresden (Grundstücke und Gebäude, Verträge, Korrespondenzen, Tagebuch der Filiale Dresden, Personalwesen, Vertreter, Statistik, Umsätze, Rundschreiben. Steuern 1919–1951); Düsseldorf (Mietverträge, Rechtsform, Geschichte, Personalwesen, Vertreter, Umsätze, Statistik, Rundschreiben 1897–1946); Hamburg (Grundstücke und Gebäude, Geschichte, Personalwesen, Verträge, Vertreter, Absatz, Korrespondenzen, Rundschreiben, Vertrieb 1914–1973); München (Räume, Geschichte, Personalwesen, Vertreter, Absatz, Maschinen 1920–1949); Frankfurt a. M. (Filiale: Räume, Geschichte, Personalwesen, Rundschreiben, Verträge, Vertreter, Absatz 1889–1976. Sanaco GmbH: Geschichte, Geschäftsführung, Bilanzen, Gewinn- und Verlustrechnungen, Steuern, Werbung, Preislisten, Schutzmarke, Drucksachen 1912–1950); Saarbrücken (Räume, Geschichte, Gründung, Verträge, Personalwesen, Gesellschafterversammlungs-Protokolle, Revisionsberichte, Finanzierung, Liquidation 1914–1947. DUKA Saarbrücken: Geschichte, Übernahme, Steuern 1933–1952. Roth-Grundstücks-GmbH: Protokolle der Gesellschafterversammlung, Jahresabschluß 1977–1979); Zweigniederlassungen und -werke Ausland: Innsbruck, Wien, Salzburg (Grundstücke und Gebäude, Räume, Geschichte, Geschäftsleitung, Personalwesen, Lieferanten, Gesellschaftsverträge, Korrespondenzen, Produktion, Absprachen, Fieberthermometerfabri-

kation, Finanzen, Bilanzen, Gewinn- und Verlustrechnungen, Revisionsberichte, Vertreter, Preislisten, Maschinen, Schutzrechte, Patente, Werbung, Umsätze, Steuern 1908–1977); Belgien, Irland (Geschäftsberichte, Jahresabschlußprüfungen 1975–1984); Joint-Ventures, Zweigniederlassungen, Logistikzentren und Tochtergesellschaften im In- und Ausland 1912–1998
7 Geschäftsführung, Mitglieder der Familie Hartmann: Ludwig, Paul sen., Paul jun., Albert, Oskar, Armin, Walther, Manfred, Herbert, Nicht-Familienmitglieder, Leitende Angestellte, Korrespondenzen und Kopierbücher, Vorstandsberichte, Aufsichtsratsmitglieder, Aufsichtsratsprotokolle, Aktien, Dividenden, Hauptversammlungsprotokolle 1790–2008
8 Organisationsanweisungen, Organisationsverbesserungen, Organisationspläne, Einkaufsorganisation 1908–1994
9 Bewerbungen, Einstellungen, Personalstatistik, Betriebsordnungen, Arbeitszeit, Tarifverträge, Unfallverhütungsvorschriften, Löhne und Gehälter, Sozialversicherung, Betriebskrankenkasse, Unterstützungsverein Hartmannhilfe e. V., Werkswohnungen, Arbeitsjubiläen, Betriebsfeste, Kantine, Gewerkschaften, Betriebsrat, Fremdarbeiter und Kriegsgefangene, Mitarbeiterzeitschrift 1846–2012
10 Grundstücke und Gebäude (Kauf-, Verkauf-Pacht- und Mietverträge, Pläne, Flurkarten), Gebäudebrandversicherungs-Kataster, Brandschäden, Kriegsschäden, Wasserrechte, Notariatsurkunden, Zeitungsartikel 1845–1997
11 Darlehen, Hypotheken, Wertpapiere, Kapitalerhöhungen 1814–1976
12 Einkaufsorganisation, Rohstoffbezug, Lieferanten 1908–2000
13 Kraftanlagen, Maschinen, Betriebstechnik, Luftschutz, Feuerwehr, Produktions- und Verbrauchsstatistik, Produktionsverfahren, Versuche, Produktionsstilllegungen, auswärtige Betriebe (Herbrechtingen, Niederstotzingen, Niedernhausen, Torfgewinnung in Langenau, Ausweichbetriebe im Zweiten Weltkrieg), Erzeugnisse, Rezepte, In- und Auslandspatente, Gebrauchsmuster, Warenzeichen (In- und Ausland) 1862–2001, Maschinenpläne (Heidenheim, Mergelstetten, Pavia, Hohenelbe, Brünn, Wien) 1830–2003
14 Geschäftspartner, Kalkulationen, Verkaufsorganisation, Umsatz, Statistik, Filialstatistik, Rundschreiben an Filialen, Filialleitertagungen, Kunden, Heereslieferungen, Vertreter, Konkurrenz, Verträge und Abkommen über die Einhaltung von Verkaufspreisen, Vertriebsverträge, Lieferverträge, Lizenz- und Erfahrungsaustauschverträge 1857–2003
15 Werbeetat, Werbekosten, Werbeberatung, Broschüren, Merkblätter, Prospekte, Werbemittel, Verpackungen, Muster, Etiketten, Anzeigen, Schaufensterwerbung, Plakate, Reklamemarken, Kataloge, Preislisten, Briefköpfe, Schriftenreihen, Firmensignet, Markenzeichen, Ausstellungen, Diplome, Medaillen, Expeditionen, Werksbesichtigungen, Fachzeitschrift »Wundforum« 1873–2011
16 Jahresabschlüsse, Bilanzen, Betriebsübersichten, Hauptbuch-Serie, Prüfungsberichte, Einzelkonten, Kostenstellenpläne 1796–2003, Geschäftsberichte 1790–2011
17 Steuereinschätzungen, Stempelsteuer, Gewerbesteuer, Einkommensteuer, Körperschaftsteuer, Vermögensteuer, Grundsteuer, Beitrag zum Reichsnährstand, Gebäudeentschuldungssteuer, Investitionshilfe, Einheitsbewertung, allgemeine Steuerfragen, Zölle 1831–1972
18 Gebäudebrandversicherung, Übersicht bestehender Versicherungen 1924–1980
19 Erster und Zweiter Weltkrieg, Luftschutz, Bombenangriffe, Feldpostbriefe, Ausweichbetriebe, Kriegsschäden, Militärregierung, Heeresfertigung Paris 1914–1949
20 Korrespondenzen, Protokolle, Aktennotizen, Rundschreiben, Mitteilungen, Pressenotizen mit/von Ministerien und kriegsbedingte Behörden, Kommunalbehörden, Kammern, Außenhandelsstelle für Württemberg, Vereinigung deutscher Verbandmittelhersteller, Fachuntergruppe Verbandmittelhersteller der Wirtschaftsgruppe Textilindustrie, Bezirksgruppe Württemberg-Hohenzollern der Fachuntergruppe Verbandmittelhersteller in der Wirtschaftsgruppe Textilindustrie, Wirtschaftsgruppe Textilindustrie, Reichsfachschaft der Verbandmittelhersteller, Verein der Verbandstoffabrikanten Deutschlands e. V., Vereinigung der Großbetriebe der deutschen Verbandstoffindustrie, Vereinigung Deutscher Verbandmittelhersteller, Nationalverband der Deutschen Heilmittelindustrie, Ver-

bandstoffvertriebsgesellschaft m. b. H., Österreichische Verbandstoffkonvention, Verband ostmärkischer Verbandmittelhersteller, Vereinigung Deutscher Verbandwattefabrikanten, Verband deutscher Wattefabriken, Reichsfachschaft der pharmazeutischen Industrie, Verband der deutschen Dentalfabriken e. V., unterelsäßischer Apothekenverein, Landesverband Bayerischer Apothekenleiter, Wirtschaftliche Vereinigung deutscher Apotheker, Standesgemeinschaft deutscher Apotheker, Mitteldeutscher Pharma-zie-Konzern, Standesjugend Deutscher Apotheker, Reichsapothekerkammer, Deutscher Drogisten Verband Bezirksgruppe Württemberg, Deutscher Drogisten Verband, Arbeitsgemeinschaft der Württembergischen Krankenkassenverbände, Bayerischer Krankenkassenverband, Verein Süddeutscher Baumwollindustrieller, Verband Süddeutscher Textilarbeitgeber, Industrie-Verein Heidenheim, Rotes Kreuz 1897–1952
21 Patent- und Gebrauchsmusterstreitigkeiten, unlauterer Wettbewerb, Informationsmaterial zum Aktien-, GmbH-, Wettbewerbs- und Kartellrecht 1897–1989
22 Spenden und Sponsoring 1898–2003
47 Fotos: Obermedizinalrat Dr. Walcher, Geheimrat Prof. Ritter v. Soxhlet, Mitarbeiter, Messestände, Weihnachtsfeiern, Maschinen der Produktion, Albert Schweizer, Erster Weltkrieg (Balkan), wissenschaftliche Expeditionen, Gemälde zur Geschichte der Medizin, Familie Hartmann (Johann Georg, Ludwig Friedrich, Paul sen., Paul jun., Albert, Prof. Dr. Arthur, Walther, Manfred, Dr. Herbert, Armin, Albrecht), Fabrikgebäude, Wohnhäuser der Direktoren und Angestellten, Werkswohnungen, Produktion, Abteilungen, Produkte, Büros, Filialen, inländische- und ausländische Betriebe, Zweigniederlassungen, Tochtergesellschaften, Logistikzentren, Basler Mission, Forschungsreisen, Akademische Fliegergruppe e. V. der TH Stuttgart, Arthur-Hartmann-Schule in Schnaitheim, historische Aufnahmen von Heidenheim um 1880–2000; Filme: Werbung/Verkaufsförderung, Betriebsausflüge, Altenfeiern 1936–2002
48 Produktmuster und Verpackungen, Medaillen, Gemälde 1871–2000
49 WABW B 45, B 80 und Y 367
50 Rolf Ludwig Mehmke, Archiv für Schwäbische Wirtschaftsgeschichte 2, S. 324–332 (Typoskript im WABW). Michael Krüger, Heidenheim, Die Stadt und ihre Industrie im 19. Jahrhundert, Heidenheim 1984. Betriebskrankenkasse Paul Hartmann AG 1884–1984, Heidenheim 1984 (Festschrift). Marcus Plehn, Verbandsstoff-Geschichte, Die Anfänge eines neuen Industriezweiges, Stuttgart 1990. Monika Westhauser, Die Distributionspolitik der Paul Hartmann AG Heidenheim von 1880–1933, Diplomarbeit Hohenheim 1996 (Typoskript im WABW).

244
Haueisen, Neuenbürg

Name Haueisen & Sohn
Geschäftstätigkeit Sensenfabrik
Branche Nr. 280
Umfang 0,1
Laufzeit 1806–1826
Benutzbarkeit Eingeschränkt
Bestand Y 123

Bestandsgeschichte Die drei Bände wurden 1989 mit Genehmigung der Eigentümer vom WABW auf Mikrofilm kopiert.
Geschichte Am 28. Juni 1803 wurde ein Gesellschaftsvertrag zur Gründung der Sensenfabrik Neuenbürg unterschrieben. 1852 erwarb das Stuttgarter Haus Haueisen und Sohn (seit Gründung der Firma Gesellschafter) die noch letzten in fremder Hand befindlichen Gesellschafteranteile. So wurde die Sensenfabrik Neuenbürg ein Familienbetrieb und nahm damals ihre heutige Firmenbezeichnung Haueisen & Sohn an. Im Jahre 1923 erhielt das Unternehmen die Form einer Aktiengesellschaft, 1937 die einer Kommanditgesellschaft. Als solche wird sie bis heute unter der Firmenbezeichnung Haueisen & Sohn KG betrieben. Die Firma stellt heute Präzisionswerkzeuge her.
16 Schuldmanual 1806–1826, Journal 1806–1812, Abgab-Buch 1810–1814
50 Adolf Reile, Geschichte der Sensenfabrik Neuenbürg, Stuttgart 1953.

245
Hauff, Stuttgart

Name Familie Hauff – Chemische Fabrik Hauff
Geschäftstätigkeit Chemische Fabrik
Branche Nr. 246/240
Umfang 1
Laufzeit 1860–1935
Benutzbarkeit Ja
Bestand B 186

Bestandsgeschichte Der Bestand wurde vom WABW im Juli 2014 übernommen.
Geschichte Der Apotheker Julius Hauff gründete 1870 in Feuerbach eine chemische Fabrik, nachdem er zuvor in einer Schieferölfabrik gearbeitet hatte. Ab 1870 baute er in Stuttgart Feuerbach eine chemische Fabrik zur Herstellung von Säuren für die Färber- und Druckindustrie sowie für die Sprengstoffherstellung. Bald jedoch wurde der Schwerpunkt auf die Herstellung photographischer Produkte (u. a. Entwickler »Metol«, Fotoplatten) verlegt. Zusammen mit den Fabriken von Jobst, Lechler und Feuerlein begründete Hauff den Weltruf Feuerbachs als Standort der chemischen Industrie. Aus Sicherheitsgründen und Kapazitätsmangel eröffnete Hauff zwei weitere Standorte außerhalb Feuerbachs. 1929 schloss Hauff sich mit den Wandsbeker Leonar-Werken Arndt & Löwengard zur Hauff-Leonar AG zusammen, der Hauptsitz war Hamburg. 1944/45 wurde die Feuerbacher Fabrik komplett zerstört. 1964 ging die Firma in der AGFA-Gevaert AG auf.
2 Brand Altes Schloss (Druck 1931)
4 Abhandlung (masch.schr.) zu Familie und Firma Hauff 1902–1938
15 Prospekte, Kataloge 1910–1930
47 Fotos zu Familie Hauff (insbes. Julius und Fritz), den Familien v. Miltitz, v. Linden, Watzdorf, v. Hügel, v. Hayn, v. Bülow, v. Koenig ca. 1890–1930; Dias; Innen- und Außenaufnahmen Gebäude Gerokstr. 7, Stuttgart
48 Stereoapparat
50 Im WABW nicht vorhanden.

246
Haug, Esslingen

Name Haug & Cie.
Geschäftstätigkeit Bauunternehmung
Branche Nr. 451
Umfang 5
Laufzeit 1905–1972
Benutzbarkeit Eingeschränkt
Bestand Y 49

Bestandsgeschichte Das Archivgut wurde 1985 von den Gesellschaftern übernommen.
Geschichte Das Unternehmen wurde 1903 unter dem Namen Haug & Cie. Baugeschäft in Esslingen gegründet und ging aus den Firmen Paul Fr. Haug in Esslingen-Mettingen und Wolfer & Silber in Denkendorf hervor. 1918 trat der Teilhaber Gottlieb Wolfer aus der Firma aus. Karl Haug wurde Alleininhaber. Er erwarb das ehemalige Zillingersche Anwesen (ebenfalls Bauunternehmung) in der Neckarstraße 54–56 in Esslingen. 1984 hat das Unternehmen Vergleichsantrag gestellt, ein Anschlusskonkurs folgte.
4 Paul Haug jr. 1925–1938, Zeitungsausschnitte
5 Teilhaber um 1905–1917
8 Organisation 1962–1967
9 An- und Abmeldebücher 1905–1952, Arbeitsbücher um 1935–1945, Löhne und Gehälter 1940–1943, Betriebsappelle 1941–1944, Deutsche Arbeitsfront 1940–1942, Lehrlingswesen 1942–1969, Betriebsrat 1962–1968, Arbeitsschutz 1963–1965
10 Lagepläne um 1911
13 Kieswerk Lorch 1922–1968, Bauaufträge 1908–1971, Maschinenpark 1907–1922, Betrieb 1963–1972
14 Preislisten 1932–1958
16 Bilanzen 1905–1917, Kalkulationen 1956–1968
20 Berichte an die Industrie- und Handelskammer Esslingen 1960–1965
47 Fotos: Baustellen, Arbeiter, Gebäude um 1910–1970
50 Im WABW nicht vorhanden.

247
Häuser, Esslingen

Name Malermeister Karl Häuser
Geschäftstätigkeit Dekorationsmaler
Branche Nr. 742
Umfang 0,1
Laufzeit 1900
Benutzbarkeit Eingeschränkt
Bestand Y 309

Bestandsgeschichte Die 10 Skizzen wurden im März 2003 vom Wirtschaftsarchiv übernommen.
Geschichte Karl Häuser war Dekorationsmaler. Allem Anschein nach war er Königlicher Hoflieferant. Er kam um die Jahrhundertwende nach Esslingen, wo er 1899 heiratete. Er unterhielt eine Werkstatt in Esslingen a. N. (zwischen 1898 und 1916 am Roßmarkt 4 und später in der Sirnauer Str. 4). In zweiter Ehe war Karl Häuser mit der Nichte des Architekten Hermann Fach aus Esslingen a. N. verheiratet. Er starb am 12. Mai 1932 in Esslingen.
13 Projektskizzen Schloss Stuttgart, Treppenhaus Schreiber, Gesellenstück Alfred Häuser
50 Im WABW nicht vorhanden.

248
Haushahn, Stuttgart

Name C. Haushahn GmbH & Co.
Geschäftstätigkeit Aufzughersteller
Branche Nr. 292
Umfang 21
Laufzeit 1889–1991
Benutzbarkeit Nein
Bestand Y 296

Bestandsgeschichte Das Archivgut wurde 2002 von der Geschäftsleitung übernommen.
Geschichte 1889 übernahm Immanuel Hahn in Stuttgart eine Maschinenwerkstätte in der Tübinger Straße, die seit 1873 von einem Mechaniker namens C. Haushahn betrieben worden war. Haushahn hatte sich vorwiegend dem Bau von Dezimal- und Zentesimalwaagen gewidmet und besonders für seine Bodenwaagen Absatz gefunden. Immanuel Hahn behielt die Fabrikation von Waagen bei, lenkte jedoch die Entwicklung mehr zur Produktion von Boden- und Brückenwaagen hin, dazu kamen Kräne und Aufzüge. Ein großer Auftrag der Generaldirektion der Württembergischen Staatseisenbahnen gab den Anstoß zur Verlegung des Betriebes 1896 nach Feuerbach in die Seestraße 31. Neben Transmissionsaufzügen, Hand- und Motorlaufkranen stellte man um 1900 die ersten elektrischen Aufzüge her. Unter der Leitung des Elektroingenieurs Johannes Jessen entstand eine elektrische Abteilung, in der sämtliche Steuerapparate für Aufzüge und Krane gebaut wurden. Verschiedene Neukonstruktionen, wie der patentierte Gleichstrom-Relais-Selbstanlasser, gingen daraus hervor. Während des Ersten Weltkrieges wurde die Produktion weiter fortgeführt. 1919 traten die beiden Söhne Gustav und Theodor Hahn als Teilhaber in die Firma ein. 1927 wurde der Betrieb erweitert, ein Nachbarbetrieb in der Affalterstraße dazugekauft. Im selben Jahr wurde die Produktion von Waagen eingestellt. 1929 entstanden die ersten Schnellaufzüge in Stuttgart, allen voran die Aufzüge im Bahnhofsturm, im Tagblatt-Hochhaus und im technischen Rathaus. Nach dem Rückzug Immanuel Hahns im Jahr 1932 führten seine beiden Söhne das Geschäft als OHG weiter. Aus der sehr erfolgreichen, bereits 1913 gegründeten Niederlassung in München wurde 1938 ein eigenständiges Werk geschaffen. 1970 wurden die ersten Panoramaaufzüge gebaut, 1994 setzte die Firma Haushahn Planetengetriebe im Aufzugbau ein. Vier Jahre später produzierte man bereits Aufzüge ohne Maschinenraum. 1999 wurde die Haushahn-Gruppe, bestehend aus der C. Haushahn GmbH & Co. und der C. Haushahn Automationssysteme GmbH & Co. KG, von der Schweizer Schindler Holding AG übernommen.
2 Atlas zur Berechnung und Konstruktion der Schaltapparate und Schaltschema von Aufzügen und Druckknopfsteuerung für Gleichstrombetrieb 1912
3 Familie Hahn Wappen, Immanuel Hahn: Geschichte der Sielminger Hahn, 1929
4 Firmenunterlagen 1913–1964
9 Personalkonto 1913–1920, technisches Personal 1916–1925, Gehaltsbuch 1918–1922, Lohnliste 1936, Arbeits- und Betriebsordnung 1939
12 Einkaufsbücher 1911–1929, Warenein- und Ausgangsjournal 1940–1941

13 Patente 1905–1933, Betriebsbücher 1910–1930, technische Zeichnungen und Pläne 1915–1940, Revisionsberichte 1929–1933
14 Kommissionsbücher 1889–1908, Auftragsbücher 1903–1943, Preislisten 1910–1964, Bestellbücher 1903–1965, Frachtenstundungsheft 1934–1940, Kaufverträge 1939–1968
15 Anzeigen und Presseartikel 1929–1993, Kataloge und Prospekte 1900–1991, Briefbogen und -formulare, Haushahn Logo 1989–1993
16 Debitoren und Creditoren 1912–1929, Journale 1920–1929, Scheckkopierbuch 1936, Jahreszusammenstellung 1937–1939, Kassenbücher 1938–1957, Bestandsbuch für Steuergutscheine 1939–1940, Betriebskasse 1946–1949, Rechnungsbücher 1951–1964, Abrechnung Werkküche 1957–1961, Kassenbelege 1964
47 Fotos: Jubiläen 1913–1991, Alben 1920–1980, Aufzüge und Kräne 1937–1967, Porträts Gustav Hahn, Wilhelm Endriß, Eugen Locher, Werk München 1938
50 C. Haushahn Maschinenfabrik Stuttgart-Feuerbach und München, Fünfzig Jahre 1889–1939, Stuttgart 1939 (Festschrift).

249 Hauswirtschaftliches Seminar, Kirchheim Teck

Name Studiendirektorin des Hauswirtschaftliches Seminars Maria Schmid
Geschäftstätigkeit Mädchenbildung
Branche Nr. 800
Umfang 0,3
Laufzeit 1922–1983
Benutzbarkeit Eingeschränkt
Bestand Y 508

Bestandsgeschichte Der Bestand wurde im Jahr 2016 von Dr. Klaus Mörgenthaler, einem Nachfahren von Maria Schmid, der Studiendirektorin des Hauswirtschaftlichen Seminars, übernommen.
Geschichte Die 1899 geborene Maria Schmid wurde 1924 von Oberregierungsrätin Dr. Vera Vollmer an das Hauswirtschaftliche Seminar in Kirchheim berufen. Diese Institution wurde 1923 von Dr. Vera Vollmer zur Ausbildung sachkundiger Fachlehrerinnen für Hauswirtschaft, Handarbeit und Turnen für Mädchenschulen aller Schulgattungen des Landes als erste Einrichtung ihrer Art 1923 gegründet. 1929 wurde Maria Schmid zur Vorsteherin des Seminars, 1935 erhielt sie die Amtsbezeichnung »Studiendirektorin«. Während des 2. Weltkriegs wurde das Gebäude mehrfach als Lazarett beschlagnahmt; der Unterricht fand parallel statt. Nach Kriegsende wurde das Seminar von der amerikanischen Besatzungsmacht beschlagnahmt. Dies hatte die Auslagerung des Lehrbetriebs zur Folge. Maria Schmid wurde 1952 zur Oberregierungsrätin im Kultusministerium von Baden-Württemberg, 1959 zur Regierungsdirektorin ernannt. Zu ihren Aufgaben gehörte die Neuorganisation und Vereinheitlichung der Ausbildung der Lehrerinnen sowie von Kindergärtnerinnen und Jugendleiterinnen. Parallel leitete sie Lehrgänge des Schwäbischen Frauenvereins und beteiligte sich im Stiftungsrat der Markelstiftung. 1993 verstarb Maria Schmid im Alter von 94 Jahren.
4 Übersicht Hauptamtliche Lehrkräfte 1922–1960; Materialsammlung und Manuskript »Fünfzig Jahre Lehrerbildung in Kirchheim u. T.« 1929–1983; Gedichtsammlung
47 Fotografien zu: Lazarett im Hauswirtschaftlichen Seminar 1939–1940; Jahresfeste 1932–1940; Einweihung des Neubaus 1957; Fest für Offizierslehrgang 1944; Lehrerinnen 1950; Turnprüfung 1939; Gebäudeansichten 1923; Ausbildungsbetrieb 1920–1930; Aufführungen 1950; Fotoalben zu: Mitgliedschaft im Frauenverein 1966–1971; Außen- und Innenansichten des Seminargebäudes 1950
50 Ulrich Kull: Nachruf zu Maria Schmid, in: Jahreshefte der Gesellschaft für Naturkunde in Württemberg (1993) 148, S. 225–228.

250
Haux, Gebr., Albstadt-Ebingen

Name Gebrüder Haux GmbH & Co. KG
Geschäftstätigkeit Textilfabrik/Spinnerei/Elektrizitätswerk
Branche Nr. 170/171/400
Umfang 0,1
Laufzeit 1907–1955
Benutzbarkeit Ja
Bestand Y 368

Bestandsgeschichte Das Gebr. Haux Elektrizitätswerk überließ 1987 dem WABW zeitweise Fotoglasplatten, von denen Abzüge gefertigt wurden, die sich im WABW befinden. Die Originale wurden vermutlich später vernichtet.
Geschichte Reinhold Haux gründete mit seinem Bruder Friedrich 1885 die Trikotwarenfabrik Gebr. Haux als OHG. Ein Jahr später stieg er bereits aus der Firma aus. Friedrich Haux konnte den Absatz der im Werk hergestellten Herren-, Damen- und Kinderwäsche kontinuierlich steigern und stand seit der Jahrhundertwende jahrzehntelang an der Spitze der Ebinger Gewerbesteuerzahler. Im Jahr 1900 kaufte die Firma die Abt'sche Mühle in Veringendorf und ließ sie in ein Wasserkraftwerk zur Gewinnung von elektrischer Energie umbauen. Die Textilfirma musste aufgrund der gestiegenen Produktionskosten und vermehrter Importe aus Billigländern Ende 1989 ihre Produktion einstellen. Nach Auslaufen des Konzessionsvertrags wurde das Elektrizitätswerk 1997 von den Stadtwerken Albstadt gekauft. Das Kraftwerk Veringendorf ging zur selben Zeit in private Hände über.
47 Fotos: Friedrich Haux und Alfred Haux 1930, 1955, Betriebsausflug Niederwalddenkmal bei Bingen am Rhein 1937, Fabrikansichten 1930, Zerstörung 1945, Maschinen zur Textilproduktion 1930, Nähsaal 1930, Arbeitersiedlung Ostheim 1930, Alte Villa Haux 1907, 1945, Neue Villa Haux 1908, Elektrizitätswerk Veringendorf 1930
50 Gerhard Penck, Die phantastische Geschichte der Villen des Friedrich Haux, Tübingen, Berlin 2008; Clemens Kieser, Erster Strom aus der Steckdose. Das Elektrizitätswerk in Veringendorf (Veringenstadt, Lkrs. Sigmaringen), in: Denkmalpflege in Baden-Württemberg Jg. 34, Nr. 3, 2005, S. 169f.

251
Heidelberger Druck, Heidelberg

Name Heidelberger Druckmaschinen AG
Geschäftstätigkeit Maschinenbau
Branche Nr. 290/296
Umfang 26
Laufzeit 1899–2004
Benutzbarkeit Eingeschränkt
Bestand Y 486

Bestandsgeschichte Das Archivgut wurde 2014 von der Firma Heidelberger Druckmaschinen AG übernommen und durch mehrere Nachlieferungen ergänzt.
Geschichte Am 11. März 1850 gründete Andreas Hamm in Frankenthal die Firma Hemmer, Hamm & Co., in der er Glocken, Feuerspritzen- und Dampfmaschinen produzierte. 1861 schloss er sich mit dem Druckmaschinenkonstrukteur Andreas Albert zur Firma Albert & Hamm zusammen. Gemeinsam spezialisierten sie sich auf Schnelldruckpressen. Die Firma zog unter den neuen Besitzern Wilhelm Müller und Karl Geiger 1896 mit ihrem Hauptsitz in die Eppenheimer Strasse in Heidelberg. Um neues Kapital zu generieren, wandelten sie 1899 die Firma in eine Aktiengesellschaft um. Unter dem Namen Schnellpressenfabrik A. Hamm AG Heidelberg wurde bis 1900 die komplette Firma nach Heidelberg verlegt. Nach dem 2. Weltkrieg wurde in den 1950er Jahren ein neues Werk in Wiesloch errichtet. Das Unternehmen entwickelte sich zu einem weltweit führenden Hersteller von Präzisionsdruckmaschinen und spezialisierte sich seit 1962 zunehmend im Offset-Druckbereich, während zuvor vor allem Maschinen für den Buchdruck produziert wurden. 1988 erwarb die Heidelberger Druckmaschinen AG den Rollenoffsetmaschinenhersteller Harris Graphics Corporation und 1996 die Linotype-Hell AG. 1999 übernahm das Unternehmen die Sparte Digitaldruck von der Eastman Kodak Company und 2003 wurde von der Jagenberg AG der Bereich Bogenstanz- und Faltschachtelklebe-Maschinen übernommen. Nach 2003 konzentrierte sich das Unternehmen auf sein traditionelles Kerngeschäft der Maschinen für Bogenoffsetdruck und den wachsenden Digitaldruckmarkt. Es firmiert seit 1967 als Heidelber-

ger Druckmaschinen AG und hat heute über 11.500 Mitarbeiter bei einem Jahresumsatz von 2,5 Mrd. Euro.
4 100-jähriges Jubiläum (Chronik, Organisation) 1949–1950, Gästebuch 1951–1968
5 Handelsregistereintrag 1899
6 Firma Stahl & Co. Maschinenfabrik (Auftragsbücher, Gästebuch, Vertreterbücher, Produktkatalog) 1950–1999
7 Personalakten von Direktions- und Vorstandsmitgliedern 1919–1986, Korrespondenz der Geschäftsleitung 1908–1912, Unterlagen Hubert A. Sternberg (Todesanzeige, Manuskripte Trauerreden, Jagdtagebücher) 1972–1987
9 Mitarbeiterzeitschrift »Die Druckpresse« 1978–1992, Ausbildungsbericht 1957–1972, Personalstatistik 1924–1939; Arbeitsordnungen 1988–1997, Lohn- und Gemeinkostenstatistiken 1927–1952, Erinnerungen von Mitarbeitern 1959
10 Bauunterlagen Werk Wiesloch 1956–1958 und Eppelheimer Str. in Heidelberg 1931–1942
11 Dividendenzahlungen 1937–1938
13 Produktionsprogramme 1965–1991, Bedienungsanleitungen, Produktbroschüren 1902–2000, Versuche Alu-Satzbett 1963–1967, Prägemuster 1970–1971, Untersuchungsberichte 1959–1967, Kooperation mit der Firma Roto-Werke GmbH zur Entwicklung einer Kleinoffsetmaschine 1973–1980, Patentschrift 1906–1912
14 Verkaufsstatistik In- und Ausland 1958–1997, Korrespondenz Auslandsgeschäft 1984–1997, Korrespondenz mit Kunden 1927–1966, Prospekte von Produkten der Konkurrenz sowie Druckereizubehör 1937–1972, Auftragsbuchserie 1903–1934, Kommissionsbuchserien 1936–1985
15 Werbeanzeigen 1874–1989, Presseinformationen 1975–1992, Kundenzeitschrift »Heidelberger Nachrichten« 1930–2001 und »Print Process« 1998–2004, Messeberichte 1950–1986
16 Geschäftsberichte 1908–1997, Bilanzen 1889–1953, Hauptbücher 1924–1956
20 Einladungen, Sitzungsprotokolle und Handakten Direktor Artur Büttner von der Fachgemeinschaft Druck- und Papiermaschinen im Verein Deutscher Maschinenbauanstalten 1970–1971, Rundschreiben und Richtlinien des Fachverbands Buchdruck sowie Fachverband Kleinoffset 1965–1972, Sitzungsprotokolle der Forschungsgesellschaft Druckmaschinen e. V. 1956–1960, Sitzungsprotokolle des Forschungskuratoriums Maschinenbau 1972, Sitzungsprotokolle und Mitteilungsblätter der Forschungsgesellschaft Druckmaschinen 1963–1972, Sitzungsprotokolle und Mitteilungsblätter der Fachgemeinschaft Druck- und Papiermaschinen e. V. 1960–1972, Sitzungsprotokolle und Mitteilungsblätter der Fachgemeinschaft Druck- und Papiermaschinen e.V 1952–1967, Mitteilungen und Berichte des Deutschen Normenausschuss 1971–1972
21 Rechtsstreitigkeiten wegen Fälschungen und Garantieansprüchen mit Graue GmbH und Schnellpressenfabrik Frankenthal Albert & Cie AG 1960–1968, Patentstreitigkeiten 1938–1975, Rechtsstreitigkeit mit der Johannesberg GmbH wegen Wettbewerbswidrigkeiten 1953–1965, Rechtsstreitigkeiten mit der Firma Gerhard Busch wegen Verkauf von Heidelberger Druckmaschinen unter dem Namen Busch 1960–1961
47 Fertigungsprozesse 1996–1998, Bau des Werks in Wiesloch 1957, Messen und Ausstellungen Fotos 1950–1995, Fotos und Urkunden Hubert A. Sternbergs 1947–1987, Fotos 100-jähriges Jubiläum, Lehrgangs- und Besuchergruppenfotos
49 Centrum för Näringslivshistoria Stockholm, Bestand Heidelberg Sverige AB
50 Heidelberger Druckmaschinen AG: 150 Jahre Heidelberger Druckmaschinen Aktiengesellschaft. Vom Schnellpressenbauer zum weltweit führenden Lösungsanbieter für die gesamte Druck- und Verlagsindustrie, Heidelberg 2000. Martin Krauß: Vom Glockenguss zum Offsetdruck: Geschichte der Heidelberger Druckmaschinen AG, Ubstadt-Weiher 2000.

252
Heidinger, Lahr-Dinglingen

Name Carl Heidinger
Geschäftstätigkeit Zigarrenfabrik
Branche Nr. 160
Umfang 73
Laufzeit 1860–1960
Benutzbarkeit Nein
Bestand Y 50

Bestandsgeschichte Das Archivgut wurde 1983 von der Familie der ehemaligen Gesellschafter übernommen.

Geschichte Die Zigarren- und Stumpenfabrik wurde im Jahre 1870 von dem Kaufmann Carl Heidinger in Lahr-Dinglingen gegründet. 1938 beschäftigte der Betrieb über 200 Mitarbeiter und unterhielt Filialen in Ottenheim, Schuttern, Meissenheim, Kippenheimweiler und Grafenhausen. 1956 wurde die Produktion stillgelegt, die Firma wurde 1959 im Handelsregister gelöscht.

3 C.F. Hoering (Eisenwarenhandlung, Steuern) 1914–1917, Haushaltungsbuch 1901–1928

6 Korrespondenzen Filialen 1900–1941, Jagdfeld-Konzern (Konkurs) 1927 (?)

7 Korrespondenzen 1872–1950, Korrespondenz Rudolf Heidinger 1913, Korrespondenz Carl Heidinger 1917–1918, Briefe an Carl Heidinger 1937–1938, Privat-Kopierbuch 1892–1903, Kopierbuchserie 1896–1906, Betriebsnotizen 1915–1916

8 Registraturplan

9 Krankenbücher für Erwerbsfähige und Wöchnerinnen 1899–1918, Statuten der Betriebskrankenkasse 1893–1913, Mitgliederverzeichnis und Krankenbuch der Fabrikkrankenkasse 1884–1912, Krankenbuch für Versicherungsberechtigte 1921–1922, Arztrechnungen 1921, Angestelltenversicherung 1923, Erwerbslosen-Fürsorge 1918–1919, Beiträge zur Krankenkasse 1933–1940, Ein- und Ausgabenbücher der Betriebskrankenkasse 1884–1923, Krankenkassenakten 1911–1920, Protokollbuch der Betriebskrankenkasse 1886–1897, Zahnpflege 1915, Durchschnittslöhne und Lohnlisten Filialen 1881–1939, Lohnbücher 1880–1936, Arbeitsordnung für die oberbadische Zigarrenindustrie 1921, Arbeitsamt 1940–1944, Aussperrungen 1927, Betriebsrat 1920–1923, Arbeiterverzeichnisse 1912, Zeugnisse 1937–1941, Reichstarifordnung für die deutsche Zigarrenherstellung 1925–1938

10 Pachtverträge 1886–1923, Bauangelegenheiten Filiale Dinglingen 1913–1914, Fabrikbau Filiale Schuttern 1898, Fabrikgebäude Filiale Ottenheim (Pläne), Wasserleitungsanlagen 1906–1908, Grundbuchauszüge, Baugenehmigungen 1900–1920, Fabrikgrundstück Filiale Grafenhausen 1891–1892

11 Geldbedarf 1955, Landeszentralbank Baden 1947, Deutsche Bank Berlin 1917–1930, Deutsche Bank und Diskonto-Gesellschaft 1932–1935, Süddeutsche Diskontogesellschaft 1907–1918, Aktienbesitz Schokoladenfabrik W. Erfurt, Tabakfabrik Magnet, Zigarrenfabrik Kimpel 1906–1930, Bayerische Hypotheken- und Wechselbank 1915–1935, Württembergische Vereinsbank Stuttgart 1918–1924, Frankfurter Bank 1917–1925, Rheinische Kreditbank Filiale Lahr 1907–1921, Zwangsanleihen 1920–1923

12 Einkaufsbuchserie 1880–1890, Lieferantenrechnungen 1903–1945, gemeinsamer Tabakeinkauf 1915–1916, Tabakeinkauf Ausland 1910–1915, Maklerofferten 1908–1914, Zucker-Einkauf 1921–1931,Tabakernten 1900–1933, Tabakrechnungen 1909–1917, Lieferanten 1941, Tabakeinkauf Korrespondenz 1912, Tabakberichte Amsterdam 1913–1916

13 Filialen (u. a. Produktion, Ablieferungslisten, Ladungslisten, Betriebsbücher Tabakverbrauch, Zigarrengewichtsbücher, Deckblattkontrollbuch, Gerätschaften, Instruktionen) 1897–1956, Tabakverbrauchsrechnungen 1920–1929, Prospekte für Büroeinrichtungen und Maschinen 1934–1952, Fuhrpark 1910–1945, Technischer Überwachungsverein 1947–1949

14 Kommissionsbuch-Serie 1886–1933, Verkaufsbuch-Serie 1885–1928, Zigarrenabnahmebücher, Preisverzeichnis 1895–1950, Eisenbahn Lahr-Dinglingen 1900–1903, Vertreterkorrespondenz 1908–1960, Vertreterkartei um 1920–1955, Kundenkartei um 1927–1945, Auskünfte 1874–1942, Aufträge 1950–1951, Lagerbücher 1912–1933, Preislisten, Preisvereinbarungen 1949–1953, Tabakverkäufe 1936, Zollangelegenheiten (u. a. Saar, Memel, Danzig) 1891–1932

15 Visitenkarten, Verpackungen, Notizblock mit Firmenansicht, Besuchsanzeigen; Werbung verschiedener graphischer Kunstanstalten für

Zigarrenkistenausstattungen, Banderolen und Etiketten 1920er–1944; Inserate, Anzeigen und Reklame
16 Bilanzen und Bilanzunterlagen 1901–1955, Vermögensverzeichnis um 1860, Hauptbuchserie 1886–1892, Journalbuch-Serie um 1890–1922, Memorial 1874–1875, Tagebuchserie 1923–1946, Kontobuch 1902–1913, Kassenbuchserie 1876–1921, Wechselkopierbuchserie 1913–1956, Postscheckkonto 1929–1937, Eisenbuchführung 1941–1945, Verfallbuchserie 1915–1942, Kalkulationen 1923–1925, Kontoauszüge 1921–1943, bezahlte Rechnungen 1902–1948, Kontokorrentkonto 1922, Bestandsaufnahmen 1934–1945, Fuhrpark 1943–1944, Rechnungswesen Filialen: Inventar 1891–1920, Hauptbuchserien 1881–1923, Kontobücher 1880–1899
17 Staats-, Gemeinde-, Kirchensteuer 1897–1921, Wehrbeitrag, Kriegssteuern 1913–1945, Tabaksteuer 1922, Einkommensteuer, Kapitalertragsteuer 1920–1924, Lohnsteuer 1936–1956
18 Feuerversicherung 1900–1930, Hermes Kreditversicherung 1914–1931, Lebensversicherungen 1917–1924, Kfz-Haftpflichtversicherungen 1923–1945, Haftpflichtversicherungen 1925–1945, Unfallversicherungen 1910
19 Kriegsteilnehmer der Firma Heidinger 1914–1915, Armee-Entlassungsgesuche 1917–1918, Vaterländischer Hilfsdienst 1916–1918, Kriegslieferungen 1914–1917, Sozialisierung des Tabakgewerbes 1919, Überwachungsstelle für Tabak Bremen 1937–1944, Luftschutz 1937–1945, Wehrmachtslieferungen 1943–1945, Stilllegung 1944–1945
20 Reichsverband deutscher Zigarrenhersteller 1924–1932, Deutsche Tabakgesellschaft 1916–1919, Deutsche Zentrale für Tabakfabrikation 1914–1931, Industrie- und Handelskammer um 1930–1955, Badischer Baubund 1917–1920, Süddeutscher Betriebskrankenkassen-Schutzverband 1921, Reichsarbeitsgemeinschaft der Nahrungs- und Genußmittelindustrie 1922, Verband südwestdeutscher Industrieller 1923, Schutzverband der von der Enteignung betroffenen Tabakverarbeiter 1918, Fachuntergruppe Zigarrenindustrie 1940–1945, Industriellenvereinigung Lahr 1914–1928, Deutscher Versicherungs-Schutzbund e. V. 1909–1924, Industriellenvereinigung und Arbeitgeberkartell 1929–1931, Arbeitgeberkartell des Industrie- und Handelskammer-Bezirks Lahr 1919, Verband oberbadischer Zigarrenfabrikanten 1920–1928
21 Verzeichnis der Klagen und Konkurse 1898–1927, gerichtliche Klageverfahren um 1920–1950, Finanzgericht Karlsruhe 1928–1934
22 Bürgerausschuss 1909–1934, Ordensdiplom Stadtrat Gustav Höring, Statuten des badischen Ordens vom Zähringer Löwen 1906
47 Fotos: Andreas Kurz, Werkstattaufseher, Lahr 1896
48 Zigarrenpressen, Zigarrenschachteln, Fabrik-Blechschilder, Blechtruhe
49 WABW A4, Firmenkorrespondenz 499, 679
50 Im WABW nicht vorhanden.

253 Heimbachkraftwerk, Freudenstadt

Name Bezirksverband Heimbachkraftwerk
Geschäftstätigkeit Energiewirtschaft
Branche Nr. 400
Umfang 3,0
Laufzeit 1896–1971
Benutzbarkeit Ja
Bestand B 2020

Bestandsgeschichte Knapp 2 lfm des Bestandes wurden im Sommer 2000 als Teil der Unterlagen der EVS ins Wirtschaftsarchiv übernommen. Rund 1,5 lfm erbrachten Übernahmen von der EnBW-Geschäftsstelle Freudenstadt 2001 und 2012. Im Bestand befinden sich Schriftstücke verschiedener Provenienzen (KEW, HKW, OEW, EVS), resultierend aus der wechselvollen Geschichte der verschiedenen Eigentümer.
Geschichte Im Kreis Freudenstadt wurde das Kraftwerk Glatten seit 1908 von der Körting's Elektrizitäts-Werke AG (KEW) aus Berlin betrieben. Diese kaufte 1912 auch das Überlandwerk Weitenburg und war bestrebt, den ansteigenden Bedarf an Strom im Gebiet zu decken. Die KEW wollte die Wasserkraft im Kreis Freudenstadt ausbauen. Da ihr das nötige Kapital fehlte, wendete sie sich an die umliegenden Gemeinden. Die Oberämter Freudenstadt, Horb, Oberndorf und Sulz ergriffen daraufhin die Initiative und

gründeten 1919/20 den Bezirksverband Heimbachkraftwerk (HKW) mit Sitz in Freudenstadt. Die Satzung wurde 1920 genehmigt. Die Oberämter wollten selbst die Versorgung ihrer Bezirke wahrnehmen und die Elektrizität auf gemeinnütziger Basis sichern. Der Bezirksverband Heimbachkraftwerk und die KEW gründeten 1921 gemeinsam die Überlandwerk Glatten GmbH (B 2022), in die die KEW das Kraftwerk Glatten, Weitenburg und seine anderen Anlagen einbrachte. Den Ausbau der Wasserkräfte von Glatt, Lauter und Heimbach führte der Bezirksverband in eigener Regie durch, ohne die KEW zu beteiligen. Nach eingehenden Berechnungen entschied sich der Bezirksverband dazu, Bettenhausen als neuen Kraftwerksstandort auszuwählen. Die Heimbachsperre und das Kraftwerk Bettenhausen wurden 1923 nach knapp 2-jähriger Bauzeit in Betrieb genommen. Die Leistung der 4 Francis-Turbinen im Kraftwerk Brettenhausen lag bei 5.500 PS. Die Versorgung der Abnehmer erfolgt aus der Leistung des Wasserkraftwerks des Bezirksverbandes in Brettenhausen, aus einem dem Überlandwerk gehörenden Dampfkraftwerk in Glatten und durch Fremdstrombezug von dem Bezirksverband Oberschwäbische Elektrizitätswerke sowie dem Kraftwerk Laufenburg (Schweiz). 1928 übernahm der Bezirksverband Heimbachkraftwerk den Anteil der KEW an der Überlandwerk Glatten GmbH und wurde alleiniger Eigentümer, daraufhin wurde 1929 die Überlandwerk Glatten GmbH liquidiert und das Vermögen auf den Bezirksverband übertragen. 1930 beschloss die Amtsversammlung der vier Gründungs-Oberämter mit Wirkung auf 1. Januar 1931 die Auflösung des Bezirksverbands Heimbachkraftwerk und übertrug Vermögen und Anlagen auf den Bezirksverband Oberschwäbische Elektrizitätswerke (OEW). 1939 schlossen sich die OEW, die in Gemeindeverbänden organisierten Überlandwerke Hohenlohe-Öhringen, Ingelfingen-Hohebach, Tuttlingen und Aistaig und Elektrizitätswerke Enzberg-Mühlhausen, Kocherstetten und Teinach-Station mit der Elektrizitäts-Versorgung Württemberg AG zusammen, welche ihren Namen daraufhin in Energie-Versorgung Schwaben AG (EVS) änderte. Die OEW brachte als größter Partner ihr Betriebsvermögen zur Gründung der EVS ein und wurde zugleich deren Hauptaktionär. Mit diesem und ihrem im Laufe der Jahre hinzugekauften Anteilen an der Badenwerk AG wurde die OEW bei der Gründung der Energie Baden-Württemberg AG (EnBW) 1997 auch deren Hauptaktionär.

4 Zeitungsausschnitte 1896–1933
6 Akquisition lokaler Elektrizitätswerke 1907–1941, Übernahme durch den OEW 1928–1932
7 Verbandsversammlung 1920–1930, statistische Mitteilungen an die Hauptverwaltung 1933–1944
10 Betriebsgrundstücke 1913–1966, Dienstbarkeiten und Leitungsführungsverträge in einzelnen Gemeinden 1925–1965
11 Aufwertung Papiermarkdarlehen 1923–1940
12 Verbundwirtschaft 1911–1935
13 Kraftwerke und Kraftwerksanlagen (v. a. Heimbachsperre und Bettenhausen) 1919–1971 mit Plänen, Bau von Umspannungs- und anderen Betriebsanlagen 1913–1967, abgebaute Transformatorenstationen 1913–1967, Betriebsstatistik 1925–1928
14 Fernleitungen 1910–1950, Ortsnetze 1923–1963, je mit Karten und Plänen
15 Kundenzeitschrift 1927–1931
16 Eröffnungsbilanz 1924, Geschäftsberichte 1924–1930
21 Prozeß gegen Freiherrn Josef Raßler von Gamerschwang auf Weitenburg 1912–1931, Verhandlungen mit und Prozeß gegen Körting's Elektrizitätswerke AG Berlin um die Anteile an der Überlandwerk Glatten GmbH 1920–1930
47 Fotos: Bauaufnahmen Heimbachkraftwerk, Glatten-Lautertal mit Verbindungskanal an Glatt und Lauter, Stollenbau mit Querschlag in Böffingen, Neuneck, Gaisbachtal und Wühlsbachtal [1921–1923]
49 WABW B 2022, B 2010, B 2000 Klassifikation 11.17.3
50 Das Land Württemberg, Seine wirtschaftliche und kulturelle Bedeutung, I. Ausgabe, Verlag Stuttgarter Neues Tagblatt, Stuttgart 1927, S. 42.
Leiner, Wolfgang: Geschichte der Elektrizitätswirtschaft in Württemberg, Band 2.1: Die Zeit der Vollabdeckung (1896–1915), Stuttgart 1985, S. 68.
Biber, Ottmar: Geschäftsstelle Freudenstadt 1904–1988, Eine zeitgeschichtliche Betrachtung, hrsg. von der EVS, Stuttgart 1988.
Gysin, Jürgen: Stromgeschichten – Heimbach-

kraftwerk Bettenhausen, in: EVS-Bericht – Zeitschrift für die Mitarbeiter der Energie-Versorgung Schwaben 5/1993, S. 40 und 3/1998, S. 40. Boeyng, Ulrich: Von den Wasserkräften in Alt-Württemberg, Das Heimbach-Kraftwerk in Bettenhausen, in: Denkmalpflege in Baden-Württemberg, Heft 4/1995, S. 159–168.

254
Heinrich, Korb im Remstal

Name Ludwig Heinrich Söhne GmbH
Geschäftstätigkeit Zichorienkaffeefabrik
Branche Nr. 150/158
Umfang 0,5
Laufzeit 1919–1988
Benutzbarkeit Ja
Bestand B 78

Bestandsgeschichte Das Archivgut wurde 1988 übernommen.
Geschichte Reinhold Heinrich gründete 1918 die Zichorienfabrik Ludwig Heinrich Söhne in Korb im Remstal. Zudem betrieb er eine Agentur der Gewerbebank Waiblingen. Nach seinem Tod 1955 wurde die Produktion eingestellt.
3 Patent von Reinhold Heinrich über Zahnräder-Wechselgetriebe 1951
12 Wareneingangsbuch 1935–1956
13 Maschinen 1938–1962
14 Warenausgangsbücher 1919–1955
15 Postkarten, Banderolen, Anzeigen, Werbeblätter 1920–1953
16 Hauptbuch, Journalbuchserie, Kassenbuch, Konto-Korrent-Hauptbuch 1927–1952
17 Gewerbe-, Grund-, Umsatzsteuer 1951–1964
47 Fotos: Gebäude 1988
48 Stempel; gefüllte Banderolen für Zichorien-Kaffee um 1950
50 Im WABW nicht vorhanden.

255
Heinzelmann, Reutlingen

Name H. Heinzelmann GmbH & Co.
Geschäftstätigkeit Textilwarenfabrik
Branche Nr. 170/176/180
Umfang 20
Laufzeit 1889–1960
Benutzbarkeit Nein
Bestand Y 52

Bestandsgeschichte Das Archivgut wurde 1990 vom geschäftsführenden Gesellschafter übernommen.
Geschichte 1885 beteiligte sich der aus Alpirsbach stammende Heinrich Heinzelmann als Gesellschafter an der Strickerei G. Wizemann in Reutlingen, die 1872 gegründet wurde. Bereits ein Jahr später übernahm Heinzelmann das Unternehmen. 1888 folgte die Änderung der Firmenbezeichnung in H. Heinzelmann, Reutlingen. Mit dem Bremer Arzt Dr. Johann Heinrich Lahmann in Dresden, der die Idee einer Reform-Baumwoll-Kleidung vertrat, schloß Heinzelmann einen Vertrag, der das Reutlinger Unternehmen zur alleinigen Produktionsstätte der Lahmannschen Wäsche machte. Hergestellt wurden u. a. Herrenhemden, -beinkleider, Unterröcke, Betttücher, sowie Kinder- und Säuglingswäsche. Die Lahmannschen Produkte trugen wesentlich zur Expansion des Unternehmens bei. Nach dem Ersten Weltkrieg wurde neben hochwertigen Produkten auch billigere Unterwäsche hergestellt. Ende der 1920er Jahre wurde die Produktion gestrickter Badekleidung aufgenommen, die das Unternehmen zu einem führenden Unternehmen auf dem Gebiet der Trikotagen- und Strickwaren sowie von Bade-, Strand- und Freizeitmode werden ließ. 1990 wurde die Firma liquidiert.
3 Erlenhof 1911–1956
7 Verträge 1931–1941, Korrespondenzen 1929–1941
10 Bauangelegenheiten 1948–1952
11 Ausgleichsforderungen Belgien 1922–1938, Anbietung ausländischer Vermögenswerte 1937–1942
13 Maschinenpark 1889–1940, Fahrzeuge 1934–1949, Produktionsverfahren 1938–1949
14 Preislisten um 1906–1960

15 Werbematerial um 1930–1940
16 Inventur 1948, Kalkulationen 1914
17 Aufbringungsbescheide, Einkommensteuer 1926–1939, Vermögensteuer 1926–1940, Abwertungsgewinnverfahren 1937–1939
50 Artur Georg Richter und Hans Metzler, Das Heinzelmann-Lesebuch, Reutlingen 1978 (Festschrift). Paul Weber (Hg.), Westdeutsche Wirtschaftschronik, Band 2: Württemberg, Stuttgart 1954, S. 361 f.

256
Helfferich, Kirchheim/Teck

Name Emil Helfferich Nachfolger (EHN)
Geschäftstätigkeit Schrauben- und Flanschenfabrik
Branche Nr. 280/284
Umfang 23
Laufzeit 1888–1978
Benutzbarkeit Ja
Bestand B 9

Bestandsgeschichte Das Archivgut wurde 1981 vom Konkursverwalter übernommen.
Geschichte 1883 gründete Emil Helfferich in Dettingen unter Teck eine Schrauben- und Flanschenfabrik. 1888 übernahm Max Weise aus Sachsen das Unternehmen und firmierte unter »Emil Helfferich Nachfolger« (EHN). 1891 erwarb Max Weise das Ötlinger Wasser-Hammerwerk und die Speiser'sche Öl- und Sägemühle in Kirchheim u. Teck und verlegte die Flanschenproduktion dorthin, während die Schraubenherstellung in Dettingen verblieb. 1906 wurde die Dettinger Schraubenfabrik an Eugen Schweizer verkauft. 1935 übernahm Hans Weise die Geschäftsführung und gründete 1944 zusammen mit Walter Eisele das Presswerk Teck Hans Weise OHG in Kirchheim. 1961 übernahmen die EHN zusammen mit den Gebrüdern Altmann von der Société Lorraine Produits Métallurgiques zu je 50 % die Aktienmehrheit der Usines à Brides, Haren les Bruxelles. 1974 verkaufte die EHN ihre Anteile an die Gebrüder Altmann. 1976 wurde das Konkursverfahren eröffnet und das Unternehmen 1977 an die Moenninghoff GmbH, Bochum, verkauft. 1981 wurde die Kirchheimer Niederlassung aufgelöst.

3 Gesellschafter 1912–1962
4 Jubiläen, Zeitungsberichte 1912–1962
5 Gesellschafterverträge, Rechtsform, Handelsregistereinträge, Konkurs 1908–1977
6 Presswerk Teck 1944–1945; Usines à Brides, Haren les Bruxelles (UHB) 1953–1977; geplante Auslandsinvestitionen in Italien 1941–1962
7 Kopierbuchserie, Privatvermögen der Gesellschafter, Gesellschafterversammlungs-Protokolle 1907–1976
8 Organisationspläne, Rationalisierung, Sanierung 1966–1977
9 Personalakten, Verträge, Arbeitsordnungen, Betriebsrat, Arbeitskontrollbuchserie, Schichtbuchserie, Löhne und Gehälter, betriebliche Sozialeinrichtungen, Sachbezüge, Wohnungsgeld 1891–1974
10 Grundbuchauszüge, Immobilienverkäufe, Schätzungen, Mietangelegenheiten, Baugesuche, Bau- und Lagepläne, Kostenvoranschläge 1873–1973
11 Kredite 1942–1975
12 Bestellbuchserie, Wareneingangsbuchserie, Frachtbuchserie 1900–1976
13 Technische Pläne, Maschinen, technische Prüfungen 1891–1973
14 Auftragsbuchserie, Warenausgangsbuchserie, Kundenbuchserie, Reklamationen, Vertreterberichte, Provisionen 1899–1978
16 Geheimbuchserie, Hauptbuchserie, Memorialbuchserie, Journalserie, Kontokorrentbuchserie, Kassenbuchserie, Kreditoren, Scheck- und Wechselbuchserie, Bilanzen, Bilanzprüfung, Gewinn- und Verlustrechnung, Inventar, Kalkulation, Betriebsabrechnungsbogen, Statistik, Industrieberichterstattung 1888–1977
17 Erbschaft-, Einkommen-, Umsatzsteuer und diverse 1912–1974
18 Feuerversicherung für Maschinen und Gebäude 1900–1961
20 Wirtschaftsverband Stahlverformung, Fachverband deutscher Gesenkschmieden, Verband deutscher Flanschenfabriken, Wirtschaftsvereinigung Eisen- und Stahlindustrie, Verband Württ.-Bad. Metallindustrieller, Wirtschaftsgruppe Werkstoffverfeinerung und verwandte Eisenindustriezweige, Gesellschaft zur Förderung der Wirtschaft Bad.-Württ. e. V., Verein der Metall- und Eisenwarenindustrie Bad.-Württ. e. V., Gemeinschaft zum Schutz der deutschen

Wirtschaft e.V., Gesellschaft für Organisation/Landesverband Bad.-Württ. e.V. 1924–1973
47 Fotos: Produktion 1960, Produkte 1945, Messe und Ausstellungen 1950–1970, Belegschaft, Betriebsausflüge, Sozialräume 1900–1960
48 Matern, Stempel
50 Sabine Widmer, Kirchheim unter Teck zwischen Handwerk und Industrie 1806–1914, Kirchheim 1987, S. 132 f.

257 Hengstenberg, Esslingen

Name Rich. Hengstenberg
Geschäftstätigkeit Sauerkonserven, Essig, Senf
Branche Nr. 153/158
Umfang 22
Laufzeit 1920–2003
Benutzbarkeit Eingeschränkt
Bestand Y 400

Bestandsgeschichte Der Bestand wurde 2009 und 2010 von der Geschäftsleitung übernommen. Das Werbemittelarchiv sowie ständig benötigtes Schriftgut befindet sich im Firmen-Archiv der Firma Rich. Hengstenberg in Esslingen.
Geschichte Im Jahre 1876 wurde die Essigfabrik Kallhardt & Hengstenberg in Esslingen am Neckar gegründet, an der sich der Teilhaber Richard Alfried Hengstenberg mit der Mitgift seiner Frau beteiligte. Bereits 1878 stieg der Teilhaber Kallhardt aus und Richard Alfried Hengstenberg übernahm alleine das Unternehmen und die Geschäftsführung. In den Anfangsjahren des Unternehmens wurden vor allem Essig und Gurkenkonserven produziert. Mit seinem Reinheitsgebot für Essig hat das Unternehmen Maßstäbe gesetzt und das Lebensmittelgesetz mitgestaltet. 1895 wurde ein Standortwechsel von der beengten Esslinger Altstadt in das Schelztorgebiet in Richtung Mettingen vorgenommen. Esslingen blieb bis heute Hauptsitz des Unternehmens, das vor allem nach dem Ersten Weltkrieg durch produktionstechnisches Know-how, neue Produkte und Geschmacksrichtungen und einer herausragenden Markenpolitik sowie Aufkäufe anderer Firmen stark expandierte. 1932 brachte das Unternehmen das weltweit erste pasteurisierte Sauerkraut auf den Markt, das 1953 den Markennamen »Mildessa« erhielt. Seit 1950 wird Essig in verbrauchsgerechte Flaschen gefüllt. Das Unternehmen nahm seit 1967 mediterrane Tomatenprodukte in sein Programm auf. So entstanden eine Reihe von Zweigwerken. Die heutigen Produktionsstandorte sind Bad Friedrichshall und Fritzlar in Hessen.
3 Kreditoren 1940
4 Nachlasssache Carl Hengstenberg 1955
6 Korrespondenzen J. G. Schumanns Nachf. 1934–1951, J. G. Schumanns Nachf. Bilanzen 1949, 1963–1967, G+V 1968–1971, Umsätze 1937–1939, Inventarverzeichnis 1938, Gehaltskonten 1930–1938; Königin-Feinkost GmbH Herings-Entgrätungs-Maschine 1937–1941, Jahresumsätze, Gewinne kurzlebige Wirtschaftsgüter 1933–1945, Bilanzen und Jahresabschlüsse 1962–1985, Anzeigenwerbung 1961, Werbeetat 1964–1968, Umsatz nach Reisebezirken 1971–1972, Rohbilanz Süßmost 1942; L. Völter Nachf. oHG Bilanzen 1967–1969, G+V 1970–1971; Heinrich Rusch oHG Bilanzen 1967–1971; J. J. Diefenbach oHG Bilanzen 1964–1971; Hengstenberg Unterland Beteiligungs-GmbH Jahresabschlüsse 1985–1987; Tiefkühlkost GmbH Jahresabschlüsse 1989–1993; V. Zobus Sohn KG Jahresabschlüsse 1966, 1971–1976; Nau & Co. Jahresabschlüsse 1967–1974; Wilhelm Nicolaus Bilanzen 1962–1971; Franz Swoboda oHG Bilanzen 1962–1971; Voss & Zobus Jahresabschlüsse, Prüfungsberichte 1989–1993; C. Voss Bilanzen 1970–1975; A. Adolf Blome oHG Bilanzen 1962–1971; Gustav Unger oHG Bilanzen 1962–1971; Regina GmbH Rohbilanz und Bilanzunterlagen zur Reinen Bilanz 1924–1936, Bilanzbuch 1922–1936, Verkaufsbuch 1926, Journal Regina Süßmoste 1935–1937; Fritz Wiedenmann 1925–1940; Froning GmbH Kreditoren, Bankauszüge 1924–1941, Bilanzbuch mit G+V-Rechnung 1925–1945, Körperschaftssteuer 1928–1932, Bilanz 1939, Rohbilanz 1939, Bilanz-Aufstellungen 1938–1940, Jahreszusammenstellung 1939–1940, Umsätze 1937–1942, Gehaltskonten 1931–1936, Gehaltslisten 1937–1945; GH Meyers Nachf. Umsätze 1936–1937, Gehaltskonten 1931–1936, Gehaltslisten 1937–1945, Steuerbilanz 1948; UNT-Beteiligung GmbH 1979–1984

7 Nachrichten der Geschäftsleitung 1969–1974, Mc Kinsey (Rationalisierung) 1987–1988
8 Registratur-Verzeichnis (Büro-Prokura) 1944, Zulassung zum Auslandssprechverkehr 1949
9 Betriebliche Altersversorgung 1969–2001, Tarifkommission Entgelt 1987–1995, DGB Kreisvorstand Sitzungen 1983, Betriebsordnungen 1982, 1989, Vorruhestandsvertrag 1984, Dienstzeiten 1984, SM-Wert Zusammenstellung Betriebsrat (Protokolle, Sitzungen, Schriftverkehr, Tarife, Betriebsarzt, Personal) 1981–1997, Gesamtbetriebsrat (Sitzungsprotokolle, Schriftverkehr, Geschäftsordnung, Betriebsräte/Versammlung, Mc Kinsey) 1950–1998, Betriebsübersicht FRI 1991–1997, Personalstand 1989–1990, Gesamtbetriebsausschuss 1984–1993, Weiterbildungsprogramm 1992–1994, Sozialplan Interessenausgleich 1982–1983, Gehälter 1925–1941, Gehaltslisten 1932–1933, Gehaltslisten (Regensburg) 1927–1935, RH Gehaltsbücher 1940–1945, Gehälter 1933–1945, Gehaltsbücher (Bitterfeld) 1930–1936, Gehaltsstatistik 1931, Lohnaufstellung sämtlicher Betriebe 1934–1941, Personal (Angestellte) J. G. Schumanns Nachf. 1945, Gehälter RH, Werke Regensburg, Schongau, Dortmund, Recklinghausen 1949–1951, Lohnkarteikarten 1960–1970, Lohnstatistik 1938, RH freiwillige Zuwendungen 1942–1945
10 RH Immobilienkäufe und -verkäufe Stuttgart 1919–1938, Grundstücksschätzungen (Dortmund, Regensburg, Bitterfeld, Stuttgart, Esslingen) 1919–1936, Bauakten Bitterfeld 1920–1942, Immobilien Regensburg 1941–1952, Miet-, Pacht-, Kauf- und Wartungsverträge Werke (u. a. Diedesheim, Obrigheim, Dortmund) 1968–1975, Lagepläne
11 Kreditbedingungen von Banken 1925–1952, Württembergische Bank (Kredite) 1931–1949, Banken Kreditoren RH privat 1939, Aktien der Neckar-Aktiengesellschaft 1928–1935, Darlehen Familie 1950, Hypotheken (Regina GmbH, RH Werk Bitterfeld) 1903–1943, Rückzahlung Aufwertungshypotheken (Bitterfeld) 1922–1943
12 Einkaufsbücher 1921–1926, Bulgarien 1924–1928, Rohwarenkartei/Einkauf 1930, Gemüselieferungen 1941–1948, Weinbuch 1937–1945, Kellerbuch 1945, Rohwarenbestände (Esslingen, Bitterfeld, Regensburg, Dortmund) 1933, Weineinkauf bei der Firma Mercier, Luxemburg 1945–1954, Gurken-Eingänge 1960 und 1967, Süssmost 1942, Einkauf/Marktforschung 1978–1982
13 Gemüse-Trocknungsverfahren (Versuche, Berichte, Rezepte, Trocknungsanlage, Patente) 1925–1948, Zweigwerk und Lager 1970–1984
14 Jahresumsätze (RH Esslingen, Regina GmbH, Froning GmbH, J. G. Schumanns Nachf., GH Meyers Nachf.) 1904–1944, Jahresumsätze RH Gesamtunternehmen 1929–1946, Umsatz-Statistik und Durchschnittspreise 1929–1933 und 1955–1957, Konserven-Umsätze 1931, Versandbuch Essig Essenz 1933–1935, Nettoumsätze 1931–1941, Umsatzmeldungen an Wirtschaftsgruppe Essig 1936–1942, Essig-Statistik 1938–1939, Gebiets-Statistik (Mengen und Umsätze) 1931–1941, Gebiets-Statistik Mengen-Umsätze nach Zweigwerken 1954–1960, Umsätze sämtlicher Betriebe 1941, Umsätze nach Warengruppen 1943, 1945, DM-Umsatz 1969–1977, Umsätze der Zweigwerke 1948–1952, Umsatz nach Handelsgruppen 1977–1984, Essigumsätze/Essigverkauf 1924–1951, Umsatzstatistik der Reisenden 1939, Umsatz-Karteikarten (Kunden) 1930er–1950er Jahre, Groß-Kundenverzeichnisse 1960–1974, Kundenzahl 1958, Verträge mit Einkaufsgesellschaften, Einzelhändlern, Importeuren 1969–1971, Außendienst 1987–1993
15 Brose Texte Werbung (u. a. Senf, Essig, Sauerkonserven) 1956–1964, Werbetexte 1964–1966, Funk-, Fernseh- und Filmwerbung 1965–1966, Verträge Werbeagenturen 1969–1971, Werbeetat 1957–1969, Werbestatistik 1959–1969, Konkurrenzwerbung 1964,
16 Journalbuchserie 1921–1936, Journal (Kreditoren) 1934–1935, Journal Bitterfeld 1932–1935, RH Bilanzen 1924, 1926 und 1940–1966, RH Bilanzunterlagen 1924–1925, 1934–1948 und 1957–1975, vorläufige Einkommenssteuerbilanz und G+V-Rechnung per 20. 6. 1948, Steuerbilanz, vorläufige Bilanz, Bilanzvergleich 1948–1959, RH Rohbilanzen 1921–1922, 1930–1932 und 1938–1949, RH Rohbilanzunterlagen 1926–1929, RH Bilanzberichte 1928–1932, RH Reine Bilanz 1931–1932, Bilanzabschriften 1926–1929, G+V/Rohbilanz 1925–1939, RH Bilanz mit G+V-Rechnung 1933–1942, RH Bilanzbücher (vorläufige Bilanzen, Handelsbilanzen, Einkommenssteuerbilanzen, G+V-Rechnungen) 1946–1974, RH Hauptabschluss 1976–1978, RH G+V 1939, Bilanzunterlagen (Bitterfeld) 1938, Roh- und reine Bilanz RH Werk Bitterfeld 1946 und 1948,

Rohbilanz (Gelsenkirchen) 1939, Betriebsübersichten/Jahresabschluss Hengstenberg-Unterland 1979–1982, BAB 1932–1944, Nachkalkulationen 1969, Nettodurchschnittspreise sämtlicher Umsätze 1929–1942, Inventarverzeichnis Spirituosen 1939, kurzlebiges Inventar (Gelsenkirchen), Inventar Berlin 1943, Inventar (Freiburg-Burgkunstadt) 1938, RH kurzlebige Wirtschaftsgüter 1940–1946, RH G+V 1939, RH Bilanzkonten 1942, Buchungsunterlagen 1938, Debitoren RH Werk Bitterfeld 1945–1947, Umwandlung Altgeldguthaben 1948, Wirtschaftsprüfbericht RH Werk Dortmund Juni 1946, Wirtschaftsprüfbericht RH Werk Bitterfeld 1946–1947, Warenbestände Gesamtunternehmen RH (einschließlich RH-Werke: Esslingen, Diedesheim, Lahr, Regensburg, Lichtenfels, Kempten, Itzehoe, Dortmund, München, Burgkunstadt, Recklinghausen, Schongau, Bitterfeld, Frankfurt, Außenlager, J.G.Schumanns Nachf., Spirituosen Nikolaus München, Königin Feinkost, Froning, Adolf Blome oHG) 1948–1958, Investitionen (Froning) 1933–1946, Bankverbindungen zu westfälischen Unternehmen (Hengstenberg Recklinghausen GmbH, Königin Feinkost, Froning GmbH) 1947

17 Einkommens- und Körperschaftssteuer 1939–1949, Betriebsprüfung RH Esslingen 1944, Umsatzsteuerbücher 1954–1959, Korrespondenz Steuerangelegenheiten (Froning GmbH) 1925–1935

18 Feuerversicherung Bitterfeld 1926–1938, Versicherungen 2003

19 Korrespondenzen mit dem Württembergischen Wirtschaftsministerium / Preisüberwachungsstelle 1937–1939, Kriegssachschäden 1940–1947, Korrespondenzen Trockensauerkraut mit der Heeresverpflegungs-Hauptamt Stuttgart 1943, Kontensperrung 1945–1948

20 IHK für den Kreis Esslingen (Mitgliedschaft, Berichte, Gauwirtschaftskammer) 1936–1949

21 Prozessakten Fröhlich Zertz/Hengstenberg Weinessig 1910/18 und 1930/31, Prozessakten Speyer+ Grunde Essigsäuregesellschaft Frankfurt/Main 1935–1940, Rechtsstreit Frank + Hummel, Regensburg 1947–1949, Prozessakten »Biologischer Essig 1950–1958

22 Zeitungsausschnitte Zugunglück in Esslingen a. N. 1961

47 Dokumentation Brand in Friedrichshall 2000

258
Hepting, Stuttgart

Name Hepting, Carl (HEPCO)
Geschäftstätigkeit Lederwarenfabrik
Branche Nr. 190
Umfang 1
Laufzeit 1970–1990
Benutzbarkeit Eingeschränkt
Bestand Y 285

Bestandsgeschichte Das Archivgut wurde 2001 von einem ehemaligen Mitarbeiter übernommen.

Geschichte Die Gründungsdaten der ehemaligen Lederwarenfabrik Hepting, die in Stuttgart-Feuerbach in der Burgenlandstraße angesiedelt war, sind unbekannt. Das Produktionsprogramm umfasste Gürtel sowie Großlederwaren wie Koffer, Reisetaschen und Aktenkoffer. In den 1980er Jahren übernahm Hepting die Heidelberger Kofferfabrik Timmermann & Wollet. Diese beiden Firmen zählten nach 1945 zu den größten Kofferherstellern Deutschlands mit rund 1.000 Beschäftigten. Durch die immer billiger werdende ausländische Konkurrenz schrumpfte das Unternehmen innerhalb von 20 Jahren zu einem Kleinbetrieb. Axel Hepting, Sohn des Firmengründers, lebt heute in Berlin.

15 Prospekte, Plakate, Muster, Preislisten um 1970–1990

47 Fotos: Werbefotos 1970–1990

48 Gegenstände: Aschenbecher und kleine Lederartikel

49 Heidelberger Kofferfabrik Hepting; Timmermann & Wollet, Kofferfabrik, Heidelberg

50 Im WABW nicht vorhanden.

259
Herosé, Konstanz

Name Herosé Stoffdruckerei und Textilveredelungs-GmbH
Geschäftstätigkeit Textildruckerei, Textilveredelung
Branche Nr. 173
Umfang 37
Laufzeit 1813–1997
Benutzbarkeit Eingeschränkt
Bestand Y 246

Bestandsgeschichte Das Archivgut wurde 1999 von der Geschäftsleitung übernommen.
Geschichte Die aus Aarau stammenden Brüder Gabriel und Ludwig Herosé erwarben bei einer Versteigerung 1812 die in Konkurs geratene Schlumberger'sche Kattunfabrik. Die Brüder hatten bereits in Aarau eine Stoffdruckerei betrieben. Aufgrund steuerlicher Vorteile ließen sie sich in Konstanz nieder. 1826 wurden bereits nach englischem Vorbild mechanische Webstühle angeschafft und 1844 wurde die erste Dampfmaschine aufgestellt. 1874 arbeiteten über 200 Beschäftigte in der Fabrik. Bis 1921 war die Stoffdruckerei in Familienbesitz, dann erfolgte die Umwandlung in eine Aktiengesellschaft. 1960 stieg die Zahl der Beschäftigten auf rund 1.000 an. Die Aktien waren in den Händen von süddeutschen Spinnereien und Webereien, bis die KBC Manufaktur Koechlin, Baumgartner & Cie. 1973 die Gesellschaftsrechte erwarb. 1997 wurde die Produktion stillgelegt.
2 Privileggesetz 1813, Ortschronik Lörrach 1973
3 Todesanzeige Gabriel Herosé 1856, Stammbaum der Familie Herosé 1700–1855, Vermögensteilung Johann Herosé 1811, Nachlassvertrag 1856
4 Betriebschroniken 125 Jahre Herosé und 175 Jahre Herosé
5 Handlungsvertrag 1817, Gesellschaftsverträge 1813, 1822, 1861, 1932–1933, 1955–1980
6 Aktienübernahme durch KBC 1973, Geschäftsberichte KBC 1988–89, DMC 1990–1992 (Organigramm)
7 Verträge betr. Führung und Verwaltung 1822, Zirkulare betr. Änderungen in der Geschäftsführung 1883–1889, Kopierbücher 1886–1908, Aufsichtsrat 1961–1995, Berichte des Vorstands 1974–1985, Hauptversammlung 1974–1979, Gesellschafterversammlungen 1980–1989
8 Organigramm 1994–1995
9 Dienstordnung 1870, Löhne 1866–1914, 1990, Dienstvertrag 1849, Wachtreglement 1856, Gehälter 1947–1955 Unterstützungs- und Pensionskasse, Tarifunterlagen 1955–1976, Kurzarbeit 1981, Pension, Rente 1986, Betriebsrat 1963–1998, Personalunterlagen 1974–1994, Sozialplan 1995–1997, Arbeitspläne 1992–1996
10 Bauliche Veränderungen 1889–1916, Grundstücke 1960–1997, Brandschaden 1977, Grundstücksverträge 1975–1992, Situationspläne 1889, 1906, 1912, 1923, 1937, 1956
11 Vermögensteilung 1856, 1863, Aktionäre 1950–1973, Kredite 1955–1981
13 Farbrezeptbuch 1910, Anschaffung von Maschinen 1889–1916, Patente 1907, 1993–1995, Fabrikationsbücher (Stoffdrucke) 1886–1904, technisches Betriebsbuch 1887–1921, Energieversorgung 1980–1991, Produktionsübersichten 1956
14 Warenverkaufsbuch 1814–1827, Kundenaufträge 1913–1925, Kollektionsbücher 1900–1915, Vertreter 1964–1997
15 Pariser Weltausstellung 1855, Kundenzufriedenheitsplan 1994, Marketing 1993–1997
16 Geschäftsbücher 1848–1855, Hauptbücher 1891–1918, Geheimbücher 1893–1918, Inventuren und Bilanzen 1817–1943, Gewinn- und Verlustrechnungen 1899–1912, Kalkulationen 1863–1931, Bilanzen, Prüfberichte, Jahresabschlüsse 1934–1994, Bestandsmeldungen 1945
17 Notizbuch 1847–1875, Kirchensteuer 1957, Finanzamt Konstanz 1934–37
18 Feuerversicherung 1949–1980, Betriebshaftpflichtversicherung 1965–1971, Gebäudeversicherung 1990–1994
19 Berichte über Kriegsfolgeschäden 1954–1956, französische Besatzung 1945
20 Mitgliederverzeichnis der baden-württembergischen Textilindustrie 1992, Jahresbericht des Verbandes der baden-württembergischen Textilindustrie 1997, Jahrbuch der Textilindustrie 1990, Mitgliederverzeichnis des Gesamtverbands der deutschen Textilveredelungsindustrie 1990, Verband Farben und Chemikalien
21 Musterschutzprozess 1897, Abwasserprozess 1973, Strafprozess 1990–1994

47 Fotos: Familie Herosé 1890–1930, Kesselhaus, Brand Wollmatingen, Färberei, Wäscherei, Appretur, Druckerei, Bau des Fertigwarenlagers. Filme: Lebenswert Textil – eine Präsentation (Video)
48 Emailschild Herosé
50 Werner Schenkendorf, 125 Jahre Gabriel Herosé 1812–1937, Konstanz 1937 (Festschrift). Nicole Brandt, Herosé, Ein Porträt des ältesten Industriebetriebes in Konstanz, in: Konstanzer Almanach 44 (1998), S. 26 f.

260 Hesser, Stuttgart-Bad Cannstatt

Name Fr. Hesser Maschinenfabrik AG
Geschäftstätigkeit Maschinenfabrik
Branche Nr. 290/292
Umfang 11
Laufzeit 1897–1986
Benutzbarkeit Eingeschränkt
Bestand Y 53

Bestandsgeschichte Das Archivgut wurde 1982 übernommen. Eine Nachlieferung von privater Seite erfolgte 2003.
Geschichte Im Jahre 1861 richtete der Mechaniker Karl Geiger zusammen mit seinem Schwager, dem Modellschreinermeister Friedrich Hesser, in Cannstatt eine mechanische Werkstätte zum Bau von Falzmaschinen für Briefumschläge ein. Der Teilhaber Karl Geiger schied 1878 aus der Firma aus. Ab diesem Zeitpunkt firmierte das Unternehmen unter der Bezeichnung »Friedrich Hesser, Maschinenfabrik«. Seit 1882 produzierte das Unternehmen auch andere Maschinen wie Hülsenmaschinen für Zichorien, Tüten- und Beutelmaschinen sowie Paketiermaschinen, 1899 folgten Doppelpaketmaschinen. 1911 kam die erste vollautomatische Verpackungsmaschine auf den Markt. Otto Hesser, der Sohn des Gründers, wandelte 1911 das Unternehmen in eine AG um. 1934 wurde die Maschinenfabrik Carl Drohmann in Stuttgart-Münster erworben. Dadurch wurde das Produktionsprogramm um kleinere und einfachere Verpackungsmaschinen erweitert. Hinzu kam der Bau von Hilfsmaschinen wie Abfüll-, oder Stanzmaschinen sowie automatische Waagen. 1974 übernahm die Robert Bosch GmbH das Unternehmen. Der Geschäftsbereich Verpackungsmaschinen wurde 1982 von Cannstatt nach Waiblingen verlegt.
4 50–, 75– und 100-jähriges Jubiläum
5 Satzungen
9 Löhne und Gehälter, Prämien, Belegschaft 1935–1976, Hesser-Unterstützungseinrichtung e. V. 1954–1972, Verzeichnis Werksbücherei 1979, Betriebsrat 1945–1981
10 Bauangelegenheiten (u. a. Architekturbüro P. J. Manz 1922–1923) 1899–1939,
11 Aktien-Register 1911–1923
13 Revisionsbücher 1897–1953, technische Pläne und Zeichnungen
15 Werbematerial um 1925–1980, Auszeichnungen 1928, 1961, Formulare um 1950–1980
16 Kosten, Betriebsabrechnungsbogen 1945–1952, Geschäftsberichte 1948/49–1986
47 Fotos: Firmengebäude, Belegschaft, Jubiläen und Firmenfeiern, Maschinen, Messen. Firmenansicht Carl Drohmann, Stuttgart (Radierung, Aquarell) 1923
50 Denkschrift zum 75-jährigen Bestehen der Firma Fr. Hesser Maschinenfabrik-Aktiengesellschaft Stuttgart-Bad Cannstatt 1861–1936, [Stuttgart 1936] (Festschrift). Franz Ulrich Gass, Hundert Jahre Hesser 1861–1961, Stuttgart 1961 (Festschrift). 100 Jahre Hesser 1861–1961, Heiteres aus Hessers Jugendzeit, Stuttgart 1961 (Festschrift).

261 Hierholz, Sielmingen

Name Sammlung Friseurhandwerk Hierholz
Geschäftstätigkeit Friseur
Branche Nr. 748
Umfang 0,2
Laufzeit 1940
Benutzbarkeit Ja
Bestand S 4

Bestandsgeschichte Die Sammlung wurde im November 2000 übernommen. Sie besteht aus drei Gruppen von Unterlagen: 1. Originaldoku-

mente von Friseuren und Lehrlingen (Zeugnisse, Schulhefte, Rechnungen), 2. Gesetze und Satzungen von Friseur-Innungen (Biberach) 3. Zeitschriften und Lehrbücher.
5 Antrag auf Eintragung in die Handwerksrolle 1938
9 Deutsche Arbeitsfront 1937–1938, Meisterprüfungszeugnis 1938, Geburtsurkunde 1914, Arbeitszeitordnung 1939, Tarifordnung und Tarifvertrag für das Friseurhandwerk 1977, Unfallverhütungsvorschrift 1977, fachliche Vorschriften zur Regelung des Lehrlingswesens 1961, Polizei-Verordnung über die Ausübung des Friseur-Handwerks 1937
50 Im WABW nicht vorhanden.

262
Hiller, Waiblingen

Name Dr. med. Hiller
Geschäftstätigkeit Arzt
Branche Nr. 850
Umfang 0,1
Laufzeit 1900–1914
Benutzbarkeit Eingeschränkt
Bestand Y 222

Bestandsgeschichte Das Archivgut wurde 1996 übernommen.
Geschichte Zur Geschichte konnten keine Daten ermittelt werden.
16 Kontobuchserie (private Haushalts-Ausgaben) 1900–1911, ärztliche Taschenbücher (Patienten, Diagnose, Krankenbesuche, Medikamentenverordnung, Liquidationen) 1908–1914
50 Im WABW nicht vorhanden.

263
Hilzinger, Stuttgart

Name Wilhelm Hilzinger GmbH & Co.
Geschäftstätigkeit Elektrowärmetechnik
Branche Nr. 331/299
Umfang 1
Laufzeit 1902–1989
Benutzbarkeit Eingeschränkt
Bestand Y 226

Bestandsgeschichte Das Archivgut wurde 1997 von den ehemaligen Gesellschaftern übernommen.
Geschichte 1902 begann Wilhelm Hilzinger in Stuttgart mit der Produktion von Bade- und Spezialapparaten für Krankenhäuser, Sanatorien und Ärzte zunächst in der Tübingerstraße 95, ab 1911 in der Heusteigstraße 96–98. Das Produktionsprogramm wurde um Heißluftapparate, Heizkissen, Ventilatoren und medizinische Geräte erweitert. 1922 wurde das Warenzeichen »Saluta« erworben. Im Zweiten Weltkrieg wurden die Produktionsstätten völlig zerstört. Zwischen 1945 und 1948 wurde der Betrieb wieder aufgebaut. 1958 begann die Firma auch mit der Herstellung von hochverdichteten Rohrheizkörpern für den Einbau in Geschirrspül- und Waschmaschinen und übernahm 1962 die Firma Eltra KG Leicht & Trambauer in Pfungstadt, die zwischen 1972–1974 ausgebaut und als selbständiges Unternehmen geführt wurde. Von 1972 bis 1985 erwarb das Familienunternehmen Auslandsbeteiligungen in Frankreich, Griechenland, Brasilien, der Sowjetunion und England. 1995 wurde die Firmengruppe Hilzinger an den italienischen Konzern Zoppa industries verkauft. Die selbständige Eltra Heizelemente GmbH hat ihren Sitz in Pfungstadt.
4 75-jähriges Jubiläum 1977, 50 Jahre Eltra 1989
9 Lohn- und Gehaltsbücher 1923–1935
13 Patente 1903, Telefon 1924–1946
14 Preislisten um 1902–1937
15 Werbematerial 1902–1962
16 Jahresabschluß-Prüfungsberichte, Bilanzen 1925–1947, Sachkontenbuch 1939–1949, Abschreibungen, Anlagenbewertung 1930–1970
17 Steuerangelegenheiten 1921–1945
50 Ein Lebenslauf in Stichworten zum 75-jährigen Jubiläum der Firma Wilhelm Hilzinger

GmbH & Co, Stuttgart [1977] (Festschrift). 50 [Jahre] Eltra 1939–1989, Pfungstadt 1989 (Festschrift).

264
Hochstetter, Neuenstadt

Name C. F. Hochstetter
Geschäftstätigkeit Gemischtwarenhandlung
Branche Nr. 521
Umfang 0,5
Laufzeit 1822–1984
Benutzbarkeit Ja
Bestand B 23

Bestandsgeschichte Das Archivgut wurde in zwei Ablieferungen 1983 und 1987 übernommen. Ein Debitorenbuch der Laufzeit 1828 bis 1850 wird vom Württembergischen Landesmuseum verwahrt; ein Musterbuch für Baumwollstoffe von 1817 sowie zwei Inventare aus dem 18. Jahrhundert sind in Familienbesitz verblieben.
Geschichte Seit 1623 war das Gemischtwarengeschäft in Neuenstadt im Besitz der Familie. Das Ladengeschäft versorgte Neuenstadt und seine ländliche Umgebung mit Waren aller Art: Farben, Stoffe, Textilien, Kurzwaren, landwirtschaftliche Geräte, Werkzeug, Samen, Nahrungsmittel und Feinkostwaren. 1983 gab der letzte Eigentümer Hermann Payer das Geschäft aus Altersgründen auf.
3 Reisebeschreibungen 1880
4 Interview mit Hermann Payer 1984
12 Lieferantenverzeichnisse 1880, Wareneingangsbuchserie 1822–1980
13 Rezepturen 1880
14 Preise, Waren, Notizbücher mit Firmenadressen 1880
16 Hauptbuchserie, Geschäftsbuchserie, Kassenbuch, Banken-Kontobuch, Inventarserie, Anschreibebuch 1822–1980
49 Die Einrichtung des Ladengeschäfts befindet sich im Württ. Landesmuseum, Außenstelle Waldenbuch.
50 Im WABW nicht vorhanden.

265
Hohner, Trossingen

Name Matthias Hohner AG
Geschäftstätigkeit Musikinstrumentenbau
Branche Nr. 360/363
Umfang 92
Laufzeit 1771–2013
Benutzbarkeit Ja
Bestand B 35

Bestandsgeschichte Das Archivgut wurde 1983/1984 und 2016 übernommen. Nachlieferungen der Pensionskasse der Angestellten der Matth. Hohner AG i. L. erfolgten bis 2014. Als Vorprovenienzen enthalten sind einige wenige Archivalien der in der Firma Hohner aufgegangenen Mundharmonikafabriken Hotz (1906 übernommen), Chr. Messner & Co. (1909), C. H. Weiss AG (1928) und A. Koch AG (1929). Neben dem Geschäftsschriftgut und Werbematerial enthält der Bestand rund 3.000 Fotos sowie eine Sammlung von rund 150 Mundharmonikas.
Geschichte Im Jahre 1857 begann Matthias Hohner (1833–1902) mit der Mundharmonikaproduktion in Trossingen. 1864 wurden für Hohner die ersten Maschinen zur Mundharmonikaherstellung gebaut. Bereits 1879 exportierte das Unternehmen 60 Prozent der Produktion in die USA. 1881 wurde ein neues Fabrikgebäude bezogen und kurze Zeit später wurden die ersten Produktionsfilialen in den Trossinger Nachbargemeinden Aldingen und Dießlingen aufgebaut; bis zum 1. Weltkrieg entstanden 40 Filialbetriebe. Matthias Hohner übergab das Unternehmen im Jahre 1900 seinen Söhnen, das auch nach der Umwandlung in eine Aktiengesellschaft im Jahre 1909 in Familienbesitz blieb. Hohner fertigte in den 1920er Jahren jährlich ca. 30.000 Mundharmonikas, die weltweit verkauft wurden. Zu Beginn des 20. Jahrhunderts erfolgten einige Übernahmen von Konkurrenzunternehmen: 1906 die Mundharmonikafabriken Hotz, 1909 Chr. Messner & Co., dann folgten 1928 die Württ. Harmonikafabrik Chr. Weiss AG und ein Jahr später A. Koch AG. 1939 beschäftigte Hohner ca. 5.000 Mitarbeiter. Das Kerngeschäft des Unternehmens ist die Herstellung von Mundharmonikas und Akkordeons. Es wurden aber auch Blockflöten, Gitarren und die von Hohner 1957

erfundene Melodica produziert. Hohner stellte auch elektronische Instrumente her; zwischen 1968 und 1976 zeitweise auch Computer. 1977 wurde der defizitäre Bereich Datentechnik an die Nixdorf Computer AG verkauft. Die Kunz Holding GmbH & Co. KG wurde 1986 Mehrheitsaktionär bei der Hohner AG. 1997 übernahm die HS Investment Group Inc. Die Mehrheit bei Hohner, 2014 wurde Hohner vollständig übernommen.

2 Ortsgeschichte Trossingen (Zeitungsausschnitte, Gewerbeverein, Reden, Volksbank Trossingen) 1771–1975, Haushalt Stadt Trossingen 1930–1935

3 Familienforschung, Familienwappen 1890–1972, Zeichnungen von Mitgliedern der Familie, Matthias Hohner (u. a. Autobiographie, Rede bei der Geschäftsübergabe, Testament, Matth. Hohner New York Nachlass, Erbschaftsangelegenheiten, Mitgliedschaften in Vereinen, Rechnungen, Kontoauszüge, Vermögensverhältnisse, Inventare, Zeitungsausschnitte, Jubiläen, Beileidsschreiben) 1854–1930, Jacob Hohner (u. a. Zeitungsausschnitte, Versicherungen, Jubiläen, Tod) 1909–1955, Andreas Hohner 1885–1964, Dr. Wilhelm Hohner, Effekten, Aufsichtsratstätigkeit bei der Uhrenfabrik Thomas Ernst Haller AG, Schwenningen u. a. Protokolle, Geschäftsberichte, Zeitungsausschnitte, Nachrufe 1923–1937, Hans Hohner (Nachlass, Grundstücksgesellschaft Weserhaus AG, Bremen, Kontoauszüge) 1921–1931, Barbara Hohner 1957, Rosa Hohner 1959, Prof. Dr. h. c. Ernst Hohner (u. a. Zeitungsausschnitte, Rechnungen, Jubiläen, Reden, Geburtstage, Ehrungen, politisches Engagement, Korrespondenzen, Nachrufe, Beileidsschreiben, Trauerfeier, Trauerreden) 1912–1986, Matthew Hohner 1962, Dr. Karl Hohner (u. a. Aktennotizen, Zeitungsausschnitte, Reden, Biographie, Geburtstagsfeiern, Jubiläen, Gedenkreden, Tod) 1942–1971, Frank Hohner (u. a. Erbteilungsvertrag, Korrespondenzen, Verträge, Unterlagen Buenos Aires) 1938–1958, Walter Hohner 1964–1979, Klara Hohner 1970, Maria Hohner 1945–1959, Bundesminister Hans Lenz 1961–1968

4 Geschichte, Herstellung und Technik der Mund- und Handharmonika 1828–1978. Geschichte der Firma Hohner und die Trossinger Mundharmonikaindustrie (u. a. Manuskripte, Chroniken, Anekdotensammlung, Befragung von Zeitzeugen, Aufsätze, Zeitungsartikel) 1875–1966; 50-jähriges und 100-jähriges Firmenjubiläum, 150 Jahre Mundharmonika und Akkordeon 1907–1972, Fa. Andreas Koch AG, Trossingen (historischer Abriss, Entwicklung) 1917, Exposé Matth. Hohner AG 1947

5 Rechtsform 1887–1909

6 Firmenaufkäufe: Fr. Hotz in Knittlingen (1887), Christian Messner (1845–1886), Ch. Weiss AG Trossingen (1920–1925), Andreas Koch Trossingen (1917–1930), M. Hohner Sociedad Anonima Comercial e Importadora (Bilanzen) 1942–1946

7 Bericht Harmonikamacherei 1891, Korrespondenzen (Niederlassungen Toronto, New York, Mexiko) 1920–1936, Badisch-Pfälzische Luftverkehrs-AG, Mannheim 1925–1933, Korrespondenz der Direktion 1927–1946, Geschäftstätigkeit New York 1930–1937, Korrespondenz Karl Hohner u. a. (Niederlassungen New York, Mexiko, Toronto) 1931–1973, Korrespondenz Karl Hohner 1932–1939, Verhandlungen Soprani New York 1936, Kontakt Italien 1936, Niederlassung New York (u. a. Korrespondenzen etc.) 1939–1941, Frank Hohner Buenos Aires 1939–1956, Reorganisation 1945, Korrespondenz und Unterlagen Ernst Hohner 1931–1966, Bestellung der Direktionsmitglieder 1946–1954, Generalvollmachten 1937–1944, Anweisungen Ernst Hohner 1947–1954, Informationen Ernst Hohner 1948–1952, Efka-Werke 1954, Elektrizitätswerk Aach 1946–1954, Korrespondenz Mexiko 1951–1954, Korrespondenz der Geschäftsführung 1962–1972, Aufsichtsrat 1957, Geschäftsberichte 1939–2000, Personalangelegenheiten 1945–1948, Beerdigung Marianne Messner 1945–1947, Geschäftsbericht Fa. Kull 1948, Berichte und Rundschreiben verschiedener Abteilungen 1950–1952, Neujahrswünsche 1952–1953

9 Personallisten, leitende Angestellte, Arbeitsverträge, Jubiläen, Mitarbeiternachrichten, Bewerbungen, Betriebsordnung, Pensionskasse, Sozialleistungen, Berufsgenossenschaft, Löhne, Arbeiterunruhen, Leistungsbericht (1942) 1861–1979, Sanitätskolonne Rotes Kreuz 1922–1928, Christliches Erholungsheim Sebastiansweiler GmbH 1925–1931, Akkord-Unkosten 1928, Pensionskasse 1927, Betriebsbesichtigungsbericht Amt für Volksgesundheit 1936, Monatsstatistik

Betriebsküche 1943–1946, Entnazifizierung 1945–1947, Kauf einer Apotheke (Erbengemeinschaft Möbus) 1941, 1951–1953, Hohner-Stiftung Trossingen 1922–1971, Pestalozzi Kindersiedlung Wahlwies 1945–1954, Dr.-Ernst-Hohner-Musikschulwerk Trossingen 1960

10 Grundstücke und Gebäude (u. a. Pläne, Kaufverträge) 1861–1966, Hofgut Rimpertsweiler 1927, Architekt Lambrecht 1949–1954, Blumenau 1951–1953, Computer-Bau 1969

11 Banken 1926–1928, Gewerbebank Trossingen 1921–1963, Bürgschaften 1925–1944, Deutsche Bank 1923–1954, Kontoauszüge 1922–1946, Süddeutsche Bank 1939–1955, Diskonto-Gesellschaft 1923–1930, Rheinische Creditbank 1923–1930, Württembergische Privatbank 1922–1925, Schweizerischer Bankverein Schaffhausen 1923–1924, Auslandsschulden 1940, Deutsche Golddiskontbank 1945, Verwaltungsrat der Landeszentralbank für Württemberg und Hohenzollern 1947, wöchentliche Börsenübersicht 1950–1954, Darlehen 1952–1954, Wirtschaftsberichte Rhein-Main Bank 1952–1954

12 Rechnungen 1934–1937, Bestellungen Wielandwerke Ulm 1941–1942, Korrespondenzen Lieferanten 1937–1953

13 Patente (u. a. Patenturkunden, Korrespondenz) 1857–1967, Patentüberlassungen (Paolini) 1927–1929, Produktion, Maschinen 1857–1967), Produktionsbericht der Gabanischen Anstalt 1931, Werkszeichnungen 1903, Holzersatzstoffe 1938, Leistungssteigerung und Rationalisierung in der Musikinstrumentenindustrie 1942, Korrespondenz Neuerungen Mundharmonika und Accordeontechnik (Dr. Karl Koch, Carl Strom) 1943, Qualitätsverbesserung Mundharmonika 1944–1949, Maschinen- und Werkzeugaufstellung 1946

14 Bestellungen, Rechnungen, Versandanzeigen, Marktbeobachtung und Marktentwicklung, Umsatz, Umsatzlisten, Preisverzeichnisse, Konkurrenz, Verkaufsstatistik, Export, Händlerrundschreiben, Verkaufsinformationen, Schulung, Verkaufsförderung, Absatzsteigerung, 1857–1990, Außenhandelsstelle für Württemberg 1921–1933, New York 1939–1941, AV-Musterbücher 1940er Jahre, Vertriebskontakt van Stokkum, London 1947–1948, Landesausschuss für Ausfuhr 1948, Mexiko 1952–1955, Argentinien 1956–1953, Verkaufsinformationen 1956–1969, Kartei Musikinstrumentenhändler 1965–1971, statistische Erhebung Musikinstrumente spielende Kinder 1965

15 Werbeausgaben, Kataloge, Prospekte, Preislisten, Hohner-Presseinformationen, Werbeanzeigen, Werbekampagnen, Hohner-Werbung A-Z, Briefpapier, Glückwunschkarten 1900–1990, Plakate und -entwürfe (Hohner, Messner) ca. 1900–1977, Erstes Groß-Deutsches Treffen der Handharmonika-Freunde 1933, Postkarten um 1910–1960, Aufkleber und Werbeblätter, Anzeigenmuster 1900–1960, Hohner Markenzeichen 1950, Ausstellungen und Messen, Urkunden und Diplome; Bücher und Zeitschriften zur Mund- und Handharmonika 1928–1981, Rundschreiben an die Handharmonika Lehrer 1932, Veranstaltungen aus Anlass der »Woche der deutschen Hausmusik« 1934–1935, Lustspiel für Mundorgel Orchester (Komponist L. Blaauw) 1937, Harmonikazeitschrift 1946, Presse Trossingen 1957–1975, Lied- und Buchillustrationen ca. 1950–1960, Musik & Hohner (Unterlagen etc.) 1951–1975, Prospekte und Anzeigen der Konkurrenz 1927–1966, Andrucke und Retuschen ca. 1920–1970, Buch 150 Jahre Akkordeon 1822–1972 (1972), Harmonika-Revue 1963–1980 Buch 150 Jahre Mundharmonika 1971, Manuskripte von Andrea von Harbou (u. a. Geschichte der Zungeninstrumente, Geschichte der Matth. Hohner AG 1937–1939, Sonderausgabe Hohner Harmonika 1937, Trossinger Musiktage 1945–1960, Hohner Orchester 1945–1971, Die Harmonika 1952, Hohner Orchester Tourneen (Australien-Neuseeland, Holland, Belgien) 1955–1963, Vorführreisen 1956–1957, Harmonikakonzerte 1952, Mundharmonika-Orchester-Treffen 1952–1953, Mundharmonika-Weltmeisterschaft Duisburg 1953, Akkordeon-Weltfestspiele (Saarbrücken, Wien, Luzern) 1955–1975, Akkordeon Weltmeisterschaft Brighton 1955, Deutsche Solisten-Meisterschaft in Freudenstadt 1955, Prof. Hugo Herrmann 60. Geburtstag 1956, Tourneepläne Hohner Orchester 1957–1970, Mundharmonika-Weltmeisterschaften (u. a. Winterthur, Innsbruck, Pallanza-Brüssel, Rotterdam, Luzern, Straßburg, Barcelona) 1955–1970, Künstler-Direktion Alfred Oswald 1954–1958, Städtische Musikschule Trossingen 1949–1958, Treffen Mundharmonikafreunde 1960, Internationaler Mundharmonika-Wettbewerb 1962, Tag der Harmonika (u. a. Stuttgart, Nürnberg, Karlsruhe) 1954–1967, Mundharmonika-Weltfestspiele Karlsruhe 1967, Harmonica-Weltfestival Luzern 1960, Europäisches Harmonika-Volksmusikfest (Stuttgart, Offenburg) 1961 und 1966, Harmonica Quiz 1968, Akkordeon-Festival (Offenburg, Bonn) 1971 und 1973, Wandkalender Hohner 1970, Buch Mundharmonika (Unterlagen) 1996

16 Hauptbuchserie, Bilanzen, Bilanzberichte, Betriebskapital 1865–1953, Geschäftsberichte 1896–1971, Selbstkostenberichte 1927–1931, Statistik (Löhne, Gehälter, Material, Umsätze) 1922–1980, Nebenbetriebsunkosten 1928–1929, Harmonika-Unkosten 1927, Monatsberichte Buchhaltung 1929–1931, Unkosten-Buch 1927, Journalblätter 1923, Inventur 1924, Übersicht Kostenverteilung 1926–1927, Geschäftsbücher 1914–1970, Scheck-, Gegenkonto-, Einlieferungs-, Kontobücher 1926–1944, Schwäbische Treuhand 1937

17 Zehntablösung, Gewerbe-, Gebäude-, Bürger- und Einkommensteuer, Allmendzins um 1850–1889, Erbschaftssteuer 1935–1937, Steuern 1937/38

18 Unfall-Kollektiv-Versicherung 1884, Versicherungen 1908–1931

19 Feldpost 1939–1945, Werksluftschutz 1940–1948, Luftangriff auf Stuttgart 1944, Militärbehörden 1945–1946, französische Militärregierung (u. a. Preisfragen) 1947–1948

20 Fachgruppe Musikinstrumenten-Industrie, Fachverband Musikinstrumente, Bundesverband der Deutschen Musikinstrumenten-Hersteller e. V., Deutscher Musikantenwirtschaftsverband e. V., Bund sächsischer Mundharmonikavereine, Deutscher Handharmonika-Verband, Reichsverband für Volksmusik e. V., Fachgruppe IV der Fachschaft Volksmusik, Landschaft Südwestdeutschland, Deutscher Mundharmonika-Bund, Deutscher Mundharmonika-Verband, Bund der Harmonika-Freunde, Saarländischer Harmonika-Verband (Alfred Schatz), Fachverband der deutschen Klavierindustrie e. V., Fédération Internationale de L'Harmonica 1932–1972, Zentral-Verband Deutscher Aktiengesellschaften 1924, Deutsche Stiftung Musikleben 1925–1974, IHK Rottweil 1926–1953, Fachuntergruppe Musikinstrumenten-Industrie (Prüfungsbericht) 1936, Verband der Vereine im Ausland 1938, Kulturbund 1946, Notgemeinschaft der Wissenschaft 1946–1948, Metallwirtschaftsbund 1949, Bundesverband der Deutschen Industrie 1961–1953, Fachverband Musikinstrumente 1953, Bundesakademie für musikalische Jugendbildung 1976

21 Rechtsstreitigkeiten, gewerblicher Rechtsschutz 1859–1939, Rechtsstreit Strom 1928–1940

22 Musikpädagogik (u. a. Mundharmonikaorchester Stern in Berlin, Bedeutung der Mundharmonika, Musikunterricht in Schulen, Musikerziehung, Lehrbücher, Spielanleitungen, Edition Hohner) 1925–1979; Hohner Orchester; Musikveranstaltungen 1925–1984; Stadt Trossingen: Ehrenbürgerschaft 1925) 1900–1962, Mundinger Accordion Academy 1945–1953, Gemeinderat Trossingen 1947

47 Fotos: Ort Trossingen 1881, um 1950, städtische Musikschule, Familie Hohner (Firmengründer Matthias (Einzelportrait und mit Familie), Dr. Wilhelm, Jakob, Andreas, Hans, Dr. Ernst, Dr. Karl, Matthias, Walter), Dr. Karl Scherer, Bundesminister Hans Lenz, Aufsichtsrats-Vorsitzender Konsul Federer, Vorstandsmitglied Martin Drobek, Prokuristen, Bundeskanzler Helmut Schmidt, Wirtschaftsminister Friedrichs, Künstler: Larry Adler, Rolf Glass, Hubert Deuringer, Hans Rauch, Armin Fett, Davide Anzagi, Gilbert Veit, Karl Perenthaler, H. Schittenhelm, Rudolf Würthner, Günther Wertz, Kurt Gelück, Josef Zepf, Horst Jankowsky, Brian Auger, Clown Grock, Frau Grabs, Hannerl Nalz, Henny Langeveld, Christian Friedrich Buschmann, Renee Franke, Tommy Reilly, Gerd Scheffold, Francis Dorny, Adolf-Grolimund, Ensemble Werner Niehues, Trio Marnhy, Trio Raisner, Hotcha Trio; Hundertjahrfeier 1957, Hohner Harmonikaschule in Frankfurt/Main, Hohner Orchester 1900–1955, Deutsche Akkordeon Jugendmeisterschaften 1957, Trossinger Musikschule-Kinderwettbewerb 1957, Produktion um 1920–1975, Produkte um 1920–1980, historische Musikinstrumente, Firmenansichten 1857–1970, Musikhäuser in Argentinien 1930er Jahre, Konzerte und Orchester um 1930–1940, Ardennen-Reise von E. Hohner 1925–1930, Bundesakademie für musikalische Jugendbildung 1975, Warenzeichen um 1960, Ausstellungen und Messen 1926–1970, Werbeplakate um 1935–1960, Lehrlingsausbildung um 1950–1975, Arbeitersiedlungen 1956, Belegschaft, Städtische Musikschule Trossingen 1949–1960, Hohner-Harmonika-Jugendclub um 1930, Internationales Mundharmonika-Orchester-Treffen in Trossingen 1952, Tag der Handharmonika in Heidelberg 1953, Akkordeon-Festival in Offenburg und Inzell 1971 und 1975, Kinderfest in Trossingen 1951, Deutsche Solisten-Meisterschaft in Freudenstadt 1955, Trossinger Kinder- und Heimatfest 1955, 1958 und 1965, Schüler-Harmonika-Wettbewerbe 1971, 100 Jahre Hohner (Fotoalbum) 1957, Akkordeon Weltfestspiele (Saarbrücken, Wien, Luzern) 1957–1975, Akkordeon Weltmeisterschaft Brighton 1955, Coupe d'Europe de l'Accordéon et de l'Harmonica Strasbourg 1958, Internationales Akkordeon-Festival (Offenburg, Bonn) 1971 und 1973, Tag der Harmonika (Stuttgart, Nürnberg, Karlsruhe) 1954–1959, Mundharmonika-Weltmeisterschaften (Innsbruck, Pallanza-Brüssel, Rotterdam, Luzern, Straßburg, Barcelona) 1954–1968, Prof. Hugo Herrmann 60. Geburtstag 1956, Europäisches Harmonika-Volksmusikfest in Stuttgart 1961

48 Mundharmonikas um 1890–1950, Handharmonika um 1900, Schallplatten um 1946–1960, Medaillen 1935–1960, Meisterbrief v. Martin Messner, Trossingen 1835, Lob Gottes zum Ende der Hungersnot 1817, Gemälde (u. a. Hohner-Emblem, Familienwappen, Fabrik) 1957, 2 Schilder »Vorführraum« o. D.,

49 WABW Y 158 (Johannes Koch)

50 Anfänge und Entwicklung einer grossen Industrie, [Trossingen 1907] (Festschrift). Karl Schilpp, Die Württembergische Akkordeon- und Harmonikaindustrie, Berlin/Stuttgart/Leipzig 1915. Johannes Fischer, Matthias Hohner, Der Bahnbrecher der Harmonika, Stuttgart [1950]. Geschichte des Deutschen Mundharmonika-Verbandes, 1951. Josef Zepf, Die Goldene Brücke …, Stuttgart [1955]. Hundert Jahre Hohner 1857–1957, Trossingen 1957 (Festschrift). Josef Zepf, Trossinger Harmonika-Industrie, [Trossingen 1957]. August Lämmle, Matthias Hohner, Leben und Werk, Stuttgart 1957. Julius Keil (Hg.), Die westdeutsche Wirtschaft und ihre führenden Männer, Land Baden-Württemberg Teil III, Frankfurt am Main 1963, S. 117–123. Günter Arns, Matthias Hohner, der Meister der Mundharmonika, in: Schwäbische Tüftler und Erfinder, Stuttgart 1986, S. 64–71. Martin Häffner, Harmonicas, Trossingen 1991. Hartmut Berghoff, Zwischen Kleinstadt und Weltmarkt, Hohner und die Harmonika 1957–1967, Paderborn 1997. Martin Häffner, Vom »kleinen Anfänger« bis zum Weltmarktführer in Sachen Mundharmonika, Die schwäbische Industriellenkarriere des Matthias Hohner (1833–1902), in: Schwäbischer Heimatkalender 113 (2002), S. 81–84.

266
Holtmann, Stuttgart

Name Industriefotograf Holtmann
Geschäftstätigkeit Fotograf
Branche Nr. 748
Umfang 1
Laufzeit 1950–1970
Benutzbarkeit Nein
Bestand Y 538

Bestandsgeschichte Der Bestand wurde Ende 2019 kurz vor Redaktionsschluss übernommen. Weiterführende Hinweise unter: https://wabw.uni-hohenheim.de

267
Hopff, Ulm

Name Eisengießerei Ulm Herm.Th. Hopff
Geschäftstätigkeit Gießerei
Branche Nr. 275
Umfang 6
Laufzeit 1884–1973
Benutzbarkeit Eingeschränkt
Bestand Y 55

Bestandsgeschichte Das Archivgut wurde 1984 übernommen.
Geschichte Friedrich Kißling erhielt 1866 die Erlaubnis zum Betrieb einer Eisengießerei in Ulm. Nach mehrfachem Besitzwechsel gelangte die Firma durch Verkauf von Oscar Römer 1884 an den Kaufmann Hermann Theodor Hopff. Das Unternehmen produzierte Maschinen- und Handelsguss sowie Roststäbe. Einer der Hauptab-

nehmer war die Ulmer Firma Gebr. Eberhardt. Nach dem Tode von Hermann Theodor Hopff wurde das Unternehmen 1902 in eine GmbH umgewandelt. Seit Beginn des 20. Jahrhunderts war der Temper- und Stahlguß Schwerpunkt der Produktion. 1984 mussten die Firmen Ulmer Guß Hopff GmbH und Hopff GmbH Konkurs anmelden.

3 Privatkorrespondenzen 1913–1958

4 60-jähriges Firmenjubiläum 1926, 75-jähriges Firmenjubiläum 1941, 100-jähriges Firmenjubiläum 1966

5 Gesellschaftsverträge, Firmensatzungen

7 Korrespondenzen Richard Weisser 1939–1945, Geschäftsführung

9 Belegschaft, Betriebsjubiläen, Löhne und Gehälter, betriebliche Sozialleistungen 1921–1970

10 Bauakten 1895–1965, Mietangelegenheiten 1947–1969

11 Kredite 1942–1958

12 Roheiseneinkauf 1944–1954

13 Maschinen 1895–1960, technische Zeichnungen um 1945–1962

16 Statistik 1884–1971, Geschäftsberichte 1902–1960, Geheimbuchserie 1906–1932, Bilanzen und Bilanzunterlagen 1924–1961, Kassenbuchserie 1940–1973

17 Gewerbe-, Körperschaft-, Vermögensteuer 1946–1970

18 Versicherungen um 1950–1958

19 Volkssturm 1945

20 Industrie- und Handelskammer Ulm 1943–1945

47 Fotos: Belegschaft, Fabrikgebäude, Arbeitsplätze, Produktionsvorgänge um 1930–1960

50 Ernst Kümmerlen, Geschichte der Ulmer Eisengiesserei, Stuttgart 1941 (Typoskript im Bestand). 100 Jahre Eisengießerei Hermann Th. Hopff GmbH 1866–1966, Ulm 1966 (Festschrift). Peter Schaller, Die Industrialisierung der Stadt Ulm zwischen 1828/34 und 1875, Stuttgart 1998, S. 221. Baden-Württemberg, Südwestdeutsche Monatsschrift für Kultur, Wirtschaft und Reisen, 1966 Heft 11, S. 53, 55.

268
Hoser, Stuttgart

Name Hoser'sche Buchhandlung
Geschäftstätigkeit Buchhandlung
Branche Nr. 524
Umfang 12
Laufzeit 1847–1989
Benutzbarkeit Nein
Bestand Y 306

Bestandsgeschichte Das Archivgut wurde 2002 von der Geschäftsleitung übernommen. Diese Sammlung wurde nach dem Zweiten Weltkrieg zusammengetragen, weitere Dokumente dürften nicht vorhanden sein. Sie setzt sich zusammen aus Unterlagen der Buchhaltung, Werbung, Publikationen sowie Dokumenten aus der Familie Hoser. Hervorzuheben sind davon solche, die sich auf Ludwig Uhland beziehen.

Geschichte Die Hoser'sche Buchhandlung wurde 1899 in Stuttgart als Fachbuchhandlung insbesondere für juristische Fachbücher gegründet. Nach 1945 wurde die Buchhandlung bekannt durch ihre regelmäßigen Lesungen mit so prominenten Schriftstellern wie Carlo Schmid, Günther Grass oder Lothar Späth. Inzwischen ist Hoser in der Schweitzer Gruppe, ein Verbund rechtlich selbständiger Fach- und Universitätsbuchhandlungen mit Sitz in München, aufgegangen.

3 Dokumente der Familien Hoser, Uhland, Kurz, Wizemann, Ottilie Wildermuth: Briefe, Tagebücher, Stammbaum, Ahnentafel, Wappen, Pass, Handschriftensammlung, Postkarten, Zeugnisse, Hochzeitsbuch, Kommunionsbuch, Fotos, Grabstätten 1866– um 1970

4 100-jähriges Firmenjubiläum 1999

5 Gesellschaftsvertrag 1984

6 Dokumente der Buchhandlung Julius Kurz (Gästebuch, Fotos, Bankbuch, Telefonnotizen, Steuerunterlagen)

7 Firmengutachten eines Betriebsberaters

9 Personalkarten, Personalakten 1960er

10 Handwerkerrechnungen, Pläne, Mietverträge u. ä. betr. Gebäude Charlottenplatz (Einzug im Alten Waisenhaus 1972)

12 Wareneingangsbücher 1960er–1970er

15 Zeitungsannoncen (u. a. zu den Lesungen), Plakate, Kataloge, Werbemuster 1847, 1911–1980er

16 Bilanzen, Hauptbücher, Einnahmen- und Ausgabenbücher, Kassenbücher, Kontenblätter 1928–1989
17 Steuerunterlagen
19 Kriegsende 1945 in Stuttgart
20 Mitgliedschaft im Börsenverein, Kooperation juristischer Buchhandlungen (KjB)
47 Fotos: Gebäude, Personen, Stadtansichten, Lesungen und sonstige Veranstaltungen; Schallplatten mit den Aufnahmen der Veranstaltungen
48 Stadtpläne, Landkarten, Publikationen (Lehrbücher, Ausbildungsbücher, Literatur-Kataloge, Firmenfestschriften, zu Wilhelm Hauff, Stahlstiche, Kunstblätter, juristische Fachbücher, von und zu Ludwig Uhland, Adressbücher, Kalender) 1819–1970er
50 Im WABW nicht vorhanden.

269
Hoyler, Kirchheim/Teck

Name Gottl. Hoyler sen. GmbH & Co.
Geschäftstätigkeit Spinnerei
Branche Nr. 171
Umfang 9
Laufzeit 1875–1991
Benutzbarkeit Eingeschränkt
Bestand Y 230

Bestandsgeschichte Das Archivgut wurde 1997 von den Nachkommen des Unternehmensgründers übernommen.
Geschichte Christian Gottlob Hoyler (1802–1885) erlernte das Tuchmacherhandwerk und arbeitete im väterlichen Betrieb, bis er sich 1825 selbständig machte. Durch die Übernahme einer Tuchschererei und den Kauf von Maschinen und Walzen führte er den handwerklichen Betrieb zu einem größeren Unternehmen (Gründung 1838). 1891 wurde im neuerworbenen benachbarten Gebäude die Spinnerei eingerichtet. Im April 1914 gründeten die Gesellschafter Albert Hoyler und Ernst Zoeppritz eine Offene Handelsgesellschaft, die weiterhin unter dem Namen Gottlob Hoyler sen. firmierte. Die Firma Hoyler stellte ausschließlich Streichgarne für die maschinelle Weiterverarbeitung her. Im Oktober 1996 wurde das Konkursverfahren eröffnet.

3 Steuerbescheid Albert Hoyler 1937–1950, Chemieheft Albert Hoyler o. D.
5 Kaufverträge 1953, Gesellschaftsvertrag 1979
7 Gesellschafterversammlung 1973, Kopierbücher 1910–1963, Bericht über den Besuch bei Kiroma London 1976, Inventur 1946–1972, Geschäftsberichte 1973–1982
9 Erhebungen über Beschäftigte 1939–1945, Bewerbungen 1960–1970, Lohnbuch 1939–1940, Lohnblätter 1941–1947, Zahltagsbuch 1937–1939, Hausgehilfin von Renate Hoyler 1951–1964
10 Verlegung der Spinnerei 1938–1948, Spinnereierweiterung 1953–1964, Anbau Wolferei 1965–1966, Kostenanschläge für Wehrbauten 1910–1911, Neubau 1936, Baugesuche 1939–1951, Klimaanlage 1957, Blitzableiter 1957
11 Investitionshilfe 1952–1955
12 Neckarwerke Esslingen 1933–1956, Wolleinkäufe 1948, Wareneingangsbuch 1936, Baumwolleinkäufe 1915–1945, Spinnstoffkäufe 1920er
13 Spinnbuch 1880–1914, Webereibuch 1907, Übersicht über Wolle und Leinen 1891, Maschinenneueinrichtungen 1914–1936, Kalkulationen 1920–1925, Erhebungen über Produktion 1939–1945, Ausführung von Lohnaufträgen 1959–1975, Reißerei-Buch 1935–1944, Vorräte 1931, Turbinenprojekte 1907–1921/1955–1956, Auftragsbestand 1938
14 Garnversand 1938–1951, Garnverkäufe 1920er, Kundenübersicht 1877–1900, Reiseberichte 1986–1991, Auskünfte über Fremdfirmen 1950–1969
16 Bilanzberichte 1938–1987, Revisionsberichte 1935–1944, Gesellschafterkonten 1971–1973, Provisionsabschreibungen 1951–1954, Bewertung des Vermögens 1954–1968, Journale 1939–1950, Hauptbücher 1875–1935/1961–1966, Baumwollabfälle 1945, Sachkontenbuch 1957–1962
17 Steuerbescheid 1976, Finanzamt 1934–1971
18 Transport-Versicherung 1925–1975, Helvetia-Feuerversicherung 1946–1971, Umsatzpolice 1949
19 Preise für Streichgarn für Wehrmachtsocken 1942
20 Meldungen an den Verband Garne 1969–1982, Geschäftsberichte Technischer Überwachungsverein 1946–1952, Meldungen an Verband Textilindustrie 1954–1955, Wassergenossenschaft 1908–1955, Berufsgenossenschaft

Textil und Kleidung 1950–1957, Satzung der Südwestdeutschen Textilindustrie 1950, Statistischer Bericht des Verbandes der südwestdeutschen Textilindustrie 1957, Technischer Bericht der Textil- und Bekleidungsgenossenschaft 1950
22 Gründung Wassergenossenschaft 1906, Süddeutsche Zellwolle Aktiengesellschaft 1935–1953, Mitteilungen des Deutschen Forschungsinstituts für Textilindustrie 1934–1935/1951
48 Buchbinderpresse, Stoffmuster, eine Karte: Wollkarte Südamerika 1953, Baumwolldiagramm von Beer, Cowell & Co Liverpool 1926–1931
50 Gottl. Hoyler sen. 1838–1938, Kirchheim/Teck [1938] (Festschrift]. Hans Schwenkel (Hg.), Heimatbuch des Kreises Nürtingen Band II, Nürtingen 1953, S. 480f.

270 Huber, Heidenheim an der Brenz

Name Sammlung Ulrich Huber
Geschäftstätigkeit Betriebsrat
Branche Nr. 290
Umfang 0,2
Laufzeit 1945–1985
Benutzbarkeit Ja
Bestand Y 445

Bestandsgeschichte Ulrich Huber übergab die Unterlagen im Jahr 2011 dem WABW. Bei den Unterlagen handelt es sich um zwei Themenblöcke: 1. um die Schriftgutüberlieferung des Voith-Betriebsrats aus den Jahren 1945 bis 1950 und 2. um einen Streik im Jahre 1985 bei der Firma Programma in Gerstetten:
Die Dokumentation des von September bis November 1985 dauernden Arbeitskampfs bei der Firma Progamma, Herstellerin von Autoradios in Gerstetten, um einen Anerkennungstarifvertrag, einschließlich der Beteiligung Hubers an diesem Arbeitskampf.
Geschichte Ulrich Huber, geboren 1938, war von 1968 bis zu seinem Ausscheiden aus dem Unternehmen 1998 Betriebsrat bei J.M. Voith in Heidenheim a. d. Brenz.
9 Arbeit des Betriebsrats der J.M. Voith GmbH Heidenheim 1945–1950, Arbeitskampf bei Firma Progamma Gerstetten 1985
49 B 80
50 Im WABW nicht vorhanden.

271 Hummel, Ehrenstein b. Ulm

Name Heinrich Hummel Söhne
Geschäftstätigkeit Dreschmaschinen, Anhänger
Branche Nr. 293/342
Umfang 0,5
Laufzeit 1908–1960
Benutzbarkeit Eingeschränkt
Bestand Y 382

Bestandsgeschichte Die Unterlagen wurden 2007 aus dem Familiennachlass übergeben.
Geschichte Im Jahr 1862 übernahm Heinrich Hummel in Ehrenstein bei Ulm die väterliche Schmiede und machte aus dem kleinen Betrieb zunächst einen Handel und eine Reparaturwerkstatt für Landmaschinen, bevor er 1872 mit dem Bau eigener Rübenschneider und Häckselmaschinen begann. Bald ergänzten Dampfdreschmaschinen die Produktionspalette.
Ab 1898 führten Heinrich Hummels Söhne Anton, Albert und Heinrich den väterlichen Betrieb fort, der sich nun Heinrich Hummel Söhne nannte. Anton Hummel stieg 1906 wieder aus dem Betrieb aus und gründete seine eigene Produktion für Landmaschinen in Heitersheim im Breisgau.
In den folgenden Jahren wuchs der Betrieb stetig, 1912 beschäftigte er bis zu 240 Arbeitskräfte. Während der Kriegsjahre stagnierte der Absatz landwirtschaftlicher Maschinen und das Unternehmen stellte Hufeisen, Stollen, Granaten und sogar Holzschuhe her. Anschließend wurden wieder Dreschmaschinen produziert.
Nach dem Tod von Albert Hummel im Jahr 1950 führten sein Bruder Heinrich, Menrad Luib und Paul Steinle das Unternehmen, das langsam auf LKW-Anhänger umstellte, da amerikanische Mähdrescher die Dreschmaschine ersetzten. 1957 starb Heinrich Hummel. Bis zur Schließung 1969 führten Luib und Steinle (nach seinem Tod Sohn Peter Steinle) die Firma. Die Firma Karl Kässbohrer übernahm zunächst Teile

des Betriebes, veräußerte diese aber 1985 an die Normbaugruppe Erich Dieckmann GbmbH aus Renchen, die 1988 die Produktion in Ehrenstein einstellte.

4 Handschriftliche Chronik (2007); Festschrift 75. Geb. Albert Hummel (1949)

47 Fotoalbum zu Dreschmaschinen und technischen Details, 1950er Jahre; 2 CDs mit Scans vom Ort Ehrenstein, der Fabrik und den Produkten.

272 Hüttenwerk Abtsgmünd, Abtsgmünd

Name Hüttenwerk Abtsgmünd
Geschäftstätigkeit Eisen- und Hüttenwerk
Branche Nr. 270/280/290
Umfang 3
Laufzeit 1669–1936
Benutzbarkeit Ja
Bestand B 1003

Bestandsgeschichte Das Archivgut des Hüttenwerks Abtsgmünd wurde 1997 als Teil des Archivgutes der SHW GmbH und ihrer Vorgängerunternehmen übernommen.
Geschichte Im Jahr 1611 erfolgte die Gründung eines bald aufgegebenen Hochofens und einer Hammerschmiede in Abtsgmünd durch die Fürstpropstei Ellwangen. Nach Verlagerung der Werksanlagen 1698/99 an den Standort »Neuschmiede« kam das Werk 1803 zu Württemberg und spezialisierte sich in der Folgezeit auf die Achsenproduktion. Das defizitäre und veraltete Werk wurde 1916 an das Hüttenwerk Wasseralfingen angegliedert und 1929 durch die 1921 gegründete gemischtwirtschaftliche SHW GmbH endgültig stillgelegt.

3 Werkschronik 1850

6 Verkaufsprojekte 1902–1921, Stillegung und Verlegung nach Wasseralfingen 1921–1929

7 Erlasse des Bergrates 1899–1917, Verwaltung 1908–1929, Jährliche Verwaltungsberichte 1913–1920

8 Amtsgrundbücher 1837–1920, Dienstanweisung für den Betriebsführer 1916, Betrieb des Werks 1917

9 Nationallisten der Arbeiter 1879–1916, Knappschaftssektion 1884–1924, Lohnbücher 1914–1921, Arbeiter- und Lohnstatistiken 1916–1921, Arbeiterausschuß 1917–1921

10 Einzelne Rechte und Lasten 1808–1846, Karten und Pläne 1850–1932, Grundbuch 1901–1915, einzelne Baumaßnahmen 1909–1936, Jahresbauüberschläge 1911–1921, Gebäude- und Grundstücksverzeichnisse 1916–1928, Vermietung von Grundstücken und Wohnungen 1917–1931

11 Ablieferung von Geldern an die Staatshauptkasse 1810–1846

12 Holzkohlenbeschaffung 1916

13 Aufstellung der Erzeugnisse 1921

14 Einnahmen 1911–1919, Verkaufsberichte 1916–1929, Schuldbücher 1914–1920, Verkaufstagebuch 1921/22

16 Quartalsrechnungen 1669, 1696–1698, 1705, 1718, 1732/33, Jahresrechnungen 1773–1776, 1910–1922, Hauptkassentagebücher 1911–1919

17 Einkommensteuer 1915–1916

19 Ablieferung von Bronzeglocken 1917

47 Fotos: Werksanlagen

49 Staatsarchiv Ludwigsburg B 384 und B 384a (Jahresrechnungen und Beilagen 1616–1801), F 98 (Amtsgrundbücher des Hüttenamts 1828–1845), F 139 (Hüttenwerk Abtsgmünd 1802–1916) und F 1/139 (Hauptbücher mit Beilagen, Magazin-, Naturalien-, Bau- und Hilfskassenrechnungen 1802–1921), WABW B 1010 (Werbeschriften der SHW GmbH und ihrer Vorgängerunternehmen)

50 Uwe Fliegauf, Die Schwäbischen Hüttenwerke zwischen Staats- und Privatwirtschaft. Zur Geschichte der Eisenverarbeitung in Württemberg (1803–1945), Ostfildern 2007.

273
Hüttenwerk Christophstal und Friedrichstal, Christophstal / Friedrichstal

Name Hüttenwerke Christophstal und Friedrichstal
Geschäftstätigkeit Eisen- und Hüttenwerk
Branche Nr. 270/280/290
Umfang 20
Laufzeit 1531–1960
Benutzbarkeit Ja
Bestand B 1004

Bestandsgeschichte Das Archivgut der Hüttenwerke Christophstal und Friedrichstal wurde 1997 als Teil des Archivgutes der SHW GmbH und ihrer Vorgängerunternehmen übernommen.
Geschichte Eine herzogliche Hammerschmiede in Christophstal bei Freudenstadt im Schwarzwald ist seit 1604 nachweisbar, 1660 entstand dort zudem ein Eisenhammer. Das Eisenwerk wurde im 17. und 18. Jahrhundert zeitweise verpachtet und 1761–1763 durch die Gründung einer Hammerschmiede und eines Hochofens im benachbarten Friedrichstal erweitert. Ab 1798 in staatlicher Eigenregie betrieben, errichtete man 1803 eine Stahl- und Sensenfabrik in Friedrichstal und trennte 1809–1826 organisatorisch die beiden Hüttenverwaltungen Friedrichstal und Christophstal. Nach der Zusammenführung 1836 dominierte das Hüttenwerk Friedrichstal. Der Hochofen wurde 1868 ausgeblasen, das Produktionsprogramm umfasste vornehmlich Sensen, Sicheln, Schaufeln, Hauen und andere landwirtschaftliche Geräte. Ab 1921 wurde der Produktionsstandort ein Bestandteil der neugegründeten gemischtwirtschaftlichen SHW GmbH.
4 Werkschronik 1854–1898
6 Vereinigung der beiden Werke 1810–1845
7 Allgemeine Verwaltung 1819–1924, Amtsprotokolle 1847–1940, Verwaltungsberichte 1872–1923, Erlasse des Bergrats 1900–1922
8 Lagerbuch des Werks Christophstal 1531–1682, Amtsgrundbücher von Christophstal 1829–1850, Amtsgrundbücher von Friedrichstal 1822–1940, Amtsregistratur 1836–1917
9 Personalsachen 1804–1909, Kirchensachen 1807–1930, Bürgerrechtsverhältnisse 1813–1936, Anstellung und Besoldung einzelner Arbeiter 1813–1898, Beamte und Angestellte 1819–1926, Unterstützungen 1819–1919, Werkschule 1823–1908, einzelne Personalakten 1832–1937, Arbeiterstatistik und -verzeichnisse 1890–1929, Lohnbuch 1894–1895, Arbeiterausschuß 1907–1919, Lohnstatistik 1907–1920
10 Wasserrechte 1657–1911, Erwerb und Verkauf einzelner Liegenschaften 1671–1936, Wege- und Brückenrechte 1754–1938, Gebäude- und Grundstücksverzeichnisse sowie Grundkapital 1780–1921, Losungs- und Besitzrechte 1800–1923, Verpachtung und Vermietung einzelner Liegenschaften und Gebäude 1812–1942, Baubestimmungen 1822–1921, einzelne Baumaßnahmen mit Karten und Plänen 1850–1940, Bauüberschläge und -kostenverzeichnisse 1868–1920
12 Erkundung und Ausbeutung regionaler Erzlagerstätten 1810–1849
13 Technische Versuche 1834–1881, Neuentwicklungen und Patente 1850–1915, einzelne Warenzeichen 1860–1960, Produktionsstatistiken 1869–1921
14 Verkaufsförderung 1808–1921, Rabatte 1810–1920, Festsetzung von Preisen 1812–1911, Verkaufsberichte 1898–1923, Schuldbuch 1915–1916
15 Beteiligung an Ausstellungen 1844–1921, Kataloge und Preislisten 1902–1923
16 Jahresrechnungen Christophstal 1742–1757, 1759–1762, 1799–1809, 1811–1823, 1831/32, Jahresrechnungen Friedrichstal 1820–1822, 1826–1843, 1845/46, 1849–1875, 1881–1902, Etats 1891–1921, Rechnungsprüfungsprotokolle 1893–1922, Rechnungsergebnisse 1898–1920, Kassenprüfungsprotokolle 1901–1921
17 Grund-, Gewerbe- und Einkommensteuer 1877–1920
18 Sozialversicherung 1843–1927, gesetzliche Unfallversicherung der Arbeitnehmer 1885–1924, Brandschadensversicherung 1809–1931
19 Einberufungen zum Militärdienst 1822–1914, Kriegswirtschaft 1914–1920
20 Handels- und Gewerbekammer Calw 1879–1920, Verein deutscher Eisen- und Stahl-Industrieller 1879–1922, Berufsgenossenschaften 1885–1924, Verein deutscher Eisengießereien 1899–1924, Haftpflichtverband der deutschen Eisen- und Stahlindustrie 1902–1940, Arbeitge-

berverband der deutschen Sensenindustriellen 1909–1910, Verein deutscher Eisenhüttenleute 1913–1941, Deutsche Handelskammer in der Schweiz 1918, Verband württembergischer Metallindustrieller 1919–1923
21 Gerichtsbarkeit des Werks 1808–1921, Rechtsstreite 1793–1920, einzelne Schuldforderungen 1901–1921
47 Fotos: Ausstellungen, Produkte und Werksanlagen 1900–1980
49 Hauptstaatsarchiv Stuttgart A 302 (Faktoreirechnungen 1679–1806), H 108 (Lagerbücher 1682), A 566 (Hüttenwerk Christophstal 1723–1805), Staatsarchiv Sigmaringen Wü 125 a T 1 (Amtsgrundbücher der Hüttenämter Christophstal und Friedrichstal 1822–1828), Wü 131/1 T 1/2 (Hüttenwerk Friedrichstal-Christophstal 1806–1921), Wü 136/9 T 1 (Jahres- und Hilfskassenrechnungen der Hüttenämter Christophstal und Friedrichstal 1806–1920), WABW B 1010 (Werbeschriften der SHW GmbH und ihrer Vorgängerunternehmen)
50 Uwe Fliegauf, Die Schwäbischen Hüttenwerke zwischen Staats- und Privatwirtschaft. Zur Geschichte der Eisenverarbeitung in Württemberg (1803–1945), Ostfildern 2007.

274
Hüttenwerk Königsbronn, Königsbronn

Name Hüttenwerk Königsbronn
Geschäftstätigkeit Eisen- und Hüttenwerk
Branche Nr. 100/270/280/290
Umfang 65
Laufzeit 1514–1924
Benutzbarkeit Ja
Bestand B 1005

Bestandsgeschichte Das Archivgut des Hüttenwerks Königsbronn wurde 1997 als Teil des Archivgutes der SHW GmbH und ihrer Vorgängerunternehmen übernommen.
Geschichte Das Zisterzienserkloster Königsbronn gründete 1479 ein Schmiedewerk in Itzelberg und 1529 ein Eisenwerk in Königsbronn. Das klösterliche Eisenwerk war nach 1554 an Martin Eisengrein und Balthasar Moser verpachtet und wurde seit 1598 durch die herzogliche Rentkammer geleitet. Der Wiederaufbau der im Dreißigjährigen Krieg zerstörten Werksanlagen erfolgte nach 1650. Seit 1764 war das Werk an verschiedene Privatunternehmer verpachtet und wurde erst 1806 wieder in staatlicher Eigenregie betrieben, während der es sich vom Hütten- zum Gießereibetrieb wandelte. Die Einstellung der Schmiedeeisenerzeugung erfolgte 1890, der Hochofenbetrieb endete 1906. Nach 1833 stieg man in die Produktion von Hartgußwalzen ein. Ab 1921 wurde der Produktionsstandort ein Bestandteil der neugegründeten gemischtwirtschaftlichen SHW GmbH.
2 Geschichte der Klosterherrschaft und Gemeinde Königsbronn 1849–1857
3 Historische Unterlagen zur Pächterfamilie Blezinger 1769–1872
5 Sammlung von werksgeschichtlichen Urkundenabschriften, Exzerpten und Daten 1302–1770
6 Schmelzwerk Heidenheim 1740–1822, Drahtzug in Söflingen 1833–1836, Salzmagazin Königsbronn 1836–1870, Stufenerzgrube Aalen mit Grubenplänen 1807–1888, Bohnerzgruben 1736–1899
7 Allgemeine Verwaltung 1796–1891, Amtsprotokolle 1816–1861, Befehls- und Berichtskonzeptbücher der Hüttenverwaltung 1780–1868
8 Amtgrundbücher 1806–1917, Amtsregistratur 1819–1844
9 Einzelne Personalakten 1793–1912, Anstellung und Besoldung einzelner Arbeiter 1800–1890, Beamte und Angestellte 1743–1894, Lohnstatistik 1756–1892, Unterstützungen 1808–1892, Arbeiterstatistik und -verzeichnisse 1810–1888, Lohnlisten 1813–1892, Werkschule 1820–1888, Arbeiterausschuß 1907–1921
10 Einzelne Baumaßnahmen mit Karten und Plänen 1774–1914, Erwerb und Verkauf einzelner Liegenschaften 1795–1896, Bauüberschläge und -kostenverzeichnisse 1806–1914, Gebäude- und Grundstücksverzeichnisse sowie Grundkapital 1807–1890, Baubestimmungen 1811–1884, Losungs- und Besitzrechte mit Flurkarten 1822–1893, Verpachtung und Vermietung einzelner Liegenschaften und Gebäude 1823–1848, Wasserrechte 1840–1884
11 Zahlungsverkehr mit der Staatshauptkasse 1897–1913

12 Erkundung und Ausbeutung von Erzlagerstätten 1736–1910, Holz- und Kohlenbeschaffung 1797–1891, Roh- und Alteisenbeschaffung 1809–1889
13 Technische Gutachten und Versuche 1808–1889, Gußwarenproduktion mit Plänen und Zeichnungen 1809–1865, Hammerwerke mit Plänen und Zeichnungen 1812–1889, Produktionsstatistiken 1782–1893
14 Verkaufsförderung 1808–1921, Rabatte 1810–1890, Festsetzung von Preisen 1816–1890, Verkaufsberichte 1898–1923, Schuldbücher und Ausstandswesen 1809–1886
15 Kataloge und Preislisten 1808–1875, Gestaltung der Gußwaren 1809–1842
16 Jahresrechnungen 1806–1922, Etats 1808–1901, Material- und Naturalrechnungen 1821–1918, Kassenprüfungsprotokolle 1823–1885, Rechnungsprüfungsprotokolle 1826–1875
17 Akzise 1810–1836, Grund-, Gewerbe- und Einkommensteuer 1805–1890
18 Laborantenzunft und Sozialversicherung 1818–1924, gesetzliche Unfallversicherung der Arbeitnehmer 1881–1921, Brandschadensversicherung 1807–1890
19 Einberufungen zum Militärdienst 1794–1853, Kriegswirtschaft 1914–1921
20 Berufsgenossenschaften 1884–1921
21 Rechtsstreite 1794–1888, einzelne Schuldforderungen 1809–1888
47 Fotos: Ausstellungen, Produkte und Werksanlagen 1900–1980
49 Hauptstaatsarchiv Stuttgart A 302 (Faktoreirechnungen 1559–1806), H 108 (Lagerbuch 1768), A 567 (Hüttenwerk Königsbronn 1602–1806), Staatsarchiv Ludwigsburg F 98 (Amtsgrundbücher des Hüttenamts 1822–1841), F 141 (Hüttenamt Königsbronn 1811–1902) und F 1/141 (Rechnungen des Hüttenamts 1806–1921), WABW B 1010 (Werbeschriften der SHW GmbH und ihrer Vorgängerunternehmen)
50 Uwe Fliegauf, Die Schwäbischen Hüttenwerke zwischen Staats- und Privatwirtschaft. Zur Geschichte der Eisenverarbeitung in Württemberg (1803–1945), Ostfildern 2007.

275 Hüttenwerk Ludwigstal, Tuttlingen-Ludwigstal

Name Hüttenwerk Ludwigstal
Geschäftstätigkeit Eisen- und Hüttenwerk
Branche Nr. 270/100
Umfang 14
Laufzeit 1697–1938, Fotos bis 1980
Benutzbarkeit Ja
Bestand B 1001

Bestandsgeschichte Das Archivgut des Hüttenwerks Ludwigstal wurde 2000 als Teil des Archivgutes der Schwäbischen Hüttenwerke (SHW) GmbH und ihrer Vorgängerunternehmen übernommen.
Geschichte Das staatliche Hüttenwerk wurde unter Herzog Eberhard Ludwig von Württemberg nach 1694–1698 aufgebaut. Nach 1729 wurde das Werk durch verschiedene Pächter, ab 1798 schließlich in staatlicher Eigenregie betrieben. Im 19. Jahrhundert vollzog das Werk die Umwandlung vom Hütten- in einen reinen Gießereibetrieb, der Hochofenbetrieb endete 1861, das letzte Schmiedeeisenfeuer wurde 1911 kaltgelegt. Ein modernes Walzwerk entstand 1849, eine mechanische Werkstätte 1874. Ab 1921 wurde der Produktionsstandort ein Bestandteil der neugegründeten gemischtwirtschaftlichen SHW GmbH.
4 Werkschronik 1854–1887, Denkschrift über Karl Hermann Reusch 1938
6 Verpachtung des Werks an verschiedene Pächter 1729–1799, Hammerwerk Bärental und Schmelzwerk Harras 1806–1864, Stufenerzgrube Neuhausen ob Eck 1843–1849, Linsenerzgrube Weilheim 1857–1904
7 Amtsprotokolle 1697–1708, 1757–1790, 1872–1921, Verwaltungsberichte 1795–1858, 1872–1895, Bestimmungen des Bergrates 1806–1921, Erlasse des Bergrates 1882–1921, Berichte der Hüttenverwaltung 1911–1921
8 Amtsgrundbücher 1821–1921, Amtsregistratur 1850–1909
9 Dienstinstruktionen 1698–1849, Zunftprotokolle 1777–1878, Lohnverzeichnis 1778–1779, Einstellung und Besoldung einzelner Beamter, Angestellter und Arbeiter 1800–1921, Bürger-

rechtsverhältnisse des Personals 1807–1855, 1807–1869, Unterstützungsgesuche 1809–1861, Dienstkautionen 1809–1900, Vereidigung des Personals 1809–1849, Werksschule 1809–1918, Nationallisten 1830–1889, Knappschaftssektion 1835–1921, Lohnpfändungen 1847–1900, Werksärzte 1852–1908, Arbeiterverzeichnis 1885–1925, Auszeichnungen 1889–1920, Arbeiterausschüsse 1907–1921, Lohnbuchserie 1908–1921
10 Erwerb von Gütern zur Anlage des Werks 1697–1719, Vermessung und Erfassung des Werks 1698–1914, Wasser- und Wegerechte 1699–1892, Vermietung von Grundstücken und Wohnungen 1715–1921, Erwerb und Verkauf einzelner Liegenschaften 1746–1919, einzelne Baumaßnahmen mit Karten und Plänen 1779–1921, Wassermangel wegen Donauversickerung 1798–1883, Jahresbauüberschläge 1889–1921
11 Staatshauptkasse 1807–1921, einzelne Schuldforderungen 1847–1915, Grundkapital 1819–1902
12 Holz 1749–1885, Torf 1750–1839, Kohlen 1770–1919, Schacht- und Gestellsteine 1791–1861, Eisen 1812–1921, Flußsteine 1821–1870
13 Produktionsergebnisse 1766, Giesserei mit Plänen und technischen Zeichnungen 1812–1920, Hammerwerk mit Plänen und technischen Zeichnungen 1812–1911, Gußmodelle 1825–1879, technische Untersuchung von Rohstoffen 1823–1919, Walzwerk 1850–1882, Montanstatistik 1862–1923, Monatsberichte 1880–1891, Schmelzbuchserie 1904–1921
14 Zollfragen 1806–1903, Kennzeichnung der Fabrikate 1807–1840, Verkauf von Eisen an die Gewehrfabrik Oberndorf 1812–1918, Schuldbücher 1818/19, 1909–1920, Verkauf von Eisen an Hammerwerke und Privatkunden 1832–1860, Bereisung der Absatzgebiete 1845–1860, Handelsreisende der Hüttenwerke 1845–1886, Preisabstimmungen mit anderen Produzenten 1845–1889, einzelne Rabatte 1850–1920, Verkaufspreise für Stabeisen und Gußwaren 1864–1916, Brunnenstöcke und Wasserleitungen 1871–1887, Verkauf von Dreschwalzen 1875–1889, Verkauf von Maschinenguß an die Eisenbahnwerkstatt Rottweil 1877–1886, monatliche Verkaufsberichte 1884–1921, Vertreter für Automobilguß 1908–1915, Versand- und Verkaufsbücher 1911–1921, Verkauf über die Großhandlung Kirchhoff, Berlin 1915–1919, Kunden 1921
15 Beteiligung an Ausstellungen 1841–1882, Preislisten 1870–1919
16 Kontokorrentbücher 1765–1767, 1797/98, Jahresrechnungen 1791/92, 1836–1845, 1895/96, 1911–1921, Rechnungsergebnisse 1825–1920, Inventuren 1864–1921, Jahresetats 1872–1921, Selbstkostenberechnungen 1875–1903, Betriebskostenverzeichnisse 1880–1920, Kassenberichte 1881–1889, 1911–1921, Kassentagebücher 1895–1921, Jahresbilanzen 1903–1920
17 Gewerbe- und Einkommensteuer 1821–1862, Gewerbesteuer 1901–1921, Einkommen-, Grund- und Gebäudesteuer 1905–1921
18 Brandversicherung 1752–1878, Unfallversicherung 1881–1921
19 Militärpflicht des Personals und einzelne Einberufungen 1814–1918, Bestimmungen vorgesetzter Behörden in Personalsachen 1914–1920
20 Württembergischer Dampfkesselrevisionsverein 1878–1912, Verein deutscher Eisen- und Stahlindustrieller 1881–1918, Verein deutscher Eisengiessereien 1906–1921, Haftpflichtverband der deutschen Eisen- und Stahlindustrie 1909–1920, Verband württembergischer Metallindustrieller 1919–1920
21 Klage des Platzmeisters Rübelmann gegen die Werksleitung 1742, Polizeirechte 1725–1936, Kriminalität des Personals 1818–1862, Diebstahlsdelikte 1857–1865
47 Fotos: Ausstellungen 1950–1980, Personen 1900–1950, Werksanlagen 1900–1980
48 Gußstücke um 1900–1940
49 Hauptstaatsarchiv Stuttgart A 302 (Faktoreirechnungen 1699–1806), Staatsarchiv Sigmaringen Wü 136/9 T 1 (Hauptbücher und Beilagen 1806–1920), WABW B 1010 (Werbeschriften der SHW GmbH und ihrer Vorgängerunternehmen)
50 Uwe Fliegauf, Die Schwäbischen Hüttenwerke zwischen Staats- und Privatwirtschaft. Zur Geschichte der Eisenverarbeitung in Württemberg (1803–1945), Ostfildern 2007.

276
Hüttenwerk Unterkochen, Unterkochen

Name Hüttenwerk Unterkochen
Geschäftstätigkeit Eisen- und Hüttenwerk
Branche Nr. 270/280/290
Umfang 6
Laufzeit 1579–1856
Benutzbarkeit Ja
Bestand B 1006

Bestandsgeschichte Das Archivgut des Hüttenwerks Unterkochen wurde 1997 als Teil des Archivgutes der SHW GmbH und ihrer Vorgängerunternehmen übernommen
Geschichte Ein 1540 gegründeter Hochofen wurde mit einem später aufgegebenen Werk in Oberkochen zunächst von einer privaten Betreibergesellschaft und schließlich 1614 durch die Fürstpropstei Ellwangen betrieben. Der Hochofen wurde 1678 aufgegeben und das Werk danach als Frischhütte und Hammerschmiede weitergeführt, die im Jahr 1803 an Württemberg überging. Im Werk bestand 1849–1856 ein Puddel- und Walzwerk, danach wurde das Hüttenwerk stillgelegt und zeitweilig vom Hüttenwerk Wasseralfingen als »Radsatzwerkstätte« geführt.
4 Werkschronik 1828, Hochofen in Oberkochen 1579–1745
7 Allgemeine Bestimmungen zur Verwaltung 1670–1840, Befehls- und Berichtskonzeptbücher der Hüttenverwaltung 1804–1836
8 Amtsgrundbücher 1819–1856
9 Anstellung und Besoldung des Personals 1637–1818
10 Anlagen-, Maschinen- und Wasserbau 1643–1810, Hochbauten 1646–1839, Gebäudebeschreibungen 1819
11 Zahlungsverkehr mit der Staatshauptkasse 1690–1819
12 Holz- und Kohlenbeschaffung 1645–1818, Beschaffung von Eisen, Steinen und Ziegeln 1698–1810, Lager- und Fuhrwesen 1701–1824
13 Hochofen- und Frischfeuerbetrieb 1645–1746, Hammer- und Walzwerk 1675–1851, allgemeine Produktion 1680–1812, Betriebsverbesserungen 1761, Produktionsstatistiken 1837–1847
14 Eisenhandel 1649–1811, einzelne Abnehmer und Erzeugnisse 1698–1829, Verkaufsbücher 1822–1839
16 Material- und Naturalrechnungen 1641–1827, Quartalsrechnungen 1650–1772, Hauptbücher und Jahresrechnungen 1651–1856, Kassenbücher 1803–1849; Rechnungen der fürstpröpstlichen Glashütte 1652–1660
17 Einnahme von Taxgebühren 1803–1815
18 Protokolle und Kassenberichte der Zunftkasse 1822–1860
47 Fotos: Werksanlagen
49 Hauptstaatsarchiv Stuttgart A 302 (Faktoreirechnungen Ober- und Unterkochen 1599–1611), Staatsarchiv Ludwigsburg B 384 und B 384 a (Jahresrechnungen und Beilagen 1614–1802), B 449 h (Ellwangen: Eisenwerk Unterkochen 1614–1802), F 98 (Amtsgrundbücher des Hüttenamts 1822–1846), F 143 (Hüttenwerk Unterkochen 1802–1857) und F 1/143 (Hauptbücher und Beilagen, Naturalien- und Hilfskassenrechnungen 1802–1859)
50 Uwe Fliegauf, Die Schwäbischen Hüttenwerke zwischen Staats- und Privatwirtschaft. Zur Geschichte der Eisenverarbeitung in Württemberg (1803–1945), Ostfildern 2007.

277
Hüttenwerk Wasseralfingen, Aalen-Wasseralfingen

Name Hüttenwerk Wasseralfingen
Geschäftstätigkeit Eisen- und Hüttenwerk
Branche Nr. 270/280/290
Umfang 106
Laufzeit 1649–1941
Benutzbarkeit Ja
Bestand B 1007

Bestandsgeschichte Das Archivgut des Hüttenwerks Wasseralfingen wurde ab 1997 als Teil des Archivgutes der Schwäbischen Hüttenwerke (SHW) GmbH und ihrer Vorgängerunternehmen übernommen.
Geschichte Das Hüttenwerk wurde 1671 durch die Fürstpropstei Ellwangen zur Versorgung der Hammerwerke in Abtsgmünd und Unterkochen

gegründet. Bis zur Übernahme durch das Königreich Württemberg 1803 wurde das Werk als reine Masselgießerei betrieben. Das Hüttenwerk wurde in den Jahren 1811 bis 1822 zur Hauptgießerei des Landes mit angeschlossener Maschinenfabrik ausgebaut. Den größten wirtschaftlichen Aufschwung erlebte der Betrieb mit dem Bau eines Puddel- und Walzwerks 1854–1856, das in den nächsten 20 Jahren vorwiegend Obermaterialien für süddeutsche Eisenbahnverwaltungen lieferte. Daneben erweiterte man ständig die Produktpalette im Gießereibereich, so dass dieser Bereich nach dem Ende des Eisenbahngeschäfts 1878 erneut in das Zentrum der Geschäftstätigkeit rücken konnte. Das Werk wurde 1921 Bestandteil der neugegründeten SHW GmbH und ist seit 1927 Sitz der Hauptverwaltung dieses gemischtwirtschaftlichen Unternehmens.

2 Teilgemeinde Eisenschmelz 1843–1917

4 Werkschronik 1857–1887, Chronik des Stufenerzbergbaus 1803–1895, werkshistorischer Nachlaß des Maschineninspektors Josef Schuler 1837–1874

6 Bohnerzbergbau 1808–1907, Emailierhütte 1824–1830, Abwicklung Hüttenwerk Unterkochen 1857–1913, Stufenerzbergbau 1863–1934

7 Verwaltungsdekrete 1737–1798, 1802–1843, Bestimmungen des Bergrates 1806–1921, Befehlsbücher 1806–1855, Verwaltungsberichte 1811–1920, Berichte der Hüttenverwaltung 1831–1843, Amtsprotokolle 1845–1936

8 Amtsgrundbücher 1821–1921, Amtsregistratur 1840–1920

9 Unterstützungsgesuche 1725–1919, Einstellung und Besoldung einzelner Beamter, Angestellter und Arbeiter 1737–1941, Dienstinstruktionen 1746–1913, Hüttenarbeiterzunft 1757–1822, Untersuchungen gegen Werksangehörige 1760–1892, Heiratsgesuche 1787–1868, Nationallisten 1807–1913, Dienstkautionen 1810–1915, Bürgerrechtsverhältnisse 1821–1856, Knappschaftssektion 1822–1924, Vereidigung des Personals 1824–1919, Werksschule 1836–1921, Lohnverzeichnis 1847–1921, Werksärzte 1849–1914, Arbeiterverzeichnis 1856–1921, Lohnbücher und -listen 1857–1921, Auszeichnungen 1906–1920,

10 Wasser- und Wegerechte 1740–1935, Erwerb und Abgabe von Liegenschaften und Gebäuden 1779–1921, einzelne Baumaßnahmen mit Karten und Plänen 1779–1921, Jahresbauüberschläge 1803–1921, Vermietung von Grundstücken und Wohnungen 1810–1921, Vermessung und Erfassung des Werks 1816–1919

11 Grundkapital 1819–1902, Lieferung zur Staatshauptkasse 1820–1865

12 Formsand 1715–1907, Stufenerze 1715–1921, Eisen 1740–1921, Flußsteine 1779–1922, Bohnerze 1779–1884, Holz 1801–1915, Hilfs- und Betriebsstoffe 1801–1915, Kohlen 1828–1885, Schacht- und Gestellsteine 1831–1879

13 Gießereibetrieb mit Karten und Plänen 1771–1925, Produktionsergebnisse 1803–1921, Bergwerke mit Plänen 1803–1921, Hochofenbetrieb mit Karten und Plänen 1803–1921, Gußmodelle 1812–1919, Hammer-, Puddel- und Walzwerksbetrieb mit Karten und Plänen 1814–1921, Mechanische Werkstätte mit Plänen 1814–1920, Montanstatistik 1828–1885, Chemische Untersuchungen 1854–1921, Gaswerk 1856–1911, Schmelzbücher 1860–1871

14 Zollfragen 1789–1907, Gußwarenlieferungen 1789–1921, Absatzverhältnisse 1806–1921, Verkaufsbücher 1806–1819, 1880–1895, Munitionslieferungen 1809–1921, Preisnachlässe 1816–1921, Bereisung der Absatzgebiete 1828–1921, Preisabstimmung 1844–1891, Werksreisender 1855–1921, Lieferung von Eisenbahnbedarf 1855–1921, Vertretungen 1860–1919, Lieferungen von Gewichten 1878–1921

15 Kataloge und Preislisten 1805–1915, Beteiligung an Ausstellungen 1816–1920

16 Quartalsrechnungen 1671–1736, Jahresrechnungen 1735–1819, Materialrechnungen 1789–1804, Kassenbücher 1790–1803, 1881–1895, 1905–1917, Hauptbücher 1821–1921, Selbstkostenrechnungen 1856–1892, Jahresbilanzen 1902–1921

17 Gewerbesteuer 1802–1913, Einkommens- und Grundsteuer 1802–1920

18 Brandversicherung 1802–1933, Haftpflichtversicherung 1886–1921, Unfallversicherung 1904–1921

19 Bestimmungen einzelner Militärbehörden 1794–1801, 1870/71, 1914–1921, Militärpflicht des Personals und Einberufungen 1803–1919

20 Verein deutscher Eisenhüttenleute 1869–1899, Süddeutsche Eisen- und Stahlberufsgenossenschaft 1873–1921, Verein deutscher Eisengießereien 1876–1921, Verein deutscher Eisen- und Stahlindustrieller 1877–1930, Verein deutscher Röhrengießereien 1882–1921, Württembergischer Dampfkesselrevisionsverein 1892–1921, Haftpflichtverband der deutschen Eisen- und Stahlindustrie 1901–1921, Süddeutsche Einkaufsvereinigung für Alt- und Schrotteisen 1904–1919

21 Kriminalität des Personals 1764–1920, Polizei- und Strafgewalt 1803–1918, Rechtsstreit mit der Zellstofffabrik Unterkochen 1888–1900

22 Werksbesuche des Königs 1824–1895, Betriebsfeiern 1841–1918, Eröffnung Remstalbahn 1856–1861

47 Fotos: Ausstellungen, Personen, Produkte und Werksanlagen 1900–1980

48 Gußmedaillon Faber du Faur

49 Staatsarchiv Ludwigsburg B 449i (Schmelzwerk Wasseralfingen 1764–1804), F 144 (Hüttenamt Wasseralfingen 1805–1904), F 1/144 (Rechnungen Wasseralfingen 1802–1921), WABW B 1010 (Werbeschriften der SHW GmbH und ihrer Vorgängerunternehmen)

50 Uwe Fliegauf, Die Schwäbischen Hüttenwerke zwischen Staats- und Privatwirtschaft. Zur Geschichte der Eisenverarbeitung in Württemberg (1803–1945), Ostfildern 2007.

278
Hüttenwerk Wilhelmshütte, Bad Schussenried

Name Hüttenwerk Wilhelmshütte
Geschäftstätigkeit Eisen- und Hüttenwerk
Branche Nr. 270/280/290
Umfang 6
Laufzeit 1659–1937
Benutzbarkeit Ja
Bestand B 1002

Bestandsgeschichte Das Archivgut des Hüttenwerks Wilhelmshütte wurde 1997 als Teil des Archivgutes der SHW GmbH und ihrer Vorgängerunternehmen übernommen.

Geschichte Das staatliche Schmelzwerk wurde 1837–1840 in den Gebäuden des ehemaligen Prämonstratenserstifts Schussenried erbaut. Nach der Einstellung des Hochofenbetriebs 1885 wurde hauptsächlich Kundenguß produziert, u. a. Brunnen, Haushaltswaren, Fenster, landwirtschaftliche Geräte. Ab 1921 wurde der Produktionsstandort ein Bestandteil der neugegründeten gemischtwirtschaftlichen SHW GmbH.

4 Werkschronik 1846–1886

5 Gründungsvorbereitende Maßnahmen der Kameralverwaltung 1835–1843

7 Amtsprotokolle 1841–1923, Verwaltungsvorschriften 1892–1921, Erlasse des Bergrates 1897–1918

8 Amtsgrundbücher 1840–1921, Amtsregistratur 1840–1920

9 Anstellung und Besoldung einzelner Beamter 1838–1926, allgemeine Personalsachen 1876–1921, Knappschaft 1885–1923, Arbeiter- und Lohnstatistiken 1890–1921, Zeugnisse und Personalbögen von Arbeitern 1892–1923, Arbeiterausschuß 1905–1922

10 Wasser- und Baurechte 1659–1930, Grundstücks- und Gebäudebeschreibungen 1840–1921, An- und Verkauf einzelner Grundstücke 1841–1937, An- und Verkauf der Erzwäsche in Zwiefaltendorf 1842–1858, einzelne Baumaßnahmen mit Karten und Plänen 1846–1922, Vermietung von Grundstücken und Wohnungen 1847–1924, Zugehörigkeit zur Gemeinde Schussenried 1854–1920, Jahresbauüberschläge 1890–1922

11 Staatshauptkasse 1854–1921, einzelne Schuldklagsachen 1907–1921

12 Sand 1841–1920, Energieträger 1902–1922, Erz und Eisen 1873–1921

13 Pläne und Zeichnungen der Produktionsanlagen 1840–1921, Technische Versuche 1841–1894, Betrieb einer Steinkohlengasfabrik 1873–1920, Graugußgranaten 1914–1916, Gebrauchsmusterschutz 1914–1925, Schmelzofenberichte 1917–1919, Automobilguß 1918/19

14 Lizenzen zur Herstellung und Verkauf von Pflügen, Grubendeckeln und Öfen 1882–1915, Preise 1889–1924, Rabatte 1902–1922, Schuldbücher 1907–1918, Verkaufsberichte 1909–1917, Vorratsübersichten für einzelne Fabrikate 1914–1921

16 Kassenberichte 1870–1921, Bestimmungen 1895–1920, Jahresetats 1908–1921, Rechnungsergebnisse und Jahresbilanzen 1909–1920, Rechnungsprüfung 1912–1924

17 Grundsteuer 1884–1921, Gewerbesteuer

1899–1922, Einkommensteuer 1905–1921, Warenumsatzsteuer 1916–1921
18 Gesetzliche Unfallversicherung 1884–1921, Brandversicherung 1900–1920
19 Mobilmachung 1914–1920, Teuerungszulagen 1915–1919
20 Haftpflichtverband der deutschen Eisen- und Stahlindustrie 1902–1921, Verein deutscher Eisenhüttenleute 1913–1921, Verein deutscher Eisengießereien 1917–1921, Verband württembergischer Metallindustrieller 1919–1921, Süddeutsche Gruppe des Vereins deutscher Eisen- und Stahlindustrieller 1919–1921, Industrieverband Oberschwaben 1920–1924
47 Fotos: Ausstellungen 1920–1980, Produkte 1910–1980, Werksanlagen 1900–1980
48 Gußobjekte
49 Staatsarchiv Sigmaringen Wü 131/2 T 1/2 (Hüttenwerk Wilhelmshütte 1826–1919), Wü 136/9 T 1 (Hauptbücher und Beilagen, Hilfskassenrechnungen, Verkaufsbücher 1840–1920), WABW B 1010 (Werbeschriften der SHW GmbH und ihrer Vorgängerunternehmen)
50 Uwe Fliegauf, Die Schwäbischen Hüttenwerke zwischen Staats- und Privatwirtschaft. Zur Geschichte der Eisenverarbeitung in Württemberg (1803–1945), Ostfildern 2007.

279
Hydrokraft, Göppingen

Name Hydrokraft GmbH
Geschäftstätigkeit Hydraulische Getriebe, Pumpen, Antriebsaggregate
Branche Nr. 291
Umfang 3
Laufzeit 1929–1997
Benutzbarkeit Eingeschränkt
Bestand Y 274

Bestandsgeschichte Das Archivgut wurde 2001 von einem ehemaligen Mitarbeiter übernommen.
Geschichte Die Hydrokraft GmbH war eine Tochter der Firma Gebr. Boehringer in Göppingen. Die Anfänge gehen auf das Boehringer-Sturm-Öl-Getriebe zurück, das von Erwin Sturm in den 1920er Jahren erfunden wurde. Dieses Produkt wurde von Gebr. Boehringer auch nach deren Verkauf an den Schweizer Konzern Oerlikon-Bührle im Jahr 1973 weitergeführt. Nach erneutem Besitzerwechsel durch die IWKA im Jahr 1987 wurde das Unternehmen in die zwei Bereiche »Hydrokraft GmbH« und »Boehringer Werkzeugmaschinenfabrik« aufgespalten. 1999 wurde die Hydrokraft GmbH von der amerikanischen Firma Aero-Vickers übernommen, die kurz danach mit dem amerikanischen Konzern Eaton, Ohio, fusionierte. Mit ca. 80 Mitarbeitern wurde am Standort Göppingen Industriehydraulik für die Luft- und Raumfahrt produziert. Im März 2000 erfolgte die Produktionsverlagerung nach Wehrheim/Hessen, da aufgrund der Fusion von Vickers mit Eaton ein Überhang an Fertigungskapazitäten geschaffen wurde. Im März 2001 wurde der Göppinger Betrieb stillgelegt.
13 Lizenzverträge mit Ing. Erwin Sturm 1929–1936, erteilte Patente und Einsprüche von Erwin Sturm 1937–1966, Vertrag mit MAN 1938–1940
14 Auftragsbücher, Angebotsverzeichnisse 1936–1972
15 Prospekte über Boehringer-Sturm-Ölgetriebe
16 Rechnungsbücher Getriebe, Ersatzteile, Montagen, Reparaturen 1956–1962
47 Fotos: Gebr. Boehringer und Vereinigte Drehbankfabriken mit Produktionsprogramm 1940er Jahre, Montagefotos, gegliedert nach Produktgruppen 1978–1986, Hannover Messe 1977–1997
49 WABW B 10 und A 12, Firmenakte
50 Im WABW nicht vorhanden.

DI
Notgeldschein
der Handelskammern zu Freiburg, Konstanz, Lahr, Schopfheim, Villingen
über
21 Goldpfennig = 1/20 Dollar (Nordamerika)
Wertbeständige Anleihe des Deutschen Reiches.
Der Inhaber dieses Notgeldscheines kann binnen Monatsfrist nach Aufruf den Umtausch in Schatzanweisungen der wertbeständigen Anleihe des Deutschen Reiches oder gegen Aushändigung des Scheines die Zahlung eines gleichwertigen Betrages bei den bekanntzugebenden Stellen verlangen.
Ausgegeb. mit Genehmig. des Reichsministers der Finanzen.
Die Handelskammern zu
Freiburg, Konstanz, Lahr, Schopfheim, Villingen
Dieser Notgeldschein ist durch Hinterlegung von Schatzanweisungen der wertbeständigen Anleihe des Deutschen Reiches gedeckt.

280
IBM, Sindelfingen

Name IBM
Geschäftstätigkeit Herstellung von Büromaschinen
Branche Nr. 300
Umfang 8
Laufzeit 1890–1995
Benutzbarkeit Ja
Bestand B 95

Bestandsgeschichte Das Archivgut wurde im Jahr 2000 übernommen. Die Archivalien spiegeln hauptsächlich die Geschäftsbeziehungen zwischen IBM USA und Deutschland wider und stammen überwiegend aus den Jahren 1930–1950.
Geschichte Hermann Hollerith erfand in den 1880er Jahren die Lochkartenverarbeitung. Diese Erfindung wurde zunächst für Volkszählungen in den USA angewandt. 1910 gründete Willy Heidinger unter Beteiligung der IBM (International Business Machines) New York die Deutsche Hollerith Maschinen Gesellschaft, Berlin. Die IBM New York übernahm 1922 als Folge der bei den fälligen Lizenzgebühren aufgetretenen Zahlungsschwierigkeiten in der Inflationszeit 90 % der Deutschen Hollerith Maschinen-Gesellschaft. Die Deutsche Hollerith Maschinen Gesellschaft (DEHOMAG) ist 1934 aus der Fusion der früheren Deutschen Hollerith Maschinen Gesellschaft m. b. H. zu Berlin (gegr. 1910), der Deutschen Geschäftsmaschinen Gesellschaft m. b. H. zu Berlin (gegr. 1924) und der Optima Maschinenfabrik AG, Sindelfingen (gegr. 1914) hervorgegangen. Aufgrund der Kriegsereignisse und -folgen wurde der Firmensitz 1945 von Berlin nach Sindelfingen verlegt, 1949 wurde die Dehomag zur IBM Deutschland. Die Produktion umfasste Lochkartenmaschinen, EDV-Anlagen und PCs. In Deutschland waren bis zu 30.000 Mitarbeiter beschäftigt, ab 2002 wurden Arbeitsplätze abgebaut und die Produktion in Deutschland eingestellt.
4 Chroniken (u. a. von IBM New York; Optima Maschinenfabrik AG, Sindelfingen; Maschinenfabrik Emil Kabisch GmbH, Sindelfingen), Geschichte der Lochkartenmaschine und der Datenverarbeitung 1896–1980
5 Verträge, Fusionen, Beteiligungen 1910–1960
6 Fusionen der Berliner Firmen, Kooperationen in Europa und mit den USA (u. a. Watson Büromaschinen GmbH) 1910–1973
7 Geschäftsführerprotokolle, -korrespondenzen (z. T. privat), Verträge, Geschäftsberichte, Gesellschafterversammlungen, Aufsichtsrat 1910–1960
8 Organisationsplan 1934–1939
9 Kündigungstermine, Lohnkonten, Lohnsteuerkarten, Sozialbericht, Sozialeinrichtungen, Sozialleistungen 1934–1965
10 Grundstückskäufe (v. a. in Berlin), Grundbuch, Miet-, Pacht-, Kaufverträge 1910–1946, Rückerstattung 1947–1955
11 Verträge und sonstige Vereinbarungen zu den Geschäftsanteilen, Kapitalerhöhungen, Aktienbesitz 1910–1972
13 Patente, Lizenzen, Maschinenlisten, -inventuren, technische Beschreibungen 1910–1971
14 Vereinbarungen, Mietverträge und Wartungsverträge für Maschinen, Aufträge, Umsätze, Kunden, Rechnungen, Maschinenlieferungen, Rückkauf von Maschinen, Konkurrenz (u. a. Powers, USA und Berlin; Bull, Paris; Wanderer-Werke, Siegmar-Schönau; VEB Carl Zeiss Jena), Besuchsberichte 1913–1956
15 Presseinformationen 1989–1993
16 Bilanzen 1911–1958
17 Steuern 1939–1945
19 Verdeutschung der Dehomag, Werkluftschutz, Behörden der Wehrwirtschaft, Devisenbewirtschaftung, UK-Stellungen, Kriegsproduktion, Maschinenlieferungen und -rückführungen, Bestellung von Verwaltern, Kriegsschäden, Beschlagnahmungen, Restitutionsansprüche, Militärregierung, Ostzone bzw. DDR 1931–1958
20 Gesellschaft für Europäische Wirtschaftsplanung und Großraumwirtschaft e. V., Berlin 1939–1944
47 Fotos: Produktion, Personen, Maschinen, Gebäude 1890–1978
49 Weiteres Archivgut befindet sich bei der Sammlung aus dem Haus zur Geschichte der IBM Datenverarbeitung, Böblingen; WABW B 183
50 25 Jahre Deutsche Hollerith Maschinen Gesellschaft, Berlin 1935 (Festschrift). Thomas J. Watson, IBM, ein Unternehmen und seine Grundsätze, München 1964. Fünfzig Jahre

Datenverarbeitungsproduktion in Sindelfingen, Sindelfingen 1977 (Festschrift). 50 Jahre IBM Werk Berlin, Berlin 1984 (Festschrift). Die IBM in Zahlen und Fakten, Stuttgart 1985 (Festschrift). 75 Jahre IBM Deutschland, Stuttgart 1985 (Festschrift). James W. Cortada, Before the computer, Princeton 1993. Raimund Vollmer, Blue-Land, Die letzten 20 Jahre der IBM, Reutlingen 1997. Edwin Black, IBM und der Holocaust, München 2001. IBM Nachrichten (im WABW 1979–1989).

281 IHK Arbeitsgemeinschaft, Stuttgart (BWIHK)

Name Baden-Württembergischer Industrie- und Handelskammertag
Geschäftstätigkeit IHK
Branche Nr. 910
Umfang 55
Laufzeit 1945–2014
Benutzbarkeit Eingeschränkt
Bestand A 23

Bestandsgeschichte Das Archivgut wurde von der IHK Region Stuttgart und ab 2009 vom Baden-Württembergischen Industrie- und Handelskammertag übernommen. Da die IHK Stuttgart (ab 1991 IHK Region Stuttgart) über einen langen Zeitraum Vorortkammer war, wurden die Akten der 1953 gegründeten Arbeitsgemeinschaft der Industrie- und Handelskammern in Baden-Württemberg dort zunächst nach einem eigenen Aktenplan geführt. Mit der Verteilung der Federführungen auf die einzelnen Abteilungen der IHK Stuttgart nach 1954 lässt sich das Schriftgut der Landesarbeitsgemeinschaft von dem der IHK Stuttgart teilweise nicht mehr trennen. Ein Teil der Überlieferung findet sich daher fortan im Bestand IHK Region Stuttgart (A 16) in der Rubrik 23 unter dem Betreff »Landesarbeitsgemeinschaften« (vgl. dieselbe Rubrik bei den anderen IHKn). Nach der 1996 erfolgten Trennung der Landesarbeitsgemeinschaft von der Stuttgarter Kammer bildeten die federführenden Kammern für die verschiedenen Fachgebiete eigene Aktengruppen. Über eine lückenlose Überlieferung zum Thema Verkehr verfügt von Anbeginn die federführende IHK Rhein-Neckar in Mannheim.

Geschichte Der Baden-Württembergische Industrie- und Handelskammertag (BWIHK) ist die Dachorganisation der zwölf Industrie- und Handelskammern in Baden-Württemberg. Als Sprachrohr vertritt er die politischen Interessen von Industrie, Handel und Dienstleistungsgewerbe gegenüber der Landesregierung, den Parteien und der öffentlichen Verwaltung des Landes. Vorläufer dieser Organisation sind die Kammervereinigungen, die 1946 in den drei Ländern Württemberg-Baden, Südwürttemberg-Hohenzollern und Südbaden ihre Tätigkeit parallel aufgenommen hatten. Im Zuge der Gründung des Südweststaates 1953 hatten sie sich zur Arbeitsgemeinschaft der Industrie- und Handelskammern in Baden-Württemberg (ARGE) zusammengeschlossen. Diesem organisatorischen Zusammenschluss folgte die Wiedereinsetzung der IHK Stuttgart in ihre alte Position als Vorortkammer, die sie bereits für Württemberg (Württ. Industrie- und Handelskammertag) von 1924 bis 1936 innegehabt hatte. Die IHK Stuttgart hatte sowohl die Geschäftsführung der Arbeitsgemeinschaft als auch weitgehend die Federführung für die Sachgebiete übernommen. Ihr amtierender Präsident war zugleich Präsident der Arbeitsgemeinschaft. Interne Kritik an diesem Organisationsmodell führte 1996 zur organisatorischen und personellen Trennung von der Stuttgarter Kammer. Eine eigene Geschäftsstelle wurde errichtet. Die Betreuung aller fachlichen Themengebiete erfolgt seitdem nach dem Federführungsprinzip durch die 12 Industrie- und Handelskammern. 1997 wurde die Arbeitsgemeinschaft in Baden-Württembergischer Industrie- und Handelskammertag (BWIHK) umbenannt. 1999 erlangte der BWIHK rechtliche Eigenständigkeit durch die Eintragung ins Vereinsregister.

23 Deutscher Industrie- und Handelstag (DIHT) 1947–1954, Neuaufbau und Organisation der Industrie- und Handelskammern 1947–1955, DIHT/Deutscher Industrie- und Handelskammertag (DIHK) (Satzung, Finanzen, Vorstand, Wissensmanagement) 2000–2003, Kammerrecht, Besteuerung der IHKn, Pflichtmitgliedschaft, Gebührenstruktur, Reform der Kammern 2002–2003

24 Organisation, Satzung, Geschäftsordnung 1996–2000, Haushalt 2003, Aufgabenbeschreibungen und Verteilung der Federführungen 1996–2003, Präsidium 2006, Hauptgeschäftsführer-Konferenzen 2000–2003, Korrespondenzen 1996–2002
25 Ausschüsse bei Ministerien 1947–1954, Verfassung und Verwaltung der Bundesrepublik 1948–1954, Verwaltungsreform 2003, Bundeswahlausschüsse 1949–1953, Völkerrecht und allgem. Politik 1948–1955, Rechtspflege, Gerichtswesen, Bürgerliches Recht 1948–1954, Lizenzierungsrecht 1948–1955, Handelsbräuche 1948–1955, Handels- und Gewerberecht, Abgrenzung zum Handwerk, Handwerksordnung 2001–2003, Forderung nach Übertragung des Handelsregisters und Einführung der EDV im Handelsregisterverfahren 2002–2003, Gewerbeordnung 1950–1955, Wettbewerbsrecht 1950–1955, Firmenrecht, Wechsel- und Scheckrecht 1947–1955, Preisrecht, Preisbindung, Preisüberwachung 1948–1955, Patentwesen, gewerblicher Rechtsschutz 1948–1954, Sachverständigen- und Treuhandwesen 1948–1955, Deutsch-Französisches Institut Ludwigsburg 1948–1955
26 Währungsreform 1948–1952, Bewirtschaftung und Warenverkehr 1947–1954, Wohnungswesen, Siedlungswesen, Raumbewirtschaftung 1949–1954, Wirtschaftslageberichte der baden-württembergischen Industrie- und Handelskammern 1955, Statistik 1948–1955; Normung, Rationalisierung und Typisierung 1948–1952, Reichskuratorium für Wirtschaftlichkeit 1953–1957, Gewerbeförderung, Konjunktur- und Wirtschaftslage, Mittelstand, Landesentwicklungsplan, Umweltschutz, Gewerbeabfallverordnung, Federführung Technologie 2000–2002
27 Industrie 1947–1957, Industrieberichterstattung 1947–1956, Groß- und Einzelhandel 1947–1955, Federführung Handel 2002–2003, Energiewirtschaft 1947–1955, Banken, Kreditwesen, Spar- und Darlehenskassen, Wertpapiere und Geldwesen, Versicherungswesen 1947–1955, Ausstellungen und Messen 1947–1955, 2000–2003, Federführung Dienstleistungsgewerbe 1998–2003, Federführung Medienwirtschaft, Medienpolitik
28 Außenhandel und Zölle 1948–1955, Anknüpfung von Exportbeziehungen mit dem Ausland 1955–1960, Exportkatalog 1951–1956, Interzonenhandel 1948–1955, internationale Handelskammern 1948–1956; Federführung Außenwirtschaft 2000–2003
29 Finanzen und Steuern 1949–1954, Gewerbesteuer 1952–1957, Federführung Finanzwirtschaft, Steuern 2003
30 Verkehrsreferenten Protokolle 1947–1954, allgemeine Verkehrspolitik 1947–1955, Postverkehr 1948–1955, Fernsprechverkehr 1947–1955, Eisenbahnverkehr 1947–1955, Kraftwagenverkehr 1947–1955, Spedition und Lagerei 1948–1952, Reiseverkehr 1948–1955, See- und Binnenschifffahrt 1947–1953, Rundfunk und Fernsehen 1949–1954, Federführung Verkehr 2000–2003
31 Berufsschulen, Fachklassen, allgem. Schulangelegenheiten 1948–1955, Volksschulen und höhere Schulen 1948–1955, Gewerbelehrer, Bezahlung von Überstunden, Lehrerbildungsgesetz 1953–1954, kaufmännische Berufsbildung 1953–1955, gewerbliche Berufsausbildung 1948–1955, Prüfungswesen, Prüfungszeugnisse 1948–1955, Berufsnot der Jugendlichen, Ausbildungshilfe im Rahmen der Soforthilfe 1949–1955, Lehrverträge 1949–1956, Organisation der Berufsausbildung 1948–1955, Federführungen Ausbildung und Weiterbildung 2002–2003
32 Sozialpolitik 1948–1955, Arbeitsmarkt 1948–1955, Arbeitsrecht 1948–1955, Betriebsverfassungsgesetz 2001, Flüchtlingswesen, Heimkehrerfragen, Wohlfahrtspflege, Jugend- und Gesundheitspflege 1948–1955, Sozialversicherung 1948–1955, Spendenwesen 1949–1954
33 Wirtschaftsverbände 1948–1955
49 A 16 (Industrie- und Handelskammer Region Stuttgart) Rubrik 23
50 Im WABW nicht vorhanden.

282
IHK Bezirkskammer Böblingen, Böblingen

Name IHK Bezirkskammer Böblingen
Geschäftstätigkeit IHK
Branche Nr. 910
Umfang 18
Laufzeit 1945–2006
Benutzbarkeit Eingeschränkt
Bestand A 13

Bestandsgeschichte Der Bestand wurde ab 2000 mit Nachlieferungen von der Kammer übernommen und umfasst Firmenakten über inaktive Firmen aus der Zeit ab 1945. Er enthält die von der IHK Stuttgart nach dem Zweiten Weltkrieg aufgebaute und von der Bezirkskammer Böblingen fortgesetzte Firmenregistratur des Landkreises Böblingen.

Geschichte Am 30.1.1980 wurde die Bezirkskammer für die Wirtschaft im Landkreis Böblingen im Zuge der Neuordnung der Kammerstruktur der IHK Mittlerer Neckar gegründet.

34 Firmenakten (erloschene Firmen) 1945–2006

46 s. Industrie- und Handelskammer Region Stuttgart

50 Christina Stadelmann, 20 Jahre ortsnaher Service der Bezirkskammer Böblingen, in: Magazin Wirtschaft Nr. 3/2000.

283
IHK Bezirkskammer Esslingen, Esslingen

Name IHK Bezirkskammer Esslingen-Nürtingen
Geschäftstätigkeit IHK
Branche Nr. 910
Umfang 45
Laufzeit 1945–2018
Benutzbarkeit Eingeschränkt
Bestand A 18

Bestandsgeschichte Der Bestand wurde ab 1996 mit Nachlieferungen von der Kammer übernommen. Ein Schwerpunkt liegt bei Vollversammlungsprotokollen und Handakten der Präsidenten.

Geschichte 1945 führte das Bedürfnis nach einer handlungsfähigen Wirtschaftsorganisation zur Gründung des Industrieverbandes für den Kreis Esslingen a. N. Dieser wurde mit Genehmigung des Wirtschaftsministeriums im Mai 1946 in die selbstständige IHK für die Stadt und den Kreis Esslingen umgewandelt. Ende 1972 wurde sie im Zuge der Verwaltungsreform in Baden-Württemberg aufgelöst und zum 1.1.1973 der neu gebildeten IHK Mittlerer Neckar eingegliedert. Zunächst hatte sie den Status einer Hauptgeschäftsstelle, ab 1980 den einer Bezirkskammer der IHK Mittlerer Neckar, die sich seit 1991 IHK Region Stuttgart nennt. Ihr Betreuungsgebiet ist der Landkreis Esslingen. Am 1.1.2005 fusionierten die beiden Bezirkskammern Esslingen und Nürtingen zur IHK Bezirkskammer Esslingen-Nürtingen.

23 Arbeitsgemeinschaft der Industrie- und Handelskammern in (Württemberg-Baden) Baden-Württemberg 1946–1952, 1971–1977, Wesen und Aufgaben der Industrie- und Handelskammern 1961–1977, Kammergesetz 1956–1961, Kammerreform 1972–1973, Mitbestimmung 1948

24 Kammergeschichte und Gründung 1945–1946, Satzungen 1946, 1972–1979, Kammerjubiläum 1970, Grundstücksunterlagen, Mietverträge 1955–1972, Einweihung Kammerumbau 1979, Vollversammlungen 1947–1981, Wahlen 1947, 1951, 1959, 1967–1981, Ausschüsse v. a. Industrieausschuss 1962–1988, Präsidium 1962–1983, Präsident Eduard Hermle 1975–1983, Hauptgeschäftsführer Dr. Erich Deuschle 1982–1987, Jubilarfeiern 1962–1982, Tätigkeitsberichte 1961–1970, Mitgliedschaft (Technische Akademie Esslingen 1980–1990), Korrespondenz 1948–1962, Geschäftsverteilungsplan 1980–1986, Kammerorganisation, Gebührenordnung 1965–1967, Veranstaltungen 1962–1963, 1973, Glückwünsche und Beileidsschreiben 1950–1990, Wirtschaftsjunioren 1976–1990; IHK Mittlerer Neckar (Rechtsgrundlagen, Wahlordnung, Satzung, Geschäftsordnung 1973–1979, Vollversammlungen 1973–1977, Kammergeschichte, 1979–1981, Präsidium und Ausschüsse 1973–1985, Haushalt v. a. Haushaltspläne und Rechnungsabschlüsse eigene Kammer 1948–1987), Verdienstorden 1978–1986

25 Haushaltsgutachten Stadt Esslingen 1962–1980, Konkurse 1949–1973

26 Industrieansiedelung Esslingen 1949–1954, IHK-Atlas Industrieansiedelung 1981–1982, Raumordnung, Raumplanung Stuttgart und Esslingen 1948–1959, Wirtschaftslageberichte Württemberg-Baden 1946–1948, Kreditanträge 1950–1977
29 Gewerbesteuerumfrage Esslingen 1955–1961
30 Neckarkanalisierung (Druckschriften) 1891–1994
31 Berufsbildungswerk 1946, 1989, Gemeinschaftsausbildungsstätten Ruit-Plochingen (GARP) 1968–1986, Lehrlingsabschlussfeiern 1951–1953
33 Industrieverband Esslingen und Umgebung 1920–1934, 1945–1972, Vereinigung der Metall- und Eisenwarenindustrie Baden-Württemberg 1978–1979
34 Firmenakten (aktive und erloschene Firmen) 1945–2019
46 Rundschreiben der Industrie- und Handelskammer Esslingen a. N. und Nürtingen 5–12/1948. Mitteilungsblatt der Industrie- und Handelskammer Esslingen a. N. und Nürtingen 2/1949–7/1954.
Jahresberichte 1959–1961, 1963–1971. Mitteilungsblatt der Industrie- und Handelskammer Esslingen a. N. 1960–1972. Mitteilungsblatt der Industrie- und Handelskammer Mittlerer Neckar 1973–1989. Magazin Wirtschaft 1990ff.
49 WABW N 5 (Nachlass Dr. Friedrich Bechtle)
50 Otto Borst, Organisation und Leben. Festvortrag zum 25-jährigen Jubiläum der Industrie- und Handelskammer Esslingen a. N. am 30. Oktober 1970, in: Unsere Wirtschaft, Esslingen a. N., H. 12 1970. Zwei Bezirkskammern beschließen Fusion in: Magazin Wirtschaft 5/2004
Erich Deuschle, 20 Jahre Industrie- und Handelskammer Esslingen, in: Mitteilungsblatt der Industrie- und Handelskammer Esslingen, Nr. 10 1965.
25 Jahre Industrie- und Handelskammer Esslingen a. N., Festsitzung der Vollversammlung, in: Unsere Wirtschaft, Esslingen a. N., H. 12 1970.
50 Jahre IHK in Esslingen, 50 Jahre im Dienst der Wirtschaft, hrsg. von der Bezirkskammer der Industrie- und Handelskammer Region Stuttgart, Esslingen 1995.

284 IHK Bezirkskammer Göppingen, Göppingen

Name IHK Bezirkskammer Göppingen
Geschäftstätigkeit IHK
Branche Nr. 910
Umfang 57
Laufzeit 1947–2016
Benutzbarkeit Eingeschränkt
Bestand A 12

Bestandsgeschichte Der Bestand wurde ab 1985 mit Nachlieferungen von der Kammer übernommen.
Geschichte Der Oberamtsbezirk Göppingen wurde seit 1856 von der Handels- und Gewerbekammer Reutlingen betreut. 1938 wurde im Zuge der Verwaltungsvereinfachung der neue Landkreis Göppingen gebildet, zu dem auch der ehemalige von der Industrie- und Handelskammer Ulm betreute Oberamtsbezirk Geislingen kam. Die Gauwirtschaftskammer Württemberg-Hohenzollern unterstellte den neuen Landkreis Göppingen 1943 der Hauptgeschäftsstelle Stuttgart. Auch nach 1945 betreute die IHK Stuttgart (ab 1973 IHK Mittlerer Neckar, seit 1991 IHK Region Stuttgart – vgl. Bestand A 16) den in der US-amerikanischen Zone gelegenen Landkreis Göppingen. Am 1. Oktober 1947 errichtete sie in Göppingen eine Geschäftsstelle, die 1979 in eine Bezirkskammer umgewandelt wurde.
23 Arbeitsgemeinschaft der IHKn in Baden-Württemberg Geschäftsführerbesprechungen Protokolle 1947–1957, 1969–1978, Volltagungen Protokolle 1967–1983; IHKn allgemein Presseartikel, Publikationen 2004–2013; IHK Region Stuttgart Presseberichte 1988–2006, Presse- und Öffentlichkeitsarbeit 2002–2013
24 Tätigkeitsberichte (eigene und IHK Stuttgart/Mittlerer Neckar/ Region Stuttgart) 1950–1992; Geschäftsführerbesprechungen, Besprechungen mit den Bezirkskammern 1979–1982; Mitgliederverzeichnisse 1949–1958; Gehaltsabrechnungen 1948–1958; Rechnungswesen 1949–1956; eigene Veröffentlichungen, Pressegespräche 1960–2014; eigene Pressemitteilungen 1997–2010; Presseartikel 1988–2006; IHK-Gebäude (Bauvorhaben) 1956–1958; IHK-Jahresempfänge 1955–2014; Informationen für neue Mitglieder

2005/06; EDV, Göppinger Arbeitsgemeinschaft für Datenverarbeitung (GAD), IHK Rechenzentrum Göppingen 1965–1993
25 Verwaltungs- und Gebietsreform 1970–1973; Städtepartnerschaft Göppingens mit Foggia (Italien) 1970–1974; Konkurse und Vergleichsverfahren 1949–1996; deutsch-amerikanischer Beratungsausschuß 1961–1978; deutsch-amerikanische Freundschaft 1977–1991; Gewerbegenehmigungen 1952–1957; gewerbliche Betätigung von Ausländern 1974–1980; Einzelhandelserlaubnis 1958–1974; Patentwesen 1964–1970; UK-Stellung 1980–2002, 2009/10; Gesetz gegen den unlauteren Wettbewerb (eigene Veranstaltungen) 1999–2004; Handelsregisterführung 2003–2011
26 Industrieplanung und -ansiedelung 1949–1994; Standortpolitik, -verlagerung 2002–2006; Regionalplanung 1967–1976; Flächennutzungs- und Bebauungspläne, Bauvorhaben 1969–2006; Investitionshilfe 1952; Wohnungswesen 1949–1963; Ausschuss für Bau- und Wohnungswirtschaft 1950–1959; Gemeinnützige Wohnbaugesellschaft Göppingen 1848–1954; Mieten (gewerblich) 1956–1967; Wirtschaftslageberichte 1956–1960; Wirtschaftsstruktur (Aufsätze) 1958–1983; Wirtschaftsstatistik 1948–1971; Statistik Kreis Göppingen 1949–1965, 1982–1997; Konjunkturberichte 2010–2016; Arbeitskreis für Wirtschaftsfragen Landkreis Göppingen 1971–1979; Tag der offenen Tür 1979–2006; Ladenschlusszeiten 1999–2007; Lokale Agenda 21 1999–2002; Sitzverlegungen HR-Firmen 1992–2003; Gesprächskreis Kirche und Wirtschaft 1988–2006; Arbeitskreis Umwelt 1992–2002; Umweltschutz 2000–2005; Abfallwirtschaft, Deponien, Müllheizkraftwerk 1953–2003; Abwasser 1953–1988; Wasserverband Fils, Wasserentnahme aus dem Stadtbach 1964–1970; Energieversorgung, Arbeitskreis Energie 1990–2000; Arbeitskreis Medien 1999–2008; Währungen, Wechselkurse 1957–1971
27 Industrieberichte 1951–1979; Einzelhandel 1970–1972 (Umfrage), 1994–2006 (u. a. Stadtmarketing Göppingen); Fremdenverkehr 1980–2007; Genossenschaften 1948–2001
28 Reise von Unternehmern aus dem Filstal nach Lyon (Frankreich) 1956; Schriftwechsel mit Firmen zum Außenhandel 1952–1976; Ursprungszeugnisse 1963; Exportförderung Baden-Württemberg 1974–1984
29 Gewerbesteueraufkommen, -hebesätze 1965–1988; Stellungnahmen zu Staatshaushaltsplänen Baden-Württemberg 1955–1960; Kanalbeiträge, Klärgebühren 1960
30 Nahverkehrsprogramm 1982; Verkehrsbeirat Stadt Göppingen 1977–1984; Verkehrs- und Tarifverbund im Mittleren Neckarraum 1970/71; Personenverkehr; Güterkraftverkehr (Genehmigungsverfahren) 1988–1997; Bahnhof Göppingen (Neubau) 1959–1962; Container-Bahnhof Göppingen (Schließung) 1993/94; Umgehungsstraße B 10 1955–1958; Landesstraßenbau, Fernstraßenbau 1970–1973; Wasserstraßenbau 1970/71; Luftverkehr, Verkehrslandeplätze 1966–1984; Flugplatz Cooke-Barracks Göppingen 1993–2000; Stadtsanierung, Verkehrsplanung 1968–1977; Kreisverkehrsplan Landkreis Göppingen 1985/86; Fußgängerzonen 1972–1984
31 Ausbildungsdokumente Feinmechaniker 1945–1948; Umwandlung der Wirtschaftsoberschulen 1950–1960; Prüfer-Kartei 1979–1994; Ausbildungskampagnen, Lehrstellenaktionen 1994–2010; GARP Bildungszentrum für die IHK Region Stuttgart e. V. Plochingen 1995–2008; Zertifikatübergabe zur Einstiegsqualifizierung 2005–2007
32 Arbeitsmarktstatistik Göppingen 1949–1975; Arbeitsmarktlageberichte Göppingen 1963–1972; Carl-Weidner-Stiftung zur Förderung des Berufsnachwuchses im der Möbelindustrie 1961–1966; Stiftungsinitiative der deutschen Wirtschaft »Erinnerung, Verantwortung und Zukunft« 1999–2000; Konzeption Kompetenzzentrum Gesundheit im Landkreis Göppingen 2002–2009
33 Verein Neckarhafen Plochingen e. V. Plochingen 1954–1994; Regionale Planungsgemeinschaft Neckar-Fils 1971; Regionales Rechenzentrum Mittlerer Neckarraum 1971; Verband Region Stuttgart 1993–2007; Forum Region Stuttgart 2003–2013
34 Firmenakten (erloschene Firmen) 1948–2001
46 s. Industrie- und Handelskammer Region Stuttgart (A 16)
49 WABW Y 186 (Handels- und Gewerbeverein Göppingen)
50 50 Jahre IHK Bezirkskammer Göppingen, 1947–1979, Sonderveröffentlichung NWZ Göppingen und Geislinger Zeitung v. 22.10.1997. Harald Winkel, Geschichte der Württembergischen Industrie- und Handelskammern Heil-

bronn, Reutlingen, Stuttgart/Mittlerer Neckar und Ulm 1933–1980, Stuttgart 1980.

285
IHK Bezirkskammer Ludwigsburg, Ludwigsburg

Name IHK Bezirkskammer Ludwigsburg
Geschäftstätigkeit IHK
Branche Nr. 910
Umfang 46
Laufzeit 1946–2008
Benutzbarkeit Eingeschränkt
Bestand A 19

Bestandsgeschichte Der Bestand wurde ab 1982 mit Nachlieferungen von der Kammer übernommen.
Geschichte Im Frühjahr 1946 wurde die Industrie- und Handelskammer für die Kreise Ludwigsburg und Leonberg neu gegründet. Die Initiative ging von dem 1945 rekonstituierten Industrieverband Ludwigsburg und Umgebung aus. Mitinitiator war Dr. Carl Schaefer. Er war erster Präsident der Kammer und zugleich Vorsitzender der Arbeitsgemeinschaft der Industrie- und Handelskammern in Württemberg-Baden von 1947 bis 1954. 1973 wurde die Kammer in die neu gebildete IHK Mittlerer Neckar mit Sitz in Stuttgart, zunächst als Hauptgeschäftsstelle, ab 1980 als Bezirkskammer eingegliedert. Ihr Betreuungsgebiet erstreckt sich auf den neu errichteten Landkreis Ludwigsburg. Der alte, aufgelöste Kreis Leonberg wurde der neu gebildeten Bezirkskammer Böblingen zugeteilt.
24 Gründung 1949, Satzungsreform 1977/1978, Kammerreform 1979, 1987/1988, Mitglieder 1948–1956, Vollversammlungen 1949–1972, Bezirksversammlungen 1973–2002, Präsidium 1949–1996, Kammerausschüsse und Arbeitskreise 1949–1998, Geschäftsführung Dr. Karl Maier 1950–1988, Personalplanung 1985–1994, Partnerschaft mit Caerphilly, Großbritannien 1964–1976, Auszeichnungen mit Orden und Ehrenzeichen 1952–1968, Denkschrift zur Neugestaltung der wirtschaftlichen Führungsmethoden o. D.
25 Kontakte zu Behörden (Landratsamt Ludwigsburg 1945–1957), kommunistische Infiltration 1950–1961
26 Öffentliche Aufträge 1949–1953, Berlin 1951–1953, Betriebsschutz und polizeiliche Sicherheitsmaßnahmen 1952–1954, eigene Wirtschaftslageberichte 1951–1979, 1994–2000, Wirtschaftsstatistik Kammerbezirk 1948–1965, Kreditgutachten 1948–1963, Kurzberichte des Kreditausschusses beim Regierungspräsidium Nordwürttemberg 1961–1968, Roh- und Hilfsstoffversorgung 1951–1954, Bau- und Wohnungswirtschaft 1949–1954
27 Energiewirtschaft 1950–1955, Wasserwirtschaft 1955–1974, Industrieberichte einzelner Unternehmen 1945–1970; Einkaufszentren 1964–1966
30 Straßenverkehr 1948–1967, Neckarkanal 1952–1973
32 Arbeitsämter 1946–1958; Heitmann-Stiftung 1971–2005; Film- und Mediumzentrum Ludwigsburg 1995–2007
34 Firmenkorrespondenz 1945–1961, Firmenakten (erloschene und aktive Firmen) 1946–2008, Ludwigsburger Maschinenfabrik AG (Konkurs) 1980–1987; Filterwerk Mann+Hummel 1962–1970
46 Jahresberichte der IHK Ludwigsburg 1954–1964, 1975–1989.
Mitteilungsblatt der Industrie- und Handelskammer Ludwigsburg 1946—1949, 1951–1972.
Mitteilungsblatt der Industrie- und Handelskammer Mittlerer Neckar 1973–1989, Magazin Wirtschaft 1990 ff.
47 Hauptgeschäftsführer Dr. Karl Maier
50 50 Jahre Industrie- und Handelskammer in Ludwigsburg, Leistungen für 18.000 Unternehmen, 1946–1996, Kornwestheim 1996.
Mitteilungsblatt der IHK Ludwigsburg, Sondernummer anlässlich der Einweihung des neuen Kammergebäudes, Ludwigsburg 1967.
Industrie- und Handelskammer für die Kreise Ludwigsburg und Leonberg 1946–1971, in: Sonderausgabe des Mitteilungsblattes der IHK Ludwigsburg anlässlich des 25-jährigen Bestehens, Ludwigsburg 1971.
Harald Winkel, Geschichte der Württembergischen Industrie- und Handelskammern Heilbronn, Reutlingen, Stuttgart/Mittlerer Neckar und Ulm 1933–1980, Stuttgart 1980.

286
IHK Bezirkskammer Nürtingen, Nürtingen

Name IHK Bezirkskammer Esslingen-Nürtingen Geschäftsstelle Nürtingen
Geschäftstätigkeit IHK
Branche Nr. 910
Umfang 46
Laufzeit 1945–2014
Benutzbarkeit Ja
Bestand A 10

Bestandsgeschichte Der Aktenbestand wurde ab 1994 mit Nachlieferungen von der Kammer übernommen. Der älteste Teil dokumentiert die Geschäftsführung von Manfred Nägele.

Geschichte Die Aufteilung Württembergs in zwei Besatzungszonen veranlasste die Wirtschaft der in der amerikanischen Besatzungszone liegenden ehemaligen Oberamtsbezirke Nürtingen und Kirchheim unter Teck, eine Industrie- und Handelskammer mit Sitz in Nürtingen neu zu bilden. Diese waren von ihrem angestammten Kammerbezirk Reutlingen, der in der französischen Besatzungszone lag, abgetrennt worden. Nachdem die Bemühungen der IHK Stuttgart, diese Gebiete für sich zu gewinnen, gescheitert waren, erfolgte die offizielle Anerkennung als selbstständige Kammer mit Wirkung vom 31.3.1948. 1973 wurde die IHK Nürtingen in die neu gebildete IHK Mittlerer Neckar zunächst als Hauptgeschäftsstelle, ab 1980 als Bezirkskammer eingegliedert. 1991 wurde die Gesamtkammer in Industrie- und Handelskammer Region Stuttgart umbenannt. Das Betreuungsgebiet der Bezirkskammer Nürtingen erstreckte sich auf den ehemaligen Landkreis Nürtingen. Am 1.1.2005 fusionierten die beiden Bezirkskammern Nürtingen und Esslingen zur gemeinsamen Bezirkskammer Esslingen-Nürtingen mit Sitz in Esslingen. Am Standort Nürtingen besteht eine Geschäftsstelle mit den Abteilungen Außenwirtschaft und Weiterbildung.

23 Kammerrecht, Neuordnung 1951–1952, Beitragspflicht, Kammerzugehörigkeit 1972–1991, Länderarbeitsgemeinschaften 1947–1953, Arbeitsgemeinschaft der Industrie- und Handelskammern in Baden-Württemberg (Vollversammlungen 1958–1976, Verkehrsreferenten 1951–1953, 1982–1996, Hauptgeschäftsführersitzungen 1956–1988), Kammerbezirke in Baden-Württemberg 1956, Zusammenarbeit zwischen Kammern und Verbänden 1950

24 Gründung, Kammergeschichte, Kammergebäude 1945–1996, Satzung, Geschäftsordnung, Wahlordnung 1948–1958, 1971–1990, Wahlen 1950–2000, Handakten und Korrespondenz der Präsidenten 1946–1996, Beiratssitzungen und Vollversammlungen 1946–1972, Bezirksversammlungen 1973–2002, Präsidialratssitzungen der Industrie- und Handelskammer Mittlerer Neckar 1973–1996, Geschäftsführung, Personal 1949–1995, Veranstaltungen 1956–1986, Rundschreiben und Pressearbeit 1946–1994, Industrie- und Handelskammer Mittlerer Neckar/Region Stuttgart (Satzungsänderung 1971–1972, Kammername 1977/78, 1983–1990), Statistik/Tätigkeit 1976–1991

25 Kommunale Angelegenheiten 1935–1962, Kreisreform, Verwaltungsreform 1969–1974

26 Eigene Wirtschaftslageberichte 1974–1995, Statistik 1950–1994, Wirtschaftsstruktur 1947, 1967–1969, Regionalplanung, Planungsgemeinschaft Neckar-Fils 1964–1989, Umweltschutz 1968–1974, Abwasser (Gebühren) 1949–1983, Hochwasserkatastrophe 1978, Landesentwicklungsplan für das Gebiet des mittleren Neckarraumes 1965–1970, Ausstellungen und Messen 1948–1961, Wohnungswesen 1946–1959, 1970–1981, Kreditakten 1980er

27 Firmenverzeichnisse 1948, 1965, 1969, Industrie 1947–1964, Einzelhandel 1950–1958, Werbegemeinschaft Kirchheim, Werbering Nürtingen 1966–1976, Struktur- und Entwicklungsmöglichkeiten des Einzelhandels in Kirchheim unter Teck und Nürtingen 1977–1981, Einkaufszentrum Wendlingen 1964–1969, Banken und sonstiges Gewerbe 1954–1970, Verkehrs- und Fremdenverkehrsförderung 1949–1963, 1972

30 Straßenverkehr, Autobahnzubringer, Straßenbau, privater Omnibusverkehr 1949–1997, Parkhäuser 1976–1996, Arbeitskreis Nürtinger Verkehrsfragen 1986–1992, Neckarhafen Plochingen 1955–1968, Generalverkehrspläne 1965, 1975, Verkehrswacht Neuffen-Teck 1961–1981

31 Verzeichnis der durchgeführten Lehrgänge 1948–1952, Lehrlingsschriftverkehr 1949, Herbstprüfung, gewerbliche und kaufmänni-

sche Lehrlinge 1948, Berufsbildungsausschuß 1971–1972, Ausbildungsverträge 1986–1992
32 Arbeitskräfte 1947–1966
33 Vereinigung Württembergisch-Badischer Textil-Einzelhändler 1947, Landesverband des Einzelhandels Württemberg-Baden 1947, Verband württ.-badischer Lebensmittelhändler 1947, Vereinigung der Maschinenbauanstalten von Württemberg-Baden 1947
34 Firmenakten (erloschene und aktive Firmen) 1945–2014
46 Rundschreiben der Industrie- und Handelskammer Esslingen a. N. und Nürtingen 5–12/1948. Mitteilungsblatt der Industrie- und Handelskammer Esslingen a. N. und Nürtingen 2/1949–7/1954. Mitteilungsblatt der Industrie- und Handelskammer Nürtingen 1948–1972. Mitteilungsblatt der Industrie- und Handelskammer Mittlerer Neckar 1973–1989. Magazin Wirtschaft 1990 ff.
47 Präsidenten und Vizepräsidenten (Dr. Hans Blied, Friedrich Stumpp, Walter Rauch, Josef Hackenberg), Hauptgeschäftsführer Manfred Nägele, Lehrlingslossprechungsfeiern 1960er Jahre, Landwirtschaftliches Bezirksfest und Gewerbeschau in Nürtingen 1949, Ausstellung »Schwäbischer Fleiß« in Nürtingen mit Ludwig Erhard und in Kirchheim u. Teck 1951, Neckarhafen Plochingen. Tonbandaufnahmen anlässlich der Verleihung des großen Verdienstkreuzes an Dr. Hans Blied, 1952, Ordensverleihung an Walter Rauch, 1958
48 Metallschild »Industrie- und Handelskammer Nürtingen«, Verdienstmedaillen für Tätigkeiten auf dem Gebiet der Berufsbildung
50 Die Kammer nach 10-jähriger Tätigkeit im neuen Hause, in: Mitteilungsblatt der IHK Nürtingen Nr. 2/1956.
Friedrich Stumpp, Industrie- und Handelskammer 1946–1971, in: Mitteilungen der IHK Nürtingen Nr. 5/1971.
50 Jahre IHK in Nürtingen, Im Dienst der Wirtschaft an Neckar, Teck und Neuffen, Nürtingen 1996. Zwei Bezirkskammern beschließen Fusion in: Magazin Wirtschaft 5/2004, Nürtinger IHK-Spitze verabschiedet in: Magazin Wirtschaft 2/2005

287 IHK Bezirkskammer Rems-Murr, Waiblingen

Name IHK Bezirkskammer Rems-Murr
Geschäftstätigkeit IHK
Branche Nr. 910
Umfang 14
Laufzeit 1945–2012
Benutzbarkeit Eingeschränkt
Bestand A 20

Bestandsgeschichte Der Bestand wurde ab 2004 mit Nachlieferungen von der Kammer übernommen.
Geschichte 1983 beschloss die Vollversammlung der IHK Mittlerer Neckar auf Initiative von IHK-Präsident Hans Peter Stihl die Errichtung einer Bezirkskammer im Rems-Murr-Kreis. Man wollte sowohl den Firmen im Landkreis als auch den kommunalen und staatlichen Entscheidungsträgern mit einem IHK-Angebot an Service und Beratung nahe sein. Die Geschäftsstelle nahm am 1.6.1983 ihren Betrieb zunächst in den Räumen des Bildungszentrums in Grunbach auf. 1987 zog die Bezirkskammer Rems-Murr nach Waiblingen um, wo sie zunächst in gemieteten Räumen untergebracht war, bis sie am 30.10.1991 einen Neubau beziehen konnte.
26 Kreditanträge 1985–1995
34 Firmenakten (erloschene Firmen) 1946–2012
50 Mittlerer Neckar, Heft 4/1981, 1/1984, Magazin Wirtschaft, Heft 11 u. 12/1991

288 IHK Bodensee-Oberschwaben, Weingarten

Name IHK Bodensee-Oberschwaben
Geschäftstätigkeit IHK
Branche Nr. 910
Umfang 83
Laufzeit 1867–2013
Benutzbarkeit Ja
Bestand A 05

Bestandsgeschichte Der Bestand wurde ab 1981 mit Nachlieferungen von der Kammer übernommen. Der Schwerpunkt der Überlieferung liegt in der Zeit von 1924 bis 1939 und nach 1945. Kammerinternes Schriftgut wie Protokollserien reichen bis zur Gründung zurück. Einen Schwerpunkt bilden die Bereiche Berufsbildung sowie Wirtschaftsgruppen und -zweige, bei denen die Verarbeitung und der Handel mit landwirtschaftlichen Produkten bedeutsam sind. Die NS-Zeit ist gekennzeichnet durch eine materialreiche Empfängerüberlieferung enthaltend ministerielle Erlasse in Form von Rundschreiben der Reichswirtschaftskammer und der Arbeitsgemeinschaft der Industrie- und Handelskammern in der Reichswirtschaftskammer.

Geschichte Die Handels- und Gewerbekammer Ravensburg mit Sitz in Ravensburg konstituierte sich am 31.1.1867 aufgrund königlicher Verordnung. Der Kammerbezirk umfasste die Oberämter Ravensburg, Leutkirch, Riedlingen, Saulgau, Tettnang, Waldsee und Wangen. Durch die erste Durchführungsverordnung des Staatsministeriums zum Handelskammergesetz vom 31.7.1934 wurde sie als selbstständige Kammer aufgelöst. Sie fungierte bis 1942 als Nebenstelle der IHK Ulm. Danach wurde sie in eine Geschäftsstelle der neugebildeten Nebenstelle Ulm der Gauwirtschaftskammer Württemberg-Hohenzollern umgewandelt. 1946 rekonstituierte sich die Industrie- und Handelskammer Ravensburg mit dem ursprünglichen Kammerbezirk und dem Kreis Biberach. 1958 wurde sie in Oberschwäbische Industrie- und Handelskammer Ravensburg umbenannt. Im Zuge der Neuordnung der Kammerbezirke erfolgte 1973 die Neubildung der IHK Bodensee-Oberschwaben mit Sitz in Ravensburg. Der Bezirk erstreckt sich auf die ebenfalls neugeschaffenen Landkreise Bodenseekreis, Ravensburg und Sigmaringen. 1975 wurde der Sitz nach Weingarten verlegt.

23 Kammerrecht 1924–1934, 1938–1957, Organisation und Stellung im berufsständischen Aufbau der Wirtschaft 1929–1939, Aufgaben, Abgrenzung der Kammerbezirke, Rechnungswesen, Gebühren 1934–1939, Beitrag, Beitragspflicht und Mitgliedschaft 1954–1960, Ruhegehaltsausgleichskasse 1923–1939, Versorgungsverband deutscher Wirtschaftsorganisationen 1932–1952, 1975–1986, Vereinigung mittlerer Beamten der deutschen Industrie- und Handelsvertretungen 1928–1933, Vereinigung der Geschäftsführer deutscher Industrie- und Handelskammern 1925–1934, Verband der Geschäftsführer deutscher Industrie- und Handelskammern 1996–2002, Vereinigung leitender Bürobeamten und Angestellten deutscher Industrie- und Handelskammern 1951–1963, Zeitschriften der Industrie- und Handelskammern 1916–1939, Württembergischer Industrie- und Handelstag (WIHT) 1918–1936, Württembergische Wirtschaftszeitung 1928–1940, Internationale Handelskammern und Auslandshandelskammern 1925–1939, Reichswirtschaftskammer 1934–1939, Arbeitsgemeinschaft der Industrie- und Handelskammern in der Reichswirtschaftskammer 1935–1938, Wirtschaftskammern 1935–1939, Wirtschaftskammer für Württemberg und Hohenzollern 1934–1938, Wirtschaftsgruppen der Reichsgruppe Industrie und Handel 1935–1939, Handwerkskammern 1930–1937, Reichskulturkammer 1933–1939, Reichspressekammer 1933–1935, Deutscher Industrie- und Handelstag (DIHT) (Vollversammlung 1986–1998, Hauptgeschäftsführerkonferenz 1947–1971, 1976–2000, Jubiläum 1956–1961, AK Sachverständigenwesen 1980–1995), Arbeitsgemeinschaft der Industrie- und Handelskammern in Württemberg-Baden/Baden-Württemberg (Volltagung 1947–1963, 1976–1997, Geschäftsführerbesprechung 1947–1971, 1976–2000), Arbeitsgemeinschaft der Bodenseekammern Lindau, Konstanz und Ravensburg 1946–1950, 1994–2006, Vereinigung der Handelskammern des Rheingebietes 1949–1972;
Industrie- und Handelskammer Ulm (Satzung 1934–1939, Vorstand, Mitglieder, Ausschüsse 1920–1940, Haushalt 1935–1941), Industrie- und

Handelskammer Stuttgart 1932–1939, Handelskammer Reutlingen 1932–1939
24 Gründung 1866, Geschichte, Satzung, Gebührenordnung, Geschäftsordnung 1953–1958, 1973–1996, 125jähriges Kammerjubiläum (Reden) 1992, Abgrenzung des Kammerbezirks 1956–1972, Wahlen 1922–1939, 1948–1983, Vollversammlung (allgemein 1948–1985, Protokolle 1867–1933, 1947–2002), Mitgliederverzeichnisse und Ausschüsse 1933–1938, 1965–1978, Präsidium 1965–1981, Geschäftsführung, Beamte und Angestellte, Bewerbungen 1879–1939, 1947–1973, Franz Josef Günthör, stellv. Hauptgeschäftsführer 1935–1998, Gehaltsabrechnungen 1951–1960, Kammerinterne Anlässe (Geburtstage, Dienstjubiläen, Verabschiedungen) 1970–2000, Anträge auf Ordensverleihungen, Firmenjubiläen, Neujahrsempfang 1967–1997, Mitgliedschaft in Vereinen und Organisationen 1956–1985, Haushalt 1927–1933, 1940–1972, Kammervermögen und Entsperrung 1925–1955, Vermögensauseinandersetzung mit anderen IHKn 1944–1976, Beitrag 1919–1960, Umlagekartei 1926–1945, Jahres- und Tätigkeitsberichte 1867–1932, 1945–1961, Rechnungsprüfung 1964–2006, Kammergebäude 1956/57, Lagepläne Ravensburg, Zwergerstrasse 1965, Prüfbericht der Bauabrechnung Kammergebäude Ravensburg, Olgastr. 12, 1959, Neubau, Erweiterungsbau Weingarten 1975, Dokumentation »Tag der offenen Tür« 1998, Studie über Mitgliederzufriedenheit 2003, Wirtschaftsjunioren Bodensee-Oberschwaben 1999–2011
25 DIHT-Rechtsausschuß 1950–1956, internationales Recht 1930–1931, wirtschaftliche Kriegsfolgen 1925–1933, 1947–1970, Besatzungsrecht 1945–1950, Reichstag 1930–1937, Gemeindeverfassung und -ordnung 1927–1936, Stadt Ravensburg 1928–1939, Kreisrat 1934–1938, Kreiseinteilung 1938–1942, württembergische Verfassung und Verwaltung allgemein 1946–1955, 1966–1969, Verwaltungsgerichtsbarkeit 1941–1963, Verwaltungsrechtsstreit 1976–1991, Beamtenrecht 1930–1939, Notstandshilfe 1924–1937, Recht der Schuldverhältnisse 1926–1937, 1941–1971, Sachenrecht 1926–1935, Kapitalgesellschaften, Prüfung des Gründungshergangs von Aktiengesellschaften 1921–1939, Handelsregister 1928–1963, Abgrenzung von Handwerk und Industrie 1924–1939, 1968–1992, Firmenbezeichnung 1929–1939, Handelsbräuche 1928–1939, 1952–1970, gewerblicher Rechtsschutz 1925–1939, Kartellrecht 1930–1939, 1943–1955, unlauterer Wettbewerb 1927–1939, Einigungsämter für Wettbewerbsstreitigkeiten 1928–1939, Rabatt- und Zugabewesen 1929–1939, 1949–1967, Sonderveranstaltungen 1931–1936, Preisbildung und -überwachung 1930–1939, Preisbindung 1950–1968, Gewerbeordnung 1928–1939, Gewerbeuntersagung 1932–1939, Niederlassungsrecht für Ausländer 1930–1939, »Arisierung« 1933–1941, Württembergisches Landesgewerbeamt 1926–1933, Gewerbeaufsichtsämter 1926–1938, Strafrecht 1924–1938, Wirtschaftsstrafrecht 1950–1954, Zivilprozessordnung 1928–1938, Vergleichs- und Konkursverfahren 1928–1939, 1940–1953, Betriebsstilllegungen 1917–1931, Gläubiger- und Schuldnerschutz 1926–1939, Schiedsgerichtswesen 1926–1936, kaufmännische Ehrengerichte 1932–1938, Sachverständigenwesen 1927–2011, Bücherrevisoren, Wirtschaftsprüfer und Treuhänder 1919–1965, Rechtsanwälte, Notariatsordnung 1931–1939, Gutachten an Gerichte 1928–1939, Handelsrichter, Finanzgerichte 1946–1981, Erfahrungsaustausch Bau- und Grundstückssachverständige 1986–1999, Gewerbeuntersagungen 1996–2002, Gewerberecht Ausländer 1993–2002
26 Wirtschaftspolitik 1927–1944, 1950–1961, Geld- und Währungswesen 1924–1939, eigene Wirtschaftslageberichte 1933, 1937, Wirtschaftslage und Wirtschaftsstruktur Landkreise Wangen und Tettnang 1958–1968, Kredite 1934–1939, Kredite für Vertriebene, Flüchtlinge und Kriegssachgeschädigte 1960–1969, Kreditgarantiegemeinschaften 1955–1969, Raumplanung, Miet- und Wohnungswesen 1928–1965, öffentliche Aufträge 1927–1939, Rohstoffbewirtschaftung 1934–1939, 1946–1951, Produktionsstatistik Kreise Ravensburg, Saulgau, Wangen 1936–1940, Wirtschaftsbetriebe der Öffentlichen Hand 1927–1937, 1953–1967, Statistik 1931–1939, Volks-, Berufs- und Betriebszählung 1939–1970; Regionale Planungsgemeinschaft Donau-Iller-Blau 1967–1972, Regionale Planungsgesellschaft Östl. Bodensee/Allgäu 1969–1972, Arbeitsgemeinschaft Ländlicher Raum 1972–2000; Zeppelin University Friedrichshafen 2001–2003; Firmenfragen 1928–1939, Leistungssteigerung 1934–1939, Normen, Maße und Gewichte 1929–

1939, 1948–1955, Automation 1965, Reichskuratorium für Wirtschaftlichkeit 1926–1933, Deutscher Normenausschuss 1927–1939, Handelsklassen 1930–1934, Messen, Ausstellungen und Märkte 1921–1939, Schutz von Betriebsgeheimnissen 1931–1937, Statistik der Unternehmen im Kammerbezirk 1957, gemeinsamer Sachverständigenausschuss der IHKn Bodensee-Oberschwaben und Ulm 1975–2005, Internationale Bodensee-Messe Friedrichshafen 1971–1985, Aussteller aus dem Kammerbezirk bei der Hannover-Messe 1973–1977

27 Wasserversorgung und Wasserwirtschaft 1919–1939, 1950–1961, Energiewirtschaft 1927–1938, Atomenergie 1955–1968, Bergbau und bergbauliche Erzeugnisse 1924–1939, 1969, Mineralöl- und Fettverarbeitung und Erzeugung 1930–1939, Kunststoffverarbeitung 1928–1936, 1957–1968, chemische und pharmazeutische Erzeugnisse 1930–1934, 1940–1965, Steine und Erden 1931–1939, 1969, unedle Metalle, Gießereien 1928–1938, Maschinenbau und Handel mit Maschinen 1922–1938, 1948–1968, Luftschiffbau, Motoren, Fahrzeuge 1917–1966, Elektroindustrie 1964–1968, Sägewerke, Holz, Holzwaren 1930–1939, 1946–1966, Papierherstellung, Papierwaren 1921–1939, 1948–1968, Edelmetalle, Uhren 1923–1937, Musikinstrumente, Kinderwagen 1932–1938, Leder, Schuhe, Häute, Pelze, Bettfedern 1928–1939, 1947–1966, Textilrohstofferzeugung und Textilindustrie 1927–1939, 1946–1960, Bekleidungsindustrie 1953–1966, Nahrungs- und Genussmittel v. a. landwirtschaftliche Erzeugnisse und Milchwirtschaft 1926–1968, Obst- und Weinbau 1948–1968, Hopfenbau 1953–1964, Flachsanbau 1952–1953, Forstwirtschaft 1940–1968, Großhandel 1932–1938, 1962–1969, Genossenschaften 1920–1939, Einzelhandel (Verkaufszeiten, Ladenschluss) 1928–1939, 1956–1961, Warenhäuser, Einheitspreisgeschäfte, Versandhandel 1928–1939, 1960–1968, Filialbetrieb 1954–1967, Discountgeschäfte 1962, Einzelhandel mit verschiedenen Warengruppen 1940–1968, Hausierhandel 1927–1939, 1946–1962, Belegschaftshandel 1936–1937, 1949–1961, Beamten- und Behördenhandel 1949–1962, Warenautomaten 1928–1939, 1950–1967, Drogerien 1955–1960, Gaststätten- und Hotelgewerbe 1927–1938, 1941–1960, Fremdenverkehr, Reisebüros 1921–1939, 1948–1966, Banken und Sparkassen 1925–1939, Versicherungsgewerbe 1925–1939, 1942–1969, graphisches Gewerbe, Verlagswesen 1929–1968, Wirtschaftswerbung 1929–1939, Außenwerbung 1954–1965, sonstige Gewerbe- und Dienstleistungsunternehmen 1926–1939, Handwerk 1928–1939, Landwirtschaft 1932–1937, Handelsreferenten 2008–2012

28 Organisationen zur Außenwirtschaftsförderung 1921–1939, Ein- und Ausfuhr, Ursprungszeugnisse, Statistik 1928–1939, Grenzverkehr mit der Schweiz 1931–1939, Zollwesen 1924–1939, Veredelungsverkehr 1926–1939, Auslandsreiseverkehr 1929–1938; Sitzungen der Außenwirtschaftsreferenten der baden-württembergischen IHKn 1975–1983

29 Allgemeines 1926–1939, Neuer Finanzplan 1939–1940, Finanz- und Steuerreform 1948–1956, Gemeindefinanzreform 1940–1966, Gemeindefinanzen 1927–1936, 1951–1957, Reichsabgabenordnung 1926–1939, Industriebelastungsgesetz 1930–1937, steuerliche Buch- und Betriebsprüfung 1926–1933, Steuerfreiheit, Steuererleichterungen 1925–1939, Finanzausgleich zwischen Ländern und Gemeinden 1925–1939, steuerliches Bewertungs- und Bilanzierungsrecht 1926–1939, Finanzämter 1924–1939, 1950–1962, Steuerausschüsse und -beiräte 1928–1938, 1947–68, Steuergeheimnis 1929–1927, steuerberatende Berufe 1928–1939, Wirtschaftsprüfer und Treuhänder 1933–1954, Bücherrevisoren 1919–1937, Lastenausgleich 1952–1955, Verkehrssteuern 1950–1953, Besitzsteuern 1927–1970, Zündholzmonopol 1929–1931, Aufsichtsratsvergütung 1939–1949, Abgabe »Notopfer Berlin« 1949–1956, Finanzlage der großen Kreisstädte im IHK-Bezirk 1997–2012, Realsteuern, Gewerbe- und Grundsteuerhebesätze 2002–2013

30 Generalverkehrsplan 1955–1965, Verkehrsberichte für das Land Württemberg-Hohenzollern 1949–1950, eigener Verkehrsausschuss 1947–1956, Eisenbahn allgemein 1929–1939, Landeseisenbahnrat Stuttgart 1922–1934, Elektrifizierung, Privatgleisanschlüsse 1933–1934, 1956–1965, Rationalisierung 1955–1966, Fahrplanbesprechungen 1928–1939, Personen- und Gepäckverkehr 1930–1939, Güterverkehr 1928–1939, Speditionen, Lagerscheinverkehr 1928–1938, Bezirksgüterfernverkehr 1950–1959, Gütertarife, Gebühren 1928–1968, Splügenbahn-Komitee 1966–1968, Straßen, Autobahnen 1928–1939, 1949–1964, Straßenverhältnisse und -ausbau in Oberschwaben 1952–1965, Transporterhebung im Kammerbezirk, Stand 1939, Omnibuslinienverkehr 1926–1939, Straßenbahn Ravensburg-Weingarten-Baienfurt 1940–1864, Güterkraftverkehr 1931–1939, Frachtstundung, Reichshaftpflichtgesetz 1924–1934, Binnenschifffahrt, Wasserstraßen 1927–1939, Bodenseeschifffahrt 1945–1964, Autofähre 1950–1956, Hochrheinschifffahrt 1941–1964, Luftverkehr 1928–1939, Post- und Fernmeldewesen 1925–1939, 1949–1967, Flughafen Friedrichshafen 1993

31 Berufs- und Fachschulwesen 1927–1939, Berufsbildungsstatistik 1959–1974, Berufsausbildungsausschüsse 1955–1989, kaufmännisches und gewerbliches Bildungs- und Prüfungswesen allgemein 1929–1964, Berufsbilder in einzelnen Handels- und Gewerbezweigen 1935–1939, Kaufmanngehilfenprüfung 1926–1939, Leistungsprüfung für Kurzschrift und Maschinenschreiben 1926–1939, 1946–1955, Fachprüfung im Buch- und Bilanzwesen 1937–1939, industrielles Bildungs- und Prüfungswesen allgemein 1927–1969, Industriemeisterausbildung und -prüfung 1947–1969, Berufsbilder, Prüfungsanforderungen und Bewertungsrichtlinien in einzelnen Industriezweigen 1936–1939, Lehrlingswesen (allgemein, Vorbildung, Lehrbetrieb, Ausbilder, Werkbuch, Lehrvertrag, Lehrzeit und Abschlussfeier) 1928–1969, Begabtenförderung 1956–1966, Kaufmannsgehilfenprüfung 1936–1954, Bürogehilfenprüfung 1943–1954

32 Arbeitsrecht 1929–1939, Arbeiterorganisationen, Arbeitskampf 1925–1935, Angestellte 1926–1939, Tarifvertragswesen 1924–1939, Arbeitsschutz, Arbeitszeit 1927–1939, Arbeitsdienst, Arbeitseinsatz 1930–1939, Arbeitsvermittlung, Arbeitsnachweis, Arbeitsmarkt 1924–1939, Gewerkschaften 1945–1964, Mitbestimmung 1948–1952, Arbeitsstatistik 1958–1963, Arbeitslohnstatistik 1960–1968, Abwerbung von Arbeitskräften 1961–1969, Sozialpolitik 1927–1937, Sozialversicherung, Reichsversicherungsordnung 1928–1937, Invaliden-, Kranken- und Unfallversicherung 1927–1939, Angestelltenversicherung 1927–1939, Reichsinvalidenfürsorge 1926–1937, Arbeitslosenversicherung, Kurzarbeiterunterstützung 1922–1955, Familienunterstützung, Notstandsbeihilfe 1933–1939, Hausarbeitstag 1952–1965, betriebliche Sozialpolitik 1930–1939; Kultur: Film, Presse, Leihbüchereien, Archive 1932–1939

33 Verein für Geschichte des Bodensees und seiner Umgebung 1925–1939, Gewerbe- und Handelsverein 1927–1932, Arbeitsgemeinschaft Schwaben-Vorarlberg 1920–1939, Industrieverband Oberschwaben 1928–1936, Verein und Institut für Seenforschung und Seenbewirtschaftung 1929–1937, Deutsche Gesellschaft für Kaufmanns-Erholungsheime 1937–1956, Internationaler Bodenseeverkehrsverein 1949–1968, Fremdenverkehrsverband Württemberg 1953–1966, Rheinschifffahrtsverband Konstanz 1939–1962

34 Firmenakten (erloschene und aktive Firmen) 1934–2008

46 Jahresberichte der Handels- und Gewerbekammern in Württemberg 1867–1904. Gewerbeblatt aus Württemberg 1894–1921. Tätigkeitsberichte der Handelskammer Ravensburg 1907–1908, 1949–1952, 1954–1973 ff. Oberschwäbische Wirtschaft, Mitteilungsblatt 1960–1972. Wirtschaft zwischen Alb und Bodensee 1973 ff.

50 Festschrift anlässlich der Einweihung des neuen Kammergebäudes am 14.5.1957, Sonderausgabe der Oberschwäbischen Wirtschaft, Ravensburg 1957.
100 Jahre Oberschwäbische Industrie- und Handelskammer Ravensburg 1867–1967, Ravensburg 1967. Reden zum 125jährigen Jubiläum der IHK Bodensee-Oberschwaben, Heft 32 der Schriftenreihe der IHK Bodensee-Oberschwaben, 1992
Franz C. Huber s. bei IHK Calw.

289
IHK Calw, Calw

Name IHK Calw
Geschäftstätigkeit IHK
Branche Nr. 910
Umfang 0,5
Laufzeit 1867–1931
Benutzbarkeit Ja
Bestand A 03

Bestandsgeschichte Der Bestand wurde 1981 anlässlich des Umzugs der Industrie- und Handelskammer Schwarzwald-Baar-Heuberg in das neue Kammergebäude übernommen. Er stellt den Restbestand der 1934 aufgelösten IHK Calw dar.
Geschichte Die Kammer wurde 1866 aufgrund königlicher Verordnung als Handels- und Gewerbekammer Calw mit Sitz in Calw gegründet. Der Kammerbezirk umfasste die Oberämter Calw, Freudenstadt, Herrenberg, Nagold und Neuenbürg. 1934 wurde die Kammer aufgrund der Durchführung des Änderungsgesetzes zum Handelskammergesetz vom 31.7.1934 aufgelöst. Ihr Bezirk wurde der IHK Rottweil zugeteilt mit Ausnahme des Oberamtsbezirks Herrenberg, der zur IHK Reutlingen kam. Mit der Neuordnung der Kammerbezirke zum 1.1.1973 wurden die Landkreise Calw und Freudenstadt dem Bezirk der IHK Nordschwarzwald mit Sitz in Pforzheim zugeteilt.
24 Vollversammlungen 1867–1910, 1918–1931, Wahlen 1905–1911
46 Jahresberichte der Handels- und Gewerbekammern in Württemberg 1867–1904
49 WABW A 1; A 11, Handelsregister Amtsgericht Calw
50 Franz C. Huber, Festschrift zur Feier des 50jährigen Bestehens der Württembergischen Handelskammern, Im Auftrag des Württembergischen Handelskammertags, Stuttgart 1906. Walther Mosthaf, Die württembergischen Industrie- und Handelskammern Stuttgart, Heilbronn, Reutlingen, Ulm 1855–1955, Stuttgart 1962.

290
IHK Druckschriften, Baden-Württemberg

Name IHK Druckschriftensammlung
Geschäftstätigkeit IHK
Branche Nr. 910
Umfang 3
Laufzeit 1879–2017
Benutzbarkeit Eingeschränkt
Bestand S 9

Bestandsgeschichte Der Sammlungsbestand umfasst Druckschriften aus den Registraturen und Bibliotheken der baden-württembergischen Industrie- und Handelskammern und des Baden-Württembergischen Industrie- und Handelskammertages. Neben Publikationen der Kammern sind auch von anderen Institutionen herausgegebene Schriften und Autorenwerke enthalten. Thematisch treten die wirtschaftliche und soziale Entwicklung und regionale Entwicklungspolitik in Baden-Württemberg, in (Kammer-)Regionen und Orten sowie in einzelnen Branchen hervor, ferner Praxisinformationen für die Wirtschaft (Marktberichte, Mietpreisspiegel, Publikationen und Veranstaltungen zur Gewerbeförderung, Beschäftigung, beruflichen Bildung, u.v.m.), Projektstudien, Denkschriften und Handlungsempfehlungen an die Politik, außerdem Firmenverzeichnisse, Reden und Beiträge, Presseinformationen und Pressespiegel. Einen weiteren Schwerpunkt bilden Darstellungen der Kammern und ihrer Geschichte, Aufgaben und Organisation, von Jubiläumsschriften bis zu Adressen- und Telefonverzeichnissen. Der Bestand wird laufend ergänzt.
49 WABW A 1 – A 23 (Bestände der Industrie- und Handelskammern und des Baden-Württembergischen Industrie- und Handelskammertages)

291
IHK Heilbronn-Franken, Heilbronn

Name IHK Heilbronn-Franken
Geschäftstätigkeit IHK
Branche Nr. 910
Umfang 62
Laufzeit 1855–2015
Benutzbarkeit Eingeschränkt
Bestand A 21

Bestandsgeschichte Der Bestand wurde ab 1989 mit Nachlieferungen von der Kammer übernommen. Eine Besonderheit sind frühe Firmenberichte, sogenannte Basisberichte, für die Erstellung der IHK-Jahresberichte (1905–1913). Die Nachkriegsregistratur ab 1945 bis um 1960 muss als weitgehend verloren gelten.
Geschichte 1855 wurde aufgrund königlicher Verordnung die Handels- und Gewerbekammer Heilbronn gegründet. Der Kammerbezirk umfasste die Oberämter Heilbronn, Backnang, Besigheim, Brackenheim, Crailsheim, Ellwangen, Gaildorf, Gerabronn, Hall, Künzelsau, Marbach, Maulbronn, Mergentheim, Neckarsulm, Öhringen und Weinsberg. Mit der Gründung von vier weiteren Kammern im Jahr 1866 kamen die Oberämter Backnang, Marbach und Maulbronn zur Handels- und Gewerbekammer Stuttgart, die Oberämter Crailsheim, Ellwangen und Gaildorf kamen zur neugegründeten Kammer Heidenheim. 1934 wurde die IHK Heilbronn aufgelöst und in die IHK Stuttgart als Nebenstelle eingegliedert. Ab 1943 war sie eine Zweigstelle der Gauwirtschaftskammer Württemberg-Hohenzollern. 1944 wurde das Kammergebäude bei einem Bombenangriff zerstört. Im Juli 1945 wurde die selbstständige Kammer in den Grenzen von 1933 wiederhergestellt. Im Zuge der Neuabgrenzung der Kammerbezirke 1973 erhielt sie den Altkreis Tauberbischofsheim und 35 Gemeinden aus den Landkreisen Backnang, Buchen, Mosbach und Sinsheim dazu. Damit wurde die Industrie- und Handelskammer Heilbronn zur größten flächendeckenden Kammer in Baden-Württemberg mit einer Zweigstelle in Bad-Mergentheim (seit 1973). 1998 wurde die IHK Heilbronn in IHK Heilbronn-Franken umbenannt.

23 Allgemeines 1969–1978, baden-württembergische Industrie- und Handelskammern 1971–1976, Vereinigung der Industrie- und Handelskammern des Rheingebietes 1973–1975, Neuordnung der Kammerbezirke 1970–1974, Jubiläum der württembergischen Handelskammern 1904–1910
24 Gründung 1855 (Kopien), Jahresbericht 1856, Bericht 1903 zum Jubiläum der württ. Handelskammern 1904, 125-jähriges Jubiläum 1980, Mitglieder 1855–1905, ausgeschiedene Vollversammlungs-Mitglieder 1945–2015, ausgeschiedene Vorstands- und Ausschussmitglieder 1929–1965, Präsidenten 1945–1980, Beirat 1945–1959, Präsidial- und Ausschusssitzungen 1946–1959, Wahlen, Vollversammlungsprotokolle 1855–1942, 1954–1977, Jahresberichte (mit Basisberichten) 1905–1907, 1910–1913, Existenzgründungsberatung 1978–1988, Wirtschaftsjunioren 1967–1986
25 Handelsregister (Einträge und Löschungen, Amtsgerichte Künzelsau, Schwäbisch Gmünd, Langenburg, Brackenheim, Öhringen, Neckarsulm, Besigheim, Bad Mergentheim) 1904–1949, »Arisierung« 1939–1940, unlauterer Wettbewerb 1970–1985, Wirtschaftsstrafrecht 1855–1976, Sachverständige 1972–1984, Patentwesen 1969–1978, Gutachten an Gerichte und Behörden 1968–1974, Kartellgesetz 1970–1976, Ministerium für Wirtschaft, Mittelstand und Verkehr Baden-Württemberg 1972–1986
26 Wiederaufbau Stadt Heilbronn 1954–1961, Regionalverband Franken 1973–1978, Industrieansiedelung 1973–1986, Wirtschaftslage 1970–1988
27 Elektrizitätswirtschaft 1972–1988, Erdgasversorgung Hohenlohe 1977–1982, Hotel- und Gaststättengewerbe 1964–1969, Verbrauchermärkte 1969–1976, Makler 1973–1978
29 Gewerbesteuer 1966–1980, Vermögensteuer 1960–1969
30 Aktionsgemeinschaft Zabergäu 1959–1969, Eisenbahnstrecke Heilbronn-Würzburg 1959–1968, Privat- und Nebenbahnen 1960–1963, Nebenbahn Lauffen-Leonberg 1954–1959, Verkehrsverband für die Murrbahn 1966–1969, Gäu-Neckar-Bodensee-Bahn 1958–1961, Landesfahrplankonferenzen 1967–1969, Güterkraftverkehr 1953–1955, Güterfernverkehr 1958–1974, privater Omnibusverkehr 1957–1969, Neckarkanal 1962–1966

31 Lehrlingswesen 1962–1967, Prüfungsunterlagen, Abschlussprüfungen technische und kaufmännische Berufe, Anerkennung beruflicher Bildungsabschlüsse gemäß Bundesvertriebenengesetz 1946–2000
32 Arbeitsamt Heilbronn 1970–1985, Jugendarbeitslosigkeit 1975–1977, betriebliche Altersvorsorge 1972–1976, Arbeitsmarktlage Heilbronn 1975–1982, Arbeitsmarktlage Tauberbischofsheim 1983–1987
33 Fachverband des Möbelhandels 1981–1988, Arbeitgeberverband Heilbronn-Hohenlohe 1980–1986
34 Firmenakten (erloschene und aktive Firmen) 1929–1999
46 Jahresberichte der Handels- und Gewerbekammern in Württemberg 1858–1904. Jahresberichte der Handels- und Gewerbekammer in Heilbronn 1856. Jahresberichte der Handelskammer Heilbronn 1913, 1961–1966, 1968–1984, 1986, 1991, 1993 ff. Gewerbeblatt aus Württemberg 1894–1921. Wirtschafts-Dienst 1951–1979. Industrie- und Handelskammer-Wirtschaftsdienst 1980–2000. w.news 2001 ff.
50 150 Jahre IHK Heilbronn-Franken, in: w.news 10/2005. Harald Winkel, Geschichte der Württembergischen Industrie- und Handelskammern Heilbronn, Reutlingen, Stuttgart/Mittlerer Neckar und Ulm 1933–1980, Stuttgart 1980. 100 Jahre Industrie- und Handelskammer Heilbronn 1855–1955, Sondernummer des Wirtschafts-Dienstes, 1955. Franz C. Huber und Walther Mosthaf s. bei IHK Calw.

292
IHK Hochrhein-Bodensee (Konstanz), Konstanz

Name IHK Hochrhein-Bodensee
Geschäftstätigkeit IHK
Branche Nr. 910
Umfang 150
Laufzeit 1839–1846, 1874–2014
Benutzbarkeit Ja
Bestand A 06

Bestandsgeschichte Der Bestand wurde ab 1982 mit Nachlieferungen von der Kammer übernommen und enthält eine sehr dichte Überlieferung zu allen Tätigkeitsbereichen der Kammer. Erwähnenswert ist ein Kopierbuch, das die Tätigkeit der Kammer von 1839 bis 1846 dokumentiert.
Geschichte 1828 wurde die zunftartige Handelskammer für die badische Kreishauptstadt Konstanz gegründet. Im Laufe der Zeit änderte sie ihren Namen von Handelsverein in Handelsgewerbeverein und zuletzt in Handelsgenossenschaft. Erst 1895 konstituierte sie sich auf der Basis des badischen Handelskammergesetzes von 1878 mit Zwangsmitgliedschaft aller im Handelsregister eingetragenen Firmen. Ihr Bezirk umfasste die Amtsbezirke Konstanz, Engen, Messkirch, Pfullendorf, Stockach und Überlingen. 1933 erhielt sie aufgrund der ersten badischen Handelskammerreform den Status einer Außenstelle der neu gebildeten Badischen Industrie- und Handelskammer in Karlsruhe. Im Zuge der zweiten badischen Handelskammerreform 1935 wurde sie eine Bezirksstelle der IHK Freiburg. Aufgrund der Anordnung über den Aufbau der Wirtschaftskammer Freiburg im Bereich der Gauwirtschaftskammer Oberrhein vom 22.3.1943 änderte sich ihr Name in Bezirksstelle Konstanz der Wirtschaftskammer Freiburg. 1945 rekonstituierte sie sich als selbstständige IHK Konstanz. Auf Veranlassung der französischen Militärregierung wurden ihr auch die Landkreise Villingen und Donaueschingen zugeteilt. 1952 wurde in Villingen eine Geschäftsstelle der IHK Konstanz errichtet, die bis zur Neuordnung der Bezirke der Industrie- und Handelskammern 1972 bestand. 1973 fusionierte Konstanz mit der IHK Hochrhein (Schopfheim)

zur IHK Hochrhein-Bodensee. Konstanz ist seitdem eine Hauptgeschäftsstelle und zuständig für den Landkreis Konstanz.

23 Handelskammergesetz 1878–1962, Handelskammerreform 1928–1960, Badischer Industrie- und Handelstag 1929–1932, 1946–1949, Dienstsiegel der bad. Handelskammern 1893–1911, Vereinigung der Handelskammerbeamten 1901–1929, Vereinigung Südwestdeutscher Handelskammern 1917–1919, Arbeitsgemeinschaft der Oberbadischen Industrie- und Handelskammern 1930–1955, Badische Industrie- und Handelskammer Karlsruhe 1933–1942, Wirtschaftskammer Baden 1935–1968, Geschäftsführerkonferenz der badischen Industrie- und Handelskammern 1933–1942, berufsständischer Aufbau der gewerblichen Wirtschaft 1934–1951, Reichswirtschaftskammer und Arbeitsgemeinschaft der Industrie- und Handelskammern in der Reichswirtschaftskammer 1935–1945, Landesarbeitsgemeinschaft (Sitzungsberichte) 1945–1963, 1995–2009, Leitlinien der baden-württembergischen IHKn 1978/79, Arbeitsgemeinschaft der südbadischen Industrie- und Handelskammern 1956, Arbeitsgemeinschaft Südlicher Oberrhein 1990–2006, Arbeitsgemeinschaft der Bodensee-Handelskammern 1976–1983, Zusammenarbeit der Bodenseekammern 1950–2006, IHK24 Lenkungsausschuss 2004–2008, Arbeitsgemeinschaft Rheinkammerunion 1991–1994, Deutscher Industrie- und Handelstag (DIHT) und seine Ausschüsse und Arbeitskreise 1929–1934, 1949–1965, Landwirtschaftskammer 1910–1929, Reichskulturkammer 1933–1939

24 Statuten und Geschäftsordnung 1880–1929, 1945–1998, Dienstsiegel 1934–1958, Verselbstständigung der Nebenstelle Villingen 1952, Stützpunkte und Nebenstellen 1945–1946, Neugliederung Kammerbezirk 1972–1973, Personalstand in der Geschäftsführung, Dienst- und Ruhegehaltsausgleichskasse 1896–1965, Angestelltenausschuss 1918–1922, Kammergebäude 1904–2004, Büro, Inventar 1930–1945, Bibliothek 1938–1948, Organisation, Wahlordnung 1972–1995, Kammerkritik, Pflichtmitgliedschaft 1990–2002, Ausschüsse 1930–1932, 1947–1982, Kammergeschichte 1925–1975, Kammerjubiläum 1953, 1978, Rechnungswesen 1886–1964, Beitrag 1930–1965, Beitrag Kleingewerbetreibende 1948–1957, Beitragsverwaltung 1974–1983, Arbeitsgemeinschaft Datenverarbeitung der Industrie- und Handelskammern e. V. Dortmund 1974–1986, Gebühren 1930–1943, Kopierbuch 1839–1846, Wahlen 1911, 1930–1965, Vollversammlung/Beirat 1874–2008, Sitzungen des Präsidiums 1950–2008, Korrespondenz mit dem Präsidenten 1948–2001, Handakten Präsident Hans Constantin Paulssen 1949–1970, Geschäftsführung 1990–2005, Strategiesitzungen 2002, 2006, IHK-Leitbilder 1997–2009, Vorträge und Veranstaltungen 1911–1945, 1990–2009, Presse 1984–2008, Veröffentlichungen der Kammer 1934–1935, Notgeld 1923–1924, Ehrungen und Beileidsbekundungen 1893–1911, 1930–1983, Auskünfte über Firmen und Personen 1930–1944, Mitgliederstand 1926–1932, Handelskammerstatistik 1930–1965, Wirtschaftsjunioren 1996–2004, Rundschreiben 1971–1976

25 Gesetzgebung und Verwaltung allgemein 1953–1965, Aktienrecht 1930–1961, Firmenführung, Firmenrecht 1929–1964, Handelsregister (Auszüge, Kartei, Eintragungen, Löschungen) 1922–1948, 1975–2000, Genossenschaftsregister 1940–1968, Gewerbeanzeigen (Prüfung der Bedürfnisfrage) 1934–1959, Rechtsgutachten 1903–1904, 1924, 1930–1933, Gutachten zur Gründung von Aktiengesellschaften 1899–1929, Konkurse, Geschäftsaufsichten, Vergleiche 1903–2002, Betriebsstilllegungen 1930–1963, Gewerbeordnung (Sonntagsruhe, Ladenschluß, Bahnhofshandel, Hausierhandel) 1929–1957, Abgrenzung von Industrie und Handwerk 1929–1965, Preisfragen, Preisüberwachung 1938–1954, Kartelle 1939–1965, unlauterer Wettbewerb (Einigungsämter) 1929–1965, Rabatt- und Zugabewesen 1934–1964, kaufmännische Schiedsgerichte 1896–1965, Sachverständige 1931–1968, Reklamewesen 1930–1965, diverse Lebensmittelgesetze 1930–1956, Wassergesetz 1930–1961, Einzelhandelsschutzgesetz 1933–1942, Gesetz gegen den Verrat der deutschen Volkswirtschaft 1933–1944, Anmeldung von Vermögenswerten im Ausland 1954–1964, landwirtschaftliche Schuldenregelung 1932–1937, patriotische Feiern 1896–1910, Beglaubigungen und Bescheinigungen 1930–1956, Badische Staatskanzlei Außenstelle Berlin 1933–1943, Wirtschaftsspionage 1930–1939, deutsche Forderungen/Schulden im Ausland 1932–1962, Gewerbeaufsichtsamt, Landesgewerbeamt 1931–1968, Gewerberechtsreferenten 1951–1963, Politik allgemein 1938–1965, Verdrängung der Juden aus dem Wirtschaftsleben 1933–1939, NSDAP und ihre Untergliederungen 1936–1945, Wehrmacht und Unterbringung ausgeschiedener Wehrmachtsangehöriger 1942–1961, Anordnungen der Militärregierung 1945–1947, Entnazifizierung 1945–1951, Demontage, Requisition, Kriegsschädenregulierung 1945–1965, Betriebsgenehmigungen 1945–1953, Vollstreckungs- und Gerichtsvollzieherwesen 1933–1965, Strafrecht, Bestechungswesen, Betrug 1934–1965, Kommunalpolitik und -betriebe 1957–1965 Entbürokratisierung 2004–2006, Beschleunigung von Genehmigungsverfahren 1996–1999

26 Übergangswirtschaft 1917–1919, Wirtschaftspolitik allgemein 1934–1956, Wirtschafts- und Kommunalpolitik 1933–1963, Wirtschaftslageberichte (eigene Kammer 1908–1929, 1934–1939, 1945–1959, 1974–1993, Arbeitsgemeinschaft der badischen IHKn 1952–1959), Handels- und Industrieverhältnisse im Kammerbezirk 1947–1959, Firmenstatistik 1930–1965, Wirtschaftsstruktur 1969–1977, 1991–1995, Umweltprogramm Bodenseeraum 1993–1994, Kriegswirtschaft 1939–1944, Erfassung der Rohstoffe und Warenlagerbestände 1945, Wirtschaftskontrolle 1945–1946, Anträge auf Warenfreigabe 1945–1947, Wiederinbetriebnahme 1945–1948, Interzonenverkehr 1945–1955, Rohstoffbewirtschaftung (v.a. Kohle, Textilien) 1931–1959, Energieversorgung 1974–1978, Geld-, Bank- und Börsenwesen (Devisenbewirtschaftung und -verkehr, Kreditwesen) 1932–1966, Notstandsgebiete, Fördergebiete 1934–1965, finanzielle Gewerbeförderung 1948–1970, Raumplanung, Siedlungswesen 1936–1965, Wohnungswesen 1931–1965, Mittelstandsforschung 1970–2008, Euroregio-Bodensee, internationale Bodenseekonferenzen, Bodenseerat 1989–2002, 1. Wirtschaftsforum Südbaden 1999, Gewässerschutz, Wasserrecht 1930–1964, Bodenseeverschmutzung 1963–1972; Maße, Gewichte, Zeitrechnung 1930–1955, Messen, Märkte und Ausstellungen 1930–1992, öffentliches Auftragswesen 1952–1954, Reichskuratorium für Wirtschaftlichkeit 1929–1939, Deutscher Normenausschuss 1930–1939, Patent-, Muster- und Zeichenschutz 1952–1959, Warenzeichen 1952–1953; betrieblicher Katastrophenschutz 1973–1980, Industrieansiedlung 1959–1966, Industriestruktur Konstanz, Stockach, Überlingen 1967–1968, Betriebe im Schopfheimer Bezirk 1972–1975, Bebauungspläne Konstanz 1968–1975, Handels- und Gewerbestatistik 1955–1965, Preisstatistik 1950–1965, Arbeitsmarkt 1975–1976

27 Geschichte einzelner Unternehmen 1895–1942, Firmenlisten 1941–1960, Firmenjubiläen 1930–1965, Industrieberichte 1949–1970, Arbeitskreis Banken, Industrie, Wirtschaftsgruppe Einzelhandel 1930–1947, Handelsausschüsse 1952–1965, Betriebsformen des Einzelhandels 1930–1942, Groß- und Einzelhandel, Gastronomie 1971–1989, Vermittlergewerbe, Auskunfteien 1930–1959, Bausparkassen, Zwecksparkassen, Banken, Devisen 1930–1966, Verkehr mit Grundstücken 1930–1965, Versicherungswesen 1930–1971, Fremdenverkehr (Statistik, Südwestdeutscher Handelskammerausschuss für Hotelgewerbe und Fremdenverkehr) 1930–1971, Werbewirtschaft 1931–1959, Handwerk, Land-, Fisch- und Forstwirtschaft 1931–1973, Dreiländerschau für das Hotel- und Gaststättengewerbe in Konstanz 1956, Auswirkung des Autobahnbaus auf den Fremdenverkehr 1974

28 Außenwirtschaftsausschüsse eigene Kammer und Landesarbeitsgemeinschaft 1949–1963, Außenwirtschaftsorganisationen v.a. Außenhandelsstelle für Baden, Pfalz und Saarland 1931–1945, Wirtschaftsverkehr (Grenz- und Veredelungsverkehr) mit der Schweiz 1934–1957, Abwanderung von Arbeitskräften in die Schweiz 1954–1955, Grenzhandelskommission 1948–1989, Grenzgänger 1994–2008, Veredelungsverkehr mit anderen Ländern 1935–1960, Ein- und Ausfuhrfragen 1943–1954, Bescheinigungen für Exportaufträge 1930–1956, Zusatzausfuhrverfahren 1935–1940, Handelsverkehr mit dem Ausland 1939–1952, Vermögenswerte im Ausland 1954–1965, Zollämter im Kammerbezirk 1936–1961, Gemeinschaftszollanlage Bietingen/Thayngen/Rheinfelden/Warmbach 1987–1992, Bodenseezollordnung 1906–1954, Deutsche Handelskammern im Ausland 1930–1941, ausländische Handelskammern im Inland 1930–1938, internationale Handelskammern 1925–1928, Handelskammerkongresse 1912, 1914, 1922, Grenzverkehr und -handel 1958–1976

29 Steuerwesen allgemein 1951–1960, Finanz-

und Steuerausschüsse eigene Kammer und bei den Finanzämtern im Kammerbezirk 1933–1966, Besitz- und Verkehrssteuern 1927–1961, badische Grund- und Gewerbesteuer 1930–1965, badische Gebäudesondersteuer 1934–1943, Kirchensteuer 1930–1965, Ortskirchensteuer (Kirchenbausteuer) 1958–1966, Gemeindeumlagen und Kreissteuern 1930–1964, Besteuerung des Wandergewerbes 1930–1952, Warenhaus- und Filialsteuer 1930–1942, Industriebelastung und Aufbringung 1930–1937, Kapitalverkehrsteuer 1927–1959, Verbrauchsteuern 1930–1964, Reichsfinanzreform und Finanzausgleich 1931–1965, Realsteuergesetze 1936–1939, Reichsabgabenordnung, Reichsbewertungsgesetz 1934–1965, Neuer Finanzplan 1939, Steuerstrafverfahren 1930–1965, steuerberatende Berufe 1901–1941

30 Verkehrsausschüsse eigene Kammer und Landesarbeitsgemeinschaft 1930–1962,1978–1989, Schifffahrt, Wasserstraßen, Häfen (Zentralverein für deutsche Binnenschiffahrt e. V. 1925–1929, Frachtzentrum Singen 1991–1995, Rheinhäfen Rheinfelden, Basel, Weil 1990–1997, Bodenseeschifffahrt 1979–1995, Schnellverbindung mit Tragflügelbooten 1970–1982, Schiffsabgaben 1940–1957), Eisenbahnverkehr allgemein 1930–1965, Eisenbahnverkehrsordnung 1930–1959, Landeseisenbahnrat 1930–1951, Fahrplanbesprechungen 1953–1965, Streckenstilllegung der Nebenbahn Bad Säckingen-Wehr 1988–1989, Güterkraftverkehr und -tarife 1930–1965, Reisegepäck-Expressgut 1929–1963, Personenbeförderung (Kraftwagenverkehr, Durchführung des Gesetzes über die Beförderung von Personen zu Lande) 1935–1965, Straßen und Autobahnen, Neu- und Ausbau der Rheintalschiene 1934–1993, Errichtung eines Containerterminals im Raum Waldshut 1988–1989, Kraftfahrzeug-Verkehrsstatistik 1933–1963, Verkehrsstatistik (Eisenbahn-, Post- und Telegrafenverkehr) 1928–1938, Post- und Telegrafenanstalten 1939–1941,Telegrafen- und Fernsprechverkehr 1960–1965, Postscheckverkehr 1940–1965, Luftverkehr 1953–1965, Flughafengesellschaft Konstanz 1989–1990, Flughafen Konstanz 1991–1992, Europa Airport Basel-Mulhouse 1991–1995

31 Berufsbildungsausschüsse (Landesarbeitsgemeinschaft und eigene Kammer) 1949–2012, Ausbilder-Arbeitskreise eigene Kammer 1968–1974, Referenten für Berufsbildung der IHKn in Baden-Württemberg 1973–1990, Referenten für berufliche Weiterbildung der IHKn in Baden-Württemberg 1986–1990, DIHT-Bildungsausschuss 1986–1990, DIHT-Berufsbildungsreferenten 1980–1990, DIHT-Weiterbildungsreferenten 1987, DIHT-Arbeitskreis Bildungspolitik 1987, DIHT-Geschäftsführer-Arbeitskreis Bildungspolitik 1986–1990, Landesausschuss für Berufsbildung im Wirtschaftsministerium Baden-Württemberg 1983–1990, Berufsbildungsstatistik eigene Kammer 1961–1984, 1999–2003, Unterrichtswesen allgemein 1951–1965, Ausbildung der Industrielehrlinge 1947–1965, kaufmännische und gewerbliche Lehrlingsrolle 1938–1944, Kaufmannsgehilfenprüfung 1941–1964, Industriefacharbeiterprüfung 1938–1964, sonstige kaufmännische und gewerbliche Abschlussprüfungen 1950–1964, Freisprechungs-, Abschlussfeiern 1951–1998, Prüfungsamt für Kurzschrift und Maschinenschreiben 1930–1951, Gewerbeschulen im Kammerbezirk 1930–1965, Anerkennung von Ausbildungsbetrieben 1954–1979, Ausbildung der Ausbilder Geschäftsstelle Bonn 1972–1975, Ausbildungsring Metall Konstanz 1976–1981, Lehrstellen-Umfrage 1983, Wirtschaft und Schule 1957–1973, Schulverein für die Landesberufsschule des Hotel- und Gaststättengewerbes im Regierungsbezirk Südbaden e. V. Freiburg 1962–1973, Förderung deutscher Auslandsschulen 1965–1972, Neukonzeption der Abteilung Weiterbildung 1997–2008, Grenzüberschreitende Berufsbildung 2003–2012, Bildungspartnerschaften 2002–2014, Arbeitsgruppe »Hochschule 2012« 2006–2007

32 Arbeits- und Angestelltenrecht 1930–1952, Gewerkschaften 1956–1965, Betriebsräte 1945–1956, Arbeitszeit 1930–1944, Arbeitsschutzgesetz 1929–1962, Arbeitsbeschaffung 1932–1936, Arbeitslosenstatistik 1928–1951, Verkehr mit den Arbeitsämtern 1959–1965, Jugendarbeitsschutz 1937–1965, Gehaltstarife (kaufmännische und technische Angestellte und Lehrlinge) 1949–1959, Schutz der älteren Angestellten 1930–1939, Arbeitslosenversicherung, Krisenversicherung 1929–1943, Wohlfahrtspflege 1935–1944, Reichsversicherungsordnung 1927–1942, Krankenversicherung 1932–1952, Sozialgericht 1958–

1966, Ehestandsdarlehen, Kinderbeihilfen und Bedarfsdeckungsscheine 1933–1965, Industrie-Pensionsverein 1930–1965
33 Deutscher Volkswirtschaftlicher Verband 1903–1925, Wirtschaftliche Vereinigung der Unternehmerverbände 1930–1934, Hauptgemeinschaft des Deutschen Einzelhandels 1930–1935, Landesverband des Badischen Einzelhandels, Wirtschaftsgruppe Einzelhandel 1930–1945, Reichsverband der Deutschen Industrie 1929–1933, Reichsstand der Deutschen Industrie 1933–1940, Großhandelsverband 1930–1939, Außenhandelsverband 1931–1935, Deutsch-Ausländische Verbände 1930–1938, Institut für Konjunkturforschung 1930–1942, Vereinigung Schweizerischer Unternehmen in Deutschland 1945–1965, wasserwirtschaftliche Verbände 1930–1965, Deutscher Versicherungsschutzverband 1930–1954, Angestelltenverbände 1929–1936, Regionalverband Hochrhein-Bodensee 1980–1987
34 Firmenakten (erloschene und aktive Firmen) 1948–2004 (Bezirk Villingen 1948–1969), HR-Firmenkartei 1960–1986
46 Jahresberichte der Handelskammer Konstanz 1876, 1883–1885, 1887–1889, 1891, 1893–1894, 1896–1899, 1901–1902, 1905, 1907–1911, 1913, 1923–1930, 1952–1971/72.
Mitteilungsblatt der südbadischen Handelskammern Baden-Baden, Lahr, Freiburg, Konstanz und Schopfheim 1947–1965. Wirtschaft in Südbaden 1966–1973. Wirtschaft im Südwesten 1974ff.
47 Präsident H.C. Paulssen (Geburtstagsfeiern, Volltagungen DIHT), Kammerpräsidenten und Mitglieder, Präsident Herbert Kienzle, Villingen, Kammergebäude Konstanz und Villingen, Seegfröre 1962/63, Ansichtskarten von Konstanz, Bodenseedampf- und -motorschiffe
50 Bericht über die Feier des 125jährigen Bestehens der Industrie- und Handelskammer Konstanz 1828–1953, in: Jahresbericht der IHK Konstanz 1953.
130 Jahre Industrie- und Handelskammer Konstanz 1828–1957, in: Jahresbericht der IHK Konstanz 1957.
150 Jahre Handelskammer Konstanz (Festakt, Reden, Grußworte), Konstanz 1978.
Die Kammer Konstanz, Rückblick 1945–1972, in: Tätigkeitsbericht der Industrie- und Handelskammer Konstanz 1971/72, Konstanz 1972.; Gestern, heute, morgen: 175 Jahre IHK in Konstanz in: Wirtschaft im Südwesten 5/2003.

293 IHK Hochrhein-Bodensee (Schopfheim), Schopfheim

Name IHK Hochrhein-Bodensee Hauptgeschäftsstelle Schopfheim
Geschäftstätigkeit IHK
Branche Nr. 910
Umfang 193
Laufzeit 1889–2007
Benutzbarkeit Ja
Bestand A 08

Bestandsgeschichte Der Bestand umfasst mehrere Teilübernahmen seit 1983 und zeichnet sich durch eine sehr gute und dichte Überlieferung von der Gründung an aus, wobei die ältere Schicht in Teilbereichen Verluste aufweist. Der Schwerpunkt liegt auf der Zeit nach 1945.
Geschichte 1889 wurde die Handelskammer für die Kreise Lörrach und Waldshut mit Sitz in Schopfheim gegründet. Durch das badische Gesetz vom 1.7.1933 wurde die Einheitskammer für Baden mit Sitz in Karlsruhe unter Auflösung der bestehenden neun Kammern eingerichtet. Schopfheim wurde zunächst in eine Außenstelle und 1935 in eine Bezirksstelle der aufgrund der Änderung des badischen Handelskammergesetzes vom 5.2.1935 wiedererrichteten IHK Freiburg überführt. Eine Folge der Gauwirtschaftskammerverordnung vom 20.4.1942 war die organisatorische Zusammenfassung von Industrie- und Handelskammern und Handwerkskammern. Im Gefolge der Vereinheitlichung der Organisationen der gewerblichen Wirtschaft wurde Schopfheim 1943 eine Zweigstelle der durch eine weitere Anordnung vom 22.3.1943 zu einer Wirtschaftskammer umgestalteten ehemaligen Industrie- und Handelskammer Freiburg. Nach 1945 wurde die Kammer in den Grenzen von 1933 wieder hergestellt und führte seit 1959 den Namen Industrie- und Handelskammer Hochrhein. Aufgrund der am 1.1.1973 in Kraft getretenen Rechtsverordnung zur Neu-

ordnung der Bezirke der Industrie- und Handelskammern fusionierten die Kammern Schopfheim und Konstanz zur IHK Hochrhein mit Sitz in Konstanz. Schopfheim wurde Hauptgeschäftsstelle mit dem Betreuungsbereich der westlichen Landkreise Lörrach und Waldshut. 1976 wurde die Kammer in IHK Hochrhein-Bodensee umbenannt.

23 Kammerrecht 1878–1966, Kammerreform 1936, 1970–1971, Deutscher Industrie- und Handelstag 1918–1968, badische Industrie- und Handelskammern/Badischer Industrie- und Handelstag 1925–1953, Wirtschaftskammer Baden 1936–1941 (Vorstandssitzungen, Ausschüsse, Geschäftsführerkonferenzen), Arbeitsgemeinschaft der Industrie- und Handelskammern in (Württemberg-Baden) Baden-Württemberg 1947–1967, Arbeitsgemeinschaft der Industrie- und Handelskammern des Vereinigten Wirtschaftsgebietes 1948–1949, kaufmännisches Ehrengericht der Arbeitsgemeinschaft der IHKn in Baden Württemberg 1955–1968, Verband der Geschäftsführer der deutschen Industrie- und Handelskammern 1893–1967, Presse und Öffentlichkeitsarbeit 1951–1968, Vereinigung der Kammern des Rheingebiets/Rheinkammerunion 1949–1985

24 Kammerorganisation und Verwaltung 1889–1990, Kammerreform, Abgrenzung der Bezirke 1924–1936,1972–1973, Kammergeschichte 1911–2002, Kammerjubiläum 1998, (IHK Hochrhein-Bodensee) 2003, Kammergebäude 1891–2007, Haushalts- und Rechnungswesen 1935–1967, Beitrag 1948–1966, Geschäftsausschuss-Sitzungen 1904–1936, Buchprüfungsausschuss 1920–1936, Ausschüsse 1920–1970, Vollversammlungen 1889–1933, 1946–1970, Beirat 1936–1967, Kammerwahl 1949–1955, Präsident Otto Grossmann 1952–1960, Hauptgeschäftsführer Dr. Rudolf Eberle 1969–1971, Kammerbeamte und Personal 1919–1939, 1947–1967, Rundschreiben 1936–1962, Vorträge und Sprechstunden 1922–1993, Mitgliedschaften 1924–1967, Bibliothek 1951–1965, Wirtschaftsjunioren Schopfheim 1949–1991

25 Internationales Recht, Staats- und Verwaltungspolitik 1893–1935, 1949–1968, Sachschadengesetz, Kriegsleistungsgesetz 1940–1968, Besatzungspolitik 1918–1933, Versailler Vertrag 1924, Behandlung feindlichen Vermögens im Ausland 1939–1953, Betriebe im Elsass 1941–1945, besetzte Gebiete 1942–1958, Demontage 1945–1948, Militärregierung 1945–1950 (Fragebogen), Reparationen 1946–1953, Entnazifizierung 1946–1952, 1949, Verordnung Nr. 96 1947–1955, Kriegs- und Besatzungsschädenregulierung 1936–1952, Kriegsfolgengesetz 1948–1961, Forderungen an öffentliche Auftraggeber 1946–1953, Organisation und innerer Aufbau der badischen Staats- und Gemeindeverwaltung 1936–1968, Verfassung Baden-Württemberg 1919–1953, Südweststaat 1953–1963, politische Parteien 1936–1968, bürgerliches Recht 1890–1968, Handelsrecht 1894–1949, Handelsregisterrecht 1938–1967, Genossenschaftsgesetz 1962–1964, Recht der Handelsgesellschaften 1939–1964, Abgrenzung Industrie und Handwerk 1930–1967, Gutachten, Rechtsgutachten 1931–1968, gewerblicher Rechtsschutz 1936–1968, Konkurse und Vergleiche 1936–1995, Urheberrecht, Patent-, Muster- und Zeichenschutz 1936–1968, Preise 1944–1968, Kartelle 1934–1968, Sonderveranstaltungen (Wanderlager) 1962–1968, zweifelhafte Firmen 1941–1968, unlauterer Wettbewerb 1930–1938, 1949–1968, Werbung, Zugabewesen 1936–1949, Gewerberecht 1890–1962, Betriebsstilllegungen und -einschränkungen v. a. Joh. Sutter Papierfabrik AG Schopfheim 1923–1937, Stilllegungsbeihilfe 1934–1944, Gewerbeanmeldungen 1945–1967, Wirtschaftsspionage 1938–1953, Gerichtsverfassung, Prozessrecht 1910–1968, gerichtlicher Schuldner- und Gläubigerschutz 1938–1961, Handelsrichter 1936–1951, Sachverständige 1936–1968, Prüfung des Gründungshergangs von Aktiengesellschaften 1897–1934

26 Südwestdeutschland in der Übergangswirtschaft 1917–1918, Wirtschaftslageberichte (von Bezirksfirmen 1921–1967, südbadische IHKn 1947–1950, 1958–1967, allgemeine Wirtschaftslage hrsg. Oeckel, Bonn 1951–1968), Notlage des oberen Wiesentals 1926–1936, Meldungen über Industriebestände und Fertigwaren 1945–1948, Anträge auf Wiederinbetriebnahme 1946–1950, Situationsberichte über die wirtschaftlichen Auswirkungen der Währungsreform 1948, Institut für Konjunkturforschung 1936–1965, Wirtschaftsstatistik und Wirtschaftsstruktur 1927–1956, Hotzenwald, Gablonzer Schmuckwarenindustrie (Wirtschaftsstruktur, Industrieansiedelung, finanzielle Gewerbeförderung) 1926–1968, Wirtschaft im Elsass 1940–1945, Errichtung einer Hartplattenfabrik in Schopfheim 1938–1941, Investitionshilfe 1951–1952, Landesplanung am Hochrhein 1957–1963, Industriestatistik 1931–1946, 1951–1959, Industriestruktur 1947, 1967, Arbeitskreis für Fragen der Konzentration in der Wirtschaft 1961–1966, Rohstoffbewirtschaftung, Lebensmittelbewirtschaftung 1918–1919, U-Betriebe in der Ernährungswirtschaft 1940, öffentliche Aufträge 1941–1964, Mittelstand 1957–1966, Wohnungsbau und Bodenpolitik 1936–1968, Interzonenverkehr (Berlin-Ost) 1945–1968, Messen, Ausstellungen, Märkte 1951–1967, Rationalisierung 1951–1968, Deutscher Normenausschuss 1954–1956, Typisierung, Normen, Maße und Gewichte 1936–1967, Ausschuss für Wasserfragen 1957–1967, Umweltschutz (Abfallbeseitigung, Abwasser, Reinhaltung der Luft) 1958–1968, 1981–2000, Devisenbewirtschaftung 1936–1944, Londoner Schuldenabkommen 1950–1957, Zahlungsbedingungen gegenüber dem Ausland 1936–1948, Kreditanträge 1950–1968, Beratungsbriefe der wirtschaftspolitischen Gesellschaft von 1947 (1956–1961), Industriebetriebe mit Schweizer und ausländischer Kapitalbeteiligung 1947–1952, 1970–1996

27 Firmenverzeichnisse 1949–1992, Industrieausschuss eigene Kammer 1924–1967, Großhandelsausschuss 1953–1968, Einzelhandelsausschuss 1946–1967, Industrieberichte (Branchenberichte) 1948–1971, Energiewirtschaft (Elektrizität, Gas, Atomenergie, Kohlewirtschaft) 1936–1989, Wasserwirtschaft 1891–1968, Schluchseewerk 1922–1967, Rheinkraftwerke Niederschwörstadt, Säckingen, Dogern, Reckingen, Rheinau 1916–1967, Nickelerzbergwerk 1998–1906, Industrie der Steine und Erden 1908–1964, Bergbau Wieden 1936–1966, Eisen-, Maschinen- und Metallverarbeitungsindustrie, unedle Metalle 1936–1967, chemische Industrie und -handel mit Fetten, Ölen 1921–1967, Gummi- und Leimindustrie 1936–1963, Textilindustrie und -handel 1929–1967, Baumwollindustrie und -handel 1928–1966, Seiden- und Kunstseidenindustrie und -handel 1896–1949, Wollindustrie und -handel 1901–1940, Kunstseidenindustrie und Zellstoffgarnindustrie 1918–1933, Flachs-, Hanf-, Jute- und Hartfaserindustrie 1916–1936, Spinnstoffgesetz 1941–1943, Pelz-, Schuh- und Lederindustrie 1907–1966, holzverarbeitende Industrie 1890–1965, Bernauer Holzwarengenossenschaft 1928–1940, Bürstenindustrie 1890–1967, Sägeindustrie 1919–1934, Kunststoffindustrie 1936–1963, Papierindustrie 1919–1965, optische Industrie 1936–1965, Tabakindustrie 1936–1958, Wirtschaftsberichte über die Lage des Handels 1939–1966, Großhandel 1936–1956, Warenhäuser, Einheitspreisgeschäfte, Versandgeschäfte 1956–1965, Großhandelskonzessionsgesuche 1946–1955, Einzelhandel 1914–1968, Handel mit einzelnen Warengruppen 1936–1957, Ausverkäufe, Versteigerungen 1939–1968, Verbraucherkammern und Kleinhandelskammern 1941–1957, Handwerkskammern 1923–1965, Gewerbe und Handwerk, Land- und Forstwirtschaft 1936–1966, graphisches Gewerbe und Handel 1938–1967, Fremdenverkehr 1936–1960, Hotel- und Gaststättengewerbe 1946–1967, Fremdenverkehr Hochrhein-Hotzenwald 1951–1960, Futtermittel-, Nahrungs- und Genussmittelgewerbe, Gartenbau 1936–1961, Bauhandwerk, Heimarbeit, Hausindustrie 1948–1966, Versicherungen (Gebäude-, Feuer-, Kredit-, Ausfuhrschäden-, Haftpflicht-, Transportversicherung) 1937–1968, Geld- und Währungswesen 1914–1968, Börsenwesen 1895–1934, Reisegewerbe 1936–1968, Hausierhandel, Straßenhandel, Wanderlager 1936–1956, Immobilien- und Hypothekenvermittlung, Makler, Auktionatoren 1936–1968, Auskunfteien, Treuhandgesellschaften 1936–1957, Genossenschaften, Konsumvereine, Kommunalverbände 1936–1962

28 Außenhandelsausschuss, eigene Kammer 1950–1967, AK Außenwirtschaftsrecht und Zollfragen, eigene Kammer 1979–1990, Ausschuss für Fragen der Europäischen Wirtschaftsgemeinschaft 1949–1967, Handelsbeziehungen im Ersten Weltkrieg 1915–1917, Außenhandel allgemein 1936–1954, Veredelungsverkehr mit dem Ausland 1939–1944, Außenwirtschaftsförderung 1936–1945, Interzonenverkehr 1945–1968, Auslandskammern (Deutsche Handelskammer in der Schweiz 1936–1959, Internationale Handelskammer 1936–1966), Entwicklungsländer 1958–1967, Europäische Gemeinschaften 1952–1965, Wirtschaftslage und Handel mit einzelnen Ländern (u. a. Sowjetunion 1936–1947, Großbritannien 1936–1957, Irland 1936–1941, Österreich 1941–1957, Elsass-Lothringen 1915–1918, Frankreich 1936–1948, Schweiz 1890–1967, Schweizer und internationale Kapitalbeteiligung im Kammerbezirk 1967–1977, Grenzgänger 1955–1989, bilaterales Abkommen Deutschland-Schweiz 2003, Schweden, Norwegen 1936–1957), Ein- und Ausfuhr 1936–1951, Kompensationsstelle der Handelskammern GmbH, Freiburg 1948–1951, Kompensationsgeschäfte mit Frankreich 1945–1948, Ein- und Ausfuhr der Zollausschlussgebiete 1901–1955, Zollgesetzgebung, Zollstrafrecht, Transitläger 1936–1967, Veredelungsverkehr 1940–1959, Zollverwaltung 1936–2001

29 Buchprüfungsausschuss, eigene Kammer 1920–1933, Steuern allgemein 1931–1963, Einkommensteuer 1936–1961, Lohnsteuer 1936–1961, Körperschaftsteuer 1936–1961, Kapitalertragsteuer 1936–1961, Lastenausgleich 1941–1955, Verbrauchsteuern (Getränke-,Tabak-, Essig-, Süßwaren-, Zündwaren-, Spielkartensteuer) 1936–1961, Verkehrsteuern, Umsatzsteuer 1936–1967, Grundsteuer, Gebäudesteuer, Gewerbesteuer 1950–1961, Kirchensteuer 1936–1962, Gemeindesteuern 1936–1962, Finanzausgleich, Steuerreform 1936–1956, Steuerbegünstigung der Ausfuhr 1950–1959, Finanzverwaltung 1936–1958, Finanzdirektion Freiburg 1955, Bücherrevisoren, Wirtschaftsprüfer 1949–1968

30 Verkehrs- und Fremdenverkehrsausschuss, eigene Kammer 1920–1991, Verkehr allgemein 1936–1960, Leber-Plan 1967–1968, Post- und Fernmeldewesen 1892–1968, Eisenbahn (Personen- und Güterverkehr) 1936–1967, Landesverkehrsbeirat 1952–1967, Eisenbahnorganisation und -betrieb 1921–1967, Eisenbahnverkehrsstatistik 1930–1933, Alpentransversale Gotthard-Splügen 1966–1983, Bahn Haltingen-Kandern 1953–1966, Nebenbahn Zell-Todtnau 1938–1939, 1951–1967, Nebenbahn Waldshut-Immendingen 1954–1960, Schauinslandbahn 1929–1936, Wutachtalbahn 1957–1959, Bahn St. Blasien-Rheintal 1906–1936, Belchen-Sesselbahn 1952–1955, Steckenstilllegung Weizen-Zollhaus-Blumberg 1976, Fahrpläne 1945–1968, Landesfahrplankonferenz 1954–1968, Güterverkehr, Expressgutverkehr 1936–1968, Privatgleisanschluss 1936–1967, Personen- und Gütertarifwesen, Wagenstandsgelder 1936–1967, Gütertarifreformen 1949–1967, ständige Tarifkommission der deutschen Eisenbahnen 1948–1956, Gutachten zu Anträgen auf Änderung der Gütereinteilung 1929–1960, Sondertarife, Ausnahmetarif 1950–1967, Verkehrspolitik der Europäischen Gemeinschaften 1954–1967, Speditionen, Rollfuhrdienst, Frachtenkontrolle 1893–1954, Binnenschifffahrt 1936–1966, Wasserstraßen und Hafenbau 1894–1966, Hochrheinausbau, Bodenseeregulierung 1894–1990, Rheinschifffahrt 1921–1968, Rhein-Donau-Neckar-Kanal, Rhein-Rhone-Kanal 1936–1961, Rheinseitenkanal 1921–1958, Rheinumschlagstelle Weil a. Rh. 1925–1936, Anlage eines Rheinhafens in Weil mit Gleisanschluss 1936–1946, Bundesstraßen, Landstraßen (Kammerbezirk) 1901–1965, Autobahnen 1933–1966, Hochrheinautobahn 1981–1988, Brücken 1979–1989, Luftverkehr 1936–1967, Reiseverkehr 1936–1941, Fernsprechverkehr 1976

31 Berufsbildungsausschuss, eigene Kammer 1978–1982, Schulwesen allgemein 1910–1967, kaufmännisches Unterrichtswesen 1928–1956, kaufmännisches und gewerbliches Lehrlingswesen 1924–1942, Anerkennung von Berufsbildern 1949–1964, Neuordnung der betrieblichen Ausbildung in der Textilveredelungsindustrie 1968–1970, Landesfördermittel für die Aufnahme von Lehrlingen 1980/1981

32 Arbeitsrecht 1922–1966, Angestelltenrecht 1936–1967, Mutterschutz, Jugendarbeitsschutz 1936–1967, Arbeitssicherheit, Unfallverhütung 1950–1967, Einstellung und Entlassung von Arbeitern/Angestellten/ehemaligen Heeresangehörigen 1936–1961, Schwarzarbeit 1950–1962, Arbeitszeit 1936–1967, Arbeitsruhe, Arbeitslosigkeit 1936–1955, Urlaub 1936–1966, Gewerkschaften 1936–1967, Tarifvertrag 1949–1967, Streik, Aussperrungen 1950–1965, Schlichtung von Streitigkeiten 1950–1959, Löhne und Gehälter 1914–1968, Sozialpolitik 1910–1936, Betriebsrat 1938–1952, Sozialversicherung 1936–1959, Arbeitslosenfürsorge 1947–1967, Kindergeldgesetz 1953–1964, Arbeitsbeschaffung 1933–1967, Arbeitseinsatz 1941–1946, Anwerbung von Arbeitern 1936–1956, Umfrage Ausländerbeschäftigung 1978, Lageberichte des Landesarbeitsamtes Baden 1951–1959, Teilzeitarbeitsstellen 1965–1968, Dienstjubiläen 1945–1964, Wohltätigkeitseinrichtungen, hygienische Organisationen 1923–1968, Kantinen 1965–1967

33 Landesverband des Textilgroßhandels und verwandter Branchen Südbadens 1950–1965, Fachverbände 1937–1957, Landesverband der Badischen Textilindustrie 1917–1933, Badische Arbeitsgemeinschaft für die Textilindustrie 1918–1927, Verband Süddeutscher Textilindustrieller 1907–1909, Verband Süddeutscher Textilarbeitgeber 1922–1934, Vereinigung Südbadischer Industrieverbände und Unternehmen 1950–1952, Süddeutsche Arbeitsgemeinschaft Lörrach 1950–1957, diverse Einzelhandelsorganisationen in Baden 1936–1956, Deutscher Versicherungsschutzverband 1937–1960, Oberbadisches Wirtschaftsinstitut 1937–1948
34 Firmenkorrespondenz 1916–1945, Firmenakten (erloschene und aktive Firmen) 1937–2000
46 Jahresberichte der Handelskammer Schopfheim 1899–1913, 1925–1932, 1951–1968.
Badische Wirtschaftszeitung 1921–1938, 1940–1941.
Mitteilungsblatt der südbadischen Handelskammern Baden-Baden, Lahr, Freiburg, Konstanz und Schopfheim 1947–1965. Wirtschaft in Südbaden 1966–1973. Wirtschaft im Südwesten 1974ff.
47 Fotos von J. v. Hermann, Waldshut, A. Burkhardt, Wehr, Albert Stoll, Waldshut, 1893
50 Festschrift: 10 Jahre IHK Hochrhein-Bodensee, 1986. Josef Thielmann, 75 Jahre IHK Hochrhein, in: Die Industrie- und Handelskammer, Mitteilungsblatt der badischen Handelskammer, Baden-Baden, Freiburg, Hochrhein und Konstanz, Baden-Baden 1964.
100 Jahre Kammer in Schopfheim, in: Wirtschaft im Südwesten, Heft 3/1989.
100 Jahre Industrie- und Handelskammer in Schopfheim, Sonderbeilage Badische Zeitung/Oberbadisches Volksblatt u. a. vom 6.4.1989.

294
IHK Karlsruhe, Karlsruhe

Name IHK Karlsruhe
Geschäftstätigkeit IHK
Branche Nr. 910
Umfang 49
Laufzeit 1880–2000
Benutzbarkeit Eingeschränkt
Bestand A 22

Bestandsgeschichte Der Bestand wurde ab 1998 mit Nachlieferungen von der Kammer übernommen und enthält Unterlagen zur Kammerorganisation von 1878 an. Das Schwergewicht der Überlieferung liegt auf der Zeit nach 1945.
Geschichte 1813 schlossen sich 37 Karlsruher Kaufleute in der sogenannten Handelsstube zusammen, die sich 1820 erstmals Handelskammer nannte. Diese freiwillige Einrichtung, die erst 1851 die behördliche Anerkennung ihrer Statuten erreichte, verfolgte damals schon das gemeinschaftliche Interesse des Handelsstandes der Stadt Karlsruhe. Mit Einführung der Gewerbefreiheit 1862 und der damit verbundenen Aufhebung der Zunftverfassung und Innungsrechte entfiel der Mitglieds- und Beitragszwang. An ihre Stelle trat eine auf freiwilliger Basis gebildete Handelsgenossenschaft, deren Handlungsspielraum mangels finanzieller Ressourcen stark eingeschränkt war. Erst das badische Handelskammergesetz von 1878 sicherte den badischen Handelskammern, so auch der Handelskammer für den Kreis Karlsruhe, die finanzielle Unabhängigkeit durch Zwangsmitgliedschaft und Beitragspflicht sowie die Selbstverwaltungsautonomie. 1889 wurde der Kammerbezirk um den Kreis Baden erweitert. Als Bindeglied zwischen Staat und regionaler Wirtschaft wirkte sie bis 1933.
Danach wurden die bestehenden neun badischen Handelskammern aufgelöst und nach dem »Führerprinzip« neu strukturiert. An ihre Stelle trat zunächst die Badische Industrie- und Handelskammer, eine Einheitskammer mit Sitz in Karlsruhe. Die sechs bisherigen Kammern (Mannheim, Karlsruhe, Pforzheim, Freiburg, Schopfheim und Konstanz) fungierten als Außenstellen der Einheitskammer. Bereits 1935

wurden durch Gesetz vier badische Industrie- und Handelskammern wieder errichtet: so auch Karlsruhe mit einem Bezirk, der nun die Amtsbezirke Oberkirch, Offenburg und Kehl umschloss. 1943 wurde Karlsruhe in die Gauwirtschaftskammer Oberrhein mit Sitz in Straßburg überführt, wohin bedeutende Organisationsteile verlagert wurden. Als ihr kommissarischer Präsident fungierte der badische Ministerpräsident.

1946 konstituierte sich die Industrie- und Handelskammer Karlsruhe in alter Rechtsstellung. Ihr Betreuungsgebiet erstreckte sich aufgrund der amerikanisch-französischen Zoneneinteilung auf die Kreise Karlsruhe-Stadt und -Land sowie Bruchsal. Die Zonengrenzziehung der Besatzungsmächte führte 1946 dazu, dass in Baden-Baden eine selbstständige Kammer gegründet wurde. Diese vereinigte sich am 1.1.1973 mit der Karlsruher Kammer zur Industrie- und Handelskammer Mittlerer Oberrhein. Seit Dez. 1987 trägt die Kammer wieder den alten Namen Industrie- und Handelskammer Karlsruhe.

23 Badisches Handelskammergesetz 1878, 1886, Kammerrecht 1945–1957, Kammersatzung 1938–1964, Badischer Industrie- und Handelstag (Vollversammlungen, Präsidialkonferenzen, Bauausschuss, Steuerausschuss, Kleinhandelsausschuss) 1914–1931, Zusammenlegung der badischen Handelskammern 1931–1933, Errichtung und Liquidation der Badischen Industrie- und Handelskammer 1934/35, Wirtschaftskammer Baden, später Gauwirtschaftskammer (Gründung, Liquidation, Vermögen) 1938–1968, Reformbestrebungen im Handelskammerrecht (Mitbestimmung der Gewerkschaften, Bildung von Wirtschaftskammern) 1946–1961, Kammerbeitrag ab 1937, Vereinigung Südwestdeutscher Handelskammern 1921–1926, Organisation der gewerblichen Wirtschaft im Lande Baden 1933–1953, Reichswirtschaftskammer 1934–1944, Deutscher Industrie- und Handelstag (Allgemeines, Satzung, Vorstand und Geschäftsführung, Kassen- und Haushaltswesen, Beitrags- und Haushaltsausschuss 1949–1970, Volltagungen und Sitzungen des Hauptausschusses 1947–1965, Hauptgeschäftsführersitzungen 1961–1969, Ausschüsse und Arbeitskreise, Jubiläum 1961), Arbeitsgemeinschaft der Industrie- und Handelskammern in Baden-Württemberg (Allgemeines 1947–1957, Volltagungen und Sitzungsberichte 1953–1964, Geschäftsführerbesprechungen 1947–1968), Personalfragen 1934–1964, Aufgabenstellung und Öffentlichkeitsarbeit 1949–1970, Rheinkammern 1949–1965, Verband der Geschäftsführer deutscher Industrie- und Handelskammern 1948–1970

24 Allgemeines 1927–1945, regionale Abgrenzung 1924–1961, Abtrennung Bruchsal und Baden-Baden, Besatzungszeit (Verhandlungen mit der französischen und US-amerikanischen Besatzungsmacht 1945–1947), Präsidium, Geschäftsführung 1933–1987, Kammersatzung und Geschäftsordnung 1890–1970, Beitrags- und Gebührenordnung 1947–1970, Kammerwahlen 1945–1962, Vollversammlungen 1880–1909, 1931–1940, 1955–1965, Ausschüsse und Arbeitskreise, Hauptgeschäftsführer Richard Planer 1880–1928, Walter Krienen 1915–1945, Walter Gerrads 1970–1991, Personalakten 1934–1965, Haushalt und Kasse 1945–1960, Kammergebäude (Prinz-Max-Palais 1919–1969, Neubau 1953–1961, IHK-Haus Ottilienberg 1955–1987), innere Organisation 1939–1969, Kammerzeitschrift, Kammerjubiläen und Jubiläumsschriften 1953, 1963, Öffentlichkeitsarbeit, Veranstaltungen 1945–1965, Ehrungen (Nebenius-Medaille) 1957–1966

25 Völkerrecht 1950–1970, Kriegsfolgenrecht (Entschädigung an Flüchtlinge u.ä. 1949–1956, Besatzungsrecht 1946–1956, Wiedergutmachung 1947–1952, Demontage 1946–1948), Südweststaat 1949–1981, Landesrecht und -verwaltung 1946–1981, Kommunalrecht und -verwaltung, Wehrrecht (Allgemeines, Einberufung zum Wehrdienst), Verwaltungs-, Verfahrensrecht, Bürgerliches Recht, Strafrecht, Kammer für Handelssachen, Schuldner- und Gläubigerschutz allgemein, Konkurs- und Vergleichsrecht, Schiedswesen allgemein, kaufmännisches Ehrengericht, Sachverständigenwesen (Allgemeines, DIHT-Arbeitskreis, Bestellung und Vereidigung von Sachverständigen, einzelne Sachverständigengruppen, Listen, Gebühren), Handelsrecht 1934–1971, Handels- und Genossenschaftsregister 1935–1939,1950–1975, Abgrenzung zwischen Industrie, Handel und Handwerk 1958–1965, Firmenrecht 1949–1970, Handelsbräuche 1949–1970, Gewerberecht 1963–1971,

Patent- und Warenzeichenrecht 1934–1970, Wettbewerbsrecht 1949–1970, Preisbildung und Preisüberwachung (Strompreise, Wasserpreise, Mieten) 1946–1969

26 Wirtschaftspolitik 1949–1966, Wirtschaftsförderung (Bundesregierung 1950, Kammerbezirk 1946–1965, Mittelstandsprogramm 1963–1970), Verbraucherpolitik 1959–1969, Wirtschaftslageberichte (allgemein 1947–1965, eigene Lageberichte 1952–1970), Wirtschaftsstatistik (allgemein 1933–1974, DIHT-Arbeitskreis für statistische Fragen, Baden-Württemberg 1948–1975), Raumordnung (allgemein, DIHT-Arbeitskreise, Bundesgebiet, Baden-Württemberg, Kammerbezirk) 1959–1969, Bauwesen 1946–1970, Wohn- und Mietrecht 1950–1970, Betriebswirtschaft (DIHT-Arbeitskreis »Probleme der unterschiedlichen Unternehmensgrößen« 1959–1970, Arbeitskreis für Rationalisierungsfragen bei den baden-württembergischen IHKn 1954–1971, Kooperation und Konzentration 1959–1967), innerdeutscher Handel 1950–1969, öffentliche Aufträge (allgemein 1959–1970, Auftragsberatungsstellen, Rüstungsaufträge 1955–1970, EWG-Harmonisierung bei der Vergabe öffentlicher Aufträge 1960–1967), Umweltschutz (Luftreinhaltung, Gewässerreinhaltung und Abwässer, Reinhaltung von Bundeswasserstrassen, Grundwasser und Mineralöl) 1954–1969, Abfallverwertung 1960–1969, DIHT Arbeitskreis Abfallbeseitigung 1963–1970, Wirtschaftsschutz (allgemein, IHK-Ausschuss, Notstandsgesetzgebung, Luftschutz, Betriebs- und Werksschutz, Technisches Hilfswerk) 1960–1971, Industrieansiedelung 1949–1970, Industriestruktur 1949–1963, Messen und Ausstellungen (allgemein, Auma 1949–1969, Baden-Württemberg 1950–1969)

27 Energiewirtschaft 1952–1970, Elektrizitätserzeugung und -verteilung 1952–1968, Kernenergie 1955–1970, Wassererzeugung und -versorgung 1900–1970, Kohlenbergbau 1950–1970, Erdöl-, Erdgasgewinnung und -verteilung 1950–1970, Industrieausschussberichte, eigene Kammer 1946–1969, Handelsausschussberichte (DIHT, Landesarbeitsgemeinschaft) 1950–1969, Groß- und Einzelhandelsausschussberichte (DIHT, eigene Kammer) 1946–1970, Großhandelszentren in Karlsruhe 1965–1973, Cash and Carry in Karlsruhe 1964–1967, Einzelhandel (Einzelhandelsschutzgesetz 1934–1969, Berufsgesetz für den Einzelhandel 1952–1966, Sachkundenachweis 1952–1968, Ladenschluss 1946–1969, Betriebs- und Vertriebsformen v. a. Verbrauchermärkte, Shoppingcenter, Versandhandel, Genossenschaftshandel) 1939–1970, Warenbranchen im Einzelhandel (Lebensmittelhandel 1934–1970, Handel mit Arzneimitteln 1956–1960), Direktverkäufe und grauer Markt 1949–1965, Handelsvertreter 1947–1970, Makler 1926–1969, Wandergewerbe 1936–1969, Währungs- und Geldwesen 1945–1970, Banken und Sparkassen 1948–1968, Börsen 1933–1971, Kreditwesen (allgemein 1950–1968, DIHT-Kreditausschuss 1953–1968, Kreditarten 1950–1970, Kreditgarantiegemeinschaften 1953–1970, Kreditverkauf im Einzelhandel 1948–1968), Versicherungsgewerbe 1947–1968, Werbewirtschaft 1950–1960, freie Berufe 1934–1968, Handwerk 1934–1968, Landwirtschaft 1950–1970, Fremdenverkehr 1952–1968

28 Allgemeine Fragen (Außenwirtschaftsrecht, Außenwirtschaftsstatistik 1948–1969), Organisation der Außenwirtschaft (DIHT-Ausschüsse und Arbeitskreise 1946–1969, Außenwirtschaftsreferenten der Landesarbeitsgemeinschaft 1955–1970, Außenhandelskontor Württemberg-Baden 1947–1949, Außenhandelsausschuss, eigene Kammer 1954–1971, Arbeitsgemeinschaft Außenhandel 1948–1956), Außenhandelsförderung 1950–1970, Im- und Export 1946–1971, gewerblicher Rechtsschutz im Ausland 1950–1964, Niederlassungsbestimmungen 1954–1968, Währungspolitik 1953–1969, Osthandel 1950–1973, Diplomatischer Dienst 1950–1969, EWG (Organisation, Berichte, Statistik, Integration, Harmonisierung, Erweiterung, Niederlassungsrecht, Agrarmarkt, Zollwesen 1961–1970), Montanunion, Euratom, internationales und deutsches Zollwesen, Veredelungsverkehr, Entwicklungshilfe, Welthandelskonferenz, deutsche Auslandshandelskammern 1950–1965, ausländische Handelskammern v. a. französische Handelskammern, deren Recht und Struktur 1945–1967, Internationale Handelskammer Paris 1947–1956

29 DIHT-Steuerausschüsse und -arbeitskreise 1950–1978, Steuerausschüsse der Arbeitsgemeinschaft der IHKn in Baden-Württemberg 1947–1968, eigener Steuerausschuss 1921–1936,

Institut »Finanzen und Steuern« 1949–1969, Staats- und städt. Haushalte und Finanzen 1968–1969, Gemeindefinanzreform 1963–1973, Abgabenordnung 1934–1969, internationales Steuerrecht 1950–1967, Finanzausgleich zwischen Bund, Ländern und Gemeinden 1963–1972, steuerliches Bewertungs- und Bilanzierungsrecht 1934–1969, Finanzverwaltung 1950–1969, Finanzgerichte 1947–1969, Steuerausschuss bei den Finanzämtern und Hauptzollämtern 1947–1962, Einkommensteuer 1949–1969, Lohn- und Körperschaftsteuer 1959–1969, Lohnsummensteuer (Hebesätze in Baden-Württemberg) 1949–1969, Gewerbesteuer Stadt Karlsruhe 1955–1967, Umsatzsteuer 1951–1967, Kapitalverkehrsteuer 1948–1965, Grunderwerbsteuer 1950–1967, Beförderungsteuer 1951–1969, Straßengüterverkehrsteuer 1968–1970, verschiedene Verbrauchsteuern 1930–1978, Mineralölsteuer 1959–1970, Gebühren und Abgaben (für Abwasser und Müll) 1949–1968

30 DIHT-Verkehrsausschüsse und -arbeitskreise 1955–1978, Arbeitsgemeinschaft der Industrie- und Handelskammern in Baden-Württemberg 1956–1965, Verkehrsausschuss, eigene Kammer 1946–1969, Versandleiterkreis 1964–1971, Verkehrsbeiräte 1947–1949, Verkehrsfinanzgesetz 1955, Leberplan 1967–1968, Generalverkehrspläne Baden-Württemberg 1955–1965, EWG-Verkehrspolitik 1962–1969, Grenzverkehr 1951–1955, Interzonenverkehr 1947–1965, Verkehrsrationalisierung 1957–1971, Verkehrsstatistik 1963–1985, Spedition und Rollfuhrdienst 1940–1968, Eisenbahnverkehr (Allgemeines, Verwaltung, Betrieb und Technik) 1948–1970, Personenverkehr 1948–1972, Güterverkehr und Tarife 1947–1969, Straßen, Straßengesetzgebung, Autobahnen, Brücken und Fähren 1949–1972, Straßenverkehrsrecht 1948–1974, gewerblicher Straßenpersonenverkehr 1949–1970, gewerblicher Güterkraftverkehr und Tarife 1950–1970, Stadtverkehr 1965–1972, Parkplatzfragen 1954–1969, Binnenschifffahrt 1949–1967, Schiffsfrachten 1939–1968, Rheinschifffahrt 1947–1966, Ausbau des Rheins 1938–1970, Kanalprojekte und Kanalausbau 1953–1969, Neckar-Kanal 1947–1968, einzelne Binnenhäfen v. a. Städt. Rheinhäfen Karlsruhe 1947–1970, Hochwasserkatastrophe 1955, Luftverkehr und Flughäfen 1952–1969, Flughafenprojekt Haguenau 1968–1975, Postverkehr, Oberpostdirektion Karlsruhe 1952–1970

31 Universität Karlsruhe 1949–1970, Verwaltungsakademie Karlsruhe 1954–1972, Berufsbildungsgesetz, DIHT-Bildungsausschuss 1947–1969, Geschäftsführer-Ausschuss für die Berufsbildung 1954–1973, Berufsbildungsreferenten der Arbeitsgemeinschaft der IHKn Baden-Württemberg 1954–1969, Berufsbildungsausschuss eigene Kammer 1949–1970, Statistik 1947–1966, staatliche Lehrlingsbeihilfen 1951–1966, Ordnung der betrieblichen Berufsausbildung 1947–1969, Ausbildungsberufe (kaufmännische, gewerbliche, graphisches Gewerbe) 1938–1971, Ausbildungsdauer und Ausbildungsnachweise 1950–1970, Ausbildungsverhältnis (Lehrlingsurlaub, Vergütung, Lehrvertrag) 1934–1970, Ausbildungsberater 1960–1973, Prüfungswesen (Gebühren, Freisprechungsfeiern) 1942–1971, kaufmännische und gewerbliche Gehilfenprüfung 1937–1970, Weiterbildung, Umschulung 1948–1970, Haus Ottilienberg Berufsbildungszentrum der IHK Karlsruhe in Eppingen 1963–1983

32 Arbeitsschutz, Sozialversicherung, Arbeitsförderung, Abwerbung von Arbeitskräften, ausländische Arbeitskräfte, Gewerkschaften, betriebliches Sozialwesen 1950–1969

34 Firmenakten (erloschene Firmen) 1945–2000

46 Jahresberichte der Handelskammer Karlsruhe 1889–1913, 1917–1926. Jahresberichte der Industrie- und Handelskammer Baden-Baden 1950–1964.
Badische Wirtschaftszeitung zugleich Mitteilungen der Handelskammer Karlsruhe 1921–1938, 1940–1941.
Industrie und Handel, Mitteilungsblatt der Industrie- und Handelskammer Karlsruhe 1960–2000, Wirtschaft in der Technologieregion Karlsruhe 2001 ff.

49 Generallandesarchiv Karlsruhe Bestellsignatur: 69 IHK Karlsruhe

50 Leopold Kölsch, Die Geschichte der Handelskammer für die Kreise Karlsruhe und Baden, Ein Beitrag zur Wirtschaftsgeschichte der Stadt Karlsruhe, Karlsruhe 1925.
Das neue Heim der Karlsruher Wirtschaft, in: Industrie und Handel. Sonderheft der Industrie- und Handelskammer Karlsruhe, Karlsruhe 1955.
140 Jahre Industrie- und Handelskammer Karls-

ruhe, Wirtschaftszentrum am Oberrhein, Karlsruhe 1953.
150 Jahre Industrie- und Handelskammer Karlsruhe, in: Industrie und Handel, Mitteilungen der Industrie- und Handelskammer Mittlerer Oberrhein, Karlsruhe 1963 (Sonderheft).
Industrie und Handelskammer Mittlerer Oberrhein, Die Wirtschaft am Mittleren Oberrhein, Karlsruhe 1981.
175 Jahre Selbstverwaltung, Dienstleistung, Partnerschaft 1813–1988, Industrie- und Handelskammer Karlsruhe, Karlsruhe 1988.
200 Jahre Industrie- und Handelskammer Karlsruhe: eine Chronik der letzten 200 Jahre / [Autoren: Wolfgang von Hippel; Frank Engehausen. Hrsg.: IHK Karlsruhe] 2013

295
IHK Mannheim, Mannheim

Name IHK Mannheim
Geschäftstätigkeit IHK
Branche Nr. 910
Umfang 90
Laufzeit 1945–1972
Benutzbarkeit Ja
Bestand A 26

Bestandsgeschichte Das Archivgut wurde 2018 von der IHK Rhein-Neckar in Mannheim übernommen. Es umfasst die Überlieferung der IHK Mannheim von 1945 bis zur Auflösung der Kammer im Jahr 1972 und in geringem Umfang älteres Schriftgut. Der größte Teil des Bestands war bei der Übernahme nach Aktenplan geordnet und verzeichnet. Der Bestand umfasst ausschließlich Sachakten. Firmenakten wurden nach 1972 von der IHK Rhein-Neckar weitergeführt und befinden sich im Bestand A 14. Das ältere, schon in den 1920er Jahren von Studenten der Handelshochschule Mannheim häufig genutzte Schriftgut der Kammer ging im Zweiten Weltkrieg fast vollständig verloren. Ein Restbestand wurde 1966 dem Stadtarchiv Mannheim als Dauerleihgabe übergeben und liegt dort erschlossen vor (Umfang 6 Meter, Laufzeit 1728–1932/1949).
Geschichte Die Geschichte der Industrie- und Handelskammer Mannheim reicht zurück ins Jahr 1728, als mit Erlass der Zunftprivilegien durch Kurfürst Carl Philipp von der Pfalz die Mannheimer Handelsinnung entstand. Diese wählte 1808 aus ihrer Mitte ein Handlungskomité. Nach dessen 1829 erfolgter Auflösung wählte die Handelsinnung 1830 einen neuen Vorstand, der mit ministerieller Genehmigung vom 20.9.1831 den Namen Handelskammer annahm. Die Bestätigung der Statuten folgte am 26.1.1844. Mit dem Gewerbegesetz vom 20.9.1862 erlangten die Handelskammern in Baden allgemeine staatliche Anerkennung. Durch das Handelskammergesetz vom 11.12.1878 wurden sie zu Körperschaften öffentlichen Rechts. Auf dieser Grundlage trat 1879 das Statut der Handelskammer für den Kreis Mannheim ins Kraft. Mit Gesetz vom 1.7.1933 wurden die badischen Kammern in die neue Badische Industrie- und Handelskammer mit Sitz in Karlsruhe überführt, die in Mannheim eine Außenstelle unterhielt. Aus dieser ging am 7.3.1935 unter dem Dach der neuen Wirtschaftskammer Baden die IHK Mannheim hervor. Am 22.3.1943 wurde sie unter der Regie der neuen Gauwirtschaftskammer Oberrhein zur Wirtschaftskammer Mannheim. Nach Kriegsende nahm die Industrie- und Handelskammer Mannheim in neuer Rechtsform ihre Arbeit auf. Am 9.12.1949 fand die erste Vollversammlung statt. Zum Jahresende 1972 wurden die IHK Mannheim und die IHK Heidelberg aufgelöst. An ihre Stelle trat am 1.1.1973 die IHK Rhein-Neckar (siehe Bestand A 14) mit Sitz in Mannheim und einer Hauptgeschäftsstelle in Heidelberg.
23 Kammerrecht, -organisation, -bezirke 1932–1972; Badische IHK Karlsruhe 1933–1935; Gauwirtschaftskammer Oberrhein Karlsruhe/Straßburg 1943–1949; Kassenbuch der Gauwirtschaftskammer Oberrhein, Industrieabteilung, Geschäftsstelle Freiburg 1943–1946; Beitragspflicht und Mitgliedschaft 1948–1972; Haushaltsstatistik IHKn 1949–1972; Personalwesen IHKn 1949–1966; Kammerarchive 1951–1972; Kammerberichte 1928–1937; Wirtschaftslageberichte der Kammern in Baden-Württemberg 1952–1972; Arbeitsgemeinschaft der IHKn in Baden-Württemberg 1946–1972, Satzung 1947–1988, Vorstand 1960–1971, Ausschüsse und Arbeitskreise 1947–1972, Hauptgeschäftsführer-

besprechungen 1951–1972, Besprechungen der Verwaltungsleiter 1959–1972, Volltagungen 1949–1967, Haushalt 1947–1972; Veranstaltungen der Wirtschaftsjunioren Deutschland in Mannheim 1954–1966; Wirtschaftsjunioren Baden-Württemberg 1954–1961; Mitgliedschaft von Wirtschaftsjunioren in Gremien des DIHT und der EWG 1958–1968; Hauptausschuss der Deutschen Gruppe der Internationalen Handelskammer 1955–1971; Zusammenarbeit mit Handwerkskammern, Abgrenzung Industrie/Handwerk/Handel 1943–1972; Zusammenarbeit mit Wirtschaftsverbänden 1946–1957; Koordinierungsausschuss Kammern/Verbände 1949–1951; DIHT Satzung 1949–1972, Vollversammlung 1914–1920, 1953–1972, Präsidium und Vorstand 1955–1972, Ausschüsse und Arbeitskreise 1946–1972, Hauptgeschäftsführerkonferenz 1961–1972, Beratender Geschäftsführerkreis (Nenndorfer Kreis) 1949–1956, Haushalt 1954–1972, Rechnungsprüfungsstelle 1945–1966; 50 Jahre DIHT Feier in Heidelberg 1911; 100 Jahre DIHT Feier in Heidelberg 1961; Verband der Geschäftsführer deutscher IHKn 1949–1972; Kammervereinigungen allgemein 1948–1959

24 Kammergeschichte; 200-jähr. Kammerjubiläum 1928; Satzung 1728–1971; Organisation 1933–1959; Geschäftsordnung 1947–1971; Geschäftsverteilungsplan 1945–1972; Dienstordnung, -anweisungen 1943–1972; Aktenordnung, Aktenplan 1945–1972; Aktenabgaben an das Stadtarchiv Mannheim 1965–1971; Bibliothek 1958–1972; Reden, Beiträge, Publikationen IHK und Mitarbeiter 1933–1972; Vollversammlung 1879–1972 (1945–1958 Beirat); Wahlordnung, Wahlen 1945–1972; Kammermitgliedschaft 1946–1956; Beitragsordnung, -veranlagung, -statistik 1945–1972; Beitragsjournale Kleingewerbetreibende 1958–1967; Mitgliederstatistik 1947–1958; Tarifbüro 1948–1953; Präsidenten 1879–1972; Präsidium 1957–1972; Landkarten Kammerbezirk 1728–1973; Kammerstatistik 1952–1967; Wirtschaftskammer Mannheim Tätigkeitsbericht 1945; Aufteilung des Restvermögens zwischen den Nachfolgekammern 1944–1969; Vertrauensmänner der Wirtschaftsgruppen 1945/46; Kommission für innere Angelegenheiten 1949–1972; Ausschüsse und Arbeitskreise 1945–1972; Aussprachegemeinschaft Archiv 1954–1965; Tätigkeit einzelner Abteilungen 1964–1971; Presseartikel, -gespräche 1949–1972; Besuche, Empfänge, Feiern, Konzerte, Veranstaltungen 1928–1972; Sprechtage, Ausspracheabende 1947–1972; Beteiligung an Ordensverleihungen, Ehrungen und Auszeichnungen 1952–1972, Firmenjubiläen 1941–1972; Arbeitsjubiläen 1950–1972; Fonds und Stiftungen der IHK 1933; Dispositionskredit 1948–1950; Haushalts-, Kassen- und Rechnungslegungsordnung 1953–1972; Kassendienstanweisungen 1970–1972; Gebührenordnung 1934–1972; Bank- und Postscheckkonten 1945–1960; Steuern und Abgaben 1946–1969; Haushaltspläne 1936–1972; Hauptbücher 1957–1972; Haushaltsbücher 1955–1965; Journale 1950–1958; Grundbücher (Pflichtmitgliedschaft) 1958–1972; Rechnungslegung für 1935; Rechnungsprüfung 1937–1972; Personalwesen 1940–1972; Gehälter 1931–1951; Aufgebot zum »Volkssturm« 1944/45; Auslandsreisen 1947–1954; Betriebsausflüge 1949–1969; Weiterbildung Mitarbeiter 1965–1970; Personalrat 1958–1966; Rechtsverhältnisse der unter Art. 131 GG fallenden Personen 1950–1962; Ehrenamt 1952–1971; Kammergebäude/-grundstück 1926–1972; Kriegstagebuch 1942–1945 mit Anlagen 1939–1944; Kriegsschäden 1941–1947; Zweig- und Ausweichstellen 1942–1963; Spenden 1950–1961; Wirtschaftsjunioren Mannheim/Ludwigshafen 1952–1972; Sicherheitsfragen 1950–1972; Rationalisierung 1965–1967; EDV-Einführung 1970/71; Vereinigung der IHKn Mannheim und Heidelberg 1968–1972; Kammerzeitschrift 1948–1972; Schriftzeichen, Briefkopf 1971/72; Zusammenarbeit mit der IHK Ludwigshafen 1970/71

25 Länderneugliederung (u. a. Südweststaat, Pfalzfrage) 1945–1972; Landesbehörden 1945–1948; Verlegung von Zentralbehörden nach Mannheim 1946–1957; Stadtverwaltung Mannheim 1945–1972; Städtepartnerschaften Mannheims mit Swansea (Wales) und Toulon (Frankreich) 1957–1963; Ausstellung von Passierscheinen, Kennkarten, Personalausweisen 1946–1952; Betriebskontrollen 1946–1950; Verwaltungsgebühren 1946–1956; Grundgesetz 1948; Gewerberecht (u. a. für Ausländer) 1947–1968; Gaststättenrecht, -gesetz 1944–1957; Einzelhandelsrecht (u. a. Sortimentsabgrenzung, Sachkundenachweis, Öffnungszeiten, Räumungs-, Schlussverkäufe, Zugabe- und Rabattwesen) 1945–1971;

Teilzahlungsgeschäfte, Abzahlungsgesetz 1948–1970; Eichämter 1945–1952; Eichaufnehmer in den Rheinhäfen 1959/60; Waffenrecht 1951–1953; Gesellschaftsformen, Aktienrecht, Handelsregister 1946–1970; Handelsbräuche 1949–1972; Urheber-, Patent-, Gebrauchsmuster-, Markenrecht 1945–1972; Warenzeichen 1944–1951; Arbeitskreis für gewerblichen Rechtsschutz (Gründung) 1956; Arbeitnehmererfindungen 1948–1951; Einigungsstelle für Wettbewerbsstreitigkeiten 1948–1972; Wettbewerbsausschuss 1955; unlauterer Wettbewerb 1954–1970; Kartellrecht 1947–1970; Lebensmittelrecht 1969; Preisüberwachung, -auszeichnung 1948–1957; Wertgrenzen in der Zivilgerichtsbarkeit (Umfrage) 1962/63; Errichtung Verwaltungsgericht Mannheim 1947; Wiedererrichtung der Kammer für Handelssachen 1946–1951; Handelsrichter am Landgericht Mannheim 1950–1972; Benennung von Beisitzern beim Landgericht Mannheim 1949/50, 1965–1967; geplante Verlegung Oberlandesgericht Karlsruhe nach Freiburg 1952/53; Notare, Anwaltsnotariate 1950–1970; Titelfrage für Wirtschaftsjuristen (Umfrage) 1952; Vergleichsordnung, -verfahren 1948–1957; Streitwert in Wettbewerbsprozessen 1954–1960; Schuldnerverzeichnisse 1954–1970; Mahn- und Vollstreckungsverfahren 1949–1967; Währungs-Schiedsgericht der IHK 1947–1950; Ehrengericht 1943–1951; Sachverständigenwesen 1937–1972, -ausschuss 1941–1972; Uk-Stellung 1944/45, 1966–1970; Geschäfts-, Liefer-, Zahlungsbedingungen 1944–1960; Stiftung Warentest (Bewerbung um den Stiftungssitz) 1962–1964; Schiedsstellen für Verbraucherbeschwerden 1972; Miet- und Pachtrecht 1945–1959; Stellungnahmen zu Gesetzentwürfen

26 Wirtschaft des Kammerbezirks 1933–1970; Wirtschaftslageberichte der IHK 1952–1972; Kriegswirtschaft, Besatzung, Kriegsfolgen 1943–1947; Brown Boveri & Cie. AG Mannheim Werk Käfertal 1941–1945; Forderungen aus kriegswirtschaftlichen Lieferungen an die öffentlichen Hand 1946/47; Beschlagnahmungen, Besatzungs-, Plünderungsschäden 1945–1955; kriegsgeschädigte Betriebe 1956; Reparationen 1946/47; Demontage, Remontage 1946–1954; Demontagekosten (Rechtsstreit Land/Goldfisch GmbH Obrigheim) 1949–1952; Restitution/Rückerstattung 1946–1955; Lieferungen an die Besatzungsmacht 1946–1956; Rückführung von Ausweichlagern 1945–1947; Schuldentilgung durch kontrollierte Unternehmen 1946–1948; Preisberichterstattung 1946; Wiederaufbau und Wirtschaft Mannheims 1945–1967; 350-jähr. Jubiläum der Stadt Mannheim 1957; Neckaruferbebauung und Siedlungsbau Mannheim-Herzogenried 1970–1972; Statistik Württemberg-Baden 1946; Beratender Ausschuss zur Gewährung von Darlehen; Auftragsberatungsstelle Baden-Württemberg, Wirtschaftshilfe 1946–1959; Kreditgewährung an Betriebe 1949–1956; Kredite und Bürgschaften der öffentlichen Hand 1948–1954; Aufbaudarlehen (Prüfungsausschüsse) 1949–1964; Bundesbank, Landeszentralbanken 1951–1970; Betriebswirtschaftlicher Ausschuss 1951–1972; Werbung 1948–1970; Arbeitskreis Verkauf und Werbung 1952–1972; Mannheim-aktiv, Mannheimer Woche 1970–1972; Arbeitskreis Organisation 1966–1972; Sachbearbeiter Rationalisierungsfragen 1962–1971; zwischenbetriebliche Kooperation 1969/70; Sommerzeit 1947–1951; Betriebsbesichtigungen 1955/56, 1960–1972; Landesentwicklungsplan 1967–1971; Messen, Märkte, Ausstellungen 1949–1972; Betriebszeitschriften 1950–1956; Buchhaltung System Laborex 1950–1956; bargeldlose Gehaltszahlung 1959/60; Umwelt- und Gewässerschutz, Abwasser- und Abfallentsorgung, Luftreinhaltung, Recycling 1950–1972; Fluglärm 1971/72; Feuerschutz 1954/55; Hochwasser (Schadensmeldungen der Betriebe) 1955/56; Fernheizung 1953–1959; Wasserversorgung 1951–1972

27 Betriebsführerbesprechung 1944/45; Industrieausschuss 1946–1972; Industrie allgemein 1946–1958; Wirtschafts-, Industrieberichterstattung 1945–1972; Arbeitskreis Einkäufer Industrie/Industrieller Einkauf 1953–1972; Industrieansiedlung 1947–1970; Firmensitzverlegungen von Mannheim 1954–1964; Energiewirtschaft, -versorgung, -recht, -politik 1945–1971; Versorgungs- und Verkehrsbetriebe der Stadt Mannheim 1972; chemische Industrie 1945; Ölmühlenindustrie 1939–1956; Handel 1946–1949; Schwarzhandel, Schmuggel 1949–1951; Handelsreferenten 1962–1972; Großhandel (u. a. Firmenzulassung) 1945–1968; Großhandelsausschuss 1945–1972; Aussprachegemeinschaft Großhandel 1956–1959; Arbeitskreis Großhandel 1966–1972; Mannheimer Produktenbörse

1945–1972; Immobilien- und Hypothekenbörse Mannheim (Gründung) 1952–1964; Großmärkte (u. a. Großmarkthalle Mannheim), Einkaufszentren 1951–1972; Handelsvertreter, -ausschuss 1947–1972; Einzelhandelsausschuss 1947–1972; Einzelhandel allgemein 1953–1969, Betriebs-, Branchenstatistik 1948–1972, Betriebsvergleich 1949–1961; Einrichtung/Vermietung von Verkaufsläden 1962–1965; Werks- und Behördenhandel 1949–1960; Handelshof SPAR GmbH (Gründung) 1953–1958; Metall-, Schrotthandel 1943–1954; Tankstellen in Mannheim 1950–1959; Weinhandel 1945–1952; Apotheken, Drogerien 1945–1949; Kreditinstitute 1958; Versicherungsgewerbe 1953–1968; Badische Gebäudeversicherungsanstalt 1925–1972; Unterrichtung im Gaststättengewerbe 1971–1972; Sachkundeprüfungen diverse Branchen 1952–1964; Verlegerausschuss 1954–1971

28 Auslandshandelskammern (Kopie einer Denkschrift der IHK Mannheim) 1888; Bizone 1947; Internationale Handelskammer 1949–1959; Besuche ausländischer IHKn 1956–1966; Errichtung einer Außenhandelsstelle durch die Arbeitsgemeinschaft der IHKn in Württemberg-Hohenzollern 1948–1950; Außenwirtschaftsreferenten der baden-württembergischen IHKn 1956–1971; Außenwirtschaftsausschuss 1964–1972; Exportausschuss 1950–1964; Arbeitskreis Exporteure 1953/54; Berichte zum Exportgeschäft 1947–1960; deutsche Konsignationsläger im Ausland 1948–1955; Wirtschafts- und Zahlungsverkehr mit Berlin-West 1950–1970, der sowjetischen Besatzungszone/DDR 1945–1968, dem Saargebiet 1948–1955, der Schweiz 1965; Handelsverträge (u. a. Einschaltung der JEIA-Zweigstellen) 1944–1959; Arbeitskreis Importeure 1948–1954; Importwirtschaft (u. a. Lagerhaltung), -förderung 1946–1962; Arbeitskreis Europäische Wirtschaftsgemeinschaft 1957–1964; EGKS/EWG 1951–1972; Osthandel 1950–1970; Ostausschuss der deutschen Wirtschaft 1972; ausländische Konsulate in Mannheim (u. a. USA, Kuba) 1951–1959; Exportfinanzierung 1966/67; Absicherungsgesetz, Exportbesteuerung 1968/69; Exportkreditversicherung 1970–1972; steuerliche Förderung der Ausfuhr 1946–1958; Ausfuhrkontrolle 1948–1958; Wettbewerbsfähigkeit der Außenwirtschaft 1955/56; Kompensations- und Gegenseitigkeitsgeschäfte 1947–1953; Warentransitverkehr 1947–1972; Ausfuhrverfahren 1952–1955; Zollämter, -abfertigung 1946–1972; Einfuhr-Kreditversicherung (Umfrage) 1964/65; Importwaren (Umfrage) 1967/68; Beglaubigung von Ursprungszeugnissen und Rechnungen 1952–1971; Haftpflichtversicherung für Carnet-Aussteller 1968–1970; Anregungen zur Reform des auswärtigen Dienstes 1968/69; Sprechtage und Delegationsreisen 1950–1972; Veranstaltungen Außenwirtschaft 1953/54; Auskünfte Außenwirtschaft/Import 1948–1960; Außenhandelsschulung durch die IHK 1955–1972; Arbeitsgemeinschaft Entwicklungsländer 1961–1964; Entwicklungsländer, -politik 1971/72; Handelskammer Deutschland-Schweiz (Wahl Präsident Dr. Hans Leonhard Hammerbacher in den Vorstand) 1950

29 Notgeld; Kleingeldmangel 1945–1947; Währungsreform 1948/49; DM-Abwertung 1949/50; Fremdwährungsverbindlichkeiten (Umfrage) 1964; Scheckmissbrauch 1953–1965; Arbeitskreis Steuern 1947–1955; Steuerausschuss 1956–1972; Steuerausschüsse bei Finanzämtern 1947–1962; Importsteuern 1948–1955; Haushalt der Stadt Mannheim 1951–1972; Wirtschaftsprüfer/-treuhänder, Bücherrevisoren 1930–1957; Steuerberater 1948–1957; Kirchenbausteuer 1952–1959; Gewerbesteuer (u. a. Hebesätze) 1950–1972; Lohnsummensteuer 1957–1972; Kapitalverkehrsteuer 1948–1951; Mehrwertsteuer 1960–1967; Umsatzsteuer (Verrechnung) 1954–1960; Kraftfahrzeugsteuer 1944–1957; Beförderungsteuer 1947–1959; Vergnügungsteuer 1952–1955; Tabaksteuer 1946–1953; Speiseeissteuer 1950–1956; Branntweinaufschlag 1944/45; Institut Finanzen und Steuern 1950–1969

30 Verkehrspolitische Artikel und Aufsätze 1933–1936; Tätigkeitsberichte der Verkehrsabteilung 1936–1940; Veranstaltungen zu Verkehrsfragen 1941–1954; Bildung bizonaler Verkehrsausschüsse 1946–1949; Hauptverkehrsbeirat bei der Verwaltung für Verkehr in Frankfurt a. M. 1948/49; Landesverkehrsbeirat 1949–1972; Arbeitskreis Versandleiter 1959–1972; Verkehrsausschuss der IHKn des Landes 1946–1949, 1956–1959; Verkehrsreferenten der IHKn des Landes 1948–1972, der südbadischen IHKn 1950–1953; Verkehrsausschuss eigene Kammer 1947–1972; Innerstädtischer Verkehrsausschuss 1956–1972; innerstädtischer Verkehr 1951–1972;

Parkplätze, Parkhäuser 1949–1972; Kraftfahr-, Straßenverkehr 1945–1969; Güterverkehr 1948–1967; Sachkundeprüfung im Güternah- und Fernverkehr 1953–1967; Mietwagen-, Kraftdroschkenverkehr 1949–1965; Fremdenverkehr 1950, 1958/59; Landesfahrplankonferenz (LFK) 1953–1973; Regionale Fahrplanbesprechung, Personennahverkehr 1947–1972; Werkverkehr 1947–1959; Fahrpreise, Frachttarife und -abfertigung 1946–1972; Brückenbau und -verkehr 1949–1972; Regionalluftverkehr 1965–1972; Flugplatz Mannheim-Neuostheim 1924–1972; Flugplatz Mannheim-Sandhofen 1965–1971; Rhein-Neckar Flugplatz GmbH; Hafenausschuss der IHK 1952–1972; Hafen Mannheim 1936–1972; Hafenbeirat 1959–1972; Saarpfalz-Rhein-Kanalverein 1936–1940; Binnenschifffahrtskommission 1959–1967; Kreditaktion für den Wiederaufbau der Binnenschifffahrt 1945–1950; Rheinschifffahrt 1941–1971; Rheinschifffahrt und Devisenbewirtschaftung 1946–1955; Schiffahrtsvereinigung Oberrhein 1946–1948; Neckarkanal 1947–1950; Wettbewerb Mannheims mit Seehäfen 1937–1953; Post, -gebühren, -zustellung 1944–1965; Ausstellung von Oberlagerscheinen 1947–1972; Vermittlung von Lagerplätzen, -räumen 1948–1959; Verrechnung von Dienstleistungen des Verkehrsgewerbes 1950–1954; Verkehrspolitik 1962–1969; Kreisverkehrswacht Mannheim 1951–1959; Verkehrsarbeitsgemeinschaft Heidelberg – Mannheim – Ludwigshafen 1949–1955; Eisenbahndirektionen, -direktionsbezirke 1945–1972; Eisenbahnverkehrsamt Mannheim (Rückführung von Heidelberg) 1945–1950; Eisenbahnelektrifizierung 1947–1962; Hauptbahnhof Mannheim 1949–1972; Hauptbahnhof Heidelberg 1949–1955; Generalverkehrsplan Baden-Württemberg 1955–1968; ministerielle Zuständigkeit für das Verkehrswesen in Baden-Württemberg 1950–1972

31 Berichterstattung Berufsausbildung und Lehrabschlussprüfungen 1938–1945; Berufsbildungsstatistik 1945–1972; Berufsbildungsausschuss 1956–1972; Ausschuss für Berufsausbildung und Berufserziehung der Arbeitsgemeinschaft der IHKn im Land 1946–1966; Referenten für Berufsbildung der Arbeitsgemeinschaft der IHKn im Land 1964–1972; Lehr-, Ausbildungsverträge 1943–1972; Lehrlingsrollen-Ordnung 1958/59; Haftpflicht bei Lehrabschlussprüfungen 1943–1971; Berufsbildende Schulen 1943–1966; Arbeitsgemeinschaft der gewerblichen Ausbildungsleiter 1952/53; Arbeitsgemeinschaft der kaufmännischen Ausbildungsleiter 1966–1971; Berufsbildungsgesetz 1969/70; Verwaltungs- und Wirtschaftsakademie Rhein-Neckar e. V. 1956–1972; Mannheimer Abendakademie, Volkshochschule Mannheim 1947–1971; Ettlinger Kreis 1957–1969; Volksschulen 1953–1968; Schulentwicklungsplan 1968–1972; Jugendschutz, Jugendrat 1949–1951; Bezirksvertrauensstelle für Jugendarbeitsschutz 1952–1961; Schlichtungsausschuss 1971/72; Lehrstellensituation 1949–1966; Preis der IHK Mannheim 1957–1972; Wirtschaftshochschule Mannheim, ab 1967 Universität Mannheim 1949–1972; Städtische Ingenieurschule Mannheim 1946–1959; Werkakademie Mannheim 1951–1953; Werkkunstschule Mannheim 1965–1972; Friedrich-List-Schule Mannheim 1952; Schweißtechnische Lehr- und Versuchsanstalt Mannheim 1950–1957; Arbeitsgemeinschaft für berufliche Fortbildung Mannheim Stadt und Land (Gründung) 1970–1972; Zusammenarbeit mit den Gewerkschaften 1950–1953, dem Landesgewerbeamt 1950–1955; Ausbildungsbeihilfen 1959; Berufsbildungs- und Prüfungswesen (Einzelhandel, Bürogehilfin, Verkehrsgewerbe, Technischer Zeichner, Finanzbuchhalter, Industriemeister, grafisches Gewerbe, Stenografie) 1936–1972; Lehrgänge und Seminare 1952–1972; Gemeinschaftslehrwerkstatt Buchen 1966–1971; Zwischenprüfungen 1947–1953, 1960/61; Lehrabschlussprüfungen 1945–1973; Entschädigung für Prüfer 1947–1972; Prüfungszeugnisse (Muster) 1953–1971; Berichtsheft 1971; Freisprechungsfeiern 1951–1972; Erwachsenenbildung 1966–1971

32 Arbeitslosenzahlen 1933; Arbeitsamt Mannheim 1945–1948; Gemeinschaftshilfe zur Schaffung von Dauerarbeitsplätzen 1950–1953; Vermögensbildung für Arbeitnehmer 1971; Arbeitszeit (Umfrage zur 5-Tage-Woche) 1958; Grippeschutzimpfung (auch IHK-Personal) 1970–1972; Fred Joachim Schoeps-Stiftung Mannheim 1959–1971

33 Mitgliedschaften 1954–1972; Versorgungsverband Deutscher Wirtschaftsorganisationen 1943–1972; Unterstützungsgemeinschaft Deutscher Wirtschaftsorganisationen 1963–1966;

Zentralverband des deutschen Großhandels Bezirksgruppe Mannheim 1919–1920; Arbeitgeberverband des Großhandels Mannheim 1922–1929; Großhandelsverbände 1945–1947; Einzelhandelsverbände 1966/67; Deutsche Exportfördergemeinschaft e. V. Mannheim; Arbeitsgemeinschaft der Exportvereine 1948–1950; Aufbauförderungsgemeinschaft Mannheim 1951–1961; Werbegemeinschaft Mannheim 1953–1962; Verkehrsverein Mannheim 1949–1956; Gewerbevereine 1951–1968; Raumordnungsverband Rhein-Neckar 1970–1972; Ausstellungs- und Messe-Ausschuss der deutschen Wirtschaft e. V. (AUMA) 1954–1972; Arbeitsgemeinschaft Deutscher Verkehrsflughäfen (ADV) 1960–1971; Elektro-Freikauf-Interessengemeinschaft e. V. Mannheim 1963/64; Wirtschaftshochschule Mannheim 1953–1957; Innungsobermeister 1943–1945; Weikersheimer Kreis (Geschäftsführung durch IHK Mannheim) 1951–1970; Kuratorium Unteilbares Deutschland 1958–1961; Nationaltheater Mannheim 1948–1972; Kurpfälzisches Kammerorchester 1957–1972; Hilfswerk Berlin 1949–1952; Deutsch-amerikanische Beratungsausschüsse Mannheim bzw. Heidelberg 1952–1959; Heidelberger Juristenkreis (Heidelberger Kreis) 1952–1959; Gewerkschaftsbund Württemberg-Baden 1945–1947

34 siehe Bestand A 14

46 Jahresberichte der Handelskammer Mannheim 1864–1866/67, 1875/76; Jahresberichte der Handelskammer für den Kreis Mannheim 1880–1910, 1923/24–1932; Berichte der Handelskammer für den Kreis Mannheim 1.1911/12 – 3.1913/14; Kriegsberichte der Handelskammer für den Kreis Mannheim Nr. 1.1914 – Nr. 5.1915; Industrie- und Handelskammer Mannheim, Jahresberichte 1950–1971; Südwestdeutsche Wirtschaftszeitung, Amtliche Zeitschrift der Handelskammern Mannheim [...] 1923–1933; Nachrichtendienst der Industrie- und Handelskammer Mannheim 1945–1966; Mitteilungen der Industrie- und Handelskammer Mannheim 1966–1972

47 Filme: Betriebsausflüge 1954–1956, 1961; Tondokumente: Reden, Veranstaltungen 1951–1972; Fotos/Bilder: Kammerpräsidenten 1831–1972; Kammersekretäre/Hauptgeschäftsführer 1869–1972; Kammergebäude 1907; 200-jähr. Kammerjubiläum 1928 (Karikaturen); Aerolloyd (Streckennetz, Statistik) 1923–1925; Fotoalben: Kammergebäude 1926, 1949–1951; Kammerereignisse 1950–1967; Betriebsausflüge 1934/35, 1938, 1949–1965; Ausflug Juniorenkreis und Betriebswirtschaftlicher Ausschuss 1954; Besuch in Den Haag auf Einladung der Deutsch-Niederländischen Handelskammer anlässlich des 350-jähr. Jubiläums der Stadt Mannheim 1957; Besuch in Colmar anlässlich der Vollversammlung der Rheinkammerunion 1961; IHK-Wanderausstellungen Wirtschaftswerbung 1949, 1951; ERP-Ausstellung Marshall-Plan-Zug 1950/51

49 WABW A 14 IHK Rhein-Neckar (enthält dort weitergeführte Akten); Stadtarchiv Mannheim Zugang 35/1966 IHK Mannheim und Bestand S 2/18 Zeitgeschichtliche Sammlung IHK

50 Arthur Blaustein, Die Handelskammer Mannheim und ihre Vorläufer 1728–1928, hg. im Auftrag der Handelskammer Mannheim, Mannheim, Berlin, Leipzig 1928. (siehe auch A 14)

296
IHK Mittelbaden, Lahr

Name IHK Südlicher Oberrhein Standort Lahr
Geschäftstätigkeit IHK
Branche Nr. 910
Umfang 76
Laufzeit 1704–1880, 1925–1933, 1945–2014
Benutzbarkeit Eingeschränkt
Bestand A 04

Bestandsgeschichte Der Bestand wurde ab 1981 mit Nachlieferungen von der Kammer übernommen. Eine Besonderheit stellen die Akten der Lahrer Handelszunft von 1704 bis 1880 dar. Schwerpunkte bilden Akten zum Tarifwesen, zu Grenzlandfragen und Insolvenzen in der Zeit 1925–1933. In der Nachkriegszeit liegt der Schwerpunkt auf der sehr dichten Überlieferung zum Bewirtschaftungssystem der französischen Militärregierung und zur Wiederingangsetzung der Wirtschaft. Komplett überliefert ist die Korrespondenz mit Firmen von 1945 bis 1965. In der Branchenstruktur nehmen die Tabakverarbeitung und die Kartonagenindustrie eine wichtige Stellung ein.

Geschichte 1880 konstituierte sich die Handelskammer Mittelbaden auf der Rechtsgrundlage des badischen Handelskammergesetzes von 1878. Vorläufer war eine bis ins Jahr 1704 zurückreichende Handelszunft, die nach Beseitigung der Zunftverfassung 1863 in eine freie Handelsgenossenschaft umgewandelt wurde. Der Kammerbezirk umfasste die 1973 zum Ortenaukreis vereinigten Kreise Lahr, Kehl, Offenburg und Wolfach einschließlich der Gemeinden Herbolzheim und Oberhausen. 1933 wurde die Kammer aufgelöst, ihr Bezirk wurde von der badischen Einheitskammer in Karlsruhe betreut. Als 1935 durch Verordnung vier badische Industrie- und Handelskammern wiedererrichtet wurden, teilten sich die Industrie- und Handelskammern Freiburg und Karlsruhe die Betreuung des ehemaligen Kammerbezirks Mittelbaden. Freiburg war zuständig für die Kreise Lahr und Wolfach, Karlsruhe für die Kreise Offenburg und Kehl. 1943 ging der ehemalige Kammerbezirk in der Gauwirtschaftskammer Oberrhein auf, ab 20.2.1945 als Zweigstelle Mittelbaden. Nach dem Zweiten Weltkrieg wurde die IHK Lahr im alten Umfang mit Ausnahme der Gemeinden Herbolzheim und Oberhausen wiederhergestellt. 1973 fusionierten Lahr und Freiburg zur IHK Südlicher Oberrhein. Lahr erhielt den Status einer Hauptgeschäftsstelle mit den Referaten Industrie, Recht und Handelsregister sowie Statistik und Wirtschaftsberichterstattung.

23 Deutscher Industrie- und Handelstag 1925–1930, Badischer Industrie- und Handelstag 1926–1933, Vereinigung Südwestdeutscher Handelskammern 1926–1932, Arbeitsgemeinschaft der Oberbadischen Industrie- und Handelskammern 1926–1932, Kammervereinigungen in der französischen Besatzungszone 1945–1952, Liquidation der Gauwirtschaftskammer Oberrhein und der Wirtschaftskammer Freiburg 1945–1967

24 Lahrer Handelszunft, Handelsinnung 1704–1880, Auflösung der Handelskammer Lahr 1933, Wahlen 1927–1933, Ausschüsse 1926–1954, 1984–1987, Personal 1909–1933, Haushalts- und Rechnungswesen 1925–1933, Kammergebäude 1926–1950, Öffentlichkeitsarbeit, Veranstaltungen, Ehrungen, Mitgliedschaften 1926–1933, Pressespiegel 1990–1992, Neuordnung, gesetzliche Grundlagen, Kammerbezirk 1945–1946

25 Internationales Recht 1926–1931, Strafrecht, Aktienrecht, Wechsel- und Scheckrecht 1926–1933, Handels- und Genossenschaftsregister 1926–1945, Abgrenzung von Industrie und Handwerk 1925–1933, Kammerfragebogen 1934–1943, Handelsbräuche, gewerblicher Rechtsschutz 1926–1933, Ausverkaufs-, Zugabe- und Rabattwesen 1925–1933, Gewerbeordnung 1927–1933, Einzelhandelsschutzgesetz 1933–1945, Sachverständigenwesen 1925–1933, Konkurse und Vergleiche 1926–1933, Gläubiger- und Schuldnerschutz 1925–1932, Militärregierung 1945–1948, Ausschüsse und Fachkommissionen bei badischen Ministerien 1945–1951, Kehler Frage 1948–1957, Interessengemeinschaft Kehler Betriebe 1951–1962, Demontagen und Besatzungsschäden 1946–1961, Entnazifizierung 1945–1952, Vermögenskontrolle 1946–1947, Genehmigungsverfahren zur Wiederingangsetzung der Wirtschaft 1945–1949

26 Strukturpolitik, Reichswesthilfe, Grenzlandnotprogramm 1920–1933, öffentliches Auftragswesen 1926–1933, Wohnungszwangswirtschaft 1926–1931, Strompreise 1926–1933, Wirtschaftsplan Baden (Leibbrandt-Plan) 1948, Währungsreform 1948–1950, Lastenausgleich 1948–1950, Kreditanträge 1954–1981, Bewirtschaftung verschiedener Güter 1945–1949, Wirtschaftslageberichte 1925–1933, 1946–1956, 1975–1990, Fragebögen und Bestandsmeldungen 1945–1950, Volkszählung 1925, Messen und Ausstellungen 1926–1933, wirtschaftliche Eingliederung der Heimatvertriebenen 1949–1960; Rationalisierungs-Kuratorium der Deutschen Wirtschaft 1951–1956

27 Industrieberichte 1947–1963, Landwirtschaftliche Genossenschaften, Banken, Versicherungsgewerbe 1925–1933, 1950–1963, Steinindustrie 1947, Werbewirtschaft 1926–1933

28 Allgemeines 1926–1932, Devisenbewirtschaftung 1931–1933, Handelsbeziehungen mit Frankreich und dem Saargebiet 1926–1933, 1947–1952, Handelsbeziehungen mit anderen Ländern 1925–1933, Zollämter 1925–1933, Außenhandelsverband 1926–1933, Internationale Kongresse 1926–1933

29 Bücherrevisoren, Steuerberater, Finanzämter, Gebühren 1926–1933, Steuerverordnungen 1945–1949

30 Straßen und Straßenverkehr 1926–1933, Per-

sonenverkehr 1925–1933, Güterverkehr 1925–1933, Bahnspedition Schenker & Co. 1925–1933, Gütertarife 1925–1933, Rheinschiffahrt 1926–1933, Post-, Fernsprech- und Telegrammverkehr 1925–1933, Luftverkehr 1926–1931
31 Kooperation mit der Fachhochschule Offenburg auf dem Gebiet des Umweltschutzes 1983–1992
32 Arbeitsschutzgesetze 1926–1932, Arbeitsämter 1945–1965, Berichte zur Arbeitsmarktlage (Arbeitsamtsbezirk Offenburg) 1957–1968, Löhne und Tarifverträge 1925–1933, Krankenversicherung 1925–1930, Angestelltenversicherung 1925–1933, Erholungsfürsorge 1925–1933, Erwerbslosenstatistik 1925–1932, Mitbestimmung 1949–1952; Rundfunksender Freiburg 1926–1933
33 Vereinigung der Unternehmerverbände 1928–1929, Fachvereinigungen in der französischen Besatzungszone 1945–1949, Arbeitgeberverband der Badischen Eisen- und Metallindustrie 1950–1951, 1959–1973, Verband der südbadischen Industrie, Verband der Nahrungsmittelindustrie, Verband der Holzindustrie Südbaden 1959–1973, Verband oberbadischer Zigarrenhersteller 1956–1967
34 Firmenkorrespondenz 1945–1972, Firmenchronik 1945–2008, Firmenpost 1985–2008, Firmenakten (erloschene und aktive Firmen) bis 2014
46 Jahresberichte der Handelskammer für den Kreis Offenburg und den Amtsbezirk Ettenheim in Lahr 1889–1921, 1924–1927, 1929, 1953–1971. Jahresberichte der Industrie- und Handelskammer Südlicher Oberrhein 1973 ff.
Die Industrie- und Handelskammer, Mitteilungsblatt der südbadischen Handelskammern Baden-Baden, Lahr, Freiburg, Konstanz und Schopfheim, Jg. 1 Nr. 1–2, 1947, Jg. 2 Nr. 1–12, 1948.
Mitteilungen der IHK Mittelbaden Nr. 1, 6, 9, 1948, Nr. 1–5, 7–9, 11, 1949.
Mitteilungsblatt für die Landkreise Kehl, Lahr, Offenburg und Wolfach 1960–1973. Wirtschaft im Südwesten, Zeitschrift der Industrie- und Handelskammern Hochrhein-Bodensee, Schwarzwald-Baar-Heuberg, Südlicher Oberrhein 1974 ff.
47 Porträtfotos von Kammerpräsidenten: Carl Heidlauff (1864–1873), Christian Siefert (1873–1877), Georg Heimburger (1878–1882), Otto Stoesser (1882–1906), Max Albert Heidlauff (1906–1930), Richard Nestler (1930–1933, 1947–1952), Franz Schiele (1952–1962)
50 Karl Tröndle, Zur Geschichte der amtlichen Handelsvertretungen in Lahr. Im Auftrag der Handelskammer für den Kreis Offenburg in Lahr aus Anlass des 50-jährigen Bestehens, Lahr 1930. Bernd Boll und Ursula Huggle, Die Industrie- und Handelskammer Südlicher Oberrhein, Geschichte und Wirkungsfeld der Kammern Freiburg und Lahr, Freiburg 1998.

297
IHK Nordschwarzwald, Pforzheim

Name IHK Nordschwarzwald
Geschäftstätigkeit IHK
Branche Nr. 910
Umfang 70
Laufzeit 1945–1999
Benutzbarkeit Eingeschränkt
Bestand A 11

Bestandsgeschichte Der Bestand wurde ab 1989 mit mehreren Nachlieferungen von der Kammer übernommen. Er enthält die sehr lückenhafte Sachaktenregistratur der Nachkriegszeit sowie Firmenakten erloschener Firmen. Das gesamte Schriftgut vor 1945 muss als verloren gelten.
Geschichte 1853 wurde aufgrund des Gesetzes des Großherzogtums Baden vom Jahr 1852 die Handelskammer Pforzheim gegründet. Ab 1862 nahm sie die Organisationsform einer freien Genossenschaft an. Auf der Grundlage des badischen Handelskammergesetzes von 1878 konstituierte sie sich als Handelskammer für den Amtsbezirk Pforzheim neu. Ihr Kammerbezirk umfasste die Stadt Pforzheim und die Randgemeinden Brötzingen, Dillstein, Weißenstein und Niefern. 1933 wurde sie aufgelöst und in die badische Einheitskammer als Außenstelle eingegliedert. 1935 wurde sie im Zuge der zweiten badischen Handelskammerreform als selbstständige Kammer wiederhergestellt und 1943 in die Gauwirtschaftskammer Oberrhein überführt. Nach 1945 wurde die Industrie- und Handels-

kammer Pforzheim in den Grenzen vor 1933 neu konstituiert. Im Zuge der Verwaltungsreform und Neuordnung der Kammerbezirke wurde zum 31.12.1972 die Industrie- und Handelskammer Pforzheim aufgelöst. An ihre Stelle trat am 1.1.1973 die IHK Nordschwarzwald. Zum Kammerbezirk gehören der Stadtkreis Pforzheim, der Enzkreis sowie die Landkreise Calw und Freudenstadt, die nach Auflösung der IHK Rottweil 1976 hinzukamen. In Nagold wurde 1973 eine Geschäftsstelle errichtet.

23 Kammerrecht 1949–1955, Arbeitsgemeinschaft der Industrie- und Handelskammern in Württemberg-Baden/Baden-Württemberg 1946–1964, 1974–1978, Presseausschuss Kammern-Verbände 1952–1959, Verband der Geschäftsführer der deutschen Industrie- und Handelskammern 1975–1979

24 Präsidium, Beirat, Vollversammlungen 1945–1965, Bewerbung um die Stelle des Geschäftsführers 1949, Leitlinien 1987, Kammerjubiläum 1954, Mitgliedschaft 1946–1954, Beitrag 1945–1949, Kammerbezirk 1960–1977, Wahlen 1962–1968, Kammerzeitschrift 1952–1954, Pressespiegel 1980–1994

25 Militärregierung 1945–1949, Wirtschaftsgesetze und Verordnungen 1946–1952, Wiedergutmachung 1954–1962, Südweststaat 1952–1954, Landeswirtschaftsamt Karlsruhe 1946–1952, Entnazifizierung 1946, Kriegs- und Besatzungsschäden 1945–1952, Handelsregister 1945–1974, Handelsregister Amtsgericht Calw 1938–1959, Handelsregisterbekanntmachungen Industrie- und Handelskammer Rottweil 1945–1971, Passierscheine, Bescheinigungen aller Art 1945–1958, Handelsbräuche 1945–1952, Warenzeichen- und Patentfragen 1946–1952, unlauterer Wettbewerb 1946–1952, Betriebsgenehmigungen (Industrie, Groß- und Einzelhandel) 1945–1952, Sachverständigenwesen 1946–1980, Benennung von Beisitzern für die Arbeitsgerichte 1946–1952, Gerichtsgutachten 1952–1957, Mietpreisregulierung, Preisbindung und Preisüberwachung 1950–1952

26 Wirtschaftsausschuss für den Stadt- und Landkreis Pforzheim 1946–1952, Wirtschaftslageberichte (eigene Berichte 1947–1979,1989–1995, Kammerbezirke Schwäbisch Gmünd, Heidenheim, Heilbronn, Karlsruhe, Ludwigsburg 1947–1965, Baden-Württemberg 1953–1957), Wirtschaftsstatistik 1952–1989, Kreditgutachten 1945–1958, Lastenausgleich 1949–1954, öffentliche Aufträge 1948–1952, Rohstoff- und Warenbewirtschaftung 1945–1950, Aufbauhilfe 1945–1960, Interzonenverkehr 1946–1949, Wasserwirtschaft, Abwasser 1951–1962, Messen 1950–1951, ständige Musterausstellung Pforzheim 1950–1994

27 Jubiläum der Pforzheimer Schmuck- und Uhrenindustrie 1967, Groß- und Einzelhandel 1945–1952, Warenkreditgenossenschaft 1946–1952, Industrieberichte 1955–1960, 1976–1981, Auskünfte 1945–1952, Fremdenverkehr 1947–1964, Wirtschaftslage Verkehrsgewerbe 1979–1983

28 Anbahnung von Geschäftsbeziehungen mit dem Ausland 1948–1949, Exportauskünfte 1949–1950, Exporteure und Exportkommissionäre 1964, Lohnveredelungsverkehr 1952–1967, Eigenveredelungsverkehr 1956–1966

29 Finanz- und Steuerausschuss-Protokolle 1948–1951, steuerliche Vergünstigungen zur Ausfuhr-Förderung 1952–1956, steuerberatende Berufe 1946–1952, Staatshaushaltspläne Württemberg-Baden 1949–1950

30 Personenverkehr 1945–1952, Verkehrspolitik allgemein 1945–1952

32 Mitbestimmung 1960–1973

33 Allgemein A-Z 1946–1952, Verband des Möbelhandels in Baden-Württemberg 1953–1957, Fachverband Uhrenindustrie 1946–1952, Uhrenindustrieverband Pforzheim e. V. 1970–1973, Verband der Taschen- und Armbanduhrenindustrie e. V. Pforzheim, Verband der Deutschen Uhrenindustrie, Schwenningen 1970–1973, Industrieverband Schmuck- und Silberwaren 1954–1964, 1973–1999, Bund der Steuerzahler Baden-Württemberg 1954–1958, 1970–1998

34 Firmenakten (erloschene und aktive Firmen) 1945–1999

46 Jahresberichte der Handelskammer für den Amtsbezirk Pforzheim 1889–1913, 1927, 1930, 1932.

Badische Wirtschaftszeitung 1921–1938, 1940–1941. Nachrichtenblatt der Industrie- und Handelskammer Pforzheim 1960–1969. Informationen für die Wirtschaft, Zeitschrift der Industrie- und Handelskammer Nordschwarzwald 1970 ff.

50 Gerhard Häussler, 125 Jahre wirtschaftliche

Selbstverwaltung in Pforzheim, in: Informationen für die Wirtschaft, Pforzheim, H. 12 1978.
100 Jahre Industrie- und Handelskammer Pforzheim, 1853–1953, Pforzheim 1954.
Die Industrie- und Handelskammer Pforzheim, in: Badische Wirtschaftszeitung, Karlsruhe, Nr. 10 1935, Nr. 12 1936.
Walter Witzenmann, 125 Jahre wechselvolle Kammergeschichte (Industrie- und Handelskammer Pforzheim 1853–1978), Ansprache des Kammerpräsidenten, in: Informationen für die Wirtschaft, Pforzheim Nr. 1 1979.
Wolfgang Vogt, 125 Jahre Industrie- und Handelskammer Nordschwarzwald, Wirtschaftliche Selbstverwaltung zwischen Tradition und Fortschritt, Pforzheim 1978.
Die IHK Nordschwarzwald im Spiegel der regionalen Presse, Beispiele der Presseresonanz des Jahres 1981, Pforzheim Dez. 1981, 1982.
Jahresberichte der Handelskammer für den Amtsbezirk Pforzheim 1889–1913, 1927, 1930, 1932.
Informationen für die Wirtschaft, Zeitschrift der Industrie- und Handelskammer Nordschwarzwald Pforzheim, 10/1982–1990.

298
IHK Ostwürttemberg, Heidenheim

Name IHK Ostwürttemberg
Geschäftstätigkeit IHK
Branche Nr. 910
Umfang 66
Laufzeit 1866–2009
Benutzbarkeit Ja
Bestand A 15

Bestandsgeschichte Der Bestand wurde ab 1998 mit mehreren Nachlieferungen von der Kammer übernommen. Er enthält Schriftgut seit Gründung der Kammer zu allen Arbeitsgebieten.
Geschichte Die Handels- und Gewerbekammer Heidenheim wurde aufgrund königlicher Verordnung am 18.01.1867 gegründet. Der Kammerbezirk umfasste die damaligen Oberämter Heidenheim, Aalen, Crailsheim, Ellwangen, Gaildorf, Neresheim, Gmünd und Welzheim. 1920 richtete die Kammer in Schwäbisch Gmünd eine Nebenstelle ein. Auch wurde der Präsident der Handelskammer Heidenheim in regelmäßigem Wechsel aus den Bezirken Heidenheim und Schwäbisch Gmünd gewählt.
Die Machtübernahme durch die Nationalsozialisten im Jahr 1933 brachte auch für die Kammern grundlegende Änderungen. Sie erhielten die Bezeichnung Industrie- und Handelskammern und wurden der Aufsicht des Reichwirtschaftsministeriums unterstellt. Gleichzeitig wurde die Zahl der Handelskammern in Württemberg verringert. Eine Verordnung des Württ. Staatsministeriums zur Durchführung des Änderungsgesetzes zum Handelskammergesetz vom 8. Juli 1934 bestimmte die Auflösung von vier Handelskammern, wovon neben Heilbronn, Ravensburg, Calw auch Heidenheim betroffen war. Ab dem 18.1.1935 arbeitete das Kammerbüro in Heidenheim als Nebenstelle der von den Nationalsozialisten erweiterten Industrie- und Handelskammer Ulm. Ihr Wirkungsbereich erstreckte sich nur noch auf die Oberamtsbezirke Heidenheim, Ellwangen, Aalen und Neresheim, während die Oberamtsbezirke Crailsheim, Gaildorf, Gmünd und Welzheim zur Industrie- und Handelskammer Stuttgart kamen. Diese unterhielt auch weiterhin in Schwäbisch Gmünd eine Geschäftsstelle.
1943 wurden die württembergischen Industrie- und Handelskammern in die Gauwirtschaftskammer Württemberg-Hohenzollern überführt, die ihren Sitz in Stuttgart hatte. Das bedeutete das vorläufige Ende der Nebenstelle in Heidenheim. Der Kreis Heidenheim wurde von Ulm aus betreut. Der 1938 durch Vereinigung der ehemaligen Oberamtsbezirke Aalen, Ellwangen und Neresheim entstandene Landkreis Aalen wurde der Stuttgarter Geschäftsstelle Schwäbisch Gmünd angegliedert. Nach Ende des Zweiten Weltkriegs erteilte die US-Militärregierung in Heidenheim am 22. August 1945 die Genehmigung zum Wiederaufbau der Kammer, allerdings auf Basis einer freiwilligen Mitgliedschaft. Ihr Wirkungsbereich erstreckte sich anfangs auf den Kreis Heidenheim. Ziel war es, die Kammer in den alten Grenzen wieder aufleben zu lassen und die Landkreise Schwäbisch Gmünd und Aalen zurückzugewinnen. Das gelang im Fall Aalen, während der Landkreis Schwäbisch Gmünd sich der IHK Stuttgart anschloss. Am

10.1.1946 erhielt die Kammer die offizielle Genehmigung des Wirtschaftsministeriums und trug die Bezeichnung Industrie- und Handelskammer für die Kreise Aalen und Heidenheim. Diese Situation währte bis zur Durchführung der Verwaltungsreform in Baden-Württemberg, die eine Neuordnung der Kammerbezirke zur Folge hatte. Aufgrund einer Verordnung der Landesregierung wurde am 1.1.1973 die Zahl der baden-württembergischen Handelskammern von bisher 19 auf 12 verringert. Ihre Bezirke sind mit den neugeschaffenen Regionen des Landes identisch. Auch die IHK Heidenheim für die Kreise Aalen und Heidenheim wurde aufgelöst und in die neue IHK Ostwürttemberg umgewandelt. Ihr Kammerbezirk deckt sich mit der Region Ostwürttemberg. Dieser umfasst den Kreis Heidenheim und den Ostalbkreis, der aus den Altkreisen Aalen und Schwäbisch Gmünd gebildet wurde. Sitz der neuen Kammer ist Heidenheim. Bis 1998 unterhielt sie auch Geschäftsstellen in Schwäbisch Gmünd und Aalen zur Betreuung der dortigen Firmen.

23 Reorganisation der württembergischen Handelskammern (Diskussion über die Errichtung von Arbeitskammern, paritätische Ausgestaltung gemäß Rätesystem) 1907–1909, 1918–1924, Württembergischer Industrie- und Handelstag 1924–1930, Kammerrecht 1945–1953, Abgrenzung zwischen Industrie, Handel und Handwerk 1909–1928, Vereinigung der Industrie- und Handelskammern in der britischen Zone 1947–1948, Arbeitsgemeinschaft der IHKn des Vereinigten Wirtschaftsgebietes 1947–1949, Koordinierungsausschuss Kammern-Verbände 1949–1951, Arbeitsgemeinschaft der Industrie- und Handelskammern in (Württemberg-Hohenzollern, Württemberg-Baden) Baden-Württemberg 1946–1953, 1972–1974

24 Gründungsurkunde 1867, Beitragsordnung, Gauwirtschaftskammervermögen 1954, Kammergeschichte 1924, 1935, Jubiläumsschrift 50 Jahre württembergische Handelskammer (Honorarklage Prof. Huber) 1904–1912, Kammerjubiläum 1967,1992, interne Organisation 1945–1998, Geschäftsstelle Schwäbisch Gmünd 1924–1981, Wahlen 1874–1911, 1914–1953, 1962–1981, Protokolle der Vollversammlungen und des Beirats (ab 1935: Industrie- und Handelskammer Ulm) 1925–1978, Mitglieder 21867–1934, 1954–1994, Mitglieder des Präsidiums 1945–1992, Protokolle des Präsidiums 1955–1988, Ausschüsse 1946–1948, Personal 1920–1973, Haushalts-, Kassen- und Rechnungswesen 1866–1875, 1895–1968, Kammergebäude 1925–1953, Förderung der Göppinger Arbeitsgemeinschaft für Datenverarbeitung (GAD) 1972–1973, Jahres- und Tätigkeitsberichte 1896–1918, 1947–1952, Ehrungen, Kondolenzen, Glückwünsche 1946–1954, Wirtschaftsjunioren 1093–1995, Stiftungen und Spenden 1949–1951

25 Forderung nach Vertretung von Industrie und Handel in der württembergischen Ersten Kammer 1905–1918, Länderrat des Vereinigten Wirtschaftsgebietes 1946–1949, Heidenheim (600-Jahrfeier 1956, Verwaltungsberichte 1961–1964), Aktienrechtsreform 1929–1930, Firmenrecht und Handelsregister 1945–1963, Einzelhandelsschutzgesetz (Einzelfälle) 1936–1937, Gesetz zur Bekämpfung des unlauteren Wettbewerbs 1889–1922, gewerblicher Rechtschutz 1947–1956, Zugabewesen 1913–1928, Preisnachlässe, Preisstoppverordnung 1933–1940, Konkurse 1949–1953, Sachverständige 1937–1953, Schiedswesen 1867–1879, 1923–1926, 1954–1968, Entnazifizierung 1945–1948

26 Die Wirtschaft des Kammerbezirks im Ersten Weltkrieg (Fragebogen) 1917–1918, Neuorganisation der gewerblichen Wirtschaft 1934–1940, Interzonenverkehr und Bescheinigungen 1945–1953, Wirtschaftslageberichte 1919,1927, 1946–1968, Wirtschaftsstruktur 1921–1942, Wirtschaftsausschuss Heidenheim 1945–1946, Währungsreform 1948–1951, finanzielle Gewerbeförderung 1948–1991, Raumordnung- und Siedlungspolitik (für gewerbliche Zwecke, 1945–1953, Werkswohnungsbau 1949–1959), Flüchtlingsbetriebe 1948–1953, beschlagnahmte Wirtschaftsgüter 1947–1953, Bau- Miet- und Wohnungswesen 1945–1959, Industrieansiedelung (Gewerbehof Gerstetten und Bopfingen) 1987–1991, Staatliche Erfassungsgesellschaft (STEG) 1945–1952, öffentliches Auftragswesen 1929–1939, Rohstoff- und Warenbewirtschaftung 1945–1952, Treibstoffbewirtschaftung 1946–1950, Mittelstand 1982–1992, Technologieberatung 1976–1989, Existenzgründungsberatung 1987–1992, Umweltschutz und Abfallwirtschaft 1971–1993; Maße und Gewichte, Eichwesen 1868–1913, Messen und Ausstellungen 1949–

1953; Anknüpfung von Geschäftsbeziehungen 1958–1998
27 Schwäbisch Gmünder und Heidenheimer Wirtschaft 1921–1990, Firmenlisten 1974–1993, Energiewirtschaft 1946–1952, Gasversorgung 1964–1990
28 Handelsvertragswesen 1948–1949, Warenverkehr mit dem Ausland 1946–1953
29 Finanzlage der Städte und Gemeinden Heidenheim, Oberkochen, Königsbronn 1952, 1959
30 Eisenbahnverkehr (Güterverkehr, Personenverkehr), Eisenbahnprojekte 1870–1922, 1945–1953, Straßenbau und Straßenverkehr (Personenbeförderung) 1945–1958, Rundfunk, Post- und Fernmeldeverkehr 1943–1954, Binnenschifffahrt, Kanalprojekte Donau-Neckar-Rhein 1889–1917
31 Berufsbildungsgesetzentwurf 1925–1930, Industriemeisterausbildung 1960, kaufmännische Prüfungen 1948–1952, Bildungszentrum der IHK Ostwürttemberg in Aalen 1977–1978, Verein zur Förderung der Jugend 1960–1964
32 Arbeitsämter 1946–1953, Beschäftigungszahlen 1947, Arbeitsmarktlageberichte 1946–1950, Arbeitgeber-Arbeitnehmerbeziehungen 1870–1881, Werkschutz 1947–1953, Arbeitsgerichte (Neuorganisation 1954–1972, Benennung von Beisitzern 1946–1953) Streik 1957–1978, Alters- und Invalidenversicherung, Unfallversicherung 1879–1894; Sozialhilfe der Deutschen Wirtschaft 1949–1951;
Förderverein zur Erhaltung der Abteikirche Neresheim 1968–1977
33 Industrieverein Heidenheim 1941–1993, Handels- und Gewerbevereine 1951–1953, Konsumvereine 1893–1912, Verband Württemberg-Badischer Metallindustrieller 1965–1971
34 Firmenakten (erloschene und aktive Firmen) 1962–2011, Firmenarchiv Schwäbisch Gmünd 1974–1990
46 Jahresberichte der Handels- und Gewerbekammern in Württemberg 1867–1904. Gewerbeblatt aus Württemberg 1894–1921.
Tätigkeitsberichte der Industrie- und Handelskammer Heidenheim 1951/52, 1957–1967.
Mitteilungen des Sekretärs der Handels- und Gewerbekammer in Heidenheim 1881, 1884–1914.
Wirtschaft in Ostwürttemberg 1984 ff.
47 Präsidenten Robert Meebold, Hermann Poppe, Karl Zoeppritz, Karl Schultes, Walther Hartmann, Peter Haehnle, Dr. Konrad Theiss; Hauptgeschäftsführer Karl Freisleben, Dr. Wolfgang Waldner
50 Harald Winkel, Geschichte der württembergischen Industrie- und Handelskammern Heilbronn, Reutlingen, Stuttgart/Mittlerer Neckar und Ulm 1933–1980, Zum 125jährigen Bestehen, 1980.
100 Jahre IHK Heidenheim-Aalen, Aalen 1967.
125 Jahre IHK Ostwürttemberg, 125 Jahre Selbstverwaltung der Wirtschaft, Heidenheim 1992.
Franz C. Huber s. bei IHK Calw.

299 IHK Region Stuttgart, Stuttgart

Name IHK Region Stuttgart
Geschäftstätigkeit IHK
Branche Nr. 910
Umfang 301
Laufzeit 1924–2010
Benutzbarkeit Eingeschränkt
Bestand A 16

Bestandsgeschichte Der Bestand wurde ab 1981 mit zahlreichen Nachlieferungen von der Kammer übernommen. Der Schwerpunkt der Akten liegt in der Zeit nach 1945. Besonders dicht ist die Überlieferung zur Landesarbeitsgemeinschaft, deren Geschäftsführung von 1954 bis 1996 in Personalunion mit der Kammer verbunden war (vgl. Bestand A 23).
Geschichte Die Handels- und Gewerbekammer Stuttgart wurde aufgrund königlicher Verordnung 1855 gegründet. Ihr Kammerbezirk umfasste die Oberämter Backnang, Böblingen, Cannstatt, Esslingen, Leonberg, Ludwigsburg, Marbach, Maulbronn, Schorndorf, Vaihingen und Waiblingen. 1899 organisierte sich das bis dahin zugehörige Handwerk in den neu errichteten Handwerkskammern. 1912 schlossen sich die württembergischen Handelskammern im Württembergischen Handelskammertag zusammen, der seinen Sitz bei der Kammer in Stuttgart hatte. 1934 wurde der Kammerbezirk erweitert um den Bezirk der aufgelösten IHK Heilbronn und die Kreise Schwäbisch Gmünd und Welz-

heim, die ehemals zur Handelskammer Heidenheim gehörten. 1936 wurden die württembergischen Industrie- und Handelskammern in der Wirtschaftskammer für Württemberg und den Regierungsbezirk Sigmaringen zusammengefasst. Diese wurde 1943 in die Gauwirtschaftskammer Württemberg-Hohenzollern mit Sitz in Stuttgart überführt. 1946 wurde die IHK Stuttgart für den Stadtkreis Stuttgart sowie für die Landkreise Backnang, Böblingen, Göppingen, Schwäbisch Gmünd, Vaihingen a. d. Enz und Waiblingen neu gebildet. Rechtsgrundlage war der Organisationserlass des Wirtschaftsministeriums Württ.-Baden vom 23.8.1946. 1973 erfolgte der Zusammenschluss der Industrie- und Handelskammern Stuttgart, Esslingen, Nürtingen und Ludwigsburg zur IHK Mittlerer Neckar mit Sitz in Stuttgart. Sie umfasst außer dem Stadtkreis Stuttgart die neuen Landkreise Böblingen, Esslingen, Göppingen, Ludwigsburg und Rems-Murr (siehe unter den betr. Bezirkskammern). 1991 änderte sie ihren Namen in Industrie- und Handelskammer Region Stuttgart.

23 Wirtschaftskammer Württemberg-Hohenzollern (später: Gauwirtschaftskammer Württemberg-Hohenzollern) 1936–1953, Kammerrecht und Organisation 1950–2003, Deutscher Industrie- und Handelstag (Jubiläum 1961, Vollversammlung 1970–1985, Hauptausschuss 1948–1955, Vorstand 1957–1962, 1968–1988, Geschäftsführung 1954–1963, Hauptgeschäftsführer-Konferenzen 1962–1982, Fachausschüsse), Württembergischer Handelskammertag 1901/02, 1912–1913, Führung des kleinen Landeswappens 1958–1971, Landesarbeitsgemeinschaften (Vollversammlungen 1946–1989, Geschäftsführerbesprechungen/Hauptgeschäftsführerkonferenzen 1948–1983, Vorstandssitzungen 1960–1982, Rundschreiben 1962–2000), Verband der Geschäftsführer deutscher IHKn 1979–2001, Vereinigung der Verwaltungsleiter in Baden-Württemberg 1960–2004; Koordinierungsausschuss Kammern-Verbände Württemberg-Baden 1949–1951, Neugestaltung des Kammerwesens (Arbeitnehmerkammern und paritätische Besetzung der Kammern) 1949–1951, 1963, Neuordnung der Industrie- und Handelskammern in Baden-Württemberg 1970–1975, Besteuerung der IHKn (Umsatz-, Körperschaftsteuer) 1960–1994, GAD Rechenzentrum Göppingen 1979; Würdigung von Dr. Reinhold Dietl, Hauptgeschäftsführer der Industrie- und Handelskammer Schwarzwald-Baar-Heuberg 1978

24 Kammergeschichte (Materialsammlung für die Festschrift 125 Jahre) 1945–1980, Kammerrecht (statuarisches Recht, Wahlrecht, Pflichtmitgliedschaft, Staatsaufsicht, Ehrengerichtsordnung) 1954–1976, Satzung 1973–1979, Kammeraufbau 1947–1959, Neuordnung der IHK Mittlerer Neckar (Stuttgart, Böblingen, Schwäbisch Gmünd, Göppingen) 1971–1976, Kammergeschichte Esslingen und Nürtingen 1970, Geschäftsordnung 1943–1978, Geschäftsverteilungsplan 1996–1998, Dienstvereinbarung 1971–1990, Vollversammlungen 1936, 1948–1987, Präsidium und Präsidialrat 1934–1935, 1948–1990, Beirat 1954–1958, Hauptgeschäftsführerkollegium 1972–1979, Ausschüsse (Haushaltsausschuss 1948–1956), Haushalt 1946–1995, Kassenberichte 1946–1968, Kassenbuch 1940–1957, Haushalts-, Kassen- und Rechnungslegungsordnung 1934–1978, Einigungsamt für Wettbewerbsstreitigkeiten 1948–1993, kaufmännisches Ehrengericht 1949–1965, Kammergebäude Kanzleistraße, Hausmannstraße, Jägerstraße 1949–1951, Baumaßnahmen Jägerstraße 1958–1994, innere Organisation und Verwaltung 1945–1980, Geschäftsstelle Schwäbisch Gmünd (u. a. Grundstück, Geschäftsordnung, Vermögensauseinandersetzung) 1943–1984, Weinberg 1965–1988, Küche und Kantine 1953–1995, organisatorische Verbindung zur Landesarbeitsgemeinschaft 1953, Personalangelegenheiten (Fortbildung, Beihilfen, Verabschiedungen, Todesfälle, Geburtstage, Jubiläen, Einzelfragen) 1945–1986, Anstellungs- und Besoldungsfragen 1944–1970, Pensionsregelungen 1930–1993, Betriebsrat 1954, Betriebsausflüge 1951–1969, Pressedienst (eigene IHK und Arbeitsgemeinschaft der IHKn in BW) 1946–1970, 1975–1999, Erstellung von Publikationen 1989–1999, Handakten Hauptgeschäftsführer Dr. Kurt Reinicke 1946–1956, Aktenvermerke Dr. Günther Steuer 1961–1975, Reden und Vorträge Präsident Franz Mittelbach 1946–1953, Dr. Erich Dürrwächter, 1962–1985, Dr. Hans Horak 1970–1973, Tod Präsident Dr. Ulrich Doertenbach 1958, Gutachten zu Ordensanträgen 1950–1985, Zusammenarbeit mit anderen Wirtschaftsorganisationen 1945–1949, Wirtschaftsjunioren 1981–1995

25 Rechtsausschuss, eigene Kammer 1949–1984, DIHT Rechtsausschuss 1969–1984, Landesarbeitsgemeinschaft Rechtsreferenten 1955–1968, 1981–1984, Vorläufiger Württembergischer Wirtschaftsrat 1945, Wirtschaftsministerium 1945–1947, Besatzungsmächte 1953–1959, Marshallplan 1950–1955, Demontage 1956–1960, Wiedergutmachung 1956–1970, Verfassung und Land Baden-Württemberg 1946–1953, neue Gemeindeordnung 1952–1957, Südweststaat 1948–1983, Verwaltungsreform 1962–1985, Entbürokratisierung 1977–1981, Stadt Stuttgart 1948–1978, Neugliederung der Länder 1973, Reform des Patenterteilungsverfahrens 1964–1967, Urheberrecht 1955–1971, Kartellrecht 1955–1985, Preisauszeichnungsverordnung 1950–1996, Rabatt- und Zugabewesen 1951–1992, Eich- und Messgesetz 1974–1993, Abgrenzung zwischen Industrie und Handwerk 1952–1974, Reform der Handwerksordnung 1961–1966, Gewerberecht, Gewerbeordnung 1947–1995, Gewerbezulassungen 1945–1946, Gewerbeuntersagungen 1960–1970, gewerbliche Betätigung von Ausländern 1972–1993, Wettbewerbsrecht 1955–1985, unlauterer Wettbewerb allgemein und Einzelfälle 1952–1997, Gutachten über Handelsbräuche 1972, Waffengesetze 1947–1990, Neufassung der Gewinn- und Verlustrechnung 1954–1964, DM-Aufwertung (Auswirkungen) 1957–1964, DM-Bilanzgesetz 1950–1951, Bundesbaugesetz 1960–1969, Regelung der Geschäftszeiten im Einzelhandel 1949–1969, Neuregelung des Gaststättenrechts 1954–1972, Vergleiche 1955–1999, Vergleichsverfahren Einzelfälle (v. a. Bauknecht 1982–1987, Südmilch AG 1993), Konkursverfahren Einzelfälle 1969–1990, Handelsregister, Grundsätzliches 1970–1978, Gutachten über Geschäftsführergehälter 1964–1984, Gutachten über durchschnittliches monatliches Bruttoeinkommen Berufe A-Z 1966–1988, Genossenschaften 1953–1974, Prüfungsberichte bei Firmengründungen und Unternehmensbeteiligungen 1970–1993, Sachverständige 1971–1991, Ingenieurgesetz 1976–1982, Preisbildung und Preisüberwachung 1947–1990, Datenschutz 1985–2009
26 Wirtschaftsstruktur Baden-Württemberg 1963–1979, Ausdehnung Wirtschaftsraum Stuttgart 1966, Industriepolitik 1945–1969, 1978–1981, Strukturfördergebiete 1968–1991, Strukturprobleme (Branchen) 1983–1992, Industriestruktur 1967, Industrieansiedelungsatlas 1976/77, Industriestandort Baden-Württemberg und Mittlerer Neckar 1985–1991, Raumordnung, regionale Wirtschaftspolitik 1952–1994, Landesplanungsrat 1971–1982, Landesentwicklungsplan 1978–1982, Industrieansiedelung Baden-Württemberg 1980–1995, Regionalverband Mittlerer Neckar 1969–1986, Energiepolitik (Resolution, Förderprogramme Strom, Kernenergie, Kohlepfennig) 1970–1995, Gewerbeförderung 1976–1986, öffentliche Aufträge 1985–1992, Rationalisierungsfragen 1954–1977, RKW 1978–1993, Wirtschaftslageberichte (ARGE) 1983–1997, Kriegs- und Friedensproduktion (Industrieerhebung) 1942–1945, Staatliche Erfassungs-Gesellschaft für öffentliches Gut Württemberg-Baden (STEG) 1949, Regiebetriebe der Öffentlichen Hand 1952–1955, Bau- und Wohnungswirtschaft 1949–1968, Kapitalausfuhrstatistik 1960–1976, Mittelstandspolitik und -förderung 1956–1963, 1974–1997, Finanzhilfen (Denkschrift 1954, Stellungnahmen) 1951–1978, Gründung der Landeskreditbank 1970–1977, Lastenausgleich 1948–1955, Württembergische Kredithilfe gGmbH (Organisation, Allgemeines, Gesellschafterversammlungen) 1950–1970, Bürgschaftsbank Baden-Württemberg 1960–1993, Kreditgemeinschaft des Handels 1956–1974, Kreditgemeinschaft der Industrie und des Verkehrsgewerbes 1963–1982, Neukonzeption der Gewerbeförderung in Baden-Württemberg 1976–1991, Dienstleistungen 1973–1986, Existenzgründungen 1984–1997, Entbürokratisierung 1982–1993, Privatisierung 1977–1997, Subventionsabbau 1981–1996, Zuliefererverhältnisse 1971–1993, Absatzpolitik im Binnenhandel 1972–1995, absatzwirtschaftliche Standort- und Verkehrsfragen 1971–1991, Stadt Stuttgart (Aufbau und Planung, Tiefgarage Kronprinzenstraße, Parkhausbau, Klettpassage) 1955–1985, Naturschutzgesetz 1954–1974, Umweltpolitik, Umweltschutz 1969–1988, Abfallbeseitigung 1976–1990, Sondermüll 1965–1983, Bodenschutz 1984–1987, Abwasser 1959–1975, Reinhaltung der Luft 1960–1977, Kohlenversorgung der Industriebetriebe 1955–1957, Rationalisierung, Automatisierung 1951–1968, Kredite 1951–1961, 1976–2003, Währungsumstellung auf Euro 2000–2004;

Handelskammerbezirk Reutlingen: Löhne, Beschäftigte, Wirtschaftsstruktur 1945–1965, Wirtschaftslage Baden-Württemberg 1939, 1941–1942, 1952–1971 und Kammerbezirk (Firmenberichte) 1949–1973, Wirtschaftslage Kammerbezirke Ravensburg und Reutlingen 1963–1970, Statistik der Unternehmen in den Kreisen Esslingen, Ludwigsburg, Göppingen, Heilbronn, Rottweil, Reutlingen, Ravensburg, Vaihingen, Sindelfingen 1954–196

27 Industrieausschuss, eigene Kammer 1948–1978, Gas- und Erdgaswirtschaft 1946–1974, Atomwirtschaft 1955–1968, verarbeitendes Gewerbe 1971–1993, Fahrzeugbau 1989–1995, Grundstoff- und Produktionsgüterindustrie 1995–2000, Handel, Banken, Versicherungen 1970–1992, Handelsausschuss, eigene Kammer 1946–1987, Landesarbeitsgemeinschaft Handelsreferenten 1946–1992, Groß- und Einzelhandel 1955–1977, Geschäftszeit im Einzelhandel 1950–1969, Planung Schwaben-Zentrum 1972–1979, Handelsvertreter 1947–1957, Makler 1966–1969, landwirtschaftliche Genossenschaften 1950–1951, Hausiergewerbe 1952–1953, Werkhandel, Betriebshandel, Gelegenheits- und Behördenhandel (Einzelfälle) 1953–1968, ambulanter Handel, Hausier- und Straßenhandel 1962–1977, Spielautomaten 1946–1968, Hotel- und Gaststättengewerbe 1954–1985, Reisebüros 1954–1974, Verkehr mit Wolle, Holz, Papier, Glaswaren, landwirtschaftlichen Erzeugnissen 1945–1964, Fremdenverkehrsausschuss, eigene Kammer 1968–1980

28 Außenwirtschaftsreferentenbesprechungen der Arbeitsgemeinschaft der IHKn in Baden-Württemberg 1955–1976, Außenwirtschaftsausschuss, eigene Kammer 1951–1967, Außenwirtschaftsförderung (Exportstiftung Baden-Württemberg 1983–1987, Fachausschuss zur Förderung von Maßnahmen für die Erschließung ausländischer Märkte 1976–1982, BAWEX Baden-Württembergische Export-Genossenschaft mittelständischer Unternehmen 1976–1985, Sachverständigenkommission Exportförderung Baden-Württemberg 1982), Exportabsicherung 1968–1974, Statistik (Ex- und Importe, Direktinvestitionen, Kapitalverkehr) 1979–1985, Organisationen für die Außenwirtschaft (Deutsch-Französische Handelskammer 1956–1958, Handelskammer Deutschland-Schweiz 1955–1959, Deutsch-Niederländische Handelskammer 1958–1962, Deutsche Handelskammer in Großbritannien 1969–1971), Interzonenhandel und Berlin-Verkehr 1949–1983, Kompensationsgeschäfte 1970–1978, Warenverkehr mit dem Saarland 1956–1959, Warenverkehr Baden-Württemberg/Schweiz 1965–1967, EWG 1958–1977, Veranstaltungen und Delegationsreisen (v. a. Osteuropa, Türkei, VR China 1979/80, Japan, USA) 1976–1985, Dienstreisen und Vorträge Dr. Honold 1964–1985, internationale Messen und Ausstellungen 1957–1985, Entwicklungsländer 1970–1981

29 DIHT Finanz- und Steuerausschuss 1973–1984, Steuerausschüsse Landesarbeitsgemeinschaft 1947–1958, Finanzverwaltungsgesetz 1957–1963, Finanz- und Steuerausschuss, eigene Kammer 1951–1952, 1960–1984, Bücherrevisoren und Wirtschaftsberater 1946–1964, Mehrwertsteuer (Handakten Dr. Dürrwächter) 1956–1993, Kirchenbausteuer 1953–1967, Heizölsteuer 1959–1960, Gewerbesteuermessbeträge 1938–1940, Gutachten gegenüber Finanzgerichten 1950–1968, Anregungen zur Steuerreform 1978–1987, Gewerbesteuerhebesatz-Senkung 1979–1980, Infos zum Steuerrecht 1991–1994, Steueränderungsgesetz 1983–1993, Außensteuergesetz 1965–1992, Steuern im internationalen Vergleich 1986–1992, Steuerfragen BRD/DDR 1976–1992, Umsatzsteuer 1967–1992

30 Verkehrsausschuss, eigene Kammer 1948–1967, Verkehrsreferenten Landesarbeitsgemeinschaft 1946–1978, Landesverkehrsbeirat 1954–1992, Verkehrspolitik des Bundes 1947–1985, der EWG 1962–1969, Leberplan 1966–1968, Generalverkehrspläne 1955–1986, Landesverkehrsverband Württemberg/Baden-Württemberg 1949–1975, Landesfahrplankonferenz 1979–1993, Interzonenreiseverkehr 1945–1952, Eisenbahnpolitik 1968–1975, Nahverkehr, S-Bahnen, Fernverkehr, Autoreisezüge, Europäische Fahrplankonferenz, Sonderzüge für ausländische Arbeitnehmer 1954–1970, Privatgleisanschlüsse 1954–1970, Eisenbahngüterverkehr 1958–1969, Expressgutverkehr 1952–1968, Tariffragen 1947–1970, Neuordnung des Stückgutverkehrs 1969–1977, Elektrifizierung und Verdieselung von Strecken 1954–1968, Elektrifizierung Backnang 1971–1995, Denkschrift Schiene, Forderungskatalog Eisenbahninfrastruktur 1986–1988, Neubaustrecke Stuttgart-Ulm, Plochingen-Günzburg 1984–1992, Interregioverkehrsnetz 1985–1992, Streckenstilllegungen 1954–1979, Behälter- und Palettenverkehr 1950–1973, Straßenverkehrsordnungen 1956–1975, Verbände für den Güternahverkehr 1965–1979, Speditionen, Speditionsammelgutverkehr, Speditionsversicherung 1954–1974, Güterkraftverkehr 1957–1978, Omnibus-Unternehmen 1947–2004, Straßenbau 1953–1982, Benachteiligung Baden-Württembergs im Fernstraßenbau 1969–1975, Autobahnen 1968–1983, Personenkraftverkehr 1950–1967, innerstädtischer Verkehr 1956–1971, Straßenbahnen 1952–1970, Parkhäuser 1956–1965, Binnenschifffahrt v. a. Neckarschifffahrt, Neckarkanal 1954–1980, Neckarhäfen Heilbronn und Plochingen, Hafenamt Stuttgart 1955–1992, Südwestdeutscher Kanalverein 1955–1988, Luftverkehr, Luftfrachtverkehr, Luftfrachterhebung 1970–1974, Nachtluftpostdienst 1970–1977, Ausbau Flughafen Stuttgart 1952–1975, Landeplatz Böblingen-Hulb 1966–1975, Deutsche Bundespost, Finanz- und Organisationsfragen 1957–1966, Postämter 1953–1968, Neufassung der Postordnung 1955–1967, Fernsprechordnung, neue Kommunikationstechniken 1953–1966, Neuordnung des Fernmeldewesens 1987, Paketumschlagstellen 1956–1965, Kabelfernsehen, Bildschirmtext 1980–1990, Aufbau des Fernsprechnetzes 1954–1969,Telegrammverkehr 1954–1976, Interessenverband Gäu-Neckar-Bodensee-Bahn 1955–1992

31 Bildungspolitik allgemein, berufliche Bildung (Zusammenarbeit mit den obersten Landesbehörden) 1948–2007, Berufsbildung allgemein (Reden, Manuskripte) 1981–1989, Schul(pflicht)gesetz, Berufsausbildungsgesetz, Jugendarbeitsschutzgesetz 1948–2002, Berufsbildungsverhältnis, Eignung, Ausbildungsordnung 1974–1987, Berufs- und arbeitspädagogische Eignung, Ausbilder-Eignungsverordnung 1993–2005, Satellitenmodell 1995–1999, Abschlussprüfungen in anerkannten Ausbildungsberufen 1972–2004, Arbeitskreis Schule-Wirtschaft 1956–1975, Begabtenförderung, zweiter Bildungsweg, allgemeinbildende Schulen (9. Schuljahr, Hauptschulabschluss, höhere Schulen, Handelsschulen, Wirtschaftsschulen), berufsbildende Schulen (Berufs- und Berufsfachschulen, Fachhochschulen, Berufsgrundbildungsjahr, Berufskolleg, Berufsakademien, Ingenieurschulen) 1955–2008, Schulleiterbesprechungen 1976–1989, Runder Tisch Hauptschule 1996–1998, Kinder- und Jugendakademie (Hochbegabtenförderung) 2001–2006, Lehrstellensituation 1987–1992, Jugendarbeitslosigkeit (Maßnahmen der eigenen Kammer) 1975–1988, eingetragene Berufsausbildungsverhältnisse 1975–1984, Grundsatzfragen des beruflichen Bildungswesens (Berufsbildungsausschuss der Industrie- und Handelskammern in Baden-Württemberg 1959–1966, 1970–1992, Berufsbildungsausschuss, eigene Kammer 1956–1979, Besprechung der Referenten für Berufsbildung 1976–1992), Zusammenarbeit mit anderen Institutionen (Berufsbildungsausschuss Kammern-Verbände, mit der Wirtschaft, Gewerkschaften 1948–1955), Ordnung der betrieblichen Berufsbildung (überbetriebliche Ausbildungsstätten 1974–1990, Berufsausbildung für Behinderte, Berufsbildungswerke 1974–2009, Gemeinschaftslehrwerkstatt/Bildungshaus Grunbach 1965–1998), Gemeinschaftsausbildungsstätten Ruit-Plochingen e. V. GARP (Zentrum für Berufsbildung der IHK Region Stuttgart) 1987–2002, Gemeinschaftsausbildungsstätte Textil in Nürtingen e. V. GANT, Vereine zur Förderung der Berufsbildung in Bezirkskammern 1992–2002, Kaufmännisches Lehrinstitut 1967–1979, 1995–2002, Lehrlingsvergütungen 1969–1977, soziale Betreuung 1954–1974, berufsfördernde Maßnahmen für Lehrlinge ohne Lehrstellen (Vorlehren, Grundausbildungslehrgänge) 1953–1957, Ausbildung in verschiedenen Berufen (im graphischen Gewerbe, in der Eisen-, Stahl- und Metallindustrie, im Groß- und Einzelhandel, im Bankgewerbe, Datenverarbeitung, Versicherungswesen etc.), Ausbildungsleiterkreis 1962–1973, Ausbildungsberater (Richtlinien, Arbeitstagungen) 1969–1977, Arbeitskreis Gewerblicher Ausbildungsleiter 1977–1978, Ausbilder-Arbeitskreise 1988–1993, Kosten und Finanzierung der beruflichen Bildung 1973–1986, Strukturwandel der Arbeitswelt, Qualifikation 1976–1992, Arbeitsmarkt 1977–1987, kaufmännisches und gewerbliches Prüfungswesen 1952–1979, Erfahrungs- und Prüfungsberichte, Prüfungsordnungen, Finanzfragen im Prüfungswesen, Prüfungsstatistiken, Vergleichsprüfungen 1970–1975, Prüfungsstatistik, eigene Kammer 1987–

2001, Berufsausbildungsstatistik Baden-Württemberg 1988–2003, Berufsausbildungsstatistik DIHT 1991–2000, Prüfungsordnung (Richtlinien für Zwischen- und Abschlussprüfungen) 1994–2007, Zwischenprüfung 2004–2006, Abschlussprüfung 1992–2010, Stenographenprüfungen 1957–1970, historische Abhandlung über Lehrlingsgehilfenprüfungen 1945, (Prüfungs-)Zeugnisse (blanko) 1936–1969, ausbildende Firmen 1938–1959, berufliche Fortbildung, Weiterbildung 1983–2002 (Weiterbildungsgesetz 1975–1985, Weiterbildungsstatistik 1978–1984, Berufsfortbildungswerke 1959–1975, Landeskuratorium Baden-Württemberg 1970–1973, Erwachsenenbildung, Fortbildungsmöglichkeiten 1948–1976), Ausbildungsphasen im Ausland 1991–2002, Wehrdienst 1994–2000, Württembergische Verwaltungs- und Wirtschafts-Akademie 1953–1996, Prüfungsaufgaben- und Lehrmittelentwicklungsstelle (PAL) 1948–2009, Aufgabenstelle für kaufmännische Abschluss- und Zwischenprüfungen (AKA) Beirat 1997–2007, Bildungswesen in Europa, BRD 1994–2002, Internationaler Berufswettbewerb 2004–2005, Berufsakademien 1990–2004, Duales System 1995–2005, Ausbildungsordnung 1997–2003, Prüfungsausschüsse 1990–2007, Gemeinsame Kommission für kaufmännische Ausbildungsberufe 1993–2004, Gemeinsame Kommission für gewerbliche Ausbildungsberufe 1989–2009, Koordinierungsstelle für Abschlussprüfungen von Berufsschule und Wirtschaft 1995–2005, Fortbildung (EG-Recht, Prüfungen) 1986–2000, Rahmenstoffpläne Fachkaufleute, Fachwirte, Meister und Betriebswirte 1980–2001, Arbeitsgemeinschaft der IHKn in BW (Referenten für Berufsbildung) 1958–1968, 1995–2003, Landesarbeitsgemeinschaft Schule/Wirtschaft Baden-Württemberg 1985–2005, Wirtschaft und Schule (Jugendbegleiter, Kurs 21, STARTklar) 2006–2008, Prüferehrungen 1967–1990

32 Arbeitsverwaltung, Beschäftigung älterer Arbeitnehmer 1946–1976, Arbeitsmarktlage im Arbeitsbezirk Stuttgart 1949–1957, Mensch und Arbeit, Arbeitsgemeinschaft zur Förderung der Arbeitsbeziehungen in Baden-Württemberg 1952–1960, Gehälter von Geschäftsführern in der Wirtschaft 1955–1969, Betriebsrätegesetz 1946–1972, Abwerbung von Arbeitskräften 1951–1985, Gastarbeiter 1950–1978, Betriebsverfassungsgesetz 1947–1952, gleitende Arbeitszeit (Umfrage) 1970, Jugendpflege und Volksbildung 1947–1966, Arbeitsschutz 1984–1993

33 Wirtschaftsorganisationen und Verbände 1946–1951, Gewerbevereine 1949–1959, Landesverband der Württemberg-Badischen Industrie 1949–1951, Landesverband der Baden-Württembergischen Industrie 1975–1988, Landesverband des Hotel- und Gaststättengewerbes Baden-Württemberg 1964–1974, Arbeitsgemeinschaft Baden-Württembergischer Sägewerksverbände 1974–1985, Verband der Metallindustrie Baden-Württemberg 1965–1982, Landesvereinigung Baden-Württembergischer Arbeitgeberverbände 1976–1992, Gewerkschaften 1945–1965, Bundesvereinigung der Deutschen Arbeitgeberverbände 1973–1981, Fremdenverkehrsverband Neckarland-Schwaben 1975–1983, Württembergische Verwaltungs- und Wirtschaftsakademie 1953–1996, Landesverband Baden-Württembergischer Handelsvereine 1959–1963, Verband des Speditionsgewerbes Baden-Württemberg 1956–1994, Stiftung zur Förderung der geistigen und künstlerischen Arbeit 1972–1987

34 Firmenakten (erloschene und aktive Firmen) 1946–2000

46 Jahresberichte der Handels- und Gewerbekammern in Württemberg 1858–1904. Jahresberichte der Handelskammer Stuttgart 1875, 1877–1880, 1882, 1889, 1891, 1893–1895, 1899, 1945 ff. Gewerbeblatt aus Württemberg 1894–1921.
Württembergische Wirtschaftszeitung 1926–1932, 1934–1938. Württembergische Wirtschaft 1942. Industrie- und Handelsblatt, Nachrichtenblatt der Industrie- und Handelskammer Stuttgart 1946–1972. Mitteilungsblatt der Industrie- und Handelskammer Mittlerer Neckar 1973–1989. Magazin Wirtschaft 1990 ff.

50 Harald Winkel, Geschichte der Württembergischen Industrie- und Handelskammern Heilbronn, Reutlingen, Stuttgart/Mittlerer Neckar und Ulm 1933–1980, Stuttgart 1980.
100 Jahre Industrie- und Handelskammer Stuttgart 1855–1955, Sonderausgabe des Industrie- und Handelsblattes, Stuttgart 1955.
Franz C. Huber und Walther Mosthaf s. bei IHK Calw.

300
IHK Reutlingen, Reutlingen

Name IHK Reutlingen
Geschäftstätigkeit IHK
Branche Nr. 910
Umfang 257
Laufzeit 1843–1862, 1900–2017
Benutzbarkeit Ja
Bestand A 07

Bestandsgeschichte Der Bestand wurde ab 1982 mit Nachlieferungen von der Kammer übernommen. Die Überlieferung aus der Zeit vor 1945 ist stark dezimiert. Eine Ausnahme bilden die Akten zur Gründung der Schwäbischen Zellstoff AG in Ehingen aus den 1930er Jahren. Die IHK Reutlingen wurde von der Dienststelle für den Vierjahresplan mit der Vorbereitung und Durchführung dieses Projekts beauftragt. Gut dokumentiert ist die Demontage im französisch besetzten Gebiet Württemberg-Hohenzollern nach dem Zweiten Weltkrieg. Einen besonderen Schwerpunkt bilden die Firmenakten über erloschene Unternehmen (für bis 1982 erloschene Firmen ohne Kassation übernommen).
Geschichte Die IHK Reutlingen wurde 1855 aufgrund königlicher Verordnung für die Oberamtsbezirke Reutlingen, Balingen, Göppingen, Horb, Kirchheim, Rottenburg, Tübingen und Urach gegründet. 1934 kamen der Oberamtsbezirk Herrenberg (von der aufgelösten IHK Calw) und 1935 die bisher zur IHK Frankfurt/Main gehörigen preußischen Kreise Sigmaringen und Hechingen dazu. Im Zuge der Landkreisreform 1938 wurden Herrenberg und Göppingen der 1936 errichteten Wirtschaftskammer für Württemberg und den Regierungsbezirk Sigmaringen mit Sitz in Stuttgart angegliedert. 1943 wurde Reutlingen eine Zweigstelle der Gauwirtschaftskammer Württemberg-Hohenzollern. 1945 wurde die Kammer neu gebildet. Vom Kammerbezirk abgetrennt wurde der in der amerikanischen Zone liegende Kreis Nürtingen, der von der neu errichteten IHK Nürtingen betreut wurde. Neu hinzu kamen die Kreise Münsingen und Ehingen, wobei der Kreis Ehingen 1963 an die IHK Ulm abgetreten wurde.
23 Deutscher Handelstag 1862; Kammerrecht 1900–1957; DIHT Kammerrechtskommission 1974–1980; Festschrift zum 50-jähr. Bestehen der Württembergischen Handelskammern (Schriftwechsel, Rechtsstreit) 1904–1912; Reform der württembergischen Handelskammern 1920–1934; Württembergischer Industrie- und Handelstag (WIHT) 1934; Gleichschaltung 1934; Aufgaben und Stellung innerhalb der Organisation der gewerblichen Wirtschaft 1936–1941; Wirtschaftskammer Württemberg-Hohenzollern 1936–1939; Reichswirtschaftskammer 1937–1944; Gauwirtschaftskammer Württemberg-Hohenzollern 1942–1944; Industrie- und Handelskammer Heilbronn 1936; Industrie- und Handelskammer Stuttgart 1929–1937; Landesarbeitsgemeinschaften in der französischen Besatzungszone, Land Württemberg-Baden 1947–1953, Rheinland-Pfalz 1947–1948, Südbaden 1947–1952, Bizone (Vereinigtes Wirtschaftsgebiet) 1947–1950; Arbeitsgemeinschaft der Industrie- und Handelskammern in Baden-Württemberg 1953–1964, 1994–1998; Presseausschuss Kammern-Verbände in Württemberg-Baden 1952–1953; Kammerbezirke Baden-Württemberg 1971–1977; IHK Benchmarking 2010–2013
24 Konstituierung der Handelskammer Reutlingen (Beitritte und Mitglieder, Bezirksversammlungen, Statuten des württembergischen Handelsvereins) 1843–1860; Kammerkollegium und Mitglieder 1947–1970; Satzung, Wahlordnung 1934–1964; Geschäftsordnung 1947; Kammerwahl 1955–1995; Wahl des Hauptgeschäftsführers 1976; Protokolle Vollversammlung 1900–1941, 1951–1980; Protokolle Verwaltungs-Ausschuss bzw. Vorstand 1924–1939; Geschäftsverteilungspläne; Kammerbezirk 1934–1973; Landesstelle Hohenzollern in Hechingen 1934–1937; Präsidium 1935–1973; Ausschüsse und Arbeitskreise 1931–1974; Kammerjubiläum 1931; Handelskammer-Jubiläumsstiftung 1931 zur Förderung würdiger und bedürftiger junger Kaufleute 1931–1972; Kammergeschichte 1840–1958; 125-jähr. Jubiläum 1980; Personalwesen 1924–1973; Beitrag 1924–1945; Diarien 1855–1867; Etat; Kassentagebuch 1855/56; 1858–1860; 1927–1973; Gebührenordnung 1930–1973; Steuern 1948–1964; Kammergebäude und -grundstücke (Schulstraße 11, Hagstraße 8, Alteburgstraße 19, Hindenburgstraße 54) 1924–1975, 2003; Juniorenkreis 1953; Veranstaltungen 1928–1947; Kammerzeitschrift 1946; Jahres- und Tätigkeits-

berichte 1932–1964; Jubiläumsausstellung 1980; Pressemitteilungen, -einladungen und IHK-Veröffentlichungen 1994–2016; Pressespiegel 2003–2007, 2016; Neujahrsempfang 1990–1996, 2004–2013; Hauptgeschäftsführer Prof. Dieter Barth 1996 (60. Geburtstag), 2012 (Trauerrede); Personal, Präsidium, Beirat, Entnazifizierung 1938–1946; Rechtsverhältnisse der Beamten und Angestellten 1951–1954; Personalkartei 1969; Personalakten 1935–2003; Lohn, Gehalt 1972–1989; Ruhegehalts-Ausgleichskasse deutscher Industrie- und Handelskammern 1925–1935; Befreiung von der Angestellten-Versicherung 1930–1939; Pensionsverpflichtungen 1958; Pensions-Sicherungs-Verein Versicherungsverein auf Gegenseitigkeit (PSVaG) Köln und Berufsgenossenschaft VBG 1976–1989; Unterbringungspflicht 1958–1960; Haushalts-, Kassen- und Rechnungswesen 1954–1977; Beitragsbuch Kleingewerbetreibende 1963; Firmenbeiträge 1971–1977; Vermögensabgabe 1958/69; Kfz 1946–1988; Beteiligung an der Hotel-AG Reutlingen 1968–1972; Treuhandstelle (DIHT-Umlage der Kammern) 1948–1980; Reutlingen Reden 1–12 (Vortragsreihe der IHK Reutlingen) 1977–1990; Verleihung von Ehrenurkunden 1984–1991; Reden und Aufsätze 1984–1995; Reihe »IHK-Gespräche« 1988–1995; Vermögensauseinandersetzung mit IHK Ravensburg (IHK Bodensee-Oberschwaben) und IHK Ulm 1972–1976

25 Internationales Recht 1935–1940; vorläufiger Württembergischer Wirtschaftsrat 1945; Requisitionen 1945–1946; Demontage 1947–1950; Handelsregister 1938–1963; Handelsbräuche 1937–1971; Notstandsvorsorge 1963–1969; gewerblicher Rechtsschutz 1949–1973; Einigungsamt für Wettbewerbsstreitigkeiten 1949–1973; kaufmännisches Schiedsgericht 1937–1961, Satzung um 1900/1920; Zugabewesen 1968–1974; Sachverständige 1930–1973; »Arisierung« 1938–1969; Rechtsgutachten 1937–1972; Gutachten zu Konkursen und Vergleichsverfahren 1932–1972; Abgrenzung von Industrie und Handwerk 1961–1965; Königliches Württembergisches Konsulat zu Köln 1855; erloschene Handelsregister-Karten für Firmen in durch Gebietsreform abgegebenen Gemeinden 1938–1970; Gemeinsame Einigungsstelle zur Beilegung von Wettbewerbsstreitigkeiten in der gewerblichen Wirtschaft bei der IHK Reutlingen 1973; Betriebsschutz, Geheimschutz in der Wirtschaft 1956–1997

26 Regionale Rohstoffversorgung (Gründung der Schwäbischen Zellstoff AG Ehingen 1936–1940); Warenbewirtschaftung 1944–1948; Währungsreform 1947–1951; Wirtschaftslageberichte (Gauwirtschaftskammer Württemberg-Hohenzollern 1943; Arbeitsgemeinschaft der Industrie- und Handelskammern in Württemberg-Hohenzollern 1947–1970; eigene Kammer 1932–1939, 1945–1974; Verwaltung für die Wirtschaft des Vereinigten Wirtschaftsgebietes 1948–1950); Wirtschaftsstruktur Württemberg 1934, 1955; Wirtschaftsstruktur Kammerbezirk 1927–1972; Kredite und Gutachten 1950–1975; Wirtschaftsorganisationen 1938–1948; Wirtschaftsschutz 1953–1973; Kongress deutscher Volkswirte 1860–1861; Texpro Engineering AG Chemnitz (Sanierung) 1990/91; Burkhardt + Weber GmbH Werkzeugmaschinen Reutlingen (Sanierung) 1992–1994; Flächennutzungs-, Stadtentwicklungs-, Bebauungspläne 1991–2004

27 Metallindustrie, Maschinenbau 1934–1967; Textilindustrie 1930–1969; Handel mit Hopfen 1930–1952; Handel mit Waffen und Munition 1938–1968

28 Kompensationsgeschäfte 1946–1947; Ein- und Ausfuhr 1949–1950; Auslandsniederlassungen (Umfrage) 1980; Hauptzollamt Reutlingen 1982–1987

29 Neuregelung Finanz- und Lastenausgleich zwischen Ländern und Gemeinden 1938; steuerliche Behandlung von Organisationen der gewerblichen Wirtschaft 1941–1947; Gutachten 1935–1967; Wirtschaftsprüfer 1938–1959; Bücherrevisoren 1908–1937

30 Eisenbahnstreckenstilllegungen und -einschränkungen 1965–1976; Luftverkehr 1961–1974

31 Lehrlingsrollenordnung 1959; gewerbliche Lehrlingsrolle 1935–1962; kaufmännische Lehrlingsrolle 1935–1956; gewerbliche Anlernrolle 1941–1956; kaufmännische Anlernrolle 1940–1956; Praktikanten-Verträge 1946–1972; Bilanzbuchhalter-Prüfungen 1971–1975; Berichtsheft Lehrfirma Möve-Werk Weisert & Böpple Frottierweberei in Reutlingen 1951–1954; IHK-Ausbildungswerkstätte bei der Firma Fouquet in Rottenburg 1976/77; Bildungszentrum der IHK

Reutlingen in Albstadt-Tailfingen (Bauakten) 1987–1993; Verwaltungsstreit wegen Zulassung zur Fortbildungsprüfung 1991
32 Arbeitsgerichte 1946–1971; Frauen- und Kinderarbeit 1937–1973; Mitbestimmung 1946–1950; Gewinnbeteiligung 1937–1968; Arbeitsamt 1939–1961; Arbeitslosenversicherung 1937–1970; Schwerbeschädigtenfürsorge 1953–1970; Wohlfahrtspflege 1938–1973; betriebliches Sozialwesen 1942–1973
33 Bundesverband Junge Unternehmer 1967–1973; Landesstelle für Textilwirtschaft; Mitgliedschaften Hauptgeschäftsführer Dieter Barth (Naturwissenschaftliches und Medizinisches Institut [NMI] an der Universität Tübingen in Reutlingen, Anholter Kreis ehemaliger Vorstandsmitglieder und Delegierter der Vereinigten Deutschen Studentenschaft [VDS], Export-Akademie Baden-Württemberg); Neubau Handwerkskammer Reutlingen 1974–1979
34 Firmenakten (erloschene und aktive Firmen) 1922–2017; Firmen-Werbeschriften 1990–2005
46 Jahresberichte der Handels- und Gewerbekammern in Württemberg 1858–1904. Jahresberichte der Handelskammer Reutlingen 1856, 1857, 1901–1902, 1904–1913, 1929, 1933, 1935, 1937–1938, 1940, 1941, 1945/46, 1949–1958 ff. Gewerbeblatt aus Württemberg 1894–1921. Mitteilungen der Industrie- und Handelskammer Reutlingen 1925–1934, 1946–1980. Wirtschaft Neckar-Alb 1981 ff.
47 Bildarchiv (v. a. im Mitteilungsblatt der IHK veröffentlichte Fotos) 1974–2002); Kammergebäude (außen und innen) 1937–1950, 1991–2003; Präsident Hans Kern 1949–1957; Entwürfe von der Amtskette des Oberbürgermeisters der Stadt Reutlingen; 125-jähriges Kammerjubiläum 1980; ausländische Besucher 1979–1982
50 100 Jahre Industrie- und Handelskammer Reutlingen 1855–1955, Festausgabe der Mitteilungen der Industrie- und Handelskammer Reutlingen, Reutlingen 1955.
125 Jahre wirtschaftliche Selbstverwaltung, Festschrift zum 125-jährigen Bestehen der Industrie- und Handelskammer Reutlingen, Reutlingen 1980.
125 Jahre Industrie- und Handelskammer Reutlingen, in: Mitteilungen der Industrie- und Handelskammer Reutlingen, Nr. 12 1980.
Franz C. Huber und Walther Mosthaf s. bei IHK Calw.
Harald Winkel, Geschichte der Württembergischen Industrie- und Handelskammern Heilbronn, Reutlingen, Stuttgart/Mittlerer Neckar und Ulm 1933–1980, Stuttgart 1980.
150 Jahre 1855 – 2005, IHK Reutlingen, Unternehmen gestalten Zukunft, hg. IHK Reutlingen 2005 (Online-Publikation)

301
IHK Rhein-Neckar, Mannheim

Name IHK Rhein-Neckar
Geschäftstätigkeit IHK
Branche Nr. 910
Umfang 257
Laufzeit 1945–2015
Benutzbarkeit Eingeschränkt
Bestand A 14

Bestandsgeschichte 2004 wurden von der Kammer analoge Akten über aktive Firmen im Zuge der kammerinternen Digitalisierung übernommen. 2018 folgte die Übernahme von Akten vor 2004 gelöschter Firmen sowie der bis dahin in der IHK archivierten Sachakten und eines Bibliotheksbestands. Die Firmenakten umfassen auch die Überlieferung der IHK Mannheim, die 1973 in der IHK Rhein-Neckar aufging. Die Sachakten, deren Laufzeit überwiegend von 1973 bis 1994 reicht, sind größtenteils von der Kammer nach Aktenplan geordnet und verzeichnet worden. Zur Sachakten-Überlieferung der Vorgängerkammern vgl. die Bestände A 25 und A 26.
Geschichte Die Industrie- und Handelskammer Rhein-Neckar entstand am 1.1.1973 anstelle der aufgelösten Industrie- und Handelskammern Heidelberg und Mannheim. Sie hat ihren Sitz in Mannheim, eine Hauptgeschäftsstelle in Heidelberg und seit dem 1.8.1973 eine Geschäftsstelle in Mosbach. Der Kammerbezirk umfasst die Stadtkreise Mannheim und Heidelberg sowie die Landkreise Neckar-Odenwald und Rhein-Neckar. Auf Landesebene ist die Kammer seit ihrer Gründung federführend für das Fachgebiet Verkehr. Ausschüsse und Arbeitskreise unterhält sie teilweise gemeinsam mit der Industrie- und Handelskammer für die Pfalz in Ludwigshafen (Rheinland-Pfalz).

23 Kammerrecht, -organisation, -bezirke 1973–1993; Vorträge und Publikationen 1973–1993; Haushaltsrecht 1985; Konkursunfähigkeit der IHKn 1976–1991; IHK-Gesetz 1992; Arbeitsgemeinschaft der IHKn in Baden-Württemberg/Baden-Württembergischer IHK-Tag Satzung 1973–1988, Vorstand 1973–1988, Organisation und Zusammenarbeit 1994–2003, Federführungen 1980–2005, Verkehrsreferenten 1982–1993, Kongress 2005; Spargelessen der Hautgeschäftsführer der IHKn in Baden-Württemberg 1983–1992; DIHT/DIHK Satzung 1974–1988, Vollversammlung/Volltagung 1973–2010, Vorstand 1975–1988, Büroleiter/Verwaltungsleiter 1973–1994, Ausschüsse und Arbeitskreise (Mitglieder der IHK Rhein-Neckar) 1973–2009, Geschäftsführerbesprechungen/Hauptgeschäftsführer-Konferenzen 1973–2011, Rundschreiben-, Informationsdienste 1990–1994; 125 Jahre DIHT (u. a. Feier in Heidelberg) 1986; DIHK Jahresthema 2009 »Mobilität ist Zukunft«; 150 Jahre DIHK Feier in Heidelberg 2011; IHKn in der DDR (u. a. Gründung Landesarbeitsgemeinschaften, Kooperation Baden-Württemberg mit Sachsen) 1990–1992; Arbeitsgemeinschaft Datenverarbeitung der Industrie- und Handelskammern e. V. (ADV) 1973–1986; IHK Gesellschaft für Datenverarbeitung mbH (IGD) 1987–1990; IHK Gesellschaft für Informationsverarbeitung mbH (IHK GfI) 1990–1994; Göppinger Arbeitsgemeinschaft für Datenverarbeitung mbH (GAD) 1976–1993; IHK Kundenzufriedenheit (Emnid-Umfrage) 2005; Ernst-Schneider-Preis 1976–1984; Wirtschaftsjunioren (u. a. Landes-, Bundeskonferenzen, Weltkongress Berlin 1981) 1972–1994

24 Gründung 1973; 250-jähr. Jubiläum 1978; Satzung, Wahlordnung, Wahlen 1973–2014; Organisation und Verwaltung 1976–1994; Organisationsentwicklung 1992–2008; Geschäftsordnung 1985; Beitragsordnung, -veranlagung, Gebührenordnung, Entschädigungsregelung, Vollversammlung, Bezirksversammlung Heidelberg, Ausschüsse und Arbeitskreise, Präsidium, Präsidenten, Hauptgeschäftsführer, Geschäftsverteilung, Referentenbesprechungen, Dienstanweisungen, Hauptgeschäftsstelle Heidelberg, Geschäftsstelle Mosbach 1973–1994; Gebäude Mannheim 1963–2002; Gebäude Heidelberg 1938–2000; Pensions-Sicherungs-Verein (u. a. Rechtsstreit) 1974–1992; Gespräche mit IHK Mittlerer Oberrhein Karlsruhe 1974–1983, mit IHK Darmstadt 1981; Zusammenarbeit mit Handwerkskammer Mannheim 1976–1993, mit IHK Ludwigshafen, Sowjetunion, Russland, Simbabwe 1989–1994, Partnerschaft Ukraine 1991–2002; Unterstützung der IHK Chemnitz 1990–1993, der IHK Erfurt 1990; Projekt Leistungsorientierte Vergütung 2001–2003; Haushalts-, Kassen- und Rechnungslegungsordnung 1983–1997; Kassendienstanweisungen 1973–1989; Rechnungswesen 1997–2000; Jahresplanung 1980–1994; Haushalt 1973–2002; Rechnungsprüfung 1973–2007; Prüfung Bauhaushalt 1995–1997; Grundsteuerpflicht 1974–1980; Besteuerung 1985–2002; Mitarbeiterinformation 1992–1994; Technische Anlagen 1969–1998; EDV 1975–2008; Datenschutz 1980–1992; Aktenplan 1975–1990; Registratur, Schriftgutverwaltung 1986–1993; Archiv 1978–1994; Bibliothek 1993; Reden, Beiträge und Publikationen IHK und Mitarbeiter 1973–2000; Sicherheitsfragen 1975–1994; Kammerzeitschrift 1973–1994; Jahresberichte 1979–1992, 1999–2008; Kammerstatistik 1986–1992; Siegelführung 1973–1985; Öffentlichkeitsarbeit, Erscheinungsbild, Muster 1978–2008; Pressegespräche, -mitteilungen, -spiegel 1973–2010; Informationszentrum Mannheim 1995/96; Seminare 1972–1994; Veranstaltungen, Empfänge, Konzerte 1973–2010; Kunst, -ausstellungen in der IHK 1978–2007; Orden und Auszeichnungen 1973–1994; Arbeits- und Firmenjubiläen 1980–1982; Wirtschaftsjunioren Mannheim/Ludwigshafen, Heidelberg (u. a. Mitglieder, Ausschüsse, Arbeitskreise) 1972–1994; Seniorenkreis Wirtschaft 1976–1994

25 Länderneugliederung (u. a. Pfalzfrage) 1973–1991; Verwaltungsreform Baden-Württemberg 1992–1994; Landesregierung, Landtag 1973–1994; Stadtverwaltung (u. a. Oberbürgermeister, Städtisches Leihamt) und Gemeinderat Mannheim 1973–1994; Oberbürgermeister Heidelberg 1978–1994; Partnerschaftsausschuss (Städtepartnerschaften) 1987–1994; Parteien 1982–1994; Kommunalpolitik 1989–1991; Wirtschaftspolitik 1978–1993; Entbürokratisierung 1974–1994; Zahlungsmoral der öffentlichen Hand (Umfrage) 1975; Auftragsberatungsstelle Baden-Württemberg 1987–1994; Wirtschaftskontrolldienst 1981–1986; US-Streitkräfte in Mannheim

1990; Bundeswehr in Mannheim 1979–1988; Uk-Stellung 1973–1991; geplanter Rechtsausschuss 1979/80; Ausschuss für Ladendiebstahl 1976–1980; Arbeitskreis Ladendiebstahl 1977–1981; Arbeitskreis Wettbewerbsfragen 1977–1986; Arbeitskreis Datenschutz 1978–1994; Arbeitskreis Mannheim für den gewerblichen Rechtsschutz und Urheberrecht 1980/81; Handelsregister (u. a. Eintragungsfähigkeit) 1975–1993; Handelsrichter 1976–1994; Schöffen 1976–1992; Juristenausbildung 1983–1990; Schuldnerverzeichnisse 1974–1994; Sachverständigenausschuss, -ordnung, -wesen 1973–1994; Aus- und Räumungsverkauf 1979–1992; Eichaufnahme in Mannheimer Häfen 1974–1978; Genehmigungsverfahren Umweltverträglichkeitsprüfung 1988–1991; Mitglieder der IHK bei den Bezirksbeiräten Karlsruhe und Stuttgart 1977–1993

26 Firmenstatistik 1973–1999; Firmenlisten 1978–1994; Wirtschaftslageberichte Baden-Württemberg 1973–1994; Wirtschaftsstandort Baden-Württemberg 1978–1994; Wirtschaftslageberichte eigene Kammer 1973–2010; IHK-Konjunkturberichte 2007–2010; Wirtschaftsstandort, -fragen Kammerbezirk 1973–1994; Raumordnungs-, Regionalplanung 1973–1981; Flächennutzungspläne 1973–1983; Wirtschaftsförderung im Neckar-Odenwald-Kreis 1973–1991; Wirtschaftsförderung der Stadt Mannheim (u. a. MAFINEX e. V.) 1979–1994; Technologiepark Heidelberg GmbH 1982–1989; Stadthallenerweiterung Heidelberg 2009/10; Arbeitskreis Messen 1984–1994; Messebeirat der Stadt Mannheim 1988–1990; Bundesgartenschau 1975 in Mannheim 1969–1976; Maimarkt Mannheim mit IHK-Sonderschau 1980–1997; Arbeitskreis Organisation und Datenverarbeitung 1978–1992; Arbeitskreis Sicherheit in der Wirtschaft 1978–1994; Arbeitskreis Umweltschutz, Arbeitskreis Wirtschaft und Umweltschutz 1984–1990; Erfa-Kreis Umwelt 1984–1989; Umweltschutz 1975–1993; Gewässerschutz, Wasserhaushalt, Abwasser, Kläranlagen 1973–1991; Trink-, Löschwasserversorgung 1973–1978; Luftreinhaltung 1975–1994; Lärmschutz 1978–1994; Emissionsschutz 1976–1992; Abfallbeseitigung, Sondermüll, Gefahrstoffe 1973–1994; Verpackungsverordnung 1991–1994; Naturschutzbeirat Mannheim 1977–1990; Naturschutzbeirat Rhein-Neckar-Kreis 1977–1985; Energiepolitischer Arbeitskreis der badischen IHKn 1974–1993; Energieversorgung (u. a. Tage der Energie, Strompreise) 1973–1992; Arbeitskreis Verkauf und Werbung 1973–1985; Betriebswirtschaftlicher Ausschuss 1973–1995; Betriebsbesichtigungen 1973–1988; Existenzgründungsberatung der IHK 1979–1994; Technologieberatungsstelle der IHK 1976–1994; Automation 1956; Wirtschaftsgespräche regional, mit Universitäten, Wissenschaft, Kirche; IHK-Unternehmertag 1995–2005; Publikation »Wurzeln des Wohlstands« 1981–1986

27 Großhandelsausschuss, Handelsvertreterausschuss, Einzelhandelsausschuss, Industrieausschuss, Verlegerausschuss, Arbeitskreis Großhandel, Arbeitskreis Handelsvertreter, Arbeitskreis Handelsvertreter Heidelberg, Arbeitskreis Materialwirtschaft und Einkauf 1973–1994; Arbeitskreis Versicherungswirtschaft 1987–1993; IHK-Atlas Industrieansiedlung 1976–1984; Industrieansiedlung im Kammerbezirk 1977–1992; Umfrage bei Maschinenbauunternehmen 1983; Einzelhandel 1975–1993; großflächige Einzelhandelsunternehmen, Einkaufszentren, Großmärkte 1972–1983; Mannheimer Produktenbörse e. V. 1974–1993; Sächsische Produktenbörse Dresden (Gründung) 1990/91; Versicherungsunternehmen in Mannheim (Umfrage) 1983–1986; Verlagswesen 1979–1982; Provisionen für Kreditvermittlung (Umfrage) 1985; Hotelgewerbe Heidelberg 1979/80; Nachlass des Kaufmanns Ludwig Dreyfuß, New York 1977

28 Außenhandelsmitteilungen der IHK 1975–1991; Abteilung Außenwirtschaft und Messen 1973–1985; Außenwirtschaftsausschuss, Arbeitskreis Osthandel 1973–1994; Ausschuss für Außenwirtschaft und EG-Binnenmarkt 1990–1994; Ad-hoc-Arbeitskreis Binnenmarkt '92 1988–1991; Arbeitskreis Mittel- und Osteuropa 1993; Außenwirtschaftspolitischer Arbeitskreis der IHKn Mittlerer Oberrhein (Karlsruhe) und Rhein-Neckar 1973–1976; Arbeitskreis Zoll 1980, 1987; Außenwirtschafts-, Zollkurse, -seminare 1973–1988; Zollämter 1973/74, 1993/94; IHK-Kontakter Außenwirtschaft 1985–1992; Außenwirtschaftsveranstaltungen, Länder-Sprechtage, Delegationsreisen 1973–1994; Auslandshandelskammern 1973–1994; Kooperation mit französischen IHKn 1974–1992; Ständige Konferenz der IHKn in der EWG (Mitgliedschaft Präsident

Dr. Wilhelm Koch) 1972–1980; Exportförderung 1974–1991; BAWEX Baden-Württembergische Export-Genossenschaft mittelständischer Hersteller von Investitionsgütern eG Mannheim 1975/76; Sachverständigenkommission Exportförderung Baden-Württemberg (EFK) 1982; Stiftung Exportförderung Baden-Württemberg 1982–1984; Exportstiftung Baden-Württemberg, ab 1987 Stiftung Außenwirtschaft Baden-Württemberg 1985–1990; Wirtschaftsverkehr mit der DDR 1981–1990; Israel-Boykott, Herstellererklärung für arabische Staaten 1974–1992; Ursprungszeugnisse 1972–1975; Umfragen zum Entwicklungshilfesteuergesetz 1973–1978, französischen Zoll 1982/83, Protektionismus 1984/85

29 Steuerausschuss 1973–1994; Umfrage zur Entbürokratisierung im Steuerrecht 1978/79; Gewerbesteuer (u. a. Hebesätze) 1975–1993; Lohnsummensteuer (Abschaffung) 1977–1982; Kraftfahrzeugsteuer 1986/87; Kirchenbausteuer 1975; Realsteuererhebung (Klage gegen die Stadt Mannheim) 1981/82; Etat der Stadt Mannheim 1982–1985; Steuerpolitik 1976

30 Besprechungen der Verkehrsreferenten der baden-württembergischen IHKn 1973–1994; Rundschreiben Verkehr der baden-württembergischen IHKn; Tarif- und Verkehrsnachrichten der IHK 1973–1993; Federführung Verkehr der IHK 1980–2005; Verkehrsausschuss/Ausschuss für Verkehr, Ausschuss für innerstädtischen Verkehr, Hafenausschuss 1973–1994; Arbeitskreis Bildschirmtextinteressenten 1982–1987; Ausschuss/Arbeitskreis für Post und Telekommunikation 1986–1989; Arbeitskreis Versandleiter Mannheim-Ludwigshafen, Arbeitskreis Versandleiter Heidelberg 1973–1994; Landesverkehrsbeirat 1973–1992; Alpentransversalen 1988–1994; Deutsches Splügen-Komitee 1980–1994; Verkehr im Kammerbezirk 1973–1993; Verkehrsfragen in Baden-Württemberg (u. a. Gespräche mit Verbänden und Behörden) 1973–1994; Verkehrswegebau in Baden-Württemberg (Finanzierung, Verfahrensbeschleunigung) 1989–1992; Generalverkehrsplan Baden-Württemberg 1975–1994; Generalverkehrsplan Heidelberg 1978/79; Bundesverkehrswegeplan 1985–1993; europäische Verkehrspolitik 1988–1990; Deutsch-Niederländischer Verkehrsdialog 1988; Partnerschaft der Regionen Baden-Württemberg, Lombardei, Rhône-Alpes und Katalonien (Verkehr und Kommunikation) 1989; Union der europäischen IHKn Rhein, Rhone, Donau, Alpen 1976–1994; Schwerverkehrsabgabe in der Schweiz 1984–1986; grenzüberschreitender Kraftverkehr mit Österreich 1988/89; Bildung von Verkehrskammern 1984; Speditionssammelgutverkehr 1973–1979; Tarifbüro der IHK 1983–1990; Güterverkehrsforum Baden-Württemberg 1991–1993; Bundesbahndirektionen 1983–1994; Schienenverkehr, Schienenschnellverkehr (u. a.: Mannheim nach Paris, Stuttgart, Ulm, Flughafen Frankfurt a. M. via Riedbahn; IC-Anschluss Heidelberg) 1973–1994; Schienengüterverkehr 1986–1989; Regionale Fahrplankonferenz 1972–1996; Stückgutbahnhöfe (Schließung) 1973; Straßenbau (u. a. Neckar-Odenwald-Kreis, Elzmündungsraum, A 6, B 37, B 38/38a Rhein-Neckar-Schnellweg, B 292, B 535, Verkehrswege in die DDR) 1973–1994; Innenstadtverkehr/-splanung 1976–1994; Verkehrsforum Heidelberg 1991–1994; Verkehrsverbund im Rhein-Neckar-Raum (u. a. Verkehrsverbund Rhein-Neckar GmbH) 1969–1993; Fußgängerzonen Mannheim, Heidelberg 1972–1979; Parkraumbewirtschaftung Mannheim 1973–1979; Straßenpersonenverkehr, Tempolimit 1984–1989; Sachkundeprüfung im Güterkraftverkehrs- und Personenbeförderungsgewerbe 1973–1993; Befähigungsnachweis für Tankfahrzeugführer 1980/81; Tarifbildungsverfahren im Güterfernverkehr (Umfrage) 1981/82; Hafen Heidelberg (Schließung) 1978–1984; Hafen Mannheim 1974–1991; Hafenbeirat Mannheim 1973–1989; Mannheimer Rheinschiffahrtsakte 1974–1991; Luftverkehr, Verkehrsflugplätze (u. a. Verlegung des Flugplatzes Mannheim-Neuostheim nach -Sandhofen, Flugplatz Speyer) 1973–1994; Neuordnung der Oberpostdirektionen 1974/75; Brieflaufzeiten 1981–1992; neue Postleitzahlen 1993; Telekommunikation (Technik, Dienste, Ordnung, Breitbandkommunikation, Kabelfernsehen) 1977–1990; Btx-Angebot der IHK 1982–1987; Btx-Anbieter-Club Rhein-Neckar 1983–1987

31 Berufsbildungsausschuss mit Arbeitskreisen 1973–1994; Pressemitteilungen Berufsbildung 1995–1999; Preis der IHK zur Förderung des wissenschaftlichen Nachwuchses 1974–1994; Universität Mannheim (neue Studiengänge, Institut für Mittelstandsforschung) 1984–1994; Verein zur Förderung der wissenschaftlichen Weiterbildung an der Universität Mannheim e.V. 1985–1994; Gesellschaft der Freunde der Universität Mannheim e.V. 1992–1994; Universität Heidelberg 1991–1994; Fachhochschule für Technik Mannheim (Einrichtung eines Instituts für Tribologie und Schmiertechnik) 1985–1996; Werkkunstschule Mannheim, Fachhochschule für Gestaltung Mannheim (u.a. Förderkreise) 1973–1983; Technische Akademie Mannheim e.V. 1985–1994; Verwaltungs- und Wirtschaftsakademie Rhein-Neckar e.V. Mannheim 1973–1994; Berufsakademie Baden-Württemberg (Kuratorium) 1973–1994; Berufsakademie Mannheim (u.a. Unterstützung beim Aufbau der Automatisierungstechnik 1984–1986) 1973–1994; Unterstützung beim Aufbau von Berufsakademien in Sachsen und Sachsen-Anhalt 1990–1993; Eingliederung stellungsloser Lehrer in die Wirtschaft 1979–1990; Jugend erlebt Technik 1984–1986; Kultusministerium, Oberschulamt (Besprechungen) 1978–1980; Kaufmännische Berufskollegs 1987–1992; Ausbildung im IHK-Bezirk allgemein 1974–1994; Symposium »Mehr Fremdsprachen im Beruf« 1980; Berufsausbildungsförderung durch die Landesregierung 1975–1985, durch die IHK 1982–1991; Projekt Mannheim (Unterstützung durch die IHK) 1983–1993; Ausbildung ausländischer Jugendlicher (Umfragen) 1980/81; Berufsausbildung Fachwirt, Bankfachwirt, Fachkaufmann, Industriemeister, Anlagenführer Chemie, Küchenmeister, Tauchermeister, Diätisch geschulter Koch, Sekretärin, Fremdsprachen; Umschulung, Umschulungsprüfung 1973–1984; Prüfungsordnung 1975–1989; Zulassung zur Abschlussprüfung (Verwaltungsstreitverfahren) 1975–1977; Prüfungsausschüsse 1977–1983; Prüferentschädigung 1980–1992; Prüferehrungen 1980–2015; Prüfungsbestenfeiern 1974–1994; Fortbildungsprüfung 1973–1989; Fort- und Weiterbildung (v.a. Maßnahmen der IHK) 1974–1994; Zusammenarbeit mit den Arbeitsämtern 1973–1982, dem DGB Berufsfortbildungswerk 1974–1979, dem RKW Baden-Württemberg 1973–1982, dem Goethe-Institut Mannheim 1980, der Technischen Akademie Mannheim 1990–1994; IHK – Haus Ottilienberg Bildungszentrum e.V. 1974–1982; Berufsakademie Mosbach 1977–1994; Bildungszentrum Mosbach 1984–1988; Überbetriebliche Ausbildungswerkstätte Buchen e.V. 1974–1995; Privatisierung der Schweißtechnischen Lehr- und Versuchsanstalt Baden-Württemberg (SLV) Mannheim 1976–1979

32 Arbeitsmarkt Baden-Württemberg 1983–1985, Rhein-Neckar 1975–1990; Internationaler Bund für Sozialarbeit (IB) Mannheim (Kuratorium, Jubiläum) 1980–1990; Fred Joachim Schoeps-Stiftung Mannheim (Verwaltungsrat) 1976–1992; Kurpfälzisches Kammerorchester 1973–1994; Stiftung Wirtschaftsarchiv Baden-Württemberg 1978–1994; Reiss-Museum Mannheim (u.a. Förderkreis) 1975–1991; Landesmuseum für Technik und Arbeit Mannheim (Förderverein) 1979–1993

33 Mitgliedschaften 1973–2006; Interessenverband Gewerbe, Handel, Selbständige und Verbraucher e.V. (IGHSV) Weinheim 1981–1983; Arbeitskreis/Aktionsgemeinschaft Rhein-Neckar-Dreieck e.V. 1989–2006; (RND) Regionalmarketing GmbH Mannheim 1995–2005; Bundesverband Deutscher Versicherungskaufleute Bezirksverband Rhein-Neckar 1974–1979; Zentrum für Europäische Wirtschaftsforschung GmbH (ZEW) Mannheim 1988–1994; Institut der Deutschen Wirtschaft 1978–1994

34 Firmenakten (erloschene und aktive Firmen) 1945–2003

46 Vier Jahre Industrie- und Handelskammer Rhein-Neckar 1977; Industrie- und Handelskammer Rhein-Neckar: Bilanz 1981 (Vierjahresbericht), Bilanz 1989 (Vierjahresbericht), Tätigkeitsberichte 1976–1992, Jahresberichte 1993–1996, Geschäftsberichte 1997–2005, IHK-Jahresberichte 2006ff.;
Die Wirtschaft. Nachrichten der Industrie- und Handelskammer Rhein-Neckar 1973–1994; Wirtschaftsmagazin Rhein-Neckar 1995–2009; IHK-Magazin Rhein-Neckar 2009ff.

47 Filme: Betriebsausflüge 1993, 1996; Verabschiedung Präsident Hubert Eirich 2005; Infosendungen »RNF live« 2002–2008; Tondokumente: Reden, Veranstaltungen 1973–1989, 1998/99; Fotos: Neujahrsempfang, Vollversammlung 1973; Kammerpräsidenten, Hauptgeschäftsführer 1973ff.; 250-jähr. Kammerjubiläum 1978; Kammergebäude (Baumaßnahmen) 1977–1989; Wirtschaftsjunioren Mannheim/Ludwigshafen 1975; Maimarkt Mannheim 1987

49 WABW A 25 IHK Heidelberg und A 26 IHK Mannheim
50 IHK Rhein-Neckar (Hg.), 1728 – 1978, 250 Jahre Wirtschaftliche Selbstverwaltung in Mannheim, Mannheim 1978. IHK Rhein-Neckar (Hg.), 1728 – 1978, 250 Jahre Wirtschaftliche Selbstverwaltung in Mannheim, Dokumentation der Reden zum Festakt und zur Ausstellung, Mannheim 1978. Friedrich Burrer u. a., Geschichte der IHK Rhein-Neckar und ihrer Vorläufer, Artikelserie im IHK Wirtschaftsmagazin Rhein-Neckar 1/2005–1/2009. IHK Rhein-Neckar (Hg.), Kleine Hausgeschichte der IHK Rhein-Neckar und ihrer Vorläufer in Bildern und Texten, zusammengestellt von Jürgen Hertel, [Mannheim 2010].

302 IHK Rhein-Neckar Heidelberg, Heidelberg

Name IHK Rhein-Neckar Hauptgeschäftsstelle Heidelberg
Geschäftstätigkeit IHK
Branche Nr. 910
Umfang 35
Laufzeit 1848–1987(1995)
Benutzbarkeit Eingeschränkt
Bestand A 25

Bestandsgeschichte Das Archivgut wurde 2018 von der IHK Rhein-Neckar in Mannheim übernommen. Es umfasst die überlieferten Sachakten der IHK Heidelberg von 1945 bis zur Auflösung der Kammer im Jahr 1972 und die ab 1973 in der IHK Rhein-Neckar Hauptgeschäftsstelle Heidelberg weitergeführten Firmenakten bis um 1987. Ein großer Teil der Sachakten der IHK Heidelberg war bei der Übernahme nach Aktenplan geordnet und verzeichnet. Älteres Schriftgut, das im Zweiten Weltkrieg nach Mannheim ausgelagert wurde, ging dort fast vollständig verloren. Erhalten sind nur die Protokollbücher der Handelskammer Heidelberg ab 1848 und Akten zum ersten allgemeinen deutschen Handelstag 1861 in Heidelberg.
Geschichte Die Industrie- und Handelskammer Heidelberg hatte Vorläufer in der seit 1440 bezeugten Heidelberger Krämerzunft und der von dieser um 1737 abgesonderten Handlungsinnung bzw. Handelsgenossenschaft. Letztere nahm mit Beschluss vom 26.12.1848 den Namen Handelskammer an. Mit dem Gewerbegesetz vom 20.9.1862 erlangten die Handelskammern in Baden staatliche Anerkennung. Durch das Handelskammer-Gesetz vom 11.12.1878 wurden sie zu Körperschaften öffentlichen Rechts. Auf dieser Grundlage konstituierte sich am 1.6.1880 die Handelskammer für den Kreis Heidelberg nebst der Stadt Eberbach als Nachfolgerin der bisherigen Kammer. Am 23.1.1912 wurde der Kammerbezirk unter Umbenennung in Handelskammer für die Kreise Heidelberg und Mosbach auf sämtliche Gemeinden beider Kreise ausgedehnt. Mit Gesetz vom 1.7.1933 wurden die badischen Kammern in die neue Badische Industrie- und Handelskammer mit Sitz in Karlsruhe überführt. Die Kreise Heidelberg und Mosbach wurden deren Außenstelle Mannheim zugewiesen. Aus dieser ging am 7.3.1935 unter dem Dach der neuen Wirtschaftskammer Baden die IHK Mannheim hervor. Am 22.3.1943 wurde sie unter der Regie der neuen Gauwirtschaftskammer Oberrhein zur Wirtschaftskammer Mannheim. Nach Kriegsende formierte sich die Industrie- und Handelskammer Heidelberg auf neuer Rechtsgrundlage. Am 20.1.1947 erfolgte die konstituierende Sitzung des Beirats. Zum Jahresende 1972 wurden die IHK Heidelberg und die IHK Mannheim aufgelöst. An ihre Stelle trat am 1.1.1973 die IHK Rhein-Neckar (siehe Bestand A 14) mit Sitz in Mannheim und einer Hauptgeschäftsstelle in Heidelberg. Dabei gingen einige Gemeinden des aufgelösten Landkreises Mosbach in die Bezirke anderer Kammern über.
23 Allgemeiner deutscher Handelstag in Heidelberg 1861; 100-jähr. Jubiläum DIHT 1961; DIHT Vorstand Neuwahl Nordbaden 1971; DIHT Baufinanzierungskommission (Mitarbeit Präsident Prof. Kurt Schmaltz) 1966/67; Arbeitsgemeinschaft der Industrie- und Handelskammern in Baden-Württemberg Volltagungen 1968–1972, Kundgebung mit Bundespräsident Prof. Theodor Heuss 1951; Neuaufbau der IHKn 1946; Neuregelung des Kammerrechts 1946–1948; Geschäftsordnung Vollversammlung und Ausschüsse der IHKn in Baden-Württemberg (Muster/Entwürfe) 1959/60; Reden 1963–1967
24 Geschichte bis 1963; Satzungen Krämerzunft

1699 (Kopie), Handelsgenossenschaft und Handelskammer 1863 (Kopie); Protokollbücher 1848–1913; Verzeichnisse Mitglieder 1880–1933, Präsidenten und Vorsitzende 1849–1933; Wiedererrichtung 1945/46; Einsetzung Präsidium 1945; Konstituierung 1947; Satzungen 1947–1962; Geschäftsordnung Beirat 1947; Wahlordnung und Wahlen Beirat/Vollversammlung 1946–1971; Sitzungen Beirat/Vollversammlung und Präsidium 1945–1972; Mitgliedskarte 1955; Beitragsordnung 1957–1971; Übernahme des Beitragseinzugs für die IHK Mannheim 1945; Personalia Präsidenten/Präsidium 1899–1995 (ab 1973 IHK Rhein-Neckar), Vollversammlung 1967–1972; Ausschüsse und Arbeitskreise (Statuten, Sitzungen, Mitglieder) 1946–1972; Gründung Juniorenkreis 1963/64; Geschäftsverteilungsplan 1966/67; Aktenplan 1962/63; Archiv 1962; Haushalts-, Kassen- und Rechnungslegungsordnung 1958, 1963; Haushaltspläne 1965–1972; Kassendienstanweisungen 1959–1970; Gebührenordnung 1958; Rechnungsprüfung 1958–1973; Treuhandstelle (DIHT-Umlage der Kammern) 1951–1960; Versorgungsordnung 1961; Gutachten Pensionsrückstellungen 1969; Einzug in das Gebäude Riedstraße 4 (jetzt Hans-Böckler-Straße 4) 1963, dazu Baupläne (Gebäude der Portland-Zementwerke Heidelberg) 1938–1944; Vorbereitung Tätigkeitsbericht 1967; Kommission für die Neuordnung der Kammerbezirke 1971; Vereinigung der IHKn Heidelberg und Mannheim 1970–1972; geplante Fusion mit der IHK Ludwigshafen

25 Schriftverkehr mit Landesregierung, staatlichen Mittelbehörden, Stadtverwaltung Heidelberg 1945–1969; Gewerbeaufsichtsamt 1947; Vereidigung als Sachverständiger 1947/48; Sachverständigenordnung der IHK 1958; Besetzung der Kammer für Handelssachen beim Amtsgericht Heidelberg 1961–1972; Verkaufsoffene Sonntage 1961–1972; Zentralisierung des Handelsregisters 1967–1969; Neuordnung der Amtsgerichtsbezirke 1967–1972; Gebietsreform 1972

26 Wochenberichte über Industrie und Gewerbe (Wirtschaftslageberichte) 1945–1947; wirtschaftliche Lage und städtebauliche Entwicklung Heidelbergs 1955; Firmenkontakte (Portland-Zementwerke Heidelberg AG, Rhein-Chemie GmbH, Rhein-Neckar-Zeitung GmbH Heidelberg, Ernst Schmitthelm Federn- und Metallwarenfabrik Heidelberg, Schnellpressenfabrik AG Heidelberg [Heidelberger Druckmaschinen AG]) 1945–1950; Auszeichnung von Firmen und Ehrenamtsträgern 1970/71; Reden zu Firmenjubiläen; Strukturentwicklungsplan Baden-Württemberg 1967–1969

27 Industrie-, Großhandels-, Einzelhandelsausschuss eigene Kammer 1946–1972; Industrie-Sitzungen Arbeitsgruppen 1947–1955; Industriezusammenkünfte 1960–1967; Wirtschaftsstruktur 1963–1972; Reden zum Handel 1963–1967; Arbeitskreis Handelsvertreter Heidelberg 1972; Landwirtschaft (Vortragsveranstaltung) 1972

28 Besuch bei der Chambre de Commerce et de l'Industrie CCI Moselle in Metz 1971

29 Steuerreferenten 1955; Zulassung von Wirtschaftsprüfern 1932–1948

30 Arbeitskreis Versandleiter Heidelberg 1970–1972; Neubau Hauptbahnhof Heidelberg 1955; Reden

31 Berufsbildungsausschuss eigene Kammer 1960–1968; Entschädigung für Prüfer 1960, für Mitglieder des Berufsbildungsausschusses 1971; Lehrlingsrollenordnung 1958; Facharbeiterprüfungen 1951–1957; Satzung für Lehrgänge zur Berufsaus- und Fortbildung 1962; Prüfungsordnung Hotel- und Gaststättengewerbe 1966; Reden 1962–1969; Vereinigung der Freunde der Studentenschaft der Universität Heidelberg (Mitgliederwerbung) 1949; Beirat der Universität Heidelberg 1950–1963; Wirtschaft und Schule (Vortragsveranstaltung) 1964; Kuratorium der Werkkunstschule Mannheim 1967–1969

32 Facharbeitermangel (Brief an den Präsidenten des Landesarbeitsamtes) 1946; Mitbestimmung (Gespräch Vertreter der Evangelischen Landeskirche und der Wirtschaft) 1969

33 Mitgliedschaften der IHK 1946–1977 (ab 1973 IHK Rhein-Neckar); Volkswirtschaftliche Gesellschaft Hamburg 1947/48; Fremdenverkehrsverband Nordbaden e.V. 1947/48; Verlegerausschuss Heidelberg 1947–1972; Gesellschaft zur Förderung der Wirtschaft Baden-Württemberg e.V. 1952–1955; Werbegemeinschaft Heidelberg (Gründung) 1954; Zusammenarbeit mit dem Handelsvertreterverband Mannheim 1964; Arbeitsgemeinschaft der Wirtschaft (Handel, Handwerk, Gewerbe und Industrie) in Heidelberg e.V. (v.a. Spendensammlung und Wahlaufrufe), politische Parteien, Kommu-

nal- und Oberbürgermeisterwahlen in Heidelberg 1952–1960
34 Firmenakten 1947–1987
46 Jahres-Bericht der Handelskammer für den Kreis Heidelberg nebst der Stadt Eberbach 1881–1911; Jahres-Bericht der Handelskammer für die Kreise Heidelberg und Mosbach 1912–1913, 1923–1925; Handelskammer für die Kreise Heidelberg und Mosbach, Jahresbericht 1926–1932; Südwestdeutsche Wirtschaftszeitung, Amtliche Zeitschrift der Handelskammern Mannheim, Ludwigshafen, Heidelberg 1923–1928; Mitteilungsblatt der Industrie- und Handelskammer Heidelberg 1947–1968; Die Wirtschaft im Bezirk der Industrie- und Handelskammer Heidelberg 1969–1972
49 WABW A 14
50 Aus der Geschichte der Industrie- und Handelskammer Heidelberg bis 1850, in: Mitteilungsblatt der Industrie- und Handelskammer Heidelberg 5/1961 S. 5 f. Jürgen Hertel, Vor 150 Jahren Gründung der Handelskammer Heidelberg, in: IHK Wirtschaftsmagazin Rhein-Neckar 12/1998 S. 16. (siehe auch A 14)

303
IHK Rottweil, Rottweil

Name IHK Rottweil
Geschäftstätigkeit IHK
Branche Nr. 910
Umfang 12
Laufzeit 1867–1975
Benutzbarkeit Ja
Bestand A 01

Bestandsgeschichte Der Restbestand der 1975 aufgelösten IHK Rottweil wurde 1981 anlässlich des Umzugs der Industrie- und Handelskammer Schwarzwald-Baar-Heuberg in das neue Kammergebäude übernommen. Eine Besonderheit sind die seit Kammergründung bis 1965 nahezu lückenlos überlieferten Vollversammlungsprotokolle. Der Schwerpunkt der Sachaktenüberlieferung liegt auf der Zeit nach 1945.
Geschichte 1866 wurde aufgrund königlicher Verordnung die Handels- und Gewerbekammer Rottweil gegründet. Der Kammerbezirk umfasste die Oberämter Oberndorf, Rottweil, Spaichingen, Sulz und Tuttlingen. Aufgrund der Kammerreform von 1934 wurde das Land Württemberg in vier Kammerbezirke eingeteilt. Die Kammer Rottweil erhielt die Oberamtsbezirke Calw, Freudenstadt, Nagold und Neuenbürg von der aufgelösten Industrie- und Handelskammer Calw. 1942 wurde Rottweil aufgrund der Durchführung der Verordnung über die Vereinfachung und Vereinheitlichung der Organisation der gewerblichen Wirtschaft aufgelöst. Der Kammerbezirk wurde in die neu errichtete Gauwirtschaftskammer Württemberg-Hohenzollern mit Sitz in Stuttgart integriert. 1945 rekonstituierte sich die IHK Rottweil wieder. 1973 wurde sie im Zuge der Neuordnung der Industrie- und Handelskammer-Bezirke in die neu gebildete IHK Schwarzwald-Baar-Heuberg eingegliedert mit Ausnahme der Landkreise Calw und Freudenstadt, die der neugebildeten Industrie- und Handelskammer Nordschwarzwald zugewiesen wurden. Rottweil blieb bis zur Auflösung am 31.12.1975 eine Hauptgeschäftsstelle und war zuständig für die Landkreise Rottweil, Schwarzwald-Baar und Tuttlingen. Seit 1976 werden diese Landkreise von der Hauptgeschäftsstelle mit Sitz in Villingen-Schwenningen betreut.
23 Kammergesetz 1956–1957, Gauwirtschaftskammer Württemberg-Hohenzollern (Organisation, Liquidation und Rechtsnachfolge) 1942–1967, Kammergebietsreform 1954–1974, Bescheinigungswesen 1953–1958, Beitragswesen 1949–1972, Landesarbeitsgemeinschaften 1946–1972, Vereinigung der leitenden Verwaltungsangestellten deutscher Industrie- und Handelskammern, Verband der Geschäftsführer der deutschen Industrie- und Handelskammern 1967–1969
24 Recht und organisatorischer Aufbau 1945–1971, Kammerbezirk 1945–1946, Jubiläum 1967–1970, Mitglieder 1867–1974, Wahlordnung 1946–1969, Wahlen 1959–1965, Vollversammlungen 1867–1965, Ausschüsse 1952–1959, Personal 1945, Versorgungsregelung 1946–1968, Haushalt 1948–1969, Buchhaltung 1894–1959, Beitrag, Steuern 1949–1968, Mitgliedschaften 1947–1974, Kammergebäude 1950–1972, Tätigkeits- und Jahresberichte 1952–1965, Veranstaltungen 1947–1969, Ehrungen und Auszeichnungen 1947–1969

25 Allgemeinwirtschaftliche Kriegsfolgen 1945–1950, Vergleichs- und Konkursverfahren 1949–1975, Beisitzer beim Oberversicherungsamt für Württemberg-Hohenzollern 1946–1951, Sachverständige 1946–1968, Handels- und Genossenschaftsregister 1899–1974, Genehmigungsverfahren zur (Wieder-) Inbetriebnahme 1945–1967
26 Wirtschaftslageberichte Baden-Württemberg 1965–1971, eigene Wirtschaftslageberichte 1945–1971, Industriestatistik Baden-Württemberg 1952–1966, Industriestatistik Kammerbezirk 1962–1973, Bevölkerungs-, Berufs-, Gemeinde- und Gewerbestatistik 1895–1973, Messen und Ausstellungen 1949–1969, Industrieansiedelung 1957–1974, Kredite, Bürgschaften, Kreditausschüsse 1946–1965
27 Einzelne Firmenporträts 1953, Branchen- und Firmenverzeichnisse 1900–1971, Energiewirtschaft 1957–1969
32 Berichte zur Arbeitsmarktlage Arbeitsamtsbezirk Rottweil 1970–1973
46 Jahresberichte der Handels- und Gewerbekammern in Württemberg 1867–1904. Gewerbeblatt aus Württemberg 1894–1921. Jahresberichte der Handelskammer Rottweil 1900–1914. Mitteilungen für die Wirtschaft der Kreise Calw, Freudenstadt, Horb, Rottweil, Tuttlingen 1960–1973. Wirtschaft im Südwesten, Zeitschrift der IHKn Hochrhein-Bodensee, Schwarzwald-Baar-Heuberg, Südlicher Oberrhein 1974ff.
49 WABW A 11, Handelsregisterbekanntmachungen Industrie- und Handelskammer Rottweil 1945–1971
50 Die Industrie- und Handelskammer Rottweil am Neckar 1867–1953, Rottweil 1953.
100 Jahre Industrie- und Handelskammer Rottweil 1867–1967, Rottweil 1967.
Franz C. Huber s. bei IHK Calw.

304
IHK Schwarzwald, Villingen

Name IHK Schwarzwald
Geschäftstätigkeit IHK
Branche Nr. 910
Umfang 29
Laufzeit 1930–1973
Benutzbarkeit Ja
Bestand A 02

Bestandsgeschichte Der Bestand wurde 1981 von der IHK Schwarzwald-Baar-Heuberg übernommen und in geringem Umfang aus Nachlieferungen derselben ergänzt. Ein Schwerpunkt der Überlieferung liegt auf der Zeit 1945 bis 1965 mit Akten zur Bewirtschaftung, Fragebogenaktionen der französischen Militärregierung zur Erfassung von Demontagen und Kriegsfolgeschäden sowie Gewerbean- und -abmeldungen. Ab 1973 von der IHK Schwarzwald-Baar-Heuberg weitergeführte Akten der Schwarzwälder IHK sind im Bestand A 24 enthalten.
Geschichte 1896 wurde die „Schwarzwälder Handelskammer für den Kreis Villingen und den Amtsbezirk Neustadt“ mit Sitz in Villingen gegründet. Der Kammerbezirk umfasste die badischen Bezirksämter Donaueschingen, Villingen, Triberg und Neustadt. Im Zuge der Schaffung einer Einheitskammer für Baden mit Sitz in Karlsruhe erhielt Villingen 1933 den Status einer Außenstelle der Badischen Industrie- und Handelskammer. 1935 wurde Villingen eine Nebenstelle der durch Verordnung wiederhergestellten IHK Freiburg, die 1943 in die Gauwirtschaftskammer Oberrhein mit Sitz in Karlsruhe und Straßburg eingebunden wurde. Nach 1945 wurde der Bezirk der Schwarzwälder Kammer auf Anweisung der französischen Militärregierung ohne den Kreis Neustadt der IHK Konstanz zugeteilt, als deren Geschäftsstelle Villingen mit weitgehender Autonomie bis zum 31.12.1972 fungierte. Sie führte den Namen „Schwarzwälder Industrie- und Handelskammer Villingen Geschäftsstelle (bis 1953: Nebenstelle) der Industrie- und Handelskammer Konstanz“. Aufgrund der Verordnung über die Neuordnung der IHK-Bezirke in Baden-Württemberg vom 14.12.1971 ging die Schwarzwälder IHK gemeinsam mit der IHK Rottweil in der zum 1.1.1973

errichteten IHK Schwarzwald-Baar-Heuberg auf (vgl. Bestand A 24).
23 Kammerrecht und Aufgaben 1946–1955, Satzungen badischer Industrie- und Handelskammern 1946–1948, Liquidation der Wirtschaftskammer Freiburg 1948–1952, Zusammenarbeit der badischen Industrie- und Handelskammern 1945–1948, Firmennachweise zwischen badischen und anderen Industrie- und Handelskammern 1946–1950
24 Verselbstständigung der eigenen IHK 1945–1953, Organisationsplan 1945, Vereinbarung über die Kooperation mit der IHK Konstanz 1952–1973, Kammergebäude Villingen (Grundstückserwerb, Neubau) 1956–1972, Kammergebäude Rottweil 1968–1972, Beiratssitzungen und Beiratsmitglieder 1945–1956, Beitrag, Gebühren, Vermögensverwaltung 1946–1951, Lehrgänge und Veranstaltungen 1949–1954
25 Französische Militärregierung 1945–1948 (Gesetze und Amtsblätter), allgemeinwirtschaftliche Kriegsfolgen v. a. Requisitionen, Werkzeugmaschinenbestandsmeldungen, Wehrmachtsbestände, Schadensregulierung auch von ausländischem Vermögen, Vermögenskontrolle 1945–1955, Entnazifizierung 1946–1947, Passierscheinangelegenheiten 1945–1947, Verfassung Land Württemberg-Hohenzollern 1947, öffentliche Verwaltungen 1946–1949; Firmenübernahmen und Liquidationen 1940–1949, Handels- und Genossenschaftsregister 1946–1948, Gesetze zur Eröffnung von gewerblichen Unternehmungen 1946–1954, Gewerbegenehmigungen und -untersagungen Landkreis Villingen und Donaueschingen 1946–1964, Bundes- und Landesladenschlussgesetz 1947–1955
26 Wirtschaftslage im IHK-Bezirk Villingen 1924–1928, in den IHK-Bezirken Villingen und Konstanz 1945–1949, Demontage 1947–1949, Wirtschaftsplan Land Baden (Leibbrandt-Plan) 1948, Interzonenhandel und allgemeiner Warenverkehr 1945–1947, Rohstoff- und Warenbewirtschaftung 1945–1953, Aufbau- und Investitionskredite, Staatsbürgschaften, Zinszuschüsse 1948–1953, Industrieansiedelung 1950–1951, Preisentwicklung Industrie 1948, Fernwasser-Projekt Bodensee-Stuttgart 1954, Messen 1946–1952
27 Industrieberichte 1948–1954, Firmenkorrespondenz 1945–1953
28 Kompensationsgeschäfte 1949–1951, Ein- und Ausfuhr, Exportförderung 1945–1948, Büro zur Vorbereitung von Handelsverträgen 1948–1949
29 Wirtschafts- und Steuersachverständige 1945–1947
30 Güterkraftverkehr (Gesetz, Prüfungsausschuss für den Sachkundenachweis) 1953–1955, Straßenverkehrssicherheit 1950, Elektrifizierung der Schwarzwaldbahn 1952–1963
46 Jahresberichte der Schwarzwälder Handelskammer für den Kreis Villingen und den Amtsbezirk Neustadt 1897–1911
49 WABW A 6 (die Schwarzwälder IHK war von 1945 bis 1972 eine Nebenstelle der IHK Konstanz), WABW A 24 (die Schwarzwälder IHK ging 1973 in der IHK Schwarzwald-Baar-Heuberg auf)
50 Rückblick auf die Geschichte der Schwarzwälder Handelskammer für den Kreis Villingen und den Amtsbezirk Neustadt 1896–1921, hrsg. anlässlich des 25jähr. Bestehens der Schwarzwälder Handelskammer in Villingen, Villingen 1921.

305
IHK Schwarzwald-Barr-Heuberg, Villingen-Schwenningen

Name IHK Schwarzwald-Baar-Heuberg
Geschäftstätigkeit IHK
Branche Nr. 910
Umfang 80
Laufzeit 1930–2008
Benutzbarkeit Eingeschränkt
Bestand A 24

Bestandsgeschichte Der Bestand wurde ab 2001 mit Nachlieferungen von der Kammer übernommen. Bereits von der Schwarzwälder IHK angelegte und ab 1973 von der IHK Schwarzwald-Baar-Heuberg fortgesetzte Akten wurden im Bestand belassen. Schwerpunkte bilden Verkehrs- und Infrastrukturthemen sowie Firmenakten.
Geschichte Aufgrund der Verordnung über die Neuordnung der IHK-Bezirke in Baden-Württemberg vom 14.12.1971 wurde zum 1.1.1973 die

IHK Schwarzwald-Baar-Heuberg als Nachfolgerin der IHK Rottweil (vgl. Bestand A 1) und der Schwarzwälder IHK (Bestand A 2 IHK Schwarzwald) errichtet. Der neue Kammerbezirk umfasste die neugegliederten Landkreise Rottweil, Schwarzwald-Baar-Kreis und Tuttlingen. Der nördliche Teil der ehemaligen IHK Rottweil wurde an die IHK Nordschwarzwald abgetreten. Sitz der neuen Kammer war zunächst Rottweil. Seit 1.1.1976 ist das 1972 aus dem badischen Villingen und dem württembergischen Schwenningen vereinigte Oberzentrum Villingen-Schwenningen Kammersitz der Region Schwarzwald-Baar-Heuberg.

24 Reden Präsident Michael Ungethüm 1992–1998, Satzung, Kammerreform 1955–1978, Pressemitteilungen 1992–1995, Presseartikel 1991–2008

25 Konkurse und Vergleiche 1974–1976, 1980er, Gemeindegebietsreform 1970–1976, Kreisreform 1970–1975, Bauleitplanung 1980–2008

26 Wirtschaftslage IHK-Bezirk 1986–1993, Statistik der Unternehmen (Handel) 1970–1977, Gasversorgung 1962–1977, Regionalplanung 1969–1979, 1997–2008, Raumordnung (Land, Region, Kreis) 1972–1978, Regionalmarketing 1996–1999

27 Branchenentwicklung Unterhaltungselektronik 1970–1990, Pegasus-Center Villingen-Schwenningen 1990–1997

28 Binnenzollämter 2001–2005

30 Ost-West-Straßenverbindung Freiburg-Donaueschingen-Ulm 1979, Autobahn Stuttgart-Bodensee 1956–1973, Streckenstilllegungen 1964–1984, Klein- und Privatbahnen 1965–1979, Gäubahn, Gäu-Neckar-Bodensee- und Bregtalbahn 1952–1981, Flugplatz Donaueschingen-Villingen 1954–1984, Landesfahrplankonferenz 1970–1976, Stadtbahn-Konzept 1996–1999, Ausbau der B 31 2002/03

33 Verband Deutscher Uhrenindustrie 1973–1983, Industriegemeinschaft Villingen-Schwenningen 1991

34 Informationen über Firmen A-Z 1945–1984, Firmenakten (erloschene Firmen) 1930–2008; Firmen-Werbeschriften

46 Jahresberichte der IHK Schwarzwald-Baar-Heuberg 1973–1979, 1981ff.; Wirtschaft im Südwesten, Zeitschrift der IHKn Hochrhein-Bodensee, Schwarzwald-Baar-Heuberg, Südlicher Oberrhein 1974ff.

47 Fotos Veranstaltungen 1995–2003

49 WABW A 1 IHK Rottweil, WABW A 2 Schwarzwälder IHK (beide gingen 1973 in der IHK Schwarzwald-Baar-Heuberg auf)

50 125 Jahre Industrie- und Handelskammer Schwarzwald-Baar-Heuberg, Villingen-Schwenningen 1992. Rudolf Kubach u. a. (Red.), Wirtschaftsraum Schwarzwald-Baar-Heuberg, Oldenburg 1989. Schwarzwald-Baar-Heuberg (deutsch/englisch/französisch), München 1995. Heinz-Rudi Link (Red.), Schwarzwald-Baar-Heuberg. Drei Landkreise – Eine starke Wirtschaftsregion, Oldenburg 2003. Friedemann Maurer, Treibende Kräfte, Vom Leben und Arbeiten auf dem Hohen Wald, Streifzüge durch die regionale Kultur- und Wirtschaftsgeschichte, Ostfildern 2013

306 IHK Südlicher Oberrhein, Freiburg

Name IHK Südlicher Oberrhein
Geschäftstätigkeit IHK
Branche Nr. 910
Umfang 61
Laufzeit 1561, 1692, 1780–1822, 1931–2013
Benutzbarkeit Eingeschränkt
Bestand A 17

Bestandsgeschichte Der Bestand wurde ab 1989 mit zahlreichen Nachlieferungen von der Kammer übernommen. Die Überlieferung beginnt schwerpunktmäßig in den 1930er Jahren. Eine Rarität ist das Protokollbuch des Freiburger Handelsstandes 1780–1810. Interessant ist eine Reihe von Steuereinzugslisten, die für den Zeitraum 1931–1961 alle Firmen für den betreffenden Wirtschaftsraum nachweisen. Einen weiteren Schwerpunkt bilden Akten von erloschenen und aktiven Firmen seit 1950.
Geschichte Die Industrie- und Handelskammer Freiburg wurde am 31.8.1880 auf Grund des badischen Handelskammergesetzes vom 11.12.1878 gegründet. Direkte Vorläufer waren zünftig organisierte Zusammenschlüsse des Freiburger Handelsstandes, die sich bis ins Mittelalter zurückverfolgen lassen. Änderungen in

der Struktur des Kammerbezirks erfolgten mehrmals, insbesondere 1896 durch die Abtrennung des Amtsbezirks Neustadt zugunsten der Schwarzwälder Handelskammer Villingen. 1901 umfasste der Kammerbezirk die Amtsbezirke Freiburg, Breisach, Staufen, Waldkirch und Emmendingen mit Ausnahme der Gemeinden Herbolzheim und Oberhausen. 1921 kam der Amtsbezirk St. Blasien hinzu. Ende 1932 umfasste der Kammerbezirk die Kreise Freiburg-Stadt und Freiburg-Land, Emmendingen und vom Kreis Neustadt die Gemeinden Bärental, Häusern, Menzenschwand, Blasiwald, St. Blasien und Schluchsee. 1933 wurde Freiburg wie alle badischen Kammern der Einheitskammer in Karlsruhe als Außenstelle unterstellt. Als Ergebnis der zweiten Reform des badischen Kammerwesens 1935 wurde Freiburg mit den aufgelösten Kammerbezirken Lahr und Villingen vereinigt. Schopfheim und Konstanz blieben Zweigstellen der IHK Freiburg auch nach Vollzug der dritten Gauwirtschaftskammerreform 1942, in deren Folge Freiburg Wirtschaftskammer wurde. 1945 wurde die Kammerorganisation in der Form, wie sie 1933 bestanden hatte, wiederhergestellt. Zum Kammerbezirk kam der Kreis Neustadt hinzu. 1973 wurde die IHK Südlicher Oberrhein, eine Vereinigung der bisherigen Kammern Freiburg und Mittelbaden gebildet. Der Kammerbezirk umfasst den Stadtkreis Freiburg, den neugeschaffenen Landkreis Breisgau-Hochschwarzwald, den Ortenaukreis sowie den alten Landkreis Emmendingen.

23 Kammergebietsreform 1970–1971, Rheinkammerunion, grenzüberschreitende Zusammenarbeit von Industrie- und Handelskammern (Partnerschaften) 1959–1999, DIHT (Jubiläen) 1961, 1986, Verband der Geschäftsführer deutscher Industrie- und Handelskammern 1979–1994; Wirtschaftskammer Baden/Gauwirtschaftskammer 1935–1944, Liquidation der Gauwirtschaftskammer Oberrhein 1943, 1950–1976, badische Industrie- und Handelskammern (Zusammenkünfte) 1945–1947, Pressestelle Kammern und Verbände in Südbaden 1953–1965, Arbeitsgemeinschaft der Industrie- und Handelskammern in Baden-Württemberg (Volltagungen 1968–1978, Vorstand 1973–1986, Hauptgeschäftsführerkonferenz 1969–1973, Verwaltungsleitertagungen 1974–1993, Pressereferenten 1975–1991, Steuerreferenten 1974–1995, Verkehrsreferenten 1984–1994, Industriereferenten 1977–1994, Kreditreferenten 1983–1995, Außenwirtschaftsreferenten 1983–1992, Berufsbildungsreferenten 1979–1995, Arbeitskreis Innovationsberater 1986–1995), Kammerzugehörigkeit, Abgrenzung von Industrie und Handwerk 1958–1995, Gesetz über die Industrie- und Handelskammern 1956–1986

24 Protokollbuch des Freiburger Handelsstandes 1780–1810, Verzeichnis der Mitglieder und Beitragsleistung der Kaufmannszunft 1693; Wirtschaftskammer und Gauwirtschaftskammer, Liquidation der Wirtschaftskammer Freiburg, Beirat/Vollversammlung 1934–1994, Präsidium 1949–1964, Post des Präsidenten 1936–1947, Wahlen 1953, 1963, 1976–1993, Satzung 1958–1971, Geschäftsordnung 1958–1989, Geschäftsverteilungsplan 1961–1991, Kammerjubiläum (75-jähriges, 100-jähriges Jubiläum) 1955–1988, Kammergebäude 1936–1995, Kammerausschüsse 1960–1993, Personalpolitik 1941–1943, Weiterbildung 1992, Beamte (Gehälter, Versorgung) 1933–1976, Geschäftsführerbesprechungen 1949–1957, Personal (v.a. Dr. Eduard Lais) 1936–1975, Haushalt, Vermögen 1940, 1944–1987, Betriebsausflüge 1958–1980, Referentenbesprechungsprotokolle 1979–1988, Registratur und Aktenordnung 1955–1991, Spenden 1955–1962, Kammerbezirk 1976–1982, Beitrag (v.a. Steuereinzugslisten für Freiburg-Stadt, Freiburg-Land, Amtsbezirke Lahr, Neustadt, Villingen, Donaueschingen, Emmendingen, Wolfach, Breisach, Kenzingen, Offenburg, Gengenbach, Oberkirch, Kehl, St. Blasien, Waldkirch, Müllheim) 1931–1961; Orden und Auszeichnungen 1952–1978; Fusion zur Industrie- und Handelskammer Südlicher Oberrhein 1970–1973

25 Rechtspflege allgemein 1971–1990, Besatzungsschäden 1952–1969, Vergleichsverfahren 1962–1980, Insolvenzrecht allgemein 1975–1993, gewerbliche Betätigung von Ausländern 1969–1979, Schiedsgerichtswesen allgemein 1984–1994, Schiedsgerichtsbarkeit der Industrie- und Handelskammer 1949–1980, Arbeitsgerichte 1985–1992, Finanzgerichte 1978–1994, Wirtschaftskriminalität 1975–1995, Ladendiebstähle 1975–1987, Handelsrecht allgemein 1983–1988, Firmenwert 1949–1986, Produkthaftung 1987–1991, Aktienrecht 1975–1990, GmbH allgemein

1982–1993, Genossenschaften 1970–1990, Handelsregister allgemein 1973–1995, Handelsregister Freiburg-Stadt und Freiburg-Land 1901, 1911, Handelsregister-Löschungen 1965–1973, Handelsbräuche 1973–1990, Firmenbezeichnung 1971–1993, Preisrecht, Preisbildung, Preisentwicklung 1975–1990, Gewerbeordnung 1976–1983, Patentwesen, Musterschutz, Urheberrecht 1980–1994, Warenzeichen allgemein 1975–1991, Rabattwesen 1980–1994, Wettbewerb allgemein 1983–1990, Zugabewesen 1977–1986, Fremdenverkehrswerbung 1979–1984, unlauterer Wettbewerb (Schneeballsystem) 1983–1991, Sachverständige 1949–1985, Wirtschafts- und Steuersachverständige 1949–1990, Mitbestimmung 1979–1985

26 Industrieansiedelung Freiburg-Stadt 1950–1970, Bebauungspläne Freiburg-Stadt 1980–1982, eigene Wirtschaftslageberichte 1970–1983, Industrieatlas 1982, grenzüberschreitende Regionalplanung 1972–1984, Grenzgänger Studie 1980–1984, Abfall, Sonderabfallbeseitigung, Recycling 1977–1984, Innovation, Technologie 1985, Industrie und Elektronik 1987, Umweltschutz, Waldsterben 1983–1986, Flächennutzungsplan Emmendingen 1981, Privatisierung des kommunalen Bereichs 1977–1984

27 Industrieausschuss, eigene Kammer 1970–1990, Energie 1978–1984, Kernkraftwerke Breisach, Fessenheim, Wyhl, Kernforschungszentrum Karlsruhe 1972–1989, Mineralölversorgung 1950–1987, Industrieberichte 1985–1986, Großhandelsausschuss und Einzelhandelsausschuss, eigene Kammer 1965–1981, Großhandelszentrum in Freiburg, Edeka Verbrauchermarkt 1970–1976, Fremdenverkehrsausschuss, eigene Kammer 1965–1981, Fremdenverkehr/Werbung 1975–1984

28 Außenhandelsausschuss, eigene Kammer 1967–1982, Kompensationsstelle der Handelskammern GmbH, Freiburg (Kompensationsverkehr zwischen Ostfrankreich und dem Land Baden) 1949–1951

30 Verkehrsausschuss, eigene Kammer 1970–1984, Rheinseitenkanal 1956–1969, Rheinbrücken im Kammerbezirk 1983, Sicherheit des Straßenverkehrs 1966–1981, Deutsche Bahn 1978–1985, Umfrage Eisenbahnstrecke Müllheim-Mulhouse 1979–1982, Nahverkehrskommission 1976–1990, Netzoptimierung der Deutschen Bahn 1975–1978, Schwarzwaldautobahn 1973–1985, Splügenbahn 1981–1983, Personenverkehr 1991–195, Güterverkehr 1985–1995, Flughafen Straßburg-Hagenau 1980–1995, Flughafen Bremgarten 1991–1995; Verkehrslandeplatz Lahr 1990–2006

31 Arbeitskreis Lehrstellenangebot, Lehrstellensituation 1982/83

32 Umschulung italienischer Mitarbeiter bei der Fa. Gütermann + Co. Freiburg 1973–1976, Arbeitsmarkt, Teilzeitarbeitsplätze 1984–1995, Arbeitslosigkeit 1985–1995, Jugendarbeitslosigkeit 1973–1978, 1983–1990

33 Verbände, Vereine, Arbeitsgemeinschaften 1975–1986, Verband Baden-Württembergischer Omnibusunternehmer 1975–1987, Verein Deutscher Ingenieure 1984–1988

34 Firmenakten (erloschene und aktive Firmen) 1950–2013

46 Jahresberichte 1888–1932, 1950–1971, 1973–1998.
Badische Wirtschaftszeitung 1935–1941.
Mitteilungsblatt der südbadischen Handelskammern Baden-Baden, Lahr, Freiburg, Konstanz und Schopfheim 1947–1965. Wirtschaft in Südbaden 1966–1973. Wirtschaft im Südwesten 1973 ff.

47 Ölporträts von den Kammerpräsidenten Emil Tscheulin (1933–1945), Hermann Linnemann (1950–1967)

48 Krempen-Ordnung der Stadt Freiburg (Kleinhändler) 1561, 1822; Brandordnung 1692; Handelskammer-Notgeldscheine 1923

50 Eine Festschrift zum 75-jährigen Bestehen der Industrie- und Handelskammer Freiburg 1880–1955, hrsg. von Adolf Sauter, Freiburg 1955.
Bernd Boll und Ursula Huggle, Die Industrie- und Handelskammer Südlicher Oberrhein, Geschichte und Wirkungsfeld der Kammern Freiburg und Lahr, Freiburg 1998.
Die Handelskammer für den Kreis Freiburg i. Br. und ihre Vorgänger, Festschrift aus Anlass des 250- bzw. 50-jährigen Bestehens, im Auftrag der Kammer hrsg. von Franz Kaiser, Freiburg 1930.
Industrie- und Handelskammer Freiburg, in: Badische Wirtschaftszeitung, Karlsruhe Nr. 12 1936.
Industrie- und Handelskammer Freiburg im Breisgau, in: Badische Wirtschaftszeitung, Karlsruhe Nr. 10 1935.

Franz Kaiser, Das Freiburger Kammergebäude einst und jetzt, Ein Beitrag zur Geschichte der Industrie- und Handelskammer Freiburg, in: Badische Wirtschaftszeitung, Karlsruhe Nr. 24 1936.

Die neue Industrie- und Handelskammer Südlicher Oberrhein ist Wirklichkeit, in: Wirtschaft in Südbaden, Baden-Baden Nr. 3 1973.

Bernd Boll und Ursula Huggle, Die Industrie- und Handelskammer Südlicher Oberrhein, Geschichte und Wirkungsfeld der Kammern Freiburg und Lahr, hrsg. im Auftrag der Industrie- und Handelskammer Südlicher Oberrhein, Freiburg 1998.

Wirtschaftsraum Südlicher Oberrhein, Monographien deutscher Wirtschaftsgebiete, hrsg. in Zusammenarbeit mit der Industrie- und Handelskammer Südlicher Oberrhein, Oldenburg 1990.

307
IHK Ulm, Ulm

Name IHK Ulm
Geschäftstätigkeit IHK
Branche Nr. 910
Umfang 185
Laufzeit 1945–2018
Benutzbarkeit Ja
Bestand A 09

Bestandsgeschichte Der Firmenaktenbestand wurde ab 1984 mit Nachlieferungen von der Kammer übernommen. Der ab 1989 mit Nachlieferungen übernommene Sachaktenbestand enthält Unterlagen aus allen Bereichen mit zeitlichem Schwerpunkt ab 1946. Das Archivgut vor 1945 muss als verloren gelten.

Geschichte 1855 wurde aufgrund königlicher Verordnung die Handels- und Gewerbekammer Ulm gegründet. Der Bezirk umfasste die Oberämter Ulm, Biberach, Blaubeuren, Ehingen, Geislingen, Laupheim, Münsingen, Leutkirch, Ravensburg, Riedlingen, Saulgau, Tettnang, Waldsee und Wangen. Nachdem 1866 vier weitere Kammern in Württemberg errichtet wurden, erstreckte sich der Kammerbezirk auf die Oberämter Ulm, Biberach, Blaubeuren, Ehingen, Geislingen, Laupheim und Münsingen. 1934 wurde das Land Württemberg in vier Kammerbezirke eingeteilt. Der IHK Ulm wurden die aufgelösten Kammern Heidenheim und Ravensburg als Zweigstellen zugeteilt. Die Verordnung über die Errichtung von Gauwirtschaftskammern vom 20.4.1942 führte schließlich zur Auflösung der IHK Ulm. Diese wurde eine Zweigstelle der Gauwirtschaftskammer Württemberg-Hohenzollern mit den Nebenstellen in Ravensburg und Heidenheim. Ulm war zuständig für die Landkreise Ulm, Biberach/Riß, Ehingen/Donau und Münsingen. Geislingen kam zum Landkreis Göppingen und wurde der Zentrale in Stuttgart unterstellt. 1945 wurde die IHK Ulm wiedererrichtet. Durch die Zonengrenzziehung musste Ulm die Landkreise Ehingen und Münsingen an die IHK Reutlingen, den Landkreis Biberach mit Laupheim an die IHK Ravensburg abtreten. Der Betreuungsbereich erstreckte sich zunächst auf den Stadt- und Landkreis Ulm. Durch Verordnung der Landesregierung wurde der Landkreis Ehingen mit Wirkung vom 1.1.1963 dem Bezirk der IHK Ulm angegliedert. Ebenso kam im Zuge der Neuordnung der Kammerbezirke am 1.1.1973 der neue Landkreis Biberach hinzu.

23 Gauwirtschaftskammer Württemberg-Hohenzollern (Vermögen 1945), Kammerrecht 1947–1993, Arbeitsgemeinschaft der Industrie- und Handelskammern in Württemberg-Baden/Baden-Württemberg 1947–1996, IHK Erfahrungsaustausch Kostenstruktur 1981–1995, Presseausschuss Kammern-Verbände in Württemberg-Baden (Baden-Württemberg) 1949–1960, Arbeiterkammern 1949–1975, Gemeinsamer Finanz- und Steuerausschuss der IHKn Bodensee-Oberschwaben, Ostwürttemberg und Ulm 1981–1991, Deutscher Industrie- und Handelstag (Jubiläum 1961, Vollversammlungen 1975–1995, Hauptgeschäftsführer-Konferenzen 1982–1995, Vorstandssitzungen 1998–2000, Satzung 2001/02), Kammergebietsreform 1973, Jubiläumsschrift der württembergischen Handelskammern 1958, gemeinsame Präsidialsitzungen der IHKn Ulm, Augsburg, Bodensee-Oberschwaben 1986–1991; Arbeitsgemeinschaft für Datenverarbeitung (ADV), Göppinger Arbeitsgemeinschaft für Datenverarbeitung (GAD) 1970–1988

24 Kammerjubiläum 1955, 1980/81, Kammerbezirk 1948–1963, 1970–1973, Vermögensauseinandersetzung mit der Industrie- und Handelskammer Bodensee-Oberschwaben 1971–1975, Satzung, Wahlordnung 1946–1997, Geschäftsverteilungsplan 1976–1990, Vollversammlung allgemein 1947–2000, Wahlen Vollversammlung 1967–1990, 2008, Vollversammlungen 1950–1977, Ausschüsse 1978–1999, Gremienmitglieder 1988–2001, Präsidentenwechsel 1985–1993, Dr. Schmihing (Einstellung als HGF, Berufsbild, Vorträge) 1976–1992, Haushalts-, Kassen- und Rechnungswesen 1948–1989, Vermögen 1971–1990, Kammerzugehörigkeit, Beitrag, Gebühren 1946–1999 (Banken 1957–1975), Steuern 1946–1975, Kammergebäude 1961–1980, 2002, Öffentlichkeitsarbeit 1964–1975, Reden (1981–1994, 1998, Vollversammlung 1993–2003, Präsidiumssitzungen 1994–2002, Präsident und Hauptgeschäftsführer 1996–2002), interne Rundschreiben 1950–1979, internationale Partnerschaften 1978–1994, Bundes-Verdienstorden 1976–1997, Reisen (Brüssel 1994, 2006; Berlin 2002; Rumänien 2008), Adressenlisten 1983–1998

25 DIHT/DIHK Rechtsausschuss 1960–1975, 1985–2007, DIHT Rechtsreferenten 1979–2001, Rechtsreferenten der baden-württembergischen IHKn 1987–1994, Internationales Recht 1957–1973, Gewerberecht, Aufenthaltserlaubnis von Ausländern 1951–1979, Rechtssachbearbeiter der Arbeitsgemeinschaft der Industrie- und Handelskammern in Baden-Württemberg 1964–1975, Arbeitskreis Wirtschaftsjuristen im Bereich der IHK Ulm 1997–2005, Vertriebenenrecht 1954–1967, Reparationsschadengesetz 1965–1969, Besatzungsrecht, Lieferungen und Leistungen an ausländische Streitkräfte 1958–1965, deutsch-amerikanischer Beraterausschuss 1952–1958, Staats- und Verwaltungsrecht, Bundesrecht allgemein 1967–1974, politische Parteien 1963–1975, Verfassungsschutz 1954–1972, Staatssicherung 1961–1968, gewerbliche Betätigung der Bundeswehr 1965–1972, Unterhaltssicherungsgesetz 1960–1975, verteidigungswirtschaftliche Fragen 1961–1971, Kreiswehrersatzämter 1964–1972, Luftschutz, Zivilschutz, Notstandsgesetze 1962–1972, Südweststaat 1952–1969, Länderneugliederung 1971–1972, Regierungsbezirke 1962–1973, Kreisreform Baden-Württemberg 1969–1975, Gemeinderecht, Gemeindeverwaltung 1954/55, 1976–2007, Stadt Ulm (Organe der Stadtverwaltung, Finanzielles, Stadtentwicklung, Verkehrsplanung, Schwörmontag, Statistik, Ausbau zur Wissenschaftsstadt) 1948–1990, Stadtregion Ulm/Neu-Ulm, Landkreis Ulm 1949–1975, Stadt Blaubeuren 1949–1975, Stadt Langenau 1970–1975, Stadt Laichingen 1972–1975, einzelne Gemeinden im Landkreis Ulm 1962–1975, Baden-Württemberg, allgemein 1962–1973, Umstrukturierung der Finanzamtsbezirke 2003–2006, Gewerbetreibende Gemeinderäte 1999–2000, Seminare für Gemeinderäte 1999–2003, Rechtsauskünfte 1961–1973, Rechtspflege 1951–1975, Gerichte 1952–1975, bürgerliches Recht 1963–1977, Konkurse und Vergleiche 1962–1996, Wirtschaftsstrafrecht 1952–1975, Firmen-, Gesellschaftsrecht, Handelsregister, Gewerbean- und -abmeldungen 1948–2007, Firmenrecht und -bezeichnung 1961–1995, Gesellschafter-Fremdfinanzierung 2003/04, Allgemeine Geschäftsbedingungen 2001–2005, Gewerbeaufsicht 1954–1974, gewerblicher Rechtsschutz, Urheberrecht, Gebrauchsmusterrecht, Warenzeichenrecht, Patentgesetz 1945–1978, 1992/93, Wettbewerb 1947–1975, unlauterer Wettbewerb 1929–1999, Einigungsämter für Wettbewerbsstreitigkeiten 1949–1993, Rabatt- und Zugabewesen 1947–1975, Weingesetz 1961–1968, Kartellgesetz 1949–1975, Sachverständigenwesen 1949–2001, gemeinsamer Sachverständigen-Ausschuss der IHK Bodensee-Oberschwaben und der IHK Ulm 1975–1986, Preisbildung und Preisüberwachung 1939–1975, gewerbliche Nebengesetze und Verordnungen 1950–1975, Handelsbräuche 1981–2006, Handelsrechtsreform 1998, Bürokratieabbau, Mittelstandsentlastungsgesetz 2005–2008, Scheinselbstständigkeit 1995–2002, Gemeinsamer Sachverständigen-Ausschuss der IHKn Bodensee-Oberschwaben und Ulm 1987–1997

26 Volkszählung 1981–1987, Gewerbeförderung 1968–1975, Kreditwesen (v. a. staatliche Finanzhilfe und Investitionszulagen, Lastenausgleich, ERP-Kredite) 1950–1979, Landesentwicklungsplan 1966–1972, Mittelstandspolitik 1961–1975, Wirtschaftsstruktur, Raumordnung in Baden-Württemberg, Industriestruktur 1967–1975, Regionalverband Oberschwaben 1965–1972, Regionalverband Donau-Iller 1966–1980,

Region Donau-Iller 2004, Wirtschaftsgespräche Ulm/Neu-Ulm 1979–1999, DIHT Statistik 1975–1986, Industriestatistik 1963–1967, Wirtschaftsstatistik 1982–2007, Wirtschaftslage (allgemein 1958–1979, Baden-Württemberg 1960–1975, eigene Kammer 1948–1979), Markt- und Standortanalyse Ulm 1992–1994, »Ulm 2000« 1992, Wirtschaftsstandort Baden-Württemberg »Wirtschaft 2000« 1992–1994, Zukunft der Innenstädte 1996–2000, Landesgewerbeamt 1951–1974, Preisstatistik 1964–1975, Umweltschutz 1971–1981, Lärmverursachung, Lärmbekämpfung 1954–1968, Reinhaltung der Luft 1958–1979, Immissionsschutzgesetz 1968–1973, öffentliche Aufträge 1964–1973, Wohnungsbau 1952–1961, Betriebsorganisation 1959–1975, betriebswirtschaftlicher Arbeitskreis der Kammer 1959–1966, Buchhaltungs- und Bilanzwesen 1954–1971, Rationalisierung 1953–1975, Rationalisierungs- und Innovationszentrum der Deutschen Wirtschaft e. V. (RKW), Erfa-Gruppen 1953–1975, Datenverarbeitung 1965–1975, Normung und Typisierung 1962–1957, Maße und Gewichte 1964–1975, Leasing 1966–1972, Wirtschaftsschutz, Betriebsschutz 1948–1973, Veröffentlichungen über die Wirtschaft im Kammerbezirk Ulm und in Baden-Württemberg 1962–1990, gemeinsames Beratungszentrum Ulm der IHK Ulm, der Handwerkskammer Ulm und der Deutschen Ausgleichsbank 1999–2001, Konversionsprojekt Ulm 1993/94, mittelständische und Familienunternehmen 1999–2000, Raumordnungsverfahren 1980–2000, Fachausschüsse Grundstücke/Gebäude/Mieten 1978–1989, Vereinigung von Industrie- und Handelskammern zur Förderung der Betriebsberatung e. V. 1987–1997, Konjunkturumfragen 1985–1995, 2000–2006, Konjunkturberichte 1994–1998, Konjunkturgespräche 2001–2008, Regional Forum Wirtschaft 2001–2005, Zukunftswerkstatt 2002, 2006, Forum Zukunft Schwaben 2003, Demografie 2002–2009, Technologiefabrik Ulm GmbH/TechnologieFörderungsUnternehmen GmbH (TFU), Ulm 1983–2010, TFU Gründerzentrum Neu-Ulm 1993–1998

27 Industrie (Allgemeines, Ansiedelung, Abwanderung, regionale Organisation) 1948–1975, Industrieausschuss der IHK Ulm 1977–1993, Industrieberichte 1969–1974, Energiewirtschaft, Energieversorgung 1951–1975, Bergbau 1966–1975, Maschinenindustrie 1967–1974, Flugzeugindustrie 1954–1960, Eisenwaren-, Stahlwaren-, Metallwarenindustrie 1964–1974, Holz-, Holzwaren- und Möbelindustrie 1968–1970, Textil-, Bekleidungs- und Hutindustrie 1953–1975, Mineralölindustrie 1959–1973, Wasserwirtschaft, Abwasserbeseitigung, Müllverwertung 1951–1976, Bauwirtschaft 1975, Handel 1963–1975, Groß- und Außenhandel 1946–1975, Einzelhandelsausschuss der IHK Ulm 1978–2003, Einzelhandel, Ladenschluss 1946–1976, 1997, Einzelhandelsvorhaben, Verbraucherangelegenheiten 1948–1979, IKEA Ansiedlung 2000, Verbrauchermärkte 1983–1987, Versand-, Automaten-, Bahnhofs- und Betriebshandel 1949–1972, Wirtschaftswerbung 1950–1975, Genossenschaften 1947–1974, Vermittlergewerbe 1948–1975, Reisegewerbe 1950–1965, Gaststätten- und Beherbergungsgewerbe 1949–1993, Geld-, Münz- und Währungswesen 1952–1974, Banken und Sparkassen 1960–1975, Versicherungsgewerbe 1958–1961, sonstige Wirtschafts- und Dienstleistungsbereiche 1947, Handwerk 1949–1975, Land- und Forstwirtschaft 1952–1969, Firmenjubiläen, Firmenlisten 1996–2011, Handelsforum 1997–1998, Design Woche KW 43 1999, 2001

28 Deutscher Industrie- und Handelstag Auslands-Studienreisen 1976–1993, Außenwirtschaftsreferenten der Arbeitsgemeinschaft der Industrie- und Handelskammer in Baden-Württemberg 1995/96, Außenwirtschafts-Ausschuss der IHK Ulm 1978–1993, Außenwirtschaftliche Veranstaltungen 1967–1975, Organisationen der Außenwirtschaft 1954–1974, Osthandel 1967–1974, Europäische Gemeinschaften 1963–1965, Veranstaltungen Südosteuropa/Donau-Anrainer 2001–2004, Firmenpool China der IHK Ulm 1997–1999

29 Organe der Steuer- und Finanzverwaltung, Finanz- und Steuerausschuss der IHK Ulm 1966–1975, gemeinsamer Finanz- und Steuerausschuss der IHKn Bodensee-Oberschwaben, Ostwürttemberg und Ulm 1967–1987, steuerliche Buch- und Betriebsprüfungen 1962–1973, Doppelbesteuerung 1962–1977, Gewerbesteuer(-hebesätze) 1977–1981, Unternehmensbesteuerung 1987–2002

30 Verkehr Allgemeines 1955–1971, Verkehrsreferenten der baden-württembergischen IHKn

1982–1997, Verkehrsausschuss/Ausschuss für Verkehr und Logistik eigene Kammer 1973–2007, Bundes-/Landesverkehrsplanung 1972–1999, Verkehrsplanung Stadt Ulm 1960–1979, 1992–2003, Verkehrsbeirat Stadt Ulm 1976–1995, Autobahnen 1952–1976, A 7 Würzburg-Ulm 1967–1989, Deutsche Verkehrswacht Ulm, Neu-Ulm 1957–1971, Sonntagsfahrverbot 1954–1974, Parkhausgemeinschaft des Einzelhandels Ulm 1952–1974, Parkplätze u. -häuser, Ulmer Parkbetriebs-GmbH 1974–1997, Güternah- und Fernverkehr 1949–1971, Mietwagen-, Linien- und Omnibusverkehr 1948–1969, Post- und Fernmeldeverkehr 1949–1970, öffentlicher Personennahverkehr 1989–1994, Ortsmittelpunkt-Bestimmung 1975–1992, Nahverkehrsuntersuchung Ulm/Neu-Ulm 1983, Logistik-Kataster Stadt- und Landkreis Ulm 1994, Nahverkehrsplanung (Landkreis Neu-Ulm 1999–2000, Alb-Donau-Kreis 2000), Stadtbahn Ulm und Umland 1993, innerstädtische Verkehrsplanung 1970–1997, Eisenbahnverkehr (Personennahverkehr, Elektrifizierung, Streckenstilllegungen, Stückgutverkehr, Bahnhof Amstetten, Container- und Huckepackverkehr) 1960–1978, Containerbahnhof Ulm 1978–1991, Bundesbahnknotenpunkt Ulm 1984–1990, Donauschifffahrt 1948–1970, Rundfunk und Wirtschaft 1963, Splügenbahnprojekt 1988–1998, Neubaustrecke Stuttgart-Ulm-Augsburg, Innerstädtischer Stadtverkehr (Fußgängerzonen, Parkplätze, Parkhäuser Ulm, Ehingen, Biberach, Riedlingen) 1968–1991, Berufsverkehr Ulm-Donautal 1979–1991, Busbahnhof Ulm 1988–1991, Modellversuch Elektroauto in Ulm 1991–1993, Flugverkehrslandeplätze Leipheim, Schweighofen, Elchingen, Laupheim, Tannheim, Lonsee, Biberach 1973–2003, Neubau Umschlagbahnhof Ulm-Neu-Ulm, Filstaltrasse, Projekt Neu-Ulm 21 1996–2004, Fachbeirat für Logistik 1999–2000

31 Verwaltungs- und Wirtschaftsakademie 1961–1980, Hochschule für Gestaltung Ulm, Geschwister-Scholl-Stiftung 1951–1969, praktische Ausbildung der Studenten der Volks- und Betriebswirtschaft 1949–1966, Fachhochschule Ulm 1956–2013, Universität Ulm 1984–1998, Fachhochschule Neu-Ulm 1995–1999, Fachhochschule Biberach a. d. Riß 1965–2003, Fachhochschule Riedlingen 2001, kaufmännische Schulen, gewerbliche Schulen 1955–1973, betriebliche Berufsbildung 1974–1996, Berufsgrundbildungsjahr 1976–1990, Berufsausbildungsstatistik 1958–1989, Berufsakademie 1973–1976, berufliche Bildung und Eingliederung von Ausländern 1969–1990, Behindertenmaßnahmen 1973–1982, kaufmännische und gewerbliche Ausbilder-Arbeitskreise 1964–1994, Abschlussfeiern 1964–1992, Berufsbildungsausschuss eigene Kammer 1959–1980 (Gebührenordnung 1948–1970), Arbeitskreis Schule-Wirtschaft Ulm 1953–1985, Lehrstellen-Tage und berufskundliche Aktionen 1952–1987, Berufsbildungs- und Prüfungswesen (Industriemeister im grafischen Gewerbe, Betonbauer, Sägewerker, Brauer, Metallberufe, Hotel- und Gaststättengewerbe) 1946–1980, Ausbildung im Einzelhandel 1950–1983, Prüferschulung 1974–1988, Prüfungsstatistik 1948–1973, Schlichtungsfälle 1972–1986

32 Freiwilliger Hilfsdienst Ulm 1949–1957, Gewerkschaften 1949–1957, Mitbestimmung 1949–1956, Löhne und Gehälter 1960–1979, Kündigung, Kündigungsschutzgesetz 1949–1957, Arbeitsschutzgesetze 1938–1955, Urlaubsregelung 1946–1957, Arbeitsämter 1948–1953, Greencard-Umfrage 2000, Heimkehrer 1949–1951, Schwarzarbeit 1949–1955, Arbeitslosigkeit 1949–1957, IHK-Initiative gegen Arbeitslosigkeit 1985–1989, Arbeitsrecht 1950–1960, Arbeitsgerichtsgesetz 1951–1957, Arbeitsgericht Ulm 1946–1954, Anwerbung, Vermittlung und Beschäftigung ausländischer Arbeitnehmer 1950–2005, betriebliche Altersvorsorge 1946–1971, Spendenwesen 1949–1957, Jugendarbeit, Jugendsozialwerk, Blindenfürsorge 1950–1961, Ulmer Wohnungshilfswerk 1949–1960, Werkswohnungsbau 1949–1960, Hausbesitz und Mietwesen 1948–1951, Rundfunk/Programmbeirat Radio 7 1994/95

33 Sozialrechtlicher Landesverband Baden-Württemberg 1973–1974, Landesvereinigung der Baden-Württembergischen Arbeitgeberverbände 1974–1978, Gesellschaft der Freunde und Förderer der Medizinisch-Naturwissenschaftlichen Hochschule Ulm 1966–1972, Kuratorium Unteilbares Deutschland 1961–1972, Deutsche Gesellschaft für Kaufmann-Erholungsheime 1949–1957, Sozialhilfe der Deutschen Wirtschaft e. V. 1948–1953, Deutscher Handlungsgehilfenverband 1950–1956, Volkswirtschaftlicher

Arbeitskreis des Wirtschaftsjuniorenkreises Ulm 1976–1982, Integrale Kunst & Theater Werkstatt e. V. Ulm 1996, Akademie der darstellenden Kunst Ulm 1996, Handels- und Gewerbeverein Riedlingen 1994–1997

34 Firmenakten (erloschene Firmen) 1945–2017

46 Jahresberichte der Handels- und Gewerbekammern in Württemberg 1858–1904. Gewerbeblatt aus Württemberg 1894–1921.
Jahresberichte der Handelskammer Ulm 1906–1913, 1925–1931, 1962–1992 ff.
Wirtschaftsbriefe der Industrie- und Handelskammer Ulm 1960–1972. Wirtschaft zwischen Alb und Bodensee 1973 ff.

49 WABW A 5

50 100 Jahre Industrie- und Handelskammer Ulm, Ulm 1955. Hermann Glässel, Unternehmerische Selbstverwaltung – heute so wichtig wie vor 125 Jahren, in: Wirtschaft zwischen Alb und Bodensee, Ulm, Nr. 10 1980.
125 Jahre im Dienste der Wirtschaft, Für alle, in: Bericht 1980 der Industrie- und Handelskammer Ulm 1981, S. 29–63.
Franz C. Huber und Walther Mosthaf s. bei IHK Calw.
Harald Winkel, Geschichte der Württembergischen Industrie- und Handelskammern Heilbronn, Reutlingen, Stuttgart/Mittlerer Neckar und Ulm 1933–1980, Stuttgart 1980.

308 Immendinger Giesserei, Immendingen

Name Immendinger Gießerei und Maschinenfabrik GmbH
Geschäftstätigkeit Gießerei, Maschinenfabrik
Branche Nr. 275
Umfang 5
Laufzeit 1914–1990
Benutzbarkeit Eingeschränkt
Bestand Y 63

Bestandsgeschichte Das Archivgut wurde 1991 übernommen.
Geschichte Das fürstenbergische Schmelzwerk in Bachzimmern (Amalienhütte) schuf die Grundlage für die Maschinenfabrik in Immendingen, die 1835 von Fürst Carl Egon von Fürstenberg gegründet wurde. Er übertrug die Leitung der Fabrik den Maschinenfabrikanten Bernouilli aus Basel und John Rowlandson aus Bolton in Lancashire. So entstand die Firma Bernouilli, Rowlandson & Comp. 1852 übernahm die fürstliche Standesherrschaft die Leitung des Betriebes. Zum Produktionsprogramm gehörten u. a. Arbeitsmaschinen, Transmissionen, Turbinen, Dampfmaschinen, Spinnerei- und Webereieinrichtungen, Brücken, Drahtherstellung und Sauerstoff-Flaschen. Die Amalienhütte wurde 1878 aufgehoben und nach Immendingen verlegt. 1899 wurde das Werk von den Fürsten Hohenzollern-Sigmaringen übernommen. 1917 kaufte es die Firma J.G. Mehne in Schwenningen. Die Firma produzierte Motoren aller Art. 1935 gingen die Fabrikationsanlagen in das Eigentum des bisherigen Leiters Johann Jäckle über und wurden unter der Firma Jäckle-Mehne weiter geführt. Nach dem Tode von J. Jäckle 1952 übernahm der Teilhaber L. Haas die Leitung des Unternehmens. Das Unternehmen fertigte gußeiserne Formstücke aller Art, Schubsicherungen, Regelventile und Kundenguß für Armaturen-, Fahrzeug- und Maschinenbau. Es ging 1990 in Konkurs.

3 Johann Jäckle 1945

4 Firmengeschichte 1935–1975

5 Versteigerung der Immendinger Gießerei und Maschinenfabrik GmbH 1990

6 Meehanitee-Lizenz 1972

7 Verträge und Vereinbarungen 1959–1967, Gesellschafter-Sitzungsprotokolle 1962, Gesellschafterbesprechungen 1962–1980, Gesellschafterversammlungen 1976, Aktennotizen, Besprechungen 1961–1989, Landesgewerbeaufsichtsamt 1983–1985, Betriebsleitung 1963–1964, Korrespondenzen um 1950–1970, Geschäftsleitung, leitende Angestellte 1973–1984

8 Organisation 1950er Jahre

9 Belegschaft, Personalbuch 1914–1986, Werkversammlung 1980–1984, Betriebsrat 1968–1988, Eisen und Stahl Berufsgenossenschaft 1968–1971, Angestelltentarife 1946–1959, Beitragsnachweis AOK 1956

10 Bauangelegenheiten 1960–1972, Pläne Fabrik- und Wohngebäude um 1960–1989, Ausländerwohnheim 1972–1977

11 Bezirkssparkasse Engen 1964, Darlehen 1975–1978, Zins- und Dividendenscheine (Druckerei: Stähle & Friedel) 1977–1982
13 Warenzeichen, Fertigungsprogramm 1957, Patentangelegenheiten 1966–1980, Modellbuch 1938–1950, Motorenbuch 1928–1932, Gießerei-Planung 1965, Regelarmaturen 1969–1974, Meisterbesprechungen 1980–1989
14 Aufträge 1982–1987
15 Gewerbeausstellung Immendingen 1978
16 Jahresabschlüsse mit Unterlagen 1955–1963, konsolidierte Jahresabschlüsse 1981–1987, Jahresabschlüsse 1973–1987, Bilanzen 1960–1972, konsolidierte Bilanz 1980, Hauptabschluss 1948–1955, Betriebsabrechnungsbogen 1967–1970, Liquiditätsstatus 1978, Investitionen 1978–1979, Gießerei-Abrechnung 1984, Kosten- und Leistungsvergleiche 1959–1964
17 Steuerangelegenheiten 1943–1980
18 Versicherungen 1966–1975
19 Kriegssachschäden 1945–1969, Beschlagnahmung 1946–1979
20 Wasserwirtschaftsamt 1964–1968, Wirtschaftsverband Gießerei-Industrie 1955
21 Rechtsstreitigkeiten 1959
47 Fotos: Fabrikgebäude
50 Immendinger Giesserei und Maschinenfabrik 1835–1975 (Festschrift).

309 Industrie- und Handelsbörse, Stuttgart

Name Industrie- und Handelsbörse Stuttgart
Geschäftstätigkeit Textilbörsengeschäft
Branche Nr. 650
Umfang 1
Laufzeit 1878–1976
Benutzbarkeit Eingeschränkt
Bestand Y 541

Bestandsgeschichte Der Bestand wurde dem Wirtschaftsarchiv 2018 übergeben. Er umfasst Unterlagen aus dem Nachlass von Gerhard Holzwarth, dem letzten Sekretär der Industrie- und Handelsbörse Stuttgart.
Geschichte Am 4.2.1860 gründeten süddeutsche Industrielle vor allem aus dem Textilbereich die Industriebörse in Stuttgart. Erster Börsentag war der 12.3.1860. Im selben Jahr folgte die Gründung der Tagesbörse (Wertpapierbörse) und des Börsenvereins, der die Mitglieder beider Börsen vereinte. Nach Trennung von der Tagesbörse und dem Börsenverein (heute Börse Stuttgart) sowie von der Landes-Produkten-Börse folgte 1880 die Umbenennung der Industriebörse in Industrie- und Handelsbörse mit neuem Statut. Die wichtigsten Organe waren Ausschuss und Vorstand. Zu den bis dahin monatlichen, ab 1880 i. d. R. vierzehntägigen Börsentagen wurden Preisnotierungen für Garne und Gewebe herausgegeben. Als Börsenplatz diente bis 1880 ein Saal im Königsbau, später der Börsensaal in der Gewerbehalle und ab 1923 die Handelskammer bzw. IHK Stuttgart, zuletzt IHK Mittlerer Neckar. Die Industrie- und Handelsbörse Stuttgart wurde zum 30.6.1976 liquidiert, weil sie die Bedingungen des neuen Börsengesetzes nicht erfüllte.
4 Chronik; Jubiläen
5 Gründung bzw. Reorganisation 1880–1883; Statuten
7 Generalversammlungsprotokolle 1882–1891; Ausschussprotokolle 1881–1892; Protokolle Abteilung I 1881–1883; Kopierbuch 1881–1890
8 Organverzeichnis 1933; Mitgliederverzeichnisse; Stuttgarter Börse 1975
10 Gewerbehalle-Lagerräume, Städtisches Lagerhaus 1878–1890
13 Preisnotierungen 1880–1914, 1925, 1928–1929, 1931, 1952–1970; Preisnotierungen Jahresübersichten 1921–1939; Preisstatistik 1950–1957
16 Jahresberichte 1883–1943, 1957, 1959–1976
21 Stempelsteuer 1882–1895; Wollmarkt, Wollzoll 1883–1886; Handelsgesetze, US-Zollgesetze 1890–1894; Börsensteuer 1893
22 Einführung der Unfallversicherung 1884; Erweiterung der Arbeiterschutz-Gesetzgebung, Einführung der Alters- und Invalidenversicherung 1887–1891; Bürgerrat Groß-Stuttgart 1918–1921
48 Klischee Königsbau zum 100-jähr. Jubiläum 1960
49 WABW Gb-1455; WABW B 144 Bü 823
50 Rückblick über die Gründung und Entwickelung der Industrie- und Handelsbörse Stuttgart 4. Februar 1860–1931, Stuttgart 1931.

310
Innung Elektrotechnik Freiburg, Freiburg

Name Innung für Elektro- und Informationstechnik Freiburg
Branche Nr. 910
Umfang 5
Laufzeit 1925–2001
Benutzbarkeit Eingeschränkt
Bestand Y 481

Bestandsgeschichte Das Schriftgut wurde im September 2014 vom WABW übernommen.
Geschichte Die Elektroinnung Freiburg wurde 1934 als Pflichtinnung aufgrund des § 4 der ersten Handwerksordnung gegründet. Zuvor gab es in Freiburg eine Ortsgruppe des Reichsverbandes Elektro- und Installateurgewerbe. Obermeister war ab 1935 Karl Leber und die Geschäftsstelle befand sich in der Rosastr. 7a. Im August 1946 fand die erste offizielle Versammlung nach dem Krieg statt und Walter Wangart wurde als Obermeister gewählt. Otto Flick übernahm von 1947 bis 1949 dieses Amt und nach ihm wurde wieder Walter Wangart Obermeister. 1949 wurde eine Sterbekasse für die Innung eingeführt und 1954 gründete sich die Innung als freiwillige Organisation neu. Die Elektroinnung Müllheim wurde 1962 aufgelöst und das Gebiet auf die Innungen Freiburg und Lörrach aufgeteilt. Karl Friedrich Debold wurde ab 1965 Obermeister. 1967 wurde erstmals für den Handwerkskammerbereich Freiburg die überbetriebliche Ausbildung im Elektrohandwerk eingeführt und in den Räumen der Handwerkskammer eine Schulungswerkstatt eingerichtet. Mit der Gebietsreform 1973 umfasste der Innungsbezirk den Stadtkreis Freiburg, den Landkreis Hochschwarzwald bis zur Stadt Steinenstadt. Ab 1977 begann die Planung eines eigenen Ausbildungszentrums, welches 1985 fertig gestellt wurde. 1984 wurde das 50-jährige Innungsjubiläum mit einer Feier begangen. Ein zentraler Notdienst der Betriebe wurde ab 1980 eingeführt und Werner Kraus 1987 zum Obermeister gewählt.
36 Elektroinnung 1931–1999; Fachverband Elektro- und Informationstechnik Baden-Württemberg 1925–2001; Innungskrankenkasse Freiburg 1974–1989
38 Gesellenprüfungsprotokolle 1946–1974; Gesellenprüfungsausschuss 1977–1990; Elektro-Ausbildungszentrum Freiburg 1976–1991
41 Haushaltspläne 1955–1992; Jahresrechnungen 1987–1990; Haushaltspläne Fachverband 1991–2000
49 WABW Y 480
50 Im WAWB nicht vorhanden.

311
IWKA, Karlsruhe

Name IWKA Industriewerke Karlsruhe-Augsburg
Geschäftstätigkeit Maschinenbau und Wehrtechnik
Branche Nr. 290/292/298
Umfang 17
Laufzeit 1941–1975
Benutzbarkeit Eingeschränkt
Bestand Y 249

Bestandsgeschichte 1981 übernahm das WABW aus den Gebäuden in Karlsruhe rund 44 lfd. Meter Archivgut. 1990 mussten davon 27 Meter wieder zurück gegeben werden. Diese wurden anschließend in Karlsruhe vernichtet.
Geschichte 1872 wurde die Patronenhülsenfabrik Henri Ehrmann & Cie. in Karlsruhe gegründet. 1878 erfolgte die Umbenennung in Deutsche Metallpatronenfabrik Lorenz. 1889 entstand, durch den Verkauf von seinem bisherigen Eigentümer Wilhelm Lorenz an die Firma Ludwig Loewe & Co. und die Vereinigung mit der Pulverfabrik Rottweil-Hamburg sowie den Vereinigten Rheinisch-Westfälischen Pulverfabriken, die Aktiengesellschaft Deutsche Metallpatronenfabrik (Metallpatronen AG).
Die Ursprünge der Verpackungstechnik reichen bis auf das Jahr 1893 zurück, als die Patronenhülsenfabrik Henri Ehrmann & Cie das bestehende Fertigungsprogramm mit halbautomatischen Maschinen zum Füllen von Tuben erweiterte. 1928 übernahm die Industriellenfamilie Quandt das Unternehmen und verlegte die Produktion der Maschinen für Massenverpackung (MfM) nach Karlsruhe. Daraus ging 1949 die Industriewerke Karlsruhe Aktiengesellschaft

hervor. 1970 fusionierten die IWK AG und die KUKA GmbH zur Industriewerke Karlsruhe Augsburg AG. 2007 wurde die Verpackungssparte der IWKA AG vom Investor Odewald & Cie übernommen.
Seit 2013 ist die IWK Verpackungstechnik GmbH Teil der ATS Automation Tooling Systems mit Sitz in Cambridge, Kanada.

7 Gewinnverbesserungsprogramm
13 Patenturkunden, Maschinen- und Gebäudekarten
16 Prüfungsberichte 1941–1975
19 Demontagelisten
50 75 Jahre Industrie-Werke Karlsruhe Aktiengesellschaft, Karlsruhe 1964 (2211/49)

W. Benger Söhne
Dr. JAEGERS NORMAL WOLLSYSTEM
W. BENGER SÖHNE
STUTTGART
Rein
Alleinig concessioniert
Wolle
Prof. Dr. G. Jaeger.

312 Jäckle, Schwenningen

Name Johann Jäckle GmbH
Geschäftstätigkeit Metallwarenfabrik
Branche Nr. 280
Umfang 9
Laufzeit 1909–2003
Benutzbarkeit Eingeschränkt
Bestand Y 340

Bestandsgeschichte Der Bestand wurde anlässlich des Konkurses 2006 und 2007 übernommen.
Geschichte Das Unternehmen wurde 1886 von dem Schwenninger Uhrmacher und Mechaniker Johann Jäckle zunächst als Metalldrückerei gegründet, die für die Uhrenindustrie vorgestanzte Ausstattungsteile wie Zinkplatinen, Zifferblätter und Schilder herstellte. Im Lauf der Zeit kamen auch Haushaltungsartikel und Galanteriewaren aller Art hinzu. 1913 bezeichnete sich die Firma mit 200 Arbeitern selbst als größte Metallwarenfabrik des Schwarzwaldes. Nach dem Tod des Firmengründers 1915 führte dessen Frau Anna Jäckle den Betrieb allein weiter. 1919 wurde das Unternehmen in eine GmbH umgewandelt und von den beiden ältesten Söhne Julius und Artur Jäckle weitergeführt. Der Ausbruch des Zweiten Weltkriegs war für die in starkem Maße exportabhängige Firma ein schwerwiegender Einschnitt. 1941 wurde auf Kriegsproduktion – Packgefäße für Munition – umgestellt. 1946 wurde der Betrieb total demontiert. In der Nachkriegszeit entwickelte sich das mittelständische Familienunternehmen mit 300 Mitarbeitern (1988) zu einem führenden Zulieferer der Großuhrenindustrie in Europa und in Übersee. Das Produktionsprogramm umfasste vor allem Zifferblätter, Gewichtshülsen, Pendel und Großuhrgehäuse sowie Urnen für den Bestattungssektor und dekorative Urkundenbehälter. Zwischen 2000 und 2003 übernahm die Firma Franz Hermle & Sohn, Gosheim, 94 Prozent der Gesellschaftsanteile. 2005 musste die Metallwarenfabrik Johann Jäckle Insolvenz anmelden.
4 50-jähriges Jubiläum (Ansprache), 1936
7 Gesellschafter, Gesellschaftsverträge, Geschäftsführerverträge, Vollmachten 1936–1997, Beteiligungs- und Verwaltungsgesellschaft 1972–1995, Beirat, Gesellschafterversammlungsprotokolle 1990–2002
8 Betriebsordnung 1950, betriebliche Bekanntmachungen 1980–2003
9 Personal- und Lohnkartei, Lehrverträge 1933–1970, Personalangelegenheiten 1956–1974, Betriebsrat 1972–2003, Arbeiterschutzausschuss, Betriebsarzt 1975–2001, Arbeitsjubiläen 1914–2003, Unterstützungskasse 1957–1983, Sozialplan, Aufhebungsverträge, Vorruhestandsregelung, Betriebsrente 1984–2003
10 Grund- und Gebäudebesitz, Kauf und Verkauf, Lagepläne 1919–1999
11 Anleihen des Deutschen Reiches, Reichsbanknote 1922–1926
12 Stromlieferungsvertrag mit EVS 1950–1951
13 Maschinenkartei, Betriebseinrichtungen, Artikelkartei mit Abbildungen u. technischen Angaben 1920er, Produktentwürfe, Zeichnungen
14 Kundenlisten, Aufträge 1988–1999, Kataloge und Preislisten 1909–1992, Kataloge von Uhrenfabriken und Konkurrenten 1939–2000; Umsätze 1936–1939; Vertretervertrag (portugiesischer Sprachraum) 1938
15 Werbeanzeigen und -postkarte 1920er
16 Betriebsprüfung 1953–1994, Umsatz-, Ertrags- und Kostenentwicklung 1993/94, Gewinn- und Verlustrechnungen 2000–2001
17 Erklärungen zur Feststellung des Einheitswerts 1964, Gewerbe-, Grund-, Umsatz-, Gesellschaftsteuer 1974–2003
18 Unfall- und Lebensversicherungspolicen (Gesellschafter)
19 Fremdarbeiter, UK-Anträge für Mitarbeiter, Entnazifizierung (Gesellschafter)
20 IHK Villingen-Schwenningen 1961–2003
47 Fotos (Produkte) 1980–1990er
48 Reklamekalender aus Metall
49 Teilbestand befindet sich im Stadtarchiv Villingen-Schwenningen
50 F.C. Huber, Festschrift zur Feier des 50-jährigen Bestehens der württembergischen Handelskammern, Teil 2, Stuttgart 1910, S. 128
Raimund Adamczyk, Metallwarenfabrik Johann Jäckle in: Das Heimatblättle. Schwenninger Monatsschrift für Stadtgeschichte und Brauchtum, 53. Jg. 2005, Nr. 11, 54. Jg. 2006, Nr. 4

313
Jacobi, Grossheppach / Weinstadt

Name Jacobi GmbH & Co. KG
Geschäftstätigkeit Spirituosenfabrik
Branche Nr. 159
Umfang 17
Laufzeit 1914–1998
Benutzbarkeit Eingeschränkt
Bestand Y 297

Bestandsgeschichte Das Archivgut wurde 2002 vom neuen Eigentümer übernommen.

Geschichte 1880 gründete Jacob Jacobi einen Brennerei- und Destillationsbetrieb in Stuttgart. Die Firma wurde im selben Jahr ins Handelsregister eingetragen. Anfänglich betrieb man die Herstellung von Edelbranntweinen, Weinbränden, Spirituosen aller Art in bescheidenem Umfang. 1914 traten die bereits seit Beginn des Jahrhunderts als Mitarbeiter tätigen Söhne Hugo und Hermann Jacobi in die offene Handelsgesellschaft als Teilhaber ein. Während der Kriegsjahre wurden aufgrund reichsrechtlicher Vorschriften alle Bestände und die gesamte Produktion für den Heeresbedarf beschlagnahmt. Nach 1920 spezialisierte sich die Firma auf die Produktion von Weinbränden, die Fabrikation aller anderen Spirituosensorten wurde bis auf den Likör Jacobiner aufgegeben. Als Hauptmarke wurde »Jacobi 1880«, »Jacobi Privat-Reserve« und »Jacobi Echt«, später auch »Jacobi Altbrand« auf den Markt gebracht. 1922 wurde in Berlin eine Zweigniederlassung mit Lagerkellern und Bahnanschluss errichtet. 1923 fand die Umwandlung in eine reine Familien-Aktiengesellschaft statt. 1936 wurde die Jacobi AG arisiert und 1941 in Weinbrennerei G. F. Deyle AG umbenannt. Nach dem Zweiten Weltkrieg wurde sie vom Amt für Vermögenskontrolle verwaltet. Zunächst übernahmen Carl Stein und Heinz Bömers die Gebäude pachtweise und produzierten die Marke Jacobi 1880 in Lizenz, bis sie 1953 die gesamten Markenrechte von den Eigentümern Jacobi erwarben. Es folgten die Lizenzproduktion und Vertriebsrechte für »Fernet Branca«. Der Sitz wurde nach Großheppach im Remstal verlegt. Zwischen 1981 und 1993 wurde der Vertrieb verschiedener internationaler Spirituosenmarken wie Supercassis, Punt e Mes, Sauza Tequila, Absolut Vodka, Di Saronno etc. übernommen. 1994 wurde die traditionsreiche Weinbrennerei Jacobi vom britischen Spirituosenkonzern Allied Domecq übernommen, der Firmensitz nach Frankfurt a. M. verlegt. Der geschäftsführende Gesellschafter Jürgen Stein schied im Jahr 2000 nach über 40-jähriger Tätigkeit aus dem Unternehmen aus, der Standort Großheppach wurde 2002 aufgelöst.

4 Firma Jacobi 1914–1960, Verträge über den Weinbrand, Firmenporträt Fernet Branca, Presse- und Zeitungsausschnitte 1943–1980, 75-jähriges Jubiläum 1955, Pressemappe Jacobi 1980, 100-jähriges Jubiläum 1980

5 Handelsregistereintragungen 1920–1994, Errichtung und Satzungen 1932–1936, Gründungsunterlagen 1936–1937, Verträge 1949–1953

10 Grundbuchhefte 1909, 1952

12 Weinkäufe 1934–1936

13 Fabrikation Wermut-Wein 1932–1937, Unterlagen zur Herstellung 1945–1948, Allgemeines zur Herstellung von Wermutweinen 1936–1939, Fabrikation 1941–1947, Fuhrpark 1945–1951

14 Verkaufsbemühungen im Inland 1932–1936, Preiserhöhungen von Wermutweinen 1936–1939, Kataloge und Preislisten 1950–1980, Zielgruppen- und Umsatzanalyse 1971, marktpsychologische Studien 1981–1986

15 Aufhänger, Aufsteller, Plakate 1950–1970, Etiketten 1950–1980, Insertionsentwürfe 1966, Geschenkverpackungen 1960–1970, Prospekte, Rezeptbücher, Tischaufsteller, Broschüren 1960–1970, Werbeplan 1967–1976, Aufkleber 1970, Kataloge 1970–1992, Publikumsanzeigen und TV-Spots 1980, Produktinformationen 1980

16 Bilanzen Fa. Branca 1929–1961, Journale 1941–1948, Konzernbilanzen 1933–1936, Geheimbuch 1939–1948, Sachkontenbücher 1943–1970, Prüfungsberichte 1944–1945, Kalkulation ausländische Weine 1945–1946, Kreditoren und Debitoren 1947–1949, Scheckkopierbuch 1948–1950, Hauptbücher 1948–1961, Kassenberichte 1949–1950, Betriebsprüfungen 1983–1990

17 Umsatzsteuer 1946–1950

18 Gebäudebrand 1954–1994, Warenkreditversicherung 1967–1971

19 Wiedergutmachung 1933–1952, Vermögenskontrolle 1937–1947, Kriegsschäden 1943–1944,

Militärregierung 1946, Beschlagnahmung von Gütern 1947
47 Fotos: Flaschenwerbung 1960–1980, Fotoalben Schaufensterwerbung und Firma 1930–1955
50 Hundert Jahre Weinbrennerei Jacobi 1880–1980, Weinstadt [1980] (Festschrift).

314
Jaeger, Möglingen

Name Paul Jaeger & Co. KG
Geschäftstätigkeit Lackfabrik
Branche Nr. 243
Umfang 5
Laufzeit 1890–2008
Benutzbarkeit Eingeschränkt
Bestand Y 292

Bestandsgeschichte Das Archivgut wurde 2002 und 2009 übernommen.
Geschichte Die Lackfabrik Paul Jaeger wurde 1908 in Stuttgart-Feuerbach gegründet. Die Firma wurde bekannt durch den von Paul Jaeger geschaffenen Kronengrund, der als Fortschritt und Bahnbrecher für ölfreie und ölsparende Anstrichmittel in aller Welt bekannt ist. Auch hat die Firma im Lauf der Jahre grundlegende neue Techniken geschaffen und weiterentwickelt. Durch die Einrichtung eines Lehrstuhls für Anstrichtechnik an der Technischen Hochschule Stuttgart fand die bahnbrechende Arbeit Paul Jaegers auch wissenschaftliche Anerkennung. Ferner publizierte er Handbücher und Lehrfilme.
4 Jubiläumsschriften 1958–1983, wissenschaftliche Veröffentlichungen von Paul Jaeger 1928–1931
9 Meldebuch für Kranken, Invaliden- und Hinterbliebenenversicherung 1914–1958
10 Betriebserlaubnis (Tankanlage), Lageplan 1939–1944
13 Patente und Patenturkunden 1890–1938, Produktprogramm, Laborbücher, Sonderanfertigungen 1950–1982, Produktionszahlen 1965–1985, Sicherheitsdaten für Arbeitsstoffe 1980
14 Umsatzdiagramm 1925–1936, Provisionsaufstellung 1937–1954, Kunden 1953–1956, Adressbuch
15 Anzeigen 1912–1970, Etiketten 1950–1970er, Preislisten, technische Merkblätter 1955–1974, Prospekte 1960–2008
16 Kalkulation 1952–1956
18 Gebäudeversicherung 1927–1943
47 Fotos: Technische Fotografien 1950er, Referenzobjekte, Produkte, Ausstellungen, Betriebsfeiern, Mitarbeiter ca. 1900–1990er. Tonband: »Festrede von Frau Jaeger anlässlich des 50-jährigen Geschäftsjubiläums 1958«. Film: »Coloramic«
48 Stempel, Anstrichproben, Farbdosen, Maßband, Werbeschilder
50 Chronik zum 50-jährigen Geschäftsjubiläum der Firma Paul Jaeger & Co KG Lackfabrik Stuttgart-Feuerbach, [Stuttgart 1958] (Festschrift]. 50 Jahre Jaeger-Erzeugnisse 1908–1958, [Stuttgart 1958] (Festschrift). 60 Jahre Jaeger-Erzeugnisse 1908–1968, [Stuttgart 1968] (Festschrift). 100 Jahre Spezialitäten in Farbe und Lack 1908–2008 [Möglingen 2008] (Festschrift)

315
Jäger, Stuttgart

Name Gustav Jaeger
Geschäftstätigkeit Naturwissenschaftler
Branche Nr. 731/176/180
Umfang 0,5
Laufzeit 1879–1956
Benutzbarkeit Eingeschränkt
Bestand N 12

Bestandsgeschichte Die Dokumente wurden dem WABW vom Nachlassverwalter zwischen 2015 und 2019 übergeben.
Geschichte Gustav Jaeger (23.6.1832–13.5.1917) war ein Zoologe, der sich u. a. mit dem Nutzen von Tierhaaren befasste. Als Lehrbeauftragter für Zoologie und Physiologie u. a. an der landwirtschaftlichen Akademie Hohenheim beschäftigte er sich mit der Frage einer für den Menschen gesunden Kleidung. Er schloss mit der Firma Benger, Stuttgart, exklusive Verträge zur Herstellung einer rein wollenen »Gesundheitswäsche«, die bald weltweit (insbes. in London) vertrieben wurde. Auch z. B. Robert Bosch war ein überzeugter Anhänger der Jaeger'schen »Normalkleidung«. Der große Erfolg der süd-

deutschen Trikotwarenindustrie ist nicht zuletzt auf Jaeger zurück zu führen.

4 Die Dokumente umfassen die Verträge mit Benger (1879–1896), mit Konzessionären (1880–1938, u. a. mit Entress, Nürtingen), seine Autobiographie, über eine Himalaya-Expedition 1954, Frage der Rechte am Namen »Jäger« (1920er Jahre)

49 Bestand B 36 Benger

316 Jooss, Geislingen/Steige

Name Christian Jooß
Geschäftstätigkeit Buchdruckerei
Branche Nr. 220
Umfang 1
Laufzeit 1901–1982
Benutzbarkeit Eingeschränkt
Bestand Y 64

Bestandsgeschichte Das Archivgut wurde 1991 übernommen.

Geschichte Christian Jooß wurde 1868 in Gerstetten (Oberamt Heidenheim) geboren. Nach Lehre und Beschäftigung bei der WMF in Geislingen gründete er 1898/99 eine eigene Druckerei in Altenstadt bei Geislingen. 1909 verlegte er den Betrieb nach Geislingen. Im November 1943 starb Jooß. Bereits im Jahr zuvor hatte er das Geschäft verkauft und die Räume vermietet. Seine Tochter Margarete (1898–1991) führte die Geschäftsbücher als private Ein- und Ausgabebücher bis 1975 fort.

3 Haushaltstagebücher für Margarete Jooß 1953–1982

7 Korrespondenzen um 1920–1945

9 Personal, Lehrlingswesen, Löhne und Gehälter

10 Vermietungen

13 Druckproben, Papierproben

14 Kundenbuch 1926–1927, Versand 1952–1962, Aufträge 1941–1942

15 Briefbögen, Visitenkarten, Glückwunschschreiben, Kalender

16 Einnahmen-Ausgaben 1915–1919 und 1935–1953, Hauptbuchserie 1916–1940, Bilanzen 1931–1937, Journalbuchserie 1931–1944, Kontokorrentbuchserie 1933–1942, Strazze 1936–1938, Kontobuch Gewerbebank Geislingen 1917–1932, Rechnungen 1942–1944, Scheckvordrucke der Oberamtssparkasse Geislingen, Scheckheft der Gewerbebank Geislingen

17 Steuerbuch Stadt Geislingen 1909–1920, Einkommensteuer, Grundsteuer

18 Versicherungen

20 Statut für die Deutsche Buchdruckerberufsgenossenschaft 1901, Satzung der Deutschen Buchdruckergenossenschaft 1912, Mitgliedsausweise um 1930–1960, Lehrlingsordnung für das Buchdruckgewerbe der Handwerkskammer Ulm 1928

48 Stempel Chr. Jooss

50 Im WABW nicht vorhanden.

317 Josenhans, Stuttgart

Name Emanuel Josenhans
Geschäftstätigkeit Weißgerber
Branche Nr. 190
Umfang 0,1
Laufzeit 1821–1987
Benutzbarkeit Ja
Bestand B 65

Bestandsgeschichte Das Archivgut wurde 1987 übernommen. Den Kern der Überlieferung bildet die Kopierbuchserie, die ausführliche Korrespondenz mit pietistischen Brüdern in Nordamerika enthält.

Geschichte Der Weißgerber Emanuel Josenhans, geboren am 20.05.1780, betrieb in Stuttgart ein Handwerksgeschäft.

3 Stammtafel, Genealogie 1930, 1950, 1987, Studienbescheinigungen Theodor Josenhans 1876, 1882, Studienbescheinigungen, Doktordiplom Dr. Johannes Josenhans 1885–1892

7 Kopierbuchserie 1821–1837

50 Im WABW nicht vorhanden.

318
Josephinenhütte, Schwäbisch Gmünd

Name Graf Schaffgotsch' sche Josephinenhütte GmbH
Geschäftstätigkeit Glashütte, Glasverarbeitung
Branche Nr. 260/261
Umfang 3,5
Laufzeit 1950–1971
Benutzbarkeit Eingeschränkt
Bestand B 164

Bestandsgeschichte Das Archivgut wurde 1983 übernommen.
Geschichte Bereits im 14. Jahrhundert entstand auf dem Boden der Grafen von Schaffgotsch in Schlesien eine Glashütte. 1842 ließ Leopold Graf Schaffgotsch die Hütte weiter ausbauen und nannte sie in Anlehnung an den Namen seiner Ehefrau, der Reichsgräfin Clementine Josephine Schaffgotsch, Josephinenhütte. Zu den Produkten zählten kunstveredelte Gläser, Kelche, Flaschen und Rubinglas. Um 1900 stellte die Hütte ihre Produktion auf das neu entdeckte Bleikristall um. Nach dem Ersten Weltkrieg schloss sich die Josephinenhütte mit der Glasfabrik Petersdorf, dem Veredelungswerk Hermsdorf und einem weiteren Unternehmen in Schmiedeberg zu einer Aktiengesellschaft zusammen, die so zum größten Bleikristallerzeuger und Kunstglasproduzenten Deutschlands avancierte. Nach dem Zweiten Weltkrieg siedelten Gotthard Graf Schaffgotsch, Fritz Staebe und andere Mitarbeiter das Werk nach Schwäbisch Gmünd um, wo die Landesregierung für heimatvertriebene sudetendeutsche Glashandwerker bereits die Cäcilienhütte errichtet hatte. Mit dieser als Rohglaslieferant konnte Schaffgotsch 1951 die bekannte Produktpalette mit Kelchgläsern, Tafelservice, Überfangrömern und Vasen aus Bleikristall wieder anbieten. 1983 übernahm Villeroy & Boch das Unternehmen. 1987 wurde das Konkursverfahren eröffnet.
13 Produktionslisten 1959–1960, Produktionsberichte 1961
14 Kundenliste 1966–1967, Aufträge 1965–1968, Statistik 1960–1964, Umsatz 1966–1967
15 Prospekte um 1970
16 Rohbilanzen 1959–1966, Inventuren 1950–1965, Scheck- und Wechselbuchserie 1951–1960, Kostenstatistik 1968–1971, Betriebsabrechnungen 1959–1971, Abgrenzungen 1962–1971
18 Versicherungsangelegenheiten 1960–1964
20 Glas-Verein-Rundschreiben 1961–1969
50 Kurt Pritzkoleit, Das Schaffgotsch-Erbe, in: Bosse Banken Börsen, Herren über Geld und Wirtschaft, Wien / München / Basel 1954, S. 73–81. Kreis und Stadt Schwäbisch Gmünd (Heimat und Arbeit), Aalen und Stuttgart 1959, S. 142. Julius Keil (Hg.), Die westdeutsche Wirtschaft und ihre führenden Männer, Land Baden-Württemberg Teil III, Frankfurt am Main 1963, S. 88–91.

319
Jupiter, Schorndorf

Name Jupiter Küchenmaschinen GmbH
Geschäftstätigkeit Küchenmaschinenfabrik
Branche Nr. 299
Umfang 0,3
Laufzeit 1950–2001
Benutzbarkeit Eingeschränkt
Bestand Y 393

Bestandsgeschichte Das Archivgut wurde 2009 von Frau Seitz, der Witwe des kaufmännischen Leiters von Jupiter, an das WABW übergeben.
Geschichte Bevor die Firma Jupiter Küchenmaschinen GmbH aus Schorndorf von Wilhelm Leibbrand gegründet wurde, besaß dieser bereits ein Imperium in der Branche der Konserven-Herstellung. Der 1888 geborene Wilhelm Leibbrand absolvierte im elterlichen Wirtshaus eine Lehre als Koch. Nach Lehr- und Wanderjahren eröffnete er 1912 das Hotel »Zur Krone« am Marktplatz in Schorndorf. Das Ausbleiben der Gäste wegen des Ersten Weltkrieges machte Leibbrand erfinderisch. Er begann für Lazarette und Feldtruppen tafelfertige Gerichte in luftdicht verschlossene Dosen zu produzieren. Aufgrund des gutgehenden Geschäftes kaufte er in der Vorstadt ein Areal von 27 Hektar, auf dem er Kühl- und Kesselhäuser, Schlachthäuser, eine betriebseigene Küferei sowie das Wohnhaus der Familie errichtete. Im Juni 1915 wurde mit der Produktion begonnen. Seit dem Kriegsende 1918

brachen die Umsätze stark ein und 1923/24 wurde das Konservengeschäft eingestellt. Neben dem Dosengeschäft gründete Wilhelm Leibbrand 1921 die Elektrogeräte-Firma Jupiter. Schon das erste Jupiter-Gerät, die »Gloria«, ein Fleischwolf mit senkrechtem Auswurf und zahlreichen Variationsmöglichkeiten, war ein großer Erfolg. Nach dem Tod von Wilhelm Leibbrand wurde die Firma von der nächsten Generation übernommen. In der über 90jährigen Geschichte entwickelte die Jupiter Küchenmaschinen GmbH eine Vielfalt erfolgreicher Geräte wie die Universalwölfe, Zerkleinerer, Getreidemühlen, Allesschneider und Entsafter. 2010 zog die Firma von Schorndorf nach Wernau am Neckar.

4 40–, 50,–65-jähriges Jubiläum 1961,1971,1986, Otto Kurz 1963–1969, Firmengeschichte 1968

5 Handelsregister 1971

7 Geschäftsleitung 1970–1979, Insolvenz 2001

8 Organigramm 1968, Rundbrief-Informationen 1989–1991

9 Rentner 1983, Jubilare 1962–1970

10 Neubau 1960

14 Kundenliste 1970, Geschäftsergebnisse 1970, Gutachten Vertriebszustand 1965

15 Broschüren, Prospekte, Preislisten, Gebrauchsanleitungen, Plastiktüte 1950–1970

47 Fotos: Außenaufnahmen Fabrik 1962, 1970, Produktion 1962, Baustellen 1960, 1967, Richtfest 1968, Betriebsfeiern 1961, 1965, 1971, Vertretertagungen 1963, 1966, Belegschaft 1963, Messestände 1964–1967, Produktion 1967, 1970, Clara Kurz 1974

50 Im WABW nicht vorhanden.

320
Kadel, Eningen u. A.

Name Kadel GmbH & Co. KG
Geschäftstätigkeit Bleicherei
Branche Nr. 173
Umfang 2
Laufzeit 1940–1991
Benutzbarkeit Eingeschränkt
Bestand Y 206

Bestandsgeschichte Das Archivgut wurde 1995 vom Gesellschafter übernommen.
Geschichte Die Fabrikanlage Wilhelm Kadel KG wurde als Bleicherei im Jahr 1926 erbaut und 1938 von den Gesellschaftern der Firma Büsing und Co, Reutlingen, übernommen. Das Unternehmen wurde von 1941 bis 1971 von der Textilchemikerin Irmgard Wandel geleitet. 1984 wurde es an Dipl. Ing. Klarner verkauft, der es unter dem Namen Wilhelm Kadel Textil-Veredelungs-GmbH, seit 1999 nur noch als Großhandlung, weiterführt.
5 Gesellschaftsverträge um 1940–1985, Verkauf an Dipl.Ing. (FH) Klarner 1984, Betriebsschließung 1984
7 Gesellschafter, Gesellschafterprotokolle 1963–1988
9 Belegschaft
10 Grundstücke und Gebäude 1965–1991
13 Färberei, Energieverbrauch, Verdampfungsgutachten
16 Bilanzen um 1960–1988, Gewinn- und Verlustrechnungen 1973–1984
17 Steuerangelegenheiten um 1970–1985
47 Fotos: Maschinen und Gebäude 1969–1984
49 WABW Y 27
50 Der Kreis Reutlingen (Heimat und Arbeit), Stuttgart 1975, S. 384f.

321
Kalmbach, Triberg

Name Kalmbach KG (Heinrich Tränkle & Co.)
Geschäftstätigkeit Schrauben- und Metallwarenfabrik
Branche Nr. 280/287
Umfang 2
Laufzeit 1906–1987
Benutzbarkeit Eingeschränkt
Bestand Y 152

Bestandsgeschichte Das Archivgut wurde 1988 übernommen.
Geschichte Als Handwerksbetrieb von Heinrich Tränkle 1896 in Triberg gegründet, stellte der Betrieb Schrauben, Muttern und Drehteile aus verschiedenen Werkstoffen her, die in der Elektrotechnik, Fahrzeugindustrie, im Apparate- und Bergbau eingesetzt wurden. Am 1.4.1918 wurde der Betrieb als OHG ins Handelsregister eingetragen. 1938 beschäftigte der Betrieb 38 Personen. 1987 musste die Firma Konkurs anmelden.
3 Erbangelegenheiten 1950–1956
7 Korrespondenz 1943–1967
9 Lohnpfändungen 1964–1984, Berufsgenossenschaft, Unterstützungsverein 1956–1968, Hautschutz 1950–1957
11 Wertpapiere 1937–1944, Volksbank Triberg, Remontage-Kredit 1953
12 Messingpreise um 1938–1980, Lieferanten-Verzeichnis 1981, Angebote und Zeichnungen von Gebr. Heinemann St. Georgen 1953, André Bechler Dreh- und Schraubenautomaten (Aufstellungspläne, Betriebsvorschriften), Gebrüder Thiel (Gebrauchsanweisungen) 1925, Index Drehautomaten (Prospekte, Gebrauchsanleitungen) 1980er Jahre, Steinel Mehrspindel-Maschinen (Prospekte), Streicher Drehautomaten (Prospekte) 1953, Boley Werkzeugmaschinen (Prospekte, Zeichnungen) 1961
13 Maschinenpark um 1906–1980, Turbinenanlage (Voith) 1916, Befundhefte 1937–1973, Spritzguß 1939
14 Verkauf 1934–1938, Preislisten 1960er Jahre, Kunden: Kreidler Marktbericht 1979, SWF Firmengeschichte, Kataloge von Schock, Argus 1980, Schmid & Wezel Maulbronn 1955, Streicher, Sausch 1926, Fahrion

15 Prospekte Fremdfirmen um 1950–1980
16 Bewertung der technischen und kaufmännischen Betriebseinrichtung 1935–1970, Kassa-Buch-Serie 1960–1978, Bilanzunterlagen 1943–1983, DM-Eröffnungsbilanz 1948/49, Bilanzen mit Gewinn- und Verlustrechnungen 1960–1976, Betriebsprüfungsberichte 1939–1975, Leistungsergebnisse 1947, Vermögensaufstellung 1932, Kontenrahmen 1937, zweifelhafte Kunden 1951–1958
17 Umsatzsteuer 1915–1980, Steuergutscheine 1939, Vermögensabgabe 1950–1977, Einkommensteuer 1943–1975
18 Brandschaden 1954/55, Feuerversicherung 1917–1943, Feuerversicherung-Bewertungsguthaben 1955–1970, Versicherungsverträge 1914–1987
20 Wirtschaftsverband Eisen- und Metallindustrie Baden e. V. 1957, Interessengemeinschaft der demontagegeschädigten Firmen Badens e. V. 1959/60, Statistisches Landesamt 1960–1970, Verband der Facondrehteile und Blankoschraubenindustrie
21 Gerichtliche Unterlagen 1957–1960
47 Fotos: Fabrikbrand 1954
49 WABW A 2, Bü. 96
50 Im WABW nicht vorhanden.

322
Kässbohrer, Ulm

Name Karl Kässbohrer Fahrzeugwerke GmbH
Geschäftstätigkeit Fahrzeugbau, Omnibusbau
Branche Nr. 342
Umfang 75
Laufzeit 1910–1990
Benutzbarkeit Eingeschränkt
Bestand Y 565

Bestandsgeschichte Der Bestand wurde Ende 2019 kurz vor Redaktionsschluss übernommen. Weiterführende Hinweise unter: https://wabw.uni-hohenheim.de
Geschichte Karl Heinrich Kässbohrer gründete 1893 eine Wagenfabrik. Mit Aufträgen von mehreren Kfz-Herstellern wurden ab 1910 erstmals Karosserien für Personenwagen-Fahrgestelle gefertigt. Für den 1911 von Karl Kässbohrer mitgegründeten Verkehrsbetrieb wurde eine Buskarosserie auf einem Lastwagen-Fahrgestell von Saurer hergestellt. Das Unternehmen erhielt das erste Patent für einen kombinierten Omnibusaufbau für Personen- und Gütertransport. 1922 entwarf Kässbohrer einen vollgummibereiften Lastwagen-Anhänger. Ende 1922 übernahmen die beiden Söhne Karl und Otto die Firma. Nach der Übernahme der Karosseriefabrik Neuer & Thieme in Ulm (1928) konnte die Omnibusfertigung weiter ausgebaut werden. Die ersten Kässbohrer-Aussichts-Omnibusse, mit Schiebedächern und voller Verglasung des Oberteils, wurden in den Jahren 1928 bis 1930 gebaut. 1938 wurde die benachbarte Anhänger- und Transportgerätefabrik A. Mattes & Co. übernommen. Während des Zweiten Weltkriegs wurden bei Kässbohrer bis zu 1.500 ausländische Zwangsarbeiter eingesetzt. Die Produktion konzentrierte sich auf Kriegsgerät. Am Ende des Krieges wurden die Werksanlagen durch Bombenangriffe zu 80 Prozent zerstört. Nach der Währungsreform hatte das Werk wieder 850 Beschäftigte. 1951 entwickelte Otto Kässbohrer seinen ersten selbsttragenden Omnibus. 1952 baute Kässbohrer seinen ersten Gelenkbus mit dem Vorderwagen eines MAN MKN 26. Für den US-amerikanischen Fernbuslinien-Markt erschien 1958 der erste selbsttragende Luxus-Gelenkbus. Zwischen 1953 und 1967 erfolgten firmeninterne Umstrukturierungen, der Aufbau eines deutschlandweiten Reparatur- und Ersatzteildienstnetzes mit Zweigwerken in Dortmund, Hamburg, Frankfurt und Berlin und der Neubau einer Omnibusfertigungshalle für Setra-Busse. 1968 errichtete Kässbohrer in Salzburg/Österreich ein Werk. Der Konzern war nun größter Produzent von Reisebussen und Lkw-Anhängern in Deutschland. 1969 wurde die Produktpalette um den PistenBully vergrößert. Bereits 1979 fuhren über 2000 Bullys in 35 Ländern. Ende der 1980er Jahre war die Karl Kässbohrer Fahrzeugwerke GmbH mit rund 9000 Beschäftigten die zweitgrößte GmbH in Deutschland. Durch die zunehmende internationale Konkurrenz sank der Marktanteil. Der Bereich Nutzfahrzeug-Aufbauten, Sattelauflieger und Anhänger wurde an den ehemaligen Konkurrenten Kögel verkauft, die

Sparte Tank- und Silofahrzeuge wurde von den Fahrzeugwerken Rohr, Straubing übernommen. 1994 erfolgte die Auslagerung der Geländefahrzeugsparte in die Kässbohrer Geländefahrzeug GmbH. 1995 kaufte die Daimler-Benz AG Setra auf und legte seine Bus-Sparte Mercedes-Benz mit Setra zusammen. Seitdem firmiert dieser Bereich unter dem Namen EvoBus.

323
Kauffmann, Ebersbach an der Fils

Name Fr. Kauffmann GmbH & Co.
Geschäftstätigkeit Essig-, Senf- und Sauerkonservenfabrik
Branche Nr. 150/158
Umfang 10
Laufzeit 1835–1998
Benutzbarkeit Eingeschränkt
Bestand Y 263

Bestandsgeschichte Das Archivgut wurde 2000 von den ehemaligen Gesellschaftern übernommen.

Geschichte 1834 gründete Friedrich Kauffmann in Esslingen einen Gewerbebetrieb zur Senfherstellung, den ersten seiner Art in Süddeutschland. Drei Jahre später erwarb er das Kloster Denkendorf und errichtete darin eine Senf- und Likörfabrik. Im Jahr 1871 zählte der Betrieb 24 Mitarbeiter, der Umsatz lag bei 95.000 Gulden. 1901 wurde das Sortiment um Essiggurken erweitert. Wegen fehlender Eisenbahnanbindung verlegte das Familienunternehmen 1905 den Betrieb in eine stillgelegte Zementfabrik nach Ebersbach/Fils. 1938 wurde ein Zweigbetrieb in Nürnberg gegründet. 1984 beschäftigte das Unternehmen 160 Mitarbeiter. Im Jahr 2000 übernahm das Hamburger Familienunternehmen Carl Kühne die Marke Kauffmann und den größten Teil der Produktion des insolventen Unternehmens, das noch im selben Jahr ein neues Werk in Schlierbach bezogen hatte.

2 Ebersbach: Gemeinderat 1945–1950, Stadtverwaltung 1960–1978, Unternehmen, Vereine, Personen 1950–1977, Göppingen: Behörden, Banken, Parteien etc. 1939–1982

3 Gedicht Friedrich Kauffmann (?) an seine Mutter 1835, Testamente: Fanny Kauffmann 1954, E. Kauffmann 1992, Briefe Fritz Kauffmann 1932–1957

4 Briefkopf mit Werksansicht Kloster Denkendorf 1899, Material zum 100-jährigen, 125-jährigen und 150-jährigen Firmenjubiläum

5 Gesellschaftsverträge 1951 und 1972, GbR-Vertrag, GmbH-Vertrag und KG-Vertrag 1984

6 Beteiligung an der Braunschweigischen Papier- und Pappenfabrik GmbH, Königslutter 1953–1961

7 Teilhaber Wilhelm Kauffmann 1929–1972, Bericht Unternehmensberatung 1940, wirtschaftliche Beratung durch Wirtschaftsprüfer E. Heinzmann Göppingen 1948–1963, Juristische Unternehmensberatung L. Zinßer Stuttgart 1950–1976, Gesellschafterversammlungen 1958, 1991, 1993–1996, Protokolle E. Kauffmann 1979–1981, Gesamteinschätzung der wirtschaftlichen Lage durch Heinzmann 1982

8 Arbeitsabläufe und Verantwortlichkeiten 1962, Unternehmensorganisation 1986

9 Personal 1931–1958, Protokolle Gefolgschaftsunterstützungsverein 1939–1941, Betriebsordnung 1939, Leistungsbericht 1940, Bücherliste Werksbibliothek 1961, Betriebsrat 1972–1988

10 Wasserwerksanlage: Thomas Scheuffelen 1862, Fa. Zinser 1863, 1898, Fabrikgebäude Elias Schmid (Werk Zindel) 1881, Wassertriebwerk Kauffmann 1924–1929, Werkspläne 1910–1990, Neubau 1937, div. Baugesuche, -pläne und -projekte 1943–1973, einzelne Kaufverträge für Grundstücke 1949/50, Erweiterung Schlierbach 1972, Baumaßnahmen 1977, Fabrik und Bürogebäude Schlierbach 1994, Sanierung des »Kauffmann-Areals« in Ebersbach 1996

11 Kommanditisten 1920–1981, Geheimbuch (Kredite) 1937–1940, Kreditvertrag 1973

12 Zollfragen 1903, Lizenz »Kressi« Schweiz 1998

13 Rezepte Essig und Alkoholika 1886–1889, verschiedene Rezepte und Verfahren 1908, 1978–1980, Patente 1954/55, Konservierung 1900–1950, Serie Essigrezepte 1942–1969, Rezepte Kunsthonig 1946–1960, Maschinenpläne 1954–1970, Zweigwerk Nürnberg 1962–1985, Modernisierung Maschinen und Geräte 1985/86, Beschwerden und Beanstandungen 1986

14 Kundenregister [1900–1925], Versandbuch

1913/14, Jahresversandblätter 1920–1973, Vertreterliste 1933, Preislisten 1936–1967, einzelne Vertreter 1939–1958, Umsatz einzelner Produkte 1955–1957, tabellarische Umsätze 1921–1973, Tagesversand 1960–1963, Rundschreiben Außendienst 1967, 1973, 1977, Kostenübersichten Außendienst 1971–1985, Marketing 1997/98
15 Eigene Firma: Produktkatalog mit Werksfotos 1938, Firmenbriefbögen, Formulare, diverse Werbemittel, Etiketten, Kataloge, Broschüren, Rezepte 1900–1997, Konkurrenz: Sammlung diverser Werbemittel, Etiketten, Kataloge, Broschüren etc. 1920–1970
16 Bilanzbuch 1901–1922, Probebilanz 1909–1939, Hauptbücher 1911–1923, Jahresabschluß 1922–1975, 1978–1980, 1982, 1990, 1991, 1994, 1995, Geschäftsberichte 1924–1974, 1990/91, Betriebsprüfung 1930–1977, 1984, Bilanzprüfung 1991, Debitorenhauptbuch 1901–1907, Kontokorrentbuch 1909, 1914–1921, Inventur 1922–1924, 1926–1940, 1944–1962, Kontenkartei 1940–1948, Kostenaufteilung 1949–1959, Zusammenstellung wirtschaftlicher Schlüsselzahlen 1949–1959, Vierteljahressalden 1952–1964, Kreditoren 1953–1974, Debitoren 1974/75, Werk Nürnberg: Bilanz 1949–1980
17 Diverse 1927–1949, 1961–1966, Umsatzsteuer 1936–1948, Einkommen- und Körperschaftsteuer 1939–1960, Vermögensteuer 1951, Gewerbesteuer 1962
18 Gebäudebrandversicherung 1925–1966
19 Gesellschafts- und wirtschaftspolitisches Memorandum Rolf Kauffmanns 1945, Reden, Briefe, Berichte über weltpolitische Lage, Flüchtlinge, Russland 1945–1947, Maßnahmen diverser Behörden 1930–1960
20 Industrie- und Handelskammer Göppingen 1948–1979, Verband der deutschen Essigindustrie: Tätigkeitsbericht 1970–1974, Bundesverband der Obst- und Gemüseverwertungsindustrie: Geschäftsbericht 1971, Verband der deutschen Sauerkonservenindustrie: Geschäftsbericht 1971/72, 1973/74, 1977/78, Verband der deutschen Senfindustrie: Tätigkeitsbericht 1972–1974
21 Forderung der Katharina Dürschner Nürnberg 1937–1985, Klage der Firma Hengstenberg auf Unterlassung der Verwendung von Firmenfarben 1953/54, Klage Knorr vs. Maggi wegen Verwendung von Firmenfarben 1965
47 Fotos: Messen 1955–1990. Schallplatte zur Dia-Werbung für Essig [1950]
48 Emaillierte Werbeschale, Bleistift [1955], Gläserdeckel [1970], Klischees
50 125 Jahre Fr. Kauffmann, Ebersbach (Fils), in: Industrie- und Handel, Nachrichtenblatt der Industrie- und Handelskammer Stuttgart, Nr. 16 1959, S. 454.

324
Kaufhaus Schlossberg, Ebingen, Mengen

Name Kaufhaus Schlossberg GmbH
Geschäftstätigkeit Betrieb von Einzelhandelsgeschäften
Branche Nr. 521
Umfang 0,5
Laufzeit 1931–1972
Benutzbarkeit Ja
Bestand B 152

Bestandsgeschichte Das Archivgut wurde dem Wirtschaftsarchiv 2007 aus Familienbesitz übergeben.
Geschichte Im März 1938 gründeten die Kaufleute Josef Müller (1906–1965) aus Esslingen und Josef Bloch aus Regensburg die Firma Kaufhaus Müller & Co. als Nachfolgerin des arisierten Kaufhauses Gebr. Stern in Ludwigsburg. Uneinigkeiten mit seinem Mitgesellschafter führten 1949 zum Rückzug Müllers aus dem Geschäft. Zur gleichen Zeit wurde Müller Geschäftsführer beim neu gegründeten Kaufhaus Favorite in Ludwigsburg, einer Tochter des Cannstatter Kaufhauses Pfullinger & Co. Personelle und geschäftliche Verbindungen dieser beiden Häuser bestanden auch zur Kaufhaus Steffen GmbH in Ebingen, deren Geschäftsanteile bis 1951 mehrheitlich die Textilunternehmerin Anneliese Bohnet erwarb, ab 1952 Ehefrau von Josef Müller, der zweiter Gesellschafter wurde und die Geschäftsführung übernahm. Sie firmierten ab 1951 unter dem Namen Kaufhaus Schlossberg GmbH. Die Geschäftstätigkeit von Josef Müller, eingeschlossen der Betrieb von zwei weiteren Kaufhäusern in Tübingen (1954–1966) und Mengen (1957–1967), war von etlichen, zum Teil kom-

plizierten und langwierigen Rechtsstreitigkeiten begleitet. Nach dem Tod Müllers 1965 wurde seine Ehefrau Alleingesellschafterin. Sie verlegte 1966 den Geschäftssitz nach Mengen, nachdem bereits 1962 das Hauptgeschäft in Ebingen aufgegeben worden war, führte die Rechtsverfahren zu Ende und löste 1969 die Firma auf.

4 Gesellschaftsvertrag und Gesellschafterdissens Kaufhaus Müller & Co. Ludwigsburg 1938–1955, Geschäftstätigkeit Josef Müllers in der Kaufhaus Favorite GmbH Ludwigsburg 1949–1955

5 Gründungsurkunden und Vermögenskontrolle Steffen GmbH Ebingen (bis 1933: Einheitspreis-Handelsgesellschaft mbH) 1931–1938, 1950–1951; Erwerb der Geschäftsanteile der Steffen GmbH, Gesellschaftsvertrag 1950–1951; Filialgründungen Tübingen (vorm. Kaufhaus Euler) 1954 und Mengen (vorm. Kaufhaus Dietsche) 1957, Liquidation 1969–1972

7 Beschlüsse der Gesellschafterversammlung 1951–1969

8 Geschäftsaufgaben 1962–1967

9 Kaufhausleiter Ebingen 1951–1957

16 Bilanzen 1951–1967

17 Steuern, Steuerrechtsangelegenheiten 1945–1970

20 Anschlussvertrag GROHAG Großhandelsgesellschaft 1952

21 Handels-, finanz- und arbeitsrechtliche Auseinandersetzungen 1949–1970

49 WABW B 151; WABW A 7 Fi 1495 (IHK-Firmenakte)

50 Im WABW nicht vorhanden.

325
Kaufmann, Tuttlingen-Wurmlingen

Name Louis Kaufmann Söhne
Geschäftstätigkeit Trikotwarenfabrik
Branche Nr. 180
Umfang 13
Laufzeit 1865–1993
Benutzbarkeit Nein
Bestand Y 66

Bestandsgeschichte Das Archivgut wurde 1993 und 1996 von einem ehemaligen Gesellschafter übernommen.

Geschichte 1864 erwarb Louis Kaufmann die Untere Beimühle mit Wasserrecht an der Gemarkung zwischen Tuttlingen und Wurmlingen und baute eine Woll-Spinnerei auf. 1866 wurde die Fabrikation aufgenommen, wobei 1883 eine Trikotfabrikation für Herren-, Damen- und Kinderunterwäsche angegliedert wurde. 1895 führten die Söhne des Louis Kaufmann, Jakob und Louis jr., das Unternehmen weiter. Ein Jahr später erfolgte der Eintrag als offene Handelsgesellschaft ins Handelsregister. Die Wollspinnerei wurde 1914 stillgelegt. 1918/19 wurde die Firma an Otto Karl Kaufmann und Hans Kaufmann, beide Fabrikanten in Wurmlingen, übergeben. Zwischen 1907 und 1931 exportierte das Unternehmen vorwiegend nach England und Übersee. Während des Zweiten Weltkriegs wurde die Fabrikation zwangsweise stillgelegt, trotz Rohstoffmangels jedoch 1946 wieder aufgenommen. 1974 führen die beiden Vettern Otto Kaufmann jr. und Hans Kaufmann jr. als neue Gesellschafter den Betrieb weiter. 1990 wurde die Produktion eingestellt, 1993 erfolgte die Löschung der Firma aus dem Handelsregister.

2 Gemeinde Wurmlingen 1918–1931

4 Firmenchronik 1864–1990

7 Korrespondenzen 1904–1914 und 1938–1979

9 Arbeitsordnungen, Betriebsordnung 1934, Tarifordnungen 1938, Tarife 1953–1969, Lohnbücher (Heimarbeit) 1935–1941, Vertreter 1930–1958, Deutsche Arbeitsfront 1939–1945, Löhne und Gehälter 1964–1979, Lohn- und Gehaltskarten 1935–1970, Arbeitsbücher, Lohnkonten 1937–1957, AOK 1908–1928 und 1949–1975, Berufsgenossenschaft, freiwillige Sozialleistungen 1949–1972

10 Baugesuch (P.J. Manz) 1907, Bauangelegenheiten um 1930–1938, Vermietungen 1948
11 Handwerkerbank Tuttlingen 1920–1940, Wertpapiere 1944–1952
12 Rechnungen 1906–1909
13 Revisionsbücher (Dampfkessel, Aufzüge) 1892–1960, TÜV 1938–1972, Maschinenkartei 1945, Angebote für Textilmaschinen 1908–1933, Terrot 1928–1954
14 Kommissionsbuchserie 1907–1921, Bestellbuchserie 1908–1939, Versandbücher 1908–1914, 1920–1931, Auskünfte 1914–1960, Preislisten 1930–1965, Aufträge 1941–1961, Exporterklärungen 1932–1935, Kundenverzeichnisse, Großkunden um 1950–1973, Angebote 1951–1953
15 Musterbücher 1914, 1920–1953, Prospekte, Werbematerialien, Werbebriefe 1973–1974, Kalender, Etiketten um 1925–1980
16 Bilanzen und Inventuren (teilweise) 1865–1960, Kontokorrentbuchserie 1887–1920, Hauptbuchserie 1894–1925, Kasse 1900–1909 und 1921–1973, Journalbuchserie 1904–1914 und 1923–1930, Wechsel- und Scheckbuchserie 1916–1983, Kopierbuchserie 1924–1931, Sachkonten 1926–1949, Kreditoren 1920–1970, Debitoren 1926–1949, Postscheck 1922–1925, Zinsen 1888–1926, Rechnungen 1954–1959, Kalkulationen 1931–1937, Wirtschaftsprüfer 1927–1941
17 Steuern allgemein 1925–1972, Umsatzsteuer 1925–1938 und 1957–1971, Steuergutscheine, Lohnsteuer 1929–1960, Stadtpflege 1913–1924
18 Versicherungen 1930–1940, Gebäudebrandversicherung 1908–1960
19 Friedensvertrags-Abrechnungsstelle, Reparationsquittungen 1921–1924, Heereslieferungen 1941–1943, Militärregierung, Demontagen, Reparationen
20 Gesamtverband deutscher Wirkereien 1964–1965, Wasserwirtschaftsverband 1943–1969, Fachvereinigung Wirkerei 1953–1975, Industrie- und Handelskammer Rottweil 1945–1981
21 Rechtsstreitigkeiten 1931–1965
47 Lithographie Fabrikanlage 1949. Fotos: Büro und Produktionsräume (mit alten Maschinen) 1993
48 Druckstöcke
50 Handbuch der Württembergischen Wirtschaft, Berlin 1928, S. 96.

326
Kaufmann, Benedikt, Stuttgart

Name Benedikt Kaufmann
Geschäftstätigkeit Vieh- und Immobilienhändler
Branche Nr. 512/700
Umfang 0,2
Laufzeit 1923–1938
Benutzbarkeit Ja
Bestand B 149

Bestandsgeschichte Das Archivgut wurde 2007 vom Stadtarchiv Stuttgart an das Wirtschaftsarchiv vermittelt.
Geschichte Benedikt Kaufmann betrieb ab 1925 im Metageschäft mit Jakob Schust aus Biberach einen Handel mit Nutz- und Zuchtvieh. Ab 1928 betätigte er sich mit dem Viehhändler und Gastwirt Josef Ostermaier aus Friedberg (Saulgau) und dem Metzgermeister Rudolf Schellhorn aus Waldsee als Grundstücksmakler. Geschäftsgebiet war das württembergische Oberland. 1935 meldete Kaufmann sein Gewerbe beim Städtischen Steueramt Stuttgart ab.
3 Privatgrundstück Stuttgart 1923–1937
16 Vieheinkaufsbuch 1925–1927, Schuldnerverzeichnis 1930–1938
17 Einkommen-, Umsatz- und Vermögensteuer 1927–1933, Gewerbesteuerabmeldung 1935
21 Rechtsstreitigkeiten 1926–1937, Ermittlungen wegen Hinterziehung der Grunderwerbsteuer 1933–1938
48 Einladung zur Mitgliederversammlung des Vereins Jüdisches Lehrhaus Stuttgart 1930
50 Im WABW nicht vorhanden.

327
KBC, Lörrach

Name Köchlin, Baumgartner & Cie.
Geschäftstätigkeit Textildruckerei
Branche Nr. 173
Umfang 17
Laufzeit 1846–1970
Bestand Y 270

Bestandsgeschichte Das Archivgut wurde 2001 übernommen. Weitere Überlieferung zum Unternehmen verwahrt das Schweizerische Wirtschaftsarchiv in Basel.

Geschichte Der Ursprung der KBC reicht zurück in das Jahr 1753, als Markgraf Carl Friedrich von Baden-Durlach dem aus Bern stammenden Johann Friedrich Küpfer das Privileg zur Errichtung einer Indienne-Fabrik in Lörrach erteilte. Sie stellte bedruckte Baumwollstoffe her. Peter Merian aus Basel und Hauptmann Johann Friedrich Gaupp aus Lörrach beteiligten sich finanziell daran. Zehn Jahre lang war die Firma stark verschuldet, sieben Jahre später waren alle Schulden getilgt. Die Kriege Anfang des 19. Jahrhunderts und die Kontinentalsperre hatten dem Unternehmen, das überwiegend exportorientiert war, sehr zugesetzt. Bei der Zwangsversteigerung 1804 fand sich kein Käufer, so dass die markgräfliche Regierung die Firma übernahm. Erst 1808 wurde sie von den Gebrüdern Merian von Basel und den Gebrüdern Koechlin von Mühlhausen/Elsass erworben. Peter Koechlin gründete in den 1820er Jahren Spinnereien und Webereien in Steinen, Zell und Schönau, der Ursprung der späteren Zell-Schönau AG. Bereits um 1830 beschäftigten die Koechlinschen Gesamtbetriebe in Baden und Elsass 5.000 Arbeiter. 1897 wurde das Unternehmen in eine AG umgewandelt. Die KBC entwickelte sich zu einer der größten Stoffdruckereien in Europa mit Tochtergesellschaften in Berlin und Charlotte/USA, die 1976 und 1978 gegründet wurden. Im gleichen Jahrzehnt beteiligte sich das Unternehmen an einer Anzahl von Unternehmen, so der Firma Zell-Schönau AG und deren Tochtergesellschaft, die Möve-Werk GmbH & Co. KG in Reutlingen. 2001 übernahm das niedersächsische Textilunternehmen Claas Daun die KBC mit einem Standortsicherungsvertrag von der französischen Mutter Dollfus, Mieg & Cie., nachdem sie 1999 Insolvenz anmelden musste.

4 Besuche 1926–1928, Jubiläum 175, 200 Jahre KBC 1928–1953
5 Satzungen 1905–1983, Handelsregister 1920–1930
7 Aufsichtsrat 1937–1974, Kopiebuch 1918–1922, Hauptversammlungen 1948–1969, vertrauliche Protokolle 1931–1932, wirtschaftliche Lageberichte 1940–1951, Haus Eggers, Korrespondenz Gerhard Eggers 1936–1955, K.S. Kunstseidenkontrakte 1940–1942
8 Sanierung 1932–1937
9 Angestelltenangelegenheiten 1925–1971, Angestelltentarife, Gehälter 1919–1934, 1939–1972, Betriebsrat 1943–1986, Bilanzen der Fabriksparkasse 1902–1923, Drucker-Krankenkasse 1912–1928, freiwillige Sterbegeldeinrichtung 1937–1955, Gefolgschaftsunterstützungseinrichtung 1940–1974, Gefallene 1940–1948, Guthabenbuch B, Guthabenbuch Angestellte, Guthaben-Rückzahlungen 1910–1922, Jubilare 1938–1947, kaufmännische Angestellte 1919–1921, Kinderschule Neustetten 1895–1900, Pensionen 1919–1969, Richard Rafael (Chefchemiker) 1924–1958, Satzung der Betriebskrankenkasse 1939–1954, Sterbegeld 1928–1965, Kriegsgeschädigte deutsche Drucker 1944–1946
11 Diverse Banken 1920er–1930er, Aktienregister 1897–1928, Paul Favre (Obligationen KBC) 1897, Wechsel-Aufnahmen 1897–1923
13 Technische Zeichnungen (Kopien), Geschmacksmuster 1938–1939
14 Verkaufsbücher 1897–1957, Auslandversand 1939–1941, Ausfuhrhändler und -vergütungen 1956–1957, Musterbuch Zellstoff, Adressenkartei 1949–1962, Artikelbuch 1953–1973, Materialien für Buchbinder 1883–1909, Muster Flanell 1939, Musterbücher 1937–1963
15 Prix des Conventions 1910–1914, Werbematerial, Landesausstellung 1955
16 Baumwoll-Woll-Zellwollkonto 1940–1942, Maschinen (Abschreibung, Einrichtungskonto) 1925–1952, Postscheckbuch 1921–1923, Wechselkopierbuch 1923–1924, Bilanzen und Bilanzunterlagen 1914–1988, Auslandfälligkeiten, Fakturen 1938–1959, Geschäftsberichte 1921–1989, Hauptbücher 1849–1944, Debitoren-Kreditoren 1898–1960, Inventare 1893–1940
17 Körperschaftsteuer 1926–1949, Druckwaren-

Gesellschaft (Steuern) 1931–1963, Steuerangelegenheiten 1930–1940er
19 Reichsausgleichsamt Karlsruhe 1921–1923, Treuhänder für das feindliche Vermögen 1915–1922, Militärregierung 1945–1951, Verlagerung 1943–1949, Verwalter 1940–1945, Wehrmachtsbeschaffungsamt 1943–1945, Bewirtschaftung Kohle 1945–1949
20 Behörden 1945–1959, Verband Deutscher Herrenwäschefabrikanten 1914–1918, Zollverein
21 Herosé gegen Baumgartner 1844–1846
48 Videokassetten
50 Koechlin, Baumgartner & Cie Loerrach 1753–1928, [Lörrach 1928] (Festschrift). Leuchtende Farben, modischer Druck, Ein Buch vom Entstehen bedruckter Stoffe, Herausgegeben von der Manufaktur Koechlin, Baumgartner & Cie AG Lörrach/Baden im 200. Jahr ihres Bestehens, Frankfurt am Main [1953] (Festschrift). 225 Jahre KBC, Nütze die Zeit, [Lörrach 1978] (Festschrift). Der Kreis Lörrach (Heimat und Arbeit), Stuttgart 1980, S. 397. Willi A. Boelcke, Wirtschaftsgeschichte Baden-Württembergs von den Römern bis heute, Stuttgart 1987, passim. Wolfgang Göckel, KBC in schwerer Zeit, in: Jahrbuch Lörrach 1997, S. 118–138.

328
Keese, Stuttgart

Name Maschinenfabrik Friedrich Keese
Geschäftstätigkeit Maschinenfabrik und Fabrik für gesundheitstechnische Anlagen
Branche Nr. 290/296
Umfang 0,1
Laufzeit 1937–1990
Benutzbarkeit Ja
Bestand Y 515

Bestandsgeschichte Der Bestand wurde 2016 von Stephen Zierhut übernommen.
Geschichte Die Firma wurde 1897 von dem Kaufmann Friedrich Wohlrat Christian Keese gegründet. Das Unternehmen belieferte und betrieb für die Stadt Stuttgart öffentliche Toiletten sowie Toiletten in städtischen Gebäuden nach dem System »Beetz«. Dieser Geschäftszweig wurde bis 1922 betrieben. Daneben widmete sich die Firma der Produktion von Druckmaschinen. 1903 meldete das Unternehmen ein erstes Patent für Druckmaschinen an. 1930 lässt sich Keese ein Patent für eine Vorrichtung zum Einfügen von Beilagen in druckfertige Zeitschriften und Zeitungen schützen. Das Hauptgeschäft des Unternehmens bestand aus großen, bis 1.000 kg schweren Maschinen für den Flach- und Rotationsdruck, wie z. B. für die Herstellung von Etiketten für Parfümflakons, Kofferanhänger, Papieruntersetzer für die Firma Melitta oder Blechetiketten für die Stahlindustrie. Die Maschinen wurden seit den 1930er Jahren in Deutschland und Europa verkauft, seit den 1950er Jahren auch nach Übersee. Im Zweiten Weltkrieg produzierte das Unternehmen Teile für den Flugzeughersteller Messerschmidt. Nach dem Krieg wurden ca. 80 Prozent der Druckmaschinen für den Export hergestellt (ca. 100 Mitarbeiter). Unter den Kunden waren auch staatliche Institutionen wie die Bundesbank, Bundesdruckerei oder die schwedische Postverwaltung. Nach dem Tode von Friedrich Keese übernahm sein Sohn Ernst Keese die Nachfolge. 1967 geriet das Unternehmen in Schwierigkeiten; Gebäude und Produktion wurden verkauft. Im gleichen Jahr wurde unter dem Namen Maschinenfabrik Keese eine neue Firma in Schlaitdorf im Landkreis Esslingen gegründet für Kundendienst und Ersatzteile bisher produzierten Maschinen. Später wurden auch Prägepressen und Halbrotationsmaschinen hergestellt. 1974 verlagerte das Unternehmen seinen Sitz nach Wolfschlugen. 1975 starb Ernst Keese; die Firma wurde von seiner Ehefrau Johanna Keese und dem Sohn Ernst jr. fortgeführt. In den 1990er Jahren wurde der Firmensitz nach Apolda in Thüringen verlegt, wo die Firma später aufgelöst wurde.
13 Auftragsbuch Halbrotationsmaschinen 1937–1989
14 Prospekte (Hochleistungs-Etiketten-Druckautomat »Schnellläufer«, Keese Druckmaschinen) 1974–1990
50 Ulrich Gohl, Made in S-Ost. Produzierende Betriebe im Stuttgarter Osten von den Anfängen bis heute. Stuttgart 2016.

329
Keim, Reutlingen

Name C. F. Keim GmbH & Co.
Geschäftstätigkeit Textileinzelhandel
Branche Nr. 520/524
Umfang 0,5
Laufzeit 1858–1947
Benutzbarkeit Eingeschränkt
Bestand Y 67

Bestandsgeschichte Das Archivgut wurde 1986 von einem Gesellschafter übernommen.
Geschichte Bereits 1710 machte sich Johann Jacob Keim als Tuchmacher in Reutlingen selbständig. 1863 ließ sein Sohn Carl Friedrich Keim das von seinem Vater übernommene Geschäft ins Handelsregister eintragen und verfügte, dass seine Nachfolger den Firmennamen C. F. Keim beibehalten sollten. Neben Herstellung und Verkauf von Tuchen wurden durch die Angliederung einer Schneiderwerkstätte auch Anzüge und Mäntel gefertigt. 1910 übernahm Friedrich Keim das väterliche Geschäft und eröffnete ein Zweitgeschäft für Herren- und Kinderbekleidung. Ein Jahr später wurde das Unternehmen in eine offene Handelsgesellschaft umgewandelt. 1923 fasste Keim die Einzelgeschäfte zusammen und verlegte sie an einen verkehrsgünstigen Platz, den Reutlinger Marktplatz. Unter Carl Fred Keim wurde das Textilgeschäftshaus Ende der sechziger Jahre grundlegend modernisiert. 1995 wurde das Textilhaus Keim, das Sporthaus von Keim und die Parfümerien Eisenmann GmbH & Co. von der E. Breuninger GmbH & Co. übernommen.

4 Festschriften zum 250– und 275-jährigen Jubiläum
5 Gesellschaftsvertrag 1911
7 Kopierbücher 1886–1932, Geschäftstagebuch 1947
9 Leistungsbericht 1940–1943, Deutsche Arbeitsfront 1938–1943, Betriebsordnung 1918
13 Fabrikgleisanschluß 1914
15 Zeitungsreklame um 1910
16 Rechnungen 1858–1905, Statistik 1906–1920, Hauptbuch 1927–1945
17 Steuerbücher von Mitgliedern der Familie Keim 1893–1921
47 Fotos: Reutlinger Marktplatz um 1895–1937, Reutlingen Wilhelmstraße, Verkaufsräume um 1930–1935, KDF-Belegschaftsraum um 1938
50 Keim – Ein Modehaus schreibt Stadt-Geschichte, Reutlingen 1985 (Festschrift).

330
Keller, Esslingen

Name Keller, Gebr.
Geschäftstätigkeit Handschuhfabrik
Branche Nr. 180/190
Umfang 2
Laufzeit 1887–1964
Benutzbarkeit Eingeschränkt
Bestand Y 370

Bestandsgeschichte Das Archivgut wurde 2007 übernommen.
Geschichte Die Handschuhfabrik Gebr. Keller reicht zurück ins Jahr 1830, als Friedrich Keller begann, Handschuhe aus Wildleder in Esslingen zu produzieren. Im Jahr 1855 übergab Friedrich Keller seine Fabrik an seine beiden Söhne Friedrich und Hermann, welche die Firma in Gebr. Keller umbenannten und sich weiter in der Produktion von Wildlederhandschuhen spezialisierten.
1868 wurde Hermann Keller Alleininhaber und ein Jahr später erwarb er ein Grundstück in der Jakobsgasse für den Bau eines größeren und leistungsfähigeren Fabrikgebäudes mit einer eigenen Färberei. Nach dem Tod von Hermann Keller 1899 verkaufte seine Witwe die Firma und das gesamte Anwesen an den Neffen und Handschuhfabrikanten Herman Eisele, der die Firma bis zu seinem Tod 1913 leitete. Der aus Ludwigsburg stammende Kaufmann Carl Meyer erwarb dann von den Erben 1913 die Fabrik und begann mit ersten Um- und Anbauten. Weitere Baumaßnahmen fanden in den Jahren 1923 und 1928 statt.
Die Wirtschaftskrise Ende der 1920er Jahre ging auch an der Firma Gebr. Keller nicht spurlos vorüber. Noch im Jubiläumsjahr 1930 beschäftigte Carl Meyer 49 Mitarbeiter. Bis zum Jahr 1934 sank die Zahl der Beschäftigten auf 15, erholte sich aber bis zum Beginn des Zweiten Weltkrieges wieder. In den Kriegsjahren erschwerte der

Rohstoffmangel die Produktion. In der Nachkriegszeit wurde das Sortiment um Glacéhandschuhe erweitert, so dass nun bis 1950 die Beschäftigtenzahl wieder auf 24 anstieg. Im Jahr 1951 stieg der Sohn Dr. Carl Meyer in die Firma ein, die er 1958 übernahm. Ein Umsatzeinbruch in den folgenden Jahren führte zur Einstellung des Betriebs im Jahr 1964.

4 100 Jahre Keller 1930, Firmengeschichte
5 Handelsregister 1938, 1963
7 General-Vollmacht für Carl Meyer 1958
9 Lohn-Bücher 1887–1921, 1951–1961, Arbeitsordnung 1894, 1919, Tarifverträge für Lederhandschuh herstellendes Gewerbe 1910, 1918, 1924, 1927, 1931/32, 1952, 1963, Mandeltarifverträge für Angestellte 1955–1963, Jugendschutzgesetz 1960, Lohnkarten 1923–1950
10 Baugesuche und Pläne 1869–1928, Grundbuchamt 1913, Kaufverträge 1869, 1899
13 Maschinen + Geräte 1914–1960
14 Aufträge 1879–1911, Schuldschein 1918
16 Hauptbücher 1911–1929, Kontokorrent-Bücher 1913–1929, Bilanzen 1919–1964, Buchprüfung 1926, 1957, Inventur 1914–1957, Inventur 1877
50 Im WABW nicht vorhanden.

331 Kempter, Stuttgart

Name Fritz Kempter
Geschäftstätigkeit Ingenieur/Maschinenbau
Branche Nr. 742
Umfang 0,3
Laufzeit 1904–1929
Benutzbarkeit Ja
Bestand Y 415

Bestandsgeschichte Der Nachlass wurde 2010 dem WABW von seinem Enkel, Dr. Georg Friedrich Kempter, Winterbach, übergeben.
Geschichte Fritz Kempter (1870–1930) war als Maschinenbauingenieur von 1888–1930 bei der Firma Werner & Pfleiderer, Stuttgart, tätig. Seit 1910 war er technischer Direktor. Zahlreiche Erfindungen, die die Firma auf den Markt gebracht hat, u. a. die erste Teig-Knetmaschine »Viennara«, die erstmals einen Elektromotor als Antrieb nutzte (1910–1914), gehen auf ihn zurück. Bei dem Nachlass handelt es sich ausschließlich um Unterlagen, die in- und ausländische Patentanmeldungen aus seiner aktiven Zeit bei Werner & Pfleiderer betreffen.
13 Kontakte zu Patentanwälten wegen Patentanmeldungen in Österreich, England, Amerika und der Schweiz
47 Foto (D) von Fritz Kempter und Ehefrau Maria Kempter
49 WABW B 11

332 Kern, Lörrach

Name Fritz Kern GmbH & Co. KG
Geschäftstätigkeit Werkzeugmaschinenfabrik
Branche Nr. 290
Umfang 4
Laufzeit 1827–1992
Benutzbarkeit Eingeschränkt
Bestand Y 179

Bestandsgeschichte Das Archivgut wurde 1993 aus Privatbesitz übernommen.
Geschichte Das Unternehmen wurde 1842 von dem Mechaniker und Kaufmann Leonhard Kern gegründet. Er stellte Dampfmaschinen, Pumpen, Brückenwagen, Winden, Transmissionen und Kessel für den badischen Raum, die benachbarte Schweiz und das Elsass her. Nach dem Tod des Firmengründers 1979 führten der Schwiegersohn Hermann Kern und der Sohn Julius Kern die Geschäfte weiter. Sie vergrößerten den Betrieb und produzierten Kraftwerksanlagen, Textilmaschinen, Hebezeuge und Aufzüge. 1921 ging die Leitung auf den Sohn von Julius Kern, Fritz Kern, über. Dieser spezialisierte ab 1930 das Produktionsprogramm auf den Bau von Drehbänken und Drehmaschinen. Seit dem Tode von Fritz Kern im Jahre 1973 wird die Firma Fritz Kern GmbH & Co. KG von einer in Familienbesitz befindlichen Verwaltungsgesellschaft geführt. 1992 musste das Unternehmen Konkurs anmelden.
3 Wanderbuch Leonhard Kern 1834–1840, Lehr-

und Übungsbuch (handschriftlich) 1827–1830, persönliche Unterlagen von Leonhard, Hermann und Fritz Kern 1842–1906, Hausgehilfinnen 1950–1970

4 150 Jahre Maschinenfabrik Kern

5 Gesellschaftsverträge, Kaufverträge 1880–1915

7 Erstes Geschäftsbuch 1842–1851, Tagebuch 1842–1945, Geschäftskorrespondenzen mit Hahn & Kolb 1939–1945

9 Personalakten ca. 1900–1965, Lehrlingswesen ca. 1905–1960, Arbeitskräfte 1937–1945, Betriebsfeiern ca. 1930er und 1940er Jahre, Satzungen der Gefolgschaftshilfe 1941, Personalstatistik 1950–1970, Löhne 1940–1975,

10 Bauangelegenheiten, Baupläne, Grund- und Aufrisse 1887–1931

12 Einkaufsbuch 1913–1934, Lieferanten 1926–1933

13 Maschinenverzeichnisse 1900–1912, Modellbuch 1922–1954, 1948, Revisionsbuch elektrische Anlage 1903, Patente 1950–1960, technische Pläne und Zeichnungen 1830–1925

15 Prospekte um 1930–1992

16 Bilanzen Kern GmbH 1976–1982, Bilanzen Kern Verwaltungsgesellschaft 1976–1989, Bilanzen Fritz Kern KG 1960–1976, DM-Eröffnungsbilanz 1948, Hauptbuch 1940–1951, Statistik 1950–1970

19 Rundschreiben, Feldpostbriefe, Gefallenenlisten ca. 1940–1945, Kriegsgefangene 1941–1945

47 Fotos: Belegschaft, Firmengebäude 1910–1980, Betriebssport 1941, Maschinen und Anlagen 1910–1980. Film: Das ungarische Militärgestüt Bablona 1941

49 WABW Y 181, Firmenakte Hahn & Kolb, Stuttgart

50 Der Kreis Lörrach (Heimat und Arbeit), Stuttgart 1980, S. 396. Joachim Jensch, 150 Jahre Maschinenfabrik Kern, in: Unser Lörrach, Eine Grenzstadt im Spiegel der Zeit 23 (1992), S. 105–120.

333
Kessler, Esslingen

Name G.C. Kessler GmbH & Co.
Geschäftstätigkeit Sektherstellung
Branche Nr. 159
Umfang 54,2
Laufzeit 1825–2013
Benutzbarkeit Eingeschränkt
Bestand Y 267

Bestandsgeschichte Das Archivgut wurde von der Familie und der Geschäftsleitung in vier Ablieferungen 2001, 2004 und 2016 übernommen.

Geschichte Georg Christian Kessler wurde am 30.3.1787 als Sohn des Organisten und Stadtgerichtsassessors Johann Wilhelm Kessler aus Welldorf an der Werra und der Johanne Christine Kessler geb. Gesswein aus Heilbronn geboren. Nach einer kaufmännischen Lehre in Neuwied arbeitete er als Kaufmann in einer Mainzer Lederhandlung. 1807 trat er eine Stelle im Champagnerhaus Veuve Cliquot Pousardin in Reims an, wo er bald in die Geschäftsleitung aufstieg. Im Jahre 1819 heiratete er Marguerite Clémence Jobert aus Sedan. Nach dem Tode von seiner Frau und seinem Kind löste er die Verbindung zum Hause Cliquot Pousardin. 1823 erwarb er das Gut Neuhof bei Oedheim in der Nähe von Heilbronn von seiner Schwester und seinem Schwager, zu dem auch umfangreiche Weinberge gehörten, wo er Versuche zur Bereitung moussierender Weine vornahm. 1825 gelang es ihm, die Witwe Cliquot zu überreden, die Wollspinnerei und Bleicherei von Christian Hübler in Esslingen zu erwerben. Im selben Jahr kaufte Kessler zusammen mit seinem Schwager Hübler die Steudelsche Tuchfabrik in Esslingen. Im Januar heiratete Kessler in zweiter Ehe die Tochter des württembergischen Staatsministers Freiherr von Vellnagel. Im Mai desselben Jahre erfolgte dann die endgültige Trennung von der Firma Cliquot Pousardin und Kessler kaufte die vom Hause Cliquot erworbene Wollfabrik. Am 1.7.1826 gründete er zusammen mit Oberjustizprokurator Heinrich August Georgii die Sektkellerei G. C. Kessler & Co. Kessler verkaufte in den darauffolgenden Jahren die Wollfabrik in Teilen an die Esslinger Wollfabrikanten Gebrüder

Hardtmann und Merkel & Wolf (später Merkel & Kienlin). 1835 trat der aus Stuttgart stammende und in Genf arbeitende Carl Weiss in das Unternehmen ein, 1841 Gustav Stitz aus Esslingen. 1842 wurden bereits 140.000 Flaschen Sekt hergestellt. Als der Teilhaber Heinrich Georgii 1852 aus der Firma ausschied, verkaufte er seinen Anteil den beiden anderen Teilhabern Carl Weiss und Gustav Stitz, dessen Anteil nach dem Tod seines Sohnes 1904 von der Familie Weiss übernommen wurde. Carl Weiss und G. F. Stitz unterstützten die 1853 von Calw nach Esslingen verlegte Seifenfabrik von Fr. Gruner und 1864 gründete Carl Weiss zusammen mit Samuel Bitzmann aus Basel und Louis Bossard aus Wädenswiel die Seidenzwirnerei Bitzmann, Bossard & Cie. in Langenargen. Der Sohn von Carl Weiss, August Weiss, übernahm 1866 die Leitung der Firma und machte die Marke Kessler in ganz Europa bekannt. 1868 gelang es, den ehemaligen Speyrer Pfleghof, der heutige Stammsitz der Sektkellerei, von der Stadt zu erwerben. 1904 kaufte Kessler die 1892 von dem Pulverfabrikanten Max von Duttenhofer gegründete Sektkellerei Rottweil. Die Sektkellerei Kessler war bis zur Insolvenz im Jahre 2004 ein Familienunternehmen und wurde von Mitgliedern der Familie Weiss geführt. 2005 erfolgte ein Neustart mit einem neuen Gesellschafterkreis.

3 Familiengeschichte, Genealogie, Stammbaum Georg Christian von Kessler 1838–1957, Familienwappen Weiss, Genealogie, Ahnentafel Weiss 1850–1950, Korrespondenzen Familie Weiss 1825–1850, 100 Jahre Familie Weiss 1935, 125 Jahre Familie Weiss 1960, 150 Jahre Familie Weiss 1985, Dokumente Carl Weiss, 19. Jahrhundert, Testamente Alfred Weiss und Eltern 1874–1943, Korrespondenz Alfred Weiss 1874–1900, Privatakten Kommerzienrat August Weiss 1898–1957, Biographie August Weiss, Privatakten Rudolf Weiss (u. a. Bankakten Doertenbach, Keller & Söhne) 1897–1942, Rudolf Weiss: Klassenkameraden 1920/30er Jahre, Geburtstage Rudolf Weiss 1931–1941, Todestag Rudolf Weiss 1943, Geburtstage Dr. Günther Weiss 1962–1992, Berufsjubiläen Dr. Günther Weiss 1971–1981, Orden, Auszeichnungen, Ehrungen Dr. Günther Weiss 1957–1985, Dissertation Dr. Günther Weiss »Die Deutsche Sektindustrie« 1949, Privatkorrespondenz Dr. Günther Weiss 1940–1980, Schützengesellschaft Dr. Günther Weiss, Betriebsjubiläum Annemarie Weiss 1989, Geburtstage Erich Weiss 1959–1989, Berufsjubiläen Erich Weiss 1967–1987, Privatakten Erich Weiss 1991, Privatakten Mathilde Weiss 1949–1955, Geburtstag Ulrich Weiss 1988, Clemens Weiss 2002, Tagebuch Luise Hamach

4 Firmenjubiläen: Tage- und Notizbuch Dr. Günther Weiss 1912–1922, Private Korrespondenz v. a. Dr. Günther Weiss 1920–1933, Ex-Libris Dr. Günther Weiss 1920er Jahre, 100 Jahre 1926, 110 Jahre 1936, 125 Jahre 1951, 130 Jahre 1956, 140 Jahre 1966, 150 Jahre 1976, 175 Jahre 2001, Gästebücher zu Jubiläen und Veranstaltungen (u. a. 125 und 150 Jahre Kessler-Sekt, Arbeitsjubiläen, Geburtstage Familie Weiss) 1951–2004, Vorträge über die Firma Kessler 1950er Jahre, Manuskript zur Kessler-Geschichte von Prof. Dr. Otto Borst 1964–1975, Geschichte von Kessler-Sekt (Ralf Markmann) 1964, Diplomarbeiten zu Sekt und Kessler-Sekt 1988–1991, Jubiläumsrede zum 175-jährigen Jubiläum von Prof. Dr. Gert Kollmer-von Oheimb-Loup 2001

5 Korrespondenz Kessler: Bekanntmachung Handelsregister, Vertragsentwürfe 1826, Verträge 1842–1876

6 Sektkellerei Rottweil Max Duttenhofer 1890–1910

7 Korrespondenzen u. a. mit Herzog Heinrich von Württemberg 1830–1950, Kopierbücher 1831–1874, Korrespondenzen 1863–1885, Denkschrift Zuschlag auf Schaumwein Preislisten 1903–1970, Konkurrenz 1920–1925, Auskünfte über die Konkurrenz 1938–1943, Korrespondenzen staatliche und städtische Ämter 1944–1951, Württembergisches Wirtschaftsministerium 1945–1954, Kupferberg, Mumm 1956–1979, M. Chandon 1967–1970, Aktennotizen 1962–1973, interne Besprechungen 1965–1981, Korrespondenzen Vereine, Gesellschaft 1980er Jahre, Konkurrenz 1932–1959, Akten Greve 1947–1950, Handakten Investitionsplanungen 1970–1990, Protokoll Geschäftsführung 1990

9 Personalbücher für Angestellte 1889–1963, Betriebsordnung, Angestellte 1889–1963, Unterstützungskasse 1939–1941, Weihnachtsgeschenke 1940–1970, Jubiläen Angestellte 1945–1968, Arbeiterverzeichnis 1959–1962, Vertrauensrat, Betriebsrat 1940–1981, Tarife 1959–1979,

Betriebsappelle 1940–1944, Leistungsberichte 1940–1944, Betriebsveranstaltungen, Betriebsausflüge 1942–1982, Kessler Rundschau 1970, Kegelbuch 1903–1904, Arbeiterverzeichnis 1959–1962, Lohnbücher 1933–1936, 1959–1962, Leistungsberichte 1940–1944
10 Bauakten und Korrespondenzen u. a. Baustatuten der Stadt Esslingen 1842–1876, Weisseck (u. a. Grundbucheinträge, Pläne, Grundrisse, Ökonomiegebäude, Flurbereinigung, Einbrüche) ca. 1850–1911, Kopie Grundbuch 1944, Villa Zollbergstraße 1952–1978, Lagerräume, Grundstücke Langenargen 1969–1979
12 Wareneingangs-Warenausgangsbücher 1828–1842, 1919–1926, Einkaufsbücher 1874–1919, Wareneingangsbücher 1932–1955, Herbstpreise (Weineinkäufe) 1857–1938, Weinkartei 1902–1971, Weinbücher 1932–1961, Zuteilungen 1948, Französische Weine 1960–1981, Importprogramm 1970er Jahre, Weineinkauf 1982–1995
13 Weinverkostungen, Cuvées, Füllungen, Kellererfahrungen 1866–1990, Bekämpfung von Reblausschädlingen, Versuchspflanzungen, reblausresistente Rebsorten 1910–1911, Produktheft 1920er Jahre, Kellerveränderungen 1930–1935, Lagerbestände 1944–1951, Lagerbuch 1961–1971, Fässer 1949, Flaschenlagerung 1972–1981, Warenzeichen, Patente 1955–1979, Korrespondenzen Weinkommissionäre 1948–1975, Kabinett und Auslese 1969–1979, Cuvee-Bücher 1969–1990, Protokoll Stichproben Sektherstellung 1976–1985, Weinproben-Protokolle 1990–1995, Produktionszahlen ca. 1970–1998,
14 Verkaufsstatistik 1839–1848, Verkaufsbuch 1905–1907, Umsatzprämien 1928–1931, Preislisten 1871–1983, Umsätze 1850–1980, Exporte 1947–1964, Flaschenversand 1876–1937, Vertreter 1924–1973, Zusatzausfuhrverfahren 1936–1945, Flaschenausgang 1953–1954, Verkaufsbücher 1905–1907, 1921–1926, 1938–1939, Bestellungen/Korrespondenzen von Händlern aus Bad Cannstatt und Bamberg 1934 und 1940, Versandpapiere 1937–1956, Zusatzausfuhrverfahren 1936–1945, Korrespondenz mit Heinrich von Württemberg betr. Sektbestellungen 1833, Reiseberichte 1948–1958, Firma Rudolf Zehnder Rüschlikon (Import und Vertrieb) 1967–1975, Firma Rudolf Schüpach (Vertrieb) 1972, Vertrieb von Cognac und Whiskey durch Kessler (Duthie London) 1959–1962, Marketingkonzepte 1965–1987, Angebote 1969
15 Etiketten 1826–1963, Werbe-Entwürfe 1900–1980er Jahre, Postkarten, Aufsteller, Plakate, Prospekte, Bestellkarten, Wein- und Getränkekarten, Speisekarten, Menükarten 1890–1980, Adress- und Postkarten ca. 1871–1946, Neujahrskarten 1881–1904, Tischaufsteller ca. 1900–1950, Siegelaufkleber »100 Jahre Kessler-Sekt« 1927, Picollokärtchen, Kellnerblöcke, Bierdeckel, Besuchskarten, Visitenkarten 1948–1973, Drucksachen 1920–1973, Broschüren Sektwettbewerb 1927–1928, Klischeeabdrücke 1929–1962, Werbeanzeigen 1909–1926, Werbung in Tageszeitungen, teilweise mit Kostenübersicht 1951–1960er Jahre, Briefbögen 1937–1964, Gästebücher 1897–1987, Zeitschriften und Sonderdrucke 1950–1966, Kessler Rundschau 1970, Inserate, Film- und Fernsehwerbung 1947–1969, Opernball 1957–1974, Leuchtreklame 1959–1966, Kalender 1940–1990, Auszeichnungen und Anerkennungen 1845–1951, Menükarten Staatsempfänge (u. a. Breschnew UDSSR, George Bush USA) 1966–1990, Firmenprospekte 1960–2011, Verleihung des ersten deutschen Sektkulturpreises 1993, Werbegeschichte der Firma Kessler, Werbung der Konkurrenz 1933–1979, Übersicht Preise und Auszeichnungen 1967, Verzeichnis von Empfängen mit Kessler-Sekt 1983, Briefpapier o. D., Manuskripte/Zeitzeugenberichte o. D.
16 Bilanzen und Jahresabschlüsse 1836–1985, DM-Eröffnungsbilanz 1948/49, Jahresabschlussprüfungen 1943–1980, Hauptbuchserie 1827–1947, Hauptbuch (Sektfabrik Rottweil) 1900–1904, Strazza-Buchserie (Journale) 1827–1853, Kassabücher 1827–1940, Journalbuchserie 1921–1927, Inventar 1836–1911, Inventuren 1952–1960, Kalkulationen 1910–1966, Preisgestaltung deutscher Sektkellereien 1946, Fakturenbücher 1828–1836, Rechnungsbücher 1865–1875, Verkaufsbücher 1921–1926, Warenausgangsbuch 1926, 1948–1954, Kontobücher 1900–1933, Warenkontobuch 1899, Memorial 1919–1924, Kontrollbuch 1912–1919, Ausgaben 1923–1933, Kassenbücher 1931–1940, Kleine Kasse 1934–1937, Wechselkopierbücher 1938–1940, Postscheckbuch 1924–1927, Bankkonten (Bankhaus Kapff Stuttgart) 1900–1949, Rechnungen 1941–1942, Rechnungsbuch 1965–2001, Umsatzprämien 1928–1931, Expeditionsbuch 1835, Sachberichtsbuch 1928–1939, Adressbücher 1837–1879,

Fahrtenbücher 1927–1959, Sektkellerei Kupferberg: Bilanz und Statistik 1941–1967

17 Steuerakten 1916–1931, 1947–1951, Vermögenssteuer 1955, Sektsteuer 1992

18 Allgemeiner Versicherungsverein 1863–1885

19 Feldpostbriefe und Feldpostkarten 1. Weltkrieg 1917, Luftschutz 1923–1944, Kriegszuschlag 1939–1952, Wehrmachtsdienststellen 1938–1941, Fachgruppe Schaumweinindustrie 1935–1945, Deutsche Wein- und Schaumweinausfuhrgesellschaft 1939–1947, Korrespondenz mit staatlichen und städtischen Ämtern 1944–1951, Zwangsarbeiter o. D.

20 Deutsche Weinkommissionäre 1948–1975, Verband Deutscher Sektkellereien (u. a. Rundschreiben, Absatzberichte, Jahresabschlüsse, Korrespondenzen) 1945–1997, Hauptvereinigung der Deutschen Wein- und Trinkbranntweinwirtschaft 1943–1945, Vereinigung Württembergischer Weinhändler 1951–1962, Fachverband Württembergisch-Badischer Süßmosthersteller (Korrespondenzen, Rundschreiben) 1946–1948

21 Dr. Rüstige Rechtsschutzstelle 1942–1948, Klageschriften M & M 1975–1976, Prozess Deinhard 1950–1981, Gerichtsurteile Sektkellereien 1954–1974, Rechtsstreitigkeiten zur Alterswerbung (Gutachten und Materialsammlung zu den firmen Friedrich Bürger & Sohn (Naumburg), Deinhard (Koblenz), Matheus Müller (Eltville), Schnaufer (Calw), Grempler (Grünwald, Divinus (Hochheim), Valckenberg (Worms), Ritterhof (Bad Dürkheim), Oppmann (Würzburg), Kurpfalz (Speyer), Champagne Kessler (Reims), Itscheert (Ürzig), Beyer (Bechtheim), Burgeff (Hochheim), Gebhardt (Sommerhausen) 1956–2013, einstweilige Verfügung betr. Champagner 1981

22 Oratorienverein 1907–1918, Karnevalsgesellschaften 1975

47 Fotos: Georg Christian Kessler, Familienalben und Einzelfotos von Mitgliedern der Familien Kienlin, Faber, Weiss (u. a. Carl Weiss, August Weiss, Rudolf Weiss) 1890–1980, Fotoalben Reisen, Familienfeste von Mitgliedern der Familie Weiss, Militärzeit I. und II. Weltkrieg 1880–1992, Kinderbild Günther Weiss 1907, Günther Weiss mit BMW Dixie, Stadtansicht Tübingen und Rathaus Tübingen 1928, Konrad Adenauer mit Dr. Günther Weiss und Erich Weiss 1956, Betriebsausflüge o. D., Pressebilder o. D., Werbung o. D., Harald Juhnke im Film »Lolita« mit Kessler-Sektflasche o. D., Gebäudeansichten der Sektkellerei Kessler o. D., Schankraum o. D. Filme: Werbung Ende 1950er Jahre, »Drehscheibe« 1980. Dias (Werbeanzeigen, Fertigungsprozess) o. D.

48 Emailschilder, Glasplatten, Wimpel, Stempel, Weingeistmesser, Reisekarten, Schlüssel, Notgeldsammlung 1920er Jahre, Handrechenapparat

49 WABW B 22 und B 44 und B183

50 O. F. Hoppe, Nachfolger von G. C. Keßler & Cie Eßlingen, in: Aus Württembergs Wirtschaftsleben, Erster Band, Stuttgart 1925, S. 83–103. Günther Weiss, Die deutsche Sektindustrie, Tübingen 1949. 125 Jahre Kessler Sekt 1826–1951, Aus der Geschichte der ältesten Sektkellerei Deutschlands, Esslingen 1951 (Festschrift). 150 Jahre Kessler Sekt, Die Geschichte der ältesten Sektkellerei Deutschlands, Esslingen 1976 (Festschrift). Vom Esslinger Champagner zum Kessler Hochgewächs, Chronik der Familie Weiss, der ältesten Familie von Sektfachleuten in Deutschland 1835–1985, Eine Plauderei von Dr. Günther Weiss, Esslingen 1985. Werner Föll, Mehr als nur Champagner, Georg Christian Kessler (1787–1842), in: Heilbronner Köpfe 3, Heilbronn 2001, S. 143–156. Gert Kollmer-von Oheimb-Loup, Georg Christian von Kessler 1787–1842, Fabrikant und Wegbereiter der württembergischen Industrie, in: Lebensbilder aus Baden-Württemberg 20, Stuttgart 2001, S. 207–225. Gert Kollmer-von Oheimb-Loup, 175 Jahre G. C. Kessler & Co, [Festvortrag aus Anlaß der 175-Jahrfeier der Privatsektkellerei Kessler, Esslingen 2001], Typoskript im Bestand. Jutta Hanitsch, Vom Textil- zum Sektfabrikanten, Georg Christian von Kessler war ein Wegbereiter der württembergischen Industrie, in: Momente, Beilage zum Staatsanzeiger Baden-Württemberg, 2002 Heft 2, S. 21–23.

334
KGS, Bietigheim-Bissingen

Name Kammgarn-Spinnerei Bietigheim
Geschäftstätigkeit Kammgarnspinnerei
Branche Nr. 170
Umfang 22
Laufzeit 1885–1971
Benutzbarkeit Nein
Bestand Y 547

Bestandsgeschichte Der Bestand wurde 2019 kurz vor Redaktionsschluss übernommen. Weiterführende Hinweise unter: https://wabw.uni-hohenheim.de

335
Kiefer, Gärtringen

Name Erich Kiefer GmbH
Geschäftstätigkeit Lufttechnische Anlagen
Branche Nr. 450/452
Umfang 4
Laufzeit 1930–1977
Benutzbarkeit Eingeschränkt
Bestand Y 68

Bestandsgeschichte Das Archivgut wurde 1984 übernommen.
Geschichte Die Stuttgarter Maschinenfabrik G. Kiefer wurde 1877 von Georg Kiefer gegründet und fünf Jahre später nach Feuerbach verlegt. Seine »Mahlgang-Aspirationen« zur Entstaubung von Getreidemühlen waren in ganz Europa begehrt und bildeten das Fundament seiner unternehmerischen Aktivitäten. Darüber hinaus wurden Entstaubungs-, Lüftungs-, Luftheizungs- und Trocknungsanlagen entwickelt. Vor allem in der zweiten Hälfte des Ersten Weltkriegs wuchs der Bedarf an lufttechnischen Geräten. 1926 übernahm Walther Kiefer die Geschäftsleitung. Unter der technischen Leitung von Erich Kiefer, einem Enkel des Firmengründers, wurde die Produktion von Großventilatoren, Gewebetrocknern und Elektro-Lufterhitzern aufgenommen. Einzelteile und Kleinventilatoren wurden genormt und in Serie gefertigt. Insbesondere der »Kiefer-Heizer«, ein Einzellufterhitzer, entwickelte sich zum Verkaufsrenner. 1934 wurde die Firma in eine Kommanditgesellschaft umgewandelt.
1941 gründete Erich Kiefer seine eigene Firma in Gärtringen, die in der gleichen Sparte tätig war. 1950 erfolgte die Umwandlung zur GmbH. 1984 wurde das Konkursverfahren eröffnet, 1989 erfolgte die Löschung der Firma Erich Kiefer GmbH aus dem Handelsregister, während die Firma Georg Kiefer GmbH in Stuttgart nach wie vor tätig ist.

9 Gehälter 1944–1953
10 Bauangelegenheiten 1951–1956
13 Versuchsberichte, Neukonstruktionen um 1930–1955, Konstruktionspläne um 1930–1970, Patente 1935–1970
15 Werbematerial und Prospekte 1953–1955, Diplom 1961
16 Betriebsabrechnungsbogen 1957–1977, Inventur 1970
47 Fotos: Firmengebäude, Belegschaft, Produkte um 1950–1960
50 Kiefer, 100 Jahre Luft- und Klimatechnik 1877–1977, Stuttgart 1977 (Festschrift).

336
Kienzle, Stuttgart-Bad Cannstatt

Name Paul Kienzle
Geschäftstätigkeit Apparate- und Modellbau
Branche Nr. 290/250/334
Umfang 1
Laufzeit 1903–1956
Benutzbarkeit Eingeschränkt
Bestand Y 69

Bestandsgeschichte Das Archivgut wurde 1986 übernommen.
Geschichte 1897 wurde von Gustav Burkhardt eine Modellschreinerei gegründet, die von Paul Kienzle 1909 übernommen wurde. Der Apparate- und Modellbaubetrieb Paul Kienzle spezialisierte sich auf den Formenbau und die Herstellung von Vergrößerern für den phototechnischen Gebrauch, optische Kreisteilgeräte sowie eines Flaschenentstöpselungsgeräts. 1956 erfolgte die

Umwandlung in eine Kommanditgesellschaft. 1989 wurde die Firma Paul Kienzle in das Unternehmen Ernst Kienzle GmbH & Co integriert, das sich auf die Verarbeitung und den Großhandel mit Plexiglas spezialisiert hat.

3 Paul Kienzle privat 1928–1951
4 Firmengeschichte um 1936–1946
7 Korrespondenzen um 1928–1930
9 Akkordlöhne 1942–1944, Bewerbungen um 1936–1940, Ferienheim Teinach 1936–1956, Betriebsordnung 1934
10 Immobilien, Bauangelegenheiten u. a. Baurat Philipp Jakob Manz, Bauzeichnungen und Pläne 1925–1954, Mietangelegenheiten 1949
12 Rechnungen 1944–1946
13 Maschinen- und Werkstattinventar 1903–1927
16 Forderungen 1911–1930, Prüfungsberichte 1948–1950
17 Steuerangelegenheiten, Einkommensteuer 1922–1955
19 Amerikanische Militärregierung 1945–1946
20 Handwerkskammer Stuttgart 1937–1941
50 Im WABW nicht vorhanden.

337
KKK, Karlsruhe

Name Kunstdruckerei Künstlerbund Karlsruhe
Geschäftstätigkeit Kunstdruckerei
Branche Nr. 220
Umfang 2
Laufzeit 1897–1982
Benutzbarkeit Eingeschränkt
Bestand Y 76

Bestandsgeschichte Das Archivgut wurde 1989 und 1990 übernommen.
Geschichte 1897 wurde die Steindruckerei Langhein, Kunstdruckerei für den Künstlerbund Karlsruhe von den beiden Karlsruher Akademieprofessoren Graf Kalckreuth und Carlos Grethe ins Leben gerufen, um insbesondere für die Karlsruher Künstlergraphik ein Zentrum zu schaffen. Zunächst wurden Kunstblätter, Impressen, Gratulations- und Menükarten gedruckt. Durch die Verbindung mit der Braunschen Hofbuchdruckerei erfolgte 1901 die Umwandlung in eine GmbH unter dem Namen Kunstdruckerei Künstlerbund Karlsruhe (KKK). Dies geschah unter der gemeinsamen Leitung von Professor Carl Langhein und Dr. Albert Knittel von der Braunschen Hofbuchdruckerei, dem späteren G. Braun Verlag. 1921 wurde ein mehrstöckiges Betriebsgebäude in der Erbprinzenstraße erworben, die erste Offsetdruckmaschine eingesetzt und eine eigene Faltschachtel-Abteilung errichtet. 1923 erfolgte die Umwandlung in eine Aktiengesellschaft. 1924 erweiterte die KKK ihre bereits bestehende Kupferstich-Abteilung durch Übernahme der Firma Metzeroth und betreute somit die Kartenwerke führender deutscher Wandervereine. In den 1930er Jahren begann die Produktion von Atlanten, darunter der erste Heimatatlas der Südwestmark Baden und der Atlas für die Volksschule des Gaus Baden. Zu Kriegsbeginn wurden die kartographischen Erfahrungen des Betriebes von der Heeresplankammer bzw. dem Kriegskartenhauptamt in Anspruch genommen. 1950 wurde die KKK wieder in eine GmbH umgewandelt und firmierte als Schwesterinstitut des G. Braun-Verlags. Dieser wurde im Jahr 2000 vom DRW-Weinbrenner Verlag in Leinfelden-Echterdingen übernommen.

4 Im Dienste der Wissenschaft, Erziehung, Kunst und Wirtschaft 1813–1953
9 Personalbuch 1897–1928
13 Atlanten, Autokarten, Bildkarten, Gewässerkarte Baden-Württemberg, Grundlagenkarten für Wanderkarten, Heereskarten, Heimatkarten, Reiterpfad, Skiwanderkarten, Schulwandkarten, Stadtpläne, Staustufenpläne, Straßenkarten, Jugendherbergskarten, Wanderkarten, Schwarzwaldverein, Wanderparkplätze um 1900–1980, Hotelführer Michelin Deutschland 1964–1974
15 Kalender 1949–1982
49 WABW Y 259
50 50 Jahre Jubiläum der Kunst, Druckerei Künstlerbund 1897–1947, Karlsruhe 1947 (Festschrift). 75 Jahre Kunstdruckerei Künstlerbund Karlsruhe GmbH 1897–1972, Karlsruhe 1972 (Festschrift). Fritz Pfrommer, Die kartographischen Arbeiten der Kunstdruckerei Künstlerbund Karlsruhe, in: Festschrift zum 60. Geburtstag von Werner Böser, Karlsruhe 1986, S. 507–521.

338
Klett, Stuttgart

Name Senator E. h. Roland Klett (Nachlass)
Geschäftstätigkeit Verlagswesen
Branche Nr. 220
Umfang 1,5
Laufzeit 1897–1989
Benutzbarkeit Eingeschränkt
Bestand Y 347

Bestandsgeschichte Das Schriftgut wurde 2006 und 2009 von den Erben von Senator E. h. Roland Klett, Stuttgart übernommen. Im Nachlass befinden sich Unterlagen zur Esslinger Fabrikantenfamilie Wagner (Genealogie, Prospekte und Preislisten der Metallwarenfabrik Christian Wagner, Esslingen 1910–1955), ein Kopierbuch von Julius Hartmann (Schwager von Ernst Klett), Stuttgart 1897–1898 (Inhalt: private und geschäftliche Korrespondenz u. a. Firma Klett betreffend, Vermögenstransaktionen, Wertpapiere) und zur Versetzung einer Plakatsäule in der Eberhardstraße in Stuttgart durch Kommerzienrat Carl Grüninger 1884. Darüber hinaus enthält das Archivgut zahlreiche Unterlagen zur Druckindustrie, zur gewerblichen Berufs- und Fachschule für die graphischen Berufe Stuttgart, zum Verband der Druckindustrie in Baden-Württemberg (u. a. Vorstand, Protokolle, sozialpolitischer und betriebswirtschaftlicher Ausschuss, Kemnater Kreis, Rundschreiben), zur Baden-Württembergischen Wertpapierbörse, zum Stifterverband für die Deutsche Wissenschaft, zu Industrie- und Handelskammern (IHK Region Stuttgart, Baden-Württembergischer IHK-Tag und DIHT u. a. Berufsbildung), Verlage und Druckereien in Stuttgart und Baden-Württemberg
49 Metallwarenfabrik Christian Wagner, Esslingen Y 138

339
Kleucker, Göppingen

Name Nachlass Theodor Wilhelm Ernst Kleucker (Schauffler & Safft)
Geschäftstätigkeit Metallwarenfabrik
Branche Nr. 287
Umfang 0,5
Laufzeit 1876–1906
Benutzbarkeit Eingeschränkt
Bestand N 7

Bestandsgeschichte Die Sammlung an Korrespondenzkarten wurde dem WABW 2008 von Ernst-Heinrich Kleucker aus dem Nachlass seines Großvaters Theodor Wilhelm Ernst Kleucker überlassen. Der Bestand umfasst Korrespondenzkarten der Handelsvertreter der Firma Schauffler & Safft in Göppingen aus der Zeit vor und nach der Übernahme des Unternehmens durch die WMF im Jahr 1897. Er dokumentiert insbesondere die ausgeprägte Orientierung am Export von Metallwaren.
Geschichte Hans Schauffler und sein Schwager Adolf Safft gründeten 1876 in Göppingen die Firma Schauffler & Safft, die vernickelte Metallwaren herstellte. Theodor Wilhelm Ernst Kleucker (1859–1942) trat 1881 in die Fabrik ein. Dort wurde er 1886 Prokurist und 1888 Teilhaber. Das Produktionsprogramm bestand zunächst aus Petroleumkochapparaten und Kochgeschirr, dann aber auch aus Kaffeemaschinen, Tee- und Milchwärmern sowie Laternen. Seit den 1880er Jahren stellte die Firma zudem Produkte aus vernickeltem Messing und bronziertem Kupfer her, die hauptsächlich exportiert wurden. Schauffler & Safft wurde 1897 von der Württembergischen Metallwarenfabrik (WMF) in Geislingen/Steige übernommen. Das Unternehmen beschäftigte im Jahr der Übernahme circa 500 Arbeiter und Angestellte und produzierte ein Sortiment von rund 1500 Artikeln. Hans Schauffler wurde 1898 Generaldirektor der WMF. Theodor Wilhelm Ernst Kleucker übernahm ab 1898 die kaufmännische Leitung der WMF Zweigniederlassung in Göppingen. Nach dem Tod von Hans Schauffler wurde Theodor Wilhelm Ernst Kleucker 1904 Direktor des Göppinger Werkes und Vorstandsmitglied der WMF. Er trat 1906 aus der Firma aus. Die Zweigniederlassung der WMF in Göp-

pingen war zu Beginn des 20. Jahrhunderts der größte Wirtschaftsbetrieb in Göppingen. Im Jahr 1932 wurde das Werk in Göppingen stillgelegt.

14 Korrespondenzkarten zur Anforderung von Waren, Katalogen, Preisverzeichnissen und Rabatten durch Handelsvertreter der Firma Schauffler und Safft in Ägypten, Belgien, Bosnien, Britisch Indien, Bulgarien, Dänemark, Deutschland, Finnland, Frankreich, Griechenland, Großbritannien, Kolumbien, Mexiko, den Niederlanden, Niederländisch Indien, Italien, Norwegen, Österreich, Persien, Portugal, Rumänien, Russland, Schweden, der Schweiz, Spanien, Türkei, Ungarn und den Vereinigten Staaten von Amerika 1876–1906, Korrespondenzkarten von Handelsvertretern der Wurtemberg Electro Plate Company London in Britisch Indien, Ceylon, Gibraltar, Kanada, Neuseeland, Niederländisch Indien, Siam und Südafrika 1897–1902

49 WABW B 70 (Württembergische Metallwarenfabrik WMF), S 2 (Württembergische Metallwarenfabrik WMF Kataloge und Modelldokumentationen)

50 Volker Hecht, Die Württembergische Metallwarenfabrik Geislingen/Steige 1853–1945. Geschäftspolitik und Unternehmensentwicklung, (= Beiträge zur südwestdeutschen Wirtschafts- und Sozialgeschichte 19), St. Katharinen 1995, S. 118–124.

340 KLV, Karlsruhe

Name Karlsruher Lebensversicherung AG
Geschäftstätigkeit Versicherungen
Branche Nr. 650
Umfang 44
Laufzeit 1835–2000
Benutzbarkeit Eingeschränkt
Bestand Y 355

Bestandsgeschichte Der Bestand der Karlsruher Lebensversicherung AG wurde Ende 2006 übernommen.

Geschichte Die Allgemeine Versorgungsanstalt im Großherzogtum Baden wurde im Jahre 1835 gegründet. Grundgedanke war die private Alters-, Familien- und Hinterbliebenenvorsorge. Am 1. Juni desselben Jahres konnten die ersten Kunden aufgenommen werden. Vorausgegangen war am 9. Februar 1833 die Gründung einer Gesellschaft, welche als Ziel die Schaffung einer Lebensversicherung in Baden hatte. Friedrich Scholl, Ehrenbürger der Stadt Karlsruhe, wurde der Vorsitz der Gesellschaft angeboten. Am 15. Mai 1897 wurde der Name Karlsruher Lebensversicherung als Namenszusatz angefügt, um Verwechslungen mit der Badischen Lebensversicherungsgesellschaft zu Karlsruhe zu vermeiden. Schon nach einem Jahr wurde diese Gesellschaft von der Karlsruher Lebensversicherung übernommen. Nach dem Ersten Weltkrieg wurde für das deutsche Neugeschäft eine neue Gesellschaft mit dem Namen Karlsruher Lebensversicherungs-Bank AG gegründet. Nach den Vorschriften des Reichsgesetzes über das Kreditwesens von 1934 zur eindeutigen Unterscheidung von Banken und Versicherungen wurde eine weitere Umbenennung in Karlsruher Lebensversicherung Aktien-Gesellschaft vorgenommen. 2005 übernahm die Württembergische Lebensversicherung die Mehrheit an der Karlsruher Lebensversicherung.

4 100 Jahre KLV 1935, 120 Jahre KLV, 125 Jahre KLV, 150 Jahre KLV 1985

5 Satzungen 1875–1903, 1905–1922, 1953–1964, 1967–1989

6 Geschäftsbetrieb in Elsass-Lothringen 1922–1943, Rechenschaftsberichte der ausländischen Gesellschaften 1897–1905; Karlsruher Parfümerie- und Toilettenseifen-Fabrik F. Wolff&Sohn 1931; Frankfurter Versicherung, Chronik 1967; Hochofen und Stahlwerke AG 1935; Karlsruher Lebensversicherungsbank 1922–1937; Nordstern Leben 1957; Neunkircher Eisenwerk AG, Neunkirchen; Germania-Lebens-Versicherungs-Gesellschaft 1870–1916; Rhein- und Mosel-Lebensversicherung AG, Straßburg 1942–1943; Allgemeine Versorgungsanstalt in Karlsruhe 1922–1929; WKV 1962–1984; Harmonia 1914–1939; Bavaria, München 1959–1962; Agrippa Sachversicherung 1932–1943; Badische Bank AG 1955–1980

7 Geschäftsberichte 1931–2000, Vorstandskorrespondenz 1979–1989, Aufsichtsrat 1835–1985, Vorstände 1976–1996, Alex Möller (Vors. d. Vorstandes), Vorstandsverfügungen 1945–1991; Generalversammlung 1931–1941; Hauptversammlung 1942–1963; Hauptausschusssitzungen 1970–1973; Kapitalanlageausschuss 1967–1968

9 Greif-Kurier 1960–2000, Beamtenverein 1909–1937, Betriebliche Arbeitsgemeinschaft Junge Generation 1946–1950, Arbeitsordnungen 1938–1973; Pensionsregelungen 1947–1953; Betriebsrat 1945–1961; Mitarbeiterstatistik 1946

10 Verwaltungsgebäude 1977, Mietverträge 1988, 1991, Um- und Neubau 1973–1976; Bauunterlagen Hohenzollernring 1952;

14 Beitrittserklärungen 1835–1872, Vertretermitteilungen 1879–1888, 1906–1936; Versicherungsbedingungen 1929–1951;

15 Pressenotizen 1953–1996

16 Bilanzen 1835, 1894–1899; Rechnungslegung 1902–1926; Besprechungsunterlagen Jahresabschlüsse 1962–1963; Bilanzschlussbesprechung 1967; Währungsreform 1951–1962

17 Wirtschaftsprüfungsberichte 1945, 1948–1963

18 Münchner Rück 1945–1951;

19 Kriegsanleihe Erster Weltkrieg 1918, Berufserziehungsmaßnahmen 1938, Konferenzen 1934–1939, Kameradschaftsabend 1935, Presse 1939–1940, Währungsumstellung der Pensionen 1948–1950

20 Glasversicherungsverein 1921–1948; Rundschreiben Bundesaufsichtsamt 1949–1957; Rundschreiben Reichsaufsichtsamt für Versicherungswesen 1938–1947

21 Favag-Prozess 1931–1932; Rechtsstreit Südwestbank gegen Karlsruher Lebensversicherung 1924–1932; Zeitungsausschnittsammlung zu Präzedenzfällen 1938–1939; Südbankprozesse 1932–1936

22 NATO Geschäft 1959; Badenfrage 1961–1966

47 Werbefilme 1973–1974, Glasnegative des 120-jährigen Jubiläums, Treffen der Jahresbesten 1977–1997

341
Koch, Trossingen

Name Johannes Koch
Geschäftstätigkeit Maschinenfabrik
Branche Nr. 363/284
Umfang 4
Laufzeit 1891–1934
Benutzbarkeit Eingeschränkt
Bestand Y 158

Bestandsgeschichte Das Archivgut wurde 1984 von privater Seite übernommen.

Geschichte 1878 gründete der Mechaniker Johannes Koch in Trossingen eine Maschinenfabrik im Hinblick auf die Bedürfnisse der Harmonikafabriken. Die Firma von »Mechaniker Koch« wurde zur zweitgrößten Produktionsstätte von Akkordeonstimmzungen. Infolge der Weltwirtschaftskrise wurde das Werk 1935 von der Hohner AG übernommen.

9 Lohnbuch-Serie 1920–1927

12 Korrespondenzen Lieferanten um 1920–1934

13 Kontrollbuch-Serie Produktion 1926–1929

14 Auftragsbuch-Serie 1914–1927, Verkaufsbuch-Serie 1905–1927, Korrespondenzen Kunden um 1920–1934

16 Hauptbuch-Serie 1891–1923, Debitorenbuch-Serie 1908–1919, Creditorenbuch-Serie 1919–1922, Journale 1923–1925, Selbstkostenberechnungen 1922–1929, Kalkulationen 1905–1907, Skontro 1919–1920, Kopierbuch-Serie 1906–1908

49 WABW B 35 (Matthias Hohner AG)

50 Im WABW nicht vorhanden.

342
Kodak, Stuttgart

Name Kodak AG
Geschäftstätigkeit Herstellung Fotoapparate
Branche Nr. 334
Umfang 1,5
Laufzeit 1904–2012
Benutzbarkeit Nein
Bestand Y 536

Bestandsgeschichte Der Bestand wurde 2019 kurz vor Redaktionsschluss übernommen. Weiterführende Hinweise unter: https://wabw.uni-hohenheim.de

343
Koehler AG, Oberkirch

Name Papierfabrik August Koehler AG
Geschäftstätigkeit Papierfabrik
Branche Nr. 211
Umfang 20
Laufzeit 1630–2015
Benutzbarkeit Ja
Bestand B 40

Bestandsgeschichte Das Archivgut wurde 1984, 2007 und 2017 übernommen.
Geschichte 1807 ersteigerte der Kaufmann Otto Koehler aus Ettlingen die Papiermühle, die bereits 1751 von Joseph Stöckle gegründet worden war. 1809 übernimmt Johann Ignaz Koehler die Mühle. Er übergibt sie 1868 an seinen Sohn August Koehler als Papierfabrik, die 1904 in eine OHG umgewandelt wurde. August Koehler jun. (ab 1904) beteiligte sich an der W. Euler Maschinenpapierfabrik in Bensheim, die 1922 in eine Aktiengesellschaft umgewandelt wurde und deren Aufsichtsratsvorsitz er übernahm. Im Gegenzug war der Vorstand der W. Euler Maschinenpapierfabrik AG, Willie Euler jun., am Aktienkapital der 1922 gegründeten Papierfabrik August Koehler AG beteiligt und war dort Aufsichtsratsvorsitzender. 1947 wurde Werner Koehler Vorstand. 1953 wurde die Herstellung von Kunstdruck- und Chromopapieren aufgenommen. Im Jahr 1965 reichte Koehler sein erstes Patent für reacto-Selbstdruckschreibpapier ein. 1988 ging ein neues Werk in Kehl am Rhein in Betrieb. Das Unternehmen Koehler übernahm 1997 die E. Holzmann Dekorpapier GmbH & Co. KG in Ettlingen und gründete die Koehler decor GmbH & Co. KG. Mit dem Kauf der VPG Verpackungspapiere Greiz GmbH in Greiz im Folgejahr und der Gründung der Koehler Greiz GmbH & Co. KG vergrößerte sich das Unternehmen weiter. Im Jahr 2000 übernahm die Koehler AG die Mehrheitsbeteiligung an der W. Euler GmbH Co. KG und im September wurde die Koehler Holding GmbH & Co. KG gegründet. Seit 2009 gehört der Weltmarktführer bei der Herstellung von Bierglasuntersetzter, die Katz-Gruppe in Weisenbach, zum Koehler-Konzern.
2 Papiermacherei im Renchtal 1938, 1961/62, 600 Jahre Oberkirch 1926, Bürgerausschuss 1924/25
3 Genealogie Familien Koehler (Oberkirch), Euler (Bensheim), Brüggemann (Heilbronn), Feger, Geldreich, Stammbaum, Sparbuch Franz Ignatz Koehler 1825, Schriftproben Franz Ignatz Koehler 1827, Schreibbuch von Franz Ignatz Koehler 1831, August und Wilhelmine Koehler (Verträge, Testament, Zeugnisse, Staatsangehörigkeit, Geburtsurkunden, Erbscheine, Darlehen, Auszeichnungen) ca. 1878–1930, Biographie August Koehler, Werner Koehler, Gästebuch Familie Koehler 1950–1974, Privatkorrespondenz 1912–1927, Privatkorrespondenz August Koehler sen. und August Koehler jun., Werner Koehler (Geburtsurkunde, Personalausweis, Soldbuch, Zeugnisse, Lohn- und Gehaltsabrechnungen, Grundstücke, Beirats-Sitzungen, 70. Geburtstag, Zeitungsausschnitte) 1914–1949, Jagd- und Fischereiangelegenheiten von August Koehler, Landwirtschaftsbuch, Gästebuch der Familie Köhler 1863–1974, 65. Geburtstag August Koehler 1943, Tod August Koehler 1947,Testament Eheleute Koehler 1943, Erbschaft Maria Koehler 1837, Erbschaft Nannette Koehler 1880, Cours à l'usage von Franz Ignaz Koehler 1828, Schuldbuch von Kronenwirt Feger Oppenau 1823, Noten Carl Maria von Webers Kompositionen für das Pianoforte zu zwei Händen 1869, General Koehler 1861, Minna Rettner geb. Koehler 1924–1944, Reiseerlaubnis August Koehler 1919, Werner Koehler 1914–1989, Urkunde Braunschweig 1630

4 Vorläufer, Firmengeschichte, Jubiläum 70. Geburtstag August Koehler 1809, 1751–1970, »Description d'un petit voyage Dans l'Oberland« 1828, Wanderbücher von Franz Ignatz Koehler 1831–1833, Arbeitserlaubnis von August Koehler 1863, Dienstzeugnis von August Koehler 1856, Zeitungsberichte Firma Koehler 1914–1984, 60. Geburtstag von August Koehler 1938, Erinnerungen August Koehler und Lorenz Leopold 1918–1945, Beileidschreiben August Koehler 1947, Die Firmengeschichte der Papierfabrik August Koehler AG in Oberkirch 1751–1969, Geschichte der Papierfabrik August Koehler AG von 1870–1945 (Dipl.-Arbeit) 1997, 25 Jahre Koehler Kehl 1988–2013

5 Versteigerungsprotokoll 1797, Steigerungsurkunde 1807, Übergabeprotokoll 1836, Gründung der August Koehler AG, Gesellschafterverträge, Satzung, Handelsregister 1903–1937, Aktionärsvertrag o. D.

6 Kartellverträge, Holzstoffabrik Hubacker, W. Euler Maschinenpapierfabrik in Bensheim 1927–1943, Zellstoff-Syndikat 1942–1944, Trickzellstoff GmbH Kehl, L. Brüggemann, in Heilbronn (Gesellschaftsverträge, Korrespondenzen) 1890–1967

7 Briefkopierbuch Franz Ignatz Koehler 1836–1865, Kopierbuchserie 1865–1904, Geschäftsführer, Vorstand, Hauptversammlungsprotokolle, Aufsichtsratsprotokolle, Kopierbücher, Organigramm 1865–1959, Geschäftsbericht 2015

8 Organigramm 1985

9 Personal, betriebliche Sozialleistungen, Darlehen, Lohnverhandlungen, Betriebsrat, Vertrauensrats-Protokolle, Betriebskrankenkasse, Werkssparkasse, Beamten- und Arbeiterunterstützungskasse, Lohnbuchserie, Arbeitsamt Offenburg, Rentner, Fragebögen 1867–1995, Einstellungen 1897–1966, Angestelltenliste 1933–1935, Personalbewegung 1961–1971, Arbeiter-Versammlung 1907/1908 Arbeitsamt Offenburg 1932–1956, Geschenke an Gefolgschaft und Soldaten 1933–1947, DAF 1935, Jubiläumsgeschenke 1974

10 Lageplan Hubacker 1810, Grundstücke und Gebäude, Arbeiterhäuser, Baurechnungen, Verpachtungen, Schätzungen, Grundbuchauszüge, Baupläne, Lagepläne, Kanalbau, Eisenbahnanschluß, Elektrizitätswerk Lautenbach, Holzstoffabrik Hubacker, Grundstücksverkäufe, Pachtverträge, Grundschuldbrief, Kaufbriefe und Urkunden von Liegenschaften, Stromlieferung, Wasserkraft Lautenbach 1845–1970er Jahre, Plan Fabrik Ettlingen ca. 1880, Fernleitung 1909–1973, Wasserkräfte 1912–1991, Hubacker-Werk 1936–1982, Grundstückskäufe, Grundbucheintragungen, Pachtverträge 1943–1970,

11 Kredite 1905–1967, Rheinische Kreditbank Filiale Lahr 1918–1926, Reichsanleihen 1922, Badische Bank 1947–1959, Deutsche Bank Depositenkasse Oberkirch 1935–1940, Devisen 1933–1939, Deutsche Bank Nachlass August Koehler 1965–1968

13 Maschinen, Maschinenschätzungen-Statistik, Wasserrad, Wasserkraft, Stromlieferungen, Kalkulation, Maschinenpapier-Fabrikation, Pergament, Wasserzeichen-Papiere, Muster-Papiere 1863–1960, Mustermaterial der Handpapierfabrikation 1863/64, Papier- und Kartonmuster mit Rezepturen 1899–1903, Muster und Rezepte von Streichpapieren 1900–1903, Musterbuch zur Lumpensortierung von Werner Koehler, Musterbücher Feinpapiere 1968–1973, Musterpapiere ca. 1980–1990, Notizen von August Koehler über die Maschinenpapierfabrikation bei L. Staffel in Witzenhausen 1863, Notizen zur Papierfabrikation der Papierfabrik von Ferd. Flinsch in Freiburg 1895–1900, Ausrüstungsmaschinen (Pläne) 1903, 1912, 1925, Technologie der Papierfabrikation von August Koehler 1897/98, Dampfkessel 1900, Anfertigung und Versand 1901–1937, Produktionsbücher 1902–1903, 1913–1917 und 1921–1924, Lieferliste 1947, Altpapierlieferungen 1947–1949, Notizen über Weiss- und Braun-Holzstofffabrikation von Emil Koehler Fachliteratur zur Produktion 1897, Felix Schoeller & Bausch Neu-Kallss Preis- und Produktionsübersicht

14 Versand, Statistik, Papiersortenbücher, Sortimentsabsprachen, Umsatz 1888–1953, Vertreter, Außendienst, Reiseberichte 1931–1939, Preislisten 1936–1940, Amerika-Reise 1927

15 Koehler Briefbogen 1868, 1904–1910 und 1927, Werbeblätter 1952–1954, Tag der offenen Tür 1979–1981, Ausstellung 2007, Firmeninformation 2015

16 Kassenbücher 1836–1854, Quittungen 1871, Hauptbuchserie 1852–1950, Informationsbuch 1863–1869, Konto-Korrent-buch 1885–1898,

Geheimbuch 1898–1911, Inventuren 1884–1929, Journal 1889, Kalkulationsbuch August Koehler 1899/1900, Jagd- und Fischereibuch 1899, Landwirtschaftsbuch 1899, Milchwirtschaft 1951–1962, Kreditoren 1929, Jahresabschlußprüfung 1938, 1966, Zwischenbilanz 1954, Rechnungen von der Hofmöbelfabrik J. L. Distelhorst in Karlsruhe 1902
17 Taxe 1888, Vermögen-, Einkommen-, Gewerbesteuer, Körperschaftsteuer, außerordentliche Kriegsabgabe, Reichsnotopfer, Gemeinde-Umlagen 1902–1939
18 Feuerversicherung 1922
19 Kriegsanleihen, Unterstützung von Kriegerfrauen 1915–1918, Auskämmung der Wirtschaft 1942, Kriegsgefangene 1936–1956, Berichte an französische Commandatur von Werner Koehler 1946, PKW und LKW 1947–1948, Entnazifizierung 1949
21 Arbeitsrechtliche Auseinandersetzungen, Wasserrechtsfragen 1827–1936
22 Korrespondenzen und Unterlagen zu: August Koehler als Aufsichtsrat der Oberbadischen Versicherungs-Aktiengesellschaft in Freiburg im Breisgau, Interessengemeinschaft-Gesellschaft unter Federführung des Gerling-Konzerns 1921–1932, Korrespondenzen und Unterlagen von August Koehler als Vorstand der Privatschule Oberkirch 1888
47 Fotos: Inhaber, Villa Koehler, Fabrikgebäude, Produktion, Maschinen, Mitarbeiter, Familie, Betriebsfeste, Jubiläen, Messestände, Betriebsausflüge 1870–1998, Filme: Privataufnahmen 1935–1960, Betriebsausflüge 1935–1962, Fabrikaufnahme 1935, Sportfeste 1936–1940
48 Petschaft, Metallstempel, Klischees 1890–1914
50 Zur Erinnerung an den 70. Geburtstag des Papierfabrikanten August Koehler, Oberkirch im Breisgau 1914. Paul Weber (Hg.), Westdeutsche Wirtschaftschronik, Band 3: Baden und Rheinland-Pfalz, Stuttgart 1955, S. 271.
Die Firmengeschichte der Papierfabrik August Koehler AG in Oberkirch 1751–1969, Oberkirch 1969 (Festschrift). Zur Erinnerung an den 70. Geburtstag des Papierfabrikanten August Koehler, 1914. 200 Jahre Koehler 1807–2007. Geschichte eines Familienunternehmens, Oberkirch 2007 (Festschrift)

344
Köhler, Albert, Gengenbach

Name Albert Köhler GmbH & Co. KG
Geschäftstätigkeit Pappenfabrik
Branche Nr. 211
Umfang 0,1
Laufzeit 1889–1923
Benutzbarkeit Ja
Bestand B 81

Bestandsgeschichte Das Archivgut wurde 1993 vom Firmeninhaber übernommen.
Geschichte Der aus Straßburg stammende Albert Köhler gründete mit seinem Kompagnon Marz 1889 die Zeug- und Strohpappen-Fabriken Marz & Köhler. Nach dem Ausscheiden von Marz 1893 wurde Albert Köhler Alleininhaber der Firma. Produziert wurden Stroh- und Buchbinderpappen. Als Spezialität wurden die verschiedenen Pappesorten mit Glanz- und Chrompapier überzogen. 1897 wurde von dem Kohlebergwerk Berghaupten das Elektrizitätswerk übernommen und dem Werk angegliedert, das Teile der Gemeinde Gengenbach mit Strom versorgte. 1913 wurde das Unternehmen in eine Kommanditgesellschaft umgewandelt.
10 Grundstücksangelegenheiten 1896–1901, Wasserbau 1902
14 Angebote 1889–1893
15 Anzeigenwerbung 1902, Gewerbeausstellung 1902, Rechnungsbögen, Briefbögen, Visitenkarte (1910)
19 Gutscheine über 1, 3, 5 Millionen Mark der Firma Albert Köhler 1923
50 Erich Köhrer (Hg.), Das Land Baden, Seine Entwicklung und seine Zukunft, 2. Auflage Berlin 1925, S. 204.

345
Kolb & Schüle, Kirchheim u. Teck

Name Kolb & Schüle AG
Geschäftstätigkeit Textilfabrik
Branche Nr. 170/171/172
Umfang 10
Laufzeit 1760–1995
Benutzbarkeit Ja
Bestand B 55

Bestandsgeschichte Das Archivgut wurde in vier Ablieferungen zwischen 1987 und 2001 von der Geschäftsleitung übernommen. Annähernd vollständig sind die Akten der Organe der Aktiengesellschaft überliefert.

Geschichte 1760 eröffnete Georg Nikolaus (Johannes?) Kolb in Kirchheim unter Teck eine Spezerei- und Ellenwarenhandlung. Drei Jahre später erhielt Johannes Kolb die landesherrliche Genehmigung zum Betrieb einer Barchent-Manufaktur. 1800 nahm er seinen Sohn Johann Jakob Kolb und seinen Schwiegersohn Konrad Friedrich Schüle als Teilhaber in die Firma auf. 1801 verkaufte Kolb das Unternehmen an die beiden, die von da an unter der Offenen Handelsgesellschaft Kolb & Schüle firmierten. Schon in den 1820er Jahren erweiterte das Unternehmen seine Produktionspalette und produzierte neben baumwollenen und halbbaumwollenen Waren auch Leinendamast, 1837 wurde eine fabrikmäßige Leinenweberei eingerichtet. 1898 wandelte Rudolf Friedrich Schüle die Firma in eine AG (Mechanische Buntweberei vormals Kolb & Schüle AG, später dann Kolb & Schüle AG) um. 1912 gliederte das Unternehmen eine eigene Baumwollspinnerei an. 1918 übernahm Kolb & Schüle die mechanische Flachsspinnerei in Urach. 1920 erfolgte der Erwerb der Flachsspinnerei in Laineck und 1921 der Firma G. G. Langheinrich in Schlitz (Hessen). 1968 wurde die Carl Faber & M. Becker GmbH in Weilheim/Teck übernommen. Das vereinigte Unternehmen wurde im Bereich daunendichter Gewebe mit einem Marktanteil von über 50 % Marktführer in Deutschland. Seit 1994 operierte die AG als Holding für Beteiligungen in den Bereichen Textil und Immobilien. Bereits 1997 erfolgte von der Minninger-Gruppe die Umstrukturierung zu einer Immobiliengesellschaft. Alle Textilbeteiligungen wurden verkauft. 1999 beschloss die Hauptversammlung die Verschmelzung des Unternehmens mit der Masternet GmbH zur Masternet AG, die Neuausrichtung auf den Telekommunikationsmarkt sowie die Sitzverlegung nach Hannover. Im Frühjahr 2000 stellte die Deutsche Bank als einer der Hauptgläubiger Antrag auf Insolvenz.

5 Gründung der Aktiengesellschaft 1898, Satzung 1994
6 Mechanische Flachsspinnerei Urach AG 1918, Walter Clauss Leinenweberei und Bleicherei in Offenburg i. Br. 1919
7 Geschäftsordnungen, Korrespondenz Direktion 1951–1991, Geschäftsberichte des Vorstandes, Korrespondenz Vorstand, Personalangelegenheiten des Vorstandes, Aufsichtsratsprotokolle, Korrespondenzen des Aufsichtsrats, Hauptversammlungsprotokolle 1821–1831 und 1898–1985, Reden der Hauptversammlung 1987–1994, Presseveröffentlichungen 1979–1995
9 Unterstützungskasse, Unterstützungseinrichtung 1976–1993, Arbeitnehmervertreter im Aufsichtsrat, Betriebsfeiern 1925–1937, Betriebskrankenkasse, Arbeitsjubiläen, Werkzeitschrift »Bunte Gefühle bei Kolb & Schüle« 1935–1939
10 Grundstücke und Gebäude, Pläne Werk Kirchheim und Bissingen 1896–1974, Villa Schüle, Grundbuchauszüge, Schätzungsprotokolle 1760, 1801, 1838–1922
11 Aktien der Kolb & Schüle AG 1921–1942
13 Maschinenkäufe 1921–1933, Gebrauchsmuster 1950–1979, Maschinenberechnungen 1932, Produktionsprogramm
15 Egeria Prospekte 1993, Stoffmustermappe, Musterbuch um 1830
16 Inventarbuch, Kassenbuch, Bilanzen, Gewinn- und Verlustrechnung, Statistik 1801–1811 und 1898–1989, Revisionsberichte der Schitag über die Schlußbilanzen 1981–1994
17 Steuerprüfung 1970–1986
18 Privatfeuerversicherung 1972–1986
21 Vertreterverträge Inland und Export, Patente 1967–1994
47 Fotos: Verabschiedung Herr Haberstroh
48 Silberteller zum 200-jährigen Bestehen
49 WABW Y 35 (Faber & Becker, Weilheim/Teck)
50 Das Land Württemberg, Seine wirtschaftliche und kulturelle Bedeutung, II. Ausgabe, Ver-

lag Stuttgarter Neues Tagblatt, Stuttgart 1927, S. 50. Walter Diehl, Kolb & Schüle AG, Analytische und kritische Betrachtung der Bilanzen 1898–1934, Diplomarbeit Frankfurt am Main 1935 (Typoskript im WABW). Karl Mayer (hrsg. von Kolb & Schüle), Hundertfünfundsiebzig Jahre Kolb & Schüle AG, Ein Beitrag zur Wirtschaftsgeschichte Württembergs, Kirchheim unter Teck 1935. Zweihundert Jahre Kolb & Schüle 1760–1960, Darmstadt 1960 (Festschrift). Kolb & Schüle A.G., Kirchheim unter Teck 1985 (Festschrift). Stadtarchiv Kirchheim (Hg.), Kirchheim unter Teck zwischen Handwerk und Industrie 1806–1914, Kirchheim unter Teck 1987.

346
Kollmer, Esslingen am Neckar

Name Kollmer-Roschmann
Geschäftstätigkeit Textileinzelhandel, Betten und Modehaus
Branche Nr. 524
Umfang 0,1
Laufzeit 1974–1996
Benutzbarkeit Ja
Bestand B 162

Bestandsgeschichte Der Bestand wurde in zwei Teilen 1997 von Frau Ursula Schmidt-Roschmann und 2013 von Prof. Dr. Gert Kollmer-von Oheimb-Loup und Frau Sonja Kollmer dem WABW übergeben.

Geschichte 1904 wurde das Wäsche- und Aussteuerhaus von Pauline und Otto Kollmer in der Esslinger Kronenstrasse gegründet. 1911 erwarb die Firma Otto Kollmer das Melbersche Betten- und Aussteuergeschäft im Oberen Metzgerbach, wozu auch die Melbersche Bettfedernreinigung gehörte. 1918 wurde das Gebäude Pliensaustraße 17 erworben. 1922 trat Frau Else Roschmann geb. Kollmer, Tochter von Otto und Pauline Kollmer, in die Firma ein. Sie führte das Unternehmen zunächst mit ihrer Schwester Emma Kollmer-Simon und ihrer Mutter, seit 1934 war sie alleinige Geschäftsführerin. Otto Kollmer verstarb 1928. 1947 trat auch Bernhard Roschmann in die Geschäftsleitung ein. Seit 1968 wurde das Unternehmen von Else Roschmann, Ursula Schmidt-Roschmann und ihrem Mann Martin Schmidt geführt. 1965 übernahm die Firma das 1883 gegründete Mieder- und Wäschehaus Zerrweck in Cannstatt und 1976 das Betten- und Aussteuergeschäft Rausch in Esslingen. Am 22.3.1994 meldete das Esslinger Betten- und Wäsche-Fachgeschäft Roschmann Konkurs an. Ein Kreis von sieben Händlern (Möhring-Kreis) erwarb 1994 den Namen Roschmann, die Einrichtung und die Immobilien. Das Unternehmen firmierte als Roschmann Betten und Wäsche GmbH & Co. KG. Ende 1996 schloss das Traditionshaus endgültig, die Firma Möhring in Hamburg meldete Konkurs an.

3 Genealogie der Familien Kollmer, Roschmann und Simon, Familienbibel von Paul Wilhelm Heinrich und Pauline Dorothe Menner (Cannstatt) 1874 mit Familieneinträgen 1874–1925.
4 Handschriftliche Notizen zur Geschichte der Firma; 75jähriges Firmenjubiläum 1979; HR-Auszüge; Zeitungsausschnitte und Internetausdrucke zum Konkurs 1994, Fortführung des Unternehmens 1994 (Möhring-Kreis).
11 Auskünfte 1974
14 Rechnungen 1979 und 1988
16 Einkaufsbuch 1926 mit Bilanzen 1931–1934
22 Spende an die Dr. Salzmann-Gedächtnis-Krippe zu Weihnachten 1936
47 Foto vom ersten Ladengeschäft im Metzgerbach in Esslingen am Neckar mit Frau Pauline Kollmer geb. Heinrich, Foto von Stadtrat Otto Kollmer
49 WABW B 56

347
Kollnauer Spinnerei, Kollnau

Name Kollnauer Spinnerei und Weberei AG
Geschäftstätigkeit Baumwollspinnerei und Weberei
Branche Nr. 170/171/172
Umfang 20
Laufzeit 1869–1990
Benutzbarkeit Nein
Bestand Y 70

Bestandsgeschichte Das Archivgut wurde 1990 vom Konkursverwalter übernommen.
Geschichte 1869 gründeten Ferdinand Gross aus Lahr und Henry Thierry-Koechlin aus Mühlhausen eine Aktiengesellschaft, deren Zweck der Betrieb einer mechanischen Spinnerei und Weberei in Kollnau war. Die dafür erforderliche Energie sollte die Wasserkraft der Elz liefern. Im selben Jahr erfolgte die Eintragung ins Handelsregister. 1901 wurde ein direkter Gleisanschluß mit Drehscheibe in den Fabrikhof gelegt. 1883 und 1887 schieden die beiden Gründer aus der Firma aus. Während des Ersten Weltkrieges stellte die Firmenleitung das Werk auf die Produktion von Papiergarnen und Papiergewebe um, da Rohbaumwolle nicht mehr zur Verfügung stand. Daraus wurden hauptsächlich Produkte wie Hausschuhe, Tapeten und Säcke hergestellt. 1930 führte der Betrieb als eine der ersten deutschen Webereien die Verarbeitung von Zellwolle ein. Mit Ende des Zweiten Weltkrieges wurde mit der Demontage und dem Abtransport wertvoller Maschinen begonnen. Die fünfziger Jahre standen im Zeichen der Modernisierung, 1966 erhielt die Spinnerei mit einem vollautomatischen Spinnerei-Vorwerk eine technische Innovation, die weltweit einzigartig war. Hergestellt wurden modische Gewebe für Oberbekleidung, insbesondere Cordstoffe. Aufgrund von Umsatzeinbrüchen musste 1988 das Konkursverfahren eröffnet werden. Bereits im darauffolgenden Jahr wurde eine Auffanggesellschaft unter der Bezeichnung Kollnauer Weberei GmbH Waldkirch gegründet, die die Spinnerei übernahm.

2 Zeitungsbeilage der Badischen Zeitung: Industrie im vorderen Elstal

4 Jubiläumsschriften, Chronik 1936 und 1989

5 Gesellschaftsverträge und Satzungen 1890–1921

7 Protokolle um 1869–1930, Protokolle des Aufsichtsrats 1869–1969, Vorstand, Geheimbuch 1915–1924, Generalversammlungsprotokolle 1946–1976

9 Prämien und Gratifikationen 1871–1945, Werkbus, Fabrikkrankenkasse: Protokolle und Statuten 1884–1929, Schriftwechsel um 1930–1980, Belegschaftsstand 1952–1970, betriebliches Sozialwesen 1961–1979

10 Bauangelegenheiten u. a. Bauvorhaben, Wasserbau, Webereierweiterung, Webereineubau, Arbeiterhäuser, Wohnungsangelegenheiten, Badeanstalt, Fabrikschule, Kraftwerk, Baupläne 1869–1963, Situationsplan 1876, Grundstück- und Liegenschaftskartei 1941

11 Zeichnungsscheine 1869–1877, Aktien der Kollnauer Spinnerei und Weberei um 1870–1960, Kapitalerhöhung 1931, verschiedene Aktienbücher und Aktienverzeichnisse, Neuausgaben, DM-Aktien 1892–1951

12 Baumwollbörse Bremen 1914

13 Maschinenstatistik 1913, Voith-Turbine 1911, Dampfkesselrevisionsbuch 1914, Revisionsbuchserie Druckbehälter 1907–1967, Dampfkessel 1962, Gewebeproduktion 1953–1974, Spinnerei-Technik um 1960–1980, Rohstoffkartei um 1971–1975

14 Garnverkäufe 1951–1973, Preise 1961–1975, Firma R.C. Gütermann Gutach 1930–1935

15 verschiedene Kataloge

16 Hauptbuchserie 1869–1938, Manualbuch 1869–1871, Journalbuchserie 1913–1927, Bilanzbuchserie 1915–1939, Bilanzunterlagen 1913–1979, Jahresabschlußprüfungen 1962–1975, Betriebsstatistik um 1940, Geschäftsberichte 1940–1987

19 Inflationsgeld der Kollnauer Spinnerei und Weberei 1923

47 Fotos: Vorstand, Aufsichtsrat. Film: Fabrikanlage 1990 (Video)

48 Klischees u. a. von Aktien

50 100 Jahre Kollnauer Baumwoll-Spinnerei und Weberei, Kollnau 1969 (Festschrift). Kollnau, Chronik zum 120-jährigen Bestehen 1989, Waldkirch 1989 (Festschrift). Ernst Köbele, Ein technisches Kulturdenkmal der Jahrhundertwende, Die noch erhaltene Kraftwerkanlage der einstigen Kollnauer Fabrik gilt unter Fachleuten als prachtvolle Rarität, in: Waldkircher Heimatbrief 1995 Nr. 151, S. 1–2.

348 Konditoren-Innung Südbaden, Baden-Baden

Name Konditoren-Innung Südbaden
Branche Nr. 910
Umfang 0,4
Laufzeit 1905–2003
Benutzbarkeit Ja
Bestand H 108

Bestandsgeschichte Das Schriftgut stammt aus der Provenienz der Kreishandwerkerschaft Baden-Baden und wurde im März 2011 vom WABW übernommen.
Geschichte Obermeister der Innung ist Klaus Vollmer. Der Sitz ist in Keltern-Ellmendingen, die Innung ist Mitglied des Landesinnungsverbandes des Konditorenhandwerks Baden Württemberg (WABW H 109).
35 Sitzungen, Verbandstage
36 Konditoren-Fachverein Freiburg 1978–2003, Konditoren-Fachverein 100-jähriges Jubiläum 1984
47 Veranstaltungen (u. a. diverse Freisprechungsfeiern, Ball des Handwerks, Verbandstage)
49 WABW H 32 und H 109
50 Im WABW nicht vorhanden.

349 Köninger, Reutlingen-Bronnweiler

Name Walther Köninger
Geschäftstätigkeit Handel mit Strickwaren, Herstellung von Webstoffen
Branche Nr. 510/172
Umfang 10
Laufzeit 1949–1995
Benutzbarkeit Eingeschränkt
Bestand Y 282

Bestandsgeschichte Das Archivgut wurde 2001 von Angehörigen des Inhabers übernommen.
Geschichte Nach seiner Ausbildung als Textil-Ingenieur am Textil-Technikum in Reutlingen begann Walter Köninger 1947 mit der Fertigung von Mantel- und Jackenstoffen auf Handwebstühlen für Schneidereien und begüterte Privatkunden. 1949 stellte er auf handgewobene Schals, Tücher und Handschuhe um und vertrieb sie über namhafte Modehäuser unter dem Firmenzeichen »WaKö«. Im selben Jahr führte er mechanische Webstühle ein. Seit 1960 wurden Schals und Tücher aus Japan importiert. 1965 wurde die Eigenproduktion eingestellt und nur noch der Import und Großhandel der Produkte aus Japan, Hong-Kong, Italien, Frankreich, England und Spanien betrieben. Aus Altersgründen stellte er 1985 die Geschäftstätigkeit ein.
11 Leonberger Bausparkasse 1951–1972
12 Lieferanten 1970er
14 Kunden, Vertreter 1970er, ausländische Aufträge 1972–1980, Aufträge EWG 1972–1986
16 Bilanzen 1949–1975, Kontenführung, Rechnungen 1949–1959, Zahlungsbefehle 1964–1984
17 Gemeindesteuern 1969–1971
18 Versicherungen 1982–1995
48 Webmuster, Stempel, Garnmuster, Glasschilder (Wakö), Koffer mit Mustern, Ledertasche
50 Im WABW nicht vorhanden.

350
Krämer, Seelbach

Name Franz Krämer
Geschäftstätigkeit Zigarren- und Stumpenfabrik
Branche Nr. 160
Umfang 15
Laufzeit 1859–1986
Benutzbarkeit Eingeschränkt
Bestand Y 71

Bestandsgeschichte Das Archivgut wurde 1985 und 1995 von einem ehemaligen Gesellschafter übernommen.

Geschichte 1864 wurde die Zigarren- und Stumpenfabrik Franz Krämer in Seelbach bei Lahr gegründet. Zwischen 1884 und 1898 entstanden verschiedene Filialen in Schuttertal, Dörlinbach und Schweighausen. 1926 kam es unter den Söhnen von Franz Krämer zur Teilung der Firma: Hermann Krämer führte die Stammfirma sowie die Filialen in Schuttertal und Schweighausen weiter, Otto Krämer die Filialen in Dörlinbach. Ab 1943 wurde die Fabrikation auf Rüstungsbetrieb umgestellt und ein Montagebetrieb für Elektrogeräte eingerichtet. 1960 wurde die Filiale Schuttertal an die Kartonagenfabrik Dahlinger in Lahr verkauft, in Schweighausen begann die Firma Ganter aus Waldkirch mit der Fertigung von Schuhen. 1972 erfolgte der Zusammenschluss mit der Zigarrenfabrik Weisser Rabe und 1974 mit der Zigarrenfabrik Geiger, um sich auf dem schrumpfenden Zigarrenmarkt zu behaupten. Dennoch musste 1975 der Entschluss gefasst werden, die Firmengruppe bei 100prozentiger Befriedigung der Gläubiger zu liquidieren.

2 Karte: Tabakanbaugebiete der Pfalz

3 Persönliche Unterlagen und Korrespondenzen von Familienmitgliedern und Teilhabern: Franz Josef Krämer, Richard Krämer, Erich Krämer, Julius Krämer, Eugen Krämer, Hermann Krämer, Lisbeth Krämer, Else Himmelsbach, Hedwig Himmelsbach, Olga Sabath 1905–1964, Fischwasser-Forellenzucht 1961, Jagdstatistik 1976

4 Zeitungsausschnitte 1944

5 Handelsregister, Gesellschafterverträge, Teilungsverträge, Kommanditisten, Abwicklung Lahr 1974–1976

6 Verträge Weißer Rabe, Krämer/Geiger 1971–1977, Zigarrenunion 1974

7 Akten der Geschäftsleitung mit Korrespondenzen um 1864–1980, Gesellschafterversammlungen, Gesellschafterbeschlüsse um 1911–1980, Verträge Senatslager Berlin, Programmbereinigung 1974, eigene Auskünfte 1922–1960

8 Organisation/EDV 1957–1975, Vertreter- und Organisationskarte Deutschland 1972

9 Personalbuch/Angestellte 1908–1923, Unterstützungskasse, Familien- und Alterszulagen um 1930–1970, Löhne und Gehälter 1927–1972, Belegschaft 1927–1976, Personalakten um 1930–1975, Lehrlingswesen um 1960–1970, Deputate 1962–1970, Prämien, Pensionen 1973, Tarifverträge 1975–1976, Arbeitszeit, Kurzarbeit 1972–1976, Weihnachten 1962–1975, Jubilare 1927–1973, Angestelltenversicherung, Betriebsrat 1917–1964, Sozialplan 1976, Vertreter 1912–1975, Rechtsausschuss für Arbeitsermittlung

10 Baupläne und -maßnahmen, Grundbuchakten um 1859–1980, Mietangelegenheiten 1943–1972, Fabrikbrand 1966, Liegenschaften/Privatwald, Gebäudebewertung 1972

11 Banken und Sparkassen 1916–1975, Abwicklung von Altgeld-Guthaben 1948

12 Einkaufsbuch 1925–1931, Lieferanten 1952–1960, Auslandstabak 1945–1948, Tabak-Versorgung 1954–1959, verschiedene Bestandslisten, Tabakmuster und Zollangelegenheiten, Rohtabak-Fachbericht 1959–1972, Tabakofferten

13 Patent- und Warenzeichenangelegenheiten 1909–1976, Mischungslisten 1922–1975, Maschinenpark um 1930–1980, erledigte Tabakkarten um 1950–1972, Ripperei-Ergebnis 1964–1972, Bestandsaufnahmen 1967–1972, Tabakverarbeitung um 1950, Produktion 1958–1966, Stromversorgung E-Werk Mittelbaden, Karte: Tabakanbaugebiete der Pfalz

15 Zigarren-Ausstattungen um 1900–1980

16 Hauptbuchserien 1885–1971, Kassenbuchserie 1891–1924, Geheimbuch-Konten 1895–1975, Journalbuchserien 1899–1978, Kontokorrentbuchserie 1924–1930, Debitorenbuchserie 1922–1929, Jahresabschlußprüfungen/Revisionsberichte 1919–1974, Jahresabschluß-Unterlagen 1927–1930 und 1949–1963, Bilanzen 1930–1985, Jahresabschlüsse 1962–1976, Erläuterungen zum Jahresabschluß 1945–1955 und 1972–1977, Liquidations-Eröffnungs- und Schlußbi-

lanzen 1972–1977, Inventuren 1930–1936, Postscheckbuch 1921–1925, wöchentlicher Geldbedarf 1937–1948, Guthaben und Verpflichtungen 1948–1965, Rechnungen 1947, eigene Kompensationen 1947, Betriebsvergleich 1956, Ausgabenbuch 1912–1972, Kalkulationen 1957–1970, Vermögensstand 1918–1919, Geldkonten 1953–1956, Konkursforderungen 1931–1932, Statistik 1905–1931 und 1972–1976, Korrespondenz Wirtschaftsprüfer um 1950–1975, Fabriktaxation 1933, Afa (Absetzung für Abnutzung) 1948–1968

17 Einkommensteuer 1933–1976, Grund- und Gewerbesteuer 1933–1957, Umsatzsteuer 1948–1967, Steuererleichterungen/Betriebshilfe 1959–1964, Betriebsprüfung 1956, Tabaksteuer-Statistik Südbaden 1962–1976, Vermögensteuer, Kirchensteuer, Mehrwertsteuer 1968

18 Einschätzungsverzeichnisse 1938–1967, Feuerversicherung 1940– ca. 1960, Gebäude-Versicherung 1942–1956, Feuerbetriebsunterbrechungs-Versicherung 1969, Hermes-Hamburg 1948–1975, Warengarantie Berlin um 1970, Betriebshaftpflicht

19 Gewinnstop 1941–1944, Betriebsluftschutzplan, Requisition 1945, Kriegsschäden

20 Deutsches Zigarreninstitut 1961–1968, Absatzstatistik Bundesverband der Zigarrenindustrie 1965–1973, Statistisches Landesamt Baden-Württemberg 1961–1965

21 Rechtsstreitigkeiten 1983–1986

50 Erich Krämer, Die Geschichte der Firma Franz Krämer, Zigarren- und Stumpenfabriken in Seelbach bei Lahr 1864–1976, in: Geroldsecker Land 44 (2002) S. 76–93.

351 Kränzl, Bad Waldsee

Name Otto Kränzl
Geschäftstätigkeit Textileinzelhandel
Branche Nr. 520/524
Umfang 1
Laufzeit 1801–1958
Benutzbarkeit Ja
Bestand B 37

Bestandsgeschichte Das Archivgut wurde 1984 übernommen. Es enthält Unterlagen dreier Provenienzen: Vom gräflichen Rentamt Wolfegg-Waldsee, von Kaufmann Hermann Kränzl und vom Kaufhaus Kränzl.

Geschichte 1801 gründete Alois Kränzl ein gemischtes Warengeschäft in Waldsee. Sein Enkel Otto Kränzl spezialisierte das Gemischtwarengeschäft auf Damenkonfektion und Aussteuerartikel. Nach dem Tod von Ottheiner Kränzl im Jahr 1977 wurde das Geschäft weitergeführt.

3 Alois Kränzl, Christoph Kränzl, Otto Kränzl 1840–1901

10 Baurechnungen 1864–1865

12 Bestellungen, Reklamationen, Wareneinkaufsbuchserie 1867–1919

15 Anzeigenwerbung 1833, 1903–1958, Prospekte, Briefbögen 1913, Stoffmusterbücher 1850–1925

16 Geldtagebuchserie und Fruchtabgabeverzeichnisse des Rentmeisters Kränzl (Rentamt Bad Waldsee) 1801–1830, Geschäftsbücher 1851–1852, 1873–1920

17 Besitzsteuer 1920–1923

18 Aussteuerversicherung 1904–1906

50 Im WABW nicht vorhanden.

352
Krauss-Photo, Stuttgart

Name Krauss-Photo
Geschäftstätigkeit Fotohandlung, Herstellung von Fotoapparaten und -zubehör
Branche Nr. 524/334
Umfang 2
Laufzeit 1890–1990
Benutzbarkeit Eingeschränkt
Bestand Y 308

Bestandsgeschichte Das Archivgut wurde 2003 vom letzten Inhaber übernommen. Darin befinden sich persönliche und geschäftliche Dokumente.
Geschichte 1895 gründete Gustav Adolf Krauss, der Großvater des letzten Inhabers, das erste Photoeinzelhandelsgeschäft in Stuttgart. Von 1924 bis 1934 wurden in Stuttgart neben dem Einzelhandel auch eigene Kameras und Dunkelkammergeräte produziert. Der Bruder des Gründers, Eugen Krauss, hatte schon in den 1880er Jahren in Paris eine optisch-mechanische Werkstätte eröffnet, die in Lizenz von Carl Zeiss, Jena, Objektive, später dann auch Kameras und Ferngläser herstellte. Dr. Dr. Rolf H. Krauss führte in der dritten Generation die G. A. Krauss KG mit Sitz in der Königstraße und Filialen im Umland, bis er sie 1991 verkaufte.
3 Persönliche Dokumente
4 Chronologien zur Geschichte der Firma
9 Reden bei Betriebsfeiern
13 Patentschriften (Kopien), technische Beschreibungen
15 Bedienungsanleitungen, Kataloge (u. a. aus Paris und Zürich), Prospekte, Annoncen
16 Bilanzen
47 Fotos: u. a. der Gebäude, Ladeneinrichtung, Produkte und von Personen
48 Fotoschachteln
49 Die Sammlung der deutschen und französischen Produkte wurde in den 1980er Jahren an das Landesmuseum für Technik und Arbeit in Mannheim gegeben.
50 Im WABW nicht vorhanden.

353
Krauth & Co., Höfen an der Enz

Name Krauth & Co.
Geschäftstätigkeit Sägemühle, Parkettfabrik
Branche Nr. 200
Umfang 0,1
Laufzeit 1895
Benutzbarkeit Ja
Bestand B 52

Bestandsgeschichte Das Geschäftsbuch wurde dem WABW 1990 vom Generallandesarchiv Karlsruhe zur Feststellung der Provenienz zugesandt und später zum Verbleib überlassen.
Geschichte Der Flößer Abraham Krauth machte sich 1775 in Höfen im Enztal selbständig. Seine Söhne Jakob und Gottlieb und deren Nachfolger führten das Sägewerk, das sich zum größten in Württemberg entwickelte, seit 1858 unter dem Namen Krauth & Co. weiter.
9 Lohnbuch 1895
50 Paul Hirschfeld, Württembergs Großindustrie und Großhandel, hrsg. von der Deutschen Export-Bank Berlin, Leipzig 1889, S. 28–30. Krauth & Co Höfen an der Enz 1775–1950, Neuenbürg 1950 (Festschrift).

354
Krebs, Freiburg i. B.

Name Privatbank J. A. Krebs
Geschäftstätigkeit Bankgeschäft
Branche Nr. 650
Umfang 4
Laufzeit 1753–1974
Benutzbarkeit Ja
Bestand B 155

Bestandsgeschichte Das WABW und das Stadtarchiv Freiburg übernahmen 1996/1997 den schriftlichen Nachlass des privaten Bankhauses Krebs. Das WABW übernahm daraus den Teil des Archivguts, der überwiegend ökonomischen Inhalts und von wirtschaftsgeschichtlichem Interesse ist.
Geschichte Unter der Hand des geschäftskun-

digen Joseph Alexander Krebs entwickelte sich das seit 1721 bestehende Warengeschäft zum Geldinstitut. Kennzeichnend für die finanzielle Geschäftsgestaltung war die Vermögensverwaltung und Geldtransaktion innerhalb der engeren und weiteren Familie. Auch unter dem zunehmenden Konkurrenzdruck der Großbanken zu Beginn des 20. Jahrhunderts konnte Krebs Privatbank bleiben. Im Jahr 1980 übernahm Walter Krämer die Geschäftsführung. Die Familie Krebs zog sich nach sieben Generationen aus dem Bankgeschäft zurück. Wegen finanzieller Schwierigkeiten musste das Bankhaus 1995 Vergleich anmelden.

3 Frau Emma Seiler 1904–1917, Eugen Krebs 1923–1925, Prof. Dr. Engelbert Krebs (1881–1950), Nachruf 1950
4 Geschichte des Bankhauses J. A. Krebs in Freiburg 1721–1921
5 Urkunde zum 200-jährigen Jubiläum des Bankhauses Krebs 1921
7 Korrespondenzen und Verhandlungen mit der Rheinischen Creditbank Mannheim 1913–1914, 1921–1925, Beobachtungen über das Konkurrenzinstitut Bank für Handel und Industrie (Darmstädter Bank) Niederlassung Freiburg 1908–1922
9 Gehaltsbuchserie 1914–1959
15 Konkurrenz: Scheckbücher verschiedener Banken um 1930
16 Hauptbuchserie 1753–1960, Konten- und Sparbuchverzeichnis um 1940–1974, Verzeichnis über Tresor-Verwahrstücke 1943–1968, Coupons-Skontro-Buch, Kontenbuchserie 1941–1963, Depotverzeichnis von Wertgegenständen 1905–1943, Depot-Kontrollbuch um 1950, Effekten-Notizbuch Ausländer 1921–1945, Soll-Haben-Verzeichnis 1940–1960, Erwerb ausländischer Geldsorten 1932–1935, Unterpfandsverschreibungen 1897, Steingutfabrik Hornberg AG (Aktien) 1904, Bilanzen 1927, 1972, Inventar 1900/01, Kassabuch 1912–1916, Depot-Scheine 1912–1933, Wertpapier-Aufstellungen, Tagesauszüge, Kontenabschlussrechnungen, Zeichnungseinladungen verschiedener Aktiengesellschaften 1940–1944, Kontobuch des Bankhauses Krebs (leer), Sparbuch des Bankhauses Krebs (leer)
17 Lohnsteuerbuch 1930–1933
18 Versicherungspolicen v. a. Feuerversicherung 1870–1906, Lebensversicherungsanstalt für die Armee und Marine, Berlin 1906–1929, Versicherungskorrespondenzen und -unterlagen mit verschiedenen Versicherungsgesellschaften 1912–1939
47 Fotos: Familienmitglieder nach alten Portraits: Joseph Alexander Krebs II., dessen Frau Elisabeth geb. Schwörer, Joseph Alexander Krebs III., Adolf Krebs I., Johann Krebs (?), Hermann, Dr. Eugen Krebs (?), Erzbischof Hermann von Vicari (?), ein Offiziersportrait 1874
49 Stadtarchiv Freiburg i. B. (Genealogisches, Familienfotos, Reiseerinnerungen, Poesiealbum etc.)
50 Engelbert Krebs und Goetz Briefs (Hg.), Geschichte des Bankhauses J. A. Krebs in Freiburg im Breisgau 1721–1921, Freiburg 1921 (Festschrift).

355
Kreidler Werke, Stuttgart

Name Kreidler Werke GmbH
Geschäftstätigkeit Metall- und Drahtwerk, Fahrzeugbau
Branche Nr. 270/280/350/354
Umfang 28
Laufzeit 1924–1985
Benutzbarkeit Eingeschränkt
Bestand B 147

Bestandsgeschichte Das Archivgut wurde 1983 vom Konkursverwalter übernommen. Der Bestand beinhaltet eine umfangreiche Fotodokumentation aller Kreidler-Zweiradmodelle.
Geschichte Die Kreidler Werke wurden 1903 von Anton Kreidler in Stuttgart unter der Bezeichnung Kreidlers Metallwerk Anton Kreidler gegründet. Zuvor hatte Kreidler mit seiner Stuttgarter Telegraphendraht- und Kabelfabrik A. Kreidler Drähte bezogen und weiterverarbeitet. Jetzt begann er mit der Herstellung von NE-Metallhalbzeug wie Stangen, Profile, Drähte, Bleche, Bänder, Seile aus Messing, Kupfer und Aluminium. 1905 verlegte er die Produktion nach Zuffenhausen. 1919 wandelte er seine Einzelfirma in eine GmbH um. 1924 trat sein Sohn Alfred Kreidler ein. Unter dessen Leitung erfuhr

das Unternehmen eine grundlegende Umstrukturierung und Modernisierung. 1935 wurden in Kornwestheim Grundstücke erworben, auf denen nach und nach Produktionsstätten errichtet wurden. Nach dem Zweiten Weltkrieg entschloß sich Alfred Kreidler zur Diversifikation und begann 1951 mit der Serienfertigung von Motorzweirädern. Mit dem Modell Florett, das 1956 auf den Markt kam, gelang dem Unternehmen der Sprung an die Spitze der deutschen Kraftradhersteller. 1961 wurde das Metallwerk Langenau übernommen, 1964 die Feinmetall GmbH Herrenberg gegründet. Der Expansion im Fahrzeug- als auch im Halbzeugbereich wurde 1971 durch die Umfirmierung in Kreidler Werke GmbH & Co. KG und eine Stammkapitalerhöhung von 6 Mio. DM auf 12 Mio. DM und 1973 auf 28 Mio. DM Rechnung getragen. 1978 umfasste die Kreidler-Gruppe 32 Firmen in sechs Ländern. 1981 wurde das Konkursverfahren eröffnet, 1998 erfolgte die Löschung der Kreidler Werke im Handelsregister.

3 Beileidsschreiben anläßlich des Todes von Anton Kreidler 1942
4 Entwicklungsdaten der Kreidler-Gruppe 1967
6 Metallwerk Langenau GmbH 1961–1964, Konkursverfahren Ludwig Jacobi 1965, Zwangsversteigerung Hecheltjen 1956–1958
9 Werksmitteilungen 1960–1973, Teilzeitverträge 1957–1960, Personal 1968–1973
10 Raumkosten 1972, Grundstücke und Gebäude 1948–1957
12 Neuanschaffungen u.a. Maschinen 1937–1970, Gasversorgung 1963–1968, Energieverbrauch 1968–1974
13 Maschinen 1948–1953, Patentanmeldungen 1949–1985, Versuchsberichte 1953–1955, Produktionsausstoß 1970–1973, Leistungsstatistiken von Metallen 1970–1975, Pläne für Versuchsfilteranlage 1973–1974, Planung und Ergebnis 1969–1973
14 Versand 1951–1971, Konkurrenz: Herkules GmbH 1961, Konkurrenzwerke Inland 1964–1970, Inland Verkäufe 1970–1979
15 Plakate und Klischees 1950–1970, Streichhölzer, Pressemappen 1965, Gemeinschaftswerbung mit Stiller 1974, Weltrekord in USA 1965, verschiedene Zeitungsausschnitte, Druckschriften und Entwürfe, Werbekonzeption 1972–1976
16 Bilanzen 1959–1971, Vorausrechnungen 1950–1970, Endabrechnung 1973, Unterlagen für Ergebnis- und Kostenstellenrechnung 1965–1968, Jahreszusammenstellungen 1944–1955, Hauptbücher 1941–1943, Übersichten für Hauptbucheintragung 1958–1961, Geheimjournale 1924–1948, Kontoauszüge 1969–1974, Etat 1956–1969, Umlagen 1966–1973, Ergebnis- und Kostenstellenrechnung 1969–1973
17 Vermögensteuer 1929–1949, Kapitalertragssteuer, Körperschaftsteuer 1948–1954, Gewerbesteuer 1951–1964, Gewerbesteuer Kornwestheim 1948–1960
20 Meldungen des Verbands der Fahrrad- und Motorradindustrie 1970–1974
21 Rechtsstreitigkeiten 1957–1962
47 Werbe-(»Genre«-)Aufnahmen der Zweiräder-Modelle K 50, J 50, J 51, Florett, Amazone, Rennaufnahmen, u.a. Weltmeisterschaften, technische Darstellungen, Ausstellungen 1951–1968
48 Emailleblechschild
49 WABW Y 72 Corden AG Kornwestheim 1963–1970
50 Kreidlers Metall- und Drahtwerke GmbH, Feier der Jubilare 1949 und seines neuen Anfangs, Eine Erinnerung, Stuttgart [1949] (Festschrift). Kreidler Werke GmbH, Zum 75-jährigen Bestehen 1903–1978, Stuttgart 1978 (Festschrift), Frank O. Hrachowy, Kreidler, Geschichte-Typen-Technik, Lemgo 2009, Andy Schwietzer, Typenkompass Kreidler, Stuttgart 2009

356
Kreishandwerker Baden-Baden, Baden-Baden

Name Kreishandwerkerschaft Rastatt/Baden-Baden/Bühl
Branche Nr. 910
Umfang 0,2
Laufzeit 1946–1999
Benutzbarkeit Ja
Bestand H 32

Bestandsgeschichte Das Schriftgut, das neben den Akten der Kreishandwerkerschaft auch aus der Provenienz des Landesinnungsverbandes des

Konditorenhandwerks Baden-Württemberg besteht, wurde im März 2011 vom WABW übernommen.
Geschichte Die Organisationsform der Kreishandwerkerschaft wurde durch die Erste Verordnung über den vorläufigen Aufbau des deutschen Handwerks vom 15. Juni 1934 geschaffen. Sämtliche freien und Zwangsinnungen, Innungsausschüsse und Handwerksämter wurden aufgelöst. An ihre Stelle traten Pflichtinnungen und Kreishandwerkerschaften. Alle Innungen, die innerhalb eines von der Handwerkskammer bestimmten Bezirks ihren Sitz hatten, meistens waren diese Bezirke identisch mit Stadt- oder Landkreisen, wurden Pflichtmitglieder der Kreishandwerkerschaften. Nach dem Ende des Zweiten Weltkriegs löste die französische Militärregierung die Kreishandwerkerschaft Baden-Baden auf, an ihre Stelle trat eine Außenstelle der Handwerkskammer Freiburg unter der Leitung des Modellbauschreinermeisters Julius Rapp. Erst der § 79 des Gesetzes zur Ordnung des Handwerks vom 17. September 1953 stellte die Organisation der Kreishandwerkerschaften wieder auf eine gesicherte rechtliche Grundlage. Die Obermeister der Landkreise Baden-Baden, Rastatt und Bühl fassten am 14. Dezember 1953 den Beschluss, die Ausgliederung ihrer Innungen und der Nebenstelle aus dem Handwerkskammerbezirk Freiburg und die Rückgliederung in den neugebildeten Handwerksbezirk Karlsruhe zu fordern. Der Übergang erfolgte dann zum 1. April 1954. Ebenfalls im Frühjahr 1954 wurde die Kreishandwerkerschaft Baden-Baden/Rastatt neu konstituiert. Im Zuge der Verwaltungsreform in Baden-Württemberg fusionierten die Kreishandwerkerschaften Baden-Baden/Rastatt und Bühl am 7.5.1973. Zum ersten gemeinsamen Kreishandwerksmeister wurde Wilhelm Flogaus auf der konstituierenden Versammlung gewählt.
35 Vorstand Kreishandwerkerschaft/Obermeistertagungen Protokolle 1946–1977, Gesellenprüfungsausschuss Konditoren-Innung 1990–1999, Kreishandwerksmeister 1970–1981
38 Lossprechungsfeiern 1980–1994, überbetriebliche Ausbildung 1979–2001
47 Lossprechungsfeiern
49 WABW H 108 und H 109
50 Im WABW nicht vorhanden.

357 Kreishandwerker Biberach, Biberach

Name Kreishandwerkerschaft Biberach
Branche Nr. 910
Umfang 6
Laufzeit 1835–2008
Benutzbarkeit Ja
Bestand H 92

Bestandsgeschichte Das Schriftgut wurde im September 2010 und Februar 2019 vom WABW übernommen.
Geschichte Die Organisationsform der Kreishandwerkerschaft wurde durch die Erste Verordnung über den vorläufigen Aufbau des deutschen Handwerks vom 15. Juni 1934 geschaffen. Sämtliche freien und Zwangsinnungen, Innungsausschüsse und Handwerksämter wurden aufgelöst. An ihre Stelle traten Pflichtinnungen und Kreishandwerkerschaften. Alle Innungen, die innerhalb eines von der Handwerkskammer bestimmten Bezirks ihren Sitz hatten, meistens waren diese Bezirke identisch mit Stadt- oder Landkreisen, wurden Pflichtmitglieder der Kreishandwerkerschaften. Nach dem Ende des Zweiten Weltkriegs löste die französische Militärregierung die Kreishandwerkerschaften auf und erließ am 5. November 1946 die Rechtsordnung zur Ordnung des Handwerks, wodurch die Innungen und die Kreishandwerkerschaft den Status einer Körperschaft des öffentlichen Rechts erhielten. Am 26. Juni 1954 konstituierte sich die Kreishandwerkerschaft unter dem Namen Kreishandwerkerschaft Biberach/Riß neu. Im Zuge der Verwaltungsreform folgte ab dem 25. Oktober 1974 die Anpassung des Gebietes der Kreishandwerkerschaft an den neugebildeten Landkreis Biberach.
35 Satzung 1954–1980, Rundschreiben 1953–1985, Vorstand 1978–1990, Ausschüsse 1961–1977, Jahresabschlussfeiern 1977–2007, Handwerkerball 1980–1999
36 Innungen 1880–2008, Satzung Innungen 1968–2009, Jubiläen Innungen 1980, 1989–1990, 1994, 2005, Arbeitstagung der Geschäftsführer Handwerkskammer/Kreishandwerkerschaft 1966–2000, Handwerkskammer Ulm 1953–1985, 1990–1992, Obermeisterrundschreiben 1977–

1984, 1999–2007, Verband des Zimmerer- und Holzbaugewerbes Baden-Württemberg 1982, Landesinnungs-/Zentralverbände 1973–1979, Bäcker-Verein Biberach 1880, Bäcker-Zunft 1835–1854

38 Grundsteinlegung Ausbildungszentrum Zimmerer-Innung 1982

40 Ausstellungen 1982, Oberschwäbische Woche 1998

41 Haushaltspläne und Jahresrechnungen 1949–1999, Innungen Haushaltspläne und Jahresrechnungen 1949–1973, 1995–1996

47 Ausflüge Zimmererinnung 1980–1993, Zimmermannkapelle 1988

50 Im WABW nicht vorhanden.

358 Kreishandwerker Bodensee, Friedrichshafen

Name Kreishandwerkerschaft Bodenseekreis
Branche Nr. 910
Umfang 34
Laufzeit 1929–2007
Benutzbarkeit Eingeschränkt
Bestand Y 527

Bestandsgeschichte Das Schriftgut wurde vom WABW im März 2017 übernommen. Enthalten sind auch Unterlagen der ehemaligen Kreishandwerkerschaft Überlingen, die in den 1970er Jahren aufgelöst wurde.

Geschichte Die Organisationsform der Kreishandwerkerschaft wurde durch die Erste Verordnung über den vorläufigen Aufbau des deutschen Handwerks vom 15. Juni 1934 geschaffen. Sämtliche freien und Zwangsinnungen, Innungsausschüsse und Handwerksämter wurden aufgelöst. An ihre Stelle traten Pflichtinnungen und Kreishandwerkerschaften. Alle Innungen, die innerhalb eines von der Handwerkskammer bestimmten Bezirks ihren Sitz hatten, meistens waren diese Bezirke identisch mit Stadt- oder Landkreisen, wurden Pflichtmitglieder der Kreishandwerkerschaften.

35 Infodienst, Rundschreiben, Schriftverkehr v. a. mit Obermeistern, Altmeisterdank, Mitgliederlisten, Fusion mit der Kreishandwerkerschaft Überlingen, Organisation Handwerkerbälle, Pressespiegel;
Geschäftsführung von Innungen v. a. Schriftverkehr und Versammlungsprotokolle der Bäcker-Innung, Bau-Innung, Blechner-Innung, Damen- und Herrenschneider-Innung, Elektro-Innung, Foto-Innung, Friseur-Innung, Maler-Innung, Metall-Innung, Metzger-Innung, Radio- und Fernsehtechniker-Innung, Raumausstatter-Innung, Sanitär-Innung, Schmiede-Innung, Schreiner-Innung, Schuhmacher-Innung, Stuckateur-Innung, Wagner-Innung, Zimmerer-Innung; Junghandwerk Bodenseekreis, Arbeitskreise Kreishandwerkerschaften auf Landes- und Bundesebene und Unternehmerfrauen im Handwerk

41 Haushaltspläne und Innungsbeiträge

47 Innungsausflüge, Handwerkerbälle

50 Im WABW nicht vorhanden.

359 Kreishandwerker Esslingen, Esslingen

Name Kreishandwerkerschaft Esslingen-Nürtingen
Branche Nr. 910
Umfang 17,8
Laufzeit 1857–2008
Benutzbarkeit Eingeschränkt
Bestand Y 417

Bestandsgeschichte Das Schriftgut wurde im Juli 2010 und im Oktober 2012 vom WABW übernommen.

Geschichte Die Organisationsform der Kreishandwerkerschaft wurde durch die Erste Verordnung über den vorläufigen Aufbau des deutschen Handwerks vom 15. Juni 1934 geschaffen. Sämtliche freien und Zwangsinnungen, Innungsausschüsse und Handwerksämter wurden aufgelöst. An ihre Stelle traten Pflichtinnungen und Kreishandwerkerschaften. Alle Innungen, die innerhalb eines von der Handwerkskammer bestimmten Bezirks ihren Sitz hatten, meistens waren diese Bezirke identisch mit Stadt- oder Landkreisen, wurden Pflichtmitglieder der Kreishandwer-

kerschaften. Nach dem Ende des Zweiten Weltkriegs wurde die Kreishandwerkerschaft aufgelöst. Die Neukonstituierung erfolgte wohl im Herbst 1954.
35 Wahlen 1985–1998, Vorstand 1953–1993, Mitgliederversammlung 1953–1975, 1993–2000, Beirat 1956–1987, Ausschüsse 1981–2000, Mitglieder 1956–1976, Satzung 1973, Rundschreiben 1962–1980, 1996–2000, Obermeistersitzungen 1962–1975, Pressemitteilungen 1991–2002
36 Innungen 1879–2008, Innungen Jubiläen 1956, 1969, 1981–1985, 1993, 2004, Baden-Württembergischer Handwerkstag 1991–2002, Handwerkskammer Stuttgart 1916, 1926, 1973–1980, 1991–2002, Junghandwerk 1981–1982, Fachverbände/Landesinnungsverbände 1963–1983, 1993–2004, Bundesarbeitsgemeinschaft der Kreishandwerkerschaften 1994–1999, Tagungen der Geschäftsführer der Kreishandwerkerschaft mit HK Stuttgart 1997–1998, Bürgergesellschaft Esslingen 1857–1867, Württembergische Gewerbevereine 1912–1913, 1915, 1928, Gewerbeverein Esslingen 1857–1867, 1913, 1919, 1927–1936
38 Überbetriebliche Ausbildung im Elektrohandwerk 1998–2000, Berufsschule Nürtingen 1991–2007
40 Ausstellungen 2000–2002
41 Kassenbuch Kreishandwerkerschaft 1941–1949, 1993–1997
42 Tarife 1949–2008, Arbeitsrecht 1998–2000
43 Materialausgabebuch 1948
47 Fotografien Innungen: Ausflüge und Veranstaltungen 1951–1957, Kreishandwerkerschaft Nürtingen 1960–1970er, Einweihung Kreishandwerkerschaft Nürtingen 1959, Handwerksberufe 1950er, 1960er
50 Im WABW nicht vorhanden.

360
Kreishandwerker Freiburg, Freiburg

Name Kreishandwerkerschaft Freiburg
Branche Nr. 910
Umfang 7
Laufzeit 1901–2013
Benutzbarkeit Eingeschränkt
Bestand Y 480

Bestandsgeschichte Das Schriftgut wurde im September 2014 vom WABW übernommen.
Geschichte Die Organisationsform der Kreishandwerkerschaft wurde durch die Erste Verordnung über den vorläufigen Aufbau des deutschen Handwerks vom 15. Juni 1934 geschaffen. Sämtliche freien und Zwangsinnungen, Innungsausschüsse und Handwerksämter wurden aufgelöst. An ihre Stelle traten Pflichtinnungen und Kreishandwerkerschaften. Alle Innungen, die innerhalb eines von der Handwerkskammer bestimmten Bezirks ihren Sitz hatten, meistens waren diese Bezirke identisch mit Stadt- oder Landkreisen, wurden Pflichtmitglieder der Kreishandwerkerschaften. 1938 kaufte die Kreishandwerkerschaft das Grundstück Vaubanstr. 6, welches nach dem Krieg an die Handwerkskammer fiel. Mit der Gebietsreform 1973 wurden die Kreishandwerkerschaften Müllheim, Neustadt und Freiburg vereint und zunächst blieben alle drei Geschäftsstellen erhalten. 1986 wurde zusammen mit den Innungen der »Platz des Handwerks« auf der Landesgartenschau in Freiburg gestaltet. Zudem gab es alle drei Jahre die Messe HAGEA, auf der sich die Kreishandwerkerschaft auf der Handwerks- und Gewerbeausstellung präsentierten. Zur 875-Jahr-Feier der Stadt Freiburg wirkte die Kreishandwerkerschaft am Umzug mit und 1997 erfolgte der Umzug aus den Räumen der Handwerkskammer in die Bismarckallee 8. Seit 1998 gibt es eine Partnerschaft mit der UCR de Mulhouse Sud Alsace aus Mulhouse in Frankreich.
35 Arbeitsgemeinschaft der Kreishandwerkerschaften und Handwerkskammern 1987–1995
36 Kreishandwerkerschaft 1957–2003; Fliesenlegerinnung 1973–2006; Glaser- und Fensterbauerinnung 1972–2000; Raumausstatterinnung 1961–1971; Raumausstatter- und Sattlerinnung

Freiburg, Breisgau, Hochschwarzwald 1933–1951; Feinwerkmechanikerinnung 1986–1990; Müllerinnung 1948–1993; Fotografeninnung 1969–1997; Modisteninnung 1966–1974; Schneiderinnung 1923–1998; Herrenschneiderinnung 1946–1990; Damenschneiderinnung 1954–1995; Metallinnung 1970–2008; Metallinnung Müllheim 1997–2000; Putzmacherinnung 1955–1974; Wäscheschneider- und Strickerinnung 1968–1973; Drechslerinnung Schwarzwald-Bodensee 1967–2003; Maler- und Lackiererinnung 1967–2003; Landesinnungsverband des Fliesen-, Platten- und Mosaiklegerhandwerks Baden-Württemberg 1973–1999; Landesverband des Fotografen-Handwerks Baden-Württemberg 1981–1994; Landesinnung der Holzbildhauer Baden-Württemberg 1972–2004; Landesverband Südbaden des Maler- & Lackiererhandwerks e. V. 1989; Fachverband Sanitär-Heizung-Klima Baden-Württemberg 1986; Drechsler und Holzspielzeugmacher Innung BW 2001; Landesinnung der Modisten Baden-Württemberg 1966–1974; Tapeziermeister-Verein 1901–1933

38 Gesellen- und Zwischenprüfung Herrenschneider 1953–1980; Lehrlingsrolle der Herrenschneiderinnung 1946–1989; Lehrlingsrolle der Schneiderinnung 1923–1970; Gesellen- und Zwischenprüfung der Damenschneider 1973–1997

41 Haushaltspläne 1955–2003; Haushaltspläne Schneiderinnung 1949–1989 Haushaltspläne und Journal Metallinnung 1970–2008; Kassenbuch Damenschneiderinnung 1967–1972; Kassenbuch Herrenschneiderinnung 1954–1989; Haushaltspläne Maler- und Lackiererinnung 1967–1998; Haushaltspläne Fliesenlegerinnung 1973–1996; Haushaltspläne Putzmacherinnung 1955–1974

47 Modenschau der Damenschneiderinnung 1981–1993; 75-Jahr-Feier der Damenschneiderinnung 1989; Ball des Handwerks 1988–1993; Studienfahrt nach Innsbruck 1964; Bäckerinnung [1986]

49 WABW-Bibliothek: 100 Jahre Friseurinnung Freiburg 2250/578; 150 Jahre Schreinerinnung Freiburg 2250/486; 125 Jahre Maler- und Lackiererinnung Freiburg im Breisgau 2250/501; Chronik der Stuckateur- und Gipserinnung Freiburg-Emmendingen-Neustadt 2250/576
WABW Y 481

50 Festschrift 25 Jahre Fliesenlegerinnung Freiburg; Festschrift 50 Jahre Fliesenlegerinnung Konstanz; Festschrift 125 Jahre Gewerbeschule Lörrach; Festschrift 50 Jahre Fachschule für Steinmetze und Steinbildhauer Freiburg; Festschrift 75 Jahre Bäckerinnung Müllheim; Festschrift 100 Jahre Schlosser- und Maschinenbauerinnung Freiburg; Festschrift 100 Jahre IKK Freiburg; Festschrift 90 Jahre Metzger-Gesellen-Verein Freiburg; Das ist Handwerk, Hrsg. Arbeitsgemeinschaft der Handwerkskammern in Baden-Württemberg und Bayern, Aktion Modernes Handwerk; Handwerk heute, Sonderbeilage der Badischen Zeitung.

361 Kreishandwerker Göppingen, Göppingen

Name Kreishandwerkerschaft Göppingen
Branche Nr. 910
Umfang 15,5
Laufzeit 1957–1974
Benutzbarkeit Eingeschränkt
Bestand Y 554

Bestandsgeschichte Der Bestand wurde im März und August 2019 vom WABW kurz vor Redakionsschluss übernommen.
Geschichte Die Organisationsform der Kreishandwerkerschaft wurde durch die Erste Verordnung über den vorläufigen Aufbau des deutschen Handwerks vom 15. Juni 1934 geschaffen. Sämtliche freien und Zwangsinnungen, Innungsausschüsse und Handwerksämter wurden aufgelöst. An ihre Stelle traten Pflichtinnungen und Kreishandwerkerschaften. Alle Innungen, die innerhalb eines von der Handwerkskammer bestimmten Bezirks ihren Sitz hatten, meistens waren diese Bezirke identisch mit Stadt- oder Landkreisen, wurden Pflichtmitglieder der Kreishandwerkerschaften.

50 Im WABW nicht vorhanden.

362 Kreishandwerker Heidelberg, Sinsheim

Name Kreishandwerkerschaft Heidelberg, GS Sinsheim
Branche Nr. 910
Umfang 6
Laufzeit 1930–2007
Benutzbarkeit Eingeschränkt
Bestand Y 516/1

Bestandsgeschichte Das Schriftgut wurde vom WABW im November 2016 im Zuge der Auflösung der Geschäftsstelle übernommen.
Geschichte Die Organisationsform der Kreishandwerkerschaft wurde durch die Erste Verordnung über den vorläufigen Aufbau des deutschen Handwerks vom 15. Juni 1934 geschaffen. Sämtliche freien und Zwangsinnungen, Innungsausschüsse und Handwerksämter wurden aufgelöst. An ihre Stelle traten Pflichtinnungen und Kreishandwerkerschaften. Alle Innungen, die innerhalb eines von der Handwerkskammer bestimmten Bezirks ihren Sitz hatten, meistens waren diese Bezirke identisch mit Stadt- oder Landkreisen, wurden Pflichtmitglieder der Kreishandwerkerschaften.
Die Kreishandwerkerschaft Sinsheim gehörte zuletzt als Geschäftsstelle zur KHS Heidelberg. Diese Geschäftsstelle wurde zum Ende des Jahres 2016 aufgelöst.
35 Handwerksrollenauszüge, Geschäftsführung von Innungen v. a. Rechnungswesen, Geschäftsstelle der KHS: Adresslisten, Schriftverkehr, Gebäude und Personalunterlagen
38 Gesellenprüfungsunterlagen verschiedener Berufe
47 Werbeflyer und Plakate zu verschiedenen Ausbildungsberufen
49 WABW Y 516/2 und Y516/3
50 Im WABW nicht vorhanden.

363 Kreishandwerker Heidelberg, Heidelberg

Name Kreishandwerkerschaft Heidelberg
Branche Nr. 910
Umfang 11
Laufzeit 1806–2011
Benutzbarkeit Eingeschränkt
Bestand Y 516/2

Bestandsgeschichte Das Schriftgut wurde vom WABW im Mai 2017 übernommen.
Geschichte Die Organisationsform der Kreishandwerkerschaft wurde durch die Erste Verordnung über den vorläufigen Aufbau des deutschen Handwerks vom 15. Juni 1934 geschaffen. Sämtliche freien und Zwangsinnungen, Innungsausschüsse und Handwerksämter wurden aufgelöst. An ihre Stelle traten Pflichtinnungen und Kreishandwerkerschaften. Alle Innungen, die innerhalb eines von der Handwerkskammer bestimmten Bezirks ihren Sitz hatten, meistens waren diese Bezirke identisch mit Stadt- oder Landkreisen, wurden Pflichtmitglieder der Kreishandwerkerschaften.
2017 fusionierten die Kreishandwerkerschaften Heidelberg und Mannheim zur Kreishandwerkerschaft Rhein-Neckar. Der Standort in der Heidelberger Innenstadt wurde zugunsten eines verkehrstechnisch zentraler gelegenen Standorts aufgegeben.
35 Protokolle; Schriftverkehr u. a. mit der HWK und der Stadt Heidelberg; AG der Kreishandwerkerschaften in BW; Pressespiegel; KH-Aktuell; Rundschreiben versch. Institutionen, Organisation Ball der Handwerks, Mitgliederreisen; Geschäftsführung von Innungen v. a. Schriftverkehr und Versammlungsprotokolle, Innungsjubiläen
37 Rechtsstreit mit Steuerberaterkammer
38 Junghandwerk e. V., Organisation von Freisprechungsfeiern
47 Flyer und Infobroschüren verschiedener Ausbildungsberufe
47 Renovierung und Eröffnung Haus des Handwerks, Bilder verschiedener Veranstaltungen u. a. OM-Versammlungen, Geburtstage, Verabschiedungen, Ball des Handwerks, Bürgermeistergespräche

49 WABW Y 516/1 und Y/516/3
50 Im WABW nicht vorhanden.

364 Kreishandwerker Heidenheim, Heidenheim

Name Kreishandwerkerschaft Heidenheim
Branche Nr. 910
Umfang 1
Laufzeit 1923–2010
Benutzbarkeit Ja
Bestand H 91

Bestandsgeschichte Das Schriftgut wurde im Februar 2011 vom WABW übernommen.
Geschichte Die Organisationsform der Kreishandwerkerschaft wurde durch die Erste Verordnung über den vorläufigen Aufbau des deutschen Handwerks vom 15. Juni 1934 geschaffen. Sämtliche freien und Zwangsinnungen, Innungsausschüsse und Handwerksämter wurden aufgelöst. An ihre Stelle traten Pflichtinnungen und Kreishandwerkerschaften. Alle Innungen, die innerhalb eines von der Handwerkskammer bestimmten Bezirks ihren Sitz hatten, meistens waren diese Bezirke identisch mit Stadt- oder Landkreisen, wurden Pflichtmitglieder der Kreishandwerkerschaften. Die Gründung der Kreishandwerkerschaft Heidenheim erfolgte am 15. Juni 1934. Nach dem Ende des Zweiten Weltkriegs wurde die Kreishandwerkerschaft am 12. August 1946 durch die Obermeister der Innungen aufgelöst und in eine Geschäftsstelle der Innungen umgewandelt. Diese wiederum wurde am 15. August 1949 zu einer Nebenstelle der Handwerkskammer Ulm. Erst am 14. April 1954 wurde die Kreishandwerkerschaft neu gebildet und Friedrich Degeler zum Kreishandwerksmeister gewählt. Im Jahre 1979 wurde die Kreishandwerkerschaft zum Träger des neu errichteten Metall-Ausbildungszentrums.
35 Satzung 1975
36 Innungen 1923–2010, Innungen Satzungen 1972–1992, Landesinnungsverbände 1961–1993, 1996–2009
37 Handwerksrolle (Raumausstatter-Innung) 1961–1988
38 Kerschensteiner-Schule 2000–2001
41 Journal (Raumausstatter-Innung) 1935–1971
42 Tarifwesen 1954–1961
50 Im WABW nicht vorhanden.

365 Kreishandwerker Heilbronn, Heilbronn

Name Kreishandwerkerschaft Heilbronn-Öhringen
Branche Nr. 910
Umfang 15
Laufzeit 1942–2012
Benutzbarkeit Eingeschränkt
Bestand Y 485

Bestandsgeschichte Das Schriftgut wurde im November 2014 vom WABW übernommen.
Geschichte Die Organisationsform der Kreishandwerkerschaft wurde durch die Erste Verordnung über den vorläufigen Aufbau des deutschen Handwerks vom 15. Juni 1934 geschaffen. Sämtliche freien und Zwangsinnungen, Innungsausschüsse und Handwerksämter wurden aufgelöst. An ihre Stelle traten Pflichtinnungen und Kreishandwerkerschaften. Alle Innungen, die innerhalb eines von der Handwerkskammer bestimmten Bezirks ihren Sitz hatten, meistens waren diese Bezirke identisch mit Stadt- oder Landkreisen, wurden Pflichtmitglieder der Kreishandwerkerschaften.
35 Handwerksrolle 1949–1950, Handwerksrolle der Wein- und Fasskküfer 1952–1995
36 Kreishandwerkerschaft 1967–2010; Junghandwerk Heilbronn 1975–1999; Karosserie- und Fahrzeugbauerinnung der Region Franken 1997, 2005; Bauinnung 1995–1998; Dachdeckerinnung 1990; Schreinerinnung 1998; Fliesenlegerinnung der Region Franken 1981–1996; Küfer- und Küblerinnung Waiblingen 1954–1968; Weinküferinnung Waiblingen 1969–1994; Böttcher- und Küferinnung Kreis Waiblingen 1942; Friseurinnung 1950er–1970er, 1980, 1994–1999; Stuckateurinnung 1975–1999; Zimmererinnung 1957–1973, 1984–1994; Konditoreninnung 1985–1993; Flaschner-Installateur-Zentralheizungsbauer-Innung 1954–1977; Bäckerinnung 1970–

1999; SHK-Innung 1969, 1984–1997; Fachverband Sanitär-Heizung-Klima Baden-Württemberg 1994–1998; Landesinnungsverband Raumausstatter und Sattler Baden-Württemberg 1962–1995; Landesinnungsverband Bildhauer- und Steinmetzhandwerk Baden-Württemberg 1969–2003; Landesinnungsverband der selbstständigen Friseure von Baden-Württemberg 1975–1988, 1999; Landesinnungsverband des Fass- und Weinküferhandwerks Baden-Württemberg 1949–2004; Verband des Deutschen Fass- und Weinküferhandwerks 1930er–1970er, 1975–2004

38 Anmeldung zur Gesellenprüfung 1949–1950; Schlichtungsausschuss für Lehrlingsstreitigkeiten 1987–1994; Berufsschulen Mannheim und Heilbronn 1981–1995; Berufsbildungsausschuss Fliesenlegerinnung 1981–1995; Gesellenausschuss Stuckateurinnung 1978–1986; Überbetriebliche Ausbildung und Gesellenprüfung der Küfer 1949–1970

40 Unterlandschau 1996; Messe Invertitis in Stuttgart 1986, 1992

41 Haushaltspläne 1973, 1982–1998; Haushalt und Jahresrechnung der Fliesenlegerinnung 1995–1996; Haushaltspläne der Stuckateurinnung 1988–1995; Haushaltspläne und Jahresrechnungen des Landesinnungsverbandes des Fass- und Weinküferhandwerks Baden-Württemberg 1971–2004

47 Veranstaltungen, Ausflüge, Neubau, Brotprüfungen und Versammlungen der Bäckerinnung 1990–1997; Konditorentage, Ausbildung, Jubiläumsjahr und Versammlungen der Konditoreninnung 1985–1993; 40-Jahr-Feier Fliesenlegerinnung 1996; Fotos und Dias des Gestaltungswettbewerbs Qualitätszeichen des Landesinnungsverbandes Bildhauer- und Steinmetzhandwerk Baden-Württemberg 1969–1999; Innungsausflüge, Schaufrisieren und Modeempfehlungen der Friseurinnung 1950er–1970er, 1999; Weinfassproduktion des Landesinnungsverbandes des Fass- und Weinküferhandwerks Baden-Württemberg

49 WABW-Bibliothek: 125 Jahre Schreinerinnung Heilbronn 2250/591; 40 Jahre Fliesenlegerinnung Region Franken 2250/592.

50 Im WABW nicht vorhanden.

366
Kreishandwerker Karlsruhe, Karlsruhe

Name Kreishandwerkerschaft Region Karlsruhe
Branche Nr. 910
Umfang 15,5
Laufzeit 1831–2008
Benutzbarkeit Eingeschränkt
Bestand Y 479

Bestandsgeschichte Das Schriftgut wurde im September 2014 vom WABW übernommen.

Geschichte Seit 1831 gab es in Karlsruhe einen Gewerbeverein, der als Vorgänger zur Kreishandwerkerschaft anzusehen ist. Die Organisationsform der Kreishandwerkerschaft wurde durch die Erste Verordnung über den vorläufigen Aufbau des deutschen Handwerks vom 15. Juni 1934 geschaffen. Sämtliche freien und Zwangsinnungen, Innungsausschüsse und Handwerksämter wurden aufgelöst. An ihre Stelle traten Pflichtinnungen und Kreishandwerkerschaften. Alle Innungen, die innerhalb eines von der Handwerkskammer bestimmten Bezirks ihren Sitz hatten, meistens waren diese Bezirke identisch mit Stadt- oder Landkreisen, wurden Pflichtmitglieder der Kreishandwerkerschaften. 1940 wurde die Kreishandwerkerschaft Bretten mit Karlsruhe zusammengelegt. Nach dem 2. Weltkrieg lag Karlsruhe in der amerikanischen Besatzungszone, wodurch Gewerbefreiheit herrschte und die Mitgliedschaft in Innungen und der Kreishandwerkerschaft freiwillig wurde. Otto Tensi wurde 1945 Kreishandwerksmeister und baute die Kreishandwerkerschaft wieder auf. Gemeinsame Betriebsferien wurden erstmals 1960 eingeführt und ab 1962 gab es die Veranstaltungsreihe »Jeder Beruf kommt zu Wort«. Der erste Ball des Handwerks wurde 1969 veranstaltet, unter Mitwirkung des ein Jahr zuvor gegründeten Juniorenkreises. 1973 fusionierte die Kreishandwerkerschaft Bruchsal mit Karlsruhe, die Geschäftsstelle blieb zunächst noch erhalten. 1981 waren der Kreishandwerkerschaft 55 Innungen angeschlossen.

35 Fünf Ehrenurkunden für Innungen und Gewerbeverein

36 Kreishandwerkerschaft 1938, 1952–2003;

Metallinnung 1886–1945, 1976–2008; Schlosserinnung 1975; Schlosser, Schmiede und Maschinenbauerinnung 1958–1988; Schreinerinnung 1977–2003, 2011; Straßenbauerinnung 1961–1972; Uhrmacherinnung 1966–1998; Elektroinnung 1960, 1976–2003; Stuckateurinnung 2002; Zimmererinnung 1963–2003; Zimmererinnung Bruchsal 1978–2006; Bildhauer- und Steinmetzinnung 1984–2003; Landesinnungsverband Metall 1979–2003; Fachverband Elektro- und Informationstechnik Baden-Württemberg 1974, 1990–2001; Baugewerksverband Nodbaden 1961–1974; Förderverein Handwerk Region Karlsruhe 1998–2005; Gewerbeverein Karlsruhe 1831–1848, 1912, 1931

38 Arbeitsgemeinschaft berufliche Förderung 1978–2003; Gesellenprüfungsausschuss 1990–1993, 1997–2003; Gesellen- und Zwischenprüfungsprotokolle 1984–2007; Tag der Berufsinformation 1999–2003; Lehrlingsstreitigkeiten 1995–2001

40 Ausstellungskatalog Querschnitt 1997

41 Journal 1987–1993; Haushaltspläne 1948–2001; Jahresabschluss 1998–2001

43 Arbeitskreis Schule und Wirtschaft 1997–2004

47 Fest der Elektroinnung und Vorführung eines Stromkreises; Tag der Berufsinformation 1989–1990; Ball des Handwerks 1986–1991; Einweihung Haus Ruppurrerstr. 13 1990;

49 WABW-Bibliothek: 80 Jahre Elektroinnung Karlsruhe 2250/561; 200 Jahre Glaserinnung Karlsruhe 2250/516; 250 Jahre Glaserinnung Karlsruhe 2250/560; 225 Jahre Zimmererinnung Karlsruhe 2250/557; 50 Jahre Innung des Kraftfahrzeughandwerks Karlsruhe 2250/525; 74 Jahre Innung des Kraftfahrzeughandwerks Karlsruhe 2250/528; 275 Jahre Schreinerinnung Karlsruhe 2250/489.

50 Gewichtstabellen für metallische Werkstoffe; Lerneinheit Schmieden 1; Festschrift 100 Jahre Elektroinnung Karlsruhe; Festschrift 75 Jahre Firma Renz; Festschrift 150 Jahre Vereinigtes Handwerk Karlsruhe Stadt und Land; Festschrift 500 Jahre Heidelberger Bäckerzunft.

367
Kreishandwerker Lörrach, Lörrach

Name Kreishandwerkerschaft Lörrach
Branche Nr. 910
Umfang 6
Laufzeit 1920–2007
Benutzbarkeit Ja
Bestand H 42

Bestandsgeschichte Das Schriftgut wurde im Oktober 2009 und Juli 2010 vom WABW übernommen.

Geschichte Die Organisationsform der Kreishandwerkerschaft wurde durch die Erste Verordnung über den vorläufigen Aufbau des deutschen Handwerks vom 15. Juni 1934 geschaffen. Sämtliche freien und Zwangsinnungen, Innungsausschüsse und Handwerksämter wurden aufgelöst. An ihre Stelle traten Pflichtinnungen und Kreishandwerkerschaften. Alle Innungen, die innerhalb eines von der Handwerkskammer bestimmten Bezirks ihren Sitz hatten, meistens waren diese Bezirke identisch mit Stadt- oder Landkreisen, wurden Pflichtmitglieder der Kreishandwerkerschaften. Nach dem Ende des Zweiten Weltkriegs löste die französische Militärregierung die Kreishandwerkerschaft auf. Erst der § 79 des Gesetzes zur Ordnung des Handwerks vom 17. September 1953 stellte die Organisation der Kreishandwerkerschaften wieder auf eine gesicherte rechtliche Grundlage. Die Neukonstituierung erfolgte wie bei den meisten Kreishandwerkerschaften im Laufe des Jahre 1954. Im Jahre 1976 wurde die 4. Etage in der Palmstraße gekauft und dort die Geschäftsräume eingerichtet.

35 Vorstand 1964–2002, Mitgliederversammlung 1935–1944, Schriftwechsel 1997, 1999, 2007

36 Innungen 1919–2005, Badischer Müllerbund, Bezirksverein Lörrach 1920–1923, Wahlen Innungen 1984, Haushaltspläne Innungen 1973–2005

37 Handwerksrolle 1995–2003

38 Auszubildenden-Feiern 2002

39 Wirtschaftsfördergemeinschaft des Handwerks Lörrach e. V. 1993–2005

50 Im WABW nicht vorhanden.

368
Kreishandwerker Ludwigsburg, Ludwigsburg

Name Kreishandwerkerschaft Ludwigsburg
Branche Nr. 910
Umfang 19
Laufzeit 1912–2003
Benutzbarkeit Eingeschränkt
Bestand Y 420

Bestandsgeschichte Das Schriftgut wurde im August 2010 vom WABW übernommen.
Geschichte Die Organisationsform der Kreishandwerkerschaft wurde durch die Erste Verordnung über den vorläufigen Aufbau des deutschen Handwerks vom 15. Juni 1934 geschaffen. Sämtliche freien und Zwangsinnungen, Innungsausschüsse und Handwerksämter wurden aufgelöst. An ihre Stelle traten Pflichtinnungen und Kreishandwerkerschaften. Alle Innungen, die innerhalb eines von der Handwerkskammer bestimmten Bezirks ihren Sitz hatten, meistens waren diese Bezirke identisch mit Stadt- oder Landkreisen, wurden Pflichtmitglieder der Kreishandwerkerschaften. Bereits am 12. August 1946 fand im Handwerkerhaus in der Bismarckstraße 24 die erste Hauptversammlung nach dem 2. Weltkrieg statt, bei der auch die neue Satzung beschlossen wurde. Im Zuge der Kreisreform wurde die Kreishandwerkerschaft Vaihingen/Enz aufgelöst und ein Teil des Gebietes wurde der Kreishandwerkerschaft Ludwigsburg zugeteilt.
35 Satzung 1974–1994, Ausschüsse 1963–1981, Vorstand 1965–1984, 1992–1994, Pressespiegel 1985–1990, 1993–1998, Korrespondenz 1992–2003, Rundschreiben 1992–2002, Wahlen 1960, 1999, Baupläne 1983, Gästebuch 1986–2000, Kreishandwerkerschaft-Info 1993–2001
36 Obermeistersitzungen 1945–1957, 1960–1978, Innungssatzungen 1954–1967, 1992–1997, Handwerkskammer Stuttgart 1963–1981, 1992–2000, 2003–2004, Landesinnungsverbände/Fachverbände 1977–1985, 1991–2002, Innungen 1912–1935, 1951–2001, Arbeitsgemeinschaft Kreishandwerkerschaften 1994–1996, Bundesarbeitsgemeinschaft Kreishandwerkerschaften 1995–1997, Verkehrsverein Ludwigsburg 1991–1997, Arbeitstagungen Geschäftsführer Handwerkskammer/Kreishandwerkerschaft 1992–1996, Baden-Württembergischer Handwerkstag 1992–1998, Zentralverband des Deutschen Handwerks 1994–1998, Arbeitsgemeinschaft der Handwerkskammern Baden-Württemberg 1992
38 Gesellenprüfung allgemein 1966, 1970–1977, Berufsfachschulen 1967–1979, Nachwuchswerbung 1993, Ausbildung 2000–2002
40 Ausstellungen 1992, 1997
42 Innungskrankenkasse 1960–1981, Ehrungen 1973–1978, 1993
44 Außenwirtschaftsrundschreiben 1994–1995
47 Kreishandwerkerschaft, Haus des Handwerks 1955, Innungskrankenkasse, Innungen: Schuhmacher, Raumausstatter, Parkett, Glaser, Elektro, Faß- und Weinküfer, Steinmetz, Zimmerer, Metall, Maler, Friseur, Fleischer, Damenschneider, Bau, Bäcker, Stukkateur, Schreiner, Mechaniker, Müller
50 Im WABW nicht vorhanden.

369
Kreishandwerker Mannheim, Mannheim

Name Kreishandwerkerschaft Mannheim
Branche Nr. 910
Umfang 4,5
Laufzeit 1893–2011
Benutzbarkeit Eingeschränkt
Bestand Y 516/3

Bestandsgeschichte Das Schriftgut wurde vom WABW im Mai 2017 übernommen.
Geschichte Die Organisationsform der Kreishandwerkerschaft wurde durch die Erste Verordnung über den vorläufigen Aufbau des deutschen Handwerks vom 15. Juni 1934 geschaffen. Sämtliche freien und Zwangsinnungen, Innungsausschüsse und Handwerksämter wurden aufgelöst. An ihre Stelle traten Pflichtinnungen und Kreishandwerkerschaften. Alle Innungen, die innerhalb eines von der Handwerkskammer bestimmten Bezirks ihren Sitz hatten, meistens waren diese Bezirke identisch mit Stadt- oder Landkreisen, wurden Pflichtmitglieder der Kreishandwerkerschaften.
2017 fusionierten die Kreishandwerkerschaften

Heidelberg und Mannheim zur Kreishandwerkerschaft Rhein-Neckar. Der Standort in Mannheim wurde zugunsten einer neuen, gemeinsamen Geschäftsstelle in Heidelberg aufgegeben.
35 Protokolle Vorstandssitzungen, Schriftverkehr HWK, Landesgewerbeamt Anträge und Bewilligungen; Geschäftsführung von Innungen v.a. Dachdecker- und Metall-Innung: Schriftverkehr und Versammlungsprotokolle, Planungen Maimarkt
37 Rechtsstreitigkeiten Arbeitsrecht
38 Organisation von Freisprechungsfeiern
47 Veranstaltungen
49 WABW Y516/1 und Y/516/2
50 Im WABW nicht vorhanden.

370
Kreishandwerker Neckar-Odenwald, Mosbach

Name Kreishandwerkerschaft Neckar-Odenwald-Kreis
Branche Nr. 910
Umfang 2
Laufzeit 1934–2013
Benutzbarkeit Eingeschränkt
Bestand Y 563

Bestandsgeschichte Der Bestand wurde im September 2019 vom WABW kurz vor Redaktionsschluss übernommen.
Geschichte Die Organisationsform der Kreishandwerkerschaft wurde durch die Erste Verordnung über den vorläufigen Aufbau des deutschen Handwerks vom 15. Juni 1934 geschaffen. Sämtliche freien und Zwangsinnungen, Innungsausschüsse und Handwerksämter wurden aufgelöst. An ihre Stelle traten Pflichtinnungen und Kreishandwerkerschaften. Alle Innungen, die innerhalb eines von der Handwerkskammer bestimmten Bezirks ihren Sitz hatten, meistens waren diese Bezirke identisch mit Stadt- oder Landkreisen, wurden Pflichtmitglieder der Kreishandwerkerschaften.
50 Im WABW nicht vorhanden.

371
Kreishandwerker Ortenau, Offenburg

Name Kreishandwerkerschaft Ortenau
Branche Nr. 910
Umfang 1
Laufzeit 1907–1999
Benutzbarkeit Ja
Bestand H 41

Bestandsgeschichte Das Schriftgut wurde im Januar 2010 vom WABW übernommen.
Geschichte Die Organisationsform der Kreishandwerkerschaft wurde durch die Erste Verordnung über den vorläufigen Aufbau des deutschen Handwerks vom 15. Juni 1934 geschaffen. Sämtliche freien und Zwangsinnungen, Innungsausschüsse und Handwerksämter wurden aufgelöst. An ihre Stelle traten Pflichtinnungen und Kreishandwerkerschaften. Alle Innungen, die innerhalb eines von der Handwerkskammer bestimmten Bezirks ihren Sitz hatten, meistens waren diese Bezirke identisch mit Stadt- oder Landkreisen, wurden Pflichtmitglieder der Kreishandwerkerschaften. Nach dem Ende des Zweiten Weltkriegs löste die französische Militärregierung die Kreishandwerkerschaft Offenburg auf, an ihre Stelle trat eine Nebenstelle der Handwerkskammer Freiburg unter der Leitung des Obermeisters der Kfz-Innung Alfons von Deschwander. Erst der § 79 des Gesetzes zur Ordnung des Handwerks vom 17. September 1953 stellte die Organisation der Kreishandwerkerschaften wieder auf eine gesicherte rechtliche Grundlage. Am 22. September 1954 wurde die neue Satzung auf der konstituierenden Versammlung der Obermeister in Offenburg einstimmig angenommen und Obermeister Gaum zum Kreishandwerksmeister gewählt. Im Zuge der Kreisverwaltungsreform in Baden-Württemberg Anfang der 1970er Jahre erfuhr auch die Kreishandwerkerschaft Offenburg eine Veränderung. Auf der Obermeisterversammlung am 6. Dezember 1972 wurde die Konstituierung der Kreishandwerkerschaft Ortenau durch die Fusion der Kreishandwerkerschaften Offenburg, Kehl, Lahr und Wolfach beschlossen.
36 Innungen 1907–1983, Kreishandwerkerschaft Lahr 1934–1952, Satzung Innungen 1935,

1953, 1967, 1969–1970, 1974, Zentralverband des Kürschnerhandwerks 1985
38 Gesellenprüfungsordnung 1972, Lehrlingsordnung 1953, Gesellenprüfung 1939–1956, 1976–1981, 1984–1989, Gesellenprüfung allgemein 1989, Lehrlingsrolle 1972–1976, Gesellenprüfungsausschuss allgemein 1989, Gesellenprüfungsausschuss Stukkateur-Innung Ortenau 1982–1983, 1987–1988
42 Innungskrankenkasse 1967–1973, Angestelltenversicherung 1949–1950, Personalakte Uwe K., o. D., Ehrungen 1958–1967
46 Nachrichten der Handwerkskammer Freiburg 1985–1999
50 Im WABW nicht vorhanden.

372
Kreishandwerker Ostalb, Schwäbisch Gmünd

Name Kreishandwerkerschaft Ostalb
Branche Nr. 910
Umfang 8
Laufzeit 1907–2003
Benutzbarkeit Eingeschränkt
Bestand Y 488/1

Bestandsgeschichte Das Schriftgut wurde im Dezember 2014 vom WABW übernommen.
Geschichte Die Organisationsform der Kreishandwerkerschaft wurde durch die Erste Verordnung über den vorläufigen Aufbau des deutschen Handwerks vom 15. Juni 1934 geschaffen. Sämtliche freien und Zwangsinnungen, Innungsausschüsse und Handwerksämter wurden aufgelöst. An ihre Stelle traten Pflichtinnungen und Kreishandwerkerschaften. Alle Innungen, die innerhalb eines von der Handwerkskammer bestimmten Bezirks ihren Sitz hatten, meistens waren diese Bezirke identisch mit Stadt- oder Landkreisen, wurden Pflichtmitglieder der Kreishandwerkerschaften. Sitz der Kreishandwerkerschaft war bis 1942 das Haus Sannwald in der Ledergasse 38, die Geschäftsstelle zog danach an den Kalten Markt 21. Der Schneidermeister Johannes Sannwald wurde erster Kreishandwerksmeister. Nach dem zweiten Weltkrieg bis 1947 stand die Kreishandwerkerschaft unter Aufsicht des Landratsamtes. 1959 wurde die Kreisgruppe der Junghandwerker gegründet und 1963 auf hauptsächliche Initiative der Fleischerinnung eine Innungskrankenkasse. Mit der IKK zusammen wurde 1971 ein Gebäude mit Parkplatz in der Leutzestr. 53 in Schwäbisch Gmünd gekauft und 1972 bezogen. Im Zuge der Kreisreform wurde Schwäbisch Gmünd dem Kreis Ostalb zugeordnet und die Kreishandwerkerschaft wurde mit Aalen zusammengelegt. Es wurden beide Geschäftsstellen weitergeführt. Schwäbisch Gmünd wechselte damit von der Handwerkskammer Stuttgart zur Handwerkskammer Ulm. Ab 1977 erschien ein regelmäßiges Mitteilungsblatt der Kreishandwerkerschaft.
35 Pressesammlung 1961–1996; Schriftverkehr und Protokolle 1947–1981, 1989–1996
36 Kreishandwerkerschaft 1942–1997; Raumausstatterinnung Schwäbisch Gmünd 1923–2003; Fahrzeug- und Karosseriebauerinnung Schwäbisch Gmünd 1944–1998; Bauinnung Schwäbisch Gmünd 1944–2001; Feinwerktechnikerinnung Schwäbisch Gmünd 1944–2003; Schreinerinnung Schwäbisch Gmünd 1920–2003; Kfz-Innung Schwäbisch Gmünd 1944–2003; Maler- und Lackiererinnung Schwäbisch Gmünd 1944–2003; Zimmererinnung Schwäbisch Gmünd 1933–1938, 1944–2002; Stuckateurinnung Schwäbisch Gmünd 1951–2003; Damen und Herrenschneiderinnung Schwäbisch Gmünd 1926–1998; Elektroinnung Schwäbisch Gmünd 1944–2001; Gold- und Silberschmiedeinnung Schwäbisch Gmünd 1944–2002; Schlosser- und Schmiedeinnung Schwäbisch Gmünd 1944–2002; SHK-Innung Schwäbisch Gmünd 1953–2003; Müllerinnung Schwäbisch Gmünd 1944–1978; Schuhmacherinnung Schwäbisch Gmünd 1907–1993; Bäckerinnung Schwäbisch Gmünd 1944, 1950er–1990er; Böttcher- und Küferinnung Schwäbisch Gmünd 1934–1970er; Friseurinnung Schwäbisch Gmünd 1944–1990er; Uhrmacherinnung Schwäbisch Gmünd 1944–1970er; Wagnerinnung Schwäbisch Gmünd 1944–1978; Fleischerinnung Schwäbisch Gmünd 1944–1945, 1970er–1990er; Sattler- und Tapeziererinnung Schwäbisch Gmünd 1910–1978, 1980; Wäscheschneiderinnung Schwäbisch Gmünd 1951–1959; Buchbinderinnung Schwäbisch Gmünd 1944–1952; Drechslerinnung der Kreise Schwäbisch Gmünd und Waib-

lingen 1953–1978; Landesfachverband Schreinerhandwerk Baden-Württemberg 1991–1996; Landesinnungsverband des Baden-Württembergischen Karosserie- und Fahrzeugbauer Handwerks 1992–1996; Fachverband Sanitär-Heizung-Klima Baden-Württemberg 1993–1996; Landesinnungsverband des Maler- und Lackiererhandwerks Baden-Württemberg 1993–1996; Verband des Kraftfahrzeuggewerbes Baden-Württemberg e. V. 1994–1996; Handels- und Gewerbeverein Schwäbisch Gmünd 1949–1958
38 Gesellenprüfungsauschuss 1976–1997; Lossprechungsfeier 1983–1996
41 Jahresrechnungen 1943–1971, 1989–1996; Haushaltspläne 1943–1980; Konten 1943–1971; Vermögensrechnungen Innungen 1974–2003; Jahresrechnungen Innungen 1952–1993; Haushaltspläne Innungen 1952–1993
42 Schwarzarbeit 1976–1992; Altmeisterfeier 1988–1992; Beschäftigtenzahlen 1993–1997; Betriebserhebung des Handwerks für den Kreis Schwäbisch Gmünd 1948
46 Mitteilungsblatt 1982–1994
47 Bildersammlung der Kreishandwerkerschaft 1961–1993; Kreishandwerksmeister 1960er
50 Daul, Wilfried, Das Handwerk im Gmünder Raum: chronologische Geschichte, Schwäbisch Gmünd: Kreishandwerkerschaft Ostalb, 1996 (Sig.: 3131/33).

373
Kreishandwerker Ostalb, Aalen

Name Kreishandwerkerschaft Ostalb
Branche Nr. 910
Umfang 22
Laufzeit 1876–2002
Benutzbarkeit Eingeschränkt
Bestand Y 488/2

Bestandsgeschichte Das Schriftgut der Geschäftsstelle Aalen wurde im Juni 2016 und im November 2017 vom WABW übernommen.
Geschichte Die Organisationsform der Kreishandwerkerschaft wurde durch die Erste Verordnung über den vorläufigen Aufbau des deutschen Handwerks vom 15. Juni 1934 geschaffen. Sämtliche freien und Zwangsinnungen, Innungsausschüsse und Handwerksämter wurden aufgelöst. An ihre Stelle traten Pflichtinnungen und Kreishandwerkerschaften. Alle Innungen, die innerhalb eines von der Handwerkskammer bestimmten Bezirks ihren Sitz hatten, meistens waren diese Bezirke identisch mit Stadt- oder Landkreisen, wurden Pflichtmitglieder der Kreishandwerkerschaften. Sitz der Kreishandwerkerschaft war bis 1942 das Haus Sannwald in der Ledergasse 38, die Geschäftsstelle zog danach an den Kalten Markt 21. Der Schneidermeister Johannes Sannwald wurde erster Kreishandwerksmeister. Nach dem zweiten Weltkrieg bis 1947 stand die Kreishandwerkerschaft unter Aufsicht des Landratsamtes. 1959 wurde die Kreisgruppe der Junghandwerker gegründet und 1963 auf hauptsächliche Initiative der Fleischerinnung eine Innungskrankenkasse. Mit der IKK zusammen wurde 1971 ein Gebäude mit Parkplatz in der Leutzestr. 53 in Schwäbisch Gmünd gekauft und 1972 bezogen. Im Zuge der Kreisreform wurde Schwäbisch Gmünd dem Kreis Ostalb zugeordnet und die Kreishandwerkerschaft wurde mit Aalen zusammengelegt. Es wurden beide Geschäftsstellen weitergeführt. Schwäbisch Gmünd wechselte damit von der Handwerkskammer Stuttgart zur Handwerkskammer Ulm. Ab 1977 erschien ein regelmäßiges Mitteilungsblatt der Kreishandwerkerschaft.
35 Schriftwechsel, Mitteilungen, Pressesammlung
36 Innungsunterlagen, Hebelisten
38 Gesellenprüfungsausschüsse, Berufsschulen
41 Haushaltspläne und Jahresrechnungen der Innungen und der Kreishandwerkerschaft,
50 Im WABW nicht vorhanden.

374
Kreishandwerker Pforzheim, Pforzheim

Name Kreishandwerkerschaft Pforzheim-Enzkreis
Branche Nr. 910
Umfang 3,3
Laufzeit 1919–2015
Benutzbarkeit Ja
Bestand H 31

Bestandsgeschichte Das Schriftgut wurde im September 2009, im Februar 2010 und im Dezember 2018 vom WABW übernommen. Da Pforzheim im Zweiten Weltkrieg stark zerstört wurde, konnte lediglich die Handwerksrolle aus der Vorkriegszeit archiviert werden.
Geschichte Die Organisationsform der Kreishandwerkerschaft wurde durch die Erste Verordnung über den vorläufigen Aufbau des deutschen Handwerks vom 15. Juni 1934 geschaffen. Sämtliche freien und Zwangsinnungen, Innungsausschüsse und Handwerksämter wurden aufgelöst. An ihre Stelle traten Pflichtinnungen und Kreishandwerkerschaften. Alle Innungen, die innerhalb eines von der Handwerkskammer bestimmten Bezirks ihren Sitz hatten, meistens waren diese Bezirke identisch mit Stadt- oder Landkreisen, wurden Pflichtmitglieder der Kreishandwerkerschaften. Bereits um 1886 wurde in Pforzheim eine allgemeine Handwerkerinnung gegründet, die als Vorgängerinstitution der heutigen Kreishandwerkerschaft gesehen werden kann. Am 1. Oktober 1945 wurde in Pforzheim eine selbstständige Handwerkskammer eingerichtet, die fortan auch die Geschäftsstelle der Kreishandwerkerschaft übernahm und bis 1954 bestand. Erst das Gesetz zur Ordnung des Handwerk vom 17. September 1953 stellte die Organisation der Kreishandwerkerschaften wieder auf eine gesicherte rechtliche Grundlage. Am 4. Mai 1954 wurde die neue Satzung auf der konstituierenden Versammlung der Obermeister einstimmig angenommen. Nach dem großen Tornado in Pforzheim am 10. Juli 1968 übernahm die Kreishandwerkerschaft die Koordinierung der Aufräum- und Wiederaufbauarbeiten. 1986 bezog die Kreishandwerkerschaft ihr eigenes Domizil in der Wilferdingerstr. 6.
35 Allgemeine Handwerkerinnung Pforzheim 1926, Pressespiegel 1970–2005, Vorstandssitzungen 1954–1970, 1972–2008, Rundschreiben 1954–1987, 1990–1991, Rundschreiben Obermeister 1954–1972, Mietglieder-/Jahreshauptversammlung 1954–1984, 1988–2008, Wahlen 1954–1985, Kreisreform 1972–1975, Innere Verwaltung 1954–1987, Tornadokatastrophe 1968, Jahresprogramm und Mitglieder-Information 1996–2010
36 Schiedsstelle für das Kfz-Handwerk 1973–1992, Innungen 1934–1964, 1983–2006, Innungssatzung (Elektro) 1981, Regularien Innung 1954–1999, Innung Geschäftsführung durch Kreishandwerkerschaft 1982–1992, Protokolle Obermeistergespräche 1992–1997, Netzwerk erneuerbare Energien 2001–2004
37 Novellierung Handwerksordnung 2003, Handwerksrolle 1929–1970
38 Sanierung Alfons-Kern Berufsschule 2000–2009
40 Ausstellung Die Ausbildung im Handwerk 1988–1994
41 Innungsbeiträge 1986–1993, Journal Sammelkonto Kreishandwerkerschaft 1945–1959
42 Ehrungen 1987
43 Bundesministerium für Wirtschaft und Technik 2001, Arbeitsmarktgespräch mit dem Oberbürgermeister von Pforzheim 1999
45 Betriebskarteikarten 1985–1987
50 60 Jahre Kreishandwerkerschaft Pforzheim-Enzkreis, 1934–1994. (Festschrift 1994)

375
Kreishandwerker Ravensburg, Ravensburg

Name Kreishandwerkerschaft Ravensburg
Branche Nr. 910
Umfang 19
Laufzeit 1900–2006
Benutzbarkeit Eingeschränkt
Bestand Y 423

Bestandsgeschichte Das Schriftgut wurde im September 2010 vom WABW übernommen.
Geschichte Die Organisationsform der Kreishandwerkerschaft wurde durch die Erste Verord-

nung über den vorläufigen Aufbau des deutschen Handwerks vom 15. Juni 1934 geschaffen. Sämtliche freien und Zwangsinnungen, Innungsausschüsse und Handwerksämter wurden aufgelöst. An ihre Stelle traten Pflichtinnungen und Kreishandwerkerschaften, im Bezirk der Kreishandwerkerschaft Ravensburg waren es 26 Pflichtinnungen. Im Zuge der Auflösung der Oberämter Waldsee und Leutkirch im Jahr 1938 kamen auch die Pflichtinnungen dieser Bezirke zur Kreishandwerkerschaft. Nach dem Ende des Zweiten Weltkrieges teilte die französische Militärregierung die Kreishandwerkerschaft dem Handwerkskammerbezirk Reutlingen zu. Am 5. November 1946 erging die Rechtsordnung zur Ordnung des Handwerks. Der Maurermeister Anton Rauscher wurde zum Kreishandwerksmeister bestimmt und die Innungen sowie die Kreishandwerkerschaft erhielten den Status einer Körperschaft des öffentlichen Rechts. Am 1. April 1954 kam die Kreishandwerkerschaft schließlich wieder zum Bezirk der Handwerkskammer Ulm. Im Zuge der Verwaltungsreform folgte ab dem 1. Januar 1976 der Zusammenschluss der Kreishandwerkerschaften Wangen und Ravensburg zur Kreishandwerkerschaft Ravensburg. Im Jahre 1961 wurde aus der Konkursmasse des Baumeisters Johann Stopfel das Gebäude in der Zeppelinstraße 16 gekauft, das bis zur Übernahme noch der Sitz der Kreishandwerkerschaft war.

35 Vorstand 1976–1977, 1980–1981, Entwicklung Kreishandwerkerschaft Ravensburg 1945–1986, Pressespiegel 1981–1999, Gebäude Möttelinstraße/Zeppelinstraße 1955–1980, Rundschreiben 1965–1977, 1994–1995, Schriftverkehr 1975–1979, 1982–1986, 1992–1999

36 Arbeitskreis Unternehmerfrauen 1990–1991, Kreishandwerkerschaft Wangen 1968–1975, Innungen 1904–1943, 1945–1999, Satzungen Innungen 1948–1979, Rundschreiben Innungen 1984–1998, Handwerkskammer Ulm 1972–1981, 1998–2002, Landesinnungsverbände 1994–2004, Junghandwerk 1976–1992, Obermeisterrundschreiben 1965–1981, 1983–1991, Landesverbandstage 1978, 1991

37 Handwerksrolle Wangen 1928–1973

38 Gesellenprüfungen Metzger-Innung Ravensburg 1900–1962

40 Ausstellung Oberschwabenschau 1992

42 Ehrungen 1981–2000

47 Kreishandwerkerschaft Feiern 1961–1977, Einweihung Kreishandwerkerschaft 1965, Kreishandwerkerschaft Veranstaltungen 1965–1981, Damenschneider-Zwangsinnung Leutkirch 1933

50 H. Nolz: Geschichte des Handwerks in Ravensburg 1976.

376
Kreishandwerker Reutlingen, Reutlingen

Name Kreishandwerkerschaft Reutlingen
Branche Nr. 910
Umfang 7
Laufzeit 1909–2010
Benutzbarkeit Eingeschränkt
Bestand Y 474

Bestandsgeschichte Das Schriftgut wurde im Oktober 2014 vom WABW übernommen.
Geschichte Die Organisationsform der Kreishandwerkerschaft wurde durch die Erste Verordnung über den vorläufigen Aufbau des deutschen Handwerks vom 15. Juni 1934 geschaffen. Sämtliche freien und Zwangsinnungen, Innungsausschüsse und Handwerksämter wurden aufgelöst. An ihre Stelle traten Pflichtinnungen und Kreishandwerkerschaften. Alle Innungen, die innerhalb eines von der Handwerkskammer bestimmten Bezirks ihren Sitz hatten, meistens waren diese Bezirke identisch mit Stadt- oder Landkreisen, wurden Pflichtmitglieder der Kreishandwerkerschaften. 1961 betreute die Kreishandwerkerschaft alle 47 Innungen. Mit der Gebietsreform wurde die Kreishandwerkerschaft Münsingen angegliedert und 1974 folgte eine neue Satzung. An der Finanzierung des Zunftbrunnens in der Oberamteistraße beteiligte sich die Kreishandwerkerschaft 1982 über Spenden. 1986 wurden neue Räume in der Konrad-Adenauer Str. 21 gekauft und bezogen, vorher war die Geschäftsstelle bei der Handwerkskammer. Ab 1990 begannen über Jahre Besuche und eine Kooperation mit der späteren Kreishandwerkerschaft Südsachsen in Pirna. Regelmäßig wurden auch mit der Handwerkskammer zusammen Seminare gehalten. Die Kreishandwerkerschaft gab

sich 1991 ein neues Logo und trat 1992 dem Arbeitskreis der Kreishandwerkerschaften in Baden-Württemberg bei. In der Lindachstr. 37 werden im neuen Haus der IKK 1995 neue Geschäftsräume erworben und im gleichen Jahr wird auch eine Wirtschaftsgesellschaft für die gewerblichen Aktivitäten der Innungen gegründet.

36 Kreishandwerkerschaft 1961–2000; Metallinnung 1988–1999; Glaserinnung 1978–2005; Schuhmacherinnung 1971–1998; Radio- und Fernsehtechnikerinnung 1978–1998; Damenschneiderinnung 1971–1999; Herrenschneiderinnung 1915–1999; Gipserinnung Oberamtsbezirk Reutlingen 1919–1933; Zimmererinnung 1972–1999; Raumausstatterinnung 1928, 1982–1999; Schreinerinnung 1989–1999; Stuckateurinnung 1982–1999; Malerinnung 1977–1999; Straßenbauerinnung 1978–1999; Bauinnung 1993–1998; Steinmetzinnung 1990–1999; Graveurinnung 1965–2001; Konditoreninnung 1989–1998; Bäckerinnung 1990–2007; Friseurinnung 1937–1976, 1988–2004; Fleischerinnung 1977–2010; Elektroinnung 1978–1999; KFZ-Innung 1978–2000; Gerberinnung 1985–2010; Messerschmiedeinnung 1985–2010; Augenoptikerinnung 1989–2007; Bürstenmacherinnung 1989–2007; Karosseriebauerinnung 1985–1998; Landmaschinenmechanikerinnung 1976–1999; Mechanikerinnung 1990–1998; Fliesenlegerinnung 1986–2001; Uhrmacherinnung 1978–2005; Küferinnung 1944–1960, 1977–2004, 2009; Fass- und Weinküferinnung Reutlingen/Tübingen 1979–1998; Böttcher- und Küferinnung Urach 1919–1938; Schlosserinnung 1909–1935; Drechslerinnung 1964–1999; Landesinnungsverband Metall 1988–1999; Fachverband Glas Fenster Fassade BW – Landesinnungsverband des Glaserhandwerks 1978–1998; Seiler, Segel, Netzmacherinnung Baden-Württemberg 1975–1998; Landesinnungsverband des Schuhmacherhandwerks Baden-Württemberg 1971–1998; Landesinnungsverband für das Herrenschneiderhandwerk Württemberg 1977–1999; Landesinnungsverband für das Damenschneiderhandwerk Baden-Württemberg 1977–1999; Landesinnungsverband Raumausstatter und Sattler Baden-Württemberg 1982–1999; Büchsenmacherinnung Baden-Württemberg 1989–2007; Fachverband Bau Württemberg e. V. 1993–1998; Landesinnungsverband Bildhauer- und Steinmetzhandwerk Baden-Württemberg 1990–1999; Landesinnungsverband des Konditorenhandwerks Baden-Württemberg 1989–1998; Landesinnungsverband für das Württembergische Bäckerhandwerk 1995–2001; Fachverband Friseur und Kosmetik Baden-Württemberg 1988–1996; Landesinnungsverband Fass- und Weinküferhandwerk Baden-Württemberg 1977–2004

41 Jahresrechnungen 1976–1989; Haushaltspläne 1976–1989; Haushaltspläne der Innungen 1977–2000; Jahresrechnungen der Innungen 1985–2000

47 Versammlungen, Ausflüge und Ehrungen 1994–2002; Neujahrsempfang und Handwerkerball 1989–1994

50 Eduard Otto, Das deutsche Handwerk.

377 Kreishandwerker Schwäbisch Hall, Schwäbisch Hall

Name Kreishandwerkerschaft Schwäbisch Hall
Branche Nr. 910
Umfang 1,8
Laufzeit 1947–1999
Benutzbarkeit Eingeschränkt
Bestand Y 475

Bestandsgeschichte Das Schriftgut wurde im August 2014 vom WABW übernommen.
Geschichte Die Organisationsform der Kreishandwerkerschaft wurde durch die Erste Verordnung über den vorläufigen Aufbau des deutschen Handwerks vom 15. Juni 1934 geschaffen. Sämtliche freien und Zwangsinnungen, Innungsausschüsse und Handwerksämter wurden aufgelöst. An ihre Stelle traten Pflichtinnungen und Kreishandwerkerschaften. Alle Innungen, die innerhalb eines von der Handwerkskammer bestimmten Bezirks ihren Sitz hatten, meistens waren diese Bezirke identisch mit Stadt- oder Landkreisen, wurden Pflichtmitglieder der Kreishandwerkerschaften. 1953 wurde eine neue Satzung beschlossen und im November 1960 neue Büroräume im Landesarbeitsamt bezogen. Bereits 1956 wurde dem Geschäftsführer die neu

geschaffene Gewerbeförderungsaussenstelle der Handwerkskammer in Schwäbisch Hall übertragen. Im Zuge der Kreisreform schlossen sich Ende 1973 die Kreishandwerkerschaften Schwäbisch Hall, Crailsheim und Künzelsau zur Kreishandwerkerschaft Schwäbisch Hall zusammen.
35 Schriftverkehr 1998–1999
36 Kreishandwerkerschaft, Schuhmacherinnung 1987; Bäckerinnung Crailsheim 1947–1997; Bauinnung Crailsheim 1947–1997; Damenschneiderinnung Schwäbisch Hall 1947–1997; Mechanikerinnung Franken/Hohenlohe 1947–1997; Metzgerinnung Künzelsau 1947–1997; Zimmererinnung 1996; Stuckateurinnung Crailsheim 1977–1990; Friseurinnung 1998–1999
38 Freisprechung 1985–1995; Bäckermeisterkurs 1986; Dokumentationsmappe zur Ausstellung der Gesellenstücke 1948
41 Haushalt 1956–1985; Stuckateurinnung Crailsheim Abrechnung 1977–1990
47 Freisprechungsfeiern 1976–1986; Sanitärinnung 1973; Metzgerabend des Hausfrauenverbands Crailsheim 1970; Altmeister Familienabend der Metzger- und Bäckerinnungen Crailsheim 1974
50 Im WABW nicht vorhanden.

378
Kreishandwerker Schwarzwald Baar, Villingen-Schwenningen

Name Kreishandwerkerschaft Schwarzwald Baar
Branche Nr. 910
Umfang 7
Laufzeit 1976–2009
Benutzbarkeit Eingeschränkt
Bestand Y 550

Bestandsgeschichte Der Bestand wurde im Januar und Mai 2019 vom WABW übernommen.
Geschichte Die Organisationsform der Kreishandwerkerschaft wurde durch die Erste Verordnung über den vorläufigen Aufbau des deutschen Handwerks vom 15. Juni 1934 geschaffen. Sämtliche freien und Zwangsinnungen, Innungsausschüsse und Handwerksämter wurden aufgelöst. An ihre Stelle traten Pflichtinnungen und Kreishandwerkerschaften. Alle Innungen, die innerhalb eines von der Handwerkskammer bestimmten Bezirks ihren Sitz hatten, meistens waren diese Bezirke identisch mit Stadt- oder Landkreisen, wurden Pflichtmitglieder der Kreishandwerkerschaften.
50 Im WABW nicht vorhanden.

379
Kreishandwerker Sigmaringen, Sigmaringen

Name Kreishandwerkerschaft Sigmaringen
Branche Nr. 910
Umfang 7,6
Laufzeit 1923–2008
Benutzbarkeit Eingeschränkt
Bestand Y 473

Bestandsgeschichte Das Schriftgut wurde im Juli 2014 und im Januar 2019 vom WABW übernommen.
Geschichte Die Organisationsform der Kreishandwerkerschaft wurde durch die Erste Verordnung über den vorläufigen Aufbau des deutschen Handwerks vom 15. Juni 1934 geschaffen. Sämtliche freien und Zwangsinnungen, Innungsausschüsse und Handwerksämter wurden aufgelöst. An ihre Stelle traten Pflichtinnungen und Kreishandwerkerschaften. Alle Innungen, die innerhalb eines von der Handwerkskammer bestimmten Bezirks ihren Sitz hatten, meistens waren diese Bezirke identisch mit Stadt- oder Landkreisen, wurden Pflichtmitglieder der Kreishandwerkerschaften. Nach Ende des Krieges wurde der Name Kreisinnungsverband vergeben und 1948 eine neue Satzung beschlossen. 1954 wurde der Verband wieder in Kreishandwerkerschaft umbenannt.
35 Protokolle 1986–2000; Schriftwechsel 1987–1992; Inventar der Handwerkskammer Sigmaringen 1986–1990
36 Fachvereinigung Baden-Württemberg der Jungglaser 1991–2004; Fachverband Glas Fenster Fassade BW -Landesinnungsverband des Glaserhandwerks 1986–1992; Innungen 1923–2008
38 Partnerschaft der Bauinnung mit dem franz.

Ausbildungszentrum im Departement Lot-et-Garonne
40 Mitwirkung der Glaserinnung auf Messen 1986–1992
41 Haushaltspläne und Jahresrechnungen der Fachvereinigung Baden-Württemberg der Jungglaser 1993–2004; Haushaltspläne und Jahresrechnungen der Kreishandwerkerschaft 1998–2001; Haushaltspläne und Jahresrechnungen der Innungen 1991–2006
47 Kreishandwerkerschaft 1956–1998; 50 Jahre Kreishandwerkerschaft 1985
50 Im WABW nicht vorhanden.

380 Kreishandwerker Tübingen, Tübingen

Name Kreishandwerkerschaft Tübingen
Branche Nr. 910
Umfang 2,5
Laufzeit 1852–1855, 1934–2005
Benutzbarkeit Ja
Bestand H 11

Bestandsgeschichte Das Schriftgut wurde im Mai 2014 vom WABW übernommen.
Geschichte Die Organisationsform der Kreishandwerkerschaft wurde durch die Erste Verordnung über den vorläufigen Aufbau des deutschen Handwerks vom 15. Juni 1934 geschaffen. Sämtliche freien und Zwangsinnungen, Innungsausschüsse und Handwerksämter wurden aufgelöst. An ihre Stelle traten Pflichtinnungen und Kreishandwerkerschaften. Alle Innungen, die innerhalb eines von der Handwerkskammer bestimmten Bezirks ihren Sitz hatten, meistens waren diese Bezirke identisch mit Stadt- oder Landkreisen, wurden Pflichtmitglieder der Kreishandwerkerschaften. Nach dem Ende des Zweiten Weltkriegs wurden 1946 die Geschäfte wieder aufgenommen und Ende Mai die Geschäftsstelle im Schleifmühlenweg 1 bezogen. Im September 1952 wurde die Geschäftsstelle durch einen Umzug in die Uhlandstr. 10 vergrößert. Die neue Handwerksordnung von 1953 schaffte die Pflichtmitgliedschaft für Innungen ab und änderte den Namen wieder in Kreishandwerkerschaft, nachdem sie ab 1946 Kreisinnungsverband geheißen hatte. In den 50er Jahren wurde die Gewerbliche Berufsschule Tübingen mit verschiedenen Lehrstätten geschaffen und ab 1964 entstand die Tradition einer jährlichen Lossprechungsfeier für die Gesellenprüflinge. 1967 erfolgte ein neuerlicher Umzug der Geschäftsstelle in die Schlachthaus Gaststätte. Durch die Verwaltungs- und Kreisreform 1973 wurden neun Gemeinden im Westen vom Kreis Horb übernommen und fünf Gemeinden an den Kreis Reutlingen abgegeben. Anfang der 90er Jahre erfolgte mit der Erstellung des Handwerkerparks auch der Bau einer neuen Geschäftsstelle.
36 Innungen 1934–2001; Landesinnungsverband Friseurhandwerk 1988–1993; Landesinnungsverband Feinwerktechnik 1976–1992; Landesinnungsverband der Zimmerer 1976–1977; Landesinnungsverband der Gipser 1976–1977
38 Ausbildung und Prüfung der Mechaniker 1973–1994
47 3 Lagepläne und 1 Aufriss des Handwerkerparks
47 9 Fotos vom Empfang der Schweizer Delegation 1968; Fotos und Beschreibungen zur Projektvorstellung des Handwerkerparks und der Handwerksbetriebe
50 Metallhandwerk im Wandel der Zeit: ein Jahrhundert Schmiede- und Schlosserinnungen in Stadt und Kreis Tübingen (Festschrift 2001, Sig.: 0300/358); Das Handwerks-Verzeichnis der Innungen und Innungsbetriebe der Kreishandwerkerschaft Tübingen 1997/1998; Über 50 Jahre Kreishandwerkerschaft im Landkreis Tübingen (Festschrift 1985, Sig. der WLB: 35Ca/1591); Der Wegweiser zu attraktiven Handwerksberufen mit Zukunft: Zahlen und Fakten zu den Berufen (1995, Sig. der WLB: ZC 80980).

381 Kreishandwerker Tuttlingen, Tuttlingen

Name Kreishandwerkerschaft Tuttlingen
Branche Nr. 910
Umfang 10
Laufzeit 1850–2008
Benutzbarkeit Ja
Bestand H 21

Bestandsgeschichte Das Schriftgut wurde 2010, 2011, 2013, 2014 und 2017 vom WABW übernommen.
Geschichte Die Organisationsform der Kreishandwerkerschaft wurde durch die Erste Verordnung über den vorläufigen Aufbau des deutschen Handwerks vom 15. Juni 1934 geschaffen. Sämtliche freien und Zwangsinnungen, Innungsausschüsse und Handwerksämter wurden aufgelöst. An ihre Stelle traten Pflichtinnungen und Kreishandwerkerschaften. Alle Innungen, die innerhalb eines von der Handwerkskammer bestimmten Bezirks ihren Sitz hatten meistens waren diese Bezirke identisch mit Stadt- oder Landkreisen, wurden Pflichtmitglieder der Kreishandwerkerschaften.
35 Pressemitteilungen 2004, Rundschreiben 2004, Korrespondenz 2004–2008
36 Diverse Innungen 1914–2009, Landesinnungsverbände/Fachverbände 1955, 1957, 1967–1968, 2004–2008, Landesinnungsverbände Satzung 1955, Handwerkskammer Konstanz 2004, Handwerkskammer Reutlingen, Kreishandwerkerschaften Rottweil, Radolfzell, Villingen, Waldshut 2004, Baden-Württembergischer Handwerkstag 2004, Jubiläen Innungen 1912, 1988
46 Mitteilungen der Handwerkskammer Reutlingen 1946–1954
50 Im WABW nicht vorhanden.

382 Kreishandwerker Ulm, Ulm

Name Kreishandwerkerschaft Ulm
Branche Nr. 910
Umfang 6,5
Laufzeit 1915–2003
Benutzbarkeit Ja
Bestand H 93

Bestandsgeschichte Das Schriftgut wurden im September 2015 vom WABW übernommen.
Geschichte Die Organisationsform der Kreishandwerkerschaft wurde durch die Erste Verordnung über den vorläufigen Aufbau des deutschen Handwerks vom 15. Juni 1934 geschaffen. Sämtliche freien und Zwangsinnungen, Innungsausschüsse und Handwerksämter wurden aufgelöst. An ihre Stelle traten Pflichtinnungen und Kreishandwerkerschaften. Alle Innungen, die innerhalb eines von der Handwerkskammer bestimmten Bezirks ihren Sitz hatten, meistens waren diese Bezirke identisch mit Stadt- oder Landkreisen, wurden Pflichtmitglieder der Kreishandwerkerschaften.
35 Umweltschutzbeauftragte 1994, Reden, Ausstellungen 1987–1989, Protokolle Vorstand 1955–1982, Protokolle Mitgliederversammlung 1955–1994, Mitglieder 1955–1982, Rundschreiben 1970–1994, Presse 1970–1994, Erstellung der Chronik des Handwerks in Ulm 1989–1990er, Gebietsreform 1972–1973, Tagung der Geschäftsführer der Kreishandwerkerschaften 1955–1978, Konkurse 1971–1999
36 Bäckerinnung Blaubeuren 1960er–1980er, Bäckerinnung Ehingen 1960er–1980er, Bäckerinnung Blaubeuren-Ehingen 1984–2001, Bäckerinnung Ulm 1960er–1980er, Raumausstatterinnung Ulm 1983–2001, Elektroinnung Ulm/Alb-Donau 1983–2001, Friseurinnung Ulm 1984–2001, Kachelofen- und Luftheizungsbauerinnung Ulm und Biberach 1960er–2001, Stukkateurinnung Ulm 1983–2001, Damen- und Herrenschneiderinnung Ulm 1984–2001, Schreinerinnung Ulm/Alb-Donau 1984–2001, Dachdeckerinnung Ulm 1992–2001, Rollladen- und Jalousiebauerinnung 1986–2001, Bildhauer- und Steinmetzinnung Ulm 1984–2001, Maler- und Lackiererinnung Ulm/Alb-Donau 1983–2001, Innung des Kraftfahrzeuggewerbes Ulm 1960er-

2001, Buchbinderinnung Ulm/Donau 1984–2001, Glaser- und Fensterbauerinnung Ulm 1984–2001, Zimmererinnung Ulm 1983–2001, Schneidewerkzeugmechanikerinnung Ulm 1988–1996, Landmaschinenmechanikerinnung Ulm 1983–2001, Schlosser- und Maschinenbauerinnung Ehingen 1960er–1980er, Maschinenbau- und Mechanikerinnung Ulm 1983–2001, Schmiedeinnung Ehingen 1960er–1980er, Schmiede- und Fahrzeugbauerinnung Ulm 1960er–1980er, Karosserie- und Fahrzeugbauerinnung Ulm 1984–2001, Metallinnung Ulm/Alb-Donau 1984–2001, Schuhmacherinnung Ulm 1988–1996, Müllerinnung Ulm 1960er–1996, Müllerinnung Ehingen-Münsingen 1960er–1980er, Konditoreninnung Ulm 1960er–2001, Konditoreninnung Ostwürttemberg 1988–1996, Parkett- und Fußbodentechnik Innung Baden-Württemberg Süd 1984–2001, Junghandwerk Ulm 1979–1996, Kreishandwerkerschaft Ehingen 1935–1973, Gewerbeverein Ulm 1915–1922

38 Lossprechungsfeiern 1953–1971

40 Ausstellung Fertigbau Ulm 1983, Leistungsschau des Bau-Ausbau-Handwerks 1978, verschiedene Handwerksausstellungen 1985–1993

41 Jahresrechnungen und Haushalt 1956–1993, Jahresrechnungen 180–1997, Jahresrechnungen und Haushalt der Innungen 1967–1979, Handwerksforderungen 1957–1973, Umlageverzeichnis 1957–1968, Einnahmeübersicht 1979–1981

42 Ball des Handwerks 1977–1992, Ausflüge 1966–1988, Ehrungen Altmeister mit Ehrenordnung 1960–1973

45 Journal Auftragsübersicht Jalousie- und Rollladenbau 1931–1932, Ehrenurkunden des Schlossermeisters und Stadtrats Georg Maier 1922–1927

46 KHS-Info 1984–1992

47 Ball des Handwerks 1983–1992, Messestände 1983, Lehrstellentag 1983, Ausflüge, Versammlungen, Jubiläen und Kammersieger 1983–1985, Leistungsschau des Bau-Ausbau-Handwerks 1978, Messestand Herbstschau Ulm 1990

50 Kreishandwerkerschaft Ulm/ Alb-Donau-Kreis 1934–1994.

383 Kreishandwerker Waldshut, Waldshut-Tiengen

Name Kreishandwerkerschaft Waldshut
Branche Nr. 910
Umfang 0,2
Laufzeit 1920–1974
Benutzbarkeit Ja
Bestand H 22

Bestandsgeschichte Das Schriftgut wurde im Juni 2011 vom WABW übernommen.
Geschichte Die Organisationsform der Kreishandwerkerschaft wurde durch die Erste Verordnung über den vorläufigen Aufbau des deutschen Handwerks vom 15. Juni 1934 geschaffen. Sämtliche freien und Zwangsinnungen, Innungsausschüsse und Handwerksämter wurden aufgelöst. An ihre Stelle traten Pflichtinnungen und Kreishandwerkerschaften. Alle Innungen, die innerhalb eines von der Handwerkskammer bestimmten Bezirks ihren Sitz hatten, meistens waren diese Bezirke identisch mit Stadt- oder Landkreisen, wurden Pflichtmitglieder der Kreishandwerkerschaften. Nach dem Ende des Zweiten Weltkriegs wurde die Kreishandwerkerschaft Waldshut durch Beschluss der Handwerkskammer Konstanz und der Innungen am 20. Dezember 1946 in eine Kreisgeschäftsstelle der Vereinigten Handwerkerinnungen des Kreises Waldshut umgewandelt. Zuerst war die Geschäftsstelle in den Räumen der Volksbank und ab dem 1. September 1947 in den Privaträumen (Rheinstr. 32) des Obermeisters Böhler untergebracht. Erst der § 79 des Gesetzes zur Ordnung des Handwerks vom 17. September 1953 stellte die Organisation der Kreishandwerkerschaften wieder auf eine gesicherte rechtliche Grundlage. Die Umstellung der Kreisgeschäftsstelle auf die wieder eingeführte Kreishandwerkerschaft erfolgte im Laufe des Herbst 1954. Durch die Kreisreform erfolgte die Erweiterung des Landkreises Waldshut und die Kreishandwerkerschaft Bad Säckingen ging 1975 in der Kreishandwerkerschaft Waldshut auf.

35 Vorstand 1946–1953

36 Gewerbeverein Waldshut 1932–1933, Verband oberbadischer Gewerbevereine 1924–1931, Innungen 1920–1973

50 Im WABW nicht vorhanden.

384
Kreishandwerker Zollern-Alb, Albstadt

Name Kreishandwerkerschaft Zollern-Alb
Branche Nr. 910
Umfang 22
Laufzeit 1906–1994
Benutzbarkeit Eingeschränkt
Bestand Y 389

Bestandsgeschichte Das Schriftgut, das aufgrund der Lagerung im Keller teilweise mit Schimmel befallen war, wurde im Mai 2009 vom WABW übernommen.
Geschichte Die Organisationsform der Kreishandwerkerschaft wurde durch die Erste Verordnung über den vorläufigen Aufbau des deutschen Handwerks vom 15. Juni 1934 geschaffen. Sämtliche freien und Zwangsinnungen, Innungsausschüsse und Handwerksämter wurden aufgelöst. An ihre Stelle traten Pflichtinnungen und Kreishandwerkerschaften. Alle Innungen, die innerhalb eines von der Handwerkskammer bestimmten Bezirks ihren Sitz hatten, meistens waren diese Bezirke identisch mit Stadt- oder Landkreisen, wurden Pflichtmitglieder der Kreishandwerkerschaften. Allerdings fand die konstituierende Sitzung erst im Herbst 1935 in Ebingen statt. Im Zuge der Kreisverwaltungsreform in Baden-Württemberg Anfang der 1970er Jahre erfolgte auch der Zusammenschluss der Altkreise zum heutigen Landkreis Zollern-Alb.
35 Kreisreform 1973, Vorstand 1956–1966, Rundschreiben 1955–1961
36 Handwerkskammer Reutlingen 1938–1942, 1953–1955, 1957–1960, 1972, 1975, Reichsstand des Deutschen Handwerks 1938, Kreishandwerkerschaft Balingen 1938–1942, Innungen Balingen 1906–1988, Innungen 1933–1935, 1950–1983, Kreishandwerkerschaft Hechingen 1972, Innungen Hechingen 1972, Innungssatzungen 1935, 1938, 1954–1967, Jubiläen Innungen 1933, 1957, 1959, 1969, Fachverband/Landesinnungsverband 1953–1962, 1984, Obermeisterrundschreiben 1953–1964, Junghandwerk 1950, Pressespiegel Innungen 1983
37 Handwerksrolle 1974–1976, Sachverständigen Gutachten 1955–1966
38 Praktischer Leistungswettbewerb 1948–1952, Fachschulen 1957, Fortbildung 1970–1971, Lehrwerkstätte 1950, 1958, Gesellenprüfung 1956–1957
39 Gewerbeförderung 1958
40 Ausstellungen 1975–1976
41 Kredite 1960er, Haushaltspläne 1971–1978
42 Arbeitsrecht 1938, Personal 1971–1980
43 Liste NSDAP-Mitglieder 1946, Landesgewerbeamt 1953, Bürgermeisteramt 1945–1953
50 Im WABW nicht vorhanden.

385
Kreissparkasse Esslingen, Esslingen

Name Kreissparkasse Esslingen-Nürtingen
Geschäftstätigkeit Bankgeschäft
Branche Nr. 650
Umfang 80
Laufzeit 1826–2006
Benutzbarkeit Nein
Bestand B 115

Bestandsgeschichte Das Archivgut wurde im Jahr 2012 in das WABW übernommen. Es beinhaltet Geschäftsbücher, Geschäfts- und Rechnungsunterlagen sowie das Verwaltungsschriftgut der Vorgängerinstitute der Kreissparkasse Esslingen-Nürtingen: Der Oberamts- und Kreissparkasse Kirchheim, der Oberamts- und Kreissparkasse Nürtingen sowie der Oberamts- und Kreissparkasse Esslingen.
Geschichte Die Kreissparkasse Esslingen-Nürtingen geht auf die im 19. Jahrhundert gegründeten Oberamtssparkassen im heutigen Kreis Esslingen zurück: 1848 wurde die Oberamtssparkasse Nürtingen, 1849 die Oberamtssparkasse Esslingen und 1854 die Oberamtssparkasse Kirchheim gegründet. Aufgrund des Gesetzes über die Landeseinteilung vom 25. April 1938 wurden große Teile des Kreises Kirchheim mit dem vergrößerten Kreis Nürtingen vereinigt. Die Kreissparkassen Nürtingen und Kirchheim schlossen sich daher 1938 mit Nürtingen als übernehmendem Institut zusammen. Nach der am 1. Januar 1973 in Kraft getretenen erneuten Kreisgebietsreform erfolgte am

1. Januar 1974 die Fusion der Kreissparkasse Esslingen mit der Kreissparkasse Nürtingen zur Kreissparkasse Esslingen-Nürtingen.
2 Geschichte des Kreises Nürtingen 1966, 1989–1997
4 Oberamtssparkasse Kirchheim 1857–1949, Sparkassenjubiläum Nürtingen 1826–1923, 1971–1973, Sparkassenjubiläen Esslingen-Nürtingen 1903–2006
5 Oberamtssparkasse Kirchheim 1848–1875
7 Amtsgrundbuch, Statuten und Satzungen Kirchheim 1856–1936, Amtsgrundbuch Nürtingen 1938–1941, Amtsgrundbuch Esslingen 1927–1951, Protokolle der Vorstandssitzungen 1978–2011,Anträge zu den Vorstandssitzungen 1974–2011, Kreditgenehmigungsverzeichnisse 1981–2008, Umlaufbeschlüsse des Vorstands 1993–2011, Sitzungen des Verwaltungsrats 1971–2000,
8 Rechtsstatus und Eingliederung Kirchheim 1932–1940, Verfassung und Betriebsorganisation Nürtingen 1908–1938, Geschäftsverteilung Nürtingen 1932–1949, Satzung KSK Esslingen-Nürtingen
9 Löhne und Gehälter Kirchheim 1925–1940, Betriebsausflüge und Kameradschaftsabend Nürtingen 1919–1948, Arbeit und Soziales Esslingen 1915–1935, Persaldo: Das Mitarbeitermagazin der Kreissparkasse Esslingen-Nürtingen 1994, 2003, 2006
10 Gebäude und Diensträume Kirchheim 1896–1986, Fahrnis und Geschäftsgebäude Nürtingen 1864–1999
11 Liquidität und Refinanzierung Kirchheim 1890–1938, Kriegsanleihen Kirchheim 1914–1921
13 Spargeschäft Kirchheim 1853–1948, Giro- und Kontokorrentzinslisten Kirchheim 1924–1939, Giroverkehr Kirchheim 1917–1927, Darlehengeschäft Kirchheim 1854–1921, öffentliche Darlehen Kirchheim 1897–1903, Kreditvergabe Kirchheim 1890–1934, Effektengeschäft Kirchheim 1916–1950, Wertpapierverwahrung Kirchheim 1910–1944, Zinsschein-, Devisen- und Sortenverkehr Kirchheim 1904–1950, Wechselgeschäft Kirchheim 1926–1949, Bauspar- und Versicherungsgeschäft Kirchheim 1928–1939, Ortssparpflegen und Zweigstellen Kirchheim 1905–1948, Spargeschäft Nürtingen 1852–1928, Giroverkehr Nürtingen 1916–1928, Scheckverkehr Nürtingen 1920–1934, Darlehengeschäft Nürtingen 1855–1948, Wertpapierverwahrung Nürtingen 1916–1935, Effektengeschäft Nürtingen 1934–1939, Zinsschein-, Devisen- und Sortenverkehr Nürtingen 1929–1939, Wechselgeschäft Nürtingen 1928–1952, Ortssparpflegen und Zweigstellen Nürtingen 1912–1924, Ortssparpflegen Esslingen 1905–1945
15 Darlehenswerbung, Werbeannoncen, Werbung für den Giroverkehr, Werbeausgaben, Geschenkgutscheine Kirchheim 1903–1939, Presseinserate und Geschenkgutscheine Nürtingen 1920–1934, Plakate und Werbemarken 1907–1925
16 Kassentagebücher und Kontrollbücher Kirchheim 1905–1939, Einlagen-Hauptbuch Kirchheim 1890–1920, Aktivkapitalienbuch Kirchheim 1857–1925, Rechnungsunterlagen Kirchheim 1890–1952, Bilanzen und Rechenschaftsberichte Kirchheim 1901–1949, Kassentagebücher und Kontrollbücher Nürtingen 1847–1948, Kapitalienbücher Nürtingen 1848–1926, Hauptbücher Nürtingen 1909–1933, Tagebücher Nürtingen 1937–1952, Rechnungsunterlagen Nürtingen 1888–1948, Jahresrechnung Nürtingen 1858–1944, Geschäftsberichte Nürtingen 1911–1912, 1935–1972, Hauptbücher Esslingen 1850–1932, Kapitalienbücher Esslingen 1854–1909, Rechenschafts- und Geschäftsberichte Esslingen 1909, 1928–1970, Geschäftsberichte Esslingen-Nürtingen 1974, 1979, 1981–1992, Jahresabschlüsse Esslingen-Nürtingen 1972–1992
17 Steuern Kirchheim 1905–1938
19 Bankleistungen im Krieg Kirchheim 1912–1918, 1940–1945, Bankleistungen zu Kriegsende und in der Nachkriegszeit Nürtingen 1945–1950
20 Württembergischer Sparkassenverband 1884–1920, Württembergischer Sparkassen- und Giroverband 1921–19415 und 1975–1995, Deutscher Sparkassen- und Giroverband 1905–1908 und 1981–199, Verein der Württembergischen Sparkassenbeamten 1908–1918
21 Verschiedene Rechtsstreitigkeiten Kirchheim 1881–1932
22 Amtsversammlungsprotokolle und Kreistagsprotokolle 1918–1934, Spendentätigkeit Kirchheim 1933–1938, Inflation und Bankenkrise 1923–1931, Aufwertung von Sparguthaben Kirchheim 1924–1934, Aufwertung von Wertpapieren Kirchheim 1925–1940, Währungsumstellung 1942–1962, Anmeldung von Reichsmark-

konten Kirchheim 1948–1962, Statistik 1898–1948, Schulsparwesen Nürtingen 1924–1949, Schulsparwesen Esslingen 1925–1936, Statistik des Sparverkehrs 1924–1930
47 Fotos: Kirchheim: Gebäude, Mitarbeiter, Jubiläen 1920–2003, Nürtingen: Gebäude 1912–1997, Esslingen: Jubiläen, Gebäude, Geschichte der Sparkasse, Vorstand, Mitarbeiter, erste EDV-Arbeitsplätze, Öffentlichkeitsarbeit, Betriebsfeste 1928–2000
48 Agenturschild »Oberamtssparkasse Kirchheim, Zweigstelle Weilheim« [1906–1911], Löschroller »Kreissparkasse« [1934–1950], IBM-Lochkartenlehre mit Gutschrift-/Lastschriftkarten der Kreissparkasse Esslingen [nach 1961], Paginierstempel [1970]
49 WABW B 86 (Handwerkerbank Nürtingen); A 10 Fi 1196 (IHK-Firmenakte)
50 Thorsten Proettel, Die Darlehensvergabe der Oberamtssparkasse Kirchheim unter Teck 1907 bis 1913. Eine Sparkasse als regionale Finanzierungsquelle für Gewerbe und Infrastruktur, in: Zeitschrift für Unternehmensgeschichte 58 (2013), S. 3–27. Gert Kollmer-von Oheimb-Loup, Einführung in die baden-württembergische Bankengeschichte des 19. und 20. Jahrhunderts / Wilhelm Hohmann, Kompendium der Privatbanken in Stuttgart 1865 bis Ende der 1980er Jahre, (= Stuttgarter historische Studien zur Landes- und Wirtschaftsgeschichte 14), Ostfildern 2009, S. 1–168. Gert Kollmer-von Oheimb-Loup, Staatliche Ordnungspolitik und die Entwicklung der Sparkassenstruktur in Württemberg zwischen 1818 und der Reichsgründung, in: Zeitschrift für Württembergische Landesgeschichte 58 (1999), S. 211–230. Ingo Krüger, Sparkassen und wirtschaftliche und politische Krisen in Deutschland, in: Konjunktur und Krisen 1850 bis 1914. Europäisches Kolloquium für Sparkassengeschichte 1994, Stuttgart 1997, S. 46–80. Kreissparkasse Kirchheim unter Teck, Essay einer Geschichte 1853–1978, Kirchheim 1978 (Festschrift). 125 Jahre Kreissparkasse Nürtingen, Nürtingen 1972 (Festschrift). 100 Jahre Kreissparkasse Esslingen am Neckar, [Esslingen] 1949 (Festschrift). 80 Jahre Oberamts-Sparkasse Esslingen a. N. 1849–1929, Denkschrift zum 80jährigen Bestehen der Oberamtssparkasse Esslingen a. N., Esslingen 1929 (Festschrift). Oberamtssparkasse Kirchheim unter Teck 1853–1928, Denkschrift zum 75jährigen Bestehen der Oberamtssparkasse Kirchheim u. Teck, bearbeitet von Sparkassendirektor Eisele, Kirchheim 1928 (Festschrift).

386 Kreissparkasse Freudenstadt, Freudenstadt

Name Oberamtssparkasse und Kreissparkasse Freudenstadt
Geschäftstätigkeit Bankgeschäft
Branche Nr. 650
Umfang 14
Laufzeit 1834–2010
Benutzbarkeit Eingeschränkt
Bestand Y 427

Bestandsgeschichte Das Archivgut wurde im Jahr 2010 von der Kreissparkasse Freudenstadt übernommen.
Geschichte Die Oberamtssparkasse Freudenstadt wurde auf Initiative des Oberamtmanns Friz am 1. Juli 1834 eröffnet. Die Sparkasse war zunächst in der Wohnung des damaligen Oberamtspflegers untergebracht, erst 1909 bezog sie eigene Geschäftsräume in der Turnhallestraße. Im Jahr 1897 wurden in 36 Orten des Kreises Agenturen eröffnet, bis 1910 kamen 9 weitere dazu. Durch ein Landesgesetz wurden 1932 alle Sparkassen zu Anstalten des öffentlichen Rechts umgewandelt und 1934 mit der neuen Kreisordnung in Kreissparkassen umbenannt. Durch das Landeseinteilungsgesetz vom 25. April 1938 wurden die Oberämter aufgelöst und das Geschäftsgebiet erweitert. Im Jahr 1941 unterhielt das Institut 3 Zweigstellen und 56 Ortssparpflegen. Die Zahl der Mitarbeiter wuchs bis 1958 auf knapp 60 an. Im selben Jahr, am 11. März, wurde ein eigener Neubau am Freudenstadter Marktplatz eingeweiht. Im Zuge der Kreisreform in Baden-Württemberg wurde der Landkreis Horb am 1. Januar 1973 aufgelöst und die Kreissparkasse Horb der Kreissparkasse Freudenstadt eingegliedert. Im Jahr 1983 zählte die Kreissparkasse 62 Filialen und 380 Mitarbeiter. Ein Jahr darauf begann der Bau einer neuen Hauptstelle in der Stuttgarter Straße 31, wo sich noch heute der Hauptsitz der Sparkasse befindet.

2 Korrespondenz mit dem Schultheißenamt 1854–1858 betr. Kapitalzinsen, Schuldner und Bürgen in den Orten Aach, Baiersbronn, Besenfeld, Cresbach, Dietersweiler, Erzgrube, Dornstetten, Edelweiler, Göttelfingen, Grömbach, Grüntal, Hochdorf, Herzogsweiler, Huzenbach, Hörschweiler, Lombach, Lossburg, Pfalzgrafenweiler, Reichenbach, Rodt, Röth, Tumlingen, Untermusbach, Wörnersberg, Wittlensweiler; Steuer-Zettel div. Gemeinden für die Oberamtsleihkasse 1854/1855
4 Jubiläum 1984, Erinnerungen von Sparkassendirektor Gerhard Wünsch, nach 1945
5 Satzungen und Statuten 1857 (mit Änderungen bis 1878), 1883, 1896, 1908/09, 1932, Satzungen und Geschäftsanweisung 1964–1968, Dienstordnung 1908, 1932, Änderung der Allgemeinen Geschäftsbedingungen 1976/1977
6 Fusion Kreissparkassen Freudenstadt und Horb 1973/1974, Zweigstellenübertragungen von der Württembergischen Landessparkasse und der Girokasse Stuttgart 1976/1977, Rechnungsanlagen Zweigstellen Pfalzgrafenweiler, Dornstetten, Alpirsbach 1945, Umwandlung der Zweigstellen Alpirsbach 1952 und Baiersbronn 1947, Baugesellschaft Horb GmbH 1973–1996, Beteiligung IKS Gesellschaft für Innovationsförderung und Kapitalbeteiligung der württembergischen Sparkassenorganisation mbH & Co. KG 1984–1990, Kurmittelanlagen Freudenstadt GmbH & Co. KG 1983–1996, Bau- und Verwaltungsgesellschaft der KSK FDS GmbH 1973–1990
7 Erlasse der württembergischen Regierung 1851–1860, Korrespondenz Waisenhausverwaltung 1834–1836, Oberamtspflege 1836–1856, Rechtsgrundlagen, Gewinnverwendung 1836, Protokolle der Amtskörperschaft 1863, 1880, 1911/1912, 1923–1944, Abteilungsleiterbesprechungen 1986–2003, Zuständigkeitsordnung 1969–1980
9 Besoldungssatzung und Gehaltsbogen 1928, Personalprobleme 1911/1912
10 Liegenschaftserwerbungen, Verpachtungen 1854–1857, Hauptstellenneubau 1956/1957, 1981–1986, Anlagen zum Amtsgrundbuch 1839–1944, Neubaupläne Filiale Pfalzgrafenweiler 1962
14 Anleihen Bezirksverband Heimbachkraftwerk 1923/1924, Darlehen an die Stadt Freudenstadt 1922–1931, Darlehen 1954–1972
16 Jahresrechnungen und Beilagen 1834–1857, Rezessbuch 1834–1860, Debitorenbuch 1835–1838, 1863–1865, 1878–1882, Depotabstimmung 1940, Effekten An- und Verkauf 1921, Einlagenbücher 1886–1889, 1906/07, 1911–1920, Einnahmetagebuch 1914, Jahresabschlüsse, Geschäftsberichte und Unterlagen zum Geschäftsbericht 1948–2010, Haupt- und Kassenbücher 1835–1840, 1909, Kapitalienbücher 1914–1924, Revisionsberichte 1834–1866, 1909–1926, Betriebs-, Rechnungs-, Kassenprüfungen 1924–1939, Kassen- und Depotprüfungen 1936–1954, Kontobuch 1933–1957, Kreditorenbuch 1835–1838, Vermögensstand und Geschäftsbetrieb 1920–1931, Stockregister für den Giroverkehr 1933–1948, Umstellungsrechnung 1947–1966
19 Hauptbücher Kriegsanleihen 1914/1915, 1918, Kriegsschäden und Wiederaufnahme der Geschäftstätigkeit 1945/1946, Währungsausgleich Vertriebener und ERP-Wohnungsbau 1952
22 DDR-Kooperation 1990/91
47 Imagefilm zum 175-jährigen Jubiläum 2009
49 WABW Y 443 (Kreissparkasse Horb)
50 150 Jahre Kreissparkasse Freudenstadt, in: Jubiläums- und Geschäftsbericht 1983.

387
Kreissparkasse Horb, Horb am Neckar

Name Oberamtssparkasse und Kreissparkasse Horb
Geschäftstätigkeit Bankgeschäft
Branche Nr. 650
Umfang 12
Laufzeit 1890–1990
Benutzbarkeit Eingeschränkt
Bestand Y 443

Bestandsgeschichte Das Archivgut wurde im Jahr 2010 als Teil des Archivs der Kreissparkasse Freudenstadt übernommen.
Geschichte Die erste Initiative zur Gründung einer Oberamtssparkasse in Horb ging auf den Oberamtspfleger Gramer zurück, der im Jahr 1886 seinen Vorschlag in den Amtsversammlungsausschuss einbrachte. Aber erst 1890

konnte der Königlichen Kreisregierung zu Reutlingen der Gründungsbeschluss zur Genehmigung vorgelegt werden. Die eigentliche Gründung erfolgte erst ein Jahr später am 1. Mai 1891. Im Jahr 1932 wurden durch ein Landesgesetz alle Sparkassen zu Anstalten des öffentlichen Rechts umgewandelt. Mit dem Landeseinteilungsgesetz vom 25. April 1938 wurden die Oberämter in Kreise umbenannt, das Oberamt Sulz aufgelöst und die Filialen der Oberamtssparkasse Sulz von der Sparkasse Horb übernommen. Im Zuge der Kreisreform in Baden-Württemberg wurde der Landkreis Horb am 1. Januar 1973 aufgelöst und die Kreissparkasse Horb der Kreissparkasse Freudenstadt als Hauptzweigstelle eingegliedert.

5 Statuten 1891, 1901, Dienstanweisungen 1914, Protokolle der Amtsversammlung 1902–1907, Satzung 1909

6 Filialübernahmen von der Hohenzollerischen Landesbank, Sigmaringen 1973–1975, Ausbau des Zweigstellennetzes und Filialübernahmen im Zuge der Kreisreform 1971–1974

7 Protokolle der Ausleihekommission 1891–1919, Verwaltungsratsprotokolle 1932–1952, Anlagen zum Verwaltungsratsprotokoll 1964–1971

9 Personalangelegenheiten 1966–1989

10 Verwaltungsgebäude Horb, Dammstr. 1937–1975, Bauvorhaben 1962–1973

14 Wertpapiere Oberamts- und Kreispflege Horb 1867–1952, Kreiswohlfahrtsamt Horb 1928–1961, AOK 1914–1942, Verzeichnis der Kapitalurkunden der Oberamtspflege Horb 1911, Aufwertung von Sparguthaben 1926–1930

16 Geschäftsberichte 1929–1937, 1949–1973 (weitere Lücken), Jahresabschluss und Unterlagen zur Jahresrechnung 1891–1974 (wenige Lücken), Jahresabschlussprüfungen 1944–1973, Bilanz 1924–1938, Monatsstatistik Bilanzentwicklung 1940–1942, Revisionsbuch 1891–1922, Prüfungsbericht 1928/29, Betriebs- und Depotprüfungen 1934–1948, Depotbuch 1938–1957, Girokontenverzeichnisse 1930–1950, Reichsmark-Abschluss auf 20. Juni 1948, Kontenverzeichnis der Spareinlagen 1937–1940, Spar-Stockregister 1948–1969

47 Fotos: Neubau, Personal, Betriebsveranstaltungen 1973–1981

48 Sparbücher Kreditanstalt der Deutschen eGenossenschafts mbH, Zweiganstalt Obermoldau 1940–1943, Sparkassenbriefe 1979/1980

49 WABW Y 427 (Kreissparkasse Freudenstadt)

50 75 Jahre Kreissparkasse Horb. Geschäftsbericht der Kreissparkasse für das Jahr 1966, Horb 1967.

388 Kreissparkasse Ludwigsburg, Ludwigsburg

Name Kreissparkasse Ludwigsburg
Geschäftstätigkeit Bankgeschäft
Branche Nr. 650
Umfang 55
Laufzeit 1852–2012
Benutzbarkeit Eingeschränkt
Bestand Y 525

Bestandsgeschichte Das Archivgut wurde im Jahr 2017 dem WABW übergeben. Es beinhaltet Geschäftsbücher, Geschäfts-, Rechnungs- und Prüfungsunterlagen sowie das Verwaltungsschriftgut der Kreissparkasse Ludwigsburg und ihres Vorgängerinstituts, der Oberamts-Sparkasse Ludwigsburg. Bemerkenswert ist die fast lückenlose Überlieferung der Jahresabschlüsse, der Protokolle des Verwaltungsrats und der Einlage-Bücher seit der Gründung im Jahr 1852. Enthalten sind auch Geschäftsunterlagen der ab 1922 errichteten Zweigstellen, der 1938 integrierten Kreissparkassen Besigheim und Marbach a. N. sowie der 1974 mit einem Teil ihres Geschäftsbezirks eingegliederten Kreissparkasse Vaihingen/Enz. Der Bestand umfasst zudem Teile der früheren Amtsregistratur zur Oberamts- bzw. Kreissparkasse Ludwigsburg und zu den integrierten Instituten sowie zur Oberamts- bzw. Kreissparkasse Maulbronn.

Geschichte Am 1.1.1852 nahm die Oberamts-Sparkasse Ludwigsburg unter der Garantie der Amtskörperschaft des kgl. württembergischen Oberamts Ludwigsburg mit dem Ludwigsburger Silberarbeiter Louis Bührer als nebenamtlichem Kassierer die Arbeit auf. Nach stetiger Geschäftszunahme bezog sie 1896 ihr erstes eigenes Gebäude in Ludwigsburg Ecke Garten-/Blumenstraße. Das Spar- und Darlehensgeschäft mit Privatkunden wurde nach dem Ersten Weltkrieg um das 1917 aufgenommene Girogeschäft und das Kreditgeschäft mit mittelständischen Unternehmen erweitert. 1922 wurde in Kornwestheim die erste Zweigstelle eingerichtet, weitere folgten 1927 in Zuffenhausen, Asperg und Markgröningen. Infolge des württembergischen Sparkassengesetzes von 1932 wurden die Sparkassen Anstalten des öffentlichen Rechts. 1934 erfolgte die Umbenennung in Kreissparkasse Ludwigsburg. Mit der württembergischen Kreisreform von 1938 wurde der Kreis Ludwigsburg und damit auch das Geschäftsgebiet der Kreissparkasse erheblich vergrößert. Durch Aufnahme der Kreissparkassen Besigheim (gegr. 1880) und Marbach a. N. (gegr. 1898) nebst Haupt- und Nebenzweigstellen sowie einiger Nebenzweigstellen der Kreissparkassen Vaihingen/Enz und Waiblingen wurde die Kreissparkasse Ludwigsburg zur zweitgrößten Sparkasse des Landes. Zum Zeitpunkt der Währungsreform 1948 war sie mit 53 Geschäftsstellen in allen Gemeinden des Kreises vertreten. Die räumliche Erweiterung der Hauptstelle folgte 1953 mit dem Bezug eines Neubaus am Schillerplatz. Unter ständiger Erweiterung des Geschäftsangebots wuchsen auch Kundenzahl und Zweigstellennetz kontinuierlich weiter. Mit der Bildung des Landkreises Ludwigsburg im Zuge der Kreisreform von 1973 wurde erneut auch das Geschäftsgebiet der Kreissparkasse um angegliederte Teile der Landkreise Vaihingen, Leonberg, Heilbronn und Backnang erweitert. Die Hauptniederlassung der Kreissparkasse Vaihingen/Enz (gegr. 1879) wurde als Hauptzweigstelle eingegliedert. 1977 hatte die Kreissparkasse Ludwigsburg 121 Geschäftsstellen mit knapp 900 Mitarbeitern. 2017 ist sie mit über 1.600 Mitarbeitern und rund 100 Filialen im Landkreis Ludwigsburg eine der größten Kreissparkassen in Deutschland.

4 Chronik 1847–2001, 100. Jubiläum 1952, 125. Jubiläum 1977, 150. Jubiläum 2002, 160. Jubiläum 2012 (Sonderausstellung im Stadtmuseum Bietigheim-Bissingen)

5 Satzung 1909; Württ. Staatskassenordnung 1931; Württ. Sparkassengesetz und Vollzugsverordnung 1932; Kreisreform 1972–1974; Gemeindefusionen 1974

6 Vereinigung mit der KSK Vaihingen und Vereinbarung mit der KSK Leonberg 1972–1974; Geschäftsstellen (früher Hauptzweigstellen und Zweigstellen) 1922–2012; Hauptzweigstelle Asperg (u. a. Unterschriften für Girokonten 1918–1951, Verzeichnisse hinterlegter Sparbücher 1930–1950, Korrespondenz 1943–1946, Währungsreform 1948, Bilanz und Jahresabschluss 1950, Öffentlichkeitsarbeit 1975–1993); Hauptzweigstelle Bietigheim (u. a. Effekten-Aufträge 1941–1945); Hauptzweigstelle Großbottwar (u. a. Depot-Stockregister 1940–1961, Wertpapier-Käufe und -Verkäufe 1942–1955); Hauptzweigstelle Kornwestheim (u. a. Journal 1926, Broschüre 2006); Oberamtssparkasse, dann Kreissparkasse, dann Hauptzweigstelle Marbach a. N. (u. a. Statuten 1854 [unvollständig]; Chronik 1854–1951; Satzung 1909, 1932; Dienstordnung 1932; Protokolle der Verwaltungskommission 1924–1938; Protokolle über Kreditgewährungen 1929–1938; Dienstbesprechungen und Protokolle Zweigstellenleiterrunde 1990, 1995–1998; Einlage-Bücher 1898–1921, dazu Namen-Verzeichnis ab 1907, summarische Berechnungen 1908–1920; Kapitalien-Bücher 1898–1923; Personen-Depotbücher 1926–1961; Verzeichnisse: Girokonten 1917–1960, Hinterlegungen 1926–1968, Darlehens- und Kreditanträge 1938–1953, Darlehenskonten um 1930, Sparkonten um 1930, Depot-Konten 1931–1961, Kapitalurkunden 1923–1934, Änderungen im Hypothekenbestand 1906–1927; Ausländer-Konten 1924–1970; Register IX. Reichskriegsanleihe 1918; Umtausch von Markanleihen des Reichs 1925–1959; Jahresabschlüsse und Beilagen 1898–1933, 1937–1939; Rechnungsprüfung 1898, 1907–1913; Geschäftsberichte 1928, 1929, 1932, 1933, 1936; Bilanzbücher [mit Zweigstellen Großbottwar u. a.], Gewinn- und Verlustrechnung 1923–1936; Amtsgrundbücher über Einnahmen und Ausgaben 1907–1960; Journale, Rechnungs-, Tagebücher 1902–1950; Besuchsberichte 1974–1977; Neubau Hauptzweigstelle 1950–1953; Neubau Hauptzweigstelle Grabenstraße 1 um 1985–1988; Inventare um 1940–1962; Wohnanlage »Haus am Stadtgraben«; Park- und Geschäftshaus Steinerstraße 1985–1988; Urkundensteuer 1940–1941); Oberamtssparkasse, dann Kreissparkasse, dann Hauptzweigstelle Vaihingen/Enz (u. a. Entwurf der Vereinbarung mit der KSK Ludwigsburg zur Durchführung des Gesetzes über die Landesteilung 1938; 125. Jubiläum 2004; Geschäftsberichte 1932–1973, Jahresabschlüsse und Bilanzen 1854/55, 1932–1971; Umstellungsrechnung

1948–1973; Revision/Betriebsprüfung 1879–1922, 1948–1955, 1970–1973; Unkostenkonten Zweigstelle Knittlingen 1960; Zeichnungsbefugnis 1964; Pensionsrückstellungen 1953–1974; Sparkassengebäude Mühlacker Verwaltungskosten 1970–1971 und Abschreibungen auf Betriebsmittel 1962–1971; Einlage-Bücher 1879–1892, 1919–1939; eigene Wertpapiere 1941–1974; Verzeichnisse: vorübergehend ausgefolgte Hypothekenbriefe 1908–1951, Aufwertungs-Kapitalien 1926–1927, Annuitäten-Darlehen an Privatpersonen 1907–1923; Landwirtschaftliches Entschuldungsverfahren Eheleute S., Hohenhaslach, 1927–1964; Einheitswerte 1934–1974; Vermögensabgabe 1953–1957; Vermögensteuer 1953–1963; Gewerbesteuer 1973; Steuerprüfungen 1958–1971; Gebäude-Skontro/Abschreibungen auf Niederlassungen 1950–1974); Hauptzweigstelle Besigheim (u. a. Umbau und Erweiterung 1998); Hauptzweigstellen Ditzingen, Gerlingen, Korntal, Markgröningen, Sachsenheim; Oberamts- bzw. Kreissparkasse Besigheim (u. a. Protokolle und Beschlüsse des Verwaltungsrats 1932–1938); Sparkasse Korntal Zweigstelle der KSK Leonberg (Personen-Depotbücher 1926–1955); Nebenzweigstelle Ensingen (Quittungshefte 1949/50; Tagebuch 1953/54); Filialdirektionen Ranking 2004; Rechenzentrum Ludwigsburg der Württembergischen Sparkassenorganisation (Jahresabschlüsse, Geschäftsbericht, Betriebsprüfung, Gesellschafterversammlung) 1971–1974; desgl., RWSO-Grundstücksgesellschaft der Württ. Sparkassenorganisation und RWSO-Grundstücksgesellschaft TBS der Württ. Sparkassenorganisation (Betriebsprüfung) 1989–1990, 1993–1994

7 Oberamtssparkassier Louis Bührer; Verzeichnisse Oberamtssparpfleger/Verwalter der Nebenzweigstellen; Vorstandsbeschlüsse 1968–1977, 1982, 1984; Anträge an den Vorstand 1968–1972, 1976–1981; Protokolle Verwaltungskommission 1852–1864, 1885–1932; Protokolle Verwaltungsrat 1932–1999; Sitzungseinladungen Verwaltungsrat 1950–1992; Berichte an den Verwaltungsrat 1941–1955

8 Amtsregistratur zu den Oberamts- bzw. Kreissparkassen Ludwigsburg, Besigheim, Marbach a. N. (auch Vorgängerinstitut 1854–1869/70), Maulbronn und Vaihingen/Enz (u. a. Gesetzgebung, Satzung, Geschäfts-, Dienstordnung, Dienstanweisungen, Haushalts- und Kostenpläne, Verwaltungsrat, Haupt- und Zweigstellen, Personalakten, Personal, Besoldung, Geschäftsgebäude, Geschäftszweige und -vorgänge, Zinssätze, Geschäftsbericht, Jahresabschluss, Bilanz, Rechnungsprüfung, Württembergischer Sparkassen- und Giroverband) 1854–1969; Musterformularsammlung für die öffentl. Sparkassen in Württemberg (Hg. WSV) 1913; Leitfaden für Sparkassen (Hg. DSGV) 1927; Geschäftsanweisung für Kreis- und Gemeindesparkassen in Württemberg 1932; Ordnung für die Prüfung der Oberamts- und Gemeindesparkassen in Württemberg (Hg. WSGV) 1932; Geschäfts- und Betriebsübersicht für Stadt- bzw. Kreissparkassen (Muster) um 1933; Geschäftsanweisung für Verwalter von Annahme- bzw. Nebenzweigstellen; Registraturplan für württ. Oberamtssparkassen (um 1940?); Grundzüge des Sparkassenwesens in Württemberg (Hg. WSGV) 1946; Vordrucke/Formulare/Konto-/Lochkarten 1944–1986; Rundschreiben, Geschäfts- und Arbeitsanweisungen 1956–1972, 1981; Stellenplan 1958; Planstellensystem 1969–1974; Personalentwicklung 1971–1989; Zusammenarbeit und Mitarbeiterführung 1980/81, 1988; Mitarbeiterfortbildung 1978–1987; Datenverarbeitung/EDV Einführung und Lehrmittel (u. a. IBM Lochkartenverfahren, IBM 1401, Honeywell Serie 200) 1953–1982; MAS Markt-Analyse-System für Geschäftsstellen 1999; Unternehmensgrundsätze und -strategie, Corporate Identity 1987–2002; Euro-Einführung 1998–2001

9 Mitarbeiterzeitschrift »Kontakt« (mit Lücken) 1981–2005, 2008–2011; Beamten- und Angestellten-Verzeichnisse, Dienstbezüge 1954–1961; Berichtsheft Ausbildung Bankkaufmann 1959–1961; Ausbildungsvertrag und Prämienurkunde 1970/71; Personalaustausch mit der Cassa Risparmio di Udine e Pordenone 1977–1992; Mitarbeiterfest Jubiläum 1977 (Poster); Mitarbeiterfest 2007 (Poster)

10 Sparkassengebäude Gartenstraße 15: Neubau 1895–1898, Anbau Aborte 1904, Baugesuch wg. Umbau 1915, Schätzung 1936 (als Ernst-Weinstein-Str. 15), Kostenschätzung Dachstockausbau 1946; Hauptstelle Schillerplatz: Neubau (u. a. Anträge, Gutachten, Bauzeichnungen, statische Berechnungen, Rechnungen, Gästebuch zum Einzug 1953, Vermietungen) 1935–1953, Einweihung Erweiterungsbau 1974

13 Einlage-Bücher 1853–1910; Einleger-Verzeichnisse 1852–1910; Sparkonten-Verzeichnisse 1929–1939, 1970–1982; Kundenstrukturuntersuchung Privatgirokunden 1976; Kapitalienbücher (Darlehen) 1852–1886; Zielerbücher (Darlehenszinsen) 1857–1911; Darlehensverzeichnis 1876–1923; Bürgschaftsverzeichnis 1967–1968; Erledigte Schuldscheinakten 1977; Zeichnungen auf Reichskriegsanleihen 1914–1918; Umtauschregister für Reichsanleihen und Städteobligationen 1925/26; Wertpapierbereinigung 1949–1973; Österreichische Wertpapierbereinigung 1955–1960; Stockregister für eigene Wertpapiere um 1946(?); Marktentwicklung, Ziele 1979; Kundenbefragung 2004; Maßnahmen zur Anlagenumschichtung 2005
14 Konkurrenten (u.a. Geschäftsberichte, Jahresabschlüsse, Presse): Volksbank Marbach eGmbH (u.a. Festschrift 100. Jubiläum 1966) 1920–1994, Raiffeisenbank Erdmannhausen 1923–1992, Raiffeisenbank Pleidelsheim 1931–1993
15 Werbemaßnahmen (Verwaltungsratsvorlage) 1976; Wandkalender 1978–1980; Broschüre »Die neue Kreissparkasse Ludwigsburg« 1997; Werbebroschüren und -magazine
16 Geschäftsberichte (mit Lücken) 1930–2000; Jahresberichte (mit Lücken) 2001–2013; Jahresabschluss 1852 (Replik); Jahresabschlüsse, Bilanzen, Journale, Rechnungsbücher (Rapiate), Beilagen 1853–1976; Hauptbücher 1913–1929; Beilagen zu den Hauptbüchern 1934–1936; Aufwertungs-Bilanzen 1928–1931; Umstellungsrechnung 1948–1967; Vermögensaufstellungen Aufstellungen der Verwaltungskosten 1931–1933; Verwaltungskosten 1934–1938; Einnahmen-Tagebücher 1894–1903; Ausgaben-Tagebücher 1894–1903, 1918–1921; Kassenbuch Spareinlagen/-auszahlungen 1926; Kassenbücher Girokasse 1940–1944; Summarisch Rechnungen über die Einlage-Bücher 1870, 1876, 1889; Summarische Rechnungen über die Kapitalien- und Zielerbücher 1875, 1908–1912; Rezessbuch (Anweisungen zur Rechnungsprüfung) 1853–1907; Protokollbuch über die Prüfung der Jahresabschlüsse 1877–1921; Jahresabschlussprüfung, Depot-/Kreditprüfung, unvermutete Betriebsprüfung 1927–1998; Betriebsprüfung Abteilungen 1948–1982; Betriebsprüfung Haupt- und Nebenzweigstellen 1948–1970, 1973; Arbeitspapiere der Innenrevision Hauptstelle und Hauptzweigstellen Großbottwar, Marbach, Markgröningen 1948–1961; Innenrevision Fachtagungen 1961–1967; Innenrevision Bericht an den Vorstand 1987/88; Betriebsvergleich 1949/50, 1966–1970; Rentabilitätsvorschau 1949–1952; Voranschläge für die Jahre 1954–1970; Entwicklung der Bestände 1960–1980
17 Körperschaftsteuer 1948–1983; Vermögensteuer 1948–1989; Umsatzsteuer 1948–1973; Gewerbesteuer 1948–1963, 1971–1979; Steuerunterlagen für die ehem. KSK Vaihingen/Enz 1972–1977
20 Kommunale arbeitsrechtliche Vereinigung in Württemberg-Baden 1949–1952
21 Verfehlungen des Kassierers der Württ. Girozentrale Stuttgart 1938
22 Unterstützung des Bezirkswohltätigkeitsvereins 1910; Ausstellungen der KSK Ludwigsburg (Kataloge) 1991–2008
47 FOTOS: Geschäftsgebäude Haupt- und Zweigstellen, Veranstaltungen, Personen ca. 1950–1997; Sparkassenleiter ab 1852; Organisatorische Maßnahmen und Werbemaßnahmen (u.a. Weltspartag) ca. 1957–1992; Ausstellungen und Vorträge für Kunden 1967–1996; Ausflüge Schulsparleiter 1975, 1987; Fotos zu Spenden für Mitarbeiterzeitschrift »Kontakt« ca. 1975–1989; Negativarchiv Wilhelm Röckle, Lokalreporter der Ludwigsburger Kreiszeitung 1958–1988; Negativarchiv der Werbeabteilung 1982–1995; Fotobuch »44 Jahre Kreissparkasse« Vaihingen/Enz zum Dienstaustritt H. B. 2012; – FILME: Neubau der KSK Ludwigsburg 1951–1953; Ausflüge/Studienreisen Verwaltungsrat 1959, 1967–1975; Sommerfest 1977; Fußballspiel Mitarbeiter 1977; Jubiläumsveranstaltung in der Stadthalle Ludwigsburg 1977; Sparkassen-Werbefilme Highlights 1924–2005, »Ich muß wissen wofür ich spare« 1983, »Sparkasse – Surfen« 1985; Veranstaltungen (v.a. Konzerte) ca. 2003–2011; »Ludwigsburg – Profil einer Stadt«; – TONDOKUMENTE: Musik-/Hörspiel-CDs ca. 1990–2011
48 Metallschild »Sparer fördert den Wohnungsbau«
49 WABW Gb–323 (Geschäftsberichte Kreissparkasse Ludwigsburg)
50 Kreissparkasse Ludwigsburg (Hg.), Kreissparkasse Ludwigsburg nach hundert Jahren im

eigenen Haus, Ein Erinnerungsblatt gewidmet zur Einweihung des neuen Kreissparkassengebäudes am 22. April 1953, Ludwigsburg 1953 (Festschrift). Kreissparkasse Ludwigsburg (Hg.), 125 Jahre Kreissparkasse Ludwigsburg, Land, Leute, Wirtschaft, 1852–1977, Ludwigsburg 1977 (Festschrift). Erhard Röder/Thomas Baum/Siegfried Klotzbücher, 150 Jahre in Bewegung 1852–2002, hrsg. v. d. Kreissparkasse Ludwigsburg, Ludwigsburg 2002 (Festschrift). Günther Bergan, Wilhelm Ludwig (Louis) Bührer, Silberarbeiter und Stadtrat von Ludwigsburg, Sonderdruck aus Ludwigsburger Geschichtsblätter, Bd. 69/2015, S. 107–115. Kreissparkasse Ludwigsburg (Hg.), Sparkasse Marbach am Neckar 1854 – 1898 – 1951, Festgabe zur Einweihung des neuen Sparkassengebäudes am 18. August 1951, Marbach a. N. 1951 (Festschrift). 50 Jahre Oberamtssparkasse Vaihingen/Enz 1879–1929, Vaihingen/Enz 1929 (Festschrift). Fünfundsiebzig Jahre Kreissparkasse Vaihingen/Enz, Vaihingen/Enz 1954 (Festschrift). 50 Jahre Oberamtssparkasse Maulbronn 1883–1933, Geschäftsbericht für 1932. Die Kreissparkasse Waiblingen im eigenen Haus, Waiblingen 1955 (Festschrift).

389 Kreissparkasse Ravensburg, Ravensburg

Name Kreissparkasse Ravensburg
Geschäftstätigkeit Bankgeschäft
Branche Nr. 650
Umfang 27
Laufzeit 1938–2004
Benutzbarkeit Ja
Bestand B 205

Bestandsgeschichte Das Historische Archiv der Kreissparkasse Ravensburg wird seit 2004 im WABW verwahrt. Der Bestand B 205 enthält – mit einigen Überschneidungen – das Archivgut ab 1938, für die ältere Überlieferung siehe Bestand B 201 (Oberamtssparkasse Ravensburg).
Geschichte Das Landeseinteilungsgesetz vom 25. April 1938 bedeutete für die Kreissparkasse Ravensburg – nach der Umwandlung der Amtskörperschaften in Kreisverbände laut Kreisordnung vom 27. Januar 1934 führten die Oberamtssparkassen die Bezeichnung Kreissparkasse – eine Ausdehnung ihres Geschäftsbezirks auf Teile der ehemaligen Oberämter Waldsee und Saulgau. Damit wurde ihr zugleich zum 1. Oktober 1938 die Kreissparkasse Waldsee als Hauptzweigstelle unterstellt. Mit den Kreisen Biberach, Saulgau und Wangen waren Vereinbarungen über die Vermögensausscheidung zu treffen. Im Jahr 1974 fusionierte die Kreissparkasse Ravensburg mit der Kreissparkasse Wangen, nachdem infolge der 1973 in Kraft getretenen Kreisgebietsreform in Baden-Württemberg der bisherige Kreis Wangen mit dem Kreis Ravensburg vereinigt worden war. Heute existieren circa 59 Zweigstellen im ganzen Einzugsgebiet, darunter die vier größten in Weingarten, Bad Waldsee, Wangen und Leutkirch.

2 Zeitungsartikel 1820–1823, 1847/1948, 1872/1973
4 Geschichtliche Manuskripte und Druckschriften
6 Eingliederung der Kreissparkasse Waldsee 1938–1950, Beteiligungen Parksanatorium Aulendorf 1964–1970, Wohn- und Einkaufszentrum Pfannenstiel 1967–1972
7 Verwaltungsratsprotokolle 1937–1975, Vorstandsprotokolle 1960–1975, Kreditausschussprotokolle 1968–1974
8 Personalorganisation Bad Waldsee 1934–1963
9 Personalakten, Besoldung, Entnazifizierung Bad Waldsee 1929–1968, Betriebsveranstaltungen 1938–1962, Betriebs- und Personalrat 1949–1962
10 Geschäftsstellen Ravensburg 1954–1958, 1979–1989, Aulendorf, Bad Waldsee, Weingarten 1935–1969
13 Sparkontenverzeichnis Bad Waldsee 1933–1948, Kassentagebücher Hauptzweigstelle Weißenau 1938–1951, Kassentagebücher 1945, 1948 und Depot-Tagebuch 1947/1948 der Hauptgeschäftsstelle Ravensburg, Kassentagebuch Nebenzweigstelle Wolfegg 1952
16 Jahresabschlüsse, Bilanzen, Prüfungsberichte 1938–1975, Geschäftsberichte 1938–1997
17 Einheitswert- und Vermögenssteuer 1948–1963
19 Sitzungsprotokolle Kreistag und Kreisversammlung 1937–1946, Werbedruck »Eisernes Sparen« 1941

21 Einbrüche und Raubüberfälle 1976–1978
22 Spendenleistungen Bad Waldsee 1949–1961, Manuskript »10 Jahre Sparkassen-Galerie in Kißlegg« 1986
48 11 Sparbücher 1918–1973, Schuldverschreibung 1922, Werbeschild »Mit Sparen fängt dein Wohlstand an – Oberamtssparkasse Ravensburg, Zweigstelle Weingarten« um 1930, Heimsparkassetten und Schulsparkassen um 1930–1960, Einblattdruck »Deutsche Kaufmannsschule in Nürtingen« 1937
49 WABW B 201 (Oberamtssparkasse Ravensburg), zu den nach Ravensburg eingegliederten Sparkassen Waldsee und Wangen siehe die Bestände B 203 (Oberamtssparkasse Wangen), B 204 (Oberamtssparkasse Waldsee) und B 206 (Kreissparkasse Wangen)
50 [Erhard] Barth, 125 Jahre Kreissparkasse Ravensburg, in: Amtsblatt für den Kreis Ravensburg, Ausgabe 10. Jan. 1948. Josef Wysocki, Zur Geschichte des württembergischen Sparkassenwesens, in: Württembergischer Sparkassen- und Giroverband. Werden und Wirken 1885–1985, Stuttgart 1985, S. 17–119. Michael Restle, Gründung und Entwicklung der Sparkasse Ravensburg, Diplomarbeit der Universität Hohenheim 1993. Gert Kollmer-von Oheimb-Loup, Staatliche Ordnungspolitik und die Entwicklung der Sparkassenstruktur in Württemberg zwischen 1818 und der Reichsgründung, in: Zeitschrift für Württembergische Landesgeschichte 58 (1999), S. 211–230. Hans Pohl, Bernd Rudolph, Günther Schulz: Wirtschafts- und Sozialgeschichte der deutschen Sparkassen im 20. Jahrhundert, Stuttgart 2005.

390 KREISSPARKASSE WANGEN, WANGEN IM ALLGÄU

Name Kreissparkasse Wangen
Geschäftstätigkeit Bankgeschäft
Branche Nr. 650
Umfang 9
Laufzeit 1938–1973
Benutzbarkeit Ja
Bestand B 206

Bestandsgeschichte Das Archivgut der Kreissparkasse Wangen kam 2004 als Teil des Historischen Archivs der Kreissparkasse Ravensburg und ihrer Vorgängerinstitute an das WABW. Mit der Zäsur im Jahr 1938 (Neuordnung der Sparkassen nach dem Landeseinteilungsgesetz vom 25. April) wurden daraus die Bestände B 203 und B 206 gebildet.
Geschichte Infolge der Eingliederung von Teilen des Kreises Leutkirch in den Landkreis Wangen laut Landeseinteilungsgesetz vom 25. April 1938 übernahm die Kreissparkasse Wangen mit Wirkung vom 1. Oktober 1938 die ehemalige Kreissparkasse Leutkirch als Hauptzweigstelle (siehe Bestand B 202). Als bei der Kreisgebietsreform in Baden-Württemberg 1973 der Kreis Wangen mit dem Kreis Ravensburg vereinigt wurde, ging die Kreissparkasse Wangen ihrerseits zum 1. Januar 1974 als Hauptzweigstelle in der Kreissparkasse Ravensburg auf.
2 Geschichtsprojekt zur Allgäuer Milchwirtschaft 1950, Forschungsprojekt Prof. Josef Wysocki zur Geschichte des württembergischen Sparkassenwesens 1979
6 »Die Kreisfrage Wangen-Leutkirch. Eine Antwort auf die Denkschrift des Landtagsabgeordneten Lutz, Leutkirch« um 1951, Fusion mit der Kreissparkasse Ravensburg 1972/1973
7 Protokolle Verwaltungsrat und Kreditausschuss 1937–1973
8 Büro- und Buchungstechnik, Datenverarbeitungsanlagen 1937–1965, Zweigstellen 1938–1973
9 Personalangelegenheiten, Besoldung 1920–1970
10 Baumaßnahmen, Miet- und Gebäudeangelegenheiten Leutkirch 1938–1980, Zweigstellenneubau Praßbergsiedlung Wangen 1955

11 Eigene Konten, Anleihen und Wertpapiere 1940–1949
13 Wertpapier- und Depotgeschäft 1926–1966, Schulsparen 1935–1971, Jahreszusammenstellung Spareinlagen 1939–1948, 1965, Giro- und Darlehensbestandsaufnahmen 1942–1948
16 Haushaltsplan, Jahresabschlüsse, Geschäfts- und Prüfungsberichte 1938–1973
19 Feldpostbriefe Leutkirch 1939–1943
20 Rundschreiben des Württembergischen Sparkassen- und Giroverbands 1956–1978
21 Zwangsversteigerungsverfahren 1925–1941, Banküberfälle und Diebstähle 1970–1973
22 Spendenleistungen 1933–1945, Notgeldausgabe 1945, Währungsreform 1948
47 Fotos: Schalterraum der Hauptzweigstelle Leutkirch um 1960, Gebäudeansicht Leutkirch Untere Grabenstraße 39 um 1973
48 2 Sparbücher Oberamtssparkasse Leutkirch 1914–1927, Banknote 50 Millionen Mark 1923, Skript »Die finanziellen Institutionen der USA gestern und heute« von Henry W. Martin um 1960
49 WABW B 203 (Oberamtssparkasse Wangen), B 202 (Oberamtssparkasse Leutkirch, mit Unterlagen zur Hauptzweigstelle Leutkirch 1938–1974)
50 Gert Kollmer-von Oheimb-Loup, Staatliche Ordnungspolitik und die Entwicklung der Sparkassenstruktur in Württemberg zwischen 1818 und der Reichsgründung, in: Zeitschrift für Württembergische Landesgeschichte 58 (1999), S. 211–230. Hans Pohl, Bernd Rudolph, Günther Schulz: Wirtschafts- und Sozialgeschichte der deutschen Sparkassen im 20. Jahrhundert, Stuttgart 2005. Josef Wysocki, Zur Geschichte des württembergischen Sparkassenwesens, in: Württembergischer Sparkassen- und Giroverband. Werden und Wirken 1885–1985, hg. v. Württembergischen Sparkassen- und Giroverband Stuttgart, Stuttgart 1985, S. 17–119.

391
Kriegeskorte, Stuttgart

Name Kriegeskorte & Co. GmbH und KRICO GmbH
Geschäftstätigkeit Herstellung von Jagd- und Sportwaffen
Branche Nr. 298
Umfang 1
Laufzeit 1941–1996
Benutzbarkeit Ja
Bestand B 184

Bestandsgeschichte Das Archivgut umfasst die Akten der Kriegeskorte und Co. GmbH und KRICO GmbH. Es wurde dem WABW 1998 vom Liquidator der Gesellschaften, Rolf Kriegeskorte, angeboten. Die Übernahme erfolgte im gleichen Jahr.

Geschichte Die Geschichte des Unternehmens reicht bis in das Jahr 1878 zurück. Robert Kriegeskorte gründete 1878 in Esslingen die Gesellschaft Junghans & Kriegeskorte als Großhandel für Schießpulver, Sprengstoff, Munition und Waffen. Die Errichtung eines Pulverlagers für dieses Geschäft stieß auf den Widerstand der örtlichen Bevölkerung und Kriegeskorte zog mit seinem Geschäft nach Cannstatt um. Zum Anfang des Jahres 1918 übernahm Max Kriegeskorte, der Sohn des Gründers, die Leitung des Unternehmens.

1928 wurde das Unternehmen Junghans & Kriegeskorte in eine private Kapitalgesellschaft umgewandelt, die Kriegeskorte & Co. GmbH. Es war vorgesehen, dass die beiden Söhne von Max, Rolf als Ingenieur und Arndt als Kaufmann die Führung übernehmen sollten. Der Krieg machte diese Pläne zunichte; Arndt fiel 1944 und Rolf wurde schwer verwundet. Max Kriegeskorte starb im Juni 1945. Nach dem Ende des Krieges wurde das Unternehmen in den Händen von Rolf und seiner Mutter, Emma Kriegeskorte, fortgeführt. Da die Herstellung von Waffen und Munition von den Alliierten verboten wurde, wurden Haushaltsgeräte produziert. 1947 erhielt Krico die Erlaubnis zur Herstellung von Schlachtschussapparaten, auf die 1949 die Genehmigung zur Herstellung von Startpistolen folgte. 1950 erhielt das Unternehmen die Erlaubnis zur Herstellung von Luftgewehren und im folgenden

Jahr die Zulassung zur Herstellung von Kleinkalibergewehren.
Dieter Kriegeskorte trat 1967 in die Firma ein, 1976 sein Bruder Arndt als technischer Direktor. Das Unternehmen wurde 1980 in die Kriegeskorte & Co. Holding und in die Krico GmbH als Betriebsgesellschaft aufgeteilt. Arndt Kriegeskorte erwarb 1986 alle Geschäftsanteile der Gesellschaft und verlegte im folgenden Jahr den Firmensitz nach Fürth in Bayern. Zur Entwicklung der Rottweil Paragon Doppelflinte ging das Unternehmen mit Dynamit Nobel ein Joint Venture ein. Das Projekt erwies sich nach wenigen Jahren als unprofitabel. Die daraus resultierenden Verluste führten zum Konkurs des Unternehmens. Die beiden Firmen sind 1989 bzw. 1996/97 erloschen.
4 Gründung der KRICO GmbH und der Kriegeskorte & Co. GmbH; Auflösung und Liquidation der KRICO GmbH, Handelsregisterauszüge
7 Bestellung von Geschäftsführern und Prokuristen der KRICO GmbH und der Kriegeskorte & Co. GmbH; Protokolle von Gesellschafterversammlungen
11 Darlehensverträge, Änderungen bei den Geschäftsanteilen, Entwicklung des Stammkapitals
16 Jahresabschlüsse, Prüfberichte 1958–1992 der KRICO GmbH und der Kriegeskorte & Co. GmbH
17 Steuern 1980–1996 der KRICO GmbH und der Kriegeskorte & Co. GmbH
21 Erlaubnisurkunde zur Herstellung von Waffen und zum Betrieb einer Schießbahn durch die Kriegeskorte & Co. GmbH 1980
50 Im WABW nicht vorhanden.

392
Krimmel-Zeller, Ebingen

Name Krimmel-Zeller KG
Geschäftstätigkeit Eisenhandlung
Branche Nr. 510/520
Umfang 0,1
Laufzeit 1869–1951
Benutzbarkeit Eingeschränkt
Bestand Y 161

Bestandsgeschichte Der Bestand liegt seit 1988 als Mikrofilm im WABW vor.
Geschichte Die Eisenhandlung wurde um 1800 gegründet. Sie ist 1959 erloschen.
16 Kapital und Zinszahlungen 1869–1938, Verkaufsbuchserie 1892–1951, Journal- und Hauptbuchserie 1899–1925, Debitoren- und Kontokorrentbuch 1907–1943
50 Im WABW nicht vorhanden.

393
Kromer, Hammereisenbach

Name Sägewerk Kromer
Geschäftstätigkeit Holzgewerbe
Branche Nr. 200
Umfang 0,1
Laufzeit 1880–1955
Benutzbarkeit Ja
Bestand B 182

Bestandsgeschichte Das Archivgut ging im Jahr 2016 als Schenkung ans WABW.
Geschichte Jakob Kromer lässt sich in den Jahren 1880 bis 1939 als Inhaber des Sägewerks in Hammereisenbach (Vöhrenbach /Schwarzwald-Baar-Kreis) nachweisen. Den Fliegerbombenangriff auf Vöhrenbach im April 1945 überstand das Sägewerk unbeschadet. Im Jahre 1970 ging das Sägewerk an das Wolterdinger Sägewerk Schmiederer über.
11 Wechsel 1881–1938
12 Rechnungen, 1882–1939, Preislisten, 1900
14 Aufträge, 1896–1938, Gutschriften, 1880–1936
21 Zwangsvollstreckung Holzberufsgenossenschaft, 1933
49 A 3 Bü 90

394
KTH, Tübingen

Name Kraftwerk Tübingen-Herrenberg GmbH
Geschäftstätigkeit Energiewirtschaft
Branche Nr. 400
Umfang 0,3
Laufzeit 1925–1950
Benutzbarkeit Ja
Bestand B 2029

Bestandsgeschichte Die Unterlagen gelangten in zwei Teilen ins WABW. Ein Teil gehörte zum EVS-Archiv und wurde beim Erschließen des Bestands B 2006 (Elektrische Kraftübertragung Herrenberg EKH) separiert. Der andere Teil gehörte zur Registratur der aufgelösten EKH-Geschäftsstelle in Herrenberg, deren Unterlagen 2008 vom WABW übernommen wurden.
Geschichte Die Kraftwerk Tübingen-Herrenberg GmbH wurde am 16. Mai 1928 als Gemeinschaftsunternehmen der beiden gleichberechtigten Gesellschafter Stadtwerke Tübingen und Elektrische Kraftübertragung Herrenberg (EKH) gegründet. Unternehmensziel war der Bau und Betrieb eines Wasserkraftwerks am Neckar bei Tübingen. Als die EVS 1942 die EKH übernahm, kauften die Stadtwerke Tübingen die Kraftwerksgesellschaft für 1,1 Mio. RM und führten sie unter dem Namen Kraftwerk Tübingen GmbH weiter.
4 Pressedokumentation 1928–1929
5 Gesellschaftsvertrag 1925–1928
7 Geschäftsführung 1928–1942, Aufsichtsrat 1928–1942
10 Grundstücke, Erbbaurecht 1928–1950
11 Finanzierung 1928–1931
13 Wasserkraftanlagen und -nutzung 1927–1931
16 Jahresabschluss 1930–1942
17 Gewerbesteuer 1928–1931
49 B 2006 Elektrische Kraftübertragung Herrenberg
50 Wirtschaftsgruppe Elektrizitätsversorgung Berlin (Hg.), Die Elektrizitäts-Wirtschaft im Deutschen Reich 1938, Berlin 1938, S. 704. Johanna Petersmann, 140 Jahre Gas, 100 Jahre Strom, Energisch für Tübingen, Ein Streifzug durch die Geschichte der Tübinger Energieversorgung, Tübingen 2002 (Festschrift).

395
Kübler, Stuttgart

Name Kübler (Taylorix)
Geschäftstätigkeit Datenverarbeitung
Branche Nr. 720/741
Umfang 2
Laufzeit 1960–1980
Benutzbarkeit Eingeschränkt
Bestand Y 344

Bestandsgeschichte Das Archivgut wurde in mehreren Ablieferungen in 2005 übergeben. Der Archivbestand besteht aus einer Sammlung zu Taylorix.
Geschichte Das Steuerberaterbüro Hanns-H. Kübler entwickelte in Zusammenarbeit mit seiner Tätigkeit als Steuerberater EDV-Programme für Taylorix in Stuttgart.
9 Werkzeitschriften von Taylorix
13 Programmentwicklung, EDV zu S/9 (TA 1000), P2/P6/M44, LOG 40, BIL 40
15 Werbehefte
17 Einkommensteuerberechnungen

396
Kübler, Gebr., Fellbach

Name Gebr. Kübler
Geschäftstätigkeit Lederwarenfabrik
Branche Nr. 190
Umfang 1,5
Laufzeit 1888–1945
Benutzbarkeit Eingeschränkt
Bestand Y 74

Bestandsgeschichte Das Archivgut wurde 1986 übernommen.
Geschichte Die Lederwarenfabrik wurde 1883 von Hermann Kübler in Fellbach-Schmiden gegründet. Er spezialisierte sich auf die Herstellung von Ledertaschen, insbesondere Schultaschen und -mappen. 1982 meldete das Unternehmen Konkurs an. Im folgenden Jahr wurde eine Auffanggesellschaft unter dem Namen Jürgen & Jochen Kübler Lederwaren GmbH gegründet, die das Unternehmen weiterführte. Das Familienunternehmen produziert heute aus-

schließlich Werkzeugkoffer und -taschen sowie Tragesysteme.
12 Briefwechsel Lieferanten 1940, 1944–1945
14 Preislisten 1930–1933, Briefwechsel Kunden 1940–1945
16 Geschäftsbücher um 1888–1921, Rechnungen und Briefwechsel um 1920
21 Klagen 1930–1936
50 Im WABW nicht vorhanden.

397
Kuhn, Stuttgart-Berg

Name Maschinenfabrik Gotthilf Kuhn GmbH
Geschäftstätigkeit Maschinenfabrik
Branche Nr. 282/281/275/291/292
Umfang 2,5
Laufzeit 1852–1932
Benutzbarkeit Ja
Bestand B 252

Bestandsgeschichte Beim Kauf des Unternehmens Gotthilf Kuhn durch die Maschinenfabrik Esslingen (ME) im Jahre 1902 übernahm die ME auch Geschäftsunterlagen der Maschinen- und Kesselfabrik von Kuhn. Über deren Umfang und genauen Inhalt sind keine Informationen überliefert. Bei der Übergabe des ME-Archivs von der Daimler AG an das Wirtschaftsarchiv Baden-Württemberg im Jahr 2014 wurde ein eigener Bestand Gotthilf Kuhn gebildet. Das Unternehmen war zwar Bestandteil des ME-Konzerns, wurde aber weitgehend selbständig weitergeführt. Erst kurz vor dem Ersten Weltkrieg wurden die Geschäfte vollständig auf Rechnung der ME geführt.
Geschichte Gotthilf Kuhn (geb. 1828) war früh verwaist, lernte Schlosser in Giengen an der Brenz und arbeitete sich bei Carl Hoppe in Berlin, der ihn in Mathematik und Mechanik unterrichtete, zum Werkführer empor. Als er sich 1851 in der Heimat selbständig machen wollte, stattete Hoppe ihn mit Konstruktionszeichnungen seiner Lokomobilen aus.
1851 erwarb er im Stuttgarter Vorort Berg den ehemaligen Gauger'schen Bierkeller, in dem er mit dem Geschäftspartner Landenberger eine mechanische Werkstätte einrichtete. Da die Geschäfte im ersten Jahr nicht wie erwartet liefen, stieg Landenberger wieder aus und Kuhn gründete eine neue Gesellschaft, die G. Kuhn, Maschinen- und Kesselfabrik, Eisen- und Gelbgießerei. Gegen Bürgschaft von Verwandten erhielt er vom Stuttgarter Chemieindustriellen Carl Jobst ein Darlehen von 4.000 Gulden. Mit 30 Arbeitern und einer kleinen Dampfmaschine begann er seine Maschinenfabrik, der eine Kesselschmiede zugefügt wurde. 1857 eröffnete er eine eigene Gießerei. Im Baisse-Jahr 1855 setzte sich König Wilhelm I. persönlich für die erforderliche Kapazitätsausweitung des Kuhn'schen Unternehmens ein und der Fabrikant Friedrich Jobst jun. wurde mit einer Einlage von 100.000 Gulden stiller Teilhaber. 1857 erfuhr er nochmals eine finanzielle Unterstützung in Form eines weiteren Jobst'schen Darlehens in Höhe von 160.000 Gulden. Damit konnte Kuhn seiner Fabrik die erste private Eisengießerei in Württemberg angliedern. 1859 hatte er bereits 249 Mitarbeiter. Unterstützt wurde er auch von Ferdinand Steinbeis, der ihm riet, sich mit dem Lenoirschen Gasmotor zu beschäftigen. 1857–1861 lernte Max Eyth bei Kuhn, 1854–1862 arbeitete Rudolf Ernst Wolf als Oberingenieur und 1888–1892 Immanuel Lauster als Konstrukteur von Verbrennungsmotoren in der Kuhn' schen Maschinenfabrik. 1890 versuchte er sich mit einem Lizenzbau des Gasmotors von Richard Langensiepen aus Buckau-Magdeburg.
Nach einem Großfeuer im Juli 1867 wurde die Fabrik neu aufgebaut. 1880 löste Kuhn infolge erheblicher Differenzen die geschäftliche Verbindung zu den Jobst'schen Erben und bezahlte deren Einlage zurück. Sein drittgeborener Sohn Ernst (1853–1903), der an der Technischen Hochschule Aachen Maschinenbau studierte, wurde 1879 Hauptgesellschafter des Unternehmens. Als er das Werk um 1900 auf über 1200 Beschäftigte erweiterte, übernahm er sich wirtschaftlich. Große Verluste führten zur Aufgabe der Selbständigkeit des Unternehmens und die Maschinenfabrik wurde von der ME übernommen.
3 Briefe von Ernst und Marie Kuhn 1903, handschriftliche Notizen zur Unternehmerfamilie, Entwürfe zu Stammbäumen Gotthilf Kuhns 1902–1944

4 Dokumentationen über die Maschinenfabrik Kuhn, 50jähriges Jubiläum, Materialsammlung zur Firmengeschichte 1859–1983, Materialsammlung zur Firmengeschichte 1902–1944
5 Übernahme der Firma G. Kuhn durch die Maschinenfabrik Esslingen (Gründungsakten, Verträge, Statuten, Vergleiche, Privatkorrespondenz) 1896–1909
7 Geschäftskorrespondenzen 1852–1902, AR-Protokolle 1902–1924, Dienstvertrag Direktor Häbich, Revisionsberichte des Aufsichtsrates 1902–1918
9 allg. Betriebsvorschriften
10 Lagepläne, Baupläne, Baugesuche, Werkansichten 1867–1923, Gedenktafel im Verwaltungsgebäude
11 Hypotheken (u. a. Aufwertung der Hypothek des Stuttgarter Vereins) 1902–1932, Darlehensverträge
13 Produktionsunterlagen (u. a. für Dampfmaschinen, Dampfkessel, Pumpen etc.), Zeichnungen (Dampfmaschinen), Gatterbau, Kesselbuch 1852–1905, Herstellungsverzeichnisse über Dampfmaschinen und Lokomobile ca. 1870–1900
14 Angebote für Dampfmaschinen, Dampfkessel, Pumpen etc., Auslieferungen (Pumpen, Dampfwalzen, Turbinen, Kräne etc.), Auslieferungen von Dampfmaschinen, Lieferlisten und Beschreibungen, Heizversuch (Stuttgarter Elektrizitätswerk) 1897, Vertrag mit der Warsteiner Gruben- und Hüttenwerke (Holzhausen) 1905
15 Prospekte, Kataloge, Musterblätter und Lieferadressen (u. a. Eisen- und Gelbgießerei, Bau- und Ornamentguß, Stahl-Einrichtungen, Dampfmaschinen, Lokomobile, Dampfkessel) ca. 1870–1900, Informationsschreiben für neue Feuerungsapparate, Erzeugnisliste 1902–1944
16 Revisionsberichte 1902–1918, Bilanzberichte 1901–1913, Bilanzunterlagen ca. 1900–1920
17 Steuerunterlagen ca. 1900–1920
47 Fotos: Werkansichten 1902, Gotthilf Kuhn ca. 1880, Dampfmaschine 1855, Woolfsche Dampfmaschine Kuhn, Balancierdampfmaschine Kuhn für die Zuckerfabrik Böblingen
49 B 250
50 Klaus Herrmann, Gotthilf Kuhn, Unternehmer, Gründer der Maschinenfabrik und Eisengießerei in Stuttgart-Berg. 1819–1890. In: Lebensbilder aus Schwaben und Franken Bd. 15. Stuttgart 1983, S. 254–279. Ernst Kuhn, Zur Erinnerung an das fünfzigjährige Bestehen der Maschinen- und Kesselfabrik, Eisen- und Gelbgießerei G. Kuhn, Stuttgart-Berg. Stuttgart 1902. Hanns Steudel, Geschichtliche Entwicklung der Maschinenindustrie in Württemberg bis zum Weltkrieg. Diss. Tübingen 1923. Georg Händle, Die Entwicklung der Eisengießerei-Industrie Württembergs. Diss. TH Stuttgart 1930. Walter Zaiser, Die württembergischen Eisengießereien. Ihre Entwicklung und wirtschaftliche Lage bis zur Gegenwart. Stuttgart 1939.
Hans Christoph Graf von Seherr-Thoß: Kuhn, Gotthilf. In: Neue Deutsche Biographie (NDB). Band 13, Duncker & Humblot, Berlin 1982, S. 259 f

398
Kühn, Schwäbisch Gmünd

Name Gebr. Kühn
Geschäftstätigkeit Silberwarenfabrik
Branche Nr. 362
Umfang 16
Laufzeit 1890–1983
Benutzbarkeit Eingeschränkt
Bestand Y 75

Bestandsgeschichte Das Archivgut wurde 1984 vom Konkursverwalter übernommen.
Geschichte 1860 machte sich der Wiener Goldschmied Johann Kühn in Schwäbisch Gmünd selbständig. Nach seinem Tod im Jahre 1886 führten die beiden Söhne Emil und Gustav die Firma unter dem Namen Gebrüder Kühn weiter. Um 1900 trat Karl Veit in den Betrieb als Teilhaber ein. Bis zum Zweiten Weltkrieg wurde vor allem »Vitrinensilber« produziert, danach begann man mit der Herstellung von Haus- und Küchengeräten. Alle Erzeugnisse trugen als Fabrikmarke das Einhorn – das Wappentier von Schwäbisch Gmünd. Nach dem Tod von Karl Veit 1953 ging die Firma in Besitz der Familie Veit über. Noch im selben Jahr wandelten Werner und Rolf Veit die bisherige OHG in eine Kommanditgesellschaft um. Unter dem Einfluss des Bauhausdesigns veränderte sich auch die Formgestaltung der Silberwarenprodukte. Unter

der Leitung des Industrie-Designers Karl Dittert aus Darmstadt wurde die moderne Tafelgerätegruppe »Kühn-Geräte-m«, u. a. Kaffee- und Teekannen sowie Heißwasserkannen, entwickelt. 1984 wurde das Konkursverfahren eröffnet.

3 Privatkorrespondenz von Familienmitgliedern
7 Gesellschafter um 1890–1977, Kopierbücher 1928–1940, Geschäftsführung 1945–1957
9 Löhne und Gehälter 1945–1960, Betriebsrat 1970–1983, Belegschaft, Jubiläen 1923–1959, Gefolgschaftshilfe 1944–1979
10 Grundbuchauszüge, Baupläne und Bauunterlagen um 1890–1970
11 Banken und Kredite 1958–1969
13 Produktions- und Kalkulationsbuchserie 1890–1953, kolorierte Entwurfszeichnungen von Schmuck und verschiedenen Gefäßen, Kalkulationsbuch Kleinsilberwaren um 1926–1955, Silberfabrikation (monatliche Unterlagen) 1940–1967, Warenzeichen 1960–1976
14 Umsätze 1911–1975, Vertreter 1923–1963, Auskünfte 1930–1970
15 Musterbücher und Kataloge um 1900–1979, Kataloge von Konkurrenzfirmen um 1910–1979
16 Rohbilanzen 1911–1959, Hauptbuchserie 1911–1959, Kontenblätter 1925–1955, Journalbuchserie 1937–1963, Inventuren 1938–1962, Bilanzen und Bilanzunterlagen 1943–1970, Bilanzprüfungsberichte 1962–1978, Wirtschaftsprüfer 1943–1970, Betriebsabrechnungsbögen 1959–1974, Statistik 1946–1976
17 Steuern und Abgaben 1925–1969
18 Feuerversicherung um 1906–1963, Versicherungen um 1950–1979
20 Landesgewerbeamt 1960–1965
47 Fotos: verschiedene
48 Klischees, Medaillen, Stempel
50 Illustrierte Zeitschrift zur Pflege des Heimatgedankens in Stadt und Kreis Schwäbisch Gmünd 13 (1955) S. 193 ff. 100 Jahre Gebrüder Kühn 1860–1960, Schwäbisch Gmünd 1960 (Festschrift).

399
Kunstmühle, Merklingen

Name Kunstmühle Merklingen
Geschäftstätigkeit Mühle
Branche Nr. 156
Umfang 0,1
Laufzeit 1482–1961
Benutzbarkeit Eingeschränkt
Bestand Y 521

Bestandsgeschichte Der Archivbestand wurde dem WABW 2017 von den Nachkommen übergeben.

Geschichte Die Kunstmühle Merklingen bei Weil der Stadt wird auch Innere, Widmannsche oder Fleckenmühle genannt. Sie war eine der Mühlen, die bereits im Mittelalter die Wasserkraft im unteren Würmtal nutzten. Besonderheit der Merklinger Kunstmühle war, dass sie nicht nur einheimische Getreidesorten, sondern vor allem den härteren kanadischen Weizen gemahlen hatte. Die Familie Widmann waren die letzten Betreiber. Seit 2000 wird die Mühle für Zauberauftritte genutzt.

3 Genealogie der Familie Rommel 1784–1864
9 Müller-Löhne ab 1935
13 Fruchtfolge der Äcker ab 1857
14 Einnahmen aus Brennerei und Landwirtschaft
21 Erblehensbrief 1482; Mühlenordnung 1742; Lehensbrief des Kloster Herrenalb 1755; Vertrag zur Übertragung der Mühle 1807; Gütervertrag 1846

400
Kuntze, Süssen

Name Gustav Kuntze GmbH & Co. KG
Geschäftstätigkeit Metallbau, Röhren, Sauerstoffwerk, Ziegelei
Branche Nr. 280/282
Umfang 0,6
Laufzeit 1867–1980
Benutzbarkeit Ja
Bestand B 1

Bestandsgeschichte Die Firmenregistratur, die bis zur Gründungszeit des Unternehmens zurück reichte, scheint ohne Wissen der Gründerfamilie vernichtet worden zu sein. Überlieferungssplitter der Firmen Kuntze in Süßen, Göppingen und Bochum wurden 1981 von einem Familienmitglied übernommen.
Geschichte 1869 wurde die Firma Kuntze von dem aus Stolzenau an der Weser stammenden Kupferschmied Ernst Gustav Kuntze in Göppingen gegründet. Um 1900 wurde der Betrieb nach Süßen verlagert. Eine Spezialität des Unternehmens war die Fertigung von Röhren, die nach einem von Kuntze entwickelten besonderen Verfahren hergestellt wurden. 1888 wurde eine Dampfziegelei und 1902/03 ein weiteres Röhrenwerk in Süßen errichtet; hinzu kam ein Sauerstoffwerk. Aus der Röhrenproduktion entwickelte sich nach 1945 der Behälter- und Silobau. 1980 wurden wesentliche Teile der Produktion stillgelegt und nur die Sauerstoffherstellung sowie der Handel mit Industriegasen weitergeführt.

3 Familienregister, Beibringensinventar, Genealogie 1868–1980
4 Festansprache zum 100-jährigen Jubiläum 1970
5 Gesellschaftsverträge, Versteigerung, Kaufverträge, Rechtsform, Handelsregistereinträge 1910–1941
9 Gehaltsbücher, Verträge, Arbeits- und Betriebsordnungen 1902–1946
10 Kauf- und Pachtverträge, Grundstücksverzeichnisse, Grundschuld 1867–1933
11 Schuldschein, Kredite 1869–1877
12 Angebote 1910–1912
13 Patente, Gebrauchsmuster, Maschinenlisten 1880–1950
14 Aufträge, Angebote 1912–1933
15 Referenzlisten, Prospekte 1900–1953
17 Besitz-, Einkommen-, Kapitalertrag-, Kriegs-, Schenkungs-, Vermögenszuwachs- und Kirchensteuer, Reichsnotopferabgabe 1867–1922
20 Verband der freien Rohrschweißwerke e. V. Berlin 1942
21 Rechtsstreitigkeiten
47 Fotos: Personal, Produkte, Fabrikgebäude, Fabrikeinrichtungen
50 Paul Weber (Hg.), Westdeutsche Wirtschaftschronik, Band 2: Württemberg, Stuttgart 1954, S. 898 f.

401
Kunz, Überlingen

Name A. Kunz & Cie.
Geschäftstätigkeit Besen-, Bürsten- und Pinselfabrik
Branche Nr. 200
Umfang 0,1
Laufzeit 1896–1934
Benutzbarkeit Ja
Bestand B 48

Bestandsgeschichte Die Archivgut wurde 1989 antiquarisch erworben.
Geschichte Das Gründungsjahr der Firma A. Kunz & Cie. konnte nicht ermittelt werden. Anhand der Bilanz kann man davon ausgehen, dass die Firma 1897 ihren Sitz in Blumberg hatte, für die Richtigkeit der Bilanz unterschrieb damals Louis Kunz. Zwischen 1899 und 1907 wird Meßkirch als Firmensitz genannt. Inhaber waren Josef Sorg, Georg Gleichauf und Reinhold Schmidt. 1905 wurde das Geschäft nach Überlingen verlegt. Alleiniger Inhaber war Josef Sorg. Die Auflösung erfolgte wohl vor 1939.

13 Maschinenverzeichnis 1910
14 Auftragsbuch 1929, 1934
16 Bilanzen und Gewinn- und Verlustrechnungen 1896–1929
47 Portraitaufnahmen von Mitgliedern der Familien Groz und Beckert; Ansichten von Werken; Fotos aus der Produktion; Fotos von Veranstaltungen

49 WABW A 6 Bü 35
50 Im WABW nicht vorhanden.

402
KWR, Rheinfelden

Name Kraftübertragungswerke Rheinfelden AG
Geschäftstätigkeit Energiewirtschaft
Branche Nr. 400
Umfang 99
Laufzeit 1788–1996
Benutzbarkeit Ja
Bestand B 146

Bestandsgeschichte Anfang 1997 übergab die Kraftübertragungswerke Rheinfelden AG (KWR) Archivunterlagen dem Landesmuseum für Technik und Arbeit in Mannheim (seit 2010 Technoseum) als Depositum. Es handelt sich dabei um die Überlieferung der nichttechnischen Geschäftsleitung (Recht, Finanzen, Rechnungswesen, Personal), die teilweise vor die Zeit der Unternehmensgründung zurück reicht. Der Bestand umfasst auch rund 1700 Fotografien. Diese Unterlagen wurden im Technoseum archivisch erschlossen.
Anlässlich des Abrisses des alten Kraftwerksgebäudes in Rheinfelden zum Jahresende 2010 bestand das Landesdenkmalamt Baden-Württemberg auf einer möglichst umfassenden Dokumentation des 1896 in Betrieb genommenen Laufwasserkraftwerks als ein bedeutendes Zeugnisses der regionalen Industriegeschichte. In diesem Zusammenhang beschloss die Geschäftsführung der Energiedienst Holding AG, in der die KWR unterdessen integriert wurde, ihr Unternehmensarchiv einschließlich der noch in Rheinfelden liegenden technischen Überlieferung einschließlich Karten, Bauzeichnungen, Konstruktionsplänen und weiteren Fotografien komplett dem WABW zu übergeben. Die Überführung der in Mannheim gelagerten Archivalien erfolgte im Januar 2012. Eine Nachlieferung von rund 2 lfm Akten folgte 2013.
Geschichte 1889 gründeten die Escher Wyss AG Zürich, die Maschinenfabrik Oerlikon und zwei weitere Schweizer Unternehmen eine Gesellschaft, die Möglichkeiten zur Nutzung der Wasserkraft des Rheins bei Rheinfelden ausloten und das Kapital zur Gründung einer elektrischen Kraftübertragungsgesellschaft beschaffen sollte. Doch die Banken hielten sich zunächst zurück, bis Emil Rathenau, Gründer und Generaldirektor der AEG, 1891 der Vorbereitungsgesellschaft beitrat. Rathenau gelang es 1893, im Zusammenspiel mit Carl Fürstenberg von der Berliner Handelsgesellschaft ein Konsortium von sechs deutschen Bankhäusern zur Finanzierung des Projekts zu bewegen. Bereits vor dem Bau des Kraftwerks sicherten sich die Aluminium-Industrie AG und die Elektrochemischen Werke Bitterfeld die Hälfte der zu erzeugenden elektrischen Kraft und begannen, Betriebe in Rheinfelden zu errichten. Als Abnehmer für die andere Hälfte des Stroms waren vor allem die badischen Industriegebiete im Wiesental und um Säckingen sowie die Stadt Basel vorgesehen. Im April und Mai 1894 erteilten das Großherzogtum Baden und der Kanton Aargau die erforderlichen Konzessionen. So konstituierte sich am 31. Oktober 1894 in Berlin die Kraftübertragungswerke Rheinfelden Aktiengesellschaft mit einem Grundkapital von vier Millionen Mark. Probleme mit der Finanzierung brachten Rathenau dazu, eine Art Hausbank für das neue Elektrizitätsunternehmen zu gründen; so entstand 1895 in Zürich unter Beteiligung der Schweizerischen Kreditanstalt die Bank für elektrische Unternehmungen, die 1946 in Elektrowatt AG umfirmierte.
Der Bau des Rheinkraftwerks begann 1895; zu Ende des Jahres 1898 lieferten alle 20 Maschinensätze Strom. Dieses Flusskraftwerk war das erste und größte seiner Art in Europa. Mit der sich ansiedelnden Elektroindustrie entwickelte sich in der Folge gleichsam aus dem Nichts die badische Stadt Rheinfelden. In der Folge setzte die KWR AG den weiteren Ausbau der Rheinwasserkräfte fort, sei es unter eigener Regie oder in Form von Beteiligungen; an größeren Beispielen zu nennen wären das Kraftwerk Augst-Wyhlen ab 1903, das Kraftwerk Ryburg-Schwörstadt ab 1926 und das Schluchseewerk ab 1928. 2002 und 2003 übernahm die Schweizer Aktiengesellschaft Kraftwerk Laufenburg die Gesellschaftsanteile der KWR vollständig. Die zusammengeführten Unternehmen firmierten fortan

als Energiedienst Holding AG. 2004 übernahm die Energie Baden-Württemberg AG (EnBW) mit knapp 76 % die Aktienmehrheit bei Energiedienst. Das Unternehmen mit seinen zahlreichen Wasserkraftwerken übernimmt seither im EnBW-Konzern die Funktion eines überregionalen Naturstrom-Anbieters.

2 Verkauf der Wasserversorgungsanlage der KWR an die Gemeinde Rheinfelden 1898–1938, Grenzaufsicht am Kraftwerk 1909–1965, Anschlussgleise 1897–1984

4 Firmengeschichte 1888–1989, eigene Jubiläen und Festschriften 1908–1984

5 Staatliche Genehmigungen und Konzessionen 1879–1989, Gründungsvertrag, Statuten, Satzungen 1889–1992, Kosten, Verträge zum Bau des Kraftwerks 1890–1901, Handelsregister 1894–1973, Konzession und Bau des Kraftwerks 1894–1958, Verträge mit Baufirmen 1894, Gutachten zur Wasserkraftanlage 1894, Gutachten zu den Eigentumsverhältnissen 1946

6 Konzession, Bau und Betrieb des Laufwasserkraftwerks im Rhein bei Augst Wyhlen 1891–1990, Zweigniederlassung auf der Schweizer Rheinseite 1902–1936, Kraftwerk Laufenburg 1905–1996, Gründung, Unternehmensführung und Dokumentation des Kraftwerks Ryburg-Schwörstadt 1906–1978, Beteiligung an Elektra Markgräflerland GmbH 1906–1938, Elektrizitätswerk Zell 1921–1957, Rheinkraftwerk Albbruck Dogern AG 1922–1988, Kraftwerk Reckingen 1922–1970, Hotzenwald Waldelektra 1923–1986, Schluchseewerk 1924–1995, Rheinkraftwerk Säckingen 1956–1984, Hotzenwaldwerk 1957–1969, Kernkraftwerk Obrigheim 1960–1994, Kernkraftwerk Kaiseraugst 1968–1987, Kernkraftwerk Leibstadt 1969–1988

7 Betriebskonferenzen 1889–1938, Hauptversammlung 1895–1952, Aufsichtsrat 1895–1961, Geschäftsleitung 1895–1949, Gemeinsamer Betrieb mit den Industrieunternehmen Aluminiumhütte Rheinfelden und Dynamit Nobel 1896–1989, Dynamit Nobel 1897–1989, Jahresbericht 1906–1947, Nachrufe 1915–1963, Projekt Ausbau / Umbau / Neubau des Kraftwerks 1918–1897 Jahresabschluss 1944–1951

8 Rationalisierung 1957–1988, EDV 1982–1989

9 Arbeiterverzeichnis 1898–1953, Personalangelegenheiten 1915–1950, Vertrauensrat 1925–1945, Versorgungskasse 1933–1949, Spenden, Stiftungen, Stipendien 1948–1989

10 Baupläne und Baubeschreibung Kraftwerk 1890–1901, Stauwehrerhöhung 1907–1927, Rheinbrücke Rheinfelden 1896–1964, Rheinkanal 1921, Berichte über die Kraftwerkanlagen 1939–1983

11 Anleihen 1901–1966, einzelne Aktionäre (Unternehmen) 1903–1987, Aktien, Aktionäre, Dividendenzahlung, Kapitalerhöhung 1908–1966, Elektrowatt Bank für elektrische Unternehmungen Zürich 1926–1992

12 Verbundwirtschaft mit Badenwerk 1927–1985, mit Aargauisches Elektrizitätswerk Aarau 1918–1995, mit Nordostschweizerische Kraftwerke AG in Baden 1922–1994, mit Bezirksverband Kraftwerk Köhlgartenwiese 1928–1988, mit Elektrizitätswerk Kandern 1945–1986; RWE 1908–1990

13 Technik: Stauwehr / Rechen 1894–2002, Turbinen 1905–2001, Maschinengruppen 1–20 1925–2005, Maschinenhaus 1956–1981, Getriebe 1974–1992, Generatoren 1974–1980; Betriebsberichte 1921–1944, Genehmigung von Betriebsanlagen durch Behörden in Deutschland und in der Schweiz 1930–1995, Funk-Rundsteueranlage 1981–1989

14 Verträge zum Bau von Hochspannungsleitungen 1895–1944, Stromlieferung an Schweizer Gemeinden 1896–1914, an zahlreiche Gemeinden in Deutschland 1896–1988, an zahlreiche Unternehmen 1908–1987 (u. v.a. IG Farben Rheinfelden 1913–1935, Dynamit Nobel Rheinfelden 1913–1987, Degussa Rheinfelden 1925–1996), an zahlreiche staatliche, kommunale und kirchliche Einrichtungen 1909–1987, an mehrere Elektrizitätsgenossenschaften 1912–1987, an Stadtwerke 1972–1988; Rheinkraftwerk Kembs 1930–1949, Stromtarife 1931–1989, Konzessionsabgaben 1943–1987

15 Besucherbuch 1906–1930, Inserate 1968–1990

16 Journal 1894–1926, Kassenbuch 1894–1960, Inventurbuch 1899–1919, Hauptbuch 1910–1923, Grundbuch 1910–1928, Memorial 1914–1919, Betriebs-Spezifikations-Buch 1944–1958, Abschlussprüfung 1954–1992

17 Steuerprüfung 1932–1991

19 Schutzbrief der Schweiz gegen Beschlagnahme durch Frankreich 1944–1954, Französische Militärregierung 1945–1950, Kontingentierung 1945–1956

20 Mitgliedschaft in einzelnen Verbänden 1929–1993
21 Fischerei und Fischereirechte 1788–1788, Flößerei 1907–1910, Prozess Schonlau Cellulosefabrik Kaiseraugst 1909–1925, Verschmutzung von Grundwasser bzw. des Rheins 1940–1989
22 Verstaatlichung der Elektrizitätsunternehmen 1919–1962, Wasserrecht 1938–1984, Atomkraft/Kernenergie allgemein 1958–1994, Energiewirtschaft allgemein 1968–1995
47 Situations- und Konstruktionspläne Kraftwerk 1892–1899, Fotos Betriebsanlagen (Bau bis Abbruch) 1896–2010
49 B 88 (Badenwerk AG), B 97 (EnBW AG)
50 Richard Ritter, Gedenkschrift zum 28. Dezember 1919, dem Tage des 25jährigen Bestehens der KWR AG 1894–1919, Lörrach 1919. Heinrich Graser, Zum 40jährigen Bestehen der KWR AG 1894–1934, Rheinfelden 1934. Wirtschaftsgruppe Elektrizitätsversorgung (Hg.), Die Elektrizitäts-Wirtschaft im Deutschen Reich, Berlin 1938, S. 643–645. 100 Jahre Kraftübertragungswerke Rheinfelden AG, in: Geschäftsbericht 1993/94.

LEITZ-ORDNER

403
Lämmle, Glaserei, Vaihingen/Enz

Name Glaserei Lämmle
Geschäftstätigkeit Glaserei
Branche Nr. 261
Umfang 0,5
Laufzeit 1893–2013
Benutzbarkeit Eingeschränkt
Bestand Y 466

Bestandsgeschichte Das Schriftgut wurde im März 2014 vom Wirtschaftsarchiv Baden-Württemberg übernommen.
Geschichte Wilhelm Friedrich Hasenmaier wurde erstmals als Glasermeister 1788 in Vaihingen/Enz aktenkundig. Da der Sohn nach Amerika auswanderte, wurde Jakob Christian Lämmle, der Ehemann der Tochter, der Nachfolger in der Glaserei. Die Glaserei war im Wohnhaus in der Spitalstr. 4 in Vaihingen untergebracht. Gustav Wilhelm Lämmle wurde während des 2. Weltkrieges zur Arbeit in Köln, Heilbronn und Stuttgart verpflichtet. Nach dem Krieg wurde 1950 das neuartige Agnus-Verbundfenster zum Patent angemeldet und die Werkstatt vergrößert. Gerhard Lämmle war 1961–72 Obermeister der Glaserinnung Vaihingen/Enz. 1983 hat Reinhard Lämmle in der 6. Generation den Betrieb übernommen.
16 Journale 1971 und 1974, Rechnungen 1893–1953
18 Gesellschaftsvertrag, Gebäudeversicherung, Baugesuche, 200 Jahr-Feier, Werbeprospekt, Zeitungsartikel, Lizenz Linoplast-Fenster, Einweihung Stifterfenster
47 Verschiedene angefertigte Fenster, Messestand, Fotoalbum Stifterfenster, Feste, während der Arbeit, Stammbaum
48 Aufrisse des Hauses, Zeichnungen Fensteraufschnitt und Schmuckkästchen
50 Festschrift 200 Jahre.

404
Lämmle, Johannes, Stuttgart-Feuerbach

Name Johannes Lämmle
Geschäftstätigkeit Weinhandlung/Kellerei
Branche Nr. 159/513
Umfang 0,1
Laufzeit 1949–1953
Benutzbarkeit Ja
Bestand B 169

Bestandsgeschichte Der Bestand wurde von Herrn Friedrichsohn, einen ehemaligen Mitarbeiter der Firma, 2015 abgegeben.
Geschichte Die Weinimportfirma und der Weingroßhandel Johannes Lämmle wurde 1896 gegründet. Der letzte Existenznachweis stammt aus dem Jahre 1938.
9 Ausbildungsunterlagen 1951–1953
13 Weinetiketten 1950–1952
15 Aufsteller
49 WABW A 16 Fi 1920

405
Landesgirokasse (LG), Stuttgart

Name Landesgirokasse, öffentliche Bank und Landessparkasse
Geschäftstätigkeit Bankgeschäft
Branche Nr. 650
Umfang 183
Laufzeit 1953–1999
Benutzbarkeit Eingeschränkt
Bestand B 103

Bestandsgeschichte Das Archivgut wurde ab 2004 von der Landesbank Baden-Württemberg (LBBW) übernommen. Nachlieferungen erfolgten bis 2019.
Geschichte Mit der Fusion der Girokasse Öffentliche Bank und Sparkasse Stuttgart (Bestand B 102) und der Württembergischen Landessparkasse (Bestand B 101) zur Landessparkasse-Girokasse, öffentliche Bank entstand 1975 die größte Sparkasse und Regionalbank des Landes Baden-Württemberg mit 240 Filialen. Insbesondere in der industriellen Kernregion

Mittlerer Neckar hatte sie eine maßgebliche Position inne. Unter den bundesdeutschen Sparkassen rangierte sie an zweiter Stelle. Seit 1977 führte das Institut den Namen Landesgirokasse, öffentliche Bank und Landessparkasse (LG). Als öffentliche Bank förderte sie das kulturelle Leben und gründete mehrere Stiftungen. Als Hausbank vieler mittelständischer Unternehmen verstand sich die LG als Partner der exportorientierten Wirtschaft. 1987 errichtete sie als erste Sparkasse in der Bundesrepublik und erstes Kreditinstitut in Baden-Württemberg eine Repräsentanz in New York. Dieses Büro fungierte auch als Verbindungsstelle zwischen US-Firmen und deren Ablegern in Württemberg. Als Mitglied der Stuttgarter und Frankfurter Wertpapierbörse unterhielt die LG ebenfalls seit 1987 ein eigenes Börsenbüro in Frankfurt a. M. Darüber hinaus stellte die LG ihren Firmenkunden das Mobilienleasing über das Tochterunternehmen Schwäbische Leasinggesellschaft und die eigene Beteiligungsvermittlung zur Verfügung. In den 1990er Jahren wirkte sie als eine der ersten bundesdeutschen Sparkassen bei Aktienemissionen mit. 1999 fusionierte die LG mit der Südwestdeutschen Landesbank (SüdwestLB) und der Landeskreditbank Baden-Württemberg – Marktteil zur Landesbank Baden-Württemberg (LBBW, Bestand B 108).

2 Geldmarkt Württemberg (demoskopische Untersuchung) 1976; Forschungsprojekt zur Geschichte des württembergischen Sparkassenwesens 1979–1980; Max Rehm: Aufbruch im Württembergischen Sparkassen- und Giroverband und im Dienst der öffentlichen Verwaltung 1983; Unterlagen über Manfred Rommel 1996

4 Geschichte der LG und der Vorgängerinstitute (Organe und Aufbau) 1990/1991, 1996/1997; 100-jähriges Jubiläum Städtische Sparkasse Stuttgart 1984; 175-jähriges Jubiläum der Württembergischen Landessparkasse 1993

5 Fusion Landesgirokasse 1973–1978; Allgemeine Geschäftsbedingungen 1975–1989; Grundbestimmungen 1975–1992; Rechtsgrundlagen (Handbuch) 1979–1998; Verträge mit der Stadt Stuttgart 1978–1990; Teilprivatisierungsgutachten 1990; Fusionsüberlegungen LG und Baden-Württembergische Bank (BW-Bank) 1995; Anstaltslast, Gewährträgerhaftung 1997; Fusion LBBW 1998

6 Zweigstellen in Stuttgart und Baden-Württemberg 1975–1999; Zweigstellenpolitik und Zweigstellenorganisation 1975–1977; LG-Geschäftsstellenübersichtskarte 1998; Verlegung/Schließung von Geschäftsstellen (Anzeigen gemäß KWG) 1955–1998; Luxemburg-Präsenz 1989, 1993/1994; Repräsentanz New York 1980–1987; Untersuchungen zu Auslandsrepräsentanzen 1975–1980; Eröffnung des Zweigstellenbüros Stuttgart der Sparkasse Genua 1977; Beteiligungen: Bahnhofplatz-Gesellschaft Stuttgart AG 1978–1984; Schlossgartenbau-AG 1982–1989; Württembergischer Kreditverein 1968–1976; Württembergische Kommunale Landesbank 1976–1988; C. Terrot Söhne GmbH & Co. Stuttgart-Bad Cannstatt 1977–1980; Schwäbische Finanzierungsgesellschaft 1986–1989; Städtische Pfandleihanstalt Stuttgart 1983–1990; Wertpapiersammelbank Baden-Württemberg AG 1983–1990; Landesbausparkasse LBS (Aufsichtsrat, Protokolle) 1981–1984; MKB Mittelrheinische Bank GmbH Koblenz 1977–1983, 1987; Bankenunion AG Frankfurt a. M. 1971–1986; Baden-Württembergische Wertpapierbörse 1983–1987; Technologiezentrum Stuttgart-Pfaffenwald GmbH 1993–1999; Bankstruktur in Baden-Württemberg 1985/1986; Fusionsprojekte 1990/91, 1995; Fusion LBBW 1998

7 Vorstandsprotokolle 1976–1984, 1986–1998; Vorstandsklausur 1996; Mitteilungen des Vorstands 1976–1998; Kreditausschussprotokolle 1975–1998; Vorstandsausschüsse 1978–1986, 1989; Verwaltungsausschussprotokolle 1975–1998; Direktion 1975–1982; Verwaltungsratsprotokolle 1975–1998; Schriftwechsel Verwaltungsrat 1990–1998; Vorstands- und Verwaltungsratsmitglieder 1961–1996; Studienreisen des Verwaltungsrates (Genf, Genua, Brasilien, Paris, Tours, New York, Südostasien, China, Brüssel) 1974–1988, 1992/1993, 1997; Handbuch für Führungskräfte 1978; Leitbild 1994; LG-Entwicklung unter Dr. Zügel 1996; Vorträge Dr. Zügel 1979–1997; Unterschriftenverzeichnisse, Zeichnungsbefugnisse (mit Städt. Spk. Städt. Girokasse) 1919–1998; Zuständigkeiten im Kreditgeschäft 1991–1996

8 Geschäftsverteilungsplan des Vorstands 1978; Geschäftsanweisungen für den Vorstand 1970–1985; Zuständigkeiten 1975–1998; Geschäftsanweisungen 1983–1998; Gebühren, Geschäftsbedingungen, Bekanntmachungen 1974–1994; Vergabeordnung, Schätzungsordnung 1989–1994; Kreditüberprüfungen, Sofortentscheidungen (Anweisungen) 1972–1991; Aufgabengliederungsplan 1975–1987 (Vorakten s. B 102); Betriebsstruktur 1975, 1977; Sicherheitshandbuch 1982; Archivaufbau 1975–1988

9 Mitarbeiterzeitschrift »Kontakte« 1975–1998; Unterstützungskasse 1973–1976; Beirat der Zusatzversorgungskasse 1985–1998

10 Kronprinzbau Stuttgart 1985; Haus der Dienstleistung Bollwerk Stuttgart 1997; Architekt Günther Behnisch 1999

13 Sparbücher 1975–1978; Analyse des Kreditgeschäfts 1983; Kooperation mit ADAC und Berliner Bank zur Ausgabe einer ADAC-Kreditkarte 1988/89

14 Kooperation mit der Sparkassen-Versicherung 1995; Sparkassen-Vergütungs-Verordnung (SpVVO) 1978–1988; Überweisungsverkehr 1989/90; internationales Anleihegeschäft 1995–1997; U.S. $ 2 Mrd. Anleihe-Emissionsprospekt 1996

15 Presseberichte 1970–1993; LG-Galerie 1975; PR-Unterlagen 1975; Kalender 1976–1993; Aufkleber, Werbebanner, sonstige Werbemittel 1975–1990; Broschüre: Die Fusion zur LG als Aufgabe für Werbung, Presse und Verkaufsförderung 1975; Erscheinungsbild der LG 1977; Pressekonferenzen 1979–1985, 1997; Funkspots und Radiosendungen 1982–1989; LG-Studio-Berichte 1990; Ökoberichte 1992–1994; Bollwerk Zeitung 1994–1997; Presse-Echo 1995–1999; Broschüre: Das neue Gesicht der LG 1997; Aktualisierung des LG-Imagefilms 1994–1996

16 Geschäftsberichte 1975–1999; Prüfungsberichte 1997/98; Rentabilitätsorganisation 1982–1989; Umstellungsrechnungen der Württembergischen Landessparkasse und der Girokasse (Nachforderungen an die LG) 1948–1981; Gutachten zum Gesamtwert der LG 1996

20 Verband der Deutschen freien öffentlichen Sparkassen e. V. Frankfurt a. M. 1976–1984; Mitgliedschaften 1980; Erfahrungsaustausch mit Großsparkassen 1982–1987; Deutscher Sparkassen- und Giroverband, Berlin (mit Ausschüssen) 1980–1985; Württembergischer Sparkassen- und Giroverband Stuttgart 1985; WSGV Bezirksobmännerausschuss 1977–1983; Arbeitsgemeinschaft der Sparkassenvorstände für den Bezirk Stuttgart 1997–1999

21 Rechtsstreitigkeiten 1980–1983, 1991–1993; Fall Ludwig Poullain 1977–1978, 1981–1983

22 Stiftungsratsprotokolle 1984–1995, 1997–1999; Kuratorium 1975–1998; Reden und Beiträge aus der Wirtschaft 1981–1985; Südafrikapolitik 1985–1988; Stiftung Natur & Umwelt 1990–1994; Kultursponsoring 1982/1983; Spenden bis 1986; Stiftung Dt. Heilstätte Davos 1987–1989; Wohlfahrtswerk Baden-Württemberg 1983–1987; Stifterbrief Frauenkirche Dresden 1995; Euroforum der Universität Hohenheim (Grundsteinlegung) 1992; Gesellschaft für Wirtschaftsgeschichte Baden-Württemberg e. V., Stiftung Wirtschaftsarchiv Baden-Württemberg, Bildungszentrum des Einzelhandels in Baden-Württemberg GmbH, Förderverein des Bildungszentrums des Einzelhandels in Baden-Württemberg e. V. 1980–1995, Vereinigung von Freunden der Akademie der Bildenden Künste e. V. Stuttgart 1986–1996; Staatliche Akademie der Bildenden Künste Stuttgart 1986–1991

47 Fotoarchiv der LG (Fotos, Negative, Dias) Bestand WABW B 100: Anstaltsgebäude, Zweigstellen und Zweigstellenleiter, Vorstand, Ausstellungen, Spenden, Jubiläumsfeiern, Studienreisen (u. a. Bangkok) 1975–1999. Dia-Präsentationen über Geschichte und Geschäftsentwicklung seit Gründung der Württembergischen Landessparkasse 1989–1991. Hörkassette: Geburtstag Dr. Volz 1988. Filme: Rathaus Ditzingen 1989, Die Bank, das Land, die Menschen 1994, 1996, Eröffnung Bollwerk 1997; Tonmitschnitte: Indien-Vortrag 1983, Feierstunde 175 Jahre Württembergische Sparkasse im Staatstheater Stuttgart 14. Mai 1993

48 Spardosen 1970–1990; Tresordose; Werbegeschenke 1975–1990

49 WABW B 100 (LG Fotosammlung), B 101 (Württembergische Landessparkasse), B 102 (Städtische Spar- und Girokasse Stuttgart), B 108 (Landesbank Baden-Württemberg)

50 Wer wir sind – Landesgirokasse, [Stuttgart 1976] (Werbeschrift). »Wer spart ist ein Verräter«, Ein Bilderbuch zum 100. Geburtstag der Städtischen Sparkasse Stuttgart, der heutigen Landesgirokasse 1884–1984, Stuttgart 1984 (Festschrift). Der lange Weg zum Wohlstand, 175 Jahre Landesgirokasse, Stuttgart 1993 (Festschrift). Gürbüz Mimir, Die Auswirkungen der Währungsreform von 1948 dargestellt am Beispiel der Landesgirokasse Stuttgart, Diplomarbeit Hohenheim 1994, Typoskript im WABW.

406
LG Fotosammlung, Stuttgart

Name Landesgirokasse öffentliche Bank und Landessparkasse, Fotosammlung
Geschäftstätigkeit Bankgeschäft
Branche Nr. 650
Umfang 8
Laufzeit 1800–1999
Benutzbarkeit Ja
Bestand B 100

Bestandsgeschichte Die Fotosammlung der Landesgirokasse, öffentliche Bank und Landessparkasse (LG) in Stuttgart wurde 2004 von der Landesbank Baden-Württemberg (LBBW) übernommen. Sie umfasst das Fotoarchiv der aus der Landessparkasse-Girokasse hervorgegangenen LG (Bestand B 103) sowie ihrer Vorgängerinstitute Württembergische Landessparkasse Stuttgart (Bestand B 101) und Städtische Sparkasse Stuttgart Städtische Girokasse Stuttgart (Bestand B 102).
Geschichte Siehe Geschichte der Landesgirokasse (Bestand B 103), der Württembergischen Landessparkasse (B 101) und der Städtischen Spar- und Girokasse Stuttgart (B 102).
2 Stadt Stuttgart, v. a. Stadtansichten, Stadtteile, öffentliche Orte, Gebäude und Veranstaltungen, Ruinen und Wiederaufbau nach 1945, darunter zahlreiche Fotografien von Ludwig Windstosser, auch Kopien historischer Stiche und Gemälde
5 Württembergische Landessparkasse: Gründungsurkunde
7 Württembergische Landessparkasse: Vorsteher, Direktoren, Verwaltungsausschuss, Königin Katharina (Gründerin) und König Wilhelm I. von Württemberg; Städtische Spar- und Girokasse Stuttgart: Direktoren
9 Württembergische Landessparkasse: Dienstjubiläen, Verabschiedungen, Geburtstagsfeiern, Abteilungen, Lehrlinge, Betriebsausflüge; Städtische Spar- und Girokasse Stuttgart: Zweigstellenleiter, Mitarbeiter, Pensionäre, Dienstjubiläen, Besuche, Einstellungen, Verabschiedungen, Betriebsfeiern, Aus- und Weiterbildung, Ferienheime, Kantine, Studienreisen, Betriebsausflüge, Betriebssport, Arbeitsabläufe und Arbeitsmittel; Landessparkasse-Girokasse/Landesgirokasse: Veranstaltungen
10 Württembergische Landessparkasse: Hauptgebäude und Zweigstellen um 1900–1975; Städtische Spar- und Girokasse Stuttgart: Hauptgebäude und Zweigstellen um 1885–1975; Landessparkasse-Girokasse/Landesgirokasse: Hauptgebäude, Filialen um 1975–1995
15 Württembergische Landessparkasse: Werbefotos, Werbetafeln, Veranstaltungen, Werbeannoncen, Pronferenzen, Weltspartag, Ausstellungen; Städtische Spar- und Girokasse Stuttgart: Werbeaktionen, Plakate, Werbetafeln, Werbefotos, Schulsparen, Weltspartag, Ausstellungen; Landessparkasse-Girokasse/Landesgirokasse: Werbung
49 WABW B 101 (Württembergische Landessparkasse), B 102 (Städtische Spar- und Girokasse Stuttgart), B 103 (Landesgirokasse)
50 Siehe Literatur zu den Beständen WABW B 101 (Württembergische Landessparkasse), B 102 (Städtische Spar- und Girokasse Stuttgart) und B 103 (Landesgirokasse)

407
Landesinnung Konditoren, Baden-Baden

Name Landesinnungsverband der Konditoren
Branche Nr. 910
Umfang 0,6
Laufzeit 1962–2002
Benutzbarkeit Ja
Bestand H 109

Bestandsgeschichte Das Schriftgut stammt aus der Provenienz der Kreishandwerkerschaft Baden-Baden und wurde im März 2011 vom WABW übernommen.
Geschichte Im Bestand befinden sich Unterlagen der ehemaligen Landesinnungsverbände Baden (Mannheim) und Württemberg (Stuttgart), die inzwischen zur Konditoren-Innung Südbaden fusioniert sind (Sitz Baden-Baden).

35 Korrespondenz mit dem Landesgewerbeamt, Prüfungsinhalte, Sonntagsöffnung, Novellierung der Handwerksordnung, Zusammenlegung Berufe Konditor und Bäcker, Vorbereitung gemeinsame Verbandstage und Badische Ausstellung
36 Betriebsberatungen
47 Veranstaltungen v. a. Verbandstage
49 WABW H 32 und H 108
50 Im WABW nicht vorhanden.

408
Landesinnungsverband Raumausstatter, Stuttgart

Name Landesinnungsverband Raumausstatter und Sattler Baden-Württemberg
Branche Nr. 910
Umfang 2,5
Laufzeit 1965–2001
Benutzbarkeit Eingeschränkt
Bestand Y 419

Bestandsgeschichte Der Bestand wurde im August 2010 vom WABW übernommen.
Geschichte Der Landesinnungsverband wurde im Jahr 1908 als Landesverband selbstständiger Dekorateure, Sattler und Tapezierer für Württemberg und Hohenzollern gegründet. Der Landesinnungsmeister ist im Jahr 2019 Dieter Eckert und Geschäftsführer ist Andreas Schremmer. Dem LIV gehören 24 Innungen an. Neben den Raumausstattern und Sattlern ist der Landesinnungsverband zudem auch für die Handwerker des Bodenlegerhandwerks zuständig. Aktuell (Stand 31. August 2019) hat der Verband rund 450 Mitgliedsbetriebe.
35 Protokolle Innungsversammlungen 1965–1969, 1980–2000, Obermeisterprotokolle 1992–1999
41 Steuern 1990–1996, Haushalt 1993–1999, Jahresrechnung 1993–1999
50 Im WABW nicht vorhanden.

409
Landfried, Heidelberg

Name Tabakfabrik Landfried
Geschäftstätigkeit Tabakfabrik
Branche Nr. 160
Umfang 43
Laufzeit 1854–1957
Benutzbarkeit Nein
Bestand Y 505

Bestandsgeschichte Das Archivgut wurde von Ingrid Schinz, der letzten Erbin, 2015 an das WABW übergeben.
Geschichte Philipp Jacob Landfried gründete 1810 die erste Heidelberger Tabakfabrik. 1890 nahm Landfried Kautabak in seine Produktpalette auf. Die Nachfrage nach dem Produkt stieg und mit ihr wuchs der Platzbedarf. Die Firma zog zur Jahrhundertwende aus der Innenstadt in die Bergheimer Straße, wo die Produktion wie auch die Verwaltung untergebracht war und die Firma bis 1975 produzierte. In den Städten Dielheim, Kronau, Mühlhausen, Rauenberg und Roth gründete das Unternehmen, das zu Spitzenzeiten bis zu 2.000 Mitarbeiter beschäftigte, verschiedene Filialen. Heute steht das ehemalige Fabrikgebäude unter Denkmalschutz und wird als Gewerbehof genutzt.
12 Wareneingang 1854–1945
14 Korrespondenz 1854–1945; Frachtbücher
15 Aufsteller und Plakate
16 Rechnungen 1854–1957
48 Tabakdosen
50 Dieter Schadowski: Rauch-, Schnupf- & Kautabakfabriken / Historische Sammlung 1730–1970, Karlsruhe 1995.

410
Landtag, Stuttgart

Name Landtags von Baden-Württemberg, Sachdokumentation zu wirtschaftspolitischen Betreffen
Geschäftstätigkeit Sachdokumentation für Parlament
Branche Nr. 750
Umfang 23
Laufzeit 1946–2009
Benutzbarkeit Ja
Bestand S 5

Bestandsgeschichte Das Archiv des Landtags von Baden-Württemberg löste 2008 und 2009 seine umfängliche Dokumentation zu verschiedenen Themen der Landespolitik auf. Die Dokumentation bestand aus öffentlich zugänglichen Unterlagen, insbesondere Presseausschnitte, Landtagsdrucksachen u.dgl. Während nichtökonomische Betreffe an das Hauptstaatsarchiv Stuttgart und das Staatsarchiv Freiburg abgegeben wurden, übernahm das WABW 2008 und 2009 alle Unterlagen von wirtschaftshistorischem Wert; im Einzelnen:
Arbeitsmarkt 1947–1981, Arbeitsverpflichtungsgesetz 1947–1948, Bautrümmer 1947–1963, Berufsausbildung 1949–1963, Berufsstände 1950–1960, Betriebsrätegesetz 1947–1950, Bewirtschaftungsnotgesetz 1947–1981, Eisenbahn 1952–2004, Eisenbahntarife 1965–2002, Energiewirtschaft 1960–2007, Ernährungswirtschaft 1947–1967, Ernährungslage 1946–1960, Fremdenverkehr 1949–1971, Gebäudebrandversicherung 1963–2000, Gewerbe 1954–2001, Gewerkschaften 1949–2007, Handwerk 1950–2003, Handwerkskammer 1954–2001, Haus der Wirtschaft 1985–1998, Heimarbeit 1949–1991, Hochschulen / Universität Hohenheim 1948–2007, Holzwirtschaft 1954–1968, Industrie- und Handelskammern 1963–2003, Jugendarbeitsschutz 1951–1960, Kohlen 1946–1980, Kohlenbergbau 1947–1952, Landeskreditanstalt / Landeskreditbank / L-Bank 1964–2007, Landwirtschaft: Motorisierung 1951–1980, Luftreinhaltung 1956–1974, Mensch und Arbeit 1954–1964, Messe: Neue Messe Stuttgart / Fildermesse 1989–2009, Minister in Aufsichtsräten 1954–1964, Mitbestimmungsrecht 1976–2001, Preise 1947–1950, Verkehr 1947–1984, Wasserwirtschaft 1952–1976, Wirtschaftliche Lage (u.a. Textilindustrie) 1947/48, 1958–1980, Wirtschaftsrat 1947–1948, Wohnungsbau 1947–1980.
Geschichte Der Landtag von Baden-Württemberg unterhält seit Gründung des Bundeslandes 1952 ein eigenes Archiv, das die Bestände der Vorgängerinstitutionen enthält. Als Serviceeinrichtung für die Abgeordneten arbeitet das Landtagsarchiv in starkem Maße dokumentarisch.
50 Robert Kretzschmar, Edgar Lersch, Roland Müller, Stuttgart als Ort nutzbarer Archive, in: Der Archivar, Heft 3, Juli 2005, zum Landtagsarchiv S. 173 f.

411
Lanz, Aulendorf

Name Lanz Maschinenfabrik AG & Co.
Geschäftstätigkeit Landmaschinen- und Schlepperfabrik
Branche Nr. 293
Umfang 8
Laufzeit 1927–1977
Benutzbarkeit Eingeschränkt
Bestand Y 77

Bestandsgeschichte Das Archivgut wurde 1984 von einem Angehörigen der Gründerfamilie übernommen.
Geschichte Hermann Lanz übernahm 1914 die von seinem Vater 1888 gegründete Mechanikerwerkstätte in Aulendorf und begann dort, landwirtschaftliche Maschinen und Geräte herzustellen. 1929 baute er seinen ersten Kleinmotormäher »Samson«, der auch als stationärer Antrieb von Futterschneid- oder Dreschmaschinen einsetzbar war. 1939 weitete er das Produktionsprogramm auf den Bau von Schleppern aus. Nach dem Zweiten Weltkrieg entwickelte sich das Werk zum Traktoren-Spezialwerk. Die Motoren der Fahrzeuge lieferten die Motorenwerke Mannheim, die Vorderachsen und Getriebe stammten aus eigener Produktion. Um sich von der gleichnamigen Mannheimer Konkurrenz abzugrenzen, erhielten die Traktoren seit 1951 das Markenzeichen »Hela«. 1964 zählte das Unternehmen 400 Beschäftigte. 1972 starb

Hermann Lanz. Die Absatzzahlen waren in den Folgejahren rückläufig. Auch das Baumaschinengeschäft, das sich die Firma als zweites Standbein aufgebaut hatte, reichte nicht aus, um die Beschäftigung des Werkes zu sichern. 1978 erwarb die IBH-Baumaschinen-Holding AG, Mainz, 91 % des Kapitals, die fünf Jahre später in Konkurs ging. Ein ehemaliger IBH-Geschäftsführer übernahm die inzwischen in eine GmbH umgewandelte Firma und stellte auf Varimont-Basis-Radlager und Kleinbagger um. 1989 übernahm die französische Pel-Job Baumaschinen-Gruppe in Albi-sur-Cheran das Unternehmen und meldete bereits wenige Monate später Konkurs an.

7 Aktennotizen 1968–1977

9 Löhne und Gehälter 1927–1972, Belegschaft 1938–1966, Unfälle 1939–1959, Krankenkassen 1945–1967

12 Kaufverträge, Bezugsscheine 1949–1950

13 Maschinen 1938–1957, Patente um 1950–1964, Schlepper-Bücher 1956–1976, Schlepperproduktion 1969–1976, kolorierte technische Zeichnungen von Kleindiesel- und Trekkermotoren der Motorenwerke Mannheim AG (MWM)

14 Preislisten, Kundenkarteien 1951–1972, Vertreter 1951–1975

15 Urkunde der Deutschen Landwirtschaftsgesellschaft 1931, Werbematerial, verschiedene Prospekte, Ausstellungen 1939–1966, Ausstellungsstand »Schlepper« auf der Grünen Woche Berlin 1939

16 Hauptbuchserie 1938–1960, Inventuren 1941–1955

18 Versicherungsscheine um 1928–1947

20 Verbandsrundschreiben 1958–1962

48 Emailleschild Lanz-Traktor »Hela« 1950er Jahre

50 Repräsentanten der deutschen Industrie und Wirtschaft, Baden-Württemberg, Düsseldorf 1962/63, S. 59. Kurt Häfner und Franz Schoch, Die Hela-Chronik, Hermann Lanz Aulendorf, Münster-Hiltrup 2002. Hermann Lanz Aulendorf in memoriam, Vor 30 Jahren verstarb der Fabrikant Hermann Lanz, in: Der Schlepper im Rückblick [Oldtimer-Jahrbuch] 2002, S. 27. Ehre, wem Ehre gebührt, Aulendorf in Erinnerung an Hermann Lanz, in: Der Schlepper im Rückblick 2004, S. 78–80.

412
Last&Kraft, Stuttgart

Name Last&Kraft
Geschäftstätigkeit Verlag
Branche Nr. 220/340/600
Umfang 11
Laufzeit 1910–2010
Benutzbarkeit Eingeschränkt
Bestand Y 428

Bestandsgeschichte Der Verlag EuroTransportMedia übergab die umfangreiche Sammlung 2010 anlässlich des Verkaufs des Zeitschriftentitels ›Last&Kraft‹.

Geschichte Die Zeitschrift Last&Kraft wurde 1992 vom Edition-Diesel-Queen-Verlag (Steve Schmidt) in Berlin gegründet. 2010 wurde die Fachzeitschrift von der VF Verlagsgesellschaft in Mainz übernommen. Last&Kraft berichtet über Nutzfahrzeuge des 20. Jahrhunderts. Schwerpunkt sind europäische Lastwagen-Oldtimer, weitere Themen sind historische Omnibusse, Baumaschinen und Speditions-Geschichten. Die Erscheinungsweise von sechs Ausgaben pro Jahr wurde beibehalten. Derzeitiger Chefredakteur ist Fritz Knebel, ehemaliger Redakteur von Oldtimer Markt.

13 Produktionsunterlagen für die Herstellung der Hefte

47 Umfangreiche Fotosammlung von Nutzfahrzeugen (Lastwagen, Omnibusse, Baumaschinen) zahlreicher Hersteller in Deutschland und dem Ausland.

48 Fachbücher zum Thema Nutzfahrzeuge, gebundene Zeitschriften von ›Last&Kraft‹ und ›Das Nutzfahrzeug‹.

413
Lauffenmühle, Lauchringen

Name Lauffenmühle
Geschäftstätigkeit Spinnerei und Weberei
Branche Nr. 170/171/172
Umfang 6
Laufzeit 1836–1906
Benutzbarkeit Eingeschränkt
Bestand Y 564

Bestandsgeschichte Der Bestand wurde Ende 2019 kurz vor Redaktionsschluss übernommen. Weiterführende Hinweise unter: https://wabw.uni-hohenheim.de

414
LBBW, Stuttgart

Name Landesbank Baden-Württemberg
Geschäftstätigkeit Bankgeschäft
Branche Nr. 650
Umfang 28
Laufzeit (1946)1999–2015
Benutzbarkeit Eingeschränkt
Bestand B 108

Bestandsgeschichte Das Archivgut wurde ab 2005 von der Landesbank Baden-Württemberg (LBBW) übernommen und wird laufend ergänzt.
Geschichte Im Jahr 1999 entstand durch die Vereinigung der SüdwestLB, der Landesgirokasse und der Landeskreditbank Baden-Württemberg – Marktteil – die Landesbank Baden-Württemberg (LBBW). Als Anstalt öffentlichen Rechts wird die LBBW getragen vom Land Baden-Württemberg, dem Sparkassenverband Baden-Württemberg und der Stadt Stuttgart. Die LBBW übernahm 2001 die Baden-Württembergische Bank AG (BW-Bank) und integrierte sie 2005 vollständig. Als unselbstständige Anstalt unterhält die BW-Bank rund 200 Filialen vorwiegend in Baden-Württemberg und fungiert auf dem Gebiet der Landeshauptstadt Stuttgart als Sparkasse. 2005 übernahm die LBBW die 1958 gegründete Landesbank Rheinland-Pfalz mit Sitz in Mainz als hundertprozentige Tochter. Unter dem neuen Namen Rheinland-Pfalz Bank wurde sie 2008 in den LBBW-Konzern integriert, ebenso die 1992 gegründete Landesbank Sachsen mit Sitz in Leipzig. Als unselbstständige Anstalt Sachsen Bank deckte sie fortan das Geschäftsgebiet Mitteldeutschland ab. 2018 wurde die Sachsen Bank rechtlich und als Marke aufgelöst. Der LBBW-Konzern unterhält vier Hauptsitze in Stuttgart, Karlsruhe, Mannheim und Mainz. Teil des LBBW-Konzerns sind auch Leasing- und Kapitalbeteiligungsgesellschaften sowie Asset Management-Gesellschaften. Die LBBW Immobilien Management GmbH und die SüdFactoring GmbH bieten spezielle Produkte auf ihren Gebieten an. Zudem gründete die LBBW eigene Auslandsniederlassungen u. a. in New York, London und Singapur und unterstützt die Auslandsaktivitäten mittelständischer Firmen in ihren »German Centres« in Südostasien, Mexiko und Russland.

4 Broschüre »Die Bank« 1999

5 Fusion LBBW 1998–2000 (mit Vorprovenienz B 103 Landesgirokasse); Landesbank-, Förderbankgesetz 1998/99; Satzung, Rechtsgrundlagen und schriftlich fixierte Ordnungen 1998–2001; Satzung und Geschäftsordnung 2010/11; Rechtsgrundlagen und schriftlich fixierte Ordnungen 1998–2007; Rechtsfragen (Schriftwechsel Landesregierung) 2001–2006

6 BW-Bank: Satzung 2004/2005, Jahresbericht 2006; Geschäftsstellen 1991–2000 (mit LG); Auslandsniederlassungen 1999–2003; An-/Ummeldung, Schließung von Niederlassungen 2005; Kooperation Helaba 1999–2000

7 Vorlagen Vorstandssitzung November 1998; Verabschiedung Werner Schmidt und Rolf Limbach; Einführung Hans Dietmar Sauer 2001; Verabschiedung Dr. Karl Heidenreich 2005; Veränderungen im Vorstand 2005/06; ehrenamtliche Nebentätigkeit von Vorstandsmitgliedern 1999–2006; Vorstandsreise Brüssel 2007; Vorstandssekretariat (u. a. Registratur) 1999–2002; Kreditausschuss (Geschäftsordnung) 1998–2003; Beirat 1999–2006; diverse Gremien (Mitglieder) 1998–2000

8 Bildung neuer Organisationseinheiten 1999; Zeichnungs-, Vertretungsbefugnisse 1946–1999 (mit L-Bank, LG, SüdwestLB); Entscheidungsordnung 1988–2003 (mit LG); interne Rundschreiben 1999–2003; Präsentationen und

Berichte (Chartsätze) 1992–2009 (mit SüdwestLB); Neustruktur der LBBW 2003; Organigramm der LBBW und BW-Bank 2005; Mitgliederlisten diverser Gremien 1999–2000; Grundsätze für die Behandlung von Schadensfällen 1999–2003; Beleihungsgrundsätze 1998–2000; Vereinheitlichung der im Haus verwandten Begriffe 1999–2002; DMS 1999–2004; Beurkundungspraxis (Landtagsanfrage) 2008
9 Fusionsfest 1999; »Inside« Mitarbeiterzeitschrift 1999–2014
10 Neubau Pariser Platz, Stuttgart 2000–2004
15 Unterlagen der Pressestelle zur Fusion 1998–1999; Pressekonferenzen, -informationen, -spiegel 2003–2006; BlickPunkt Wirtschaftsinformationen der SüdwestLB/LBBW 1996–2005
16 Geschäftsberichte 1998–2010; Prüfungsberichte 1998–2013; Prüfungsbericht L-Bank 1998
20 Schriftwechsel Deutscher Sparkassen- und Giroverband (Handakten Hans Dietmar Sauer) 1999–2004; Sparkassenstiftung für internationale Kooperation, Bonn 1991–1998 (mit SüdwestLB); China-Gesellschaft e. V. 1992–2003 (mit SüdwestLB); Forum Region Stuttgart e. V., Stuttgart 1993–2015 (mit SüdwestLB); Freunde der Hebräischen Universität Jerusalem in Baden-Württemberg e. V. 1997–1999 (mit LG)
47 Fotos und Dias: Vorstandsmitglieder 1999–2004, Gebäude 1999–2002 (Am Hauptbahnhof Stuttgart, Bollwerk Stuttgart, German Centre Mexiko, Singapur, Peking, New York), Bilanzpressekonferenz 1999/2000, Veranstaltungen 2004/2005
49 WABW B 103 (Landesgirokasse), B 106 (Südwest LB), B 110 (BW-Bank)
50 Sonja Scherb, Die Landesbank Baden-Württemberg in Mannheim von Josef Durm, Magisterarbeit Universität Heidelberg 2009 (Typoskript im WABW).

415 Lederer, Stuttgart

Name Wilhelm Lederer
Geschäftstätigkeit Garnvertretung
Branche Nr. 510
Umfang 2,3
Laufzeit 1914–2002
Benutzbarkeit Eingeschränkt
Bestand Y 325

Bestandsgeschichte Der Bestand wurde 2004 und 2015 vom ehemaligen Inhaber dem WABW übergeben.

Geschichte 1867 gründete Wilhelm Schmidt in Stuttgart eine Leinen- und Baumwollgarnagentur in der Reinsburgstraße. In diese trat 1919 der Kaufmann Wilhelm Lederer ein. Nach langjähriger Teilhaberschaft übernahm Lederer 1936 die Handelsvertretung für Garne, die seitdem unter seinem Namen firmierte. Lederer vertrat v. a. die Spinnerei C. A. Leuze in Owen. Der Vertreterbezirk erstreckte sich über ganz Baden-Württemberg und die Pfalz. Beliefert wurden ca. 450 Garnverarbeiter, unter ihnen so namhafte Textilfirmen wie Schiesser und Bleyle. In Albstadt-Ebingen unterhielt die Firma ein Büro. 1972 ging das Geschäft auf dessen Sohn Eberhard Lederer, Kaufmann in Stuttgart, über. 1989 zog die Firma in die Ameisenbergstraße 64 um. Am 6.4.1995 wurde die Handelsvertretung Wilhelm Lederer im Handelsregister gelöscht.

4 Korrespondenz zum 100jährigen Jubiläum 1967
5 Handelsregistereinträge, Gesellschaftervertrag Fa. Wilhelm Schmidt in Stuttgart 1919, Teilhabervertrag, Prokuraerteilung an Wilhelm Lederer 1919–1972
7 Korrespondenzen Geschäftsübernahme, Firmengeschichte 1960–1966, Branchen- und Konkurrenzbeobachtung 1973–1981, Zeitungsausschnitte zur Konkurrenzbeobachtung 1969–2002, Redemanuskripte 1960er Jahre
9 Betriebsausflug 1956, Vertreterprovisionen 1914–1953, Abschiedsfeier Otto Jäger 1976
12 Sammlung von Zeitungsausschnitten und Auskünften über die Kreditwürdigkeit von Garnverarbeiter A- Z im südwestdeutschen Raum, 1965–1995
14 Firmenfahrzeuge 1945–1955, Vertretungs-

verträge 1947–1981, Vertretung von C. A. Leuze, Owen/Teck 1961–1981
16 Vermögensaufstellung (1914–1953)
19 Entnazifizierung 1945, Fliegerschäden 1943–1953
47 Fotoalbum (Bolton/England, Spinnerei und Weberei, Hall i'th Wood, Urlaubsbilder) 1914, Foto: 100jähriges Jubiläum in der Handelsbörse Stuttgart 1960, Fotoalbum (Fertigung und Verwaltung) ca. 1950, Foto: Böhringer und Lederer Christophstrasse 40 in Stuttgart (1930er Jahre)
49 WABW Y 60, Firmenakte
50 keine

416 Leinss, Stuttgart

Name Arthur Leinss & Co.
Geschäftstätigkeit Rohwollgroßhandlung
Branche Nr. 515
Umfang 2
Laufzeit 1898–1976
Benutzbarkeit Ja
Bestand B 148

Bestandsgeschichte Die in ihrem buchhalterischen Teil annähernd vollständige, in der Geschäftskorrespondenz fragmentarische Überlieferung wurde 2006 erworben.
Geschichte Nach einer kaufmännischen Lehre und einer ersten Anstellung in der Esslinger Kammgarnspinnerei Merkel & Kienlin (1889–1893) sowie zwölf Wanderjahren in Belgien und England, wo er zuletzt als Leiter der Einkaufsabteilung einer Londoner Wollimportfirma tätig war, gründete Arthur Leinss im September 1905 in Stuttgart eine eigene Rohwollgroßhandlung. Er kaufte auf den Ulmer Wollauktionen auf eigene Rechnung und als Vertreter des Bremer Wollhandelshauses Kulenkampff & Konitzky ein, für das er auch 1941 als Sonderbeauftragter der Reichsstelle für Wolle vor Ort die französische Wollausfuhr nach Deutschland organisierte. Zum Jahresende 1958 löste der 84-Jährige seine Firma auf.
3 Haushaltsbuch 1942–1949
5 Handelsregisterauszug 1939, Gesellschaftsverträge 1905, 1948
11 Finanzierung 1939–1949
12 Wolleinkauf, Provisionsabrechnungen 1930, 1952–1959, Auftragsbuch 1941–1958
14 Verkaufsbücher 1938–1958
15 Musterversandbuch 1939–1958
16 Haupt- und Tagebücher 1898–1955, Bilanzen 1906–1958, Wechselbuch 1940–1950, Vermögensaufstellungen 1943–1958, Kontenkarten 1954–1959, Liquidation und Auszahlung der stillen Gesellschafter 1958–1959
17 Umsatz- und Gewerbesteuer 1930–1958
19 Tätigkeit als Sonderbeauftragter der Reichsstelle für Wolle in Frankreich 1941
50 »Arthur Leinss zum 80. Geburtstag«, Artikel im Bosch-Geschäftsbericht 1954.

417 Leitz, Stuttgart

Name Louis Leitz
Geschäftstätigkeit Bürobedarfsartikel
Branche Nr. 212/366
Umfang 76
Laufzeit 1882–2000
Benutzbarkeit Eingeschränkt
Bestand Y 302

Bestandsgeschichte Das Archivgut wurde 2002 übernommen. Es lagerte auf dem Dachboden der Siemensstraße 64 in Stuttgart-Feuerbach. Die Archivalien sind zum großen Teil nummeriert und per EDV mit Titelaufnahmen als Vorarbeiten zu einer Publikation zum 125-jährigen Unternehmensjubiläum erfasst worden. Von der Datenbank existiert lediglich noch ein Ausdruck. Schwerpunkte der Schriftgutüberlieferung bilden Schutzrechte, Arbeit und Soziales, Verkauf und Werbung sowie Kooperationen und Aufkäufe von Konkurrenzunternehmen. Das Archiv vermittelt einen guten Einblick in die gesamte deutsche Büroartikelbranche zwischen 1890 und 1995.
Geschichte Louis Leitz gründete 1871 in Stuttgart-Feuerbach eine mechanische Werkstatt, in der Metallteile für Ordnungsmittel sowie Geschäftsbücher gefertigt wurden. Mit der Produktion von Lochern und der Erfindung des Leitz-Ordners, dessen Mechanik mit einem

Umlegebügel betätigt wurde, erreichte das Unternehmen bereits vor dem Ersten Weltkrieg beachtliche Marktanteile. Die starke Marktkonkurrenz hatte viele Schutzrechtsstreitigkeiten zur Folge. So entstand auf Drängen von Louis Leitz 1913 die Briefordner-Konvention von sieben führenden deutschen Briefordnerfabriken. Die zunehmende Ausweitung der Unternehmens- und Behördenverwaltung ließ das Unternehmen weiter expandieren und führte vor 1914 zur Gründung von Zweigwerken, Niederlassungen und Auslandsvertretungen wie in Berlin, Wien oder London sowie zu Kooperationen mit anderen Büroartikelherstellern. Damit stieg das Unternehmen zur internationalen Firmengruppe auf. Seit den 1920er Jahren übernahm Leitz mehrere bedeutende Mitkonkurrenten wie Schukir, Döbich, IVO, Herdegen, Complex, Möllers Systemfabrik, Gerco, Kipp-Ordner-Werke, Regga. 1967 wurde der größte deutsche Konkurrent Soennecken, 1993 die französische Centra S.A. und 1994 die türkische Firma Mahir Numan Kirtasi erworben. 1998 verkaufte die Leitz-Geschäftsleitung das Unternehmen an die schwedische Esselte-Gruppe. 2016 erwarb der Acco-Konzern (USA) von der Private-Equity-Gesellschaft J. W. Childs (USA) die Esselte-Gruppe. Der Firmenname von Esselte Leitz GmbH & Co. KG wurde zu Leitz Acco Brands GmbH & Co. KG geändert, die im selben Jahr ca. 450 Mitarbeiter bei einem Umsatz von ca. 200 Millionen Euro beschäftigte.

3 Silberne Hochzeit Ludwig und Clara Leitz 1938, Arbeitsjubiläum Eberhard Leitz 1939, 40-jähriges Jubiläum Manfred Leitz

4 Festansprache 25-jähriges Jubiläum der Filiale Berlin 1936

6 Bellers Registrator Co. 1897–1921. Otto Döbrich AG, Stuttgart-Zuffenhausen 1921–1925, Akto GmbH, Hagen 1929–1931, Mey & Edlich (Kauf der Briefordnerabteilung) 1930. Soennecken: Geschichte, Verträge, Gesellschafterversammlungs-Protokolle, Kaufverhandlungen, Ausscheiden von Leitz, Korrespondenzen der Geschäftsleitung, Geschäftsleitungssitzungs-Protokolle, Beiratssitzungs-Protokolle, Jahresabschlüsse, Bilanzen, Gewinn- und Verlustrechnungen, betriebliche Kennzahlen, Geschäftsberichte, Beteiligungen, Kooperationen, Geschäftsführung, Personal, Gehälter, Löhne, Rechnungswesen, Finanzierung, Liquidität, Kostenvergleiche, Bewertung, Vertrieb, Umsätze, Preislisten, Organisation, Produktionsstätten In- und Ausland, Statistik, Maschinen und Anlagen, EDV, Patente, Lizenzen, Warenzeichen, Produktionsprogramm, Werbung, Prospekte, Presseinformationen, Export, Steuern, Sozialplan, Pensionskasse 1889–1979, Grünewald (Gerco), Regga, Kipp-Ordner-Werke: Firmengeschichte Gerco, Handelsregister, Satzungen, Kauf, »Arisierung«, Rückerstattung, Verträge, Gesellschafterversammlungs-Protokolle, Hauptversammlungs-Protokolle, Geschäftsführung, Kooperationen Wirtschaftsentwicklung betr. Leitz-Konzern, Korrespondenzen, Löschung der Firmen Regga und Kipp-Ordner, Jahresabschlüsse, Bilanzen, Gewinn- und Verlustrechnungen, Maschinenbestandslisten, Werkzeug-Leihlisten (Gerco, Herdegen), Finanzierung, Betriebsabrechnungsbögen, Kalkulationen, Abschreibungen, Rückstellungen, Inventuren, Filialen, Investitionen, Neubau Werk Uelzen Vertreter, Vertrieb, Organisation, Betriebsordnung, Gehälter, Löhne, Personal, Sozialleistungen, Betriebsrat, Betriebsversammlungen, Versicherungen, Patente, Gebrauchsmuster, Lizenzen, Umsätze, Statistik, Produktionsprogramm, Preislisten, Immobilien, Steuern, Rechtsstreitigkeiten (Patente, Gebrauchsmuster, Warenzeichen), Kriegswirtschaft, Kriegsschäden und -verluste 1901–1990. Herm. Herdegen, Berlin: Firmengeschichte (Herm. Herdegen, Aberle & Birk, Tuttlingen), Firmenjubiläen, Handelsregister, Rechtsform, Kaufverträge (u. a. Stella, Lindcar Fahrrad Werk AG), Kapitalentwicklung, Beteiligungen, Gesellschafter, Gesellschafterversammlungs-Protokolle, Geschäftsführung, Korrespondenzen, Kooperationen, Konkursverfahren, Jahresabschlüsse, Bilanzen, Gewinn- und Verlustrechnungen, Finanzierung, Industrieberichte, Besuchsberichte, Erträge, betriebliche Kennzahlen, Löhne und Gehälter, Baumaßnahmen, Betriebsabrechnungsbögen, Organisation, Investitionen, Abschreibungen, Kostenstellen, Kalkulationen, Patente, Gebrauchsmuster, Warenzeichen, Geschmacksmuster, Produktionspläne, Werkzeuge und Maschinen, Lieferanten, Fuhrpark, Statistik, Umsätze, Preisbildung, Preislisten, Arbeitsordnungen, betriebliche Sozialleistungen, Rundschreiben, Werksmitteilungen, Werbung, Immobilien, Steuern, Versicherungen, Rechtsstreitigkeiten (Patente, Gebrauchsmuster) 1897–1990. Briefordner-Konvention: Verträge, Sitzungsberichte, Korrespondenzen, Kontingentierung, Kartellausschuß, Rundschreiben, Patente, Maschinen und Werkzeuge, Normung, Kriegsproduktion, Preise, Inflation, Vertrieb, Rabatte, Zölle, Export, Händlerlisten, Großhändler, Umsätze, Syndikus 1913–1932. Schukir GmbH, Stettin: Handelsregister, Gesellschafterversammlungen, Verträge, Korrespondenzen, Patente, Gebrauchsmuster, Warenzeichen, Steuern 1916–1937. Complex & Co GmbH: Handelsregister, Gesellschaftsverträge, Gesellschafterversammlungs-Protokolle, Kaufverhandlungen, Korrespondenzen, Verträge, Kooperationen, Bilanzen, Gewinn- und Verlustrechnungen, Inventuren, Jahresabschluß-Prüfberichte, Steuern, Produktion, Patente, Gebrauchsmuster, Statistik, Kalkulationen, Preislisten, Vertrieb, Löhne und Gehälter, Belegschaft, betriebliche Sozialleistungen, Kriegsproduktion 1922–1952. L. Rossmann, Straßburg: Verträge, Korrespondenzen 1928–1936. Ledora: Verträge, Korrespondenzen 1931/32. Institut für organisatorische Beratung in Wirtschaft und Verwaltung GmbH: Gesellschaftsvertrag, Bilanzen, Gewinn- und Verlustrechnungen, Finanzierung 1945–1956. Regis: Beteiligungen, Fusionen, Gesellschafterversammlungen, Verträge, Beiratssitzungen, Geschäftsordnung, Korrespondenzen, Aktennotizen, Jahresabschluß-Prüfberichte, Bilanzen, Gewinn- und Verlustrechnungen Betriebsprüfungen, betriebliche Kennzahlen, Einkauf, Lieferungsverträge, Patente, Preise, Umsätze, Vertreter 1946–1968. Leitz Wohnungsbau GmbH, Stuttgart-Feuerbach: Grundbuch, Bauangelegenheiten, Wertschätzung, Bilanzen, Gewinn- und Verlustrechnungen, Kosten, Finanzierung, Steuern, Versicherungen 1953–1980. Manusey GmbH, Straßburg: Handelsregister, Gründungssatzung, Geschäftsanteile, Generalversammlung, Korrespondenzen, Produktion, Belegschaft, Materialbeschaffung, Einreisegenehmigungen, Immobilien 1940–1944. Leitz-Grundstücksgesellschaft mbH, Straßburg: Generalversammlungen, Vermögensaufstellung, Bilanzen, Gewinn- und Verlustrechnungen, Kontobücher, Steuern 1941–1944. Leitz Grundstücks- und Grundstücksverwaltungs GmbH, Stuttgart-Feuerbach: Handelsregister, Gesellschafter, Gesellschafterversammlungen, Verträge, Jahresabschlüsse, Bilanzen, Gewinn- und Verlustrechnungen, Finanzierung, Rechnungswesen, Steuern 1953–1990. Möbelfabriken Stella: Bilanzen, Gewinn- und Verlustrechnungen, Korrespondenzen, Aktennotizen, Rundschreiben, Statistik, Umsätze, Verkauf, Organisation, Kalkulationen, Kooperation, Produktprogramm, Preislisten, Patente, Warenzeichen 1957–1969. Firmen Lennartz, Dachau, und Hetzel, Stuttgart: Korrespondenzen, Schutzrechte, Lizenzen, Verträge, Korrespondenzen, Aktennotizen 1965–1968. Grundstücksverwaltungsgesellschaft Großberg mbH: Handelsregister, Gesellschafter, Gesellschafterversammlungs-Protokolle, Verträge, Korrespondenzen 1975–1985

7 Korrespondenzen Louis, Ludwig, Eberhard Leitz u. a. mit Aberle & Birk, Soennecken, Zeiss 1885–1943, Korrespondenzen mit Konkurrenzfirmen 1914–1979, Verträge um 1920–1980, Korrespondenz Leitz-Stolzenberg (Geschichte des Briefordners) 1939–1941, Geschäftsführung Reden 1979, Neuordnung des Unternehmens 1980–1993, Veranstaltungen Geschäftsführung 1985–1989, Vertragsentwürfe 1990/91, Unternehmensplanung 1996, Zusammenschluß Leitz-Esselte 1998

8 Organisation um 1960–1980, Archivordnung

9 Betriebsordnungen, Belegschaft, ausländische Arbeitskräfte, Löhne und Gehälter, Akkorde, Gehaltskonten, Arbeitsverträge, Zahltagslisten, Tarifverträge, Verhandlungen Deutscher Metallarbeiterverband, Teuerungszulagen, Ortskrankenkasse, Urlaub, Arbeitsordnung, Arbeitszeiten, Kurzarbeit, Kantine, Leitz-Hilfe, Invaliden- und Altersversorgung von Betriebsangehörigen, Pensionsrückstellungen, sonstige freiwillige betriebliche Sozialleistungen, Arbeitsjubiläen, Auszeichnungen, Erholungsverschickung, Betriebsausflüge, Maifeiern, Betriebsfeiern, Ansprachen, Betriebsversammlungen, Rentnertreffen, Hitlerspende, Vertrauensrat, Betriebsrat, Schlichtungs-Ausschüsse, Anschläge in der Fabrik, Mitbestimmung, Vermögensbildung, Betriebsverhältnisse, Gewerbeinspektion, Württembergische Landesfürsorge, Deutsche Arbeitsfront, Leistungsberichte, Treuhänder der Arbeit um 1900–1980

10 Gleisanschluss 1919/20, Immobilien Stuttgart um 1914–1979, Immobilien Plüderhausen 1920–1953, Immobilien Zweigwerke (u. a. Düsseldorf, Münchingen, Rangendingen, Berlin, Norderstedt, Hannover, Garching) um 1930–1980, Wohnheime 1968–1976
11 Darlehen, Bürgschaften, Hypotheken um 1897–1960
12 Prospekte, Kataloge, Preislisten, Informationsblätter, Waren- und Lieferantenlisten um 1890–1961, Rechnungen 1913–1923, Preislisten, Prospekte 1935–1955
13 Patente 1883–1966, Warenzeichen 1884–1907, Lizenzen, Übernahme von Erfindungen 1912–1965, Prüfberichte, Wartungsverträge für technische Anlagen 1909–1991, Dampfkesselanlagen 1911–1986, Lastkraftwagenkauf 1919, Versuchsreihen und Produkt-Tests 1932, Vernickelungs-Verbot 1937–1940, Materialprüfung 1952–1954, Maschinenpark 1952–1965, Produktionsstatistik, Produktionsplanung um 1954–1960, Kontroll-Arbeitsvorschriften 1954, Produktänderungen 1958–1968, Programmbereinigung 1973/74, Materialkarten 1960–1976
14 Fremdfirmen und Konkurrenz In- und Ausland (Prospekte, Preislisten, Geschäftsberichte, betriebliche Kennzahlen, Informationsblätter, Zeitungsausschnitte etc. u. a. Shannon, Klemm, Pelikan, Soennecken, Stolzenberg, Aberle & Birk, Beller, Klio-Werk, Mehle, Herdegen, Rheinische Schreibwaren und Fortschritt, Aug. Zeiss & Co., Regga Briefordner-Fabrik, Elba-Kraut & Meinenborn, Claus & Mayer, H. Tietz, Jvo-Fabrik für Bürobedarf Max Vogel, Gerco, Carl Lauser, Herlitz, Baier & Schneider, Esselte, Schwan-Stabilo, Faber-Castell, Stein, Zanders) 1893–1990, Vertreter um 1900–1910, Reiseberichte um 1900–1914, Warenhäuser um 1900–1910, Vertretungsverträge Export 1914–1988, Filialberichte 1916–1919, Preisbildung, Preisabsprachen um 1900–1980, Preislisten um 1880–1995, Kataloge 1891–1993, Ausfuhrförderungs-Abgabe, Liefer- und Abnahmeverträge mit Firma Lennartz, Dachau 1950–1973, Verkaufsplanung, Lager 1954–1991, Verkaufs- und Umsatzstatistik für die verschiedenen Produktsparten 1954–1973, Kundenverzeichnisse 1904–1917, Kundenbestell-Listen 1926–1964, Vertreterrundschreiben 1951–1987, Klausur-Tagungen 1964–1988, Warenzeichen 1971–1987, Marktbeobachtung 1980, Jahresberichte Verkauf 1963–1991, DDR-Geschäfte 1989/90, Distributionsstruktur 1991, Verkaufsorganisation 1998/99, Umsatzplanung 1998–2000, Sales Marketing 1999
15 Leitz-Dienst 1930–1989, Leitz-Broschüren 1966–1993, Leitz-Praxis 1969–1975, Leitz-Journal 1993/94, Leitz-Intern 1993, Reklamezuschüsse an Kunden, Werberat der deutschen Wirtschaft, unzulässige Reklame, Reichsmesse Leipzig um 1934–1942, Prospekte und Kataloge 1922–1990, Leitz-Formulare, Briefpapier 1960–1980, Verpackungsänderungen 1966–1968, Plakate 1980, Presse-Informationen über Leitz 1987–1993, PR-Informationen 1993–1997
16 Bilanzen, Jahresabschlüsse, Gewinn- und Verlustrechnungen, Gewinnverteilung 1954–1975, Monatsberichte 1962–1968, Kostenstellen 1971–1976, Kalkulationen 1972–1979, Wirtschaftlichkeitsprüfungen um 1960–1980, Altenauer Kreis Kennzahlenvergleich 1964–1976, Jahresabschlußprüfungen 1980–1987
18 Unfallversicherung 1898, Haftpflichtversicherung 1950–1959, Feuerversicherung 1915–1967, Versicherungsstelle Zellstoff und Papier GmbH, Düsseldorf 1988/89, Kriegssterbeversicherung
19 Kriegswirtschaft, Kriegsministerium, Kriegsschäden, Fliegerschäden, Auslandsschäden, Ludendorff-Spende, Kriegsunterstützungen 1914–1919, Kriegswirtschaft, Wehrmachtslieferungen, Kriegstagebuch, Stilllegung, Einberufungen, Entzug und Umsetzung von Arbeitskräften, Auskämmaktionen, Rüstungsindustrie, Vierjahres-Plan, Kontingentierung, Fragebögen, Rundschreiben, Statistik, Umsatzmeldungen, Reichspropaganda-Amt, Rohstoff- und Energiezuteilung, Rationalisierung, Industrieberichterstattung, Lieferungsverträge, Bedarfsscheine für Sofortbedarf, Maschinen- und LKW-Abgabe, Kriegs- und Fliegerschäden, Verstorbene des Krieges 1940–1945, Militärregierung, Korrespondenzen, Fragebögen 1945–1950
20 Arbeitgeberverbände um 1900–1913, Verbandstag des Verbandes deutscher Papier- und Schreibwarenhändler e. V. 1913, Berufsgenossenschaften um 1914–1918, Wirtschaftsgruppe Eisen- und Metallwarenindustrie (u. a. Organe, Satzung) 1935, Verband Württembergischer Stromabnehmer e. V. (u. a. Satzung) 1936, Korrespondenzen mit der Wirtschaftsgruppe Papier

Bezirk Württemberg 1940–1944, Gauwirtschaftskammer Württemberg-Hohenzollern um 1936–1942, Großabnehmerverband Elektrische Energie Württemberg-Baden e. V. 1950, Fachverband Bürohilfsmittel-Industrie 1951, Gesellschaft zur Förderung der Wirtschaft Baden-Württemberg e. V. (Satzung) 1953, Mitgliedschaft in Vereinen und Verbänden 1980, Industrie- und Handelskammer Stuttgart 1985
21 Rechtsstreitigkeiten (Patente, Warenzeichen, Briefordnerkonvention, unlauterer Wettbewerb, Werbung) u. a. mit Aug. Zeiss & Co., Berlin, Herdegen, Shannon, Zeiss & Co., Stiebel, Blankenburg & Brunkhorst, Kuhnt & Deissler, Herdegen, Aberle & Birk, Beller, Mehle, Brestlin, Soennecken, Grauer & Co 1883–1965, Leitz gegen Elba 1963/64, Leitz gegen PBO 1997/98
47 Fotos: Grünewald Uelzen, Werk Uelzen 1965–1972, Fotoalbum 100-jähriges Jubiläum. Filme, Mikroverfilmung 1952
50 Ludwig Leitz, 50 Jahre erfolgreiches Wirken für die Briefordnerfabrik Louis Leitz 1903–1953, [Stuttgart 1953] (Festschrift). Jede Zeit hat ihre Ordnung, Leitz-Ordnung im Wandel der Zeit, 100 Jahre Leitz-Ordnung, Stuttgart [1971] (Festschrift). Schriftgut und seine Aufbewahrung: Aktuell seit 5000 Jahren, Leitz, Wegbereiter wirtschaftlicher Schriftgut-Verwaltung, Stuttgart [um 1976] (Werbeschrift). Zeitzeichen, [125 Jahre Leitz und 100 Jahre Ordner], Stuttgart [1996] (Festschrift). Leitz, 25 Jahre Werk Uelzen 1962–1987, 1987 (Festschrift). Wilfried Feldenkirchen und Susanne Hilger, Louis Leitz, München 2000.

418
Lennartz & Plein, Stuttgart

Name Lennartz & Plein
Geschäftstätigkeit Textileinzelhandel
Branche Nr. 520
Umfang 9
Laufzeit 1933–1982
Benutzbarkeit Eingeschränkt
Bestand Y 79

Bestandsgeschichte Das Archivgut wurde 1982 übernommen.
Geschichte 1931 wurde das Textileinzelhandelsgeschäft in Stuttgart gegründet. Das Sortiment bestand aus Herren- und Damenoberbekleidung sowie Herrenartikel. 1934 erfolgte der Umzug des Konfektionshauses in die Calwer Straße und die Angliederung eines Schneider-Ateliers an das Ladengeschäft. Der Durchbruch kam 1949 mit der Übersiedlung der Firma in das Cottahaus in der Königstraße 42. 1970 wurden Verkaufsräume am Rotebühlplatz 8 bezogen, wo Heinz Lennartz seine Neugründung »junge L + P mode« betrieb. 1982 wurde das Konkursverfahren eröffnet.
3 Geburtstag Heinrich Lennartz 1971, Mitgliedsbuch der Herrenschneiderinnung für Heinrich Lennartz 1935, Versorgungs- und Pensionsverpflichtung Lennartz 1957–1961, Vormundschaftsvertrag für Barbara Lennartz, Bausparvertrag Gisela Plein und Heinrich Lennartz
4 Festschrift 50-jähriges Jubiläum
5 Handelsregister 1963–1971
7 Besprechungsunterlagen 1968–1976, Unternehmensberatung BBE Köln 1968–1975
9 Gehälter, Urlaub, Prämien, Provisionen 1966–1981, Einsatzpläne Personal 1970–1982, Mitarbeitergespräche, Personalstatistik, Ausbildung 1971–1976, Pensionsordnung 1956–1962, Personalkontenverteiler 1971–1977, Pensionsverpflichtungen 1965–1972, Dienstanweisungen 1962–1964, Betriebsordnung 1971, Betriebsangehörigenliste, Korrespondenz Arbeitsamt und Versorgungsanstalten 1969–1975, Personalstatistik und Lohnstrukturerhebungen 1966–1972, Stellenbeschreibungen, Hausordnung 1966–1970, Krankenkasse 1967–1971, Essensabrechnungen 1973, Familienausgleichskasse 1957–1982, Gehaltsabrechnung Schneiderei 1969

10 Umbaurechnungen 1946–1975, Bauunterlagen 1968–1975, Baupläne und Baugesuche 1968–1970, Cottahaus-Pläne 1971, Neubau Rotebühlplatz 1968–1970
11 Umsatzplanung Calwer Passage 1977–1979
12 Bestandslisten 1966–1978, Einkaufslisten 1970–1975, Statistik 1973–1979
14 Verkäuferumsatz 1971–1974
15 Werbekosten 1971–1973, Reklameagentur für Creatives Marketing 1977, Prospekte 1966–1973
16 Kontoauszüge 1951–1975, Rechnungen, Lieferscheine, Gewinn- und Verlustrechnungen und Bilanzen 1954–1978, Inventuren 1961–1977, Monatsabschlüsse 1967–1980, Geheimbuch 1971, Jahresabschlüsse 1972–1977, Berichte über die Prüfung der Abschlüsse 1957–1971, Berichte über die Prüfung des Abschlusses der Beteiligungsgesellschaften 1965, Umsatz- und Ertragsverhältnisse 1974, Buchungsbelege 1960–1965, TWS-Rechnungen und Beleuchtungsrechnungen 1970–1973, Hausverwaltung 1973–1977, Abrechnungen Schneiderei 1972
17 Steuererklärung 1949–1979, Grundsteuer 1951–1975, Kirchensteuer 1951–1979, Einkommensteuer 1960–1974, Einheitswertbescheide 1967–1971, Umsatzsteuer 1973–1975
18 Hausratversicherung, Gepäckversicherung, Gebäudeversicherung, Unfallversicherung 1933–1977, Kraftfahrzeugversicherung 1957–1975
20 Berufsgenossenschaft für den Einzelhandel 1957–1982, Gesellschafterversammlung der City-Kunden-Karte 1980, Sitzung der Einkaufsvereinigung 1968
47 Fotos: Gebäude und Personen (u.a. Heinrich Lennartz) um 1954
50 Industrie- und Handelsblatt, Nachrichtenblatt der Industrie- und Handelskammer Stuttgart 1971 Nr. 13, S. 554.

419
Leonberger Bausparkasse, Leonberg

Name Leonberger Bausparkasse
Geschäftstätigkeit Bausparkasse
Branche Nr. 650
Umfang 13
Laufzeit 1927–1999
Benutzbarkeit Eingeschränkt
Bestand Y 291

Bestandsgeschichte Das Archivgut wurde 2002 und 2006 von der Wüstenrot & Württembergische AG übernommen.
Geschichte Im Jahr 1929 gründeten christlich gesonnene Männer um den Missionar Christian Röckle, Begründer des Philadelphia Vereins, eine neue Bausparkasse, die Creditgenossenschaft des Christlichen Notbundes zur gegenseitigen Hilfe eGmbH (CCN). Die Volkshilfe-Bausparkasse eGmbH Stuttgart schloss sich 1933 der CCN an. Ab 1934 nannte sie sich Leonberger Bausparkasse eGmbH. Im Zuge der Bausparreform fusionierte sie 1939 mit vier weiteren Bausparkassen (Vaterhaus-Bausparkasse GmbH Pforzheim, Cosmos-Bausparkasse AG Stuttgart, Bausparkasse Germania AG Köln, Bausparkasse Das Heim eGmbH Krefeld) und avancierte zur Aktiengesellschaft. Das Kapital wurde mehrheitlich von der Allgemeinen Rentenanstalt (ARA) aufgebracht. In der Nachkriegszeit kam es zu einem regelrechten Bauspar-Boom. Staatliche Förderung machte diese Sparform besonders attraktiv. 1989 nahm sie den vierten Rang unter den deutschen Bausparkassen ein. Hauptaktionäre waren die Commerzbank und die Allgemeine Rentenanstalt, die jeweils 39,9 Prozent des Aktienkapitals hielten. 1998 verkaufte die Commerzbank ihren Anteil an die Württembergische Versicherungsgruppe. Im Jahr 2001 fusionierte sie mit der Wüstenrot & Württembergische AG. Die Marke Leonberger verschwand 2003.
4 Festschrift zum 25–, 50-jährigen Bestehen 1954, 1979, 70. Geburtstag Direktor Dr. Tischer 1968, Firmenjubiläen 1936–1999, Zeitungsausschnitte 1930–1994, Pressekonferenzen 1962–1970, 30-jähriges Jubiläum 1959, »Die CCN am Scheideweg« Denkschrift von Christian Röckle 1930

5 Satzung der CCN, der Leonberger und der Wohnbau GmbH Leonberg 1927–1962, CCN Vorstand, Urkunden 1930–1935, Urkunden und Verträge der Leonberger eGmbH 1932–1939
6 Beteiligung an der Solo-Bau GmbH Opladen 1969–1970, Gemeinnützigen Siedlungsgesellschaft des Hilfswerks der Evangelischen Kirchen in Deutschland mbH Stuttgart, Gesellschaft zur Förderung von Wohnheimen mbH Stuttgart 1970, Außenstellen Mannheim, Düsseldorf, Bremen 1973–1981, Vaterhaus Bausparkasse GmbH Pforzheim 1931–1939, Bausparkasse Das Heim eGmbH Krefeld 1934–1942, Cosmos-Bausparkasse AG Stuttgart 1929–1939, Bausparkasse Germania AG Köln 1934–1962 (Übernahme der Bau- und Wirtschaftsgemeinschaft Sauerland eGmbH Hagen 1933–1939, Bau- und Wirtschaftsgemeinschaft Lippetal eGmbH Hamm 1933–1943), Bausparkasse GdF Ludwigsburg 1928–1962, Bau- und Wirtschaftsgemeinschaft Mittel-Lahn Limburg 1933–1935, Allgemeine Bausparkasse Berlin eGmbH 1931–1940, Volkshilfe Gemeinnützige Bausparkasse eGmbH Stuttgart 1930–1940, Bausparkasse Schwarzwald GmbH Pforzheim 1928–1942, Wohnbau eGmbH Leonberg 1939–1956, Deutsche Bausparkasse AG Berlin 1932–1941, Württembergischer Kreditverein AG Stuttgart 1937–1938
7 Direktor Eugen Köpf 1931–1987, Dr. Tischer 1968–1979, Direktionsbesprechung 1968–1970, W. Helmes 1931–1968, Missionar Christian Röckle 1931–1967, Direktionsliste 1939–1942, Direktor Friedrich Birk 1931
8 Geschäftsplan 1938–1946, Organisationsplan, Geschäftsbedingungen 1930–1935, Archivplan 1960, Rundschreiben 1931–1938
9 Betriebsrat 1933–1934, Betriebsanalysen 1961–1976, Leitfaden für Mitarbeiter, Der Bindestrich (Betriebszeitschrift für den Innen- und Außendienst) 1959–1964, Der Heimsparer (Mitteilungsblatt der Leonberger Bausparkasse AG) 1950–1960, Leonberger Bausparzeitung (Mitteilungsblatt der Leonberger Bausparkasse AG) 1960–1965, glücklich wohnen (Zeitschrift für Eigenheim-Freunde) 1950–1952
10 Baugelände Margaretenheim 1959–1961, Mietvertrag zwischen Richard und Friedel Steinrück und der Leonberger 1956, Erweiterungsbau und Umbauten der Leonberger (mit Fotos) 1952–1977, neues Verwaltungsgebäude 1972–1973
11 Deutsche Bau- und Bodenbank Berlin 1932–1941, Zentralkasse Bayerische Volksbanken AG München 1940, Deutsche Handelsbank AG Frankfurt 1916–1930
14 Bauspar-Akte von Bausparer 1929–1976, Vertretervertrag, Konkurrenz 1930–1969, Bausparbedingungen 1954–1971, Protokolle der Werbekommission 1931, Allgemeine Spar- und Darlehnsbedingungen 1931–1934, Tarife 1932–1933, Protokolle der Ausleihkommissions-Sitzungen 1930–1931
15 Mustermappe Modellhäuser, Formulare, Werbematerial, Pressenotizen von der Leonberger 1969–1974
16 Geschäftsberichte 1936–1952, 1973–1982, Bilanz, Gewinn- und Verlustrechnungen 1969, Geschäftsergebnisse 1965–1979
18 Versicherungen 1929–1940
19 Militärregierung 1945–1947
20 Verband der Privaten Bausparkassen, Verband Deutscher Bausparer 1962–1966, Reichsaufsichtsamt für Privatversicherungen 1930–1944, Bundesaufsichtsamt für das Versicherungs- und Bausparwesen 1948–1972, Beirat des Reichsaufsichtsamt 1933–1944, Statistik über die unter Reichsaufsichtsamt stehenden Versicherungsunternehmen und Bausparkassen 1931–1937, Rentenanstalt 1938–1968, Internationaler Bausparkassenverein, Reichsverband Deutscher Bausparkassen 1930–1939, Württembergischer Kreditverein Stuttgart 1937–1938, Baugenossenschaften und Wohnungsverbände 1932–1950, Prüfungsverband deutscher genossenschaftlicher Bausparkassen e. V. Berlin 1936–1942, Reform-Ausschuss der Fachgruppe Private Bausparkassen 1936–1940
47 Filme: Werbefilme 1930–1976, Betriebsausflüge 1935–1954, Sportfest 1957
48 Filmprojektor
49 WABW B 90 (Bausparkasse Gemeinschaft der Freunde Wüstenrot, Ludwigsburg)
50 25 Jahre Leonberger Bausparkasse Aktiengesellschaft Leonberg bei Stuttgart 1929–1954, Leonberg 1954 (Festschrift). Trautes Heim Glück allein, Fünf Standpunkte zum Wohnen von heute, Leonberg 1979 (Festschrift). Die Leonberger Bausparkasse, Leonberg [um 1982]. 50 Jahre Leonberger Bausparkasse, Jubiläumsfeier am 23. April 1979 in Leonberg, Dokumentation, Leonberg 1979.

420
Lerner, Frankfurt a. M.

Name Professor Dr. Franz Lerner
Geschäftstätigkeit Nachlass
Branche Nr. 732
Umfang 7
Laufzeit 1948–1982
Benutzbarkeit Ja
Bestand S 3

Bestandsgeschichte Die Sammlung besteht aus Zeitungsausschnitten von Tages- und Wochenzeitungen, u. a. der Frankfurter Allgemeinen Zeitung und der Wochenendausgabe der Neuen Zürcher Zeitung, zu Politik, Wirtschaft (Schwerpunkt) und Kultur der außereuropäischen Länder. Die Zeitungsausschnitte sind zum Teil durch handschriftliche Hinweise auf einschlägige Aufsätze in wissenschaftlichen Zeitschriften ergänzt. Professor Lerner übergab das Material dem WABW 1986. Seine Gliederung wurde bei der Erschließung beibehalten.
50 Im WABW nicht vorhanden.

421
Lewa, Uhingen

Name Lewa Lederwaren GmbH
Geschäftstätigkeit Lederwarenfabrik
Branche Nr. 190
Umfang 5,5
Laufzeit 1927–1977
Benutzbarkeit Eingeschränkt
Bestand Y 80

Bestandsgeschichte Das Archivgut wurde 1985 übernommen.
Geschichte 1921 gründete der Fabrikant Franz Catta aus Sauerlach die Württembergische Schuhfabrik GmbH in Uhingen. Die bei der Schuhfertigung anfallenden Lederreste wurden dabei für die Produktion von Kleingegenständen verwendet. 1947 entstand aus diesem Produktionszweig unter der Leitung von Franz Catta, Paul Remler und Heinz Schultze, beide ebenfalls Fabrikanten aus Uhingen, die Firma Lewa Lederfabrik GmbH. Die Eintragung ins Handelsregister erfolgte ein Jahr später. Die Produktpalette reichte von Kleinlederwaren, Geschenk- und Täschnereiartikeln bis zu Uhrenzubehör und Uhrenarmbändern. 1958 wurde eine Zweigniederlassung in Hattenhofen eingerichtet, die Plastik, Kunststoff und Perlon verarbeitete. 1968 schied der Geschäftsführer Paul Remler aus der Lederwarenfabrik aus. 1977 wurde das Konkursverfahren eröffnet, 1984 wurde die Firma im Handelsregister gelöscht.
6 Württembergische Schuhfabrik Uhingen (Abschreibungskartei um 1950–1977, Verträge 1950–1973, Steuern 1950–1977, Bilanzunterlagen 1950–1954, Bilanzen und Jahresabschlüsse 1948–1973, Geschäftsführung um 1927–1970, Revisionsbuchserie 1952–1977, Versicherungen 1950–1973, Handelsregister- und Grundbuchauszüge 1949–1972, Finanz-Status 1967–1969), Elfa GmbH Nassachmühle (Verträge um 1956–1977, Bilanzen und Jahresabschlüsse 1957–1976), Unimog-Entwicklungsgesellschaft (Kassenbuch, Gehaltsunterlagen, Steuerunterlagen, Journal, Korrespondenz u. a. mit den Firmen Boehringer in Göppingen und Erhard in Schwäbisch Gmünd 1945–1953)
7 Geschäftsführung um 1953–1976
8 Organisation 1955
9 Löhne und Gehälter 1947–1969
11 Finanzpläne 1936–1976
13 Produktionspläne 1936–1976, Patente, Geschmacksmuster, Gebrauchsmuster 1949–1977
14 Vertreter um 1954–1974
15 Werbung 1972–1977
16 Bilanzen, Bilanzunterlagen 1947–1977, Bilanzauswertung 1948–1976, Hauptbuchserie 1947–1956
17 Steuerunterlagen 1956–1977
20 Lederindustriegenossenschaft 1968–1974
49 WABW B 10
50 Im WABW nicht vorhanden.

422
Liebenzeller Bank, Bad Liebenzell

Name Liebenzeller Bank eG
Geschäftstätigkeit Kreditgenossenschaft
Branche Nr. 650
Umfang 3,5
Laufzeit 1961–1991
Benutzbarkeit Ja
Bestand B 136

Bestandsgeschichte Das Archivgut wurde 2005 von der Vereinigten Volksbank AG in Sindelfingen übernommen.
Geschichte Nicht wirtschaftliche Bedürfnisse vor Ort gaben den Ausschlag für die Gründung der Liebenzeller Bank, sondern die Krise um Berlin nach dem Mauerbau von 1961. Viele West-Berliner transferierten aus Sicherheitsgründen Teile ihres Vermögens nach Westdeutschland. Der Berliner Volksbank gingen dadurch Millionenbeträge verloren. Zur Lösung des Problems beschloss die Berliner Volksbank, die Gründung einer Volksbank in Westdeutschland in die Wege zu leiten. Die Wahl fiel auf den Kurort Bad Liebenzell, der dem Direktor der Berliner Volksbank, Gerhard Fröhling, von früheren Kuraufenthalten her bekannt war. Am 29. November 1961 wurde die Liebenzeller Bank auf dem Liebenzeller Rathaus gegründet. Auch wenn die ursprüngliche Absicht einer späteren Fusion von Berliner Volksbank und Liebenzeller Bank nicht verwirklicht wurde, war doch der Einfluss der Berliner Volksbank und der Berliner Anteilseigner der Liebenzeller Bank gerade in den ersten Jahren von wesentlicher Bedeutung und spielte noch in den 1980er Jahren im Vorstand und Aufsichtsrat eine Rolle. Die für 1975 geplante Verschmelzung mit der Calwer Volksbank, die am Ort eine Filiale unterhielt, scheiterte im letzten Moment an der fehlenden Mehrheit in der Mitgliederversammlung. Erst 1993 fusionierte die Liebenzeller Bank mit den Vereinigten Volksbanken Weil der Stadt/Calw eG.

4 Liste der ersten Genossen 1961
5 Gründungsunterlagen 1961/62
6 Fusionsunterlagen 1972–1975 und 1988–1993
7 Vorstands-, Aufsichtsrats-, Generalversammlungsprotokolle 1961–1993, Geschäftsberichte 1962–1993
8 Eröffnung von Zweigstellen 1966
47 Fotos: Bankgebäude 1969, Generalversammlung 1968–1979
49 WABW B 130 (Vereinigte Volksbank AG)
50 Festschrift zum 25jährigen Bankjubiläum 1986.

423
Lindemanns, Stuttgart

Name Lindemanns Buchhandlung
Geschäftstätigkeit Buchhandlung, Verlag
Branche Nr. 524/220
Umfang 4
Laufzeit 1910–2009
Benutzbarkeit Nein
Bestand Y 556

Bestandsgeschichte Der Bestand wurde 2019 kurz vor Redaktionsschluss übernommen. Weiterführende Hinweise unter: https://wabw.uni-hohenheim.de

424
Löhlein, Künzelsau-Garnberg

Name Gebr. Löhlein GmbH & Co. KG
Geschäftstätigkeit Ziegelei
Branche Nr. 262
Umfang 2,5
Laufzeit 1933–1984
Benutzbarkeit Eingeschränkt
Bestand Y 81

Bestandsgeschichte Das Archivgut wurde 1985 übernommen.
Geschichte 1848 erwarb Georg Caspar Löhlein die bereits 1676 urkundlich erwähnte Ziegelhütte in Garnberg. 1856 erweiterte er die Ziegelei. Als er sieben Jahre später starb, wurde der älteste Sohn Josef sein Nachfolger. Mit der Anschaffung einer Dampfmaschine wurde die vormals handwerkliche Produktion von Ziegelsteinen auf maschinelle Herstellung umgestellt. 1919 übernahmen die Brüder Franz, Ludwig und Karl die

Ziegelei und das Unternehmen erhielt den Firmennamen Gebr. Löhlein. 1937 wurde am Ortsrand von Garnberg eine neue Ziegelei gebaut. Nach dem Zweiten Weltkrieg wurde die Produktion wieder aufgenommen, 1956 ein Zweigbetrieb in Berlichingen errichtet, 1959 eine Ziegelei in Ilshofen übernommen. Unter der Führung der vierten Generation entwickelten sich die drei Werke in den siebziger Jahren zu einem modernen Unternehmen. Zur Produktpalette gehörten Poroton-Ziegel, Wandelemente, Drainagerohre, Verblendziegel und Akkustiksteine. 1985 wurde das Konkursverfahren eröffnet.

3 Teilhaber, Erben um 1965–1969
4 Jubiläum 1948, Festschrift 125 Jahre Löhlein
7 Unternehmensberatung 1982
8 Unternehmensorganisation 1973
9 Tarifverträge
10 Grundbuchauszüge um 1945–1977, Bauangelegenheiten 1950–1982, Grundstücke 1976–1977, Plan: ME-Kesselanlage 1955
13 Produktionsmeldungen 1978–1981, Produktionsverfahren 1969, Proton-Lizenzvertrag 1969–1978, Ziegelprüfungen 1966–1975, Revisionsbuchserie 1942–1971, Revisionsberichte ME-Kessel 1938–1955, Trockenanlage 1982, sonstige Anlagen um 1950–1975, Güteschutz 1954–1972
14 Statistik Umsätze und Verkäufe 1968–1980
15 Drucksachen und Rundschreiben 1958–1974, Ausstellungen um 1968–1970, verschiedene Prospekte
16 Bilanzen 1933–1978, Sachkonten 1946–1953, Hauptbuch 1948–1954, Statistik 1953
17 Umsatzsteuer 1941–1967
20 Institut für Ziegelforschung e. V. 1971, Fachverband Ziegelindustrie 1955–1962, Güteschutzverband 1959–1971, Industrie- und Handelskammer Heilbronn 1942–1984, Landesverband der Ziegelindustrie Bonn 1952–1956
47 Fotos: Werbung um 1961, Firma 1965
50 Für die Zukunft gebrannt, 125 Jahre Löhlein-Ziegel 1848–1973, Darmstadt 1973 (Festschrift).

425
Lorch, Esslingen a. N.

Name L. H. Lorch AG
Geschäftstätigkeit Maschinenfabrik
Branche Nr. 290/292
Umfang 2
Laufzeit 1881–1975
Benutzbarkeit Ja
Bestand B 69

Bestandsgeschichte Das Archivgut wurde 1984 anlässlich eines Umzugs der Firma von der Geschäftsleitung übernommen.
Geschichte 1877 eröffnete der Ingenieur Ludwig Hermann Lorch 1877 in Bad Cannstatt eine Werkstätte zur Herstellung von Bettfedern-Reinigungs-Maschinen. Bald erweiterte er das Produktionsprogramm um Waschmaschinen sowie Dämpf- und Trockenapparate. Im Jahr 1900 übernahm der Ingenieur Hermann Bauer die Firma und verlegte die Fabrikanlage 1903 nach Esslingen am Neckar. 1923 wandelte er das Unternehmen in eine Aktiengesellschaft um, die er als alleiniger Direktor leitete. In der Folge des Konkurses wurde das Unternehmen im Jahr 2001 aufgelöst.

3 Hermann Bauer 1938
4 Firmengeschichte, Firmenjubiläen 1927–1952
7 Vorstand, Aufsichtsratsprotokolle, Hauptversammlungsprotokolle 1923–1975
9 Arbeitsordnungen, Löhne und Gehälter, Vertrauensrat, betriebliche Sozialleistungen 1929–1964
10 Grundstücke und Gebäude, Bautätigkeit, Wassertriebwerk, Abwasser, Bau- und Lagepläne, Standortwechsel 1907–1974
11 Darlehen 1966
12 Zulieferer-Angebote 1923–1971
13 Statistik, technische Jahresberichte, Patente, Lizenzen, Gebrauchsmuster, Produktionsverfahren, Konstruktionspläne, Produktbeschreibungen, Sonderanfertigungen, Montage, Forschung und Entwicklung 1898–1970
14 Statistik, Angebote, Kundenlisten, Marktbeobachtung, Auftragsverzeichnisse, Lieferbedingungen, Export, Konkurrenz 1925–1973
15 Kataloge, Prospekte, Inserate, Messen 1907–1957
16 Jahresabschluß-Prüfungsberichte, Bilanzen,

Gewinn- und Verlustrechnungen, Inventuren, Kalkulationen 1910–1972
17 Körperschaftsteuer 1928–1937
19 Produktionserlaubnis, Materialbeschaffung 1938–1947
20 Wirtschaftsgruppe Maschinenbau, Fachuntergruppe Wäschereimaschinen 1936–1943
47 Fotos: Produkte, Gebäude, Belegschaft, Geschäftsführung, Arbeitsjubiläen, Produktion, Büro, Maifeiern, Betriebsausflüge, Betriebssport, Messen um 1900–1970
48 Blechmodell einer Bettfedern-Dampfwaschmaschine um 1935, Klischees um 1900–1950, Medaillen 1881–1914
50 75 Jahre L. H. Lorch AG Esslingen/Neckar, 1952 (Festschrift).

426
Löwenwerke, Heilbronn

Name Löwenwerke AG, Heilbronn
Geschäftstätigkeit Konservenfabrik
Branche Nr. 150/153
Umfang 4,5
Laufzeit 1897–1960
Benutzbarkeit Eingeschränkt
Bestand Y 82

Bestandsgeschichte Das Archivgut wurde 1983 übernommen.
Geschichte 1897 wurde in Heilbronn die Firma Aktiengesellschaft Bierbrauerei zum Löwen gegründet. 1920 wurden die Werksanlagen der Süddeutschen Konserven- und Marmeladenfabrik Johann Gottfried Goppelt (Sükoma) erworben. Seit dieser Zeit firmierte das Unternehmen unter dem Namen Löwenwerke AG, Heilbronn und entwickelte sich zur größten Obst- und Konservenfabrik Württembergs. Produziert wurden auch Marmeladen, Gelees, Fruchtsirupe und Fruchtsäfte. 1927 wurde die Pektinherstellung für den Verbrauch in der eigenen Marmeladenfabrik aufgenommen und 1935 wurde die Herstellung von Gemüsekonserven eingestellt. Im Jahre 1954 erwarb die Firma Oetker das Unternehmen und legte es still.
5 Bierbrauerei zum Löwen 1916–1920
7 Korrespondenz zur Unternehmensgründung und Unternehmensführung um 1919–1953, Aufsichtsrats-Protokollbuch 1920–1922, verschiedene Aufsichtsratsangelegenheiten, Korrespondenz mit Behörden 1945–1949
9 Personalangelegenheiten 1917–1955, Gehaltsbuchserie 1926–1931, 1917–1955, Vertreter 1930–1953
10 Grundstücks- und Bauangelegenheiten 1897–1954
11 Reichsbank 1936, Landeszentralbank 1948–1950
12 Wareneingangsbuch 1943–1944, Korrespondenz mit Lieferanten um 1936–1960
13 Revisionsbücher Dampfkessel und Dampffaß 1913 und 1919, Patente 1920–1944, Maschinenkartei um 1935–1952, Maschinenangebote um 1938–1953, Fabrikation 1948–1952, Laboratorium 1951, Diabetiker-Erzeugnisse 1933–1953
14 Vertreter-Rundschreiben 1919–1954, Kundenkartei um 1938–1953, Korrespondenzen mit Kunden um 1935–1960
15 Prospekte, Preislisten, Formblätter, Anzeigen 1926–1953
16 Bilanzen der chemischen Abteilung 1924–1932, Bilanzunterlagen 1933–1953, Bilanzbuch 1935–1951, Kalkulationsunterlagen 1939–1953, Scheck- und Wechselbuchserie 1944–1953, Kassenbuchserie 1952–1954, Hauptjournal 1953, Betriebsübersichten 1948–1951
17 Steuerangelegenheiten um 1936–1946
18 Versicherungsangelegenheiten 1940–1954
19 Bewirtschaftung, Kontingente 1938–1948, Produktionsmeldungen um 1930–1946, Verbilligungs-Aktion 1939–1942, Bezugsscheine 1947–1949, Industrieberichte 1943–1947, Kriegsschäden 1945–1947
20 Verband Sauerkonserven 1949–1951, Marmeladen-Industriegemeinschaft 1939–1941, Reichskuratorium für Wirtschaftlichkeit 1928/1929
48 Blechschild um 1950
50 Handbuch der Württembergischen Wirtschaft, Berlin 1928, S. 102. Handbuch der Deutschen Aktiengesellschaften 1951/52 Band 4, S. 4810–4812. Götz Meidinger, Die Entwicklung der Heilbronner Industrie, Vom Ersten Weltkrieg bis zum Beginn der Achtziger Jahre, St. Katharinen 1986, S. 94 f.

427
Lutz & Weiss, Pforzheim

Name Lutz & Weiss GmbH
Geschäftstätigkeit Silberwarenfabrik
Branche Nr. 362/286
Umfang 6
Laufzeit 1900–1982
Benutzbarkeit Ja
Bestand B 54

Bestandsgeschichte Das Archivgut wurde in vier Ablieferungen zwischen 1985 und 2004 von der Geschäftsleitung übernommen. Die Schwerpunkte der Überlieferung liegen im Bereich Rechnungswesen zwischen 1932 und 1960 sowie bei den Musterbüchern, Katalogen und Produktfotografien.
Geschichte 1882 schlossen sich die beiden Pforzheimer Carl-Wilhelm Lutz und Friedrich Weiß zusammen und gründeten eine Gold- und Silberkettenfabrik in der Rechtsform einer OHG, die 1903 in eine Familien-GmbH umgewandelt wurde. Vor der Jahrhundertwende begann die Firma mit der Herstellung von Doublé- und Kleinsilberwaren sowie silbernen und versilberten Bestecken und wurde zu einem der führenden Hersteller auf diesem Gebiet. Noch vor 1904 erwarb das Unternehmen die Badische Silberwaren-Fabrik Karl Deible & Co. Im Luftangriff auf Pforzheim wurden die Fabrikgebäude zerstört. Das traditionelle Produktionsprogramm wurde um die Schmuckherstellung erweitert.
2 Pforzheim Wiederaufbau 1947–1953
3 Familiengrab 1901–1925
4 Firmenschrift 1904, Firmenchronik 1982, Wiederaufbau der Fabrik 1953
7 Geschäftsführer 1959–1972
8 Innenorganisation 1914
9 Löhne und Gehälter 1946–1947
10 Firmenansicht (Zeichnung) 1944
11 Kredite, Banken 1949–1967
12 Silbereinkauf 1947–1952
13 Lagerhaltung, Maschinen, Produktionsverfahren, Werkzeuge, technische Besprechungen, Entwürfe und Produktionszeichnungen (Tisch- und Tafelgeräte, Schmuck) 1935–1976, Produkte, Materialverbrauch 1908–1978
14 Neuheiten, Umsatz, Export, Verkaufsreisen, Vertreter, Versand 1908–1972
15 Preislisten, Musterkollektionen, Musterzimmer, Musterbücher, Prospekte, Kataloge, Anzeigen, Firmensignet 1914–1981
16 Bilanzen, Gewinn- und Verlustrechnungen, Jahresabschlußberichte, Inventuren, Betriebsprüfungen, Betriebsabrechnungsbogen, Kalkulationen, Hauptbuchserie, Bilanzkonten 1932–1968
17 Körperschafts-, Umsatz-, Vermögens-, Gewerbesteuer 1934–1953
18 Transportversicherung 1947–1955
20 Schmuckwarenindustrieverband Baden-Württ. e. V., Verband des Gmünder Edelmetallgewerbes, Fachverband für Württemberg e. V., Ständige Musterausstellung der Deutschen Schmuckwarenfabriken und verwandten Industrien GmbH Pforzheim 1948–1954
47 Fotos: Inhaber, Personal, Betriebsfeste, Betriebsausflüge, Arbeitsjubiläen, Firmenansichten, Kriegszerstörungen, Familiengrab, Produktion, Produkte 1918–1970
48 Klischees 1900–1920, Rohlinge 1910–1936, Medaillen und Diplome 1937, 1965
50 Im WABW nicht vorhanden.

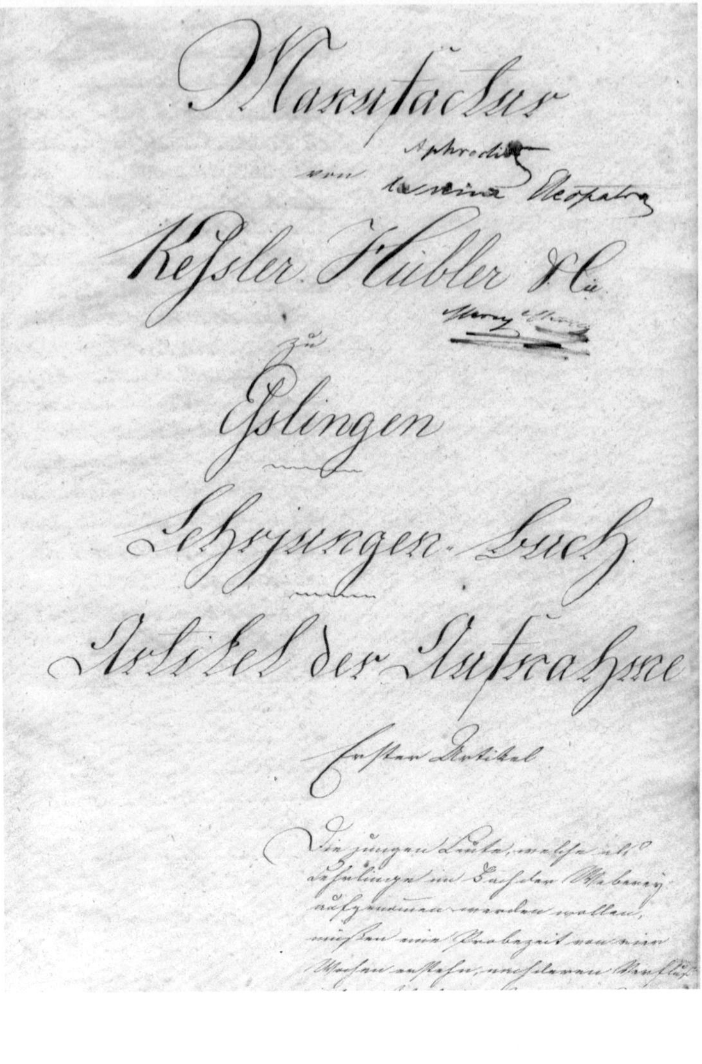

Manufactur

von

Keßler, Hubler & Cie

zu

Eßlingen

Lehrjungen-Buch

Artikel der Aufnahme

Erster Artikel

Die jungen Leute, welche als Lehrlinge in diese Fabrik aufgenommen werden wollen, müssen eine Probezeit von vier Wochen aushalten,

428
Maass, Stuttgart

Name Sammlung Eberhard Maaß
Geschäftstätigkeit Bankgeschäft
Branche Nr. 650
Umfang 25
Laufzeit 1880–2010
Benutzbarkeit Eingeschränkt
Bestand S 10

Bestandsgeschichte Die Sammlung wurde in den Jahren 2012 und 2013 von Bundesbankdirektor Eberhard Maaß in Stuttgart vom WABW übernommen. Sie umfasst Fest- und Jubiläumsschriften, Geschäftsberichte, Kalender sowie Publikationen und sonstige Schriften mit Bezug zum Banken-, Sparkassen- und Versicherungswesen in ganz Deutschland.
Großbanken 1885–2002, Regional- und Privatbanken 1900–2000, Realkreditinstitute 1887–1996, Spezialbanken 1960–2000, Private Bausparkassen 1949–2003, Bankenverbände 1926–2004; Hanseatischer Sparkassen- und Giroverband (HSGV) 1893–2008, Sparkassenverband Niedersachsen (SVN) 1902–2006, Ostdeutscher Sparkassenverband / Sparkassenverband Berlin (OSV/SVB) 1905–2003, Rheinischer Sparkassen- und Giroverband (RSGV) 1909–2009, Sparkassen- und Giroverband Hessen-Thüringen (SGVHT) 1880–2009, Sparkassenverband Rheinland-Pfalz (SVRP) 1905–2004, Sparkassenverband Saar (SVSaar) 1934–2008, Sparkassen- und Giroverband für Schleswig-Holstein (SGVSH) 1888–2002, Sparkassenverband Bayern (SVB) 1896–2004, Sparkassenverband Baden-Württemberg (SVBW) 1901–2009, Sparkassenverband Westfalen-Lippe (SVWL) 1892–2006, Landesbanken und Deka-Bank 1868–2007, Landesbausparkassen 1954–2004, Öffentliche Versicherungen mit Verbänden 1886–2007, Sparkassen- und Giroverbände 1910–2010; Private Versicherungen 1869–2003, Öffentliche Versicherungen mit Verbänden 1899–2002, Sozialversicherungen 1938–1999, Versicherungsvermittler 1952–1983, Versicherungsverbände 1896–2003.

429
Mafi, Glatten

Name MAFI Fiedler & Zimmermann GmbH & Co.
Geschäftstätigkeit Fotolaborgerätefabrik
Branche Nr. 334
Umfang 0,3
Laufzeit 1914–1976
Benutzbarkeit Eingeschränkt
Bestand Y 85

Bestandsgeschichte Das Archivgut wurde 1983 von einem Gesellschafter übernommen.
Geschichte 1919 gründeten die Brüder Carl jr. und Max Fiedler das Unternehmen C. & M. Fiedler in Freudenstadt und begannen mit der Fabrikation und dem Vertrieb photographischer Hilfsgeräte und Artikel. Carl Fiedler jun. hatte zuvor ein Fotoatelier geführt und aus Zeitersparnisgründen ein Tankentwicklungssystem entwickelt, das trotz Massenentwicklung die Möglichkeit der individuellen Behandlung des einzelnen Negativs zuließ. 1926 führte Max Fiedler auf eigene Rechnung das Unternehmen weiter. 1936 wurde die Firmierung in Photo-Industrie Mafi Max Fiedler geändert. Unter dem neuen Warenzeichen »Mafi« entstanden ein Trockenschrank mit Luftumwälzung und ein Kopierapparat »Maskenlos«, das erste Gerät mit aufklappbarem Maskenrahmen. Bis zu Beginn des Zweiten Weltkrieges wurde eine Vielzahl neuartiger Geräte für den Bedarf im Fotolabor entwickelt. 1946 erfolgte die Umwandlung der Firma in die Kommanditgesellschaft Mafi Fiedler & Zimmermann. 1983 wurde das Konkursverfahren eröffnet.

4 Festschrift zum 30- und 50-jährigen Jubiläum
5 Handelsregister 1939–1963
6 Photo-Union GmbH, Freudenstadt (Kartellamt) 1960–1969
9 Personalbuch-Angestellte 1922–1951, Personalangelegenheiten 1929–1976
13 Lizenzvertrag 1928/1929, Patente um 1950–1970
15 Prospekte, Kataloge um 1914–1970, Plakate 1970
16 Hauptbuch 1919–1922, Bilanzen 1944–1949
47 Fotos: Produkte, Gebäude, Messen
50 Dreissig Jahre Mafi 1919–1949, Freudenstadt 1949 (Festschrift). Mafi, 50 Jahre im Dienste der Fotografie [Freudenstadt 1969] (Festschrift).

430
Mahr, Esslingen a. N.

Name Carl Mahr GmbH
Geschäftstätigkeit Spezialfabrik für Feinmessgeräte
Branche Nr. 332
Umfang 0,2
Laufzeit 1868–2011
Benutzbarkeit Ja
Bestand B 143

Bestandsgeschichte Das Archivgut wurde 1996 übernommen. Der verzeichnete Bestand liegt seit 2016 in der Firma Mahr in Göttingen. Eine Ersatzüberlieferung befindet sich im WABW.
Geschichte Seit der Gründung 1861 durch Carl Mahr in Esslingen befaßt sich das Unternehmen mit Messtechnik. Erste Produkte waren Maßstäbe, Schieb- und Schraubenlehren. Hinzu kamen Meßuhren, erste Längenmeßmaschinen und Zahnradprüfgeräte. 1936 wurde in Göttingen die Tochterfirma Feinprüf GmbH gegründet. 1971 wurde die Dr. Ing. Perthen GmbH in Hannover übernommen und 1988 der Produktionsstandort von Hannover nach Göttingen verlagert. Seit 1979 baut das Unternehmen weltweit eigene Vertriebsgesellschaften und Produktionsstätten in den USA, China und Tschechien auf. Die Mahr GmbH in Esslingen gehört seit Anfang 1994 zu der in Göttingen ansässigen Carl Mahr Holding GmbH. Am Standort Esslingen ist die Abteilung Entwicklung und der Vertrieb von Handmeßmitteln angesiedelt. Mahr ist heute einer der größten Komplettanbieter von Produkten der Fertigungsmesstechnik und in Deutschland mit zwei weiteren Standorten in Göttingen (Systemgeschäft) und Wadgassen, Saarland (Multisensor) vertreten.
49 WABW N 4, Bü 291
50 150 Jahre Mahr, Sonderveröffentlichung der Stuttgarter Zeitung v. 28.10.2011, 100 Jahre Mahr, in: Esslinger Zeitung 29.4.1961. Firmenporträt in: 50 Jahre Industrie- und Handelskammer in Esslingen, Esslingen 1995, S. 150.

431
Maico, Ammerbuch

Name Maico Fahrzeugfabrik GmbH
Geschäftstätigkeit Fahrzeugbau
Branche Nr. 340/350
Umfang 0,5
Laufzeit 1960–1971
Benutzbarkeit Eingeschränkt
Bestand Y 86

Bestandsgeschichte Das Archivgut wurde 1983 übernommen.
Geschichte Otto und Wilhelm Maisch begannen 1931 in Poltringen im Sägewerk ihres Vaters, Fahrräder herzustellen. Die Eintragung ins Handelsregister erfolgte 1934. Noch im gleichen Jahr bauten sie bereits auch Kleinmotorräder. 1938 verlegten sie ihr Werk nach Pfäffingen. Nach dem Zweiten Weltkrieg entwickelte sich die Firma mit einem neuen Zweigwerk in Herrenberg zu einem führenden Unternehmen der Zweiradherstellung. Das Produktionsprogramm umfasste Fahrräder, Motorräder und Motorroller. Die Maico-Motorräder gewannen bei internationalen Wettkämpfen viele Preise. Der Absatzkrise der Branche Ende der 1950er Jahre versuchte man vergebens durch die Aufnahme der Produktion von Kleinwagen zu begegnen. 1970 wurde die OHG in eine KG umgewandelt. Nachdem die Firma in den 1970er Jahren sich noch auf die Produktion von Motocross- und Rennsportmaschinen spezialisierte, kam in den 1980er Jahren sowohl das wirtschaftliche als auch das sportliche Aus. 1983 wurde das Konkursverfahren eröffnet. 1995 erfolgte die Löschung im Handelsregister.
4 Festschrift zum 50-jährigen Bestehen, Zeitungsartikel
8 Organisationsplan
9 Betriebsordnung
14 Aufträge und Lieferungen 1961–1971
15 Prospekte, Betriebsanleitungen und Werbematerial um 1960–1970, verschiedene Plakate
16 Jahresabschlußprüfung 1956, 1958, Kalkulation 1970/71
47 Fotos: Produkte um 1960–1970
50 50 Jahre Maico 1931–1981, Pfäffingen 1981 (Festschrift).

432
Maier, Gebr., Ulm

Name Gebr. Maier
Geschäftstätigkeit Textilgroßhandlung
Branche Nr. 517
Umfang 0,1
Laufzeit 1870–1874
Benutzbarkeit Ja
Bestand B 27

Bestandsgeschichte Das Hauptbuch wurde 1984 antiquarisch erworben.
Geschichte 1870 übertrug A. J. Maier das Geschäft auf seinen Sohn Gustav. Weitere Daten sind nicht bekannt.
16 Bilanzen, Hauptbuch 1870–1874
50 Im WABW nicht vorhanden.

433
Majer, Tübingen

Name Christian Majer GmbH & Co. KG
Geschäftstätigkeit Spezialmaschinen zur Papierverarbeitung
Branche Nr. 296/292
Umfang 26
Laufzeit 1901–1987
Benutzbarkeit Nein
Bestand Y 300

Bestandsgeschichte Das Archivgut wurde anlässlich des Umzugs des Betriebs 2002 übernommen. Schwerpunkte der Überlieferung bilden die Fotodokumentation vor allem der eigenen Produkte, die eigenen Prospekte und die Kundenkartei.
Geschichte Christian Majer gründete 1919 in der Schwärzlocher Straße in Tübingen einen Betrieb zur Fertigung von Papierhülsenmaschinen. Um 1925 war die Belegschaft auf 34 Mitarbeiter angewachsen. 1927 erfolgte der Eintrag ins Handelsregister. Für zahlreiche technische Neuentwicklungen sicherte sich Majer die Patentrechte, darunter Maschinen zur Herstellung von Papierdosen zu Verpackungszwecken und Einwegverpackungen für Getränke. Das Unternehmen expandierte weiter, in räumlicher Hinsicht mit dem Bau neuer Fertigungshallen und Sozialräume, beim Vertrieb durch eine stetig wachsende Exportquote nach Europa und Übersee, die beim Tod des Gründers rund 80 % erreichte. 1951 übergab Christian Majer die Unternehmensführung seinem Sohn Helmut, der 1957 die im gleichen Segment tätige Maschinenfabrik Rissen in Hamburg-Rissen übernahm. Knapp 250 Beschäftigte um die Mitte der 1970er Jahre markierten den höchsten Stand in der Firmengeschichte. 1986 übernahm in dritter Generation Dipl.-Ing. Friedemann Majer-Perthen die Geschäftsführung. 2002 erfolgte eine Sanierung durch den Verkauf des alten Firmengeländes westlich der Altstadt und den Umzug des Betriebs in gemietete Räume im Gewerbegebiet Neckaraue. Das Unternehmen wurde am 1. 1. 2008 von der Manz Automation AG übernommen und firmiert als Manz Automation Tübingen GmbH.
3 Familienverträge 1949–1962
4 Gaudiplom 1939, 50-jähriges Unternehmensjubiläum 1969
7 Ausscheidensbilanz C. Majer auf 31.12.1955, Geschäftskorrespondenz 1956–1970, Geschäftsreisen 1959–1967
8 Organisationsschemata 1966, 1971
9 Arbeiterliste (Band) 1919–1953
10 Bau- und Lagepläne von Privat- und Wirtschaftsgebäuden in Tübingen und Zweigniederlassungen 1952–1964
12 Bezugsquellenkartei (In- und Ausland) 1928–1982
13 Patentsachen 1928–1973, Montageberichte 1963–1987, technische Zeichnungen 1950–1960er Jahre
14 Preislisten 1937–1945, Kataloge und Prospekte der Konkurrenz, Konkurrenzinformationen 1901–1969, Kundenkartei In- und Ausland 1949–1986, Korrespondenz mit Kunden 1956–1967
15 Eigene Prospekte 1920er–1970er Jahre, Angebote 1939–1945
16 Hauptbücher 1928–1944, Bilanz 1927–1960, Buch-, Wirtschafts- und Betriebsprüfung 1932–1959, Inventur 1931–1960, Kalkulationen 1934–1939, Stückkostenberechnungen für die Endprodukte der eigenen Maschinen 1938/39
17 Einkommensteuer 1935–1941, Gewerbesteuer 1936–1953

19 Kontrolle durch Militärbehörden 1945–1948
21 Papierhülsen- und Spulenfabrik Oskar Fischer Brackenheim 1927–1937
47 Fotos: Dokumentation Maschinen, technische Zeichnungen, Betrieb, Mitarbeiter (alle s/w: Glasplatten 18 x 24 cm, Abzüge verschiedener Formate) 1920er–1987
48 Muster von Hülsen und Pappbechern um 1950/60
50 35 Jahre Chr. Majer KG Maschinenbau Tübingen, Tübingen [1954] (Festschrift). Neue Deutsche Biographie 15, Berlin 1987, S. 716f.

434 Malag, Bretten

Name MALAG-Werke Adolf Muckenfuss & Söhne GmbH & Co. KG
Geschäftstätigkeit Herd- und Ofenfabrik
Branche Nr. 292
Umfang 1,5
Laufzeit 1924–1961
Benutzbarkeit Eingeschränkt
Bestand Y 87

Bestandsgeschichte Das Archivgut wurde 1987 übernommen.
Geschichte 1849 gründete Machul Aron Lämle in Bretten eine OHG, die den Handel mit Öfen, Herden und Herdarmaturen betrieb. 1889 ging Lämle zur Herstellung eigener Produkte über. Neben eigenen Herdmodellen und gußeisernen Zimmeröfen wurden vor allem Eisenarmaturen und Beschläge für den Kachelofenbau gefertigt. 1910 errichtete er eine Galvanisierungsanstalt und eine Schleiferei. 1920 wurde das Unternehmen in eine Aktiengesellschaft unter dem Namen M.A. Lämle AG (in Kurzform »MALAG«) umgewandelt. 1936 übernahmen der damalige Konkurrent Adolf Muckenfuß und der Brettener Kaufmann Paul Reuter die Aktienmehrheit der MALAG, die seit 1926 nur noch Verluste bilanzierte. Adolf Muckenfuß hatte seit 1914 zusammen mit seinen Vettern eine eigene Herd- und Ofenfabrik, die K.W. & A. Muckenfuß, in Bretten gegründet. 1937 schied er aus seiner Firma aus, die M. A. Lämle AG wurde aufgelöst und schließlich in die Einzelfirma M. A. Lämle AG Nachfolger Adolf Muckenfuß umgewandelt. Während des Zweiten Weltkrieges wurde die Produktion gedrosselt, Teile der Lager- und Fabrikgebäude wurden zerstört. 1950 traten die beiden Söhne Adolf jr. und Kurt in die Firma ein, die als offene Handelsgesellschaft unter der Bezeichnung Malag-Werke, Adolf Muckenfuß & Söhne weitergeführt wurde. 1954 errichtete MALAG in der Nachbargemeinde Münzesheim bei Bruchsal ein Zweigwerk mit Montagehallen, Emaillierwerk, Stanzerei, Lager- und Versandhallen. Bis 1959 erhöhte sich die Zahl der Beschäftigten auf rund 1.000 Personen. Zur ursprünglichen Fertigung von Kohleherden kam die Fabrikation von Elektro-, Gas-, Kohle-, Öl- und Niederdruckdampfheizungen hinzu. Eine Innovation waren die vollautomatisch arbeitenden, rauch-, ruß- und geruchsfreien Elektro-Nachtstrom-Speicheröfen. Exportiert wurden die Erzeugnisse ins gesamte Ausland. Zusätzlich wurde die Produktion von Großküchenanlagen aufgenommen. 1986 wurde das Konkursverfahren eröffnet.
9 Lehrlingswesen 1950–1957
11 Wertpapiere 1949–1955
13 Werksberichte 1936–1961
16 Bilanzen 1924–1948, Jahresabschlüsse 1945–1951, Bestandsaufnahme 1948
17 Steuerangelegenheiten 1926–1961
50 Doppeljubiläum der Malag-Werke Adolf Muckenfuß & Söhne Bretten/Baden 1960 (Festschrift). Peter Bahn, »Weiße Ware«- Bretten und seine Herdindustrie, Begleitheft 1 zur Ausstellung »Leben im Kraichgau«, Bretten 1990.

435
Mann & Hummel, Ludwigsburg

Name Mann & Hummel GmbH
Geschäftstätigkeit Filterhersteller
Branche Nr. 343/180
Umfang 5
Laufzeit 1936–1985
Benutzbarkeit Eingeschränkt
Bestand Y 199

Bestandsgeschichte Das Archivgut wurde 1994 und 2010 übernommen.
Geschichte 1941 erwarben Adolf Mann und Dr. Erich Hummel, ehemalige Geschäftsführer des Bekleidungsherstellers Bleyle in Stuttgart, die Filteranlagen-Sparte des Automobilzulieferers Mahle und gründeten das Filterwerk Mann & Hummel GmbH. Die Produktion begann in Ludwigsburg in gemieteten Räumen. Das Filterwerk liefert bis heute verschiedene Filtertypen für die Kraftfahrzeug- und Motorenindustrie und bietet auch Lösungen für Filtrationsprobleme der Industrie außerhalb des Kraftfahrzeug- und Motorenbereichs an. Weitere Produktionszweige sind die Anlagentechnik, Kunststoffaufbereitung und Beschickung von Kunststoffverarbeitungsmaschinen sowie pneumatische Förderanlagen für verschiedene Industriebereiche. Seit 1959 kooperierte das Unternehmen mit Filterherstellern in Argentinien und in Brasilien. 1963 beschäftigte die Unternehmensgruppe in Deutschland 4.000 Mitarbeiter. In den folgenden Jahren weitete die Geschäftsführung die Produktion im In- und Ausland weiter aus. 2016 zählte das Unternehmen über 20.500 Mitarbeiter bei einem Umsatz von ca. 3,5 Milliarden Euro.
Als zweites Standbein gründeten 1949 Adolf Mann und Dr. Erich Hummel das Textilwerk Mann in Ludwigsburg. Die Erzeugnisse – Damen- und Herrenoberbekleidung aus Jersey und Strickwaren- wurden unter der Marke »Pamina-Mann« im In- und Ausland vertrieben. 1974 wurde die Firma an den Wäschehersteller Schiesser AG verkauft.
6 Filap Filter- und Apparategesellschaft Speyer/Rhein, 1962–1988; Auslandsbeteiligungen 1982–1989
7 Geschäftsführerbesprechungen Filterwerk 1960–1986, Gesellschafterprotokolle- und Beschlüsse 1962–1981; Textilwerk Mann 1969–1977
13 Patente, Warenzeichen, Filteranlagen 1936–1965, Konkurrenzunterlagen (u. a. Knecht, Bosch, Purolator, Gebrüder Brobeil, BBC, Eisenmann, Eberspächer, Esch & Co Engelsmann, Bopp & Reuter, Raschig, Rich & Kober, Regeltechnik Friedrichshafen) 1951–1985
15 Messen (Hannover, Genf) und Ausstellungen (u. a. auch von Konkurrenzfirmen) 1960–1974, Werbemittel (u. a. Prospekte, Anzeigen, Presseberichte) 1957–1980er Jahre, Filterkataloge 1959–1984
16 Buchführungsrichtlinien, Kontenrahmen 1939
21 Rechtsangelegenheiten (insbesondere Patente und Patentverletzungen) 1950–1965, Lizenzen 1982–1989
47 Fotos: Internationaler Automobilsalon Genf 1956
49 WABW Y 289, B 68
50 25 Jahre Filterwerk Mann & Hummel, Ludwigsburg 1966 (Festschrift). Der Kreis Ludwigsburg (Heimat und Arbeit), Stuttgart und Aalen 1977, S. 430. Reinhold Peter, 50 Jahre Mann & Hummel, Ludwigsburg [1991] (Festschrift).

436
Mann, Adolf, Ludwigsburg

Name Adolf Mann
Geschäftstätigkeit Nachlass
Branche Nr. 732/340
Umfang 2
Laufzeit 1900–2000
Benutzbarkeit Eingeschränkt
Bestand Y 289

Bestandsgeschichte Das Archivgut wurde 2002 übernommen. Es dokumentiert Manns Tätigkeit bei der Firma Bleyle, insbesondere innerbetriebliche Vorgänge 1913–1917 und die Übernahme von Bleyle 1938–1945. Über die Firma Mann & Hummel in Ludwigsburg sind Korrespondenzen 1952–1959, betriebliche Vorschläge und Anregungen 1953–1955 sowie eine Ansprache bei der Jubiläumsfeier Mann & Hummel 1966 überliefert. Ein großer Teil der Unterlagen betrifft

eigene Vorträge und Publikationen zwischen 1953 und 1961 zu den Themen Sozialprodukt, Lohnpolitik, Produktivitätssteigerung, aus der Praxis einer Ertragsbeteiligung, der Mensch in der heutigen Industrie, betriebliche Sozialleistungen und Mitbestimmung, Arbeit und Muße, das Verhältnis der Fabrikanten zur Mode, Meisterbesprechung 1953–1961. Weiter enthält der Nachlass Ansprachen bei Empfängen, eine Zitatesammlung, Vorträge Wingolf über Reutlinger Unternehmer; Korrespondenz mit Carl Neumann in Wuppertal 1951–1966, mit Oswald von Nell-Breuning in Frankfurt 1952–1971; Deutsches Institut zur Förderung des industriellen Führungsnachwuchses Köln 1953–1962, Deutsches Industrieinstitut mit Redaktionsausschuss, Baden-Badener Gespräche 1952–1958, Gedanken über Stiftungen (Prof. Hans Möller) 1983–1987, Stiftungsgedanken 1963–1966.
Geschichte Adolf Mann wurde 1890 geboren. Nach seiner Tätigkeit bei Bleyle gründete er zusammen mit Dr. Erich Hummel die Firma Filterwerk Mann & Hummel GmbH in Ludwigsburg. Das Filterwerk liefert bis heute verschiedene Filtertypen für die Kraftfahrzeug- und Motorenindustrie. Ein weiterer Produktionszweig ist die Anlagentechnik. 1971 verstarb Adolf Mann in Ludwigsburg.
49 WABW Y 199, B 68
50 Im WABW nicht vorhanden.

437
Marktbücher, Stuttgart

Name Marktbücher / Landesgewerbeamt Baden-Württemberg
Geschäftstätigkeit Gewerbeförderung
Branche Nr. 750
Umfang 0,5
Laufzeit 1823–1931
Benutzbarkeit Eingeschränkt
Bestand Y 254

Bestandsgeschichte Die Bände wurden 1998 zusammen mit Teilen der aufgelösten Fachbibliothek des Landesgewerbeamts Baden-Württemberg in Stuttgart übernommen und im WABW als eigener Archivbestand formiert. Er umfasst folgende Marktbücher: Marktregister A-O 1823–1864, Verzeichnisse ausländischer Märkte in Bayern, Hohenzollern, Schweiz, Frankfurt a. M., Leipzig und Straßburg 1860er Jahre, Verzeichnis der württembergischen Märkte 1864–1931, chronologisches Verzeichnis der württembergischen Märkte nach dem Entwurf von G. Reuschle 1886, gedruckte Verzeichnisse der Märkte und Messen in Baden 1872, 1905, 1922, 1930–1931.
Geschichte Das Landesgewerbeamt Baden-Württemberg wurde 1952 errichtet und hat seine Wurzeln in der 1848 gegründeten Zentralstelle für Gewerbe und Handel in Stuttgart und der 1865 gegründeten Großherzoglich Badischen Landesgewerbehalle in Karlsruhe. Die traditionellen Aufgaben dieser Mittelbehörde beinhalten die staatliche Förderung von Gewerbe und Handel auf den Gebieten der Verwaltung, der technischen Beratung, des Ausstellungswesens, der Tätigkeit als Eichaufsichtsbehörde sowie der beruflichen Fortbildung und Information.
50 Landesgewerbeamt Baden-Württemberg (Hg.), Wirtschaft im Wandel, 125 Jahre Staatliche Gewerbeförderung, Stuttgart 1973. Landesgewerbeamt Baden-Württemberg (Hg.), Im Dienste der Wirtschaft, Stuttgart 1981.

438
Maschinenfabrik Geislingen, Geislingen

Name MAG Maschinenfabrik Geislingen
Geschäftstätigkeit Maschinenfabrik
Branche Nr. 290
Umfang 4
Laufzeit 1903–1983
Benutzbarkeit Eingeschränkt
Bestand Y 88

Bestandsgeschichte Das Archivgut wurde 1991 übernommen.
Geschichte Daniel Straub errichtete in Geislingen an der Steige eine Werkstätte zum Schärfen und Reparieren der abgenutzten Werkzeuge, die beim Bahnbau Geislingen verwendet wurden. Nebenbei betrieb er sowohl eine Eisengießerei als auch eine Mühlenbauschreinerei. Seit 1850

wurde der Betrieb als Eisengießerei und Maschinenfabrik geführt. Das Produktionsprogramm reichte von der kompletten Mühleneinrichtung über die Errichtung von Wasserwerksanlagen bis hin zum Wasserturbinenbau. Nach dem Tod seines Sohnes wandelte Straub die Firma in eine Aktiengesellschaft um und gründete 1880 die Industrie-Gesellschaft Geislingen AG. Drei Jahre später wurde die Maschinenfabrik aus der Verwertungs- und Abwicklungsgesellschaft ausgegliedert und verselbständigt. Die neue Firma mit der Bezeichnung Maschinenfabrik Geislingen AG (MAG) wurde noch im selben Jahr ins Handelsregister eingetragen. Die Herstellung von Mühlen, Wasserrädern und Wasserturbinen wurde beibehalten, zusätzlich wurden auch Zementwerk- und Sägemühlen-Einrichtungen sowie Maschinen für Hartzerkleinerung, für chemische Fabriken, Sprengstoffwerke und die keramische Industrie gebaut. Durch die Übernahme der Maschinenfabrik Wittlinger & Co., Zuffenhausen, 1910 konnte die Produktion von Geschwindigkeitsmessern für Kraftfahrzeuge und Tafelwaagen zusätzlich aufgenommen werden. Gegen Ende des Ersten Weltkrieges wurde die MAG in den Richard-Kahn-Konzern eingegliedert, nach dessen Auflösung 1929 in die Schnellpressenfabrik AG Heidelberg. Sämtliche Produktionszweige wurden nach und nach abgegeben, u. a. die Abteilung Wasserturbinen 1937 an die Firma J. M. Voith, Heidenheim. Der Schwerpunkt der Produktion lag nun auf der Herstellung von Einzelteilen für die Heidelberger Buchdruckmaschinen. Seit 1967 trug das Unternehmen die Bezeichnung MAG Maschinenfabrik Geislingen – Werk der Heidelberger Druckmaschinen Aktiengesellschaft, bis Ende 1991 wurde der Standort Geislingen verlassen.

4 100-jähriges Jubiläum 1950

6 J.M. Voith, Heidenheim, 1928–1943

7 Direktionsbesprechungs-Protokolle 1970–1983

8 Organisationspläne 1954–1972

9 Unterstützungen 1935–1957, Hinterbliebene von Gefallenen 1946–1974, Unterstützungskasse (Kassenbuchserie) 1953–1974, Personalangelegenheiten 1955–1960, Löhne 1955–1978, freiwillige Beihilfen 1965–1970

10 Wasserbau und Triebwerk mit Stauanlage 1903–1971, Grundstücksan- und verkäufe 1923–1968, Bauangelegenheiten 1933–1976, Siedlungswohnungen 1938–1960

12 Warenbestände 1958–1964

13 Industrieberichte, Produktionseilberichte 1948–1957, Fertigungsprogramm 1960–1972, Maschinen und Anlagen 1937–1973

16 Bilanzen 1936–1958

49 WABW B 80, Daniel Straub: WABW B 70

50 Karlheinz Bauer, Geschichte der Stadt Geislingen an der Steige, Band 2: Vom Jahre 1803 bis zur Gegenwart, Geislingen [um 1975], S. 284–293. Der Kreis Göppingen (Heimat und Arbeit), 2. Auflage Stuttgart 1985, S. 440. Walter Ziegler, Daniel Straub und die Anfänge von MAG und WMF Geislingen, Korrekturen und Ergänzungen zu seinem Lebensbild, in: Hohenstaufen, Helfenstein 1 (1991), S. 41–120.

439
Maur, Stuttgart

Name Paul von Maur
Geschäftstätigkeit Spedition
Branche Nr. 600
Umfang 5,5
Laufzeit 1940–1981
Benutzbarkeit Eingeschränkt
Bestand Y 89

Bestandsgeschichte Das Archivgut wurde 1983 vom Eigentümer übernommen.

Geschichte 1863 eröffnete Paul von Maur ein Fuhrgeschäft mit sechs Pferden. 1890 wurde der Möbeltransport als Abteilung des Unternehmens angegliedert. Bis zum Ersten Weltkrieg war der Bestand auf 300 Pferde angewachsen. Das Unternehmen unterhielt auch ein Gestüt in Weilimdorf. 1870 erfolgte die Eintragung ins Handelsregister. 1892 wurde das Geschäft in eine OHG, 1948 in eine Kommanditgesellschaft umgewandelt. 1897 kaufte Paul von Maur den ersten von Gottlieb Daimler in Deutschland verkauften LKW. Der immer stärker werdende Autoverkehr verdrängte die Pferde in den 1950er Jahren. Als besondere Abteilung wurde in dieser Zeit die IATA-Luftfrachtagentur am Flughafen Echterdingen eingerichtet. Spezialisiert war das Unternehmen zusätzlich auf den Transport von

Kunstgegenständen und Schwertransporte. Zur Abrundung des Aufgabenbereichs wurde 1961 ein Reisebüro eröffnet. 1982 wurde das Konkursverfahren eröffnet. Die Firma wurde von der Reederei Schwaben GmbH mit Hauptsitz in Stuttgart und Niederlassungen in Erkrath/Düsseldorf und Dresden übernommen. 1985 ist Paul von Maur Initiator und Gründungsgesellschafter der UTS Deutschland. Fünf Jahre später erfolgte die Vereinigung mit niederländischen Partnern in der UTS- International und 1991 wurde die Paul von Maur GmbH in Dresden gegründet. 2001 erfolgte der Zusammenschluss der Uni Group und UTS zur Uni Group Worldwide UTS, der größten Umzugskooperation weltweit. 2007 übernimmt die Familie Britsch aus Oldenburg das Unternehmen. 2016 ist Paul v. Maur Mitglied des Harmony Relocation Network, der neue Name für UTS-International.

4 Festschriften, Familienchronik 1939–1955
5 Gesellschaftsverträge 1959–1980
7 Richtlinien der Geschäftsführung 1955–1971
9 Agenten-Verträge 1961–1973
10 Grundbuchheft 1939, Bauangelegenheiten, Grundstücke und Gebäude 1948–1981
11 Kreditauskünfte 1962–1976
15 verschiedene Prospekte
16 Bilanzen 1943–1965, Afa-Fuhrpark 1948, Speditionsbücher 1976/77, Treuhandberichte 1947–1965, Abschlußberichte Paul von Maur KG 1940–1975, Abschlußberichte Paul von Maur GmbH 1970–1979, Abschlußberichte Stuttgarter Lagerhausgesellschaft mbH 1955–1980, Abschlußberichte Sammelladegemeinschaft 1975–1981, Bilanzen und Gewinn- und Verlustrechnungen Reisebüro Paul von Maur 1971–1972
19 Kriegsschäden 1955
47 Fotos: Abbildung des Fuhrparks
50 Jubiläumsfirmen des Handelskammerbezirkes Stuttgart, Leipzig 1927, S. 67. Hundert Jahre Paul von Maur 1863–1963, Der Aufstieg eines Familienunternehmens nebst einer kleinen Geschichte des Verkehrs, Stuttgart 1963 (Festschrift).

440 Maurer, Gebrüder, Tübingen-Entringen

Name Gebr. Maurer
Geschäftstätigkeit Gips- und Kalkwerk, Tiefbau
Branche Nr. 100/450
Umfang 0,1
Laufzeit 1911–1932
Benutzbarkeit Eingeschränkt
Bestand Y 163

Bestandsgeschichte Der Band wurde 1984 von einem privaten Sammler übernommen.
Geschichte Zur Geschichte konnten keine Daten ermittelt werden.
14 Sackbuch 1911–1932
50 Im WABW nicht vorhanden.

441 Maute, Bisingen

Name Mech. Trikotwarenfabrik Heinrich Maute
Geschäftstätigkeit Trikotwarenherstellung
Branche Nr. 176/180
Umfang 0,1
Laufzeit 1940–2014
Benutzbarkeit Ja
Bestand Y 487

Bestandsgeschichte Die Familienchronik wurde 2014 vom WABW von privater Seite erworben. Im selben Jahr übergab ein Sammler aus Albstadt-Truchtelfingen die Fotos der Firma Maute dem WABW.
Geschichte Heinrich Maute trat 1890 in die Trikotweberei seines Schwiegervaters Christian Schöller ein. 1899 kaufte er die Korsettfabrik von Albert Kupp in Bisingen und gründete die Mech. Trikotwarenfabrik Heinrich Maute in Bisingen. Seit 1901 wurde der Betrieb ständig erweitert und 1909 der erste Filialbetrieb in Engstlatt und 1910 eine Bleicherei errichtet. Im Jahre 1914 hatte das Unternehmen 350 Mitarbeiter. 1922 entstand eine weitere Filiale in Grosselfingen und 1927 wurden die Süddeutschen Textilwerke AG in

Hechingen und 1938 die Firma Loewengard in Hechingen mit der Filiale Rangendingen übernommen. Wichtige Produkte des Unternehmens waren Hemden und Kleider aus Trikot. 1939 beschäftigte Maute knapp 1.100 Mitarbeiter. Während der Kriegszeit war in der Bisinger Fabrik die Forschungsstelle D eingerichtet, in der der Schweizer Physiker und Hochfrequenz-Ingenieur Dr. Hans Walter Dällenbach mit Unterstützung der AEG, der Kaiser-Wilhelm-Gesellschaft und NS-Ministerien an kernphysikalischen Großgeräten arbeitete. Die Söhne des Firmengründers führten das Unternehmen fort. 2003 meldete das Unternehmen Insolvenz an.

3 Wappen der Familien Maute, Schöller, Konzelmann; Stammbaum der Familie Maute; Ahnentafel Maute-Schöller; Ahnentafel Konzelmann; Abschriften von Quellen zur Familiengeschichte (u. a. Inventare)

4 Familienchronik Heinrich Maute 1940/41 (Die Chronik wurde von Adolf Hartmeyer, 4.8.1886–13.2.1953, gestaltet und auf Pergament gemalt und geschrieben. Adolf Hartmeyer war von 1946–1948 Oberbürgermeister von Tübingen. Die Vita von Adolf Hartmeyer liegt bei). Inhalt: Geschichte der Familie Maute und der von Heinrich Maute gegründeten Trikotwarenfabrik. Zeitungsartikel und Internetausdrucke zur Firmen- und Familiengeschichte

19 Forschungsstelle D (Physiker und Ingenieur Dr. Hans Walter Dällenbach)

47 Tuschzeichnungen: Familienmitglieder; Firmengebäude und Filialbetriebe Maute; Fabrikgebäude aufgekaufter Betriebe: Liebmann & Levi (Hechingen), Süddeutsche Textilwerke AG, Hechingen, Loewengard (Hechingen und Rangendingen). Fotos: Fabrikgebäude mit Kamin, Abriss des Fabrikareals in Bisingen, Villa Maute 2014

48 Bronzemedaille Christian Maute

49 Landesarchiv Baden-Württemberg, Abt. Staatsarchiv Sigmaringen Ho 13 T2 Nr. 331 (Betriebskrankenkasse Trikotwarenfabriken Heinrich Maute, Bisingen. 1949–1967).

50 Burghard Weiss, Forschungsstelle D – Der Schweizer Ingenieur Walter Dällenbach (1892–1990), die AEG und die Entwicklung kernphysikalischer Großgeräte im nationalsozialistischen Deutschland, Berlin 1996

442
ME, Esslingen a. N.

Name Maschinenfabrik Esslingen AG
Geschäftstätigkeit Maschinenfabrik
Branche Nr. 352/290/293
Umfang 337
Laufzeit 1834–1971
Benutzbarkeit Eingeschränkt
Bestand B 250

Bestandsgeschichte Der heute vorliegende Archivbestand der ME entstand zwischen 1846 bis 1965. Hinzu kam Schriftgut von der Maschinenfabrik in Karlsruhe, mit der Emil Kessler stark verbunden war. Im Bestand fanden sich auch Unterlagen der aufgekauften Firmen wie Gebr. Decker, G. Kuhn in Cannstatt sowie der Elektrotechnischen Fabrik Cannstatt und der Lokomotivfabrik Saronno bei Mailand. Das Archiv der ME wurde im Jahre 2014 dem WABW von der Daimler AG übergeben. Der Bestand wurde ergänzt durch eine 1984 dem WABW von ehemaligen ME-Mitarbeitern übergebene Materialsammlung zur Geschichte des Unternehmens. Nach der Übernahme durch das WABW wurden aus dem im ME-Archiv versprengt liegenden Archivgut der Unternehmen Gebr. Decker und G. Kuhn aus der Zeit vor der Übernahme durch die ME eigene Bestände gebildet (vgl. Y 502 und B 252).

Geschichte 1836 übernahmen Emil Kessler und Theodor Martiensen die von Jakob Friedrich Messmer 1833 gegründete mechanische Werkstätte in Karlsruhe. Kessler und Martiensen gründeten ein Jahr später die Maschinenfabrik von Emil Kessler & Theodor Martiensen. Ende 1841 war die erste Lokomotive Kesslers, die »Badenia«, fertiggestellt. Sie war eine der ersten Lokomotiven, die in Deutschland gebaut wurden. 1842 ist Emil Kessler Alleininhaber, die Firma hieß nun Maschinenfabrik von Emil Kessler.

1845 wurde die Eisenbahn in Württemberg als Staatsbahn eingeführt. Das dazu erforderliche Lokomotiv- und Wagenmaterial sollte in Württemberg gebaut werden. Die württembergische Regierung entschloss sich deshalb zur Gründung einer Maschinenfabrik in Form einer privaten Aktiengesellschaft. Unter den zahlreichen

Angeboten ausländischer Lokomotivfabriken bekam Emil Kessler aus Karlsruhe den Zuschlag. Im März 1846 wurde die Maschinenfabrik Esslingen Aktiengesellschaft unter der Leitung von Emil Kessler gegründet. Der Bau erfolgte an der Eisenbahnlinie Stuttgart-Ulm in Esslingen am Neckar. Bereits Anfang Oktober 1846 verließ die erste in Württemberg hergestellte Lokomotive die ME. Die Maschinenfabrik Esslingen wurde unter der Leitung von Emil Kessler und seiner Ingenieure zu einem der wichtigsten und größten Maschinenbauunternehmen Südwestdeutschlands.

Kessler hatte, als er die Leitung der ME übernahm, sein eigenes Unternehmen in Karlsruhe und dessen Leitung beibehalten. Ende 1847 musste der Hauptkreditgeber Kesslers in Karlsruhe, das Bankhaus Haber & Söhne, Konkurs anmelden. Emil Kessler sollte die gewährten Darlehen zurückzahlen. Der Versuch einer Vereinigung beider Fabriken schlug fehl. Die Vorschläge der badischen Regierung, das Karlsruher Unternehmen zu retten, stieß bei den Gläubigern und auch bei Emil Kessler auf Ablehnung. So gründete Kessler am 20. Juli 1848 die Aktiengesellschaft Maschinenfabrik Karlsruhe mit einem Aktienkapital von 1,5 Millionen Gulden. Kessler blieb aufgrund der Karlsruher Ereignisse der ME als leitender Direktor erhalten. Das Karlsruher Unternehmen wurde 1851 liquidiert. Die badische Regierung rief zur Gründung einer neuen Aktiengesellschaft auf, die 1852 als Maschinenbaugesellschaft Karlsruhe zustande kam, Kessler war daran nicht mehr beteiligt. Er widmete seine Arbeitskraft nun ausschließlich der ME und siedelte mit seiner Familie im Mai 1852 nach Esslingen um.

Neben Lokomotiven und rollendem Material nahm das Esslinger Unternehmen die Fertigung verschiedenster Produkte auf, wie z. B. Drehscheiben, Weichen, Bahnhofseinrichtungen, Eisenbahnsicherungstechnik, Kessel, Pumpen sowie Gießerei-Erzeugnisse für den eigenen und fremden Bedarf. Zwischen 1851–1858 wurden auch Schiffe für Bodensee Neckar und Donau gebaut. 1852 wurde die erste Eisenbahnbrücke erstellt und die ersten Kräne gebaut. 1882 übernahm die ME die 1853 gegründete Maschinenfabrik und Gießerei Gebr. Decker in Cannstatt und verlegte die eigene Gießerei dorthin. In Cannstatt befand sich seitdem der Maschinenbau, der Brückenbau und die Gießerei; in Esslingen wurden Lokomotiven, Wagen und Kessel produziert. 1887 kaufte die ME die 1884 unter starker Beteiligung der ME gegründete Elektrotechnische Fabrik Cannstatt und betrieb diese als Elektrotechnische Abteilung weiter. Es wurden dort Glühlampen, Elektromotoren und Dynamos gebaut. Diese Abteilung erstellte und betrieb vollständige E-Werke, erstmalig 1893 für die Stadt Esslingen, später u. a. für die Städte Urach, Freudenstadt, Tuttlingen, Metzingen, Böblingen und Ravensburg. 1904 wurden die verbliebenen firmeneigenen E-Werke zur Württembergischen Gesellschaft für Elektrizitätswerke A.G. zusammengefasst. Die E-Werke wurden dann zwischen 1905 und 1917 an die betreffenden Gemeinden verkauft. 1883 erfolgte die Gründung der Zahnradbahn Stuttgart-Degerloch unter Beteiligung der ME, die später in den Besitz der Stuttgarter Straßenbahn überging. 1887 gründete die ME mit italienischen Investoren zur Ausführung von Lokomotivaufträgen der italienischen Staatsbahn eine Zweigniederlassung in Saronno bei Mailand. Diese Fabrik musste 1918 an ein italienisches Konsortium verkauft werden. 1902 wurde die 1852 gegründete Maschinen- und Kesselfabrik, Eisen- und Gelbgiesserei G. Kuhn in Stuttgart-Berg erworben. Damit wurde die Produktion auf den Gebieten Kessel-, Dampfmaschinen- und Pumpenbau erweitert. 1912 wurden außer der elektrotechnischen Abteilung alle Werkstätten der alten Fabriken in Cannstatt und Stuttgart nach Mettingen verlegt. 1920 erfolgte der Anschluss an den Konzern der Gutehoffnungshütte (GHH) und 1928 wurden die Cannstatter Fabrikanlagen mit der elektrotechnischen Abteilung an die AEG-Berlin verkauft. Das Produktionsprogramm der ME hatte sich seit Mitte der 1880er Jahre stark ausgeweitet. Standen zuvor insbesondere der Bau von Eisenbahnfahrzeugen und der Brückenbau im Vordergrund, kamen durch den Aufkauf der Firmen Decker und Kuhn andere Fertigungsbereiche hinzu bzw. es wurden vorhandene stärker ausgebaut wie der Kessel- und Pumpenbau, der Fahrzeugbau, Stahl-Hochbau, Stahlwasserbau, der Bau von Kälteanlagen und Kompressoren, Kohlensäure- und Trockeneis-Erzeugungsanlagen, Müllverbrennungsanlagen oder Giessereierzeugnisse.

Die ME zählte zu den ältesten und erfahrensten Lokomotivfabriken Deutschlands. Neben den für die württembergischen Staatsbahnen gelieferten Dampflokomotiven, war sie auch an der Konstruktion und dem Bau der Einheitsdampflokomotiven verschiedener Baureihen beteiligt. Legendär waren die Schnellzugslokomotive Klasse C und die größte europäische Güterzuglokomotive Klasse K. Besonderen Ruf erwarb die ME auch auf dem Gebiet der Lokomotiv-Sonderkonstruktionen wie z. B. Zahnradlokomotiven. Auch auf dem Sektor der Diesellokomotiventwicklung leistete das Unternehmen Pionierarbeit. Anerkennung fand auch die Konstruktion und Herstellung von Straßenbahnen und insbesondere der Triebwagenbau. Seit 1879 fertigte das Unternehmen Dampftriebwagen, später Dieseltriebwagen und elektrische Schnelltriebwagen. 1926 wurde der Dampfkesselbau der MAN dem Kesselbau der ME angegliedert. Der Pumpenbau erfuhr mit Beginn des Baues von Alb-Wasserversorgungsanlagen in den 1870er Jahren eine starke Ausweitung. Kälteanlagen wurden seit 1889 produziert und 1927 wurde die Eismaschinenproduktion der Firma Riedinger in Augsburg nach Esslingen verlegt. Die ME hatte seitdem enge Geschäftsverbindungen zu Riedinger und der Gesellschaft für Linde's Eismaschinen. Der Vertrag mit Linde wurde erst 1960 gelöst. 1927 lieferte die ME die ersten Trockeneisanlagen in Europa. Seit 1906 kam der Kompressorenbau als selbständige Fertigung hinzu. Elektrokarren und Elektro-Sonderfahrzeuge als Lastwagen, Kommunal- und Postfahrzeuge wurden seit 1923 produziert. Nach dem Zweiten Weltkrieg gewannen Hubfahrzeuge an Bedeutung. Weniger erfolgreich waren der Schiffsbau, die Herstellung elektrotechnischer Erzeugnisse, Artikel des Eisenbahnsicherungswesens, Straßenbau-Maschinen oder Verbrennungsmotoren. Diese Produkte wurden im Laufe der ME-Geschichte wieder aufgegeben bzw. an andere Unternehmen verkauft.

Aufgrund anhaltender Strukturprobleme und eines diversifizierten Fertigungsprogramms und der daraus resultierenden Ertrags- und Rentabilitätslage lotete 1964 die GHH die Möglichkeit aus, ob die Daimler-Benz AG am Erwerb des ME-Aktienbesitzes der GHH/MAN interessiert war. Vor allem aufgrund der Gesamtnutzung des ME-Grundbesitzes infolge geplanter Produktionsausweitung und der Übernahme von ME-Arbeitskräften übernahm die Daimler-Benz AG 1965 die Aktienmehrheit von der GHH/MAN. Durch weitere Aktienaufkäufe und Kapitalerhöhung besaß die Daimler-Benz AG Ende 1971 knapp 95 Prozent der Aktien der ME. 1965 begann die Abwicklung, Sanierung und Umstrukturierung der ME in eine Grundstücksgesellschaft. Die Fertigungsbereiche des Lokomotiv- und Wagonbaus sowie der Kessel-, Stahl-, Anlagen- und Feuerungsbau liefen zuerst aus. Der zunächst noch verbliebene Maschinen- und Fahrzeugbau sowie die Giesserei ging an die GHH, Still, Wachenfeld und die Daimler-Benz AG. Die Belegschaftsmitglieder wurden durch die Daimler-Benz AG mit Sicherstellung der Versorgungsansprüche, Dienstzeitanrechnung etc. übernommen. Die Werksanlagen wurden in einen verpachtungsfähigen Zustand versetzt. Die Verpachtung des gesamten Grundbesitzes an die Daimler-Benz AG erfolgte Ende 1969. Damit war die Umstrukturierung des ehemaligen Maschinenbaukonzerns in ein Anlage- und Grundstücksverpachtungsunternehmen abgeschlossen.

4 Geschichte der Karlsruher Fabrik verfaßt von der Maschinenbaugesellschaft Karlsruhe (Vorgeschichte der Maschinenbaugesellschaft Karlsruhe bis zur Gründung im Jahre 1852), Die Maschinenfabrik Esslingen (A. Gross, Sonderdruck aus Industrielle Rundschau 2. August Heft), Die ME (Sonderdruck aus Deutsche Industrie in Wort und Bild 1902, Heft 1), Über die ME (Alfred Widmaier) 1912, Erinnerungsschrift zum 25jährigen Bestehen der elektrotechnischen Abteilung der ME in Cannstatt und der Württembergischen Gesellschaft für Elektrizitätswerke AG in Esslingen, Die Eisenhochbauten des neuen Werks der ME in Mettingen 1917, Das Werk Mettingen der ME (Dr. Maier-Leibnitz) 1921, 100jähriges Jubiläum, Dieselloks und Dieseltriebwagen. Denkschrift zum 100jährigen Bestehen der ME (Dr. Max Mayer) 1947, Buchmanuskript Dr. Max Mayer: Esslinger Lokomotiven, Wagen und Bergbahnen (u. a. Bilder, Skizzen, Fotos) 1924–1954, Buchmanuskript: Aus den Anfängen der Maschinenfabrik Esslingen. Emil Kessler – Sein Leben und Werk 1938–1942, Buchmanuskript Dr. Max Mayer: Emil Kessler,

ein Begründer des deutschen Lokbaus 1924, Buchmanuskript Schliemann: Zum 100jährigen Bestehen der ME, Buchmanuskript Fallert: Geschichte der ME, 50 Jahre Elektrotechnische Fabrik, Cannstatt (gegr. 1884) 1934, gesammelte Unterlagen zur ME-Geschichte ca. 1950–1965, 50 Jahre Straßenbahn Esslingen-Nellingen-Denkendorf 1926–1976, allgemeine Sammlung zur Lokomotivgeschichte, Gedenkrede und Lebensbeschreibung von Fabrikant Carl Hoppe (Maschinenbau-Anstalt, Eisengießerei und Dampfkesselfabrik C. Hoppe, Berlin) 1898,
5 Handschriftliche technische Exzerpte von cand. mech. Emil Kessler 1834, Gründung (u. a. Korrespondenzen, Verhandlungen Kessler-Staatsverwaltung, Gesellschafterlisten, Verträge zur Konstituierung der Gesellschaft, Wahl des Ausschusses, Vertrag zwischen Staatsfinanzverwaltung und ME, Vertrag zwischen Stadt Esslingen und Staatsfinanzverwaltung, Gesellschaftsvertrag, Statuten der Gesellschaft, Vertrag ME mit Emil Kessler, Situationspläne, Baugelände ME, Grundsteinlegung) ca. 1845–1846, Kopierbuch von Emil Kessler 1. 5. 1846–29.1.1847, Statuten der Maschinenfabrik Karlsruhe 1848, Statuten der Aktiengesellschaft Württembergische Gesellschaft für Elektrizitätswerke in Esslingen (vormals Elektrotechnische Fabrik Cannstatt) 1904, Umwandlung der ME in eine Verwaltungs- und Grundstücksgesellschaft 1964–1971
6 Maschinenfabrik von Emil Kessler & Theodor Martiensen, Karlsruhe, Maschinenfabrik Karlsruhe, Maschinenbaugesellschaft Karlsruhe: Gründungsprotokolle, Verträge, Statuten, Gesellschafter, Zahlungsschwierigkeiten, Wechsel, Konkurs, Zahlungspläne, Gläubigerlisten, Gläubigerverhandlungen, Abfindung Martiensen 1849, Verwaltungsratsprotokolle, Verwaltungsordnung, Generalversammlung der Aktionäre, Verkauf der Fabrik (1852), Gebäudeliste, Wertermittlung der Fabrik, Prozesse der Liquiditäts-Kommission, Reglement der Kesslerschen Fabrik (1846), Feuerwehrreglement (1847), Uniformen der Karlsruher Bürger- und Feuerwehr, Inventar der Maschinenfabrik Karlsruhe (1850), Maschinenbaugesellschaft gegen Kessler und ME (1853–1854), Prozess der Gesellschaft Expansion gegen Kessler wegen Lizenzzahlungen (1858), Dampfkessel- und Apparate-Bestellungen (1886–1929), Hypotheken, Inventar (1908) 1836–1929; Elektrotechnische Fabrik Cannstatt (gegr. 1884 mit starker Beteiligung der Maschinenfabrik Esslingen, seit 1887 »Elektrotechnische Abteilung der Maschinenfabrik Esslingen«): Aktien 1884/1885, Statuten 1884, Generalversammlungen und Bilanzen 1884–1896, Protokolle und Berichte 1883–1895, Protokollbuch AR 1884–1934, Copierbuch 1887–1916, Korrespondenzen und Berichte (u. a. mit Kilian Steiner, Alfred Kaulla: Finanzierung, Verträge, Zusammenarbeit mit anderen Firmen, Reiseberichte von Ing. Cox) 1882–1905, Brandschaden 1887, Instruktionen 1893, Aktien, Werbeschriften (u. a. elektrische Beleuchtung von Eisenbahnzügen, Maschinen), Veröffentlichungen, Berichte, Mitteilungen, Löhne, Akkordsystem ca. 1880er Jahre –1930, E-Werke (Urach, Tuttlingen, Metzingen, Böblingen) ca. 1900–1940, elektrische Anlage Königsbronn 1940, Gaswerk Metzingen 1904, Darlehen (Württembergische Vereinsbank) 1905, Bauakten und Lagepläne ca. 1880–1920, Festschrift zum 25jährigen Bestehen 1909, Fotos (u. a. Maschinen, Geräte, Anlagen, ausgeführte Aufträge, Werkansichten) ca. 1880–1920; Württembergische Gesellschaft für Elektrizitätswerke AG Protokolle der HV 1905–1943, Journal 1918–1948, Hauptbuch 1917–1920, Personalbuchserie ca. 1905–1940er Jahre; Gasgesellschaft Esslingen (Sitzungsprotokolle der Teilhaber 1855–1926, Korrespondenzen, Mitteilungen 1907–1926); Wohnungsbau GmbH Weinstraße Mettingen (Geschäftsberichte 1950–1955); Fahrzeugbau Esslingen GmbH (Übergang ME-FE, Inventar, Geschäftsberichte, Jahresabschluß-Prüfberichte) 1960er Jahre
7 Satzungen und Statuten 1844–1964, AR-Protokolle (enthalten: Gründungsunterlagen, Gründungsverhandlungen, Verhandlungen Kessler-Staatsfinanzverwaltung, Gesellschafter, Verträge, Konstituierung Ausschuss, Statuten, Wahl des Vorstandes Georg Doertenbach, des Stellvertreters Heinrich Keller, des Vermittlers zwischen Ausschuss und Direktion Emil Georgii, Bankhaus Doertenbach & Co., Gebäude- und Geländekauf, Einzahlungen Aktionäre, Baukosten, Einstellungen von Kassier Haag, Baumeister Meßmer, Verhandlungen mit der Württ. Eisenbahn-Kommission, Verpfändungen, Grundsteinlegung, Zirkulare, Anleihen, Bauarbeiten,

Anstellung Fritz Gantter als kfm. Gerant, Obligationen, Zollvergünstigungen, Wasserbau, Einzahlungstermine für Aktionäre, Anstellungsvertrag mit den Direktoren Ehrhardt und Trick, Brandversicherung, Zollkredit, Anstellung von Ehrmann als kfm. Gerant, Auftragslage, Zinszahlung an Aktionäre, Zusammenstellung der Ausgaben für den Bau und Einrichtung der Fabrik, Teilbarkeit der Aktien, Aktienurkunden, Konkurs des Bankhauses Haber & Söhne in Karlsruhe und die Auswirkungen auf Kesslers Fabrik, Situationsbericht von Keller und Kaulla über Kesslers Karlsruher Fabrik, Geschäftsverlauf der ME, Erhöhung des Aktienkapitals, Geschäfts- und Lagebericht Kesslers über die ME. Generalversammlungen) 1846–1856, Berichte Emil Kesslers an die Generalversammlung der ME 1850–1866, Vertrag zwischen der Kgl. Eisenbahnwerkstätte und der ME 1854, Tantiemen und Provisionen 1856–1953, Berichte und Aufzeichnungen von Emil Kessler jr. an die Generalversammlung 1867–1883, kaufmännische Aufzeichnungen und Statistiken von Emil Kessler jr. 1846–1877, Verträge (Stadt Esslingen: Grundstücke, Wasser, Abwasser 1877–1962, Eisenbahnverwaltung 1913–1921, Neckarwerke: Stromlieferung 1925–1951, Gaswerk Esslingen: Gasbezug 1937, 1951–1956) 1877–1962, Rundschreiben/Mitteilungen (Verwaltung, Personal, Soziales) 1912–1969, Direktionsmitteilungen/Vorschriften 1880–1909 und 1949–1968, Betriebsmitteilungen 1911–1964, Neckar-Aktiengesellschaft (Gesellschaftsvertrag, Aktienübernehme) 1921, Korrespondenz ME-MAN (Kältemaschinen Linde-Riedinger u. a. Eröffnungsbilanz L. A. Riedinger Maschinenfabrik AG, Wien 1927) 1927–1960, Konzernberichte 1949–1964, HV 1968, Tagebuch von August Trick (»Meine Reise nach Rußland«) 1925, GHH und ihr nahestehende Unternehmen (u. a. ME) 1920er Jahre, Verträge DRB 1930er–1940er Jahre, Verträge Krauß-Maffei-ME 1957, Aktienübernehme und Zusammenarbeit ME-GHH 1920er–1960er Jahre, ME-HV 1965–1970, HV Pressekonferenzen 1961–1965, Anpassung der Satzung an das Aktiengesetz 1965/1966, ME-AR (u. a. Sitzungsprotokolle) 1966–1970, Anteilserwerb der GHH-Aktien durch die Daimler-Benz AG, Pacht- und Wertgutachten 1969, Presseberichte 1934–1987, Umstrukturierung der ME 1965–1967, Gutachten über die Lage der ME 1966, Bereinigung des Fertigungsprogramms (GHH, Haniel & Lueg, Ferrostaal, MAN, Gebr. Heller, Still, Wachenfeld) 1960er Jahre, Übernahme des ME-Maschinenbaus durch die GHH 1967–1969, Satzung 1970, Presseinformationen 1960er Jahre, Sitzungsprotokolle Geschäftsleitung-Betriebsausschuss 1959–1964, Gutachten über die Lage der ME 1966

9 Biographische Angaben: Emil Kessler d. Ä. (u. a. Grabreden 1862), Ludwig Kessler d. Ä., Emil Kessler d. J. (u. a. Anstellungsvertrag 1867), eigenhändige Berichte von Emil Kessler d. Ä. und Emil Kessler d. J. 1847–1883, Briefe Emil Kessler d. J. 1869–1878, Tod Dr. Ludwig Kessler (u. a. biographische Angaben, Beileidsschreiben) 1884–1949, Kurzbiographien von Direktoren, Prokuristen und AR-Mitglieder der ME, Elektrotechnischen Fabrik Cannstatt, G. Kuhn, Gebr. Decker und der Filiale Saronno: Aigner, Josef; Arnold, Ludwig; Baither, Otto; Bandow; Barth, Karl; Bauer, Heinrich; Baumann, Heinrich; Bayer, Richard; Blume, Paul; Carlé, Georg; Cox, Heinrich; Decker, Ferdinand; von Diefenbach, Julius; Dietsche, Franz; von Doertenbach, Georg; Dürr; von Duttenhofer, Max; Edelmann, Friedrich; Ehrhardt, August; Ehrmann, Carl; Ell, Karl; von Falkenhausen Kurt H.; Gerhardt; Geppert, Alfred; Gliz; Gottschick, Emil; Dr. Greiner, Fritz; Groß, Adolf; Gugel; Gundel, Robert; Günther, Otto; Haendel, H.; Haniel; Heller, Adolf; Hermann, Oskar; Herbst, Carl; Hermannz, Julius; Hurst, Arnold; Josi; Kalenbach; Kaiser; von Kaulla, Alfred; Ernst; Keller, Albert; Kinbach, J. H.; Kleinmichel, Georg; Dr. Klingenstein, Th.; Dr. Klüsener, O.; Kochstein, K.; Krämer, Ignaz; Krutina, Alfred; Kübler, Julius; Kuhn, Ernst; Kuhn, Gotthilf; Lasch; Lingmont; Liebel, Viktor; Lohrmann, Alfred; Dr. Maier-Leibnitz, H.; Maurer, Albert; Maurer; Dr. Mayer, Max; Messerschmidt; Merker, Otto; Meyer, Otto; Meyer-Philippi, Wolfgang; Müller, Gustav; Mümler, Karl; Nass, Rudi; von Pflaum, Alexander (Trauerrede, Nachruf 1911); Pinne, August; Rambs, Albert; Redelberger, Willy; Reusch, Hermann; Dr. Reusch, Paul; Riggenbach; Rogalski, Franz-P.; Rosenthal, Julius; Frhr. von Ruepprecht, Ludwig; Sanwald, Heinrich; Scheffer, Richard; Schilken, Wilhelm; Schneckenburger, Jacob; Dr. Schneider, Hans. F.; Schröter, Moritz;

Schüle, Friedrich; Schüle, Karl; Dr. Schumacher, Walter; Schwenger, Friedrich; Staelin, Paul; Stein; von Steiner, Kilian; Stieler, Richard; Dr. Strehl, Robert; Theurer, Adolf; Tilch, Kurt; Trick, August; Trick, Josef; Wahlberg, Mauritz; Wahlström, Emil A.; Dr. Weber, Hugo; Wintergerst, Louis; Wirth, Heinrich; Zwissler, Otto (enthalten u.a. Korrespondenzen, Verträge, Protokolle, Aktennotizen, Tantiemen, Jubiläen, Zeitungsausschnitte, Nachrufe, Berichte, Fotos etc.) ca. 1840–1970, Tagebuch mit technischen Eintragungen von Direktor August Trick und Presseveröffentlichungen über Russland 1880er–1920er Jahre, Personalakten Vorstand 1930er–1960er Jahre, Personalbuchserie 1846–1926, Personalstatistik-Lokomotivabteilung 1907–1932, Belegschaftsstatistik 1846–1867, 1913–1968, Personalkartei – Austritte (A-Z) 1919–1930, Personalkartei (A-Z) ca. 1890er–1960er Jahre, Personenkartei »für Betrieb« (A-Z) ca. 1900–1960er Jahre, Arbeiterstand 1924–1964, Arbeiterstand – Montagehelfer 1936, Lohnbuchserie 1946–1969, Belegschaftsstatistik 1960–1968, Montagelöhne im Ausland 1943, Personalangelegenheiten nach 1945, Gehaltslisten 1961–1963, Dienstvorschriften, Bestimmungen, Arbeitsordnungen 1887–1920, Unterstützungs- und Sterbekasse 1858, Gründungsurkunde und Statuten der Pensionskasse der ME-Beamten 1899, Betriebskrankenkasse-Protokollbuch 1884–1939, Satzung der Betriebskrankenkasse 1932, Betriebskrankenkassen 1923–1960, freiwilliger Sparverein 1871, Beamtenverein der ME (u.a. Fotos, Mitgliedskarte) ca. 1920–1986, Bekanntmachungen 1911–1968, Urkunde für Gedenktafel der ME-Beamten im Verwaltungsgebäude 1911, Enthüllungsfeier für Gefallenen-Ehrendenkmal 1937, Berichte zum Leistungskampf der deutschen Betriebe (DAF) 1940/1941 und 1941/1942, Lehrlingsausbildung (Beurteilung von Lehrlingen, Festschrift und Presseberichte 25 Jahre Paul Reusch Jugendstiftung, Eröffnung der Lehrwerkstätte 1937, Ausbildungsplan, Arbeitszeit) 1937–1968, Lehrlingsabteilung, Zwangsarbeit 1930er–1940er Jahre, Lichtfeier der Beamten in der elektrotechnischen Abteilung Cannstatt 1905, Maifeiern, Lichtfeiern, Abteilungsfeiern, Weihnachtsfeiern, Jahresabschlußfeiern (u.a. Programme, Reden) 1930er–1940er Jahre, Jubilarlisten, Jubilarfeiern, 75-Jahrfeier, 90-Jahrfeier, 100-Jahrfeier 1947, Betriebssport, Werksfeuerwehr, Leitfaden für Betriebsangehörige 1950er Jahre, Tag der offenen Tür 1960, Eisenbahnunglück in Esslingen (Korrespondenz mit Hinterbliebenen) 1961–1962, Tätigkeitsberichte der Abteilung Arbeitsführung 1966–1967, Alters-, Invaliden- und Witwenunterstützung, betriebliche Vereinbarungen, Statistik der Produktion und Arbeitslöhne (Arbeiter, Beamte) 1897–1963, 25jähriges Dienstjubiläum Dr. Ludwig Kessler und 100. Geburtstag Emil Kessler 1906–1960er Jahre, »Werkszeitung der ME« 1936–1943, Werkszeitschrift »Unsere Welt« 1962–1964, Zwangsarbeit 1941–1948, Eintrittskarten (Ball des Personals 1849, 50jähriges Jubiläum 1897), ME-Feiern (Fertigstellung der 100sten, 500sten, 1000sten, 4000sten, 4500sten, 5000sten Lokomotive sowie der letzten Dampflok) mit Fotos, Zeichnungen, Speisekarten, Festprogrammen, Anstecker 1870–1966, Lohntabellen und Versicherungen 1960er Jahre, Mietverträge Werkswohnungen 1965–1970, Baukostenzuschüsse 1965–1970, Arbeiter-, Ledigen-, Lehrlings-, Gästeheim ca. 1940–1960er Jahre, Arbeitsjubiläen 1944–1969, Rentenangelegenheiten 1950er–1970er Jahre, Altersversorgung ME-FE 1970, Erziehungsbeihilfen 1940er–1950er Jahre, Invaliden- und Witwenunterstützungskasse GmbH 1941–1956, Betriebskrankenkasse (u.a. Vertreterversammlungen, Jahresrechnungen, Krankenordnung, Korrespondenzen, Leistungen, Mitgliedschaft) 1950–1960er Jahre, Kurse, Kolloquien, Tagungen 1960er Jahre, Übernahme von Mitarbeitern ME/DBAG 1964–1967, Mitarbeiter Fahrzeugwerke Esslingen 1969

10 Fabrikplanung, Neubauten, Maschineneinrichtungen 1845–1960, Kauf von Grundstücken und Gebäuden 1846, Bauunterlagen (Kostenvoranschläge, Baukosten, Baupläne etc.) 1846, Verpfändungen 1846, ME-Lage- und Baupläne, Flurkarten, Bauakten, Grund- und Aufrisse, Verträge (alle Werke) ca. 1870–1960er Jahre, Grundstücksverträge mit der Stadt Esslingen und der DRB ca. 1900–1940, neue Lokomotivwerkstätte (Schmiede) 1862–1909, Bauplanung, Baugesuche und Baugenehmigungen Werk Esslingen 1912–1913, Baupläne Neckar-Kanal-Regulierungen Werk Esslingen ca. 1880–1903, Umbauten, Anbauten, Kesselschmiede, elektrische Kraftanlage 1898, ME Plan- und Materialverzeichnis für

Drehscheibe/Lokwerkstätte Esslingen 1904, Pläne Dampfkesselhaus ME 1920er–1960er Jahre, Bauvorhaben 1957–1964, Pachtverträge ME-DBAG1965, Investitionen und Instandhaltung der ME-Gebäude 1968–1970, Flächenaufstellungen Mettingen, Pachtverträge 1940er–1960er Jahre, Korrespondenz Wasser- und Schifffahrtsamt 1950er–1960er Jahre, Abwasser 1960er Jahre, Bahnaufsicht über Anschlußbahnanlage 1960er Jahre

11 Bankhaus Doertenbach & Co. 1846–1848, Bankhaus Metzler und Sohn 1846, Kgl. Staatsfinanzverwaltung 1846, Ausgabe von Obligationen 1846, Zollkredit 1846, Aktienausgabe, Stückelung 1846/1847, Erhöhung des Aktienkapitals 1848, Korrespondenzen (Kredit) mit Finanzministerium 1848, Aktien-Nummernbuch 1895–1912, Prioritäts-Aktienbuch 1883–1916, Gewinnanteilscheine, Filiale Saronno (Hypotheken) 1908, Deutsche Bank 1950er–1960er Jahre, Kapital, Aktien 1950–1979

12 Werkzeug- und Maschinenbestellungen (u. a. aus Kesslers Karlsruher Fabrik) 1846, Zollfreiheit für eingeführte Maschinen 1846

13 Korrespondenz Ludwig Kesslers betr. Feststellung des Baujahrs der ersten deutschen Lokomotive, älteste ME Lokomotive 1910, technische Lieferbedingungen für Dampfloks, Dienstinstruktionen für Lokomotivführer und Heizer, Signalordnung der Kgl. Württembergischen Staatsbahn, bahnamtliche Vorschriften 1852-ca.1950, Illustriertes Lokomotivpark-Verzeichnis der Kgl. Württ. Staatseisenbahnen 1892, Publications Industrielle Machines, Outils et Appareils von Armengand Aine (8 Bde., Paris 1853–1877), O. Geoffroy: Album Photographique et Déscriptif du Matériel ou Chemin de Fer du Nord 1858, Verschiedene Themen zum Eisenbahnwesen 1910–1955, Liste der seit 1846 von der ME gelieferten Lokomotiven, Datenblätter der bei der ME gebauten Lokomotiven 1846–1922, Listen der von 1846 bis 1886 bei der ME gebauten Lokomotiven (nach Ländern und Auftraggebern geordnet), Alb-Lokomotive Württ. (Berechnungen, Skizzen, Zeichnungen) ca. 1850–1900, Lokomotivstammheft für die Lokomotive »Schwarzwald« Baujahr 1847 (u. a. Umbau 1879 Rottweil), Lokomotivtypen-Skizzenbuch von Ludwig Arnold um 1885, Lokomotivtypen-Skizzenbuch um 1885, Ausschreibung zur Semmering-Bahn 1850, Lokomotivmontagelisten (u. a. Monteuerabrechnungen, Terminpläne für Montagen) 1852–1881, Dampflokomotiven (Tabellenwerke für Lokteile, Diagramme, Versuchsprotokolle, Steuerungen, Ventil-Dampfkolben, Ventile, Bremsen, Zeichnungen) ca. 1880–1950, ME-Lokbaustatistik 1894–1906, Leistungsversuche verschiedener Dampflokgattungen 1899, Berechnungen von Dampflokomotiven (feuerlose Loks, Steuerungen), Zugkraftdiagramme, sonstige Berechnungen ca. 1900–1940, Versuchs- und Kontrollfahrten von Dampflokomotiven, Indikatordiagramme, Württ. G 12, Vergleich von Verbundloks mit einfacher Dampfdehnung, Bericht über E-gekoppelte Heissdampf-Zwillingstenderloks der Hohenzollerischen Landesbahn 1913, Zusammenstellung von Hauptdaten alter Tenderloks (teilweise nicht ME), Lokomotiventwicklung allgemein (Druckschriften, Zeitungsausschnitte, Korrespondenzen Dr. Max Mayer) 1922–1963, Lokomotiventwicklung (Druckschriften von Fremdfirmen, Zeitungsnotizen, ME-Korrespondenzen, ME-Dampfloks und deren Verbleib, Verträge) 1860–1940, Patente für Dampf- und Dieselloks, Dampflokomotiven Württembergische Klassen C und K (Würdigungen, Geschichte, Berechnungen, Zeichnungen, Fotos) 1916, Untersuchungen und Druckschriften zum Bau von Dampf-, Diesel- und Elektrolokomotiven, Fahrverhalten von Lokomotiven, Klose-Patentschriften, Dampfloktechnik (ME-Druckschriften, Veröffentlichungen, Prospekte, ME und allgemein) 1890–1950er Jahre, ME-Bauunterlagen 1846–1880, Vierzylinder Heißdampflok – Güterzuglok für Württemberg, C Tenderlokomotive Tn für Württemberg, Dampflok 18–133 (Betriebsbuch der DR) 1921–1955, Dampflok 97–502 (Betriebsbuch) 1922–1962, Dampflokomotiven der Baureihe 64 (u. a. Versuchsfahrten, Berechnungen) 1934, Dampflokomotive T 3 der Gaskokerei Stuttgart (Fotos, technische Unterlagen) 1899–1970er Jahre, Schneepflüge für Dampfloks 19. Jh., Pressluftlokomotiven-Fremdfabrikate, Kruppsche Lokomotiven, Ljungström-Turbolok (Kosten, Patente, Presseberichte, Versuchsfahrten-Protokoll, Zeichnungen) 1922, Steuerungen (Untersuchungsergebnisse) 1865–1910, Statistische Unterlagen der ME 19. Jh., Russische Eisenbahnkommission (Versuche,) 1924,

Versuche UdSSR (Direktor A. Heller und G. Lomonossoff) 1925, Patente, Gebrauchsmuster ME und G. Kuhn 1904–1931, Heissdampftriebwagen für die Gran Ferrocanil de Venezuela, Dielselloktechnik (Untersuchungen, Veröffentlichungen, Berechnungen Diesellok V 60, Lok-Reparaturen, Verträge, Unterlagen) 1919–1964, Diesellokomotiven (u. a. Entwicklung der Technik der Diesellokomotiven, technische Beschreibungen von Dieselloks und Dieseltriebwagen, u. a. auch V 60, Referenzlisten über gelieferte Dieselloks, Druckschriften, Getriebearten, Pläne, Skizzen, Berechnungen, Diagramme, Antriebe, Gutachten teilweise Dr. Max Mayer, Verträge, Besprechungen mit MAN, Unterlagen mit Versuchsbericht, Prüfstandsversuche sowie Zeichnungen, Veröffentlichungen und Berechnungen zur Diesel-Druckluft-Lokomotive V 32 01, Patentschriften, Forschungsarbeiten Langen/Lindner) ca. 1920–1960, 650 PS C-Rangierdiesellok DH6501–6513 (u. a. Beschreibung, Bedienungs- und Wartungsanweisung) 1960, Diesellok-Fachartikel (nicht ME), Diesel-pneumatische Loksystem Zarlatti 1940er Jahre, C-Diesellok mit elektrischer Kraftübertragung (Hafenbahn Buenos Aires) 1924, Eisenbahnsicherungswesen (u. a. Korrespondenzen, Verträge, Pläne, Angebote) 1925–1954, Druckluft-Diesellok für Russland (u. a. Verträge, Korrespondenzen, Zeitungsausschnitte, Vorträge) um 1926, 300 PS Lok für Hafenbahn Buenos Aires (Versuchsberichte, Protokolle, etc.) 1927–1929, Diesellokomotiven (Vergleich Diesel-Dampfantrieb, Diagramme, Zeichnungen Preisvergleiche, Kostenanalysen) 1927, Dieselelektrische Rangierlokomotive 1-C–1 600 PS für japanische Staatsbahn 1928–1929, Diesellokomotiven (Zeichnungen, teilweise MAN, Ausschreibung Rußland-Projekt, Berechnungen, Diesel-Druckluft-Lok, Vortragsmanuskripte, Untersuchungen, Denkschriften, Korrespondenzen von Dr. Max Mayer) 1920er-1950er Jahre, B + B-Diesellok (Buenos -Aires) 1929, Versuche auf Prüfständen (Bedienungsanleitungen, Garantien, Prüfprotokolle, Diagramme) 1928–1929, Dieselloks Argentinien (technische Beschreibungen) 1960er Jahre, Technische Unterlagen Dampflok BR 52 und BR 42, u. a. Spannungs- und Fertigkeitsangaben, Versuchsberichte, Betriebserfahrungen) 1944, Umstellung von Dampf- auf Dieseltraktion DB (u. a. Korrespondenzen, Untersuchungen, Berichte, Protokolle) 1950–1955, Verdieselung oder Elektrifizierung auf Einzelstrecken der DB 1960er Jahre, Zahnradbahnen (u. a. Lieferverzeichnisse BBC, ME, Berechnungen, Zeichnungen, Skizzen, Schriftverkehr, Verhandlungen, Oberbau-Zahnstangen, Prüfungsberichte der Materialprüfungsanstalt Stuttgart) 1880–1950, Zahnradbahnen (u. a. Angebote, Verträge, Schriftverkehr, Konstruktions- und Lieferbedingungen, Pläne, Zeichnungen, Berechnungen, technische Unterlagen, Produktionsunterlagen, Aktenvermerke, Abnahmeprotokolle, Reklamationen, Beschreibungen, Traktionen u. a. für Achenseebahn, Harzbahn 1885–1950, Salzburg-Gaisberg 1886–1888, Langres Frankreich 1885–1887, Indian Railway 1887–1933, Padang Sumatra 1893–1920er Jahre, Zahnradbahn Ostmark 1943–1944, Königswinter-Drachenfels, Rüdesheim-Niederwald, Assmannshausen 1884, Zakaros Ungarn, Eschweiler Bergwerks-Verein, Stahlwerke Bochumer Verein, Corcovado Bahn Brasilien, Honau-Lichtenstein, Usui-Toge Bahn Japan, Brohttalbahn, Peissenberg, Götlitz-Kuchla, Leopoldine Railway Brasilien, Benguella Südafrika, Sizilien, Aringay-Bagmio Manila, Leukerbad, Metall- und Farbwerk Oker, Stasilmento Tevnico Triest, Chilian Longitudinal-Bahn, Indochina, Chile, Friedendorf, Braunkohlenwerke Leonhard Zipsendorf, Riebecksche Montagehalle, Argentinien, Indonesien, Arca-La-Paz-Railway in Chile, Wendelsteinbahn) ca. 1880er–1960er Jahre, Zahnradbahn Stuttgart-Degerloch, Filderbahngesellschaft, SSB (elektrisch/Dampf, Berechnungen, Korrespondenzen, Angestelltengehälter, Unterhaltsaufstellung, Kosten, Betriebsmittel, Filderbahn-Statuten, Tarif-Bestimmungen, Rechenschaftsberichte Filderbahngesellschaft, AR-Protokolle Filderbahn Fahrtbericht Hohenheim-Degerloch) 1883–1963, Zahnradlokomotive Baureihe 97 Honau-Lichtenstein (Beschreibungen, Zeichnungen, Schnitte) 1921–1962, Zahnradbahnen und Standseilbahnen nicht ME (u. a. Streckenbeschreibungen, -profile, Zeichnungen, Fachzeitschriften, Presseberichte, Zahnstangenprofil, Zugspitzbahn, Brünigbahn, Vitznau-Rigibahn, u. a. BBC, Oerlikon, ALM-Winterthur) 1880–1963, Zahnradtriebwagen (Korrespondenz Dr. Max Mayer, Zeichnungen) 1946–1950, Wagenbau (u. a. Gutachten 1844, technische Unterlagen, Bremsen, Drehgestelle, Zeichnungen von Wagen und Triebwagen, Kesselwagen, Selbstentlader, Spezialwagen, Baureihenbeschreibung GT 4 1864, Fachzeitschriften, Zeitungsausschnitte, Vorträge, Prospekte, Fotos) 1844–1963, Triebwagen (u. a. Versuchsberichte, Projekte, Vorträge, Zeichnungen, Korrespondenzen Dr. Max Mayer) 1925–1963, Dieseltriebwagen T 10 1951–1989, Dieseltriebwagen T 20 1952–1966, Dieseltriebwagen VT 19 1959, Industrielokomotive der Transformatoren-Union AG, Bad Cannstatt (technische Unterlagen) 1950er –1960er Jahre, wärmetechnische Berechnung für 550 PS-Kessel, Lokomotivbau – Fremdfirmen und Fremdkonstruktionen (Winterthur-Hochdrucklok 1924–1928, Hochdruck-Verbundlok LNER 1930, Turbolok MAN 1924, Royal State Railway of Siam ca. 1926, Reisebericht Stubbeköbing – Nyköbing – Nysted Bahn von Maffei München 1911, Fa. Krauß in München 1920er Jahre, Beyer-Caratt 2 D Lok Kolumbien, Booster Bauarten/SKF-Lagerungen mit Zeichnungen, Vergleich zwischen deutschen und amerikanischen Loks 1929–1930) 1911–1930, Lok-Reparaturen/Instandsetzung 1919–1922, Eisenbahn-Sicherungswesen-Signalwesen (u. a. ME-Druckschriften, Chronik des Sicherungswesens, Berichte, Konzepte, Vorträge, Prospekt über Signale und Weichen der Maschinenfabrik Schnabel und Henning in Bruchsal 1880) 1880–1920er Jahre, Seilbahnen u. a. Korrespondenzen, Kostenvoranschläge, Preislisten, Zeichnungen, Beschreibungen, Berechnungen, Angebote, Bauteile, Merkblätter, Ausführungsbeispiele auch Fremdfirmen, (Heidelberg-Heiligenberg 1886–1962, Heidelberg-Schloß Molkenkur 1888, Isabel Bahia/Brasilien 1889, Pacos de Caldes/Brasilien, Sao Paulo 1914, Lissabon Glora 1885, Piovene/Italien 1885, Bad Ems-Malberg 1887, Durlach-Turmberg 1887, Nazareth/Portugal 1888, Wiesbaden-Neroberg, Schlossberg/Freiburg 1929, Münster/Westfalen, Wildbad, Schluchsee 1928–1929, Berchtesgaden, Zugspitzbahn 1929–1930, Merkurbahn/Baden-Baden 1912–1913, Erdmannsdorf-Augustenburg 1911–1916, Genua/Italien 1929, Bergen/Norwegen, Waldfriedhof Stuttgart 1929, Venusberg/Bonn 1930, Heidelberg, Koblenz-Rittersturz, Krakau, Caummt/Belgien, Bilbao, Ekeberg-Christiana, Bogota, Kowno/Litauen 1930, Alicante/Spanien 1929, Mount Rokker/Japan, kleine Seilbahnen teilweise mit Zeichnungen und Lageplänen: Pilar Bahia, Barmen, Leoni-Rottmannshöhe, Graz-Schloßberg, Cordoaria Oporto, Kabelbahn Urbana S. Sebastiano de Pedreira, Estrella, Bathala aos Guindas Porto 1890–1897) 1885–1960er Jahre, Dampftriebwagen (u. a. Zeichnungen, Preisausschreiben) 1890–1935, Heissdampftriebwagen für die Gran Ferrocanil de Venezuela 1930, Türkei-Dampftriebwagen (u. a. Korrespondenzen, Zeichnungen, Druckschriften) 1931–1938, 4-achsiger Triebwagen Nr. 25 der Eisenbahn AG Schaftlach-Gmund-Tegernsee 1940, Stuttgarter Vorortttriebwagen ET 65 (ET 465) 1978–1984, Elektrolokomotiven (u. a. Sonderdrucke, Ergebnisse von Forschungsarbeiten, Elektrifizierung von Strecken, Beschreibung der E 4801 der französischen Eisenbahn) 1909–1932, Gutachten für die Württ. Staatseisenbahn über die Anschaffung von Personen- und Güterwagen (u. a. Zeichnungen von Personenwagen) 1844, Entwürfe für Privat-Salonwagen der russischen Staatsbahn 1878, Personenwagen Ib II. Klasse für die Reichseisenbahnen Elsass-Lothringen 1882, Schienenfahrzeuge (u. a. Druckschriften zu Triebwagen, Straßenbahnen, Seilbahnen, Zahnradtriebwagen, Personenzugwagen, Güterwagen, Postwagen, Spezialwagen) 1920er Jahre –1963, Wagenbau (u. a. Zeichnungen, Fotos, Drucke, Beschreibungen, Heizung, Beleuchtung, Verträge) 19. Jahrhundert, ME-Personen- und Schlafwagen (u. a. technische Beschreibungen) 1950er Jahre, Filderbahn Degerloch-Möhringen (u. a. Verträge, Streckenpläne) 1869–1874, Straßeneisenbahn Neapel, Straßenbahn Monte Carlo (u. a. Prospekte Werbematerial) 1882–1963, Straßenbahnwagen und U-Bahnwagen (technische Beschreibungen) 1960er Jahre, Gabelstapler und Schlepper (u. a. ME-Werbematerial, Einsatz von Gabelstaplern, Druckschriften) 1920er–1960er Jahre, Stahlbau (u. a. Brückenbau, Brückenlager, Esslinger Corroweldlager, Auflager für Hoch- und Tiefbauten, Brückenübergänge, Broschüren, Verzeichnis der erbauten Brücken, Brückennummernbuch 1864–1881, Verzeichnis der ME-Brücken und Eisenkonstruktionen ab 1874, Materialverzeichnis Donaubrücke bei Gutenstein 1890, Combe Meran-Viadukt/St. Ursanne, Autobahnbrücke Ditzingen 1935–1937, Richtfest

Atzelbachbrücke 1937, Richtfest Sulzlachbrücke 1936, Strassenbrücken u.a. auch Gebr. Decker, Stahlbau für AG für Feinmechanik/Tuttlingen, Bahnhöfe Stuttgart und Cannstatt, Personenbahnhof Amsterdam, Nordwest-Bahnhof Wien, Stahlhochbau, Liste angefertigter Zeichnungen für Eisen- und Stahlhochbau 1910–1913, Auflistung statischer Berechnungen für Stahlhochbauten, Brücken, Viadukten etc., Stahlwasserbauten, Schleusen, Wehre, Statistik, Jahresberichte, Werbemittel, Zeichnungen, Pläne, Verträge, Berechnungen) 1863–1950er Jahre, Die König-Karls-Brücke über den Neckar zwischen Stuttgart und Cannstatt (1 Buch) 1895, Verzeichnis eiserner Brücken und Eisenkonstruktionen (1 Buch) 1887–1909, technische Daten, Beschreibungen und Skizzen zu Aufträgen von Brücken und Eisenkonstruktionen (1 Buch) 1886, Zeichnungs-Nummernbuch ABT. TK 1907–1926, Maschinenbau: Dampfmaschinen (u.a. Druckschriften von ME, G. Kuhn und Gebr. Decker, Liefer- und Herstellungsverzeichnisse über bei der ME und G. Kuhn hergestellten Dampfmaschinen und Lokomobile, Zeugnisse, Zeugnisse, Geschichte des Dampfmaschinenbaus ME und G. Kuhn, Diagramme, Tabellen, Schriftwechsel, Druckschriften, Berechnungen, Bedienungsvorschriften, Gleichstrom-Heißdampfmaschine M.E.K. 1909, Fotos) 1870er Jahre–1939, Dampfmaschinentypen 1854–1943 (u.a. liegende und stehende Ein- und Dreizylinder-Dampfmaschinen), Kompressoren, Verdichter, Vakuumanlagen (u.a. Berechnungen, Skizzen, Diagramme Obering. Karl Schüle), Pumpenbau (u.a. Kostenvoranschläge, Beschreibungen, Gutachten, Dreiplungerpumpen, Kreiselpumpen, ME-Druckschriften, Prospekte) 1881–1950er Jahre, Klärschlammverbrennungsanlage 1963, Dampfkessel-Verzeichnis der ME (System Tenbrink), Tenbrink-Feuerungen und -Kessel (u.a. Druckschriften, Heizversuche) 1864–1946, Unterlagen zum Dampfkesselbau (u.a. allgemeine Unterlagen, Werksgeschichte, Berechnungstafeln, -tabellen, Zeichnungen, Berechnungsgrundlagen, Fremdkonstruktionen) 1851–1936, Montage- und Reiseberichte Kesselbau 1950er–1960er Jahre, Kessel für Esbi/Kuchen 1954–1958, Kesselanlage Kernreaktor Karlsruhe 1958–1961, Verdichterbau: Hub-Kolbenverdichter, Trockenlaufverdichter, Umwälzverdichter, Kreiselverdichter, stehende und fahrende Verdichter (u.a. Anfragen, Aufträge, Berechnungs- und Kalkulationsunterlagen, Fotos) 1921–1963, Bericht über die Entwicklung der Abteilung C (Verdichter) 1930–1940, Druckschriften u.a. für Roste, Kessel, Pumpen, Verdichter, Kompressoren, Verbrennungsanlagen, Wasserreinigungsanlagen 1879–1960er Jahre, gleislose Flurförderer (u.a. Einsatzbeispiele, Fachaufsätze, Werbematerial) 1940er –1960er Jahre, Rollböcke (u.a. allgemeine Unterlagen, Zeichnungen, Druckschriften, einzelne Projekte u.a. Japan 1914) 1890–1958, fahrbare Drucklufterzeuger (Beschreibungen, Anleitungen) 1920er Jahre, Grosser Druckluft-Erzeuger 34 für die Wehrmacht 1930er–1940er Jahre, Kälteanlagen (u.a. Druckschriften, Lieferverzeichnisse, Nummernverzeichnis Kühlmaschinen, Kleinkältemaschinen, Bedienungsvorschriften, Druckschriften G. Kuhn, Zeichnungen, Abnahme der Kühlanlage des Städtischen Schlachthofes Stuttgart (1909/1910) 1909–1961, Bericht über die Entwicklung der Kältemaschinen-Abteilung 1929–1940, CO2-Anlagen (Lieferlisten, Druckschriften, Fotos und Blaupausen u.a. Griessheim/Düsseldorf, Union Braunkohlen/Wesseling/Belgien, Werkspoor/Amsterdam, Erdölchemie/Leverkusen) 1920er–1960er Jahre, Verdichterbau (u.a. Hub-Kolbenverdichter für Hochdruck-Polyäthylenanlagen, Trockenlaufverdichter, Umwälzverdichter) 1940er–1960er Jahre, Hochdruckverdichteranlagen Kütahya/Türkei 1966–1970, Chlorgas-Kompressoren (u.a. Zeichnungen, Fotos), Dampfturbinenbau (Druckschriften und Bildsammlung u.a. Saline Friedrichshall ca. 1916) 1916–1952, Gastankanlagen (u.a. Berechnungen, Druckschriften, Korrespondenzen, Fotos) ca. 1940–1960, Kranbau: Verladebrücken, Wagenschiebebühnen, Drehkräne, Lokomotivschiebebühnen, Lokomotivschiebebühne Kattowitz, Laufkräne für Lokomotiven, Rangierwinden (u.a. Verträge, Korrespondenzen, Fotos, Werbeschriften, Preistabellen, Bestellbuch für elektrische Laufkräne) ca. 1900–1920er Jahre, Giesserei (u.a. Druckschriften, Prospekte, Fachartikel, Vorträge, Untersuchungsberichte, Empfehlungsschreiben) ca. 1915–1950, Elektromotoren (u.a. Druckschriften, Beschreibungen) 1920er Jahre, Heizungs-Lüftungs- und Warmwasserversorgungsanlagen (u.a. Druckschriften, Lieferverzeichnis, Heizwerk Hbf Stuttgart) 1920er–1950er Jahre, Verbrennungsmotoren (u. a. historische Beschreibung der Erzeugnisse, Druckschriften, Prospekte, Betriebsvorschriften, Fotos, Zeichnungen, Empfehlungsschreiben) 1890–1930, Korrespondenz Dr. Max Mayer mit Rudolf Kreutzer (Hanomag-Henschel) 1923–1931, Welz und Schmelzer 1943–1953, ME-Brandschutz (u. a. Berichte, Korrespondenzen, Zeichnungen) 1935–1945, Draisinen (Patente, Zeichnungen, Berechnungen) 1870–1930, Straßenwalzen 1892–1927, Wiederaufnahme der Fertigung 1946, Elektrofahrzeugbau (u. a. Elektrolastwagen, Hochhubkarren, Niederhubkarren, Werbematerial) 1920er–1960er Jahre, Gabelstapler mit Elektro- und Dieselmotor 1954–1966, Fräsmaschinen (Bauart Langbein), ME-Fertigungsprogramme und Gesamtlieferungsprogramme und Erzeugnisübersichten 1915 – 1934, 1950–1967, Technische Korrespondenzen A-Z 1929–1938, Leistung und Leistungsversuche diverser Lokomotiven ca. 1870–1913, Motoren der DMG für Schienenfahrzeuge ca. 1880–1890, Erfindungen A. Klose 1890–1921, Schiffbau bei der ME ca. 1900–1980er Jahre, Lizenzverträge 1950er- 1960er Jahre

14 ME-Lokomotivenliste (enthält: Baujahr, Typ, Art, Spur, Bestelldatum, Lieferdatum, Empfänger/Verbleib) 1841–1965, Auftragslage 1847, Auszüge aus Generalbestellbüchern für Lokomotiven, Lieferverträge mit Eisenbahngesellschaften über Lokomotiven (u. a. Verträge, Korrespondenzen) 1871–1886, Vicinalbahnen Kopierbuch 1880, Lokomotiv-Bestellbücher 1891–1937, Lokomotivbau-Statistik-Verkäufe 1894–1906, T 3 für Gaswerk Stuttgart 1898–1938, Lokomotiv-Offertenbücher 1898–1939, Eisenbahnwagen-Bestellbücher 1885–1916, Korrespondenzen (Angebote, Bestellungen, Rechnungen) über Eisenbahnen und Eisenbahnzubehör 1930er Jahre, Auftragsbuch für Lokomotiven 1951–1958, Kommissionsbuch über gebaute Wagen der ME o. D., S-Buch 1939–1952, Bestellbuch Filiale Saronno 1910–1912, Eisenbahnstaatsvertrag (Korrespondenzen Lokomotiv- und Wagenvergebung DRB) 1920–1931, Lieferverträge (u. a. Vertrag mit der Kgl. Württ. Staatsbahn über Güterwagen) 1911–1937, Eisenbahn-Staatsvertrag (u. a. Protokolle, technische Lieferbedingungen für Lokomotiven und Eisenbahnzubehör, Druckschriften, Klage beim Staatsgerichtshof, Korrespondenzen) 1920–1931, Lokbau-Zuteilungsquoten für ME (Korrespondenzen, Statistik zur Bestandsverteilung von Loks und Wagen) 1913–1933, Quoten-Ermittlung des Deutschen Reichsbahn-Lokverbandes (Quotenverhandlungen-Reichsbahnquote) ca. 1928, Diesellok-Fachartikel, Diesellok-Projekte und Angebote 1922–1960, Reichsbahnvertrag 1937, Auftragslisten über Eisenbauten (u. a. Brücken, Bahnhofshallen etc.) für den Ausfuhrverband 1904–1923, Bestellbuch für Laufkräne mit elektrischem Antrieb und Handlaufkräne ca. 1900–1920, Fräsmaschinen (Bauart Langbein) Lieferliste um 1920, Auftragseingänge und Auslieferung (u. a. von größeren Anlagen) 1937–1953, Lieferverzeichnisse und Nummernverzeichnisse Kühlmaschinen o. D., Dampfkesselverzeichnis o. D., Kranbau-Preislisten o. D., Auftrag Griechische Staatsbahnen SPAD (u. a. Berechnungen, Angebote, Korrespondenzen) 1961–1962, Fachberichte ME-Programm 1958–1964, Angebote (Verdichter- und Kläranlagenbau) 1948–1955, Preise und Preislisten (Motoren, Generatoren, Lokomotiven, Lokomotivzubehör) 1928–1929 und 1943–1944, Strassenbrücke über die Argen (Bodensee) 1897–1988, Verträge Wasser- und Schifffahrtsdirektion Stuttgart mit technischen Unterlagen (Staustufen Marbach, Poppenweiler, Hofen, Pleidelsheim) 1954–1957, Vertrag Wasser- und Schifffahrtsdirektion Münster/Westfalen mit technischen Unterlagen (Schleuse Friedrichsfeld, Wesel-Datteln-Kanal) 1961, Fahrzeugwerke Esslingen GmbH Verkäufe ca. 1965–1970

15 Firmensiegel von Emil Kessler 1840er Jahre, Briefköpfe ca. 1880er–1960er Jahre, ME-Logos ca. 1920–1960, Werbematerial Dampflokomotiven 1840er–1960er Jahre, Werbematerial Diesel- und Dieselelektrolokomotiven ca. 1920er–1960er Jahre, Werbematerial Wagenbau, Triebwagen, Strassenbahnen ca. 1900–1960er Jahre, Werbematerial Waggonbau ca. 1930–1965, Werbematerial Eisenbahn-Sicherungswesen, Seilbahnen, Stahlbau ca. 1860–1945, Werbematerial Maschinenbau ME und Fremdfirmen ca. 1880–1960eer Jahre, Gastankanlagen (u. a. Schriftwechsel, Zeichnungen, Untersuchungen, Entwürfe, Bauvorschriften) 1940–1955, Werbeschriften Kranbau (elektrisch angetriebene Lauf- und Drehkräne, Laufkräne zum Heben von Lokomotiven), Verladebrücken, Drehscheiben, Schiebebühnen,

Rangierwinden, Giesserei, Hängebahnen, Verbrennungsmotoren, Gabelstapler, Schlepper, Lufthammer, Elektrofahrzeuge (Elektrolastwagen, Hochhubkarren, Niederhubkarren, Werktransportfahrzeuge), Gabelstapler mit Elektro-, Diesel- und Benzinmotor, Stapleranbaugeräte, Stahlwasserbauten (Schleusen, Wehre), Stahlhochbauten, Brückenbau, Verbrennungsanlagen (Müll-, Klärschlammverbrennunganlagen), Dampfkesselanlagen, Kolbenpumpen, Kreiselpumpen, Kohlensäure- und Trockeneisanlagen, Kälteanlagen, Kleinkältemaschinen, Vakuumanlagen, Kolbenverdichter, Verdunstungsrückhalter, Kompressorenbau 1880–1960er Jahre, Werbematerial elektrotechnische Abteilung ca. 1900/1910, Musterbuch Eisen- und Metallgießerei 1883–1884, ME-Gesamtfertigungsprogramm 1950er–1960er Jahre, Weltausstellung Wien 1873, Württembergische Landesgewerbeausstellung 1881, Ausstellung Frankfurt a. M. 1891, Gewerbeausstellung Cannstatt 1893, Messen und Ausstellungen 1950er–1960er Jahre, Verzeichnis von Ausstellungs- und Messeauszeichnungen

16 Bilanzen (teilweise mit Vorakten und Bilanzunterlagen) 1848–1935, Meldungen zur Bilanz 1928–1968, Bilanzbuch der Maschinenfabrik-Abteilung 1921–1940, Fabrikinventar 1848, Geschäftsberichte 1896–1979, Wirtschaftsprüfungsberichte 1943–1954, Jahresabschlüsse 1964–1967, Prüfung des Jahresabschlusses 1951–1969, Prüfung ME-Abhängigkeitsberichte 1966–1969, Prüfung Jahresabschlüsse Fahrzeugwerke Esslingen GmbH 1968–1972, Abschlußjournal 1940-Juni 1948, Hauptbuchserie 1846–1851, 1855–1861, 1874–1882, 1893–1895, 1899–1902, 1906–1907, 1913–1914, 1920, 1924–1927 und 1946–1951, Revisionsberichte des AR über die Bilanzen der ME 1902–1919, ME-Jahresabschlußprüfung 1985, Umsätze 1943–1961, Preiskalkulationen für Personen- und Güterwagen 1881–1911, Kostenvoranschlag 1-E-1 Druckluftlok o. D., Kalkulationsbuch für Wagen 1889–1901, Aufstellungen der Gestehungskosten 1937–1945, Betriebsbuchhaltung-Inventur Dezember 1940, Kassenbuch 1955–1957, Studie zur Rentabilitätsverbesserung (A. T. Kearney GmbH) 1965, Forderungen der ME an das Maicowerk Tübingen 1957–1968, Investitionen und -programme 1937–1968, Bewertung Gesamtbetrieb Maschinenbau 1967, grafische Statistik (u. a. Materialeinkauf, Durchschnittsverdienste, Auftragsbestand, Auftragseingang, Betriebskennzahlen) 1921–1956, Jahresstatistik 1948–1960er Jahre, Jahresberichte Betrieb 1952–1955, Pensions-Rückstellungen 1963, Berechnung Anlagevermögen 1956, Studie zur Rentabilitätsverbesserung 1965, Verkehrswertgutachten ME-Flurfördermittelbau 1968, Kassenbuch Filiale Saronno 1900–1907, Inventar Filiale Saronno 1908

17 Gewerbesteuer 1948–1957, Vermögenssteuer 1948–1962, Körperschaftssteuer 1950er–1960er Jahre, Buch- und Betriebsprüfungen 1953–1957

18 Brandversicherung 1846

19 Soldatenbriefe eingezogener Mitarbeiter 1914–1918, Werksfeier zur Einweihung eines Ehrenmahls für die im Ersten Weltkrieg gefallenen Mitarbeiter (Einladungsliste, Fotos) 1937, Soldatenhilfswerk der ME (Soldatenbriefe, Korrespondenzen, Rundschreiben, Feldpostpäckchen, Statistik) ca. 1940–1945

20 Industrie-Verband Esslingen (Satzung 1911/1922, Ausschuß-Mitglieder, Vorstand, Auflösung) 1911–1936, Lokomotiv-Ausfuhr-Verband 1909–1912, Verbände und Vereinigungen der deutschen Lokindustrie (u. a. Satzungen, Statuten, Verträge, Korrespondenzen) 1922–1949, Deutsche Wagenbau-Vereinigung (Satzung) o. D., Gemeinschaft deutscher Waggonfabriken (Satzung, Tagungsberichte, Schriftwechsel) 1923–1963, Hauptausschuss Schienenfahrzeuge (Sitzungen des Arbeitsauschusses Konstruktion) 1943–1944, Arbeitsgemeinschaft Dieselverkehr, Fachuntergruppe Eisenbahnsicherungsanlagen (Geschäftsberichte) 1935–1944, Ausfuhrverband für Eisenbauten 1920, Export-Verein 1925, Verband der Zentralheizungs-Industrie 1918, Süddeutsche Gruppe des Gesamtverbandes Deutscher Metall-Industrieller 1911–1913, Deutsche Wagenbauvereinigung (Reichsbahnvertrag) 1932, Süddeutsche Gruppe G.D.M. 1913–1915, Verband deutscher Eis- und Kältemaschinen (Satzungen und Beschlüsse) 1911, Verband der Dampfkraftmaschinen-Fabriken (Satzungen und Beschlüsse) 1908, Verband der Pumpen und Pumpenmaschinen-Fabriken (Satzungen und Beschlüsse) 1910, Kreiselpumpen-Verband (Satzungen) 1917, Wasserreiniger-Verband (Satzungen) ca. 1910, Kompressoren-Ausfuhrverband

(Satzung) 1918, Ausfuhrverband für Kältemaschinen (Satzung) 1919, Tech. Verband 1908–1915, Europäische Gesellschaft für Kur- und Erholungsheime für Handel und Industrie e. V. (früher: Gesellschaft für Kaufmanns- und Erholungsheime e. V. Ferienheime für Handel- und Industrie Stuttgart/Wiesbaden) 1916–1970, IHK Esslingen Korrespondenzen 1950er–1960er Jahre, Fachverband Waggonbau Frankfurt a. M. (Kartellvereinbarung) 1956–1957, Unterstützungsverband für den GHH-Konzern 1959–1966

21 Rechtsstreit Lizenzen (Rückkühler) 1962–1966, Patentstreit Clark 1967–1974

22 Frauenkirchenbauverein Esslingen (Restaurierung der Frauenkirche, Mitglieder, Benefizkonzert, Lotterie, Baugeschichte der Frauenkirche, Stiftungsrats-Protokolle, Aufrufe, Korrespondenzen) 1883–1890, Deutsches Museum 1918, Deutsches Museum Reisestiftung 1950er–1960er Jahre, Paul Reusch Jugendstiftung 1950er–1960er Jahre, Modelleisenbahnclub Esslingen (Fotos: russische Feldbahnlok, END-Straßenbahn), Härtsfeld Museumsbahn e. V., Neresheim 1986–1992, Sammlung F. Zehender (technische Unterlagen, Zeichnungen, Berechnungen Dampfloks, Wagen) 1940–1941, Technoseum Mannheim (historische Lok Eschenau) 1896–1987, Freunde der Zahnradbahn Honau-Lichtenstein, Dampfbahnfreunde Friedrichsruhe, Kündigung von Vereinsmitgliedschaften 1968

47 Fotobestand ca. 1850er–1960er Jahre: Lokomotiven (Außen- und Innenansichten, Bauteile): 1. Dampflokomotive der ME, Dampflokomotiven, Dampflokomotiven für Werksbahnen, Feuerlose Lokomotive, Privatbahn-Dampfloks, Dampfloks deutscher Länderbahnen, Dampflokomotiven für K.W.St. E., Dampflokomotive für die holländische Staatsbahn auf Sumatra/Indochina, amerikanische Dampfloks, Dampflokomotiven des europäischen Auslands, Dampfspeicherlokomotiven, Lok-Kessel für Indien), Diesellokomotiven (u. a. Diesellokomotive mit mechanischer Übertragung, Industrie- und Werklokomotiven, Diesellokomotive mit hydraulischer Übertragung, Dieseldruckluftlokomotive, DRB, Diesellok V 100 der DB, 450 PS Diesellokomotive, B-Diesellokomotive, Diesellok für GHH, Diesellok V 81 (Alblok), C'C' Diesellok 1900 PS für Brasilien (Leopoldina), C-Diesellokomotive, Rangier-Diesellokomotiven, Dieselmechanische Kleinloks, Diesel-Elektrische Lokomotive, Diesellokprojekte), Elektrische Lokomotiven, Zahnradlokomotiven, Zahnradbahn Motorwagen, Akkumulatorenlokomotive, Grubenloks mit Akkumulatoren, Dieseltriebwagen ME und Fremdfirmen, Dampftriebwagen, Elektrotriebwagen, Turmtriebwagen, Gleichstromoberleitungs-Triebwagen, Hofzug der türkischen Staatsbahn, Straßenbahntriebwagen, Kondensatoren, Lokomotivkessel, Drehgestelle, Rollendes Material (Außen und Innenansichten): Personenwagen (alle Klassen, zweiachsig, vierachsig, Plattformwagen, Abteilwagen, Schnellzugwagen, D-Zugwagen), Gepäck- und Postwagen, Schlafwagen, Speisewagen, Güterwagen DRB, DB und Privatgüterwagen (u. a. Schwerlastwagen, Tiefladewagen, Pritschenwagen, Bunkerwagen, Akkumulatorenwagen, Rungenwagen, Tankwagen, Kühlwagen, offener Güterwagen, gedeckter Güterwagen, gedeckter Weinwagen, Weinfaßwagen, Säuretopfwagen, Gaswagen, Circus-Wohnwagen, Schüttgutwagen, Brauerei-Kühlwagen, Tragschnabelwagen), Tender, Gepäcktriebwagen, Schmalspurwagen, Zahnradniederbordwagen, Sonstige Fahrzeuge: Straßenbahnen (u. a. Straßenbahnwagen der Stuttgarter Pferdebahn 1868, Beiwagen), Elektrofahrzeuge (u. a. Elektrokarren, Elektrotransporter, Aufbauten für Elektrofahrzeuge, Sonderfahrzeuge mit Elektroantrieb), Dampfstraßenwalzen, Straßenwalzen mit Aufreißer, Raupenfahrzeuge, Kanalreinigungsfahrzeuge, Eisenbahnzubehör und Eisenbahnsicherungswesen (u. a. Druckluftzentrale, Verteilerstation, Gleisanlagen, Rollböcke, Stellwerke, Rangierwinden), Standseilbahnen (u. a. Waldfriedhof Stuttgart), Bergbahnen, Zahnstangenbau, Dieselmotoren, Drehgestelle, Achsen, Kupplungen, Gleislose Flurfördermittel, Gabelstapler, Seil- und Schwebebahnen, Maschinen und Anlagenbau: u. a. Dampfkessel und Zubehör, Dampfmaschinen, Dampfschiff Wilhelm (Dampfmaschine), Dampfhammer, Bohrhammer, Abbauhammer, Schleifmaschinen, Blechhobelmaschine, Kühlmaschinen, Kühlschränke, Trockeneisanlagen, Gasverdichter, Eismaschinen, Pumpen, Rohr- und Kesselbau (Dampfkessel, Wasserrohrkessel, Abhitzekessel), Kondensatoren, Kräne, Laufkatzen, Verladebrücken, Drehscheiben, Schiebebühnen, Rangierwinden, Koksverlademaschinen, Kolbenstangen, Ladeeinrichtungen für Elektrofahrzeuge, Schalttafeln, Fernheizwerk Tübingen, Umspannwerk Hoheneck, Stahlbauten (u. a. Hindenburgbau Stuttgart, Zeppelinbau Stuttgart, Breuninger Stuttgart, Flughalle Böblingen, Flughalle Echterdingen, Hochhaus Speiser in Stuttgart, Brücken, Schleusentore, Gittermasten), Zirkuszelt Althoff, Werkfotos (Innen- und Außenansichten): Fabrikgelände, Luftaufnahmen Fabrikanlage, Fabrikgebäude, Produktionshallen, Formerei, Gießerei, Werkshallen, Brückenbauwerkstätte, Wagenbauschmiede, Schmiedeofen, Stahlschleiferei, Werkzeugausgabe, Bohrwerksabteilung, Stempeluhren, Werkzeugschleiferei, Generatoren-Gasanlage, E-Werk Untertürkheim, Sandgrube Werk Mettingen, Eisenkonstruktion der Gießerei, Maschinenraum mit Dampfmaschine Werk Mettingen, Rippenzylindergießerei, Kraftwerk, Tandem-Verbund-Dampfmaschine, Schiebebühne, Schreinerei, Maschinen, Kesselhaus, Kesselschmiede, Mechanische Werkstätte, Wagenbauhalle, Blechbearbeitung, Biegerei, Stahlbau, Schmiede, Metallspritzanlage, Bohrwerk, Gußputzerei, Arbeitsplätze, Arbeiter bei der Produktion, Kompressorfertigung, Werkswohnungen, Parkanlage, Erholungsheim, Druckluftzentrale, Edelholzlager, Paketierungsanbau, Ansicht Güterbahnhof, Lokomotivprüfstand, Werkseigener Zug der ME, Meßwerkstatt, Rollenprüfstand, Modellschreinerei, Arbeitsvorbereitung, Verwaltungsgebäude Mettingen, Pforte, Luftschutzstollen, Arbeitsfotos: Arbeitsplätze, Arbeiter, Werkstücke, Gruppenfotos von Angestellten (1920–1926), Fotos von der Produktion (Fotografin: Walde Huth, Esslingen) 1942, Jubilare mit Gabentisch, Gedenktafel; Messe Hannover 1953; Personenfotos leitender Angestellter und Aufsichtsräte (u. a. Emil Kessler d. Ä., Emil Kessler d. J., Ludwig Kessler, Gotthilf Kuhn, August Ehrhardt, August Trick, Ferdinand Decker, Adolf Theurer, Paul Langbein, Friedrich Schwenger, Henri Cox, Karl Herbst, Paul Reusch, Geh. Kommerzienrat Max von Duttenhofer (Aquarellzeichnung, Rottweil 1905), gerahmte Fotos: Josef Trick, Ernst Kuhn, August Ehrhardt, August Trick, Ludwig Kessler, Henri Cox, Adolf Groß, Emil Kessler, Paul Reusch, Paul Langbein, Ludwig Arnold, Friedrich Schwenger, Adolf Theurer 1860er–1960er Jahre, Gesamtansicht der ME 1906, Werksansichten ca. 1850–1960er Jahre, Gottlieb Daimler mit seiner Straßenbahn auf der Nationalausstellung Palermo (Saronno) um 1890, 10.000ster Personenwagen mit Arbeitern 1914, Fotoalben: »Tram way-cable« Palma-Graca à Lisbonne (Portugal) um 1890, elektrotechnische Abteilung der ME (Produkte) ca. 1910, Hafenbahnhof Friedrichshafen ca. 1910–1930, Giesserei ca. 1910–1930, Kompressoren ca. 1910–1930, Kreiselpumpen ca. 1910/1920, Dampfkessel ca. 1910/1920, Doppelschleuse Marbach und Pleidelsheim – Torkonstruktion 1954/1955, ME-Umstrukturierung (Werksanlagen) 1965–1971, Produktfotoalben (Wilhelmsbrücke in Cannstatt, Königstraßenunterführung in Cannstatt, Bahnbrücke in Neckarhausen, Sulzbachbrücke bei Denkendorf (Reichsautobahn), Straßenbrücke am Brühl in Mettingen, Reichsautobahnbrücke Friedrichsfeld) ca. 1910–1940, Produktionsprogramm der ME 1953, Fertigung der C-C Diesellokomotive 1900 PS Lieferung für die Irfa (Leopoldina und Rio Grande do Sul-Brasilien) 1954, Beispiele ausgeführter ME-Kompressoren und Verdichteranlagen 1930er–1950er Jahre, Lokomotiven 1950er–1960er Jahre, Fertigung der Lokomotive BR 82 1952, Stahlbauten, Giesserei, Schleussen, Elektroschlepper, Elektroschienenfahrzeuge 1950er Jahre, Einsatz des ersten Diesel-Triebwagens 1951, Einsatz einer C-Diesellokomotive in Paraiso/Brasilien 1951, Fertigung von Transformatoren-Käfigkessel 1950er Jahre, Abbruch eines Fußgängerstegs in Untertürkheim o. D., ME-Lehrlingsheim 1930er Jahre, Besuch des Directors of Governement for Württemberg-Baden Mr. Charles M. la Folette bei der ME 1948, Maschinenfabrik Saronno 1888–1918, Fotos deutscher Fabrikinhaber und Direktoren von Maschinenfabriken, Lokomotiv- und Waggonbaufirmen u. a. Ludwig Kessler 1877–1907, Pferdewagen, Brücken, Eisenbahnwagen um 1880–1890, 25jährige Tätigkeit von Ludwig Kessler 1906, Fotoalben von ME-Lokomotiven mit technischen Angaben 1850er –1870er Jahre, Munitionsfabrikation der ME (Ziegeleigebäude Haller & Zeltwanger in Fellbach) 1917, Werksansicht ME Esslingen (Holzschnitt) 1858, technische Zeichnungen und Pläne: Lokomotiven (Dampflokomotiven, Tender, Zahnradlokomotiven, Diesellokomotiven, E-Lokomotiven, Triebwagen, Srtraßenbahnen) 1847–1960er Jahre, Eisenbahnwagen (Personen- und Güterwagen) 1850er–1950er Jahre, Seilbahnen ca. 1920–1930er Jahre, Dampfmaschinen 1850er–1914, sonstiger Maschinenbau ca. 1850–1900, Wassermotoren ca. 1850–1890, Kgl. Württ. Staatseisenbahn – illustriertes Wagenpark-Verzeichnis 1889, Zeichnungen von Lokomotiven der Kgl. Württ. Staatseisenbahn um 1900, Zeichnungen »Funiculaire« Lissabon, Fotokartei Michael Ulbricht Eningen, Fotosammlung Feld- und Industriebahnen Matthias Lentz

48 Grundsteinlegung ME (verschiedene Objekte) 1846, Lokomotivmodell (Schnellzugsdampflokomotive Baureihe C für die Württ. Staatsbahn), Medaillen (Dr. O. Meyer, Paul Reusch, Heinrich Voith), Stereoskop mit Fotos ME-Abteilung Elektrotechnik um 1900, Bronzekopf Emil Kessler 1937,

49 WABW Y 501, Y 502

50 Eine Auswahl: Adolf Groß, 50 Jahre Maschinenfabrik Esslingen. Esslingen 1897. Alfred Widmaier, Die Maschinenfabrik in Eßlingen, in: Zeitschrift des Vereins Deutscher Ingenieure Jg. 1912. K. Keller, Zum 100. Geburtstag von Emil Keßler, in: Zeitschrift des Vereins Deutscher Ingenieure Jg. 1912, S. 1285 f. Maschinenfabrik Esslingen (Esslingen 1913). Max Mayer, Lokomotiven, Wagen und Bergbahnen. Geschichtliche Entwicklung in der Maschinenfabrik Eßlingen seit dem Jahre 1846, Berlin 1924. Ders., Emil Keßler, ein Begründer des deutschen Lokomotivbaues, in: Beiträge zur Geschichte der Technik und Industrie Bd. 14. Hg. von Conrad Matschoss. 1924, S. 217. Conrad Matschoss (Hg.), Männer der Technik. Berlin 1925, S. 137 f. Breitmeier, Geschichte der Zahnradbahnen in Württemberg. R. Gundel, Die ersten Anfänge der württembergischen Maschinenbauindustrie. Ludwig Keßler, Aus den Anfängen der Maschinenfabrik Esslingen. Emil Keßler, sein Leben und Werk. Esslingen 1938. Maschinenfabrik Esslingen. Auszugsweise Darstellung der »Esslinger« Werkgeschichte und Fertigungsgebiete (masch.), hg. von der Maschinenfabrik Esslingen 1960. Volker Hentschel, Wirtschaftsgeschichte der Maschinenfabrik Esslingen AG 1846–1918, Stuttgart 1977. Heilwig Schomerus, Die Arbeiter der Maschinenfabrik Esslingen, Stuttgart 1977. Christel Köhle-Hezinger, Studie zur Geschichte der Esslinger Maschinenfabrik, Esslingen 1983. Daimler-Benz AG (Hg.), Unter Dampf, Die Geschichte der bedeutendsten Dampflokomotiven sowie historische Datensammlung der Maschinenfabrik Esslingen, Stuttgart 1985. Christel Köhle-Hezinger, Die Maschinenfabrik Esslingen 1846–1965, Eine Fabrik verändert die Stadt, Deizisau 1991. Hans-Jürgen Enzweiler, Emil Julius Karl Kessler (1813–1867), Ansätze zu einer Biographie, in: Zeitschrift für Unternehmensgeschichte 37. Jg. (1992), Heft 4, S. 221–253. Zugkraft. 150 Jahre Maschinenfabrik Esslingen. Beiträge zur Industrieentwicklung des 19. und 20. Jahrhunderts. Stadtmuseum Esslingen (Hg.). Esslingen 1997.

443
Medima, Maulburg

Name Medima GmbH
Geschäftstätigkeit Textilwarenfabrik
Branche Nr. 170/180/174
Umfang 5
Laufzeit 1936–1993
Benutzbarkeit Eingeschränkt
Bestand Y 284

Bestandsgeschichte Das Archivgut wurde 2001 vom Konkursverwalter übernommen.

Geschichte 1930 begann Karl Scheurer mit der Zucht von Angorakaninchen, deren Wolle eine positive Wirkung auf die Gesundheit zugesprochen wird. Mit einfachsten Mitteln baute Scheurer die industrielle Produktion von Angorawolle auf, die bisher nur in Handarbeit hergestellt werden konnte. 1932 wurden die Oberbadischen Angorawerke GmbH in Hauingen mit der Vertriebsmarke »Awoba« errichtet. Sieben Jahre später gründete Scheurer zusammen mit Robert Rupp die Rupp & Co. OHG, die sich 1940 in Lörrach niederließ. Sie besaß als eingetragenes Verkaufsschutzrecht den Namen »Angoraba«. Unter dieser Bezeichnung ging die Ware an die Wiederverkäufer, unter dem Namen »Awoba« direkt an den Verbraucher. 1952 wurde dann die Marke »Medima« für den Fachhandelsvertrieb eingeführt, deren Hauptabnehmer Sanitätsgeschäfte waren. Zu diesem Zeitpunkt firmierte das Unternehmen unter dem Namen Medima Werke Karl Scheurer KG, ab 1990 »Medima GmbH«. Nach und nach wurde der Verkauf weltweit ausgedehnt, in den 1980er Jahren war das Unternehmen der absolute Marktführer im Angorabereich. 1981 zählte Medima ca. 800 Mitarbeiter bei einem Umsatz von rund 103 Millionen DM. Für einen weiteren Vertriebsweg wurde die Marke »Angoraba« verwendet. Nach 1990 wurde die Firma umfirmiert, Teile des Programmes aufgegeben. Schließlich meldete das Unternehmen 2001 Insolvenz an. Die Marke Medima wird von Peters Angora in Albstadt-Tailfingen weitergeführt.

4 50 Jahre Awoba 1932–1982, 25 Jahre Medima 1952–1977, Firmenporträts, Awoba ABC 1953
6 Auflösung Feingarnspinnerei Stolberg 1971–1992, List of Documents for the Establishment of Medima Japan 1984, Medima-Gruppe 1990–1991
7 Protokolle BVW Sitzungen 1983–1989, Geschäftsleitungsinformation 1981–1993
8 Vertriebsplanung 1982–1984
9 Lohnabrechnung 1953, Betriebsfeiern 1972, 1973
13 Produktionsbuch 1940–1941, Werkstattbuch 1941–1943
14 Angoraba Warenversand 1939–1941, Preislisten
15 Prospektraritäten 1950–1960, Musterbücher, Awoba Werbepläne, Werbebriefe, Aufsteller, Aufkleber, Werbeinfos, Medima Werbepläne 1960–1970, Angoraba Werbepläne 1967–1971, Medima-Report 2/1973, Textbücher zu Dia- und Tonbildschauen, Awoba Ratgeber
16 Bilanzbuch 1936–1939, Kassabuch für Werksküche 1940–1941, Bilanzen 1950–1960
47 Fotos: Awoba Modefotos, Foto-Archiv Karl Scheurer 1960–1980. Tonbänder: Rundfunkspots 1950–1981. Medima-Schallplatte mit Heinz Erhardt 1966. Filme: Videokassetten mit Werbespots 1964–1970, Fernsehspots 1972–1982
48 Anstecker
50 Repräsentanten der deutschen Wirtschaft, Baden-Württemberg, Düsseldorf 1962/63, S. 232 ff. Echo, Firmennachrichten der Scheurer-Gruppe (Medima), Maulburg 1971–1987.

444
Mehmke, Konstanz

Name Nachlass Dr. Ing. Rolf L. Mehmke
Geschäftstätigkeit Unternehmensgeschichte
Branche Nr. 732
Umfang 5
Laufzeit 1836–1996
Benutzbarkeit Ja
Bestand N 4

Bestandsgeschichte Dr. Rolf L. Mehmke baute von 1937 bis 1950 ein »Archiv für schwäbische Wirtschaftsgeschichte« auf. Schwerpunkte der Sammlung sind: 1. Festschriften, Werbeschriften, Werkszeitungen und Fotos. Die Sammlung enthält teilweise heute an anderen Orten nicht mehr nachzuweisendes wirtschaftshistorisches Material. 2. Eine Datensammlung über schwäbische Erfinder und Wirtschaftspioniere, die inner- und außerhalb Württembergs gewirkt haben. Die biographischen Daten sind größtenteils unvollständig. Diese Sammlung wurde bereits im 19. Jahrhundert angelegt und von Rolf L. Mehmke fortgeführt. Seine Tochter überließ den Nachlass dem WABW 1996.
50 Im WABW nicht vorhanden.

445
Meidinger, Stuttgart

Name Rudolf Meidinger
Geschäftstätigkeit Handelsvertretung
Branche Nr. 510
Umfang 1
Laufzeit 1928–1998
Benutzbarkeit Eingeschränkt
Bestand Y 90

Bestandsgeschichte Das Archivgut wurde 1991 vom Eigentümer übernommen. Eine kleinere Nachlieferung erfolgte 2012.
Geschichte Die von Adolf Vischer gegründete Handelsfirma für Futter- und Getreidemittel wurde 1869 ins Handelsregister eingetragen. 1923 trat Rudolf Meidinger als Teilhaber in das Unternehmen ein. 1932 erfolgte die Übernahme

durch ihn, wobei er sich insbesondere auf die Vertretung von Rohbaumwolle und textiltechnische Betriebsstoffe spezialisierte. Sein Sohn Karl Meidinger übernahm die Firma 1956. Zusammen mit dem Teilhaber Werner Reinhardt wurde das Unternehmen seit 1964 als offene Handelsgesellschaft geführt. 1991 erfolgte die Löschung der Firma im Handelsregister.

5 Gewerbemeldungen, Handelsregister 1956–1998

12 Einkaufs- und Verkaufsbuchserie 1928–1955, Marktberichte, Anbaugebiete u. Bremer Baumwollbörse 1962–1997

14 Einkaufs- und Verkaufsbuchserie 1928–1955, Auftragsbuch 1935–1951

16 Wechselkopierbuch 1931–1944, Postscheckbuchserie 1932–1963, Kassenbuchserie 1932–1962, Provisionsbuch 1936–1950, Hauptbuch 1939–1949, Geschäftstagebuchserie 1944–1955, Bilanzen und Gewinn- und Verlustrechnungen 1945–1980, Journal-Hefte 1956–1970

17 Steuerangelegenheiten 1930–1966

49 WABW A 16, Firmenakte 947

50 Im WABW nicht vorhanden.

446
Merkel & Kienlin, Esslingen a. N.

Name Merkel & Kienlin GmbH
Geschäftstätigkeit Kammgarnspinnerei
Branche Nr. 170
Umfang 31
Laufzeit 1798–2012
Benutzbarkeit Eingeschränkt
Bestand B 44

Bestandsgeschichte Das Firmenarchiv wurde 1984 von Fritz Merkel dem WABW übergeben. Bis 2003 folgten umfangreiche Nachlieferungen v. a. zur Familiengeschichte aus dem Nachlaß von Fritz Merkel, die seine Tochter dem WABW übergab. Eine weitere Ergänzung erfuhr der Bestand durch die Übergabe persönlicher Handakten von Hermann Tafel; sie dokumentieren den Bereich Geschäftsführung zwischen 1960 und 1969.
Die ältesten im Original erhaltenen Teile der Überlieferung, ein Lehrjungenbuch und Kalkulationsbücher von 1825, entstammen einer Vorprovenienz, der Firma Keßler, Hübler & Co. in Esslingen, eine Tuchfabrik und Wollspinnerei, aus der die Firma Merkel & Kienlin herauswuchs. Der Bestand zeichnet sich durch eine herausragend reichhaltige und dichte Überlieferung aus mit Schwerpunkt im 19. Jahrhundert. Fast lückenlose Brief-, Kopier- und Tagebuchserien geben über drei Generationen hinweg einen hervorragenden Einblick in die Geschäftspolitik sowie in das gesellschaftliche Leben der Unternehmerfamilie Merkel. Einen weiteren Schwerpunkt bildet das Schriftgut über die Liquidation.
Geschichte Zwischen 1828 und 1830 übernahm Conrad Wolf einen Teil der Tuchproduktion sowie die Zuggarnspinnerei von G. C. Kessler in Esslingen in Pacht. Kessler, der sich der Sektproduktion zuwandte, wollte die Fabrik an Wolf verkaufen. Da Wolf nur über wenig Kapital verfügte, suchte er Teilhaber. So gründeten 1830 Conrad Wolf, Johannes Merkel und Ludwig Kienlin die Firma Merkel & Wolf. Seit 1835 beschränkte sich die Firma nur noch auf die Kammgarnspinnerei, Zwirnerei und Färberei. Die bedeutendsten Produkte waren seit den 1840er Jahren Kamm- und Strickgarne. Beim Einsatz von technischem Fortschritt für die Kammgarnspinnerei galt die Firma als vorbildlich. Bereits Anfang der 1840er Jahre leitete sie den Übergang von der Hand- zur mechanischen Wollkämmerei ein. 1891 erfolgte die Umwandlung in eine OHG, das Unternehmen firmierte von da an unter Merkel & Kienlin. 1901 wurde die Rechtsform von einer OHG in eine GmbH geändert. 1949 wurde das Unternehmen getrennt in eine Kommanditgesellschaft Merkel & Co. und eine Beteiligungsgesellschaft Merkel & Kienlin. Die 1942 aufgenommene Glasgarnproduktion wurde als eine Beteiligungsgesellschaft der Merkel & Co. KG unter dem Namen Glasgarnindustrie Merkel KG fortgeführt. Durch Gesellschafterbeschluß wurden zwischen 1973 und 1975 alle drei Gesellschaften aufgelöst.

2 Berichte, Zeitungsausschnitte zur Esslinger Geschichte u. a. Glückwünsche zum 70. Geburtstag von Oberbürgermeister Dr. von Mülberger 1802–1990

3 Familiengeschichte Merkel (Genealogisches, Familienwappen, Familienchronik, Familiengrabstätte) 1798–1993, Familienmitglieder:

Johannes Merkel, Oskar Merkel, Richard Merkel, Eugen Merkel, Fritz Merkel, Ruth u. Hermann tafel, Hans Merkel (u. a. Ehrungen, Orden, Familiennachrichten, Privatkorrespondenzen, Tagebücher, Steuerbücher, Zeugnisse, politisches Engagement, Privat-Kopierbücher, Testamente, Nachrufe, Trauerreden, soziales Engagement, Ehrenämter, Stiftungen, Jubiläen) 1802–1990. Familiengeschichte Kienlin (Genealogisches, Nachrufe, Familienanzeigen) 1915–1972

4 Firmenzeichen Merkel & Wolf, Zeitungsartikel, Firmenchronik, Jubiläumsschriften, Jubiläumsfeiern, Presseartikel, Zeitzeugenberichte von Mitarbeitern, Firmenarchiv 1830–1987

5 Gründung, Gesellschaftsverträge, Rechtsform, Handelsregisterauszüge, Liquidation 1830–1976

6 Beteiligungen 1866–1975

7 Gesellschafter, Gesellschafterversammlungs-Protokolle der Firmen Merkel & Kienlin und Merkel & Co, Geschäftsführer, leitende Angestellte, Geschäftsführerprotokolle, Geschäftsführerkorrespondenz, Geschäftsordnung, Geschäftskorrespondenz, Rechtsberatung, Gherzi-Gutachten 1836–1974

9 Arbeiter- und Angestelltenverzeichnisse 1828–1971, Arbeitsverträge, Auskünfte, Zeugnisse 1825–1966, Arbeitsordnungen, Arbeitszeit 1855–1968, Löhne und Gehälter 1855–1975, Betriebsversammlungen 1950–1962, Lehrlingsausbildung 1826–1962, Betriebskrankenkasse 1852–1970, Pensionskasse und Unterstützungskasse 1921–1977, Traditionsstiftungen 1893–1981, Betriebssparkasse, Darlehen, Weihnachtsgratifikationen 1836–1923, Kantine, Betriebsheimstätten, Leistungsbericht 1932–1943, Werkszeitschrift 1935–1942, Betriebsfeiern 1880–1961, Arbeitsjubiläen 1903–1966, Sozialplan 1963–1978

10 Grundstücke und Gebäude, Gebäude- und Lagepläne 1845–1934, Betriebsverlegung, Kauf, Verkauf, Tausch, Grundbuchauszüge, Erweiterung und Ausbau der Fabrik, Privatbauten, Vermietung, Verpachtung, Brückenbau, Fischwasser, Wege 1836–1976

11 Schuldscheine, Wechsel, Kredite 1830–1974, Aktien, Beteiligungen 1866–1975

12 Wolleinkauf, Wollmärkte, Heilbronner Wollmarkt, Wollpreisentwicklung, Fakturenbuchserie, Lieferanten 1844–1968

13 Kammgarnproduktion, Sortierbuchserie, Kämmbuchserie, Kalkulationsbuchserie, Betriebskosten, Seifen- und Ölverbrauch, Garnkalkulation, Produktionsstatistik, Warenlager, Rezepturen, Herstellungsverfahren, Warenzeichen, Patente, Papiergarn, Glasgarn, Elektroapparatebau, Produktionstechnik, Maschinen 1825–1981, technische Pläne, Maschinenabbildungen

14 Aufträge, Kunden, Umsatzstatistik, Verkaufsstatistik, Garnverkäufe, Versand, Versand-Journal-Serie, Vertreter, Reiseberichte, Preislisten, Preiskonventionen, Fakturen 1835–1972

15 Geschichte der Werbung bei Merkel & Kienlin, Werbegeschenke, Strickmusterhefte, Garn- und Stoffmuster 1825–1972, Produktinformationen, Werbebriefe, Verpackungen, Dekoration, Briefgestaltung, Besuchskarten, Referenzen 1830–1970

16 Hauptbuch- und Geheimbuchserie 1829–1973, Inventarien (mit Bilanzen, teilweise mit Gewinn- und Verlustrechnungen) 1830–1930, Tagebücher 1830–1879, Journalbuch-, Manualbuchserie 1845–1923, Privatkonten 1852–1873, Kontokorrentbuchserie 1857–1923, Jahresabschlüsse und Bilanzen Merkel & Kienlin 1873–1974, Kassenbuchserie 1905–1940, Wechselbuchserie 1909–1929, Jahresabschlußprüfungen Merkel & Kienlin 1946–1976, Jahresabschlüsse und Bilanzen Merkel & Co. 1950–1976, Betriebsprüfungsberichte 1952–1972, Jahresabschlußprüfungen Glasgarnindustrie Merkel KG 1970–1973, Sachkonten 1965–1975

17 Gewerbe-, Grund- und Gebäudesteuer 1835–1976, Dienst- und Berufseinkommensteuer 1853–1901, Bürger- und Wohnsteuer 1849–1852, Einkommen-, Körperschaft- und Vermögensteuer 1881–1978, Umsatz- und Schenkungsteuer 1968–1976

18 Feuerversicherung 1839–1880

19 Bericht über das Kriegsende 1945, Gebäudebeschlagnahmung 1955

20 Korrespondenz mit Behörden, Zentralstelle für Handel und Gewerbe, Industrie- und Handelskammer Stuttgart, Deutsches Wollforschungsinstitut an der TH Aachen, Verein Deutscher Ingenieure, Verein Deutscher Kammgarnspinner, Deutscher Handelstag, Verband deutscher Posamentengeschäfte, Gewerbeverein Esslingen, Industrieverband für Esslingen und Umgebung e. V. 1820–1976

22 Spenden 1864–1935, Merkel'sches Schwimmbad in Esslingen 1897–2012; Schwäbischer Sängerbund, Ravensburger Liederkranz (Briefe) 1890–1895
47 Ölporträt Oskar Merkel, Lithografie der Tuchfabrik Gebrüder Hardtmann, Esslingen, Fotos: Familie Merkel (Johannes, Louise, Oskar, Julie, Richard, Elise, Eugen, Maria, Fritz) 1860–1952, Stammbaum Familie Merkel, Fotoalben von Eugen Merkels Amerika- und Mexikoreisen 1889/90, Familie Kienlin (Ludwig, Albert, Emil, Johanna Freifrau von Teichmann-Logischen, Arthur Freiherr von Teichmann-Logischen) 1860–1948, Gesellschafter (Conrad Wolf, Robert Furch) 1853, 1915, Jubilare und Jubilarfeiern 1934–1969, Mitarbeiter 1895–1960, Produktion 1930–1965, technische Anlagen 1908–1950, Fabrikantenwohnhäuser, Werkswohngebäude, Mädchenheim, Kinderheim, Fabrikansichten 1880–1986, Alicensteg, Schleusenbau 1963–1967, Firmenjubiläen und Feste 1893–1963, Sozialeinrichtungen (Innenansichten) 1930–1960, Merkelsches Schwimmbad 1905–1957, Steinplastik »Kraftbüble«, Ehrentafel für die Gefallenen des Ersten Weltkriegs 1933, 1937; Wollmarkt Kirchheim/Teck, Deffnersche Fabrik 1886, Textilmaschinen im Deutschen Museum, München 1950. Tonband zum 125-jährigen Jubiläum 1955
48 Medaillen, Anstecknadeln 1833–1970, Strickwaren und andere Textilien 1930–1964, Klischees 1950–1954, Werbe- und Jubiläumsgeschenke 1930–1955
49 Y 267 (G.C. Kessler & Co, Esslingen)
50 100 Jahre Merkel & Kienlin, Esslingen [1930] (Festschrift). 100 Jahre Esslinger Wolle, Merkel Kienlin GmbH Esslingen-Neckar, [1930] (Festschrift). Gert von Klass, Die Wollspindel, Ein schwäbisches Familienportrait, Tübingen 1955. Arndt Kienlin, Marktbeziehungen einer Kammgarnspinnerei im Zeitraum von 100 Jahren (1830–1930), Dissertation Nürnberg 1956. Gert Kollmer, Zur Rolle der Banken in der württembergischen Textilindustrie in der Zeit des Deutschen Kaiserreichs, in: Zeitschrift für Württembergische Landesgeschichte 47. Jg. 1988, S. 399–456. Gert Kollmer-von Oheimb-Loup, Zollverein und Innovation, Die Reaktion württembergischer Textilindustrieller auf den Deutschen Zollverein 1834–1874, St. Katharinen 1996. Gert Kollmer-von Oheimb-Loup, Technischer Fortschritt und Unternehmerverhalten am Beispiel der württembergischen Kammgarnspinnerei Merkel & Wolf 1830–1870, in: Unternehmer und technischer Fortschritt, München 1996, S. 283–300. Hans Kienlin, Unser Väterle, Autobiographie eines schwäbischen Fabrikanten zwischen zwei Weltkriegen, 2010

447 Metall- und Lackierwarenfabrik, Ludwigsburg

Name Metall- und Lackierwarenfabrik AG (MLF)
Geschäftstätigkeit Metall- und Lackierwarenfabrik
Branche Nr. 280/287
Umfang 2
Laufzeit 1873–1972
Benutzbarkeit Eingeschränkt
Bestand Y 83

Bestandsgeschichte Das Archivgut wurde 1984 von der Geschäftsleitung übernommen.
Geschichte 1872 gründeten Fritz Wagner und Edmund Keller in Ludwigsburg die Metall- und Lackierwaren Fabrik AG. Die Eintragung ins Handelsregister erfolgte 1878. Produziert wurden feine Metall- und Lackierwaren für Küche und Haushalt, Ofenzubehör und Vogelkäfige mit einem Personalbestand von 200 Mitarbeitern um 1900. In den Nachkriegsjahren wurde das Produktionsprogramm erweitert um Waren aus rostfreiem Edelstahl wie Edelstahlgeschirre, Spültische und Kochtöpfe. 1983 stellte die Firma ihre Produktion ein, 1989 wurde der Sitz der Gesellschaft nach Karlsruhe verlegt.
4 Festschriften 50- und 100-jähriges Jubiläum
5 Satzung 1962
10 Bauangelegenheiten 1873–1964
11 Aktien des Unternehmens 1925
13 Elektrifizierung 1918, Lackierofen 1918, Dampfkessel 1911–1959, Produktionsmittel 1954–1972, Patente und Gebrauchsmuster 1932–1956
15 Prospekte und Preislisten
16 Bilanzen 1895–1941, Bilanzbuch 1913–1920, Geschäftsberichte 1964–1967

47 Fotos: Gebäude, Produktion, Produkte, Messen, Belegschaft
50 Repräsentanten der deutschen Wirtschaft, Baden-Württemberg, Düsseldorf 1962/63, S. 61.

448
Meta-Werke, Albstadt-Tailfingen

Name Meta-Werke Paul Merz KG
Geschäftstätigkeit Trikotwarenfabrik
Branche Nr. 170/176
Umfang 6
Laufzeit 1902–1961
Benutzbarkeit Eingeschränkt
Bestand Y 91

Bestandsgeschichte Das Archivgut wurde 1986 übernommen.
Geschichte 1886 gründeten Johann Balthas Merz und sein Sohn Balthas in Tailfingen eine kleine handbetriebene Trikotweberei unter der Bezeichnung J. Balth. Merz bei der Mühle. Bereits 1895 vergrößerten sie den Betrieb und ließen sich unter dem Namen Balthas Merz beim neuen Schulhaus in der Nähe der dortigen Christophschule nieder. Um die Jahrhundertwende wurde der Maschinenpark auf mechanische Kraft umgestellt, der Export nach England florierte. Nach dem Ersten Weltkrieg führte die Witwe Veronika Merz den Betrieb weiter. 1920 übernahm ihr Sohn Paul die Leitung. In Zillhausen wurde eine Filiale errichtet. 1936 trat auch der Sohn Gottlieb Merz in die Firma ein. Beide Brüder führten sie als Kommanditgesellschaft unter der Bezeichnung Meta-Werke Paul Merz KG weiter. Zu den bekannten »Meta-Erzeugnissen« zählten vor allem hochwertige Trikoterzeugnisse für Herren, Damen und Kinder. 1991 wurde die Firma im Handelsregister gelöscht.
7 Kopierbuch 1904–1909
9 Lohnkonten 1923–1950, Gehälter 1927–1939, Gehaltslisten 1949–1956
10 Brunnenbau 1933–1935
13 Kalkulationen um 1920–1945
16 Inventar 1902, Bilanzbuchserie 1911–1937, Steuerbilanzen 1924–1948, Kassentagebuch 1912–1925, Unkosten 1926, Sachkonten 1926–1949, Debitoren 1926–1958, Kreditoren 1926–1961, Bilanz- und Steuerunterlagen 1927–1943, Hauptbuch 1914–1926, Hauptbuchkonten 1938–1956, Inventuren 1947–1952, Journalbuchserie 1947–1950, Abschreibungen 1932–1960
17 Gewerbesteuer 1925–1937, Steuerangelegenheiten 1927–1954, Vermögensteuer und Einheitswerte 1925–1947
19 Behördenlieferungen 1940–1945
50 Hermann Bizer, Tailfinger Heimatbuch, Tailfingen 1953, S. 345 f. Industrie-Kreis Balingen, Export und Handel, Balingen o. J., S. 364

449
Moninger, Mannheim

Name Sammlung Erich Moninger
Geschäftstätigkeit Forschung
Branche Nr. 732
Umfang 1,2
Laufzeit 1979–2000
Benutzbarkeit Ja
Bestand Y 278

Bestandsgeschichte Die Sammlung wurde 2001 übernommen. Sie enthält Zeitungsausschnitte zu einem breiten Themenspektrum, das vom Patentwesen über Existenzgründungen, Forschung, Erfinder, Tüftler, Produktpiraterie, Stiftungen, Ehrenamt bis hin zum betrieblichen Vorschlagswesen reicht und von Moninger unter dem Generalthema »Das anonyme schöpferische Potential« zusammengefasst wurde.
Geschichte Erich Moninger wurde 1915 geboren und arbeitete als Geschäftsführer eines Verbandes der Eisenbahntechnik in Mannheim. Im Ruhestand baute er die vorliegende Sammlung auf.
50 Im WABW nicht vorhanden.

450
Moser-Roth, Stuttgart

Name Moser-Roth Vereinigte Schokoladenfabriken GmbH
Geschäftstätigkeit Schokoladenfabrik
Branche Nr. 150/158
Umfang 1
Laufzeit 1890–1968
Benutzbarkeit Eingeschränkt
Bestand Y 159

Bestandsgeschichte Das Archivgut wurde 1988 übernommen.
Geschichte Im Jahr 1841 gründete Wilhelm Roth jr. in Stuttgart eine Konditoreiwarenfabrik. 1846 wurde eine Firma für Schokoladenwaren durch Eduard Otto Moser, ebenfalls in Stuttgart, gegründet. Beide Unternehmen fusionierten 1894 zur Vereinigten Schokoladen- und Bonbonfabrik Moser-Roth GmbH. Die Firma avancierte zum größten Betrieb der süddeutschen Kakaoindustrie. Im Zweiten Weltkrieg wurden die Produktionsanlagen zerstört. 1949 wurde die Firma als Tochter der Schokoladenfabrik Karl Haller, Stuttgart-Bad Cannstatt, neu gegründet. 1960 wurden vom Inhaber der Melitta-Werke, Minden, Horst Bentz die Süßwarenfirmen Feurich Keksfabrik München, Karl Haller und Moser-Roth Schokoladenfabriken Stuttgart sowie A. Wildhagen & Co. Bonbonfabrik Kitzingen erworben. Die Firmen blieben als Produktionsbetriebe bestehen, produzierten aber ausschließlich für die neu gegründete Firma Feurich-Vertriebsgesellschaft mbH, Standort München, ab Oktober 1960 Stuttgart-Obertürkheim. Da der erwartete Erfolg ausblieb, verkaufte Bentz 1963 den Feurich-Produktionsbetrieb an die Fa. Bahlsen, die Bonbonfabrik Wildhagen an die Fa. Aug. Storck. 1968 wurde die Produktion der Firma Karl Haller eingestellt.

4 Entwicklungsgeschichte der Firmen Moser-Roth, Karl Haller und der Feurich-Vertriebsgesellschaft mbH
9 Gehaltsbuch der Firma Moser-Roth 1937–1950
15 Werbemittel der Firma Moser-Roth Schokoladenfabriken, Stuttgart (zwei Bücher) 1912–1920, 1950–1954; Musterbücher teilweise mit Geschäftspapieren der Firma Karl Haller Schokoladenfabrik, Stuttgart (drei Bücher) um 1950–1960
47 Bilder: Fabrikansicht Haller, Stuttgart (Aquarell) 1930er Jahre; Fabrikansicht, Produktions- und Vertriebsstätten E. O. Moser & Cie., Stuttgart (Grafik) um 1890
49 WABW A 16 Fi 848 Moser-Roth, A 16 Fi 1064 Karl Haller (IHK-Firmenakten)
50 Paul Hirschfeld, Württembergs Großindustrie & Großhandel, hrsg. von der Deutschen Export-Bank Berlin, Leipzig, 1889, S. 153–155. F[ranz] C[aspar] Huber, Festschrift zur Feier des 50-jährigen Bestehens der Württembergischen Handelskammern, II. Teil: Großindustrie und Großhandel in Württemberg, Stuttgart 1910, S. 45.

451
Möve, Reutlingen

Name Möve-Werk GmbH & Co. KG
Geschäftstätigkeit Frottierwarenfabrik
Branche Nr. 170
Umfang 6
Laufzeit 1924–1992
Benutzbarkeit Eingeschränkt
Bestand Y 183

Bestandsgeschichte Das Archivgut wurde 1993 vom Konkursverwalter übernommen.
Geschichte Albert Weisert und Gustav Böpple gründeten 1911 in Reutlingen ein Unternehmen zur Herstellung von Frottierwaren. 1927 wurde das Markenzeichen, die »fliegenden Möve«, beim deutschen Patentamt eingetragen. Walter Weisert, Sohn des Firmengründers, trat 1928 als Teilhaber und Geschäftsführer in die Firma »Möve-Werk Weisert KG« ein. 1949 wurde die neugegründete Weisert GmbH ins Handelsregister eingetragen. Ab 1951 firmierte das Unternehmen unter Möve Frottierwaren GmbH und übernahm 1955/56 die Mechanische Weberei Eningen unter Achalm. 1982 wurde das Unternehmen mehrheitlich von der Zell-Schönau AG übernommen. 1992 stellte es Antrag auf Konkurs und wurde zum Jahresende liquidiert. Das Markenzeichen »Möve« wurde von der Vossen GmbH, Gütersloh, übernommen.

4 Firmenchronik
7 Verwaltungsrat 1980–1990, Sanierungsangelegenheiten 1990–1992

9 Leistungsbericht 1940er Jahre
15 Werbeaufnahmen
16 Hauptbuch 1930er Jahre
17 Steuerbuch 1924
47 Fotos: Belegschaft, Gebäude
50 Paul Weber (Hg.), Westdeutsche Wirtschaftschronik, Band 2: Württemberg, Stuttgart 1954, S. 202 f. Repräsentanten der Deutschen Industrie und Wirtschaft, Baden-Württemberg, Düsseldorf 1962/63, S. 261 f.

452
MÜAG, Giengen an der Brenz

Name Mittelschwäbische Überlandzentrale AG
Geschäftstätigkeit Energiewirtschaft
Branche Nr. 400
Umfang 28
Laufzeit 1903–1999
Benutzbarkeit Ja
Bestand B 2007

Bestandsgeschichte Der im Jahr 2000 ins WABW übernommene Bestand EVS enthielt rund 6 lfm Schriftgut der und zur MÜAG, und zwar verteilt auf rund ein Sechstel der Provenienz EVS (v. a. Aufsichtsrat, Anteilseigner), rund ein Sechstel von nicht bestimmbarer Provenienz (v. a. Bilanzen, Geschäftsberichte, Kundenzeitschrift) und rund zwei Drittel der Provenienz MÜAG (v. a. Rechtssachen, Finanzierung, Bauplanung, Beteiligungen, eigene Kraftwerke, Bezug und Verbundwirtschaft, Großabnehmer). Die bei der MÜAG verbliebenen Unterlagen überstanden die Auflösung der Geschäftsstelle Giengen und den Umzug nach Ellwangen Anfang 2000 ohne wesentliche Verluste. Nach der Bewertung von rund 1.600 lfm Unterlagen der MÜAG und Überlandwerk Jagstkreis AG (UJAG), die beim Nachfolgeunternehmen Ostwürttemberg Donau Ries AG (ODR) vermischt in rund einem Dutzend Depots gelagert waren, übernahm das WABW im Jahr 2002 von der Provenienz MÜAG rund 20 lfm aus Ellwangen.
Geschichte Die 1908 gegründete Genossenschaft Elektrizitätswerk für die Heidenheimer und Ulmer Alb in Heuchlingen und das 1909 gegründete Elektrizitätswerk für das Bach- und Egautal in Bachhagel fusionierten 1920 zu den Überlandwerken Heuchlingen-Bachhagel eGmbH mit Sitz in Giengen an der Brenz. 1923 wurde das Unternehmen in eine AG umgewandelt. Bis 1919 übernahm die Gesellschaft die Elektrizitätswerke in Gerstetten, Giengen und Steinheim, aber noch in den 1920er Jahren bezog sie den Strom vor allem aus dem Verbundnetz. 1932 kaufte die MÜAG das Wasserkraftwerk Offingen, 1934 das Wasserkraftwerk Burgau an der Mindel. Mit dem Kauf und Bau weiterer Wasserkraftwerke an der Günz konnte der eigene Deckungsgrad um 1940 auf rund 50 % gesteigert werden. Da »die weit außerhalb des Versorgungsgebiets liegenden Werke nicht mehr wirtschaftlich zu betreiben waren, wurden sie zwischen 1966 und 1973 verkauft«. Ab 1973 bezog die MÜAG ihren Strom zu 98 % von der EVS und zu 2 % von privaten Wasserkraftanlagen. Seit 1939 bestand an der MÜAG eine Mehrheitsbeteiligung der EVS von 52 %, die 1977 auf 68 % und zum Ende des Jahres 1998 auf 85,2 % anstieg. 1983 besetzte die MÜAG auch das Geschäftsfeld der Erdgasversorgung.
1999 schlossen sich MÜAG und die Überlandwerk Jagstkreis AG (UJAG) unter dem Konzerndach der Energie Baden-Württemberg (EnBW) zur Ostwürttemberg Donau Ries AG (ODR) mit Sitz in Ellwangen an der Jagst zusammen.
4 25-jähriges Jubiläum, Festschriften zum 25–, 50–, 60– und 75-jährigen Bestehen 1933–1983, Presseausschnittsammlung 1959–1999
5 Elektrizitätswerk für die Heidenheimer und Ulmer Alb in Heuchlingen und Überlandwerk Heuchlingen-Bachhagel (Generalversammlung, Vorstand, Schriftwechsel) 1908–1926
6 Beteiligung an Elektrizitätswerk Weißenhorn 1953–1980, Verschmelzungsbericht 1999
7 Hauptversammlung 1923–1989, Vorstand 1921–1924, Aufsichtsrat 1921–1996, leitende Mitarbeiter 1935–1973
9 Protokolle Vertrauensrat 1934–1935, Betriebsrat 1988–1999, Betriebsfürsorge 1970–1977, Betriebsvereinbarungen 1966–1973, Betriebsversammlungen und Mitarbeiterveranstaltungen 1988–1996
10 Grundstückserwerb 1933–1963, Bauunterlagen 1938–1953, Bauprogramm 1949–1993
11 Aktienbuch 1925–1999, Anteilscheine 1928–

1999, Depotliste 1928–1971, Aktionäre 1925–1939, Kapitalerhöhung 1996–1999
13 Bekanntmachungen, Beglaubigungen und Überprüfungen der Elektrischen Prüfämter 1903–1931, eigene Wasserkraftwerke 1914–1985
14 Statistiken 1922–1982, interner Jahresbericht 1948–1998, Vertrag mit Gemeinde Langenau 1913–1929, Gebietsabgrenzung zu anderen Anbietern 1965–1995, Konzessionsverträge mit einzelnen Gemeinden 1936–1986, Lieferungsverträge mit Elektrizitätswerken und Verbundwirtschaft 1942–1973, Lieferungsverträge mit Industriekunden und Großabnehmern 1933–1990, Erdgasversorgung auf der Alb 1985–1993, Installateurverzeichnis 1958–1979, freiberufliche Ortsbeauftragte 1982–1999, Satzungen und Stromlieferungsbedingungen verschiedener Elektrizitätswerke 1909–1969
15 Kundenzeitschrift 1954–1998, Broschüren 1958–1988, Foto- und Karikaturenwettbewerb 1979–1980
16 Abschlüsse 1941–1961 und 1966–1990, Abschlußprüfung 1922–1998, Abschlußbuch 1948–1951 und 1966, Hauptbuch 1943–1947, 1957–1964 und 1967/68, Monatsbilanzbuch 1943–1947 und 1957–1965, Umsatzbuch 1943–1945, Geschäftsberichte 1913–1999, Wertpapierbereinigung 1947–1953, Finanzplan 1951–1968
20 Württembergisch-hohenzollerischer Wasserwirtschaftsverband 1912–1934
21 Einzelne Rechtsstreitigkeiten v. a. im Kraftwerksektor 1936–1993
22 Partnerschaft mit Burundi 1988–1998
47 Fotos: Betriebsanlagen 1910–1936, 1960 und 1970, technische Schulung 1960er/70er Jahre
49 WABW B 2000
50 Das Land Württemberg, Seine wirtschaftliche und kulturelle Bedeutung, I. Ausgabe, Verlag Stuttgarter Neues Tagblatt, Stuttgart 1927, S. 43. MÜAG, 50 Jahre Mittelschwäbische Überlandzentrale AG Giengen an der Brenz 1908–1958, Giengen an der Brenz 1958 (Festschrift). Mitarbeiterzeitschrift EVS-Bericht Nr. 1/1967, S. 3–14. Franz Höchtl, Die Mittelschwäbische Überlandzentrale AG und ihr Versorgungsgebiet, hrsg. von der EVS, [Stuttgart 1968]. MÜAG, Ihr Partner in der Stromversorgung, Giengen an der Brenz 1983 (Festschrift).

453
Müller, Stuttgart

Name Nachlass Gustav Müller
Geschäftstätigkeit Wirtschaftspolitische Ehrenämter
Branche Nr. 515/910/950
Umfang 0,1
Laufzeit 1819–1928, 2006
Benutzbarkeit Ja
Bestand N 9

Bestandsgeschichte Das Archivgut wurde im Jahr 2005 von einem Nachfahren von Gustav Müller (1823–1875) übernommen. Es dokumentiert die weitgespannten gesellschaftlichen und politischen Aktivitäten und Kontakte des Stuttgarter Unternehmers.
Geschichte Gustav Müller wurde am 11. Februar 1823 in Stuttgart geboren. Sein Vater Johann Gottlieb Müller war zunächst Kaufmann in der Stuttgarter Firma Karl Feuerlein. Nach seiner Heirat mit Luise Rau machte er sich selbständig und gründete die Firma Johann Gottlieb Müller & Co. Indigo- und Farbwarenhandlung in Stuttgart. Das Unternehmen nahm einen schnellen Aufstieg. Johann Gottlieb Müller war ein engagierter Anhänger der liberalen Partei und pflegte einen großen Gesellschaftskreis in Stuttgart, dem u. a. namhafte Personen des öffentlichen Lebens wie Gustav Scholl, Friedrich Römer, Wilhelm Heinrich Murschel, Friedrich Walz, Johann Friedrich Gottlob Tafel oder Johann Friedrich Rödinger angehörten. Der Vater Johann Gottlieb starb am 8. Juni 1850. Am 11. August 1850 heiratete Gustav Müller Marie Ergenzinger, die Tochter des Hofkammerpräsidenten Ludwig Eduard Ergenzinger in Stuttgart, und trat die Leitung des von seinem Vater gegründeten Stuttgarter Unternehmens an. Er zog in das Haus des früheren Staatsrats Benjamin Ferdinand von Mohl in die Kanzleistrasse, wohin auch das Farbwarengeschäft übergesiedelt war. Während Gustav das Stuttgarter Geschäft leitete, führten seine beiden Brüder das Kommanditgeschäft in Wien.
Gustav Müller bekleidete mehrere wichtige Ehrenämter in Wirtschaft und Politik. So wurde er bei Gründung der württembergischen Handelskammern 1855 Gründungsmitglied der

Stuttgarter Kammer, war zwischen Januar 1861 und Mai 1862 deren Vorsitzender und seit Dezember 1856 war er Beirat der Zentralstelle für Gewerbe und Handel, Stuttgart. Er war Mitglied des Ausschusses des Württembergischen Handelsvereins, seit 1862 gehörte er dem Deutschen Handelstag an, seit 1861 dem volkswirtschaftlichen Kongress. Seit 1871 war er Ehrenmitglied des Cobdenclubs in London und seit 1875 Ehrenmitglied des Kongresses österreichischer Volkswirte. Er wirkte ab 1862 am deutsch-französischen Handelsvertrag mit und war Mitbegründer der Württembergischen Vereinsbank im Jahr 1869 sowie Mitbegründer der Württembergischen Notenbank. 1870 gründete er den Württembergischen Kassenverein Gustav Müller u. Genossen in Stuttgart. 1866 zählte er zu den maßgeblichen Gründern der Nationalliberalen Deutschen Partei in Württemberg und war stellvertretender Parteivorsitzender. Seit Dezember 1870 war er Abgeordneter des Amtes Stuttgart in der Württembergischen Kammer, wo er sich in der volkswirtschaftlichen Kommission engagierte. Im Februar 1871 wurde er im Wahlkreis Württemberg I (Stuttgart Stadt und Amt) zum Mitglied des Deutschen Reichstags gewählt und gehörte dort der Bankenkommission an. Gustav Müller starb am 17. Mai 1875 in Stuttgart.

3 Nekrolog Gustav Müller (verfasst von Otto Elben) 1875.

22 Korrespondenzen Gustav Müller u.a. mit Reichskanzler Bismarck, König Karl I. von Württemberg, dem Deutschen Handelstag und seinen Mitgliedern, Robert Römer (Tübingen), Dr. Soetbeer (Hamburg), Dr. Eras (Essen), Dr. Emminghaus (Karlsruhe), Dr. Hammacker (Essen), Prof. Böhmert (Zürich), Finanzrat Hopf (Gotha), Präsident Lette (Volkswirtschaftlicher Kongress Berlin) 1862–1877, Legitimationskarte für Gustav Müller zum Volkswirtschaftlichen Congress in Hannover 22.–25. 8. 1864, Rechnung der k. Hof & Canzlei Buchdruckerei von Gebr. Mäntler in Stuttgart 1864, Liste der Mitglieder des Beirates der Zentralstelle für Gewerbe und Handel, Fragebogen der Handelskammer Stuttgart (Dt. Handelstag) an den Sohn Gustav von Müller über die Tätigkeiten von Gustav Müller 1911, Flugblatt der Nationalen Partei in Stuttgart zur Vorstellung ihres Kandidaten zur Kammer der Abgeordneten (1868?), Denkschriften über Freihandel und Schutzzoll, die Judenfrage in Württemberg, Wanderversammlung württembergischer Gewerbevereine betreffend 1861–1863, Rechenschaftsbericht des Verwaltungsrates des Württembergischen Kassen-Vereins von Gustav Müller u. Genossen, Mitgliederverzeichnis des Kassen-Vereins von Gustav Müller u. Genossen 1870–1871, Antrag des württembergischen Abgeordneten Johann Friedrich Rödinger auf Schutz gegen die Gefahren des Papiergeldes 1865, Schriften und Korrespondenzen mit dem Deutschen Handelstag und seinen Mitgliedern 1865–1875, Eingaben und Berichte der württembergischen Handelskammern (Zentralstelle für Gewerbe und Handel) 1858–1866, Wahlprogramm, Schriften und Verhandlungen der Landesversammlung die Deutsche Fortschrittspartei betreffend 1861–1862, Organisation, Verfassung, Programme und Flugschriften die Deutsche Partei betreffend 1870–1892, Die Württemberger und die Nationale Frage 1863–1871 von Dr. Adolf Rapp 1910, Die Deutsche Partei in Württemberg. Festschrift zur Feier des 25jährigen Bestandes der Partei 1866–1891 v. W. Lang, 1892, Verfassungs-Urkunde für das Königreich Württemberg 1819, Der vergebliche Landtag Württembergs im Jahre 1833. Mit einem Blick auf das Vaterland vor und seit der Verfassung, Verfassung des deutschen Reiches nebst dem Reichsgesetz über die Wahlen der Abgeordneten zum Volkshause 1849, Die Verfassungsrevision und das Gesetz vom 1. Juli 1849. Eine Denkschrift von L. Kielmeyer 1867.

50 Frank Raberg, Biographisches Handbuch der württembergischen Landtagsabgeordneten 1815–1933. Stuttgart 2001, S. 590f.
Otto K. Deutelmoser, Kilian Steiner und die Württembergische Vereinsbank (Stuttgarter Historische Studien zur Landes- und Wirtschaftsgeschichte Bd. 4). Ostfildern 2003, insbesondere S. 39ff., S. 124ff., S. 157 ff und S. 275ff.

454
Müller, August, Stuttgart

Name August Müller
Geschäftstätigkeit Handelsgeschäft
Branche Nr. 520
Umfang 0,1
Laufzeit 1899–1900
Benutzbarkeit Ja
Bestand B 34

Bestandsgeschichte Das Archivgut wurde 1986 übernommen.
Geschichte Das Handelsgeschäft August Müller wurde von J. Kleinknecht und August Ehrlich in Stuttgart betrieben. Weitere Daten sind nicht bekannt.
16 Hauptbuch, Journal, Inventar und Bilanz 1899–1900
50 Im WABW nicht vorhanden.

455
Müller, Philipp, Stuttgart

Name Philipp Müller Nachf. Eugen Bucher GmbH & Co.
Geschäftstätigkeit Wasseraufbereitungsanlagenbau
Branche Nr. 292
Umfang 9
Laufzeit 1855–1997
Benutzbarkeit Ja
Bestand B 38

Bestandsgeschichte Das Archivgut wurde 1987 und 1996 vom geschäftsführenden Gesellschafter übernommen. Besonders gut dokumentiert sind die technische Entwicklung des Unternehmens sowie die Bereiche Vertrieb und Buchhaltung.
Geschichte Philipp Müller gründete zwischen 1896–1898 ein Gas- und Wasserleitungsgeschäft in Stuttgart. 1907 meldete er das Warenzeichen »Neckar« als Wasserreinigungssystem für Dampfkessel an. 1911 erfolgte die Umwandlung der Firma in Philipp Müller GmbH Apparatebau. Um in den 1920er Jahren Anschluss an den internationalen Markt zu finden, wurde 1924 die Neckar Waterreiniger Maatschappij in Haarlem, Niederlande, gegründet, der Firmengründungen in den USA, Großbritannien und Frankreich sowie weitere Auslandsverträge mit Ingenieurbüros folgten. Das Unternehmen produzierte nicht nur Einzelapparate, sondern komplette Wasseraufbereitungsanlagen. Zwischen 1936 und 1940 kam es zu Veränderungen der Eigentümer, die jüdischen Familien Bauer und Ostertag schieden aus. 1940 ging das Unternehmen in den Besitz der Familie Bucher über. Aufgrund der Kriegszerstörungen 1944 erfolgte die Betriebsverlagerung nach Güglingen, Kreis Heilbronn. 1957 übernahm die Firma die Stuttgarter Wasserreinigerbau E. Haas & Co. und verlegte ihren Sitz 1958 zurück nach Stuttgart. Unter Hans Bucher fand 1967 die Fusion mit der Gruppe Degrémont S.A., Paris, und die Umwandlung in eine GmbH & Co. KG statt. 1997 wurde die Schilling-Chemie in Freiberg am Neckar mehrheitlich erworben. 1998 wurde Philipp Müller von Hager & Elsässer aufgekauft, bis zum Jahr 2000 wurde Philipp Müller aufgelöst. Die heutige Firmierung lautet Ondeo Industrial Solutions Hager & Elsässer. Auch Degrémont Paris ist in Ondeo Industrial Solutions aufgegangen.
3 Philipp Müller und Familie 1855–1928, Biographie Eugen Bucher 1961–1986
4 Philipp Müller Flaschenbiergeschäft 1893–1895, Firmengeschichte, 90-jähriges Firmenjubiläum 1984–1987, 100-jähriges Firmenjubiläum 1997
5 Gründung, Gewerberegister, Kaufverträge 1896–1902
6 Neckar Waterreiniger Maatschappij, Haarlem/Niederlande 1924, Export-Consortium Europäischer Ausrüster von Industrieanlagen AG 1969–1979, The Neckar Company, New York City 1930, Neckar Water Softener Co Ltd London 1935–1968, Wärmewirtschaftliche Anlagen und Geräte Eugen Bucher & Co., Güglingen 1953, Stuttgarter Wasserreinigungsbau Eugen Haas & Co., Stuttgart 1950; Degrémont Wasseraufbereitung AG, Rueil /Frankreich 1967–1990
8 Organisationspläne um 1950–1990
9 Gehaltsbuchserie, Personalakten, Lehr- und Angestelltenverträge, Betriebsfeiern, Betriebsausflüge, Eugen-Bucher-Gefolgschaftshilfe 1926–1986

10 Grundstücke und Gebäude, Bautätigkeit 1864–1965
11 Wertpapiere 1929–1975
13 Betriebsmerkbuch, Gebrauchsmuster, Warenzeichen, Patente, Gutachten, Fachliteratur Wasseraufbereitung und Wasserchemie, Konstruktionsunterlagen, Anlagenpläne, technische Zeichnungen 1878–1990
14 Verkaufsbuch, Kommissionsbuchserie, Bestellungen, Angebote, Kundenkartei, Auslandsvertretungen, Beschreibung von Anlagen, technische Abhandlungen zu Wasserreinigung, Aufträge 1922–1990
15 Firmensignet, Briefköpfe, Prospekte, Referenzlisten, Pressemappen, Firmenportrait 1925–1990
16 Bilanzen, Jahresabschlüsse, Jahresberichte (Degrémont) 1907–1990
17 Umsatzsteuer, Gewerbesteuer 1937–1974
19 Alliierte Militärbehörden (Betriebsgenehmigung, Rückerstattungen) 1945–1959
47 Fotos: Firmengebäude, Betriebsfeiern, Arbeitsjubiläen, Inhaber, Fußballmannschaft, Personal, Produktion, Anlagen, Messen und Ausstellungen 1864–1990. Filme und Tonträger: Neubau, Jubiläen, Firmenportraits 1955–1986
50 Wasseraufbereitung 1896–1986, 90 Jahre Philipp Müller, Eine Chronik, Stuttgart 1986 (Festschrift).

456 Müller, Walter, Stuttgart

Name Walter Müller (Walter Müller plan + form)
Geschäftstätigkeit Grafiker
Branche Nr. 744
Umfang 3
Laufzeit 1945–1960
Benutzbarkeit Eingeschränkt
Bestand Y 242

Bestandsgeschichte Die Plakatesammlung wurde 1999 erworben. Eine Nachlieferung erfolgte 2016.
Geschichte Walter Müller (1919–1988) war nach dem Zweiten Weltkrieg Mitbegründer des Stuttgarter Werbeunternehmens »Gestaltungsring«, dessen Leitung er bis 1948 innehatte. 1949 gründete er seine eigene Agentur plan + form. Er arbeitete für zahlreiche namhafte Firmen als Gebrauchsgrafiker, so z. B. für Franck & Kathreiner, Jacobi und Bauknecht. Sein grafisches Schaffen brachte ihm höchste Auszeichnungen und Preise.
3 Biographie Walter Müller
13 60 originale Plakatentwürfe und gedruckte Plakate zur Sparkassenwerbung, für die Zigarettenmarke Juno, Caro-Kaffee, Exportmessen u. a. um 1945–1970
47 Fotoalbum: Fotodokumentation »Export schafft Brot« 1946
50 Im WABW nicht vorhanden.

457 Müllerinnung Pforzheim, Pforzheim

Name Müllerinnung Bruchsal/Karlsruhe/Pforzheim
Branche Nr. 910
Umfang 0,5
Laufzeit 1923–1963
Benutzbarkeit Ja
Bestand H 105

Bestandsgeschichte Das Schriftgut wurde im Juni 2010 vom WABW übernommen.
Geschichte Die Müllerpflichtinnung Bruchsal Karlsruhe wurde 1923 erstmals erwähnt und ab 1926 war Herr Steiner zum Obermeister gewählt. Ab 1930 übernahm Otto Heinzmann den Obermeistertitel, der 1933 an Friedrich Walther übereignet wurde und erst 1946 wieder an Otto Heinzmann überging. Mit der Verordnung über den vorläufigen Aufbau des Handwerks wurden 1934 Zwangsinnungen eingeführt und die Müllerpflichtinnung für die Amtsbezirke Karlsruhe, Bretten, Bruchsal, Pforzheim bildete sich. Die Zwangsinnung bestand bis 1944. Nach dem Krieg wurde die Müllerinnung Bruchsal Karlsruhe 1946 wieder errichtet. 1947 wurde der Stadt- und Landkreis Karlsruhe mit dem Landkreis Bruchsal vereinigt und die Innung erhielt auch diesen Wirkungsbereich. Friedrich Kramer wurde 1948 zum Obermeister gewählt und ab

1956 übernahm Josef Weickgenannt das Amt. Pforzheim kam 1957 zum Gebiet der Innung hinzu, die seither Müllerinnung Bruchsal Karlsruhe Pforzheim heißt.

35 Pflichtaufgaben 1926–1948

36 Verband der württembergisch-badischen Klein- und Mittelmühlen in der amerikanischen Zone 1946–1950

37 Verordnungen 1960–1961

41 Jahresrechnungen 1940–1944, 1946–1948, 1953–1963

49 WABW H 2 (Bü 210 und 284)

50 Im WABW nicht vorhanden.

458
Müller-Weingarten, Esslingen

Name Müller-Weingarten AG (Fritz Müller)
Geschäftstätigkeit Maschinenfabrik
Branche Nr. 290
Umfang 22
Laufzeit 1876–1955
Benutzbarkeit Eingeschränkt
Bestand Y 234

Bestandsgeschichte Das Archivgut wurde 1998 übernommen.

Geschichte Die Gründung der Firma geht auf das Jahr 1863 zurück, in dem Christian Friedrich Müller in Esslingen eine Kunstschlosserei eröffnete. Die ersten industriell gefertigten Produkte waren Ölpressen. 1923 wurde die erste Druckgießmaschine gebaut. Ein weiterer Meilenstein in der Firmengeschichte war die Produktionsaufnahme von hydraulischen Pressen im Jahr 1935. Seit 1958 werden automatische Pressenstrassen zur Herstellung von Karosserieteilen und Motorblöcken für die Automobilindustrie hergestellt. 1981/1982 fusionierte die Fritz Müller GmbH & Co mit der Maschinenfabrik Weingarten zur Maschinenfabrik Müller-Weingarten AG. 1982 wurden die ersten Großteil-Transferpressen gebaut. 1994 erfolgte die Namensänderung der Gesellschaft in Müller Weingarten AG. 1999 übernahm der Schweizer Pressenhersteller Beutler Nova AG das Unternehmen. 2007 erfolgte die Integration der Müller- Weingarten AG in den Schuler Konzern.

3 Rechnungen über die Aussteuer, Wohnungsanschaffung und den Umzug von Elfriede Pichl, Tochter von Fritz Müller 1919–1929

7 Verträge um 1936–1950

9 Lohnbuchserie 1921–1934, Bewerbungen um 1927–1932, Personalangelegenheiten (u. a. Krankenkasse, Unterstützungen) um 1920–1934

11 Bankverbindungen und Bankkorrespondenzen (u. a. Albert Schwarz, Paul Nathan, Ulm, Beisswenger, Stuttgart, Deutsche Bank-und Discondo-Gesellschaft, Württ. Vereinsbank, Handels- und Gewerbebank, Esslingen, Carl Ottenbacher, Esslingen, Ernst Eberspächer, Esslingen) 1917–1937

12 Einkaufsjournal 1923/24, Lieferantenangebote um 1940–1942

13 Eisenguß 1897–1900, Produktionsanlagen 1923–1949, Typen, Normung, Planung um 1943–1950, ca. 4.000 technische Zeichnungen über Kräne, Maschinen aller Art, insbesondere Pressen um 1890–1955; Merkblätter für Maschinen

14 Verkaufsbuchserie 1924–1928, Versandbuch 1915–1917, Stückgutfrachten 1935/36, Kundenauftragskartei 1943–1955, Export-Valuta-Erklärungen 1938, Ausfuhrverfahren 1938–1940

16 Cassa- und Journalbuchserie 1897–1932, Ersatz- und Instandhaltungskosten 1923–1928, Gewinn- und Verlustrechnungen 1916–1936, Kapitalkonten 1923–1929, Betriebsunkosten-Buchserie 1923–1934, Hauptbuchserie 1903–1929, Debitorenbuchserie 1917–1936, Scheck- und Wechselbuchserie 1922–1936, Zahlungen-Buchserie 1923–1936, Memorialbuchserie 1876–1936, Stückjournalbuchserie 1920–1928, Kreditoren 1922/23, Rechnungsbuch 1910–1913, Kunden-Konten-Kartei um 1926–1933, Betriebsabrechnungsbogen 1924–1932, Inventuren 1923–1926, Debitoren-Auszüge 1920–1925

18 Feuerversicherung 1914–1917

19 Militärregierung, Demontagen 1945–1948

47 Fotos: Maschinen und Anlagen, vereinzelt Personen, Gebäude, Feierlichkeiten aus den 1930er Jahren

50 Otto Borst, Der Weg in die Welt, Geschichte der Pressenfabrik Fritz Müller, Esslingen 1964. Werner Heinz, Arbeitsordnungen von 1873 bis 1977 am Beispiel der Maschinenfabrik Müller Weingarten AG, in: Forschungsstelle Arbeit, Wirtschaft, Technik (Hg.), AWT-Info 1991 Heft 2, S. 21–31. Müller Weingarten, in: Josef Fischer und Bernd Krüper (Hg.), Auf der Spur des Erfolges, Lernen von erfolgreichen Unternehmen, Aachen 2002, S. 67–94.

459
Münch, Stuttgart

Name Herrenschneider Münch
Geschäftstätigkeit Schneiderei
Branche Nr. 180
Umfang 10
Laufzeit 1899–2009
Benutzbarkeit Eingeschränkt
Bestand Y 439

Bestandsgeschichte Der Bestand wurde im Mai 2011 vom Wirtschaftsarchiv Baden-Württemberg übernommen.
Geschichte Fritz Münch gründete die Herrenmaßschneiderei Münch 1930. Schon in den 30er Jahren nahm er mit Erfolg an etlichen Landes- und Bundestagungen teil und errang in den Wettbewerben über 40 Goldmedaillen und etliche Auszeichnungen. Bis zu 50 Mitarbeiter arbeiteten in den 50er Jahren im Atelier. Fritz Münch hielt als Landesmodewart und stellvertretender Obermeister etliche Schulungen und Seminare. Der Betrieb und sein Inhaber waren Mitglied im Deutschen Mode-Institut, im Deutschen Institut für Herrenmode und im Arbeitskreis führender Maßschneider Deutschlands. 1967 wurden die Geschäftsräume von der Marienstraße 24 in die Nummer 5 verlegt und im gleichen Jahr erhielt Fritz Münch für sein Wirken das Bundesverdienstkreuz. In den 1970er Jahren wurden neben der Maßschneiderei auch Maßkonfektionen ins Sortiment aufgenommen. Im Jahr 1974 übernahm der Sohn Hannes Münch die Geschäfte bis zum Ende des Betriebes 2009. Hannes Münch war zeitweise Landesmodewart, stellvertretender Obermeister und Vorsitzender in der Wettbewerbs-Jury des Bundesverbandes.
3 Studium 1964–1965; Verleihungsurkunde Bundesverdienstkreuz am Band
4 50-jähriges Jubiläum 1980
5 Meisterbrief 1931; Urkundensammlung 1932–1998
7 Korrespondenz 1899–1932, 1964–2009
10 Miet- und Vertragsunterlagen Marienstr. 5, 1947–2010
15 Herrenmode, Ausstellung Handwerk, Firmenwerbung; Zeitungsausschnitte und Werbung 1937–2009; Pressekonferenzen 1970–1984; Werbepostkarten und -geschenke; Weltkongress der Maßschneider; Stuttgarter Galaabend 1986; Internetauftritt 1998–2009
47 50 Jahre Münch; zahlreiche Modefotos; Produktion; Ausstellungen; Fachtagungen; Portraits
48 Rechnungen mit Stoffproben 1976–1981; Rechnungen 1980–1986; Quittungshefte 1948–1949
49 WABW A 16 Fi 919
50 Festschrift 100 Jahre 1966.

460
Munz, Welzheim

Name F. W. Munz & Co
Geschäftstätigkeit Holzspielwaren- und Maschinenfabrik
Branche Nr. 360
Umfang 0,5
Laufzeit 1877–1984
Benutzbarkeit Eingeschränkt
Bestand Y 92

Bestandsgeschichte Das Archivgut wurde 1986 vom Eigentümer übernommen. 1991 wurde ein Teil des Materials zum Aufbau eines eigenen Unternehmensarchivs zurückgegeben; im WABW wurden vor der Rückgabe Kopien der Schriftstücke angefertigt.
Geschichte Friedrich Wilhelm Munz, Kaufmann in Welzheim, gründete 1889 eine Holzspielwarenfabrik, die er seit 1899 mit seinem Bruder Carl Munz als offene Handelsgesellschaft führte. Der Eintrag ins Handelsregister erfolgte im selben Jahr unter der Bezeichnung F. W. Munz & Co., Holzspielwarenfabrik. Produziert wurden Drehteile wie Faß-Spunde, Galanteriewaren, Spieltiere aus Holz und Pappmaché und Schaukelpferde. Auslandsverbindungen wurden geknüpft und gepflegt durch mehrsprachige Prospekte und regelmäßige Besuche der Leipziger Messe. 1910 ging die Firma auf die beiden Söhne von Carl Munz, Otto und Hermann Munz

über. 1920 firmierte das Unternehmen unter F. W. Munz & Co., Dampfsägewerk und Holzwarenfabrik. 1922 wurde die Firma geteilt: Otto Munz wurde alleiniger Inhaber der Holzwarenfabrik, Hermann Munz führte das Sägewerk weiter, das nach seinem Tod stillgelegt wurde. Das Warensortiment wurde auf die Produktion von Handwagen umgestellt, während Spielwaren immer mehr in den Hintergrund traten. 1952 kam der erste gummibereifte »Flottweg«-Handwagen auf den Markt. 1949 wurde ein Teil der Schlosserei als Einzelfirma abgetrennt zur Fertigung von Spezialmaschinen für die Holzbearbeitung. Sie wurde 1955 ins Handelsregister eingetragen und firmierte seit 1970 unter Munz Maschinenbau KG. 1989 wurde das Konkursverfahren eröffnet.

3 50. Geburtstag von H. Munz
4 Firmenjubiläum, firmengeschichtlicher Überblick, Zeitungsberichte 1964–1984
5 Firmenteilung 1900–1913
10 Bauangelegenheiten und Lagepläne 1893–1935
15 Ausstellung, Kataloge 1899–1980
16 Bilanzbuch Carl Munz 1877–1910, Hauptbuch 1910–1923, Bilanzheft F.W. Munz 1894–1909
47 Fotos: Firmeninhaber, Belegschaft, Gebäude, Maschinen um 1890–1980
50 Mathias Munz, Vortrag anlässlich der Eröffnung der Spielwarenausstellung F.W. Munz & Co. im Städtischen Museum Welzheim am 5.12.1993, in: Jahreshefte des Historischen Vereins Welzheimer Wald 10 (1994) S. 71–73.

461
Mustang, Künzelsau

Name Mustang GmbH
Geschäftstätigkeit Herstellung von Bekleidung (Jeans)
Branche Nr. 180
Umfang 40
Laufzeit 1877–2016
Benutzbarkeit Eingeschränkt
Bestand Y 566

Bestandsgeschichte Der Bestand wurde Ende 2019 kurz vor Redaktionsschluss übernommen. Weiterführende Hinweise unter: https://wabw.uni-hohenheim.de
Geschichte Das Textilunternehmen Mustang wurde am 2. Mai 1932 von Luise Hermann als L. Hermann Kleiderfabrik in Künzelsau als Reaktion auf das stagnierende Holzhandelsgeschäft ihres Ehemannes Heinrich Hermann gegründet. Neben der Inhaberin waren sechs Näherinnen beschäftigt. Das Unternehmen fertigte Berufsbekleidung und stattete Wehrmacht und Reichsarbeitsdienst mit Drillichanzügen aus. Der Sohn der Unternehmensgründerin, Rolf Hermann (1926–2008), und ihr Schwiegersohn Albert Sefranek (1920–2014) traten 1945 in das Familienunternehmen ein. Jeans von US-Soldaten dienten als Muster für die ersten Jeans des Unternehmens. Noch 1948 wurde ein erster Auftrag über 300 blaue sogenannte »Amihosen« angenommen. Damit war das Unternehmen in Europa der erste Anbieter von Jeans.

462 Mutschler, Ulm

Name Möbel Mutschler AG
Geschäftstätigkeit Möbelgroßhandel
Branche Nr. 516/517
Umfang 12
Laufzeit 1940–2005
Benutzbarkeit Eingeschränkt
Bestand Y 373

Bestandsgeschichte Das Archivgut der Möbel Mutschler AG wurde Anfang 2008 übernommen.
Geschichte Gegründet wurde Möbel Mutschler im Jahre 1923 von Albert Mutschler (1894–1970) in Ulm. Neun Jahre später wurde ein neuer Standort auf der Blauinsel bezogen und bald darauf in Neu-Ulm weitere Räume errichtet. Bei einem Luftangriff 1944 wurde die Firmenzentrale auf der Blauinsel zerstört, und das ganze Möbelhaus wurde endgültig nach Neu-Ulm verlagert. Ab den 1950er Jahren wurden weitere Ausstellungsräume in Ulm geschaffen. Erwin Mutschler (1921–2001), der Sohn des Firmengründers, übernahm ab 1959 die Führung des Familienunternehmens. Sukzessive wurden Gebäude mit immer größeren Ausstellungsflächen errichtet, sodass Mitte der 1990er Jahre eine Gesamtverkaufsfläche von 50.000 qm zur Verfügung stand. Auch die neue Entwicklung des Möbeldiscounts griff Möbel Mutschler 1986 auf. 1992 wurde eine weitere Filiale in Leonberg eröffnet. Erwin Mutschler zog sich 1987 aus der Firma zurück. Möbel Mutschler in Neu-Ulm und Leonberg wurde zum 1. Januar 1997 von der Möbel Walther AG übernommen. Unter neuer Ägide wurde ein neues Einrichtungszentrum als Mutschler-Center mit 60 Fachgeschäften und einem Supermarkt errichtet.
4 Festschriften zu Jubiläen
5 Übernahme durch Möbel Walther, Eröffnung von Filialen
7 Geschäftsberichte Möbel Walther 1995–2004, Schriftverkehr
9 Hausmitteilungen 1998–2001, Betriebsordnungen 1983–1994, Fotografien von Betriebsfeiern
10 Pläne, Bebauungspläne 1940–1995
12 Lieferanten
15 Zeitungsberichte 1970–2000, Werbeanzeigen 1950–1990, VHS-Kassetten, Werbegeschenke
16 Umsätze 1976–1982
47 Fotos von Betriebsfeiern; Werbung (VHS-Kassetten)

463 Mützel, Baienfurt

Name Mützel KG (vormals Kunstmühle Staelin)
Geschäftstätigkeit Getreidemühle, Sägewerk, Elektrizitätswerk
Branche Nr. 156/200
Umfang 16
Laufzeit 1804–1997
Benutzbarkeit Ja
Bestand B 82

Bestandsgeschichte Das Archivgut wurde 1997 vom Eigentümer übernommen.
Geschichte Ein Konsortium der Calwer Holzhandlungen Staelin und Krauth kaufte im Jahr 1841 der württembergischen Staatsfinanzverwaltung über 65.000 Holzstämme ab und erweiterte die bereits in Baienfurt existierende Mühle zur Sägemühle. 1864 wurde das Unternehmen von Julius Staelin erworben und 1890 in eine OHG umfirmiert. 1905 bis 1909 kam eine zweite Wasserkraft mit Sägemühle und ein Elektrizitätswerk hinzu. 1947 erfolgte die Umwandlung in eine Kommanditgesellschaft.
3 Genealogie der Familie Staelin, Korrespondenzen, Geschäftsunterlagen Carl Doertenbach, Viktoria Staelin, Carl Heinrich Staelin betr. Verwaltung des Besitzes der Erbengemeinschaft Carl von Doertenbach (u. a. Vereinigte Eisenhandlungen Zahn & Nopper GmbH, Gewerkschaft Carl Otto, Adelenhütte, Meurer'sche Berg- und Hüttengewerkschaft, Köln-Porz und Westerwälder Grubenfelder) 1911–1946, Julius Staelin'sche Familienstiftung in Baienfurt (Marianne v. Eckhardtstein) 1927–1954
4 Korrespondenzen, Zeitungsausschnitte, Kopien zum Firmenarchiv 1832–1997, Manuskript zur Firmengeschichte (Kunst- und Sägemühle) 1942–1996, Geschichte des Elektrizitätswerkes Baienfurt 1972

9 Lohnbuchserie und Lohn- und Gehaltskartei 1887–1965
10 Bauakten, Baupläne 1907–1960, Elektrizitätsanlagen 1891–1959; Planzeichnung: Gesamtansicht der Kunst- und Sägemühle 1853
12 Einkaufsbuch (Getreide) 1943–1949, Holzeinkauf 1914–1952
13 Mahlbuchserie (Ein- und Ausgang) 1884–1950, Lagerbuchserie (Getreide) 1918–1948, Lagerbuchserie (Mahlprodukte) 1898–1933, Holzbestandsübersichten 1933–1953, Fuhrpark 1942–1950
14 Monatsstatistik Mühlenumsätze 1935–1949, Monatsstatistik Holzeinkauf und Holzverkauf 1953–1956, Verkaufsbuchserie (Mühle) 1883–1935, Verkaufsbuchserie (Sägewerk) 1909–1951, Verkaufsübersichten (Sägewerk) 1941–1955, Stromverkauf (u.a. Stromtarife und Stromlieferungsverträge) 1911–1962, Kundenauskünfte 1926–1963, Versandbuchserie (Mühle) 1895–1962, Mehlversand 1937–1969, Versandbuchserie (Sägewerk) 1904–1957
15 Briefbögen mit Mühlenansicht um 1897/99
16 Betriebsübersicht (u.a. Abschlußkonten, Gewinn- und Verlustrechnung, Abschreibungen, Bilanzen) 1935–1955, Betriebsstatistik E-Werk 1951–1952, Monatsbilanzbuch-Serie 1884–1955, Journalbuchserie 1883–1953, Hauptbuchserie (Gesamtbetrieb) 1883–1952, Hauptbuchserie (Debitoren, Kreditoren) 1886–1970, Memorialbuch 1883–1889, Geheimbuch 1919–1923, Haushaltsbuch 1920–1924, Kassenbuchserie 1883–1954, Kassenberichte 1954–1959; Kontoblätter Calwer Compagnie betreffend (Familie Staelin) u.a. mit Kontenbezeichnungen Johann Georg Klumpp, Hofrat v. Breitschwert 1804–1810
18 Feuerversicherung 1929–1958, Sach- und Personenversicherungen 1934–1954
20 Verband der E-Werke Baden-Württ. e.V. 1960–1963, Fachverband der Sägewerke Württemberg-Hohenzollern 1964–1965, Mühlenkonvention Südwest 1966–1967
21 Rechtsstreit EVS 1944–1959
47 Fotos: Ortsansicht Baienfurt, Mühlenansichten, Wohnhaus Staelin, Getreidesilo, Lagerhaus, Wehranlage, Mühlkanal, Hochwasser, Maschinen, Turbine, Mühlenbrand, Schornsteinsprengung, Innenansichten, Mühlenarchiv vor 1880–1997
48 Kalender (u.a. vom Landwirtschaftlichen Verein in Württemberg, Oberschwäbischer Hauskalender, für die Württembergische und Hohenzollerische Landwirtschaft, Lahrer Hinkender Bote) 1919–1936, Fachliteratur 1928–1962
50 Im WABW nicht vorhanden.

NESTLER
NESTLER
Mit NESTLER rechnet und zeichnet alle Welt

464
Neckar-AG, Stuttgart

Name Neckar-AG
Geschäftstätigkeit Bau und Bewirtschaftung des Neckarkanals
Branche Nr. 600/400
Umfang 27
Laufzeit 1869–2006
Benutzbarkeit Ja
Bestand B 122

Bestandsgeschichte Das Gebäude der Hauptverwaltung in der Panoramastraße in Stuttgart brannte nach einem Luftangriff im Jahr 1944 ab. Dabei wurde ein Teil der Registratur vernichtet; ältere Unterlagen, insbesondere der Sachgebiete Finanzierungs-, Rechnungs-, Bauwesen und der Bewirtschaftung von Anlagen der Wasserstraße Neckar, sowie zahlreiche vor 1944 entstandene Fotografien sind erhalten geblieben. Das archivwürdige Schriftgut wurde 2003 übernommen. Eine Nachlieferung 2007 vervollständigte die umfassende Überlieferung.

Geschichte 1921 schlossen das Deutsche Reich (53,3 %), die Länder Württemberg (26,6 %), Baden (5,8 %) und Hessen (0,8 %) sowie einige Gebietskörperschaften, Großbanken, Industrie-, Energieversorgungs- und Eisenbahnunternehmen (zusammen 13,3 %) einen Gesellschaftsvertrag zum Zweck des Ausbaus des Neckars von Mannheim bis Plochingen für Lastschiffe bis 1200 Tonnen. Zur Finanzierung erhielt die Gesellschaft das Recht zur Nutzung der Neckarwasserkräfte bis ins Jahr 2034. Dieser ersten Stufe sollten weitere projektierte Wasserstraßenverbindungen zur Donau und zum Bodensee folgen. 1935 wurde die erste Teilstrecke zwischen Mannheim und dem Hafen Heilbronn fertiggestellt. Da die Arbeiten von 1939 bis 1948 ruhen mussten, konnte der letzte Abschnitt zwischen Stuttgart und Plochingen, und damit die Gesamtstrecke, erst 1968 zur Nutzung übergeben werden.

1996 verkauften der Bund und die Länder Baden-Württemberg und Hessen ihre mittlerweile auf über 99% vermehrten Geschäftsanteile an ein Konsortium baden-württembergischer Unternehmen der Energiewirtschaft. Die Energie Baden-Württemberg AG (EnBW) übernahm die Aktienmehrheit (Stand 2019: 82 %).

4 Otto Konz 1934–1977, Otto Hirsch 1956–1992, Vorträge und Aufsätze von Direktor Walther Schnapper 1951–1971, Pressespiegel 1953–1964, Materialsammlung zur Geschichte des Neckarkanals 1928–2000

5 Satzung 1966–2006

7 Landesregierung 1922–1955, Vorstand 1966–1986, Berichte an den Aufsichtsrat 1927–1994, Berichte des Vorstands an die Belegschaft 1954–2003, Sitzungen des Aufsichtsrats 1921–2003, Arbeitsausschuss des Aufsichtsrats 1947–1957, Hauptausschuss des Aufsichtsrats 1932–1943, Finanzausschuss des Aufsichtsrats 1921–1932, Bauausschuss des Aufsichtsrats 1921–1941, Generalversammlung bzw. Hauptversammlung 1921–2006

9 Personal 1939–1982, Betriebsrat 1945–1961, 1989–2001, Betriebsvereinbarungen 1947–1982, Unterstützungsverein 1939–1948, Rentenzuschusskasse 1949–1989, Wohnungsbaugenossenschaft Neckartal 1950–1983

10 Dienstgebäude 1945–1955

11 Darlehen des Reichs bzw. Bundes 1921–1963, Anleihen 1921–1974, Finanzierungsplan 1950–1976

13 Neckar: Bau, Kanalisierung, Verkehr, 1902–1980; Staustufen und Kraftwerke 1952–1988, Hafen Stuttgart 1952–1958, Neckar-Donau-Verbindung 1928–1941, Projekt Trasse Plochingen-Ulm 1926–1982, Gutachten über Ausbau des Hochrheins 1959–1962, Gutachten über Grundsatzfragen der Neckarkanalisierung 1970

15 Ministerial-Neckarbefahrungen 1949–1972

16 Jahresabschluss 1921–1982, Prüfung des Jahresabschlusses 1921–1923 und 1938–2003, Geschäftsbericht 1921–2003, Hauptbuch 1951–1960

17 Steuern 1948–1968

20 Südwestdeutscher Kanalverein 1945–2001

21 Verschiedene 1937–2000

22 Rhein-Main-Donau AG München 1939–1976

47 Staustufen, Kanalisierung, Kraftwerke, Häfen, Eröffnungsfeiern, 1923–1990

49 WABW Y 130

50 Das Land Württemberg, Seine wirtschaftliche und kulturelle Bedeutung, I. Ausgabe, Verlag Stuttgarter Neues Tagblatt, Stuttgart 1927, S. 37. Wirtschaftsgruppe Elektrizitätsversorgung (Hg.), Die Elektrizitätswirtschaft im Deutschen Reich, 1938, S. 690–693. Julius Keil (Hg.), Die

westdeutsche Wirtschaft und ihre führenden Männer, Land Baden-Württemberg Teil I, Frankfurt am Main 1958, S. 231–233.
Die Neckarkanalisierung Abschnitt Marbach – Stuttgart 31. März 1958, [Stuttgart 1958] (Festschrift). Otto Konz, Lebenserinnerungen, Stuttgart 1967.
Der Neckarausbau zwischen Mannheim und Plochingen, Stuttgart 1971 (Festschrift). 20 Jahre Neckarhafen Plochingen 1968–1988, Plochingen 1988 (Festschrift).
Wolf-Ingo Seidelmann, Der Neckar-Donau-Kanal, 200 Jahre Planung für eine Wasserstraße quer über die Alb, St. Katharinen 1988, passim.
Iris Sonnenstuhl-Fekete, Der Neckarkanal, in: Esslinger Studien 40 (2001), S. 132–137.

465
Neckarwerke, Esslingen am Neckar

Name Neckarwerke Elektrizitätsversorgung AG
Geschäftstätigkeit Energiewirtschaft
Branche Nr. 400
Umfang 75
Laufzeit 1850–2001
Benutzbarkeit Ja
Bestand B 74

Bestandsgeschichte Das Archivgut wurde dem WABW 1988 übergeben. Bis 2012 erfolgten mehrere Nachlieferungen, die archivisch erschlossen sind. Die Fotosammlung umfasst auch Diapositive, die nach der Fusion zur Neckarwerke Stuttgart AG (B 174) entstanden.
Geschichte Der Grundstein des Unternehmens wurde am 1. August 1899 durch den Gaslampenfabrikanten und Mitgründer der Stuttgarter Straßenbahnen AG Heinrich Mayer (1850–1911) gelegt, der im Neckartal bei Altbach eine »Kraftcentrale« initiierte. Die Wasserkraftanlage am Neckar sollte in einem Umkreis von 35 km alle Interessenten mit elektrischer Energie für Licht-, Kraft- und Heizzwecke versehen. Die erste seit Mai 1900 versorgte Gemeinde war der spätere Stuttgarter Stadtbezirk Obertürkheim. Ab 1. August 1900 lieferte eine Dampfmaschine in Verbindung mit einem 800 kW-Drehstromgenerator genügend Leistung, um noch im Laufe des Jahres 1900 die Ortsnetze in Hedelfingen, Hohenheim, Ebersbach, Altbach, Berkheim, Deizisau, Nellingen, Ruit, Uhlbach sowie die Stadt Göppingen anzuschließen. 1904 wurde Esslingen Firmensitz. Im selben Jahr ging die Kraftzentrale Altbach-Deizisau mit drei Wasserturbinen und einer Dampfmaschine mit Drehstromgeneratoren in den Regelbetrieb. Im November 1905 lieferte das Unternehmen elektrischen Strom in 37 Ortschaften mit zusammen 155.000 Einwohnern. Der weitere Ausbau des Fernleitungsnetzes, die Stromlieferung an weitere Gemeinden sowie Übernahme und Aufbau der Elektrizitätswerke Göppingen und Ludwigsburg überstiegen die finanziellen Möglichkeiten einer Personengesellschaft. Das Unternehmen wurde im Jahr 1905 in eine Aktiengesellschaft umgewandelt. Der Firmengründer blieb bis 1908 am Unternehmen beteiligt. Bis 1914 übernahm die Gesellschaft für elektrotechnische Unternehmungen (Gesfürel) in Berlin, eine von der AEG kontrollierte Beteiligungsgesellschaft, das komplette Aktienpaket. Mit dem Einstieg eines öffentlich-rechtlichen Eigentümers, des 1920 gegründeten Bezirksverband Neckar-Enzwerke (BNEW), wandelten sich die Neckarwerke von einem privaten zu einem gemischtwirtschaftlichen Unternehmen. Die Gesfürel blieb weiterhin Hauptaktionär. 1935 fusionierten der BNEW mit einem benachbarten Kommunalverband zum Neckar-Elektrizitätsverband (NEV). 1942 ging die Gesfürel in der AEG auf.
Zahlreiche Kapitalerhöhungen, Kauf und Aufbau weiterer örtlicher Elektrizitätswerke unter anderem in Bissingen, Böblingen, Metzingen, Urach und Kirchheim unter Teck sowie die wiederholte Erhöhung der Kraftwerkskapazität vor allem in Altbach-Deizisau machten die NWE mit ihrem geschlossenen Versorgungsgebiet nördlich und östlich von Stuttgart um das Neckar- und das Filstal zu einem der vier (neben Badenwerk, EVS und TWS) großen Elektrizitätsunternehmen im deutschen Südwesten. Nach mehreren Änderungen der Beteiligungsrelation übernahm der NEV auf Jahresende 1966 die AEG-Anteile. Die Zahl der Beschäftigten betrug in den letzten Jahren vor der Fusion rund 1900; das Vermögen der

Neckarwerke AG betrug zum Schluss gut drei Milliarden DM.
Zum 1. Januar 1997 fusionierten die Neckarwerke Esslingen mit den Technischen Werken Stuttgart (TWS), die neue Gesellschaft führte den Namen Neckarwerke Stuttgart AG (NWS). Im Laufe des Jahres 2000 übernahm die Energie Baden Württemberg AG (EnBW) eine strategische Mehrheit der Anteile und die unternehmerische Führung bei den NWS. 2003 wurde die NWS in den Konzern EnBW eingegliedert.

3 Sammlung zu Firmengründer Heinrich Mayer: Familienregisterauszüge, Familienchronik, Biographie, unternehmerische Tätigkeit, Krankheit, Tod 1850–1986

4 Von der Abteilung Presse und Information zusammengestellte Chronik der Neckarwerke 1905–1955, Zeitungsausschnitte zur Geschichte der Elektrizität im mittleren Neckarraum 1892–1905, unternehmensgeschichtliche Aufzeichnungen und Berichte, Denkschriften, Festschriften, Firmenjubiläen 1905–1991

5 Satzungen 1921–1993

6 Beteiligungen 1919–1960; Enzgauwerke: Geschichte, Gründung, Beteiligungen, Gesellschafter, Handelsregister, Statuten, Aufsichtsratssitzungen, Gesellschafterversammlungen, Geschäftsberichte, Bauangelegenheiten, Konzessionsverträge mit den Gemeinden, Stromlieferungsverträge mit Firmen, Leitungsnetz, Umspannungseinrichtungen, Installationen, Pläne 1893–1955

7 Vorstand, Direktion, leitende Angestellte, Aufsichtsrat (Mitglieder, Sitzungen) 1900–1997, Ausschüsse des Aufsichtsrats 1930–1957, Hauptversammlung 1906–1952, interne Rundschreiben 1930–1972, Führung der Außen- und Bezirksstellen 1920–1988

8 Geschäftsorganisation 1907–1963, Hollerith und EDV 1933–1966, Fernsprechanlagen 1935–1964

9 Löhne und Gehälter, Personalbücher, Personalkartei, Statistik, Ausweise, Deutsche Arbeitsfront, Einstellungen, Austritte, Rundschreiben, betriebliche Sozialleistungen, Kriegsopfer und Schwerbeschädigte, Arbeitsordnungen, Betriebsordnungen, Pensionseinrichtungen, Betriebsrat, Aus- und Weiterbildung, Versorgungsordnungen, Tarifverträge, Werkszeitschrift, Versicherungen 1908–1988

10 Grundstücke und Gebäude, Gleisanschlüsse, Baupläne, Lagepläne, Grundbuchauszüge, Baumaßnahmen, Kostenvoranschläge 1906–1957

11 Aktionäre (u. a. AEG / Gesfürel, Poolvertrag AEG / NEV / NW) 1894–1970, Kapitalerhöhungen 1921–1984, Aktienemissionen 1906–1979, Obligationsanleihen 1909–1980, Genussrechte 1926–1937, Kredite 1947–1970

12 Kohleversorgung 1940–1983, Strombezug von EVS 1918–1963, Strombezug von TWS 1911–1968

13 Kraftwerk Altbach 1885–1995, Neckar AG 1923–1968, Dampfkraftwerk Walheim 1962–1970, Kernkraftwerke 1969–1989, Staustufen und Wasserkraftwerke 1900–1963, Zusammenarbeit mit Energieversorgungsunternehmen 1894–1985, Statistik 1903–1971, Umspanneinrichtungen 1909–1955, Ortsnetze und Fernleitungen 1902–1977, Fuhrpark 1942–1980, technische Zeichnungen und Pläne (Turbinen-, Maschinen- und Kesselanlagen, Kraftwerk Altbach, Turbinen- und Pumphäuser, Drehstromgenerator, Tandemdampfmaschine) 1900–1955

14 Stromverkauf, Konzessionsverträge, Versorgungsgebiete, Abnehmer, Strompreise, Stromtarife, Stromabrechnungen, Sonderabnehmer, Wiederverkäufer, Lieferungsbedingungen, Installationen, Anschlüsse, Elektrizitätssteuer 1899–1983, Geschäftsbeziehungen mit verschiedenen Gemeinden (Baugesuche, Grundstücke, Leitungsnetze, Trafo-Stationen, Straßenbeleuchtung, Installation, Elektrifizierung, Konzessionsverträge, Strompreise, Störfälle) 1900–1966

15 Kundeninformation, Haushaltsgeräteberatung, Werbewagen, Werbeschriften, Tätigkeitsberichte der Werbeabteilung, Rundschreiben, Anzeigen, Marketingkonzepte, Plakate 1909–1989, Marketing Events 1988–1996

16 Jahresabschlüsse 1905–1972, Geschäftsberichte 1906–1988, Betriebskosten / Betriebsberichte 1909–1969, Jahresabschlusskonten 1928–1959, Haushaltspläne, Prognosen, Bauprogramme 1907–1996, Monatsberichte 1907–1971, Wirtschaftsprüfung und Betriebsvergleiche 1974–1982, Statistik 1901–1978

17 Zollangelegenheiten 1911–1950

19 Kriegsmaßnahmen, Militärregierung, Entnazifizierung 1942–1968

20 Arbeitgeberverband der Elektrizitätswerke

Württemberg und Hohenzollern, Württembergischer Wirtschaftsverband, Technischer Überwachungsverein, Neckar-Elektrizitätsverband (früher Bezirksverband Neckar-Enzwerke), Arbeitgeberverband der Elektrizitätswerke Württemberg und Hohenzollern, Reichsgruppe Energiewirtschaft, Vereinigung der Großkesselbesitzer, Studiengesellschaft für Höchstspannungsanlagen, Bezirksgruppe Württemberg der Wirtschaftsgruppe Elektrizitätsversorgung, Elektrogemeinschaft Neckar-Enz-Werke, Hauptberatungsstelle für Elektrizitätsanwendung, Vereinigung Deutscher Elektrizitätswerke, Elektrizitätswerke Baden-Württemberg, verschiedene Industrie- und Handelskammern in Baden-Württemberg 1919–1971

47 Fotos: Gebäude und Anlagen 1896–2001, Orte 1910–2000, Personen 1902–2001, Werbung 1924–2001

50 Das Land Württemberg, Seine wirtschaftliche und kulturelle Bedeutung, I. Ausgabe, Verlag Stuttgarter Neues Tagblatt, Stuttgart 1927, S. 36. Die Elektrizitäts-Wirtschaft im Deutschen Reich, Berlin 1934, S. 120–126. Licht Kraft Wärme 1905–1955, Esslingen 1955 (Festschrift). 75 Jahre Neckarwerke Elektrizitätsversorgungs AG, Esslingen 1980 (Geschäftsbericht-Festschrift). Elektromuseum Heinrich-Mayer-Haus, hrsg. von NWE, Esslingen [um 1985]. Eberhard Fredeke, Strom fürs Neckarland, Geschichte der Neckarwerke Elektrizitätsversorgungs-AG von 1945 bis 1997, Esslingen 1998 [Eigenverlag NWS]. Marlis Prinzing, Strom für das Neckarland, Die Geschichte der Neckarwerke von 1900 bis 1945, St. Katharinen 2000.

466
Nestler, Lahr

Name Albert Nestler GmbH
Geschäftstätigkeit Zeichengerätehersteller
Branche Nr. 332
Umfang 4
Laufzeit 1900–1990
Benutzbarkeit Ja
Bestand B 175

Bestandsgeschichte Das Archivgut wurde 1994 vom Konkursverwalter übernommen.

Geschichte 1878 gründeten Albert Nestler (1851–1901) und der aus der Schweiz stammende Theophil Beck das Unternehmen »Beck & Nestler«, um Zeichenmaßstäbe, Zeichengeräte und ausziehbare Fotostative zu fertigen. Theophil Beck trat bereits 1881 aus der Firma aus und Albert Nestler wurde Alleininhaber. Nach dessen Tod im Jahr 1901 wurde die Firma in eine OHG, 1922 in eine Aktiengesellschaft umgewandelt. In den 1920er Jahren galt die Firma als Marktführer in den Bereichen Rechenschieber und Zeichenbretter. Die Aktieninhaber waren die Söhne des Firmengründers Albert jr. und Richard Nestler. Die Brüder erschlossen Exportmärkte vor allem in Russland, Skandinavien, auf dem Balkan und in Südamerika und waren 1939 die weltgrößten Hersteller von Rechenstäben. Zur Übernahme der Vertriebsaktivitäten wurde 1951 die »Albert Nestler Verkaufsgesellschaft GmbH & Co.« gegründet. 1954 übergaben Albert jr. und Richard Nestler das Unternehmen an ihre Söhne Erich und Richard jr. und 1968 ging die Geschäftsführung an Heinrich Friedrich und Karl Rieker über. Seit den 1970er Jahren entwickelte das Unternehmen elektronische Zeichengeräte, insbesondere für Maschinenbaufirmen. Mit der Krise im Maschinenbau musste Nestler 1993 Konkurs anmelden und wurde aufgelöst.

3 Familienmitglieder Nestler (u. a. Erbschaftsangelegenheiten, Vormundschaftsregelungen) 1960/61, Kommerzienrat Richard Nestler Korrespondenzen 1930–1945

4 Firmenchronik, historischer Abriß

5 Gesellschaftsverträge Albert Nestler KG Verkaufsgesellschaft 1951–1974, Gesellschafterlisten, Handelsregisterauszüge, GmbH-Satzung 1968

6 Lizenzen und Kooperationen 1966–1971, Firmengründungen und Auslandsfabrikation in Japan, Israel, Argentinien, Chile, Frankreich 1963–1973
7 Verträge A-Z (u. a. Beratung, Darlehen, Hauskauf, Privatgleisanschluß, Vertrieb, Jagdpacht, Patente, Gebrauchsmuster, Messe, Aktienverkauf, Pensionen, Vertreter, Rundfunkgenehmigung, Fernsprechdienst) 1900–1970, Protokolle mit Bilanzen der Gesellschafterversammlung Albert Nestler KG, Verkaufsgesellschaft 1957–1969, Protokolle, Berichte, Bilanzen Albert Nestler AG und GmbH 1964–1970, Gesellschafter-Versammlungs-Protokolle Albert Nestler KG Verkaufsgesellschaft 1952–1969, Protokolle und Korrespondenzen der Aufsichtsrats- und Beiratssitzungen der AG, GmbH und KG 1963–1972, Unterlagen für Aufsichtsratssitzungen 1965–1967, GmbH- und KG-Akten 1968–1977, Beirats-Akten und Beirats-Protokolle der GmbH und KG 1971–1978, Unternehmensberatung 1959
8 Organisationsplan Albert Nestler KG Verkaufsgesellschaft 1958, Organisationsrichtlinien und -pläne 1965–1970
9 Unterstützungskasse Albert Nestler AG 1940, Unterstützungskasse, Pensionsverpflichtungen 1960–1982, Gehaltsbuchserie 1922–1944, Betriebsordnung 1940–1971, freiwillige betriebliche Leistungen (u. a. Jubilare, Betriebsfeiern, Weihnachtsgratifikationen, Betriebsfußball) 1947–1982, Berufsgenossenschaft 1955–1980, Betriebsrat 1964–1980, interne Bekanntmachungen, Arbeitszeiten 1965–1971, Übersicht über die Sozialleistungen der AG 1938–1941, Lohnverhandlungen und Streik 1962
10 Bauangelegenheiten 1961–1969
11 ERP-Kredit, Finanzpläne, Finanzbedarf 1967–1969
12 Maschinenkäufe 1949–1969
13 Maschinentaxation 1946–1960, Maschinenbestandslisten 1924–1976, Investitionspläne 1970–1977, Patente und Gebrauchsmuster 1951–1972, technische Zeichnungen 1949–1953
14 Umsatz- und Exportstatistik 1922–1969, Preislisten 1951–1971, Anleitungen für Rechenschieber um 1950–1960, Reiseberichte, Kundenangelegenheiten, Außendienst 1968–1975, Konkurrenzfirmen 1960–1973
15 Werbeblätter, Prospekte 1930–1990, Briefköpfe 1935–1958
16 Statistik (u. a. Umsätze, Strombezug, Löhne, Steuern, Gemeinkosten, Unkosten) 1900–1944, Inventuren 1939–1961, Kassenbuchserie 1951–1965, Gemeinkosten 1951–1954, Hauptbuchserie 1948–1962, Rohbilanzbuchserie 1959–1962, Jahresabschlußprüfberichte 1933–1963, konsolidierte Bilanzen Albert Nestler GmbH und Albert Nestler KG 1970–1977, Jahresabschlüsse Albert Nestler GmbH 1973–1977, Jahresabschlüsse Albert Nestler Verkaufsgesellschaft KG 1973–1977, Jahresabschluß Albert Nestler Geschäftsführungs-GmbH 1978
17 Umsatzsteuer 1969–1981, Körperschaftsteuer 1956–1965, Kapitalertragsteuer 1956–1980, Vermögensteuer der AG 1960–1967, Gewerbesteuer 1962–1971
19 Kriegsschäden, Demontagen, Reparationsentschädigungen, Kreditanstalt für Wiederaufbau
20 Verband der Deutschen Feinmechanischen und Optischen Industrie e. V., Arbeitgeberverband der Badischen Eisen- und Metallindustrie e. V. Freiburg, Fachvereinigung der Holzverarbeitenden Industrie Freiburg, Wirtschaftsverband Eisen- und Metallindustrie Baden e. V. Freiburg, Industrie- und Handelskammer Lahr 1955–1978, Feinmechanik und Optik-Informationen 1974–1978, Satzung des Vereins Creditreform Lahr 1931, Satzung des Deutsch-Amerikanischen Wirtschaftsverbandes Frankfurt 1950, Satzung des Haus- und Grundbesitzer-Vereins Lahr 1925
47 Fotos: Produkte, Fabrikansichten um 1950
48 Holz-Zeichengeräte, Rechenschieber
50 Nestler 1878–1978, Lahr [1978] (Festschrift).
Willi A. Boelcke, Albert Nestler (1851–1901), in: Badische Tüftler und Erfinder, Stuttgart 1992, S. 55–59. Joachim Becker/Bernd Friedrich (Hg.), Die Nestlers, Geschichte einer Lahrer Unternehmerfamilie, Remshalden 2016.

467
Neugart, Neuenbürg a. d. Enz

Name Albert Neugart
Geschäftstätigkeit Einzelhandel
Branche Nr. 520
Umfang 0,1
Laufzeit 1896–1900
Benutzbarkeit Ja
Bestand Y 223

Bestandsgeschichte Das Geschäftsbuch wurde 1996 antiquarisch erworben.
Geschichte Der Betrieb ist im Reichsadreßbuch für Industrie, Gewerbe und Handel, Mosse-Verlag Berlin 1918, nicht (mehr) enthalten.
12 Lieferantenrechnungen 1896–1900
50 Im WABW nicht vorhanden.

468
NWS, Stuttgart, Stuttgart

Name Neckarwerke Stuttgart AG
Geschäftstätigkeit Energiewirtschaft
Branche Nr. 400
Umfang 7,7
Laufzeit 1997–2003
Benutzbarkeit Ja
Bestand B 174

Bestandsgeschichte Das Unternehmen existierte unter dieser Firma ca. fünf Jahre. Da umfangreiches Archivgut der NWS überliefert ist und dieses in den beiden Vorgängerbestände B 74 (Neckarwerke Esslingen) und B 98 (TWS) als auch in B 97 (EnBW) einen Fremdkörper gebildet hätte, wurde ein eigener Bestand gebildet. Demgemäß finden sich in den genannten drei Beständen zahlreiche Vor- und Nach-Akten sowie Fotos.
Geschichte 1997 fusionierten die Neckarwerke Elektrizitätsversorgungs AG, Esslingen, und die Technischen Werke der Stadt Stuttgart AG zur Neckarwerke Stuttgart (NWS), zunächst als AG. Im Juli 2000 übernahm die EnBW die Mehrheit der Anteile und die unternehmerische Führung bei den NWS. Im Februar 2002 verkaufte die Stadt Stuttgart ihre 42-prozentige Beteiligung an den NWS an die EnBW. Diese gliederte das Unternehmen 2003 vollständig in den Konzern ein, womit der eigene Markenauftritt endete.
4 Presseinformationen 1997–2002, Dokumentation zum Ausscheiden von Reinhold Mäule 1998
5 Fusion 1997
7 Geschäftsbericht für 1997–2002, Aktionärsbriefe 2002, 2003, Pressemitteilungen 1997–2002, Richtlinien Erscheinungsbild (CD) 1998, Kooperationsprojekt mit EnBW 1999, Strategische Partnerschaften mit RWE, Bayernwerk, Preussenelektra, 1999
8 Jahr–2000-Problematik, Präsentation Regionalzentren o. J.
9 Mitarbeiterzeitschrift »Spektrum« 1997–2002, Mitarbeiterinformationen 2002
13 Heizkraftwerk 2 Altbach-Deizisau 1998–1999, Wasserkraftwerk Oberriexingen 2000–2001, Betriebskostenanalyse 1998–2000
14 Straßenbeleuchtungskatalog 1999
15 Kundenzeitschrift »Magazin« 1998–2003, Umweltbericht 1999–2001, Kundenwerbung Drucke 1998–2002, Gästebuch Ausstellungen 1998–2003, Marketing Events 1997–2002
16 Kennzahlen für 1998–1999
47 Imagefilme VHS 1998; Fotos Betriebsanlagen bei B 74
49 B 74, B 97, B 98

Wagner
Bräu

469
Oberamtssparkasse Leutkirch, Leutkirch im Allgäu

Name Oberamtssparkasse Leutkirch
Geschäftstätigkeit Bankgeschäft
Branche Nr. 650
Umfang 7
Laufzeit 1814–1974
Benutzbarkeit Ja
Bestand B 202

Bestandsgeschichte Das Archivgut der Oberamtssparkasse Leutkirch kam 2004 als Teil des Historischen Archivs der Kreissparkasse Ravensburg und ihrer Vorgängerinstitute ins WABW. Der Bestand enthält auch einige Geschäftsunterlagen ab 1938, als die ehemalige Oberamtssparkasse Leutkirch zur Hauptzweigstelle der Kreissparkasse Wangen geworden war.
Geschichte Die Oberamtssparkasse Leutkirch wurde am 1. Oktober 1825 gegründet. Als das Landeseinteilungsgesetz 1938 die Eingliederung des Kreises Leutkirch in die Landkreise Wangen und Biberach verfügte, wurde sie der Kreissparkasse Wangen einverleibt, wo sie mit Wirkung vom 1. Oktober 1938 als Hauptzweigstelle ihre Geschäfte weiterführte (siehe Bestand B 206 Kreissparkasse Wangen).
2 Ausgabenbuch der Amtspflege Leutkirch 1814/1815
6 Eingliederung in die Kreissparkasse Wangen 1938
7 Protokolle der Verwaltungskollegien 1891, 1903–1937
8 Ortssparpflegen 1905–1938, Registraturplan 1937
9 Personalangelegenheiten, Dienstverträge, Besoldung 1904–1939
10 Bankgebäude 1911–1938, 1976–1978, Mietangelegenheiten 1934–1938, Umbau von Geschäftsstellen 1941–1989
13 4 Kapitalbriefe 1843–1901, Kreditgeschäft 1900–1962, Depotverzeichnisse um 1930–1940, 1956–1967, Spareinlagen 1933, 1961, Abgelöste Konten 1940–1965, Wohnungsbaufinanzierung 1963/1964
14 Anstellung und Tätigkeit eines Außenbeamten der Öffentlichen Bausparkasse Württemberg 1934–1937
15 Werbemaßnahmen 1928–1937, Werbemappe Deutscher Spartag 1938
16 Jahresrechnungen, Bilanzen, Geschäftsberichte 1825–1908, 1929–1938, 1958–1965, Revisionsberichte 1920–1937, Hauptbücher 1895–1927, Passivkapitalienbuch 1898–1908
17 Urkundensteuerbuch 1938–1941
19 Luftschutz, Schulungs- und Werbespiel »Flieger über Leutkirch« 1936
20 Rundschreiben des Württembergischen Sparkassen- und Giroverbands 1927–1941
21 Umschuldungs- und Zwangsversteigerungsverfahren 1925–1940
22 Notgeldausgabe 1923, Spendenleistungen 1933–1938
47 Foto: Gebäudeansicht Oberamtspflege und Oberamtssparkasse, Untere Grabenstraße 39/40, um 1928
48 4 Sparbücher 1914–1949, Werbeschild »Mit Sparen fängt dein Wohlstand an – Oberamtssparkasse Leutkirch und Geschäftsstellen« um 1930, Werbefilm »Spargeld schafft Arbeit und Brot« 1939, Werbeplakat »Das Sparen der Frau ist Dienst am Volk« 1939
49 WABW B 203 (Oberamtssparkasse Wangen), B 205 (Kreissparkasse Ravensburg), B 206 (Kreissparkasse Wangen)
50 Denkschrift anlässlich des 100jährigen Bestehens der Oberamtssparkasse Leutkirch, verfasst von Sparkassendirektor Weißer, 1925 (Festschrift). Gert Kollmer-von Oheimb-Loup, Staatliche Ordnungspolitik und die Entwicklung der Sparkassenstruktur in Württemberg zwischen 1818 und der Reichsgründung, in: Zeitschrift für Württembergische Landesgeschichte 58 (1999), S. 211–230. Hans Pohl, Bernd Rudolph, Günther Schulz, Wirtschafts- und Sozialgeschichte der deutschen Sparkassen im 20. Jahrhundert, Stuttgart 2005. Josef Wysocki, Zur Geschichte des württembergischen Sparkassenwesens, in: Württembergischer Sparkassen- und Giroverband. Werden und Wirken 1885–1985, Stuttgart 1985, S. 17–119.

470 Oberamtssparkasse Ravensburg, Ravensburg

Name Oberamtssparkasse Ravensburg
Geschäftstätigkeit Bankgeschäft
Branche Nr. 650
Umfang 12
Laufzeit 1818–1938
Benutzbarkeit Ja
Bestand B 201

Bestandsgeschichte Der Bestand wurde 2004 von der Kreissparkasse Ravensburg übernommen. Er enthält die ältere Überlieferung der Kreissparkasse Ravensburg. Als Zäsur wurde das Jahr 1938 genommen, in dem eine Neuordnung der Sparkassenverhältnisse infolge des Landeseinteilungsgesetzes vom 25. April 1938 erfolgte. Für die jüngere Überlieferung siehe Bestand B 205 (Kreissparkasse Ravensburg).
Geschichte Als Spar-, Leih- und Hilfskasse wurde am 8. Juni 1822 die erste württembergische Oberamtssparkasse in Ravensburg gegründet (Geschäftsaufnahme zum 1. Januar 1823). Die Amtskorporation folgte damit einer Anregung der Zentralleitung des Wohltätigkeitsvereins in Stuttgart sowie dem Wunsch des Stadtrats, die Landschaftswaisenkasse (eine Einrichtung zur Anlage von Mündelgeldern aus dem Ravensburger Landgebiet) in ein Geldinstitut zugunsten der ärmeren Volksklassen allgemein umzuwandeln. Im Sinne des gemeinnützigen Charakters der Sparkasse wurden aus ihren Überschüssen Wohlfahrtseinrichtungen wie die Wilhelmspflege für verwahrloste Kinder, aber auch die 1834 ins Leben gerufene Bezirksfestanstalt zur Auszeichnung land- und gewerbewirtschaftlicher Fortschritte und so bedeutende infrastrukturelle Projekte wie der Bau der Eisenbahnlinie von Stuttgart über Ulm und Ravensburg nach Friedrichshafen finanziert.
5 Gründung 1818–1822, Korrespondenzen mit der Kreisregierung 1822–1847, Amtsgrundbuch 1823–1938
7 Protokolle der Verwaltungskollegien 1823–1937, Berichterstattung des Oberamts an die Kreisregierung 1858–1887, 1907–1921
8 Ortssparpflegen 1909–1956, Zweigstelle Weingarten 1921–1927
10 Immobilienangelegenheiten Weingarten 1922–1955
13 Kassentagebücher 1832, 1923–1932, Passivkapitalienbücher 1859–1912, Aktivkapitalienbuch 1894–1914, Gläubigerverzeichnis um 1860–1929, Depot-Primanota 1929–1933, Geschäftstagebücher Hauptzweigstelle Weißenau 1934–1938, Kassentagebücher Ortssparpflege Vogt 1934, 1937
15 »Der Sparkassenbote« 1932–1935
16 Jahresrechnungen 1823–1908, Protokollbuch der Revision 1865–1925, Geschäftsberichte 1893–1937, Hauptbuchserie 1909–1927, Gewinn- und Verlustrechnung 1924–1943
47 Foto des Oberamtssparkassiers Lorenz Simon (1879–1908)
48 Rundschreiben des Bischöflichen Ordinariats Rottenburg betr. Förderung der Sparsamkeit 1854, Statuten des Privatsparvereins Ravensburg 1855, »Eingabe der Garnisonsstadt Weingarten an Regierung und Stände um Verlegung der Staatshauptbahn über Baienfurt und Weingarten« 1901
49 WABW B 205 (Kreissparkasse Ravensburg)
50 [Erhard] Barth, 125 Jahre Kreissparkasse Ravensburg, in: Amtsblatt für den Kreis Ravensburg, Ausgabe 10. Jan. 1948. Josef Wysocki, Zur Geschichte des württembergischen Sparkassenwesens, in: Württembergischer Sparkassen- und Giroverband. Werden und Wirken 1885–1985, Stuttgart 1985, S. 17–119. Michael Restle, Gründung und Entwicklung der Sparkasse Ravensburg, Diplomarbeit der Universität Hohenheim 1993. Gert Kollmer-von Oheimb-Loup, Staatliche Ordnungspolitik und die Entwicklung der Sparkassenstruktur in Württemberg zwischen 1818 und der Reichsgründung, in: Zeitschrift für Württembergische Landesgeschichte 58 (1999), S. 211–230. Hans Pohl, Bernd Rudolph, Günther Schulz: Wirtschafts- und Sozialgeschichte der deutschen Sparkassen im 20. Jahrhundert, Stuttgart 2005.

471
Oberamtssparkasse Waldsee, Bad Waldsee

Name Oberamtssparkasse Waldsee
Geschäftstätigkeit Bankgeschäft
Branche Nr. 650
Umfang 4
Laufzeit 1838–1961
Benutzbarkeit Ja
Bestand B 204

Bestandsgeschichte Das Archivgut kam 2004 als Teil des Historischen Archivs der Kreissparkasse Ravensburg und ihrer Vorgängerinstitute an das WABW.

Geschichte Im Jahr 1886 hatte die Amtsversammlung Waldsee die Bemühungen unter anderen des Gewerbevereins um Errichtung einer Oberamtssparkasse noch zurückgewiesen. Es war wesentlich der Initiative des Oberamtmanns Pecoroni zu verdanken, dass ein solches Institut mit Amtsversammlungsbeschluss vom 18. August 1894 als eine der letzten Oberamtssparkassen Württembergs am 1. Januar 1895 ins Leben treten konnte. Aus dem ab 1909 aufgebauten Netz von ehrenamtlich betreuten Geldannahmestellen, den Ortssparpflegen, gingen die Filialen am Hüttenwerkstandort Schussenried (1921) und am Eisenbahnknotenpunkt Aulendorf (1926) als Zweigstellen hervor, während die Ortssparpflege Wolfegg 1928 lediglich zur Kassenstelle mit zusätzlichem Auszahlungs- und Giroverkehr erweitert wurde. Das Landeseinteilungsgesetz vom 25. April 1938 hatte zur Folge, dass mit der Aufhebung des Oberamts Waldsee die Oberamtssparkasse als selbstständiges Institut zu existieren aufhörte und zum 1. Oktober 1938 der Kreissparkasse Ravensburg als Hauptzweigstelle unterstellt wurde. Die Filialen Aulendorf und Wolfegg gingen als Zweigstellen ebenfalls auf die Kreissparkasse Ravensburg über, während die nun im Landkreis Biberach liegende Zweigstelle Schussenried der dortigen Kreissparkasse eingegliedert wurde.

2 Verkauf des Oberamtsgerichtsgebäudes Waldsee 1838–1840
5 Gründung 1884–1894, Amtsgrundbuch 1910–1918
7 Protokolle der Verwaltungskollegien 1895–1938
8 Geschäftsorganisation 1904–1935, Ortssparpflegen 1909–1947
9 Dienstanweisungen, Personal, Besoldung 1894–1945, Angestelltenverzeichnis 1959
10 Erwerb des alten Amtsgerichts und Umbau zum Verwaltungsgebäude 1905–1938, Geschäftsgebäude Aulendorf 1925–1930, Grundstücksverwertung Bergatreute-Bolanden 1930–1932
13 Kassentagebuch 1895/1896, Einlagenbuch 1895–1900, Rezessbuch 1895–1907, Darlehensgesuche 1896–1904, Anleihen von Gemeinden und Amtskörperschaften 1924–1932
15 Plakat mit Kassenöffnungszeiten um 1905, Einblatt-Werbedruck für den bargeldlosen Zahlungsverkehr 1910, Werbemaßnahmen 1924–1932
16 Aktivkapitalienbuch 1895–1903, Jahresrechnungen 1896–1909, Geschäfts- und Prüfungsberichte 1896–1939, Hauptbücher 1910–1929, Bilanzübersichten 1923–1939
20 Rundschreiben des Württembergischen Sparkassen- und Giroverbands 1925–1938
21 Anleiheablösungsstreitsachen 1927–1929
22 Spendenleistungen 1933–1939, 1956–1961
47 Fotos: Erste Geschäftsstelle im Wohnhaus des Oberamtssparkassiers Karl Titscher 1899, Zweigstellengebäude Aulendorf und Schussenried um 1935
48 Verzeichnis der Pfennig- und Schulsparkassen in Württemberg um 1894, Statuten des Sparvereins Dietmanns 1898
49 WABW B 205 (Kreissparkasse Ravensburg)
50 Festschrift zum 25jährigen Jubiläum der Oberamtsparkasse Waldsee 1920.

472
Oberamtssparkasse Wangen, Wangen im Allgäu

Name Oberamtssparkasse Wangen
Geschäftstätigkeit Bankgeschäft
Branche Nr. 650
Umfang 3
Laufzeit 1818–1938
Benutzbarkeit Ja
Bestand B 203

Bestandsgeschichte Das Archivgut der Kreissparkasse Wangen kam 2004 als Teil des Historischen Archivs der Kreissparkasse Ravensburg und ihrer Vorgängerinstitute an das WABW. Mit der Zäsur im Jahr 1938 (Neuordnung der Sparkassen nach dem Landeseinteilungsgesetz vom 25. April) wurden daraus die Bestände B 203 und B 206 (Kreissparkasse Wangen) gebildet.
Geschichte Die Oberamtssparkasse Wangen wurde im Februar 1827 gegründet. Mit der Eingliederung von Teilen des Kreises Leutkirch in den Landkreis Wangen gemäß Landeseinteilungsgesetz vom 25. April 1938 wurde die ehemalige Kreissparkasse Leutkirch zum 1. Oktober 1938 der Kreissparkasse Wangen als Hauptzweigstelle unterstellt.
2 Rezessbuch der Amtspflege Wangen 1818–1904
4 Geschichtliche Manuskripte 1927–1965
5 »Entwurf zur Errichtung einer Sparkasse für den Oberamtsbezirk Wangen« 1826
6 Vermögensauseinandersetzung mit den Kreissparkassen Biberach und Ravensburg bezüglich der aufgehobenen Kreissparkassen Leutkirch und Waldsee 1938–1941, Denkschrift zu einer möglichen Wiederherstellung der Selbständigkeit der ehemaligen Kreissparkasse Leutkirch 1950
7 Berichterstattung des Oberamts an die Kreisregierung 1825–1858, Protokolle der Verwaltungskollegien 1910–1938
9 Durchführung des Gesetzes zur Wiederherstellung des Berufsbeamtentums 1933–1935
10 Bankneubau 1936–1940
13 Umschuldungskredite für Landwirte 1928–1933
16 Hauptbuchserie 1841–1927, Prüfungsberichte 1875–1937, Jahresstatistik Geschäftsbetrieb und Vermögensstand 1887–1938, Jahresabschlüsse 1925–1937
20 Gründung der Arbeitsgemeinschaft des Württembergischen Sparkassen- und Giroverbands mit der Deutschen Versorgungsanstalt Versicherungsbank AG Berlin 1924/1925, Rundschreiben des Württembergischen Sparkassen- und Giroverbands 1930–1942
21 Zwangsversteigerungsverfahren 1925–1968
22 Spendenleistungen 1931–1938
48 Statuten der Oberamtssparkassen Biberach, Göppingen, Heilbronn, Kirchheim, Lindau, Ludwigsburg, Reutlingen, Tettnang und Ulm 1843–1860, Dienstverträge Oberamtssparkasse Leutkirch 1910/1911, Skript »10 Jahre Städtische Sparkasse Feuerbach« von W. Dillmann 1920
49 WABW B 206 (Kreissparkasse Wangen)
50 Die Oberamtssparkasse Wangen 1827–1902, verfasst von Oberamtssparkassier Trenkle, 1902 (Festschrift). Gert Kollmer-von Oheimb-Loup, Staatliche Ordnungspolitik und die Entwicklung der Sparkassenstruktur in Württemberg zwischen 1818 und der Reichsgründung, in: Zeitschrift für Württembergische Landesgeschichte 58 (1999), S. 211–230. Hans Pohl, Bernd Rudolph, Günther Schulz: Wirtschafts- und Sozialgeschichte der deutschen Sparkassen im 20. Jahrhundert, Stuttgart 2005. Josef Wysocki, Zur Geschichte des württembergischen Sparkassenwesens, in: Württembergischer Sparkassen- und Giroverband. Werden und Wirken 1885–1985, hg. v. Württembergischen Sparkassen- und Giroverband Stuttgart, Stuttgart 1985, S. 17–119.

473 Oberdorff & Straub, Stuttgart

Name Oberdorff & Straub GmbH
Geschäftstätigkeit Textilgroßhandel und Stickereifabrikation
Branche Nr. 510/174
Umfang 4
Laufzeit 1932–1954
Benutzbarkeit Eingeschränkt
Bestand Y 94

Bestandsgeschichte Das Archivgut wurde 1986 und 1989 übernommen.
Geschichte Vermutlich existierte seit den 1920er Jahren ein Großhandel mit Filetstoffen und Klöppeldecken unter dem Firmennamen Dittmar & Ostertag. 1932 trat der Ludwigsburger Kaufmann Adolf Straub als Gesellschafter der Ostertag & Straub GmbH in der Reinsburgstraße 38 ein. Gegenstand des Unternehmens waren Erzeugung und Vertrieb handgearbeiteter Spitzen, Decken, Stores und Gardinen. Patente und Gebrauchsmuster sowie Modelle und Zeichnungen wurden von Georg Ostertag in die neue Gesellschaft miteingebracht. Dessen Sohn Manfred hatte sich bereits 1929 seine Erfindung des »Perlit-Filets«, eine Filetarbeit mittels Kettenstich, als Gebrauchsmuster schützen lassen und die Verwertungsrechte an seinen Vater übertragen. Die Herstellung der Waren, die von ca. 10 Angestellten entworfen wurden, erfolgte u. a. in Italien und im Erzgebirge. 1934 verließ Georg Ostertag das Unternehmen. Dessen Geschäftsanteil wurde von Eugen Oberdorff, Kaufmann in Stuttgart, übernommen. Die Eintragung ins Handelsregister erfolgte im selben Jahr unter Oberdorff & Straub Gesellschaft mit beschränkter Haftung.
7 Unternehmensführung, Gesellschafter 1932–1937
14 Kartei ausländischer Kunden um 1932–1934, Versandbuch 1942–1952
16 Hauptbuch 1932–1943, Journalbuchserie 1932–1954, Bilanzbuch 1932–1953, Debitoren 1932–1938, Kontenblätter um 1933–1952
17 Steuerangelegenheiten 1932–1949
50 Im WABW nicht vorhanden.

474 OEW, Biberach, Biberach an der Riss

Name Bezirksverband Oberschwäbische Elektrizitätswerke
Geschäftstätigkeit Energiewirtschaft
Branche Nr. 400
Umfang 44
Laufzeit 1880–1999
Benutzbarkeit Ja
Bestand B 2010

Bestandsgeschichte Der Bestand wurde im Jahr 2000 als Teil der Unterlagen der Energie-Versorgung Schwaben (EVS) ins WABW übernommen. Bis 2003 kamen mehrere Übernahmen aus den Geschäftsstellen der EnBW in Biberach und Freudenstadt hinzu; kleinere Nachlieferungen bis 2012 ergänzten den Bestand. Die Unterlagen umfassen nur den Zeitraum bis zur Gründung der EVS im Jahre 1939. Unterlagen der OEW finden sich vereinzelt als Vorakten im Bestand Energie-Versorgung Schwaben (siehe Bestand B 2000 EVS). Die weitere Geschichte des Zweckverbands OEW ist als Depositum im Kreisarchiv Biberach überliefert.
Geschichte Der Verband wurde 1909 von den Oberämtern Ravensburg, Tettnang und Wangen gegründet. Bis 1912 traten weitere zwölf Oberämter im Bereich Oberschwabens und der mittleren Alb bei, einschließlich dreier Oberämter in Hohenzollern. In den folgenden Jahren baute und erwarb der Verband eigene Wasser- und Wärmekraftwerke und überzog sein Versorgungsgebiet mit einem flächendeckenden Stromleitungsnetz. Seine wichtigste Stromquelle erschloß sich der Verband mit dem Einstieg in die Großverbundwirtschaft: 1922 vereinbarten OEW, das Land Vorarlberg und die Bündner Kraftwerke AG in Chur (2 Jahre später an deren Stelle die Großkraftwerk Württemberg AG, die von der RWE kontrolliert wurde) per Landesvertrag den Ausbau und die Energienutzung des Lünersees und der oberen Ill. Auf dieser Grundlage wurden 1924 die Vorarlberger Illwerke GmbH (VIW, ab 1927 AG) gegründet, an welcher die OEW 42,5 % der Anteile hielt. Diese Anteile fielen 1945 an die Alliierten und zehn Jahre später an den Staat Österreich.

1933 wandelte eine Satzungsänderung den Bezirks- in einen Zweckverband. 1939 brachte die OEW als größter Partner sein Betriebsvermögen zur Gründung der Energie-Versorgung Schwaben (EVS) ein und wurde zugleich deren Hauptaktionär; die operative Tätigkeit als Energieversorgungsunternehmen endete damit. Mit diesen und seinen Anteilen an der Badenwerk AG wurde der oberschwäbische Zweckverband nach Gründung der Energie Baden-Württemberg AG (EnBW) 1997 mit einem Anteil von 34,5 % auch deren Haupteigentümer.

4 Denkschrift 1912, Festschriften 1924, 1939, 1984, Beschreibung der Betriebsanlagen 1927

5 Oberamtsverwaltung Tettnang 1905–1913, Rißtissener Ausschuß 1907–1910, Gründungsdenkschrift 1907–1912, Gutachten und Prüfungen von Ingenieur Emil Wahlström und anderen zum Projekt 1908–1914, Versammlung zur öffentlichen Aufklärung über das Unternehmen 1911, Veröffentlichungen von Gegnern der Gründung 1911/12, Württembergisches Innenministerium 1912/13, Zentralstelle Gewerbe und Handel 1911–1913, Satzungen 1908–1951, Staatsvertrag Württemberg – Bayern zur Nutzung der Illerwasserkräfte 1917–1980

6 Konzeption Großwirtschaft 1925–1934, Verhandlungen mit anderen Energieversorgungsunternehmen über den Zusammenschluß [zur EVS] 1929–1939, Kauf der Elektrizitätswerk Munderkingen AG von Robert Bosch 1914, Übernahme der Heimbachkraftwerke Freudenstadt 1931

7 Anteileigner und Verbandsmitglieder 1911–1938, Verbandsversammlung 1911–1933, 1951, Verwaltungsrat 1910–1931, Verwaltungskommission 1918–1932, Geschäftsführung 1913–1932, Dienststellen 1915–1939

9 Personalverwaltung 1910–1939

10 Bau: Pläne und Abwicklung 1913–1929, Baulast Wasserkraftwerke 1916–1999

11 Anleihen 1925–1938, Darlehen von Kreditinstituten 1909–1916, Geldbeschaffung 1913–1939

12 Strombezug 1909–1938, Materialbewirtschaftung 1913–1934

13 Eigene Kraftwerke 1910–1938, Wasserkraftwerk-Projekte (v. a. Iller, Koblenz-Waldshut-Kadelburg, Lech, Säckingen, Schluchsee) 1909–1957, Hoch- und Mittelspannungsnetz, Ortsnetze, Umspannanlagen 1906–1948 (teils mit Karten), behördliche Abnahme und Genehmigung von Anlagen 1913–1938

14 Firmen-/Großkunden 1916–1968, Versorgungsbedingungen und Tarife 1908–1938, Gemeindeverträge 1908–1938, verschiedene Energieversorgungsunternehmen-Kunden 1912–1939

15 Konkurrenz zwischen Gas und Elektrizität 1929–1931, Öffentlichkeitsarbeit und Werbemaßnahmen 1909–1959

16 Jahresabschlüsse mit Beilagen 1914–1938, Prüfungsberichte Schitag 1927–1941, Haushaltsplan 1931–1938, Abrechnung mit dem Staat 1917–1937

17 Verschiedene 1916–1938

20 Arbeitsgemeinschaft der Elektrizitätswerke Rundschreiben 1924–1934, Arbeitgeberverband 1922–1934

21 Rechtsstreitigkeiten v. a. um Wasserrechte 1918–1940, Rechtsstreit mit RWE um Bezug 1929–1933

47 Fotos: Kraftwerke, Betriebsanlagen, Verwaltungsgebäude, Werbung, Schulung, Personal, Veranstaltungen 1885–1965

49 WABW B 2001, B 2000; Gebiet Heimbachkraftwerke B 2020 und B 2022

50 Denkschrift des Bezirks-Verbands Oberschwäbische Elektrizitätswerke anlässlich des Abschlusses der ersten 10 Betriebsjahre 1914–1924, Ravensburg [1924] (Festschrift). OEW, Kurze Beschreibung der Betriebsanlagen, Biberach 1927. Das Land Württemberg, Seine wirtschaftliche und kulturelle Bedeutung, I. Ausgabe, Verlag Stuttgarter Neues Tagblatt, Stuttgart 1927, S. 35. Adolf Pirrung, Elektrizitätswirtschaft im Freistaat Württemberg, in: J. W. van Heys (Hg.), Deutschlands Elektrizitätswirtschaft, Dresden 1931, S. 655–671. Bezirksverband Oberschwäbische Elektrizitätswerke, in: Internationale Industrie-Bibliothek Berlin 8 (1932) Bd. 45. Oberschwäbische Elektrizitätswerke 1909–1939, Biberach an der Riß [1939] (Festschrift). 75 Jahre Oberschwäbische Elektrizitätswerke OEW, [Biberach 1984] (Festschrift). Wolfgang Leiner, Geschichte der Elektrizitätswirtschaft in Württemberg Band 2.1: Die Zeit der Vollabdeckung (1896–1915), Stuttgart 1985, S. 169–227. Jürgen Gysin, Elektrische Hilfen für Haus und Hof, Die Elektrifizierung Oberschwabens durch den Bezirksverband Oberschwäbische Elektrizitätswerke, Bad Buchau 1991. Bernhard Stier, Staat und Strom, Die politische Steuerung des Elektrizitätssystems in Deutschland 1890–1950, Ubstadt-Weiher 1999, S. 163–198. Jürgen Gysin, Adolf Pirrung: Ingenieur, Elektrizitätswirtschaftler, in: Baden-Württembergische Biographien II, Stuttgart 1999, S. 352–355. Kurt Diemer, Stromversorgung in Baden-Württemberg, OEW, Erfolgsgeschichte einer kommunalen Idee, Ulm [2001]. 100 Jahre OEW Zweckverband Oberschwäbische Elektrizitätswerke 1909–2009, in 4 Teilbänden, Biberach 2009: Beiträge zur Geschichte / Der Alltag / Die Kulturförderung / Der Film (Festschrift). »... um mit der ›weißen Kohle‹ der schwarzen erfolgreiche Konkurrenz zu machen!«, Wie die Oberschwäbischen Elektrizitätswerke vor hundert Jahren begannen, den Strom »überallhin« zu bringen, in: Momente, Beiträge zur Landeskunde von Baden-Württemberg Heft 2/2009, S. 30–33. Daniel Wilhelm, Die Durchdringung des Raums, Die Kommunikation zwischen den Oberschwäbischen Elektrizitätswerken (OEW) und ihren relevanten Anspruchsgruppen in der ersten Hälfte des 20. Jahrhunderts, Dissertation Konstanz 2013.

475 Offenburger Brauerei, Offenburg

Name Offenburger Brauerei Karl Wagner
Geschäftstätigkeit Brauerei
Branche Nr. 159
Umfang 26
Laufzeit 1884–1997
Benutzbarkeit Ja
Bestand Y 229

Bestandsgeschichte Das Archivgut wurde 1997 vom Konkursverwalter übernommen.
Geschichte Die Braustätte, von der die Brauerei Karl Wagner ausgegangen ist, hat bereits vor 1800 bestanden. 1843 wurde sie von dem Bierbrauer Josef Wagner erworben. Unter der Leitung seines Sohnes Karl erlebte die älteste Brauerei Offenburgs mit einer Brauerei-Wirtschaft und einer großen Zahl ihr gehörender Gaststätten in der Stadt Offenburg und Umgebung einen raschen Aufstieg. Der Betrieb, der immer in Familienbesitz geblieben ist, wurde laufend modernisiert und technisiert. Nach dem Zweiten Weltkrieg wurden auch alkoholfreie Getränke vertrieben. 1996 musste der Betrieb Konkurs anmelden.

2 Altstadtsanierung 1963–1973
5 Rechtsform 1959–1988
8 Betriebskontrolle 1921–1970, Betriebsberatung 1954–1971
9 Tarife 1960, Löhne 1933–1964, Pensionsrückstellungen 1959–1976, Belegschaft 1939–1970, Lehrlingsausbildung 1937–1988
10 Betriebseinrichtung 1941, Grundbesitz 1934–1941, Bauakten und Pläne 1880–1970, Liegenschaften 1874–1965
11 Finanzen 1937–1976, Kredite 1961–1971, Volksbank Offenburg 1954–1984, Banken und Sparkassen 1883–1941
12 Bezug von Hopfen und Malz 1923–1974
13 Energiewirtschaftliche Untersuchung 1952, Energieversorgung 1923–1997, Fuhrpark 1929–1961
14 Bierabsatz 1949–1983, brauereieigene Wirtschaften 1890–1982, Bierpreise 1915–1987, gepachtete Wirtschaften 1927–1980, Kundenbücher 1910–1952, Versandbücher 1908–1952
15 Wagner-Etiketten, Image-Studie 1986, Entwürfe, Inserate, Reklame 1925–1990, Leuchtschrift 1960–1973
16 Jahresabschlüsse, Bilanzen, Gewinn- und Verlustrechnungen 1908–1980, Journale 1907–1951, Inventar 1890–1891, Jahresabschlussprüfungen 1988–1989, Hauptbücher 1897–1948, Kassabücher 1910–1952
17 Abgaben 1923–1990, Reichsabgabenordnung 1928
18 Versicherungen (Feuer, Gebäude) 1914–1979
20 Anordnungen der Brauereivereinigung der deutschen Wirtschaft 1935–1945, Berufsgenossenschaft Nahrungsmittel und Gaststätten 1890–1960, Kammern, Verbände, Vereine 1935–1948, Industrie- und Handelskammer Mittelbaden 1948–1970, 100 Jahre deutscher Brauerbund
21 Bierlieferungsvertrag 1976, 1985
47 Fotos: Offenburg 1884–1893
48 Medaille der deutschen Landwirtschaftsgesellschaft 1976, Kartenspiel, Münzen, Bieröffner, Metallschild
50 Baden, Monographien einer Landschaft,

Südwestdeutsche Rundschau für Kultur, Wirtschaft und Verkehr, Karlsruhe 1953, S. 54.

476
Opal, Waiblingen

Name Opal Möbelfabrik Karl Oppenländer & Söhne, Waiblingen
Geschäftstätigkeit Möbelfabrik
Branche Nr. 361
Umfang 12
Laufzeit 1896–1985
Benutzbarkeit Eingeschränkt
Bestand Y 357

Bestandsgeschichte Das Archiv wurde 2007 übernommen.
Geschichte Der 1874 geborene Karl Oppenländer richtete 1903 neben seinem Wohnhaus in Waiblingen eine kleine Fabrik zur Herstellung von Leisten, Bilderrahmen und kleineren Möbelstücken mit damals zehn Beschäftigten ein. Zuerst wurden u. a. Kakteenständer und Blumentische zur Verschönerung des Wohnraumes gefertigt, später wurde die Produktion um Tabletts ausgedehnt. Die Eintragung ins Handelsregister erfolgte 1908. Während des Ersten Weltkrieges fertigte die Firma u. a. auch Holzgelenk-Treibriemen für den Kriegseinsatz. Nach 1918 kehrte die Firma wieder zu ihrem Kerngeschäft zurück, den Kleinmöbeln. Wegweisende Entwicklungen für die Branche waren u. a. der 1926 in Zusammenarbeit mit der Chemischen Industrie entwickelte Cellulose-Schleiflack für die industrielle Möbelfertigung oder auch die Herstellung von zerlegbaren Möbeln. Dieses Modell mit seinen Vorteilen – Ersparnis von Versandkosten, Verpackung und Lagerplatz – ist ein Vorläufer des heutigen »Mitnahmemöbel«-Konzepts. 1930 entstand dann das OPAL Markenzeichen als unverwechselbares Markenzeichen. Karl Oppenländers Söhne, Erwin und Karl jr., traten 1929 in die Firma ein. In den 1930er Jahre erfolgte durch geschicktes Marketing die Expansion und der Aufbau eines weltweiten Absatzmarktes. 1969 erfolgte mit dem Einstieg in die Herstellung von Voll-Kunststoff-Möbeln ein weiterer Innovationsschritt. Die Firma wurde 1985 still liquidiert.

3 Geschäftschronik 1932–1971, Explosionsunglück Kesselhaus 1969, Jubiläen 1953, 1978, Zeitungsberichte 1935–1973
4 Postkarten Karl Oppenländer 1899–1977
7 Kopierbuch 1905–1906, 1910–1911
9 Tarife 1922–1960, Betriebsfeier 1975, Lohnnachweise 1918–1922, 1926, Lohnbuch 1904, 1909–1963, AOK Waiblingen 1936, Stundennachweise 1928–1937
10 Baupläne 1932–1971, Neubau Rechnungen 1923–1924, Bauangelegenheiten/Grundstücke 1896–1948
12 Register Bezugsquellen 1916
13 Produktentwürfe 1920–1934, Stoffmuster Gartenmöbel 1970er–1984, Produktmodelle Bilderrahmen, Zeitungsständer, Tabletts [1930er], Produktkarteikarten 1934–1983, Statistiken 1951–1969, Patente 1906–1949, 1959–1982, Patentamt 1932–1962, Akkordpreise 1925–1933, geschützte Warenzeichen 1934–1947, Auftragsbücher 1914–1920
14 Kundenadressen 1975, Kundenregister [ca. 1900], Marketingberatung 1967–1976, Kataloge Konkurrenz 1949–1969, 1971, Lieferverträge 1980–1985, Preislisten 1902–1951, 1957–1980
15 Leipziger Messe 1925, Annoncen 1929–1969, 1985, Kataloge (Ausstellungen) 1929–1978, Kataloge Produkte 1937–1939, 1950–1952, 1960–1983, 1985, Werbebriefe 1930–1985
16 Inventur 1929–1939, Geheimbuch 1924–1928, Hauptbuch 1924–1933, Kassenbuch 1926–1930, Verkaufsbuch 1903–1904, Kalkulationsbuch 1910, Bilanz 1909
19 Entnazifizierung 1945–1946, Kriegsschäden 1942
20 Amtsgericht 1964–1985, Industrie- und Handelskammer 1964–1985, Zollamt 1964–1985, Kartellamt 1958–1965, Verbände 1919–1925
47 Werksgelände, Neubauten 1932–1973, Erwin Oppenländer 1934–1981, Ausstellungsstände 1950–1984, Internationale Industrieausstellung [ca. 1955], Produkte 1950–1984, Werkschor OPAL 1968, Fußballmannschaft OPAL 1963, Ausflug Werkschor 1939, Portraits: Karl Oppenländer 1936, Emma Oppenländer 1936

477
Ostertag-Werke, Aalen

Name Ostertag-Werke Vereinigte Geldschrank-Fabriken AG
Geschäftstätigkeit Stahlmöbelbau
Branche Nr. 287
Umfang 0,5
Laufzeit 1930–1979
Benutzbarkeit Eingeschränkt
Bestand Y 290

Bestandsgeschichte Die Filme wurden 2001 anlässlich der Auflösung der Ostertag-Werke von der Verwertungsgesellschaft übernommen und 2016 durch eine Nachlieferung ergänzt.
Geschichte Die Ostertag-Werke wurden 1867 in Aalen von Jakob Ostertag als Bauschlosserei gegründet. Bereits 1869 begann er mit der Herstellung von Kassenschränken. Ausschlaggebend für seinen Erfolg waren die Feuer- und Einbruchssicherheit seiner Produkte. Das Unternehmen wurde bekannt für seine Kassenschränke, Tresore, Effektenschränke und Mietfachanlagen. Der steigende Bedarf von Industrie und Banken verhalf dem Unternehmen zu einem raschen Wachstum, nach dem Ersten Weltkrieg kamen Stahlmöbel und Stahltüren hinzu. Die Ostertag-Werke gingen 2001 in Konkurs. Es existiert eine Nachfolgefirma unter gleichem Namen und ähnlichem Handelsprogramm.
13 Produktionsbuch Stahltüren 1933–1935; Technische Zeichnungen, u. a. General- und Detailzeichnungen von Schalterhallen, Tresorräumen, Geldschränken und Registratureinrichtungen 1930–1979; Aufträge 1957–1962
14 Prospekte Fa. Pohlschröder 1970er Jahre
15 Prospekt 1950er Jahre; Farbmuster
47 Filme: 19 Filme, u. a. Werbefilme (Herstellung eines Panzerschrankes)
50 100 Jahre Ostertag 1867–1967 [Aalen 1967] (Festschrift).

478
Ott Sohn, Albstadt-Ebingen

Name Gottlieb Ott Sohn GmbH & Co.
Geschäftstätigkeit Samtfabrik
Branche Nr. 172
Umfang 0,1
Laufzeit 1819–1928
Benutzbarkeit Ja
Bestand B 153

Bestandsgeschichte Der Bestand wurde als Ergänzungsüberlieferung angelegt. Er enthält Kopien von Archivalien aus dem Stadtarchiv Albstadt und aus Familienbesitz in Albstadt-Ebingen.
Geschichte Das Unternehmen ging aus einer alten Ebinger Bortenwirkerfamilie – Handwerker, Verleger und regionale Händler – hervor und wurde zunächst (nach der vagen Angabe von Schickling seit 1821) als Handelsgeschäft für Posamenten mit angeschlossener Produktion (1863: 20 Arbeiter für die Bandweberei) betrieben, bevor es sich mit dem Kauf der renommierten Ebinger Samt- und Manchesterfabrik von Johann Martin Landenberger 1871 in einen Industriebetrieb größeren Stils wandelte. Aus dem in der zweiten und dritten Generation jeweils auf ein Brüderpaar übergegangenen Unternehmen schied 1896 und 1927 je einer der beiden Partner aus und eröffnete seine eigene Samtfabrik am Ort. Das Stammhaus selbst beging 1954 das 100jährige Jubiläum der von Landenberger begründeten Fabrik. 2007 erlosch die Firma.
3 Beibringensinventare Jakob Ott (=Gottlieb Ott Sohn) 1819, 1825, und Andreas Ott 1867
5 Übernahme des väterlichen Betriebs durch Traugott und Andreas Ott 1866
6 Kauf der Samt- und Manchesterfabrik J. M. Landenberger 1871
7 Verkauf des Geschäftsanteils von Traugott Ott an die Witwe seines Bruders 1896, Auseinandersetzungsvertrag über das Ausscheiden von Eugen Ott und den Übergang des Stammbetriebs auf Gustav Ott 1927
16 Auszahlung von Kapitalzinsen an Anna Maria Ott 1868–1892, Gewinn, Einkommen und Steuerzahlungen 1905–1911, Abschreibungen auf Gebäude und Maschinen 1914–1917

48 Geschäftseröffnung Eugen Ott & Söhne 1928
49 WABW Y 95 Eugen Ott & Söhne
50 Willi Schickling, Ein Wundergewebe durchwandert die Welt [Stuttgart 1954] (Festschrift). Walter Stettner, Ebingen. Die Geschichte einer württembergischen Stadt, Sigmaringen 1986.

479
Ott, Dr., Stuttgart

Name Wirtschaftsprüfungsgesellschaft Dr. Ott + Partner
Geschäftstätigkeit Wirtschaftsprüfungsgesellschaft
Branche Nr. 741
Umfang 0,5
Laufzeit 1923–2001
Benutzbarkeit Eingeschränkt
Bestand Y 316

Bestandsgeschichte Der Bestand wurde 2004 von Diplom-Kaufmann Horst Ott dem WABW übergeben.
Geschichte 1911 gründete Theodor Möllen, ehemals Handelslehrer und öffentlich vereidigter Bücherrevisor, das Institut für Buchhaltungsorganisation Th. Möllen in Stuttgart. Sein Interesse galt der Verbesserung des Rechnungswesen und der Schaffung praktikabler Buchhaltungssysteme. Mit »Möllens Tabellenbuchführung« wurde er bekannt und avancierte zu einem vielgefragten Berater. 1932 übergab er die Sozietät an seine Tochter Julie Ott und seinem Schwiegersohn Jürgen Ott, die als Steuerberater und vereidigte Bücherrevisoren 1932 als eine der ersten in Deutschland das Wirtschaftsprüferexamen ablegten. 1953 und 1956 traten deren Söhne, Dr. Jürgen Ott und Dipl.-Kfm. Horst Ott in das Unternehmen ein. Seit 1971 besteht eine Zweigniederlassung in Frankfurt a. M. Nach Aufnahme neuer Partner und der Fusion mit der Steuer + Commerz GmbH firmiert das Unternehmen seit 2001 unter dem Namen Dr. Ott Audit Tax GmbH Wirtschaftsprüfungsgesellschaft, Steuerprüfungsgesellschaft.
3 Geburtstagsbrief von Theodor Möllen an seinen Sohn, 1928, Wolfram Engels, Wendemarken, 1988 (Enkel von Theodor Möllen)
4 75-jähriges Firmenjubiläum, 1986
13 Theodor Möllen, Deutsche Tabellenbuchführung, Stuttgart, 1923, Mustermappen von Möllens Buchhaltung für den Klein- und mittleren Betrieb, Handwerksbetrieb mit Laden, Fleischer- und Kleingaststätte, Arzt, Hotel- und Gaststätten, Bäcker, Konditorei-Café, Lichtspielhaus, landwirtschaftlicher Betrieb, Möbel- und Bauschreinergewerbe, ca. 1936–1950; Die Selbsthilfe im Handwerker-Hause, 1936
14 Preisverzeichnis
15 Prospekte 2000–2001
47 Fotos (Innenaufnahmen) vom Institut für Buchhaltungorganisation Th. Möllen
48 Wertpapiere diverser in- und ausländischer Firmen, engl. Banknoten
50 –

480
Ott, Eugen, Albstadt-Ebingen

Name Eugen Ott & Söhne
Geschäftstätigkeit Samtfabrik
Branche Nr. 170/172
Umfang 2,5
Laufzeit 1906–1985
Benutzbarkeit Eingeschränkt
Bestand Y 95

Bestandsgeschichte Das Archivgut wurde 1989 übernommen.
Geschichte 1871 verkaufte Johann Martin Landenberger in Ebingen seine Manchester- und Samtfabrik mit Maschinen, Dampfkesseln, Getriebe- und Färbereieinrichtungen an die ebenfalls dort ansässige Firma Gottlieb Ott Sohn. Dieser bereits 1821 gegründete Betrieb hatte sich auf die Herstellung von Litzen, Borten und Bändern spezialisiert und unterhielt seit 1892 zusätzlich Samtschneidereien in Pfeffingen und Lautlingen. 1896 wurde das Unternehmen von Gottlieb Otts Enkel, Eugen und Gustav, übernommen. Nach der Trennung von seinem Bruder Gustav, der das Unternehmen Gottlieb Ott Sohn weiterführte, gründete Eugen Ott 1927 zusammen mit seinen beiden Söhnen Andreas und Hermann eine große Samtfabrik im Westen von Ebingen. Diese wurde seit 1948 als Kom-

manditgesellschaft geführt. Produziert wurden vor allem Velvet, Cord und andere Baumwollartikel. In Metzingen bestand ein Filialgeschäft. 1979 wurde die Firma in eine GmbH umgewandelt und unter der Bezeichnung Eugen Ott-Verwaltungsgesellschaft mbH weitergeführt. Nachdem das Unternehmen 1988 Konkurs angemeldet hatte, wurde 1989 die Produktion eingestellt und die Firma 1999 im Handelsregister gelöscht.

3 Dissertation Hermann Ott um 1925

5 Gesellschaftsverträge 1927/28, Firmennamen 1928

9 Betriebsunfälle und Krankheiten 1929–1967, Betriebsordnung 1934, Deutsche Arbeitsfront 1938, Kantine 1964–1972

10 Grundstücks- und Bauangelegenheiten 1909–1985

11 Kapital und Wertpapiere 1921–1923, Bankverbindungen 1928–1932, Devisen 1929–1933

12 Garneinkauf, Rohstoffe 1906–1928

13 Maschinenpark und Betriebseinrichtungen 1922–1963, Dampfkesselrevision 1927–1957, Dampfkesselanlage 1976, Webstühle 1947–1957

14 Preislisten um 1920–1949, Angebote und Aufträge 1922–1930

15 Musterbuch 1934, verschiedene Annoncen

16 Inventur 1927–1939, Abschreibungen 1927–1954, Privatkasse 1928, Kalkulationen 1933–1953, Betriebsabrechnungsbogen 1933–1947, kurzlebige Wirtschaftsgüter 1934–1941, Kostensätze 1939, Statistik, Bilanzen 1941–1950, Gewinnfeststellungen 1950–1956

17 Wertzuwachssteuer 1928/29, Steuerangelegenheiten 1934–1940

18 Versicherungen 1917

20 Industrie- und Handelskammer Reutlingen 1928–1931, Satzung der deutschen Baumwollweber-Konvention 1957

21 Rechtsstreite 1922/23, 1950–1956

47 Fotos: Messestand

50 Willi Schickling, Ein Wundergewebe durchwandert die Welt, [Stuttgart 1954] (Festschrift).

Walter Stettner, Ebingen – Die Geschichte einer württembergischen Stadt, Sigmaringen 1986, v. a. S. 360, 418–420.

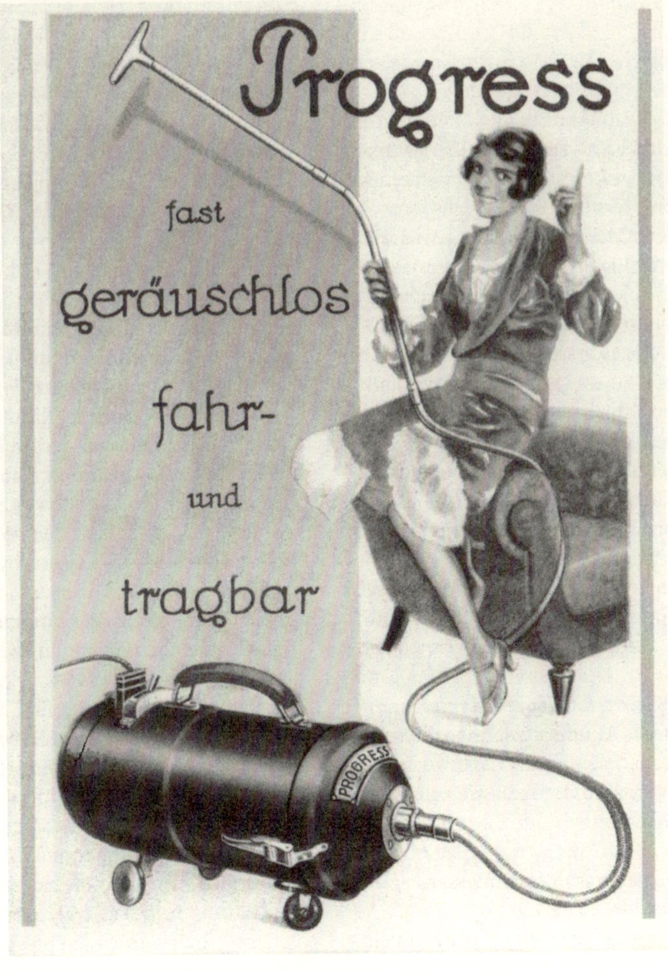
Progress
fast
geräuschlos
fahr-
und
tragbar
PROGRESS

481 Papierfabrik Niefern, Niefern

Name Papierfabrik Niefern
Geschäftstätigkeit Papierfabrik
Branche Nr. 210/211
Umfang 6
Laufzeit 1905–1980
Benutzbarkeit Nein
Bestand Y 253

Bestandsgeschichte Das Archivgut wurde 2000 vom Konkursverwalter übernommen.
Geschichte Die Papierfabrik in Niefern wurde 1820 von Friedrich Bohnenberger übernommen, der Name wurde geändert in Bohnenberger & Cie. Papierfabrik Niefern. Sie ging aus der Papiermühle der Markgrafen von Baden-Durlach zu Niefern hervor. Diese Papiermühle wurde zusammen mit einer Mahlmühle und einer Sägemühle von Markgraf Friedrich VI. von Baden-Durlach 1672 als das erste Werk dieser Art im Enztalgebiet gebaut. Anfang des 20. Jahrhunderts wurde auf Kunstdruckpapier umgestellt, was der Firma einen Aufschwung brachte. Nach dem Brand 1914 folgten ständige bauliche Erweiterungen und Umbauten sowie große Maschineninvestitionen. Ende der 1990er Jahre musste Konkurs angemeldet werden.
3 Rechtsangelegenheiten, Erben Bohnenberger 1905–1930
4 Chronik 1672–1978 (mit zahlreichen Abbildungen)
7 Geschäftsberichte, Gesellschaftsversammlungen 1936–1951, Amerikareise 1952, Gesellschafter 1964, Beschlüsse der KG 1973–1978
9 Personal 1950er, Unterstützungseinrichtung 1954/1955
12 Lieferanten
13 Werttaxe 1927, 1936, Maschinenkartei (Lieferanten, Ersatzteile) 1930–1960
14 Vertreter-Verträge 1924–1970, Artikelbücher
15 Kataloge
16 Bilanzen 1962–1977, Buchprüfung 1961
17 Steuern 1950er–1960er
21 Rechtsanwälte, Steuerberater 1950–1980
47 Fotos: Gebäude
48 Großformatige gezeichnete Firmenansicht; Bücher, die mit Papier der Papierfabrik Niefern hergestellt wurden.
50 Im WABW nicht vorhanden.

482 Papierfabrik Weissenstein, Pforzheim

Name Papierfabrik Weissenstein AG
Geschäftstätigkeit Papierfabrik
Branche Nr. 210/211
Umfang 12
Laufzeit 1899–1972
Benutzbarkeit Nein
Bestand Y 96

Bestandsgeschichte Das Archivgut wurde 1991 von der Geschäftsleitung übernommen. Eine Nachlieferung folgte 2001.
Geschichte 1861 wurde die Papierfabrik von dem Pforzheimer Fabrikanten Heydecker in Dillweissenstein gegründet. Bereits nach kurzer Zeit ging das Unternehmen in Konkurs und damit in den Besitz der Firma Barth & Co. über. Erzeugt wurden zunächst Tapeten und Packpapiere. Nach der Umwandlung in die Firma Barth, Georgi & Co. wurden feinere Papiere hergestellt. 1864 übernahm die Firma Barth & Haas den Betrieb und begann mit der Produktion von Löschpapier, Löschkartons, Tauenpapiere und Kuvertpapiere, die weltbekannt wurden. 1886 zerstörte ein Großbrand den größten Teil des Werkes. Nach dem Wiederaufbau trat der Teilhaber Barth 1896 aus, das Unternehmen firmierte unter Haas & Co Kommanditgesellschaft. 1898 erfolgte die Umwandlung in eine Aktiengesellschaft, die die Buntpapierfabrik von Friedrich Funk Nachf., Barmen und die Papierfabrik Wangen im Allgäu erwarb. Der Ausbruch des Ersten Weltkriegs und der Zusammenbruch des Pforzheimer Bankvereins führten zur Zahlungseinstellung und zum Zusammenbruch der Fabrik, die Werke in Barmen und Wangen wurden verkauft. 1918 schloß sich die Papierfabrik der Zellstoffabrik Waldhof, Mannheim-Berlin an. Nach 1926 wurden hauptsächlich Manila-Zellstoffkartons, farbige Umschlagkartons und Löschpapiere produziert. 1937 löste sich die Papierfabrik vom Waldhof-Konzern, die Aktienmehrheit wurde von der Badischen Bank Karlsruhe übernommen. In den Nachkriegsjahren modernisierte und vergrößerte man das Unternehmen, exportiert wurde u. a. in die Niederlande, Schweiz, Dänemark und Großbritan-

nien. Seit 1988 gehörte die Papierfabrik zu 80 % den Gebrüdern Buhl Papierfabriken GmbH & Co KG. 2000 wurde das Insolvenzverfahren eröffnet, ein Jahr später folgte die Schließung des Unternehmens.

4 Chronik, verschiedene Zeitungsausschnitte, geschichtlicher Abriss, Unterlagen zum 50-jährigen, 75-jährigen und 100-jährigen Jubiläum
5 Handelsregister 1930–1960, Gesellschaftsvertrag 1932
6 Konkurs Papierfabrik Tammberger 1949–1951
7 Hauptversammlungsprotokolle 1922–1962, notarielle Protokolle 1923–1949, Aufsichtsratsprotokolle mit Korrespondenzen 1940–1972, Unternehmensprobleme 1968, Papierzellstoffabrik Ettlingen-Maxau 1938–1958
8 Organisation 1925–1930
9 Gehälter 1892–1908, Arbeiterverzeichnis 1904–1910, Personal 1936–1960, Lehrlinge 1935–1965, Arbeitskarten 1964, Betriebs- und Jubiläumsfeiern 1908–1950, Betriebskrankenkasse 1932–1955, Sonn- und Feiertagsarbeit 1934–1964, Unterstützungsverein 1943–1965, Pensionen und Pensionsrückstellungen 1951–1963, Alters- und Hinterbliebenenversorgung 1951, Treueprämien 1951–1956, Rentenbescheide 1952–1965, Werksarzt 1956–1964, Schichtbetrieb 1969
10 Wasserangelegenheiten 1925–1940, Bauangelegenheiten, Lagepläne 1952–1957
11 Investitionshilfe 1951–1953, Badische Bank 1948–1952
14 Vertreterverträge 1919–1939, Auftragsbuch 1934–1936, Bericht Amerikareise 1950
15 Papiermuster
16 Geschäftsberichte und Bilanzen 1893–1955, Prüfungsberichte 1939–1963, Bewertungsunterlagen 1945–1950, Sachkonten 1948
17 Einheitswerte 1926–1936, Steuerangelegenheiten 1935–1965
18 Versicherungsangelegenheiten 1937–1953
47 Fotos: Gebäude, Belegschaft
50 Weissenstein ein Begriff, Aus der 100-jährigen Geschichte der Papierfabrik Weissenstein AG, Darmstadt [1961] (Festschrift).

483
Perrot, Calw

Name Perrot GmbH & Co.
Geschäftstätigkeit Beregnungstechnik
Branche Nr. 290/286
Umfang 26
Laufzeit 1925–1987
Benutzbarkeit Eingeschränkt
Bestand Y 97

Bestandsgeschichte Das Archivgut wurde 1988 übernommen.
Geschichte Der Ingenieur Heinrich Perrot erwarb in der Turmuhrenfabrikation seines Vaters gründliche mechanische Kenntnisse und baute seinen ersten Regner, einen Uhrwerksregner. Zur Konstruktion dieses ersten Perrot-Regners führte die Überlegung, Wasser in ein mit mehreren kleinen Löchern versehenes Rohr einzuleiten und dieses von einem aufziehbaren Uhrwerk hin und her bewegen zu lassen. 1925 gründete Heinrich Perrot die Firma Perrot-Regnerbau und begann mit der Fabrikation von Beregnungsgeräten insbesondere für Gartenbau und Landwirtschaft. In den 1930er Jahren übernahm Perrot die Beregnungsfirma Hydor in Berlin und mit ihr den Hydor-Landregenapparat, der hauptsächlich im Erwerbsgartenbau eingesetzt wurde. In diese Zeit fällt auch die Entwicklung des Gülleregners für die weidewirtschaftliche Nutzung und die Einführung der Perrot-Sprühnebeldüsenanlagen für Gewächshäuser. Steigender Platzbedarf erforderte einen Werkneubau im nahen Althengstett in der Nähe der Bahn. Direktion, Verwaltung und technische Abteilung hatten ihren Sitz in Calw. 1951 entstand ein Rohrwerk mit der im Hause Perrot konstruierten Rohrwalzstraße und eigener Verzinkerei. Nach dem Zweiten Weltkrieg entwickelte das Unternehmen Modelle für Langsamberegnung und Frostschutzberegnung. Herausragend war vor allem die Produktion der leicht transportablen, schnell und dicht miteinander zu verbindenden Perrot-Schnellkupplungsrohre, mit der die Firma weltweit bekannt wurde. 1987 wurde das Konkursverfahren eingeleitet. Ein Jahr später wurde durch ehemalige Mitglieder des Unternehmens die Regnerbau Calw GmbH neu gegründet. Produktion und Verwaltung wurden

in Althengstett zusammengelegt, die Marke Perrot weitergeführt.
2 Korrespondenz mit Calw 1966
3 Private Korrespondenz 1944–1971, Memorandum von Heinrich Perrot: Stillung des Hungers durch Beherrschung des Wassers 1962
4 Berichte über Kriegsereignisse in den Werken Calw und Althengstett 1945
7 Notizen des Geschäftsführers 1974–1980, Gutachten Firma Perrot 1936
8 Betriebsordnung 1946, Rundschreiben 1961–1975
9 Arbeitsprogramme 1953–1957, Zeichnungen der Lehrlingsprüfungen 1956, innerbetriebliche Mitteilungen 1965, Betriebsanweisung
13 Patente 1930–1960, Patentanmeldungen 1939–1982, Rahmenplan für Konstruktions- und Entwicklungsabteilung 1967, Konstruktionsgespräche 1960–1967, verschiedene Zeichnungsbücher, Pausen, Zeichnungen und Fotos von Regnertypen 1925–1960, Gutachten bestimmter Regner 1948–1960, technische Daten zur Rohrherstellung 1954, Betriebsanweisungen verschiedener Regner 1938–1962
14 Preislisten 1949–1977, Südamerika-Reise 1954, Argentinien 1952/53, Bericht über die Studienreise nach Ägypten und Äthiopien 1954, NATO Luftschutz 1957–1961, Reiseberichte von Auslandsaufenthalten 1953–1974, Angebote 1956–1969, Umsätze 1956–1965
15 Verschiedene Prospekte, Anzeigen, Notizen und Kataloge, Messe Moskau 1971, Presseberichte Beregnung 1950, Vorträge 1955–1960, Pressekonferenz zum Thema Frostschutz 1960, Entwürfe um 1960, Vortrag über Frostabwehr in Europa 1963
16 Betriebsabrechnung 1951–1966, Sachkontenhauptbuch 1940, Gewinn- und Verlustrechnung 1944–1950, Finanzstatus zum Monatsende 1950–1967, Bruttogewinne 1951, Bilanzen 1933–1940, Körperschaftsbilanz 1956, Rechnungsbuch 1970–1972, Inventur 1938, 1940
19 Reichsminister für Kriegsproduktion (Korrespondenz)
20 Fachnormenausschuß Feuerlöschwesen 1953, Verband der Metallindustrie 1981, Deutsche Gesellschaft für Bewässerungswirtschaft 1964–1971, Deutscher Verband für Wasserwirtschaft und Kulturbau 1974–1987
21 Laux-Perrot-Verfahren 1954–1964, Berufungsprozeß Krause 1935–1936, Patentstreitigkeit Lanninger 1958, Einspruch gegen Patente 1940–1965
22 Technische Hochschule Braunschweig 1961–1970, Technische Hochschule Karlsruhe 1965–1970, Prüfungsbericht der Technischen Hochschule Stuttgart 1965, Arbeiten der Deutschen Landwirtschaftsgesellschaft 1951
47 Fotos: Pressefotos 1966, Fotos von Anlagen, Großflächenregnern, Flachstrahlregnern, Frostschutzberegnung. Film: Benutzung des Handpumpenkoffers
50 Heinrich Perrot, Die Planung von Beregnungsanlagen, Calw 1949. Die Firma Perrot-Regnerbau GmbH & Co, ihre Geschichte, ihre Arbeit und ihre Werkstätten, [Calw] 1960 (Festschrift). Heinrich Perrot, Handbuch der Beregnungstechnik, 2. Aufl. Calw 1966. Heinrich Perrot, Der Grübler, Erinnerungen an meinen Vater, Altensteig 1970. 50 Jahre Perrot, 50 Jahre Perrot-Regner, Perrot-Regnerbau GmbH & Co, [Calw] 1976 (Festschrift).

484
Peter, Roland, Möglingen

Name Depositum Dr. Roland Peter
Geschäftstätigkeit Historiker
Branche Nr. 732
Umfang 0,4
Laufzeit 1933–1993
Benutzbarkeit Eingeschränkt
Bestand Y 544

Bestandsgeschichte Dr. Roland Peter übergab dem WABW 2018 Kopien aus verschiedenen Archiven, die der Vorbereitung seiner 1995 erschienenen Dissertation über Rüstungspolitik in Baden gedient hatten.
19 Entnazifizierung (Spruchkammerverfahren) Brown, Boveri & Cie. AG (BBC), Mannheim/Heidelberg, u. a.
50 Roland Peter, Rüstungspolitik in Baden, Kriegswirtschaft und Arbeitseinsatz in einer Grenzregion im Zweiten Weltkrieg, München 1995.

485
Pfaff & Schlauder, Schramberg

Name Pfaff & Schlauder
Geschäftstätigkeit Spiralfedernfabrik
Branche Nr. 280/287
Umfang 0,2
Laufzeit 1896–1981
Benutzbarkeit Ja
Bestand B 7

Bestandsgeschichte Das Archivgut wurde 1981 übernommen.
Geschichte Die Spiralfedernfabrik Pfaff & Schlauder gehörte zu den ältesten dieser Art in Deutschland. Sie wurde 1890 von Gerson Pfaff in Schramberg gegründet. 1924 trat der Schramberger Kaufmann Eugen Schlauder in die Firma ein. Das Unternehmen produzierte v. a. Spiralfedern, Zugfedern und Drehteile für die Schwarzwälder Uhrenindustrie, später auch für die Feinmechanik-, Meßinstrumenten- und Maschinenindustrie. 1938 beschäftigte das Unternehmen 235 Mitarbeiter. 1981 ging die Firma in Konkurs.
4 75-jähriges Firmenjubiläum 1965
5 Konkurs 1981
7 Geheimkopierbuch 1896–1911
9 Personalakten 1908–1935
16 Hauptbuch, Umsatzstatistik 1912–1920
49 WABW A1, 84
50 50 Jahre Pfaff & Schlauder, Schramberg 1940 (Festschrift). 75 Jahre pfaff präzision, Schramberg 1965 (Festschrift).

486
Pfäffle, Villingen-Schwenningen

Name Robert Pfäffle KG
Geschäftstätigkeit Beleuchtungskörperfabrik
Branche Nr. 315
Umfang 7
Laufzeit 1910–1980
Benutzbarkeit Eingeschränkt
Bestand Y 98

Bestandsgeschichte Das Archivgut wurde 1986 übernommen.
Geschichte 1909 gründete Robert Pfäffle in Schwenningen ein Ingenieurbüro-Büro für Elektrotechnik und Großhandlung für elektrische Bedarfs-Artikel. Nach 1949 wurde das Unternehmen in Form einer Kommanditgesellschaft weitergeführt. Die Robert Pfäffle KG elektrische und Beleuchtungskörper-Fabrik produzierte hauptsächlich Tisch- und Nachttischlampen, Wand- und Spiegelleuchten unter der Marke »Erpes« sowie Universal-Schlauchlampen, Decken- und Stehleuchten. Nachdem 1984 das Insolvenzverfahren eröffnet wurde, erfolgte 1986 die Löschung im Handelsregister.
5 Rechtsform 1949–1950
9 Meisterbrief 1913, Gesellenbrief 1921, Belegschaft 1942–1945, Familienausgleichskasse 1957–1964, Gefolgschaftsgehilfenverein 1941–1948, Mitarbeiterkredite 1961–1963, Deutsche Arbeitsfront 1934–1942, Berufsgenossenschaft 1936–1962
11 Investitionshilfe 1952–1955, Aktien 1938–1958
12 Rechnungen: BBC 1942–1949 und Siemens 1941–1970, Telefon und Normalzeit 1939–1944, Kabelbezüge 1954–1955, Lieferscheinbuch 1927–1934
13 Patent Wechselstrom-Läutewerk 1926–1928, Patentangelegenheiten um 1925–1971, tägliche KWh-Leistungsberichte 1945–1975, Gebrauchsmuster 1954–1972, Korrespondenz VDE Prüfstelle Frankfurt 1952–1961, Lizenzvertrag mit Osram, Heidenheim 1952–1958
14 Auftrags- und Versandstatistik 1956–1968, Öffentliche Aufträge 1937–1940, Wehrmachtslieferungen 1939–1943, Bundesamt für Wehrtechnik und Beschaffung 1959–1966, Verkaufs-

rechnungen Ausland 1934–1938, Auftragseingang und Warenversand 1949–1955, Vertreter 1960–1970
15 Ausstellungsstand auf der elektronischen Ausstellung in Schwenningen 1912, verschiedene Prospekte, Werbeplakat 1920–1925, Kataloge und Preislisten um 1925–1980, Werbematerial der Konkurrenz um 1950–1960
16 Kassenbuch 1945–1949, Inventur 1912, Jahresbilanz 1928
17 Einkommensteuer, Gewerbesteuer 1927–1953
18 Feuer-, Einbruch-, Glas- und Haftpflichtversicherungen 1910–1922
19 Fliegerschaden 1945, Organisation Todt 1943–1945, Reichsarbeitsdienst Villingen 1944–1945, Maschinenabgabe und Reparationen 1940–1952, Militärregierung 1945–1948
20 Bundesverband der Luftfahrt und Raketenindustrie e. V. 1961–1963, Verband der Funkindustrie, Gemeinschaft deutscher Radiofabrikanten, Lautsprecher-Patent-Vereinigung 1928–1929, Industrie- und Handelskammer Villingen-Schwenningen 1959–1972
21 Fabrikanlage, Firmengründer
47 Bild: Ölgemälde der Fabrikanlage 1951
48 Klischees, Lampen mit Wecker um 1935
50 Im WABW nicht vorhanden.

487
Pino, Freudenstadt

Name Pino Pharmazeutische Präparate GmbH
Geschäftstätigkeit Pharmazeutische Fabrik
Branche Nr. 240/244/245
Umfang 14
Laufzeit 1900–1976
Benutzbarkeit Eingeschränkt
Bestand Y 99

Bestandsgeschichte Das Archivgut wurde 1984 von der Geschäftsleitung übernommen. Eine Besonderheit bildet eine Plakatserie aus den Jahren 1948–1952 mit Motiven, die an die Arbeitsmoral appellieren.
Geschichte 1910 erwarb Walter Schöpp die von Hermann Herbstreith 1904 gegründete chemische Fabrik in Freudenstadt und befasste sich vor allem mit der Destillation von Tannennadeln, wobei als wichtigster Rohstoff das Fichtennadelreisig aus den Wäldern der Umgebung diente. 1923 erfolgte die Umwandlung der Firma in eine Aktiengesellschaft unter dem Namen PINO AG durch Übernahme der Aktien zu gleichen Teilen von Walter Schöpp und Otto Böhringer. Haupterzeugnisse der Firma waren Fichtennadeln-Badezusätze, Arzneibäder, ätherische Koniferenöle, Massage- und Einreibemittel. 1926 wurde auch die Herstellung von Malzextrakt aufgenommen. Die Malzabteilung wurde in der Folgezeit mit modernen Produktionsanlagen ausgebaut und 1946 in eine selbständige Firma unter Maltextra Dr. Schöpp & Böhringer GmbH ausgegründet. 1984 wurde das Freudenstädter Unternehmen, inzwischen eine Tochter der Hans Schwarzkopf GmbH, Hamburg, geschlossen. Die ab 1994 von der Familie Schwarzkopf geführte PINO Pharmazeutische Präparate GmbH in Hamburg feierte 2004 das hundertjährige Firmenjubiläum.
4 Zeitungsausschnitte
5 Satzung 1966
6 Beteiligungen 1921–1948, Tochtergesellschaft Maltextra (Lagerbestandslisten 1949–1958, Fabrikationsprogramm 1952–1960, Maisverarbeitung 1947–1952, Umsatzbuchserie 1944–1968, Provisionen 1955–1967), Jahreszusammenstellungen 1946–1949, Inventuren 1958/59, Bilanzunterlagen 1947–1965, Vertreterumsätze 1938–1955
7 Hauptversammlungsprotokolle 1969–1970, Aufsichtsrats-Korrespondenz 1939–1974, Korrespondenz Landratsamt 1946–1962, Korrespondenz Württembergisches Gewerbeaufsichtsamt 1919–1962
9 Personalangelegenheiten 1927–1950, Vertreterverträge 1937–1961, Vertrauensrat Deutsche Arbeitsfront 1933–1945, Tarifunterlagen 1950–1952, Gehälter 1926–1953; Plakate (Arbeitsappelle) 1948–1952
10 Bauangelegenheiten 1900–1950
11 Aktien, Aktienverzeichnis 1923–1958, Wertpapiere und Festgelder 1940–1959
12 Wareneingangskartei 1924–1959
13 Patente und Patentverträge um 1910–1950, Rezepte, Präparate und Herstellungsverfahren,

chemische und medizinische Einzelfragen um 1920–1950, maschinelle Anlagen um 1929–1968, Produktionskennzahlen um 1940–1957

14 Preislisten, Warenausgangs- und Versandkartei 1924–1959, Vertreterrundschreiben, Vertreter-Reiseberichte 1946–1968, Vertreterumsatzkartei 1927–1938, Vertreterumsätze 1937–1961, Export 1950–1970, Konkurrenz 1949–1970

15 Verpackungen, Prospekte, Kataloge, Plakate, Aufsteller 1920–1975, Korrespondenz Werberat der Deutschen Wirtschaft 1935–1937

16 Abschlußkonten 1929, Bilanzen 1963–1975, Kassenbuch 1937–1976, Inventuren 1937–1943, Industrieberichte und Statistik 1940–1957, Auskünfte 1929–1955, Wirtschaftsprüfer 1938–1968

17 Steuerangelegenheiten 1929–1968

18 Versicherungsangelegenheiten um 1908–1948

19 Werkluftschutz 1935–1945, Kriegsverordnungen 1939–1941, Feldpost 1931–1945

20 Fachverband Chemie 1963–1966, Mitgliederverzeichnis der Vereinigung deutsche Reform-Unternehmen 1932–1935, Mitteilungen des Zentralverbandes und der Reichsmonopolverwaltung 1928–1931, Verband der Backmittelhersteller 1968–1970, Arbeitsring der Arbeitgeberverbände 1952–1956

47 Fotos: Produktion, Gebäude, Messen- und Ausstellungsstände, Werbung

50 Handbuch der Deutschen Aktiengesellschaften 1955/56, Band 4, S. 3696–3698. Der Kreis Freudenstadt (Heimat und Arbeit), Stuttgart und Aalen 1978, S. 417.

488
Platz, Saulgau

Name Carl Platz GmbH & Co. KG
Geschäftstätigkeit Fertighausbau
Branche Nr. 450/451
Umfang 0,2
Laufzeit 1931–1967
Benutzbarkeit Eingeschränkt
Bestand Y 100

Bestandsgeschichte Das Archivgut wurde 1984 von der Geschäftsleitung übernommen.

Geschichte 1892 gründete Carl Platz ein dampfbetriebenes Sägewerk in Saulgau mit einer Holzhandlung und einer Kistenfabrikation. 1898 legte Carl Platz den Grundstein für ein Elektrizitätswerk, das die Stadt Bad Saulgau mit Strom versorgte, indem er anfänglich an seine Dampfmaschinen einen Generator anschloss. 1907 errichtete er eine Ziegelei. 1931 kam das erste Fertighaus auf den Markt. Der Fertighausbau hat sich im Lauf der Zeit zum bedeutendsten Geschäftsbereich entwickelt. Seit 2014 gehört das Unternehmen zur Kampa Unternehmensgruppe.

4 Festschrift 75-jähriges Jubiläum 1967, Firmenchronik 1942 und Glückwünsche zum 50-jährigen Jubiläum 1942

5 Gesellschafts-, Kontingents- und Verkaufsvertrag der Oberschwäbischen Ziegelverkaufsgesellschaft mbH 1933

13 Stromrechnungsbuch 1931

15 Prospekte um 1960–1965

16 Hauptbuch 1948/49, Kassenbuch 1948/49, Wechselbuch 1938–1958

50 75 Jahre Carl Platz, Saulgau 1967 (Festschrift). Der Kreis Saulgau (Heimat und Arbeit), Stuttgart und Aalen 1971, S. 275. 100 Jahre Platz, Die Platz-Chronik 1892–1992, Saulgau 1992 (Festschrift).

489
Ploucquet, Heidenheim an der Brenz

Name C. F. Ploucquet
Geschäftstätigkeit Baumwollweberei, Färberei, Textilveredelung
Branche Nr. 172/173
Umfang 30
Laufzeit 1796–2003
Benutzbarkeit Eingeschränkt
Bestand Y 342

Bestandsgeschichte Das Archivgut wurde 2006 übernommen.
Geschichte Der Unternehmensgründer Christoph Friedrich Ploucquet stammte aus einer wohlhabenden Hugenottenfamilie aus Lyon, die nach der Aufhebung des Toleranzedikts von Nantes 1685 ins Herzogtum Württemberg emigriert war und sich in Stuttgart niedergelassen hatte. 1806 zog Ploucquet nach Heidenheim an der Brenz und eröffnete – am heutigen Eugen-Jaekle-Platz im Gebäude des heutigen Schuhhauses Baumann – ein Stoffwaren-Detailgeschäft. Nach Ploucquets Tod 1844 übernahmen seine beiden Schwiegersöhne und Teilhaber, die gebürtigen Heidenheimer Ludwig Lang und Georg Jooss das Geschäft. Lang gliederte der Handlung einen Fabrikationsbetrieb an und ließ im Verlagssystem Baumwollstoffe herstellen und färben. Dieser Geschäftszweig wuchs rasch, und als 1864 ein Teil der Papierfabrik Voelter niederbrannte, erwarb Lang das Grundstück an der Brenz mit den übrigen Gebäuden und richtete dort eine Mechanische Weberei ein. Die Entwicklung synthetischer Farbstoffe durch die aufstrebende chemische Industrie gegen Ende des 19. Jahrhunderts führte zur Weiterentwicklung in der Färberei, die das Unternehmen bald um eine Appretur- und Kaschieranstalt erweiterte. In den folgenden Jahrzehnten spezialisierte sich Ploucquet zunehmend auf Berufs- und Schutzkleidung und weitere Bekleidungs-, Funktions- und Ausstattungstextilien wie wasserdichte Stoffe, Betteinlagen oder Schuhoberstoffe. Nach dem Zweiten Weltkrieg beschäftigte die Firma rund 800 Mitarbeiter. Der Krise in der deutschen Textilindustrie ab den 1960er Jahren begegnete C. F. Ploucquet erfolgreich mit weiterer Spezialisierung etwa auf dem Gebiet technischer Spezialgewebe. 1980 übernahm die Firma das Gelände der ehemaligen Spinnerei Neunhöffer in Herbrechtingen und stellte dort unter den Marken »Liegelind« und »Luxlind« Säuglings- und Kinderkleidung her.
Im Jahr 2000 baute die in Unterföhring bei München ansässige Unternehmensleitung in Zittau eine neue Produktionsstätte auf. Am Standort Heidenheim mussten die Mitarbeiter 2002 zeitweise kurzarbeiten, im Jahr darauf wurde ein Teil der Belegschaft entlassen. 2006 kauften die US-Investmentbank Morgan Stanley und der Schweizer Finanzinvestor Annex Capital die unter 40 Erben verteilten Anteile an dem ehemaligen Familienbetrieb vollständig auf. Im selben Jahr verlagerte das Management die Produktion ganz nach Ostsachsen und damit zog die Firma genau 200 Jahre nach Unternehmensgründung aus Heidenheim weg.
2 Papierfabrik Voelter 1855/56, Geschäftsanteilschein Gewerbebank 1877, Unterstützung von Heidenheimer Vereinen 1899–1931, Eröffnung Bahnhof- und Friedrichstraße 1900, Aufstellung Plastiken Brenzbrücke 1937, Ausstellung »Unsere Heimat« 1938, Förderung Wohnungsbau 1934–1944, städtisches Notgeld 1945, Eisenbahnverbindung Gundelfingen – Sontheim/Brenz 1900–1904
3 C.F. Ploucquet 1796–1844, Familie Ploucquet 1645–1970, Ludwig (Louis) Lang 1815–1873, Richard, Georg, Elise Jooss und andere Familienmitglieder Jooss 1865–1929, Max und Luise Roser und andere Familienmitglieder 1880–1968, Otto Heim 1865–1946, Ernst und Karl Saur und andere Familienmitglieder 1896–1984
4 Ladengeschäft von C.F. Ploucquet 1806–1885, zur Geschichte des Industriebetriebs 1856–1955, Firmenjubiläen 1936, 1961, 1981, Erwerb Firma Landauer 1938, Verkauf Weberei 1984/84, Besuch einer chinesischen Delegation 1987
5 Gesellschaftsverträge 1873–1970
6 Zweigwerk Weberei Augsburg vormals M.S. Landauer 1938–1951 (u.a. Erwerb 1938, Rückerstattung 1947–1953), Zweigwerk Held und Teufel Spinnerei Schwäbisch Hall 1863–1979
7 Geschäftsberichte 1874–2004, Geschäftsbeziehungen zu BASF 1892–1914
9 Weihnachtsgeschenke 1897–1942, Betriebsappell 1939, Gefolgschaftshilfe 1940, Aktionen

1946/47: Bucheckern, Holz, Obst, Fahrradbereifung, Betriebsausflüge 1951–1957, Streiks 1911, 1988–2000, Personal, Löhne 1879–1974
10 Bauliche Entwicklung, Immobilienkäufe, Bau- und Lagepläne 1856–1991
12 Einkauf Garn und Gewebe 1905–1990
13 Maschinen 1867–1958, Energiezentrale 1855–1955, Wassernutzung, Abwasser 1903–1951, Bezug Dampf und Strom 1944–1954, Produktion und Produkte der Weberei 1890–2003, Papierstoff Zellulon 1918/19, Gründung Zweigwerk in Ungarn 1923/24, Patente, Gebrauchsmuster, Warenzeichen 1885–1962, Lizenzverträge 1892–1946, Rationalisierung kaufmännischer und technischer Bereich 1950–1965
14 Militärlieferungen 1887–1918, Flugzeugwerke Goedecker, Mainz, 1918, Verkaufsbüro Berlin 1936, Versand 1894–1981, Umsatz 1909–1964, Kalkulation, Preise 1889–1960, Export 1933–1956
15 Gewebe, Liegelind, Tempex 1935–1994, Modenschau 1962
16 Kopierbücher 1874–1901, Inventurbücher 1870–1922, elektronische Datenverarbeitung 1965
18 Gebäudebrand-/Feuerversicherung 1855–1946, Unfallversicherung 1911–1935, Transportversicherung 1919–1949, Maschinenversicherung 1936–1946, Haftpflichtversicherung 1936, Kfz-Versicherung 1929–1948, Pferdeversicherung 1926–1946, Geschäfts-Einbruchversicherung 1943–1948
19 »Ostarbeiter« 1942, »Gefolgschaftsmitglieder« an der Front 1940–1944, Gefallene, Vermisste, Gefangene 1939–1945, Kriegsschäden 1945–1949, Umfärbungen für die US Army 1945–1949, Entnazifizierung 1945–1947
20 Leistungskampf der deutschen Betriebe 1941/42, verschiedene Verbände 1905–1950, Behörden 1898–1950, Verordnungen und Erlasse 1933–1947
21 Gerichtsverhandlung in Rumänien 1893–1898
22 Sammlung zur Textilgeschichte, Baumwollexpedition nach Deutsch-Ostafrika 1902, Erstausgabe Schwäbischer Merkur 3.10.1785, verschiedene Zeitungsausgaben zur Firmen-, Orts- und deutschen Geschichte 1871–1981
47 Firma in Heidenheim 1806–2010, Persönlichkeiten 1846–1974, Firmenjubiläen 1937–1981, Betriebsausflüge 1934–1953, Tag der offenen Tür 1984, Zweigwerke, Modelle, Modenschauen, Messen
50 C. F. Ploucquet, in: Karl Kaspar Meck, Die Industrie- und Oberamtsstadt Heidenheim nebst dem Schloss Hellenstein in der Vergangenheit und Gegenwart, 1. Teil, Heidenheim 1904, S. 214–217. C.F. Ploucquet seit 1806, Heidenheim 1937 (FS). C.F. Ploucquet, Heidenheim/Brenz, in: Deutscher Heimatdienst Verlag und Archiv Dochtermann (Hg.), Die Landkreise Aalen, Schwäb. Gmünd und Heidenheim mit Wirtschaftsbiographien, Stuttgart 1954, S. 138 f. Ploucquet seit 1806, Eine Firmen-Historie, Heidenheim [2002] (FS).

490
Privathaushalte

Name Nachlässe Privater Haushalte
Geschäftstätigkeit Privathaushalte
Branche Nr. 999
Umfang 0,2
Laufzeit 1881–1980
Benutzbarkeit Eingeschränkt
Bestand Y 314

Bestandsgeschichte In diesem Bestand befinden sich Einzel-Dokumente in Form von handschriftlich geführten (Einnahmen-) Ausgabenbüchern. In ihrer Gesamtheit geben sie Auskunft über das Ausgabeverhalten und die Haushaltsführung privater Haushalte, u. a. aus Esslingen. Die Dokumente sind wertvolle Quellen zur Erforschung der Lebenshaltung, des Lebensstandards sowie der Entwicklung von Preisen und Löhnen.
16 Private Haushaltsbücher 1881–1980
50 Im WABW nicht vorhanden.

491
Progress, Stuttgart

Name Progress Elektrogeräte GmbH
Geschäftstätigkeit Elektrogerätebau
Branche Nr. 299
Umfang 17
Laufzeit 1928–1990
Benutzbarkeit Eingeschränkt
Bestand Y 101

Bestandsgeschichte Das Archivgut wurde 1991 von der Geschäftsleitung übernommen. Eine Nachlieferung wurde 2018 übernommen. Die Gerätesammlung wurde an das Technoseum in Mannheim vermittelt.

Geschichte 1921 gründeten Wilhelm Mauz, Paul Pfeiffer und Ernst Faber die Firma Mauz und Pfeiffer Elektrogerätebau in Stuttgart zur Fertigung von Haushaltsstaubsaugern und Bohnermaschinen. 1926 wurde der erste fahrbare Staubsauger unter der Bezeichnung »Progress« eingeführt. 1944 wurde ein Großteil des Werkes durch Luftangriffe zerstört. 1948 wurde im Zuge der Neuorganisation die Progress Verkauf GmbH der Firma Mauz & Pfeiffer unter der Leitung von Ludwig Hahn gegründet. 1971 verfügte das in Besitz der Familien Faber, Hahn und Wörwag befindliche und von Mitgliedern dieser Familien geführte Unternehmen über Produktionsstätten in Stuttgart, Maulbronn und Nürtingen-Zizishausen. 1981 erwarb der schwedische Konzern Elektrolux die Firma sowie das bekannte Firmenzeichen Progress.

6 Progress Verkauf GmbH der Mauz & Pfeiffer, Stuttgart (Jahresabschlußprüfungen 1948–1972); Vacufrance (Bilanzen, Korrespondenzen, Schließung); Elektroma GmbH, Stuttgart (Jahresabschlußprüfungen 1952–1972); Elektro-Baby Apparate-Vertrieb GmbH, Hannover (Bilanzen, Jahresabschlußprüfungen 1950–1955); Metaplast GmbH, Nürtingen-Zizishausen 1966–1969

9 Betriebsratsprotokolle 1946–1962, Progress-Nachrichten 1954–1960, Bekanntmachungen um 1950–1990

13 Technische Unterlagen zur Fertigung der einzelnen Elektrogeräte um 1930–1990, Ersatzteillisten, Prüfungsberichte über elektrische Staubsauger 1928–1937, Erfindungen-Arbeitnehmer, Typisierung der Produkte, Fabrikationsstatistik 1930–1941, Korrespondenzen Patente und Warenzeichen um 1931–1990

14 Reiseberichte, Beratungsdienst um 1950–1990

15 Prospekte, Preislisten, Kataloge, Plakate, Aufkleber um 1930–1990, Progress-Pressedienst um 1970–1990

16 Mauz & Pfeiffer (Rechnungsabschlüsse 1948–1972), Jahresabschlußprüfungen 1950–1978, Statistik 1952–1990

47 Fotos: Produkte, Fabrikanlagen, Produktion, Betriebsausflüge um 1935–1990. Filme: Werbefilme um 1935–1990

50 30 Jahre Mauz & Pfeiffer, in: Industrie- und Handelsblatt, Nachrichtenblatt der Industrie- und Handelskammer Stuttgart Nr. 11, 1951, S. 240.

492
Quist, Esslingen

Name F. W. Quist KG
Geschäftstätigkeit Metallwarenfabrik
Branche Nr. 287/362
Umfang 26
Laufzeit 1864–1978
Benutzbarkeit Eingeschränkt
Bestand Y 102

Bestandsgeschichte Das Archivgut wurde 1981 im Einvernehmen mit dem Konkursverwalter übernommen. Eine Besonderheit sind zahlreiche, teilweise kolorierte Produktionsentwürfe für Metallwaren aus dem Zeitraum 1900–1914 und eine umfangreiche Sammlung von Katalogen und Werbeschriften von Konkurrenzunternehmen, die im Repertorium S 1 Sammlung Quist gesondert erschlossen wurden.

Geschichte 1866 gründete Jakob Schweizer in Esslingen eine Bijouteriewarenfabrik. 1872 wird die Firma in eine AG unter dem Namen Eßlinger Actien-Plaqué-Fabrik umgewandelt, an der sich Friedrich Wilhelm Quist aus Schleswig-Holstein, zuvor erfolgreicher Baumwollunternehmer in Brasilien, beteiligte. 1886 übernahmen Friedrich Quist und Robert Eisenmann die Firma als OHG. Vier Jahre später war Quist bereits alleiniger Geschäftsführer und Inhaber der Einzelfirma F.

W. Quist, die die neu entwickelte Methode der Galvanisierung anwandte und zu diesem Zeitpunkt etwa 100 Personen beschäftigte. 1900 ging die Geschäftsführung an dessen Sohn Fritz über, der die Technisierung der Produktion sowie die räumliche Expansion in Esslingen vorantrieb. Nach dem Tod von Fritz Quist 1951 ging die Firmenleitung an dessen Sohn Werner Quist über. 1959 wurde das Unternehmen in eine GmbH umgewandelt. In den 1960er Jahren beschäftigte das Unternehmen rund 500 Mitarbeiter und zählte zu den führenden Produzenten von versilberten Tafelgeräten in Europa. 1971 beteiligte sich Quist mit über 25 % an der WMF AG, Geislingen. 1981 wurde das Konkursverfahren eröffnet, das 1990 seinen Abschluss fand.

3 Testament Fritz Quist sen. 1902, persönliche Unterlagen Fritz Quist (Schulzeugnis 1886–1887, Ehevertrag 1899, Ausweispapiere 1920–1946, Briefe), Kinder-Bazarabrechnungsheft und Kassenbuch von Walter Quist und Werner Marquart, 1917–1923, Steuerunterlagen: Friedrich Quist 1908–1922, Walter Quist 1926–1930, Werner Quist 1926–1936, Hans Quist 1925–1936, Einkommensteuer: Fritz Quist 1933, 1941–1944 und 1948–1950, Werner Quist 1948–1949, Vermögen- und Einkommensteuer div. Familienmitglieder 1949–1968, Vermögens- und Devisenanmeldung verschiedener Familienmitglieder (u. a. Walter Quist) 1945–1953, Verträge zwischen Familienmitgliedern und dem Unternehmen 1934–1946, Firmendarlehen für Hans Quist 1953, Vermögensaufstellung Hans Quist 1954–1972, Architekt Volkardt 1937–1939, Neubau Privathaus Fritz Quist in Baltmannsweiler 1938–1942 (12 Ordner), Trauerfeier usw. Fritz Quist 1951, Pachteinnahmen Baltmannsweiler 1951–1953, Todesanzeige und Nachrufe Werner Quist 1974

5 Rechtsformen des Unternehmens und Gesellschaftsverträge 1936–1960, Umwandlung in eine GmbH 1959

6 Kooperation mit der WMF AG 1966–1972, Investitionsprojekt in Malaysia 1972–1973, Sondierung Produktion in der Schweiz 1974

7 Briefkopierbücher 1898–1900, 1904–1906 und 1922, verschiedene Verträge und Abmachungen 1900–1945, Vollmachten 1925–1958, allgemeine Geschäftskorrespondenz 1920–1941, persönliche Anordnungen des Inhabers [Fritz] Quist 1921–1940

8 Betriebsordnungen 1934–1971; Betriebsordnungen von Fremdfirmen (z. B. Bosch, Traub) 1952–1953

9 Quist'sche Arbeiterstiftung (Konten) 1898–1938, Gehaltslisten 1901–1906, 1925–1934 und 1954–1971, Arbeitszeugnisse 1910–1915, Betriebsrat 1919–1976 (u. a. Beschwerde des Arbeiterrats 22.11.1920), Gehaltsbuch 1930–1939, Lohnpfändungen 1924–1937, Personalunterlagen 1935–1944, Betriebsgemeinschaft 1937–1945, Deutsche Arbeitsfront 1937–1944, Zusammenfassung der Lohnlisten nach Arbeitsbereichen 1938 und 1948–1949, Familienunterhalt Arbeiter 1942–1945, Kurzarbeit 1947, Mitarbeiterdarlehen 1950–1975, Gastarbeiter 1959–1964, Jugendarbeitsschutz 1960–1971, Arbeitsunfälle 1947–1949

10 Kauf Grundstück Untertürkheim 1942–1943, Verkauf Ruinengrundstück Zirkel 26 in Karlsruhe 1944–1951, Anmeldung des ehemaligen jüdischen Hausbesitzes 1948–1954

11 Württembergische Bank 1948–1951, Kredit der First National Bank 1968–1971

13 Einzelne Patente (Stielhandgranatenverschlüsse 1918–1924, Stahlhelme 1939, Poliermaschine 1953–1954, Kugelascher Japan 1973, Niederlande 1975), einzelne Patente im Ausland 1924–1930, Warenzeichen, Gebrauchsmuster und Patente 1924–1970, Betriebskosten 1925–1947, Musterschutz 1926–1938, Transformatorenanlage 1928, Kauf von Maschinen 1929–1945, Einzelfragen 1937–1971, Vorschläge neuer Produkte 1952–1960; Geschmacksmusterbuch 1970, Musterschutz Tortenheber Japan 1970–1972, Lizenzgebühren 1970–1976; Produktionsentwürfe um 1900–1914; Zeitschrift »Gewerbehalle« (mit Abbildungen, mehrere Ausgaben mit Lücken) 1864–1885, Blätter für Kunstgewerbe (mehrere Ausgaben) 1884, Konvolut gedruckter Abbildungen kunstgewerblicher Gegenstände 19. Jh.

14 Vertreter Ausland 1898–1939, Kundenbuch mit Registerband, undatiert [1900–1914], Gebr. Eyck in Amsterdam 1924–1928, Auslandsumsätze 1929–1936, Kundenkarteien Schweiz und Niederlande je 1930–1950, Export 1932–1945, Kundenlisten 1937–1940; Vertreter 1937–1945, Firma Bernheimer (später Münchener Kunsthandelsgesellschaft) 1939–1944, Konkurrenz BMF (Bayerische Metallwarenfabrik) und Knäbel

1949–1972, Direction du Commisariat in Lahr 1954–1960, Kommissionsbuch 1959–1961, Besuchs- und Reiseberichte von Vertretern 1959–1975, Kugelascher (Verkauf ins Ausland, Nachahmungen, Lizenzen) 1960–1975, Kundenlisten Ausland undatiert [ca. 1960–1975], Auftragslisten Ausland 1968–1970, Bundeskartellamt 1968–1975, Vertreterverträge 1973–74, Verkaufsprognose 1978, visuelle Dokumentation von Konkurrenzprodukten (undatiert)

15 Sammlung Warenkataloge und Preislisten, [um 1900]–1977. Sammlung Fremdfirmen siehe S 1

16 Rechnungs-Mischbuch 1895–1896, Kassenbuch 1899 und 1944–1956, Jahresabschlüsse 1900–1975, Kreditoren-/Debitorenbuch 1907–1915, Hauptbuch 1919–1940, Buch- und Betriebsprüfung 1926–1970, Forderungen 1928–1937, Journal 1937–1941, Betriebskosten 1938–1939, Wechselkopierbuch 1941–1951, 1959–1962 und 1965–1975, Scheckkopierbuch 1944–1953, DM-Eröffnungsbilanz 1948–1950, Debitoren 1949–1968, Kreditoren 1953–1967, Inventur 1956–1975, Firmenvermögen 1957–1963, Scheckkopierbuch Ausland 1969–1978, Gewinn- und Verlustrechnung 1970, Abschluß Kontokorrent 1972–1974, Schuldwechselkopierbuch 1972–1976

17 Steuern 1908–1923 und 1928–1943, Steuerberatung Schitag (= Schwäbische Treuhand AG) 1927–1932 und 1938–1939, Umsatzsteuer 1927–1934 und 1937–1941, Abschreibung 1942–1943 und 1951–1965, Maschinenabschreibung 1960–1962

18 Gebäudebrandversicherung 1931 und 1953–1961, Policen 1921–1931

19 Forderungen für Schäden und Enteignungen im Ersten Weltkrieg 1914–1929, Export-Materialbewirtschaftung 1939–1943, Unabkömmlichkeit von Mitarbeitern 1939–1945, Kriegseinsatz von Schülern 1939–1945, Devisen 1940–1943, Fachkräfte für kriegswichtige Produktion 1941–1944, ausländische Zivilarbeiter (Franzosen und Belgier) 1942–1945, Ostarbeiter (Russen) 1942–1945, Personalkartei (vorwiegend Ostarbeiter) bis 1945, Kriegsschäden 1944–1950, Forderungen im In- und Ausland 1945, Beschlagnahmen und Restitutionsforderungen 1945–1950, Anmeldung von Gebäudeschäden 1945–1948

20 Vereinigung der Metall- und Eisenwarenindustrie Württemberg-Baden: Rundschreiben 1949–1951

21 Prozess gegen Firma Deffner in Esslingen wegen Musterschutzverletzung 1908–1909, diverse Prozesse gegen Firma Hans Knäbel (u. a. wegen Büchsenmilchgefäß »Libby-Dose«) 1950–1953, Prozess gegen Maschinenfabrik Gebr. Hau, Offenbach 1951–1952, Prozess gegen Nährmittelfabrik Heinerle, Bamberg 1958–1959, Prozess gegen Phönix GmbH 1959–1960, diverse Produktprozesse 1960–1970, Arbeitsgerichtsprozess Paasch 1961

22 Spenden 1938–1944 und 1954–1967

47 Fotos: Stammhaus (Glas 18x24), Produktion, Produkte, Gebäude, Werksgelände (Glas und KB: um 1900–30, 1950er/1960er Jahre), Album: Maschinen (ca. 1900–1930), Warenmuster (ca. 1920–1930), Porträt Werner Quist (zwischen 1951 und 1974). Werksansicht (um 1928)

48 Warenmuster: Broschen

49 WABW S 1

50 100 Jahre F.W. Quist KG 1866–1966, [Esslingen 1966] (Festschrift). SilberSachen, Die Esslinger Metallwarenindustrie von 1815 bis 1981, Ausstellungskatalog des Stadtmuseums Esslingen 2004.

REUTTER
Stuttgart.
1926

493
Raiffeisenbank Merklingen, Merklingen

Name Raiffeisenbank Merklingen eG
Geschäftstätigkeit Kreditgenossenschaft
Branche Nr. 650
Umfang 11
Laufzeit 1908–1970
Benutzbarkeit Ja
Bestand B 141

Bestandsgeschichte Das Archivgut wurde 2005 von der Vereinigten Volksbank AG in Sindelfingen übernommen.
Geschichte Die Raiffeisenbank Merklingen wurde 1908 als Darlehenskassenverein gegründet. 1935 erfolgte die Umbenennung in Spar- und Darlehenskasse, seit 1959 firmierte sie als Genossenschaftsbank, seit 1967 als Raiffeisenbank. Durch Fusionen wurden ihr einverleibt: 1960 die Spar- und Darlehenskasse Hausen (gegr. 1925), 1966 die Spar- und Darlehenskasse Münklingen (gegr. 1922), 1968 die Spar- und Darlehenskasse Simmozheim (gegr. 1912), 1969 die Raiffeisenbank Möttlingen (gegr. 1914). 1970 fusionierte die Raiffeisenbank Merklingen mit der Volksbank Weil der Stadt zur Volks- und Raiffeisenbank Weil der Stadt.
4 Mitgliederverzeichnisse 1956–1969
6 Vorgängerinstitute: Spar- und Darlehenskasse Hausen 1925–1960 (Vorstands-, Aufsichtsrats-, Generalversammlungsprotokolle 1925–1960, Hauptbuch Spareinlagen 1936–1952), Spar- und Darlehenskasse Münklingen 1922–1966 (Vorstands-, Aufsichtsrats-, Generalversammlungsprotokolle 1925–1966, Inventarverzeichnis 1948–1962), Spar- und Darlehenskasse Simmozheim 1912–1968 (Vorstands- und Generalversammlungsprotokolle 1912–1968, Jahresabschlüsse und Geschäftsberichte 1934–1964, Lagerhausbau 1929/30, Kassenraum Blücherstraße 1 1965–1967, Schuldnerverzeichnis 1930–1948, Kontobücher Mitgliedergeschäftsguthaben 1959–1966), Raiffeisenbank Möttlingen 1914–1969 (Vorstands-, Aufsichtsrats-, Generalversammlungsprotokolle 1914–1969, Bilanzen 1921–1968, Immobilien 1936–1958, Dienstverträge 1936–1967, Bankgeschäfte 1925–1968, Warengeschäft 1936–1954). Außerdem enthält der Bestand Unterlagen der mit der Raiffeisenbank Möttlingen 1966 bzw. 1967 fusionierten Institute: Spar- und Darlehenskasse Monakam (Vorstands-, Aufsichtsrats-, Generalversammlungsprotokolle 1911–1966), Spar- und Darlehenskasse Unterhaugstett (Vorstands- und Generalversammlungsprotokolle 1918–1967).
7 Vorstands-, Aufsichtsrats-, Generalversammlungsprotokolle 1908–1969
10 Grundbuchauszüge, Kauf-, Miet- und Pachtverträge 1959–1972, Bau der Zweigstellen Simmozheim und Weil der Stadt 1968–1970
13 Sparerkonten 1938–1944
14 Warengeschäft 1931–1934
16 Bilanzen, Jahresabschlüsse, Geschäftsberichte 1961–1969
17 Steuer- und Gewerbeertragsbescheide 1928–1936
20 Landmaschinenwerbung der Kaufstelle der landwirtschaftlichen Genossenschaften 1926–1928, Rundschreiben des Württembergischen Landesverbandes landwirtschaftlicher Genossenschaften 1931–1936, Beitritt zur Württembergischen Viehverwertung eGmbH 1959 (mit Geschäftsordnung und Statut)
48 Im Bestand sind auch Unterlagen der Milchverwertungsgenossenschaft Merklingen (Generalversamlungsprotokolle 1926–1975, Liquidation 1975–1979) und das Archiv der Molkereigenossenschaft Möttlingen (1929–1975) überliefert.
49 WABW B 130 (Vereinigte Volksbank AG)
50 Festschrift zum 60jährigen Bankjubiläum 1968.

494
Rall, Reutlingen

Name Gustav Rall & Söhne
Geschäftstätigkeit Strickwarenfabrik
Branche Nr. 180
Umfang 3
Laufzeit 1921–1975
Benutzbarkeit Nein
Bestand Y 298

Bestandsgeschichte Das Archivgut wurde 2002 von Nachkommen des Gründers übernommen.
Geschichte Gustav Rall gründete zusammen mit zwei seiner Söhne Anfang der 1930er Jahre eine Strickwarenfabrik, nachdem er bereits in den 1920er Jahren eine Schirmfabrik besaß. Die Schirmfabrik (mit der Idee des ersten Taschenschirms) hatte Gustav Rall aufgegeben, da die Nachfrage nach Schirmen aus modischen Gründen zurückgegangen war. Zu den Strickwaren gehörte Unter- und Badewäsche, bekannt wurde die Marke »Dr. Ralls Elfenwäsche«. 1974 wurde die Firma nach allmählicher Reduzierung und Verkauf der Marke liquidiert.
5 Gesellschaftsvertrag 1955
10 Geschäftseinrichtung 1932–1935
11 Wertpapierkonten 1945–1948
12 Eingegangene Rechnungen 1938–1940
13 Patente, Schutzrechte 1921–1972; Kalkulation 1955–1974; Maschinen 1948–1974; Inventuren 1937–1972
14 Vertreter 1949–1963, Reisespesen 1949–1955
15 Prospekte, Preislisten, Aufsteller 1940–1974
16 Bilanzen 1948–1975; Abschlüsse 1935–1940; Sachkonten 1948–1970; Kasse 1959–1971
17 Grundstückssteuern 1938–1963, Lohnsteuer, Umsatzsteuer, Kirchensteuer, Steuern 1933–1974
18 Versicherungen, Gebäudebrandversicherung 1950–1975
48 Produkte, zum Teil im Originalkarton
50 Im WABW nicht vorhanden.

495
Rapp, Schwäbisch Gmünd

Name Rapp-Uhren Adolf Rapp KG
Geschäftstätigkeit Uhrenfabrik
Branche Nr. 330/335
Umfang 1
Laufzeit 1933–1976
Benutzbarkeit Eingeschränkt
Bestand Y 103

Bestandsgeschichte Das Archivgut wurde 1985 übernommen.
Geschichte Die Uhrenfabrik wurde 1932 von dem Gmünder Uhrmachermeister Adolf Rapp gegründet. Hergestellt wurden Taschen- und Armbanduhren. Noch vor dem Zweiten Weltkrieg erweiterte man die Produktion und fertigte auch Uhrgehäuse und Schmuckuhrarmbänder. 1961 erfolgte die Umwandlung in eine Kommanditgesellschaft. Als Reaktion auf die in den 1970er Jahren einsetzende Importschwemme von Uhren aus Fernost schloß sich die Firma 1971 mit weiteren sieben mittelständischen Uhrenherstellern in Gmünd und Pforzheim zur »pallas Deutsche Uhrenkooperation« zusammen und stellte unter dem Namen Adora-Uhren Adolf Rapp KG quarzgesteuerte elektronische Armbanduhren und Taschenuhren her. 1975 wurde ein Neubau bezogen, in dem 150 Mitarbeiter jährlich etwa 400.000 Uhren und 600.000 Gehäuse fertigten. 1981 schied die Adora-Uhrenfabrik Adolf Rapp aus dem Verbund aus. 1984 verschlechterte sich die Situation des Unternehmens zusehends, als die Dugena Uhrenvermarktungsorganisation wegen eigener Schwierigkeiten als Hauptabnehmer von 40 bis 50 % der Rapp-Produktion ausfiel. 1985 wurde die Produktion eingestellt und das Konkursverfahren eröffnet.
3 Private Unterlagen 1933–1952
5 Verträge 1971–1974
10 Bauangelegenheiten um 1935–1970
11 Devisen 1944–1951
13 Maschinen 1947–1949, Patente 1952–1976
14 Vertretungen 1958, Schweizer Abkommen 1950–1952
16 Hauptbuchserie 1939–1946, Inventuren 1948–1968, Sachkonten-Buchserie 1950–1972, Bilanzen und Prüfungsberichte 1933–1976

19 Kompensationsrechnungen 1947/48, Goldankaufsgenehmigungen 1939–1944, Militärregierung 1945–1947
49 WABW Y 238, Firmenakte Rapp KG
50 Firmenporträt Adora-Uhren Adolf Rapp KG, in: Einhorn-Jahrbuch Schwäbisch Gmünd 1976, S. 260.

496
Ratiopharm, Ulm

Name ratiopharm Merckle GmbH
Geschäftstätigkeit Pharmazeutische Industrie
Branche Nr. 244
Umfang 12
Laufzeit 1873–2007
Benutzbarkeit Eingeschränkt
Bestand Y 394

Bestandsgeschichte Ab dem Jahr 2003 bestanden Kontakte zwischen der Firma und dem WABW, die auf dem Vorhaben der Einrichtung eines Firmenmuseums und möglicherweise eines eigenen Firmenarchivs gründeten. Nach dem Tod von Adolf Merckle wurde das Archivgut 2009 ins WABW übernommen.
Geschichte 1881 wurde die Handlung mit pharmazeutischen Produkten Adolf Merckle en gros in Aussig (Böhmen) gegründet. 1915 übernahm Ludwig Merckle, der Sohn des Firmengründers, den Betrieb und erweiterte ihn um zwei pharmazeutische Fabriken. Nach der Enteignung 1945 flüchtete die Familie in den deutschen Südwesten. Da Ludwigs Ehefrau Luise eine Enkelin des Kaufmanns Julius Spohn aus Ravensburg war, der in Blaubeuren ein Zementwerk mit begründet hatte, baute Ludwig Merckle die Merckle GmbH in Blaubeuren neu auf. 1967 übernahm Ludwigs und Luises Sohn Adolf, geboren 1934, die Merckle GmbH. 1974 gründete er die heute in Ulm ansässige Firma Ratiopharm, die Generika herstellt. Es folgten zahlreiche weitere Zukäufe und Gründungen, bis schließlich ein komplex verschachteltes Firmenimperium entstanden war.
Von großer Bedeutung für das Unternehmen war die Einführung des Antibiotikums Doxycylin – ratiopharm im Jahre 1979, womit die entscheidende Voraussetzung für die Akzeptanz von Generika in Deutschland geschaffen wurde. In den Folgejahren stieg Ratiopharm zum führenden Generikahersteller in Europa auf. 2000 erfolgten verschiedene Aufkäufe von großen Generikaherstellern weltweit wie z. B. Technilab (Kanada), Ribosepharm oder Magnafarm (Niederlande). Finanzprobleme des Unternehmensgründers Adolf Merckle führten 2010 zum Verkauf von Ratiopharm an den israelitischen Pharmakonzern Teva Pharmaceutical Industries Ltd.
4 Festschrift 90 Jahre Merckle 1971, Festschrift 100 Jahre Merckle in Österreich 1981, Aufbau, Sammlung und Betrieb eines Firmenmuseums 2000–2007, Materialsammlung zur Firmengeschichte bis 2005
7 Jahresberichte und Investitionspläne 1972–1991 Besprechungen Medizinbereich 1984–1990, Besprechungen Therapeutikaentwicklung 1984–1988
12 Analysenbuch Rohstoffe 1971–1983, Eingangsbuch Rohstoffe 1983–1993
13 Medikamente, Medikamentenschachteln
14 Qualitätsdokumentation 1987–1991
15 Printwerbung, Etiketten o. D., Wandkalender 1987–1992
16 Sachkontenkarten 1949–1959, Journal 1961–1967
22 Pressespiegel (»Einkleb-Buch«) zu Juteproduktion und -handel 1873–1950
47 Fotos: Porträts, Betriebsgebäude, Werbung, Betriebsveranstaltungen, ab 1950er Jahre; Filme (VHS): Dokumentation TV, Firmenjubiläen, Werbung, 1987–2005
50 Festschrift 1971.

497
Rauch, Heilbronn

Name Gebr. Rauch GmbH
Geschäftstätigkeit Papierfabrik, Papiergroßhandel
Branche Nr. 211/515
Umfang 2,5
Laufzeit 1767–1996
Benutzbarkeit Ja
Bestand B 12

Bestandsgeschichte Die Betriebsgebäude waren im Zweiten Weltkrieg völlig zerstört worden, was im Bestand Brandspuren an zahlreichen Archivalien hinterlassen hat. Das Archivgut wurde 1982 übernommen und bis 2002 durch kleinere Nachlieferungen ergänzt.

Geschichte Die Firma wurde 1762 von Benjamin Rauch in Heilbronn gegründet. Seit 1783 firmierten seine beiden Söhne unter Gebrüder Rauch. Das Unternehmen befasste sich zuerst mit dem Kolonialwarenhandel und war im Mühlensektor tätig. 1824 entstand die Papierfabrik, in der die erste Papiermaschine in Süddeutschland aufgestellt wurde. Mit dem Einsatz modernster Technik hat die Firma zur Veränderung der vorhandenen Produktions- und Marktverhältnisse in der ersten Hälfte des 19. Jahrhunderts beigetragen. Anfang des 20. Jahrhunderts entwickelten die Gebrüder Rauch die Sortenbereiche Buchungspapier und Karteikarton, um den neuen Anforderungen der Bürotechnik zu entsprechen. 1923 wurde die Firma in eine Aktiengesellschaft umgewandelt, blieb jedoch zum größten Teil in Familienbesitz. Die geplante Fusion mit der Heilbronner Papierfabrik Schaeuffelen schlug fehl. 1942 wurde die Papierfabrik Gebr. Rauch stillgelegt und 1944/45 durch Bombenangriffe völlig zerstört. Der Wiederaufbau begann 1949 als Feinpapiergroßhandlung. Seit 1963 erfolgte eine Kooperation mit der Papier Union, in der die Gebr. Rauch 1988 durch Fusion aufging. Seit 2000 firmiert die Einkaufs- und Vertriebsgemeinschaft unter Papier Union Inapa Deutschland.

2 Lageplan Heilbronn 1939
4 Festschriften, Presseartikel, firmengeschichtliche Nachweise 1871–1985, Kolonialwarenhandlung Gebr. Rauch 1775–1816
5 Handelsregister 1783, 1815–1981, Schutzgemeinschaftsvertrag 1932–1936, Gesellschaftsvertrag 1922, Gesellschaftsverträge, Satzung, Kapital 1953–1980
6 Interessengemeinschaft mit Papierfabrik Schaeuffelen Heilbronn und Gebr. Laiblin Pfullingen 1924, Papier Union (Protokolle, Satzung, Verträge) 1967–1990
7 Geschäftsführer, Teilhaber, Vorstand, Aufsichtsrat, Verwaltungsrats-Protokolle, Gesellschafterversammlungs-Protokolle, interne Rundschreiben und Notizen 1939–1983
9 Pensionskasse, Betriebsfeiern, Löhne und Gehälter, Tarifvereinbarungen, Belegschaft, Stiftungen, Spenden 1834–1974
10 Situationspläne, Baupläne, Pacht-, Tausch-, Miet-, und Kaufverträge über Grundstücke, Wasserrechte 1823–1972, Auslieferungslager Schwenningen, Neu-Isenburg, Saarbrücken 1968–1972
11 Aktien, Kredite
12 Rohstoffe 1823–1939
13 Maschinen, Patente, Warenzeichen 1951–1962, Papiergroßhandel 1969–1971, Lagerkonzeption 1986
14 Preise, Muster, Vertreter, Rechnungen, Quittungen, Korrespondenzen, Umsatz, Papier Union, NCR 1829–1977
16 Geschäftsberichte 1767–1834, 1912–1945, Bilanzen, Prüfberichte zum Jahresabschluss 1942–1987, Inventar 1944, 1986
17 Schenkungsteuer, Steuer- bzw. Aufbringungsbescheide 1922–1943, Körperschaftssteuer, Steuerbilanz 1944–1947 Gewerbesteuer 1984–1987
19 Betriebsstillegung 1942/43, Kriegsschäden und Wiederaufbau 1942–1952
47 Fotos: Fabrikansicht um 1900, Produktion 1905, Belegschaft, Gebäude, Privatbesitz, Kriegsschäden und Neubauten 1948–1959
50 Bernd Klagholz, Die Industrialisierung der Stadt Heilbronn von den Anfängen bis zum Jahre 1914, Heilbronn 1986. 225 Jahre Gebrüder Rauch, Die Entwicklung der Papierindustrie in Heilbronn und ihr Einfluß auf die Industrialisierung der Stadt, Heilbronn 1987 (Festschrift). 200 Jahre Gebr. Rauch GmbH 1962 (Festschrift).

498
Raumausstatterinnung Bruchsal, Bruchsal

Name Raumausstatter- und Sattlerinnung Bruchsal
Branche Nr. 910
Umfang 1
Laufzeit 1954–1999
Benutzbarkeit Ja
Bestand H 106

Bestandsgeschichte Das Schriftgut wurde im Mai 2010 vom WABW übernommen.
Geschichte 1969 übernimmt Walter Dehn das Amt des Obermeisters der Innung und löst Trudbert Firnkes ab. Die Geschäftsführung der Innung wurde ab 1987 nicht mehr durch die Kreishandwerkerschaft Karlsruhe übernommen, sondern selbst ausgeführt und Gerhard Jehl wurde zum neuen Obermeister gewählt.
35 Innungsprotokolle 1968–1987, Satzung 1978, Rundschreiben 1965–1986, Mitgliederlisten 1968–1970
37 Handwerksordnung 1994, Vorschriften für das Tapeziererhandwerk 1938
38 Gesellenprüfungsordnung 1993, Ausbildungsrahmenplan und -ordnung 1974, 1982, Meisterprüfungsordnung 1974
42 Tarifverträge 1968–1987
50 Im WABW nicht vorhanden.

499
Raumausstatterinnung Stuttgart, Stuttgart

Name Raumausstatter- und Sattlerinnung Stuttgart
Branche Nr. 910
Umfang 0,3
Laufzeit 1961–1999
Benutzbarkeit Ja
Bestand H 107

Bestandsgeschichte Das Schriftgut wurde im Juli 2010 vom WABW übernommen.
Geschichte 1928 existierte die Sattler- und Tapeziererinnung Stuttgart mit dem Obermeister A. König. In der Raumausstatter- und Sattlerinnung Stuttgart war bis 1958 Herr Hochstetter Obermeister und danach übernahm Eugen Maas bis 1990 die Leitung. Die Geschäftsstelle zog 1980 in die eigens gekauften Räume in der Schlosserstr. 33 in Stuttgart. Das 70-jährige Jubiläum der Innung wurde 1982 gefeiert. Hans-Dieter Kilgus wurde 1990 zum neuen Obermeister gewählt und ab 1997 übernahm Wolfgang Höschele das Amt. Ebenfalls ab 1997 wurde die Geschäftsleitung durch die Kreishandwerkerschaft Stuttgart übernommen, da nicht mehr genügend Personal zur Verfügung stand.
35 Protokolle Innungsversammlung 1961–1999
41 Haushaltspläne, Jahresrechnungen und Jahresprüfungen
50 Im WABW nicht vorhanden.

500
Rees, Ludwigsburg

Name Louis Rees Betten GmbH
Geschäftstätigkeit Textileinzelhandel
Branche Nr. 524
Umfang 3
Laufzeit 1850–1993
Benutzbarkeit Ja
Bestand B 76

Bestandsgeschichte Das Archivgut wurde 1994 von einem Angehörigen des Familienbetriebs übernommen. Die vorgefundene Ordnung nach thematischen Gesichtspunkten wurde bei der Verzeichnung beibehalten.
Geschichte 1792 gründete der Weberobermeister Anton Albrecht Rees in Ludwigsburg eine Weberei. Als Nebenerwerb diente seit 1805 der Anbau und Verkauf von Sauerkraut, der 1930 aufgegeben wurde. Der Enkel Louis Albert gliederte 1852 der Weberei ein Ladengeschäft für Aussteuer und Bettwaren an. Das Angebot wurde auf den Typ eines Aussteuerwäsche- und Bettwaren-Geschäfts ausgerichtet. Dazu gehörte auch eine eigene Bettfedern-Reinigungs-Anlage. Die Firma bestand seit 1958 in der Rechtsform einer KG, ab 1981 als GmbH.
3 Familie Rees, Stammbaum 1855–1968, Schulpreis Louis Rees 1908

4 160-jähriges und 170-jähriges Jubiläum 1852–1967
9 Löhne, Verträge, Bewerbungen, Personallisten 1955–1993
10 Grundstücke und Gebäude, Baugesuche, Kaufverträge 1867–1990
12 Wareneingang, Preislisten, Frachtbriefe, Musterhefte 1872–1985
13 Maschinen 1862–1959
14 Umsatz 1949–1991
15 Anzeigen, Prospekte, Drucksachen, Schaufensterdekorationen, Sauerkrautverpackung 1850–1988
16 Bilanzen, Hauptbuch, Journalbuchserie, Debitorenbuchserie, Rechnungswesen, Statistik 1911–1991
17 Gewerbesteuer, Umsatzsteuer 1880–1973
18 Feuerversicherung 1951–1977
19 Kriegsschäden 1944–1946
22 Gottlob Rees Ehrenmitgliedschaften (freiw. Sanitätsdienst, freiw. Feuerwehr, Gewerbe- und Handelsverein Ludwigsburg) 1921, 1927
47 Fotos: Inhaber, Angestellte 1957–1977
50 Im WABW nicht vorhanden.

501 Reicherter, Esslingen/Denkendorf

Name Georg Reicherter GmbH & Co. KG
Geschäftstätigkeit Messgerätehersteller
Branche Nr. 330/332
Umfang 2,5
Laufzeit 1904–1980
Benutzbarkeit Eingeschränkt
Bestand Y 104

Bestandsgeschichte Das Archivgut wurde 1989 übernommen.
Geschichte Die 1899 von Georg Reicherter in Esslingen gegründete Firma stellte Messgeräte her. 1985 siedelte die Spezialfabrik für Prüfmaschinen und elektrotechnische Messtechnik von Esslingen nach Denkendorf über. 1989 wurde sie von der Firma C. Stiefelmaier, Esslingen, übernommen.
4 Reden (u. a. von H. Reicherter) um 1949–1974
9 Personalregister 1904–1948, AOK-An- und Abmeldebücher 1913–1972, Betriebsordnung 1934, Lohnunterlagen 1936–1953, Arbeitsbücher um 1935–1940, Deutsche Arbeitsfront, Invalidenversicherung 1940–1942, Belegschaft 1944–1952
14 Versandbuch 1921–1937
15 Prospekte um 1980
16 Bilanzen 1933–1977, Hauptbuch 1932–1935
47 Fotos: Belegschaft, Firmeninhaber, Betriebsausflug 1955
49 WABW N 4 Bü 291
50 Im WABW nicht vorhanden.

502 Reichsbankschatz, Berlin

Name Reichsbankschatz
Geschäftstätigkeit Banken/Bundesbehörde
Branche Nr. 650/750
Umfang 0,5
Laufzeit 1871–1944
Benutzbarkeit Ja
Bestand S 11

Bestandsgeschichte Die Wertpapiere mit Bezug zu Baden-Württemberg wurden 2016 vom Bundesamt für zentrale Dienste und offene Vermögensfragen (BADV) ins WABW übernommen.
Geschichte Der Reichsbankschatz bezeichnet eine der größten deutschen Sammlungen von Wertpapieren, deren Entstehen hauptsächlich auf die Girosammelverwahrung der Deutschen Reichsbank in Berlin zurückgeht.
Am 15. Juni 1939 bestellte der Reichsminister der Justiz im Einvernehmen mit dem Reichswirtschaftsminister die Deutsche Reichsbank zur Wertpapiersammelbank. Hiermit stand sie zunächst in einer Reihe mit anderen regionalen Instituten. 1942 erklärte der nationalsozialistische Staat die Reichsbank dann zur allgemeinen Wertpapiersammelbank, dem zentralen Depot für alle Wertpapiere. Sämtliche Kreditinstitute wurden dazu angehalten, alle unverschlossenen, ihnen zur Verwahrung anvertrauten Wertpapiere an die Reichsbank zur Sammelverwahrung abzugeben. Darüber hinaus verfügte der Reichsminister der Finanzen per Erlass vom 30. April 1942, dass Wertpapiere aus dem enteigneten

Vermögen rassisch Verfolgter ebenfalls an die Deutsche Reichsbank beziehungsweise an die Preußische Staatsbank in Berlin abzuliefern seien.
Zum Ende des Zweiten Weltkriegs lagerte somit ein Großteil der Wertpapiere im Hauptsitz der Deutschen Reichsbank, der in die sowjetische Besatzungszone fiel. Der Befehl Nr. 1 vom 28. April 1945 der Besatzung der Stadt Berlin untersagte den Banken generell jede Geschäftstätigkeit. Nachdem die Bankenkommission 1950 aufgelöst wurde, gingen die Inhalte der im Ostsektor Berlins befindlichen Tresore auf die Tresorverwaltung des Ministeriums der Finanzen der Deutschen Demokratischen Republik (DDR) über. Im Dezember 1958 bildete das Ministerium der Finanzen zur Sichtung und Erfassung der vorhandenen Wertpapiere und Bankunterlagen eine Arbeitsgruppe. Anschließend archivierte das Zentralarchiv Potsdam das Aktenmaterial. 1968 übernahm das neu gegründete Amt für den Rechtsschutz des Vermögens der Deutschen Demokratischen Republik auch die Zuständigkeit für die eingelagerten Wertpapiere.
Das Wertpapierbereinigungsgesetz von 1949 erklärte Wertpapiere von Ausstellern mit Sitz im alten Bundesgebiet oder Ausstellern, die nach 1945 ihren Sitz in das alte Bundesgebiet verlegten, für kraftlos. Lediglich der Sammlerwert der Papiere blieb bestehen. Nach der Wiedervereinigung erörterte das zuständige Bundesamt zur Regelung offener Vermögensfragen die Eigentumsrechte und gab Papiere, an denen ein Interesse des Eigentümers bestand, an diesen zurück. Die Bundesbehörde verwertete die nicht anspruchsbelasteten Wertpapiere zu Gunsten des Entschädigungsfonds. Die Nachfolgebehörde, die BADV, fasste den Entschluss, die Kultur zu fördern und diese Sammlung den regionalen Wirtschaftsarchiven zur Bestandsergänzung anzubieten.

6 Wertpapiere zu folgenden Firmen 1871–1944: Adlerwerke, Frankfurt am Main; Aktiengesellschaft für Feinmechanik, Tuttlingen; Aktiengesellschaft für Metall-Industrie, Karlsruhe-Rheinhafen; Aktiengesellschaft für Seilindustrie, Mannheim; Aktiengesellschaft Mannheimer Ölfabrik, Mannheim; Allgemeine Gold- und Silber-Scheide-Anstalt, Pforzheim; Allianz und Stuttgarter Lebensversicherungsbank, Stuttgart; Allianz und Stuttgarter Verein Versicherungs-AG, Berlin; Arminia, München; Badische Bank, Mannheim; Badische Gas- und Elektrizitätsversorgung, Lörrach; Badische Kommunale Landesbank, Mannheim; Badische Maschinenfabrik und Eisengießerei, Durlach; Bayerische Motoren Werke Aktiengesellschaft (BMW), München; Benz Abt. stationärer Motorenbau, Mannheim; Bergmann-Elektricitäts-Werke, Berlin; Berliner Maschinenbau-Actien-Gesellschaft, Berlin; Brand, Verlagsanstalt, Stuttgart und Berlin; Brauerei Moninger, Karlsruhe; Brauereigesellschaft, Karlsruhe; Brennabor-Werke Aktiengesellschaft, Berlin; Brennabor-Werke Aktiengesellschaft, Brandenburg (Havel); Brown, Boveri & Cie Aktiengesellschaft, Mannheim; Chemische Fabrik Lindenhof C. Weyl & Co., Mannheim; Christoph & Unmack, Niesky; Daimler-Benz Aktiengesellschaft, Berlin; Daimler-Benz Aktiengesellschaft, Stuttgart; Demag, Duisburg; Dessauer Waggonfabrik, Dessau; Deutsche Babcock & Wilcox-Dampfkessel-Werke, Berlin; Deutsche Eisenbahn-Betriebs-Gesellschaft, Berlin; Deutsche Linoleum-Werke (DLW), Bietigheim; Deutsche Steinzeugwarenfabrik, Mannheim; Deutsche Waffen- und Munitionsfabriken, Berlin; Durkoppwerke, Bielefeld; Eisenbahn-Verkehrsmittel-Aktiengesellschaft, Berlin; Elsaessisch-Badische Wollfabriken Aktiengesellschaft, Berlin; Fahr, Gebrüder, Pirmasens; Ferdinand Wolff, Mannheim; Ford-Werke, Köln; Friedrich Krupp, Essen; Fuchs, H. Waggonfabrik, Heidelberg; G. Sebold und Sebold & Neff, Durlach; Garbe, Lahmeyer & Co., Aachen; Gottfried Lindner, Halle/Saale; Gritzner-Kayser, Durlach; Großkraftwerk Württemberg, Heilbronn; Grün & Bilfinger, Mannheim; Gustav Richter, Karlsruhe-Rheinhafen; Haid & Neu, Karlsruhe; Hanfwerke Oberachern, Oberachern; Hebezeug- & Motorenfabrik, Karlsruhe-Bulach; Hefftsche Kunstmühle, Mannheim; Heinrich Kämper Motorenfabrik, Berlin; Heinrich Kleyer, Frankfurt a. M.; Heinrich Lanz Aktiengesellschaft, Mannheim; Henschel Flugzeug-Werke, Kassel; Hille-Werke, Dresden; Jetter & Scheerer, Tuttlingen; Junghans, Gebrüder, Schramberg; Junkers, Flugzeug- und Motorenwerke Aktiengesellschaft, Dessau; Knorr, C. H., Heilbronn a. N.; Knorr-Bremse, Berlin-Lichtenberg; Kolb & Schüle, Kirchheim u. T.; Kollmar & Jourdan,

Pforzheim; Kollnauer Baumwollspinnerei und Weberei, Kollnau bei Waldkirch; Körting, Gebrüder, Hannover; Kraftübertragungswerke Rheinfelden, Reinfelden; Kraftwerk Altwürttemberg, Beihingen; Krauß-Maffei, München; Linke-Hofmann-Werke, Breslau; Ludwig Loewe & Co., Berlin; Mannheimer Versicherungsgesellschaft, Mannheim; Maschinenbau und Bahnbedarf, Berlin; Maschinenbaugesellschaft Karlsruhe, Karlsruhe; Maschinenfabrik Augsburg-Nürnberg, Augsburg; Maschinenfabrik Esslingen (ME), Esslingen a. N.; Maschinenfabrik Fahr, Gottmadingen; Maschinenfabrik Weingarten, Weingarten; Metzeler Gummiwerke, München; Mitteleuropäische Schlafwagen- und Speisewagen-A.G., Berlin; Motoren-Werke Mannheim, Mannheim; Mühlenbau und Industrie Aktiengesellschaft, Braunschweig; Nähmaschinenfabrik Karlsruhe, Karlsruhe; Neckar-Aktiengesellschaft, Stuttgart; Neckarwerke Aktiengesellschaft, Esslingen a. N.; Niederlausitzer Automobil, Cottbus; NSU Werke, Neckarsulm; Oberrheinische Bauindustrie, Freiburg i. Br.; Oberrheinische Immobilien-Aktiengesellschaft, Freiburg i. Br.; Orenstein & Koppel, Berlin; Ostafrika-Kompanie, Berlin; Paul Wagenmann, Münzen- und Stoffhutfabrik, Stuttgart; Pfälzische Mühlenwerke, Mannheim; Phänomen-Werk Gustav Hiller, Zittau; Portland-Zementwerke Heidelberg, Heidelberg; Rheiner Maschinenfabrik Windhoff, Rheine i. W.; Rheinische Elektrizitäts-Aktiengesellschaft, Mannheim; Rheinische Hypothekenbank, Mannheim; Rheinische Schuckert-Gesellschaft, Mannheim; Rheinmetall-Borsig, Berlin; Rheinmetall-Borsig, Düsseldorf; Rodi & Wienenberger, Pforzheim; Salamander, Kornwestheim; Saline Ludwigshalle, Bad Wimpfen; Salzwerk Heilbronn, Heilbronn; Schatz, Hch., Weingarten; Schauinslandbahn-Aktiengesellschaft, Freiburg i. Br.; Schluchseewerk-Aktiengesellschaft, Freiburg i. Br.; Schnellpressenfabrik, Heidelberg; Schwartzkopff, L., Berlin; Sinner, Karlsruhe-Grünwinkel; Spinnerei Atzenbach, Schopfheim; Spinnerei und Weberei Steinen, Steinen; Spinnerei und Webereien Zell-Schönau, Zell; Süddeutsche Zucker-Aktiengesellschaft, Mannheim; Tonwarenindustrie Wiesloch, Wiesloch; Triumph Werke Nürnberg, Nürnberg; Verein deutscher Oelfabriken, Mannheim; Vereinigte Maschinenfabriken, Gumbinnen; Vereinigte Trikotfabriken, Vaihingen; Vomag, Maschinenfabrik, Plauen; Waggonfabrik, Rastatt; Württemb. Portland-Cement-Werk, Lauffen a. N.; Württembergische Elektrizitäts-Aktiengesellschaft, Stuttgart; Württembergische Feuerversicherung, Stuttgart; Württembergische Metallwarenfabrik, Geislingen-Steige; Zellstofffabrik Waldhof, Mannheim

50 Glasemann, Hans-Georg: Deutsche Wertpapiere aus der Reichsmarkzeit. Ablösung der Ostwerte nach der Wiedervereinigung, Frankfurt am Main 1998.

Hartmann, Christine: Gedrucktes Vertrauen. Tagung zur Ausstellung „Gedruckte Werte“ im Museum für Druckkunst Leipzig am 24. Juni 2016, in: Archiv und Wirtschaft 49 (2016) 3, S. 128–132.

Jakob Schmitz: Historische Wertpapiere. Das Handbuch für Sammler und Liebhaber alter Aktien und Anleihen, Düsseldorf/Wien 1982.

503
Reutter, Stuttgart

Name Stuttgarter Karosseriewerk Reutter & Co
Geschäftstätigkeit Karosseriebau
Branche Nr. 342
Umfang 30
Laufzeit 1920–2000
Benutzbarkeit Eingeschränkt
Bestand Y 535

Bestandsgeschichte Der Archivbestand wurde vom WABW 2017 übernommen.

Geschichte Das Stuttgarter Karosseriewerk Reutter & Co. GmbH wurde 1906 gegründet. Die Karosseriefabrik entwickelte sich schon bald zu einem innovativen Unternehmen, das auf dem Karosseriesektor diverse Patente erhielt. Reutter baute im Kundenauftrag elegante und luxuriöse Karosserien auf Fahrgestelle fast aller renommierter deutscher Autobauer: Adler, BMW, Daimler-Benz, Horch, Maybach, Opel. Auch ausländische Autoproduzenten wie Austro-Daimler, Bugatti, Buick, Cadillac, Chrysler, Fiat ließen Aufbauten für ihre Fahrzeuge bei Reutter herstellen. Seit Beginn der 1930er-Jahre produzierte das Stuttgarter Karosseriewerk verschiedene Wanderer-Karosserien bis zum Wanderer W 24, dem ersten Großserienauftrag für die Auto-Union AG. Zudem entstanden hier auch die ersten Volkswagen-Prototypen der Serie VW 303 und VW 38 1938. Nach dem Zweiten Weltkrieg entwickelte sich eine Partnerschaft mit Porsche für die Herstellung von dessen Sportwagen-Karosserien des Typs 356. Für fast alle Fahrzeuge des legendären Sportwagens baute Reutter von 1950 bis 1963 die Coupé- und Cabrio-Karosserien. Weitere Einzelaufträge der Nachkriegsjahre waren u. a. die Entwicklung der Prototypen für den BMW 501 und der Umbau des Citroen DS mit einem Cabrioverdeck. Die 1957 gegründete Firma Recaro AG (Reutter Carosserie) behielt bis zu ihrem Verkauf an Keiper 1970 ihren Sitz im Stuttgarter Stammwerk. Dort wurde die Produktion von Sitzschienen, Liegesitzbeschlägen und Nackenstützen bis zur kompletten Sitzfertigung ausgebaut. Es entstand der Recaro-Sportsitz, der zum weltweit beachteten Qualitätsbegriff wurde.

13 Technische Zeichnungen zu den gebauten Karosserien

15 Druckvorlagen für Werbeanzeigen, Prospekte

16 Geschäftsberichte

47 Fotos (in Alben und lose) der gebauten Karosserien; CDs, DVDs

50 Frank Jung: Porsche 356, Made by Reutter, 2019; Uta und Helmut Jung: Stuttgarter Karosseriewerk Reutter (gegr. 1906), Von der Reform-Karosserie zum Porsche 356.

504 Rheinische Ziegelwerke, Hockenheim

Name Rheinische Ziegelwerke Theodor Krämer
Geschäftstätigkeit Bauunternehmung, Ziegelfabrik
Branche Nr. 262
Umfang 0,2
Laufzeit 1900–1942
Benutzbarkeit Eingeschränkt
Bestand Y 156

Bestandsgeschichte Das Archivgut wurde 1985 übernommen.

Geschichte Spätestens ab 1902 tätigte Theodor Krämer in Hockenheim umfängliche Käufe und Verkäufe von Grundstücken. Von 1902 bis 1906 führen ihn die notariellen Verträge als »Friseur«; 1906 firmierte Krämer erstmals als »Bauunternehmer«. In den 1930er Jahren leitete seine Witwe den Betrieb. Das Reichsadreßbuch für Industrie, Gewerbe, Handel von 1943 führt das Unternehmen mit dem Vermerk »in Konkurs«.

9 Lohnbücher 1935–1938

10 Grundstücksangelegenheiten 1902–1906

16 Strazze 1900–1942

50 Im WABW nicht vorhanden.

505 Rheinschiffahrtsverband, Konstanz

Name Rheinschiffahrtsverband e. V.
Geschäftstätigkeit Verband
Branche Nr. 910
Umfang 8
Laufzeit 1899–1967
Benutzbarkeit Eingeschränkt
Bestand Y 105

Bestandsgeschichte Das Archivgut wurde 1985 von der Industrie- und Handelskammer Hochrhein-Bodensee in Konstanz, wo die Geschäftsführung angesiedelt war, übernommen. Es besteht aus Akten, Plänen, Karten, Glasnegativen und einer umfangreichen Spezial-Bibliothek zur Rheinschiffahrt, zur Schiffbarmachung des Rheins von Basel bis zum Bodensee, zu verschiedenen Kanalprojekten und zur Wasserkraftnutzung.

Geschichte Am 6. Juli 1907 versammelten sich Vertreter der Handelskammern, um die Bedeutung des Rheinregulierungsprojekts zu unterstreichen und gründeten die Vereinigung zur Förderung der Schiffbarmachung des Rheins bis zum Bodensee, später Rheinschiffahrtsverband genannt. Eine wichtige Aufgabe des Verbandes war die Regulierung der Bodenseewasserstände. Ursprünglich war eine Ausdehnung der Vereinigung auf Bayern, Württemberg, Vorarlberg und die Schweiz vorgesehen. Doch schon bald bildete sich eine selbständige Sektion in der Schweiz: Der nordostschweizerische Verband für Schiffahrt Rhein-Bodensee. Vorsitzender des Konstanzer Verbandes wurde Ludwig Stromeyer, sein Nachfolger war Dr. Wilhelm Stiegeler. Im Dezember 1995 wurde der Verband durch Max von Baden, der zuletzt den Vorsitz hatte, aufgelöst. Der letzte Projektentwurf stammt aus dem Jahr 1976. Das Ziel der Schiffbarmachung des Hochrheins bis zum Bodensee zugunsten der chemischen Industrie wurde nicht erreicht.

4 Jubiläumsveranstaltung, Zeitungsartikel 1932, Überblick über die Geschichte des Verbands 1932, wirtschaftliche Betrachtung für die Jubiläumsschrift 1928/1929, Denkschrift über die Wirtschaftlichkeit der Großschiffahrtstraße 1934, W. Härtel: Beurteilung des Projekts Leichs betreffend Senkung des Bodenseespiegels, Verbandszeitung »Strom und See« 1943–1959, Veröffentlichungen über Rheinregulierung bzw. Kanalisierung 1932–1958, Mitteilungsblatt 1949–1957

5 Vorbereitung und Gründung des Verbands 1899–1907, Eintragungen im Vereinsregister 1911–1958, Neugründung des Verbands 1945–1948, Satzungen 1948

7 Vorstand 1934–1960, Wahl und Korrespondenz der Vorsitzenden 1939–1958, Präsident 1962–1964, Führerbeirat 1934–1936, Beirat 1938–1946, Ausschuß 1937–1964, Ausschußsitzungen 1907–1957, Protokolle über Vorstand- und Arbeitsausschußsitzungen 1907–1957, Neuorganisation des Arbeitsausschusses 1933, Österreichischer Ausschuß 1937–1941, Abgabe der schweizerischen Mitglieder an den nordostschweizerischen Verband für die Schiffahrt Rhein-Bodensee in St. Gallen 1908, Programme der Hauptversammlung und Drucksachen 1908–1954, Rheinschiffahrtstagungen und Mitgliederversammlungen 1929–1957, Nachlaß des Vorsitzenden Kommerzienrat Dr. Stiegeler 1920–1939, Geschäftsberichte 1948–1956, Mitgliederliste 1928–1955, Mitgliederbewegung 1961–1964, Ehrungen und Beileidsbezeugungen 1932–1951, Mitteilungen des Vorsitzenden 1928–1936;

9 Ableben des Vorsitzenden Dr. Emil Stromeyer 1951, Lohnsteuerkrankenkasse 1937–1959

11 Mitgliederbeiträge 1951–1955, Beitrittserklärungen 1949–1959

13 Rheinregulierung und Kanalisierung: Kraftwerke am Hochrhein 1904–1957, Wasserkraftanlagen im gesamten Gebiet des Rheins 1951, Augster Schleuse 1925–1946, Denkschrift und Gutachten über die Wirtschaftlichkeit der Rheinregulierung und Kanalisierung 1930–1958, Hafenanlage Kreuzlingen 1913–1917, Hafenanlage Lindau 1940–1942, Oberrheinausbau Straßburg-Basel 1926–1952, Hochrheinausbau Basel-Bodensee (Gutachten, Finanzplan, Korrespondenz mit Behörden, Staatsvertragsentwurf) 1935–1958, Güterumschlagstellen Rheinfelden, Grenzach, Wyhlen, Weil am Rhein und Breisach 1932–1958, Hafenanlagen am Rhein 1928–1958, Rheinseitenkanal 1918–1953, Bodenseeregulierung und Gewässerschutz 1908–1964, Kanal- und Flußkorrekturen 1936–1952; Neckarkanalisierung 1911–1935; Wasserrecht 1912–1925; Statistik (Verkehrsstatistik) 1929–1951; Elektrizitätswirtschaft 1949–1953, Verhüttung von Eisenerzen in Oberbaden 1937–1950, Ostalpenbahn 1939–1950, Elektrifizierung der Bahnen 1952–1954

15 Mitgliederwerbung 1948–1952, Werbelisten 1948–1949, Entwürfe für Propaganda und Werbung 1936–1937, Vorträge 1933–1958, Verbandszeitung »Strom und See« 1943–1959, Filmpropaganda 1922–1956, Wanderausstellung Oberrheinausbauprojekt 1935–1937

16 Einnahmen- und Ausgabenbuch 1955–1957, Jahresrechnungen 1907–1934

17 Gemeinnützigkeit des Verbands 1957–1958

18 Unfallversicherung 1951–1957, Autoversicherung 1951–1957, Feuerversicherung 1951–1957

20 Ausländische Kanalverbände 1961–1964,

Schweizerischer Wasserwirtschaftsverband 1918–1958, Verband für Schiffahrt Rhein-Bodensee 1934–1958, Basler Vereinigung für schweizerische Schiffahrt 1938–1956, Österreichischer Schiffahrtsverband Bregenz 1948–1958, Verein für Schiffahrt auf dem Oberrhein 1930–1938, Schiffahrtsverbände 1936–1938, Kanalverbände Inland 1961–1964, Bodenseeforschungsanstalt Konstanz-Staad 1952–1958, Reichsverband der Deutschen Wasserwirtschaft e. V. 1939–1949, Verein zur Wahrung der Main- und Donau-Schiffahrtsinteressen 1921–1937, Mitteleuropäischer Binnenschiffahrtsverband Berlin 1929–1931, Zentralverein für die deutsche Binnenschiffahrt 1933–1958, Wasserwirtschaftliche Verbände 1940–1953, Südwestdeutscher Wasserwirtschaftsverein Heidelberg 1936–1957, Südwestdeutscher Kanalverein 1925–1936, L'association Suisse pour la navigation du Rhone au Rhin 1928–1957, Saarpfalz-Rhein-Kanalverein 1936, Schweizerische Reederei AG 1919–1944, Verband Obere Donau 1921–1958, Rheinvereinigung Basel 1941, Internationale Vereinigung für Hochrheinschiffahrt 1957–1965, Bodenseeverkehrsverein Konstanz 1952–1957, Neckar AG Stuttgart 1952–1958, Wasserwirtschaftsverbände 1948–1957, Rhein-Main-Donau AG 1949–1958, Gemeindeverband Oberrhein Konstanz, 1924–1950, Handelskammer Deutschland-Schweiz 1937–1958, Zentralkommission für Rheinschiffahrt 1912–1958

22 Internationale Bodenseemesse 1949–1958, Gesellschaft für Förderung des Verkehrs e. V. 1952–1958, Hafenbautechnische Gesellschaft 1938–1958, Gesellschaft der Freunde und Förderer der Hamburgischen Schiffsbauversuchsanstalt 1935–1951

47 Fotos: Rheinkraftwerke, Häfen und Orte am Oberrhein (Luftbilder, z. T. Glas, mit Verzeichnis)

48 Kraftwerke am Hochrhein 1904–1957, Versuchsbohrungen beim Kraftwerk Säckingen 1928–1930, Allgemeines über die Rheinschiffahrt 1928–1949, Hochrhein AG 1952–1958, Güterumschlagstellen Rheinfelden / Baden, Grenzach, Wyhlen, Weil 1932–1939, Umschlagstelle Weil am Rhein 1934–1958, Hafenanlagen am Rhein 1928–1958, Wanderausstellung für das Oberrheinausbauprojekt 1935–1937, Schiffahrtausstellung Rorschach 1933, Rheinseitenkanal 1918–1953, Verkehrsstatistische Erhebungen 1905–1944, Elektrizitätswirtschaft 1949–1953, Elektrifizierung der Bahnen 1952–1954, Ostalpenbahn 1939–1941, Wasserstraßenkarte Europas 1930–1931, Verhüttung von Eisenerzen in Oberbaden 1937–1950, Landesplanungsgemeinschaft Baden 1936–1938

49 WABW Y 130, Y 307

50 25 Jahre Rheinschiffahrtsverband Konstanz, Konstanz [1932] (Festschrift). H.C. Paulssen, Rheinschiffahrtsverband Konstanz, in: Strom und See 49 (1954), S. 265 f. Heinrich Kaiser, Fünfzig Jahre Rheinschiffahrtsverband Konstanz, in: Vom Meer zum Bodensee, Der Hochrhein als Großschiffahrtsweg, Olten 1957, S. 178 f.

506
Richard Spatzier, Neudenau

Name Spatzier Maschinenbau GmbH & Co. KG
Geschäftstätigkeit Herstellung von Glasschleif- und Gravurmaschinen, Hohlglasveredelung
Branche Nr. 294
Umfang 22,5
Laufzeit 1947–2011
Benutzbarkeit Eingeschränkt
Bestand Y 435

Bestandsgeschichte Der Bestand wurde vom Wirtschaftsarchiv im Februar 2011 übernommen.
Geschichte Gegründet wurde das Unternehmen Ende der 1930er/Anfang der 1940er Jahre im heutigen Tschechien. Seit 1946 ist es in Neudenau im Jagstkreis ansässig. Zur Produktpalette gehören u. a. Gravurmaschinen, Schleifmaschinen, Einteil- und Liniermaschinen, Glassägen sowie Zubehör. Die Firma ist der letzte verbliebene Hersteller dieser Art in der Bundesrepublik Deutschland und beliefert Kunden in der ganzen Welt. 2012 meldete die Firma die Aufgabe des Betriebs an.

7 Geschäftsberichte 1947–1999, Korrespondenz Geschäftsführer 1947–1971

12 Lieferanten 1972–2000, Lieferant Effgen 1977–1998, Lieferant Dietrich 1974–2003

14 Verkauf (u. a. mit Bauplänen) u. a. an MAN SE 1987–2005, Siemens AG 1955–1962, Merker AG 1967–2006, Glashütte Limburg 1960–1975, Kundenkartei 1976–2000

507
Riegeler, Riegel

Name Riegeler Brauereigesellschaft vorm. Meyer & Söhne AG
Geschäftstätigkeit Brauerei
Branche Nr. 150/159
Umfang 58
Laufzeit 1851–1969
Benutzbarkeit Ja
Bestand B 77

Bestandsgeschichte Das Archivgut wurde 1986 aus dem Wasserturm und dem Keller des Verwaltungsgebäudes übernommen. Den Schwerpunkt bildet die Kopierbuchserie von fast 200 Bänden.
Geschichte 1834 erwarb Silvester Meyer das seit 1546 bestehende Gaststättenanwesen »Zum Kopf« einschließlich der dort von Anton Fuchs 1822 eingerichteten Brauerei. In den 1870er Jahren verlegte Wilhelm Meyer aufgrund des starken Absatzes ins Elsass die Brauerei an den Standort am Michaelsberg. 1889 wurde das Unternehmen in eine Aktiengesellschaft umgewandelt. 1894 erhielt die Brauerei einen eigenen direkten Gleisanschluss. Zwischen Ende der 1880er Jahre und den 1920er Jahren erfolgte eine rege Bautätigkeit. 1914 war die Brauerei die Zweitgrößte in Baden. 1999 erhöhte die Binding Brauerei AG ihren 1972 erworbenen Anteil auf 99 Prozent und übernahm die Riegeler Brauerei, die sie bereits im Jahre 2000 an die Fürstlich Fürstenbergische Brauerei, die zur Brau Holding International gehört, verkaufte.
7 Kopierbuchserie (allgemein) 1891–1933, Kundenkorrespondenz (1931–1937)
10 Kopierbuch des Architekturbüros Brauerei Meyer & Söhne (1903–1905), Miet- und Pachtabrechnungen (1921–1937), Bewerbungen von Gaststättenpächtern (1924–1935)
12 Ein- und ausgehende Korrespondenz mit Lieferanten (1890–1937), Korrespondenz mit Mälzereien (1927–1936), Korrespondenz mit Hopfenlieferanten (1914–1935)
13 Sudbuchserie (1930–1969), Prüfbücher und Analysen (1913–1930)
14 Kopierbuchserie Rechnungen (1914–1931), Versandbuchserie (1906–1933), Kleinverkaufsbuchserie (1889–1933), Pferdefuhrenbuch (1928–1933)
16 Kopierbuch Betriebsstatistik (1917–1918), Korrespondenzen, Abrechnungen und Kontoauszüge verschiedene Banken (1903–1937), eingehende Rechnungen von Lieferanten (1884–1937), Pressionsheftserie (1927–1937), Geheimhauptbuchserie (1894–1925), Hauptbuchserie (1851–1933), Hauptbuchserie Kreditoren (1891–1933), Hauptbuchserie Debitoren (1876–1933), Strazza (1882–1886), Journalbuchserie (1882–1927), Tagebuchserie (1888–1933), Monatsauszüge (1909–1933), Rechnungsbestände (1906–1923), Vermögensnachweise (1893–1911), Betriebsunkosten (1928–1932), Kalkulation (1918–1939), Wechselbuchserie (1897–1939), Kassenbuchserie (1886–1944)
19 Korrespondenz mit der Heeresverwaltung 1915–1917, Korrespondenz mit der Gerstenverteilungsstelle 1918–1922
21 Rechtsstreitigkeiten 1926–1936
50 Paul Weber (Hg.), Westdeutsche Wirtschaftschronik, Band 3: Baden und Rheinland-Pfalz, Stuttgart 1955, S. 413–415.

508
Ritter AG, Karlsruhe

Name Ritter AG
Geschäftstätigkeit Dentaleinrichtungen
Branche Nr. 331
Umfang 3
Laufzeit 1920–1994
Benutzbarkeit Eingeschränkt
Bestand Y 211

Bestandsgeschichte Das Archivgut wurde 1996 vom Konkursverwalter übernommen.
Geschichte Der Kunsttischler Frank Ritter aus Astheim wanderte nach Rochester/New York aus und gründete dort 1887 eine Möbelfabrik, die sich auf die Inneneinrichtung von Zahnarztpra-

xen spezialisierte. 1893 erhielt Ritter eine Goldmedaille auf der Weltausstellung in Chicago für den von ihm konstruierten Zahnarztbehandlungsstuhl. Die Firma expandierte und entwickelte zahlreiche Neuheiten, so 1920 den ersten Ritter-Röntgenapparat, der damals die Zahnarztpraxen revolutionierte. 1924 ließ sich Ritter in Deutschland nieder, indem er mit der Arnold Biber AG in Karlsruhe-Durlach zur Ritter-Biber AG fusionierte und ab 1927 unter Ritter AG firmierte. Mit der Übernahme des amerikanischen Produktionsprogramms – zahnärztliche und sonstige ärztliche Apparate und Einrichtungen – war die selbständige Niederlassung in Deutschland konkurrenzlos tätig. 1952 baute sie eine eigene Röntgenröhrenfertigung auf. 1968 erfolgte der Anschluss an die Sybron Corporation. 1985 wurde die Ritter AG von Sybron an die Hamburger Torsten Griess-Nega verkauft. 1986 musste die Firma Vergleich anmelden. Neu gegründet wurde die Ritter GmbH Dentaleinrichtungen, die 1990 von Bodo Hintze als geschäftsführender Alleingesellschafter übernommen wurde. 1996 kam es zum Anschlusskonkursverfahren.

4 Festschriften zum 50-jährigen und 75-jährigen Firmenjubiläum 1937 und 1962, Biographie Frank Ritter und Werksgeschichte 1931–1964, Ritter AG History 1983, Zeitungsartikel zu Ritter um 1927–1940, chronologische Daten zur Firmengeschichte 1884–1994

5 Handelsregister 1985, Verträge Biber-Ritter, Gründung der AG, Kauf- und Übertragungsvertrag Rehak-Ritter 1975–1978, Satzungen 1927–1985

6 Ritter Mexiko 1974, Vertretungsverträge mit USA um 1920–1962

7 Vorstandsberichte 1934–1960, Aufsichtsrats-Protokollbücher 1924–1983,

9 Betriebs- und Arbeitsordnungen, Tarifordnungen 1925–1958, Unterstützungseinrichtungen, Vorschlagswesen 1969–1978

10 Grundbuch 1974

11 Ritter-Aktien 1926, 1967–1976

14 Umsätze um 1927–1940

15 Ritter-Handbücher 1925–1952, Ritter-Rundschau 1959–1970, Ritter informiert 1973–1990, Kataloge und Prospekte um 1920–1930, Preislisten 1936–1980

16 Geschäftsberichte, Bilanzen und Prüfungsberichte 1921–1984, Rohbilanzen 1949–1967, Abteilungs- und Kontenverzeichnis 1930

19 Kriegsschadensansprüche 1942–1966

22 Rittersche Stiftung Astheim

47 Fotos: Produkte (u. a. Zahnarztstühle), Ausstellungen, Jubilare, Kliniken, Besuchergruppen um 1920–1975. Zeichnungen von Praxiseinrichtungen

50 Ritter 1887–1962, Karlsruhe 1962 (Festschrift).

509
Ritter Aluminium, Esslingen

Name Ritter Aluminium GmbH
Geschäftstätigkeit Herstellung von Geschirr und Töpfen aus Aluminium
Branche Nr. 287
Umfang 3
Laufzeit 1911–1986
Benutzbarkeit Nein
Bestand Y 305

Bestandsgeschichte Das Archivgut wurde 2002 von einem ehemaligen Geschäftsführer übernommen.

Geschichte Heinrich Ritter eröffnete 1911 ein Großhandelsgeschäft für Haushaltsgeräte in Cannstatt. Bald darauf begann er mit der Produktion von Haushaltsgeräten aus Aluminium in Esslingen. In den 1930er Jahren spezialisierte er sich auf die Einrichtung von Schiffsküchen, nach dem Zweiten Weltkrieg nahm er auch die Produktion von Fenstern in Köngen auf. 1957 gründete Richard Ritter mit seinem Onkel Heinrich Ritter die Ritter Leichtmetallguss KG in Strümpfelbach, die bis heute besteht. 1981 wurde die Produktion von Haushaltsgeräten eingestellt. Die Firma Ritter Aluminium GmbH Ingenieurfassaden in Köngen (Metallbau) wurde 1997 an die Firma Rheinhold & Mahla, München, verkauft.

3 100. Geburtstag von Heinrich Ritter 1989

4 25- und 75-jähriges Jubiläum

7 Kopierbuch 1911–1920

8 Betriebsorganisation 1939

9 Leistungsbericht 1940/41

10 Grundstücke 1922–1952

15 Kataloge, Prospekte, Preislisten
17 Steuern 1919–1949, Gewerbesteuer 1937–1962, Vermögensteuer 1936–1965
47 Fotos: Bild-Reportage des Betriebs (Album)
48 Gegenstände aus der Produktion (u. a. Henkelmann, Feldflaschen, Wasserkocher)
50 75 Jahre Ritter Aluminium 1911–1986, o. O. 1986 (Festschrift). Heinrich Ritter zum 100. Geburtstag 30. Juli 1989, o. O. [1989] (Festschrift).

510
Roberta Uhren, Pforzheim

Name Roberta Uhrenfabrik Robert Kauderer
Geschäftstätigkeit Uhrenfabrik
Branche Nr. 330/335
Umfang 1,5
Laufzeit 1950–1981
Benutzbarkeit Eingeschränkt
Bestand Y 107

Bestandsgeschichte Das Archivgut wurde 1981 übernommen.
Geschichte Robert Kauderer gründete 1949 mit fünf Mitarbeitern die Roberta-Uhrenfabrik in Pforzheim. 1951 wurde sie ins Handelsregister eingetragen. 1973 bot das Unternehmen die erste elektronische Quarzarmbanduhr mit Analoganzeige auf dem deutschen Markt an, ein Jahr später folgten Digitaluhren mit LED-Anzeige. Es zählte mit über 100 Mitarbeitern zu den größten Herstellern von mechanischen und Quarzarmbanduhren in Deutschland. Schon früh engagierte sich das Unternehmen in Amerika. Seit 1964 wurde ein Zweigbetrieb auf den US-Virgin-Islands mit einem Büro in New York unterhalten. 1978 erwarb Robert Kauderer die in den USA wohlbekannte Marke »Benrus« und gründete die zweite Tochtergesellschaft, die Benrus Watch Co. in New York. 1981 wurde der Konkurs eröffnet, 1982 wurde die Firma im Handelsregister gelöscht.
4 Zeitungsausschnitte um 1965–1981
12 Einkaufsbuchserie 1967–1972
14 Aufträge um 1970–1981, Verkaufsbuchserie 1968–1972
15 Musterordner
16 Postscheckbuchserie 1966–1974, Journalbuchserie 1967–1973, Debitoren- und Kreditorenkarten um 1950–1963
49 WABW A 11 Bü 905
50 Im WABW nicht vorhanden.

511
Röcker, Löchgau

Name Wilhelm Röcker GmbH & Co. KG
Geschäftstätigkeit Nagelfabrik
Branche Nr. 287
Umfang 6
Laufzeit 1863–1996
Benutzbarkeit Eingeschränkt
Bestand Y 218

Bestandsgeschichte Das Archivgut wurde 1996 vom Inhaber übernommen. Bis 2001 folgten mehrere kleine Nachlieferungen.
Geschichte Der gelernte Maschinenschlosser Wilhelm Röcker gründete im Jahr 1876 eine eigene Nagelfabrik. 1891 übernahm er die in Konkurs geratene Fabrikanlage seines Bruders Ernst Röcker. 1972 wurde ein zehnjähriger Vertrag mit Thyssen Draht abgeschlossen, nach der Übernahme durch Thyssen firmierte der Draht- und Fertigungsteil unter Westfälische Union, Betrieb Löchgau. 1974 wurde der Vertrag gelöst und der Nagel- und Drahtbereich wurde stillgelegt. Seit dem Bau des Enzkraftwerks Besigheim in den Jahren 1901/02 war das Unternehmen auch in der Elektrizitätswirtschaft tätig. Ab 1974 betrieb die Wilhelm Röcker GmbH & Co. KG ausschließlich die Stromversorgung der Stadt Besigheim als Verteilerunternehmen. 1997 verkaufte der Eigentümer das Elektrizitätswerk Besigheim an die Neckarwerke Esslingen.
3 Lehrvertrag und Lehrzeugnis für Wilhelm Röcker 1863–1866, Wanderbuch für den Schlosser Wilhelm Röcker 1866–1876, Bericht über Serbien von Wilhelm Röcker 1914, Zeitungsartikel über Wilhelm Röcker 1907, Privatkorrespondenz Wilhelm Röcker 1871–1876, Dienstzeugnis für Marie Müller verh. Röcker 1869–1873, Privatkorrespondenz Albrecht Röcker, Todesanzeigen Heinrich und Hilda Röcker 1952, 1973, Grabrede

für Christ. Katharine Müller 1876, Jubilarrede für Wilhelm Röcker-Bonz 1951, Todesanzeigen Wilhelm Röcker 1959
4 Zeitungsartikel, Manuskripte und Aufsätze zur Firmengeschichte 1900–1967, Firmengeschichte der Wilhelm Röcker GmbH & Co KG von Rudolf Röcker sen. / Rudolf Röcker, 1933 und 1996, Geschichte des Enzkraftwerkes bzw. Elektrizitätswerks Besigheim der Wilhelm Röcker GmbH & Co KG 1991
5 Geschäftsübernahme GmbH, Auseinandersetzungsverträge 1907–1953, Verträge GmbH, OHG, KG 1912–1942, Gesellschaftsvertrag GmbH 1921–1952, Erbscheine 1923–1942
7 Geschäftsberichte mit Korrespondenz 1914–1918, Kopierbuchserie 1882–1909, Notizheft ab 1893, Besuchsnotizen betr. Firma Gustav Betz in Würzburg 1892–1962
9 Lohnbuchserie 1887–1897, Zahltagbuchserie 1885–1910, Sonntagsarbeiten 1907–1965, Sozialplan 1974/75, Deutsche Arbeitsfront 1934–1944, Arbeitsordnungen 1900–1952, Unterstützungskasse 1905–1926, Weihnachtsfeiern 1933–1968, Leistungsberichte 1941–1943, Akkordbedingungen 1892–1914, Betriebsrat 1920, Streik 1920, Zimmersprüche 1936–1938, betriebliches Vorschlagswesen 1942
10 Bauangelegenheiten 1881–1891, Grundbesitz 1923–1957
11 Kontokorrentbuchserie Gewerbebank Besigheim 1883–1919, Quittungsbuch der Gewerbebank Besigheim 1897–1908
12 Eingegangene Rechnungen 1880–1891
13 Produktionsbuchserie 1887–1900, Dampfkesselanlage 1882–1885, Dampfkesselbücher 1903, Turbinenbau 1881–1883, Wasserrad 1876, Berichte zur Produktion 1906/07, Patent- und Gebrauchsmuster 1915–1954, Warenzeichen 1917, 1926, Wasserreinhaltung 1946–1959, Beschreibung von alten Maschinen 1876–1926, Werkspionage 1952, Produkt-Kartei (auch Konkurrenz) um 1900–1960, technische Zeichnungen 1953–1955
14 Emballage-Versandbuchserie 1889–1915, Verkaufsbuchserie 1878–1902, Preislisten um 1937–1966
15 Visitenkarten von Wilhelm Röcker, Annoncen um 1902–1950, Zeichnungen betr. Firmenzeichen und Anzeigen, Reklameblatt für Nägel, Prospekte und Preislisten (auch Konkurrenz und Ausland) 1907–1972, Rundschreiben 1930–1974, Versandschachtelmuster
16 Buchhaltungsblätter 1874, Bilanzbuchserie 1890–1938, Inventuren 1903–1914, Hauptbuchserie 1897–1907, Debitorenbuchserie 1878–1909, Memorialbuchserie 1878–1900, Hufnägel-Kalkulationen 1949–1969
18 Gebäudebrandversicherung-Schätzungsprotokolle 1942–1979
19 Kriegsgefangenenlisten 1916/17, Frontenkarte 1918, Notgeldscheine und Vereinbarung betr. Inflation 1923, Eisenscheckheft und Eisenmarken 1947–1949, NS-Parolen 1933–1945
20 Verband Deutscher Drahtstiftfabrikanten (u. a. Satzung, Rundschreiben, Korrespondenz, Geschäftsbericht) 1898/99
47 Fotos: Gebäude, Belegschaft, Produkte um 1890–1980, Maschinen 1953–1955, Produkte 1962–1970, Mitgliederversammlung der Fachvereinigung Draht, Stuttgart 1939–1970, Schuhbeschlag-Vereinigung 1961–1963, Bilder zur Nagelherstellung
48 Nägelmuster, Druck-Klischees
50 Rolf Ludwig Mehmke, Archiv für Schwäbische Wirtschaftsgeschichte 3, S. 704 f., Typoskript im WABW.

512
Rohrer, Karlsruhe

Name Nachlass Julius Rohrer
Geschäftstätigkeit Lehrlingsausbildung
Branche Nr. 950
Umfang 0,1
Laufzeit 1905–1947
Benutzbarkeit Eingeschränkt
Bestand Y 540

Bestandsgeschichte Die Unterlagen wurden dem WABW von den Erben im Juni 2018 übergeben.
Geschichte In dem Nachlass sind Unterlagen zu Julius Rohrer (Schlosser) und seinem Schwiegersohn Werner Mitschele (Bäcker) zu finden.
13 Arbeitszeugnisse, Schulzeugnisse, Bestätigung der Meisterprüfung
50 Im WABW nicht vorhanden.

513
Roser, Stuttgart

Name C. F. Roser GmbH
Geschäftstätigkeit Lederfabrik
Branche Nr. 190
Umfang 5,5
Laufzeit 1828–1997
Benutzbarkeit Eingeschränkt
Bestand Y 202

Bestandsgeschichte Das Archivgut wurde 1996 und 2002 übernommen. Eine Nachlieferung geringen Umfangs erfolgte im März 2017.
Geschichte Nachdem Carl Friedrich Roser erst in der Gerberei seines Schwiegervaters gearbeitet hatte, gründete er 1834 ein eigenes Geschäft in Heilbronn. 1848 verlegte er seine Gerberei nach Stuttgart und 1872 nach Feuerbach, wo genügend Raum für den industriellen Ausbau des Unternehmens vorhanden war. Neben der Lederfabrik, die sich v. a. auf Pferdegeschirr, Treibriemen und technische Leder spezialisierte, betrieb er auch eine Lederhandlung. Seit 1930 gewann die Autopolsterlederherstellung an Bedeutung. 1927/1928 wurde die Firma in eine Aktiengesellschaft und 1938 wieder in eine GmbH umgewandelt. Im Zweiten Weltkrieg war die Firma größter Hersteller des auf PVC-Basis gründenden Kunststoffes »P-Sohle«, ein Vorläufer der später bedeutenden Folienproduktion. In den Jahren 1944/45 verursachten Luftangriffe schwere Schäden. Nach dem Zweiten Weltkrieg nahm das Unternehmen einen raschen Aufschwung. Seit den 1970er Jahren erwarb es Tochter- und Beteiligungsfirmen mit dem Ziel, die Leder- und Folienproduktion aus Feuerbach zu verlagern. Mitte der 1980er Jahre hatte Roser eine Monopolstellung bei der Autolederherstellung. 1994 wurde über das Vermögen der C. F. Roser GmbH Konkurs eröffnet, das Werk in Stuttgart stillgelegt. Filialbetriebe bestanden in Ichenhausen und im oberfränkischen Rehau. Das Unternehmen wurde 1997 aufgelöst.

3 Zeitungsnachruf auf Max Roser 1913, Manuskripte von Hans Roser 1955
4 Festschrift mit Manuskripten zum 100-jährigen Bestehen 1934, Zeitungsausschnitte zur Geschichte und zum Konkurs 1994/95, Bericht des Konkursverwalters 1995
5 Gründung der AG (Zusammenschluss C.F. Roser OHG und Weser & Co GmbH, Dresden) 1927–1932, Konkurs 1995
7 Kopierbuchserie 1834–1913, Gesellschafterversammlungen 1948–1959
9 Gesellenbuch (Löhne) 1840–1861
10 Bauangelegenheiten 1875, 1997
11 Wechsel 1856, Wertpapiere 1986
12 Auktionsberichte der Häutehandelsgesellschaft Mülheim/Ruhr 1960–1987
13 Gerberei- und Lederverarbeitungsverfahren eigene Firma (handschriftlich) um 1860, chemische Analysen 1898–1909, Jahresbericht des Laboratoriums 1924, Broschüren zur Ledertechnik, Lederproduktion um 1960–1977
14 Verkaufsbuchserie 1860–1877, Übersicht regionaler Vertriebspartner im Reich (Daten und Kartenausschnitte, Band) 1921–1949, Preise, Preisbindung und Preislisten 1934–1951, 1975–1987
15 Musterbücher (mit Beschreibung der Färbemethoden) 2. Hälfte 19. Jahrhundert, Werbeprospekte, Briefköpfe 1972
16 Schuldbuchserie 1828–1874, Kalkulationen 1867–1881, Wechselverzeichnis 1852–1860, Rinder-Skonto 1861–1879, Lieferungen 1878–1880, Facturabuch 1834–1874, Brouillon 1839–1851, Geheim- und Comptantbuch 1844–1864, Inventar 1860–1862, Bilanz 1860–1862, Jahresabschluß und Abschlußprüfungen 1924–1967, Anweisungen zur Kostenrechnung 1935–1940, Betriebsabrechnung Leder 1939–1947, Schlüsselzahlen Lochkartenerfassung
19 Chromleder 1938–1944, Betriebsprüfung und Militärlieferungen 1941–1943
47 Fotos: Fritz Roser, Max Roser mit Familie, Dr. Hans Roser. Bilder: Ölportraits von Carl Friedrich Roser 1808–1888, Fritz Roser 1882–1968, Max Roser 1883–1915, Willy Roser 1886–1977, Dr. Hans Roser 1894–1955 (Farbdias der Ölporträts), Fotoalbum 100 Jahre, 1934, Gesamtansicht, gezeichnet von Paul Bonatz,1934, Luftbild Werk, 1954, Gemälde mit Wappen Roser, 1954
48 Bronzefigur eines Gerbers (signiert CA) 1934
49 WABW N4 Bü 159
50 100 Jahre Lederfabrik C. F. Roser Stuttgart-Feuerbach 1834–1934, Stuttgart [1934] (Festschrift). 125 Jahre C. F. Roser Stuttgart-Feuerbach, in: Industrie und Handelsblatt, Nachrich-

tenblatt der Industrie- und Handelskammer Stuttgart, 1959 Heft 8, S. 220 f. Repräsentanten der Deutschen Industrie und Wirtschaft, Baden-Württemberg, Düsseldorf 1962/63, S. 264.

Wirtschaft, Baden-Württemberg, Düsseldorf 1962/63, S. 130. 75 Jahre Roth 1889–1964, Einweihung des Zweigwerks Pleidelsheim, [Stuttgart 1964] (Festschrift).

514
Roth, Fritz, Stuttgart-Feuerbach

Name Fritz Roth GmbH & Co. KG
Geschäftstätigkeit Metallwarenfabrik
Branche Nr. 293/343
Umfang 3
Laufzeit 1934–1984
Benutzbarkeit Eingeschränkt
Bestand Y 108

Bestandsgeschichte Das Archivgut wurde 1991 von der Geschäftsleitung übernommen.
Geschichte Das im Jahre 1924 von Fritz Roth im Zuge der Weiterentwicklung des seit 1889 bestehenden väterlichen Handwerksbetriebs gegründete Unternehmen beschäftigte 1960 über 350 Personen. Es war anfangs auf die Herstellung von Motorradtanks spezialisiert. Ein bedeutendes Spezialgebiet war die Produktion der weltbekannten TORO-Rasenmäher, die in Lizenz gebaut und vertrieben wurden. Außerdem stellte die Firma Motorkehrmaschinen her. 1991 wurde der Konkurs eröffnet.
7 Korrespondenzen 1963–1982, Aktennotizen, Korrespondenzen TORO-Motorrasenmäher 1958–1984
9 Personalangelegenheiten 1949–1980, Mitarbeiterinformationen 1962–1974
13 Moped- und Mofaproduktion 1959–1976, Fertigungs- und Konstruktionsunterlagen 1934–1970er, Patente 1966–1980, Beregnungsanlagen (Perrot?)
14 Reiseberichte 1958–1980, Aufträge 1970–1978, Besuchs- und Messeprotokolle 1966–1980
15 Prospekte TORO-Rasenmäher um 1960–1980
16 Jahreszusammenstellungen (Buchserie) 1948–1960, Prüfungsberichte Firma Roth in Feuerbach 1941–1982, Prüfungsberichte der Firma Roth Motorgeräte GmbH & Co. in Pleidelsheim 1964–1969, Prüfungsberichte der Firma Primus Druck 1957–1964
50 Repräsentanten der deutschen Industrie und

515
Roth, J. W., Karlsruhe

Name J. W. Roth
Geschäftstätigkeit Handelsvertretung für Weine und Champagner
Branche Nr. 513
Umfang 0,1
Laufzeit 1903–1916
Benutzbarkeit Ja
Bestand B 72

Bestandsgeschichte Das Archivgut wurde 1987 von einem privaten Sammler übernommen.
Geschichte Um 1900 betrieb J. W. Roth eine Weinhandlung in Karlsruhe. 1909 übernahm er die Vertretung von Kessler Sekt und spezialisierte sich auf den Champagnervertrieb in Karlsruhe und Umgebung. J. W. Roth betrieb um 1920 die einzige Champagner-Agentur in Karlsruhe.
14 Verkaufsbuch 1903–1915, Kommissionsbuch für Kessler-Sekt 1909–1916
49 WABW Y 267
50 Im WABW nicht vorhanden.

516
Rothweiler, Freiburg i. Br.

Name J. Rothweiler Nachfolger KG
Geschäftstätigkeit Papiergroßhandel
Branche Nr. 515
Umfang 3
Laufzeit 1899–1992
Benutzbarkeit Eingeschränkt
Bestand Y 437

Bestandsgeschichte Der Bestand wurde 2011 und 2014 vom letzten geschäftsführenden Gesellschafter dem WABW übergeben.
Geschichte Der Kaufmann Julius Rothweiler gründete 1879 in Freiburg die gleichnamige

Papiergroßhandlung als Einzelfirma. Bald darauf folgten der Ankauf einer Packpapierfabrik und die Herstellung von Tüten und Beuteln in Straf- und Kreispflege-Anstalten. 1905 wurde die Produktion konzentriert und modernisiert. Seit der Übernahme durch die langjährigen Mitarbeiter Josef Fuchs und Wilhelm A. Dischinger im Jahr 1910 firmierte die in eine OHG umgewandelte Firma J. Rothweiler Nachfolger. Mit dem Ausscheiden von Dischinger wurde Hans Fuchs, Sohn von Josef Fuchs, 1937 Alleingesellschafter. 1938 wurde die Papierwarenfabrik Epstein in Eichstetten im Zuge der »Arisierung« erworben. 1949 erfolgte die Umwandlung in eine Kommanditgesellschaft. Der Absatz von Feinpapieren, be- und verarbeiteten Papieren wie Durchschreibepapier und Versandtaschen sowie von Packpapier und Pappen konzentrierte sich auf bis zu 1000 Abnehmer im südbadischen Raum. 1966/67 folgte der Umzug auf das erste eigene Betriebsgelände am Stadtrand von Freiburg. Im Zuge der Marktkonzentration wurde das Unternehmen 1967 Gesellschafter der FEG Feinpapier-Einkaufs-Gesellschaft mbH, Mannheim. Von 1964 bis 1988 war Peter Fuchs, Sohn von Hans Fuchs, geschäftsführender Gesellschafter der J. Rothweiler Nachfolger KG und der 1978 gegründeten Betriebsgesellschaft Papier-Rothweiler GmbH. Er war Präsident der Industrie- und Handelskammer Südlicher Oberrhein in Freiburg (1977–1985) und Mitglied des Präsidiums des Bundesverbandes des Deutschen Groß- und Außenhandels e. V. (BGA) in Bonn (1981–1988). 1988 wurde das Unternehmen mit 30 Mitarbeitern und Auszubildenden nach langjähriger Kooperation mit der Feinpapier-Großhandlung Classen-Papier KG in Kettwig an diese verkauft. Von der Classen-Gruppe wurde die Firma zunächst als Rothweiler-Papier GmbH & Co. KG fortgeführt. 1996 wurde sie aus dem Handelsregister gelöscht.

4 Tabellarische Chronik 1879–1988; Jubiläen 60 Jahre 1939, 100 Jahre 1979; Jubiläumsschrift 1939; Gedicht zum 75-jährigen Jubiläum 1954
5 Handelsregister 1910–1969; Kaufvertrag, Gesellschaftsverträge 1934–1948; Neufassung Gesellschaftervertrag; Gesellschafterversammlungen 1964–1990; Verkauf und Abwicklung 1988–1992
6 Kauf der Papierwarenfabrik Epstein Eichstetten 1938, Restitution 1949, Verkauf des Grundstücks 1962; FEG Feinpapier-Einkaufs-Gesellschaft mbH Mannheim 1983–1987
8 Organisation 1954–1986; Großhandel (Konzepte, Strategien) 1983–1987
9 Mitarbeiterlisten 1980/81, 1988
10 Grundstücksangelegenheiten 1910–1982
12 Feldmühle Papier- und Zellstoffwerke AG Düsseldorf 1960/61
13 Maschinen und Einrichtungen 1910
14 Papiermuster, Preislisten 1930–1989; Kopierbuch (benutzt von Josef Eble, Waldkirch, 1899–1909); Alleinverkaufs-Vertrag für Bindfadenhalter »Parat« 1912
16 Geschäftsberichte, Prüfungsberichte, Bilanzen 1949, 1964–1988; Lageberichte, Bestandsmeldungen 1945–1954; Statistik 1950–1954
21 Rombach + Co. GmbH Druck- und Verlagshaus Freiburg (u. a. Kriegsschadensausgleich mit Hans Fuchs) 1936–1990
47 Fotos: Luftbild um 1985; EDV-Raum 1986; Mitarbeiter 1965, um 1980; Josef Fuchs; Ausstellung um 1960; Lieferwagen um 1965
48 Werbegeschenke
50 60 Jahre Papiergroßhandel J. Rothweiler Nachfolger. Freiburg i. Br. [1939].

517
Rühle, Pforzheim

Name Eugen Rühle OHG
Geschäftstätigkeit Kettenfabrik
Branche Nr. 362/287
Umfang 0,5
Laufzeit 1776–1992
Benutzbarkeit Eingeschränkt
Bestand Y 109

Bestandsgeschichte Das Archivgut wurde 1993 übernommen.
Geschichte 1892 gründete Eugen Rühle eine kleine Werkstatt zur Kettenmacherei in Pforzheim. Die anfängliche Goldkettenproduktion wurde um die Produktion von Meterketten sowie von Uhrensatzbändern ergänzt. 1938 erfolgte die Eintragung ins Handelsregister, 1960 die Umwandlung in eine Offene Handelsgesellschaft. 1983 übergaben die Nachfahren das

Pforzheimer Traditionsunternehmen an den Kaufmann Peter Hell.

3 Johann David Reinholdt, Hofuhrmacher Karlsruhe: Geschäfts- und Notizbuch 1776–1785

4 Firmengeschichte 1967, 1992

5 Handelsregister, Gesellschafts- und Geschäftsführerverträge 1913–1960

7 Vollmachten 1937

9 Zahltagsbuch 1911/12

13 Maschinen 1944–1954, Patente 1914–1951, Produktionsbuch mit Zeichnungen

14 Verkaufsbuch 1942–1958, Preise 1932–1938, Umsatzbuch 1907–1943

15 Briefkopf, Prospekte

16 Bilanzen 1931–1956, Rechnungsheft 1944, Abwicklung 1947–1949, Inventuren 1939–1951, Vermögensaufstellung 1954/55

17 Steuerangelegenheiten 1938–1956

47 Fotos: Abbildungen der Ladengeschäfte der Firma Reinholdt in Karlsruhe 19. Jahrhundert

50 Im WABW nicht vorhanden.

518
Rund & Lindenmeyer, Heilbronn

Name Rund & Lindenmeyer
Geschäftstätigkeit Nahrungsmittelfabrik
Branche Nr. 150/158
Umfang 22
Laufzeit 1866–1976
Benutzbarkeit Ja
Bestand B 33

Bestandsgeschichte Das Schriftgut der Firma Lindenmeyer lag auf einem Dachboden, das der Firma Rund in verschiedenen verlassenen ehemaligen Betriebsgebäuden verstreut. Feuer hatte einige Stücke beschädigt, andere zerstört. In zwei Lieferungen kamen die Archivalien im Jahr 1982 ins WABW. Bereits bei der Übernahme wurde eine Vermischung der Provenienzen festgestellt, deren Trennung bei der Ordnung und Verzeichnung angestrebt wurde.

Geschichte 1727 übernahm Georg Friedrich Rund die Spedition Pfeil in Heilbronn und führte sie in seinem Namen fort. Als 1786 Georg Friedrich Rund starb, übernahmen die Schwiegersöhne Georg Friedrich Mertz und Alexander Orth das Unternehmen. Nach dem Tode von Georg Friedrich Mertz (1795) und Alexander Orth (1800) gründeten deren Söhne zusammen mit Dr. med. Ludwig Orth 1801 die erste Bleiweißfabrik G. F. Rund in Heilbronn. 1807 wurde die Herstellung von Bleizucker aufgenommen und 1827 die Schnellessigfabrikation eingeführt. G. F. Rund beteiligte sich 1829/30 an der chemischen Fabrik in Ottendorf bei Gaildorf, gab diese Beteiligung 1860 auf. 1858 wurde Theodor Mertz Alleininhaber. 1887 kaufte G. F. Rund die in Konkurs gegangene Essigsprit- und Presshefefabrik Lindenmeyer & Co. auf. Die Firma Lindenmeyer & Co. produzierte Presshefe, Spiritus, Malzextrakt sowie Fruchtsäfte. Die Essigfabrik firmierte unter der Firma Georg Friedrich Rund. 1904 erfolgte die Übernahme der Bläß'schen Essig- und Bleiweißfabrik in Heilbronn und 1919 wurde die damalige Löwenbrauerei (Presshefefabrik) aufgekauft. Von 1936 bis 1982 stelle Lindenmeyer & Co. Fruchtsäfte her. Noch heute werden Hefeprodukte, Essige und Malzerzeugnisse produziert.

3 Stammtafel der Familien Rund/Mertz, private Darlehen, Wertpapiere, Steuern

4 Firmenchronik, 200-jähriges Firmenjubiläum

5 Gesellschaftsverträge, Gesellschafter 1932–1960

6 Beteiligungen 1926–1972

9 Lohnbuchserie, Lohnkontenblätter, Deutsche Arbeitsfront, Betriebsrat, Betriebsversammlungen, Unfallversicherung, Arbeitsbücher, Arbeitsverträge

10 Grundstücke und Gebäude, Schätzungen, Grundbuchauszüge, Reparaturen 1899–1962

11 Kreditangelegenheiten 1948–1955

12 Lieferanten, Lagerhaltung, Wareneingangsbuchserie 1924–1965

13 Maschinen, technische Überwachung, Instandsetzung und Reparatur des Maschinenparks, Produktionstechnik, Produktionsrechte, Verbrauch, Kalkulation 1884–1971, Industrieberichte 1970–1975

14 Preise, Verkaufsbuchserie, Bestellbuchserie (Farben, Essig, Senf, Hefe, Säfte, Malz, Sauerkraut, Gurken, Rote Beete), Versand, Angebote, Kundenkartei, Auskünfte, Faß- und Leergutbestand, Statistik, Vertreterberichte, -provisionen 1895–1971

15 Plakate, Aufklebeetiketten, Prospekte, Formulare 1930er–1970

16 Kassenbuchserie, Scheck- und Wechselbuchserie, Kontogegenbuchserie, Journalserie, Hauptbuchserie, Kontenblätter, Inventurserie, Jahresabschlußserien, Bilanzunterlagen, Betriebsprüfungsberichte, Statistik 1866–1976
17 Einkommen-, Vermögen-, Gewerbe-, Umsatzsteuer 1905–1965
18 Gebäudebrandversicherung 1894–1966
19 Kriegsschäden 1944–1962, Militärregierung 1945–1946
20 Arbeitgeberverband für Heilbronn und Umgebung e. V., Sozialrechtliche Fachgemeinschaft der Nahrungs- und Genußmittelindustrie Baden-Württemberg, Arbeitgeberverband der Ernährungsindustrie Baden-Württemberg e. V., Verband Obstgetränke-Industrie e. V., Verband der deutschen Fruchtsaft-Industrie e. V., Verband der baden-württembergischen Fruchtsaft-Industrie e. V., Verein der Sauerkonserven-, Essig- und Senffabrikanten Nord-Württemberg/Nord-Baden, Verband der Deutschen Essigindustrie e. V., Vereinigung der Süddeutschen Hefeabfüller, Wirtschaftliche Vereinigung der Deutschen Hefeindustrie, Bundesvereinigung der Deutschen Hefeindustrie e. V., Verband der Backmittelhersteller e. V., Verband der Chemischen Industrie e. V., Landesverband der chemischen Industrie Baden-Württemberg, Verband der Mineralfarben Industrie e. V., Verein Deutscher Bleifarbenfabrikanten 1936–1976
48 Blechdosen, Emailplakat
50 200 Jahre Georg Fr. Rund Heilbronn 1727–1927, Heilbronn 1927 (Festschrift). 225 Jahre Georg Friedrich Rund Heilbronn von 1727 bis 1952, Heilbronn 1952 (Festschrift). Bernd Klagholz, Die Industrialisierung der Stadt Heilbronn von den Anfängen bis zum Jahre 1914, Heilbronn 1986. Götz Meidinger, Die Entwicklung der Heilbronner Industrie vom Ersten Weltkrieg bis zum Beginn der Achtziger Jahre, St. Katharinen 1986.

519
Rupp, Tüngental

Name August Rupp
Geschäftstätigkeit Schmiedemeister und Landwirt
Branche Nr. 270/000
Umfang 0,2
Laufzeit 1887–1949
Benutzbarkeit Ja
Bestand B 49

Bestandsgeschichte Das Archivgut wurde 1988 antiquarisch erworben.
Geschichte August Rupp war als Schmiedemeister und Landwirt in Tüngental bei Schwäbisch Hall tätig. Nach seinem Tod im Jahr 1910 betrieben seine Töchter die Landwirtschaft weiter.
3 Privatkorrespondenz 1914, 1942–1949, Erbschaftsangelegenheiten, Familiennachrichten, Pflegschaft 1887–1903
14 Landwirtschaftliche Produkte 1947–1949
16 Geschäftsbücher, Kontobuch 1887–1903
17 Grundsteuer 1947
50 Im WABW nicht vorhanden.

MARKE
SALAMANDER

520
Salamander, Kornwestheim

Name Salamander AG
Geschäftstätigkeit Schuhfabrik
Branche Nr. 190
Umfang 110
Laufzeit 1884–2005
Benutzbarkeit Ja
Bestand B 150

Bestandsgeschichte Das Archivgut wurde ab 1986 zunächst von der Geschäftsleitung, in den folgenden Jahren in zahlreichen Nachlieferungen von der Abteilung Öffentlichkeitsarbeit und der EnBW Beteiligungen AG übernommen.
Geschichte 1885 machte sich Jakob Sigle in Kornwestheim als Schuhmachermeister selbständig. 1891 gründete er mit dem Stuttgarter Lederreisenden Max Levi als gleichberechtigtem Teilhaber die J. Sigle und Cie. 1898 wurden Ernst Sigle und Isidor Rothschild als weitere Teilhaber aufgenommen. 1905 wurden die Salamander-Schuhvertriebsgesellschaft mbH – benannt nach einer Herrenschuhmarke – gegründet und eigene Salamander-Einzelhandelsgeschäfte eröffnet. 1916 erfolgte die Umwandlung der OHG in eine AG. 1930 schlossen sich die drei zur Firmengruppe gehörenden Jakob Sigle und Cie. AG in Kornwestheim, Salamander Schuhvertriebsgesellschaft mbH in Berlin und A. Lehne GmbH in Türkheim zur Salamander AG zusammen. Ab 1933 verkauften die Familien Levi und Rothschild ihre Aktien an die Familie Sigle. Nach der Wertpapierbereinigung und den abgeschlossenen Verhandlungen über die Rückerstattung des jüdischen Vermögensanteils 1957 wurden die Aktien der Salamander AG wieder an der Börse notiert. Ab den 1980er Jahren verstärkte das Unternehmen sein Engagement in den Sparten Handel und Dienstleistungen. In dieser Zeit verstärkte Salamander auch sein geschäftliches Engagement in der DDR und in Osteuropa, insbesondere in der Sowjetunion, durch die Gründung zahlreicher Gemeinschaftsunternehmen dort. Ab 1997 fand ein mehrfacher Wechsel der Großaktionäre statt; im Jahr 2000 stieg die Energie Baden-Württemberg AG (EnBW) in Karlsruhe vom Großaktionär zum Mehrheitsgesellschafter mit knapp 84 % der Geschäftsanteile auf und erwarb in den beiden folgenden Jahren alle anderen Anteile. 2003 verkaufte die EnBW den seit Jahren defizitären Geschäftsbereich Schuhe an die Garant Schuh + Mode AG. Nach dem 2004 erfolgten Verkauf des Geschäftsbereichs Industrieprodukte blieben nur noch die Immobilien der alten Salamander AG – unter der Rechtsform EnBW Beteiligungen AG – beim Karlsruher Energiekonzern. Im September 2004 meldeten der Garant-Konzern und seine Unternehmenstochter Salamander Insolvenz an. Auf 1. April 2005 übernahm die Egana Goldpfeil Holding mit Sitz in Hong Kong das Salamander-Schuhgeschäft. Nachdem der europäische Unternehmensteil von Egana Goldpfeil 2008 in die Insolvenz gegangen und 2009 abgewickelt worden war, übernahm die Ara Shoes AG mit Sitz in Langenfeld (Kreis Mettmann) das mittlerweile unter Salamander GmbH firmierende Schuhgeschäft mitsamt den Läden und den Markenrechten an Salamander und der Comicfigur Lurchi.
2 Haushalt der Stadt Kornwestheim 1951–1956, Material zur Lokalgeschichte 1931–1960
3 Familiengeschichte Sigle und Levi 1884–1964
4 Material und Texte zur Unternehmensgeschichte 1934–2001, 100jähriges Firmenjubiläum 1976–1985, Pressespiegel 1931–1997
5 Gründung Aktiengesellschaft 1917–1933, Satzungen 1957–1999, Handelsregister 1933–1956
6 Württembergische Schuhfabrik Faurndau GmbH 1936–1951, J. Mayer & Sohn AG in Offenbach (Gründung, Vorstand, Aufsichtsrat, Hauptversammlung, Jahresabschluss, Prozesse [u. a. Strafverfahren 1936–1939], Verträge, Personal, Unternehmensgeschichte) 1934–1976, ADA-ADA in Frankfurt-Höchst 1937–1978, Hanauer Gummiwerke AG 1938–1976, Cornelius Heyl AG in Worms 1951–1975, Rovo AG in Speyer 1961–1974, Melvo in Türkheim 1930–1999, Salamander Bund GmbH (SABU) 1953–1995, Salamander Wohnungsbau GmbH 1949–1966, Aktiengesellschaft zum Bau von Wohnungen in Worms 1961–1980, Berliner Schuh-Vertriebs-Gesellschaft mbH 1959–1970, Chemische Werke Salamander 1971–1996, STIMEX Interoil Handel GmbH 1990–1996, Salamander Import-Export (SALIMEX) GmbH 1985–1995, Deutsche Industriewartung (DIW), Stuttgart 1986–1995, Salamander Schuhgesellschaft mbH / Leder und Schuh AG in Zürich (u. a. Jahresabschluss, Auslandsfilialen)

1914–1985, Salamander Schuhgesellschaft mbH in Wien 1924–1942, AETERNA Schuhfabriks AG in Wien 1963–1971, Tochtergesellschaften in Frankreich 1966–1993, in den Niederlanden 1921–1944, in Italien 1921–1944, 1970, in Polen 1908–1948, 1990–94, in Ungarn 1923–1945, 1988, in UdSSR / GUS / Russland 1985–1998, in Uruguay 1977–1987, Beteiligung an den Neckarwerken Esslingen 1930–1984

7 Kopierbuch Nr. 1 von Jakob Sigle 1889–1891, Aufenthalt Ernst Sigle in den USA 1896/97, Geschäftsführung 1889–1992, Vorstand (Beschlussprotokolle 1955–1970, 1975–2000, Sitzungsvorlagen 1976–2000), Aufsichtsrat 1930–2003, Hauptversammlung (bis 1937: Generalversammlung) 1931–2004, Führungspersonal 1929–1970, Direktor Georg Gundelsweiler 1905–1971, Unternehmensberatung 1953–1980, Werk-, Lieferungs- und Leistungsverträge 1910–1993, Verträge verschiedener Sachgebiete mit verschiedenen Partnern 1932–1981

8 Alleinverkäufer 1949–1985, Bürotechnik / Datenverarbeitung 1951–1976, Arbeits- / Betriebsordnungen 1925–1992, betriebliches Vorschlagswesen 1963–1991, Lagerhaltung / Warenumschlag / Logistik 1953–1986, Betriebsfeuerwehr 1961–2000

9 Personalstatistik 1921–1972, Personalkartei (exemplarische Auswahl) 1905–1975, Eintritts- und Austrittsbücher 1925–1971, Salamanderhilfe e. V. 1940–1957, betriebliche Altersversorgung, Pensionsrückstellungen 1954–1959, Tarifangelegenheiten, Löhne 1949–1996, Ausbildung /Fortbildung / Verkaufsschulung 1935–1992, Pflege der Betriebsgemeinschaft 1953–1969, Personalfürsorge 1939–1982, Mitarbeiterzeitungen 1958–1981

10 Werksgebäude 1905–1985, Miet- und Pachtverträge 1907–1996, Immobilienkauf und Erbbaurecht 1913–1997

11 Aktien, Aktionäre 1916–1990, Unternehmensanleihen 1958–1986, Kapitalerhöhung 1919–1993, Finanzplanung 1966–1995, Hypotheken 1926–1977

13 Zweigwerke Türkheim 1961–1970 Pfarrkirchen 1964–1981 Speyer 1974–1975, Werk 2 Kornwestheim 1973–1987, Patente 1952–1997, Marken- und Warenzeichen im In- und Ausland 1980–2000, Modellentwicklung 1906–1987, technische Verfahren 1938–1999, MTM 1960–1967, Refa 1957–1987, technische Betriebsorganisation 1959–1971, Stepperei, Stanzerei, Zwickerei 1935–1984, chemische Abteilung 1922–1976, Dampfkesselrevision 1920–1994

14 Lizenzen, -verträge 1953–1998, Alleinverkäufer 1909–1987, Verkaufsstellen 1914–1996, Handel mit der DDR 1970–1989, Wettbewerbsrecht 1928–1992, Preisbindung 1960–1965, Kollektion 1977–1986, Artikellisten 1927–1971, Kataloge 1912–1914, Musterbücher 1920er Jahre, Preise 1923–1968

15 Marktbeobachtung 1936–1979, Marketing / -konzepte 1950–1988, Öffentlichkeitsarbeit, Imagewerbung 1971–2004, Werksführungen 1950–1989, Außenwerbung, Inserate, Prospekte 1890–1990, Kalender 1950–1993, Aufsteller 1932–1960, Kundenzeitschrift 1922, 1956, 1970–1990, Lurchis Abenteuer 1937–2002, Lurchi-Postkarten 1960er Jahre, dreidimensionale Werbegegenstände 1960er Jahre und um 2000, Camel Boots 1992–2001, Yello Miles 2000–2002; Werbeplakate und Aufsteller 1920er–1980er Jahre (Künstler v. a.: Brigitte Smith, du Cret, Franz Weiss, Helen Exter, Helli, Karl Staudinger, Kilian Gmund, Lilo Rasch-Nägele, Moritz, Otto Glaser)

16 Hauptbuch, Nebenbücher 1921–1961, Buchhaltung Export 1925–1962, Journal 1946–1948 (Mikrofilm), Betriebs- / Wirtschaftsprüfung 1957–2003, Forderungen 1931–1993, Banken im Ausland 1925–1960, finanzieller Status 1943–1951, Bilanz 1945–66, 1990–1994, Abschlussprüfung 1933–2005, Geschäftsberichte für 1919–2002

17 Verschiedene Steuerarten 1932–1966, Abgaben (Dividendenabgabe, Gewinnabführung, Notopfer Berlin, Rentenbankgrundschuld, u. a.) 1941–1959

18 Verschiedene 1951–1987

19 Kriegswirtschaft 40–1946, Kriegsschäden 1940–1962, Militärregierung 1945–1949, Wiedergutmachung 1946–1961, Kriegsfolgengesetz 1948–1963, Vermögenswerte Ostzone/DDR 1933–1965, Vermögenskontrolle und Rückerstattung 1928–1986, Lastenausgleich 1934–1973

20 Industrie- und Handelskammer Ludwigsburg 1956–1953, Deutsche Handelskammer in Österreich 1955–1961, Deutsch-Französische Handelskammer in Paris 1955–1962, Deutsch-Niederländische Handelskammer in Den Haag 1958–1968, Deutsch-Amerikanische Handelskammer in New York 1958–1960, Deutsche Gruppe der Internationalen Handelskammer in Köln 1949–1966, Wirtschaftsgruppe Lederindustrie 1940–1944, Vereinigung der Schuhfabrikanten Württemberg-Baden 1953–1964, Verband der Schuhindustrie Baden-Württemberg 1964–1973, Hauptverband der deutschen Schuhindustrie 1962–1981, Zentrale zur Bekämpfung unlauteren Wettbewerbs 1955–1980, Markenverband in Wiesbaden 1955–1973, Schmalenbach-Gesellschaft 1950–1960, Verein gegen das Bestechungsunwesen in Bonn 1962–1970, Arbeitskreis Scheckrechtsfragen 1959/60, Landwirtschaftliche Berufsgenossenschaft Stuttgart 1960–1964

21 Verschiedene Einzelfälle 1931–1992, Alleinverkäufer 1926–2000, Rückerstattung jüdischen Vermögens 1948–1960, Strafverfahren gegen Max Weil und andere in Offenbach 1936–1939

22 Kommunistische Betriebszeitung 1928–1933, Reichsberufswettkampf 1934–1938, staatliche Wirtschaftslenkung 1938–1943, amtliche Genehmigungen 1958–1979, Streiks 1929, 1979, Spenden und Sponsoring 1937–1996, Regularien für die Mahle-Firmen 1971–1990

47 Gebäude, Filialen und Verkaufsgeschäfte, Firmenleitung, Belegschaft, Produktion, Sozialeinrichtungen, Betriebsfeiern, Jubiläen um 1900–1990, Porträtfotos: Isidor Rothschild, Max Levi, Ernst Sigle, Jakob Sigle, Schuhmesse Düsseldorf 1981, Verwaltungsgebäude Berlin 1929–1930, Stadterhebungsfeier Kornwestheim 1931, Bombenschaden 1944–1945; Filme: Werbung / Verkaufsförderung 1953–1991, Werksfilme 1957–1970, Jubilarfeier 1960, Filialeröffnung München 1962, Firmenjubiläum 1984

48 Anstecknadeln um 1935–1970, Modell von Fabrikgebäuden in Kornwestheim um 1930, Werbefiguren

49 B 84 Bü 945, 953, 960, 961 (Otto Barth, Nachlass Ernst Sigle)

50 Gert von Klass, Salamander, Die Geschichte einer Marke, Wiesbaden 1960. 75 Jahre Salamander Schuhe, Kornwestheim [1960] (Festschrift). 100 Jahre Salamander 1885–1985, Die Geschichte eines Unternehmens im Zeitraffer, [Kornwestheim 1985] (Festschrift). Franziska Schneider und Georg Schmelzer, Schuhfabrik Salamander Kornwestheim, Industriearchitektur im Wandel der Zeit, o. O. [Kornwestheim] o. J. [1985]. Lurchi, Dem Feuersalamander auf der Spur, Ausstellungskatalog Kornwestheim 1994. Ruth Kappel, Die Marke Salamander, Synonym für hochwertige Qualität, erstklassige Verarbeitung, perfekte Paßform und internationale Mode, in: Scripta Mercaturae 28 (1994) S. 97–120. Ruth Kappel, Die Portalplastik am Verwaltungsgebäude der Salamander AG, in: Kornwestheimer Geschichtsblätter 5 (1995) S. 19–22. Elke Schmitt, Kunst im Dienste der Industrie, Die Anfänge der »Werbekunst« am Beispiel der Firma Salamander, St. Katharinen 1999. Irmgard Sedler (Bearb.), Auf Schritt und Tritt … Schuhe. Begleitbuch zur Ausstellung der Galerie der Stadt Kornwestheim, Kornwestheim 1999. Irmgard Sedler/Martin Burkhardt, Im Zeichen des Salamander. Firmengeschichte in Selbstzeugnissen, Stuttgart 2014.

521
Sammlung Otto Künzel, Stuttgart

Name Sammlung Prof. Dr.-Ing. Otto Künzel
Geschäftstätigkeit Ingenieur, Technikhistoriker
Branche Nr. 950
Umfang 0,1
Laufzeit 1890–2008
Benutzbarkeit Ja
Bestand Y 399

Bestandsgeschichte Prof. Dr.-Ing Otto Künzel übergab von ihm zusammengetragenes Material, insbesondere Kopien aus privatem Schriftgut, im Jahr 2008 dem WABW.

Im Einzelnen handelt es sich um drei thematische Betreffe: 1) Deutschlands Industrie in Wort und Bild Heft 2, 1902, im Original; darin S. 1–4: Die Maschinenfabrik Esslingen. Elektrotechnische Fabrik Cannstatt. 2) Vortragsmanuskript mit Bildern zur Firma Karosseriebau Rudolf Böbel, Ulm. 3) Unterlagen zu Leben und Wirken des Ingenieurs Hermann Holbein (1910–1988) in Kopie.

50 Im WABW nicht vorhanden.

522
Sanitärinnung Freiburg, Freiburg

Name Innung Sanitär, Heizung und Klimatechnik Freiburg-Müllheim-Hochschw.
Branche Nr. 910
Umfang 6
Laufzeit 1921–2011
Benutzbarkeit Eingeschränkt
Bestand Y 494

Bestandsgeschichte Das Schriftgut wurde im Juni 2015 vom WABW übernommen.
Geschichte Die Innung SHK Freiburg-Müllheim-Hochschwarzwald geht auf die 1896 gegründete freie Vereinigung der Blechner und Installateure Freiburg für den Stadtbezirk Freiburg zurück. Ab 1899 nannte sich die Vereinigung Freie Innung der Installations- und Blechnermeister Freiburg in Baden. Zur Unterstützung der Mitglieder wurde während des ersten Weltkrieges eine Kriegshilfekasse geschaffen. 1933 sollte die „Gleichschaltung" aller Innungen durchgeführt werden, das hieß, dass alle Personen in Führungsämtern kontrolliert wurden und der Obermeister zwingend Mitglied der NSDAP sein sollte. Diesem Zwang wurde sich in Freiburg wiedersetzt, als der Freimaurer Wangart zum Obermeister gewählt wurde. Mit der ersten Handwerksverordnung von 1934 wurde eine Pflichtmitgliedschaft in der Innung eingeführt. Nach dem Krieg wurde die Innung in Blechner-, Installateur- und Zentralheizungsbauerinnung umbenannt. 1962 erfolgte der Anschluss an die Innungskrankenkasse Freiburg. Die Innung wurde 1972 nochmals in Innung Sanitär- und Heizungstechnik Freiburg im Breisgau umbenannt. Es wurden regelmäßige Schulungsprogramme und ein jährliches Pokalschießen veranstaltet, hinzu kam ein jährlicher Innungsball und Innungsausflug. 1991 wurde eine eigene Geschäftsstelle eingerichtet.
35 Handwerksrolle 1991–2003; Rundschreiben 1977–1990, Protokolle 1977–1995; Presse 1982–1990, 1992–2002; Parkplaketten 1973; Bierkrug; Anstecknadeln; Mitgliederlisten 1935–2009, 1988–1995; Feierstunde 100 Jahre Innung; Innungswappen 1996; Satzung 1978
36 Innung Sanitär- und Heizungstechnik Müllheim 1960–1995; Innung Sanitär- und Heizungstechnik Freiburg im Breisgau 1972–2002; Gütegemeinschaft Erdgas 1986–1997, 2000; Landesverband Sanitär-, Heizungs- und Klimatechnik Südbaden e. V. 1978–1981; Fachverband Sanitär-Heizung-Klima Baden-Württemberg 1985–1986, 1992–1996
38 Meisterschule und Technikerschule 1985–2003; Überbetriebliche Ausbildungsstätte Freiburg 1976–1980; Berufsbildungszentrum Freiburg 1977–1985; Gesellenausschuss 1935–2009; Gesellenprüfungsausschuss 1985–2005; Gesellenprüfung 1985–1993; Freisprechungsfeiern 1992–2005
40 Verbandstage 1986 und 1996
41 Haushaltspläne Müllheim 1970–1988, 1992; Haushaltspläne, Kassenberichte und Innungsbeiträge Freiburg 1973–2007
42 Geschäftsberichte Freiburg 1973–2007; Geburtstagsgrüße und Jubiläen 1977–1995
47 Baupläne der Überbetrieblichen Ausbildungsstätte Freiburg; Baupläne des Berufsbildungszentrums Freiburg
47 Veranstaltungen und Ausbildung 1988–1990; Vorstandsausflug 1994; Generalversammlung 1994
50 Festschrift 100 Jahre Innung für SHK Freiburg; 70 Jahre Innung für SHK Freiburg und 20 Jahre Fachverband Baden-Württemberg; Prüferleitfaden Gas/Wasserinstallateure; Prüferleitfaden Zentralheizungs-/Lüftungsbauer; Zeitschrift Das Gas- und Wasserfach Journal für Gasbeleuchtung und Wasserversorgung; VDI Zeitschrift des Vereines deutscher Ingenieure; Obermeisterhandbuch Leitfaden für Vorstände der Innungen von Dr. Georg Bachmeister.

523 Sanitärinnung Rastatt, Baden-Baden/Bühl

Name Sanitär-, Heizungs- und Klimatechnik-Innung Rastatt
Branche Nr. 910
Umfang 0,1
Laufzeit 1928–1994
Benutzbarkeit Ja
Bestand H 102

Bestandsgeschichte Das Schriftgut wurde im Februar 2010 vom WABW übernommen.
Geschichte Im Sommer 1919 wurde die Gründung einer freien Innung für das Blechner-, Installations- und Elektrotechnikerhandwerk in Baden-Baden vom Stadtrat genehmigt. 1927 erfolgte die Umbenennung in freie Innung für das Blechner- und Elektrotechnikerhandwerk Baden-Baden. Im Jahre 1933 wurde die Trennung von den Elektrotechnikern beschlossen und der Name in Blechner-Innung geändert. 1977 vollzogen die Betriebe des Kreises Bühl den Anschluss an die Innung Rastatt, Baden-Baden und die Umbenennung zur Sanitär-, Heizung- und Klima-Innung Rastatt, Baden-Baden, Bühl wurde beschlossen.
35 Innungsversammlung 1928–1950, 50-jähriges und 75-jähriges Jubiläum 1985 und 1994
47 Ehrung und Spende 1985
50 Im WABW nicht vorhanden.

524 Sanitärinnung Stuttgart, Stuttgart

Name Innung Sanitär & Heizung Stuttgart
Branche Nr. 910
Umfang 5,8
Laufzeit 1937–2007
Benutzbarkeit Eingeschränkt
Bestand Y 424

Bestandsgeschichte Das Schriftgut wurde in den Jahren 2010–2012, 2014, 2015 und 2017 vom WABW übernommen.
Geschichte Auf einer Versammlung am 1. Juli 1904 wurde die Gründung einer Flaschner- und Installateur (Zwangs-) Innung Stuttgart unter der Leitung von Julius Lorenz beschlossen. Durch Spenden und Beiträge gelang es der Innung in den folgenden Jahren, an der Gewerbeschule eine eigene Werkstätte für Flaschner und Installateure einzurichten. 1909 erfolgte zudem die Errichtung einer eigenen Geschäftsstelle. Allem Anschein nach bestand die Innung auch während des Zweiten Weltkrieges. Auf der ersten Innungsversammlung nach 1945 wurde Matthias Stetter am 3. September 1946 gewählt und die Namensänderung in Flaschner-, Installateur- und Zentralheizungsbauer-Innung Stuttgart beschlossen.
35 Vorstand 1945–1985, 1990–2000, Innungsausschüsse 1986–2000, Rundschreiben 1983–1987, 1990–1992, Rundschreiben Fachveranstaltungen 1989–2000, Innungsausflüge 1978–1979, 1981, Geschäftsberichte 1937–1939, 2000, Baugesuch 1952, Finanzen Gebäude Olgastraße 1994–2000
36 Handwerkskammer 1990–1992, 1996–2000, Handwerksorganisationen Neue Bundesländer 1993, Kooperation mit der Klempner und Installateurinnung Niederrhein, Straßburg 1996–1999, Fachverband/Landesinnungsverband 1988–2000, Arbeitskreis Geschäftsführer SHK-Innungen 1990–1992, 1996–2000, Zentralverband SHK-Innungen 1988–1992, Arbeitsgemeinschaft SHK-Innungen 1997–1999
37 Schwarzarbeit 1990–1992, 1996–2000, Arbeitsrecht 1999–2000, Berufsabgrenzung 1988–1992
38 Berufsfachschule 1990–1992, 1996–2000, Aus- und Fortbildung 1999–2000, Ausbildungsverordnung 2000, Gesellenprüfung 1997–2000
40 Wirtschaftliche Lageberichte 1990–1992, 1996–2000, Ausstellungen/Tag der Offenen Tür 1960–1965, 1988–1999
41 Haushalt 1937–1939, 1973–1976, 1987–1990, Jahresrechnungen 1987–1990
42 Sozialversicherung 1999–2000, Allgemeine Ortskrankenkasse 1999–2000, Personal 1988–2000, Tarife 1988–1992, Gewerkschaften 1988–1992
50 Im WABW nicht vorhanden.

525
Schaal, Stuttgart-Feuerbach

Name Dr. Eugen Schaal GmbH
Geschäftstätigkeit Chemische Fabrik
Branche Nr. 240/243
Umfang 4
Laufzeit 1938–1984
Benutzbarkeit Eingeschränkt
Bestand Y 111

Bestandsgeschichte Das Archivgut wurde 1990 von der Geschäftsleitung übernommen.
Geschichte Der Kommerzienrat Gustav von Siegle ermöglichte 1884 dem Wissenschaftler Dr. Eugen Schaal den Bau einer Fabrik zur Nutzung seines Ester-Patents. Um 1900 entwickelte Schaal ein Harzveresterungs-Verfahren, das als die Geburtsstunde von Polyester angesehen wird. 1925 wurde der überwiegende Teil des Unternehmens von der Firma Gebrüder Mayer, chemische Fabrik, Esslingen, übernommen. Die Umwandlung in eine Stiftung erfolgte 1978.
4 100-jähriges Firmenjubiläum 1984
7 Korrespondenz (u. a. Kommunalverwaltung, Behörden, Import und Export, Auskünfte) 1938–1965
13 Fabrikationsbuchserie 1951–1965, Patente 1949–1958, Rezepturen, Formeln, Laboraufzeichnungen, Versuche, Prüfungszeugnisse 1941–1977, Fachartikel 1939–1944
14 Reichsmarineamt 1941, Bundeswehrbeschaffungsamt Koblenz 1956–1958, Vertreter-Verträge 1957–1968, Bestellbuch 1952
15 Prospekte
16 Bilanzen, Bilanzunterlagen und Jahresabschlüsse 1947–1963, Journal 1950–1959, Hauptbuch 1950–1951
17 Steuerangelegenheiten, u. a. Gewerbe-, Einkommen-, Kirchensteuer 1951–1967
19 Besatzung 1952–1957
50 Armin Wankmüller, Die Fabrik chemischer Produkte von Apotheker Dr. Eugen Schaal, in: Beiträge zur württembergischen Apothekengeschichte 17 (1990/92) S. 39–51.

526
Schad, Esslingen

Name Otto Schad
Geschäftstätigkeit Kammgarnspinnerei
Branche Nr. 170
Umfang 0,5
Laufzeit 1923–1981
Benutzbarkeit Eingeschränkt
Bestand Y 378

Bestandsgeschichte Der Nachlass wurde von seinem Neffen Gerhard Abele, Esslingen, im Jahr 2008 dem Wirtschaftsarchiv übergeben. Er enthält v. a. Schulzeugnisse, Arbeitsverträge, Handelsregisterauszüge, Rundschreiben und Korrespondenz, die sich auf seine Person beziehen.
Geschichte Otto Schad (1908–1989) war langjähriger Mitarbeiter der Kammgarnspinnerei Merkel & Kienlin in Esslingen. 1923 trat er als kaufmännischer Lehrling in die Firma ein. 1935 wurde er Handlungsbevollmächtigter, 1938 Prokurist. 1942 richtete er in Reims/Frankreich für Merkel & Kienlin eine Glasgarnspinnerei ein. Von 1946 bis 1948 verwaltete er die unter Vermögenskontrolle gestellte Firma treuhänderisch. 1952 wurde er zum stellvertretenden Geschäftsführer, 1968 zum ordentlichen Geschäftsführer ernannt. Infolge der Liquidation der Firma schied er 1971 aus.
15 Esslinger Wollheft
47 Porträtfoto (D), Fotos von Betriebsausflügen und -feiern, entstanden im Zusammenhang mit seiner Tätigkeit bei Merkel & Kienlin
48 Wollknäuel (Esslinger Wolle), Strickjacke, Häkeljacke, Reisenähetuis mit Firmenemblem »Esslinger Wolle«
49 WABW B 44

527
Schaffitzel, Öhringen

Name Hohenloher Spezialmöbelwerk Schaffitzel GmbH & Co.
Geschäftstätigkeit Möbelfabrik/Holzgewerbe
Branche Nr. 360/361/200
Umfang 15
Laufzeit 1888–2002
Benutzbarkeit Ja
Bestand B 16

Bestandsgeschichte Ein Teil des Archivguts wurde 1982 übernommen. Nachdem die Firma 2014 verkauft und sich die Familie Schaffitzel komplett aus der Firma zurückgezogen hatte, kamen im Jahre 2017 weitere archivwürdige Unterlagen ins WABW.
Geschichte 1879 gründete der Schlossermeister Jakob Kottmann in Öhringen die Hohenloher Schulbankfabrik J. Kottmann, die 1924 in eine AG umgewandelt wurde. 1928 beteiligten sich die Brüder Wilhelm und Friedrich Schaffitzel, die in Obersontheim und Sulzbach auch Sägewerke betrieben, am Unternehmen und wurden 1934 Alleininhaber der Hohenloher Schulbankfabrik W. Kottmann AG, die sie 1935 in eine KG umwandelten. Das Produktionsprogramm umfasste von Anfang an Schulmöbel in Holz- und Stahlrohrausführung, zeitweise auch Büromöbel, Turngeräte und Eisschränke. 1977 beschäftigte das Familienunternehmen, das eines der ältesten und führenden dieser Branche in Deutschland ist, 300 Personen und firmiert seit 1979 unter Hohenloher Spezialmöbelwerk Schaffitzel GmbH & Co.
Die Familie Schaffitzel hat 2014 alle Anteile des Unternehmens an die Waldner Holding GmbH & Co. KG mit Sitz in Wangen im Allgäu verkauft.
4 Firmengeschichte 1949–1981
5 Kaufverträge 1888–1907, Umfirmierung Kottmann-Schaffitzel 1924–1935, Sägewerk Tösens-Tirol 1921–1930, Holzwerk Cappel 1952–2002
7 Generalversammlungen, Aufsichtsrat 1924–1934, Teilhaber, Gesellschafter 1924–1930, Gesellschaftsverträge 1935–1986, Protokolle Gesellschafterversammlungen 1962–1984, Kopierbücher 1909–1912, Korrespondenz ab 1979, Gesellschafterversammlungen 1974–2000
8 Handelsregister Auszüge 1929–1984, Arbeitsordnung 1953;1979, Maschinen- und Motoren Nummern, Betriebsausstattung 1948–1996, Stromkartei Elektr. Werk W&F Schaffitzel 1976–1979, Betriebsübersichten 1958
9 Arbeiterbuchserie, Löhne und Gehälter, Verträge 1925–1945, Lohnlisten W&F Schaffitzel Obersontheim 1958–1969, Gehaltsbestimmungen 1931–1964, An- und Abmeldebuch für Krankenkassen 1945–1966, Darlehen an Betriebsangehörige 1938–1971, Werkswohnungen 1948–1975, Werksküche Hooverspeisung (Schulspeisung) 1947–1950, Lohnnachweise W&F 1939–1971, Lohnkarten und Lohnlisten W&F 1962–1972, Lohnsteuerkonto W&F 1927–1931, Hohenloher Firmennachrichten 1976–2000, Lohnjournale 1959–1970, Lohnkarten 1940–1957, Gehälter W&F 1971–1975, Löhne W&F 1972, Lohn- und Gehaltslisten W&F 1937–1957, Jubiläumsfeier für Betriebszugehörigkeit 1975, Lohnkonten 1938/39 und 1941–1954, Lohnlisten 1950–1957
10 Grundstücke und Gebäude 1923–1934, Einheitswertbescheide 1935–1977, Grundstücksflächen Obersontheim 1967, Pacht- und Mietverträge Öhringen 1940–1962, Waldgrundstücke 1980/81, Verkauf Elektrizitätswerk 1979, Aufbau Zuschneidehalle ab 1987, Grundstücksangelegenheiten 1932–1980
11 Kredite 1926–1934, Vermögensaufstellungen/-erklärungen 1940–1978, Vermögensabgabe 1949–1957, Sparbuch Sparkasse Öhringen 1938–1959
12 Holzeinkäufe 1924–1943, Holzeinkaufsbuch 1886–1907, Beschaffung Maschinen und Analgen ab 1959
13 Patente, Gebrauchsmuster, technische Zeichnungen 1932–1982, Auftragsbuch 1931–1939, Beifuhrbuch 1959–1963, Energie Versorgung Schwaben Öhringen 1944–1987, Zeichnungsnummernbuch 1960–1976, Zeichnungen und Listen zur Kriegsproduktion NSU 1933–1945, Abhandlungen über Schulmöbel 1984–1999, Chiro-Therapie Kombitisch 1983–1993, Zusammenarbeit mit Leybold Digitec ab 1999, Holzwerk Cappel 1952–2004, Denta-Möbelprogramm 1982, Hamag Kantenbearbeitungsanlage 1987–1991, Anlagenkäufe und -verkäufe 1987, Stahlpodest für Spähnefilter 1999, Artikelstamm und Statistiken ab 1990

14 Verträge, Rechnungen, Preise 1892, 1943–1948, Verkaufsbuch Heilbronn 1925–1945, Verkaufsübersicht 1947–1962, Stromlisten/-abrechnungen Elektr. Werk W&F Schaffitzel 1967–1969, Lieferscheine W&F 1961, Frachtsätze W&F, Verkaufsjournal W&F 1965–1967, Reichsbahnbescheinigungen W&F 1929–1933, Export 1981–1983, Irak 1987–1991, Russland 1998, Stromabnehmerliste W&F 1974–1976, Stromkarten W&F 1965–1972, Angebote W&F 1978–1979, Aufträge Elektroinstallation W&F 1979, Angebote Elektroinstallation W&F 1964–1966, Export 1974–1999
15 Kataloge, Prospekte 1900–1965, Produktkataloge mit Preislisten ca. 1900–1988, Werbematerialien 1900–1970, Katalog Turnhalleneinrichtung 1928, Presseberichte 1982–1995, Werbeanzeigen Aus- und Weiterbildung 1950–1985, Werbeanzeigen Schuleinrichtung 1991–1997,
16 Jahresabschlüsse 1917–1921; 1937–1989, Bilanzen 1922–1934; 1966–1972, Hauptbuch 1908–1922, Inventurbuch 1911–1925, Journal Sägewerk Tösens 1931–1940, Monatliche Sachkontenumsätze 1940–1964, Sachkontenbuch 1953–1954, Kreditoren- und Debitoren-Journal 1929–1939, Journale W&F 1964–1972, Rechnungsbuch W&F 1967–1971, Kontenplan W&F 1941, Sachkonten W&F 1940–1942, Debitoren W&F 1940–1966, Journale W&F 1950–1980, Sachkonten 1969–1973, Personenkonten 1963–1970
17 Steuerangelegenheiten 1924–1947, Gewerbesteuer 1949–1977, Einkommenssteuerbescheide 1948–1956, Betriebsprüfungen 1949–1957; 1926–1928; 1930–1937; 1944; 1951–1973, Bestandsbuch für Steuergutscheine I und II 1939–1940
18 Gefolgschaftsversicherung 1937–1942
19 Lastenausgleich Kriegsschäden 1940–1956
20 Uni Oran 1986–1987
21 Rechtsstreitigkeiten 1930–1947, Auseinandersetzung zwischen Wilhelm und Friedrich Schaffitzel gegen Gottlob Schaffitzel 1926–1930, Wasserrechte 1950–1980
47 AV-Medien zu Studienreisen und Betriebsausflügen 1938–1961
48 Schilder
49 WABW A 21, Firmenakte 100, Hohenloher Spezialmöbelwerk Schaffitzel, Öhringen
50 Monographien deutscher Wirtschaftsgebiete Band 14, Ulm – Ostalb – Neckar – Hohenlohe – Franken, Oldenburg 1961, S. 207.

528
Schaller, Stuttgart

Name Kunsthaus Schaller
Geschäftstätigkeit Kunsthandlung
Branche Nr. 520
Umfang 14
Laufzeit 1817–1999
Benutzbarkeit Ja
Bestand B 84

Bestandsgeschichte Das Archivgut wurde zwischen 1993 und 1999 übernommen.
Geschichte 1860 verlegte Ludwig Schaller sein Papiergeschäft von Großaspach nach Stuttgart und integrierte als neuen Geschäftsbereich den Handel mit Landschaftsfotografien und fototechnischem Zubehör. Nach seinem Tod übernahmen seine Söhne Max und Emil Schaller die Handlung und ließen sie als OHG ins Handelsregister eintragen. 1921 wurde das Unternehmen in L. Schaller GmbH, 1937 in eine Kommanditgesellschaft umgewandelt. Unter der Leitung von Walther Zluhan, einem Schwiegersohn von Emil Schaller, entwickelte sich das Unternehmen zu einem bedeutenden Förderer der zeitgenössischen Kunst im baden-württembergischen Raum. Die damals in der Kunstabteilung ausgestellten Künstler sind heute weltbekannt. In der NS-Zeit erfuhr das innovative Wirken des Geschäftshauses für Moderne Kunst eine entscheidende Zäsur. 1944 wurde das Gebäude vollständig zerstört. In der Wiederaufbauphase wurde die Fotografie-Abteilung aufgegeben. Nach dem Tod von Walther Zluhan übernahm Ulrike Barth 1969 die Geschäftsführung. 1973 erfolgte die räumliche Zusammenlegung mit der Buchhandlung und dem Antiquariat J. F. Steinkopf. Im März 1999 mußte die Schaller KG Konkurs anmelden, das Geschäftshaus in der Marienstraße wurde verkauft.
3 Strafverfolgung Ludwig Schaller 1851–1854, Schulhefte Walter Zluhan 1899–1903, Briefe und Postkarten 1901–1975, Wissenschaftlicher Nachlaß Hans Otto Schaller 1905–1907, Dissertation

von Hans Otto Schaller 1908, Dissertation Walter Zluhan 1928–1929
4 50-jähriges Jubiläum, 75-jähriges Jubiläum, 100-jähriges Jubiläum, 125-jähriges Jubiläum
5 Handelsregisterauszüge 1887–1937, Umwandlung in GmbH 1921, Umwandlung in Kommanditgesellschaft 1937, Gesellschaftsvertrag von Emil und Max Schaller 1903–1904, Satzungen 1921–1925, Verkauf der Foto-Kino-Abteilung an Brodbeck 1951–1960
6 Zusammenlegungen und Zusammenarbeit mit Buchhandlung J.F. Steinkopf 1973–1977
7 Rundschreiben 1887, Sitzungsprotokolle 1921–1936
8 Organisationsplan 1942, innerbetriebliche Organisation 1928–1970, Unternehmensberatung 1970–1983, Einführung in die Papierabteilungen 1941
9 Personal- und Gehaltsbücher 1890–1972, Lohnkartei 1936–1963, Arbeiterverzeichnis 1941, Personalunterlagen 1945–1956, Arbeitsordnungen 1915–1968, Lehrverträge 1919–1946, Arbeitsjubiläen und Geburtstage 1914–1967, Betriebsausflüge 1953–1968, Unterstützungskasse »Schaller-Stiftung« 1939–1981, soziale Leistungen und Wohlfahrtseinrichtungen 1940–1946
10 Neubau Geschäftshaus Schaller 1885, Marienstraße 14: Kauf, Baugesuche, Baumaßnahmen, Mietverträge 1817–1959, Marienstraße 1c: Mietangelegenheiten 1948–1958, Umbau des Geschäftshauses Schaller-Steinkopf 1972–1980
11 Anleihen des Deutschen Reichs 1922, Verzeichnis von Wertpapieren 1935–1952, Schuldverschreibungen 1936–1937, Vermögensstand 1943
12 Kunstabteilung: Verträge mit Lieferanten 1889–1908, Korrespondenz, Biographien und Informationen über Künstler 1912–1989, Warenkartei 1914–1973, Verträge mit Malern 1908–1926, Reiseberichte 1926–1928 und 1946, Rechnungen 1932–1953, Wareneingangsbuch 1971–1973, Bestandsliste der Radierungen von Reinhold Nägele 1969, Papierwaren-Abteilungen: Lieferantenkartei 1949–1971, Einkaufsliste Mineralien 1958–1961, Statistik Einkauf 1948–1968
13 Ansichtskarten 1903–1918/ 1989, Motive für Geburtsanzeigen 1970, Geschäftsbücher-Nummern für Lagerbücher und Sonderanfertigungen 1940–1965
14 Preisauskunft 1889, Kunstausstellungen 1913–1967, Kommissions-, Ausstellungs- und Festbestandsverkäufe 1926–1976, Preislisten, Kataloge und Prospekte der Kunstabteilung 1910–1990, Prospekte, Kataloge und Gebrauchsanweisungen 1895–1952, Kataloge der Mineralienabteilung 1985 Kommissionswarenkartei der Mineralien-Abteilung 1957–1963, Rechnungen, Prospekte, Kataloge der Papierwaren-Abteilung 1930–1973, Umsätze 1889–1909, Statistik Verkauf 1948–1968; Gemälde, Zeichnungen und Autographen 1870–1974
15 Werbeblätter 1917–1996, Inserate 1867–1991, Visitenkarten 1900–1960, Fotohüllen 1890–1910, Firmensymbolik 1888–1985
16 Bilanzen, Gewinn- und Verlustrechnungen 1905–1969, Geschäftsberichte 1909–1930, Inventuren 1889–1968, Hauptbücher 1921–1975, Statistik über Umsatz und Unkosten der Firma 1871–1906, Buchhaltung der Schallerschen Hausverwaltung 1933–1956
17 Lohnsteuerbuch 1933–1935, Steuerbescheide 1948–1966, Betriebsprüfung des Finanzamts 1950–1964, Steuererklärungen der Erbengemeinschaft 1953–1956
18 Einbruch- und Diebstahlversicherung 1924–1971, Kraftfahrzeugversicherung 1936–1944, Haftpflichtversicherung 1938–1947, Feuerversicherung 1941–1947
19 Feldpost von Hans Otto Schaller 1912–1917, Auslagerungen 1943–1949, Kriegsschäden 1944–1945, Beschlagnahmung durch französische Militärbehörden 1947
20 Börsenverein des deutschen Buchhandels 1955, Verleihung von Medaillen durch die Industrie- und Handelskammer Stuttgart 1960–1984
21 Vergleiche und Auseinandersetzungen mit Mietern 1956–1980
47 Fotos: Abteilungen der Firma Schaller 1940–1950, Werkstatt 1973–1983, Familienmitglieder und Mitarbeiter 1850–1973, Veranstaltungen 1890–1985, Gebäudeaufnahmen 1870–1989, Kriegsschäden 1943–1945, Schaufenster 1920–1982, Jubiläum 100 Jahre Schaller 1960, Ausstellungen 1950–1983, Einzelne Künstler 1900–1990, Originalfotografien von Ludwig Schaller 1860–1870. Filme: Betriebsausflüge 1954–1957
48 Plaketten und Stempel 1960, Medaillen der Industrie- und Handelskammer Stuttgart 1984–1985, Modell vom Kunsthaus 1973, Schachteln 1890–1900

49 A 16 Fi 751 (IHK-Firmenakte)
50 100 Jahre Schaller Stuttgart, Stuttgart [1960] (Festschrift). Theodor Heuss, Hans Otto Schaller, Ein Gedenkblatt, Stuttgart und Tübingen 1947.

529
Schatz & Söhne, Triberg

Name Jahresuhrenfabrik GmbH August Schatz & Söhne
Geschäftstätigkeit Uhrenfabrik
Branche Nr. 330/335
Umfang 9
Laufzeit 1910–1986
Benutzbarkeit Eingeschränkt
Bestand Y 112

Bestandsgeschichte Das Archivgut wurde 1988 vom Konkursverwalter übernommen.
Geschichte 1881 begann August Schatz mit der Produktion von Regulatoren, doch schon bald darauf wurde mit der Fabrikation von Jahresuhren (400-Tage-Uhren mit langsam schwingenden Torsionspendel) begonnen. Später wurden Wanduhren, Küchenuhren, Kuckucksuhren sowie Reisewecker produziert und in großen Stückzahlen auch exportiert. In den 1950er Jahren wurden die Werke von Batteriewerken mehr und mehr abgelöst. Daneben wurden Stanz-, Zieh-, Präge-, Dreh- und sonstige Präzisionsteile für andere Industriezweige hergestellt. 1986 musste das Unternehmen Konkurs anmelden.
5 Geschäftsanteile 1917, Gesellschaftsverträge, Satzungen 1979–1980
6 Sanierung und Beteiligung KARDEX 1939–1941, Pool-Vertrag, Clock-Contract Remington, La Vedette um 1961, Gufa-Gutenbacher Uhrenfabrik
7 Gesellschafterversammlungen 1942–1986, Beirat 1979–1986, Verträge, Aktennotizen 1978–1986, Planungen 1984–1985, Rheinische Unternehmensberatung Ruppert 1986, Korrespondenzen (u. a. AEG) 1940–1951, Bundesamt für gewerbliche Wirtschaft, Statistisches Landesamt BW 1978–1986
8 Sanierungsbericht der Jahresuhrenfabrik 1939, technische Verwaltungsorganisation 1939, Organisation 1975
9 Betriebsrat 1949–1986, Unterstützungskassenverein um 1960–1970, Pensionen und Pensionsversicherungsverein 1975–1984, Bundesversicherungsanstalt für Angestellte, Arbeitsamt 1956–1976, Lohnbuchserie 1940–1946, Gehaltsbuchserie 1921–1949, Winterhilfswerk 1933–1936, AOK Furtwangen 1955–1969, Industrie- und Gemeinschaftsküche 1944
10 Grundstücke und Immobilien 1953–1974, Werkswohnungen, Miet- und Pachtverträge, Grundbuchamt, Baupläne Jahresuhrenfabrik, Wassergenossenschaft Triberg 1927–1936
11 Bankguthaben 1946–1947, Landeskreditbank, Industriekreditbank Karlsruhe und Stuttgart, Landeszentralbank Villingen, Finanzplanungen, Sparkassen 1941–1945, Finanzierungsrechnung 1971/72
12 Materiallager 1938
13 Patentangelegenheiten, Maschinenstanderhebung 1938, Stromversorgung 1968, Produktion und Produktionsberichte 1938, 1985–1986, technische Zeichnungen, monatliche Produktivitätsanalyse, Anlagen- und Maschinenverzeichnisse 1920–1970, Produktionsprogramm (u. a. Küchen-, Pendel-, Stand-, Pokal-, Jahres-, Narren-, Geschenk-, Fußball-, Porzellan-, Sportleruhren, Sonderanfertigungen) um 1930–1985
14 Preislisten um 1930–1986, Reiseberichte 1961–1986, Provisionen 1952–1970, Umsatz 1954–1977, fremdbezogene Fertigfabrikate, Aufstellung über den Verkauf von Feuerzeugen 1946–1947
15 Kataloge, Prospekte um 1930–1985, Wandkalender 1986
16 Geschäftsberichte 1954–1965, Devisenbewilligung 1934–1936, Gewinnabschöpfung 1941, Analyse Monatsergebnisse 1944, Bilanzen, Jahresabschlüsse mit Prüfungsberichten 1910–1986, Gewinn- und Verlustrechnung 1925–1929, Liquiditätsübersicht 1966–1977, Buchhaltungsunterlagen 1923–1926, Abschreibungen 1945, Rückstellungen 1944–1945, Lizenzgebühren, Fertigwarenbestände, Kostenstrukturstatistik 1959–1978, Inventuren 1923–1952, Hauptbuch 1931–1934, Kalkulation und Vorkalkulation 1932, Forderungen 1948–1952, Wirtschaftsprüfer Heinen 1941–1942
17 Devisen/Umsatzsteuer 1924, Rhein und Ruhropfer Kraftfahrzeugabgabe 1923, Stadt Triberg Steuern 1945, Finanzamt Villingen 1958–

1985, Vortaxation der Fabrikmobilien 1937–1943, Steuern 1938–1968, Erbschaftssteuer Carl Schatz, Einkommensteuer 1960–1967, Steuerangelegenheiten August Schatz 1941–1942, Rechtsgutachten Ortskirchensteuer juristischer Personen in Baden, Steuerbelege 1951–1953
18 Gebäudeversicherung um 1936–1980, Feuerversicherung um 1938–1970
19 Vermissten- und Gefallenenkartei, Forderungen an die Deutsche Wehrmacht 1945–1946
20 Verband Schwarzwälder Uhrenindustrie e. V. 1964–1966, Verband der Uhrenindustrie e. V. 1966–1968, Fachnormenausschuß-Uhren 1963–1965, Forschungsgesellschaft für Uhren
21 Finanzgericht Freiburg 1949–1960, Korrespondenzen mit Rechtsanwälten 1967
47 Fotos: Produkte, Firmengebäude
48 Filmkamera Konstruktion A. Reiser 1939
50 Erich Köhrer (Hg.), Das Land Baden, Seine Entwicklung und seine Zukunft, 2. Auflage Berlin 1925, S. 280 f. Der Schwarzwald-Baar-Kreis (Heimat und Arbeit), Stuttgart 1977, S. 412. 100 Jahre Jahresuhren-Fabrik GmbH Aug. Schatz & Söhne, Triberg 1981 (Festschrift).

530
Schenk, Maulbronn

Name Schenk Leichtgusswerke
Geschäftstätigkeit Druckgießerei
Branche Nr. 275
Umfang 1
Laufzeit 1938–2008
Benutzbarkeit Ja
Bestand Y 408

Bestandsgeschichte Der Bestand wurde 2009 bei der Schließung des Betriebs übernommen. Er enthält überwiegend Akten der Insolvenz von 1999.
Geschichte In dem 1913 von Wilhelm Schenk gegründeten Familienbetrieb wurden Gussteile aus Leichtmetall für die Kraftfahrzeug-, Maschinen-, Motoren- und Elektroindustrie hergestellt. Zum 1. September 2000 übernahm der US-amerikanische Hayes-Lemmerz-Konzern das insolvente Unternehmen, um daraus einen europäischen Produktionsstandort für Aluminium-Fahrwerksteile zu machen, verkaufte es jedoch im Juni 2002 an die MWK Metallwerke Kloß GmbH, Renningen, mit deren Übergang an die Georgsmarienhütte Holding in Georgsmarienhütte die Finanzierung eingestellt wurde.
5 Handelsregisterauszüge 1999
6 Schenk Filterbau GmbH Waldstetten (Prüfungsbericht zum Jahresabschluss 1992), Schenk Werkzeug- und Maschinen-GmbH Schwäbisch Gmünd (Firmenübersicht 1993)
7 Unternehmensanalyse zum geplanten Firmenverkauf 2002
8 Firmenübersichten, Produktionsprogramm 1998–2002, Fünfjahresplan 2001
9 Tarifverträge 1999
10 Hydrogeologisches Gutachten zur Gefährdung von Boden und Grundwasser 1999
13 Qualitätssicherungshandbuch 1987
15 Werbeschriften, Produktinformationen 1965, 1985–1993
16 Prüfungsbericht zum Jahresabschluss 1997
47 Fotos: Druckgießmaschinen 1993, Erzeugnisse 1995, Luftbild Werksgelände 2008
48 2 Ölbilder mit Motiven aus dem Gießereibetrieb, gemalt von Werner Schenk 1937–1939; Holzschnitt »Großguss in den Schenk Leichtgusswerken« von R. Klein; Gusstafeln zur Erinnerung an den ersten Guss einer Magnesiumlegierung 1949 und zum 75jährigen Firmenjubiläum 1988
50 Ein Vierteljahrhundert Maulbronner Leichtguss, 1938 (Festschrift). 75 Jahre Schenk Leichtguss, 1988 (Festschrift).

531
Scheufelen, Oberlenningen

Name Papierfabrik Scheufelen GmbH & Co. KG
Geschäftstätigkeit Papierfabrik
Branche Nr. 210/211
Umfang 150
Laufzeit 1880–2008
Benutzbarkeit Eingeschränkt
Bestand B 160

Bestandsgeschichte Der Bestand wurde dem WABW 2006–2007 und 2010 übergeben.
Geschichte 1855 übernahm der Lehrer Karl Scheufelen aus dem Besitz von Verwandten seiner Frau die seit 1769 existierende Oberlenninger Papiermühle. Produziert wurden anfangs Packpapier und Pappdeckel, seit dem Ankauf einer leistungsfähigen Langsiebmaschine im Jahre 1876 auch mittelfeine und feine Druck- und Schreibpapiere. Mit der Entwicklung einer speziell für die modernen Bilderdruckverfahren geeigneten Papiersorte durch den Sohn Dr.-Ing. E. h. Adolf Scheufelen stieg das Unternehmen ab 1892 zum führenden Produzenten von Kunstdruckpapieren in Deutschland und Europa auf. 1895 wurde die Markenbezeichnung Phönix-Kunstdruckpapier eingetragen. Das Unternehmen konnte als erste Papierfabrik maschinell zweiseitig gestrichenes Papier herstellen. Durch die Heirat von Adolf Scheufelen mit Paula Goßler 1925 übernahm Scheufelen die Papierfabrik J. J. Goßler in Frankeneck in der Pfalz, die 1971 aufgegeben wurde. Sein Bruder Dr.-Ing. E. h. Heinrich Scheufelen erschloss dem Kunstdruckpapier einen internationalen Markt und setzte sich für die Papiernormung ein. Ferner war er ein bedeutender Kunstsammler. 1935 trat Karl-Erhard Scheufelen in die Geschäftsleitung ein. Sein Bruder Dr.-Ing. Klaus Heinrich Scheufelen arbeitete nach dem Ende des Zweiten Weltkrieges in der Raketenentwicklung um Wernher von Braun in den USA, von wo er 1950 zurückkehrte und in die Firma eintrat. Zwischen 1900 und 1955 verzehnfachte sich die Beschäftigtenzahl auf ihren Höchststand von 2000. 1979 wurde Dr. Ulrich Scheufelen in die Geschäftsleitung aufgenommen. Konkurrenzdruck und hohe Energiekosten belasteten das Unternehmen und führten 2008 zur Insolvenz. Nachdem zuerst der finnische Papierhersteller Powerflute als Investor eingesprungen war, befindet sich das Familienunternehmen mit knapp 600 Arbeitsplätzen seit 2011 im Besitz des niederländischen Konzerns Paper Excellence. 2016 veräußerte Paper Excellence die Papierfabrik an ein Konsortium unter Führung der Schaeff-Gruppe in Schwäbisch Hall. Anfang 2018 musste das Unternehmen erneut Insolvenz anmelden.

2 Haushaltspläne Gemeinde Oberlenningen 1907–1954, Amtskörperschaft Kirchheim u. Teck (Protokolle, Etats) 1929–1932
3 Familiengeschichte: Scheufelensches Mannlehen, Stammtafeln, von Marchtaler Forschung Scheufelen 1940er Jahre, Kommerzienrat Dr.-Ing. E. h. Adolf Scheufelen: Schulhefte, Notizbücher 1930er Jahre, Glückwunschadresse der Mitarbeiter 1939, Dr.-Ing. H. h. Heinrich Scheufelen: Nachlass 1930–1940, 1954–1960, Korrespondenz Gemäldesammlung 1920er –1940er Jahre, Inventarbuch Bronzesammlung 1950, Karl-Erhard Scheufelen: Gästebuch 1955–1992, 60., 65., 70., 75., 80., 85. Geburtstag 1960–1985, persönliche Unterlagen Dr. Ing. Klaus Heinrich Scheufelen: Briefe an die Eltern, Gästebuch 1955–1992, Mitgliedskarten und Beiträge 1938–1939
4 Firmenportraits, Firmenjubiläen: Hundertjahrfeier 1955, 100 Jahre Phönix-Kunstdruckpapier, 125jähriges Jubiläum 1980, Werksarchiv (v. a. Unterlagen zu Personen), Erinnerungsbuch 1914–1918, Erinnerungsbuch 1956/57, Förderung des Deutschen Museums in München 1913, Firmenänderungen 1948
6 Papierfabrik Frankeneck (allgemeine Korrespondenz, Berichte) 1960–1971
7 Schultheissenamt Unterlenningen 1920er–1930er Jahre, allgemeine Korrespondenzen 1956–1959, Besprechungsprotokolle 1963–1991, Besprechungsprotokolle Inland 1971–1990, Besprechungsprotokolle Ausland 1986–1991, Geschäftsbeziehungen: J. M. Voith, Heidenheim a. d. Brenz 1970er Jahre, Stähle & Friedel, Begra (Bilanzen, Korrespondenzen) 1930er–1940er Jahre, Deutsche Bank (Südd. Bank) Beirat, Allianz Stuttgart Landesbeirat 1959–1965, AEG, Dr. Heinrich Scheufelen Korrespondenzen 1930er–1940er Jahre, Karl-Erhard Scheufelen und Dr. Klaus Heinrich Scheufelen 1960–1980, Terminplaner Dr. Klaus Scheufelen 1970er–1990er

Jahre, Dr. Ulrich Scheufelen 1971–1983, 1983–1989, Korrespondenzen 1970er–1990er Jahre, Wochenberichte 1980–1990er Jahre, Tagungen 1950–1955, Kunstdrucksitzungen, Wirtschaftsstelle für Kunstdruckpapier (Wikupa) 1936–1937
8 Hausmitteilungen 1950, 1986–1992, Corporate Identity 1991 ff.
9 Lohnbücher, Arbeiterstammrollen 1910 ff., Leistungsbericht 1940/41, Jubilare 1940–1975, Jubilarbücher 1940er–1970er Jahre, Unfallwesen 1961–1978, Betriebsrat (Allgemeines, Protokolle) 1963–1970, Statistik Arbeitszeit und Löhne 1966–1975, Betriebskrankenkasse 1969–1979, Werksbücherei, Werkkapelle, Corporate Identity 1990er Jahre, Phönix-Hefte ab 1989, Hausmitteilungen 1950er–1992, Werksarchiv (v.a. Unterlagen zu Personen), Werksbücherei 1950er Jahre, Betriebsrat Sitzungsberichte 1953, Baubüro 1949–1959, Werksfürsorge 1951–1952, Streik, Angestelltenstatistik 1970, Werkswohnungssiedlung Hochwang 1950er–1970er Jahre, Unfallwesen 1961–1978, Personal- und Sozialfragen 1969–1978, Arbeitsamt, Vorschlagswesen, Frankeneck (Personal, Löhne), Betriebsausflüge 1950er Jahre ff., Arbeitsordnungen 1950er–1970er Jahre, Urlaubsreisen 1960er–1970er Jahre, Prämien bis 1961, Arbeitskleidung, Werksarzt, Jugendarbeitsschutz, Bewerbungen 1957–1970, Scheufelen Versorgungskasse 1955
10 Grundbuchamt 1906–1920, Wasserrechte Oberlenningen Gutenberg, Schlattstall 1891–1991, Telefon um 1910, Villa Umbau 1923, Baupläne, Werkswohnsiedlung Hochwang 1950er–1960er Jahre, Haus Scheufelen 1961–1963, Obstanlagen 1930er Jahre, Wohnhäuser Stuttgart 1930er–1950er Jahre
13 Fabrikationsbücher 1904–1939, Patente und Lizenzen (In- und Ausland), Druckproben 1970er–1990er Jahre, Druckmuster 1990er Jahre, Papierproben, Halbstoff-Skontro, Einbau Francisturbine, Schleiferei Monatsberichte 1930er Jahre ff., Papierprüfungen
14 Auftragsbuch um 1900, Rundschreiben an Vertreter 1931–1937, Preise für Kunstdruckpapier 1934, Export 1930er–1950er Jahre, Preislisten und Preisentwicklung 1930–1990, Wikupa Preise, Export 1957–1961, Export Osteuropa 1990–1994, Wikupa-Rundschreiben Dr. Heinrich Scheufelen 1935–1936, Reiseberichte 1964–1965, DDR-Markt-Osteuropa 1990–1994
15 Prospekte, Druckmuster 1930er Jahre ff., Papiermusterbücher 1960er –1970er Jahre, Belegexemplare Drucksachen auf Scheufelen-Papier, Druckmuster 1950er–1980er Jahre, Kalender, Pressemitteilungen 1920–1991, Redaktionelle Beiträge, Vorträge 1980–2000
16 Fertigungs- und Regiekosten 1930–1945, Bilanz 1933–1935, Preisstopgesetz 1936, Umsatzaufstellungen 1950–1960, Lastenausgleich Papierindustrie 1958–1963, Kostenpläne 1970–1976, Finanzabteilung 1960–1980, Fertigungs- und Regiekosten 1930er–1940er Jahre, Vorkalkulation, Betriebsergebnisse 1930er–1950er Jahre, Umsatz 1950er Jahre, Bilanzen 1933–1935, Kontobuch 1950er Jahre, Statistiken 1950–1990, Papiermarktstatistik 1934–1949, Monatsbilanzen, Abteilungsberichte, Kostenabrechnungen 1940er–1960er Jahre, Schitag
18 Versicherungen 1950er–1980er Jahre
19 Erinnerungsbuch 1914–1918, Phönix-Feldpost 1940er Jahre, Bezirksobmann für Wehrmachtsgerät 1942, Kriegsgedenkblatt, Leistungsbericht 1941/42, Bezirksobmann für Wehrmachtsgerät 1942, Lastenausgleich Papierindustrie 1958–1963
20 Mitgliedschaft in Fachverbänden, -ausschüssen und -vereinigungen; »Papier-Zeitung« Jg. 1880–1894, »Wochenblatt für Papierfabrikation« Jg. 1900 ff., »Gebrauchsgraphik« Jg. 1938–1959, Verband Württembergischer Papierindustrieller 1931–1934, VDI Göppingen 1936–1941, Vereinigung und Wirtschaftsstelle Kunstdruckpapiere 1900–1950er Jahre, Internationale Handelskammer 1952–1959, Deutsche Gesellschaft für Betriebswirtschaft 1952–1959, Gesellschaft für angewandte Wirtschaftsforschung 1977–1986, Deutsches Industrieinstitut 1963–1967, Institut der deutschen Wirtschaft 1972–1981, Papiermacher Tafelrunde 1953–1969, Vereinigung Kunstdruck, Fachausschuss Gestrichene Papiere In- und Ausland 1957–1963, Vereinigung Holzhaltig
22 Mitgliedschaft in Gremien, Gesellschaften und Vereinen, u.a. Deutsches Museum 1911–1938, Klub der Stuttgarter Freunde 1926–1962, Württembergische Bibliotheksgesellschaft 1946–1955, Deutscher Alpenverein, 1948–1959, Südwestdeutscher Kanalverein 1949–1953, Schneelaufverein Lenninger Tal 1949–1967, Württembergischer Yachtclub 1949–1969, Stuttgarter

Galerieverein 1949–1970, Stifterverband für die deutsche Wissenschaft 1950–1967, Gesellschaft der Freunde von Bayreuth 1951–1988, Verein Neckarhafen Plochingen 1952–1962, Vereinigung der Freunde der Universität Stuttgart 1952–1981, Kulturkreis der deutschen Wirtschaft im BDI 1953–1955, Gesellschaft für Goldschmiedekunst 1953–1963, Max-Planck-Gesellschaft 1955–1971, Verein der Förderer der Alten Pinakothek München 1955–1977, Förderkreis des Germanischen Nationalmuseums Nürnberg 1955–1981, Freundeskreis Ludwig Finkh 1955 ff., Martin-Behaim-Gesellschaft 1955 ff., Schmalenbach-Gesellschaft 1956 ff., Gutenberg-Gesellschaft Mainz 1957 ff., Haus der Kunst München 1957–1966, Chiemsee Golfclub 1961–1980, Gesellschaft zur Förderung der Olympischen Spiele 1962, Fachhochschule für Druck Stuttgart 1969–1981, TH Stuttgart 1952–1969, TH Darmstadt (u. a. Institut für Papierfabrikation, Forschungsstelle Papiergeschichte) 1944–1954, 1972, Tübinger Jubiläums Stiftung 1961–1967, Rotary-Club, Stuttgart 1950er–1970er Jahre, Württembergische-Badische Gesellschaft 1948 e. V. 1948–1956, TSV Oberlenningen

47 Fotoalben: Betriebsgemeinschaft 1930er Jahre, Papierverein 1957, Heimbau-Genossenschaft Hochwang 1960er Jahre, Fotos (Glasplatten) Firma: Innen, Produktion, Maschinen, Abteilungen, Produkte, Immobilien, Werksgebäude, Mitarbeiter Jubiläen, Verdienstkreuzverleihungen, Betriebsausflüge, Papierfabrik in Frankeneck 1900–1990, Familienfotos 1900–1930, Fotos zur Gemäldesammlung von Dr. Heinrich Scheufelen, Tonband: Eröffnung Abwasseranlage 1961, Filme (unverzeichnet u. a. Werkfilm 1930er Jahre)

48 Gemäldesammlung Heinrich Scheufelen, Inventar Bronzensammlung 1950, Zeichnungen und Urkunden 1934, Gemeinschaftsbuch 1930er Jahre, Glaspokal in Holzkiste 1950er Jahre, gerahmte Bilder

50 Adolf-Scheufelen-Festschrift = Jahresbericht 1937 des Vereins der Zellstoff- und Papier-Chemiker und -Ingenieure. [Hermann Missenharter], Hundert Jahre Scheufelen in Oberlenningen 1855–1955 (Festschrift). [Felix Spies], 125 Jahre Papierfabrik Scheufelen 1855–1980 (Festschrift). 125 Jahre Papierfabrik Scheufelen 1855–1980, Festansprachen und Gästeverzeichnis zur Festveranstaltung am 19. September 1980. Papierfabrik Scheufelen: 150 Jahre Unabhängigkeit – 150 Jahre Zukunft 1855–2005 (Festschrift).

532
Scheuffelen, Ebersbach an der Fils

Name Thomas Scheuffelen AG
Geschäftstätigkeit Tuchfabrik
Branche Nr. 170/172
Umfang 37
Laufzeit 1847–1963
Benutzbarkeit Ja
Bestand B 43

Bestandsgeschichte Das Archivgut wurde 1985 übernommen. Den Schwerpunkt des Bestands bilden kaufmännische Unterlagen aus dem Zeitraum 1847–1960.

Geschichte 1804 machte sich Johann Christoph Scheuffelen als Tuchmacher in Göppingen selbständig. 1837 kam mit Eröffnung einer wasserkraftgetriebenen Spinnerei in der Schwegler'schen Ölmühle der Übergang zum Fabrikbetrieb. 1861 wurde die Spinnerei, in den 1880er Jahren die Produktion insgesamt nach Ebersbach an der Fils verlegt. 1922 erfolgte die Änderung der Rechtsform in eine Familien-Aktiengesellschaft. 1963/64 wurde die Produktion eingestellt. Das Unternehmen fertigte wollene Tuche, insbesondere Herrenanzugs- und Hosenstoffe, Buckskins und gehörte seit dem 19. Jahrhundert zu den wichtigsten Militärtuchlieferanten in Württemberg.

7 Kopierbuchserie 1849–1908

9 Arbeitsordnung 1905, Ortskrankenkasse Ebersbach 1907–1922, Kranken- und Altersversicherungsbeiträge 1908–1910, Lohnbuchserie 1914–1948, freiwillige Sozialleistungen 1940–1960, Schwerarbeiter 1939–1949, Krankengeld 1960–1962

10 Bauakten 1921–1922, 1956–1958

11 Bankbewegungen 1900

12 Einkaufsbuch 1849–1856, Einkaufsjournal 1923–1926, Wareneingangsbuch (Garn) 1937–1959, Wollberichte 1957

13 Spinnereibuchserie 1847–1921, Kommissionsbücher 1849–1908, Appretur- und Walkbuchserie 1872–1912, Fabrikationsbuchserie 1887–1963, Garnlagerbuchserie 1890–1911, Kette- und Schußbuchserie 1893–1910, Lagerbuch-Militärpartien 1915–1917, Wollpartiebuchserie 1916–1919, Wollbestandsbuch 1916–1919, Spinnpartiebuchserie 1916–1951, Spinnpartiennachweisung 1916, Farbpartiebuchserie 1916–1919, Wollagerbuch 1922–1932, Dampfkesselanlage 1922–1926, Produktionsnotizen 1940–1949, Spinnereikommissionsbuchserie 1954–1959

14 Detailbuchserie 1853–1922, Versandbuch (Verein für Wollmanufaktur) 1854–1856, Versandbuchserie 1866–1926, Adressbuch (Kunden) 1900, Vertreter-Provisionen 1925–1960, Vertreter-Korrespondenzen 1925–1960, Postversandbuch 1958–1959

15 Stoffmusterkarten 1890/1900

16 Hauptbuchserie 1849–1925, Bilanzkonto 1850–1854, Bilanzbuch 1875–1891, Fakturenbuchserie 1860–1895, Inventarbuchserie 1894–1920, Kassenbuchserie 1850–1924, Prima Nota 1851–1890, Wechsel-Copierbuchserie 1882–1957, Brouillon 1894–1913, Journalbuchserie 1850–1926, Skontrobuchserie 1867–1889, Kontokorrentbuchserie 1869–1930, Debitoren- und Kreditorenbuchserie 1924–1927, Portokasse 1952–1956

18 Lebensversicherung 1920–1952, Gebäudebrandversicherung (Schätzungsprotokoll) 1927, Unfallversicherung 1929–1952, Autoversicherung 1929–1952, Haftpflichtversicherung 1933–1934, Feuerversicherung 1937–1957

19 Fliegeralarmbuch 1940–1945

20 Verein deutscher Tuch- und Wollwarenfabrikanten, Korrespondenz 1907–1908

50 150 Jahre Scheuffelen-Tuch 1804–1954 [Ebersbach 1954] (Festschrift).

533
Schiesser, Radolfzell am Bodensee

Name Schiesser AG
Geschäftstätigkeit Trikotfabrik
Branche Nr. 171/173/176/180
Umfang 15
Laufzeit 1846–2006
Benutzbarkeit Ja
Bestand B 127

Bestandsgeschichte Das Archivgut wurde 2009 übernommen.

Geschichte Auswanderungspläne und die Vermittlungsbemühungen seiner aus Radolfzell gebürtigen Dienstmagd führten den Schweizer Textilfabrikanten Jacques Schiesser, der eine Buntweberei im Kanton Thurgau betrieb, 1875 nach Radolfzell, das sich mit dem kontinuierlichen Auf- und Ausbau seiner Fabrik für wollene, baumwollene und seidene Unterkleider zur Industriestadt entwickelte. Bereits 1880 arbeiten bei Schiesser 280 Mitarbeiter, 1902 waren es 1000 und 1964 4300. Seit 1916 firmiert das Unternehmen als Schiesser AG (1966–1969: GmbH). Ab 1919 im Eigentum des Schweizer Textilindustriellen Jakob Heusser-Staub, wurde es 1938 Teil von dessen Hesta-Gruppe. Die produzierten Trikotagen wurden bis zur Weltwirtschaftskrise hauptsächlich nach Übersee exportiert. Etliche Patente (Schiesser's Knüpftrikot, Abhärtungswäsche aus Ramie etc.), Wirk- und Strickwarenqualitäten aus dem eigenen Versuchslabor (1948: 1150 Standardqualitäten) sowie Entwurf und Fertigung aus einer Hand bestimmten das um Damen- und seit 1932 auch um Kinderwäsche (Marke Tausendsassa) erweiterte Fabrikationsprogramm. Am Ende des Zweiten Weltkrieges kam die Produktion infolge von Rohstoffmangel fast vollständig zum Erliegen. Nach der Währungsreform konsolidierte sich das Unternehmen rasch: In den 1960er Jahren entstanden eine Reihe von neuen Werksfilialen, das Produktionsprogramms wurde ab 1967 auf Jersey-Ober- und -Freizeitbekleidung ausgeweitet und es folgte die Gründung von Produktionsstandorten im Ausland wie z. B. in Griechenland, Irland, Österreich oder der Schweiz. 1991 wurde der französische Unterwäschehersteller Eminence von Schiesser übernommen. Das Unternehmen firmierte als Schiesser Eminence Holding AG, Stein am Rhein. In dieser Zeit war Schiesser der umsatzstärkste Hersteller von Unterwäsche in Europa. Ab 1993 geriet Schiesser in die Krise des Textilmarktes. Es folgten Werksschließungen, Stellenstreichungen sowie Produktionsverlagerungen ins Ausland und das Unternehmen Eminence wurde 1999 verkauft. Unrentable Lizenzgeschäfte brachten weitere Verluste. 2009 wurde das Insolvenzverfahren eröffnet. RA Dr. Volker Grub wurde zum Insolvenzverwalter bestellt. 2010 wurde die Insolvenz beendet und 2012 wurde Schiesser an das israelische Konsumgüter-Unternehmen Delta Galil verkauft.

3 Genealogie und Urkunden zur Familie Schiesser 1846–1951

4 Firmenchronik 1936–1965, Sammlung zur Geschichte der Mädchenwohnheime Radolfzell, Stockach und Engen 1898–1936, Zeitungsausschnitte zur Geschichte der Filialen, Zweigwerk Bukarest 1894–1898

5 Gemeinderatsprotokoll 1876, Satzungen 1916

6 Übernahme von Greim's Leibchenfabrik 1933 (ab 1937: Radolfzeller Leibchenfabrik, ab 1950: Tausendsassa GmbH)

7 Geschäftskorrespondenzen Jacques Schiesser 1890–1901, Jean Schiesser 1929–1932, Walter Schellenberg 1936–1950, Aufsichtsratsprotokolle 1916–1969

8 Betriebsstatistiken, Material- und Lohnkalkulationen 1875–1981

9 Personalverzeichnisse 1880–1963, Lohnbücher 1911–1918, 1957–1961, Gehaltslisten 1962–1967, Betriebliche Sozialeinrichtungen 1899–1999, Ferienheim Steibis im Oberallgäu 1934–1997, Werkszeitschrift 1937–1998

10 Grundstückskaufverträge, Bau- und Lagepläne Werk Radolfzell 1877–1936, 1964, Werkswohnungen 1891–1937, Filiale Stockach 1891–1913, Filiale Engen 1896, Ausbau der Wasserburg Oberstaad zum Bildungs- und Schulungszentrum »Jacques-Schiesser-Haus« 1971–1976

11 Vermögensbestand 1878–1889, Statistik der Vermögens- und Kapitalbildung 1931–1958

12 Garnbeschaffung 1934/35

13 Energieversorgung 1896–1919, Patente und Gebrauchsmuster 1898–1972, Ausrüstungsverzeichnis 1908, 1935, Manuskripte zur Wirk- und Stricktechnik 1929–1970, Versuchslabor 1937–1950

14 Belieferung des großherzoglichen Hofes 1896–1902, Preislisten, Verkaufskataloge, Musterkarten 1894–2005, Preisfestsetzungen 1922–1950, Verzeichnis der Auftragseingänge 1932–1935, Versandstatistik 1934–1940

15 Firmenpublikationen und andere Werbemittel 1899–2000, Neugestaltung des Firmenauftritts 1958, Geschäftsberichte 1988–1998

16 Inventar- und Kontenverzeichnisse 1878–1889, Kostenberechnungen 1916–1920, Bilanzen 1916–1965, Prüfberichte 1925–1970, Bilanzen und Prüfberichte des Zweigwerks St. Ludwig im Elsass 1941–1946

17 Steuerunterlagen 1924–1947

18 Taxation der Betriebseinrichtung 1939, 1947

19 Militärlieferungen 1912/13, Kriegsküche und Kinderspeiseanstalt Radolfzell 1914–1917, Feldpost 1914–1919, Bericht über die Bombardierung der Stadt Stockach am 14. April 1915, Textilversuche für staatliche Stellen 1940/41, Belieferung von Privatkunden gegen Kleiderkarten 1942, Militärregierung 1945–1948

22 Stiftungen und Vermächtnisse von Malwine Schiesser und Adele Finckh-Schiesser 1928–1977

47 Fotosammlung 1870–2001, Tonbildschauen zur Firmengeschichte, Produktion und Verkaufsschulung 1963/64

48 Warenanhänger, Etiketten und Werbeaufsteller 1872–1957, Stoffmuster 1890–1962, Warenmuster 1899–1950; Orden und Medaillen des Firmengründers und seiner Frau Malwine; Anstecknadeln für Dienstjubilare

50 Schiesser 1875–1975 (Festschrift).

534
Schiller, Stuttgart

Name Buchbinderei Rudolf Schiller
Geschäftstätigkeit Buchbinderei
Branche Nr. 527
Umfang 2
Laufzeit 1958–2009
Benutzbarkeit Eingeschränkt
Bestand Y 429

Bestandsgeschichte Der Bestand wurde im November 2010 vom Wirtschaftsarchiv übernommen.
Geschichte Nachdem Rudolf Schiller seine Lehre bei der Buchbinderei Rudolf Kugler in Stuttgart im Jahre 1952 abgeschlossen hatte, arbeitete er u. a. in Baden-Baden, Mainz und Bielefeld, bevor er seine eigene Buchbinderei im Jahre 1958 gründete. Zunächst betrieb er sein Geschäft in der Urachstraße in Stuttgart-Ost. Danach zog er 1961 nach Stuttgart Weilimdorf in die Dachtlerstraße. 1983 erfolgte der Umzug in die Ditzingerstraße und ab 1990 in die Bergheimerstraße.
12 Wareneingangsbuch 1958–1999
14 Preisverzeichnisse 1970er–1998
15 Kataloge 1970er–1998
16 Journal 1958–1998, Rechnungsausgangsbuch 1958–1997, Bilanz 1961–1998
20 Buchbinder-Innung Stuttgart 1971, 1979–1999, Bund deutscher Buchbinder-Innungen 1985, 1990–2003, Landesinnungsverband des Buchbinderhandwerks Baden-Württemberg 1977–2003, Buchbinder Colleg Stuttgart 1088–2009
50 Im WABW nicht vorhanden.

535
Schirm & Krüger, Kirchentellinsfurt

Name Schirm & Co. Krüger KG
Geschäftstätigkeit Baumwollspinnerei und Weberei
Branche Nr. 170/172
Umfang 26
Laufzeit 1900–1978
Benutzbarkeit Eingeschränkt
Bestand Y 114

Bestandsgeschichte Das Archivgut wurde 1990 von der Geschäftsleitung übernommen.
Geschichte 1900 gründete Stephan Schirm zusammen mit seinem Sohn Carl Schirm die mechanische Buntweberei Carl Schirm & Co in Kirchentellinsfurt. Produziert wurden Biber-Bettücher und Flanelle. 1920 nahm der Gründer seine beiden Schwiegersöhne Heinrich Holzach und Alfred Krämer als Teilhaber in die Firma auf. 1923 wurde dem Betrieb eine Spinnerei angegliedert, die sowohl Webgarne als auch Garne für die Trikotagenindustrie und Strickereien herstellte. 1931/32 wurde die Mechanische Weberei Krüger & Co. in Ulm übernommen und deren Fertigung von hochwertigen Dekorations- und Möbelstoffen nach Kirchentellinsfurt verlegt. 1955 beschäftigte die Firma rund 350 Mitarbeiter. 1987 musste das Unternehmen den Betrieb einstellen.
2 Bürgermeisteramt Kirchentellinsfurt (u. a. Bekanntmachungen) 1951–1953
7 Korrespondenzen Unternehmensführung 1903–1967, Kopierbuchserie 1913–1927, Auskünfte 1901–1970, Besprechungen, Berichte, Übersichten 1952–1958
9 Tarifordnungen und -verträge 1934–1965, Entgeltbücher für Heimarbeit im deutschen Spinnstoffgewerbe, Heimarbeiter 1957, Lohnweber 1941, Taglöhner 1939–1947, Zeugnisse 1900–1910, Bewerbungen 1933–1969, Belegschaft 1950–1967, Angestellten-Rentenversicherung 1952, Unfallverhütung 1934, Betriebsräte 1956–1962, Gehaltsbuch 1924–1927, Zahltagskarten 1928–1933, Zahltagsbuchserie 1901–1931, Familienunterstützung, Krankengeld, Krankenkasse 1929–1948, Löhne 1929–1948, Süddeutsche Textilberufsgenossenschaft Augsburg

1942–1956, Gewerkschaftsbund Tübingen/Gewerkschaft 1947–1966
10 Korrespondenz mit Baurat P. J. Manz 1951–1952
11 Banken 1926–1928
12 Bremer Baumwollbörse 1966, Zellwolle 1938–1958, Garn-Eingang 1924–1955, Einkauf 1929–1936, Wareneingangsbuchserie 1936–1947, Kohlen 1939–1951
13 Maschinenpark um 1960–1974, Motorenbuch, Stückbuch 1930–1933, Krempelsortierbuch 1951, Werkfeuerwehr 1941–1943, Produktion Rauherei 1940–1955, Produktionsbuchserie 1901–1938, Industrieberichterstattung 1950–1951, Produktion Spinnerei 1952–1953, Produktion Weberei 1933–1965, Produktion Bettücher 1932–1939, Retouren 1930–1960, Baumwollabfälle 1937–1954, Spinnerei-Disposition 1953–1957, technischer Betriebsvergleich 1966, Stoffmusterzeichnungen um 1930–1970
14 Angebote 1950er Jahre, Preislisten 1957, Aufträge 1915–1936, Umsätze Spinnerei 1958–1960, Aufträge Spinnerei 1937–1958, Kundenkarten um 1910–1950, Kundenbuchserie 1904–1947, Zusatzausfuhr 1936–1939, Verkaufsbuchserie 1915–1924, Vertreter 1928–1966, Verkauf Weberei 1951–1953, Ausgangsbuchserie Weberei Schirm 1957–1959, Garn-Abschlüsse 1912–1956, Ausgangsbuchserie Spinnerei Schirm 1958, Ausgangsbuchserie Krüger 1949–1959, Garn-Versand 1941–1962, Bestellbuchserie 1921–1957, Lieferungen an Paul Hartmann AG, Heidenheim 1962, Reissbaumwolle 1947–1956, Reisszellwolle 1953–1955, Kistenbuchserie 1925–1961
15 Prospekte um 1970, Stoffmusterserien (teilweise mit Materialbeschreibung und Qualitätsangabe) um 1920–1970, Artikelmuster um 1910–1960, Plakate (Werdegang der Schwarza-Zellwolle/Phris-Zellwolle) um 1930
16 Jahresabschlüsse 1924–1936, Schwäbische Treuhand AG 1952–1953, Hauptbuchserie 1929–1940, Journalbuchserie 1900–1934, Kalkulationen um 1930–1971, Werkstoffkosten Spinnerei 1941–1951, Preisbildung 1930er und 1940er Jahre, Wirtschaftlichkeit von verschiedenen Betriebssystemen 1913, Betriebsvergleiche 1960er Jahre, Zusammenstellungen und Statistik 1913–1920, Scheckbuchserie 1925–1941, Portobuchserie 1948–1950, Kontobuch 1952–1959, Kreditoren 1905–1930, Debitoren 1926–1930
17 Umsatzsteuer 1930–1953, Steuerkarten 1933–1944
18 Grundstückshaftpflichtversicherung 1965
19 Werkluftschutz 1937–1945, Militärregierung (Lebensmittelzuteilung für Werksküchen)
20 Verein süddeutsche Baumwollindustrie 1934–1936, Hauptverband Baumwollweberei in der BRD 1970, Institute für Textil- und Faserforschung Stuttgart 1975, Industrieverband Gewebe 1975, Verband der baden-württembergischen Textilindustrie (u. a. Rundschreiben) 1964–1977, Verband der baden-württembergischen Baumwollindustrie 1970–1978, Verband der südwestdeutschen Textilindustrie (u. a. Arbeitskreis Rauhweberei, Rundschreiben) ca. 1950–1973, Verband der deutschen Teppich- und Möbelstoffindustrie 1960–1963, Fachverband Textil- und Bekleidungsindustrie Reutlingen 1947–1949, Landesverband der Betriebskrankenkassen (u. a. Geschäftsberichte) 1963–1964, Landesversicherungsanstalt Württemberg 1962, Bundesvereinigung der Deutschen Arbeitgeberverbände 1950
50 Paul Weber (Hg.), Westdeutsche Wirtschaftschronik, Band 2: Württemberg, Stuttgart 1954, S. 209 f.

536
Schittenhelm, Stuttgart

Name Albert Schittenhelm
Geschäftstätigkeit Fotoemaillierbetrieb
Branche Nr. 362/748
Umfang 1
Laufzeit 1873–1960
Benutzbarkeit Eingeschränkt
Bestand Y 311

Bestandsgeschichte Das Archivgut wurde 2003 übernommen. Dabei handelt es sich um eine Sammlung, die Herr Dr. Krauss (Krauss-Photo) von Franziska Schittenhelm erworben hatte.
Geschichte Der Fotoemaillierbetrieb von Albert Schittenhelm begann in Villingen, ehe er nach Stuttgart an den Bismarckplatz 2 wechselte. Schittenhelm stellte nach Bildvorlagen die um die Jahrhundertwende verbreiteten Fotoemaillen her. Bemerkenswert ist das Absatzgebiet, das bis nach Indien reichte. Um 1960 wurde der Betrieb eingestellt.

9 Befugnis zur Anleitung von Lehrlingen 1910
13 Zahlreiche Bildvorlagen zur Herstellung der Fotoemaillen (nach den Themen Indien, Pakistan, Burma etc. geordnet), Rezepte für die Emailbildproduktion um 1900
14 Auftragskorrespondenz, v. a. aus Indien 1910–1930er Jahre
15 Prospekte, Preislisten (ca. 1920er Jahre)
47 zahlreiche Fotos (Produktionsvorlagen)
48 Publikationen zu Druckverfahren, Deutscher Photographen-Kalender 1889, 1892, Fotoemaillen (Produktionsmuster), Medaille der Allgemeinen Deutschen Photographen Ausstellung, Heidelberg 1912
50 Im WABW nicht vorhanden.

537
Schlack, Stuttgart

Name Nachlass Paul Schlack
Geschäftstätigkeit Chemiker
Branche Nr. 240/731
Umfang 13
Laufzeit 1929–1981
Benutzbarkeit Eingeschränkt
Bestand Y 191

Bestandsgeschichte Das Archivgut wurde 1993 aus dem Nachlass des Eigentümers übernommen.
Geschichte Paul Schlack wurde am 22. 12. 1897 in Stuttgart geboren. Als Laborleiter des IG-Farben-Werkes in Berlin entdeckte er 1938 mit der Polymerisation des Caprolactam eine Lücke in den Nylon-Patenten des amerikanischen Chemiegiganten Du Pont. Die mit dem Nylon nahezu identische Polyamidfaser erhielt den Markennamen »Perlon«. Nach dem Krieg wurde die Perlon-Faserproduktion im IG-Werk Bobingen unter der Leitung von Dr. Schlack aufgenommen. Von 1952 bis 1962 war er Vorstand der Vereinigung der deutschen Perlonhersteller. Ab 1954 leitete er die Faserforschung der Hoechst AG sowie die Abteilung Chemiefaser im Institut für Textilchemie der Universität Stuttgart (seit 1961 Honorarprofessor). 1968 erhielt er das Große Bundesverdienstkreuz. Prof. Dr. Dr. rer. nat. h. c. Paul Schlack starb am 19. 08. 1987 in Leinfelden-Echterdingen.

3 Briefe, Telegramme, Berichte über Reisen 1962, Privatkorrespondenz 1952–1962
7 Sitzungsprotokolle der Kunststoffkommission der IG-Farben 1937–1940, Korrespondenz mit Hochschulen, Universitäten, Lehrinstituten, Kunstseidefabrik Bobingen, japanische Firmen, Verlagen 1953–1960
8 Organisationspläne Hoechst, BASF, IG-Farben 1946–1963
11 Korrespondenz Banken 1938–1973
13 Arbeitsberichte, eigene Patente 1942–1944, deutsche Patente 1955–1960, österreichische Patente 1955–1960, englische Patente 1938–1956, Patente IG-Farben 1939–1944, Laboratoriumsberichte 1951–1967, Unterlagen zu Polyamiden 1939–1962, Berichte Faserforschung 1957–1961, Mitteilungen und Tätigkeitsberichte der Textilforschungsanstalt Krefeld 1957–1968, Versuchsberichte 1936–1960, Vorträge 1932, Aufsätze, Ausarbeitungen aus verschiedenen Zeitschriften 1950–1965, laufende Forschungsarbeiten 1960–1968, Diplomarbeiten 1963–1964, Dissertationen 1962–1967, Perlon-Monatsberichte 1940–1947, verschiedene Veröffentlichungen und Forschungsberichte zu den Themen: chemische Fasern und Garne, chemische Technologie, Zellstofferzeugung, Färben und Ausrüsten, Vergleich der Eigenschaften von Perlon, Nylon und Reyon 1950er Jahre
18 Private Haftpflichtversicherung
20 Rundschreiben der Industrievereinigung Chemie-Faser 1950–1954, Fraunhofer-Gesellschaft (Haushaltsplan und Mitgliederversammlung 1961–1969, Tätigkeitsbericht 1969), 100-Jahrfeier des Verbands der Chemischen Industrie 1961–1970, Ausschuß für wirtschaftsnahe Forschung u. a. Sitzungsprotokolle 1958–1959, Gesamtverband Textilindustrie 1960–1962, Forschungskuratorium Gesamttextil 1954–1960, Arbeitsgemeinschaft Industrieller Forschungsverein 1968
47 Fotos: Wasser- und Laugentests o. D.
50 Im WABW nicht vorhanden.

538
Schlatter, Kirchheim unter Teck

Name Robert Schlatter
Geschäftstätigkeit Maschinenfabrik
Branche Nr. 290/295
Umfang 2
Laufzeit 1924–1990
Benutzbarkeit Eingeschränkt
Bestand Y 343

Bestandsgeschichte Der Restbestand wurde 2006 anlässlich einer Begehung des zum Abriss anstehenden alten Fabrikgebäudes in der Dettingerstraße vorgefunden und übernommen.
Geschichte Der Geschäftsbetrieb wurde 1911 unter der Einzelfirma Robert Schlatter als mechanische Werkstätte auf dem Gelände der ehemaligen Bleicherei und Appreturanstalt von Max Helfferich in Kirchheim u. Teck gegründet. Anfangs wurden Reparaturen für die ortsansässige Industrie ausgeführt. In den 1920er Jahren spezialisierte sich die Firma auf die Herstellung von Steinbearbeitungsmaschinen, Fräsen, Kreissägen und Schleifmaschinen. 1960 übernahm nach dem Tod des Firmengründers dessen Sohn Robert Schlatter d. J. die alleinige Geschäftsführung des Unternehmens. 1978 wurde die Firma in die Rechtsform einer Kommanditgesellschaft überführt. 1996 bezog sie in der Hans-Böckler-Straße 26 einen Neubau. Infolge des konjunkturellen Einbruchs in der Baubranche seit 2001 geriet die Firma in Zahlungsschwierigkeiten und musste 2003 Insolvenz anmelden.
9 Lohnbücher 1930–1960; Lehr- und Arbeitszeugnisse 1928–1982; Arbeitsverträge Angestellte 1970–1978; Personalkartei 1948
10 Verkaufsverhandlungen Dettingerstraße 1987–1990
13 Reparaturen-Hauptbuch 1962–1964; Industrieberichte, Meldungen an die VDMA Maschinenbau-Statistik 1974–1984
15 Referenzen für Steinschleifmaschinen 1929–1958, Prospekte nach 1945, Prospekte von Konkurrenten
16 Bilanzen, G+V-Rechnungen Maschinenfabrik Robert Schlatter 1963, 1978–1984 und Schlatter Beteiligungsgesellschaft GmbH 1979–1984; Sachkonten 1956
17 Gewerbesteuer, Grundsteuer 1950–1987
18 1968–1988
20 Verein der Wasserwerksbesitzer an der Lauter e. V., 1930–1983
47 Fotos von Maschinen, Gebäuden

539
Schleweis, Michelfeld

Name Nachlass Erich Schleweis
Geschäftstätigkeit Lehrzeit zum Küfer
Branche Nr. 000/200/800/950
Umfang 0,1
Laufzeit 1930–1935
Benutzbarkeit Eingeschränkt
Bestand Y 457

Bestandsgeschichte Der Bestand wurde im August 2012 nach einem Zufallsfund des Enkels beim Hausumbau dem Wirtschaftsarchiv übergeben.
Geschichte Erich Schleweis wurde am 5.3.1916 als Sohn des Zigarrenmachers Heinrich Schleweis und der Susanna geb. Seburger in Michelfeld geboren. Er besuchte die Volksschule und die Gewerbliche Fortbildungsschule in Michelfeld. 1931 bis 1934 absolvierte er eine Lehre beim Küfermeister Johann Röderer in Mühlhausen. Danach besuchte Erich Schleweis 1935 den Gesellenprüfungskurs der Gewerbeschule in Wiesloch. Bevor er in den Kriegsdienst eingezogen wurde, arbeitete Schleweis nur kurz als Küfer. 1949 kehrte er aus der russischen Kriegsgefangenschaft zurück und arbeitete fortan als Gipser. Erich Schleweis ist 1997 gestorben. Bei dem Bestand handelt es sich um Schulunterlagen aus der Lehrzeit des Erich Schleweis.
9 Schulhefte und Zeichnungen aus der Lehrzeit an der Gewerblichen Fortbildungsschule Michelfeld
50 Im WABW nicht vorhanden.

540
Schleyer, Stuttgart

Name Hanns Martin Schleyer
Geschäftstätigkeit Manager, Wirtschaftsfunktionär
Branche Nr. 910/950/340
Umfang 6
Laufzeit 1927–1978
Benutzbarkeit Ja
Bestand N 11

Bestandsgeschichte Der Bestand wurde dem WABW 2010/2011 von der Familie Schleyer übergeben.
Geschichte Hanns Martin Schleyer (geb. 1915 in Offenburg, gest. 1977 in Mühlhausen/Elsass) war ein deutscher Manager und Wirtschaftsfunktionär. Er war Vorstandsmitglied der Daimler-Benz AG, von 1973 bis 1977 war er deutscher Arbeitgeberpräsident und seit 1977 Vorsitzender des Bundesverbandes der Deutschen Industrie (BDI). Als Vertreter und Funktionär der deutschen Arbeitgeberverbände mit Vergangenheit als NS-Funktionär und SS-Führer stand Schleyer im Fokus der Kritik. Schleyers Entführung und Ermordung durch die Rote Armee Fraktion (RAF) 1977 gelten als Höhepunkt der Krise während des sogenannten Deutschen Herbstes. Der Archivbestand enthält insbes. Unterlagen über Schleyers öffentliches Wirken (Publikationen und Vorträge 1967–1977) sowie zu seiner Entführung und Ermordung, darunter eine große Anzahl von Kondolenzbüchern und Kondolenzschreiben.
3 Persönliche Unterlagen (Abiturzeugnis, Reisepass, Zeugnis)
47 Fotos mit Personen der Politik und des öffentlichen Lebens: Hans-Dietrich Genscher, Alfred Herrhausen, Kurt Rebmann, Bundeskanzler Helmut Schmidt, Willy Brandt, Juan Carlos Sanchez (General, Argentinien), Arnulf Klett, Ludwig Erhard, Walter Scheel, Ernst Albrecht, Karl Schiller, Wirtschaftsminister Hans Friedrichs, Franz Josef Strauß, Helmut Kohl, Kurt Georg Kiesinger, Otto Andreas Friedrich (BDA-Präsident), US-Präsident Gerald Ford
48 Sammlung von Kranzschleifen (1977)

541
Schlosshotel Solitude, Stuttgart

Name Schloßhotel Solitude (Familien Kerler-Behrendt)
Geschäftstätigkeit Hotel und Gaststätte
Branche Nr. 550/551
Umfang 2
Laufzeit 1900–1980
Benutzbarkeit Eingeschränkt
Bestand Y 115

Bestandsgeschichte Das Archivgut wurde 1983 von privater Seite übernommen.
Geschichte Auf 1. Juli 1915 pachtete Hermann Kerler das Kurhotel Schloß Solitude von der Württembergisch-Hohenzollerischen Brauerei-Gesellschaft Stuttgart (»Spezialität: Stuttgarter Hof-Bräu«). Ein weiterer Pachtvertrag mit der württembergischen Liegenschaftsverwaltung datiert auf 1936. Mit seiner Frau Paula führte Hermann Kerler das Hotel bis zur kriegsbedingten Schließung am 31. August 1941. Nach dem Zweiten Weltkrieg wurde es wieder eröffnet. 1959 traten die Tochter Margarete und deren Ehemann Hermann Behrendt in den Pachtvertrag mit dem Land ein. Eine seit 1962 laufende Renovierung des Gebäudes zog sich in die Länge, in provisorischen Räumen konnte das Pächterpaar den Betrieb nicht aufrechterhalten und musste ihn schließen. 1983 wurde nach Abschluß der Renovierungsarbeiten in den Räumen unter neuer Leitung ein Restaurant eröffnet.
3 Hermann und Paula Kerler (u. a. Zeugnisse, Rezepte, Zeitungsausschnitte, Mitgliedskarten, Briefe, Rechnungen, Speisekarten, Ehrenurkunden und -diplome u. a. Prüfungsmeister Deutsche Arbeitsfront, Ehrenmitglied des Stuttgarter Kochvereins, Stuttgarter Hofbräu AG, für Mitarbeit bei der süddeutschen Gastwirts- und Nahrungsmesse Stuttgart, Ehrenvorsitzender der Meistervereinigung Gastronom e. V. Stuttgart) 1900–1966
5 Gesellschaftsvertrag 1961
7 Korrespondenzen um 1950er Jahre
9 Arbeitsordnung, Löhne, Deutsche Arbeitsfront 1937–1939, Gehaltsbücher 1933, 1950–1953, Aushilfsbedienungen, Berufsgenossenschaft 1965, Solitude-Marsch 1943
10 Pacht- und Mietverträge 1926–1965

12 Wareneingangsbücher 1949–1952
13 Speise- und Getränkekarten 1915–1980
14 Gäste- und Fremdenbücher 1915–1960
15 Katalog zur Nahrungsmittelausstellung »Speis und Trank« 1926
16 Rechnungen 1920–1940, Hauptbuch 1914–1920, Inventuren 1933–1944, Betriebsübersichten, Bilanzen mit Gewinn- und Verlustrechnung, Jahreszusammenstellungen 1950–1962, Auflistung der Hotelmöbel 1950, Kassa-Buchserie 1915–1943
18 Feuerversicherung
47 Fotos: Werbefotos Collection Yves Chantal, Familienfoto um 1914, Ansicht von Solitude 1902
50 Im WABW nicht vorhanden.

542
Schmid, Reichenbach/Fils

Name Sammlung Schmid
Geschäftstätigkeit Familiengeschichtsforschung
Branche Nr. 732
Umfang 2,5
Laufzeit 1789–1903(–2000)
Benutzbarkeit Eingeschränkt
Bestand Y 310

Bestandsgeschichte Das Archivgut wurde 2003/2004 übernommen, Nachlieferungen erfolgten 2008 und 2011. Hartmut Schmid spürte über Jahre hinweg bei seiner Verwandtschaft Briefe seiner Vorfahren auf. Die Originale hat Schmid zusammen mit eigenen Transkriptionen in Ordner abgelegt. Außerdem fertigte er zahlreiche Stammbäume und sonstige Aufstellungen an, die teilweise bis in die Gegenwart reichen. Die Originale werden ergänzt durch Kopien dazugehörender Dokumente aus dem Stadtarchiv Calw und dem Hauptstaatsarchiv Stuttgart. Die Briefe stammen aus den berühmten Calwer Familien wie Zahn (Christian Jakob, Eduard, Heinrich, Emil, Helene, Martha, Johanna), Hasenmajer, Schill, Schauber, Seeger. Insbesondere die wirtschaftsgeschichtliche Bedeutung dieser Familien für ganz Württemberg mit Firmen wie die Calwer Compagnie oder die Calwer Decken- und Tuchfabriken AG kann nicht hoch genug eingeschätzt werden. Calw wurde mit Gründung der Calwer Compagnie 1650 zum wichtigsten vorindustriellen Handels- und Gewerbezentrum Württembergs. Der Zusammenschluss von Färbern, Zeugmachern und Handelsleuten, die auch Finanzgeschäfte betrieben, bestand bis 1797. Die Sammlung stellt eine Fundgrube für die Erforschung der vorindustriellen und beginnenden Industrialisierung sowie der familiären und wirtschaftlichen Verflechtungen Württembergs dar.
47 Ölbilder: Mathilde Luise Schauber, Georg Friedrich Schauber
49 WABW Y 216
50 Georg Schürle, Chronik der Calwer Decken- und Tuchfabriken AG in Calw, Tübingen 1988.

543
Schmider, Zell am Harmersbach

Name Georg Schmider Vereinigte Zeller keramische Fabriken GmbH & Co KG
Geschäftstätigkeit Keramikfabrik
Branche Nr. 260/262
Umfang 0,1
Laufzeit 1872–1983
Benutzbarkeit Eingeschränkt
Bestand B 129

Bestandsgeschichte Das Archivgut wurde 1983 übernommen.
Geschichte Auf 22.10.1794 datiert ein Vertrag zwischen Josef Anton Burger und dem Magistrat in Zell, der ersterem den Betrieb einer Fayencefabrik erlaubte. 1802 traten die Lahrer Bürger Lenz, Schnitzler und Knoderer als Teilhaber ein. 1842 begann das Unternehmen mit der Porzellanfabrikation, die exakt 100 Jahre später wegen des Zweiten Weltkriegs wieder aufgegeben wurde. 1890 trat Georg Schmider als Teilhaber in die seit 1859 in Zell produzierende Tonwarenfabrik ein, übernahm sie 1898 alleine. Als Schmider 1907 die Porzellanfabrik von Carl Schaaf erwarb, vereinigte er beide Unternehmen unter seinem Namen.
4 Drucke zur Firmengeschichte 1907–1979
9 Dienstordnung 1872 (Kopie), Satzung Betriebskrankenkasse 1930

15 Produktkataloge Majolika, Porzellan, Steingut 1897–1983
50 Carl Fischer, Die Zeller Porzellanindustrie, Zell a. H. 1907 (Festschrift). Erich Köhrer (Hg.), Das Land Baden, Seine Entwicklung und seine Zukunft, 2. Auflage Berlin 1925, S. 292 f.

544
Schnaitheimer Mühle, Heidenheim an der Brenz-Schnaitheim

Name Schnaitheimer Mühle
Geschäftstätigkeit Mühle
Branche Nr. 156/513
Umfang 0,1
Laufzeit 1848–1925
Benutzbarkeit Eingeschränkt
Bestand Y 171

Bestandsgeschichte Die Bände liegen im WABW als Kopien auf Mikrofilm vor, die Originale sind in Privatbesitz.
Geschichte Die Mühle wurde 1724 in Schnaitheim errichtet. Im Laufe der Zeit wechselte sie mehrmals ihren Besitzer und so lässt sich die Mühlengeschichte in die Epochen Faul, Stierlen, Volk und Hagenmaier einteilen. 1951 übernahm Hans Lindenmeyer mit seiner Frau Marta Hagenmaier die Mühle. 1969 brannte das Dachgeschoss der Mühle aus und die Wasserschäden führten dazu, dass das ganze Gebäude abgetragen werden musste. Von da an bis zu ihrem endgültigen Ende 1986, als Marta und Hans Lindenmeyer die gewerbliche Tätigkeit altershalber aufgaben, bestand die Stadtmühle nur noch aus einem Handelsbetrieb und einer Getreideannahme.
7 Betriebstagebuch von Johann Georg Volk ab 1848
10 Wasserlauf, Wasserrechte 1913
20 Protokollbuch der Müllervereinigung Heidenheim ab 1919
50 Hans-Georg Lindenmeyer, Das Leben einer Mühle, Die Geschichte der Schnaitheimer Mühle 1711–1986, Heidenheim 1994.

545
Schneider, Ludwigsburg

Name J. Schneider & Co. KG
Geschäftstätigkeit Stahlbau
Branche Nr. 280
Umfang 0,8
Laufzeit 1906–1977
Benutzbarkeit Ja
Bestand B 4

Bestandsgeschichte Als das Verwaltungsgebäude 1944 durch einen Bombenangriff zerstört wurde, verbrannte auch ein großer Teil der Registratur. Nur einige in einem Stahlschrank verwahrte Unterlagen konnten mit leichten Brandschäden gerettet werden, ebenso vereinzelte ausgelagerte Akten. Das Archivgut wurde 1981 vom ehemaligen technischen Leiter des Unternehmens übernommen.
Geschichte Der erste Eintrag in das Handelsregister 1902 lautet »Einzelfirma Julius Schneider, Cannstatt, Technisches Büro und Vertrieb technischer Bedarfs-Artikel«. 1910 richtete die Firma eine Eisenbauwerkstätte ein. Dieses Jahr wird als das Gründungsjahr der Firma betrachtet. Aus der Einzelfirma wurde 1937 eine OHG, 1954 wurde sie in eine Familien-KG umgewandelt. Das Unternehmen, das seinen Sitz in Stuttgart-Berg hatte, übersiedelte 1958 nach Ludwigsburg. 1976 übernahmen die Filterwerke Mann & Hummel und das Textilwerk Mann, beide Ludwigsburg, die Firma J. Schneider.
4 50-jähriges Firmenjubiläum, Monographie zur Firmengeschichte 1960, 1977
5 Änderung der Rechtsform 1962
10 Baugesuche, Bau- und Lagepläne 1929–1952
12 Rohstoffe 1949–1951
14 Auftragsbücher, Einzelaufträge 1906–1959
15 Prospekt, Pressemitteilung 1955, 1975
16 Materialablieferungen, Zahlungsverhandlungen 1945–1951
19 Fliegerschäden, Stromzuteilung, Eisenbewirtschaftung 1943–1953, Vermögenskontrolle 1945–1947
47 Fotos: Ausgeführte Aufträge 1939–1974, Belegschaft 1924–1934, Firmengebäude, Maschinenpark 1945–1960
49 WABW Y 199

50 Geschichte der Firma J. Schneider GmbH u. Co KG Stahlbauten, Kittlose Verglasungen, Ludwigsburg 1977 (Festschrift).

546 Schnell, Tettnang

Name Hans Schnell
Geschäftstätigkeit Küferei
Branche Nr. 150/159
Umfang 0,1
Laufzeit 1920–1933
Benutzbarkeit Ja
Bestand Y 166

Bestandsgeschichte Der Band wurde 1984 übernommen.
Geschichte Zur Geschichte konnten keine Daten ermittelt werden.
13 Faßlagerbuch 1920–1933
50 Im WABW nicht vorhanden.

547 Schnitzer, Lippoldsweiler (Backnang)

Name Karl Schnitzer
Geschäftstätigkeit Mühle
Branche Nr. 150/156
Umfang 0,1
Laufzeit 1937–1961
Benutzbarkeit Eingeschränkt
Bestand Y 165

Bestandsgeschichte Der Band wurde 1984 von einem privaten Sammler übernommen.
Geschichte Zur Geschichte konnten keine Daten ermittelt werden.
12 Getreideeinkaufsbuch 1937–1961
50 Im WABW nicht vorhanden.

548 Schober, Stuttgart-Feuerbach

Name G. J. Schober GmbH
Geschäftstätigkeit Trikotwarenfabrik
Branche Nr. 180
Umfang 1,5
Laufzeit 1914–1918
Benutzbarkeit Eingeschränkt
Bestand Y 169

Bestandsgeschichte Das Archivgut wurde 1992 übernommen.
Geschichte 1856 gründete G. J. Schober in Stuttgart eine Trikotwarenfabrik. 1894 wurde sie nach Feuerbach, Seestraße 38 verlegt. 1897 wurde das Unternehmen an Theodor Kuhn und Robert Beck verkauft. Seit 1903 wurde es in der Rechtsform einer GmbH geführt und beschäftigte 1906 ca. 500 Mitarbeiter. 1974 verlagerte das Unternehmen die Hauptverwaltung und Produktion von Feuerbach nach Neustadt an der Weinstraße.
19 Feldpostbriefe von Angestellten und Arbeitern 1914–1918
50 Zur Erinnerung an das fünfzigjährige Bestehen der Mechanischen Trikotwarenfabrik G. J. Schober 1856–1906, Stuttgart-Feuerbach 1906 (Festschrift).

549 Schoenenberger, Magstadt

Name Schoenenberger Pflanzensäfte
Geschäftstätigkeit Pflanzensaftherstellung
Branche Nr. 150
Umfang 36
Laufzeit 1927–1998
Benutzbarkeit Eingeschränkt
Bestand Y 336

Bestandsgeschichte Das Archivgut wurde 2006 und 2007 übernommen.
Geschichte Der Apotheker und Pflanzenforscher Walther Schoenenberger entdeckte in den zwanziger Jahren wieder frische Pflanzensäfte für die Heilkunde. Im Jahr 1927 gründete er das Schoenenberger Pflanzensaftwerk GmbH & Co.

KG in Magstadt bei Stuttgart und begann mit der Produktion von frischgepressten Heilkräutersäften. Die ortsansässigen Bauern sorgten für die Lieferung der entsprechenden Rohstoffe wie z. B. Brennnesseln, Löwenzahn und Schafgarbe. In Berlin kümmerte sich die Reformhausbesitzerin Adorno um den Vertrieb dieser Produkte, der Verkauf im ganzen Land lief seit 1929 an. Seit 1961 sind die Presssäfte aus frischen Pflanzen im Arzneimittelgesetz als Naturheilmittel anerkannt. Im Laufe der Jahre kamen zu den Schoenenberger Heilpflanzen- u. Gemüsesäften weitere Geschäftsfelder aus den Bereichen Arznei- und Lebensmittel sowie Kosmetika hinzu, u. a. Hensel (Müsli, Teigwaren, Sojaprodukte, Essige), Olbas (ätherische Öle, Tropfen, Tabletten, Sportprodukte), Extracta Kosmetik (Haut- u. Körperpflege) und Sanotint (Haarfärbemittel). Seit 1991 gehört das Unternehmen zur Salus-Firmengruppe in Bruckmühl (Bayern), einem Marktführer der Reformhausbranche.

3 Korrespondenz Walther Schoenenberger 1942–1959, 60. und 70. Geburtstag Walther Schoenenberger 1961, 1971

4 Festschrift zum 10-jährigen Jubiläum, Jubiläumsbroschüre 25 Jahre Walther Schoenenberger Magstadt 1952, Ratgeber über Pflanzensäfte, 50-jähriges Jubiläum 1977

6 Betrieb Adorno in Berlin 1971–1985

9 Personalakten 1944–1959

10 Mietverträge 1959–1970, Grundstück Mühlstr. 5–7 in Magstadt 1975–1982

12 Kalkulationen u. a. Extracta 1973–1986

13 Pflanzensaftprogramm 1940, Broschüren u. Preislisten Henselwerk 1951, Säfteproduktion 1975–1976, Rezepturen u. Herstellungsvorschriften 1974–1991, Rezepturen für Tees 1974, Internationale Lizenzen 1977–1983, Aufsatz Walther Schoenenberger 1967

14 Verträge 1936–1957, Warenausgang 1936–1942, Korrespondenz mit Kunden 1937–1947, Preisunterlagen 1948–1970, Verkaufsorganisation 1968–1972, Umsatzanalyse 1960–1980, Vertriebsgesellschaft 1968–1972

15 Werbeplakate Schoenenberger Pflanzensäfte 1930–1950, Verpackungen, Schachteln, Etiketten 1930–1960, Verpackung u. Anzeigen für Heimaton 1939–1980, Werbung Henselwerk 1950–1979, Werbeanzeigen für Olbas, Labiosan, Schoenenberger, CM-Diät 1950–1986, Kundenzeitschrift Magstädter Hausfreund 1959–1970, Aufsteller u. Broschüren Schoenenberger Säfte, Olbas, Extracta 1970–80; Öffentlichkeitsarbeit 1972–78; Ausstellungen, Messen, Tagungen 1976–90, Olympiade Montreal 1976, Werbebroschüren Fa. Salus 1990

16 Prüfungsberichte 1965–1970, Jahresabschlüsse Schoenenberger GmbH, Hensel GmbH, Extracta GmbH, Olbas 1967–1985, Bilanzen 1965–1971, Inventarverzeichnis 1970–1984

17 Umsatzsteuer 1946–1954

20 Korrespondenz mit Herstellerverband 1950–1954, 25 Jahre Verband der Reformwarenhersteller e. V. 1977, 50 Jahre Zusammenschlüsse von Reformwarenhersteller 1977, 50 Jahre neuform 1977

47 Fotos u. Dias: Personen, Walther Schoenenberger, Betriebsausflüge, Feste, Ernte u. Pflanzen, Baustelle, Richtfest, Werbung, Schaufensterdekorationen, Gebäude, Auslieferungslager Pleine/Niedersachsen, Betrieb, Labor 1930–2007, Werbefilm Natura-Werk 1951

48 Dosen und Flaschen 1930–1960, Email-Schild »Walther Schoenenberger Pflanzenwerk«, Drogen-Koffer – Verkaufshilfe für den Außendienst, Klischees, Holzmodell des Betriebsgeländes, Urkunden 1994–1998, Spektralphotometer, Apotheker-Waage

50 10 Jahre Schoenenberger Pflanzensäfte, Magstadt 1937 (Festschrift), 25 Jahre Walther Schoenenberger Pflanzensaftwerk 1927–1952, Magstadt 1952 (Festschrift), Die Weisheit der Natursäfte ist älter als 50 Jahre…, Magstadt 1977 (Festschrift), 75 Jahre Saulus-Haus 1916–1991, Bruckmühl 1991

550 Schöller, Mössingen-Öschingen

Name Christian Schöller GmbH & Co. KG
Geschäftstätigkeit Trikotwarenfabrik
Branche Nr. 180
Umfang 1
Laufzeit 1939–1965
Benutzbarkeit Eingeschränkt
Bestand Y 117

Bestandsgeschichte Das Archivgut wurde 1983 übernommen.
Geschichte Die Trikotwarenfabrik Christian Schöller aus Tailfingen errichtete 1911 in Öschingen einen Zweigbetrieb, der 1927 durch eine Ausrüstungsanlage mit einer Bleicherei und Färberei erweitert wurde. Bald danach siedelte der gesamte Tailfinger Betrieb nach Öschingen über. 1933 errichtete die Firma eine Filiale in Ohmenhausen. Das Unternehmen stellte 1982 Antrag auf Konkurs.
4 Firmengeschichte
6 Fränkische Trikot-Industrie GmbH, Würzburg-Veitshöchstheim 1949–1950, Schöller Konstanz 1939–1942
7 Korrespondenzen um 1945–1965
13 Maschinen, Musterkarten
14 Preislisten 1951–1956
16 Kalkulationen 1959–1962, Inventare 1949–1951, Inventuren, Wechselbuch, Scheckbuch, Kreditoren
17 Gewerbesteuer
50 Edgar Lehmann, Der Aufstieg der Wirkerstadt Tailfingen, Festgabe zum 80-jährigen Bestehen der Christian Schöller KG Öschingen/Wttg. 1871–1952 für die Mitarbeiter und Freunde des Hauses, Reutlingen [1952]. Hermann Bizer, Tailfinger Heimatbuch, Tailfingen 1953, S. 341f.

551 Schönaicher Volksbank, Schönaich

Name Schönaicher Volksbank eG
Geschäftstätigkeit Kreditgenossenschaft
Branche Nr. 650
Umfang 9
Laufzeit 1902–2000
Benutzbarkeit Ja
Bestand B 138

Bestandsgeschichte Das Archivgut wurde 2005 von der Vereinigten Volksbank AG in Sindelfingen übernommen.
Geschichte Die Schönaicher Volksbank wurde am 20. Februar 1902 als Darlehenskassenverein Schönaich gegründet. 1935 erfolgte die Umbenennung in Spar- und Darlehenskasse, 1954 in Schönaicher Volksbank. Bei der Fusion mit der Musberger Bank und der Steinenbronner Bank war sie 1972 das übernehmende Institut. Die Schönaicher Volksbank fusionierte 1995 mit der Waldenbucher Bank zur Volksbank Schönbuch.
4 Mitgliederverzeichnis 1902–1939
6 Vorgängerinstitut: Musberger Bank 1920–1973 (Vorstands-, Aufsichtsrats-, Generalversammlungsprotokolle 1920–1972, Bilanzbücher 1955–1968, Inventarverzeichnis 1946–1971, Kontobücher Geschäftsguthaben 1953–1962)
7 Vorstands-, Aufsichtsrats-, Generalversammlungsprotokolle 1902–1976, Protokolle der Beiratssitzungen und Mitgliederversammlungen in den Geschäftsbereichen Musberg und Steinenbronn 1972–2000
8 Dienstanweisung 1908
9 Dienstvertrag für Rechner und Lagerverwalter 1936–1938, Mitarbeiterzeitschrift »Trend« Heft 1–2 1996
10 Baupläne Lagerhaus 1929–1937, Inventarverzeichnis 1955–1958, Grundstückskauf Ladenzentrum Bahnhofstraße 1978–1980, Pressemitteilung zum Bankerweiterungsbau 1995
12 Warengeschäft 1937/38
13 Kontobücher Mitgliedergeschäftsguthaben 1947–1956, Kreditgeschäft 1927–1978, Sparkassenhauptbuch 1933–1936, Zinskapitalisierungslisten 1981–1985
15 Broschüre zur Einweihung des Bankgebäudes Wettgasse 38,1967

16 Bilanzen, Jahresabschlüsse, Prüfungs- und Geschäftsberichte 1922–1994, Hauptbücher 1944–1964
47 Fotos: 25jähriges Arbeitsjubiläum Johannes Binder 1949, 40jähriges Arbeitsjubiläum Wilhelm Binder 1978
48 2 Sparbücher 1938–1954, Zierteller »Zur Einweihung der Schönaicher Bank am 21. 10. 1967 – Gemeinde Schönaich«
49 WABW B 130 (Vereinigte Volksbank AG), B 137 (Volksbank Schönbuch), B 139 (Waldenbucher Bank)
50 Im WABW nicht vorhanden.

552 Schönberger, Heilbronn

Name Gustav Schönberger Werkzeugmaschinen GmbH
Geschäftstätigkeit Großhandel mit Werkzeugmaschinen
Branche Nr. 516
Umfang 0,3
Laufzeit 1939–1999
Bestand Y 512

Bestandsgeschichte Das Archivgut wurde dem Wirtschaftsarchiv im Juli 2016 übergeben
Geschichte 1948 gründete der Groß- und Einzelhandelskaufmann Gustav Schönberger zusammen mit Partnern einen Werkzeugmaschinenhandel in Heilbronn. Anfang der 1950er-Jahre übernahm er das Unternehmen komplett und zog in neue Räumlichkeiten im Stadtteil Böckingen um. 1985 traten sein Sohn Herbert, seine Stieftochter Brigitte Weber und ihr Mann Herbert Weber mit in die Unternehmensleitung ein. 2008 verstarb der Firmengründer, ein Jahr später schieden die Eheleute Weber aus dem Unternehmen aus.
3 Familie Schönberger, Gustav Schönberger, Tagebuch aus der Kriegsgefangenschaft 1945–1946, Erika Schönberger geb. Mayer, Bewerbung, Zeugnis, Koch- und Haushaltungsbuch, Sparbücher, Mitgliedskarten kaufmännische Krankenkasse 1939–1962
4 Album mit Zeitungsausschnitten, Texten und Fotos zum 25-jährigen Jubiläum 1973, Chronik zum 50-jährigen Jubiläum 1998
47 Fotos vom Bau der neuen Lager- und Ausstellungshalle, Fotos von Messen und Arbeitsjubiläen verschiedener Mitarbeiter, Fotos vom 50-jährigen Jubiläum

553 Schreiber, Esslingen

Name J. F. Schreiber Verlag
Geschäftstätigkeit Verlag
Branche Nr. 220
Umfang 119
Laufzeit 1831–2000
Benutzbarkeit Ja
Bestand B 91

Bestandsgeschichte Das Firmenarchiv wurde in der Hauptsache zwischen 1984 und 1991 übernommen, kleinere Nachlieferungen folgten bis ins Jahr 2000. Schwerpunkte der Überlieferung bilden das Verlagsarchiv, das »Mechanikus«-Archiv, sowie der Nachlass des bis 1980 persönlich haftenden Gesellschafters Joachim Schreiber. Ergänzt wird dieses Geschäftsschriftgut durch Originalzeichnungen, die als Druckvorlagen für die Meggendorfer und Fliegenden Blätter gedient hatten, durch Druckbelege aller Art, Herstellungsmappen der Druckerzeugnisse und Andrucke. 2017 erfolgte eine Nachlieferung aus dem privaten Archiv von Gerhard Schreiber.
Geschichte 1831 gründete der Lithograph Jakob Ferdinand Schreiber die Firma J. F. Schreiber in Esslingen am Neckar. Seit 1833 stellte Schreiber farbige Buchillustrationen für Lehr- und Schulzwecke her, 1835 erschienen zum ersten Mal die »Esslinger Bilder zum Anschauungsunterricht für die Jugend«. Das Anschauungsmaterial für Schulzwecke fand international große Beachtung und wurde zu einer der wichtigsten Produktsparten des Verlags. Seit 1840 kam ein weiterer wichtiger Produktionszweig hinzu: Die Herausgabe von Bilderbüchern und Bildergeschichten. Diese gab Schreiber bis 1846 zusammen mit Karl Thienemann heraus, der 1846 aus dem Verlag ausschied und in Stuttgart einen eigenen Jugendbuchverlag gründete. 1847 trat K. Schill aus Stuttgart in die Firma ein. Das Unternehmen firmierte bis zum Tode von Schill 1862

unter dem Namen Schreiber & Schill in Stuttgart und Esslingen. Während der Teilhaberschaft Schills wurde die erfolgreiche Herstellung von Naturgeschichten aufgenommen. 1864 wurde die erste lithographische Schnellpresse in Deutschland aufgestellt, und 1868 erfolgte die Gründung der Esslinger Zeitung, die jedoch bald an Otto Bechtle verkauft wurde. 1876 und 1879 wurden die Verlage Gebr. Scheitlin und Hofmann & Hohl in Stuttgart übernommen, 1921 eine Beteiligung am Deutsch-Meister-Verlag in München erworben. Seit den 1870er Jahren wurden Wandlehrtafeln für Schulen und Kindertheater hergestellt. Seit 1899 gab Schreiber zusammen mit Lothar Meggendorfer die »Meggendorfer Blätter« heraus, die 1929 mit der Zeitschrift »Fliegende Blätter« vereinigt wurden. 1920 erfolgte die Angliederung des Jugendschriftenverlags von Wilhelm Nitzschke in Stuttgart. Im Verlagsprogramm nahmen »Schreibers Beschäftigungs- und Arbeitsbücher«, technische Modellierbogen sowie der Plakat- und Reklamedruck einen breiten Raum ein. Nach dem Zweiten Weltkrieg wurde das Verlagsprogramm um die Zeitschrift »Mechanikus« erweitert. 1989 wurde der Verlag an die Klett-Gruppe verkauft, das Ausschneidebogen-Programm übernahm 1998 der Aue-Verlag in Stuttgart.

2 Sonderdrucke, Zeitungsausschnitte, Statistiken zur Geschichte der Stadt Esslingen, der wirtschaftlichen Entwicklung der Stadt, verschiedener Esslinger Firmen (insbesondere der Esslinger Zeitung und der Esslinger Zeitungsgeschichte), Esslinger Gebäude, Esslinger Polizeiverordnungen, Esslinger Gewerbeausstellungen 1843 und 1926, Luftangriffe auf Esslingen 1944

3 Jakob Ferdinand Schreiber 1809–1867 (u. a. Album, Zeichnungen, Grabrede), Kommerzienrat Ferdinand Schreiber 1835–1914 und seine Frau Anna geb. Riempp 1845–1906 (u. a. Ehevertrag, Heirat, Grabreden, Beisetzung, Vermögensaufstellungen, Versicherungen, Erbschaftsangelegenheiten, Haushaltsführung, Mitgliedschaften, Deutsche Partei, Notizbücher, Reiseunterlagen, private Korrespondenz), Max Schreiber 1849–1930 (u. a. Hochzeit), Else Schreiber (u. a. Zeichnungen, Zeugnisse, Schulhefte), Robert Schreiber 1874–1954 (u. a. Geburt, Zeugnisse, Konfirmation, Militärzeit, Wertpapierbesitz, Kriegsanleihen, Deutsche Zwangsanleihe 1922, Ablieferung von Reichsmarkgeld, private Korrespondenzen, Zeichnungen, Glückwünsche, Jubiläen Steuern, Mitgliedschaften), Maria Schneider, geb. Schreiber 1876–1962 (u. a. Hochzeit, private Korrespondenzen, Bankhaus J. N. Oberndoerffer München, Joachim Schreiber 1914–1987 (u. a. Hochzeit der Eltern, Fotos, Konfirmation, Militärzeit, Hochzeit, Tod, Erbschaftsangelegenheiten, private Korrespondenz, Zeichnungen, Vermögensaufstellungen, Zeugnisse, Lebenslauf, Schulhefte, Schulfeiern, Holzkiste des Oberleutnants Joachim Schreiber mit originalem Inhalt) 1845–1987

4 Presseartikel in Fachzeitschriften und Tageszeitungen, Medaillen, Verlagsgeschichte, Unterlagen zur Firmengeschichte und Vorbereitungen zum hundert-, hundertfünfundzwanzig- und einhundertfünfzigjährigen Firmenjubiläum 1831–1983

6 Übernahme der Verlage Gebr. Scheitlin in Stuttgart 1876 und Hofmann & Hohl in Stuttgart 1879–1888, Beteiligungen an Deutsch-Meister-Verlag Robert und Ferdinand Schreiber Kommanditgesellschaft München 1921, Paul Freudenthal GmbH Berlin 1923, Graser Verlag 1925

7 Kopierbuch von Ferdinand und Max Schreiber 1882–1901, Mitteilungen über Geschäftsführer und Prokuristen 1903–1906, Zeitschrift »Mechanikus« (u. a. Sitzungsprotokolle, Besprechungen, allgemeine Korrespondenz, Projekte) 1955–1970

8 Betriebsinterne Anweisungen 1946–1964

9 Arbeiter- und Personalregister 1876–1920, Arbeitsbücher, Kündigungen, Arbeitsjubiläen 1883–1918, Arbeitsordnungen, Arbeitszeit 1892–1947, Arbeits- und Lehrverträge, Bewerbungen 1880–1969, Löhne und Gehälter 1875–1937, Betriebsrat, Tarifverhandlungen, Streiks 1880–1934, Sozialleistungen, Betriebsfeiern 1885–1951

10 Lage- und Gebäudepläne, Situationspläne, Kaufverträge (u. a. mit der Württembergischen Holzwarenmanufaktur AG, vormals Bayer & Leibfried und der Spinnerei Hardtmann), Baukostenberechnungen, Baugesuche 1872–1969

12 Preislisten für Lithographiesteine, Papier-Bestellbücher, Papierpreise 1874–1923, Autoren, Manuskripte 1862–1970, Meggendorfer Blätter, Fliegende Blätter (Honorare, Vertrag mit Meggendorfer, Korrespondenz, Postkarten, Glückwunschkarten, Konkurrenzzeitschrift »Die Lus-

tige Woche«), Autoren-Korrespondenz, Honorare »Mechanikus« 1958–1970

13 Dampfkesselanlagen, Dampfkesselrevisionsbücher, Schnellpressen, Aufzüge, Elektromotoren 1862–1958, Verzeichnis der Lithosteine, Schriftproben, Cliché-Katalog, Cliché-Konto, Kostenverzeichnisse der Produktionsvorgänge, Herstellungsbücher, technische Informationen zu Druck und Buchbinderei, Autorenverzeichnis, Autorenkorrespondenz, Maschinenbuch Offset, Produktionsanweisungen, Herstellungsunterlagen für einzelne Buchprodukte 1832–1975, Gebrauchsmusteranmeldungen 1909–1916

14 Auftragsbuch-Serie (Fremdaufträge für die Druckerei), Einzelaufträge, monatliche Bestellungen 1898–1979, Lagerlisten, Verlagsverzeichnisse 1844–1977, Meggendorfer Blätter, Fliegende Blätter 1944–1972, Vertreter und Vertriebsverträge 1900–1931, Verkaufsbücher, Umsatztabellen, Bestellungen 1852–1898, Pressemitteilungen und -informationen über die Zeitschrift Mechanikus 1958–1971

15 Prospekte, Werbebroschüren, Preislisten, Postkarten, Sortimentsverzeichnisse, Preisverzeichnisse, Preisausschreiben, Werbeschreiben, Rundschreiben, Neuheiten-Verzeichnis, Aufsteller, Inserate, Visitenkarten, Bestellzettel, Neujahrsgrüße, Rezensionen, Meggendorfer Blätter, Fliegende Blätter 1900–1930, Werbematerial für die Zeitschrift »Mechanikus« ca. 1955–1970, Rezensionen Mechanikus 1958–1969, Werbematerial von Fremdfirmen 1869–1997

16 Bilanzen, Inventuren 1846–1949, Rechnungen, Rechnungs-Eingangsbuch-Serie 1837–1976, Hauptbuch-Serie, Einnahmen-Ausgaben-Verzeichnisse, Geheimbücher 1842–1938, Kalkulationen, Erfolgskontrolle 1869–1975

17 Steuerbücher, Steuerschätzungen 1873–1912

18 Feuerversicherung 1874–1908

19 Sammlung zeitgeschichtlicher Dokumente und Stellung der Firma Schreiber zu Kaiserreich und Erstem Weltkrieg 1880–1918, zur Weimarer Republik 1918–1932, zu Nationalsozialismus und Zweitem Weltkrieg (u. a. Kohleversorgung, Werksluftschutz, Feldpost, Kraftfahrzeug-Requirierung) 1933–1945 und zur Besatzungszeit 1945–1949

20 Deutscher Senefelder-Bund, Vereinigung der graphischen Betriebe in Württemberg und Baden (Bezirksvereinigung Stuttgart sowie Fachverband Buchherstellung und Druckverarbeitung), Verband der Druckindustrie in Baden-Württemberg e. V. 1905–1976

21 Verlagsverträge mit Autoren 1853–1964, Verkaufsvertrag über Verlag und Redaktion der »Eßlinger Zeitung« 1868, Rechtsstreitigkeiten 1908–1959, Urheberrechte »Mechanikus-Autoren« 1958–1969

47 Fotos: Familie Schreiber (Jakob Ferdinand, Karoline, Emilie, Ludwig, Eberhard, Ferdinand, Maria, Robert, Else, Joachim, Ulrich, Harald), Th. König (Lithographie), Familie Kissling (Thusnelda, Lina), Familie Riempp, Emma Godelmann geb. Schreiber, Ruth Schreiber geb. Wagner, Karl Schill, Lothar Meggendorfer, Fr. E. Witter, Adolf Bonz, Ernst Seemann, Carl Rupprecht, Carl Hoffmann, Ulrico Hoepli, Adolf Kröner, August Klasing, Otto Spamer, Verbandstreffen auf der Esslinger Burg, Belegschaft, Jubilare, Betriebsausflüge, 150-jähriges Firmenjubiläum, Wohnhaus von J.F. Schreiber und von Ferdinand Schreiber in Esslingen, Verlagshaus der Meggendorfer Blätter in München, Firmenansichten Esslingen, Produktionsräume, Arbeitsplätze, Arbeitsabläufe, Büroräume, Maschinen, Produkte, Umbauten, Mai-Feier 1939, Geschäftsräume in München, Messestände, Schaufensterwerbung, Produktpräsentation, Ausstellungen ca. 1840–1981

48 Festschriften, Biographien, Satiren über Künstler und bedeutende Persönlichkeiten (u. a. Alois Senefelder, Ferdinand von Hochstetter, Konrad Adenauer, Max Ernst, Theodor Haecker) 1896–1980, Gästebuch (mit Eintragungen von Roda-Roda, Mathilde Ade, Mukarovsky, Leo Kainradl, F. Hlavaty, A. Futterer, F. Götz, V. Schramm, J. Loukota, E. Feiks, J. B. Maier, J. Mauder) 1906–1913, Postkarten und Briefe an J. F. Schreiber und Robert Schreiber (u. a. von Otto Ernst, Sibylle Gräfin Bismarck, Ricarda Huch) 1916–1947. Gegenstände: Geldscheintasche, Hausmütze von Ferdinand Schreiber, Löschwiege, Stempel, Blindprägepresse, »Der Osterhase« ein Kinderspiel von L. Meggendorfer, Nachlaßgegenstände von Robert Schreiber (u. a. Stempel, Uhrenkette, Militärabzeichen und Orden), Schreibmappe von Robert Schreiber, Fernglas, Stereoapparat um 1870–1950, Freizeitmagazine und Sonderhefte »Mechanikus«; Holzkiste des Oberleutnants Joachim Schreiber

49 Sammlungen des WABW: Produktsammlung (u. a. gebundene Zeitschriften), die Sammlung von Originalzeichnungen (Meggendorfer und Fliegende Blätter) sowie Andrucke des J. F. Schreiber Verlags
50 J F S, 100 Jahre J. F. Schreiber Verlag und graph. Kunstanstalt Esslingen a. N., München, Esslingen [1931] (Festschrift). Otto Borst, Ein Stück deutscher Kulturgeschichte, Dem Verlag J. F. Schreiber zum einhundertfünfzigsten Geburtstag, Esslingen [1981].

554
Schreinerei Maier, Stuttgart

Name Möbel- und Innenausbau Familie Maier
Geschäftstätigkeit Schreinerei
Branche Nr. 361
Umfang 4
Laufzeit 1897–2004
Benutzbarkeit Eingeschränkt
Bestand Y 552

Bestandsgeschichte Die Unterlagen wurden vom Wirtschaftsarchiv im Februar und April 2019 übernommen.
Geschichte Die Firma wurde von Hermann Maier sen. am 1.1.1910 gegründet. Nachfolger war sein Sohn Hermann Maier jun., auch bekannt als der »Weltmaier«. Seine Nachfolge trat seine Tochter Frau Ursula Maier, Schreinermeisterin und Innenarchitektin, an. Aktuell leitet die Urenkelin Frau Sarah Maier das Unternehmen in 4. Generation. Nachdem die Firma in Stuttgart-West gegründet wurde, befand sie sich etliche Jahre in Markgröningen und hat zurzeit (2019) ihren Sitz in Stuttgart-Feuerbach.
47 Zahlreiche Fotoalben der Familie, Dias der Reisen von Hermann Maier jun.
49 WABW B 183
50 Im WABW nicht vorhanden.

555
Schreinerinnung Bruchsal, Ubstadt-Weiher

Name Schreinerinnung Bruchsal
Branche Nr. 910
Umfang 4
Laufzeit 1951–2008
Benutzbarkeit Eingeschränkt
Bestand Y 497

Bestandsgeschichte Das Schriftgut wurde im September 2015 vom WABW übernommen.
Geschichte Aktueller Obermeister der Innung ist Thorsten Leicht (Stand 2019). 34 Handwerksbetriebe sind der Innung angeschlossen. Die Schreiner-Innung Bruchsal ist Mitglied im Landesfachverband Schreinerhandwerk Baden-Württemberg.
35 Protokolle der Versammlungen 1951–1968, 1976–1989, Protokolle Vorstandssitzungen 1978, 1981–1985, 1992–2004, Protokolle Mitgliederversammlungen 1980–1985, 1992–2004, Presse 1976–1989, Werbung 1979–1989, Jahresbericht Obermeister 1981–1985, 1995–1999, Wahlen 1978, 1981, 1999–2000, Verwaltungsreform, Rundschreiben 1963–1987
36 Kreishandwerkerschaft Karlsruhe 1979–1989, Handwerkskammer Karlsruhe 1979–1989, Kreishandwerkerschaft Bruchsal 1951–1968, Landesfachverband Schreinerhandwerk Baden-Württemberg 1951–1963, 1974–1986, Bruchsaler Bund der Innungen 1957–2008
37 Satzung 1997–1999, Handwerksrolle 1951–1968, Gewerbeförderung 1983
38 Gesellenprüfung 1962–1968, 1996–1998, Gesellenausschuss 1978, 1991–1992, Berufsschule Balthasar. Neumann-Schule Bruchsal 1976–1989, Zwischenprüfungsprotokoll und -statistik 1989, Freisprechungsfeiern, Lehrlingsliste 1983
41 Kassenberichte 1984–1985, 1990–1994, Jahres- und Vermögensrechnungen 1990–1999, Haushaltspläne 1984–1985, 1990–1999, Beitragslisten 1990–1999, Finanzen 1951–1963, 1976–1978
42 Ausflüge 1963–1967
45 50 Jahre Schreinerei Kremer in Kirrlach
50 Im WABW nicht vorhanden.

556
Schultheiss Verlag, Tübingen

Name Musikverlag und Notentypie Carl Ludwig Schultheiss
Geschäftstätigkeit Verlag
Branche Nr. 220
Umfang 6
Laufzeit 1876–2007
Benutzbarkeit Ja
Bestand B 188

Bestandsgeschichte Der Bestand wurde 2015 von Wolf-Erhard Abromeit bei der Auflösung des ehemaligen Verlagsgebäudes an das Wirtschaftsarchiv abgegeben.
Geschichte Carl Ludwig Schultheiß gründete 1920 in Ludwigsburg den Musikverlag Carl Ludwig Schultheiss. 1925 siedelte der Verlag nach Stuttgart über. Parallel entwickelte Carl Ludwig Schultheiß sein neues Notenherstellungsverfahren, die Notentypie. 1926 erschienen die ersten hiermit gedruckten Werke. Während des Zweiten Weltkriegs wurde der Verlag mehrmals zerstört und verlagerte seinen Geschäftssitz nach Leidringen im Kreis Balingen. 1946 zog der Verlag nach Tübingen. Ab 1952 war er in einem eigenen Verlagshaus in der Denzenbergstraße ansässig. 1952 wurde der Schwiegersohn Ekkehardt Abromeit Kommanditist des Schultheiss Verlags. Nach dem Tod des Gründers 1958 führten die Angehörigen den Betrieb weiter. 1994 wurde die Notentypie aufgegeben und der Verlag an den Thomi-Berg Verlag verkauft. Dort wird er unter dem Namen »Edition Schultheiss Planegg« weitergeführt.

3 Feldpostbriefe 1942–1948; Korrespondenz 1944–1999; Hedwig Sailer-Abromeit 1918–1964; Ahnenpass und Ahnenforschung 1909–1976
4 Festschrift zum 40-jährigen Jubiläum 1966
6 Firmenumwandlung 1994
7 Notizbücher 1946–1978
9 Lohn 1944–1989
10 Bauunterlagen zu privaten Grundstücken in Heilbronn, 1966–1987; Umbauvorhaben Denzenbergstraße Tübingen 1995–2007
12 Autorenkorrespondenz, -honorare und -biografien 1945–1995
13 Entwicklung Notentypie und Berufsanerkennung 1925–1993; Herstellungsverzeichnis 1925–1989
14 Aufträge 1937–1960; Verkaufsbücher 1921–1994
15 Belegexemplare von Katalogen 1952–1941; Rückseiten der Bestellkarten
16 Bilanzen und Jahresabschlüsse 1964–1994; Haupt- und Nebenbücher 1921–1994
17 Steuerunterlagen 1953–1995
19 Wiederaufnahmegesuch 1946; Korrespondenz mit franz. Besatzern 1945–1947; private Feld- und Kriegsgefangenenpost 1942–1950
20 Korrespondenz 1944–1948; Erfa-Gruppe Musikverlegerverband 1963–1976; Musizierkreis Waldorfschule 1972–1998; »Afrika singt« 1988–1989.
21 u. a. Gunter Narr Verlag 1977
47 Personenfotos 1885–2006
48 Druckset, Stempel, Schild »Notentypiewerkstatt«; Setzkasten Notendruck
50 Hans Widmann: Tübingen als Verlagsstadt, Tübingen 1971.

557
Schumacher'sche Fabrik, Crailsheim

Name Schumacher'sche Fabrik GmbH & Co. KG
Geschäftstätigkeit Umwelttechnik, Trenntechnik
Branche Nr. 290/292/268
Umfang 0,5
Laufzeit 1866–1979
Benutzbarkeit Ja
Bestand B 67

Bestandsgeschichte Das Archivgut wurde 1988 übernommen.
Geschichte Der Porzellandreher Christian Jakob Schumacher gründete 1829 in Bietigheim eine Firma zur Fabrikation künstlicher Bims- und Wetzsteine. 1865 erfolgte die Umgründung in eine Offene Handelsgesellschaft. Emil Schumacher verkaufte die Firma 1920 an die Hugo Stinnes AG. 1926 wurde sie von Jakob Trefz Söhne übernommen und in eine GmbH umgewandelt. 1935 erfolgte die Umwandlung in eine Kommanditgesellschaft. Seit den 1920er Jahren spezialisierte sich das Unternehmen auf Filtrati-

onstechnik, später dann Umwelttechnik und Biotechnologie. 1985 erfolgte der Umzug von Bietigheim nach Crailsheim.

3 Genealogie Christian Jakob Schumacher, Familienwappen Schumacher
4 Firmengeschichte, Chronik, 150-jähriges Jubiläum 1979
5 Stadtratsprotokolle Bietigheim (Kopien), Verkauf, Gesellschaftsverträge, Lizenzverträge, Handelsregisterauszüge 1925–1953
6 Firma Filtres Philippe, Paris 1954–1955
7 Korrespondenz, Geschäftsführer, Gesellschafterversammlungsprotokolle 1926–1956
9 Lohn- und Gehaltsbuch, Demonstration gegen Arbeitslosigkeit, Deutsche Arbeitsfront 1871–1940
10 Grundstücke und Gebäude, Baugesuche, Schätzungen, Einheitswert, Lageplan 1903–1936
11 Kredite 1933–1937
12 Kohleeinkauf 1920
13 Kalkulation, Statistik, Patente, Produktion, Fragebögen, Steinbruch, Maschinen 1920–1949, technische Pläne zu Generatorenanlagen 1889, 1907
14 Export, Umsatz, Statistik, Kunden, Versand 1867–1942
15 Prospekte 1934–1965
16 Inventarien, Bilanzen, Gewinn- und Verlustrechnungen, Jahresabschlüsse 1866–1948
17 Gebäudesteuer, Gebäudeentschuldungssteuer, Vermögensteuer, Körperschaftsteuer, Grundsteuer, Gewerbesteuer 1920–1944
19 Luftangriffe 1944, Militärregierung: Herstellungsgenehmigung 1946–1947
47 Fotos: Gebäude 1954
48 Musterkästen (Bims- und Filtersteine) um 1950
50 150 Jahre Schumacher, [Bietigheim 1979] (Festschrift).

558
Schuon, Metzingen

Name Foto Schuon
Geschäftstätigkeit Fotoatelier
Branche Nr. 740/748
Umfang 0,2
Laufzeit 1918–1970
Benutzbarkeit Eingeschränkt
Bestand Y 153

Bestandsgeschichte Das Archivgut wurde von einem Familienangehörigen übernommen.
Geschichte Frau Helene Schuon besuchte von 1918 bis 1919 die Lehr- und Versuchsanstalt für Photographie in München. 1936 legte sie in Weimar die Meisterprüfung für das Photographen-Handwerk ab und machte sich im selben Jahr in Metzingen selbständig. 1966 gab sie den Betrieb aus Altersgründen auf.

3 Diplom der Lehr- und Versuchsanstalt für Photographie, Chemiegraphie, Lichtdruck und Gravüre München für Helene Schuon 1918, Meisterbrief 1936, Zeugnisse, Lebenslauf, Tätigkeit, Prüfungen, Lehrgangsbescheinigungen 1924–1936, Arbeitsbuch 1935–1940, Aktie Otto Krumm AG, Fellbach 1926
12 Wareneingangsbuch 1936–1965
15 Briefköpfe um 1950
16 Sparbücher (Sparkasse Metzingen) 1934–1960, Sparbuch Deutsche Bank Zweigstelle Bad Cannstatt 1946, Einnahmen, Ausgaben (Wohnhaus Metzingen) 1939–1960, Haushalt Einnahmen-Ausgaben 1931–1934, Geschäftstagebuch 1959–1966, Rechnungen um 1960–1970
17 Steuerangelegenheiten 1953–1967
48 Blechschild: Meister-Betrieb
50 Im WABW nicht vorhanden.

559
Schwabe, Karlsruhe

Name Dr. Willmar Schwabe GmbH & Co. KG Arzneimittel
Geschäftstätigkeit Pharmazeutische Fabrik
Branche Nr. 240/244
Umfang 0,2
Laufzeit 1938–1971
Benutzbarkeit Eingeschränkt
Bestand Y 119

Bestandsgeschichte Das Archivgut wurde 1982 übernommen.
Geschichte Der damals erst 26-jährige Apotheker Dr. Carl Emil Willmar Schwabe gründete 1865 in Leipzig eine Firma zur industriellen Herstellung von Arzneimitteln (Homöopathisches Central-Officin Dr. Willmar Schwabe). Im Jahre 1913 zählte das Unternehmen bereits weltweit ca. 700 Niederlassungen. Nach dem Tod des Firmengründers 1917 übernahm dessen Sohn das Unternehmen. Von 1866 bis 1942 existierte als Abteilung des pharmazeutischen Unternehmens der Verlag Dr. Willmar Schwabe, der das »Homöopathische Arzneibuch« herausgab. Nach Verlust des ostdeutschen Stammhauses errichteten die Enkel des Firmengründers 1951/52 in Karlsruhe ein neues Werk, das sich vor allem mit der Entwicklung und Herstellung von Spezialpräparaten der Phytotherapie befasst.
14 Preislisten 1938–1968
15 Praktische Phytotherapie (Hefte) 1961–1971, Hinweis- und Erklärungsmaterial für Ärzte 1960–1970er Jahre, homöopathische Arzneimittelverzeichnisse 1948–1967, Mitteilungen aus Forschung und Praxis 1957–1968
50 100 Jahre Arzneimittel Dr. Willmar Schwabe, Karlsruhe 1966 (Festschrift). Von Leipzig nach Karlsruhe, Dr. Willmar Schwabe Arzneimittel, in: Der Neue Sachsenspiegel 1988, S. 29–38. 125 Jahre Schwabe, Karlsruhe 1991 (Festschrift).

560
Schwaben Bräu, Stuttgart

Name Schwaben Bräu
Geschäftstätigkeit Brauerei
Branche Nr. 159
Umfang 3
Laufzeit 1930–1945
Benutzbarkeit Nein
Bestand Y 560

Bestandsgeschichte Der Bestand wurde 2019 kurz vor Redaktionsschluss übernommen. Weiterführende Hinweise unter: https://wabw.uni-hohenheim.de

561
Schwarzwälder Tuchfabrik, Rohrdorf

Name Schwarzwälder Tuchfabrik Rohrdorf AG
Geschäftstätigkeit Tuchfabrik
Branche Nr. 170
Umfang 6
Laufzeit 1845–1968
Benutzbarkeit Eingeschränkt
Bestand Y 190

Bestandsgeschichte Das Archivgut wurde 1993 übernommen. Weitere Teile der Überlieferung liegen im Stadtarchiv Calw und im Kommunalarchiv Rohrdorf.
Geschichte Das Unternehmen wurde 1837 unter der Firma Calmbach & Reichert in Rohrdorf bei Nagold gegründet und betrieb bis 1880 eine Lohnwalke, Appretur und Lohnspinnerei. 1880 wurde die Tuchfabrikation aufgenommen, nachdem bereits 1872 die Firma in Koch & Reichert umbenannt wurde. Hergestellt wurden vor allem gemusterte Herrenanzugstoffe, Herrenwintermantelstoffe und Wagentuche. 1917 erfolgte die Umwandlung in eine GmbH unter der Firma Schwarzwälder Tuchfabrik vorm. Koch & Reichert GmbH, 1922 in eine AG. 1937 zählte die Firma 205 Beschäftigte. 1997 wurde der Betrieb, seit 1922 eine Tochtergesellschaft der Calwer Decken AG, stillgelegt.

4 Zeitungsausschnitte, Festschrift 1837–1937
9 Lohnbuchserie 1909–1949, Betriebsausflüge 1950–1966, Berufsgenossenschaft / Arbeitssicherheit um 1930
10 Vermietungen 1961–1966
12 Woll-Lagerbuch 1912–1920, Wollbuch 1950–1968, Zellwollbuch 1959–1965, Lumpenbuch 1951–1959, Wollpreise 1939–1966, Garnbuchserie 1887–1929, Farb-Preisbücher 1910–1927
14 Reißwolle-Verkauf 1949–1966
15 Formulare, Musterbücher und Musterkarten 1890–1970, Besucherliste 1931–1944; Prospekte der Firma Tobias Gauß 1937
16 Hauptbuch 1845–1858, Kassabuch 1858–1872, Kontokorrentbücher 1847–1877, Kontenpläne, Jahresabschlußprüfungen 1934/35, 1949–1959, Inventuren 1933–1966, Preisberechnungen 1934–1952, Selbstkosten-Kalkulation-Rentabilität 1932–1937, Kalkulationsunterlagen, Rentabilität, Betriebsabrechnungsbögen 1938–1963, Kostenvergleiche mit Berger Wwe./Dettingen, J. Braun KG/Metzingen, Scheuffelen/Ebersbach 1942–1946
17 Umsatzsteuerbuch 1947–1963, Spinnweberzusatzsteuer, Umsatzsteuer 1958–1965
47 Fotos: Schaufenster um 1930. Ansicht der Kammgarnspinnerei Stöhr & Co AG, Leipzig-Plagwitz
50 Entwicklungsgeschichte der Firma Schwarzwälder Tuchfabrik Rohrdorf A.G. 1837–1937, Rohrdorf 1937 (Festschrift).

562
Schweitzer, Sternenfels

Name Theodor Schweitzer Meßwerkzeugfabrik
Geschäftstätigkeit Spezialfabrik für Präzisionsmesswerke
Branche Nr. 332
Umfang 0,2
Laufzeit 1905–1995
Benutzbarkeit Eingeschränkt
Bestand Y 219

Bestandsgeschichte Das Archivgut wurde 1996 übernommen. Weitere Unterlagen befinden sich noch bei Klaus Schweitzer, Sternenfels.

Geschichte 1905 begann Theodor Schweitzer in Sternenfels mit der Herstellung von Meßwerkzeugen. 1914 wurde die Spezialfabrik für Präzisionsmesswerkzeuge ins Handelsregister eingetragen. 1972 erfolgte die Umwandlung der Rechtsform von einer OHG in Theodor Schweitzer GmbH. 1993 beschloss die Gesellschafterversammlung aufgrund der schlechten Auftragslage die Schließung des Betriebs.

4 50-jähriges Jubiläum, 75-jähriges Jubiläum, Chronik 1905–1995, Erinnerungen von Mitarbeitern zur Geschichte der Firma
5 Gesellschafterverträge, Handelsregister 1906–1995, Liquidation 1993–1995
9 Belegschaft, Zeugnisse, Löhne, Gehälter, Statistik, Mitarbeiterverträge, Lehrlinge, Bewerbungen und Einstellungen, Aushänge, Arbeitszeit, Deutsche Arbeitsfront, Arbeitsordnung, Arbeitsgericht, Berufsgenossenschaft, Angestelltenversicherung, Jubilarfeiern, Urlaub, Arbeiterwohnhäuser, Unterstützungseinrichtungen, Versicherungen 1906–1994
10 Bauvorhaben 1905–1966
11 Banken, Darlehen 1921–1993
12 Lieferanten, Lieferantenrechnungen 1905–1990
13 Maschinenpark, Produktionsorganisation, Kalkulation, technische Zeichnungen, Patente, Warenzeichen, Gebrauchsmuster 1915–1993
14 Verkaufsunterlagen, Kundenlisten, Verkaufsstatistik, Rechnungen, Auskünfte 1912–1993
15 Kataloge, Preislisten 1913–1992
16 Bilanzen, Gewinn- und Verlustrechnungen, Buchhaltung, Statistik, Betriebskennzahlen 1914–1994
17 Steuern, Betriebsprüfungen, Einheitswerte, Steuerbücher (Umsatz-, Gewerbe-, Kirchen-, Einkommen-, Vermögens- und Grundsteuer) 1905–1987
19 Treuhandverwaltung, Nachkriegszeit, Militärregierung 1945–1949
47 Fotos: Firmengebäude, Produkte, Belegschaft, Betriebsausflüge, Lehrlinge, Betriebsjubiläen, Produktion, Maschinen um 1905–1994
50 Klaus Schweitzer, Firma Theodor Schweitzer 1905–1995, Ein Familienbetrieb auf dem Land, Sternenfels 1995.

563
Schweizer, Murrhardt

Name Louis Schweizer KG
Geschäftstätigkeit Lederfabrik
Branche Nr. 190
Umfang 13
Laufzeit 1896–1967
Benutzbarkeit Eingeschränkt
Bestand Y 120

Bestandsgeschichte Das Archivgut wurde 1982 übernommen.

Geschichte 1867 erwarb der Gerbergeselle Louis Schweizer eine Lohgerberei in Backnang. 1902 gründete er zusammen mit den Firmen Karl Kaess und Eckstein/Esenwein die Lederfabrik Union GmbH. Die Umwandlung in eine KG erfolgte am 1.1.1933. Ab 1954 konzentrierte sich die Produktion in Murrhardt.

3 Persönliche Unterlagen und Korrespondenzen von: Rudolf Schweizer 1942–1949, Richard Schweizer 1946, Fritz Schweizer (Lebensbild von Klara Schweizer, Landesjägermeister) 1929–1937, Martha Sörensen 1936–1958, Hedwig Hinderer 1938–1960, Edith Wabitsch 1937–1958, Hans Necker 1933–1948

4 Jubiläumsschrift 100 Jahre Louis Schweizer 1967, Gästebuch zum 100-jährigen Jubiläum mit kolorierten Stichen zur Lederfabrikation, Zeitungsausschnitte 1950er Jahre

5 Gesellschaftsvertrag Louis Schweizer 1933

6 Geschäftsberichte Lederfabrik Zuffenhausen Silher & Cie. 1937–1957, Murrhardter Pelzveredelung (Bilanzen) 1949–1953

7 Zentralstelle für Gewerbe und Handel 1896–1898, Korrespondenzen, Verträge 1907–1931, Korrespondenz Richard Ludwig Schweizer 1916–1925, Korrespondenzen Fritz Schweizer 1928–1937

9 Belegschaft 1902–1938, UK-Stellungen 1938, Lohnbuchserie 1933–1940, Gehälter 1934–1952, freiwillige Arbeitgeberleistungen 1945–1953, Arbeitsbücher

10 Bauangelegenheiten 1915–1940, Vermietungen und Verpachtungen 1938–1955, Baugenossenschaft 1948–1949

11 Bank-Korrespondenzen 1933–1954, Darlehenskonten 1937–1939

12 Wareneingangsbuch 1920–1965, Lieferanten, Preise 1933–1943, Einkaufsgenehmigungen der Reichsstelle 1939

13 Produktionsstatistik 1929–1933, Produktion 1932–1934, Dampfmaschine 1952

14 Verkaufsstatistik 1941–1943, Verkaufsbuch 1949, Umsätze 1933–1954, Preislisten 1926–1943, Lederpreisverordnung 1938, Vertreterkartei um 1920–1940, Provisionen 1936–1940, Lieferungen 1939–1948, Kundenliste 1935–1938

15 Fabrikansichten Murrhardt und Backnang, Musterhefte 1960er Jahre

16 Bilanzen 1916–1950, Bilanzunterlagen 1917–1943, Jahreszusammenstellungen 1940–1946, Jahresprüfungsberichte 1929–1951, Betriebsprüfung 1946–1952, Geheim-Journal 1920–1936, Journalbuchserie 1937–1949, Inventarien 1902–1943, Hauptbuchserie 1917–1947, Wechsel-Kopier-Buch-Serie 1935–1955, Scheckeinreichungen 1945–1948, Buchhaltungsunterlagen 1925-ca.1950, Kostenrechnungen 1950–1951, Kalkulationen 1925–1955, Statistik 1924–1945, Monatsberichte 1949–1952, Posteinlieferungsbuch 1913–1918, Kassenberichte 1950–1959, Kassenbuch 1948–1949

17 Finanzamt Backnang 1936–1962, Vermögensteuer 1925–1935, Einkommensteuer 1925–1930, Umsatzsteuer 1924–1953, Ausgleichsumlage, Lastenausgleichsabgabe 1939–1954, Gewerbesteuer 1927–1961, Einheitswertbescheide 1925–1950, Aufbringungsgesetz 1932–1943

18 Brandschäden 1925, 1935, Gebäudebrandversicherung 1927–1945

19 Oberkommando des Heeres 1940, Reichstreuhänder der Arbeit (Lohnstopp) 1943–1944, Spruchkammerakten 1945–1948

20 Württembergische Jägervereinigung e.V. Stuttgart 1935–1938, Schützengilde Backnang 1930, Genossenschaft für die Reinigung von Fabrikabwässern 1935–1937

21 Rechtsstreitigkeiten 1916–1939

47 Fotos: Firmengründer, Gebäude, Betriebsausflüge, Produktion um 1900–1960

50 Fritz Schweizer, Ein Lebensbild für unsere Kinder von ihrer Mutter Klara Schweizer geb. Feucht, Tübingen 1929. Louis Schweizer Lederfabrik Backnang und Murrhardt, Ein Jahrhundert 1867–1967, Backnang 1967 (Festschrift).

564
Schwend, Gaildorf

Name Hermann Schwend KG
Geschäftstätigkeit Druckerei und Verlag
Branche Nr. 220
Umfang 25
Laufzeit 1948–1990
Benutzbarkeit Nein
Bestand Y 121

Bestandsgeschichte Das Archivgut wurde 1991 durch Vermittlung der Stadt übernommen.
Geschichte 1860 als Druckerei und Verlag für den »Kocherboten« gegründet, blieb das Unternehmen bis 1948 in Familienbesitz. In diesem Jahr übernahmen die Eheleute Hans und Gerda Kupczyk den Betrieb und führten ihn bis zum Tod von Hans Kupczyk 1991. Seine Witwe verkaufte an die Schweizer Gruppe Vogelsang, die den florierenden Betrieb mit seinen rund 100 Beschäftigten auf Ende 1991 schloß.
13 Musterkataloge, Farbkarten und -muster (Boden- und Wandbeläge, Folien, Autolacke, Garn- und Stoffarben, Künstlerfarben, Holzlacke, Lasuren), Eurokoloratlas 1948–1990
50 Im WABW nicht vorhanden.

565
Seidenweberei Rheinfelden, Rheinfelden

Name Seidenweberei Badisch-Rheinfelden GmbH
Geschäftstätigkeit Seidenweberei
Branche Nr. 170/172
Umfang 16
Laufzeit 1894–1973
Benutzbarkeit Nein
Bestand Y 122

Bestandsgeschichte Das Archivgut wurde 1986 vom Konkursverwalter übernommen.
Geschichte Die Seidenweberei Badisch-Rheinfelden GmbH wurde 1894 gegründet. Sie wurde zum 31.12.1971 stillgelegt und in RHEBA Grundstücksverwaltungs GmbH umbenannt. Gegenstand des Unternehmens war die Anmietung, Vermietung und Verpachtung von Grundstücken und Gebäuden. In den 1980er Jahren musste die RHEBA Konkurs anmelden.
5 Handelsregister 1960, Gesellschaftsverträge 1909–1916, Kaufverträge 1909–1948, Stillegung 1970/71, Konkursunterlagen 1972
7 Kopierbuch-Serie 1899–1924, Korrespondenzen (u. a. Firmen, IHK, Stadt Rheinfelden) 1941–1956, Geschäftsführung 1929–1973, Generalversammlung 1923
9 Personalkartei um 1920–1940, Anschläge/Mitteilungen 1947–1971, Löhne und Gehälter 1929–1972, Betriebsratsprotokolle 1964–1967, Grenzgänger 1950–1954, Betriebskrankenkasse 1913–1928, Fabrikordnungsbuch 1919–1930, Arbeitsordnungsbücher 1894–1918, Arbeiterverzeichnis 1905–1928, Arbeitsamt Lörrach 1944
10 Arbeiterhäuser 1897, Grundstücksangelegenheiten 1964–1973, Mietangelegenheiten/Werkswohnungen 1901–1971, Bauangelegenheiten um 1898–1971, Wasserversorgung 1894–1968
11 Kreditangelegenheiten 1950–1973, Finanzplan 1969
12 Einkaufskartei 1953–1971
13 Dampfkessel 1956–1971, Kraftübertragungswerke Rheinfelden 1906–1956, Produktionsrapporte und Statistiken 1964–1971, Maschinenankäufe 1956–1957
14 Preislisten 1954–1971
16 Jahresabschluß-Prüfberichte 1928–1951, Bilanzen 1960–1969, Buchhaltungsunterlagen 1937–1949, Anlagegüter 1948–1958, Abschreibungen 1948–1957, Kalkulationen 1971–1972, Betriebsvergleich 1961, 1970, Devisengenehmigungen 1952–1957, Währungsreform 1948, Inventur 1943, Lagerbuch 1936
17 Steuerberater 1963–1973, Steuerangelegenheiten 1930–1973
20 Zentralstelle Badischer Textilindustrie 1947, Monatserhebung Fachgruppe Seidenindustrie 1942–1945
50 Im WABW nicht vorhanden.

566
SEL, Pforzheim

Name SEL Verteidigungssysteme GmbH
Geschäftstätigkeit Militärkommunikation
Branche Nr. 320
Umfang 1
Laufzeit 1998–2005
Benutzbarkeit Eingeschränkt
Bestand Y 529

Bestandsgeschichte Das Archivgut wurde 2017 von dem ehemaligen Geschäftsführer Dr. Klaus Philippi übernommen. Der Bestand enthält überwiegend Geschäftsunterlagen über die Aufspaltung des Unternehmens.
Geschichte Die im Jahr 1880 als Telegraphen-Bauanstalt in Berlin gegründete C. Lorenz war nach dem Zweiten Weltkrieg nach Stuttgart-Zuffenhausen umgezogen und spezialisierte sich auf die Elektrotechnik. Neben Zuffenhausen verfügte das Unternehmen auch über ein Werk in Pforzheim. Das Unternehmen gehörte zum amerikanischen Mischkonzern International Telephone & Telegraph Corporation (ITT) und entstand 1958 durch die Verschmelzung der C. Lorenz AG mit der Standard Elektrik AG zur Standard Elektrik Lorenz AG oder abgekürzt SEL AG. Die Produktpalette reichte von Telefonen, Fernschreibern und Faxgeräten über Funk bis zur Informationstechnik. Im Jahr 1992 wurde die SEL aufgelöst und der auf die Telekommunikation ausgerichtete Teil an die Alcatel N.V. mit Sitz in Amsterdam verkauft. 1998 wurde der Unternehmensbereich Militärkommunikation aus der Alcatel Deutschland ausgegliedert, als GmbH verselbständigt und an Thomson CSF mit Sitz in Paris im Rahmen einer Neuordnung der französischen Kommunikationsstrategie veräußert, zunächst mit dem Namen SEL Verteidigungssysteme GmbH mit Sitz in Pforzheim. Als Thomson CSF im Jahr 2000 in Thales Group umfirmierte, wurden Produktbereiche an die SEL Taktische Kommunikation GmbH ausgegliedert. Die SEL Verteidigungssysteme GmbH war auf dem Gebiet der Militärkommunikation tätig: Taktischer Funk, Gefechtsstands-Kommunikation, Überwachungsradar und Elektronische Kampfführung. Die Firma entwickelte, teilweise in Gemeinschaftsarbeit mit dem Mutterkonzern, alle Produkte selbst und stellte sie im eigenen Werk in Pforzheim her. Der Hauptkunde war die deutsche Bundeswehr und verschiedene Militärbehörden in Europa sowie im Nahen und Fernen Osten. Im Jahr 2000 betrug der jährliche Umsatz ca. 200 Millionen EUR bei etwa 500 Mitarbeitern.

6 Aufsichtsratssitzung 2002, Gesellschafterversammlung ESG München 2002, Verhandlungen Joint Venture SEL/DASA 2000
9 Ethik-Kodex, Sanierungstarifvertrag 2000–2002
13 Darstellung einer Produktgruppe 1998–2002
16 Jahresabschluss, Monatsabschluss 1998–2002
49 Y 371
50 Festschrift C. Lorenz 1955

567
SHW, Aalen-Wasseralfingen

Name Schwäbische Hüttenwerke GmbH
Geschäftstätigkeit Bergbau, Eisenverarbeitung, Gießerei, Maschinenbau
Branche Nr. 100/270/280/290/343
Umfang 73
Laufzeit 1873–2007
Benutzbarkeit Ja
Bestand B 1009

Bestandsgeschichte Das Historische Archiv der SHW und ihrer Vorgängerunternehmen, das zu den ältesten und bedeutendsten Unternehmensarchiven Deutschlands gehört, wird seit 1997 im Wirtschaftsarchiv verwahrt.
Geschichte Wirtschaftliche Vorbehalte hinsichtlich der künftigen Rentabilität des staatlichen Hüttenwerksbesitzes veranlassten den württembergischen Staat 1921 zur Teilprivatisierung der Hüttenwerke in Wasseralfingen, Königsbronn, Friedrichstal, Ludwigstal und Bad Schussenried (Wilhelmshütte). Zusammen mit der Gutehoffnungshütte, Aktienverein für Bergbau und Hüttenbetrieb in Oberhausen, Rheinland, als paritätischem Gesellschafter wurde am 21. Mai 1921 die gemischtwirtschaftliche Schwäbische Hüttenwerke GmbH (SHW) gegründet. Firmensitz war zunächst Stuttgart, ab 1927 Wasseralfingen. Der Übergang von der Eisenerzeu-

gung zur Eisenverarbeitung mit Spezialisierung auf Stahl-, Guss- und Schmiedeerzeugnisse, der Ofen- und Werkzeugmaschinenbau und schließlich das Zulieferergeschäft für die Automobilindustrie sicherten den Fortbestand des Unternehmens. Betätigungsfelder im Werk Wasseralfingen waren die Herstellung von Gussform- und Schmiedeformteilen für den Maschinenbau, die Blankstahlerzeugung, der Ofenbau, der Bau von Weichen und Radsätzen für den Eisenbahnbedarf sowie – in der Sparte Pulvermetallurgie – die Herstellung von Sinterformteilen für die Automobilindustrie; im Werk Friedrichstal die Produktion von Schmiedeerzeugnissen für die Landwirtschaft; in Königsbronn die Herstellung von Hartgusswalzen für die Papierindustrie; in Ludwigstal und in der Wilhelmshütte die Herstellung von Gussformteilen für die Automobilindustrie. Aus der Vollprivatisierung der SHW zwischen 1996 und 2005 gingen mehrere Spezialfirmen hervor, unter denen die SHW Automotive GmbH 2005 die Rechtsnachfolgerin der SHW wurde.

2 Eisenerzlagerstätten und Eisenerzbergbau in Württemberg, Eröffnung der Remstalbahn 1861

4 Geschichte der einzelnen Hüttenwerke und des Gesamtunternehmens

5 Gesellschafts-, Pacht- und Erzvertrag 1921

6 Beteiligungen: Böblinger Werft AG 1921–1927, Kreisbaugesellschaft Heidenheim 1947–1999, Siedlungsbau Aalen GmbH 1950–1978, FTS Fördertechnik Streicher, Wangen im Allgäu 1974–1980

7 Geschäftsberichte, Geschäftsführung, Gesellschafterversammlung 1921–1979

8 Betriebsorganisation des Gesamtunternehmens und der Einzelwerke 1921–1975

9 Lohnbücher, Personal, Statistiken 1921–1956, Arbeitsordnungen 1921–1974, betriebliche Sozialeinrichtungen und Werkswohnungen 1921–1979, Beschäftigung von Kriegsgefangenen und Fremdarbeitern 1939–1945, Betriebsrat 1946–1993, Arbeitskampf 1950–1978

10 Bergbau-, Wasser- und Wegerechte 1837–1984, Gleisanschlüsse, Grubenbahn 1863–1966, Kartierung und Beschreibung von Grundstücken und Gebäuden, Bauzeichnungen, Bauberichte und Baukostenverzeichnisse 1921–1992, Pacht und Kauf der Präzisionszieherei Dopfer & Zeller in Wasseralfingen 1921/22, Eigentumsrechte an der Wasseralfinger Teilgemeinde Eisenschmelz 1921–1931, Flurbereinigung Aalen und Baiersbronn 1927–1942, Stilllegung und Verkauf des Hüttenwerks Abtsgmünd 1928–1937, Denkmalgeschützte Gebäude des Hüttenwerks Königsbronn 1925–1985

11 Staatliche Finanzhilfen und Kreditaufnahmen 1957–1979

12 Erkundung und Ausbeutung von Erzlagerstätten 1919–1967, Formsandgruben 1925–1945

13 Patente, Warenzeichen und Lizenzen 1895–1980, Qualitäts- und Materialprüfung 1919–1977, Produktionsstatistiken und -berichte einzelner Werke und Abteilungen 1921–1985, Umweltschutz 1982–1997

14 Verkaufsbücher, Verkaufsstatistiken 1921–1960, Kunstgussaufträge 1925–1941, Handelsbeziehungen mit der DDR 1950–1977

15 Beschickung von Industrieausstellungen 1816–1958, Geschäftsreiseberichte 1922–1974

16 Bilanzunterlagen 1921–1979, Planungsrechnungen 1969–1978

19 Kriegs- und Nachkriegswirtschaft 1939–1952

20 Mitgliedschaft im Verband Württembergischer Metallindustrieller und in verschiedenen Vereinigungen der deutschen Eisen- und Stahlindustrie 1921–1971

22 Pflege und Förderung des Eisenkunstgusses im Werk Wasseralfingen 1921–1972, Werksmuseum Wasseralfingen mit Ofenplattensammlung 16.–20. Jh., Pflege der Bergmusik durch die Bergkapelle Wasseralfingen 1934–1985, Beteiligung des Werks Königsbronn an der Einrichtung des Heimatmuseums Königsbronn 1969–1972, Stifterurkunde Deutsche Stiftung Denkmalschutz 1989

47 Fotos von technischen Anlagen etc. 1924–1987, Dokumentarfilme zur Herstellung von Friedrichstaler Handschmiedegerät 1962, Imagefilme 1990–2007

48 Druckgrafik: Alexander Eckener 1912, Hermann Kupferschmid (Eisenwerke Oberhausen und Sterkrade) um 1950

49 WABW B 1001 bis B 1012 (SHW GmbH und ihre Vorgängerunternehmen)

50 Uwe Fliegauf, Die Schwäbischen Hüttenwerke zwischen Staats- und Privatwirtschaft. Zur Geschichte der Eisenverarbeitung in Württemberg (1803–1945), Ostfildern 2007. Erich Maschke, Es entsteht ein Konzern. Paul Reusch und die GHH, Tübingen 1969.

568 SHW (Fotos), Aalen-Wasseralfingen

Name Fotosammlung der SHW GmbH und ihrer Vorgängerunternehmen
Geschäftstätigkeit Berg- und Hüttenwesen, Gießereiindustrie
Branche Nr. 100/270/280/290
Umfang 9
Laufzeit 1882–1993
Benutzbarkeit Ja
Bestand B 1011

Bestandsgeschichte Die Fotosammlung wurde 2001 zusammen mit Akten, die größtenteils im Bestand B 1009 verzeichnet sind, aus der Villa des ehemaligen Geschäftsführers der SHW Waldemar Ernst in Wasseralfingen geborgen. Die Sammlung schließt die Vorgängerunternehmen der SHW ein. Ein großer Teil des Bildmaterials (bis ca. 1964) liegt in Form von Glasplatten- bzw. Filmnegativen in den Formaten 13x18 und 18x24 cm vor. Schwerpunkte der Sammlung bilden Werksansichten aus den 1920er bis 1940er Jahren, Produktionsaufnahmen des Stuttgarter Industriefotografen Hermann Weishaupt aus den 1950er Jahren sowie zahlreiche für Werbung und Verkauf angefertigte Produktaufnahmen.
Geschichte Einen hauptamtlichen Werksfotografen hat das Unternehmen nicht beschäftigt. Als Bildautoren lassen sich u. a. Oscar Baur bzw. Photo-Baur (Aalen), Hermann Weishaupt (Stuttgart) und Roland von Querfurth (Aalen) nachweisen.
2 Wasseralfingen 1918–1985, Scherrenmühle Aalen 1934, Königsbronn 1931–1960
4 Wasseralfinger Öfen und Ofenplatten 16.–19. Jh.
7 Portraits von leitenden Hüttenbeamten, Geschäftsführern und Direktoren 1885–1971
9 Arbeitsjubilare, Arbeiter und Angestellte 1923–1993, betriebliche Sozialeinrichtungen und Werkswohnungen 1925–1985, Lehrlingsausbildung 1940–1965, Betriebsveranstaltungen 1950–1977, Werksfeuerwehr Wasseralfingen 1957–1965, italienische Gastarbeiter 1960
10 Werksansichten Friedrichstal 1920–1965, Königsbronn 1937–1960, 1987, Ludwigstal 1920–1960, 1980, Wasseralfingen 1920–1985, Wilhelmshütte 1930–1960, Verwaltungsgebäude Abtsgmünd 1940–1955, Werkseisenbahn Wasseralfingen 1949–1963
12 Stufenerzgruben Wasseralfingen mit Grubenbahn und Grubenwirtschaft 1900–1965, Grube Karl bei Geislingen-Altenstadt 1953, Köhlerei David Deffner bei Königsbronn 1956
13 Hammerschmiede Abtsgmünd 1914–1939, Gießerei und Sensenhammer Friedrichstal 1925–1955, Walzengießerei und -dreherei Königsbronn 1920–1990, Hüttenwerk Ludwigstal 1910–1962, 1987, Hüttenwerk Wasseralfingen 1865, 1915–1985 (Hochofen, Gießerei mit Formerei und Gußputzerei, Kunstgießerei, Walzwerk, Zieherei, Gesenkschmiede, Ofenbau, Maschinenbau, Weichen- und Radsatzbau, Kaltfließpresserei, Pulvermetallurgie, Technisches Büro, Prüf- und Versuchsanstalt), Wilhelmshütte 1930–1955, 1978, SHW-Wagen 1927
15 Produkt- und Werbeaufnahmen, Messestände 1900–1987
19 Frauenarbeit im Granatenpresswerk Wasseralfingen 1917/18
22 Bilder zur Geschichte der Bergmannsuniform, Bergkapelle 1900–1970, Kriegerdenkmal Wasseralfingen 1937, Denkmäler der Bergräte Wilhelm von Faber du Faur, Karl Hermann Reusch, Reinhold und Alfred Knapp in Wasseralfingen 1958
48 Bergkadetten der Saline Friedrichshall 1882, Portrait König Wilhelm II. von Württemberg um 1914, Grafikrepros (Werksansichten 18./19. Jh., Zeichnungen von Christian Plock u. a.)
49 WABW B 1001 bis B 1012 (SHW GmbH und ihre Vorgängerunternehmen)
50 SHW-Bote, Werkszeitschrift der Schwäbische Hüttenwerke GmbH Wasseralfingen, 1955 ff. Thomas Brachert, Der schwäbische Eisenkunstguß. Öfen und Ofenplatten, Wasseralfingen 1958. Karlheinz Bauer, 625 Jahre SHW, Wasseralfingen 1990 (Festschrift). Uwe Fliegauf, Die Schwäbischen Hüttenwerke zwischen Staats- und Privatwirtschaft. Zur Geschichte der Eisenverarbeitung in Württemberg (1803–1945), Ostfildern 2007.

569 SHW (Gegenstände), Aalen-Wasseralfingen

Name Gegenstände der SHW GmbH und ihrer Vorgängerunternehmen
Geschäftstätigkeit Berg- und Hüttenwesen, Gießereiindustrie
Branche Nr. 100/270/280/290
Umfang 1
Laufzeit 1800–1970
Benutzbarkeit Ja
Bestand B 1012

Bestandsgeschichte Der Bestand enthält einige Gegenstände, die 1997 zusammen mit dem Archivgut der SHW und ihrer Vorgängerunternehmen übernommen wurden.
Geschichte Zur Geschichte vgl. die Bestände B 1006 (Hüttenwerk Unterkochen) und B 1009 (SHW).
48 2 Aktenschilder aus der Altregistratur des Hüttenwerks Unterkochen um 1800–1850, Meßlehre der Firma Geiger (Stuttgart) um 1900, Materialproben Wasseralfinger Weicheisen 1929, Buchdruck-Klischee »Schwäbische Eisenhütten« um 1930, Gußeiserner Ascher aus Wasseralfinger Produktion mit Arbeitsszenen aus dem Berg- und Hüttenwesen 1930–1950, Gußeisernes Porträtrelief Adolf Hitler aus Wasseralfinger Produktion 1933–1939, Saufeder mit schmiedeeiserner Spitze 1960–1970 (Werbegeschenk der Wilhelmshütte), Schallplatte »Musik des Barock« 1965 (Aufnahme der Aufführung in der Klosterkirche Königsbronn anläßlich des 600jährigen Jubiläums der Hüttenwerke)
49 WABW B 1006 (Hüttenwerk Unterkochen), B 1009 bis B 1011 (SHW GmbH)
50 Uwe Fliegauf, Die Schwäbischen Hüttenwerke zwischen Staats- und Privatwirtschaft. Zur Geschichte der Eisenverarbeitung in Württemberg (1803–1945), Ostfildern 2007.

570 SHW (Werbung), Aalen-Wasseralfingen

Name Werbeschriften der SHW GmbH und ihrer Vorgängerunternehmen
Geschäftstätigkeit Eisenverarbeitung, Gießereiindustrie, Maschinenbau
Branche Nr. 270/280/290
Umfang 8
Laufzeit 1802–2004
Benutzbarkeit Ja
Bestand B 1010

Bestandsgeschichte Das Archivgut, das hauptsächlich aus dem Hüttenwerk Wasseralfingen stammt, wurde 1997 als Teil des Historischen Archivs der SHW GmbH und ihrer Vorgängerunternehmen übernommen. Aus der Werkstatt der Modelleure stammen die mit dem Bestand vereinten ornamentalen Vorlagenwerke und Mustersammlungen.
Geschichte Die seit 1816 erschienenen Gusswarenkataloge der »Hauptgießerei des Landes« in Wasseralfingen, zu denen ab 1850 weitere Produktkataloge für die Hüttenwerke Abtsgmünd, Friedrichstal, Königsbronn, Ludwigstal und Wilhelmshütte kamen, entwickelten sich im 19. Jahrhundert zu einem zentralen absatzpolitischen Instrument. Zudem wurden die teilweise aufwendig illustrierten Kataloge auch im Rahmen der »Gewerbeförderung durch Geschmacksbildung« zielgerichtet eingesetzt und verteilt. Zu diesem Zweck entstanden ab 1880 insbesondere die großformatigen »Gusswarenzeichnungen« für einzelne Produktgruppen wie Brunnenstöcke, Grabmale, Kandelaber oder Ziergeländer. Die Exportmärkte wurden mit fremdsprachigen Katalogausgaben bedient.
4 »75 Jahre Walzwerk Wasseralfingen« 1929, »125 Jahre Hüttenwerk Friedrichstal« 1929, 600jähriges Werksjubiläum Königsbronn 1967, 300jähriges Werksjubiläum Wasseralfingen 1971, 625jähriges Jubiläum SHW GmbH 1990, »40 Jahre Pulvermetallurgie 1962–2002«
6 Produktionsprogramm Gutehoffnungshütte-Konzern um 1930–1940, FTS Fördertechnik Streicher GmbH 1968–1970
7 Geschäftsberichte 1953–2004
9 Mitarbeiterzeitschrift »SHW-Bote« Nr. 1 ff. 1955–1979

13 Modellinventar Gussöfen 1845, Gusswaren-Entwurfszeichnungen 1904–1916
14 Verkaufsabteilung Stuttgart 1921–1959, Pressemitteilungen, Werbeanzeigen, Fachveröffentlichungen zum Produktionsprogramm 1956–1975, Auslandsvertretungen 1963, Informationen für den Außendienst 1966–1974
15 Produktkataloge Wasseralfingen: Gusswaren (Kleingussartikel, Bau- und Ornamentenguss, Öfen, Kanalisations- und Maschinenguss) 1816–1927, Walzeisen und Ziehereifabrikate 1890–1929, Gießereiformmaschinen 1902–1930, Eisenkunstguss 1905–1998, Walzenstühle 1930–1945, Ofenbau 1931–1963, Werkzeugmaschinen 1950–1973; Ludwigstal: Gusswaren 1840–1921, Bremsscheiben 1967; Königsbronn: Hartgußräder 1872, Hartgußwalzen, 1957–1974; Wilhelmshütte: Gusswaren 1895–1933; Friedrichstal: Handschmiedegerät 1902–1974; Abtsgmünd: Achsen 1921–1937; Böblingen: Landwirtschaftsgerät 1926/27; SHW GmbH 1921–1978, 2002
19 Fotodokumentation über die Verwendung von Friedrichstaler Hacken für militärische Schanzarbeiten um 1940
22 Katalog Kunstausstellung »Eisen und Stahl« Düsseldorf 1952, Alexander-Eckener-Ausstellung Flensburg und Abtsgmünd 1970, Bergkapelle Wasseralfingen 1971–1973
47 Fotos: Produkte 1923–1972, Direktoren 1964–1971, Messestand 1969
48 Vorlagenwerke: »Logge del Vaticano« 1802, »Ornamenten-Zeichnungsschule in 100 Blättern ... von Bildhauer Konrad Weitbrecht« 1832–1836, »Ornamente in verschiedenen Baustylen ... herausgegeben von Carl Gropius« Heft 11/12 1846, »L'ornement polychrome« 1869–1873, »Museum der modernen Kunstindustrie ... Ein Handbuch von Vorlagen« 1873, »Allerlei Zierrath fürnemblich für Decorationsmaler, Architekten ...« 1876, »Der Formenschatz ... herausgegeben von Georg Hirth« 1879–1890, »Der Ornamentenschatz. Ein Musterbuch ... von H. Dolmetsch« 1887; Sammlung von Architekturdarstellungen und -photographien aus dem Besitz des Modelleurs Christian Plock 1854–1882; Kunstgewerbliche Fachzeitschriften 1867–1925 (u. a. »Gewerbehalle«); Gusswarenkataloge anderer Unternehmen 1842–1939
49 WABW B 1001 bis B 1012 (SHW GmbH und ihre Vorgängerunternehmen), Hauptstaatsarchiv Stuttgart E 13 (Finanzministerium 1801–1866, Büschel 2 mit Gusswarenkatalog des Hüttenwerks Wasseralfingen 1816)
50 Ingeborg Kleve, Geschmack, Kunst und Konsum. Kulturpolitik als Wirtschaftspolitik in Frankreich und Württemberg (1805–1845), Göttingen 1996. Uwe Fliegauf, Die Schwäbischen Hüttenwerke zwischen Staats- und Privatwirtschaft. Zur Geschichte der Eisenverarbeitung in Württemberg (1803–1945), Ostfildern 2007.

571
Sika Chemie, Stuttgart

Name Sika Chemie Paul Lechler
Geschäftstätigkeit Chemische Fabrik
Branche Nr. 240/243
Umfang 19
Laufzeit 1881–1988
Benutzbarkeit Eingeschränkt
Bestand Y 78

Bestandsgeschichte Das Archivgut wurde 1991 von der Geschäftsleitung übernommen. Nachlieferungen folgten 1995 und 1998.
Geschichte 1871 übernahm Dr. h. c. Paul Lechler (seit 1909 von Lechler) als Teilhaber die Lack- und Firnisfabrik seines Vaters Christian Lechler & Sohn in Stuttgart-Feuerbach. 1875 heiratete er die Bankierstochter Maria Hartenstein. Seit dem Alter von 26 Jahren stellte Lechler zehn Prozent seines Unternehmensgewinns kirchlichen und sozialen Organisationen zur Verfügung und übernahm vielerlei karitative Aufgaben. Nach dem Tod seines Vaters 1878 verkaufte er die Fabrik an August Happold und Hermann Haaß. 1879 gründete er ein neues Unternehmen zur Herstellung von Schmierölen und Holzschutzmitteln. Neben seinem Engagement für die ärztliche Mission in Indien gründete er 1916 die Tropenklinik Paul-Lechler-Krankenhaus in Tübingen. 1919 wurde die Firma in eine OHG umgewandelt. Nach dem Zweiten Weltkrieg kamen zum bisherigen Produktangebot Klebstoffe, Dichtungen sowie Apparate für Labortechnik und die chemische Industrie dazu. 1975 übernahm die Schering AG in Berlin das Unterneh-

men, verkaufte es 1982 an die Schweizer Sika Finanz AG weiter. 1988 erfolgte die Fusion mit der Sika GmbH in Hamburg und die Namensänderung in Sika Chemie GmbH.

3 Weltreise Paul Lechler 1935, Veröffentlichungen von Paul Lechler

4 Zeitungsartikel zur Firmengeschichte um 1920–1970, Geschichte des Werkes Stammheim, 75-jähriges Firmenjubiläum 1954, 100 Jahre Lechler 1979, Firmenchronik, R. Müller: Wie ich die Firma Lechler erlebte 1887–1937

6 Zellprodukte GmbH, Niederlassungen Berlin und Kattowitz 1940

7 Geschäftsführung 1959, verschiedene Verträge, Büroleitertagungen

8 Organisations-Handbuch Lechler

9 Arbeitsordnungen 1917–1973, Belegschaft, Anschläge, Mitteilungen und Anweisungen 1933–1975, Arbeitstagungsprotokolle, Ansprachen zu Betriebsfeiern und Betriebsversammlungen 1975–1980, Werkszeitschrift Lechler-Brücke, Personalbuch 1881–1961

10 Bauangelegenheiten um 1975, verschiedene Grundstücksverträge, Reichsbahn-Gleisanschluß

13 Fachartikel, Gutachten und Zeugnisse zu Inertol 1913–1935, Labor 1949–1957, Unterlagen zu Bautenschutzmittel, Prüf- und Zulassungsberichte, Rauental-Viadukt, Patente, Spritzverfahren 1948–1953, Maschinelle Anlagen 1955–1957, Haarriss-Versuche 1917, Zellprodukte

14 Umsatzstatistik 1885–1956

15 Prospekte um 1930–1980, Prospekte und Verkaufsunterlagen für Inertol, Inertol-Post 1969–1974, Info-Broschüre Sika/Lechler 1988, verschiedene Exportprospekte und Muster-Rezepte, Straßenbau: Drucksachen und Prospekte 1948–1969

16 Bilanzen 1943–1947

21 Rechtsstreitigkeiten

22 Mitgliedschaften

47 Fotos: Belegschaft, Fabrikgebäude, Produktion, Jubilarfeiern, Mikrofilm 1943. Tonband: Betriebsfeier 1960

50 Paul Lechler, Geschäftserfolg und Lebenserfolg, 12. Aufl. Düsseldorf 1964 (erstmals 1912). Paul Lechler 1879–1954, Festschrift zum 75-jährigen Bestehen der Firma Paul Lechler Stuttgart, [Stuttgart 1954] (Festschrift). Hundert Jahre Zeit, Stuttgart 1979 (Festschrift). 1.1.1988, Lechler Chemie GmbH und Sika GmbH sind ein Unternehmen: Sika Chemie GmbH, Stuttgart 1988 (Werbeschrift).

572
Silberburg-Verlag, Tübingen

Name Silberburg-Verlag GmbH
Geschäftstätigkeit Verlag
Branche Nr. 220
Umfang 8
Laufzeit 1890–2017
Benutzbarkeit Nein
Bestand Y 534

Bestandsgeschichte Der Bestand wurde 2019 kurz vor Redaktionsschluss übernommen. Weiterführende Hinweise unter: https://wabw.uni-hohenheim.de

573
Singer, Karlsruhe

Name Singer Werke GmbH
Geschäftstätigkeit Nähmaschinenfabrik
Branche Nr. 290/297/299
Umfang 6
Laufzeit 1860–1991
Benutzbarkeit Ja
Bestand B 66

Bestandsgeschichte Das Archivgut wurde 1982 übernommen. Es handelt sich um Unterlagen der Abteilungen Direktion, Werbung und Recht. Zu unterscheiden sind drei Provenienzen: Die Singer GmbH Karlsruhe, die 1940 gekaufte Maschinenbau Betz GmbH Offenbach und die 1954 gegründete Tochter REX Wohnungsgesellschaft mbH Karlsruhe. Von der Firma Maschinenbau Betz GmbH, Offenbach/Main ist ausführliches Schriftgut zu folgenden Themenbereichen vorhanden: Rechtsverhältnisse, Unternehmensführung, Geschäftsführung, Aufsichtsrat, Gesellschafterversammlung, Arbeit und Soziales, Grundstücke und Gebäude, Finanzierung, technische Anlagen, Rechnungswesen und Kriegsfolgen, mit einer Laufzeit von 1915 bis 1971. Das Schriftgut der Singer Nähmaschinen AG Frankfurt (vormals Hamburg, Berlin) umfasst die Bereiche Firmengeschichte, Rechtsverhältnisse, Unternehmensführung, Aufsichtsrat, Hauptversammlung, Grundstücke und Gebäude, Finanzierung, Produktion, Absatz, Markenschutz, Rechnungswesen, Kriegsfolgen, Gesamtlaufzeit 1901 bis 1968.

Geschichte 1860 gründeten Georg Haid und Karl Neu in Karlsruhe eine feinmechanische Werkstätte, 1862 fertigten sie die ersten Nähmaschinen. Damit gehörten die Firmengründer zu den ersten, die in Deutschland Nähmaschinen bauten. Bis 1868 wurden bereits 2.000 Maschinen gebaut, 1907 wurde die erste Million erreicht und 1913 verließen das Werk täglich 600 Maschinen. Das Unternehmen wurde 1882 von einer oHG in eine Aktiengesellschaft umgewandelt, die als Nähmaschinenfabrik Karlsruhe Aktiengesellschaft firmierte. 1889 erfolgte der Aufkauf der Karlsruher Eisengießerei G. Fleischhauer. Bis 1938 hielt die Karlsruher Familie Straus die Aktienmehrheit. 1940 wurde die Firma Maschinenbau Betz GmbH, Offenbach/Main erworben. Nach dem Zweiten Weltkrieg erfolgte die Rückerstattung der Anteile an die in den USA lebende Familie Straus, die sie dann veräußern wollte. Da 1951 ein Lizenz- und Liefervertrag mit der Singer-Nähmaschinen AG in Frankfurt abgeschlossen worden war, wurden die Aktien 1951/52 von Straus an die International Securities Company (ISC) verkauft, in deren Besitz sich seit 1961 mehrheitlich die Singer-Nähmaschinen AG Frankfurt befand. 1958 erfolgte die Übernahme des bisherigen Firmennamens durch die Tochtergesellschaft in Offenbach/Main, die künftig als Nähmaschinenfabrik Karlsruhe vormals Haid & Neu GmbH Offenbach/Main firmierte, wo Haid & Neu-Maschinen hergestellt wurden. 1958 erfolgte auch die Änderung des Singer-Firmennamens in Singer Nähmaschinenfabrik Karlsruhe AG, in Karlsruhe wurden nur noch Singermaschinen produziert.

1963 wurde das Werk Offenbach verkauft und 1965 erfolgte die Änderung der Rechtsform in Singer Nähmaschinenfabrik Karlsruhe GmbH und 1967 in Singer Werke GmbH. 1982 wurde die Nähmaschinenfertigung in Karlsruhe eingestellt. 1985 folgte die Namensänderung in SDC Elektrogeräte Vertrieb GmbH und 1990 die Eingliederung in den Verband der weltweiten Singer-Organisation.

3 Eigentumsangelegenheiten 1928–1953

4 Zeitungsausschnitte, Jubiläumsfeier 1907, Festschrift zum 60-jährigen Bestehen, Festschrift zum 75-jährigen Bestehen 1888–1991

5 Gründung, Rechtsform, Handelsregisterauszüge, Geschäftseröffnung, Umwandlung in eine AG, Satzungen, Änderung des Firmennamens 1860–1966

6 Maschinenbau Betz GmbH, Offenbach/Main 1915–1964, REX-Wohnungsgesellschaft mbH, Karlsruhe 1956–1971, Singer Nähmaschinen AG Frankfurt (vorm. Hamburg, Berlin) 1902–1968

7 Vorstand, leitende Angestellte, Aufsichtsratsprotokolle, Aufsichtsratskorrespondenz, Hauptversammlungsprotokolle 1883–1968

10 Grundstücke und Gebäude, Lagepläne 1886–1967

11 Anleihen, Kapitalerhöhungen, Kapitalherabsetzung, Aktienumstellung 1892–1966

14 Auslandsvertretung, Absatz in China 1883–1900

15 Prospekte, Nähbücher 1915–1963

16 Geschäftsberichte, Bilanzen, Gewinn- und Verlustrechnungen, Jahresabschlußprüfungen, Inventar

47 Fotos: Vorstandsmitglieder, Sozialeinrichtungen, Firmengebäude, Produktionsräume, Wohngebäude, Kriegsschäden, Produktion, Produkte, Schaufensterwerbung 1920–1975

48 Medaillen, Orden 1891–1908

50 Erich Köhrer (Hg.), Das Land Baden, Seine Entwicklung und seine Zukunft, 2. Auflage Berlin 1925, S. 226. Denkschrift der Nähmaschinenfabrik Karlsruhe vormals Haid & Neu in Karlsruhe, Baden zu ihrem Doppeljubiläum im Jahre 1907 anlässlich des 25-jährigen Bestehens der Firma als Aktiengesellschaft (1882) und der Fertigstellung der millionsten Nähmaschine seit Begründung der Firma Haid & Neu im Jahre 1960, Berlin [1907] (Festschrift). Vom Werden und Wirken der Nähmaschinenfabrik Karlsruhe vorm. Haid & Neu, Karlsruhe 1860–1928, Berlin [1928] (Festschrift). Die Singer Nähmaschinen AG Wittenberge, Im Spiegel deutscher Wertarbeit, Wittenberge 1934 (Festschrift). Haid & Neu Nähmaschinen 1860–1960, Ein Jahrhundert Bewährung, Karlsruhe [1960] (Festschrift).

574
Sommer, Weingarten

Name Autohaus Ernst Sommer
Geschäftstätigkeit Autoverkauf/Handel mit Kraftwagen
Branche Nr. 500
Umfang 9
Laufzeit 1909–2007
Benutzbarkeit Nein
Bestand Y 537

Bestandsgeschichte Der Bestand wurde 2019 kurz vor Redaktionsschluss übernommen. Weiterführende Hinweise unter: https://wabw.uni-hohenheim.de

575
Spangenberg, Mannheim

Name Gustav Spangenberg Maschinenfabrik GmbH
Geschäftstätigkeit Maschinenfabrik
Branche Nr. 290
Umfang 3,5
Laufzeit 1903–1970
Benutzbarkeit Eingeschränkt
Bestand Y 124

Bestandsgeschichte Das Archivgut wurde 1983 vom Konkursverwalter übernommen.
Geschichte Das Unternehmen – Hersteller von Spezialmaschinen – wurde 1871 von Gustav Spangenberg gegründet. Er begann mit der Herstellung von Lacken und Farben und konstruierte eine Ölfarbmühle, eine Walzenfarbreibemaschine. Hinzu kamen weitere Spezialmaschinen zur Herstellung und Verarbeitung von Ölfarben. 1895 nahm Spangenberg seinen Schwiegersohn Jakob Schneider in die Firma auf, der zuvor bei den Farbwerken Höchst am Main tätig war. 1904 wurde ein neues Fabrikgebäude gebaut, das Farbengeschäft zugunsten der Maschinen, die in alle Welt geliefert wurden, aufgegeben. 1922 trat der Neffe von Schneider, Ludwig Schöffel, in die Firma ein. Schöffel verfügte bald über zahlreiche in- und ausländische Patente. Nach 1945 gelang es Schöffel, mit Hochleistungs-Maschinen eine neue Produktion aufzubauen. Kunden waren nicht nur die Lack- und Farbenindustrie, sondern auch die pharmazeutische, kosmetische, Seifen-, Öl-, Leder-, Gummi-, Textil- und Nahrungsmittelindustrie. 1982 stellte die Gustav Spangenberg GmbH Antrag auf Eröffnung eines Konkursverfahrens.
4 Firmengeschichte
9 Löhne und Gehälter
10 Bauunterlagen um 1903–1970
13 Patente
14 Versandbuchserie 1933–1970
15 Prospekte, Referenzschreiben
16 Bilanzbuch 1913–1951, Scheck- und Wechselbuchserie
19 Militärregierung um 1946–1948
20 Berichte an die Industrie- und Handelskammer Mannheim
47 Fotos: Maschinen, Messen, Produktion, Belegschaft
50 80 Jahre GSM, Gustav Spangenberg Maschinenfabrik Mannheim 1871–1951, Heppenheim [1951] (Festschrift).

576
Sparkasse Bodensee, Friedrichshafen, Konstanz

Name Sparkasse Bodensee
Geschäftstätigkeit Bankgeschäft
Branche Nr. 650
Umfang 82
Laufzeit 1824–2008
Benutzbarkeit Ja
Bestand B 207

Bestandsgeschichte Das Archivgut der Vorgängerinstitute der Sparkasse Bodensee wurde im Jahr 2008 übernommen.
Geschichte Die Sparkasse Bodensee mit den beiden Hauptstellen in Friedrichshafen und Konstanz entstand am 1. April 2001 durch die Fusion der Sparkassen Friedrichshafen und Überlingen. Am 1. Januar 2002 erfolgte die Aufnahme der Sparkasse Konstanz. Mehrere Vorgängerinstitute gingen in der Sparkasse Bodensee auf:
Die Oberamtssparkasse Tettnang wurde 1825

gegründet, seit 1934 firmierte sie als Kreissparkasse, infolge der Kreisreform von 1938 wurde ihr Sitz nach Friedrichshafen verlegt. Die spätere Hauptstelle in Friedrichshafen war 1921 als Zweigstelle der Oberamtssparkasse Tettnang eingerichtet worden.
1839 wurde in Konstanz eine Privat-Sparkassen-Gesellschaft gegründet. Im Zuge ihrer Auflösung im Jahr 1868 wurden ihre Aktiva und Passiva zusammen mit dem Schriftgut der Stadtgemeinde Konstanz zur Gründung einer Städtischen Spar-, Waisen- und Leihkasse übergeben. Am 4. Januar 1869 erteilte das badische Innenministerium die Genehmigung für dieses Projekt. Die gleichzeitig in Betrieb genommene Pfandleihanstalt wurde 1904 aufgegeben. Seit 1881 firmierte die Einrichtung als Sparkasse Konstanz mit den Nebenanstalten Waisenkasse, Hinterlegungskasse und Leihanstalt.
Die im Jahr 1836 in Überlingen eröffnete städtische Sparkasse wurde 1857 zu einer Verbandssparkasse erweitert, die am 1. Januar 1858 unter dem Namen Spar- und Waisenkasse Überlingen ihre Tätigkeit aufnahm. Von 1929 an firmierte sie als Bezirkssparkasse. Bis auf die Satzung und die Jahresrechnungen ist das Schriftgut der städtischen Sparkasse verloren gegangen.
Bereits in den Jahren 1847 bis 1858 wurde in Meersburg eine Spar- und Leihkasse unter Garantie der Stadtgemeinde betrieben, ihre Jahresrechnungen gelangten in das Archiv der 1885 gegründeten städtischen Spar- und Waisenkasse Meersburg. Im Jahr 1891 wurde diese in eine Verbandssparkasse umgewandelt, 1970 fusionierte sie mit der Sparkasse Konstanz und wurde seither als Hauptzweigstelle der Sparkasse Konstanz geführt.

4 Jubiläen und Festschriften (Tettnang, 1925–1950; Überlingen, 1905–1986; Konstanz, 1904–1989; Meersburg, 1910–1985; Friedrichshafen, 1967–1995); Einrichtung eines historischen Archivs (Überlingen, 1933–1996)

5 Satzungen (Tettnang, 1824–1932; Überlingen, 1836–1940; Konstanz, 1838–1926; Meersburg, 1884; Friedrichshafen, 1922–1986)

6 Zweigstellen (Tettnang, 1921–1972; Überlingen, 1922–1975; Konstanz, 1941–1963; Meersburg, 1966–1989; Friedrichshafen, 1921–1972); Fusionen (Überlingen, 1924)

7 Amtsversammlungsprotokolle (Tettnang, 1912–1939); Verwaltungsratsprotokolle und Verwaltungsbeschlüsse (Überlingen, 1882–1939; Konstanz, 1852–1956; Meersburg, 1894–1970; Friedrichshafen, 1948–1974); Verwaltungsratswahl (Überlingen, 1863–1921; Konstanz, 1924–1939; Friedrichshafen, 1925–1980); Vorstandsprotokolle (Meersburg, 1967–1980); Korrespondenz (Überlingen, 1890–1933)

8 Schriftgutverwaltung (Überlingen, 1955–1986; Konstanz, 1939–1953); Dienstanweisungen (Konstanz, 1941–1949; Friedrichshafen, 1924–1967); Geschäftsbetrieb (Überlingen, 1989–1911)

9 Personal (Überlingen, 1866–1951; Konstanz, 1862–1966)

10 Immobilienverwaltung (Überlingen, 1877–1919; Konstanz, 1885–1933); Umbau- und Neubauprojekte (Überlingen, 1954–1990; Meersburg, 1908–1992)

11 Überlingen (1880–1930); Konstanz (1958); Friedrichshafen (1935–1967)

13 Passivgeschäft (Tettnang, 1850–1967; Überlingen, 1930–1960; Konstanz, 1839–1955; Meersburg, 1983–1972; Friedrichshafen, 1922–1951); Aktivgeschäft (Tettnang, 1919; Konstanz, 1898–1951; Meersburg, 1910–1980; Friedrichshafen, 1948–1959); Wertpapiere (Tettnang, 1934–1972; Überlingen, 1926–1974; Konstanz, 1915–1931; Meersburg, 1912–1971; Friedrichshafen, 1941–1965)

14 Wettbewerb (Überlingen, 1928–1993; Friedrichshafen, 1930–1987)

15 Werbung/Öffentlichkeitsarbeit (Überlingen, 1958–1994; Konstanz, 1938–1977; Meersburg, 1973–1989; Friedrichshafen, 1975–1983)

16 Haushaltspläne (Tettnang, 1931–1948, Friedrichshafen, 1954–1960) ; Jahresabschlüsse und Bilanzen (Tettnang, 1830–1960; Überlingen 1837–1934; Konstanz, 1840–1958; Meersburg, 1847–1983; Friedrichshafen, 1926–1962); Tagebücher (Tettnang, 1859–1932; Überlingen 1863); Hauptbücher (Tettnang, 1909–1928; Überlingen, 1927–1929; Konstanz, 1907–1938; Meersburg, 1929–1948); Revision (Überlingen, 1897–1990; Konstanz, 1862–1942; Meersburg, 1944–1969; Friedrichshafen, 1961); Geschäftsberichte (Tettnang, 1927–1936; Überlingen, 1927–1970; Konstanz, 1883–1992; Meersburg, 1955–1970; Friedrichshafen, 1939–1995; Sparkasse Bodensee, 2001–2008)

17 Meersburg (1936–1971)

18 Meersburg (1927–1967); Konstanz (1931–1946); Überlingen (1931–1938)
19 Konstanz (Kriegsbedingte Ausfälle an hypothekarisch beliehenen Objekten, Meldung der Vermögen von NS-Organisationen; Beschlagnahmungen durch die Militärregierung, Entnazifizierung, 1924–1957); Friedrichshafen (Entnazifizierung, 1945–1973); Währungsreform und Altsparerentschädigung (Tettnang, 1933–1967; Überlingen, 1947–1991; Konstanz, 1952–1958; Meersburg, 1948–1954; Friedrichshafen, 1940–1970); Zeichnung von Kriegsanleihen (Konstanz, 1915–1919); Kriegssparen (Tettnang, 1939–1945; Konstanz, 1939–1946)
20 Badischer Sparkassenverband: Versammlungen, Verbandsarbeit (Überlingen, 1894–1993); Badischer Sparkassenverband: Rundschreiben (Überlingen, 1928–1994; Konstanz, 1933–1970; Meersburg, 1939–1956); Württembergischer Sparkassenverband: Versammlungen, Verbandsarbeit (Friedrichshafen, 1921–1985)
21 Überlingen (Verwaltungsrechtsstreit zwischen der Bezirkssparkasse Salem und dem Land Baden-Württemberg wegen Unterhaltung einer Zweigstelle in Nußdorf, 1961–1970); Konstanz (Rechtsstreit mit Kunden, 1854–1961)
22 Spenden (Überlingen, 1908–1921; Konstanz, 1900–1951; Friedrichshafen, 1965)
47 Fotos: Überlingen (Sparkassengebäude, Autoschalter, Verwaltungsrat, Zweigstellen); Konstanz (Zweigstellen); Meersburg (Sparkassengebäude, Schulsparen); Tonmitschnitt der Feierstunde zum 150-jährigen Jubiläum der Kreissparkasse Friedrichshafen 1975
50 100 Jahre Oberamtssparkasse Tettnang, 1925 (Festschrift). Spar- und Waisenkasse Überlingen, Denkschrift zur Feier des 50jährigen Bestehens 1857–1907, 1907 (Festschrift). 75 Jahre Öffentliche Verbandssparkasse Bezirkssparkasse Überlingen am Bodensee, Denkschrift zum 75jährigen Bestehen nebst Geschäftsbericht für das Jahr 1931, 1932 (Festschrift). Bezirkssparkasse Überlingen (Bodensee), Geschichte, Geschäfte und Leistungen, 1968. Bei uns am See, 150 Jahre Sparkasse Überlingen, 1986 (Festschrift). Die Städtische Sparkasse Konstanz im Jahre 1904, Denkschrift aus Anlaß der Eröffnung des neuen Verwaltungsgebäudes am 5. Oktober 1904, 1904. 150 Jahre Sparkasse Konstanz, Jubiläumsbericht 1839–1989, 1989 (Festschrift). Denkschrift zur Feier des 25jährigen Bestehens der Spar- und Waisenkasse Meersburg 1885–1910, 1910 (Festschrift). Kreissparkasse Friedrichshafen, 1967. 150 Jahre Kreissparkasse Friedrichshafen, Kreditinstitut des öffentlichen Rechts unter Haftung des Bodenseekreises 1825–1975, 1975 (Festschrift). Gert Kollmer-von Oheimb-Loup, Einführung in die baden-württembergische Bankengeschichte des 19. und 20. Jahrhunderts / Wilhelm Hohmann: Kompendium der Privatbanken in Stuttgart 1865 bis Ende der 1980er Jahre, (= Stuttgarter historische Studien zur Landes- und Wirtschaftsgeschichte 14), Ostfildern 2009. Gert Kollmer-von Oheimb-Loup, Staatliche Ordnungspolitik und die Entwicklung der Sparkassenstruktur in Württemberg zwischen 1818 und der Reichsgründung, in: Zeitschrift für Württembergische Landesgeschichte 58 (1999), S. 211–230. Hans Pohl, Bernd Rudolph, Günther Schulz: Wirtschafts- und Sozialgeschichte der deutschen Sparkassen im 20. Jahrhundert, Stuttgart 2005. Josef Wysocki, Untersuchungen zur Wirtschafts- und Sozialgeschichte der deutschen Sparkassen im 19. Jahrhundert, Stuttgart [1980]. Josef Wysocki, Zur Geschichte des württembergischen Sparkassenwesens, in: Württembergischer Sparkassen- und Giroverband. Werden und Wirken 1885–1985, hg. v. Württembergischen Sparkassen- und Giroverband Stuttgart, Stuttgart 1985, S. 17–119.

577 Spiegler, Ludwigsburg

Name Spiegler, Dr. Otto (Nachlass)
Geschäftstätigkeit Nachlass
Branche Nr. 731
Umfang 5
Laufzeit 1960–1990
Benutzbarkeit Eingeschränkt
Bestand Y 273

Bestandsgeschichte Die Tochter von Dr. Otto Spiegler übergab dem WABW 2001 den wissenschaftlichen Nachlass ihres Vaters. Das Schriftgut hatte als Materialsammlung und Vorarbeit zu Spieglers Publikationstätigkeit gedient. Es umfasst v.a. Manuskripte zu: Medizinalmeßgeräte, Maße und Meßwesen in Hohenzollern, Maßsysteme in Deutschland und Frankreich der Neuzeit, Maße im Landkreis Ludwigsburg, Eichwesen, vom Urmaß zur Lichtwellenlänge, Münzgewichte und Münzwaagen, Maße an Kirchen und öffentlichen Gebäuden, St. Dionysius, metrologische Auswertungen, Maßsysteme in Württemberg, römische und karolingische Maße, Längenmaße europäischer Länder im Vergleich, vor- und frühgeschichtliche Meßgeräte aus europäischen Mooren, Maße im Kreis Schwäbisch Hall, Meßgeräte in Literatur, Sage und Religion, Maße des frühen Mittelalters in Frankreich und Geschichte des Messens in Europa, Gewichte der Aschanti im Museum Heilbronn, Meßwesen im Frankenreich, Maße im Altertum, zwei Steinbänke im Favoritepark in Ludwigsburg, ein seltsames Gewicht im Museum Ludwigsburg, keltisches Münzwesen, römische Maßsysteme, Entwicklung der Maße von der Urzeit bis Sumer, Hohlmaße, Flächenmaße, Kalender und Zahlzeichen der Kelten, Kalender und Zahlenmystik in diversen Religionen, Maßbegriffe in der Umgangssprache, Geschichtliches zu Zahlen, Maßen und Gewichten, Geschichte des Messens, Maße in Württemberg, Maße in Markgröningen, die Mark als Maß- und Münzeinheit, Eichämter und Eichbeamte, Einsatzgewichte des Landesmuseums Stuttgart, Ursprung der Maße, Maße im württembergischen und badischen Raum, Wanderung der Maßeinheiten, Meßgeräte in Literatur, Sage und Religion, die alten Maße in Baden-Württemberg, Maße im Hohenlohe-Kreis, Maße im Main-Tauber-Kreis, alte Maße in Vaihingen/Enz, Meßverfahren an römischen Waagen, römisch-mittelalterliches Maßsystem. Materialsammlung: Maß und Gewicht in deutschen Bundesländern und Territorialherrschaften, Waagen, Ellen und Längenmaße, medizinische und pharmazeutische Waagen, Maße an Kirchen und öffentlichen Gebäuden, Maßsysteme in Württemberg, außereuropäische Maßsysteme, Sondermaße, Ziegelmaße, römische und karolingische Maße, Vorderer Orient und Ägypten, Uhren, Johannes Kepler, Maße in Elsass-Lothringen und im Deutschen Reich, Geschichte der alten Maße, Regierungsbezirk Stuttgart, Regionalverband Mittlerer Neckar, Stadtkreis Stuttgart, Landkreis Böblingen, Landkreis Esslingen, Landkreis Göppingen, Landkreis Ludwigsburg, Rems-Murr-Kreis, Regierungsbezirk Stuttgart, Regionalverband Franken, badische Maße, Stadtkreis Heilbronn, Landkreis Heilbronn, Hohenlohekreis, Main-Tauber-Kreis, Landkreis Schwäbisch Hall. Veröffentlichungen von Otto Spiegler.

Geschichte Dr. Otto Spiegler wurde 1910 in Erfurt (Thüringen) geboren und starb 1983 in Ludwigsburg, wo er seit 1947 gelebt hatte. Hauptberuflich im Eichamt in Stuttgart tätig, verfasste Spiegler zahlreiche Zeitschriftenbeiträge zur Geschichte des Eich-, Maß- und Gewichtswesens im Gebiet des Königreichs Württemberg.

50 Im WABW nicht vorhanden.

578
Springer, C. U., Isny

Name C. U. Springer
Geschäftstätigkeit Seidenspinnerei
Branche Nr. 170/171
Umfang 20
Laufzeit 1755–1998
Benutzbarkeit Ja
Bestand B 145

Bestandsgeschichte Das Archivgut wurde 2009 und 2010 mit Nachlieferungen bis 2017 übernommen.

Geschichte Der 1780 geborene Christoph Ulrich Springer gründete nach kaufmännischer Ausbildung und mehrjähriger Tätigkeit in Venedig 1804 in seiner Heimatstadt Isny mit einem Partner das Handelsgeschäft Schmid & Springer, das seit dem Tod des Compagnons 1812 als C. U. Springer firmierte. Später übernahm er noch das Geschäft seines früheren Lehrherrn Leonhard Schlegel, den er als bedeutendster Unternehmer der früheren Reichsstadt ablöste. Springer errichtete 1828 die erste Baumwollweberei im südlichen Württemberg, die ab 1837 mit mechanischen Webstühlen arbeitete, und betrieb ab 1834 eine Seidenzwirnerei, die als erste im Gebiet des Deutschen Zollvereins aus Italien eingeführte rohe Seide zu Nähseide verarbeitete. Nach Einstellung der Baumwollweberei (1851) konzentrierte sich das Unternehmen ganz auf die Seidenverarbeitung. Die Spinnerei mit angeschlossener Färberei nahm im 20. Jahrhundert auch die Produktion synthetischer Garne auf und wurde auf Handarbeitsgarne umgestellt. Mit seinen weltweit vertriebenen Spezialgarnen war C. U. Springer eines der bedeutendsten Unternehmen seiner Branche in Deutschland und der größte Gewerbebetrieb in Isny. Der allgemeinen Krise im Textilgeschäft und besonders des Handarbeitsmarktes konnte sich die Firma jedoch nicht entziehen. Bis zur Einstellung des Betriebs im Jahr 1991 blieb C. U. Springer über sechs Generationen ein eigentümergeführtes Familienunternehmen, dessen Inhaber herausragende Positionen in Wirtschaft, Politik und Gesellschaft Isnys und Oberschwabens einnahmen.

2 Zeitungsartikel um 1871–1995; Publikationen über Reformation in Isny 1931, Nikolaikirche Isny 1916, 1949, Liederkranz Isny 1962, Landkreis Wangen 1965, Württembergische Feuerversicherung AG Stuttgart 1928; Exzerpte aus Geschäftsdokumenten der Familie Eberz (Isny) 1732–1734, 1797–1803, zur Familiengeschichte Eberz im 18. Jh., Manuskript über Fa. Edelmann & Ridder (Isny) 1963

3 Ahnentafeln 14.–18. Jh., Familienwappen von 1676, Lehrbrief Christoph Ulrich Springer 1795 (Faksimile), Familienbriefe 1847–1938, Taschenkalender Eugenie Springer(?) 1878, Familienanzeigen, Totenbriefe und Grabreden 1866–1923, Kirchenbuchauszüge 1968, Vermögen und Erbschaft 1844–1948, Studienmitschriften 1852/53, Reisetagebuch Wilhelm Springer sen. 1849, Wilhelm Springer jr.: Schulzeugnisse und Studienmitschriften 1900–1905, Privat-Kassenbuch 1911–1920, Inhaberjubiläum 1947, Kondolenzbriefe 1956

4 Manuskripte 1844, um 1943–1970, 150-jähriges Jubiläum 1954

5 Geschäftsvereinbarungen Leonhard Schlegel/Lucas Schmid/Christoph Ulrich Springer 1806, 1808, Übernahme der Handlung Leonhard Schlegel 1834, Familienverträge Springer 1881–1896, Handelsregister-Auszüge 1897–1959, Gründung/Fortsetzung der Baumwollspinnerei Zenneck, Springer & Cie. (Urach) 1853/1862, Amtliche Notiz zur Auflösung der Fa. C. U. Springer 1998

6 Baumwollspinnerei Zenneck, Springer & Cie. (Urach): Gründung, Bilanzen 1853–1870; Winderei Ertingen: Inventur und Bilanz 1882–1915, Grundbuchauszug 1917, Brandversicherung 1881, 1884, Stromlieferung 1916/17, Arbeiterinnen und Lohn um 1917, Lageplan; Winderei Weiler (Vorarlberg): Bilanzen 1885–1899; Carl Schweikhardt (Isny): Bilanz 1885; Seidenfabrik Winterlingen: Steuern und Abgaben 1918–1923, Geräteverzeichnis 1916, Diverses 1898–1928, Lagepläne; Winderei Benzingen: Gemeindebeschlüsse 1918, Lageplan; Berliner Seidengarnfabrik AG (Berlin/Isny): Anzeige der Übernahme 1939, Inventar und Maschinenverzeichnis um 1939–1946, Zerstörung der Berliner Niederlassung 1945, Werbegrafik-Entwürfe um 1960

7 Firmenanzeigen über Teilhaber-Ein- und Austritte 1806–1942, Geschäftskorrespondenz 1814–1847, Kopierbücher 1854–1914

9 Arbeiterlisten 1864–1908, Gehaltsbücher 1928–1961, Lohn- und Gehaltslisten 1915–1923, Zuwendungen und Weihnachtsgeschenke 1810–1921, Betriebskrankenkasse 1849–1915, 1944–1949, Lehr- und Arbeitsverträge 1757–1952, Arbeitszeugnisse um 1800–1900, Prokuristen 1812–1899, um 1944, Todesanzeigen und Kondolenzschreiben 1939–1956, Betriebsfeiern und -ausflüge 1936–1940, Leistungskampf, Leistungsbericht (3. Reich) 1942–1944

10 Immobilienkauf (u. a. Geschäftshaus Obertorstraße 1812, Schlegel'sche Seidenfabrik in der Bremenmühle 1834), Immobilienverkauf, -tausch, -Aus- und -Umbau, Chronik Geschäftshaus 1943, Lagepläne um 1906, Betriebserweiterungen 1896, 1925, Zehntleistung an das Gräflich von Quadt'sche Rentamt 1849, Pachtung und Verpachtung (Gärten, Wiesen, Weiher) 1863–1948, Mietsachen 1911–1919, 1936–1942, Eigentumsübertragung zwischen Eugenie und Wilhelm Springer 1917–1921, Presseartikel zur Umnutzung des ehemaligen Geschäftshauses Obertorstraße 1987, Wohnungsbau am Stadtpark Isny 1995, Gutsverwaltung Steinlishof (Ludwigshöhe) in Maierhöfen (Allgäu)

11 Schuldscheine und Quittungen über Kapitaleinlagen 1804–1834, 1889–1931

12 Einkaufsbücher 1802–1804, 1849–1857, 1880–1882, 1892–1919, Einkaufspreise 1836–1840, Importseide-Packzettel um 1860–1900, Seidenqualitäten und -preise 1834–1836, Seiden-

einkaufsnotizen um 1849–1874, Stromlieferung 1916–1954
13 Bericht Christoph Ulrich Springer über seine Unternehmungen 1841, Produktions-Jahresstatistiken 1844–1886, Produktions-Notizbücher 1888–1951, Maschinen- und Mobilienverzeichnisse 1834, 1901–1957, Farbrezepte um 1896–1905, um 1950, Gebrauchs- und Geschmacksmuster und Lizenzen 1915–1954, Patent- und Gebrauchsmuster Angelschnur-Dose 1936–1940, Literatur über Seidenzucht 1918, über Garnqualitäten um 1935 und über Seide/Garn in der (Volks-)Kunst um 1935–1959
14 Verkaufsbuch 1802–1804, Monatsstatistik Versand/Verkauf 1808–1876, Verkaufsstatistik 1879–1894, Versandbücher 1840/41, 1961, Frachtgut-Formulare um 1914, Bericht Marktlage Angelschnüre 1959, Seidenpreis-Tabellen 1830–1839, Preislisten 1988–1991
15 Firmenkatalog um 1925, Werbefaltblatt Angelschnüre um 1929, Werbegrafiken und -Entwürfe um 1938–1963, Garnmuster um 1850–1985, Wund-Heftseide um 1920, Angelschnüre um 1945, Stich-/Stickmustervorlagen um 1960–1990, Firmen-Namenszug um 1804–1970, Briefbögen um 1920–1990, Motiv-Grußkarten um 1954–1990, Bericht Gewerbeausstellung 1854, Bericht und Auszeichnung Gewerbeausstellung 1937
16 Kontobücher Johann Peter Schlegel um 1755–1758, Hauptbücher 1798–1807, 1838–1840, 1871–1961, Geheimbücher 1857–1955, Journalbücher 1876–1895, Kassenbücher 1798–1845, 1878–1910, Debitorenbücher 1805–1841 (»Lumpen«-/»Schwarz«-Bücher), 1893–1912, Wechselbestand 1886–1901, »Filatoji« (Buchführung Löhne, Preise, Produktion, Verkauf) 1816–1834, Jahresübersicht (Löhne, Preise, Produktion, Verkauf) 1844–1886, Haushaltsbücher 1840–1854, 1911–1938, Bilanzen 1804–1857, 1875–1955, Warenübernahme von Fa. Leonhard Schlegel & Comp. 1808, Inventur 1804–1955, Inventur Hilfs- und Betriebsstoffe 1970–1972, allgemeine Statistik um 1883–1943
17 Steuerbüchlein Fa. C. U. Springer bzw. deren Teilhaber 1905–1942, Steuerbüchlein Stadtamtmann Andr. Frid. Feyrabend(t) 1825–1832, Gewerbesteuer 1835–1881, Abgaben an die Stadt-Pflege Isny 1876/77
18 Brandschutzversicherung 1840–1873, 1889, um 1905–1908, Waren- und Transportversicherung 1920–1928, Haftpflichtversicherung 1925–1934, Kfz-Versicherung 1928–1934, Versicherungsschutz für Otto von Moser um 1921–1939
19 Unterbringung und Ausleihe von Arbeitskräften 1942–1944, Kriegsende in Isny 1945
20 Fusionsprojekt in der deutschen Nähseidenindustrie 1905, Deutscher Verband der Nähseidenzwirner 1908, Seidenverwertungs-Gesellschaft mbH (Berlin) 1916–1918, Gemeinschaftsverkauf von Wund-Heftseide 1917, Verband der Kabel-Umspinnseide-Lieferanten 1918
21 Wegenutzungsstreit zwischen Ernst Leibfried, Isny, und der Gräflich von Quadt'schen Domäne 1820–1859, Wassernutzungsstreit zwischen Friedrich von Eberz und C. U. Springer 1849–1858
22 Armen-Fonds 1814, Stiftung für Realschule Isny 1844, Wilhelm Springer-Stiftung/Wilhelmstift 1924–1951
47 Fotos: Wilhelm Springer jr. um 1950, Geschäfts- und Wohnhäuser, Betriebsstätten und Arbeitsplätze um 1930–1940, Betriebsausflüge und Festumzüge um 1936–1940, Fuhrwerk 1892, Messen und Ausstellungen um 1936–1957, Produktwerbung um 1950–1960, 175-jähriges Jubiläum 1979. Grafiken: Christoph Ulrich Springer, Geschäfts- und Wohnhäuser, Ortsansichten um 1800–1900
49 WABW A 5 Bü 602, Stadtarchiv Isny (diverse Bestände), Staatsarchiv Ludwigsburg E 258 VI Bü 4332 (Beanstandungen Christoph Springers zur Oberamtsbeschreibung durch Pfarrer J. C. Ludwig, 1841)
50 Sylvia Greiffenhagen, Politische Kultur Isnys im Allgäu. Auf den Spuren einer freien Reichsstadt. Kehl a. Rh. u.a. 1988.

579
SSV, Stuttgart

Name Süddeutscher Spinnweber-Verband GmbH
Geschäftstätigkeit Textilveredelung
Branche Nr. 173/910
Umfang 0,03
Laufzeit 1940–1941
Benutzbarkeit Eingeschränkt
Bestand Y 484

Bestandsgeschichte Das Archivgut (Leistungsbericht 1940/41) wurde 2014 übernommen.
Geschichte Der Süddeutsche Spinnweber-Verband GmbH (SSV) entstand 1919 als Erzeugungs-, Veredelungs- und Vertriebsgemeinschaft von sieben badischen und württembergischen Baumwoll-Spinnereien und -webereien: Baumwoll-Spinn- und Weberei Arlen, Arlen (heute zu Rielasingen-Worblingen); G. M. Eisenlohr GmbH, Reutlingen; Kollnauer Baumwollspinnerei und Weberei, Kollnau (heute zu Waldkirch); C. A. Leuze, Owen unter Teck; Spinnerei und Weberei Offenburg, Offenburg; Heinrich Otto, Reichenbach a. d. Fils; Heinrich Otto & Söhne, Unterboihingen (heute zu Wendlingen a. N.). Die angeschlossenen Werke erzeugten in den 1920er Jahren mit zusammen über 6.500 Mitarbeitern jährlich über 60 Mio. Meter Gewebe. Der SSV veredelte diese Halbfabrikate durch Bleicherei, Färberei und Stoffdruckerei und sorgte mit zahlreichen Vertretungen im In- und Ausland unter eigener Marke für den Vertrieb der Fertigprodukte an die Bekleidungs- und Wäscheindustrie sowie den Textilhandel. Neben Baumwoll- und Leinengeweben wurden zunehmend auch Kunstfaser- und halbsynthetische Stoffe veredelt. 1932 wurden etwa zwei Drittel der deutschen Zellwollgewebe in den Werken des SSV verarbeitet. Der 1944 ausgebombte Betrieb bezog 1951 mit etwa 180 Angestellten einen Neubau im Stuttgarter Zentrum. 1958 folgten der Umzug nach Echterdingen und die Umbenennung in Süddeutsche Spinnweber GmbH. 1972 wurde das Gesellschaftsvermögen im Zuge der Umwandlung auf die Firma Gustav Windel & Co. in Windelsbleiche (heute zu Bielefeld) als alleinige Gesellschafterin übertragen.
9 Leistungsbericht 1940/41 (enth. zahlr. Fotos und Gewebeproben)
15 Markenzeichen 1940/41 (siehe Rubrik 9)
47 Mitarbeiter, Abteilungen, Messestand, Gebäude, Betriebssport, Betriebsausflüge, Betriebsfeiern 1934–1941 (siehe Rubrik 9)
48 Gewebeproben 1940/41 (siehe Rubrik 9)
49 WABW A 16 Firmenakte 1650; Staatsarchiv Ludwigsburg FL 300/31 I Bü 2542 (Handelsregister-Akte)
50 Das Land Württemberg, Seine wirtschaftliche und kulturelle Bedeutung, II. Ausgabe, Verlag Stuttgarter Neues Tagblatt, Stuttgart [1927], S. 33; Handbuch der Württembergischen Wirtschaft 1928, hrsg. v. Arthur Katz-Foerstner, Berlin [1928], nach S. 88. Westdeutsche Wirtschaftschronik, Bd. II: Württemberg, Stuttgart 1954, S. 646 f.

580
Stäcker, Mannheim

Name Karl Stäcker
Geschäftstätigkeit Harzleimfabrik
Branche Nr. 243
Umfang 2,5
Laufzeit 1941–1966
Benutzbarkeit Nein
Bestand Y 548

Bestandsgeschichte Der Bestand wurde Ende 2019 kurz vor Redaktionsschluss übernommen. Weiterführende Hinweise unter: https://wabw.uni-hohenheim.de

581
Stadler Verlag, Konstanz

Name Stadler Verlag
Geschäftstätigkeit Verlag
Branche Nr. 220
Umfang 12
Laufzeit 1945–1973
Benutzbarkeit Eingeschränkt
Bestand Y 125

Bestandsgeschichte Das Archivgut wurde 1991 übernommen.
Geschichte 1814 eröffnete Joseph Meinrad Bannhard in Konstanz eine Druckerei, 1836 wurde sein Schwiegersohn Jakob Stadler Geschäftsführer. 1846 erwarb Stadler das Inventar der Bannhardschen Druckerei und in den Folgejahren weitere Druckereien. 1931 konnte ein Vergleichsverfahren gegen die Firma durch die Aufteilung des Unternehmens in eine Buchdruckerei, Buchbinderei und einen Verlag abgewendet werden. 1973 wurde der technische Betrieb stillgelegt, die Firma konzentrierte sich ausschließlich auf das Verlagsgeschäft. 1982 erfolgte die Gründung der Stadler Verlagsgesellschaft mbH.
16 Rechnungen 1945–1973
50 Hundertjähriges Jubiläum Friedr. Stadler Konstanz 1814–1914, Konstanz 1914 (Festschrift). 150 Jahre stadlerdruck konstanz, [Konstanz 1964] (Festschrift). Lothar Burchardt und Rainer Wirtz, Verlegtes, Verlegenes und Entlegenes, Längsschnitte durch 175 Jahre Verlags- und Druckereiproduktion bei Stadler 1815–1990, Konstanz 1990 (Festschrift). Wolfram Vogel, Der Verlag Stadler feiert sein 175-jähriges Jubiläum, in: Konstanzer Almanach 36 (1990) S. 69–72.

582
Städtische Spar- und Girokasse Stuttgart, Stuttgart

Name Städtische Sparkasse Stuttgart
Städtische Girokasse Stuttgart
Geschäftstätigkeit Bankgeschäft
Branche Nr. 650
Umfang 112
Laufzeit 1884–1975
Benutzbarkeit Ja
Bestand B 102

Bestandsgeschichte Das Archivgut wurde ab 2002 von der Landesbank Baden-Württemberg (LBBW) übernommen. Nachlieferungen erfolgten bis 2018.
Geschichte Die Gründung der Pfennigsparkasse und Städtischen Sparkasse Stuttgart geht auf den lokalen Vorstand des Wohltätigkeitsvereins Kommerzienrat Karl Ostertag und den Stuttgarter Oberbürgermeister Gottlieb Friedrich von Hack zurück. Mit Hilfe dieser Einrichtungen sollte es auch ärmeren Bevölkerungsschichten ermöglicht werden, Rücklagen zu bilden. Mit Genehmigung der königlichen Kreisregierung nahmen sowohl die Städtische Sparkasse als auch die Pfennigsparkasse 1884 ihren Geschäftsbetrieb auf. Die Verwaltung der Städtischen Sparkasse lag anfänglich in den Händen zweier städtischer Beamte, die beide als Sicherheit eine nicht geringe Kautionssumme hinterlegen mussten. Zweig- und Annahmestellen verteilten sich im Laufe der Zeit über den gesamten Stuttgarter Stadtbezirk. 1899 wurde die Pfennigsparkasse von der Städtischen Sparkasse übernommen.
1916 führte man zusätzlich zum Spargeschäft auch den Giroverkehr ein. Dieser wurde von einer eigenen Abteilung der Sparkasse, der Städtischen Girokasse, verwaltet. Gleichzeitig weitete sich das Geschäftsfeld der Städtischen Sparkasse auf Leistungen wie Scheckverkehr, Kontokorrentkredite sowie An- und Verkauf von Devisen aus.
Unter Umbenennung in Städtische Girokasse Stuttgart öffentliche Bankanstalt löste sich die Giroabteilung 1923 von der Sparkasse und wurde ein eigenes Institut. Durch die Neuregelung des württembergischen Sparkassengesetzes bedingt,

erhielten beide Institute 1932 rechtliche Selbstständigkeit. Städtische Sparkasse und Städtische Girokasse waren jedoch weiterhin in Personalunion miteinander verbunden, hatten gemeinsame Organe, Mitarbeiter und Geschäftsstellen. Die Vorteile einer rechtlichen Trennung der beiden Institute entfielen 1968 mit Inkrafttreten des neuen Sparkassengesetzes für Baden-Württemberg. Daher wurde die Sparkasse 1971 von der Girokasse aufgenommen. Das vereinigte Institut firmierte als Girokasse Öffentliche Bank und Sparkasse Stuttgart. 1975 fusionierte es mit der Württembergischen Landessparkasse zur Landessparkasse-Girokasse, öffentliche Bank, die 1977 in Landesgirokasse, öffentliche Bank und Landessparkasse umbenannt wurde. Durch die Vereinigung der Landesgirokasse, der Südwestdeutschen Landesbank – Girozentrale (SüdwestLB) und der Landeskreditbank Baden-Württemberg – Marktteil entstand 1999 die Landesbank Baden-Württemberg (LBBW).

2 Stadt Stuttgart (Zweigstelleneröffnungen 1911–1975, Lichtspielhäuser 1928–1946, Stadtanleihen 1928–1987, Reiseführer 1904–1940, Deutsches Turnfest in Stuttgart 1933), Geschichte der Sparkassenverbände und des Sparkassenwesens 1918–1962, Sparkassengeschichte 1920–1941, Geschichte der Geldwirtschaft 1934–1980

4 25-jähriges Jubiläum Städtische Sparkasse (Pressemitteilungen) 1909, 10-jährigen Bestehen des kommunalen Giroverkehrs 1927, 50-jähriges Jubiläum Städtische Sparkasse (Ansprachen, Presse) 1934, 25-jähriges Jubiläum Städtische Girokasse 1941, 75-jähriges Jubiläum Städtische Sparkasse (Feier, Presseveröffentlichungen, Festschrift) 1959, 50-jähriges Jubiläum Städtische Girokasse (Festschrift, Festakt) 1966, Geschäftsbericht zum 100-jährigen Jubiläum der Landesgirokasse (Städt. Sparkasse Stuttgart) 1984

5 Satzungen 1884–1973, Gründungsprotokoll Städtische Girokasse 1916, Mustersatzung für die öffentlichen Sparkassen in Württemberg 1908–1951

6 Pfennigsparkasse Stuttgart 1885–1914, Errichtung von Annahmestellen und Zweigstellen 1905–1975, Zweigstelle Stiftstraße, Stuttgart 1908–1949, Geschäftsverkehr mit der Reichsbank 1907–1945, Öffentliche Bausparkasse der Städtischen Sparkasse Stuttgart 1928–1934, Öffentliche Bausparkasse Württemberg 1933–1975; Beteiligungen: Stuttgarter Straßenbahnen AG 1919–1966, Schlossgartenbau-AG 1921–1977, Bau- und Boden AG Stuttgart 1921–1937, Bahnhofplatz-Gesellschaft Stuttgart AG 1922–1982, Industriehof AG Stuttgart 1923–1977, Städtische Pfandleihanstalt Stuttgart AG 1923–1984, Württembergische Finanz-AG Stuttgart 1923–1972, Grundstücks-AG am neuen Bahnhof 1924–1932, Württembergische AG für Grundbesitz 1925–1932, Württembergischer Kreditverein AG Bodenkreditanstalt Stuttgart 1925–1974, Stuttgarter Kassenverein Wertpapiersammelbank AG 1926–1973, Württembergische AG für Bauausführungen 1931–1979, Genossenschaft der Eigenwohner eGmbH Stuttgart 1949–1957, Geschäftsbauten GmbH 1972–1977; Übernahmen: Städtische Sparkasse Feuerbach 1933, Zweigstellen von Oberamtssparkassen und Kreissparkassen 1934–1948, Stuttgarter Gewerbekasse AG 1935, Württembergische Beamtenbank und Süddeutsche Sparerbank Stuttgart 1930–1943, Liquidation deutscher Zwecksparunternehmungen 1935 (Stuttgarter Mobilien-Zwecksparverband eGmbH, Württembergische Mittelstandskasse AG, Württembergische Privat-Kredit-Genossenschaft eGmbH Stuttgart), Schwäbische Finanzierungsgesellschaft mbH – Teilzahlungsbank – Stuttgart 1962–1972; Schwäbische Finanzierungsgesellschaft mbH/Deutsche Leasing GmbH 1963–1973, Sparkassen und Girokassen im Sudetenland 1923–1951, Wertpapierbörse in Stuttgart 1936–1979, Zweigstellenstatistik 1950–1977, Fusion Städtische Sparkasse und Städtische Girokasse 1970, Fusion Städtische Sparkasse und Württembergische Landessparkasse 1970–1975

7 Verwaltungskommissionsprotokolle 1884–1912, Protokolle der zuständigen Abteilung des Gemeinderats 1912–1924 und 1929–1932, Verwaltungsratsprotokolle 1932–1975, »Mitteilungen der Direktion« 1932–1968, »Mitteilungen des Vorstands« 1968–1975, Vorstandsprotokolle 1968–1975, Vorlagen für Vorstands- und Verwaltungsratssitzungen 1970–1973, Verwaltungsrat (Mitglieder, Zuständigkeit, Ausschüsse) 1970–1975, Geschäftsbefugnisse von Vorstandsmitgliedern und Sparkassenleitern 1933–1970, Sparkassenleiter 1936–1973, Vergütungen des Verwaltungsrats 1951–1977, Besuche bei Sparkassen in Berlin, Köln, Hamburg, Hannover, Bremen 1934–1941, Studienreisen des Verwaltungsrates (u.a. Köln, Frankfurt, Berlin, Österreich, Italien, Spanien, Dänemark, Schweden, Portugal, Hamburg, Frankreich, Skandinavien, Türkei, Jugoslawien, Großbritannien, USA) 1936–1941 und 1953–1973, Direktor Gotthilf Oesterle (v.a. Aufsätze, Korrespondenz) 1924–1966, Handakten von Sparkassenleitern (u.a. Lorenz Nix, Dr. Alois Mahringer) 1954–1977, Geburtstage und Ehrungen der Direktoren Mahringer 1960–1986, Dr. Gerhard Volz 1967–1972, Wilhelm Elsenhans 1969–1978, Zweigstellenleiterbesprechungen 1957–1967, Auslandsabteilung 1963–1969

8 Betriebsstruktur, Stellenpläne, Zuständigkeitsordnung 1912–1975, Hollerithabteilung 1919–1940, Einsatz von Rechenmaschinen 1930–1980, Archiv und Registratur 1933–1966, Organigramme und Geschäftsverteilung 1920–1986, Geschäfts- und Dienstanweisungen 1888–1973, Geschäftsausstattung 1948–1956, Betriebsbibliothek 1937, 1951–1978, Aktenplan Girokasse/LG 1950–1980, Betriebsplan, Unternehmensphilosophie, -planung (mit LG) 1970–1975, Aufgabengliederungsplan 1958–1975 (Nachakten s. B 103)

9 Vergütung und Lohn 1891–1975, betriebliche Alters- und Hinterbliebenenversorgung 1916–1971, Personalrat 1955–1975, Arbeitszeit 1930–1980, Urlaubsregelung 1951–1980, Personalangelegenheiten 1937–1950, Betriebseinrichtungen 1945–1980, Betriebsausflüge 1935/1936, 1953–1979, Betriebsfeiern 1957–1970, Ferienheime Altglashütten und Hindelang 1952–1978, Jubiläumszuwendungen an Beamte 1954–1979, Mitarbeiterzeitschriften »Girokässler« 1951–1974 und »Kontakte« 1975–1977, Lehrlingszeitschrift 1970–1974, Zusatzversorgungskasse (ZVK) 1970–1973

10 Grundstücke und Gebäude in Stuttgart für Wohnungsbau und Zweigstellen 1914–1978 (u.a. Vermietung Hindenburgbau 1927–1963, Palast-Lichtspiele und Lichtspielhaus »Universum« 1927–1946, »Kaiserbau« am Marienplatz, Heslach 1914–1969, Errichtung des Zeppelinbaus 1921–1931), Hauptstelle Königstr. 3 und 5 (Neubau, Umbau, künstlerische Ausgestaltung) 1919–1980, Neubau Kleiner Schlossplatz (Buchhaus Wittwer) 1963–1978, Erwerb und Bewirtschaftung von Mietwohngrundstücken und Geschäftsbauten 1950–1974, Liegenschaftsabteilung 1961–1975

11 Übersichten über Anlage der eigenen Gelder 1924–1943, Überschussverwendung 1953–1973

13 Sparbücher 1909–1984, Sondersparformen (Kriegssparen, Reisesparen, Schulsparen, Klein- und Zwecksparen, Prämiensparen, »Wunschkasse« Sparen im Abholverfahren) 1912–1978, Giroverkehr 1907–1977, Kaufsparkredite 1949–1977, Sparverkehr 1951–1966, Jugendsparerziehung 1955–1957, Einführung von Sparkassenobligationen 1961–1971, Zinsen und Gebühren 1885–1980

14 Schuldverschreibungen 1914–1919, Hypothekengewährung im Wohnungsbau 1918–1955, Mittelstandskredite für Handel und Handwerk 1922–1968, Konkurrenzbeobachtung 1923–1976, Dawika-Kredite (Württembergische Beamten-, Darlehens- und Wirtschaftskasse GmbH) 1922–1977, Wechsel- und Wertpapiergeschäft 1924–1973, Realkredite 1926–1988, Landwirtschaftskredite 1926–1970, Wiederaufbaukredite 1947–1962, Kommunaldarlehen und Gemeindeanleihen 1913–1968, Kreditfälle 1946–1975, Schuldscheindarlehen 1955–1980, Personalkredite 1922–1972, Teilzahlungsfinanzierung 1949–1977, Gebühren 1920–1976

15 Firmenzeichen Städtische Sparkasse und Städtische Girokasse 1925–1960, Landesgirokasse 1980, Anzeigen 1930–1950, Angebote von Werbematerialien 1935–1939, Weltspartag und Deutscher Spartag 1926–1959, Kalender 1956–1974, Prospekte (Dienstleistungen, Produkte, Zweigstellen) 1954–1970, Geschenkgutscheine und Geschenksparbücher 1924–1979; Deutscher Sparkassenverlag GmbH, Berlin und Stuttgart 1932–1972, Zentralstelle für Sparkassenwerbung 1953–1970, Vordrucke, Formulare 1954–1975

16 Rechnungsbücher Städtische Sparkasse 1895–1909, Jahresabschlüsse 1921–1971, Geschäftsberichte Städtische Sparkasse Städtische Girokasse 1885–1974, Hauptbuch Städtische Sparkasse 1923–1932, Kassenbuch Städtische Sparkasse 1929–1932, externe Betriebsprüfungen 1913–1966, Innenrevision 1939–1945, Betriebsprüfung (Kassensturz) bei Zweigstellen 1924–1947, Buchhaltung 1908, 1932–1973, Haushaltspläne bzw. Verwaltungskostenvoranschläge 1912/1913, 1919–1974, Reichsmark-

Schlussbilanz 1948, DM-Eröffnungsbilanz 1948–1952, Umstellungsrechnung (inkl. Prüfung, Berichtigungen) 1948–1974, Statistiken zur Geschäftsentwicklung 1949–1967, Zweigstellenstatistiken 1950–1971, Lastenausgleich 1952–1981, Kontenpläne 1926–1973
17 Umsatzsteuer, Körperschaftssteuer 1958–1967
19 Kriegsanleihen 1915–1919, Winterhilfswerk 1933–1943, Vermögensbeschlagnahmungen und Vermögenssperrungen 1933–1974, Eisernes Sparen 1941–1950, Kriegsschäden 1942–1949, Militärregierung 1945–1948, Besatzungsrecht 1948–1956, Entnazifizierung von Mitarbeitern 1945–1951, Währungsreform und Altsparerentschädigung 1948–1978
20 Württembergischer Sparkassen- und Giroverband Stuttgart 1885–1976, Deutscher Sparkassen- und Giroverband 1903–1967, Deutsche Girozentrale – Deutsche Kommunalbank 1920–1958, Allgemeiner Deutscher Sparkassentag 1920–1941, 1954–1958, Internationaler Sparkassenkongress 1924–1940, Arbeitsgemeinschaft der Sparkassenleiter in Württemberg 1935–1951, Zwecksparverbände 1931–1942, Gründung der Arbeitsgemeinschaft der Leiter deutscher Großsparkassen, später Erfahrungsaustausch der Großsparkassen 1926–1973, Mitgliedschaft der Direktion bei der Industrie- und Handelskammer Stuttgart 1952–1972
21 Sparkassenrecht 1899–1967, Württembergisches Sparkassengesetz 1932, Änderungsgesetz zum Württembergischen Sparkassengesetz 1957 (»Lex Stuttgart«), Sparkassenanlageverordnung (SpAnlVO) 1965–1973, Haftungsfragen 1927–1936, 1948–1968, Kreditfall Willy Bürkle 1949–1959, Rechtsabteilung 1951–1975, Baden-Württembergisches Sparkassengesetz 1961–1967, Richtlinie der EG-Kommission über selbständige Tätigkeiten der Kreditinstitute 1972/73, Prozess Vernon Helmut Kronenberg (Zeitungsausschnitte) 1964–1971
22 Stiftungen 1934–1974, Schullandheim Hallwangen 1955–1977, Mitgliedschaften (u. a. Institut für Auslandsbeziehungen Stuttgart, Schwäbischer Heimatbund Stuttgart, Württemberg-Badische Gesellschaft 1948 e. V., Württ. Gemeindeversicherungsverein a. G. in Stuttgart, Aktionsgemeinschaft Soziale Marktwirtschaft e. V. Heidelberg) 1949–1968
47 Fotos: Fotoarchiv (Fotos, Negative, Dias) Bestand WABW B 100: Vorstand und Personal, Jubiläen, Geburtstagsfeiern, Werbung, Anstaltsgebäude (ab 1912), Zweigstellen (ab 1920/1930) und Zweigstellenleiter, Bau Königstr. 3, Betriebsfeste, Ausflüge, Schullandheim Hallwangen, Tagungen und Veranstaltungen, Werbung, Stadt Stuttgart und Württemberg 1920–1975; Spargiroserie 1950–1966 (Dias). Tonaufnahmen: Prämiensparen (Jahresauslosung, Werbeabend) 1957–1959, Jubiläumsempfang 75 Jahre Städtische Spar- und Girokasse Stuttgart 1959, Einweihung Schullandheim Hallwangen 1959, Ansprachen 50 Jahre Girokasse 1966, Sparwerbung »Die klingende Spardose« 1967, Ehrung Dr. Arnulf Klett 1972/1973. Filme: u. a. »Lohn auf der Waage« 1962, »Kapitalbildung« 1968, »Wenn`s ums Geld geht, Sparkasse« 1968, Schulungsfilm Ausbildung zum Bankkaufmann 1966/1967, Eröffnungsfeier Neubau 1968 (Film- und Tonaufnahmen)
48 Spardosen 1930er–1975, Brieföffner 1941, Samtkissen und Schlüssel (USA-Reise) 1951, metallene Wandschale Motiv »Stiftskirche« Stuttgart 1965, Sparschrank 1956, Nummernstempel für Sparbücher, Geldbombe ca. 1960/1970
49 WABW B 103 (Landesgirokasse)
50 Die städtische Sparkasse in Stuttgart 1884–1909, Stuttgart 1909 (Festschrift). Neubau der Städtischen Sparkasse, in: Die Sparkasse 757 (15. September 1913), S. 326–330. Das Land Württemberg, Seine wirtschaftliche und kulturelle Bedeutung, Stuttgart 1927, S. 20 f. 50 Jahre Städtische Sparkasse Stuttgart, Stuttgart 1934 von Gotthilf Oesterle (Festschrift). Paul Weber (Hg.), Westdeutsche Wirtschaftschronik, Band 1: Stuttgart und sein Wirtschaftsgebiet, Stuttgart 1954, S. 604–607. Geschäftsbericht für das Jahr 1958 mit historischem Teil: 75 Jahre Städtische Sparkasse Stuttgart. 1884–1959. »Mit ihren Kunden gewachsen – 50 Jahre Städt. Girokasse Stuttgart«, 1966. Neubau der Städtischen Sparkasse Städtischen Girokasse Stuttgart, Stuttgart 1969. Der Geschäftsbericht 1975 Landessparkasse Girokasse mit historischem Rückblick »Wer wir sind«. »Wer spart ist ein Verräter«, Ein Bilderbuch zum 100. Geburtstag der Städtischen Sparkasse Stuttgart, der heutigen Landesgirokasse 1884–1984, Stuttgart 1984 (Festschrift). Dem

Pfenning zu Ehren: Ein Bilderbuch zum 100. Geburtstag der Städtischen Sparkasse Stuttgart, der heutigen Landesgirokasse (1884–1984). 100 Jahre für Stuttgart, Städtische Sparkasse bzw. Landesgirokasse, Stuttgart [1984].

583
Stahl, Stuttgart

Name Sammlung R. Stahl Aufzugbau
Geschäftstätigkeit Aufzughersteller
Branche Nr. 292
Umfang 0,7
Laufzeit 1949–2001
Benutzbarkeit Eingeschränkt
Bestand Y 293

Bestandsgeschichte Die Sammlung wurde 2002 von einem langjährigen ehemaligen Mitarbeiter übernommen, der sie als Quellengrundlage für die von ihm verfasste Festschrift zum 125-jährigen Bestehen der Firma zusammengetragen hatte.

Geschichte 1876 gründete der Schlossermeister Raphael Stahl mit seinem Teilhaber Gustav Weineck die Firma Stahl und Weineck. Anfangs wurden Hausgeräte, vor allem Bügeleisen hergestellt. Nach dem Ausscheiden Weinecks 1886 spezialisierte sich Stahl auf Rundwirkmaschinen, die nach seinem Tod 1899 wieder aufgegeben wurden. Seine Söhne Karl und Raphael jr. Wandten sich ab 1897 der Produktion von elektrischen Aufzügen, Laufkränen und Flaschenzügen zu. 1923 wurde die Firma nach Stuttgart-Wangen verlegt und in eine Familien-Aktiengesellschaft umgewandelt. Seit 1926 begann man explosionsgeschützte elektrische Aufzüge zu entwickeln. Nachdem das Werk in Wangen 1944 durch Luftangriffe vollständig zerstört war, wurden Teile der Produktion nach Künzelsau verlagert. Künzelsau wurde später Standort für die Abteilung Elektrozug- und Kranbau und den nach 1945 neu aufgenommen Schalterbau. Der Wiederaufbau der Aufzugabteilung erfolgte in Stuttgart. 1956 baute Stahl den damals schnellsten Aufzug Europas für den Messeturm in Hannover und den ersten vollautomatischen Aktenpaternoster für das BASF-Hochhaus in Ludwigshafen. Nach der Fusion mit dem Stuttgarter Aufzugbauer Adolf Zaiser 1965 nahm das Unternehmen einen großen Aufschwung. Zu den Spitzenaufträgen zählten die Aufzüge für den Fernsehturm in Moskau 1967, dem damals höchsten Bauwerk der Welt. 1969 beschäftigte das Unternehmen 3.200 Mitarbeiter. 1970 übernahm die Rheinstahl AG mit 75 % Majorität die Aufzugabteilung. Gegründet wurde die R. Stahl Aufzüge GmbH, in der die Aufzugabteilung der Firma Rheinstahl Eggers-Kehrhahn GmbH sowie der Inlandsverkauf der weltweit bekannten Rheinstahl-Fahrtreppen zusammengefasst wurden. Mit Aufzügen, Fahrtreppen, Fahrsteigen und Transportanlagen war die R. Stahl Aufzüge GmbH die größte Firma ihrer Branche. Sie behielt ihren Sitz zunächst in Stuttgart, 1973 verlagerte sie ihn nach Neuhausen a. d. Fildern. Der alten Firma R. Stahl verblieben vom Geschäftsbereich Aufzugbau nur noch die Tochtergesellschaften im Ausland sowie die Abteilungen in Künzelsau. Seit der Eingliederung der Rheinstahl AG in den Thyssen-Konzern im Jahr 1974 nennt sich die Firma Thyssen Aufzüge GmbH.

4 Eigene Festschriften, 75 Jahre, 100 Jahre, 125 Jahre; 100 Jahre Thyssen 1891–1991

13 Moskauer Fernsehturm, technische Daten 1965–2000, einzelne Projekte wie der Aufzug im Friedrich-Engelhorn-Haus, BASF 1957, die Behälterförderanlage im Kreiskrankenhaus Waldbröhl 1973, Kreiskrankenhaus am Plattenwald 1977, technische Aufsätze (Fördertechnik) 1955–1968

14 Kataloge, Prospekte und Montageanweisungen für Aufzüge und Fördertechnik, Reiseberichte USA, Süd-, Mittel und Nordamerika 1954, 1958, Taiwan 1983

15 Firmenzeitschrift Stahl 1960–1999, »Thyssen Inform« 1976–2001 (Fortsetzung der Firmenzeitschrift)

47 Fotos: Aufzüge, elektrische Geräte und Steuerungen für Aufzüge 1950–1960, Belegschaft Zaiser, Stuttgart, Moto Meter-Gebäude in Stuttgart, Weckerlesche Bonbonfabrik, Stuttgart

50 Das Land Württemberg, Seine wirtschaftliche und kulturelle Bedeutung, III. Ausgabe, Verlag Stuttgarter Neues Tagblatt, Stuttgart 1927, S. 37. Stahl Aufzug, Festschrift zum 75-jährigen Bestehen der Maschinenfabrik R. Stahl Stuttgart am 1. August 1951, [Stuttgart 1951]. 100 Jahre R.

Stahl 1876–1976, Stuttgart [1976] (Festschrift). Open for the Future, 125 Jahre R. Stahl 1876–2001, Künzelsau 2001 (Festschrift).

584
Stahl & Federer, Stuttgart

Name Stahl & Federer
Geschäftstätigkeit Bankgeschäft
Branche Nr. 650
Umfang Bilder
Laufzeit 1847–1926
Benutzbarkeit Ja
Bestand Y 281

Bestandsgeschichte Die Ölbilder der Familie Federer wurden dem WABW im September 2001 von einem Familienmitglied übergeben.
Geschichte Im Jahr 1795 gründeten Ferdinand Stahl und Gottlob Federer die Handelsgesellschaft Stahl & Federer in Stuttgart, die auf Spezereien und Leder spezialisiert war. Ihr wurde eine Spedition sowie ein Bank- und Wechselgeschäft angeschlossen. Seit den 1830er Jahren dominierte das Bankgeschäft. Gottlob Federer (geb. 1762 in Ludwigsburg, gest. 1844 in Stuttgart, Finanzrat und Bankier in Stuttgart) heiratete 1797 Justine Friederike Doertenbach (1778–1837), Tochter des Kaufmanns und Calwer Kompagnieverwandten Christoph Martin Doertenbach in Calw. Sein Sohn Adolf Federer sen. übernahm die Anteile des Vaters und gehörte der Geschäftsleitung des Bankhauses an. In den 1860er Jahren waren auch Adolf und Julius Federer, Adolf Vellnagel und Emil Klüpfel Teilhaber des Bankgeschäfts. Adolf Federer (1807–1888) war in erster Ehe mit Maria Süßkind (1811–1842), in zweiter Ehe mit Luise Bogen (? –1898) verheiratet. Im Jahre 1906 wurde die bis dahin als OHG geführte Gesellschaft unter Mitwirkung der Berliner Diskontogesellschaft aufgelöst und in die neugegründete Aktiengesellschaft Stahl & Federer AG eingebracht. Zu Liquidatoren wurden die Teilhaber Rudolf und Wilhelm Vellnagel sowie Wilhelm Federer (Sohn des Adolf Federer sen. aus 2. Ehe) und Alfred Federer (Enkel des Adolf Federer sen. aus 1. Ehe) bestellt, von denen bis auf Rudolf Vellnagel alle Vorstandsmitglieder der Stahl & Federer wurden. Mit der Fortführung des Bankgeschäfts als Aktiengesellschaft begann eine ausgedehnte Filialtätigkeit der Bank. Im Jahr 1919 erfolgte die Übertragung der Stahl & Federer AG an die Diskontogesellschaft in Berlin.
48 Ölbilder bzw. Fotografien der Ölbilder folgender Personen: 1. Adolf Federer sen. (1807–1888) mit Blick auf Stuttgart, gemalt von Buchner 1849. 2. Luise Agnes Federer, geb. Bogen (gest. 1898) mit Tochter Marie Luise, zweite Ehefrau des Adolf Federer sen., gemalt von Buchner 1847. 3. Adolf jun. Christian Friedrich Federer (geb. 1838), gemalt von Ivar Kamke 1925. 4. Konsul Alfred Federer (geb. 1873), gemalt von Ivar Kamke 1926. 5. Derselbe, gemalt von Conz. 6. Elsa Federer, geb. Christoph (geb. 1879 in Chicago), Tochter des Bankiers Henry Christoph verheiratet mit Hattie Seipp in 2. Ehe verheiratete Barreis, gemalt nach E. Kretschmar 1920.
50 Gustav Barth, Geschichte des Stuttgarter Handels und der Handlungshäuser in vergangener Zeit, Stuttgart 1896, S. 37f. Wilhelm Hohmann, Kompendium der Privatbanken in Stuttgart 1865 bis Ende der 1980er Jahre (= Stuttgarter historische Studien zur Landes- und Wirtschaftsgeschichte 14), Ostfildern 2009, S. 204–206.

585
Stähle & Friedel, Stuttgart

Name Stähle & Friedel KG
Geschäftstätigkeit Buchdruckerei, Verlag
Branche Nr. 220
Umfang 6
Laufzeit 1870–1989
Benutzbarkeit Eingeschränkt
Bestand Y 126

Bestandsgeschichte Das Archivgut wurde 1987 und 1990 übernommen.
Geschichte Carl Stähle gründete 1868 eine Buch- und Steindruckerei mit Papierfabrik. 1874 trat sein Schwager Richard Friedel als Teilhaber in das Geschäft ein. 1888 übernahmen Eugen Rieger und Reinhold Rall den Betrieb. Sie produzierten Papierwaren, Tüten und Beutel sowie

Briefbogen, Etiketten, Prospekte und Kataloge. Die Druckerei gewann im Laufe der Zeit immer mehr an Bedeutung. Das Schwergewicht verlagerte sich zunehmend auf die Herstellung von Industrie- und Werbedrucksachen. Am 15.03.1989 wurde das Konkursverfahren eröffnet. 1995 wurde die Stähle & Friedel Verlagsgesellschaft mbH im Handelsregister wegen Vermögenslosigkeit von Amts wegen gelöscht.

3 Reinhold Dopfer, Eugen Rieger, Familie Wagenmann, Familie (Privatunterlagen) um 1964–1982

4 100-jähriges Firmenjubiläum

5 Handelsregisterauszüge 1950–1974, Vergleich 1974, Liquidation 1977–1982

6 Verlag der Allgemeinen Bäcker- und Konditorzeitung (Geheimbuch 1894–1915), Verlagsgesellschaft Buch- und Kalenderverlags GmbH (Jahresabschluß-Serie 1950–1987, Auftragsbestände 1970–1989, Gesellschafterversammlungen 1976–1982, Korsch-Verlag 1980–1985, Gesellschafterverträge 1955–1980, Rechtsfragen 1976–1987), Wagenmann GmbH 1972–1977

7 Verträge, Korrespondenzen um 1870–1970, Gesellschafterversammlungen 1976–1983, Betriebsbesprechungen 1925–1973, Mitteilungen

10 Bauunterlagen um 1870–1974

13 Druckerzeugnisse um 1880–1970

15 Werbeunterlagen um 1880–1970

16 Geheimbuchserie 1888–1947, Betriebsübersichten 1888–1974, Bilanzen 1890–1930, Bilanzberichte 1931–1973, Bilanzkennziffern 1952–1973, Jahresabschlüsse, Statistiken 1925–1973, Vermögensübersichten 1974–1981

21 Rechtsgutachten 1964

50 Stähle & Friedel Stuttgart, Ein Rückblick auf fünfundzwanzig Jahre Berufstätigkeit der Firmeninhaber Eugen Rieger und Reinhold Rall, Stuttgart 1913 (Festschrift). Das Land Württemberg, Seine wirtschaftliche und kulturelle Bedeutung, III. Ausgabe, Verlag Stuttgarter Neues Tagblatt, Stuttgart 1927, S. 40. Paul Weber (Hg.), Westdeutsche Wirtschaftschronik, Band 1: Stuttgart und sein Wirtschaftsgebiet, Stuttgart 1954, S. 529–531.

586
Stehn, Stuttgart-Bad Cannstatt

Name Buchhandlung G. Ad. Stehn
Geschäftstätigkeit Buchhandlung, Verlag
Branche Nr. 524/220
Umfang 0,5
Laufzeit 1883–2014
Benutzbarkeit Eingeschränkt
Bestand Y 472

Bestandsgeschichte Der Bestand wurde aufgrund der Schließung des Geschäfts im Juli 2014 übernommen.

Geschichte Gustav Adolf Stehn gründete am 15. November 1882 die Buchhandlung G. Ad. Stehn in der Stuttgarter Straße 4 in Bad Cannstatt. In den folgenden Jahren wechselte das Geschäft mehrmals den Besitzer. 1885 wurde der Buchhändler Futscher, 1888 Buchhändler Dertinger neuer Eigentümer. Am 1. Juli 1893 übernahm Gustav Hopf den Laden und zog in die Bahnhofstraße 13. Er erweiterte das Geschäft um eine Buchdruckerei und einen Verlag. Seit 1929 leitete Leopold Berg das Geschäft und spezialisierte sich auf Literatur über Metallbearbeitung und Maschinenbau. Im Zweiten Weltkrieg wurde der Buchladen zerstört, jedoch nach dem Krieg wieder aufgebaut. Im Januar 1958 fiel das Geschäft einem Brand zum Opfer. In den 1960er Jahren übernahm Gunter Berg die Firma und führte sie über 40 Jahre, bis Norbert Konda den Buchladen kaufte. 2014 musste dieser wegen Kundenrückgangs, bedingt durch den stetig wachsenden Online-Buchhandel, das Ladengeschäft schließen.

4 Rundschreiben zum Verkauf der Firma von G. Ad. Stehn an Julius Futscher 1885; Rundschreiben zum Verkauf der Buchhandlung von Julius Futscher an Carl Dertinger (1888); Kauf- und Mietvertrag zum Ladenverkauf von Herrn Berg an Herrn Hopf 1929–1945, Prospekt zum 75-jährigen Jubiläum 1957, Einladungskarte 100-jähriges Jubiläum, 125-jähriges Jubiläum: Werbematerialien und Zeitungsausschnitte 2007

10 Bahnhofstraße 13: Mietvertrag 1929, Korrespondenz 1935–1944, Zeitungsausschnitte Neueröffnung 1970, Einladung Neueröffnung 1970, Skizze Innenausbau 1953

15 Werbeanzeigen 1930–1952
16 Jahresabschluss 1977, Kassenbuch 1929–1934, Jahresumsatz 1969
18 Satzung Cannstatter Schutzverein und Glasschutzvereinigung, Mitgliedschaft Glasschutz-Abteilung des Gewerbe- und Handelsvereins 1927–1939
19 Fliegerschäden 1944
47 Fotos Neubau in der Bahnhofstraße 13 1970, Schaufenster, Innenansichten, Mitarbeiter 1936–1982, Fotoalbum zum 75 Jubiläum 1957
48 Parkplatzschild, Fahne Mitgliedschaft Internationale Arbeitergemeinschaft, Bücher aus dem eigenen Verlag
50 Berg, Gunter: 100 Jahre Buch-Stehn, Stuttgart 1982. Troll, Taddaeus: Wortspiele zur Eröffnung einer Buchhandlung, Stuttgart 1970.

587
Stein, Stuttgart

Name Friedrich Stein
Geschäftstätigkeit Gutachter, Unternehmensberater
Branche Nr. 741
Umfang 3,5
Laufzeit 1949–1990
Benutzbarkeit Eingeschränkt
Bestand Y 173

Bestandsgeschichte Friedrich Stein wählte 1992 selbst einen repräsentativen Querschnitt aus dem während seiner Gutachtertätigkeit entstandenen Schriftgut aus und übergab diese Unterlagen dem WABW. Es handelt sich hierbei um Gutachten zu Immobilien- und Mobilienwerten aus dem Zeitraum von 1949 bis 1990. Eine zuvor geführte Schriftgutablage war bei einem Luftangriff auf Stuttgart 1944 zerstört worden. Vertreten sind Gutachten über Industrie- und Bauunternehmen, Firmen des Gaststätten- und Hotelgewerbes, den Einzel- und Großhandel sowie Grundstücksverwaltungen, Kliniken und Sanatorien, Versicherungen und Verlage, Unternehmen der Nahrungs- und Genussmittelindustrie, Privatschulen, Speditionsunternehmen und Kinobetriebe.
Geschichte Friedrich Stein wurde 1907 geboren. Vor dem Zweiten Weltkrieg arbeitete er nach entsprechender Ausbildung in der Kreditwirtschaft. Nach seiner Kriegsteilnahme machte sich Stein 1945 als Gutachter und Unternehmensberater selbstständig und übte diese Tätigkeit bis kurz vor seinem Tod im Dezember 1992 aus.
13 Achalm Hotel- und Höhenrestaurant Reutlingen, AfI-Aktiengesellschaft für Industriebeteiligungen Stuttgart und Ditzingen, AFINA Allgemeine Finanzierungs- und Grundstücksverwertungsgesellschaft mbH & Co KG Saulgau und Biberach, Alster Grundstücksverwaltungsgesellschaft mbH Mannheim, AQUADROM Bad Urach, AVIONA Koblenzer GmbH Hechingen, Baden-Auto GmbH Freiburg im Breisgau, Baier & Co KG Kunststoffwerk Marbach, Balthasar Heubach, Helmuth Bauer Stuttgart Rommelshausen Schwaikheim, Bauer Pfeilmaier Gaststätte „Gerberstuben" Stuttgart, Baugrund Schempp Bau- und Grundstücksverwertungs-Gesellschaft mbH Stuttgart, Bauherrengemeinschaft Forststraße 88 Stuttgart, BAW Behälter- und Apparatebau Erich Wolff GmbH & Co Heilbronn, Dr. Richard Bechtle München und Esslingen, Berenwenger Köngen, Beton-Fertigteil-Werk GmbH & Co Bietigheim, Bötzberg-Klinik St. Blasien, Anton Bolsinger Kirchheim/Teck, Dr. D. Braun Ladenzentrum Tübingen, Christa und Curt Brauns Stuttgart, Aich-Rudolfshöhe, Brennet Mechanische Buntweberei Brennet Hausen, BSW Badische Stahlwerke AG Kehl, Bürgermeisteramt Frommern, Christlicher Verein Junger Männer (CVJM) Stuttgart, Ciba-Geigy AG Basel, Conzelmann und Alber Frittlingen, Dangel Oberndorf, Deli-Lichtspieltheater Stuttgart, Dr. Franz Dengler Nachfolger Sanatorium Baden-Baden, Deutsche Eurostatic Stuttgart, Diabetes Klinik Bad Mergentheim, Diakonissen-Mutterhaus für evangelische Kinderschwestern Großheppach Bad Teinach, Gebrüder Eberhardt Pflugfabrik Ulm Landshut, Eigenheim Baubetreuung GmbH Stuttgart, Erdbau-Geräte Schmidt & Koch GmbH Bremen Wolfschlugen, EUROTEL Baiersbronn St. Blasien, Evangelische Diakonissenanstalt Stuttgart, Eys Mehmed Gastarbeiterwohnheim Stuttgart, Ezel Schotterwerke Brettenfeld Enzberg Magstadt Illingen, Feuchter Stahlrohre Stuttgart, Cuno Fischer Murnau, Hubertus Floss Stuttgart, H.W. Fritz KG Tübingen, Gänssle Pforzheim, GAGFAH Stuttgart,

Rolf Geiger Stuttgart, Gemeinschaft der St. Anna-Schwestern e. V. Ellwangen Stuttgart, Hans Grothe Böblingen Esslingen, Paul Grüninger KG Bauunternehmung Esslingen, Gütermann Gutach, Hadeka Handelszentrale Deutscher Kaufhäuser eGmbH Frankfurt am Main Ebingen, Hamburg Mannheimer Lebensversicherung Hamburg Stuttgart, Hasch Stuttgart, Hausbau Hans Bense Stuttgart Bad Herrenalb, Appartementhotel ADRION Stuttgart, HAWA Wohnbau GmbH & Co KG Stuttgart, Wilhelm Heckeroth Karlsruhe, Hengstenberg Esslingen, HERTIE Böblingen Esslingen Konstanz Lörrach Mannheim Singen, Heselschwerdt & Schmitt KG Bauunternehmung Stuttgart, Bernhard Horn GmbH Karlsruhe, Hoyler Tuchfabrik Freudenstadt, Hüller Ludwigsburg, Kemmler Brauerei Esslingen, Klinik Hohen-Urach, Klinik Sanatorium für innere Krankheiten Dr. Birkle Überlingen, Knödler Mosbach Ravensburg Ölbronn Fellbach Lörrach Konstanz Rottweil, Kohlwaldklinik St. Blasien, Kur- und Parkhotel St. Leonhard Überlingen, Kurklinik Bad Breisig, Kurparksanatorium Überlingen, Kurstift Öschelbronn, Landesversicherungsanstalt Württemberg Stuttgart, Lennartz + Plein KG Stuttgart, L'OREAL de Paris Karlsruhe, Lotzbeckpark-Heimstätten GmbH Lindau, Louis London Sindelfingen, Fritz Mächtle GmbH & Co Korntal, Metzinger City-Markt, Mineralquelle Waldkirch GmbH & Co KG, F.+S. Modlmeier Ulm Ottobeuren, Mohr & Federhaff AG Mannheim, MOTOR-PRESSE-Verlag GmbH Stuttgart, Ludwig Müller KG Öl- und Fettfabrik Heilbronn-Böckingen, Nast Stuttgart, NEUE HEIMAT Böblingen Calw Denzlingen Dobel Ebingen Esslingen Göppingen Heidelberg Heilbronn Knielingen Konstanz Leonberg Ludwigsburg Maichingen Mannheim Möglingen, Mössingen Neckarweihingen Pforzheim Schwäbisch Gmünd Schwäbisch Hall Schwenningen Sindelfingen Stuttgart Tailfingen Teningen Vaihingen/Enz, NICOLAY GmbH Waiblingen, Nikolauspflege Stuttgart, Parkhotel Bad Urach, Hermann Pfauter Walzfräsmaschinenfabrik Ludwigsburg, Ewald Pfeiffer Pforzheim, Privatgymnasium Prokop Pforzheim, Putzmeister-Werk Maschinenfabrik GmbH Filderstadt, REHA-Klinik Bad Bellingen, REHA-Klinik Bad Krozingen, Rheinau-Hafen Mannheim, Rhenania Kehl Stuttgart Heilbronn Erlenbach am Main Frankfurt am Main Köln Düsseldorf Duisburg Homberg Moers Wesel Kleve, Karl Richt Karlsruhe, Max Roth KG Gaggenau, Saile München Sigmaringen Donaueschingen, Schmid & Schaudt KG Werkzeugmaschinenfabrik Stuttgart, Schwarzwaldklinik Bad Krozingen, SPRIMAG Spritzmaschinenbau GmbH Kirchheim/Teck, Stuttgarter Aufbau GmbH Stuttgart, Südmilch AG Stuttgart und Schwäbisch Gmünd, Upat Max Langensiepen KG Emmendingen, Vereinigte Druck- und Verlagsanstalten Nau & Co oHG Mannheim Stuttgart, Vollmer & Thoma Rottenburg, Wartberg-Hotel Bad Rappenau, Woerner & Cie. oHG Rollenpapierfabrik Rastatt, Wohnbaugesellschaft Burgbacher Wildberg, Württembergische Frottierweberei Lustnau GmbH Tübingen Böblingen, Wurster Stuttgart, Bahram Yazdani Stuttgart Großschönach, Uhldingen-Mühlhofen Rottweil

49 WABW B 183

50 Im WABW nicht vorhanden.

588 Steinenbronner Bank, Steinenbronn

Name Steinenbronner Bank eG
Geschäftstätigkeit Kreditgenossenschaft
Branche Nr. 650
Umfang 3
Laufzeit 1908–1972
Benutzbarkeit Ja
Bestand B 135

Bestandsgeschichte Das Archivgut wurde 2005 von der Vereinigten Volksbank AG in Sindelfingen übernommen.

Geschichte Die Steinenbronner Bank wurde 1908 als Darlehenskassenverein Steinenbronn gegründet. Sie fusionierte 1972 mit der Musberger Bank und der Schönaicher Bank zur Schönaicher Volksbank.

4 Mitglieder, Mitgliederverzeichnisse 1909–1972, Redemanuskripte der Bankjubiläen 1918–1933

6 Fusionsunterlagen 1971/1972

7 Vorstands-, Aufsichtsrats-, Generalversammlungsprotokolle 1909–1972

10 Lagerhausbau 1936–1938, Baupläne Bankgebäude Tübinger Straße 8 1964, Gemeinschaftswaschhaus 1966, Inventarverzeichnisse 1938–1971
11 Kreditaufnahmen 1909–1939
12 Warengeschäft 1934–1974
13 Spargeschäft 1909–1939, Kreditgeschäft 1926–1972
16 Hauptbücher 1909–1933, Tagebücher 1925–1936, Jahresabschlüsse 1925–1959, Prüfungsberichte für die Jahre 1910–1967
20 Beitritt zur Eierverwertungszentrale Schwaben 1935
49 WABW B 130 (Vereinigte Volksbank AG), B 138 (Schönaicher Volksbank) und B 183
50 Im WABW nicht vorhanden.

589
Stelzenmüller, Mannheim

Name Carl Stelzenmüller
Geschäftstätigkeit Kaufmann
Branche Nr. 510
Umfang 0,01
Laufzeit 1883–1944
Benutzbarkeit Eingeschränkt
Bestand Y 483

Bestandsgeschichte Das Archivgut wurde 2014 übernommen. Der Bestand enthält vor allem Dokumente zu Aufwendungen von Carl Stelzenmüller und seiner Ehefrau für den häuslichen Konsum, Hausangestellte und Versicherungen. Über seine langjährige Tätigkeit als Kaufmann in Mannheim gibt der Bestand keine Auskunft.
Geschichte Der Mannheimer Kaufmann Carl Stelzenmüller wurde 1869 als Sohn von Johann Ludwig und Karoline Stelzenmüller in Mannheim geboren. Er absolvierte eine Ausbildung bei der dortigen Handelsfirma Helmreich, Moll & Comp. und heiratete 1894 die ebenfalls in Mannheim gebürtige Franziska Weick (1860–1950), Tochter von Jakob und Elisabeth Weick. Er starb 1960 in Wallstadt.
3 Briefe an Carl Stelzenmüller und Fräulein Johanna[!] Weick, 1883–1893; Rechnungen für Carl Stelzenmüller und Frau Stelzenmüller, 1890–1922; Rechnungen für August Weick, Mannheim, 1901–1912
11 Hypothekendarlehen Christian Orthmann, Herbsleben 1893
12 S. Simon & Co., Cigarrenfabriken, Mannheim
17 Einkommensteuerbescheid 1908
18 Ortskrankenkasse der Handlungsgehilfen Mannheim, Allianz und Stuttgarter Lebensversicherungsbank AG Stuttgart, Allianz Lebensversicherungs-AG, Wilhelma in Magdeburg Allgemeine Versicherungs-AG Generalagentur Karlsruhe
22 Kaufmännischer Verein Mannheim
50 Im WABW nicht vorhanden.

590
Steudler, Pforzheim

Name A. Steudler GmbH & Co. KG
Geschäftstätigkeit Uhrwerkteilefabrik
Branche Nr. 335/362
Umfang 1,5
Laufzeit 1922–1992
Benutzbarkeit Eingeschränkt
Bestand Y 204

Bestandsgeschichte Das Archivgut wurde 1995 übernommen.
Geschichte Zu seiner seit 1923 bestehenden ARCTOS-Armbanduhrenfabrik gründete Philipp Weber 1936 die Tochterfirma A. Steudler & Co., die als Uhrwerkteilefabrik arbeitete. Das Produktionsprogramm umfasste Assortiments und Gangregler für Wohnraumuhren und Kleinwecker. Sie war die einzige Spezialfabrik ihrer Art in Deutschland. 1995 wurde das Unternehmen zwangsversteigert.
4 Dokumentation zur ersten deutschen Quarz-Armbanduhr (mit Fotos) 1971, Manuskripte zur Geschichte der Arctos-Uhr
6 Fritz Ries (Schmuckherstellung), Pforzheim, Philipp Weber (Uhrenproduktion), Pforzheim
9 Löhne und Gehälter 1938–1944,Tarifordnung für das Metallhandwerk in Baden 1938
13 Kalkulationsbuchserie (enthält Zeichnungen und Fotos) 1938–1956
15 Prospekte von Arctos-Uhren um 1935–1992, Firmenprospekt 1986, Prospekte der Firma Ries GmbH & Co KG (Schmuckfabrikation) 1990

16 Hauptbuchserie 1922–1938
20 Satzungen des Reichsverbandes der deutschen Armbanduhrenindustrie e. V., Pforzheim 1934
47 Fotos: Produktion der Firmen Philipp Weber, A. Steudler, Werner Weber, Alfred Leiter um 1950–1973
50 50 Jahre Arctos-Uhrenfabrik Philipp Weber KG, Pforzheim 1973 (Festschrift). Der Landkreis Pforzheim, in: Baden, Monographien seiner Städte und Landschaften, Südwestdeutsche Rundschau für Kultur, Wirtschaft und Verkehr, Karlsruhe 1956 Heft 8.

591
Steuer, Esslingen

Name Nachlass Dr. Günther Steuer
Geschäftstätigkeit IHK Hauptgeschäftsführer
Branche Nr. 910
Umfang 7
Laufzeit 1932–2012
Benutzbarkeit Eingeschränkt
Bestand Y 533

Bestandsgeschichte Das Archivgut wurde dem Wirtschaftsarchiv 2018 aus Familienbesitz übergeben. Der persönliche Nachlass enthält v. a. Reden und Beiträge von Dr. Steuer sowie persönliche Unterlagen aus seinem Wirken während und nach der 40-jährigen Tätigkeit für die IHK Stuttgart bzw. IHK Mittlerer Neckar.
Geschichte Dr. rer. pol. Günther Steuer (1912–2015) trat nach dem Studium an der Universität Tübingen 1937 als promovierter Volkswirt in die Industrie- und Handelskammer Stuttgart ein (vgl. Bestand A 16 IHK Region Stuttgart). Nach Krieg und Gefangenschaft nahm er den Dienst wieder auf. Als Syndikus der IHK Stuttgart war er zugleich Hauptgeschäftsführer der Arbeitsgemeinschaft der Industrie- und Handelskammern in Württemberg-Baden bzw. in Baden-Württemberg. Ab 1954 war er Hauptgeschäftsführer der IHK Stuttgart. Im Zuge der Fusion mit den Kammern Esslingen, Nürtingen und Ludwigsburg wurde er 1973 Hauptgeschäftsführer der neuen IHK Mittlerer Neckar mit Sitz in Stuttgart. 1977 trat er in den Ruhestand. Der IHK und der regionalen Wirtschaft blieb er bis ins hohe Alter verbunden.
Zu den zahlreichen Initiativen, bei denen Dr. Steuer sich persönlich engagierte, zählen die Gründung des Südweststaats 1952 und die (Wieder-)Gründung der Württembergischen Verwaltungs- und Wirtschaftsakademie (VWA) im selben Jahr – deren Förderverein ab 1996 Absolventen mit dem Dr.-Günther-Steuer-Preis auszeichnet –, ferner die Einführung bundesweit einheitlicher Prüfungen in der gewerblichen und kaufmännischen Aus- und Weiterbildung Ende der 1960er Jahre, die Verwaltungsreform in Baden-Württemberg in den 1970er Jahren, die Gründung der Berufsakademie Stuttgart 1974 (seit 2009 Duale Hochschule Baden-Württemberg) und nicht zuletzt die Gründung des Wirtschaftsarchivs Baden-Württemberg 1980.
2 Eigene Aufsätze zur württembergischen Landesgeschichte
3 Geburtstage 1972–2009; Auszeichnungen (u. a. 25-jähr. Dienstjubiläum 1962, Verdienstmedaille des Landes Baden-Württemberg 1975, 100. Geburtstag 2012); Dissertation (Drucklegung 1936) 1936–1941; Nachlass Hermann Steuer (+1947) 1945–1955; US-Gefangenschaft, Spruchkammerbescheid, Spruchkammer-Verpflichtung 1946–1948; Führerscheinbesitz 1997–2004
4 Kammergeschichte; Präsidenten und Geschäftsführer der IHK Stuttgart/IHK Mittlerer Neckar (Bilder, Biografien) 1855–1983; eigene Reden und Beiträge 1937–2007; Vorbereitung IHK Festschrift (Harald Winkel 1980) 1979–1980
7 Privatkorrespondenz zu IHK-Themen; Auslandsreisen 1956–1977; IHK Mittlerer Neckar Präsidium u. Vollversammlung 1977; IHK Personalia Nachfolge Dr. Steuer 1976, Manfred Nägele/Nürtingen 1973–1975, Assessor Wolfgang Snay/Nürtingen 1975/76, Dr. Volker Göz u. Dr. Erich Dürrwächter 1972–1976; 60. Geburtstag Prof. Gerhard Häussler/IHK Nordschwarzwald 1994
8 Presseartikel über diverse Kammerbezirke 1939–1956; IHK Mittlerer Neckar Fusion (1973), Neuorganisation, Satzung, Geschäftsordnung, Geschäftsverteilungsplan, Organisationsplan, Rationalisierungskommission, Ablaufplan Klett 1973–1977; Fusionen anderer Kammern

1975/76; IHK Region Stuttgart Geschäftsberichte, Geschäftsverteilungsplan, Telefonverzeichnisse 1997–2008; Verselbstständigung und Federführung Verkehr IHK Mannheim
9 Gehalt/Versorgungsbezüge 1937–2009; Spesen 1937–1941; Honorare 1947–1981; Dienstjubiläen 1962, 1972, 1977; Abschied 1977; IHK Stuttgart/IHK Mittlerer Neckar Löhne und Gehälter 1972–1977
16 Portobücher 1951–1959; Zentrale Gehaltsabrechnung Esslinger Modell 1975/76; Haushalt IHK Mittlerer Neckar Hauptgeschäftsstelle Esslingen 1977
17 Einkommensteuer 1939–1973
20 Arbeitsgemeinschaft der IHKn in Baden-Württemberg 1946–2004; Ausscheiden Dr. Gerhard Frentzel (1959) und Dr. Albrecht Düren (1975) aus dem DIHT; Rotary Club Stuttgart 1963–2012
21 Kammerrecht 1946–1958
22 Württembergische Verwaltungs- und Wirtschaftsakademie (VWA) 1979–1981, 1997; Gründungsinitiativen IHK Bildungszentrum Remshalden (1969) und Wirtschaftsarchiv Baden-Württemberg (1980) 1980–1990; Landessparkasse-Girokasse/Landesgirokasse Stuttgart Verwaltungsrat 1975–1979; Pfarrer/Ingenieur Philipp Matthäus Hahn 1939–1993; Historikerstreit 1986–2003; Äußerungen Dr. Norbert Blüm MdB über das »Dritte Reich« 1977–1979; Presseartikel und Materialsammlungen zur Wirtschaftstheorie um 1935, zur Wirtschafts- und Währungspolitik 1976–2004; Südweststaat; Kritik an der IHK 1974
47 Präsidenten und Geschäftsführer der IHK in Stuttgart 1855–1983 (Bilder); Abschiedsfeier Dienstaustritt 1977 (Fotos); Empfang der Württembergischen Verwaltungs- und Wirtschaftsakademie (VWA) zum 70. Geburtstag Studienleiter Dr. Theodor Holl und zum 65. Geburtstag Präsidialmitglied Dr. Günther Steuer 1977 (Fotoalbum); Vortrag in der IHK 1997 (Dias); Reisen (Dias)
49 WABW A 16
50 IHK Mittlerer Neckar (Hg.), Ein schwäbischer Realist, Beiträge und Reden zum Ausscheiden von Günther Steuer nach 40 Jahren Kammerdienst, Stuttgart [1977].

592 Stifterverband, Stuttgart und Essen

Name Dr. Peter Adolff – Stifterverband für die Deutsche Wissenschaft
Geschäftstätigkeit Verband
Branche Nr. 910
Umfang 5
Laufzeit 1970–2003
Benutzbarkeit Ja
Bestand Y 317

Bestandsgeschichte Dr. jur. Peter Adolff (J. F. Adolff AG, Backnang; Wacker-Chemie GmbH, München; Allianz AG, München und Stuttgart) übergab 2004 die Akten aus seiner Tätigkeit im Stifterverband für die Deutsche Wissenschaft, dem er von 1970–2003, zunächst als persönliches Mitglied, später als Mitglied des Vorstands und Vorsitzender des Landeskuratoriums Baden-Württemberg, angehörte. Sein Nachfolger als Vorsitzender des Landeskuratoriums wurde 2003 Prof. Dr. Hermut Kormann (Voith AG, Heidenheim). Ziel des Verbandes ist die Förderung des Aufbaus und die Fortentwicklung der Wissenschaft in Deutschland. Der Bestand enthält die Vorstandsprotokolle und Protokolle des Landeskuratoriums Baden-Württemberg sowie den dazugehörenden Schriftwechsel. Darin kommen nicht nur die Ideen der Organisation und der dahinterstehenden Firmen zum Ausdruck, sondern auch die der Forschungsprojekte der Deutschen Forschungsgemeinschaft und der Max-Planck-Gesellschaft. Im Bestand befinden sich auch die veröffentlichten Ansprachen und Vorträge des Landeskuratoriums zwischen 1982 und 1995.
50 Im WABW nicht vorhanden.

593
Stohrer, Leonberg

Name Stohrer-Doduco GmbH & Co. KG
Geschäftstätigkeit Maschinenfabrik
Branche Nr. 290/292
Umfang 5
Laufzeit 1882–1981
Benutzbarkeit Eingeschränkt
Bestand Y 127

Bestandsgeschichte Das Archivgut wurde 1982 übernommen.
Geschichte Die 1875 in Leonberg gegründete Maschinenfabrik Wilhelm Stohrer stellte bis 1923 Landmaschinen her. Um die Jahrhundertwende begann das Unternehmen mit dem Bau von Schlachthaus- und Metzgereieinrichtungen. Das Unternehmen entwickelte sich zu einem der bedeutendsten auf diesem Gebiet. Seine Erzeugnisse wurden in zahlreiche überseeische und europäische Länder exportiert. 1902 erfolgte die Umwandlung in eine OHG, 1942 in eine Kommanditgesellschaft. 1979 wurde das Unternehmen aufgekauft und Doduco genannt. Die W. Stohrer Maschinenfabrik GmbH & Co. meldete im August 1981 Konkurs an.
4 Zeitungsausschnitte, Ansprachen zu Jubiläen 1951–1981, Festschrift 75 Jahre
7 Korrespondenzen 1910–1950
9 Arbeitsordnung 1952, Jubiläums- und Weihnachtsgeschenke 1937–1950, Gehälter 1922–1926, Zahltagsbuch 1904–1908
10 Bauangelegenheiten 1930–1939, Grundstücke 1938–1939
13 Patent- und Gebrauchsmusterangelegenheiten 1882–1958, Transformatorenstation/Tagesbericht 1925–1953, elektrische Anlage 1925–1939, Zeichnungsbücher 1911–1956, Fertigungsnachweise 1937–1952, Technische Zeichnungen 1901–1946
14 Aufträge 1925, Schlachthauseinrichtungen (Verkauf, Aufstellung, Pläne u. a. nach Mailand, Clui, Helsingfors, Grivita, Busendorf, Bryeres, Maracay, Adana, Ibague', Pelatos, Sofia, Batavia, Bedburg-Cleve, Bergen op Zoom, Targowitsche, Klein Rosseln, Alt Preran, Tapian, Soerboja, Hermannstadt, Bello Horizonte, La Paz, Chile, Caracas, Znaim, Straßburg, Constanta, Locarno, Dordrecht, Djocjacarte, Zell am See, Zagreb, Zürich, Winterthur, Episcopia, Bukarest, Amsterdam, Memel, Wouw, Leslau, Luzern, Steenbergen, San Geraldo, Casalmaggiore, Kitzbühel, Joao Pessoa, Basel, Menado Oradea Mare) 1900–1945, Reiseberichte über südamerikanische Fleischfabriken und Schlachthäuser 1929, Versandliste 1941
15 Referenzliste 1942, Prospekte zu Schlachthofeinrichtungen und Maschinen 1909–1980
16 Bilanzen 1925–1955, Inventarien 1885–1928, Hauptbuch 1931–1938, kaufmännische Korrespondenz 1931–1935
19 Korrespondenzen Reichsminister der Luftfahrt 1940–1941
21 Rechtsstreitigkeiten (u. a. Patente, Gebrauchsmuster) 1914–1942
50 75 Jahre Maschinenfabrik W. Stohrer, Leonberg 1950 (Festschrift). Repräsentanten der deutschen Industrie und Wirtschaft, Baden-Württemberg, Düsseldorf 1962/63, S. 148.

594
Stotz & Sohn, Balingen

Name Christian Stotz & Sohn GmbH & Co.
Geschäftstätigkeit Bauunternehmung
Branche Nr. 450
Umfang 2
Laufzeit 1863–1992
Benutzbarkeit Eingeschränkt
Bestand Y 453

Bestandsgeschichte Der Bestand wurde 2012 dem Wirtschaftsarchiv übergeben. Er enthält vor allem Geschäftsbücher aus den 1920er bis 1960er Jahren.
Geschichte 1907 wurde das Bauunternehmen Christian Stotz in Dürrwangen (ab 1937 zu Frommern, dieses ab 1975 zu Balingen) gegründet, das neben dem Hoch-, Tief- und Eisenbetonbau auch den Baumaterialienhandel aufnahm. Nach dem Eintritt des Sohnes Erwin Stotz wurde das Unternehmen 1951 mit ca. 50 Mitarbeitern unter der Firma Christian Stotz & Sohn in eine OHG, nach dem Austritt von Christian Stotz 1960 unter gleichem Namen wieder in eine Einzelfirma, 1967 in eine KG und 1976 in die Christian Stotz & Sohn GmbH & Co. umgewandelt. 1973 gründete

die Firma zusammen mit anderen regionalen Bauunternehmen die BBZ Balinger Betonzentrale GmbH & Co. KG. 1983 wurde als Tochterunternehmen die Firma Stotz Massiv-Fertigbau Gesellschaft für schlüsselfertiges Bauen mbH mit Sitz in Balingen gegründet. Der Industrie-, Wohn- und Tiefbau wurde durch den Schlüsselfertigbau ergänzt. 2014 wurde die Firma mit rund 50 Mitarbeitern in Stotz Bau GmbH & Co. KG umbenannt.

3 Lesebuch und Bibeln mit familiengeschichtlichen Notizen 1863–1942
5 Handelsregister 1949–1992
9 Lohnbücher 1926–1929, Lohn- und Gehaltslisten 1958/59
11 Kredit- und Darlehensverträge 1927–1985
14 Rechnung 1933
16 Hauptbücher 1929–1937, 1942–1946, Einkaufsbuch 1930/31, Versandbücher 1924–1928, 1936–1960, Kassenbücher 1951–1971, Bilanz 1937, Abschlussbücher 1950, 1961–1963, Journale 1926, 1938–1942, Wechselkopierbuch 1925–1992, Kreditorenkonten 1939–1942, Nostrokonten 1941
17 Steuern 1939–1945

595
Stotz, A., Kornwestheim

Name A. Stotz AG
Geschäftstätigkeit Maschinenfabrik, Eisengießerei
Branche Nr. 290/292
Umfang 10
Laufzeit 1800–1978
Benutzbarkeit Ja
Bestand B 30

Bestandsgeschichte Das Archivgut wurde 1982 anlässlich der Betriebsverlagerung in das Industriegebiet Kornwestheim von der Geschäftsleitung übernommen. Dabei gelangten auch Unterlagen der Maschinenfabrik Ravensburg, mit der Stotz enge geschäftliche Verbindungen pflegte, ins WABW.

Geschichte 1860 gründete Albert Stotz die erste württembergische Fabrik für schmiedbares Gußeisen in Stuttgart. Die 1868 aufgenommene Schlittschuhfabrikation brachte erste Erfolge. Bereits in den 1870er Jahren ging die Firma dazu über, Förderanlagen, Tempergussketten und Gießereieinrichtungen zu produzieren. 1876 wurde die Fertigung von kunstgewerblichen Gegenständen aus Bronze aufgenommen, die der Sohn des Firmengründers, Paul Stotz, seit 1882 in eigener Regie leitete. Die Firma wurde 1894 in eine OHG und 1913 in eine AG umgewandelt. Nach dem Zweiten Weltkrieg spezialisierte sich das Unternehmen auf dem Gebiet der Fördertechnik, speziell für die Automobilindustrie, Automation und Gießereitechnik. Jedoch wurde 1980 die Gießerei geschlossen. 1984 erwarb die Brötje-Gruppe (Rastede bei Oldenburg) Aktien der Stotz AG. Heute gehört die cfc Stotz GmbH zum französischen Mutterkonzern Cinetic Conveying & Assembly, ein führendes Unternehmen im Bereich Materialfluss-Systeme.

3 Familiengenealogie, Stotzsche Gräber, Sebastian Stotz, Paul Stotz, Albert Stotz: Korrespondenzen, Tagebuch, Tätigkeit im Hüttenwerk Wasseralfingen und Riedingersche Maschinenfabrik Augsburg, Ehrungen, Abhandlungen, Persönliches 1812–1968
4 Chroniken, Firmengeschichten, Geschäftstagebücher, Firmenjubiläen, Presseberichte 1864–1978
5 Gründungsvorgänge, Königlich. Württembergische Zentralstelle für Gewerbe und Handel, Teilhaber (u. a. Karl Etzel), Rechtsformen, Gesellschaftsverträge, Umwandlung in eine AG 1823–1968
6 Elevator AG Zürich, Maschinenfabrik Ravensburg, Stotz-Kontakt GmbH 1921–1966
7 Führungspersonal, Gästebücher, Aktionäre und Aufsichtsrat (Korrespondenzen, Protokolle), Geschäftsbeziehungen 1877–1966
9 Arbeitsordnungen, Aushänge, Statistik, Personal, Schulwesen, Lehrlinge, betriebliche Sozialleistungen, Jubiläen, Betriebsrat, Betriebssport, Deutsche Arbeitsfront, Betriebsfeste, Betriebsausflüge, Löhne, Ostarbeiter 1858–1965
10 Villa Stotz, Fabrikgebäude, Lagepläne, Baugesuche, Gleisanschluß, Grundstücke, Grundbuchauszüge, Schätzungen, Verpachtungen, Kauf und Verkauf 1840–1962
11 Gründungsfinanzierung, Aktienkapitalerhöhung, Darlehen 1899–1958
13 Patente, Galvanotechnik, Produktionstech-

nik (Becherwerke, Ketten, Förderanlagen), Produktionseinrichtungen, Kunstguß, Kalkulationen, Kosten, Lizenzen 1800–1970

14 Auftragsbuchserie, Verkaufsbuchserie, Umsatz, Versand, Statistik, Vertreter 1874–1972

15 Kataloge, Prospekte, Preislisten, Anzeigen, Briefköpfe, Embleme, Referenzen, Vorträge, Ausstellungen 1862–1966

16 Bilanzen, Betriebsabschlüsse, Kassenbuch, Kontenplan, Statistik, Geschäftsberichte 1896–1945

17 Zölle, Steuererhebung 1882–1920

18 Gebäudebrandversicherung 1898

19 Chronik Erster Weltkrieg, Werk- und Luftschutz, alliierte Militärbehörden, Industrieerhebung 1920–1956

20 Technischer Verein Augsburg, Württembergischer Ingenieurverein, Verein deutscher Ingenieure, Tempergußkettenvereinigung 1861–1966

47 Fotos: Geschäftsführung, Belegschaft, Gebäude, Produkte, Produktion, Sozialräume, Ausstellungen, Jubiläen, Betriebsfeste, -versammlungen, -sport 1850–1972

48 Büste Paul Dinkelacker, Schlittschuh, Türgriffe

49 WABW B 1007 Bü 1902 (Personalakte des Hüttenwerks Wasseralfingen über Gießereiobermeister Stotz)

50 Das Land Württemberg, Seine wirtschaftliche und kulturelle Bedeutung, III. Ausgabe, Verlag Stuttgarter Neues Tagblatt, Stuttgart 1927, S. 39. 75 Jahre Stotz AG, Stuttgart [1935] (Festschrift). Quellen zur Geschichte der A. Stotz AG Stuttgart 1860–1960, 2 Bände [Stuttgart 1960]. 100 Jahre A. Stotz AG 1860–1960, Stuttgart 1960 (Festschrift). Rolf Ludwig Mehmke, Archiv für Schwäbische Wirtschaftsgeschichte 4, S. 882–888, Typoskript im WABW.

596
Straubsche Mühle, Biberach an der Riss

Name Straubsche Mühle
Geschäftstätigkeit Säge- und Kunstmühle
Branche Nr. 156/200
Umfang 0,3
Laufzeit 1638–1919
Benutzbarkeit Eingeschränkt
Bestand Y 509

Bestandsgeschichte Der Bestand wurde in den Jahren 2014 und 2016 von Frau Barbara Hafner in Leinfelden-Echterdingen übernommen.

Geschichte Die Straubsche Mühle (sogenannte Untere Mühle, früher Kachelmühle genannt) wurde bereits im 13. und 14. Jahrhundert urkundlich erwähnt. Sie wechselte im Laufe der Geschichte mehrfach den Eigentümer. 1842 erwarb sie Johannes Straub (geb. 14. November 1817 in Geislingen an der Steige, gest. am 26. Juli 1882 in Biberach an der Riss) von Johann Christoph Mühlschlegel um 25.000 Gulden. Johannes Straub war ein Vetter von Daniel Straub in Geislingen an der Steige, dem Besitzer der Straubschen Kunstmühle (Kapellmühle) in Geislingen und Gründer bzw. Mitbegründer der Maschinenfabrik Straub (MAG) und der Württembergischen Metallwaren Fabrik (WMF) in Geislingen. Die Biberacher Mühle befand sich im Vorort Birkendorf, der 1864 nach Biberach eingemeindet wurde. Noch im selben Jahr des Erwerbs erweiterte Johannes Straub die Sägemühle um eine Kunstmühle zum Getreidemahlen und Malzbrechen, womit eine nahezu vollautomatische Produktion verbunden war. 1877 übergab er die Mühle an seine Söhne Philipp Adolf und Johann Georg.

3 Adolf Straub: Die Ahnen meiner Kinder, Stuttgart 1976; Eine schwäbische Familie. Die Geschichte der Familien Straub und Glatz und die Firmengeschichte der Oberdorff & Straub GmbH; Briefwechsel zwischen Julia Schmidt und ihrer Cousine Louise 1913; Hochzeitsgedicht Jakob Gumper o. D.; Reise von Adolf Straub nach Südamerika (u. a. Berichte, Bordkarten, Speisekarten, Schiffszeichnungen) 1909–1911; Hugo Straub (Feldpost, Tod) 1914–1919

7 Beschwerden, Reklamationen, Mahnungen 1847; Korrespondenz von Daniel Straub an Johannes Straub 1843; Korrespondenz von Georg Straub 1899;
9 Lehrvertrag von Adolf Straub 1899
10 Kaufbrief (Verkauf der Imbot Wiese durch Christoph Wanner an Johann Layer) 1638; Kaufverträge (u.a. Auflistung von Kunden und Mehlverbrauch) 1877–1906; Pachtverträge über die Äcker von Georg Straub 1895; Kaufvertrag über die Mittel-Mühle zwischen Georg Straub und Wilhelm Schmitz 1898; Grundstücksversteigerung 1905–1910; Chronologie Mühlenbau (1950)
11 Bürgschaften und Kredite (u.a. Baron Königshofen, Georg Wanner, Christoph Wern) 1846–1868; Kapitaleinlage Daniel Straub 1857; Schuldschein von Johann Georg Straub und Ursula Fischer an Johannes Straub 1902; Auszahlung des Erbschaftsanteils von Georg Straub an Adolf Straub 1887; Beibringens-Inventar von Louisa und Georg Straub 1877; Mitgift und Erbschaftsangelegenheiten (Louis und Anna Glatz) 1889–1908;
13 Kauf einer Malzbrechmaschine von Daniel Straub in Geislingen an der Steige 1846; Kauf von Maschinen von Daniel Straub aus Geislingen an der Steige 1861; Kauf einer Transmission und Putzereieinrichtung von Daniel Straub in Geislingen an der Steige 1862; Versteigerung eines Wasserwerks 1906; Baumaßnahmen Wassertriebwerk 1907;
16 Quittungen/Bestellungen 1844–1851; Inventar Mühle 1846; Inventarium 1878–1936; Haupt- und Kassabuch 1905–1918
18 Feuerversicherung (Cölnische Feuerversicherungs-Gesellschaft »Colonia«) 1842
21 Rechtsstreitigkeiten Schildtknecht/Straub 1906
47 Situationsplan der Mühle 1865; Zeichnung von Wasserrädern von der Maschinenfabrik von Daniel Straub in Geislingen an der Steige 1872; Foto der Unteren Mühle (im Vordergrund Louise und Hugo Straub) um 1900
50 Adolf Straub: Die Ahnen meiner Kinder. Stuttgart 1976. Walter Ziegler: Daniel Straub und die Anfänge von MAG und WMF – Korrekturen und Ergänzungen zu seinem Lebensbild. In: Hohenstaufen Helfenstein. Historisches Jahrbuch für den Kreis Göppingen Bd. 1, S. 41–120

597
Strebelwerk, Mannheim

Name Strebelwerk GmbH
Geschäftstätigkeit Maschinen und Zentralheizungsanlagen
Branche Nr. 282
Umfang 0,5
Laufzeit 1899–1944
Benutzbarkeit Eingeschränkt
Bestand Y 313

Bestandsgeschichte Das Archivgut wurde 2003 übernommen. Das Bundesarchiv in Berlin hat vom ehemaligen Zentralen Staatsarchiv der DDR diesen Aktenbestand übernommen, der wiederum an das WABW übergeben wurde. Er besteht aus neun Akteneinheiten einschließlich Verzeichnungskarteikarten sowie einem Bündel unbearbeiteter Akten.
Geschichte Seit 1900 ist das Strebelwerk als Filiale einer seit 1859 in Hamburg bestehenden Firma, die sich mit dem Bau von Zentralheizungsanlagen befasste, in Mannheim ansässig. Namensgeber war der Ingenieur Josef Strebel mit seiner Erfindung des gusseisernen Gliederkessels. Das Konstruktions- und Fertigungsprinzip hat in der Heizkesseltechnologie Maßstäbe gesetzt. Die Strebelwerk AG CH-Rothrist, Niederlassung Mannheim, ist heute die Zentrale für den Vertrieb in Deutschland. Die international operierende Strebel Unternehmensgruppe als Komplettanbieter moderner Heiztechnologie sowie Niederdruckdampfkessel, Solartechnik und Raumwärmekörper fühlt sich noch heute ihrem historischen Ursprung verpflichtet.
3 Nachlass Dr. Krebs 1934–1940
5 Statuten, Gesellschaftsverträge 1899–1940
7 Gesellschafterversammlungen 1906
10 Grundstück Holzdorf 1942/43
16 Bilanzen, Jahresberichte, Gewinn- und Verlustrechnungen, Gegenüberstellungen 1905–1943
18 Versicherungen 1942/43
19 Fliegerschäden in Mannheim 1942/43
50 Im WABW nicht vorhanden.

598
Streicher, Stuttgart

Name M. Streicher GmbH & Co. KG
Geschäftstätigkeit Gießerei, Kesselfabrik, Fahrzeugbau
Branche Nr. 275/290
Umfang 8
Laufzeit 1901–1980
Benutzbarkeit Ja
Bestand B 176

Bestandsgeschichte Das Archivgut wurde 1983 vom Konkursverwalter übernommen.
Geschichte 1871 gründete der Formermeister Michael Streicher eine Eisengießerei in Cannstatt. 1901 errichtete sein Schwiegersohn Carl Simon auch eine Dampfkesselfabrik. 1921 wurde in Asperg bei Ludwigsburg eine Stahlgießerei als Zweigwerk gegründet, das die einzige dieser Art in Württemberg war. 1931 wurde den bestehenden drei Abteilungen eine Fahrzeugfabrik angegliedert. Sie hat neben der Dampfkesselfabrik die Firma bekannt gemacht. Das Produktionsprogramm umfasste Spezialfahrzeuge für verschiedene kommunale Einsatzzwecke wie Saugkehrmaschinen, Spreng- und Spülwagen sowie Fahrzeuge für Schienenpflege. 1982 stellte das Unternehmen Antrag auf Konkurs.
6 Formbeton GmbH: Sachkonten und Hauptbuch 1969–1974
7 Geschäftsführung, Verträge um 1950–1975
9 Personalbücher 1922–1963, Betriebsrat 1957–1975
10 M. Streicher Wohnungs- und Verwaltungs GmbH 1963–1975
12 Einkaufsstatistik 1952–1975
13 Plan (Schnitte) eines Cornwallkessels (gebaut 1895) für S. Gideon Seifenfabrik in Horb 1908, Kesselbücher 1901–1971, Produktions- und Kalkulationsbuch 1903–1913, Zeichnungsbuch 1953–1975, Strahlungskesselprojekte 1962–1972, Prüfungsberichte 1948–1980
14 Kommissionsbuchserie 1922–1975, Versand Fahrzeugbau, Besuchsberichte 1974–1976
15 Kataloge und Werbematerial um 1950–1975
16 Kreditoren 1947/1948, Betriebsergebnisse 1960–1969, Hauptbuch 1963–1975, Betriebsabrechnungsbogen 1960–1975, Rückstellungen 1968–1973, Investitionszulage 1975, Journale 1949–1951, Monatsstatistik 1952–1965, Abschlüsse 1958–1977
17 Steuerangelegenheiten 1956–1971
20 Deutscher Gießereiverband 1975–1978
47 Fotos: Produkte (Alben) 1920–1975. Filme
50 Repräsentanten der Deutschen Industrie und Wirtschaft, Baden-Württemberg, Düsseldorf 1962/63, S. 116. 100 Jahre M. Streicher 1871–1971, Stuttgart [1971] (Festschrift).

599
Ströbele, Ehingen a. D.

Name Schreinerei Ströbele
Geschäftstätigkeit Schreinerei
Branche Nr. 361
Umfang 6
Laufzeit 1893–1994
Benutzbarkeit Eingeschränkt
Bestand Y 513

Bestandsgeschichte Das Schriftgut wurde im Juli 2016 vom Wirtschaftsarchiv Baden-Württemberg übernommen.
Geschichte Die Anfänge der Familie Ströbele/Strebele reichen nachweislich bis 1678 zurück. Der Firmengründer Michael Ströbele wurde 1876 geboren und begann 1890 seine Schreinerlehre. Danach begab sich jener auf die Walz, welche ihn nach Bayern und Paris führte. Am 1. Dezember 1902 eröffnete Michael Ströbele seine eigene Schreinerei in Ehingen an der Donau. Die Firma überstand beide Weltkriege und wurde erst 1994 geschlossen.
9 Kopie vom Lehrlingsprüfungszeugnis (1893)
16 Journale, Lohnbücher, Kassenbücher, Steuerunterlagen, Bilanzen, Haushaltsbuch
18 Lehrverträge, Lehrlingszeugnisse; auch viele private Dokumente (Ausweise)
19 Adolf-Hitler-Spenden
22 Interessengemeinschaft der Bauhandwerker Ehingen
48 Auftragsbücher, Kundenregister, Lieferantenbücher, Frachtbriefe, Versicherungsunterlagen, Werbeanzeigen, Bauanträge, Baupläne
50 Heribert Ströbele schreibt bis dato an einer Chronik des Betriebes und der Familie.

600
Strombezugsverband Waldshut, Waldshut

Name Strombezugsverband Waldshut-Bonndorf-St. Blasien
Geschäftstätigkeit Energiewirtschaft
Branche Nr. 400
Umfang 0,7
Laufzeit 1921–1937
Benutzbarkeit Ja
Bestand B 87

Bestandsgeschichte Ein privater Sammler hatte die Unterlagen vor der Vernichtung bewahrt und dem Stadtarchiv Waldshut übergeben. Nach Einrichtung eines Gesamtarchivs für die EnBW im WABW gab das Stadtarchiv die Unterlagen im Jahr 2001 ab. Der Bestand enthält ausschließlich technisches Schriftgut zur Distribution.
Geschichte Der kommunale Zweckverband, im Jahr 1919 gegründet, versorgte wenige Jahre darauf 109 Gemeinden mit elektrischer Energie. Der Verband bezog den Strom fast ausschließlich vom Kraftwerk Laufenburg und verteilte ihn über 225 km eigene Fernleitungen an die beteiligten Kommunen weiter. Auf Jahresende 1938 kaufte das Badenwerk den Verband und sein Stromvertriebsnetz.
14 Ortsnetze von rund 120 (Teil-)Gemeinden (jeweils 1 Karte, häufig auch technische Zeichnungen und Genehmigungsakte), auch Trafostationen und Überlandleitungen 1921–1937
49 WABW B 88 (Badenwerk), insbesondere die Bü 1811, 2744–2748, 2769, 2772, 3023
50 Im WABW nicht vorhanden.

601
Stromeyer, Konstanz

Name L. Stromeyer GmbH & Co.
Geschäftstätigkeit Zeltfabrik
Branche Nr. 174
Umfang 25,5
Laufzeit 1896–1985
Benutzbarkeit Eingeschränkt
Bestand Y 129

Bestandsgeschichte Das Archivgut wurde 1989 anlässlich des Abbruchs zahlreicher Gebäude in »Stromeyersdorf« übernommen. Weitere rund 25 Regalmeter verwahrt das Stadtarchiv Konstanz (Findbuch W 1). Eine Nachlieferung geringen Umfangs erfolgte im November 2016.
Geschichte Die Firma L. Stromeyer wurde 1872 gegründet. In alter Konstanzer Tradition der Textilindustrie – deren Beginn spätestens mit den Betrieben der Genfer Kolonie ab 1785 angesetzt werden kann – produzierte Stromeyer vor allem Leinwandplanen, Zelttuche und ähnliche Stoffe. In diesem Segment erreichte das Unternehmen ab den 1880er Jahren eine marktbeherrschende Stellung, die es nicht zuletzt wegen regelmäßiger großer Militäraufträge über Jahrzehnte halten konnte. Die zunächst in der Altstadt betriebene Produktion zog 1890, nach dem ersten Großauftrag für 100.000 Armeezelte, in Gebäude auf dem ersten Konstanzer Industriegebiet nördlich des Rheins und westlich der Brücke um. Die bis zum Ende des Unternehmens prägende bauliche Gestaltung erhielt das Firmengelände »Stromeyersdorf« zwischen 1905 und 1925, wobei man mit dem Stuttgarter Architekten Philipp Jakob Manz einen der bedeutendsten zeitgenössischen Industriearchitekten engagierte. Die vielfältigen Umbrüche nach dem Ersten Weltkrieg meisterte das Unternehmen; arbeiteten um die Jahrhundertwende rund 100 Menschen in Konstanz, so stieg deren Zahl auf fast 800 im Jahr 1929. Die Aufrüstungspolitik der Nationalsozialisten belebte das Geschäft durch umfängliche Aufträge der Wehrmacht; die Belegschaft 1940 zählte allein in Konstanz mehr als 1.700 Menschen. Nach dem Krieg demontierte die französische Besatzungsmacht einen Teil der Maschinen. Doch erholte sich Stromeyer rasch wieder mit neuen Produkten wie großfor-

matigen Segeltuchkonstruktionen für Ausstellungspavillons, für die Textilbauten der Olympischen Spiele in München 1972 oder für »luftgetragene« pneumatisch aufgespannte Tennis- und Industriehallen. 1973 musste das Unternehmen überraschend Konkurs anmelden, doch lief die Produktion bis Ende 1984 weiter. Die endgültige Liquidierung erfolgte im Jahr 1986.

3 Ansprachen 70. Geburtstag Manfred Stromeyer 1958, Manfred Stromeyer: Merian Ahnen aus 13 Jahrhunderten (1966), Teildruck zur Familie aus »Repräsentanten der deutschen Industrie und Wirtschaft« [1972]

4 Briefkopf mit Firmenansichten 1903, Festschrift 40-jähriges Jubiläum 1912, gedruckte Festschrift 80-jähriges Jubiläum 1952

5 Handelsregistereinträge 1949–1970, Gesellschaftsvertrag 1965 mit Nachträgen 1971

6 Buchberger & Kremer Bekleidungswerke GmbH in Scheidegg/Allgäu und Oberstaufen: Kaufvertrag 1965, Bilanz, Inventur, Steuer, Kredite, Umsatz 1965–1972

7 Gesellschafterversammlung 1974, Unternehmensberatung Klaus Franke 1981–1983

8 Instruktion für Monteure 1926, Einführung des Hollerith-Verfahrens 1939, Rundschreiben und Aktennotizen 1962–1966, Verwaltungskosten Standorte Konstanz, Markdorf, Hüfingen und Mannheim 1965–1968, Strukturanalyse der Schitag 1971, Geschäftsverteilungsplan [1980]

9 Werkszeitung 1936, Werkszeitung »Schulter an Schulter« 1940/41, Darlehen an Betriebsangehörige 1952–1957, Baudarlehen an Betriebsangehörige 1954–1975, betriebliche Altersversorgung 1948–1972, Unterstützungs- und Pensionskasse: Mittel, Auflösung 1969–1975, Zusammenstellung Lohn und Gehalt 1968–1971, Personalstatistik 1973–1984, Schwerbehinderte 1959–1971

10 Bahnanschluß Konstanz-Petershausen-Stromeyersdorf 1905–1960, Baugesuchshefte, Karten und Pläne des Architekten P.J. Manz, 1905–1938; gemeinsame Gleisnutzung in Konstanz mit Firma Schellinger & Co. 1920–1967, Bau von Produktionsgebäuden in Stromeyersdorf 1937–1965, Statik der Produktionsanlagen in Stromeyersdorf, Markdorf und Weiler im Allgäu 1949–1956, Entwässerung 1964, Abwasser 1972–1983, Wasserrechtsantrag 1972/73

11 Bankkredite 1963–1973

12 Farbstoffproben [1950–1970], Muster Nieten, Druckknöpfe, Beschläge, Verschlüsse [1965], Materialproben von Lieferanten 1966–1969

13 Stoffmuster und Stoffmusterbücher 1925–1970er Jahre, Statik (26m/40m-Hallen, L-Hallen, Zirkuszelte, Oktoberfesthalle) 1926–1971, verschiedene Zelttypen 1927–1957, W- und Membranhallen 1950–1972, Reihenzelte 1952–1957, Planen 1952–1959, Funkturmverkleidungen 1952–1958, Entwicklung Militärplanen 1953–1961, Material zu aufblasbarem Turm 1953–1966, Zirkuszelte 1954–1961, Englische Zelte 1954–1967, Leichtbauhallen 1954–1970, Fallschirmreparaturzelt [1955], Autoanbauzelte 1956–1958, Cinecamera-Zelt 1956–1958, Militäreinheitszelte 1956–1964, Ballonfüllzelt 1957–1967, Neuentwicklungen 1958–1960, Auslegeplanen 1959–1963, Autoplanen 1960, Schnee- und Schutzbezüge für Flugzeuge 1960/61, Back- und Ofenzelte 1960–1966, Unimogplanen 1961, Binderzelt 1961–1968, Parasolzelte 1962, SPD-Kugelpavillon 1962/63, Aufträge für Schweizerische Landesausstellung Lausanne 1962–1964, Deutscher Pavillon Weltausstellung Montreal (mit Versuchsbau in Vaihingen) 1965–1967, Entwicklung Luftbinderhalle 1967, Leichen-Bergesäcke 1968, Splitterschutzvorhänge 1968–1969, Zeltumbau für LKW 1969–1970, Festzelt Schottenhamel München 1971 [Einkauf, Kalkulation, technische Zeichnungen, Produktion, Vertrieb etc. der genannten einzelnen Produkte sind produktweise zusammengefasst.]

14 Patentüberwachungen (aufblasbarer Turm, Gestellzelte, Bogenbinder, Bindergestelle, Bogenzelte, flexible Behälter, Brennstoffbehälter) 1910–1966, Leihdecken 1924–1961, Kundenkartei 1937–1943, Kundenakten In- und Ausland (v.a. Schausteller und Zirkus, u.a. Zirkus Fischer, Zirkus Krone, Zirkus Hagenbeck, Tierpark Hagenbeck, Gebr. Knie Schweizer Nationalzirkus) 1941–1971, Lieferungen an die US-Armee 1952–1963, DLG-Aufträge 1956–1968, Zeltvorführung in Wien 1959–1960, Auftragsbuch 1959–1960, in- und ausländische Patentanmeldungen und Gebrauchsmuster (Gartenmöbel, Schirme, Panzerwesten, Kombibett, Parasolrundzelte und andere) 1960–1970, Vertreterrundschreiben 1967–1969, Lieferantenliste 1973

15 Produktkataloge/Prospekte/Preislisten:

Gesamtkatalog 1896, Zeltbautenvermietung [1905], Arbeiterschutz und Arbeitszelte [1910], Zelte [1910], Gartenschirme 1954, Zelte [1970], Textiles Bauen [1970], Flächentragwerke [1975], Imageprospekt 1985, verschiedene Produkte [1900]–1985; gedruckte »Referenzenalben«: Akustik [1905], Fest- und Ausstellungsbauten [1907], 1910, XVI. Deutsches Bundesschießen Hamburg 1909, Sängerhalle für das VIII. Deutsche Sängerbundesfest 1912; Beteiligung an der Internationalen Gartenbauausstellung 1960–1964, Hauszeitschrift »Mein Arbeitsplatz« Nr. 47 / Dezember 1971, Katalog »Spannweiten« mit Werksansicht Konstanz-Stromeyersdorf 1973; Dankdiplom Fachmesse SPOA Köln 1968

16 Maschinenkonten 1916–1919 und 1928–1948, Grundstücks- und Gebäudekonto 1924–1948, Jahresabschlüsse mit Quartalsberichten 1943–1959, DM-Eröffnungsbilanz 1948, Inventur 1948 und 1956, Warenlager Hamburg bzw. Itzehoe 1950–1955, Jahresabschlüsse GmbH 1953–1963, 1975–1977 und 1980–1982, Bilanz GmbH 1963–1972, Bilanz KG 1964–1978, Monatsumsätze KG 1966, Debitoren und Kreditoren 1967/68, Kontenabstimmungsheft 1968/69, Sachkontenbuch 1970–1972, Prüfung Jahresabschlüsse GmbH 1971–1973, Gesamtausdruck Buchhaltung 1972, Jahresabschlüsse KG 1973–1981 und 1981

17 Maschinenabschreibungen 1929–1933, 1947–1953, Gebäudeabschreibung 1949/50, diverse Steuern 1953–1978, Bericht über Abschreibungen etc. der Sachanlagen 1956, Grundsteuer 1960–1974, Einheitswert 1961–1964

18 Feuerversicherung: Weberei in Weiler (Allgäu) 1927–1951, Konstanz-Stromeyersdorf 1934–1948, 1955–1976, Knopflochmaschine 1939–1949, Nähmaschinen Gefangenenlager Lahr-Dinglingen 1946–1948, Warenlager Firma Rupp in Blumberg 1948/49, Warenlager Pfullendorf und Murg 1947–1952, Nähwerk Markdorf 1948–1950;
Kfz-Versicherungen 1929–1949, Sammel-Unfallversicherung 1943–1955, Gebäudeversicherung 1947–1970, Industriehaftpflicht 1948–1957 und 1975–1978, Transportversicherung für Maschinen 1953–1959, Schätzung der Betriebseinrichtung 1972

20 Rheinschiffahrtsverband: v. a. zweibändiges Memorandum [um 1914], Wirtschaftsberichte der Rhein-Main-Bank 1953–1955 »Mensch und Arbeit«, Arbeitsgemeinschaft zur Förderung der Arbeitsbeziehungen in Baden-Württemberg 1956–1959, Verband der baden-württembergischen Textilindustrie: Tarifverträge etc. 1973–1985, Verbandsnachrichten 1973–1981, Verband der deutschen Sack- und Segeltuchwarenindustrie 1970–1972, Bundesverband Kunststoff- und Schwergewebekonfektion: Rundschreiben etc. 1972–1979, Tarifverträge etc. 1979–1984

21 Rechtsstreitigkeiten 1954–1966, Naumann/Dollansky 1977–1984, Schloß Holtfeld 1981–1984

47 Fotos: Produkte (um 1975)

48 Stempel (1920er/1950er Jahre), Glasflaschen und -kolben

49 Stadtarchiv Konstanz Bestand W 1

50 Geschichte der Firma L. Stromeyer & Co Konstanz 1872–1912, [Konstanz 1912] (Festschrift). 80 Jahre L. Stromeyer & Co 1872–1952, [Konstanz] 1952 (Festschrift). Spannweiten, 100 Jahre Stromeyer, Konstanz [1972] (Festschrift). Forschungsgruppe der Universität Stuttgart (Hg.), Modellvorhaben stadtökologisch orientierte Wiedernutzung der Gewerbefläche Konstanz-Stromeyersdorf, o. O. 1991.

602
Stumpp und Kurz, Stuttgart

Name Stumpp und Kurz
Geschäftstätigkeit Präzisionsdrehteilefabrik
Branche Nr. 280/287
Umfang 0,5
Laufzeit 1955–1968
Benutzbarkeit Ja
Bestand Y 168

Bestandsgeschichte Die Zeichnungen wurden 1994 übernommen.

Geschichte Um 1930 in Stuttgart-Vaihingen als Schraubenfabrik gegründet, firmierte das Unternehmen ab 1957 als KG unter »Präzisionsdrehteile«. Es ging 1994 in Konkurs.

13 Produktionsanweisungen, Fertigungspläne und technische Zeichnungen 1955–1968

50 Im WABW nicht vorhanden.

603 Stuttgarter Gardinenfabrik, Herrenberg

Name Stuttgarter Gardinenfabrik GmbH
Geschäftstätigkeit Gardinenfabrik
Branche Nr. 170/174
Umfang 1
Laufzeit 1938–1997
Benutzbarkeit Eingeschränkt
Bestand Y 280

Bestandsgeschichte Das Archivgut wurde 2001 vom letzten Geschäftsführer übernommen.
Geschichte 1934 gründete Hans Goltermann in Stuttgart eine Gardinenfabrik. 1938 erwarb er auch eine Weberei in Lengenfeld/Sachsen. Im selben Jahr richtete er ein eigenes Entwurfsatelier ein, das unter der Leitung von Margret Hildebrand, spätere Professorin an der Hochschule für Bildende Künste in Hamburg, einen eigenen, unverwechselbaren Kollektionsstil schuf. Nach der vollständigen Zerstörung der Geschäftsräume in Stuttgart 1944 und der Enteignung des Betriebs in Lengenfeld erfolgte der stufenweise Wiederaufbau des Betriebs in Herrenberg. Ab 1963 übernahm Antoinette de Boer, eine Meisterschülerin von Margret Hildebrand, die Leitung des Entwurfsateliers. Die Produkte – Vorhangstoffe, Gardinen und Möbelstoffe – wurden erfolgreich verkauft und für ihr gutes Design prämiert. So erhielt die Firma auf der IX. Triennale in Mailand 1951 eine Goldmedaille. 1999 musste das Unternehmen Konkurs anmelden.
4 Firmenschriften 1952–1998
7 Protokolle der Gesellschafterversammlung 1946–1987, Zeitungsausschnitte 1967–1970
15 Ausstellungen 1967–1987, Diplom 1957, Entwürfe des Firmenzeichens, Presse, Anzeigen, Prospekte 1982–1984, Andruckmuster für Annoncen 1968, Prospektordner, Stoffmuster, Kollektion Patio 1997, Plakat mit Vorhang-Abbildungen
47 Fotos: Produkte, Ausstellungen, Firmengebäude 1938–1978, Entwürfe Margret Hildebrand
50 25 Jahre Stuttgarter Gardinen, in: Industrie und Handel, Nachrichtenblatt der Industrie- und Handelskammer Stuttgart, Nr. 11, 1959, S. 311. Textildesign 1934–1984 am Beispiel Stuttgarter Gardinen, Ausstellungskatalog des design center Stuttgart, Stuttgart 1984.

604 Stuttgarter Volksbank, Stuttgart

Name Stuttgarter Volksbank
Geschäftstätigkeit Bankgeschäft
Branche Nr. 650
Umfang 1
Laufzeit 1912–1947
Benutzbarkeit Eingeschränkt
Bestand Y 331

Bestandsgeschichte Durch Vermittlung des Stadtarchivs Stuttgart gelangten die Unterlagen der Stuttgarter Volksbank im Jahr 2005 ins Wirtschaftsarchiv Baden-Württemberg.
Geschichte Am 13. November 1913 wurde eine genossenschaftliche Bank für Haus- und Grundbesitzer als Selbsthilfeeinrichtung gegründet. Unter der Bezeichnung Bank für Haus- und Grundbesitz in Stuttgart eGmbH wurde der Geschäftsbetrieb am 16. Februar 1914 aufgenommen. Schwerpunkt dieses Instituts, das in der Rote Str. 14 in Stuttgart seinen Sitz hatte, war das Hypothekengeschäft. Während des Ersten Weltkriegs beteiligte sich die Bank an der Schaffung von Landeslieferungsgenossenschaften für das heimische Handwerk. Im Jahr 1922 wurde der Name in Stuttgarter Bank eGmbH umgeändert. Im gesamten Stadtgebiet wurden zwischen 1925 und 1950 Zweigstellen errichtet, u. a. in Cannstatt, Heslach und Gablenberg und 1935 wurde das neue Hauptstellengebäude in der Schlossstraße/Seestraße bezogen. Im Jahr 1970 entstand durch den Zusammenschluss mit der Feuerbacher Volksbank die Stuttgarter Volksbank. 1973 erfolgte die Änderung der Rechtsform in eine Aktiengesellschaft. Anfang der 80er Jahre änderte die Bank ihren Namen in Stuttgarter Bank AG. Im Jahr 2006 fusionierte sie mit der VR-Bank Stuttgart eG zur Stuttgarter Volksbank AG und im Oktober 2010 mit der Volksbank Rems eG zur Volksbank Stuttgart eG.
9 Wiedereinstellung entlassener Angestellter 1945/1946
10 Umbau Zweigstelle Cannstatt 1929; Umbau Zweigstelle Heslach 1932; Messurkunden und Kostenberechnungen für Immobilien, Baugesuche 1931; Rechnungen 1932/33
11 Konkursabwicklung: Fa. Achaz Brühl, Käse- u. Butterhandlung Stuttgart 1925–1932, Fa. Wey-

gandt & Klein AG, Maschinenfabrik Feuerbach 1928–1933
13 Bürgschaftsurkunden 1914–1923; Kreditgewährungen an Firmen u.a. Fa. G. Buck, Schokoladenfabrik Bietigheim 1921/1922
19 Entnazifizierung von Mitarbeitern 1945; Öffnung von Schließfächern 1945; Anwendung des Gesetzes Nr. 53 der Militärregierung 1946; gesperrte Konten 1946
49 Archiv der Volksbank Stuttgart und WABW B 183
50 Stuttgarter Bank – 40 Jahre im Dienst der einheimischen Wirtschaft, Stuttgart 1953. 75 Jahre Stuttgarter Bank 1913–1988, Stuttgart 1988.

605
Süddeutsche Textil-Berufsgenossenschaft, Stuttgart

Name Süddeutsche Textil-Berufsgenossenschaft Sektion III
Geschäftstätigkeit Berufsgenossenschaft
Branche Nr. 910
Umfang 0,1
Laufzeit 1908–1935
Benutzbarkeit Eingeschränkt
Bestand Y 542

Bestandsgeschichte Der Bestand wurde dem Wirtschaftsarchiv 2018 übergeben. Er umfasst Unterlagen aus dem Nachlass von Alfred Holzwarth, Oberinspektor und Sektionsgeschäftsführer der Süddeutschen Textil-Berufsgenossenschaft Sektion III.
Geschichte Die Süddeutsche Textil-Berufsgenossenschaft mit Sitz in Augsburg wurde 1885 zur Durchführung des Reichs-Unfallversicherungsgesetzes vom 6.7.1884 gegründet. Die Sektion III Württemberg und die Hohenzollerischen Lande hatte ihren Sitz in Stuttgart. Nachfolgerin wurde nach mehreren Fusionen 2010 die Berufsgenossenschaft Energie Elektro Textil Medienerzeugnisse (BG ETEM) mit Sitz in Köln und einer Bezirksverwaltung in Stuttgart.
8 Satzung 1912; Dienstordnung 1927; Denkschrift über die Vereinigung der Bürobetriebe der Genossenschaft 1915
9 Angestellte 1908–1925; Geschäftsführer Alfred Holzwarth
16 Jahresbericht 1919
20 Verzeichnisse Fachverbände 1929, 1934
49 WABW Gb–121
50 50 Jahre Süddeutsche Textil-Berufsgenossenschaft. Festschrift anlässlich des 50jährigen Bestehens der Süddeutschen Textil-Berufsgenossenschaft. Augsburg 1935.

606
Südmilch, Stuttgart

Name Südmilch AG
Geschäftstätigkeit Molkereikonzern
Branche Nr. 155
Umfang 0,1
Laufzeit 1965–1969
Benutzbarkeit Ja
Bestand Y 380

Bestandsgeschichte Die Unterlagen wurden dem WABW 2007 von einem ehemaligen Mitarbeiter übergeben.
Geschichte Die Württembergische Milchverwertung-Aktiengesellschaft wurde 1930 gegründet. 1933 übernahm sie die Milchversorgung Stuttgart GmbH. 1953 erfolgte die Umfirmierung in Württembergische Milchverwertung – Südmilch – AG, ab 1972 blieb alleine der Name Südmilch AG. Nachdem der langjährige Vorstandsvorsitzende die Gesellschaft im Zusammenhang mit einer Expansion nach Sachsen in finanzielle Schwierigkeiten gebracht hatte, übernahm 1993 die niederländische Genossenschaft Campina Melkunie (inzwischen Royal Friesland-Campina) das Unternehmen.
8 Bericht der Innenrevision über die Prüfung des Warenverkehrs und die Zusammenstellung des Warenberichts für das Jahr 1966
15 3 gedruckte Informationsschriften zum Unternehmen, um 1965 – 1969
50 Julius Keil (Red.), Die Westdeutsche Wirtschaft und ihre führenden Männer, Württemberg II, Frankfurt am Main 1960, S. 364–366.

607
Südwestbank, Stuttgart

Name Südwestbank AG
Geschäftstätigkeit Bankgeschäft
Branche Nr. 650
Umfang 36
Laufzeit 1912–2004
Benutzbarkeit Ja
Bestand B 111

Bestandsgeschichte Das Archivgut wurde zwischen 2002 und 2003 von der Südwestbank AG übernommen.

Geschichte Im Jahr 1922 gründeten der Württembergische Landesverband landwirtschaftlicher Genossenschaften, die Kaufstelle des Landesverbandes und die Landwirtschaftliche Genossenschafts-Zentralkasse eGmbH in Stuttgart die Württembergische Landwirtschaftsbank GmbH. Dieses rechtlich selbstständige Kreditinstitut ging aus einer ehemaligen Privatgeschäftsabteilung der Zentralkasse hervor. Bankgeschäfte aller Art zur Förderung des Mittelstandes, der Landwirtschaft und der ländlichen Genossenschaften wurden hier angeboten. In Personalunion mit der Landwirtschaftlichen Genossenschafts-Zentralkasse eGmbH wurden Filialen in Schwäbisch Hall, Heilbronn, Ravensburg, Sigmaringen, Ulm, Plüderhausen und Reichenbach/Fils unterhalten. Nach dem Zweiten Weltkrieg wandelte sich die Württembergische Landwirtschaftsbank GmbH zu einem Spezialinstitut für landwirtschaftliche Kredite und im Laufe der Zeit zur Universalbank. Kurz nach der Gründung des Landes Baden-Württemberg wurde der regionale Bankbetrieb auch auf den badischen Landesteil ausgedehnt. Diese Erweiterung manifestierte sich seit 1954 auch im Anstaltsnamen Südwestdeutsche Landwirtschaftsbank GmbH. Im Jahr 1964 wurde die Landwirtschaftsbank zur Südwestbank GmbH umfirmiert. Die Bereiche Einlagengeschäft und Vermögensberatung wurden weiter ausgebaut. Hauptgesellschafter waren die Deutsche Genossenschaftskasse, die Württembergische Landesgenossenschaftsbank eGmbH, das Land Baden-Württemberg sowie der Württembergische Landesverband ländlicher Genossenschaften-Raiffeisen-e. V. 1969 erfolgte die Gründung der SWB Treuhand GmbH und 1970 wurde die Umwandlung in eine Aktiengesellschaft vollzogen (Südwestbank AG). Zwei Jahre später wurde die Bissinger Bank eingegliedert, die bis heute als Niederlassung unter eigenem Namen weitergeführt wird. In den neunziger Jahren profilierte sich das Kreditinstitut als mittelständisch orientierte Regionalbank mit Privatbankcharakter, wobei die GZB-Bank Stuttgart seit 1996 die Aktienmehrheit besaß. Im Jahr 2004 verkaufte die DZ-Bank Frankfurt, seit 1999 Mehrheitsaktionärin, ihre Beteiligung an der Südwestbank AG an die Stuttgarter Beteiligungsgesellschaft Santo Holding GmbH. Seitdem gehört die Südwestbank AG als unabhängige mittelständische Privatbank dem privaten Bankenverband an. 2017 wurde die Südwestbank AG von der österreichischen BAWAG P.S.K. mit Sitz in Wien übernommen.

4 B. Koschka: Einführung eines Bürokommunikationssystems im Bankwesen und Ermittlung des Nutzungsgrades am Beispiel der Südwest AG (Diplomarbeit 1994), M. Bachhofer: Überwachung gewerblicher Kredite im Haus der Südwestbank AG (Diplomarbeit 1984)

5 Handelregisterauszüge 1948–1979, Gründungsakte und Gesellschaftsvertrag 1922–1951, Verträge 1923–1955

6 Spar- und Darlehenskasse Degerloch: Filiale Sigmaringen 1938–1939, Bilanzen 1948–1965, Filiale Schwäbisch Hall: Presseartikel 1925–1965, verschiedene Unterlagen zur Spar- und Darlehenskasse Westernach sowie Raiffeisenbank Hessental 1930–1965, Generalversammlungen 1951–1970, Geschichte 1963–1967, Filiale Reichenbach/Fils: 50-jähriges Jubiläum 1938–1988, Hauptbuch 1938–1941, Depotbuch 1961–1969, Filiale Plüderhausen: Kreditakten 1933–1941, Gebäude und Baumaßnahmen 1937–1964, Personalakten 1937–1964, Kontenblätter 1938–1960, Reichsmark-Abschluss 1948, Kontensperrungen 1946–1948, Milchverwertungsgenossenschaft Plüderhausen 1950–1960, Zahlstelle Schorndorf 1952–1964, Filiale Heilbronn: Sparkonteneröffnungsanträge 1953–1965, Bilanzen 1958–1997, Filiale Ravensburg: Sparkonten 1961–1969, Baumaßnahmen 1968–1983, Entwicklungszahlen 1984–1990, Fotos 75-jähriges Jubiläum 1998, Filiale Hechingen: Fotos, Presseartikel 1960–1996, Bissinger Bank: Chronik 1985

7 Vorstandsprotokolle 1924–1970, Gesellschaf-

terversammlungsprotokolle 1925–1970, Aufsichtsratsprotokolle 1939–1970, Verwaltungsausschussprotokolle 1954–1970, Geschäftsberichte 2004–2007
9 Mitarbeiterzeitschrift »Aktiva« 2005–2008
15 Südwestbank-Brief, Infoblatt 1965, 1975, 2006–2008, Prospekte, Faltblätter 1980er, Prospekte und Konditionen Anlage- und Sparmöglichkeiten 1973/1974
16 Geschäftsbuch 1919–1924, Geschäftsberichte 1928–2000, Revisionsberichte 1936–1947, Bilanzen 1938–1970, Altsparerentschädigung, Reichsmark-Schlussbilanz 1948, DM-Eröffnungsbilanz 1948, Umstellungsrechnung 1948–1956, Währungsausgleich 1952–1960, Bankenstatistik 1953–1963, Prüfungsberichte 1955–1970
47 Fotos: Filiale Reichenbach/Fils 1958–1993, Filiale Hechingen 1960–1996, Filiale Ravensburg 1998, Filiale Heilbronn 2000, Filialen in Stuttgart und Filiale Schwäbisch-Hall 1990er, Fotos Festschrift 1997. DVDs: Imagefilme 2005–2008
50 Bilanz der Selbsthilfe, 75-jähriges Bestehen der Württembergischen Landesgenossenschaftsbank eGmbH, Stuttgart 1968 (Festschrift). Im Wandel der Zeit, 75 Jahre Südwestbank 1922–1997, [Stuttgart 1997] (Festschrift).

608
Südwestdeutscher Kanalverein, Stuttgart

Name Südwestdeutscher Kanalverein
Geschäftstätigkeit Verband
Branche Nr. 910
Umfang 4
Laufzeit 1898–1968
Benutzbarkeit Eingeschränkt
Bestand V 3

Bestandsgeschichte Das Archivgut wurde 1981 über die Industrie- und Handelskammer Stuttgart aus dem Bildungshaus Grunbach übernommen. Als Nachträge kamen 1985 Fotokopien aus verschiedenen Archiven (u. a. Bundesarchiv), 1989 noch Dias hinzu.
Geschichte Am 9.12.1916 wurde in Stuttgart der Südwestdeutsche Kanalverein gegründet mit dem Ziel, Rhein und Donau über den Neckar zu verbinden. Die ersten Überlegungen zu dieser Wasserstraße über die Schwäbische Alb stammten bereits aus dem 18. Jahrhundert. Den Vereinsvorsitz übernahm Adolph Schiedmayer, zugleich Präsident der Stuttgarter Handels- und Gewerbekammer. Dem Vorstand gehörten Persönlichkeiten aus Politik und Wirtschaft an, darunter Peter Bruckmann (Heilbronn), Emil Engelhard (Mannheim), Robert Bosch, Julius von Jobst, Emil Maier, Oskar von Nast, Otto Elben und Karl Strölin (alle: Stuttgart). Bis in die 1960er Jahre wurden zahlreiche technische Planungen in Auftrag gegeben und auf politischer Ebene vertreten, die jedoch durch die geographischen, technischen und finanziellen Probleme nie verwirklicht wurden. Sitz ist seit 2001 Heilbronn (unter neuem Namen).
5 Vereinsregister 1920–1967
7 Mitgliederverzeichnisse, Sitzungsprotokolle, Akten Geheimrat Bruckmann, Landesgruppe Baden, Protokolle 1916–1938, Protokolle und Sitzungen des Neckar-Donau-Kanal-Komitees 1899–1916, Beiratssitzungen, Reiseberichte, Besprechungen, Sitzungsprotokolle, Hauptversammlungen 1937–1968, Schriftwechsel mit öffentlichen Stellen, Baufirmen, Industriellen, Architekten, IHK Stuttgart, Württ. Wirtschaftsministerium, Reichsverkehrsministerium, Württ. Finanzministerium, Württ. Innenministerium, Württ. Staatsregierung, Reichsinnenministerium, Landesplanungsgemeinschaft Württ.-Hohenzollern, Städten und Gemeinden (u. a. Grün u. Bilfinger, Robert Bosch, Prof. Frank, Dipl.-Ing. Schnitzler-Fischer, Dr. Emil Gminder, Dr. v. Mülberger, Dr. W. Kässbohrer, Dr. Konz, Prof. Rothmund, Prof. Wittmann, Prof. Göller, S. Goetz) 1917–1968, Verträge und Vereinbarungen 1922–1941, Neckar AG (Korrespondenzen, Geschäftsberichte) 1932–1968, Mitgliederversammlung der Badischen Landesgruppe 1938, Tagungs- und Reiseberichte 1905–1941
8 Organisation 1920–1947
10 Mietangelegenheiten 1927–1968
13 Strecke Mannheim-Plochingen (u. a. Lagepläne. Übersichtskarten, Längsschnitte, Denkschriften) 1898–1948, Strecke Plochingen-Ulm 1919–1947, Stuttgarter Hafen 1958–1966, Rhone-Ausbau 1913–1938, Donau-Bodensee-Projekt 1918–1942, Ausbau der Iller 1919–1923, Ausbau

der oberen Donau 1923–1950, Saar-Pfalz-Kanal 1926–1943, Ausbau des Oberrheins 1930–1954, Staustufe Hessigheim 1942, Statistische Daten (u. a. Stromlängen, Güterverkehrsaufkommen, Kosten des Kanalbaus, Schiffstypen) 1940–1942, Bodenschätze (Eisenerze, Kalk) 1914–1941, Technik (u. a. Wehre, Schleusen, Hebewerke) 1919–1942, Überleitung von Iller-Donau-Wasser ins Neckargebiet 1922–1942, Donau-Versickerung 1929–1941, Wasserwirtschaft Donau-Iller (u. a. Pläne, Statistiken) 1929–1943
15 Öffentlichkeitsarbeit (u. a. Denkschriften, Presseartikel, Vorträge) 1920–1954
16 Jahresabschlüsse, Geschäftsberichte 1920er–1964
20 Korrespondenzen mit Verbänden (Zentralverein für die deutsche Binnenschiffahrt, Deutscher Kanal- und Schiffahrtsverein Rhein-Main-Donau e. V., Südwestdeutscher Wasserwirtschaftsverband, Saarpfalz-Rheinkanalverein, Württ. Wasserwirtschaftsverband, Verband Obere Donau, Zentralverein für deutsche Binnenschiffahrt e. V., Rheinschiffahrtsverband Konstanz, Oberrheinischer Schiffahrtsverband e. V.) 1916–1968, Bayerischer Kanal-Verein 1920
22 Ernährungsprobleme (Konservenindustrie) 1946, Erhebung der IHK Stuttgart über den Minimalbedarf für Landmaschinen und Ersatzteile 1946, Staatliche Erfassungsgesellschaft für öffentliches Gut (StEG) 1948–1949
47 Dias
49 WABW Y 105, Y 307, Bundesarchiv Bestände B 108, R 2, R 25, R 43 I und II, R 113
50 Otto Konz, Neckar-Donau-Kanal Plochingen – Ulm, Stuttgart 1954. 50 Jahre Südwestdeutscher Kanalverein für Rhein, Neckar und Donau e. V. Stuttgart, [Stuttgart 1966] (Festschrift). Otto Konz, Lebenserinnerungen, Stuttgart 1967. Wolf-Ingo Seidelmann, Der Neckar-Donau-Kanal, 200 Jahre Planung für eine Wasserstraße quer über die Alb, St. Katharinen 1988.

609
SüdwestLB, Stuttgart, Mannheim

Name Südwestdeutsche Landesbank Girozentrale
Geschäftstätigkeit Bankgeschäft
Branche Nr. 650
Umfang 150
Laufzeit 1901–2002
Benutzbarkeit Eingeschränkt
Bestand B 106

Bestandsgeschichte Das Archivgut wurde ab 2002 von der Landesbank Baden-Württemberg (LBBW) übernommen. Nachlieferungen erfolgten bis 2019. Der Bestand schließt die Überlieferung der Landesbank Stuttgart – Girozentrale ein, die 1988 mit der Badischen Kommunalen Landesbank (Bestände B 104 und B 105) zur Südwestdeutschen Landesbank Girozentrale fusionierte.
Geschichte Die Württembergische Girozentrale in Stuttgart nahm 1916 unter der Bezeichnung Zentralstelle des Württembergischen Giroverbandes den Giroverkehr in Württemberg auf. Träger der nicht rechtsfähigen Zentralstelle war der Württembergische Giroverband. Die Geschäfte wurden bis 1919 nebenamtlich von der Abteilung Girokasse der Städtischen Sparkasse Stuttgart geführt, die auch die Räumlichkeiten zur Verfügung stellte. Nachdem sich der Aufgabenbereich der Girozentrale ständig erweiterte, wurde 1920 die Abtrennung von der Städtischen Sparkasse Stuttgart durchgeführt. Die Girozentrale erhielt damit ihre selbstständige Verwaltung und wurde unter dem Namen Württembergische Girozentrale (WGZ) als Geschäftsstelle des Württembergischen Giroverbandes unter dessen hauptamtliche Leitung gestellt. Im Jahr 1925 wurde eine Zweigstelle in Ravensburg errichtet, die gegen Ende des Zweiten Weltkriegs als zentrale Geldausgleichstelle, technische Abwicklungsstelle des bargeldlosen Zahlungsverkehrs und Verwaltungsstelle der Liquiditätsreserven für die Sparkassen in der französischen Besatzungszone fungierte. Seit 1927 firmierte die Württembergische Girozentrale unter der Bezeichnung Württembergische Girozentrale – Württembergische Landeskommunalbank. 1932 erhielt sie als Anstalt des öffentlichen Rechts

eine eigene Rechtspersönlichkeit und Satzung. Seit 1968 führte das Institut die Bezeichnung Württembergische Landeskommunalbank – Girozentrale, seit 1975 Württembergische Kommunale Landesbank – Girozentrale. Ab 1987 firmierte sie unter dem Namen Landesbank Stuttgart – Girozentrale. Sie fusionierte 1988 mit der Badischen Kommunalen Landesbank zur Südwestdeutschen Landesbank Girozentrale (SüdwestLB). 1999 entstand durch die Vereinigung der SüdwestLB, der Landesgirokasse (Bestand B 103) und der Landeskreditbank Baden-Württemberg – Marktteil die Landesbank Baden-Württemberg (LBBW, Bestand B 108).

4 50-jähriges Jubiläum 1966, 75-jähriges Jubiläum 1991, 50-jähriges Jubiläum Zweigstelle Ravensburg 1975, Broschüre zur Gründung SüdwestLB 1988–1990, Broschüre 100 Jahre Württembergischer Sparkassen- und Giroverband 1985, Broschüre Manfred Biehal: Beziehungen zwischen dem Zentralinstitut und den Sparkassen in Württemberg von der Gründung der Girozentrale bis zur Gegenwart (Diss. Typoskript) 1982, Presseinformationen 1958–1991

5 Satzungen, Namensänderungen 1932–2000, Fusionsplanungen mit der Badischen Kommunalen Landesbank 1968–1973, Fusionsmodelle (Landkreismodell, 4-er und 5-er Modell) mit Landeskreditbank, Girokasse, Öffentliche Bausparkasse Württemberg, Badische Landesbausparkasse 1968–1985, Durchführung der Fusion mit BAKOLA zur SüdwestLB 1986–1989, Projekte und Strategien (Kooperationen, Beteiligungen, Eigenkapitalausstattung) 1992–1995, Fusion LBBW 1998

6 Zweigstelle Ravensburg 1932–1935, 1950–1982, Niederlassung Freiburg 1987–1996, Repräsentanzen in Hong Kong und London (Eröffnung, Organisation, Personal, Geschäftsberichte) 1978–1988, Beteiligungen: Württembergischer Kreditverein WKV 1949–1974 (Aufsichtsrat, Satzung, Anweisungen, Firmenzeichen; Kontaktgemeinschaft Süd 1973–1976, Übernahme durch die WGZ 1975/1976), Württembergische Finanz-AG 1960–1973 (Aufsichtsrat, Hauptversammlung, Betriebsprüfung, Geschäftsanweisungen, Satzung, Gebäude, Mitgliedschaft Wertpapierbörse Stuttgart, Unterstützungskasse, Repräsentanz Karlsruhe; Handelsregisterauszüge 1949–1971, Übernahme durch die WGZ 1972/1973), Norddeutsche Teilzahlungsbank Hamburg 1954–1975, Württembergische Heimstätte 1968, Bankhaus Bensel & Co. 1969, SüdLeasing GmbH 1978/1979, SüdFactoring GmbH 1982–1995, Südwestdeutsche Landesbank Luxembourg S.A. 1990, SüdLeasing Berlin GmbH 1989/1990, SüdKapitalanlagegesellschaft mbH (SüdKA) 1992; Rundschreiben Landeszentralbank Baden-Württemberg 1951–1975, Zusammenarbeit mit Landesbanken, Sparkassen und Verbänden 1967–2002, Austausch mit Instituten im In- und Ausland 1949–1989, Verbindungsstelle Industrie/Landwirtschaft e. V. 1965–1968, Stellungnahmen zur Fusion der Württembergischen Landessparkasse und Städtischen Girokasse 1973–1985, Sachsen LB (Gründung, Kooperation) 1990–1999, Deutsche Industrie- und Handelsbank AG (DIHB) (Bewertung) 1995, Projekt Wertpapier-Service-Bank 1995/96

7 Vorstand (Geschäftsverteilung, Mitglieder, Mandate) 1956–1999, Vorstandsprotokolle 1919–1932 und 1968–1998, Mitteilungen des Vorstands 1971–1998, Umlaufbeschlüsse des Vorstands 1987–1998, Präsidialausschuss, Ausschuss für Vorstandsangelegenheiten 1989–1998, Hauptversammlungsprotokolle 1932–1968, Kreditausschussprotokolle 1932–1996, Verwaltungsratsprotokolle 1934–1999, Studienreisen Verwaltungsrat 1967–1983, Beirat (Sitzungen, Veranstaltungen) 1979–1996, Gremien (Allgemeines, Vorlagen, Mitglieder) 1988–1998, Handakten Dr. Eugen Löffler 1946–1955, Handakten Dr. Reinhold Wahl, Ravensburg 1975–1978, Dr. Gerhard Volz 1972–1997 (Redetyposkripte 1979–1988, u. a. auf Personalversammlungen, Verdienstkreuz 1988), Jubiläen von Vorstandsmitgliedern 1969–2001, Vierteljahresberichte 1979–1988, Bauausschussprotokolle 1955–1964, 1990–1996, Verwaltungsausschuss 1955–1987, Kunstkommission 1977–1995, Gewährträgerversammlung 1993–1998, Kontaktmännergremium 1989–1997, Abteilungsleiterbesprechungen 1963–1983, Unterschriftenverzeichnisse 1958–1975, 1989–1995, Aufsichtsbehörde 1933–2002, Gewährträger, Haftung, Dienstsiegel 1934–2000

8 Dienstanweisungen 1922–1989, Entscheidungs- und Geschäftsordnungen 1968–1989, 1994/95 (EO), Allgemeine Geschäftsbedingungen und Geschäftsanweisung für den Vorstand 1938–1998, Info-Handbuch (Organisation, Kreditbestimmungen, Arbeitszeit) 1980, 1988–1998, Aktenplan 1960–1999, Lochkartenverfahren 1938–1958, interne Rundschreiben 1946–1972, Rundschreiben 1973–1979 und 1989–1992, Betriebssicherung (Luftschutz und Wachdienst) 1946–1990, Büroanschaffungen 1955–1988, Organisationsuntersuchung 1983, AK Stückkosten 1990/91, Aufbauorganisation 1996

9 Vergütung und Lohn 1930–1990, Personalstatistik 1956–1991, Personal- und Betriebsrat 1947–1997, Personalausschuss 1955–1977, Betriebsfeiern 1950–1991, 1996, Mitarbeiterzeitschrift »Intern« 1989–1998, Aus- und Fortbildung 1956–1989, Zuschüsse und Sondervergütungen 1952–1995, Betriebsarzt 1944–1987, Sozialversicherung 1930–1964, Unterstützungskasse 1942–1987

10 Gebäude der Zweigstelle Ravensburg 1912–1981, Zeppelinbau Stuttgart (Baubücher, Pläne) 1928–1967, Einweihung Zeppelinbau Stuttgart 1928–1931, Hotel Graf Zeppelin Wiederinstandsetzung 1945–1993, verschiedene Verwaltungsgebäude in Stuttgart 1929–1989, Pachtverträge und Sicherheiten 1930–1942, Gebäudeausstattung 1933–1980, Architekturbüro Elsässer 1958–1963, Erbbaurechtsvertrag Fa. Bihl und Hopf 1955–1989, Neubau »Am Hauptbahnhof« Stuttgart 1987–1999

11 Zulassung des Instituts als allgemeiner Steuerbürge 1951–1970, Stammkapital und Kapitalerhöhungen 1953–1998, Strukturanalyse und Kapitalbedarf (Fusionsplanungen) 1968–1985, Refinanzierung und Liquiditätsplanung 1979–1990, Kalkulation der Girozentralbank-Funktionen 1980–1984

13 Geldhandel 1934–1985, Passivprodukte für Sparkassen 1997

14 Privatkreditgewährung 1926–1969

15 Firmenschriftzug 1932–1999, Jahresbildkalender für Geschäftsfreunde 1956–1989, Informationsreise für Journalisten zur Eröffnung der SüdwestLB Singapore Branch 1996

16 Geschäftsberichte 1916–1997, Bilanzen 1937–1987, Betriebsprüfungen 1929–1968, Bilanz- und Rechnungsprüfungen 1953–1962, 1968–1974, 1988/1989, Bilanzsitzungen 1990–1994, Depotprüfungen 1935–2000, Jahresabschluss 1968–1974, 1987–1996 (lückenhaft), Jahresabschlussunterlagen 1997–1999, Reichsmark-Schlussbilanz 1948–1981, Haushaltspläne 1965–1988, 1992–1998, Kostenrechnung, Personalkostenbudgetierung 1978–1986, Zweigstelle Ravensburg (Bilanzen 1941–1967, Kreditprüfungen 1952–1972), Betriebsvergleiche von Landesbanken und Großsparkassen 1966/1967–1972/1973, 1993–1997

17 Körperschaftsteuer 1931–1972, 1981–1983, Kapitalertragssteuer 1941–1954, Kapitalverkehrssteuer, Börsenumsatzsteuer 1955–1990, Vermögenssteuer 1953–1970, Umsatzsteuer 1967–1970, 1984

19 Anmeldung von Kriegsschäden 1947/1948, Währungsumstellung: Ausgleichsforderungen, Altsparerentschädigung 1957–1980

20 Meinungsaustausch mit Girozentralen 1933–1977, Verfahrensregeln und Liquiditätsverbund mit württembergischen Sparkassen 1975–1992, Sparkassenzentralbankfunktion 1986/1987, Industrie- und Handelskammer Stuttgart 1952–1978; Württembergischer Sparkassen- und Giroverband: Verbandsversammlungen 1971–1974, Arbeitsgemeinschaft der württembergischen Sparkassenleiter 1963–1975, Arbeitsgemeinschaft der Sparkassenvorstände (für die Bezirke Stuttgart, Tübingen, Oberland, Unterland) 1976–1998, Gesamtarbeitsgemeinschaft der Sparkassenvorstände der württembergischen Sparkassen 1971–1997, Bezirksobmännerausschuss 1976–1995; Sparkassenausschuss Deutscher Sparkassen- und Giroverband 1971–1977; Besuch der Sparkasse Granada in Stuttgart 1987; Bankenverband Baden-Württemberg e. V. Stuttgart 1966–1976; Konferenz der Vorstandsmitglieder der badischen Sparkassen 1989–1996; Organisationspläne anderer Landesbanken (u. a. WestLB, NordLB) 1983–1988

21 Banco Ambrosiano-Fall 1979–1989, Prozess gegen Ludwig Poullain, Landgericht Münster 1975–1981, Bank für Gemeinwirtschaft AG (BfG) Frankfurt/Main 1966–1968

22 DDR-Kooperation 1990

47 Fotos: Betriebsausflug 1935, Weltspartag 1949, Album Direktor Paul Villa 1951, Zweigstelle Ravensburg (Feierumzug 1930er, Gebäude und Stadt um 1975). Fotos und Dias: Studienreisen des Verwaltungsrats 1981, 1983, 1986, Gebäude 1989–1999 (Stuttgart: Neubau Am Hauptbahnhof und Haus der Dienstleistung Bollwerk; Freiburg, Karlsruhe, Mannheim, London, New York, Mexiko, Singapur), Vorstandsmitglieder 1999, Beirat, Personalratsvorsitzender 1989–1999, SüdwestLB Schweiz AG 1991, Sachsen LB Leipzig, Dresden 1992–1994, Jubiläum 75 Jahre SüdwestLB 1991, Veranstaltungen 1989–1998, Fotos für Mitarbeiterzeitschrift »Intern« 1989–1998. Filme: Erweiterung Zeppelinbau 1958/59, Geschäftsbetrieb, Neubau, Mitarbeiterfest 1995–1997; Film und Tonmitschnitte: 50. und 60. Geburtstag G. Volz 1978 und 1988, China Symposium 1980, Personalversammlung 1985, Verabschiedung von Dr. Ulrich Gekeler 1988

49 Hauptstaatsarchiv Stuttgart Bestand E 151/41, WABW B 104 (BAKOLA Mannheim), B 105 (BAKOLA Karlsruhe), B 109 (Württembergischer Kreditverein)

50 25 Jahre Württembergische Girozentrale – Württembergische Landes Kommunalbank, Zweigstelle Ravensburg, Ravensburg 1950 (Festschrift). Paul Weber (Hg.), Westdeutsche Wirtschaftschronik, Band 1: Stuttgart und sein Wirtschaftsgebiet, Stuttgart 1954, S. 598–600. Repräsentanten der deutschen Wirtschaft, Baden-Württemberg, Düsseldorf 1962/1963, S. 286 f. 50 Jahre Württembergische Girozentrale – Württembergische Landeskommunalbank, Stuttgart 1966 (Festschrift). Manfred Biehal, Der Württembergische Sparkassenverbund 1916–1982, Berlin 1984. Akzente der Zeit, 75 Jahre SüdwestLB, Frankfurt am Main 1991 (Festschrift). Mitarbeiterzeitschrift SüdwestLB Intern 1 (1989) mit Organigramm, Vorstellung der Vorstandsmitglieder und Mitarbeiter.

610
Sulzer Morat, Filderstadt-Bernhausen

Name Sammlung Hermann Schiller (Sulzer Morat, Stuttgart)
Geschäftstätigkeit Herstellung von Strickmaschinen
Branche Nr. 950
Umfang 0,5
Laufzeit 1914–1974
Benutzbarkeit Eingeschränkt
Bestand Y 431

Bestandsgeschichte Der Bestand wurde vom WABW im Dezember 2010 übernommen. Der Bestand umfasst neben Unterlagen des Betriebsrates, dem Hermann Schiller in den 1960/70er Jahren angehörte, auch Werbeschriften und Produktionsmuster des Strickmaschinenherstellers Sulzer Morat GmbH sowie alte Zeitschriften aus dem Privatbesitz der Familie Schiller.

Geschichte Hermann Schiller war der Betriebsratsvorsitzender von Sulzer-Morat, eine Strick-Maschinen-Fabrik aus Filderstadt.

9 Betriebsrat 1948–1974, Mitarbeiterzeitung Sulzer Morat GmbH 1972–1974

13 Betriebsanleitung Strickmaschinen 1960/1970er

47 Aussperrung Sulzer Morat GmbH 1971, Betriebsgelände, Empfänge, Weihnachtsfeiern Mitarbeiter, Produktion Maschinen der Morat GmbH 1964–1974

50 Festschrift Morat GmbH 1863–1963.

611
SÜMAK, Stuttgart-Zuffenhausen, Leonberg-Höfingen

Name Süddeutsche Maschinen- und Metallwarenfabrik Wilhelm Weckerle KG (Nachlass Ernst Graf)
Geschäftstätigkeit Maschinen- und Metallwarenfabrik (Kühlmöbel, Kühleinrichtungen)
Branche Nr. 292
Umfang 0,1
Laufzeit 1950–1994
Benutzbarkeit Eingeschränkt
Bestand Y 458

Bestandsgeschichte Das Archivgut wurde dem WABW im Jahr 2012 von Dieter Graf aus dem Nachlass seines Vaters Ernst Graf (1920–2011) übergeben. Dieser war viele Jahre im Offertbüro der SÜMAK beschäftigt.
Geschichte Das Unternehmen wurde 1917 als Süddeutsche Maschinen- und Metallwarenfabrik (SÜMAK) in Stuttgart-Zuffenhausen gegründet. Die Produktion umfasste damals Kältekompressoren, Kälteanlagen, gewerbliche Kühlmöbel und Kellereimaschinen. Als erster Hersteller nahm SÜMAK 1949 die Produktion von Selbstbedienungs-Kühlmöbeln auf. Für die Serienproduktion dieser Kühl- und Tiefkühlmöbel wurde 1957 in Leonberg-Höfingen ein neues Werk errichtet. SÜMAK baute 1968 die weltweit erste von einer Kälteanlage künstlich beeiste Bob- und Rodelbahn am Königssee bei Berchtesgaden. Der Bau von mehr als vierzig Kunsteisbahnen folgte. Im Jahr 1971 wurde der Firmensitz von Zuffenhausen nach Höfingen verlegt. Die beiden langjährigen Geschäftsführer Dr. Helmut Weckerle und Erich Weckerle schieden 1973 aus. Seit 1974 umfasste das Produktionsprogramm auch Fertigheizkörper und 1979 wurde die SÜMAKtherm Wärmepumpe zur Beheizung von Ein- und Mehrfamilienhäusern auf den Markt gebracht. 1984 wurde das Unternehmen von der Electrolux-Gruppe übernommen. Die Produktion in Höfingen wurde 1995 eingestellt.
3 Todesanzeige Erich Weckerle 1986
7 Ausscheiden der Geschäftsführer Dr. Helmut Weckerle und Erich Weckerle 1973
8 Organisationsplan, Zeitungsartikel 1984–1994
9 Betriebsausflug 1950, 1959–1961, Telefonverzeichnis 1973, Kurzarbeit 1974, gleitende Arbeitszeit 1974, Vesperregelung 1976, Gartenfest der Offertabteilung 1978, Arbeitskampf 1978, »Goldene Worte und kluge Sprüche aus dem Offertbüro«, Glückwunschkarte zur Pensionierung
14 Möbelpreise 1955
15 Generalvertreter-Tagung 1959, Werbeprospekte, Produktionsprogramme [1950–1980]
47 Fotos: Kühlanlagen im Lebensmittelhandel, Belegschaft, Betriebsausflüge, Betriebsfeiern 1955–1980
50 Im WABW nicht vorhanden.

612
SWF, Bietigheim-Bissingen

Name SWF Gustav Rau GmbH
Geschäftstätigkeit Spezialfabrik für Autozubehör
Branche Nr. 340/343
Umfang 13
Laufzeit 1908–1961
Benutzbarkeit Eingeschränkt
Bestand Y 162

Bestandsgeschichte Das Archivgut wurde 1984 übernommen.
Geschichte Als Spezialwerkzeugfabrik GmbH (SWF) in Stuttgart-Feuerbach im Jahre 1923 gegründet, stellte das Unternehmen ab 1926 elektrische Fahrtrichtungsanzeiger und ab 1927 elektrische Scheibenwischer für die Automobilindustrie her. 1936 übernahm Gustav Rau sen. den Betrieb. Ab 1938 firmierte das Unternehmen unter SWF-Spezialfabrik für Autozubehör Gustav Rau GmbH. 1942/43 verlegte die SWF ihren Sitz nach Bietigheim. Aus damals 150 Mitarbeitern waren Mitte der 1970er Jahre ca. 6.000 geworden, die in neun Werken der SWF-Firmengruppe arbeiteten. Seit 1972 gehörte die Firma zum weltweiten Firmenverband der ITT und entwickelte sich zu einem der größten Hersteller von elektrischem Autozubehör für die Automobilindustrie. 1984 erfolgte die Namensänderung in SWF Auto-Electric GmbH. Seit 1999 gehört SWF zum französischen Konzern Valeo.

4 Geschichte der Firma Gustav Rau, Jubiläum, Entwicklung der SWF 1950–1961
9 Löhne und Gehälter 1952/53
13 Patentschriften 1908–1959, Technikbericht 1953, Neukonstruktionen und Fortentwicklungen 1955
15 Prospekte und Preislisten 1951–1955
50 Der Kreis Ludwigsburg (Heimat und Arbeit), Stuttgart 1977, S. 437.

613
SWSG, Stuttgart

Name Stuttgarter Wohnungs- und Städtebaugesellschaft mbH
Geschäftstätigkeit Wohnungsbau
Branche Nr. 450
Umfang 0,2
Laufzeit 1983–2008
Benutzbarkeit Ja
Bestand N 3

Bestandsgeschichte Die unveröffentlichte Chronik der SWSG mit einem Nachtrag wurde dem WABW vom Autor Rainer Arima im Jahr 2009 übergeben. Das fünf Bände umfassende Werk wurde aus Anlass des 50-jährigen Bestehens in Auftrag gegeben. Es behandelt den Zeitraum von ca. 1850, als der Arbeiterwohnungsbau in Württemberg begann, bis zum Jahr 1983. Der Schwerpunkt liegt auf der Geschichte der heutigen SWSG, die 1933 unter dem Namen Stuttgarter Siedlungsgesellschaft gegründet wurde. Diese betätigte sich zwischen 1933 und 1939 überwiegend im Siedlungs- und Eigenheimbau. Nach 1945 verlagerte sie ihre Tätigkeit auf das Gebiet des gemeinnützigen Mietwohnungsbaus und entwickelte sich zu einem bedeutenden kommunalen Wohnungsbauunternehmen in Deutschland.
49 Stadtarchiv Stuttgart, Geographisches Institut der Universität Stuttgart
50 Jubiläumsbroschüre Stuttgarter Wohnungs- und Siedlungsgesellschaft mbH 1933–1983

TEKRUM·SOLIBIS·NOMESO
LUDWIG HOHLWEIN MÜNCHEN
THEODOR KRUMM·RAVENSBURG
GROSSBETRIEB FÜR VORNEHME
MAKRONEN-ERZEUGNISSE

614
Tekrum, Ravensburg

Name Ravensburger Feinbäckerei Tekrum-Werk Theodor Krumm GmbH & Co. KG
Geschäftstätigkeit Feingebäckfabrik
Branche Nr. 150/156
Umfang 3
Laufzeit 1888–1995
Benutzbarkeit Ja
Bestand B 42

Bestandsgeschichte Den Schwerpunkt des 1985 und 1994 übernommenen Bestandes bildet die außergewöhnliche Sammlung von Werbemitteln und Verpackungen einschließlich der zugehörigen Entwürfe.
Geschichte 1897 gründeten Theodor und Maria Krumm eine Backstube, ein Café und einen Konditoreiladen in Ravensburg. Im Zuge der erfolgreichen Vermarktung der Krummschen Mandelmakronen wurde 1913 die erste Tekrum-Fabrik gebaut. Seitdem spezialisierte sich das Unternehmen auf qualitätvolle Back- und Keksspezialitäten. 1942 wurde die Firma eine OHG, 1948 eine KG. 1965 ist die Krumm GmbH als persönlich haftende Gesellschaft eingetreten. Seit 1974 firmiert das Unternehmen unter Tekrum-Werk, Theodor Krumm GmbH & Co. KG. 1997 wurden 50 % der Anteile an den Süßgebäck-Hersteller Griesson-de Beukelaer GmbH & Co. KG verkauft. 2016 erfolgte der Verkauf an den Schweizer Biscuit-Hersteller Kambly.
3 Theodor Krumm (Familiennachrichten, Ausbildung, Briefwechsel u. a. mit Theodor Heuss) 1888–1964
4 Firmengeschichte, Zeitungsartikel, 50-jähriges Firmenjubiläum, 60-jähriges Firmenjubiläum, Firmenfestschrift 1937–1966
5 Geschäftseröffnung 1897, 1912
9 Löhne und Gehälter, Angestelltentarife, Reichstarifordnung, Betriebsordnungen 1923–1942
10 Grundstücke und Gebäude, Bautätigkeit 1895–1928
13 Produktionsverfahren, Maschinen 1947–1967
14 Umsätze, Preislisten 1901–1956
15 Urkunden Hoflieferant 1906, 1914, Herzogin-Wera-Törtchen, Ausstellungen, Korrespondenz mit dem württembergischen Hof, Werbeschriften 1905–1980, Zeichnungen und Entwürfe für Werbematerial, Werbemittel, Verpackungen, Plakate, Aufsteller, Briefköpfe, Postkarten, Rechnungen, Dosen von folgenden Künstlern: Eugen Max Cordier, Ludwig Hohlwein, Siegmund von Suchodolski 1914–1939, Alben mit Verpackungen und Versandunterlagen, lose Verpackungen, Plakate, Aufsteller, Banderolen (gedruckt) 1897–1995, Gästebuch 1926–1973
16 Bilanzen, Gewinn- und Verlustrechnungen, Inventuren 1912–1955
17 Gebäude-, Gewerbe-, Amtssteuer, Gemeindeschaden, Wohnsteuer, Allmandzins, Steuerjournal, Exportabgabe 1898–1939
47 Fotos: Familie Krumm, Geschäftsjubiläum, Café Krumm, Lehrlinge, Schaufensterauslagen, Belegschaft, Gesellenstücke, Gebäude, Musterzimmer, Tekrum-Werk, Produktion, Bautätigkeit, Weihnachtsfeiern, Fuhrpark, Ausstellungs- und Messestände, Betriebsausflüge, Betriebsfeiern 1897–1980
48 Diplome und Medaillen 1900–1968, Dosen 1914–1930, Stempel 1935
50 Anne Hermann, Mit einer mißlungenen Makrone fing alles an, 100 Jahre Tekrumwerk Ravensburg, in: Im Oberland, 1997 Heft 2, S. 3–11 sowie Chroniken im Bestand.

615
Terrot, Stuttgart-Bad Cannstatt

Name Terrot Strickmaschinen GmbH
Geschäftstätigkeit Strickmaschinen
Branche Nr. 297
Umfang 0,2
Laufzeit 1901–1951
Benutzbarkeit Ja
Bestand B 158

Bestandsgeschichte Dem WABW wurden 2007 ein Fotoalbum und wenige lose Teile übergeben, 2019 kamen noch Bau- und Lagepläne hinzu.
Geschichte Am 16. April 1862 gründete Charles Terrot mit dem Kaufmann Wilhelm Stücklen in Cannstatt die Firma Stücklen u. Terrot zur Herstellung von Rundwirkmaschinen, die ab 1878 unter C. Terrot firmierte. Die Rundwirkmaschi-

nen und später auch Rundstrickmaschinen wurden dann unter C. Terrot Söhne produziert. Zwischen den beiden Weltkriegen entwickelte sich C. Terrot Söhne ständig weiter. Die Rundstrickmaschinen verdrängten immer mehr die Rundwirkmaschinen. Im Zweiten Weltkrieg wurde das Werk vollständig zerstört. Die Zeit des Wiederaufbaus und bis in die 1970er Jahre war von einem ständig steigenden Bedarf an Rundstrickmaschinen geprägt. Bis 2001 produzierten 700 Mitarbeiter in zwei Werken über 1.000 Rundstrickmaschinen pro Jahr. 1993 wurde die ehemalige Chemnitzer Strickmaschinenbau übernommen und als zweites Werk neben Bad Cannstatt ausgebaut. Im Jahre 2001 kam die Firma infolge der Asienkrise und innerbetrieblicher Probleme in Schwierigkeiten und musste Insolvenz anmelden. Dies führte dazu, dass der Stammsitz in Stuttgart-Bad Cannstatt aufgelöst wurde. Seit 1. Juni 2006 ist Chemnitz der Firmensitz der neu gegründeten Terrot GmbH.

10 Bau- und Lagepläne 1941–1951

47 Fotoalbum 1901, 1908, 1940er Jahre

50 1862–1912, C. Terrot Söhne, Fabrik für Rundwirkmaschinen und Rundstrickmaschinen, zur Erinnerung an das 50jährige Bestehen der Firma (elektronische Ressource). 1862–1952 C. Terrot Söhne (Cannstatt), Stuttgart (Sign. 2211/71).

616
tesion, Stuttgart

Name tesion Communikationsnetze Südwest GmbH & Co. KG
Geschäftstätigkeit Telekommunikation
Branche Nr. 640
Umfang 2,8
Laufzeit 1994–2002
Benutzbarkeit Nein
Bestand B 2030

Bestandsgeschichte Nach Einstellung des Geschäftsfelds Telekommunikation übergab die Energie Baden-Württemberg AG (EnBW) im Jahr 2003 Geschäftsschriftgut der tesion dem WABW. Siehe dazu auch Bestand B 97 Klassifikation 02.10.02.

Geschichte Im April 1997 schloss sich die von der Energie-Versorgung Schwaben AG (EVS) gegründete »Communikationsnetze Süd-West GmbH, Stuttgart« mit der Telekommunikationssparte der Badenwerk AG zur »Communikationsnetze Süd-West GmbH & Co. KG, Stuttgart« (CNS) zusammen. 1998 firmierte die CNS in »tesion Communikationsnetze Südwest GmbH & Co. KG, Stuttgart« (tesion) um. Die aus der Fusion von EVS und Badenwerk entstandene Energie Baden-Württemberg AG (EnBW) hielt über die Telekommunikationsholding Südwest GmbH 50 Prozent an tesion.
Die Gesellschaft agierte auf den Geschäftsfeldern leitungsgebundene Telekommunikation (TK), Planung, Aufbau und Betrieb von TK-Netzen zur Sprach-, Daten- und Bildübertragung und Erbringung von TK-Dienstleistungen aller Art. In den Jahren 1994 bis 1997 baute sie das Landeshochschulnetz zu einem Hochgeschwindigkeitsdatennetz auf. Ab 1998 erprobte sie zusammen mit der EnBW unter dem Namen »Digital PowerLine« den Internetanschluss über die Stromleitung.
2000 entstand aus der Telekommunikationsholding Südwest GmbH die EnBW Telekommunikation GmbH. 2002 verkaufte die EnBW die tesion an die Arques AG in München, da sie die Telekommunikation nicht mehr zu ihren Kernaktivitäten zählte.

5 Unternehmensgründung, Gemeinschaftsunternehmen mit Badenwerk und Swiss Telecom, Vereinbarungen der Gesellschafter, 1995–1998, Geschäftsordnung Verwaltungsrat 1997, Handelsregister 1994–1997

6 Gründung einer Tochtergesellschaft in Ungarn 1996–1997, Konzepte zur Beteiligung möglicher Partner 1994–1997

7 Sitzungen des Verwaltungsrats 1995–2000, Gesellschafterversammlung 1995–1997, Positionierung am Markt, Entwicklung eines Geschäftsstrategie, Unterstützung durch Unternehmensberater, 1994–1999, Langfristplanung, Controlling, 1996–1999, Suche nach Geschäftspartnern 2000–2001

9 Akquisition von Personal 1994–1997

13 Aufbau eines Landeshochschulnetzes 1994–1997, Projekt Digital PowerLine zum Internet über das Stromnetz 1997–2000

15 Vermarktung, Angebote, Werbeträger 1997–2002

49 B 2000 (EVS), B 97 (EnBW)
50 Im WABW nicht vorhanden.

617
Texpro, Chemnitz

Name Texpro Engineering (Handakten Dieter Barth)
Geschäftstätigkeit Consulting
Branche Nr. 742
Umfang 1
Laufzeit 1990–1995
Benutzbarkeit Ja
Bestand B 178

Bestandsgeschichte Das Archivgut wurde dem WABW von Prof. Dieter Barth, Hauptgeschäftsführer der IHK Reutlingen, anlässlich seiner Pensionierung 2002 übergeben. Es dokumentiert seine Tätigkeit als Mitglied im Aufsichtsrat des Treuhand-Unternehmens Texpro Engineering AG in Chemnitz während der Phase der Geschäftsabwicklung.
Geschichte Das Unternehmen bestand seit 1953 und war bis zum 1.5.1990 Volkseigener Betrieb (VEB) mit dem Namen Textima Projekt. Danach wurde es in eine Aktiengesellschaft unter dem Namen Texpro Engineering AG umgewandelt. Geschäftsgegenstand war die Planung und Durchführung von Kundendienst- und Consultingleistungen von Textilreinigungs- und Verarbeitungsanlagen einschließlich der erforderlichen Modernisierung vorhandener Anlagen oder deren Neubau. Durch Beschluss der Hauptversammlung vom 18.8.1992 wurde die Aktiengesellschaft aufgelöst. Die Abwicklung erfolgte bis 1995.
5 Gründungsbericht 1990
7 Aufsichtsratssitzungen 1990–1993, Tätigkeit des Aufsichtsrates 1990–1995
8 Sanierungskonzept, Betriebsanalyse 1990
9 Arbeitszeugnisse, Sozialplan 1992, Zuwendungen der Treuhand zu Sozialverpflichtungen 1990–1992
10 Wertermittlung der Grundstücke 1991, Verkäufe und Vermietungen von Objekten und Grundstücken 1991
16 Abschlußberichte 1990–1993, Abwicklungseröffnungsbilanz 1992
20 Informationen der Treuhandanstalt 1990–1992
49 WABW A 7
50 Im WABW nicht vorhanden.

618
Textil-Technikum, Reutlingen

Name Textil-Technikum Reutlingen
Geschäftstätigkeit Förderverein
Branche Nr. 800
Umfang 1
Laufzeit 1940–1941
Benutzbarkeit Eingeschränkt
Bestand Y 221

Bestandsgeschichte Das Archivgut wurde 1996 von den Geschäftsführern zweier Unternehmen in Reutlingen übernommen. Es enthält v. a. Bewerberlisten 1940–1941, Unterlagen zu Prof. Johannsen (75. Geburtstag, Otto-Johannsen-Jubiläumsstiftung) 1941, zu Lehrinhalten, Lehrplänen, der Zielrichtung des Technikums 1941, Grundrißzeichnungen 1940–1955, schließlich Korrespondenz mit Textilunternehmern.
Geschichte Der Betriebsverein ist ein Förderverein der 1855 gegründeten Fachhochschule und Technikerschule, die als einzige dieser Art in Deutschland für die gesamte Branche qualifizierte Fachleute in Theorie und Praxis ausbildet. Der Betriebsverein war bis 1965 finanzieller Träger der Schul- und Fabrikationsbetriebe. Nach dem Übergang der Schulträgerschaft an das Land Baden-Württemberg liegt der Schwerpunkt seiner Aktivitäten auf der finanziellen Förderung der Fachhochschule und der Staatlichen Technikerschule, so dass die Bedürfnisse der Industrie bei der Ausbildung der Nachwuchskräfte Berücksichtigung finden.
49 WABW Y 220
50 75 Jahre Technikum für Textilindustrie Reutlingen 1855–1930, [Reutlingen 1930] (Festschrift).

619
Thalysia, Bad Buchau

Name Thalysia P. Garms KG
Geschäftstätigkeit Miederwarenfabrik
Branche Nr. 180
Umfang 5
Laufzeit 1908–1983
Benutzbarkeit Eingeschränkt
Bestand Y 131

Bestandsgeschichte Das Archivgut wurde 1993 übernommen.
Geschichte Paul und Amalie Garms, Anhänger der Neugestaltung der Ernährung und Kleidung, gründeten 1888 in Leipzig das Unternehmen Thalysia P. Garms. Die Firma begann mit einer vegetarischen Gaststätte, der bald die Herstellung vegetarischer Nahrungsmittel und um die Jahrhundertwende die Anfertigung von Leib- und Brusthaltern sowie von Reformkleidern folgte. Für den Verkauf der Reformwaren entstand ein ganz neuer Geschäftstyp, das Reformhaus. Ausgehend von dem Leipziger Bereich wurden in allen größeren deutschen Städten Thalysia-Reformhäuser gegründet. Bis zum Ausbruch des Zweiten Weltkriegs gab es 14 eigene Thalysia-Reformhäuser und hunderte von Reformhäuser, die ausschließlich oder zumindest vorwiegend Thalysia-Reformwaren führten. Das Verwaltungsgebäude und mehrere Fabrikgebäude fielen den Bomben des Krieges zum Opfer. 1949 verließ Dr. Garms Leipzig und damit sein durch die Zwangswirtschaft gehemmtes Werk und zog nach Dortmund. Im Jahre 1951 verstarb der Gründer Dr. Garms. Das Unternehmen siedelte 1952 nach Bad Buchau um. 1993 ist die Firma im Handelsregister gelöscht worden.

3 Hans Garms (1899–1951)

4 Zeitungsausschnitte, Denkschrift über das Wesen und die Geschichte der Thalysia 1948

5 Gesellschaftsvertrag 1936

6 Filiale Leipzig 1944–1948, Wellco Miederwarenfabrik (u. a. Jahresabschlüsse, Eröffnungsbilanz) 1971–1976

7 Korrespondenzen (u. a. Stadt, Schulen, Gewerbeaufsicht) 1953–1978, Verträge

9 Thalysia Werkszeitschrift 1930er Jahre, Gehaltslisten 1950–1980, Pensionsverpflichtungen 1981, Betriebskrankenkasse

13 Fabrikationsprogramme 1939, Warenzeichen um 1923–1983, Stoffmuster, Schnittmuster um 1930–1980

14 Kundenliste 1957–1971, Umsätze 1969–1973, Verkaufsausbildung um 1950, Preislisten 1920–1980, Marktumfrage 1966–1979

15 Prospekte, Muster, Auszeichnungen 1953–1973, Rundschreiben Produkte 1934–1944, Rundschreiben Nährmittel 1937–1944, Thalysia-Handbuch, Werbetafeln, Thalysia-Merkblätter für angewandten Gesundheitsdienst 1930–1938, Informationsbroschüren zu Ernährung und Körperpflege 1920–1940, Thalysia-Monatshefte 1929–1938, Das Thalysia Einmaleins, Thalysia-Kontakt-Broschüren 1950–1955,Thalysia Monatsschrift für Reform-Moden und Körperkultur 1908–1910, Anzeigen um 1930–1980, Informationsbroschüren Säftekur um 1920, Prospekte Schuhe um 1960–1970

16 Bilanzen 1948–1966, Gewinn- und Verlustrechnungen 1965/1966, Betriebsprüfungen 1965–1972, Jahresabschlußberichte 1963–1979

17 Steuerprüfungsbericht 1955

21 Patentstreitigkeiten 1950–1953

47 Fotos: Werbefotos von Produkten 1920–1980, Filialleitertagungen 1934–1937, Ausbildungskurs 1935, Angestellte, Produktion

48 Mieder

50 Im WABW nicht vorhanden.

620
Thienemanns Verlag, Stuttgart

Name K. Thienemanns Verlag
Geschäftstätigkeit Verlag
Branche Nr. 220
Umfang 12
Laufzeit 1915–1984
Benutzbarkeit Eingeschränkt
Bestand Y 132

Bestandsgeschichte Das Archivgut wurde 1986 von der Geschäftsleitung übernommen.
Geschichte Der 1849 von Karl Thienemann, der zuvor drei Jahre bei Jakob Ferdinand Schreiber in Esslingen Prokurist war, gegründete Verlag spezialisierte sich früh auf Kinderbücher. Seit 1862 besaß und leitete Julius Hoffmann sen. Den Ver-

lag unter dem Namen K. Thienemanns Verlag (Jul. Hoffmann). 1895 wurde die Kinder- und Jugendschriftensparte an die Deutsche-Verlags-Anstalt verkauft (Deutsche-Verlags-Anstalt K. Thienemanns Verlag). Von 1916 bis 2001 führte die Verlegerfamilie Weitbrecht die Geschäfte. Mit Otfried Preußler und Michael Ende verpflichtete man 1956 bzw. 1960 seine erfolgreichsten Autoren. 1981 übernahm der Verlag die Edition Erdmann (alte abenteuerliche Reise- und Entdeckungsberichte), 1988 den Düsseldorfer Hoch Verlag. K. Thienemann übernahm im Jahr 2000 die Rechte und Bestände des Wiener Kinderbuchverlages Gabriel. Im Jahr 2001 wurde das in Thienemann umbenannte Unternehmen vom schwedischen Verlagshaus Bonnier gekauft. 2014 wurde Thienemann mit dem aus dem Schreiber-Verlag hervorgegangenen Esslinger Verlag in Esslingen zur Thienemann-Esslinger Verlag GmbH mit Sitz in Stuttgart vereinigt.

3 Privatkorrespondenz Familie Weitbrecht, 1916–1940, Wertpapiere Frieda Weitbrecht 1936–1953

4 125-jähriges Jubiläum

7 Firmenbericht 1956, Wochenberichte Privatbüro 1944–1970, Reise- und Besprechungsberichte 1941–1966, Aktennotizen 1968–1970, Korrespondenzen 1967–1979

9 Honorarbuch und Honorarberechnungen 1926–1937, Diätkochbücher Honorarbuch 1930–1934, Autorenabrechnungen 1974, Löhne und Gehälter 1976/77

10 Immobilienangelegenheiten um 1940

11 Aufbaudarlehen Dresdner Bank 1955–1966

13 Produktionskartei 1974/75, Autoren-Schriftwechsel 1961–1974, Lizenzen 1972–1974, Offset-Reproduktionen 1924–1958, Branchenberichte 1957/58

14 Umsatzstatistik 1915–1934, Preisbildungsstelle 1939–1941, Tantiemen (Theater) 1970–1973, Vertreterrundschreiben 1976–1983

15 Werbeschriften, Drucksachenbelege 1961–1980, Zeitungsausschnitte Kinderbücher 1951–1961, Rezensionen, Sommergarten-Rezensionen 1950–1970, Klischee-Bücher, Bestellscheine, Verlagsprogramme 1924, Korrespondenz Werbung 1968–1979, Auslandsausstellungen 1981–1983

16 Geheimbuch 1915–1944, Jahresabschlüsse 1915–1984, Rechnungsabschlüsse 1944–1972, Geheime Hausbücher 1924–1946, Berichte für die Landeszentralbank und andere Banken 1927–1956, Inventurlisten 1919–1953, Buchprüfung 1930–1932

17 Vermögensteuer 1929–1944, Einkommensteuer 1936–1948, Umsatzsteuer 1976/77

20 Arbeitskreis Jugendschrifttum 1955/56, Arbeitsgemeinschaft Jugendbuchverleger 1954–1965

50 Doris Rossa-Fischer, 110 Jahre Dienst am Jugendbuch, Eine Chronik, K. Thienemanns Verlag Stuttgart, [Stuttgart] 1958 (Festschrift). Roswitha Wehdeking, Von der Bibliothek zum Verlag, Als Bibliothekarin im Archiv des K. Thienemanns Verlages, in: Buch und Bibliothek 49 (1997) S. 505–506.

621
Tonmühle, Ditzingen

Name Tonmühle Ditzingen
Geschäftstätigkeit Handwerk / Mühlenbetrieb
Branche Nr. 156
Umfang 0,4
Laufzeit 1892–2012
Benutzbarkeit Eingeschränkt
Bestand Y 471

Bestandsgeschichte Das Archivgut wurde 2014 und 2015 übernommen.

Geschichte Die Tonmühle wurde 1347 erstmals als Getreidemühle urkundlich erwähnt. Den Namen erhielt die Mühle vermutlich vom starken Gefälle der Glems »Ton« (Rauschen). Die 1789 neu erbaute Mühle hatte ursprünglich drei Wasserräder, die 1901 durch ein Wasserrad ersetzt wurden, an dessen Stelle wurde 1984 eine Turbine mit 30 PS Höchstleistung eingebaut. Sie ist jedoch nicht mehr in Betrieb, weil zu wenig Wasser im Kanal vorhanden ist. Die Mühle befindet sich seit zwölf Generationen in der Familie Siegle. Über 400 Jahre produziert und vermarktet sie Mühlenprodukte und ist heute auf Bio-Produkte spezialisiert. 1988 wurde die Tonmühle GmbH gegründet. Seit 1992 ist die Tonmühle außerdem Bioland-Vertragsverarbeiter.

3 Zeitungsausschnitte 1987–2012

4 Stammbaum Familie Siegle, genealogische Nachforschungen Familie Siegle 1990er
10 Baugesuche 1939, Baugesuch für mechanisch biologische Abwasser-Reinigungsanlage 1960–1962, Baugenehmigungen 1994, Wasserrecht 1891–1977, Lageplan 1891, Wertgutachten 1988, Einbauplan und Längenprofil der Wasserturbine 1982
15 Werbeprospekt der Tonmühle zur Erzeugergemeinschaft Bioland-Südgetreide 1990er
16 Journal 1938–1948, Rechnungsbuch 1945–1947
47 Fotos: Familienportraits 19./20. Jhdt., Innen- und Außenansichten Tonmühle 1952–1990, Maschinen 1980, Getreidesilo 1994, Foto vom Gemälde der Mühlen- und Wohngebäude und des Hofes Anfang des 20. Jhdt.
50 Im WABW nicht vorhanden.

622
Trigema, Burladingen

Name Trigema GmbH & Co KG (Gebr. Mayer)
Geschäftstätigkeit Trikotwarenfabrik
Branche Nr. 180
Umfang 0,5
Laufzeit 1919–1953
Benutzbarkeit Ja
Bestand B 24

Bestandsgeschichte Das Archivgut wurde 1984 übernommen.
Geschichte Josef Mayer gründete mit seinem Bruder Eugen 1919 die Firma Mechanische Trikotwarenfabriken Gebr. Mayer KG in Burladingen. Das Unternehmen begann zunächst mit der Produktion von Unterwäsche. Nachdem Wolfgang Grupp 1969 das Unternehmen übernommen hatte, entwickelte sich Trigema zum Marktführer für T-Shirts und Tennisbekleidung und produziert gegenwärtig an acht Standorten mit über 1.200 Mitarbeitern ausschließlich in Deutschland.
4 Presseveröffentlichungen zur Firmengeschichte 1935–1953
9 Gehaltsbuchserie, Leistungsbericht 1927–1940
16 Kassenbuch, Hauptbuchserie, Inventurbuchserie, Privat-Journal 1919–1944
50 Der Zollernalbkreis (Heimat und Arbeit), Stuttgart und Aalen 1979, S. 400. 75 Jahre Trigema 1919–1994, 50 Jahre Mechanische Trikotwarenfabriken Gebr. Mayer KG, 25 Jahre Trigema GmbH & Co. KG, Burladingen [1997] (Festschrift). Josef Fischer und Bernd Krüper (Hg.), Auf der Spur des Erfolges, Lernen von erfolgreichen Unternehmen, Aachen 2002, S. 257–279.

623
Tuchfabrik Lörrach, Lörrach

Name Tuchfabrik Lörrach GmbH
Geschäftstätigkeit Tuchfabrik, technische Textilien
Branche Nr. 170/175
Umfang 12
Laufzeit 1832–1972
Benutzbarkeit Ja
Bestand B 25

Bestandsgeschichte Das Archivgut wurde 1984 und 1987 von der Geschäftsleitung übernommen.
Geschichte 1838 gründete der Basler Friedrich vom Hove eine Textilfabrik in Lörrach, die Wollstoffe herstellte. 1872 erfolgte die Umwandlung in eine AG. Das Unternehmen produzierte Industrietuche und Filze sowie Halbleinenstoffe. 1925 wurde die Fabrikation von Filzen für die Papierfabriken neu aufgenommen, seitdem erfolgte eine Spezialisierung auf technische Tuche. 1932 übernahm die französische Firma Dollfuß & Noack die Tuchfabrik. 1979 wurde die Aktiengesellschaft in eine GmbH umgewandelt. 1985 verkaufte Dollfuß & Noack die Mehrheit der Geschäftsanteile an eine von Manfred Jaehn und anderen leitenden Mitarbeitern gegründete Beteiligungsgesellschaft. In der Folge erwarb diese Gesellschaft 100 Prozent der Anteile, Manfred Jaehn wurde deren Alleingesellschafter. 1986 wurde der Firmenname in ›Technische Textilien GmbH‹ geändert. 1997 verkaufte Manfred Jaehn das Unternehmen an die schwedische Nordifa Gruppe, die bald in finanzielle Schwie-

rigkeiten geriet. 2001 kaufte Manfred Jaehn das Unternehmen zurück. 2005 übertrug er die Mehrheit der Anteile auf seinen Sohn Roland Jaehn. Schwerpunkt der Produktion ist die Entwicklung und Herstellung von Filtermedien sowie Industrie- und Wäschereitextilien.

4 Firmengeschichte, Tagebuch, 25-jähriges Jubiläum, Handbuchartikel, Festschrift 150 Jahre Technische Textilien Lörrach GmbH 1873–1988
5 Gründung, Vorgängerfirma vom Hove & Cie, Umwandlung in eine AG, Statuten, Schätzungen, Inventar, Übernahmevertrag 1838–1972
6 Beteiligungen 1919–1922
7 Vorstand, Direktoren, Prokuristen, Anstellungsverträge, Korrespondenzen, Kopierbuchserie, Berichterstattung, Aufsichtsrat, Aufsichtsrats-Korrespondenzen, Aufsichtsrats-Protokolle, Generalversammlungs-Protokolle, Verzeichnis der Aktionäre 1873–1943
9 Bewerbungen, Zeugnisse, Löhne, Gehälter, Streitfälle, Mitarbeiterverzeichnisse, Tarifverträge, Arbeitsordnungen, Unfallverhütung 1880–1910, Streik, Arbeiterbewegung 1906, Betriebsrat, betriebliche Sozialleistungen, Betriebskrankenkasse, Pensionsfonds, Tennis-Club
10 Grundstücke und Gebäude, Baupläne, Situationspläne, Kostenvoranschläge, Arbeiterhäuser, Arbeiterwohnungen 1892–1947, Kanalisation, Gaswerk Lörrach 1866–1945
11 Kreditangelegenheiten, Schuldverschreibungen, Obligationen, Umstellung des Aktienkapitals, Grundschuldverschreibungen 1915–1941
12 Einkaufsbuch, Lagerbestände 1870–1926
13 Maschinen, Pläne, Kalkulationen, Materialverbrauch, Musterbuchserie 1875–1958
14 Kommissionsbuchserie, Angebote, Preise, Kundenkartei, Kalkulationen, Umsätze, Versand, Statistik, Vertreter 1875–1953
15 Allgemeine Deutsche Industrieausstellung München 1854
16 Journalbuchserie, Hauptbuchserie, Konto-Korrent-Auszüge, Organisation des Rechnungswesens, Bilanzen, Gewinn- und Verlustrechnungen, Inventare, Jahresabschlüsse, Wertpapiere 1832–1953
17 Grund- und Haussteuer, Gewerbesteuer, Vermögensteuer, Kapitalertragsteuer, Kirchensteuer, Körperschaftsteuer, Umsatzsteuer 1875–1959
18 Fahrnis- und Gebäudeversicherung 1897
19 Berichte über die Kriegswirtschaft 1914–1918, Kriegsanleihen 1918, Feldpostbriefe 1940–1944, Ein- und Ausfuhr unter der Militärregierung 1948–1950
20 Handelskammer für die Kreise Lörrach und Waldshut, Verein Schweizer Baumwollindustrieller, Verbandsbeiträge 1894–1944
47 Fotos: Vorstand, Belegschaft, Arbeiterhäuser 1890–1963
50 Paul Weber (Hg.), Westdeutsche Wirtschaftschronik Band 3: Baden und Rheinland-Pfalz, Stuttgart 1955, S. 437–439. 150 Jahre Technische Textilien Lörrach GmbH, Lörrach [1988] (Festschrift).

624
TWS, Stuttgart

Name Technische Werke der Stadt Stuttgart AG
Geschäftstätigkeit Energiewirtschaft
Branche Nr. 400
Umfang 80
Laufzeit 1843–2007
Benutzbarkeit Ja
Bestand B 98

Bestandsgeschichte Die Registratur des Unternehmens im Verwaltungsgebäude Lautenschlagerstraße ist bei dem Bombenangriff am 12. September 1944 überwiegend verbrannt. Dennoch haben nicht wenige Unterlagen aus der Zeit zuvor den Krieg überdauert und sind, etwa aus den Kraftwerken Gaisburg und Marbach, ins Archiv gelangt. Einen Schwerpunkt der Überlieferung bilden die 2002 und 2003 übernommenen Unterlagen der Abteilung Öffentlichkeitsarbeit, insbesondere die »Chronik« des Unternehmens (Pressespiegel, Fotos, Kontaktabzüge) sowie die Fotosammlung. Mehrere meist kleinere Übernahmen von Geschäftsunterlagen aus verschiedenen Standorten folgten in den Jahren 2006, 2008, 2009, 2010 und 2011. Insgesamt weist der Bestand noch deutliche Lücken insbesondere im Bereich der Unternehmensleitung auf.

Geschichte Das Unternehmen entstand am 1. Mai 1933 durch Zusammenlegung der drei städtischen Werke für Elektrizität, Gas und Wasser. Es wurde 1962 in eine Aktiengesellschaft umgewandelt und gleichzeitig mit der Stuttgarter Straßenbahnen AG in der neugegründete Dachgesellschaft Stuttgarter Versorgungs- und Verkehrs-GmbH (SVV) zusammengefasst. 1997 fusionierten die TWS mit den Neckarwerken Esslingen zur Neckarwerke Stuttgart AG unter dem Konzerndach der Energie Baden-Württemberg AG (EnBW). 2003 integrierte die EnBW das Unternehmen vollständig in den Konzern, womit der Auftritt am Markt unter eigenem Namen endete.

2 Gas-, Strom- und Wasserwirtschaft im Versorgungsgebiet 1945–1997
4 Chronik der Bereiche Gas, Strom und Wasser 1945–1997, Jubiläum 1983
5 Gründung der Aktiengesellschaft 1962, Fusion mit den Neckarwerken Esslingen 1992–2002
6 Südwestdeutsche Ferngas AG 1954–1959
7 Geschäftsleitung 1934–1985, Hauptversammlung 1962–1985 (Lücken), Aufsichtsrat 1962–1995, Betriebsleitung Gaswerk 1924–1933, Führungspersonal 1936, 1963–1996, Anordnungen und Bekanntmachungen des Vorstands und der Werksleitung 1957–1977
8 Innenorganisation der Werke 1960–1976
10 Grundstücksverwaltung 1945–1971
11 Investitionshilfe 1951–1968, Darlehen inländischer Darlehensgeber 1950–1981, Ausländische Anleihen 1948–1957
13 Werksbahn in Gaisburg 1924–1978, Kraftwerk Münster 1980–1991, Gemeinschaftskernkraftwerk Neckarwestheim 1970–1972, Stilllegung des Kernkraftwerks Obrigheim 1986–1992, Verbundwirtschaft 1941–1996, Gaswerk Produktion 1874–1968, Umweltschutz 1984–1995, Müllverbrennung (in Münster, Göppingen und Böblingen) 1986–1998, Müllverschwelung / Thermoselect 1991–1995
14 Ortsnetze 1907–1933, Eichwesen 1924–1949, Stromtarife / Preise 1978–1985, Wasserversorgung 1866, 1900–1958, Gaswerk Distribution / Vertrieb 1940, 1982–1994, Fernwärme (u. a. Lieferung an Daimler-Benz AG) 1951–1998, Gasversorgung 1951–1972
15 Pressearbeit 1955–1997, Pressespiegel 1977–1992, Mitarbeiterzeitschrift 1952–1992, Kundenzeitschrift 1959–1991, einzelne Bände der TWS-Schriftenreihe und andere Druckschriften 1925–1995, Werbemittel 1933, 1948–1981, Gedenkmedaillen, Werbegeschenke
16 Verwaltungs- / Geschäftsberichte 1924/25–1997, Haushalt / Etat 1933–1943, Wechselkopierbuch 1939–1995, Gaswerk Finanzen 1907–1964
19 Chronik: Zeitungsartikel, Aktennotizen, Manuskripte und Fotos zu Kriegsfolgen und Wiederaufbau
20 Verbände 1957–1988
21 Stromversorgung Ludwigsburg-Poppenweiler 1981–1999
47 Fotos: Druckvorlagen für Mitarbeiter- und Kundenzeitschriften 1971–1989, Fotosammlung (mit eigenem Findbuch): Stadt Stuttgart, Versorgungsgebiet, Unternehmensleitung, Sozialeinrichtungen, Werkswohnungen, Ausbildung, Betriebsfeiern, Verwaltungsgebäude, Werkstätten, Fuhrpark, Werbung und Ausstellungen, Kraftwerke, Stromverteilungsanlagen, Straßenbeleuchtung, Fernmeldewesen, Gasproduktion und -verteilung, Betriebsanlagen der Wasserversorgung, Zweckverbände Wasserversorgung 1900–1997
49 WABW B 183
50 Wilhelm Müller, Wehranlage und Elektrizitätswerk Untertürkheim, Hannover 1902. Rudolph Bernhard, Stuttgart und die TWS, Geschichte der Technischen Werke; Karl-Erich Haeberle, Stuttgart und die Elektrizität, Geschichte der Stuttgarter Elektrizitäts- und Fernwärmeversorgung; Ulrich Klett, Stuttgart und das Gas, Geschichte der Stuttgarter Gasversorgung; Walter Meyer-König, Stuttgart und das Wasser, Geschichte der Stuttgarter Wasserversorgung, alle Stuttgart 1983 (4 Festschriften zum 50-jährigen Bestehen). Ulrich Klett, 150 Jahre Gasversorgung Stuttgart im Spiegel der Stadthistorie 1845–1995, hrsg. von der TWS, Stuttgart 1995. Albrecht Gühring, »... dass man suchen sollte, sich eine Wasserkraft zu sichern«, Stuttgarter Kraftwerke in Marbach, Stuttgart 1996.

Die
VIER
von
Kavalier
Feinstes
Hart-Wachs
Union
TERPENTINWARE
für Linoleum
und Parkett
GERD ZIMMERMANN
Kavalier
FEINSTER SCHUHPUTZ
Kavalier
FEINSTER SCHUHPUTZ
Union
Lederfett
AKT. GES. UNION AALEN/WÜRT.

625
Uhland-Apotheke, Tübingen

Name Uhland-Apotheke Dr. A. Wankmüller
Geschäftstätigkeit Apotheke
Branche Nr. 523
Umfang 0,3
Laufzeit 1958–1964
Benutzbarkeit Eingeschränkt
Bestand Y 133

Bestandsgeschichte Das Archivgut wurde 1984 vom Inhaber übernommen.
Geschichte Gegründet wurde die Tübinger Uhland-Apotheke 1958.
16 Kassenbücher 1958–1964, Saldenbuch 1958–1964, Eröffnungsbilanz 1958, Bilanzen 1959/60, Inventuren 1959–1963
50 Im WABW nicht vorhanden.

626
UJAG, Ellwangen

Name Überlandwerk Jagstkreis AG
Geschäftstätigkeit Energiewirtschaft
Branche Nr. 400
Umfang 65
Laufzeit 1911–1999
Benutzbarkeit Ja
Bestand B 2018

Bestandsgeschichte Der im Jahr 2000 ins WABW übernommene Bestand Energie-Versorgung Schwaben AG enthielt rund 6 lfm Schriftgut der und zur UJAG. Weiteres siehe auch B 2007 (MÜAG).
Geschichte Die Bergmann-Elektrizitätsunternehmungen AG Berlin betrieben nach zweijähriger Planungsphase ab 1912 ein Überlandwerk mit Kohlekraftwerk in Ellwangen. Aufgrund wirtschaftlicher Probleme verkaufte Bergmann das Werk 1913 an die Rheinische Schuckert-Gesellschaft für Elektrische Industrie Mannheim. Diese gründete im selben Jahr eine Tochtergesellschaft unter der Firma Überlandwerk Jagstkreis AG. 1927 schloß die UJAG Strombezugsverträge mit der WÜLAG und der WÜSAG (siehe B 2019 und B 2023), womit die Eigenerzeugung von 86 % (1926) auf 3 % (1931) sank. Das Dampfkraftwerk Ellwangen wurde 1960 stillgelegt. 1938 hielten je 50 % der Anteile die Rheinische Elektrizitäts AG in Mannheim und der Bezirksverband Stromverband Jagstkreis, ein 1920 gegründeter Zweckverband der angeschlossenen Gemeinden. 1940 übernahm die neu gegründete Energie-Versorgung Schwaben (EVS) die Anteile des Stromverbands – der sich anschließend auflöste – sowie die erste, 1950 die andere Hälfte der Aktien von Rheinelektra und wurde so zu 100 % Eigentümerin. 1951 verkaufte die UJAG ihre eigenen EVS-Aktien an den Zweckverband Oberschwäbische Elektrizitätswerke (OEW). 1999 umfaßte das Versorgungsgebiet 2.571 qkm mit 315.000 Einwohnern. Im selben Jahr fusionierte die UJAG mit der Mittelschwäbischen Überlandzentrale AG in Giengen (MÜAG) zur Ostwürttemberg Donau Ries AG (ODR) unter dem Konzerndach der Energie Baden-Württemberg AG (EnBW).
4 Typoskript 1986/87 von Wolfgang Leiner, Jubiläumsfeier 50 Jahre 1963, Sammlung von Einzelschriftstücken 1912–1997
6 Jagstbauland GmbH 1926–1955, Gründung der Obere Donau Kraftwerke AG 1954–1965
7 Hauptversammlung 1951–1994, Aufsichtsrat (Sitzungsprotokolle, Akten) 1937–1997, Tantiemen des Aufsichtsrats 1939–1940, Vierteljahresberichte an den Aufsichtsrat 1947–1988, Direktion in Mannheim 1918–1949, Gesellschaftsverhältnis zur EVS 1954–1990
8 Innere Organisation 1954–1993, Registratur 1955–1976, Werkschutz 1960–1992, Katastrophenschutz 1983–1996, Büromaschinen 1954–1992, Zentrale Textverarbeitung 1976–1981, Datenverarbeitung 1986–1996
9 Betriebsfürsorge 1935–1997, Lehrgänge Arbeitsgemeinschaft Energie 1954–1958, Verkauf von Bauplätzen an Betriebsangehörige 1960–1976, Rundschreiben 1988–1993
10 Geschäfts- und Betriebsgebäude Ellwangen 1954–1996, Wohnhäuser in Ellwangen 1954–1975, abgebaute und verkaufte Anlagen 1913–1959, Mastenbuch 1914–1973, Mastenmietverträge 1936–1958, Erhaltung und Erneuerung von Anlagen 1950–1979, Mastenduldung und -entschädigung 1950–1957, ausgeschiedene Stationsverträge und Grundstücksverkäufe nach Orten A-Z 1915–1983, Baupläne

11 7 %-Anleihe 1923
12 Strombezug 1921–1964
13 Dampfkraftwerk Ellwangen 1954–1966, Umspannwerk Ellwangen 1954–1998, Verkauf des Wasserkraftwerks Wörnitzstein 1973–1978, Betriebs-, Geschäfts- und Wohnungsausstattung 1948–1990, Fuhrpark 1948–1996, Leitungskarten, technische Zeichnungen 1911–1964
14 Verteilerwerke 1911–1998, Verträge mit Gemeinden und Großkunden 1961–2000 (vereinzelte ab 1914), Lieferung an US-Streitkräfte 1951–1970, Strompreise 1967–1999, Preislisten Hausanschlüsse 1956–1985, Stromdurchleitungsentgelte 1998–2000, Straßenbeleuchtung und Entschädigungen 1915–1945, Satzungen und Musterverträge 1959–1997, Versorgungsbedingungen 1967–1998, Niederspannungsleitungen Orte A-Z 1914–1954, Preislisten für Freileitungsbau und Erdkabelverlegung 1955–1986, Schlußpläne Ortsnetze A-Z 1957–1977, Ortsnetze exemplarisch Bartholomä, Ellwangen, Leukershausen und Nördlingen 1957–2000, Leitungsüberwachung 1954–2000, Störungsberichte 1954–1980, Installation und Abnahme 1963–1992, einzelne Sonderabnehmer exemplarisch 1926–1994, Ausbau und Abgrenzung des Versorgungsgebiets 1954–1978, Gasvertrieb 1986–1999
15 Kundenzeitschrift 1954–1998, Presseausschnittsammlung 1989–1993, Werbeveranstaltungen 1965–1976, Elektroberatung 1954–1996, Lehrküchen 1954–1988, Repräsentation (Glückwünsche, Inserate) 1954–1999
16 Jahresabschluß 1913–1997, externe Abschlußprüfung 1930–1991, Buchprüfung 1925–1991, Geschäftsbericht 1914–1999, interner Geschäftsbericht 1944–1987, Betriebsabrechnung (Auswahl) 1966–1986, Innenrevision 1965–1988, Statistik 1954–2000, Verbrauch von Betriebsmaterial 1913, Materialinventur 1919–1926 und 1940–1948, Vorräte und Außenstände 1950–1960, abgebuchte Anlagenwertbelege in Baden-Württemberg nach Orten A-Z 1913–1955, abgebuchte Anlagenwertbelege in Bayern 1921–1954, Einheitsbewertung Betriebsvermögen 1973–1992, ausgebuchte Forderungen (Auswahl DOT) 1969–1998, Anlagewert-Journal 1959–1974, Kostenstellen-Journal 1971–1974, Hauptjournal 1973–1974, Kreditorenjournal 1973–1974, Gehaltsabrechnungen 1925–1942, Personalkonto 1926–1940, Vereinfachung der Abrechnung durch EDV 1955–1981
17 Umsatzsteuer 1955–1985
19 Notgeldscheine 1923
21 Besprechung von Rechtsfragen 1975–1988, Schadensfälle Haftpflichtversicherung exemplarisch 1957–1990, Arbeitsgerichtsverfahren 1927–1935
22 Hochwasser an Lein und Kocher 1988, Stromversorgungskritiker 1984–1987
47 Fotos: Mitarbeiter und Betriebsveranstaltungen 1920, 1938–1998, Betriebsgebäude Ellwangen 1912–1997, technische Anlagen 1955–1990, Leitungen und Montage 1940–1987
49 WABW B 2000
50 50 Jahre UJAG, [Ellwangen 1963] (Festschrift). Mitarbeiterzeitschrift EVS-Bericht Nr. 2/1966, S. 3–14. Wolfgang Leiner, Geschichte der Elektrizitätswirtschaft in Württemberg Band 2.1: Die Zeit der Vollabdeckung (1896–1915), Stuttgart 1985, S. 228–250. Werner Kleider, Die Entwicklung der Energieversorgung in Württembergisch-Franken 1862–1919, St. Katharinen 1987, S. 77–82. UJAG feiert 75-jähriges Jubiläum, 75 Jahre Ihre Energieversorgung – unsere Verantwortung, in: Sonderbeilage der Aalener Volkszeitung / Ipf- und Jagst-Zeitung, Ellwangen 1988. Wolfgang Molt: 75 Jahre UJAG, Energie für Ostwürttemberg und das Ries, in: Ostalb – Einhorn 15 (1988) S. 392–396. Robert Straub und Hans-H. Jahn, Die MÜAG wurde auf die UJAG verschmolzen, Das neue Unternehmen erhielt den Namen ODR, in: Unsere Stadt [Giengen an der Brenz] 13 (1999) S. 151 f.

627
Ulmer, Stuttgart

Name Hans Ulmer
Geschäftstätigkeit Graphiker
Branche Nr. 744
Umfang 0,5
Laufzeit 1960–1975
Benutzbarkeit Eingeschränkt
Bestand Y 255

Bestandsgeschichte Die Entwürfe wurden 1996 zusammen mit Teilen der Fachbibliothek des Landesgewerbeamts Baden-Württemberg übernommen und als eigener Archivbestand formiert.
Geschichte Der Grafiker Hans Ulmer ist im Stuttgarter Adressbuch für die Jahre 1936 bis 1980 nachgewiesen. Weitere Informationen konnten nicht ermittelt werden.
13 Werbeplakat-Entwürfe: Winterfest, startfreudig, spursicher, BUNTE, Internationale Verkehrsausstellung, Streicher, »Kein Öl benützen«, »Reisen Sie so nach Paris«, Austria Pink, Margarete Astor, IVA Munich, Radar, Bosch, Schöck Einkochgläser, NSU-Prinz
49 WABW Y 254
50 Im WABW nicht vorhanden.

628
Ulmer Spatz, Ulm

Name Ulmer Spatz Vater und Sohn Eiselen
Geschäftstätigkeit Backhilfsmittelfabrik
Branche Nr. 150/156
Umfang 1
Laufzeit 1947–1981
Benutzbarkeit Eingeschränkt
Bestand Y 134

Bestandsgeschichte Das Archivgut wurde 1992 von Senator e. h. Dr. H. Eiselen übergeben. Ein Teil des Archivut wurde in Alben bereits thematisch vorsortiert. Da das Werksgelände im Dezember 1944 vollständig zerstört wurde, dürften keine älteren Unterlagen mehr erhalten sein.
Geschichte 1859 gründete David Winkler in Ulm eine Malzfabrik, die 1863 ins Handelsregister eingetragen wurde. Nachdem er entdeckt hatte, dass Malz eine gute backtechnische Wirkung hat, belieferte er schon um die Jahrhundertwende die Bäckereien und ließ 1911 die Marke »Ulmer Spatz« für seine Backmittel ins Warenzeichenregister eintragen. 1938 übernahm W. Eiselen die Malzfabrik und baute das Backmittelgeschäft weiter aus. 1944 wurde die Fabrik durch einen Bombenangriff völlig zerstört. Nach 1945 erfolgte der Wiederaufbau und der Ausbau der Firma: So konnte 1951 ein Werk in Holm (Schleswig-Holstein), 1953 ein weiteres Werk in Emmern in Betrieb genommen werden. 1958 verlegte die Firma ihr Stammwerk nach Gerlenhofen bei Neu-Ulm. 1968 wurde ein weiteres Werk in Kirchohsen (Niedersachsen) errichtet. 1980 wurde das Unternehmen durch die Meistermarken GmbH übernommen und firmierte unter dem Namen Meistermarken-Ulmer Spatz, die heute Teil der CSM Deutschland GmbH ist.
3 Willy Eiselen (60. Geburtstag und 30-jähriges Berufsjubiläum) 1956
4 Firmengeschichte 1956–1980, 25 Jahre Firmenname Ulmer Spatz Vater und Sohn Eiselen 1979, Zeitungsausschnitte 1956–1981
9 Wegweiser für Innendienstmitarbeiter um 1960, Arbeitszeit um 1970
14 Preislisten 1981, Kunden um 1950–1980, Umsatz um 1950–1980
15 Plakate, Rezepte 1976, Prospekte um 1950–1980
16 Hauptbücher 1947/48
47 Fotos: Werbung 1976, Fabrikgebäude, Belegschaft, Produktion, Produkte
50 Im WABW nicht vorhanden.

629
Ungemach, Calw

Name Ungemach (Nachlass)
Geschäftstätigkeit Textilunternehmen
Branche Nr. 950/170
Umfang 2
Laufzeit 1786–2005
Benutzbarkeit Eingeschränkt
Bestand Y 350

Bestandsgeschichte Der Nachlass verschiedener Textilunternehmen und deren Eigentümerfamilien wurde in drei Ablieferungen 2003, 2006 und 2009 von der Familie Ungemach in Calw übernommen. Schwerpunkt des Nachlasses sind Portraits (Ölbilder und Zeichnungen) von Mitgliedern Calwer und Hirsauer Unternehmerfamilien.

2 Plan von Hirsau mit Darstellung vor der Zerstörung 1692 (koloriert auf Leinwand aufgezogen)

3 Mitteilung über Prokura für Wilhelm Georgii 1853, Grabreden für Eduard Friedrich Zahn 1860 und August Heinrich Zahn 1873, Kopie eines Nachrufs auf Johann Georg Doertenbach 1795–1870, vier Urkunden der Universität Tübingen für Dr. med. Georg Ludwig von Seeger und Georg Zahn 1878, 1884, »Denkmale des Schauberschen Geschlechts (Lebensläufe und Leichenpredigten) 1780, Heinrich Zahn: »Ausgewählte Gedichte« 1876, Georg Doertenbach: »Die Familie Doertenbach« 1896

15 Urkunde Landes- und Gewerbeausstellung 1881 für J. F. Hasenmajer & Zahn, Hirsau

16 Monatsbilanzen V. Zahn & Co. 1924–1926, davor und danach Einträge der Handlung Viktor Zahn in Kalamata (Griechenland) 1905–1912

47 Fotos: Emil Zahn 1830–1899 mit seinen fünf Kindern ca. 1889, Familie Zahn in Kalamata (Griechenland) ca. 1892/93, »LS« und Georg Doertenbach 1822–1891

48 Ölbilder: Elisabeth Friedericke Zahn, geb. Hasenmajer, Ehefrau des Chr. Jakob Zahn 1771–1837; Chr. Jakob Zahn als Student in Tübingen 1765–1830 (Kopie von Vitus Reisacher 1909); Chr. Jakob Zahn, Dr. jur., Saffianfabrikant in Hirsau 1765–1830 (Kopie Walter Maschke); August-Heinrich Zahn, Kaufmann in der Saffianfabrik in Hirsau 1796–1873; Emil Christian Zahn, kaufmännischer Direktor bei Schill & Wagner 1830–1899 (Kopie von Vitus Reisacher 1907); Georg Friedrich Schauber 1795–1865, verheiratet mit Marie Zahn, Tochter des Georg Jakob Zahn (Portrait von Wilhelm Pilgram 1850). Tuschzeichnungen: Familie Jakob Friedrich Hasenmajer beim Kaffee im Salon des Fischerschen Hauses in Calw, Gründer der Saffianfabrik in Hirsau 1738–1811 (Zeichnung in Art eines Scherenschnitts) von C. F. Hoernig 1786). Karl-Gottlieb Friedrich von Seeger, Oberkonsistorialrat in Stuttgart 1775–1856 (Zeichnung nach Art eines Scherenschnitts). Dorothea-Luise Lotter 1778–1865 (Zeichnung in Art eines Scherenschnitts). Gustav Albert Seeger 1849–1850 (Zeichnung in Art eines Scherenschnitts). Carl Doertenbach und Sofie Schill (zwei Miniaturen von Moritz Henze, Dresden). Metallbild mit Darstellung einer Säule für Jakob Friedrich Hasenmajer 1738–1811. Meisterbrief (gerahmt) für Eduard Ludwig Zahn 1855; 16 Petschaften der Familien Zahn, Hasenmajer, Wagner, Schill

50 Festschriften, Biographie Emil Molt, Ortsgeschichten Calw, Web-, Garn und Stoffmusterbuch von Ludwig Schüz, Allgemeine mechanische Technologie der Weberei Sommersemester 1884, Spezielle mechanische Technologie der Spinnerei Wintersemester 1883/84

630
Union, Kirchheim-Oetlingen

Name Union-Gesellschaft für elektr. Industrie mbH
Geschäftstätigkeit Elektrotechnische Fabrik
Branche Nr. 310/313
Umfang 3
Laufzeit 1918–1976
Benutzbarkeit Eingeschränkt
Bestand Y 295

Bestandsgeschichte Das Archivgut wurde 2002 antiquarisch erworben.

Geschichte 1907 gründete Wilhelm Link das Unternehmen, das sich mit der Herstellung von Sicherungen aller Art für Licht- und Kraftanlagen mit Zubehör beschäftigte. Nebenbei betrieb er auch einen Großhandel mit elektrischem Installationsmaterial und Kunstharzartikeln. Vor dem Zweiten Weltkrieg arbeitete der Betrieb mit mehr als 40 Personen und exportierte in ca. 20 Länder. Nach dem Tod des letzten Gesellschafters Wilhelm Link wurde der Betrieb um 1976 liquidiert und 1994 im Handelsregister gelöscht.

11 Wechsel, Wechsel-Kopierbuch 1920er–1960er Jahre
13 Patente
14 Handelsbeziehungen international 1926–1960er Jahre
15 Kataloge, Prospekte, Preislisten, Fremdprospekte
17 Firma 1932–1976, Wilhelm Link 1918–1954
18 Versicherungen 1920er–1960er Jahre
49 Stadtarchiv Kirchheim u. Teck
50 Hans Schwenkel (Hg.), Heimatbuch des Kreises Nürtingen Band II, Nürtingen 1953, S. 495.

631
Union AG, Aalen

Name Aktiengesellschaft Union
Geschäftstätigkeit Chemische Industrie
Branche Nr. 242/245
Umfang 10
Laufzeit 1881–1987
Benutzbarkeit Ja
Bestand Y 524

Bestandsgeschichte Das Archivgut wurde 2017 vom Landratsamt Aalen, dem neuen Eigentümer des Werksgeländes, übernommen.
Geschichte Vorläufer der Aktiengesellschaft Union sind eine seit den 1830er Jahren in Aalen bestehende Fabrik für Zündhölzer, die im Jahr 1863 an C. A. Buz, Augsburg, überging, die Firmen Krauß-Glinz und Gebr. Seydelmann, die in den 1860er Jahren mit der Fabrikation von Schuhwichse begannen sowie die Wichsfabrik Eiberle & Mölsenter in Ulm/Donau, welche ihren Betrieb nach Aalen verlegte. Am 1. Oktober 1882 gingen diese in der neu gegründeten Aktiengesellschaft Union Werke mit Sitz in Augsburg auf. Das Geschäft expandierte mit Werken unter anderem in Linz (Österreich), Augsburg, Kempten, und Göppingen. Zu Beginn des 20. Jahrhunderts wurde die Produktion der Schuhcreme »Kavalier« aufgenommen. Während des Ersten Weltkriegs produzierte man diese mit den zu dieser Zeit verfügbaren Rohstoffen. 1927 wurde die Fertigung von Zündhölzern auf Grund sich verändernder Nachfrage durch Konkurrenzprodukte eingestellt. Im gleichen Jahr wurde die Zentrale der Gesellschaft von Augsburg nach Aalen verlegt. 1934 übernahm Hermann Naegele im Zuge der Sanierung der Aktiengesellschaft Union den Betrieb. 1988 stellte sein Sohn die Produktion von Schuhpflegemitteln endgültig ein.

7 Geschäftsbücher 1881–1982, Rundschreiben 1927–1952, Industrieberichte 1972–1984, Konkurrenzbeobachtung 1949, Musterbriefe 1964–1966, Korrespondenz mit Schuhhaus Wendt 1979, Direktionspost 1947–1969, Auskünfte Konkurrenzfirmen 1954–1985, Korrespondenz mit IG Farben 1934–1949, Korrespondenz Dr. Böll/Bruckmüller 1946–1949, Meldungen IHK 1947/48
9 Unfälle 1973/74, Mitarbeiterverzeichnisse 1926–1961, Betriebskrankenkasse 1907–1950
13 Verfügungen zum Artikelprogramm Kavalier und 1969–1979 1981–1987, Arbeitsablauf und Muster 1985, Sprayetiketten, Patentmappe 1928–1934, Nigrin Rezepte 1974, Rezept Kavalier 1955, Zeichnungen ausgeführter Möbel 1965, Patente und Patentanmeldungen 1910–1940, Laborbücher sowie Kladden zur Tagesproduktion 1907–1951, Farbskalen 1970er
14 Preislisten für Agal und Kavalier 1949–1985, Direktionskunden 1952/53, Vertreterrundschreiben 1957–1960, Kundenliste 1979, Frachten 1971–1974, Mietläden und Verträge 1963–1974, Vertriebskorrespondenz 1932–1948, Preisliste 1975, Vertreternotizen, Großkunden mit eigenem Konto, Lieferung an Militärregierung 1946, Kundenlisten 1987
15 Plakate, Werbematerialien, Produkt-Displays, Mustermappe Kochermöbel 1974, Werbung und Preise der Konkurrenz 1951–1972, Rundschreiben zu Agal und Kavalier 1945–1986, Etikettensammlung 1965, Zeichnungen 1975, Produktinformationen Kochermöbel 1980er,
16 Inventarlisten 1956–1976, Kalkulation 1954, Gewinnabführung 1939–1947, Inventuren

17 Umsatzsteuer 1923–1952 und 1971–1978
48 Dosen und Produktverpackungen
50 50 Jahre Aktiengesellschaft Union, Kavalier-Werke Aalen. Aalen, 1932.

632
ÜW Glatten, Freudenstadt

Name Überlandwerk Glatten-Weitenburg
Geschäftstätigkeit Energiewirtschaft
Branche Nr. 400
Umfang 1,2
Laufzeit 1904–1973
Benutzbarkeit Ja
Bestand B 2022

Bestandsgeschichte 0,2 lfm der Archivalien der Überlandwerk Glatten GmbH, Freudenstadt, wurden vom WABW zusammen mit den Archivalien der Energie-Versorgung Schwaben (EVS) im Sommer 2000 übernommen. Einen deutlichen Zuwachs erbrachte eine Übernahme von der EnBW-Geschäftsstelle Freudenstadt im Jahr 2001. Fast die komplette Überlieferung zu den Fernleitungen und Ortsnetzen mit zahlreichen Karten stammt von einer zweiten Aussonderung und Übernahme aus Freudenstadt im April 2012. Wie die teilweise bis weit nach dem Zweiten Weltkrieg reichenden Laufzeiten belegen, wurden die Leitungsnetzakten von der jeweiligen Nachfolgefirma übernommen und teilweise fortgeführt. Die Aufgabe der Geschäftsstelle in Ludwigsburg brachte 2013 einen weiteren Zuwachs des Bestands, sämtliche Erst-Konzessionsverträge.
Die Bruchstückhaftigkeit der Überlieferung erklärt sich aus der kurzen Existenz als selbständiges Unternehmen, mehr noch mit den folgenden zahlreichen Kontinuitätsbrüchen bei den Eigentumsverhältnissen und in der Unternehmensführung. Weitere Unterlagen des Überlandwerks Glatten liegen als Vorakten in den Archivbeständen der Nachfolgeunternehmen Bezirksverband Heimbachkraftwerke (B 2020), Bezirksverband Oberschwäbische Elektrizitätswerke (OEW, B 2010) und Energie-Versorgung Schwaben (EVS, B 2000).
Geschichte 1904 erhielt der Inhaber eines Installateurgeschäfts, Andreas Hengsteler, die Konzession zum Bau und Betrieb eines Elektrizitätswerkes in Glatten. Als dieser bereits im Jahr 1905 starb, erwarben zunächst mehrere Privatleute aus Glatten, Böffingen und Schopfloch das fertiggestellte Elektrizitätswerk, 1906 wurde das Werk von dem Ingenieur Emil Weckmar aus Stuttgart übernommen, der es schließlich 1908 an die Actien-Gesellschaft Körting's Electricitäts-Werke in Berlin (KEW) verkaufte. 1912 erwarb der Berliner Elektrokonzern auch das in Horb ansässige Elektrizitätswerk Weitenburg des Freiherrn Josef Raßler von Gamerschwang, der seine mit 17 Kommunen geschlossenen Stromlieferungsverträge nicht erfüllen konnte. Im Jahr darauf führte die KEW beide Werke unter der Firma Überlandwerk Glatten-Weitenburg zusammen.
1919/20 gründeten die Amtskörperschaften Freudenstadt, Horb, Oberndorf und Sulz den Bezirksverband Heimbachkraftwerk mit Sitz in Freudenstadt. Der Bezirksverband Heimbachkraftwerk und die KEW gründeten 1921 gemeinsam die Überlandwerk Glatten GmbH, in die die KEW das Kraftwerk Glatten und seine anderen Anlagen einbrachte. 1928 übernahm der Bezirksverband Heimbachkraftwerk den Anteil der KEW und wurde alleiniger Eigentümer. 1929 wurde die Überlandwerk Glatten GmbH liquidiert und das Vermögen auf den Bezirksverband Heimbachkraftwerk übertragen. Der Bezirksverband Heimbachkraftwerk vereinigte sich 1931 mit dem Bezirksverband Oberschwäbische Elektrizitätswerke (OEW). 1939 schloss sich die OEW und die in Gemeindeverbänden organisierten Überlandwerke Hohenlohe-Öhringen, Ingelfingen-Hohebach, Tuttlingen und Aistaig und die Elektrizitätswerke Enzberg-Mühlhausen, Kocherstetten und Teinach-Station mit der Elektrizitäts-Versorgung Württemberg AG (EVW) zusammen, welche ihren Namen daraufhin in Energie-Versorgung Schwaben AG (EVS) änderte.
4 Unternehmensbeschreibung 1921
5 Gesellschaftsvertrag 1925
6 Elektrizitätswerk Weitenburg von Raßler 1911, Übernahme durch den Bezirksverband Heimbachkraftwerke und Auflösung 1921–1931
7 Gesellschafterversammlung 1921–1930, Körting's Elektrizitätswerke [Pertinenzsammlung einschließlich Kopien] 1922–1930

10 Wohnungsbau in Freudenstadt 1904–1926, Verträge zur Führung der 20 kV-Leitung 1907–1923, Wassernutzungsrechte 1914–1927
13 Bau des Fernleitungsnetzes 1905–1931, Ortsnetzakten mit Karten 1911–1928, Grunddienstbarkeiten (Aufstellen Masten) 1908–1922, Ausbau des Kraftwerks Böffingen bei Glatten 1913–1916, Bahnkreuzungen 1913–1961
14 Tarife und Anschlußbedingungen 1916–1919, Stromlieferung an Freiherrn von Raßler auf Schloß Weitenburg 1921–1928
49 WABW B 2010, B 2020, B 2000 Klassifikation 11.17.3
50 Das Land Württemberg, Seine wirtschaftliche und kulturelle Bedeutung, I. Ausgabe, Verlag Stuttgarter Neues Tagblatt, Stuttgart 1927, S. 42. Wolfgang Leiner in Mitarbeiterzeitschrift EVS-Bericht 1/1968, S. 29. Ottmar Biber, Geschäftsstelle Freudenstadt 1904–1988, Eine zeitgeschichtliche Betrachtung, hrsg. von der EVS, [Stuttgart 1988]. Ulrich Boeyng, Von den Wasserkräften in Alt-Württemberg, Das Heimbach-Kraftwerk in Bettenhausen, in: Denkmalpflege in Baden-Württemberg, Heft 4/1995, S. 159–168.

633
ÜW Ingelfingen-Hohebach, Ingelfingen

Name Gemeindeverband Überlandwerke Ingelfingen-Hohebach GmbH
Geschäftstätigkeit Energiewirtschaft
Branche Nr. 400
Umfang 1,5
Laufzeit 1892–1955
Benutzbarkeit Ja
Bestand B 2003

Bestandsgeschichte Die Überlieferung des Elektrizitätswerks Hohebach ist ab 1909, die des Elektrizitätswerks Ingelfingen ab 1917 nahezu komplett vorhanden. Die ursprüngliche Registraturordnung ist weitgehend erhalten geblieben sein, da nur unwesentliche Teile des Bestands bei der EVS-Archivpflegeaktion ab 1967 (siehe bei B 2000) neu formiert worden sind. Der Bestand kam mit dem Archivgut der EVS im Sommer 2000 ins WABW.

Geschichte Der Gemeindeverband wurzelt in zwei Vorgängerunternehmen. Das Elektrizitätswerk Ingelfingen der Brüder Hermann bestand seit August 1902. 1917 fand die Gründungsversammlung für einen Gemeindeverband Ingelfingen statt. Das erste Unternehmensziel bestand im Kauf des Elektrizitätswerks, wobei die Brüder Hermann zunächst als Gesellschafter beteiligt blieben, bis der Verband 1924 deren Anteile und damit 100 % der Anlagen und des Vermögens in Verbandseigentum übernahm. Das Elektrizitätswerk Hohebach bestand seit 1909. Anfang 1924 wurde der Gemeindeverband Hohebach gegründet, der sogleich das Jagstkraftwerk vom bisherigen Eigentümer Wilhelm Roesler pachtete, Roesler wechselte in die Position eines angestellten Betriebsdirektors. Beide Gemeindeverbände schlossen sich am 1. Januar 1927 zur Interessengemeinschaft Elektrizitätswerk Ingelfingen-Hohebach GmbH zusammen. 1934 übernahm der Gemeindeverband Elektrizitätswerk Hohebach das bislang gepachtete Kraftwerk in Eigentum, löste sich auf und trat mit Vermögen und Gemeinden dem neu gebildeten Gemeindeelektrizitätsverband Ingelfingen-Hohebach bei. Mit Wirkung vom 1. Januar 1939 ging der Betrieb auf die Energie-Versorgung Schwaben (EVS) über.
4 Aufsatz Elektrizitätswerk Hohebach 1912, Kopien aus dem Stadtarchiv Künzelsau zur Geschichte der Kraftwerke und elektrischen Anlagen 1892–1936
5 Elektrizitätswerk Hohebach 1910/11, Überlandwerk Ingelfingen 1919–1923, Satzungen 1917–1941
6 Zusammenschluß der beiden Gemeindeverbände 1926–1934, Übergang in die EVS 1939–1943, Kauf des Elektrizitätswerks Klepsau 1920–1926, Kauf des Elektrizitätswerks Alfons Stern in Westernhausen 1933–1949
7 Sitzungsprotokolle der Verbandorgane 1917–1938, Gesellschafterversammlungen 1920–1927, Verbandsvorsitzender 1920–1943
9 Personal 1920–1955, Vergütung und Besoldung 1920–1941
10 Immobilien in Ingelfingen 1923–1948, Grunderwerb 1912–1935, Autohalle in Wachbach 1939, Wassernutzungsrechte 1917–1935
11 Haushaltspläne 1920–1942, Anteile der Verbandsgemeinden 1929–1945, Kredite 1920–1941
12 Stromverbund mit UJAG Ellwangen 1913–1934

13 Fernleitungen und Ortsnetze 1910–1943, Installateure 1920–1939, Bau und Betrieb der Kocherkraftwerke 1919–1938, technische Sicherheitsprüfungen v. a. durch den Württembergischen Revisionsverein 1923–1938, Umspannstationen 1914–1937
14 Statistik über Stromerzeugung, Stromverkauf und Einnahmen 1911–1937, Tarife 1924–1937, Konzessionsverträge Elektrizitätswerk Hohebach mit zugehörigen Gemeinden 1909–1926, Stromlieferungsverträge mit Gemeinden 1906–1948, Industrie- und Großkunden 1916–1926, Kirchenheizung 1937/38
16 Jahresabschlüsse 1924–1943, Wirtschaftsprüfung 1923–1946, Wertberechnungen 1911–1937, Geschäftsberichte 1921, 1924–1937
17 Verschiedene 1931–1941
20 Genossenschaft der Wassertriebwerksbesitzer an der Jagst 1919–1952
49 WABW B 2000
50 Heinrich Büggeln, Das Elektrizitätswerk Hohebach. Ein Musterbeispiel für die Ausnutzung einer kleinen Wasserkraft zum Betriebe einer landwirtschaftlichen Überlandzentrale, Sonderdruck aus Das Elektrizitätswerk, August 1912. Wolfgang Leiner, Geschichte der Elektrizitätswirtschaft in Württemberg Band 2.2: Der Weg zur Großwirtschaft (1916–1945), Stuttgart 1985, S. 332–339.

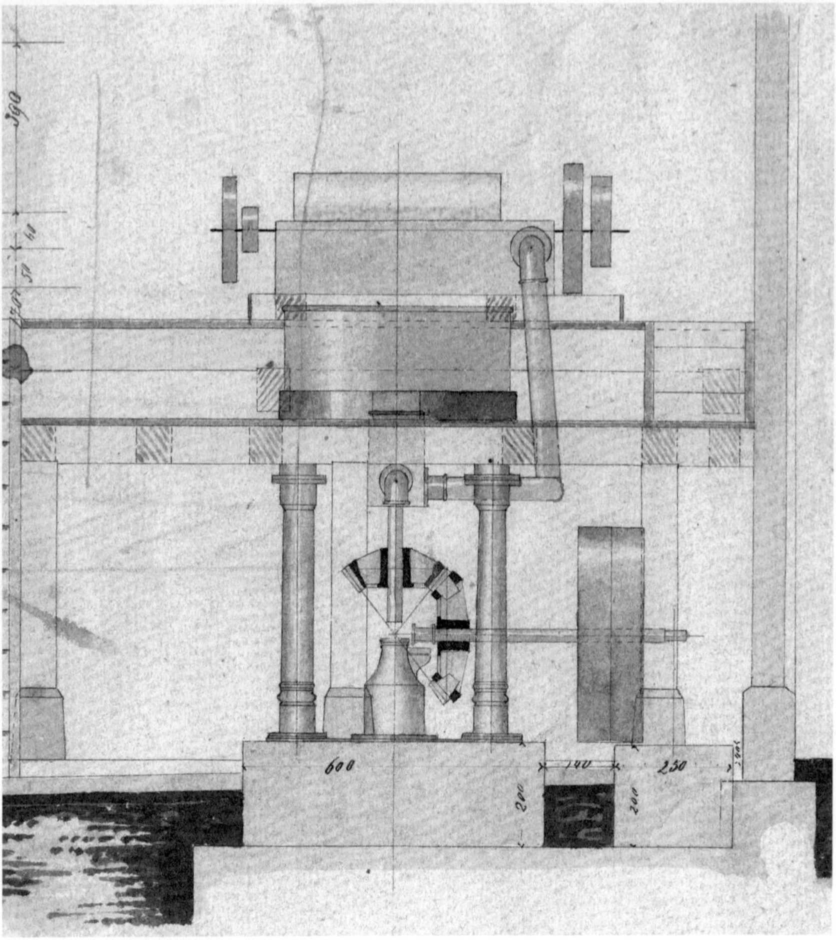
390
600
140
250
200
200

634
VDMA, Stuttgart

Name Verband Deutscher Maschinen- und Anlagenbau, Landesgruppe Baden-Württemberg
Geschäftstätigkeit Wirtschaftsverband
Branche Nr. 910
Umfang 8
Laufzeit 1947–2011
Benutzbarkeit Ja
Bestand V 5

Bestandsgeschichte Der vorliegende Bestand wurde am Juni 2015 von der Landesgruppe Baden-Württemberg im Verband Deutscher Maschinen- und Anlagenbau Stuttgart übernommen. Er umfasst die Arbeit der Landesgruppe von 1953 bis 2011 sowie einige Archivalien ihrer Vorgängerin, der Landesgruppe Württemberg-Baden, von 1947 bis 1949.

Geschichte Der VDMA vertritt die Interessen der stark mittelständisch geprägten Investitionsgüterindustrie gegenüber Institutionen aus Politik und Gesellschaft sowie gegenüber Wirtschaft, Wissenschaft, Behörden und Medien. In Deutschland ist der Maschinen- und Anlagenbau der größte industrielle Arbeitgeber. Darüber hinaus versteht sich der VDMA als eine Plattform, auf der sich seine Mitgliedsunternehmen in zahlreichen Netzwerken über technische Herausforderungen, interdisziplinäre Fragen und viele andere Themen austauschen können.

Der Verein deutscher Maschinenbau-Anstalten wurde 1892 in Köln mit dem Ziel gegründet, die wirtschaftlichen Interessen aller deutschen Maschinenbauer zu wahren. Er ging aus dem zwei Jahre zuvor gegründeten regionalen Verein Rheinisch-Westfälischer Maschinenbauanstalten hervor, der sich für bessere Liefer- und Preisbedingungen speziell der Bergwerks- und Hüttenmaschinen eingesetzt hatte. Der erste Geschäftssitz des Vereins war Düsseldorf. In den Folgejahren traten dem VDMA zahlreiche industrielle Fachverbände bei.

Ein Jahr nach der Machtergreifung der Nationalsozialisten erließ die neue Regierung 1934 das »Gesetz zur Vorbereitung des organischen Aufbaus der deutschen Wirtschaft« (Aufbaugesetz). Damit band sie alle Wirtschaftsverbände in ihr zentrales Lenkungssystem ein und unterstellte sie dem Reichswirtschaftsminister. Der VDMA ging in die neu gegründete »Wirtschaftsgruppe Maschinenbau« ein, in der auch alle bislang nicht verbandsgebundenen Unternehmen Mitglied sein mussten. Geführt wurde diese Gruppe von Karl Lange, dem Hauptgeschäftsführer des VDMA. Nach Kriegsende gründete sich 1945 zunächst die Wirtschaftsvereinigung Maschinenbau. Im Jahr darauf wurden der Verein Bayerischer Maschinenbau-Anstalten, die Wirtschaftsvereinigung der Maschinenbau-Anstalten in Groß-Hessen und der Wirtschaftsverband Maschinenbau in Berlin gegründet. Mit der Arbeitsgemeinschaft der Verbände der Deutschen Maschinenbau-Anstalten wurde 1947 die erste überregionale Vereinigung ins Leben gerufen. 1949 fand dann die Wiedergründung des Vereins Deutscher Maschinenbau-Anstalten in Königstein im Taunus statt. In den Folgejahren wurden die politischen Kontakte national wie international ausgebaut. 1972 gründete der VDMA ein Verbindungsbüro in Brüssel, 1984 ein weiteres in Tokio. 1980 benannte sich der Verband um: Aus dem Verein Deutscher Maschinenbau-Anstalten wurde der Verband Deutscher Maschinen- und Anlagenbau. Die Abkürzung VDMA blieb erhalten. Er ist heute mit rund 3200 Mitgliedern Europas größter Industrieverband mit Hauptsitz in Frankfurt am Main.

4 VDMA-Landesgruppe Württemberg-Baden bis 1949; Persönlichkeiten des VDMA in Baden-Württemberg

5 Gründung und Aufbau der Landesgruppe Baden-Württemberg 1953

7 Protokolle von Vorstandssitzungen 1949–2004; Unterlagen des Vortandes und des Geschäftsführers der Landesgruppe 1951–2004; Mitgliederversammlungen 1955–2006; ERFA-Veranstaltungen 1984–2011; Sitzungen der Geschäftsführung; Tätigkeitsberichte, Mitgliederversammlungen 1955–2006; Veranstaltungen; Mitwirkung bei Projekten der Wirtschaftsförderung; Politische Interessenvertretung; Überregionale Verbände, Zusammenschlüsse und Tätigkeiten

8 Organisation des VDMA 1973–1990

47 Fotos von Mitgliedern des Vorstandes und der Geschäftsführung, Mitgliederversammlungen, Erfa-Treffen

50 Hans Pohl, Johannes Markner: VDMA – 100 Jahre im Dienste des Maschinenbaus, Frankfurt am Main 1992. Spezialisierung, Präzision, Qualität – Aus der Arbeit des Maschinenbauers, Maschinenbau-Verlag, Frankfurt/Main, ohne Jahr. Verband Deutscher Maschinen- und Anlagenbauer (Hrsg.): Handbuch der Maschinen-Industrie, die Mitglieder des VDMA 1965, Darmstadt 1965. Verband Deutscher Maschinen- und Anlagenbauer (Hrsg.): Der Deutsche Maschinen und Anlagebau, Darmstadt, 16. Auflage 1984.

635 Verband der Kupferschmiede, Esslingen

Name Verband der Kupferschmiede, Filiale Esslingen
Geschäftstätigkeit Gewerkschaft
Branche Nr. 910
Umfang 0,01
Laufzeit 1916–1919
Benutzbarkeit Ja
Bestand V 2

Bestandsgeschichte Der Einzelband, offenbar die einzige erhaltene Quelle zur Geschichte des Verbands der Kupferschmiede in Esslingen, gelangte durch Schenkung 1982 an das WABW.
Geschichte Der Verband der Kupferschmiede war die zentrale gewerkschaftliche Berufsorganisation für die Kupferschmiede im Deutschen Reich. Während sich sämtliche anderen gewerkschaftlichen Berufsverbände innerhalb des Metallgewerbes bis 1912 an die große Industrievereinigung des Deutschen Metallarbeiterverbandes anschlossen, behauptete der Verband der Kupferschmiede bis 1933 seine Eigenständigkeit. Die Esslinger Filiale stand in einem gewissen Konkurrenzverhältnis zu ihrer Schwesterfiliale in Stuttgart, war doch der größere Teil ihrer Mitglieder bei der Maschinenfabrik Daimler in Untertürkheim beschäftigt. Die Verbandszentrale stützte jedoch ihre Eigenständigkeit, wohl auch angesichts der starken Stellung der Gewerkschaften in Esslingen überhaupt, die als Kartell auch mit den kommunalen und staatlichen Behörden zusammenarbeiteten. Die im Bestand überlieferte Quelle enthält daher auch wertvolle Informationen zur Geschichte der Gewerkschaftsbewegung in Esslingen allgemein, zumal in der politisch bewegten Zeit nach dem Ersten Weltkrieg.
8 Protokollbuch der Versammlungen 1916–1919
49 WABW Y 138 (Metallwarenfabrik Christian Wagner)
50 Henrich Tiessen, Industrielle Entwicklung, gesellschaftlicher Wandel und politische Bewegung in einer württembergischen Fabrikstadt des 19. Jahrhunderts: Esslingen 1848–1914, Esslingen 1982 (Esslinger Studien, Schriftenreihe Bd. 6). Marco Huggele, Von »Haute-volée-Sozialdemokraten« und der »Esslinger Revolutionsfabrik«. Die Esslinger Sozialdemokratie von 1890 bis 1914, in: »Haute-volée-Sozialdemokraten« und »Revolutionsfabrik«. Die Geschichte der Esslinger SPD, hg. v. Sylvia Greiffenhagen, Esslingen 1995 (Esslinger Studien, Schriftenreihe Bd. 16).

636 Verband deutscher Kerzenhersteller, Ludwigshafen am Rhein

Name Verband deutscher Kerzenhersteller
Geschäftstätigkeit Verband
Branche Nr. 910
Umfang 6
Laufzeit 1898–1971
Benutzbarkeit Eingeschränkt
Bestand Y 232

Bestandsgeschichte Das Archivgut wurde 1997 von einem emeritierten Lehrstuhlinhaber der Universität Mannheim übernommen.
Geschichte Der Verband wurde 1950 in Frankfurt a. M. gegründet. Er versteht sich als Nachfolgeorganisation einer Reihe von Interessengruppen dieser Branche, die mit der Gründung des Verbandes deutscher Wachswarenfabrikanten (VDW) im Jahr 1885 ihren Anfang nahm. Der Verband verfolgte den Zweck, eine Marktordnung herbeizuführen. 1927 kam es zur Bildung einer weiteren Organisation, der Qualitätssicherungsvereinigung deutscher Kerzenhersteller.

1936 wurde der VDW für ruhend erklärt. Nach dem Zweiten Weltkrieg entstand ab 1947 zunächst auf Länderebene die Arbeitsgemeinschaft der Kerzenhersteller des Vereinigten Wirtschaftsgebietes, aus der dann der Verband Deutscher Kerzenhersteller hervorgegangen ist.

4 Verbandsgeschichte 1968–1970

6 Erloschene Mitgliedsfirmen 1950–1960, Rundschreiben an die Mitglieder 1950–1968, Mitglieder- und Nichtmitgliederlisten 1951/1952

7 Beiratssitzungsprotokolle 1951–1960, Mitgliederversammlungen 1952–1965, Vorstandsrundschreiben 1953–1967, Vorstandssitzungsprotokolle 1956–1969, allgemeine Verwaltung und Beratung 1950–1967

8 Diverse Archiv- und Registraturverzeichnisse, Aktenpläne 1950–1954

9 Beratung der Mitglieder in Personal- und Tarifsachen 1951–1971, Rechtsberatung der Mitglieder 1953–1971, Hilfeleistung bei Arbeitskämpfen 1970/71

11 Beiträge 1951, 1954–1958

12 Rohstoffe 1951–1969, Hilfsstoffe 1951–1966, Tropf- und Stumpfwachs 1957–1967

13 Prüfung der Brenneigenschaften 1963–1970

14 Absatzmärkte 1950–1966, Marktbeobachtung 1951–1961, Gütezeichen 1951–1956, liturgische Vorschriften 1957–1967

16 Arbeitskreis Rationalisierung und Kostenrechnung 1951–1970, Kalkulation und Betriebsvergleich 1953–1971

17 Beratung der Mitglieder in Steuerfragen 1950–1970, Arbeitskreis Mehrwertsteuer 1967–1971

20 Verband deutscher Wachswarenfabrikanten 1898–1970, Verein der Kerzenhersteller Hessens 1947–1952, Chemieverband 1951–1961, Qualitätssicherungsvereinigung deutscher Kerzenhersteller 1952–1970

21 Gewerblicher Rechtsschutz, unlauterer Wettbewerb 1951–1971

50 Im WABW nicht vorhanden.

637
Verbraucherzentrale, Stuttgart

Name Verbraucherzentrale
Geschäftstätigkeit Beratung
Branche Nr. 910/800
Umfang 1
Laufzeit 1970–1980
Benutzbarkeit Eingeschränkt
Bestand Y 187

Bestandsgeschichte Der Bestand, der aus 26 Filmrollen besteht, wurde 1992 übernommen.
Geschichte Die Verbraucherzentralen in Deutschland haben ihre Wurzeln im Genossenschaftsgedanken und der Arbeiterbewegung des 19. Jahrhunderts. 1953 wurde die Arbeitsgemeinschaft der Verbraucherverbände e. V. (AgV) mit Sitz in Bonn gegründet. Gründungsmitglieder waren zahlreiche sozial- und verbraucherorientierte Verbände, Vereine, Genossenschaften und Einrichtungen der Kirche. Die erste Verbraucherzentrale hatte ihren Sitz in Berlin. 1961 sind in allen elf Bundesländern Verbraucherzentralen entstanden. In den folgenden Jahrzehnten galt die Arbeit der Verbraucherpolitik und dem Verbraucherschutz durch Gesetzesinitiativen, vergleichende Warentests sowie Beratungen und die Herausgabe von Publikationen. 2003 wurden mit dem Konzept eines massiv verbesserten Kundenservice, weg von den Beratungsläden, hin zu nachfrageorientierten Beratungsstützpunkten, die Weichen für die Zukunft gestellt.

47 Filme: 26 Filmrollen (16 mm mit Ton) zu Verbraucherfragen wie Geld, Kinderspielzeug, Garantie etc.

50 Im WABW nicht vorhanden.

638
Verein Bildhauerhandwerk, Mosbach

Name Verein zur Förderung des Bildhauer- und Steinmetzhandwerks e. V.
Branche Nr. 910
Umfang 13
Laufzeit 1969–2008
Benutzbarkeit Eingeschränkt
Bestand Y 412

Bestandsgeschichte Das Schriftgut wurde im Mai 2010 vom WABW übernommen.
Geschichte Der Verein des Bildhauer- und Steinmetzhandwerks ist dafür da, die beiden Handwerksgebiete Bildhauer und Steinmetze zu fördern und zu unterstützen. Er ist aus dem im Jahr 2010 aufgelösten Landesverbandes des Steinmetzhandwerks Baden (gegründet 1909) hervorgegangen. Der Vereinspräsident ist Friedolf Fehr und der Verein zählt 81 Vereinsmitglieder.

35 Mitgliederinformationen 2002–2009, Vorstand 2004–2007, Satzung 2000–2004, 2008, Rundschreiben 1988–1993
36 Bundesinnungsverband 2002–2008, Mitglieder-Innungen 1999–2007, Obermeistersitzungen 1975–1987, 1992–2009, Handwerkskammer 1998–2008, Kreishandwerkerschaften 1998–2008
37 Handwerksrecht 1971–1993, 1999–2008, Zentrale zur Bekämpfung unlauteren Wettbewerbs 1986–2000, Sachverständige 1993–2000
38 Seminare 1976–1993, 1995–2009, Ausbildung 1982–2000, Förderung überbetriebliche Ausbildung und Berufsschule 1987–1996
41 Beiträge 2001–2007, Haushaltsplan und Jahresrechnung 2002–2008
42 Tarife 1971–2000
46 Zeitschrift Stein 2006–2007, Zeitschrift Naturstein 2004–2007
47 Werbeplakat: Wenn's einmalig werden soll
50 Im WABW nicht vorhanden.

639
Verein für Europ. Wirtschaftsfragen, Freiburg i. Breisgau

Name Verein für Europäische Wirtschaftsfragen e. V.
Geschäftstätigkeit Verein
Branche Nr. 910
Umfang 3
Laufzeit 1987–2004
Benutzbarkeit Eingeschränkt
Bestand Y 395

Bestandsgeschichte Der Bestand wurde dem Wirtschaftsarchiv von der IHK Südlicher Oberrhein, Freiburg, im Jahr 2009 übergeben, wo der Verein organisatorisch angesiedelt war. Norbert Euba, Hauptgeschäftsführer der IHK Südlicher Oberrhein, war zugleich stellvertretender Vorsitzender des Vereins für Europäische Wirtschaftsfragen e. V.
Geschichte Der Verein für Europäische Wirtschaftsfragen wurde 1988 mit Sitz in Freiburg i. Breisgau gegründet. Als deutscher Förderverein war es seine Aufgabe, die Mittel für das trinationale Managementinstitut »Zentrum für Europäische Unternehmensförderung« mit Sitz in Colmar zu beschaffen. Letzteres führte Fort- und Weiterbildungsveranstaltungen für Unternehmer und Führungskräfte der Wirtschaft durch. Nachdem die Betreibergesellschaft in Colmar im Jahr 2000 beschlossen hatte, das Zentrum für Europäische Unternehmensförderung zu liquideren, wurde der Förderverein im Jahre 2003 aufgelöst.

5 Gründung, Gesellschaftsvertrag, Liquidation 1988–2004
7 Zentrum für Europäische Unternehmensförderung: Gesellschafterversammlungen, Korrespondenz 1988–1999;
9 Personal, Bewerbungen 1987–1993
11 Finanzierung 1993–1998; Förderverein: Mitglieder, Spenden 1988–2003
16 Haushalt, Jahresabschlußprüfungsberichte 1990–1997

640
Vereinigte Filzfabriken, Giengen a. d. Brenz

Name Vereinigte Filzfabriken Giengen a. d. Brenz
Geschäftstätigkeit Filzfabrik
Branche Nr. 172
Umfang 0,1
Laufzeit 1880–1912
Benutzbarkeit Eingeschränkt
Bestand Y 383

Bestandsgeschichte Der Bestand wurde 2009 aus Privatbesitz übernommen. Er besteht aus privater und geschäftlicher Korrespondenz des Teilhabers und Generaldirektors Kommerzienrat Adolf Glatz, überwiegend die Vereinigten Filzfabriken in Giengen a. d. Brenz betreffend.
Geschichte Adolf Glatz und L. Manteuffel in Berlin waren Teilhaber der Württembergischen Wollfilz-Manufaktur Giengen. 1881 schlossen sich die Württembergische Woll-Filzmanufaktur Giengen a. d. Brenz und Gerschweiler einschließlich der von ihr aufgekauften Firma K. & R. Lembert in Augsburg, ihre österreichische Zweigniederlassung in Hörbranz und die Wollfilzfabrik Lambrecht Inhaber Marx & Louis zu den Vereinigten Filzfabriken mit Sitz in Giengen a. d. Brenz zusammen. Das Aktienkapital betrug 3 Millionen M, die zum größten Teil von den früheren Inhabern der fusionierten Fabriken übernommen wurden. Die Geschäftstätigkeit der Vereinigten Filzfabriken begann am 1. Juli 1881. Vorstand wurde Adolf Glatz. In den Aufsichtsrat traten ein: Johannes Haehnle (Giengen a. d. Brenz) Vorsitzender, Jakob Louis (Fa. Lambrecht), Dr. Kilian Steiner (Württembergische Vereinsbank, Stuttgart), Kommerzienrat Robert Meebold (WCM Heidenheim), Rechtsanwalt Wilhelm Goeppinger (Heidenheim).
Im Jahre 1922 erfolgte die Zusammenlegung der Produktionsstandorte in Gerschweiler bei Giengen a. d. Brenz. Seit 1968 besitzt die Wirth Fulda GmbH (Wirth-Gruppe) die Aktienmehrheit des Unternehmens.

3 Privatkorrespondenz von Kommerzienrat Adolf Glatz (Rechnungen zur persönlichen Lebensführung, Briefwechsel von Freunden und Verwandten u. a. Firma Glatz Stuttgart) 1880–1908, Aktienbeteiligung von Kommerzienrat Adolf Glatz an der Aktiengesellschaft Süddeutsches Portland-Cement-Werk in Münsingen (u. a. Gesellschaftsvertrag der Aktiengesellschaft Süddeutsches Portland-Cementwerk Münsingen 1900, Geschäftsberichte, Bilanzen, G+V-Rechnungen 1899 und 1902

5 Korrespondenzen und Zirkular zur Gründung der Vereinigten Filzfabriken Giengen a. d. Brenz 1880–1883

7 Korrespondenzen (u. a. Gründung, Immobilien, Bauakten, Produktion, Maschinen, Patente, Absatz und Kunden In- und Ausland, Einkauf, Finanzierung, Banken (u. a. Breuning & Fischer, Stuttgart; Doertenbach & Co., Stuttgart), Kalkulationen, Kapitalanlagen, Personal) 1880–1908, Geschäftsbericht der Vereinigten Filzfabriken 1905

50 Otto K. Deutelmoser, Kilian Steiner und die Württembergische Vereinsbank. Stuttgarter historische Studien zur Landes- und Wirtschaftsgeschichte Bd. 4. 2. Auflage Ostfildern 2004, S. 434 ff.

641
Vereinigte Volksbank, Sindelfingen

Name Vereinigte Volksbank
Geschäftstätigkeit Kreditgenossenschaft
Branche Nr. 650
Umfang 7
Laufzeit 1990–2000
Benutzbarkeit Ja
Bestand B 130

Bestandsgeschichte Die Vereinigte Volksbank, die im Jahr 2000 als Zusammenschluss der Genossenschaftsbanken im Raum mittleres Heckengäu, nördlicher Schönbuch und Sindelfingen entstanden ist, übergab dem Wirtschaftsarchiv 2005 Archivgut, das einen Großteil ihrer insgesamt 34 Vorgängerinstitute einschließt. Eine Nachlieferung geringen Umfangs erfolgte 2014. Aus dem Archivgut wurden die Bestände B 130 bis B 141 gebildet. Der Bestand B 130 schließt die Überlieferung der Vereinigte Volksbanken eG Weil der Stadt/Calw (1990–2000) und der Volksbank im Kreis Böblingen (1994–2000) ein.

Geschichte Durch Zusammenschluss der Volksbank im Kreis Böblingen AG und der Vereinigten Volksbanken Weil der Stadt/Calw eG entstand 2000 die Vereinigte Volksbank AG. 2004 unterstellte sich ihr die Volksbank Schönbuch eG. 2016 wurde die Vereinigte Volksbank AG in die Vereinigte Volksbank eG umgewandelt. 2017 folgte die Aufnahme der Darmsheimer Bank eG.
Das älteste Vorgängerinstitut war die am 23. April 1862 gegründete Handwerkerbank Calw; es folgen die Handwerkerbank Sindelfingen (1863) und die Gewerbebank Böblingen (1864). Mit der Gründung der Kreditbank für Landwirtschaft und Gewerbe in Calw 1868 wurde Calw überdies zum Sonderfall einer Gemeinde mit zwei Genossenschaftsbanken (Fusion 1933). Wohl die meisten Institute betätigten sich zeitweise auch im Warengeschäft; einige unterhielten elektrische Gemeinschaftsanlagen (Backhäuser, Waschküchen, Tiefkühlanlagen). Wohl aufgrund personeller Verflechtungen sind im Bestand auch Unterlagen von fünf Ein- bzw. Verkaufsgenossenschaften überliefert (Einkaufsgenossenschaft für das Bäckergewerbe Calw, Milchverwertungsgenossenschaften Malmsheim und Merklingen, Molkereigenossenschaften Möttlingen und Schafhausen).

6 Volksbank AG im Kreis Böblingen, Vereinigte Volksbanken eG Weil der Stadt/Calw

15 Unternehmensporträt, 2000

49 WABW B 131 bis B 141 (Vorgängerinstitute der Vereinigten Volksbank)

50 Im WABW nicht vorhanden.

642
Vetter, Fellbach

Name Walter Vetter GmbH & Co.
Geschäftstätigkeit Fahrzeug- und Karosseriefabrik
Branche Nr. 340/290
Umfang 1,5
Laufzeit 1922–1984
Benutzbarkeit Eingeschränkt
Bestand B 154

Bestandsgeschichte Das Archivgut wurde 1984 übernommen.
Geschichte 1922 gründete Walter Vetter in Cannstatt eine Fahrzeug- und Karosseriefabrik. Im Jahre 1954 übersiedelte die Firma nach Fellbach. 1983 meldete das Unternehmen Vergleich an. Die Produktion wurde im März 1984 eingestellt.

3 Privatkorrespondenz H. Vetter 1962–1981

5 Konkursbericht 1984

11 Württembergische Bank 1948–1962

13 Patente 1959–1970

15 Prospekte, Zeitungsausschnitte, Fachzeitschriften

16 Bilanzen 1946–1967, Inventuren 1922–1940

17 Steuerangelegenheiten 1951–1972

22 Württembergische Landesfürsorge 1962–1973

47 Fotos: Ausstellungen 1958–1982, Firmengebäude, Produktion, Produkte (Busse, Rennwagen, PKW)

50 50 Jahre Busse nach Maß, 50 Jahre Fahrzeug- und Karosseriefabrik Walter Vetter 1922–1972, Fellbach [1972] (Festschrift).

643
Villforth Kunstmühle, Bad-Überkingen-Hausen

Name G. Villforth Kunstmühle
Geschäftstätigkeit Mühle
Branche Nr. 156
Umfang 2
Laufzeit 1905–1952
Benutzbarkeit Eingeschränkt
Bestand Y 172

Bestandsgeschichte Das Archivgut wurde 1992 übernommen.
Geschichte Die Kunstmühle wurde um 1770 von der jetzigen Inhaberfamilie, Familie Schmidt, übernommen. Nachdem die Mühle 1926 bis auf die Grundmauern abgebrannt war, wurde sie im bis heute erhaltenen Zustand wieder aufgebaut.
7 Kopierbuchserie 1906–1930
10 Bauakten (u. a. Wehranlage, Mühlenkanal, Mühlenneubau mit Plänen) 1918–1927
13 Wasserrad und Turbineneinrichtung (Maschinenfabrik Geislingen) 1905–1906, Turbinenumbau (Voith) 1911
16 Kontokorrentbuchserie 1911–1923, Vermögenserklärungen 1919, erledigte Kontenblätter 1927–1947, Kontenbuchserie 1925–1952, Hauptbuch 1909–1913
50 Im WABW nicht vorhanden.

644
Vogel, Stuttgart

Name Burkhard Vogel
Geschäftstätigkeit Datenverarbeitung
Branche Nr. 720/300
Umfang 3
Laufzeit 1914–2016
Benutzbarkeit Eingeschränkt
Bestand Y 371

Bestandsgeschichte Der Archivbestand wird seit 2007 übernommen.
Geschichte Dipl. Ing. Burkhard Vogel übergab dem Wirtschaftsarchiv Unterlagen aus seiner Berufs- und Beratungstätigkeit in den Unternehmen SEL, Stuttgart und Berlin; Strässle Informationssysteme GmbH, Stuttgart; Digital Equipment GmbH, München (DEC); der von ihm gegründeten Firma BUVOCON mit Avon, Fichtel und Sachs, BEWAG, DHL, E7NRW, Entwicklungsgemeinschaft NRW, HR Management, Burda, Amcor, URS 1, URS 2 (Ulm, Reutlingen, Stuttgart). Außerdem übergab er eigene Publikationen zu Phonotechnik. Die Unterlagen stammen mit Ausnahme der Fotoalben aus der Zeit zwischen 1980 und 2016.
47 Fotoalbum der Geschossdreherei C. Lorenz, Berlin 1914–1918, Fotoalbum von Lorenz 1934–1935

645
Vogelbach, Lörrach

Name Fr. Vogelbach GmbH & Co. KG
Geschäftstätigkeit Spinnerei und Weberei
Branche Nr. 170/171/172
Umfang 8
Laufzeit 1850–1987
Benutzbarkeit Ja
Bestand B 20

Bestandsgeschichte Das Archivgut, das zum großen Teil aus Geschäftsbüchern besteht, wurde 1983 übernommen. Eine kleinere Nachlieferung erfolgte 2005.
Geschichte 1847 errichtete Fritz Staub eine Baumwollspinnerei, die 1850 an die Firma Gebr. Grossmann in Brombach überging. 1868 übernahm die Firma Hensler & Vonkilch und 1874 die Firma Vogelbach die Spinnerei. Bis in die 1930er Jahre stellte die Firma ausschließlich Baumwollgarne her und begann vor dem Zweiten Weltkrieg mit der Verspinnung von Chemiefasern. 1937 erfolgte die Umwandlung in eine Kommanditgesellschaft. Das Unternehmen stellte 1983 die Produktion ein. Seitdem wurde die Firma als Anlagegesellschaft unter dem Namen Fr. Vogelbach GmbH & Co., Kommanditgesellschaft, Lörrach, weitergeführt. Im Jahr 2016 residiert am Firmensitz die Vogelbach Real GmbH, Lörrach, für Vermietung und Verwaltung von Liegenschaften.

2 Wirtschaftskrise 1932/1933
3 Albert Vogelbach 1924
4 Geschichte der Firma Fr. Vogelbach in Dokumenten 1874–1983, zusammengestellt und mit einem Vorwort von Hans-Eugen Harrer 2003; Betriebsschließung 1983
5 Gesellschaftsverträge, Handelsregistereintrag, Gesellschafter 1901–1963
6 Kooperation mit den Spinnereien Aegeri, Neuägeri 1974
7 Gesellschafterversammlungen, Gesellschafterbeschlüsse, Gesellschaftsversammlungsprotokolle 1934–1937
9 Arbeitsordnungen, Angestelltenversicherung, Lohnsteuer, Kurzarbeit, Gehälter, Löhne 1902–1964
10 Grundstücke und Gebäude 1850–1932
12 Einkaufsbuchserie, Materialbestellungen 1874–1934
13 Inventur, Spinnereieinrichtung, Verbrauch, Lagerhaltung 1871–1874, 1905–1960
14 Kommissionsbuchserie, Versandbuchserie 1905–1963
16 Kassenbuchserie, Wechselkopierbuchserie, Tagebuchserie, Journalbuchserie, Hauptbuchserie, Kontokorrentbuchserie, Geheimbuchserie, Kontenblätter, Inventurbuchserie, Bilanzserie, Rentabilitätsuntersuchung 1874–1987
50 Der Kreis Lörrach (Heimat und Arbeit), Stuttgart 1980, S. 413.

646
Vögele, Schömberg

Name Vögele Apparatebau GmbH & Co. KG
Geschäftstätigkeit Herstellung Sammelbehälter
Branche Nr. 282
Umfang 7
Laufzeit 1960–1990
Benutzbarkeit Nein
Bestand Y 510

Bestandsgeschichte 2016 wurde vom Insolvenzverwalter eine Sammlung technischer Zeichnungen in das WABW übernommen.
Geschichte Das Unternehmen wurde 2010 gegründet und hat sich auf die Herstellung von Behältern für den medizinisch-chemischen Bereich spezialisiert. In diesem Rahmen hat die Firma eine Sammlung technischer Zeichnungen verschiedener Hersteller angelegt, um so Fachwissen zu nutzen.
13 Technische Zeichnungen von verschiedenen Firmen (u. a. Bayer, BASF, Höchst, Wacker) 1960–1990

647
Vögtle, Freiburg

Name Oberrheinisches Karosseriewerk Vögtle & Zeller
Geschäftstätigkeit Karosseriebau
Branche Nr. 342
Umfang 0,1
Laufzeit 1920–1950
Benutzbarkeit Eingeschränkt
Bestand Y 374

Bestandsgeschichte Der Fotobestand wurde 2008 von Herrn Helmut Zeller, Sohn des Firmengründers, dem WABW übergeben. Er dokumentiert die Produktpalette, die von Aufbauten für Pferdeschlitten, Pkws, Lkws, Omnibussen bis hin zu Sonderaufbauten für Sanitäts-, Röntgenwagen und mobile Werbeträger reicht.
Geschichte 1920 nahmen die Wagnermeister Emil Schlenker und Georg Zeller die Produktion von Skiern, Rodeln und Karosserien in Freiburg im Breisgau auf. Nachdem sich der Schwerpunkt der Tätigkeit auf den Karosseriebau verlagerte hatte, firmierte das Unternehmen ab 1929 unter Karosseriefabrik Schlenker & Zeller. 1930 schied Emil Schlenker aus, um sich ganz auf die Herstellung von Wintersportartikeln zu konzentrieren. An seine Stelle trat Kaufmann Martin Vögtle in die Firma ein, die nun Oberrheinisches Karosseriewerk Vögtle & Zeller GmbH Freiburg im Breisgau hieß. Der Betrieb stellte Karosserien für Omnibusse, Pkws, Lkws sowie Sonderaufbauten her, führte Reparaturen an Fahrzeugen aus und betrieb eine Lackiererei für Großfahrzeuge. Die Firma baute aufgrund ihrer Erfahrung in der Aluminiumverarbeitung 1928/29 auch Kabinen für die Schauinslandbahn, der damals

größten Großkabinen-Umlaufseilbahn der Welt. 1957 wurde die Firma an den Opel-Vertragshändler Schulz & Meister verkauft, der das Autohaus mit dem Karosseriewerk vereinigte und im Westen von Freiburg ein neues Betriebsgebäude errichtete. 1968 wurde die Firma im Handelsregister gelöscht.

47 Fotos von Omnibussen, Pkws, Lkws, Spezialaufbauten 1920er–1950er

48 Firmenlogo (Blechschild), Goldmedaille, VIII. Baden-Badener Automobil-Tournier, 1928

50 Hanitsch/Hermann, Vom Stadtcoupé zum Starliner, hg. Wirtschaftsarchiv Baden-Württemberg, 2008

Peter Michels, Fast Vergessen. Oberrheinisches Karosseriewerk Vögtle & Zeller, Omnibus Spiegel, 31. Jg., Dez. 2009/ Jan. 2010

648
Voigt, Stuttgart und Radolfzell-Güttingen

Name Dipl. Ing. Wolfgang Voigt
Geschäftstätigkeit Unternehmensberatung
Branche Nr. 741
Umfang 9
Laufzeit 1943–1984
Benutzbarkeit Nein
Bestand Y 136

Bestandsgeschichte Das Archivgut wurde 1991 aus dem Nachlass des Unternehmers übernommen.

Geschichte Wolfgang Voigt arbeitete im April 1945 als Wirtschaftsberater in der »AOB« in Prag. Von 1945 bis 1969 bestand die Firma Diplomingenieur Wolfgang Voigt in der Albert-Schäffle-Straße bzw. Panoramastraße in Stuttgart. Zwischen 1969 und 1984 wirkte Voigt als beratender Ingenieur unter der Firma VBI Unternehmensberatung in Radolfzell-Güttingen. Ein deutlicher Schwerpunkt bei den beratenen Unternehmen liegt auf der Textil- und der Porzellanbranche.

6 Zusammenarbeit mit Firma Iralm Beratende Ingenieure in Teheran 1974–1976

8 Mitarbeiterakte Ulrich Heinz Markdorf (u. a. Wortprotokolle von Gesprächen) 1979–1980

13 Beratung von Firmen in technischen Fragen und Verfahrensabläufen durch Gutachten, Optimierung von Formularen, technische Verbesserungen etc., vor allem: Arnold & Schüll Aachen 1959/60, Allweiler Pumpenfabrik Radolfzell 1945–1961, Assmann & Söhne Lüdenscheid 1953/54, Tuchfabrik Bartram Neumünster 1960, Eilermark Baumwollspinnerei Gronau 1956–1960, Gerrit van Delden & Co. Baumwollspinnerei Gronau 1958–1961, C. M. Hutschenreuter Arzberg 1965–1969, Kassenärztliche Vereinigung Bayerns 1957–1959, Jasba-Keramikfabriken Baumbach 1968/69, Tuchfabrik Hoyler & Co 1958–1964, Isola Werke Düren 1951–1957, Carl Kaelble Maschinenfabrik Backnang 1958/59, Gebr. Märklin Göppingen 1943/44, Karlin & Co Tuchfabrik Schiltach 1961–1963, Stadt Stuttgart (betr. Gebäudereinigung) 1955–1957 und 1975/76, Kemmler Baustoffe Tübingen 1962/63, Kufner Roßhaarstoffabrik München 1955–1958, Spinnerei Marx Krefeld 1961–1969, W. Messmer Autoelektrik Radolfzell 1959–1961, Plum Tuchfabrik Issum 1968–1979, Pieper & Co Zieherei Hohenlimburg 1963/64, Pohl & Co Filztuchfabrik 1965–1970, Rationalisierungs-Kuratorium der deutschen Wirtschaft 1955–1957, Richter Kammgarnspinnerei Straubing 1955, Schäfer Tuchfabrik Schlüchtern 1968/69, Süddeutsche Isolatoren GmbH Freiburg 1956–1959, Schiele & Co Maschinenfabrik Eschborn 1958, Stritzel Tuchwerkstätten Münchberg 1958–1964, Schoeller & Söhne Tuchfabrik Düren 1949–1959 und 1975–1978, Tittel & Krüger Wollgarnfabrik Hamburg 1965, Zinser Textilmaschinen Ebersbach an der Fils 1955, Wülfing & Sohn Tuchfabrik Dahlerau 1955–1960 und 1971–1974, Kera-Werke AG Laufenburg (Schweiz) 1969/70, Gareis, Kühnl & Co Porzellanfabrik Waldsassen 1964–1966, Bareuther & Co Porzellanfabrik Waldsassen 1966–1977, Gummi-Hansen Hannover 1967, Croon Tuchfabrik Aachen 1964/65, Deschamps & Drouven Tuchfabrik Aachen 1967/68, Meyer GmbH Tuchfabrik Aachen 1967, Nickel & Müller Tuchfabrik Aachen 1967, Hammermüller Strickwarenfabrik Arzberg 1964/65, Heinrich & Co Porzellanfabrik Selb 1964/65, Lorenz Hutschenreuther AG Porzellanfabrik Selb 1963–1968, Marzi & Remy Steinzeugfabrik Höher-Grenzhausen 1967/68, Mitterteich AG Porzellanfabrik Mitterteich 1965–1969, Winterling Porzellanfabrik Röslau (Oberfranken) 1966–

1969, Lammertz Nadelfabrik Aachen 1967–1969, Sorst & Co Blechnerei 1967, Schaller Porzellanfabrik Kirchenlamitz (Oberfranken) 1964, Zehender & Co Keramikwerke Thierschenreut 1968, Zeh, Scherzer & Co Porzellanfabrik Rehau 1964–1969, Wülfing & Sohn Kammgarnspinnerei Remscheid 1953–1977, Dianawerk Luftgewehre Rastatt 1969–1972, Fürstenberg Porzellanmanufaktur Fürstenberg an der Weser 1966–1970, Povel & Co Nordhorn 1970–1972, Veith Pirelli Reifenfabrik Höchst im Odenwald 1972, Vez-Austrofelt GmbH Filze und technische Gewebe Wien 1966–1970, Vöslauer Kammgarnfabrik Bad Vöslau 1965/66, Pinkafeld GmbH Feintuchfabrik Pinkafeld und Wien 1965–1970, Bussmann KG Maschinenfabrik München 1954–1958, Patria Spinnerei Heidenreichstein (Österreich) 1968, Glashütte Düren 1951, Kammgarnspinnerei Kaiserslautern 1967–1982, Alux Beleuchtungen Korschenbroich 1980/81, Chmel Tuchfabrik Aachen 1968–1979, Feintuch AG Mönchengladbach 1964–1971, Lorenit-Stoffe Berlin 1970, Schürmann & Schröder Tuchfabrik Radevormwald 1968–1982, van der Wahl & Co Stoffe Dinklage 1969–1974, Irmen Tuchfabrik Korschenbroich 1970/71, Berglas-Kiener Manufacture Lenniere d'Alsace Colmar 1967–1976, Scheidt AG Kammgarne Kettwig-Ruhr 1971–1974, Zangs Maschinenfabrik Krefeld 1969/70, Drahtcord Saar GmbH Merzig 1973, Krebs Tuchfabrik Willich 1964–1978, Engels & Co Feinweberei Rheydt 1972–1982, Schlayer Polydress Kunststoff- und Lederwerke Pfullingen 1971/72, Heibel GmbH Apparatebau Selbitz 1970–1974, Bundesstelle für Entwicklungshilfe wg. Iran 1974, Rüsch-Werke Metall- und Sägemaschinen Dornbirn 1971–1975, Tuchmacher I.-G. KG Langenau 1967–1974, Gebr. Wandesleben Metallwerke Stromberg 1972/73, Otten GmbH Spinnerei Hohenems 1972–1980, Wagner & Reinert Strickwaren Wels 1970, Lemmermayer Strickwaren Wien 1971, Erste österreichische Spar-Casse Wien (wg. Reinigungsarbeiten, technische Abteilung) 1976, Stadt Dortmund (wg. Stadtreinigung) 1974–1977, Heuß Strickwaren Götzis (Vorarlberg) 1969–1980, Augsburger Kammgarnspinnerei 1969–1978, Wilsumer Kunststopferei 1977, Fußgänger und Co KG Färberei Aachen 1974–1979, Waldenfels Baumwollzwirnerei Schauenstein 1979–1982, Rees Tuchfabrik Wickrath 1972–1979, Württembergische Filztuchfabrik D. Geschmay Göppingen 1967–1972, Fritz Voltz Sohn Anlagenbau Frankfurt/Main 1976/77, Leo Führen Spinnerei Aachen 1966–1978, Rhein-Main Plastic GmbH Michelstadt 1973, Schönwald Porzellanfabrik Schönwald 1963–1971, Hardt, Pocorny & Co Kammgarnspinnerei Dahlhausen 1968–1971, Pferdmenges jr. & Co Wollweberei Rheydt 1968–1974, Webotex Webereien Presseck 1972/73, Mechanische Seidenweberei Viersen 1968–1984, Mülforter Zeugdruckerei und Färberei Rheydt 1974–1982, Reissmann GmbH & Co Kammgarnweberei Münchberg 1979–1981, Aktiengesellschaft für Feinmechanik (vormals Jetter & Scheerer) Tuttlingen 1945, Gebrüder Giulini GmbH Ludwigshafen 1946, Carl Schoenig Eisengießerei Berlin-Reinickendorf 1946, A. Stotz AG Eisengießerei Stuttgart 1949, Achter Tuchfabrik Rheydt 1968–1973, Etag Leverkusen-Schlebusch 1957, Gaenslen & Völter Tuchfabrik Metzingen 1962; Lichtpausen eigener Zeichnungen 1964–1968 mit Zeichnungsnummernbuch, Entwicklung eines Drucktisches für Porzellanindustrie 1968–1970, Abmessungen und Skizzen technischer Geräte 1967/68, Projekt Ausrüstung von Kfz mit Treibgas (Kooperation Iran) 1977–1980, Formulare und Vordrucke verschiedener Firmen [1960–1975], Leistungslohntabellen 1969/70, Patent (1969) Wolfgang Voigt für eine Transportvorrichtung 1963–1976

15 Iran-Werbemappe 1975

20 Rationalisierungs-Kuratorium der Deutschen Wirtschaft: Gutachten für diverse Firmen 1960–1970

47 Fotos: Firma Fürstenberg an der Weser 1969 (Produktion), Kera Werke AG (Porzellanfabrikation), C. M. Hutschenreuther Arzberg (Arbeitsabläufe), diverse Kleinbilddias. Filme: »Arbeitsplatz« (6 Filme Super 8)

50 Im WABW nicht vorhanden.

649 Voith, Heidenheim an der Brenz

Name Voith
Geschäftstätigkeit Maschinenfabrik
Branche Nr. 290
Umfang 232
Laufzeit 1707–2016
Benutzbarkeit Eingeschränkt
Bestand B 80

Bestandsgeschichte Das Unternehmensarchiv wird seit 1988 vom WABW betreut. Seither erfolgen regelmäßig Ablieferungen, der Bestand wird laufend ergänzt und fortgeführt.

Geschichte 1825 übernahm Johann Matthäus Voith die Schlosserwerkstatt seines Vaters Johannes in Heidenheim an der Brenz mit fünf Arbeitern. Ab 1848 entwickelte er zusammen mit Heinrich Voelter Maschinen zur Herstellung von Holzschliffpapier. Dies markiert den Beginn des Produktbereichs Papiermaschinen. 1867 übergab Johann Matthäus Voith das Unternehmen mit 30 Beschäftigten seinem Sohn Friedrich. Neben dem Produktbereich Papiermaschinen entstand mit dem Bau von Wasserrädern und Wasserturbinen ab den 1860er Jahren der Produktbereich Turbinenbau. 1873 fertigte Voith für die Weberei Ploucquet in Heidenheim die erste Francis-Turbine, weitere Verbesserungen und Erfindungen auf diesem Gebiet folgten. So entwickelte sich das Unternehmen zu einem der weltweit führenden Anbieter im Strömungs- und Papiermaschinenbau. Die Elektrifizierung ab dem Ende des 19. Jahrhunderts brachte eine wachsende Nachfrage nach Turbinen für Wasserkraftwerke mit sich. 1903 wurde ein Zweigwerk in St. Pölten, Niederösterreich, errichtet. Im selben Jahr erhielt das Unternehmen den aufsehenerregenden Auftrag, das Kraftwerk der Niagarafälle mit 12 Francis-Spiralturbinen auszustatten. Die 12.000 PS bedeuteten eine bis dahin unerreichte Leistung. 1906 erhielt Voith den Auftrag zur Lieferung von Turbinen an das erste Wasserkraftwerk in China.

Ab 1912 wurde das Unternehmen mit seinen mittlerweile 3.000 Beschäftigten in der Rechtsform einer oHG geführt, Friedrich Voiths Söhne Walther, Hermann und Hanns Voith wurden als Gesellschafter aufgenommen. Im Jahr darauf meldete Viktor Kaplan die von ihm neu entwickelte Wasserturbine zum Patent an, mit deren Fertigung Voith 1922 begann. Ab den 1920er Jahren entwickelte Voith hydrodynamische Kupplungen, Getriebe und Schiffsantriebe (Voith-Schneider-Propeller). Der Zweite Weltkrieg brachte das Auslandsgeschäft zum Erliegen. Nach Kriegsende übernahmen Hanns Voith und Hugo Rupf die Firmenleitung und brachten die Firma wieder zur Blüte. Nach Hanns Voiths Tod im Jahre 1972 übernahm Hugo Rupf die Unternehmensleitung. Ihm folgte 1992 Dr. Michael Rogowski, ab 2000 Prof. Dr. Hermut Kormann, ab 2008 Dr. Hubert Lienhard und seit 2018 Stephan Schaller. 1956 wurde in Crailsheim ein Zweigwerk für die Produktion von Turbokupplungen und 1963 eines für die Produktion von Automatikgetrieben für Busse in Garching eröffnet. Im Bereich des Papiermaschinenbaus erfand Voith 1960 das Flotations-Deinking-Verfahren. Dieser Prozess ermöglicht aus Altpapier die Druckfarben zu entfernen und neues, hochwertiges Papier herzustellen. Um die Kunden im Ausland zu erreichen, beteiligte sich Voith 1960 an der indischen Utkal Machinery und 1964 an Talleres de Tolosa in Spanien. In England und Frankreich wurden Vertriebsgesellschaften gegründet. Auf dem amerikanischen Kontinent wurde 1964 in Sao Paulo, Brasilien, ein Zweigwerk gegründet. 1983 stieg Voith mit der Übernahme von Appelton Mills, Wisconsin (USA), in die Bespannungstechnik ein. Die Wasserkraftsparte wurde 1986 durch die Übernahme des Hydrogeschäfts vom US-Marktführer Allis-Chalmers in York, Pennsylvania (USA), gefestigt. Durch die Realteilung des Unternehmens Anfang der 1990er Jahre schied der Familienstamm Hermann Voith aus dem Unternehmen aus. Dieser erhielt einen Großteil der Finanzbeteiligungen und die Sparte Werkzeugmaschinenbau. Die Stammgeschäfte Papiermaschinen, Bespannungen, Antriebstechnik, Turbinen- und Schiffstechnik erhielten die Erben Hanns Voiths. 1994 wurde mit dem Schweizer Sulzer-Konzern im Bereich Papiertechnik ein Joint Venture gegründet, an dem Voith im Jahr 2000 die Mehrheit der Anteile übernahm. 1999 erwarb Voith vom britischen Unternehmen Scapa die Sparten Bespannungen, Walzenbezüge und Service. 2000 wurde die Voith Siemens Hydro Power

Generation gegründet, ein Joint Venture im Bereich mechanischer und elektrischer Ausrüstungen für Wasserkraftwerke. Von der Jagenberg AG, Düsseldorf, erwarb Voith 2001 die papiertechnischen Bereiche. Die Aufstockung der Anteile an der Deutschen Industriewartung AG (DIW) und die damit verbundene Unternehmensübernahme im Jahre 2000 wurde zur Basis für den Geschäftsbereich Voith Industrial Services. Im Geschäftsbereich Turbo gelang Voith 2006 die eigenständige Konzeption und der Bau der „Maxima", der stärksten einmotorigen dieselhydraulischen Lokomotive der Welt. 2010 wurde die AG wieder in eine GmbH umgewandelt. Im selben Jahr wurde in Kunshan, China, die Voith Paper City als Produktions- und Servicezentrum für die Papierindustrie in Asien eröffnet. Für das weltweit erste kommerzielle Wellenkraftwerk im spanischen Mutriku lieferte Voith 2011 die 16 Wells Turbinen mit einer Gesamtleistung von 300 Kilowatt. Im Zuge einer Fokussierung der Aktivitäten wurde 2014 der Bau von Lokomotiven aufgegeben und das Tochterunternehmen DIW veräußert. 2016 verkaufte Voith den Bereich Voith Industrial Services und gründete den neuen Konzernbereich Voith Digital Solutions. Das operative Geschäft der Voith GmbH blieb in den drei Konzernbereichen Voith Hydro, Voith Paper und Voith Turbo gebündelt. Das nach wie vor in Familienbesitz befindliche Unternehmen beschäftigte 2017 weltweit rund 19.000 Mitarbeiter

2 Stadtgeschichte Heidenheim u. a. Reinigung der Brenz, Besuch König Wilhelms II., Albbahn-Projekte, Heidenheimer Einrichtungen und Voith, Firma und Stadt (Gemeinderatsprotokolle Voith betr.), Städtepartnerschaft, Kriegszeit- und -ende, Heidenheimer Oberbürgermeister 1890–1987

3 Johann Matthäus Voith und Vorfahren (Privatkorrespondenz, Familienregisterauszüge, geschäftliche Tätigkeit, Testament, Gedenktafel, 175. Geburtstag 1821–1978), Friedrich Voith (Familienregisterauszüge, Mitgliedschaften, Auszeichnungen und Ehrungen, Schwäbischer Albverein und Jagd, Korrespondenz mit Gottlieb Daimler, Korrespondenz mit Prof. Carl Bach, Biographie, Amerikareise, Gutachten Voiths, Tod, Begräbnis, Beileidsschreiben und Nachrufe, Prof. Peter Goeßler 1840–1913), Walther, Hermann und Hanns Voith (Biographie, Veröffentlichungen, Vorträge, Geburtstage, Trauerfeiern (1912–1985), weitere Familienmitglieder (Familienfeiern, Testamente, Tagebücher, Nachrufe, Privatkonten-Tagebücher 1812–1986), Gesellschafterbeschlüsse 1915–1918, zusätzliche Entnahmen Gesellschafter 1950–1955, Realteilung 1989–1992, Stammfolge Voith ca. 1955, Familienvertrag Voith 1978, Gesellschaftsvertrag Voith-Beteiligungen GmbH 1976/1978, Gesellschaftsvertrag Voith-Industrieverwaltung GmbH 1978, Gesellschaftsvertrag J. M. Voith 1990, 1993

4 Zeitschriften, Aufsätze, Festschriften, Zeitungsartikel, Chronik der J. M. Voith GmbH, Chronik Voith-Gruppe, Zeittafel-Produktbereiche, Zweigwerke, 1889–1988

5 Gewerbekatasterauszüge, Verkaufsverträge, Handelsregisterauszüge 1829–1992, Gesellschaftsverträge, Firmenverkauf, Rechtsform 1843–1966

6 J. M. Voith Company, INC., New York 1913–1914, Beteiligungen: Beamten-Wohnungsverein e. G.m. b. H. Heidenheim, Gartensiedlung GmbH Heidenheim, Kaplan-Turbinen-Konzern Berlin, Talo-Osakeyhtiö Onni Helsingsfors, Wildenfelser Papierfabrik Langenbach, Reichswerke A.G. für Erzbergbau »Hermann Göring« 1927–1942, Schutzabkommen (u. a. Leobersdorfer Maschinenfabrik AG Wien, M.A.N. München, Fritz Neumeyer AG München, Krupp Essen, Briegleb, Hansen & Co. Gotha, Maschinenfabrik Aktiengesellschaft Geislingen, Maschinenfabrik Esslingen 1913–1940, Ausfuhrgemeinschaft Deutscher Papierherstellungsmaschinenfabriken (ADP) 1934–1944, Voith Turbo KG, Crailsheim (Gründung) 1956–1960, Beteiligungen: Hirth AG 1959–1967, Bardella S. A. Sao Paulo (Statuten, Verträge etc.) 1958–1966, Zusammenarbeit Voith/Sulzer 1989–1990, Voith Siemens Hydro Power Generation 1999–2000, Voith S.A. Sao Paulo, Brasilien 1964–2005; Appleton Mills, Wisconsin, USA 1971–1977; Allis Chalmers, Wisconsin, USA 1971–1987; Sulzer, Winterthur, Schweiz 1989–2004; Utkal Machinery Ltd., Kansbahal Indien 1958–1977; Talleres de Tolosa S.A., Tolosa, Spanien 1962–1968; Dörries GmbH, Düren 1965–1995; Voith/Schorch Consortium (EL-Mex New Electric Pumping Station, Verträge) 1976, Dörries Beteiligungs GmbH, Scharmann Verwaltungs GmbH, Scharmann GmbH & Co. KG 1987–1988, Lizenz- und Zusammenarbeitsverträge u. a. mit Japan Stell (Mitsui), Fuji ElectricTolosa, Mecanica de la Pena S. A. Bilbao 1954–1982, DDR Kooperationsvertrag (Kleinwasserkraftanlagen) 1990, Kooperationen DDR (u. a. VEB Dresden, VN, VC) 1988–1990, Joint Venture, Kooperationen UdSSR 1985–1989, Kooperationen Polen 1985–1989, Kooperationen China 1985–1989, Scapa, Blackburn, Großbritannien 1999–2000, Beteiligungsübersichten 1972–1978

7 Geschäftsführung, Aufsichtsrat, Personal, Verträge, Berichte und Notizen, Korrespondenzen, Jubiläen der Geschäftsführer, Niederlassungen, Auslandsreisen, Ehrenämter, Auszeichnungen, Richtlinien für die Geschäftsführung, Ansprachen, Biographisches zu Direktoren und Geschäftsführer, leitende Angestellte (im besonderen: Johann Matthäus, Friedrich, Walther, Dr. Hermann und Hanns Voith, Prof. Hugo Rupf, Dr. Michael Rogowski, Prof. Dr. Hermut Kormann) ca. 1850–2007, Direktoriumssitzungen 1963–1975, Sitzungen der kaufm. Verwaltung 1951–1954, Rechenschaftsberichte 1947–1952, Geschäftsberichte J. M. Voith GmbH 1975–1995, Geschäftsbericht der Voith-Industrieverwaltungs GmbH 1978, Konzerngeschäftsbericht Voith-Beteiligungen GmbH 1976–1978, Jahresberichte anlässlich der Betriebsversammlung 1950–1961, Rechenschaftsberichte (TG, TGD, TGW, TGK, LTK) 1958–1959

8 Organisation der Firma 1936

9 Gehaltsliste der Direktoren 1925–1950, Gehaltsstatistik Direktoren 1924–1938, Tantiemen Direktoren 1913/14–1936, Leistungsbericht 1941, Personal 1829–1990, Deutsche Arbeitsfront 1942–1944, Arbeitsplatzgestaltung 1978–1988, Unfallverhütung und Unfallwesen 1911–1988, Werksfeuerwehr 1951–1990, Ausbildung 1911–2011, Winterarbeitsbeschaffung Frühjahr 1934, Voith-Hilfe (u. a. Deckungskapital 1948–1974, Gruppenkasse, Satzung, Protokolle, Ruhegehälter) 1941–1977, Zahlliste für einmalige Vergütungen an Beamte 1925–1937, betriebliche Altersfürsorge 1947–1954, Jubiläumsmedaillen 1917–1991, Angestellten-Jubilare 1951–1973, Betriebsrat, Spruchkammer-Arbeitsblätter 1946–1947, Jubiläumsgabe zum 100jährigen Jubiläum 1967

10 Villa Eisenhof (1913–1919), Talhof (u. a. Verkäufe, Rechnungswesen, Grundstückskarte, Staatspreis-Urkunden) 1950–1976, Grundstücke und Gebäude, Kauf und Verkauf, Verwaltung, Statistik, Gebäudekatasterauszüge, Verzeichnisse, Pläne, Aufrisse, Grundbuchauszüge, Vermietungen, Wasserrechte, Wasserbau, Brückenbau, Baukonzessionen, Kostenvoranschläge, elektrische Fernleitung, Baugesuche, Arbeiterwohnhäuser, Reihenhäuser, Wohnhäuser, Voith-Dorf, Getriebewerk 1707–2003, Schätzungsprotokoll 1920, Baupläne Firma Gebr. Schäfer, Zigarrenfabrik Heidenheim 1963, Paper Technology Center 2004–2007, Grundbuchabschrift ca. 1879–1929, Kaufverträge Grundstücke ca. 1924–1947, Miet-Verträge Voith Getriebe 1955–1980, Voith-Haus in Sao Paulo 1961–1978

11 Deutsch-jugoslawisches Kreditabkommen 1949–1951

13 Erfindungen, Patente, Lizenzen, Korrespondenzen mit Ingenieuren und Erfindern: Lufttechnik 1920–1982, Papiermaschinen und Stofftechnik 1799–1992, Schiffstechnik 1924–1982, Strömungstechnik 1881–1990, Antriebstechnik 1923–1960, andere Produktbereiche 1896–1989; Gebrauchsmuster, Warenzeichen, Versuchsanstalten und Materialprüfung 1888–1988; Brückenbau 1945–1955; Montage, Bedienung, Reparatur: Papiermaschinen und Stofftechnik 1871–1985, Strömungstechnik 1877–1951, andere Produktbereiche 1891–1895; Betrieb, Produktion, Produkte: Antriebstechnik 1890–1991, Lufttechnik 1951–1989, Gießerei 1908–1917, Schweißerei 1953–1985, Papiermaschinen und Stofftechnik (Fachliteratur, Korrespondenzen mit Ingenieuren und Erfindern, Studienreisen, Werksbesichtigungen, Papiermaschinenentwicklung, Konstruktionsbücher, Berichte, Statistik, Papiermuster, Papierherstellung, Stoffbereitung, Versuche, Vorträge, Sonderdrucke 1821–1993; technische Pläne und Zeichnungen (Wasserräder, Wasserkraftanlagen, Turbinenbau, Papiermaschinen, Holzschleifanlagen und -maschinen, Holländer, Kräne) um 1840–1960, Berichte von lufttechnischen Versuchen 1937–1980, Eisengießerei »Graue Karte« 1944–1965, Tätigkeitsbericht Abteilung Papiermaschinenbau 1950/1951, Entstaubungsanlage, Absaugungsanlage für Sandaufbereitung, Elektro-Öfen 1985, Kraftwerk-Investitionshilfegesetz 1935–1958, Industriebahn (Vertrag mit den Stadtwerken) 1906–1957, Zeichnungsbücher Papiermaschinen St. Pölten

1923–1959, Maschinenbücher St. Pölten 1904–1951, Aubelblätter Papiermaschinen St. Pölten 1926–1960

14 Transportwesen (Güterexpedition, Industriebahn, Schwertransporte, Industriegleis) 1888–1989, größere Geschäfte (Abteilungen Pa, Tu, VSP, Tg, VSK, ZG, VK, VMK, VStK und VL, AO, KG, Bremen, Sta) 1950–1953, Handelsvertrags-Verhandlungen Österreich 1949, Itaipu-Vertrag 1979

15 Werbegeschenke 1991–2010, Broschüren, Prospekte, Lieferlisten, Anzeigen 1886–2012, Presse 1956–2009

16 Geheimbuch 1870–1913, Erläuterungen zu Bilanzen und Gewinn- und Verlustrechnungen 1906–1943, 1946–1954, 1961–1962, Geschäftsberichte 1945–2012, Abschreibungen 1939–1948, Ausgabenverzeichnis 1901–1907, Hauptbuchserie 1863–1868, 1902–1935, 1941, Journalbuchserie 1921–1953, Geldstand 1919–1924, Tagebuchserie 1921–1953, statistische Berichte 1914–1976, Inventarserie 1874–1978, Konto-Korrent-Auszüge 1887–1902, 1919–1961, Buch- und Betriebsprüfungen 1921–1962, Devisen, -bewirtschaftung 1920–1941, USA (u. a. Geldverkehr, beschlagnahmtes Eigentum) 1923–1933, Reichsbahnanleihen ca. 1923–1930, Kontenpläne 1938–1939, alle Entwicklungskosten 1936, Inventar 1946/1947, DM-Eröffnungsbilanz, Währungsreform, Anlagenbewertung etc. 1947–1950, Änderungen der Handelsbilanzen 1948–1950, Umsätze, Auftragsbestand, Goldstand 1924–1935, Deutsches Eigentum in Österreich 1949–1957, Statistik 1953–1973, Kalkulation 1953–1973, Investitionen 1982, 1989, Rechnungsbuch 1865–1872, Kreditoren-Konto 1911–1914, steuerbegünstigte Rücklage 1934–1935, Abschreibungen (Steuerbilanzen) 1925–1941, Abschluss Haupt-Buch 1943–1946, Abschluss-Buchprüfung Journale 1916–1923, Bilanz-Buch 1910–1943, Heidenheimer Bilanzen 1905–1918, Einkommensteuerbilanz 1905–1948/49, Reichsmarkschlussbilanz und Erläuterungen 1948–1950, DM-Eröffnungsbilanz und Erläuterungen 1949–1953, Einkommensteuerbilanz Voith GmbH 1960–1963, Jahresabschlussberichte Voith GmbH 1963–1996, Konzernjahresabschlussberichte Voith AG 1997–2000, Umwandlungsbilanz 1949–1955, DM-Eröffnungsbilanz und Jahresabschluss 1949–1951, J. M. Voith GmbH Jahresabschlüsse 1950–1971, Ergebnisrechnung 1951–1964, Bilanzen (von der Treuhand AG bestätigt) 1941–1950, Prüfbericht J. M. Voith (OSTI) 1952, Jahresabschlussprüfungen mit Ergänzungsbänden und Lageberichten 1995–2007, Betriebsprüfungs-Berichte Voith-Beteiligungen GmbH 1972–1974, Jahresabschlussprüfungen der J. M. Voith GmbH& Co. Beteiligungen KG Heidenheim 1997–2010, Prüfungsberichte Voith AG 2007–2008, Vermögensaufstellung Voith Getriebe KG 1961–1983, Auslandsvermögen (Rupf) 1944–1947, Statistik (Finanz- und steuerwirtschaftliche Zusammenstellungen) 1948–1966, Statistiken St. Pölten 1959–1981, Bewertungen Anlagegüter 1948, Bewertung GmbH 1956–1963, Kontenverzeichnis 1964/1965

17 Steuereinschätzung 1873–1889, Einheitswert 1925–1928, Finanzamt Heidenheim 1921–1924, Einkommensteuerbilanz für Steuerveranlagung 1925, Umsatzsteuer 1956–1972, Einkommensteuer (Korrespondenzen) 1915–1929, Einkommensteuer Voith Gesamt, Walther, Dr. Hermann, Hanns Voith 1924–1951, Einkommensteuer Talhof 1940–1951, Einkommensteuer Johanna Voith 1936–1945, Einkommensteuer Maria Voith 1943–1951, Erlass Einkommensteuer Restschuld 1925/26–1934, Mehreinkommensteuer Voith Gesamt, Walther, Dr. Hermann, Hanns Voith 1939–1942, Steuernachzahlungen 1935–1939, türkische Einkommensteuer 1937–1944, amerikanische Einkommensteuer 1934–1949, Einheitswertbescheide J. M. Voith GmbH 1935–1987, Vermögenssteuer J. M. Voith 1953–1972, steuerliches Inventarverzeichnis (Maschinen und Triebwerke und Anlagen) 1936–1958, steuerliches Inventarverzeichnis (Wohngebäude Heidenheim) 1948–1958, steuerliches Inventarverzeichnis (Anlagewerte Bremen) 1948–1958, steuerliches Inventarverzeichnis (Maschinen und Triebwerke Giesserei Heidenheim) 1948–1958, Allgemeine Besteuerungsunterlagen Gesellschafter 1958–1972, Vermögenssteuer Gesellschafter 1970–1984

18 Hermes Kreditversicherungen (Rupf) 1949–1953, Haftpflichtverband der Süddeutschen Eisen- und Stahlindustrie V. a. G. Mainz 1925

19 Notgeld 1922–1923, Militärregierung Heidenheim 1948–1956, Luftschutz 1943–1944, Kriegsverdienstkreuze 1940–1943, Gefallene Angestellte und Arbeiter 1914–1918, 1919

20 VDMA (Hauptverband, Landesgruppe Baden-Württemberg) Allgemeines (Unterlagen Rupf) 1947–1956, Gesellschaft zur Förderung der Wirtschaft Baden-Württemberg (u. a. Beiträge, Kuratorium, Protokolle) 1954–1983, Förderkreis der Deutschen Industrie e. V., Gestaltkreis im Bundesverband der Deutschen Industrie 1967–1980, Mitgliedschaften, Anteilscheine, Anlehensscheine: Landwirtschaftlicher Ortsverein Heidenheim, Administratie-Kantoor van Europeesche Spoorwegwaarden Afdeeling Stuhlweissenburg-Raab-Graz, Württ. Handwerker-Erholungsheim Bad Niedernau, Verein alkoholfreies Speisehaus Heidenheim 1893–1929
21 Anzeigen Volksverratsgesetz 1933–1934, Entnazifizierung 1945, Steuerauseinandersetzungen 1987
22 Umweltschutz 1992–1998
47 Fotos: Familie Voith, Fabrikansichten und Gebäude, Zweigwerke, Belegschaft, Arbeitsplätze, Produktion, Maschinen, Montage, Voith-Anlagen im In- und Ausland, Betriebsfeiern um 1870–2002, J. M. Voith Company New York INC. (rund 45.000 Fotos), Filme: Entwicklung und Fortschritte in den Produktionsbereichen, Wasserkraftwerke 1950–2005
48 Medaillen
50 Das Land Württemberg, Seine wirtschaftliche und kulturelle Bedeutung, III. Ausgabe, Verlag Stuttgarter Neues Tagblatt, Stuttgart 1927, S. 31. Franz Barnath: Fünfundzwanzig Jahre Schwesterwerk J. M. Voith St. Pölten, St. Pölten 1928 (Festschrift). Paul Gehring, Johann Matthäus Voith (1830–1874) und Friedrich Voith (1840–1913), Schöpfer einer Weltfirma für den Bau von Papiermaschinen und Wasserturbinen, in: Schwäbische Lebensbilder 5 (1950), S. 293–313. Martina Voith (Bearb.), J. M. Voith GmbH Heidenheim a. d. Brenz, Geschichte, Produkte, Sozialwesen, Heidenheim 1956. Erfahrungen aus der Vergangenheit, Leistung in der Gegenwart, Aufgabe in der Zukunft, Zum hundertjährigen Bestehen, Heidenheim 1967 (Festschrift in 3 Teilen). Voith Forschung und Konstruktion (Hg.), 100 Jahre Voith, Sonderheft Papiermaschinenbau 16, Heidenheim 1967. 100 Jahre Voith 1867–1976, Sonderheft der Voith-Mitteilungen, Heidenheim 1967. Michael Krüger, Die Geschichte der Firma Voith bis zum Tode Friedrich Voiths, Ihre Stellung im Industrialisierungsprozess Heidenheims, Zulassungsarbeit Tübingen 1979, Typoskript im WABW. Hanns Voith, Im Gang der Zeiten, Erinnerungen, 3. Aufl. Stuttgart 1980. Von der Schlosserwerkstatt zum Weltunternehmen, Zum 125-jährigen Firmen-Jubiläum, Voith-Report 12/1992. Voith, Die Geschichte, Eigenverlag Heidenheim 2000. Hugo Rupf, Vom Glück verwöhnt, Ein Leben für Voith, Stuttgart und Leipzig 2001. Hermann Schweickert, Der Wasserturbinenbau bei Voith zwischen 1913 und 1939 und die Geschichte der Eingliederung neuer Strömungsmaschinen, Heidenheim 2002. Birgit Jürgens und Werner Fork, Faszination Voith-Schneider-Propeller, Geschichte und Technik, Hamburg 2002, Mit guten Ideen voran – seit 1867. Die Voith Geschichte, Heidenheim 2013.
Rolf Ludwig Mehmke, Archiv für Schwäbische Wirtschaftsgeschichte 4, S. 985–995, Typoskript im WABW. Chronik der J. M. Voith GmbH im WABW.

650
Volk, Neuhausen

Name Josef und Marcella Volk
Geschäftstätigkeit Einzelhandel
Branche Nr. 521
Umfang 4
Laufzeit 1844–1977
Benutzbarkeit Ja
Bestand B 173

Bestandsgeschichte Das Archivgut wurde 1998 übernommen. Es setzt sich aus drei Provenienzen zusammen: a) Einzelhandelsgeschäft Rank; b) Darlehenskassen-Verein Neuhausen, dessen Geschäfte in den Räumen des Ladens geführt wurden; c) Privatschriftgut des Lehrers Volk, der das Geschäft übernahm.
Geschichte Das Einzelhandelsgeschäft Rank in Neuhausen auf den Fildern bestand vermutlich seit den 1840er Jahren. Spätestens 1910 übernahm der Oberlehrer Josef Volk das Geschäft. Nach dessen Tod im Jahr 1936 führte seine Tochter Marcella Volk den Laden bis in die späten 1970er Jahre.
4 Erbengemeinschaft 1948–1954, Wertsachen 1898–1937

7 Kopierbuch 1844–1917, Protokollbuch des Vorstandes des Darlehenskassen-Vereins Neuhausen 1904–1918
10 Grundbuch/Gebäude 1907–1930
12 Einzelhandelsgeschäft: Wareneingangsbuch 1942–1973, Anschreibeheft alter Lieferanten 1926–1931
14 Einzelhandelsgeschäft (Kundenkartei 1947/1948, Verkaufsbuch 1865, Butterbezug 1938–1939); Darlehenskassenverein Neuhausen (Akten über Bankoperationen an Lehrer Volk) 1910–1923, Sparkassenbücher, Schuld- und Bürgerscheine, Hypotheken, Kreditverträge 1904–1934, Einlagescheine der Württembergische Sparkasse Stuttgart 1910–1916, alte Geldscheine vor 1950
15 Katalog der Firma Eisenfuchs Stuttgart, Katalog der Firma Zahn-Nopper Stuttgart 1927, Prospekte und Rundschreiben (u. a. von GeKaWe, Triumpf) 1948–1954
16 Rechnungen 1929–1967, Geschäftsausgaben 1950, Verbindlichkeiten/Kunden 1948–1949, Hauptbuch 1865–1909, Cassabücher 1865–1908, 1913–1914, Journal 1920–1922, Jahresabschluß 1923, Inventuren 1903–1953, Monatsrechnungen 1865, Geschäftstagebuch 1949–1951, Cassa-Conti 1884–1895, Revisionsbericht 1917–1918
17 Steuerbüchlein 1936–1942, Marcella Volk 1931–1948, Steuern 1931–1977
47 Fotos: Großeinkaufsverein der Kolonialwarenhändler Württembergs 1923. Postkarten um 1918–1952
48 Geldscheinsammlung (u. a. Banknoten) 1920–1924
50 Im WABW nicht vorhanden.

651
Volksbank Böblingen, Böblingen

Name Volksbank Böblingen AG
Geschäftstätigkeit Kreditgenossenschaft
Branche Nr. 650
Umfang 7
Laufzeit 1864–1994
Benutzbarkeit Ja
Bestand B 132

Bestandsgeschichte Das Archivgut wurde 2005 von der Vereinigten Volksbank AG in Sindelfingen übernommen. Eine Nachlieferung geringen Umfangs erfolgte im September 2014.
Geschichte Die Bank wurde am 30. November 1864 als Gewerbebank Böblingen gegründet. Im Jahr 1882 erfolgte die Umwandlung in eine Aktiengesellschaft, 1941 die Umfirmierung in Volksbank Böblingen AG. Mehrere Übernahmeversuche von privater Seite vor und nach dem Ersten Weltkrieg lehnte die Bank ab. 1914 bezog sie ein Bankgrundstück in der Tübinger Straße. Das Gebäude fiel 1943 einem Bombenangriff zum Opfer. Nach vorübergehender Unterkunft bei der Kreissparkasse Böblingen zog die Bank zunächst in den Gasthof Zimmermann, Stadtgraben 17, dann in den Gasthof Zum See um. Das Bankgebäude Tübinger Straße konnte nach dem Wiederaufbau 1949 wieder bezogen und 1962 durch einen Neubau ersetzt werden. Ende der 1970er Jahre wurde die Hauptgeschäftsstelle im Gebäude Stadtgrabenstraße 15 eingerichtet. Zur Bank gehörten neben mehreren Geschäftsstellen am Ort sowie einer fahrbaren Zweigstelle auch Zweigstellen in Holzgerlingen (errichtet 1959), Ehningen (1968), Dagersheim (1970) und Weil im Schönbuch (1977). Durch Fusionen wurden ihr einverleibt: 1970 die Holzgerlinger Bank (gegr. 1905), 1982 die Raiffeisenbank Hildrizhausen (gegr. 1892), 1988 die Altdorfer Bank (gegr. 1911) und 1989 die Raiffeisenbank Dagersheim (gegr. 1893). 1994 verschmolz die Volksbank Böblingen mit der Volksbank Sindelfingen zur Volksbank AG im Kreis Böblingen.
4 Manuskript zur Gründungsgeschichte
5 Gründungsprotokoll 30. 11. 1864
6 Fusionsvertrag mit der Volksbank Dagersheim 25. 1. 1989, Fusion mit der Altdorfer Bank 1987–1988

7 Verzeichnis der Vorstands- und Aufsichtsratsmitglieder 1865–1927, Vorstands-, Aufsichtsrats-, Generalversammlungsprotokolle 1864–1994, dsgl. Altdorfer Bank 1987–1993, dsgl. Holzgerlinger Bank 1976–1985, Vorstands- und Aufsichtsratsberichte Dagersheim 1976–1994, Generalversammlung Altdorfer Bank 1984–1987, Geschäftsberichte Altdorfer Bank 1983–1986
8 Nutzungsanalyse Dagersheim 1979–1986
9 Lohnbuch 1947, Gehaltsbuch 1938–1946
10 Baupläne Bankneubau 1960, Bauprojekt Geschäfts- und Bürohaus Friedrich-List-Straße 1980–1992, Geschäftsgrundstücke Dagersheim 1927–1993, Lageplan Volksbank Hildrizhausen 1982
11 Aktien und Dividendenscheine 1883–1951
12 Warengeschäft Holzgerlingen 1971/72
13 Diverse Geschäftsbücher 1877–1961, Kreditgeschäft 1928–1946, Bausparen Kreisbaugenossenschaft Böblingen 1941–1948, Sparbücher 1928–1959
15 Kundeninformationen R+V-Versicherungen 1977–1981, »Aktionärsbrief« 6/1993, 1/1994, Broschüre »Im Dienst des Kunden« 1962
16 Hauptbücher 1872–1923, Bilanzen und Jahresabschlüsse 1910–1991 (lückenhaft), Geschäftsberichte 1931, 1970–1993, Jahresabschlüsse Altdorf 1979–1985, Geschäftsberichte Dagersheim 1984–1988
47 Fotos: Bankwagen auf dem Festumzug anlässlich der Handwerkerwoche 1933, Ausstellungsstand Leistungsschau 1936
49 WABW B 130 (Vereinigte Volksbank AG), B 140 (Genossenschaftsbank Holzgerlingen)
50 Volksbank Böblingen AG 125 Jahre – Der Mensch im Mittelpunkt unserer Arbeit, 1990 (=Geschäftsbericht 1989). Dagersheimer Volksbank – 100 Jahre Engagement für Bürger und Gemeinde, 1993 (Festschrift).

652
Volksbank Schönbuch, Schönaich

Name Volksbank Schönbuch eG
Geschäftstätigkeit Kreditgenossenschaft
Branche Nr. 650
Umfang 0,2
Laufzeit 1995–2004
Benutzbarkeit Ja
Bestand B 137

Bestandsgeschichte Das Archivgut wurde 2005 von der Vereinigten Volksbank AG in Sindelfingen übernommen. Eine Nachlieferung geringen Umfangs erfolgte 2014.
Geschichte Die Volksbank Schönbuch entstand 1995 durch die Fusion der Waldenbucher Bank und der Schönaicher Volksbank, wobei die Schönaicher Volksbank die übernehmende Bank war. 2004 trat die Volksbank Schönbuch der Vereinigten Volksbank AG Sindelfingen bei.
7 Geschäftsberichte 1995–2003
9 Mitarbeiterzeitschrift »Trend« 1997
47 Fotos: Umbau Zweigstelle Waldenbuch 1995, Bildvorlagen Festschrift 2002
49 WABW B 130 (Vereinigte Volksbank AG), B 138 (Schönaicher Volksbank), B 139 (Waldenbucher Bank)
50 100 Jahre Volksbank Schönaich, 2002 (Festschrift).

653
Volksbank Sindelfingen, Sindelfingen

Name Volksbank Sindelfingen AG
Geschäftstätigkeit Kreditgenossenschaft
Branche Nr. 650
Umfang 13
Laufzeit 1863–2007
Benutzbarkeit Ja
Bestand B 133

Bestandsgeschichte Das Archivgut wurde 2005 von der Vereinigten Volksbank AG in Sindelfingen übernommen. Eine Nachlieferung geringen Umfangs erfolgte im September 2014.
Geschichte Die Volksbank Sindelfingen wurde

1863 als Handwerkerbank Sindelfingen gegründet. 1936 erfolgte die Umbenennung in Sindelfinger Bank, 1941 in Volksbank Sindelfingen. Durch Fusionen wurden ihr einverleibt: 1979 die Döffinger Bank, 1981 die Dätzinger Bank, 1990 die Maichinger Bank und 1991 die Volks- und Raiffeisenbank Althengstett. Die Volksbank Sindelfingen wurde 1993 in eine Aktiengesellschaft umgewandelt. 1994 fusionierte sie mit der Volksbank Böblingen AG zur Volksbank AG im Kreis Böblingen.

2 Sammlung von Zeitungsartikeln und Broschüren zur Ortsgeschichte Sindelfingen 1958–1991

4 Mitglieder, Mitgliederverzeichnisse 1863–1926, 1933, Manuskript des Festvortrages zum 100jährigen Bankjubiläum 1963, 50-jähriges Jubiläum der Handwerkerbank Sindelfingen 1913

5 Errichtung einer bankeigenen Sparkasse 1896

6 Vorgängerinstitute: Raiffeisenbank Althengstett 1887–1991 (Mitgliederverzeichnis 1889–1958, Vorstands-, Aufsichtsrats-, Generalversammlungsprotokolle 1887–1991, Bilanzen, Jahresabschlüsse, Prüfungsberichte 1929–1991, Dienstverträge 1935–1955, Lagerhausbau 1955–1959, Wertpapierdepotbuch 1936–1946), Maichinger Bank 1902–1990 (Mitgliederverzeichnis um 1925–1957, Vorstands-, Aufsichtsrats-, Generalversammlungsprotokolle 1902–1990, Bilanzen, Jahresabschlüsse, Prüfungsberichte 1902–1990, Immobilien 1935–1975), Döffinger Bank 1937–1979. Außerdem enthält der Bestand Unterlagen der mit der Raiffeisenbank Althengstett 1968–1970 fusionierten Institute: Spar- und Darlehenskasse Neuhengstett 1921–2000 (Protokollbuch der Generalversammlung 1921–1959, Manuskript zur Bank- und Ortsgeschichte 2000), Spar- und Darlehenskasse Ottenbronn 1896–1968 (Protokollbuch der Generalversammlung 1896–1927, Mitgliederverzeichnis 1953–1968), Genossenschaftsbank Ostelsheim 1925–1970.

7 Vorstands-, Aufsichtsrats-, Generalversammlungsprotokolle 1889–1994

9 Gehaltsbuch 1928–1948

10 Baugrundstück Planiestraße 1951–1961, Erweiterungsbau 1971–1976, Grundstücke Althengstett 1991–1993

13 Kassentagebuch 1863/64, Hauptbücher 1888–1925, Abstimmungsbüchlein für Kreditanträge 1915–1931, Geschäftsbuch Pfennigsparkasse 1926–1947

15 Werbeschrift »Das Bild einer Entwicklung« um 1975

16 Jahresrechnungen, Bilanzen, Geschäftsberichte 1868–1994

21 Rechtsstreitigkeiten um Immobilienbesitz in Wiesbaden 1927–1958

22 Theaterstück »Geschichte einer Dorfbank« von Hans Öfinger, verfasst zum 100jährigen Jubiläum der Raiffeisenbank Althengstett 1986

47 Fotos: Bankgebäude, Direktor Lothar Schmidt 1987

48 13 Sparbücher 1927–1966, Sparbücher 1940 1951–1954, Zinnteller »50 Jahre Mitglied – Maichinger Bank eG« um 1985

49 WABW B 130 (Vereinigte Volksbank AG)

50 Denkschrift zum 50jährigen Bankjubiläum, 1913 (Festschrift). Ein Jahrhundert Volksbank Sindelfingen 1863–1963, Darmstadt 1963 (Festschrift). Portrait der Bank im Jubiläumsjahr – Volksbank Sindelfingen 1863–1988 (Festschrift). 1918 bis 1968 – 50 Jahre Dätzinger Bank (Festschrift). 75 Jahre Maichinger Bank 1902–1977 (Festschrift). 100 Jahre Raiffeisenbank Althengstett eG 1886–1986 (Festschrift).

654 Volksbank Sulmtal, Obersulm

Name Volksbank Sulmtal eG
Geschäftstätigkeit Bankgeschäft
Branche Nr. 650
Umfang 32
Laufzeit 1880–2018
Benutzbarkeit Eingeschränkt
Bestand Y 558

Bestandsgeschichte Der Bestand wurde 2019 von der Volksbank Sulmtal übernommen. Er enthält vor allem Unterlagen ihrer Vorgängerinstitute seit deren Gründung, u. a. Sitzungsprotokolle, Bilanzen und Jahresabschlüsse, Tabellarische Hauptbücher, Inventare sowie Listen der Genossen und Kontosalden. Enthalten sind auch Dokumente einiger Produktions- und Vertriebsgenossenschaften im Sulmtal.

Geschichte Die Volksbank Sulmtal ging im Jahr 2000 aus der Fusion der Volksbank Oberes Sulmtal, der Volksbank Ellhofen und der Volksbank Obersulm-Affaltrach hervor, deren Vorgänger auf die ab 1880 gegründeten Darlehenskassenvereine im Sulmtal zurückgehen (vgl. Kap. 6).

4 Jubiläum 2005

5 Gründung 2000

6 Löwensteiner Darlehenskassenverein eGmuH 1880–1935, Spar- und Darlehenskasse Löwenstein eGmuH 1935–1959, Genossenschaftsbank Löwenstein eG 1959–1980, Volksbank Löwenstein ab 1980–1992 (Fusion auf VB Oberes Sulmtal); Willsbacher Darlehenskassenverein eGmuH 1880–1935, Spar- und Darlehenskasse Willsbach eGmuH 1935–1956, Genossenschaftsbank Willsbach eG 1956–1959, Willsbacher Bank eG 1959–1992 (Fusion auf VB Oberes Sulmtal); Affaltracher Darlehenskassenverein eGmuH 1880–1935, Spar- und Darlehenskasse Affaltrach eGmuH 1935–1962, Affaltracher Bank eG 1962–1980, Volksbank Obersulm-Affaltrach 1980–2000 (Fusion auf VB Sulmtal); Darlehenskassenverein Eschenau eGmuH 1880–1935, Spar- und Darlehenskasse Eschenau eGmuH 1935–1961, Genossenschaftsbank Eschenau eG 1961–1969, Raiffeisenbank Eschenau eG 1969–1992 (Fusion auf VB Oberes Sulmtal); Lehrensteinsfelder Darlehenskassenverein eGmuH 1882–1935, Spar- und Darlehenskasse Lehrensteinsfeld eGmuH 1935–1968, Raiffeisenbank Lehrensteinsfeld eG 1968–1974 (Fusion auf GB Ellhofen); Darlehenskassenverein Ellhofen eGmuH 1886–1935, Spar- und Darlehenskasse Ellhofen eGmuH 1935–1964, Genossenschaftsbank Ellhofen eG 1964–1981, Volksbank Ellhofen eG 1981–2000 (Fusion auf VB Sulmtal); Darlehenskassenverein Eberstadt eGmuH 1888–1921, Spar- und Darlehenskasse Eberstadt eGmuH 1921–1959, Genossenschaftsbank Eberstadt eG 1959–1969, Raiffeisenbank Eberbachtal eG 1969–1989 (Fusion auf VB Ellhofen); Darlehenskassenverein Weiler eGmuH 1890–1893, Darlehenskassenverein Weiler-Eichelberg eGmuH 1893–1935, Spar- und Darlehenskasse Weiler-Eichelberg eGmuH 1935–1965, Genossenschaftsbank Weiler-Eichelberg eG 1965–1989, Volksbank Weiler-Eichelberg eG 1989–1992 (Fusion auf VB Oberes Sulmtal); Darlehenskassenverein Grantschen eGmuH 1892–1935, Spar- und Darlehenskasse Grantschen eGmuH 1935–1968, Raiffeisenbank Grantschen eG 1968–1978 (1987 zu Volksbank Ellhofen); Darlehenskassenverein Sülzbach eGmuH 1892–1935, Spar- und Darlehenskasse Sülzbach eGmuH 1935–1968, Raiffeisenbank Sülzbach eG 1968–1980 (Fusion auf VB Obersulm-Affaltrach); Darlehenskassenverein Wimmental eGmuH 1983–1935, Spar- und Darlehenskasse Wimmental eGmuH 1935–1968, Raiffeisenkasse Wimmental eG 1968–1970, Raiffeisenbank Wimmental eG 1970–1976 (Fusion auf GB Ellhofen); Darlehenskassenverein Gellmersbach eGmuH 1921–1935, Spar- und Darlehenskasse Gellmersbach eGmuH 1935–1969 (Fusion auf RB Eberbachtal); Spar- und Darlehenskasse Hößlinsülz eGmuH 1951–1992 (Fusion auf Willsbacher Bank); Volksbank Oberes Sulmtal eG 1992–2000 (Fusion auf VB Sulmtal); Volksbank Sulmtal eG 2000–2017

7 Vertreterversammlung 2001–2011, 2013–2017

10 Wohnpark Willsbach 2014–2016

16 Geschäftsberichte 2000–2001, 2013, 2017–2018

20 Landwirtschaftliche Alterskasse Stuttgart 1966–1970; Milchverwertungsgenossenschaft eGmbH Affaltrach 1934–1987; Milchverwertungs-Genossenschaft eGmbH Ellhofen 1935–1937; Milchverwertungsgenossenschaft eGmbH Eschenau 1948–1962; Milchverwertungs-Genossenschaft eGmbH Hößlinsülz 1960–1964; Obst- und Gemüseverwertungsgenossenschaft eGmbH Heilbronn 1948; Orts-Vieh-Versicherungs-Verein Ellhofen 1896–1962; Rebenaufbaugenossenschaft Reisach-Altenhau 1979–1985; Rebenaufbaugenossenschaft Willsbach eGmbH 1955–1970; Viehverwertung eGmbH Stuttgart 1960; Weingärtnergenossenschaft Eschenau eG 1963–1987; Weingärtnergenossenschaft Oberes Weinsberger Tal Hößlinsülz eGmbH 1937–1969; Weingärtnergenossenschaft Weiler bei Weinsberg eGmbH 1954–1976

47 Fotos Volksbank Oberes Sulmtal: Allgemeines 1995/96, Abriss und Neubau Bankgebäude in Eschenau 1995/96, Neubau Hauptstelle Willsbach 1999

50 Jubiläumsschriften: 125 Jahre Volksbank Sulmtal (2005); 100 Jahre Volksbank Weiler-Eichelberg (1990); 100 Jahre Volksbank Ellhofen (1986); 100 Jahre Volksbank Obersulm-Affaltrach (1980)

655
Volksbank Weil der Stadt, Weil der Stadt

Name Volksbank Weil der Stadt eG
Geschäftstätigkeit Kreditgenossenschaft
Branche Nr. 650
Umfang 18
Laufzeit 1875–1999
Benutzbarkeit Ja
Bestand B 131

Bestandsgeschichte Das Archivgut wurde 2005 von der Vereinigten Volksbank AG in Sindelfingen übernommen. Eine Nachlieferung geringen Umfangs erfolgte im September 2014.
Geschichte Die Volksbank Weil der Stadt wurde 1865 als Handwerkerbank Weil der Stadt gegründet. Erster Vorsitzender war der Stadtarzt und Brauereibesitzer Dr. Burkhard Stotz. 1890 erfolgte die Umbenennung in Vorschussbank, 1939 in Volksbank. Durch Fusion mit der Raiffeisenbank Merklingen entstand 1970 die Volksbank und Raiffeisenbank Weil der Stadt eG. Ihr unterstellten sich 1971 die Raiffeisenbank Malmsheim und 1972 die Genossenschaftsbank Schafhausen. 1977 wurde sie wieder in Volksbank Weil der Stadt umbenannt. Am 6. April 1990 erfolgte die Fusion mit der Calwer Volksbank zu einem gemeinsamen Institut unter dem Namen Vereinigte Volksbanken Weil der Stadt/Calw eG.
4 Mitglieder, Mitgliederverzeichnisse 1891–1990
6 Vorgängerinstitute: Genossenschaftsbank Schafhausen 1914–1972 (Gründungsprotokoll 15. 2. 1914, Mitglieder, Mitgliederverzeichnisse 1914 und 1959–1972, Vorstands-, Aufsichtsrats-, Generalversammlungsprotokolle 1914–1972, Jahresrechnungen, Bilanzen, Geschäftsberichte 1914–1968, Kreditgeschäft 1914–1972, Sparerkarteikarten 1938–1950, Warengeschäft 1938–1950, Lagerhausbau 1957–1962, Dienstverträge 1956–1972), Raiffeisenbank Malmsheim (gegr. 16. 2. 1894) 1916–1971 (Mitglieder, Mitgliederverzeichnisse 1952–1971, Vorstands-, Aufsichtsrats-, Generalversammlungsprotokolle 1916–1971, Jahresrechnungen, Bilanzen, Geschäftsberichte 1948–1968, Inventarverzeichnis 1952–1957); statistische Erhebungen und Korrespondenzen des Arbeitskreises Fusionsbanken 1975–1998
7 Vorstands-, Aufsichtsrats-, Generalversammlungsprotokolle 1879–1994
8 Zweigstellen Schafhausen 1965–1985, Monakam 1980–1990, Unterhaugstett 1986, Unternehmens- und Zweigstellenanalysen 1986–1990
9 Protokolle von Mitarbeiterversammlungen 1980–1992
10 Grundstücke und Gebäude 1952–1982
13 Einlagenbuch 1875–1908, Immobilienfinanzierung Schiessrainweg und Gewerbegebiet Wolldecke in Weil der Stadt 1998/99
15 Werbeschrift »Die starke Bank« 1973
16 Jahresrechnungen, Bilanzen, Geschäftsberichte 1902–1989
47 Fotos vom Umbau der Geschäftsstelle Malmsheim 1990
48 Gedenkmünzen zur Vereinigung der Gemeinden Merklingen und Weil der Stadt am 1. Juli 1972. Im Bestand sind auch Unterlagen der Molkereigenossenschaft Schafhausen 1928–1974 (u. a. Protokollbuch der Generalversammlung 1928–1974) und der Milchverwertungsgenossenschaft Malmsheim 1948–1976 (v. a. Liquidation 1972–1976) überliefert.
49 WABW B 130 (Vereinigte Volksbank AG)
50 125 Jahre Volksbank Weil der Stadt – 125 Jahre Entwicklung der Stadt und ihres Umlandes in Politik, Wirtschaft, Kultur und Gesellschaft 1865–1990, Leonberg 1990 (Festschrift).

Nr. 267, oval.
(Höhe 39 cm.)
Glasschale grünlich verlaufend,
fein graviert & geschliffen.

656
Wagenführ, Heidelberg

Name Nachlass Professor Dr. Rolf Wagenführ
Geschäftstätigkeit Forschung
Branche Nr. 732
Umfang 1
Laufzeit 1930–1955
Benutzbarkeit Ja
Bestand N 10

Bestandsgeschichte Der Nachlass war Bestandteil des von Professor Wagenführ zur wissenschaftlichen Forschung verwandten Zahlenmaterials und kam über Professor Dr. Eckart Schremmer (Universität Heidelberg, Lehrstuhl für Sozial- und Wirtschaftsgeschichte) und dann über Professor Dr. Jochen Streb (Universität Hohenheim, Lehrstuhl für Wirtschafts-, Sozial- und Agrargeschichte) 2011 ins WABW.
Geschichte Der Statistiker und Volkswirtschaftler Professor Dr. rer. pol. Rolf Wagenführ (geb. 5. 11. 1905, gest. 15. 4. 1975) war 1928–1945 Mitarbeiter am Institut für Konjunkturforschung in Berlin, 1946–1949 Leiter des Statistischen Amtes der britischen Zone, 1950–1952 stellvertretender Leiter des Wirtschaftswissenschaftlichen Instituts der Gewerkschaften in Köln, 1952–1957 Leiter der Statistik der Hohen Behörde der Europäischen Gemeinschaft für Kohle und Stahl (Montanunion), 1958–1966 Generaldirektor des Statistischen Amtes der Europäischen Gemeinschaften und seit 1957 o. Professor für Statistik an der Universität Heidelberg. Er schrieb zahlreiche Veröffentlichungen zur Entwicklung der Industriewirtschaft in Deutschland, insbesondere der NS-Wirtschaft sowie der Nachkriegszeit der frühen Bundesrepublik. Ferner veröffentlichte er grundlegende Arbeiten über internationale statistische Vergleiche, womit er zu deren methodischen Entwicklung maßgeblich beitrug. Der Nachlass besteht aus statistischem Material zur Rohstoff- (u. a. Rohstoffbilanzen) und Industrieproduktion, zur Aufrüstung und Kriegswirtschaft, der allgemeinen Lage der deutschen Industrie, zu Auswirkungen der strategischen Bombardierung auf die deutsche Kriegswirtschaft, zur Preisentwicklung und zum Konsum im NS-Regime sowie der unmittelbaren Nachkriegszeit in den deutschen Besatzungszonen. Ferner beinhaltet er statistisches Material zur Rüstungsindustrie und Kriegswirtschaft der Sowjetunion, der USA und Großbritanniens.
50 Rolf Wagenführ, Die deutsche Industrie im Kriege 1939–1945, Berlin 1954, 2. Aufl. Berlin 1963, Nachdruck Berlin 2006. J. Adam Tooze, Statistics and the German State 1900–1945: The Making of Modern Economic Knowledge, Cambridge 2001.

657
Wagner, Christian, Esslingen

Name Christian Wagner Metallwarenfabrik GmbH & Co.
Geschäftstätigkeit Metallwarenfabrik
Branche Nr. 287
Umfang 36
Laufzeit 1819–1996
Benutzbarkeit Eingeschränkt
Bestand Y 138

Bestandsgeschichte Das Archivgut wurde 1984 und 1996 von den Gesellschaftern übernommen.
Geschichte Die Wurzeln des Traditionsbetriebes gehen bis ins Jahr 1524 zurück, als Peter Wagner, Kupferschmiedemeister, das Bürgerrecht der Stadt Nördlingen erwarb. Seither hat sich das Kupferhandwerk durch 15 Generationen ohne Unterbrechung vom Vater auf den Sohn vererbt. Nördlingen, Heidenheim, Stuttgart und Esslingen sind die Städte, in denen die Wagner dieser Linie wirkten. Begründer der Esslinger Linie war Christian Wagner (1740–1811), der 1769 von Stuttgart nach Esslingen übersiedelte. Seine Werkstätte war der gemeinsame Ursprung der Metallwarenfabriken Christian Wagner und Wilhelm Wagner. 1992 zog Christian Wagner vom alten Standort in Esslingen in einen Neubau nach Deizisau. Die für ihre Kupferwaren berühmte Metallwarenfabrik Christian Wagner meldete im August 1995 Konkurs an.
3 Stammbaum der Familie Wagner, Esslinger Bürgermeister Georg Wagner (Zeitungsartikel 1961), Johann Gottlob Wagner (Des Kupferknaben Handwerksbrauch 1819), Christian Wagner Kupferschmiedemeister (Sinnspruch für neuge-

fertigte Zeller Kirchturmspitze), Eugen Wagner sen. (Lehrbrief der Meister-Innung der Metallarbeiter in Esslingen 1883, Urkunde mit dem Recht Lehrlinge anzuleiten 1913, Todesanzeigen, Nachrufe, Ansprachen 1933/34), Eugen Wagner (Gesellenprüfung als Kupferschmied 1910, Reiseunterlagen 1910, Vorträge 1936–1938), Otto Wagner (Erbschaftsangelegenheiten 1955–1957)

4 90-jähriges Geschäftsjubiläum 1926, Firmengeschichte, Presseveröffentlichungen 1928/29, 100-jähriges Jubiläum 1936, Erinnerungen des ehemaligen Kupferschmieds der Firma Wagner »Einst und Jetzt (1913 & 1978)«

7 Anerkennungs- und Glückwunschschreiben 1936–1944, Geschäftsbericht 1941, Notizbücher von Eugen Wagner als Geschäftsführer (enthält u. a. Umsätze, Vertreter, Absatz, Herstellungsprogramm, Bilanzen, Jahresversammlungen, Verträge, Sparvorschläge, Finanzierung, Produktion, Löhne und Gehälter, Materialbeschaffung, Steuern, Kalkulation, Lieferanten, Jubiläum, Immobilienangelegenheiten, Rüstungsproduktion, Organisation, Reisen) 1929–1953, Gesprächsnotizen Eugen Fritz Wagner 1966–1982

9 Arbeitsfront Leistungskampf 1937–1943, Sozialbericht 1941, Betriebsordnung, Satzung für die Gefolgschaftshilfe 1941, Provisionsabrechnungen, Vertreterverträge 1928–1959, Vertreterverzeichnis 1973, Notizbücher von Eugen Wagner mit Eintragungen zum betrieblichen Sozialwesen (u. a. Betriebsversammlungen, Betriebsfeiern, Betriebsappelle, Betriebsausflüge, Ansprachen, Vertrauensrat, Weihnachtsfeiern, Sportfeste, Urlaubsregelung, Maifeiern, Kameradschaftsabende, Luftschutzmaßnahmen, Kinderunterstützung, Frauenarbeit, Arbeitskräftemangel, Eisernes Sparen, Winterhilfswerk, Lebensmittelbeschaffung, Hinterbliebenenunterstützung, Brennstoffzuteilung, Betriebsrat, Maschinenbeschaffung, Stromversorgung, Organisation, Sozialräume, Kurzarbeit, Löhne und Gehälter, Streik, freiwillige Sozialleistungen, Arbeitszeit, Lohnfortzahlung im Krankheitsfall, Arbeitszeiterfassung, Rundschreiben, Gastarbeiter, Kantine, Betriebsklima, Ausfallgeld) 1934–1962, Betriebsordnung 1934–1952, Kameradschaftsabende 1934–1938, Sportfeste 1934–1938, Betriebsausflüge 1934–1938, freiwillige Sozialleistungen 1939–1948, Fremdarbeiter 1940, 1944–1946, Betriebsappell 1945, Jubiläen und Geburtstage 1932–1941, Auszeichnungen 1938–1944, Löhne und Gehälter 1941–1974, Konjunkturzuschlag 1970/71, AOK-Esslingen, Neueintritte, Belegschaftsstatistik 1932–1945, Weihnachten 1946–1957, Urlaubsbuch 1964–1969, Personalkartei um 1940, Krankenbücher 1947–1964, Schwerbehinderte um 1940–1949, Tarifabkommen 1933–1961, Bekanntmachungen und Aushänge 1944–1965, Personalbewirtschaftung, Einberufungen 1940–1945, Stellenbewerbungen 1950–1961, Fahrgeldvergütung 1937–1949, Lehrlingswesen 1930–1949

10 Bau- und Grundstücksangelegenheiten (u. a. mit Lageplänen, Grund- und Aufrissen), Pachtverträge 1896–1936

13 Wasserwerksanlage 1904/05, Maschineninventar 1922–1944, Produktionsbücher 1869–1952, Fertigungsstückzahlen 1955–1970, Entwicklung der ersten Flüssigkeitsraketenmotoren (Zusammenarbeit mit Prof. Dr. Wernher v. Braun) 1933/1952/1958, Gebrauchsmusterschutz für Kochgeschirr 1906–1927, Produkte 1935–1966, Patent- und Gebrauchsmusterschriften um 1950–1971, Gutachten und Referenzen 1931–1949, Entwurfszeichnungen von Produkten um 1870–1920

14 Warenein- und Warenausgangsbücher 1843–1861, Vertreterkartei, Vertretungen um 1950, Korrespondenzen Vertreter um 1950–1982, Vertreterrundschreiben 1956–1987, Reiseberichte 1955/56, Umsätze 1946–1951, 1974–1981

15 Prospekte, Kataloge (eigene und Fremdfirmen), Preislisten und sonstiges Werbematerial 1889–1980

16 Bilanzen 1931–1967, Betriebsabrechnungsbogen 1949–1951, Hauptbuch 1943–1952

19 Rüstungskommando 1940–1945, Fertigungsberichte Marine/Heer 1940–1945, Wehrwirtschaftsstelle 1936–1939, Fertigung Zweiter Weltkrieg (mit Blaupausen), Nachrichten des Reichsministers für Bewaffnung und Kriegsproduktion 1942–1945, Stollen 1944/45, Werkschutz 1944, Vermögenssperre 1946/47

47 Fotos: 400-jähriges Jubiläum, Firmengebäude, Arbeits- und Sozialräume, Betriebssport, Betriebsausflüge, Musikgruppe, Rentner 1937–1941, bei Wagner gefertigte Konstruktionsteile für die V1 und V2 1933/34, Produkte und Dekorationen

48 Preismedaille Paris 1855, Preismedaille London 1862, Preismedaille Schwäbische Industrieausstellung Ulm 1871, Silbermedaille 5. Deutsches Bundesschießen in Stuttgart 1881, Silbermedaille Württembergische Landesgewerbeausstellung in Stuttgart 1881, Silbermedaille Ausstellung für Elektrotechnik und Kunstgewerbe Stuttgart 1896, Medaille »Dem Gründer zum 100. Geburtstag 17. Oktober 1959« anlässlich des 75-jährigen Bestehens der Gravier- und Prägeanstalt Otto Beh Esslingen
50 400 Jahre Wagner Esslingen am Neckar 1536–1936 (Festschrift). Christian Wagner Metallwarenfabrik 1524–1974, Esslingen [1974] (Festschrift).

658
Wagner, Christian Ludwig, Calw

Name Christian Ludwig Wagner
Geschäftstätigkeit Strickwarenfabrik
Branche Nr. 170/176
Umfang 0,1
Laufzeit 1650–1955
Benutzbarkeit Ja
Bestand B 41

Bestandsgeschichte Die Archivalien liegen seit dem Jahr 1985 im WABW auf Mikrofilm kopiert vor. Die Originale sind in Privateigentum.
Geschichte 1790 gründete Christian Ludwig Wagner, aus einer Teilhaberfamilie der Calwer Compagnie stammend, in Calw eine Strickwarenfabrik, die zu den ältesten in Württemberg zählt. Zunächst wurde die Strumpfwirkerei betrieben. Seit Anfang der 1830er Jahre trat der Rohwoll- und Wollgarn-Handel in den Vordergrund des Geschäfts, in den nachfolgenden Jahrzehnten dominierte die Produktion der sogenannten »Calwer Strickjacken«, wollene Trikotagen und Strickwesten.
Die Firma wurde 1990 aufgelöst.
4 Calwer Zeughandlungs-Compagnie 1650–1794, Christian Ludwig Wagner 1790–1905, Geschichte der Firma Christian Ludwig Wagner 1790–1940, Die Vereinigte Deckenfabrik Calw AG und ihre Vorläufer in 300 Jahren (1955), Lohnspinnerei Wagner, Schill & Co 1825–1835, Lohnspinnerei Doertenbach & Schauber 1836–1859, Notter
14 Absatzstatistik nach Ländern 1806–1814
15 Wagner-Post (Preisliste) 1933
16 Bilanzen und Inventare 1790–1937, Inventare 1792–1824, 1856–1861, 1890–1897, allgemeine Unkosten, Etiketten, Spediteure 1806–1814, Privat-Konto Gustav Wagner junior 1857, Bilanzen Kommanditgesellschaft 1906–1937
50 Die Geschichtliche Entwicklung der Strickwarenfabrik Christian Ludwig Wagner Calw 1790–1940, Calw 1940 (Festschrift). Rolf Ludwig Mehmke, Archiv für Schwäbische Wirtschaftsgeschichte 4, S. 996–1004, Typoskript im WABW.

659
Wagner, Gebr., Stuttgart-Bad Cannstatt

Name Gebr. Wagner GmbH & Co. KG
Geschäftstätigkeit Dampfkesselfabrik, Feuerungs- und Apparatebau
Branche Nr. 282
Umfang 2
Laufzeit 1910–1967
Benutzbarkeit Ja
Bestand B 187

Bestandsgeschichte Das Archivgut wurde 1997 vom letzten Gesellschafter übernommen. Nachlieferungen erfolgten 2010 und 2017.
Geschichte Die Dampfkesselfabrik Gebr. Wagner wurde 1870 unter dem Namen Kesselfabrik Wagner & Eisenmann in Stuttgart-Obertürkheim gegründet. Aus dieser ging 1879 die Dampfkesselfabrik Gebr. Wagner hervor. 1903 gelangte das Werk in den Besitz des Dipl.-Ing. Friedrich Wilhelm Grupp, der sich während des Studiums auf Kessel- und Materialfragen spezialisiert hatte. Unter seiner Leitung nahm die Firma einen stetigen Aufschwung. 1930 ging die Leitung an seinen Sohn Dipl.-Ing. Herbert Grupp, ein Fachmann für Wärmetechnik, über. Das Produktionsprogramm umfasste den Dampfkessel- und Apparatebau, Feuerungsbau, Bau von Speicheranlagen sowie die Abdampf- und Abhitzeverwertung. 1982 wurde die Gebr. Wagner GmbH & Co. KG liquidiert.

11 Monatsjournale 1943–1953
13 Internes Modellbuch mit Zeichnungen und Maßangaben um 1910; Technische Zeichnungen
14 Ab- und Inbetriebnahme von Kesselanlagen und Rosten 1939–1951; Kommissions- bzw. Bestellbücher 1916–1948 (Lücken); Auftragsbuch 1967
15 Druckvorlagen für Prospekte, Werbeblätter; Plakate; Firmenlogo; Anzeigen um 1930–1960
20 TÜV Prüfungsberichte
47 Fotos von Werksgebäuden, Dampfkesseln und Maschinenteilen
48 Kesselschilder, Stempel
50 Jubiläumsfirmen des Handelskammerbezirks Stuttgart, Leipzig 1927, S. 40. Paul Weber (Hg.), Westdeutsche Wirtschaftschronik, Band 1: Stuttgart und sein Wirtschaftsgebiet, Stuttgart 1954, S. 149–151. Paul Weber (Hg.), Wirtschafts-Informator der Westdeutschen Wirtschaftschronik, Pforzheim 1955, S. 247 ff. Julius Keil (Hg.), Die westdeutsche Wirtschaft und ihre führenden Männer, Land Baden-Württemberg Teil III, Frankfurt am Main 1963, S. 275–278.

660
Wagner, Gerhard, Wertheim

Name Gerhard Wagner KG
Geschäftstätigkeit Kunststeinwerk, Bildhauerwerkstätte
Branche Nr. 260
Umfang 1
Laufzeit 1951–1980
Benutzbarkeit Eingeschränkt
Bestand Y 140

Bestandsgeschichte Das Archivgut wurde 1986 übernommen.
Geschichte Die Firma Gerhard Wagner KG wurde 1946 gegründet. Sie beschäftigte damals 15 Mitarbeiter. Der Betrieb teilte sich wohl in der Folgezeit in Wagner Grabmale GmbH und Gerhard Wagner KG. Die Wagner Grabmale GmbH wurde 1980, die Gerhard Wagner KG 1982 beim Gewerbeamt abgemeldet. Im Jahr 1983 wurde die Gerhard Wagner GmbH gegründet, die Ende 1984 nach dem Tod Gerhard Wagners aufgelöst wurde
10 Grundstücke 1951–1980, Pachtverträge 1960er Jahre
11 Kredite 1961
13 Grabsteinentwürfe 1970er Jahre
15 Prospekte der Bildhauerwerkstatt
16 Bilanzen 1967–1976
50 Im WABW nicht vorhanden.

661
Wagner, Gustav, Reutlingen

Name Gustav Wagner Maschinenfabrik GmbH & Co. KG
Geschäftstätigkeit Werkzeugmaschinenfabrik, Eisengießerei
Branche Nr. 294/275
Umfang 18
Laufzeit 1874–1994
Benutzbarkeit Ja
Bestand B 17

Bestandsgeschichte Das Archivgut wurde in mehreren Ablieferungen zwischen 1984 und 2002 übernommen.
Geschichte 1890 gründete Gustav Wagner in Reutlingen eine Werkzeugmaschinenfabrik. Bereits um 1900 spezialisierte sich das Unternehmen auf die Herstellung von Kaltsägen sowie Gewindeschneidköpfen und -maschinen. 1928 baute die Firma die erste hydraulische Kaltsäge der Welt und gehörte zu den führenden Unternehmen auf dem Gebiet der Hartmetall-Sägetechnologie und des Sägen-Anlagenbaus. Seit den 1960er Jahren ging das Unternehmen dazu über, Auslandsniederlassungen zur Herstellung und zum Vertrieb seiner Produkte zu gründen. 1994 ging die Firma in Konkurs, Teile des Unternehmens wurden verkauft, die Produktion wurde 1997 eingestellt.
3 Korrespondenzen, Tagebuch, Rechnungen, Publikationen, Lehrverträge, Zeugnisse, Jubiläen, Nachrufe 1874–1968
4 Wagner-Erzeugnisse, Firmengeschichte, Jubiläen 1890–1965
5 Gesellschaftsform, Gesellschaftsverträge 1929–1982
6 Wagner-Leukartz do Brasil 1978–1994, Wagner-Carbide N.J. USA 1980–1994, TWC Tsune-Wagner-Carbide Japan 1980–1994

7 Geschäftsführung, Anstellungsverträge, Bezirksleiterbesprechungen, Vollmachten, Unternehmensberatung 1932–1992
8 Organisationsplanung, Organisationspläne, Vertriebsorganisation 1960–1981
9 Personal, Löhne und Gehälter, Lehrlingswesen, betriebliche Sozialleistungen, Betriebsfeiern, Jubiläen, Leistungsberichte, Betriebsrat, Werkswohnungen, Werksbücherei 1890–1989
10 Grundstücke und Gebäude, Bau- und Lagepläne, Möblierung, Grundbuchauszüge, Schätzungen 1890–1971
11 Kredite, Finanzpläne 1952, 1971–1994
13 Maschinen, Produktionsabläufe, Entwicklung, Versuch, technische Daten und Pläne, Patente, Materialdisposition, Gießerei 1890–1985
14 Verkaufsbuchserie, Produktionsprogramm, Vertriebsorganisation, Auslandsvertretungen, Marketing-System, Aufträge, Versand, Marktanalyse, Vertreter, Umsätze, Statistik, Exportgemeinschaft von Werkzeugmaschinenfirmen 1889–1987
15 Ausstellungen, Messen, Werbeplanung, Plakate, Filme, Prospekte/Kataloge 1893–1994
16 Hauptbuch, Kontokorrentbuch, Bilanzen, Geschäftsberichte, Prüfungsberichte, Jahresberichte 1890–1992
17 Steuerangelegenheiten 1943–1962
18 Gebäudebrandversicherung 1934–1962
19 Inflationsgeld, Luftschutz, Demontage 1923, 1947–1957
20 Verein Deutscher Ingenieure Echazgruppe Reutlingen 1951–1956
21 Patentprozeß 1908–1916
47 Fotos: Inhaber, Personal, Gebäude, Werksgelände, Maschinen, Demontage, Ausstellungen, Produkte, Montage, Lehrlinge, Belegschaft 1888–1994
50 Stadtschultheißenamt u. a. (Hg.), Reutlingen, Berlin 1925, S. 112. 75 Jahre Wagner, [Reutlingen] 1965 (Festschrift). Wagner 1947–1972 [Reutlingen 1972] (Festschrift). Wurzeln, Kraft für den Fortschritt, Chronik der Gustav Wagner Maschinenfabrik 1890–1990, Reutlingen 1990 (Festschrift).

662
Wagner, Wilhelm, Esslingen

Name Wilhelm Wagner
Geschäftstätigkeit Metallwaren- und Maschinenproduktion
Branche Nr. 287/292
Umfang 14
Laufzeit 1872–1993
Benutzbarkeit Eingeschränkt
Bestand Y 490

Bestandsgeschichte Das Firmenarchiv wurde 2015 von Herrn Ulrich Wagner übernommen.
Geschichte Wilhelm Friedrich Wagner, der älteste Sohn des aus Stuttgart nach Esslingen zugewanderten Vaters, machte sich in Esslingen als Kupferschmid selbständig. Sein Sohn Christian Wilhelm Wagner übernahm 1846 die väterliche Kupferschmiede und errichtete im Jahre 1856 einen Neubau in der Neckarstraße in Esslingen. 1872 ging die Werkstätte an seinen Sohn Wilhelm Friedrich jr. über, der das Unternehmen vom Handwerksbetrieb in ein industrielles Unternehmen überführte. Zwischen 1898 und 1900 wurde bei Wagner zum ersten Mal mit dem neuen Werkstoff Aluminium experimentiert. 1903 übernahm Richard Hermann Wagner das Unternehmen und produzierte kurz darauf neben Kupferwaren auch Küchengeräte aus Aluminium. Im Jahre 1948 trat Ulrich Wagner in die Geschäftsführung ein und leitete das Unternehmen mehrere Jahrzehnte. Seit 1958 befasste sich das Unternehmen neben Küchengeräten auch mit Verpackungssystemen aus Aluminium. Dabei wurden vor allem Dosen und Behälter für Fertiggerichte, Tiefkühlkost sowie die dazugehörigen Verschließmaschinen gefertigt. Zwischen 1989 und 1993 verkaufte die Familie Wagner infolge stark zunehmenden Wettbewerbs das Unternehmen an die Alusuisse-Lonza-Gruppe. 1993 wurde die Produktion der Wilhelm Wagner GmbH & Co. eingestellt und die Firma gelöscht.
3 Familiengeschichte Wagner (verfasst von Dr. Haffner), Genealogie der Familie Wagner ca. 1936
4 400jähriges Jubiläum (Festschrift, Betriebsfeier, Zeitungsausschnitte) 1936
5 Handelsregister 1914, Handelsregister 1989–1993, stille Beteiligungen 1989

6 Wagner GmbH (Verkaufsgesellschaft Gebr. Wagner, Wilhelm Wagner, Christian Wagner) Verträge, Sitzungsprotokolle Korrespondenzen 1928–1969
7 Investitionen 1892, Geschäftsübernehme durch Richard Hermann Wagner 1903, Aktennotizen Geschäftsleitung 1962–1979, Aktennotizen PICO PAC 1971–1981, Kooperationen mit Alusuisse 1987, Verhandlungen, Verträge, Korrespondenzen mit Alusuisse 1988–1989, Geschäftsordnung 1990, betriebsinterne Informationen für Geschäftsführer und Gesellschafter 1992, Statistische Erhebungen 1974–1991, Auskünfte 1967–1991, Pressemeldungen Geschäftsführung 1990, ordentliche Gesellschafterversammlungen Wilhelm Wagner GmbH & Co. (Protokolle) 1989, ordentliche und außerordentliche Beirat-Sitzungen Wilhelm Wagner GmbH & Co. (Protokolle) 1989–1992, Beirat-Sitzungen Alusuisse-Wilhelm Wagner GmbH (Protokolle) 1992–1993, Einstellung der Produktion (Sozialplan, Personallisten, Protokolle Beirat-Sitzungen, Anlagevermögen, Wertberechnung, Bilanz 1992) 1993
9 Arbeitsbücher 1901–1903, Lehrvertrag 1925, Gehaltsbuchserie 1919–1929, Gehaltskartei Angestellte 1925–1930er Jahre, Gehaltsunterlagen 1934–1949, Lohnunterlagen 1905–1914, Zahltag-Bücher 1916–1924, Lohnbuchserie 1931–1958, Lohnkarten 1932–1949, Mehrarbeitslöhne 1940, Lohnabkommen, Tarifverträge, Tarifordnungen, Kollektivabkommen, Landestarif (Metallarbeiter, kfm. Angestellte, techn. Angestellte) 1930er–1960er Jahre, Betriebsordnung 1934, Sitzungsprotokolle des Vertrauensrats 1940–1945, Betriebsrenten 1970–1991, Unterstützungskasse 1992–1993, Arbeitsjubilare 1980er–1990er Jahre, interne Mitteilungen, Betriebsvereinbarungen, Betriebsversammlungen 1992–1993, Betriebsfest 1992, Personallisten 1993
10 Immobilienkäufe und -verkäufe 1910–1928, Neubau (Korrespondenzen, Kosten) 1911, Baugesuche, Bauakten, Korrespondenzen, Lagepläne, Aufrisse 1922–1963, Mietverträge 1921–1954, Bauvorhaben Fabrikanlage in Zell 1968–1969, Baugesuche, Korrespondenzen (Baurechtsamt Esslingen) 1991–1993
13 Produktionsbuch für Kupferwaren (mit Zeichnungen) 1870er Jahre; Kalkulationsbücher ca. 1909–1952; Lagerbestand; Kalkulationskarten 1930er Jahre; Berechnungsbücher (Produktion) 1911–1921 und 1929–1934; Produktionsnotizen 1950; Deutsche Patente, Gebrauchs- und Geschmacksmuster 1928–1939, 1964–1991; Auslandsschutzrechte ca. 1966–1990; Patent vollautomatische Verschließmaschine 1974–1983; Lizenzverträge und Korrespondenzen mit den Firmen Ohler, HD EkCo, Reynolds Aluminiumwerke GmbH 1969–1984, Produktionswerkzeuge 1991–1992, Mengenplanungen 1992–1993, BHG-Backformen 1975–1988, Zollveredelungsverkehr 1955, Produktion von Kupferglocken für Firma Arnold Müller Kirchheim u. Teck 1974–1990, Korrespondenzen (Bielefelder Haushaltsgeräte Gesellschaft mbH & Co. KG, Dr. Oetker Haushaltsgeräte GmbH & Co. KG, Leifheit) über Werkzeuge für Backformen 1975–1990, PICO-PAC Siegelmaschine 1987
14 Bestellbuchserie 1931–1937, Bestellheft 1933, Versandbuchserie 1903–1934, Posteinlieferungsbücher 1928–1941, Adressbuch (Kunden) 1930er Jahre, Korrespondenzen Verkauf Royal-Geschirre (Bridgeport Brass Company Conn.) 1944–1961, Adresslisten-Grossisten 1950, Vertreter-Rundschreiben 1957–1972, Reisende 1979–1982, Maschinenangebote 1987–1988, Angebote und Kalkulationen 1992, Auslandsvertretungen ca. 1980–1990
15 Preislisten und Prospekte 1904–1989, PICO PAC Prospekte ca. 1980–1990, Preislisten und Prospekte der Konkurrenz 1910–1940, Urkunde der Messe- und Ausstellungs GmbH Köln 1975, Preislisten und Prospekte PICO PAC Konkurrenz (Alcan Ohler, Cebal, Alupak, Andersen & Bruun A/S, Capsulit) 1963–1976
16 Einnahmen- und Ausgabenbuch (Wertpapieraufstellungen, Steurern, Bilanzen, Zinslisten) 1900–1921, Inventarhefte 1903–1910, Inventuren 1919–1955, Hauptbuchserie 1919–1959, Sachkonten 1938–1940, Kassenkontobuch 1903–1910, Wertpapiere 1920er Jahre, Kassenbuchserie 1933–1973, Kassenbuchserie (kleine Kasse) 1938–1952, Umsatzbuch 1932–1935, Bilanzen 1912–1937, 1985–1992, Bilanzzusammenstellungen 1940–1964, Bilanzunterlagen 1937–1948, Journalbuchserie 1938–1942, Wechselkopierbücher 1930–1937, Konto-Bücher Oberamtssparkasse Esslingen 1922–1923, Sparbuch Kreissparkasse Esslingen 1937–1952, Aktennotizen Buch-

haltung 1972–1988, Umsatzstatistik 1989–1993, Anlagevermögen 1991, Anlagen und Abschreibungen 1993
17 Gewerbesteuer 1874–1940, Kapitalsteuer 1875–1888, Hausgebühren 1916, Bürgersteuer 1921–1942, Vermögenssteuer ca. 1920er–1930er Jahre, Steuerbescheide ca. 1922–1954, Umsatzsteuer 1926–1940, Buchprüfungen (Finanzamt Esslingen) 1926–1939, Umsatzsteuer 1939–1972,
18 Brandschadensbeiträge Stadtkasse Esslingen 1908–1940, Gebäudebrandversicherungs-Schätzung 1938–1939, Feuerversicherung 1972–1990
19 Kfz-Beschlagnahme 1945, Wohnraumzuweisung 1951
20 Satzung des Verbands Württ.-Bad. Metallindustrieller 1952; Warenzeichenverband »Edelstahl rostfrei«, Düsseldorf; Verein zur Förderung des Kaufmännischen Schulwesens e. V., Esslingen a. N.; Verkehrsverein Esslingen a. N. e. V. (Korrespondenzen und Satzungen) 1950er –1970er Jahre, Liste der Mitgliedschaften 1992
21 Patentstreitigkeiten 1964–1985, Personalstreitigkeiten 1991–1992
47 Produktfotos 1970er–1980er Jahre, Betriebsfeste, Betriebsfußball, Weihnachtsfeiern, Mitarbeiter am Arbeitsplatz, Verabschiedung von Mitarbeitern 1992–1993
48 Inflationsgeld (Reichsbank, Württembergische Notenbank ca. 1920–1923, Geldscheine der Alliierten Militärbehörde 1945
49 Y 138 Christian Wagner
50 400 Jahre Wagner Esslingen am Neckar 1536–1936 (Festschrift)

663
Wagner-Chic, Balingen

Name Wagner-Chic
Geschäftstätigkeit Trikotwarenfabrik
Branche Nr. 174
Umfang 3
Laufzeit 1950–1979
Benutzbarkeit Eingeschränkt
Bestand Y 240

Bestandsgeschichte Seit dem Ende des Unternehmens hatte ein Familienmitglied dessen Werbearchiv verwahrt, das er 1999 dem WABW übergab.
Geschichte Die Firma »Wagner-Chic« wurde in den 1920er Jahren gegründet. Sie produzierte modische Sportbekleidung für Kinder, Damen und Herren. 1970 wurde die Firma verkauft und die Produktion stillgelegt.
15 Aufhänger, Kundenbriefe, Anzeigen, Formularvordrucke (Auftragserteilung, Zahlungsanweisungen, Briefbögen) 1950–1979
47 Fotos: Betriebsfeste, Einweihung des neuen Fabrikgebäudes, Dhaulagiri-Expedition in den Himalaya, Kollektionen
49 WABW A 7, Firmenakte 2465, Sportmoden Wagnerchic H + H Wagner KG, Balingen
50 Im WABW nicht vorhanden.

664
Wahler, Kernen i. R. (Rommelshausen)

Name Wilhelm Wahler Maschinenbau
Geschäftstätigkeit Maschinenfabrik
Branche Nr. 290
Umfang 4,5
Laufzeit 1900–1997
Benutzbarkeit Eingeschränkt
Bestand Y 141

Bestandsgeschichte Das Archivgut wurde in mehreren Ablieferungen zwischen 1987 und 1998 übernommen.
Geschichte Die Ursprünge der Firma gehen auf Johann Adam Wahler zurück, der vermutlich 1860 in Stetten i. R. einen Handwerksbetrieb zur

Herstellung von Obstpressen und Obstmühlen gegründet hatte. Sein Sohn Wilhelm Wahler führte den Betrieb seit 1893 in Rommelshausen weiter. Nachdem dessen drei Söhne in den Betrieb eingetreten waren, erfolgte 1923 die Umgründung in Wilhelm Wahler & Söhne Maschinenfabrik OHG. Produziert wurden Mühlen und Pressen für die Wein- und Mostbereitung, Sägen, Furnierpressen, Transmissionsanlagen sowie Kohlelademaschinen für Lokomotiven. Bald nach dem Ausscheiden von Ingenieur Wilhelm Wahler jr. wurde diese Firma aufgelöst. Wilhelm Wahler jr. hatte 1933 in Stuttgart-Bad Cannstatt eine eigene Firma gegründet, die sich auf die Herstellung von Keltereimaschinen spezialisierte und unter Wilhelm Wahler Maschinenfabrik firmierte. 1966 übersiedelte die Firma nach Stuttgart-Untertürkheim. 1989 erwarb sie ein Grundstück in Kernen i. R., auf dem eine Produktionsstätte errichtet wurde. Kurze Zeit später erfolgte die Betriebsstillegung. 1999 wurde die Firma im Handelsregister gelöscht.

3 Korrespondenzen und Urkunden zu den Familien Wahler und Frick 1913–1989

13 Produktion, Maschinen, Patente um 1900–1989

14 Auftragsbuchserie 1933–1997, Angebotsbücher 1970–1986

15 Werbematerial um 1900–1989

16 Buchhaltungsunterlagen um 1900–1989, Kassenbuch 1909–1948

47 Fotos: Familienangehörige Wahler, Frick, Belegschaft, Firmengebäude, Produktion, Produkte, Beteiligung an Ausstellungen um 1900–1980

49 WABW Y 210, Gertrud Frick, Harmoniumlehrerin; Deutsche Gelatinefabriken, Göppingen

50 Im WABW nicht vorhanden.

665
Walcker, Ludwigsburg

Name E. F. Walcker & Cie. Orgelbau
Geschäftstätigkeit Orgelbau
Branche Nr. 363
Umfang 120
Laufzeit 1807–2003
Benutzbarkeit Ja
Bestand B 123

Bestandsgeschichte Das Archivgut wurde 2004 aus der Konkursmasse mit Mitteln der Stiftung Kulturgut Baden-Württemberg aufgekauft. Dabei handelte es sich um eine Rückführung des Bestandes vom Saarland nach Baden-Württemberg. Ein Teil des Bestands befand sich im Besitz des Orgelbauers Gerhard Walcker-Mayer und ist in mehreren Nachlieferungen bis 2014 komplett in das Wirtschaftsarchiv übergegangen.

Geschichte Der Ursprung der Firma geht auf die von Johann Eberhard Walcker im Jahr 1780 in Cannstatt eröffnete Orgelbauwerkstatt zurück. 1820 gründete sein Sohn Eberhard Friedrich Walcker in Ludwigsburg eine eigene Werkstatt. Durch den Bau der Orgel in der Paulskirche in Frankfurt/Main wurde Walcker national sowie international bekannt und erlangte weltweites Ansehen. Nach dem Tod von Eberhard Friedrich Walcker übernahmen seine Söhne Heinrich, Paul, Friedrich, Carl und Eberhard die Firma und führten die Tradition ihres Vaters fort. Paul Walcker schied ca. 1890 aus und leitete die Firma W. Sauer in Frankfurt/Oder. 1916 übernahm Oscar Walcker die Firmenleitung und baute die Firma zu einem weltweit tätigen Großbetrieb aus. Nach dem Zweiten Weltkrieg übernahm sein Enkel Werner Walcker-Mayer die Firma und erbaute rund 3.000 der insgesamt 6.000 Orgeln, die E. F. Walcker & Cie. bis zum Jahr 2003 fertigte. Unter seiner Leitung wurde 1986 der Standort von Ludwigsburg nach Kleinblittersdorf verlegt. Durch technische Erfindungen und Neuerungen (z. B. Kegellade), Einführung rationeller Arbeitsmethoden und Serienbau war die deutsche Orgelkultur und -landschaft von Walcker 200 Jahre lang geprägt. Walcker gilt als einer der bedeutendsten Orgelbauer Deutschlands, durch dessen Dispositionsweise die Orgelromantik im 19. Jahrhundert stark beeinflusst wurde.

Bekannte Walcker-Orgeln sind u.a. Frankfurt/Main-Paulskirche, Stuttgart-Stiftskirche, Boston-Festhalle, Leipzig-Gewandhaus, Ulm-Münster, Hamburg-St. Michaelis, Kufstein-Heldenorgel, Dortmund-St. Reinoldi, Riga-Dom, Wiesbaden-Marktkirche.

3 Korrespondenz mit Familienangehörigen 1844–1949, Familienchronik- und Stammbaumunterlagen 1820–1941, tagebuchähnliche Notizbücher und Kalender 1807–1920

4 Chronik ca. 1950, Zeitungsausschnitte 1911–1936

5 Gesellschaftsvertrag 1857

6 Unterlagen zur Firma Sauer 1910–1996 (u.a. Bilanzunterlagen, Prospekte, Übernahmevertrag 1910)

9 Firmenzeitschriften 1941–1971

10 Pläne Werksgelände Postgässle in Ludwigsburg 1883–1912

11 Schuldscheine 1897–1914

13 ca. 50.000 technische Zeichnungen ca. 1838–1997, Opus-Bücher 1838–1991, Einzelteile-Bücher 1956–1971, Kalkulationsbücher über Preise, Akkorde und Orgelteile sowie Pfeifen 1923–1954, Mensurenbücher 1906–1961, Preiskataloge 1951–1955, Ausrechnung der Minimal-Preise 1934–1947, Berechnungen 1919, Kladden zu Produktion und Einbau 1814–1869, Dispositionsbücher 1911–1953, Prüf-Protokolle 1842–1956

14 Aufträge für Hanweiler 1965–1994, Geschäftskorrespondenzen betr. Aufträge ca. 1848–2001, Vertreterrundschreiben 1948–1954

15 Klischee-Verzeichnis-Bücher 1924–1973

16 Bilanzen 1927–1955

47 Fotos von eigenen und fremden Orgeln ca. 1840–1997, Belegschafts- und Eigentümeraufnahmen sowie Werksansichten ca. 1890–1960, Zeichnungen von Fertigungsprozessen ca. 1869; Film »Anatomie einer Orgel« 1969

48 Stempel, Keilbälgchen, Pfeifen, gerahmte Bilder (u.a. Eberhard Friedrich Walcker, Johann Friedrich Walcker, Prospekt Sindelfingen 1830)

50 Oscar Walcker: Erinnerungen eines Orgelbauers, Kassel 1948. Orgelbau E. F. Walcker & Cie. [Ludwigsburg 1951] (Festschrift). Ferdinand Moosmann und Rudi Schäfer: Eberhard Friedrich Walcker (1794–1872), Zum Gedenken an seinen 200. Geburtstag, Kleinblittersdorf 1994. Werner Walcker-Mayer: Eberhard Friedrich Walcker, in: Das Buch der Unteren Stadt, Ludwigsburg 1993, S. 237f. Ders., Dr. h. c. Oscar Walcker, ebd. S. 239f.

666
Waldenbucher Bank, Waldenbuch

Name Waldenbucher Bank eG
Geschäftstätigkeit Kreditgenossenschaft
Branche Nr. 650
Umfang 7
Laufzeit 1892–1995
Benutzbarkeit Ja
Bestand B 139

Bestandsgeschichte Das Archivgut wurde 2005 von der Vereinigten Volksbank AG in Sindelfingen übernommen.

Geschichte Die Waldenbucher Bank wurde 1892 als Darlehenskassenverein gegründet. 1958 erfolgte die Umbenennung in Genossenschaftsbank Waldenbuch, 1961 in Waldenbucher Bank. Mit der Schönaicher Volksbank fusionierte sie 1995 zur Volksbank Schönbuch.

4 Mitgliederverzeichnisse 1892–1969

7 Vorstands-, Aufsichtsrats-, Generalversammlungsprotokolle 1892–1995

10 Baupläne der Bankgebäude Böblinger Straße 6 (heute: Alfred-Ritter-Straße), Gartenstraße 3 und Schulstraße/Ecke Forststraße 1937–1977, Inventarverzeichnis 1961–1968

11 Kreditaufnahmen 1932–1941

12 Warengeschäft 1962–1973

13 Kreditgeschäft 1907–1972, Spargeschäft 1935–1970, Kontobücher Mitgliedergeschäftsguthaben 1951–1963, Wertpapier-Depotbücher 1955–1973, Wechselkopierbuch 1963–1972

16 Hauptbücher 1892–1967, Tagebücher 1938–1941, Jahresabschlüsse, Prüfungs- und Geschäftsberichte 1935–1994

48 8 Sparbücher 1938–2002

49 WABW B 130 (Vereinigte Volksbank AG), B 137 (Volksbank Schönbuch), B 138 (Schönaicher Volksbank)

50 75 Jahre im Dienste der Bürger von Waldenbuch – Waldenbucher Bank eGmbH 1892–1967 (Festschrift). Festschrift zum 100jährigen Jubiläum.

667
Walder Bräu, Königseggwald

Name Königsegger Walder Bräu AG
Geschäftstätigkeit Brauerei
Branche Nr. 159
Umfang 0,5
Laufzeit 1912–1960
Benutzbarkeit Ja
Bestand Y 523

Bestandsgeschichte Das Archivgut wurde 2017 in das WABW übernommen.
Geschichte Der Ursprung der Brauerei geht auf das Jahr 1822 zurück. Um 1900 wurde die Gräflich Königsegg'sche Brauerei in Königseggwald von Fridolin Härle übernommen, einem jüngeren Bruder von Clemens Härle. Seitdem firmierte sie als Härle-Brauerei KG Königseggwald. Ein weiterer Bruder führte die Gräflich Königsegg'sche Brauerei in Aulendorf. Unter Fridolin Härles Urenkel, dem Braumeister Martin Härle, kam die Familienbrauerei um 2002 in wirtschaftliche Bedrängnis. Es bildete sich eine Bürgerinitiative aus Königseggwalder Bürgern und Bierliebhabern aus der weiteren Region. Durch die Gründung der Königsegger WalderBräu AG am 1. April 2003 konnten Braustätte und Mälzerei vor der Schließung bewahrt werden.
7 Versandbücher 1919–21 und 1932–1933; Geschäftsbücher Landwirtschaft 1957–1964; Landwirtschaftliche Leistungen 1945–1949; Kuh-Register 1948–1959
9 Lohnnachweise 1927–1930; Lohnabrechnung 1903–1932
11 Darlehensbuch 1935–1956
16 Kassenbücher 1912–1915

668
Waldhorn, Weilimdorf

Name Gasthaus Waldhorn (Martha Gross)
Geschäftstätigkeit Gasthaus
Branche Nr. 552
Umfang 0,1
Laufzeit 1941–1945
Benutzbarkeit Eingeschränkt
Bestand Y 454

Bestandsgeschichte Das aus einem Band bestehende Archivgut wurde dem WABW zwischen 1985 und 1990 von einer Privatperson übergeben.
12 Wareneingangsbuch für Lebensmittel 1941–1945
50 Im WABW nicht vorhanden.

669
Walker, Kirchentellinsfurt

Name Albert Walker
Geschäftstätigkeit Taschen- und Armbanduhren, Uhrengehäuse
Branche Nr. 330/335
Umfang 2
Laufzeit 1911–1942
Benutzbarkeit Eingeschränkt
Bestand Y 467

Bestandsgeschichte Der Bestand wurde dem WABW 2014 aus dem Nachlass angeboten.
Geschichte Albert Walker hatte einen Familienbetrieb, der ca. von 1925 bis 1955 existierte. Walker stellte Taschen- und Armbanduhren her, die Uhrwerke wurden aus der Schweiz bezogen, in Kirchentellinsfurt wurden die Gehäuse produziert und die Uhren montiert. Diese wurden bis in den Raum Berlin/Posen vertrieben.
3 Privatkorrespondenz 1911–1931
7 Geschäftskorrespondenz 1921–1935
9 Lohnbücher, Stundenkarten 1928–1930
11 Deutsche Bank, Zweigstelle Tübingen 1928–1933
14 Auftragsbücher, Preiskalkulationen 1926–1936
15 Werbung 1930–1933

16 Bilanzen und Inventuren 1927–1933
17 Steuern 1927, 1930
18 Allianz (Agentur Weber) 1929–1935
20 Rundschreiben der Verbände Wirtschaftsgruppe Metallwaren; Fachgruppe Uhren-Industrie der Wirtschaftsgruppe Feinmechanik und Optik, Fachuntergruppe Taschen- und Armbanduhren; Verband der Gold- und Silberwaren- und Uhren-Industrie Pforzheim 1934–1942

670
Walldorf, Wannweil

Name Sammlung Botho Walldorf
Geschäftstätigkeit Eisenbahn, Kulturgeschichte
Branche Nr. 600
Umfang 3
Laufzeit 1960–1987
Benutzbarkeit Eingeschränkt
Bestand Y 192

Bestandsgeschichte Die Sammlung umfasst rund 450 Fotos zu den Themen »Hohenzollerische Landesbahn« und »mittleres Laucherttal«. Weiter enthält sie Kurzbeiträge von Botho Walldorf über ältere und verstorbene Gammertinger Bürger und deren Wirken, über Landwirtschaft, Handel und Gewerbe in Gammertingen und Umgebung. Die Sammlung wurde vom Eigentümer ab 1986 in mehreren Ablieferungen übergeben.
Geschichte Botho Walldorf, geboren 1945 in Lauterbach auf der Insel Rügen, verbrachte seine Schulzeit in Gammertingen und begann ab 1961 mit dem hobbymäßigen Fotografieren der Hohenzollerischen Landesbahn. Die Fotos dokumentieren vor allem die Umstellung der Bahn von Dampf auf Dieselbetrieb. Zugleich wurden Dorfbild- und Landschaftsveränderungen entlang der Bahnstrecke aufgenommen. Die Sammlung umfasst auch die fotografische Überlieferung der Hohenzollerischen Landesbahn von ehemaligen Angestellten der Landesbahn und Privatleuten. Walldorf tritt immer wieder mit Veröffentlichungen und Ausstellungen an die Öffentlichkeit.
49 Originale und Negative: Staatsarchiv Sigmaringen Depositum 44
50 Botho Walldorf, Bahnhof und Betriebswerkstätte Gammertingen während der Dampflokzeit, Selbstverlag Gammertingen 1985. Direktion der Hohenzollerischen Landesbahn AG (Hg.), Die Hohenzollerische Landesbahn AG von der Gründungszeit bis heute, Hechingen 1987. Botho Walldorf, Erinnerungen, Geschichte in Fotografien, Selbstverlag Gammertingen 1998. Botho Walldorf, Feldhausen und Harthausen vor der Motorisierung, Selbstverlag Gammertingen 2002. Botho Walldorf, Lebenswelt um 1900 Geborener in Gammertingen, Selbstverlag Gammertingen 2002.

671
Wandel, Reutlingen

Name Chr. Wandel KG
Geschäftstätigkeit Metalltuch- und Maschinenfabrik
Branche Nr. 287/175/292
Umfang 11
Laufzeit 1846–1997
Benutzbarkeit Ja
Bestand B 79

Bestandsgeschichte Das Archivgut wurde 1995 und 2003 von den Gesellschaftern übernommen.
Geschichte 1869 gründete Christian Wandel in Reutlingen einen Betrieb, der Metallgewebe und Drehknotenfänger für die Papierindustrie produzierte. Diese Spezialprodukte blieben die Basis des Unternehmens. 1962/63 wurde ein Zweigwerk in Öschingen (Kreis Tübingen) errichtet, wohin seit 1970 der Maschinenbau und die Weberei verlagert wurden. 1995 meldete das Unternehmen Konkurs an.
2 Metalltuchweberei in Reutlingen, Oberamtsbeschreibung Reutlingen 1889–1983
3 Familiennachrichten Johann Karl Blum, Christian Wandel sen., Kurt Wandel, Dr. Erna Wandel, Biographie Christian Wandel sen., Ahnentafeln 1846–1989, Erbangelegenheiten, Testamente 1917–1956
4 Firmengeschichte 85 Jahre, Jubiläen um 1950–1986
5 Firmengründung, Gesellschaftsverträge, Handlungsvollmachten, Gesellschafter 1870–1995, Konkurs 1995

7 Webereitagebuch 1933–1956
8 Organisationspläne, Reorganisation, Betriebsanalyse 1959–1986
9 Personalverzeichnisse, Arbeiterstatistik, Arbeitsbücher, Arbeitsordnungen, Löhne, Gehälter, Arbeitszeit, Betriebsrat, Werksbibliothek, Arbeitsjubiläen, Betriebsausflüge 1868–1994, Betriebsrenten 1983–1995
10 Grundbuchauszüge, Baupläne, -gesuche, Mietverträge, Lagepläne, Wiederaufbau nach 1945, Grundstücke 1993–1995, Baupläne Werk Öschingen 1990–1991
12 Zinn-Notierungen, Zubehörlieferungen, Maschinenangebote 1935–1982
13 Patente, Gebrauchsmuster, Lizenzen, Versuche, Gutachten, Normung, Ersatzstoffe, Maschinen, Produktionsstatistik 1887–1988, Auftragsbestände, Produktionszusammenstellungen 1995, Lagerbestandsveränderungen, Preisbildung 1993–1995
14 Kundenverzeichnisse, Auftragslisten, Bestellbücher, Statistik, Kundenkorrespondenz, Umsatz, Preislisten, Vertreter, Konkurrenz 1871–1985
15 Prospekte, Rundschreiben, Annoncen, Gewebemuster, Wasserzeichen, Briefköpfe, Musterbriefe, Referenzen 1871–1995, Diplom Weltausstellung 1867
16 Bilanzbuchserie, Bilanzen 1939–1994, Hauptbuchserie, Inventarbuchserie, Journalbuchserie, Kassenbuchserie, Ein- und Verkaufsbuch, Kalkulation, Kostenrechnung 1848–1955
18 Gebäudebrandversicherung 1886–1911, 1963–1988
19 Kriegsschäden, Demontage, Betriebsgenehmigung, Devisenbewirtschaftung 1945–1956
20 Vereinigung Gernsbacher Papiermacher; Treuhandstelle der Metalltuch-Industrie, Stuttgart 1972–1995
21 Rechtsstreitigkeiten 1890–1896, 1980–1982
47 Fotos: Produkte, Belegschaft, Betriebssport, Inhaber, Vertreter, Messen und Ausstellungen, Fabrikgebäude, Reutlingen, Betriebsausflug 1864–1988
48 Ölportraits von Albert, Erich und Christian Wandel, Statue (Gießer mit Schmelztiegel), Laborwaage, Weberschiffchen 1867–1970
49 WABW B 71 Hermann Wangner, Metalltuchfabrik Reutlingen
50 Chr. Wandel, Metalltuch- und Maschinenfabrik Reutlingen, Württemberg, Sonderdruck aus Industrielle Welt, München [um 1920]. Stadtschultheißenamt u. a. (Hg.), Reutlingen, Berlin 1925, S. 102. 85 Jahre Chr. Wandel Metalltuch- und Maschinenfabrik Reutlingen, [Reutlingen] 1954 (Festschrift). 100 Jahre Chr. Wandel KG Metalltuch- und Maschinenfabrik Reutlingen, Reutlingen 1969 (Festschrift).

672 Wangner, Reutlingen

Name Hermann Wangner GmbH & Co. KG
Geschäftstätigkeit Metalltuch- und Maschinenfabrik
Branche Nr. 287/175
Umfang 5
Laufzeit 1736–1983
Benutzbarkeit Ja
Bestand B 71

Bestandsgeschichte Das 1987 übernommene Archivgut war zuvor in der Registratur, im Arbeitszimmer des Geschäftsführers und im firmeninternen Museum verwahrt worden. Einzelne Archivalien verblieben im Museum.
Geschichte Die Firma wurde 1849 von Hermann Wangner in Reutlingen gegründet. Nach dem Tod des Gründers erwarb 1863 der Kaufmann Adolph Kurtz den Betrieb. 1903 ging die Geschäftsleitung auf dessen Sohn Carl Kurtz-Hähnle über. Anfangs als reine Metalltuchweberei für die Papierindustrie, hat die Firma auch die Herstellung der Metalldrähte in einer eigenen Zieherei und Glüherei übernommen. 1924 wurde eine Maschinenfabrik zur Herstellung eigener Webstühle sowie von Hilfs- und Sondermaschinen für die Papier- und Zellstoffindustrie gebaut. In den 1960er Jahren wurde das Produktionsprogramm erweitert um Kunststoffsiebe, die in Bereichen der Filter- und Abwassertechnik Verwendung finden. 1993 fusionierte das Unternehmen mit der Hermann Finckh Siebtech zur Wangner Finckh GmbH und im Januar 2000 mit der amerikanisch-luxemburgischen Xerium-Holding mit Firmenzentrale in Boston.
2 Industrialisierung Reutlingens 1981
3 Glockengießerei von Heinrich Kurtz, Stutt-

gart, Feuerspritzen von Franz und Christian Adam Kurtz, Kapitalbuch von Mathilde Kurtz, Kapitalbuch von Johannes Kurtz in Ravensburg, Kontokorrent- und Journalbuch von Adolph Kurtz Reutlingen, Familiennachrichten, Wappen 1736–1921

4 Firmengeschichte, Firmenfestschriften, Hundertjahrfeier, Buch- und Zeitschriftenbeiträge 1930–1960

5 Geschäftsübernahme 1903

9 Löhne und Gehälter, Arbeitsbücher, Arbeitsordnung, Personalkonten 1899–1938

10 Bautätigkeit, Schätzungen, Kostenvoranschläge 1903–1950

11 Darlehen, Pfandbriefe, Aktien, Kriegsanleihen 1917–1922

13 Patente, Muster, technische Zeichnungen, Reklamationen, Kalkulation 1860–1952

14 Verkaufsbuch, Kundenadressen, Versandbuchserie, Kommissionsbuchserien, Preise, Umsatz, Provisionen 1849–1962

15 Muster, Prospekte, Referenzen, Kundenbroschüren 1850–1982

16 Bilanzbuch, Tagebuchserie, Hauptbuchserie, diverse Konten, Kassenbuchserie, Wechselbuchserie, Sachkonten 1852–1965

17 Besitz- und Kriegssteuererklärung, Kapitalsteuer, Körperschaftsteuer, Schenkungssteuer, Steuergutscheine 1895–1949

19 Kriegsanleihen, Kriegssteuererklärung 1917

22 Ämter in Zunft und Vereinen, Spenden 1853–1983

47 Fotos: Familie, Inhaber, Fabrikgebäude, Maschinen 1890–1960

50 Hermann Wangner Metalltuch- und Maschinenfabrik Reutlingen, in: Industrielle Welt, Deutsche Industrieunternehmungen in Wort und Bild, Reutlingen [um 1920]. Stadtschultheißenamt u. a. (Hg.), Reutlingen, Berlin 1925, S. 100. Hundert Jahre Wangnersieb, Hermann Wangner, Metalltuch- und Maschinenfabrik Reutlingen, Reutlingen 1949 (Festschrift). Hermann Wangner, Die Firma und ihr Erzeugnis, 1: Werksgeschichte, 2: Das Wangnersieb, 1960 (Festschrift).

673
Wankmiller, Heilbronn

Name Karosserie Wankmiller
Geschäftstätigkeit Karosseriebau
Branche Nr. 342
Umfang 0,2
Laufzeit 1905–1959
Benutzbarkeit Ja
Bestand B 126

Bestandsgeschichte Der Bestand wurde 2008 ins WABW übernommen.

Geschichte 1929 nahm Karosseriebaumeister August Wankmiller mit ca. zehn Mitarbeitern die Produktion von individuellen Aufbauten für Groß- und Kleinbusse sowie Nutzfahrzeugen in Heilbronn auf. Bereits 1939 beschäftigte der Betrieb rund 70 Mitarbeiter. 1944 wurden die Werksanlagen bei einem Bombenangriff total zerstört. Wankmiller begann nach dem Zweiten Weltkrieg im nahe gelegenen Horkheim zunächst Handleiterwagen herzustellen, die damals zur Trümmerbeseitigung gebraucht wurden. 1947 konnte er wieder nach Heilbronn zurückkehren, wo er zunächst in einer provisorischen Werkstatt Reparaturen an Fahrzeugen ausführte und den Karosseriebau wiederaufnahm. Nachdem sein Betrieb wiederaufgebaut war, spezialisierte er sich auf Aufbauten für Omnibus-, Oberleitungs- und Luxusreisebusse. 1953 erhielt er auf der Verkehrsausstellung in München den ersten Preis im Schönheits- und Ausstattungswettbewerb der Omnibusse. 1954 beschäftigte »Karosserie Wankmiller« bereits 110 Arbeiter und Angestellte. Ende der 1950er Jahre nahm Wankmiller auch die Produktion von LKW- und Spezialaufbauten auf und gliederte seinem Betrieb auch einen Automobilhandel für die Firmen Borgward und Goliath an. 1974 stellte die Firma ihre Tätigkeit ein. Der Karosseriebau wurde von Gebr. Bachert, Bad Friedrichshall, übernommen, die bis 1979 Aufbauten für Feuerwehrautos am Standort Heilbronn herstellten.

3 August Wankmiller (Lebenslauf, Arbeitsvertrag, Zeugnisse, 50-jähriges Arbeitsjubiläum, 75. Geburtstag)

4 Firmenjubiläum 25 Jahre, 30 Jahre

10 Baugesuch 1952

15 Presseveröffentlichungen über die Teilnahme an Ausstellungen, besondere Karosseriebauten in Fachzeitschriften 1949–1959
47 Fotos von Omnibussen für den Reise- und Stadtverkehr, Nutzfahrzeuge, Spezialaufbauten, Feuerwehrautos, Innenausstattungen von Omnibussen 1949–1959

674
Warneke, Stuttgart

Name Industriedesigner Helmut Warneke
Geschäftstätigkeit Entwicklung Metallwaren
Branche Nr. 287/362
Umfang 3
Laufzeit 1946–2003
Benutzbarkeit Nein
Bestand Y 546

Bestandsgeschichte Der Bestand wurde Ende 2019 kurz vor Redaktionsschluss übernommen. Weiterführende Hinweise unter: https://wabw.uni-hohenheim.de

675
WBS, Esslingen am Neckar

Name Württembergische Baumwoll-Spinnerei und Weberei bei Esslingen a. N.
Geschäftstätigkeit Textilherstellung (Garne und Tücher)
Branche Nr. 171/172/174
Umfang 30
Laufzeit 1855–1974
Benutzbarkeit Eingeschränkt
Bestand Y 503

Bestandsgeschichte Die Bestandsbildung erfolgte bis zum Ende der Baumwoll-Spinnerei und Weberei bei Esslingen Anfang der 1960er Jahre im Unternehmen. Nach dem Übergang der Werksanlagen an die Daimler-Benz AG kam das Unternehmensarchiv der Baumwoll-Spinnerei und Weberei bei Esslingen in das Unternehmensarchiv der Daimler-Benz AG. Im Jahre 2014 übergab die Daimler AG das Unternehmensarchiv der Württembergischen Baumwoll-Spinnerei und Weberei bei Esslingen dem WABW.
Geschichte Emil Kessler, Direktor der Maschinenfabrik Esslingen, machte das Bankhaus Doertenbach & Co. in Stuttgart sowie andere leitende Personen in Verwaltung und Wirtschaft bereits 1852 auf die Möglichkeit einer starken Wasserkraft durch den Verlauf des Neckars in Brühl bei Esslingen aufmerksam. Die Idee wurde von Seiten der württembergischen Staatsregierung sowie von Banken und der Industrie aufgegriffen und die Firma Joh. Jacob Rieter & Co. aus Winterthur in der Schweiz konnte vor allem aus zollpolitischen Erwägungen für die Gründung einer Baumwollspinnerei und Weberei im benachbarten Württemberg, das Mitglied des Deutschen Zollvereins war, gewonnen werden. Die seit Januar 1856 durch die Bankhäuser Kgl. Württembergische Hofbank, Gebr. Benedikt und Doertenbach & Co. zum Kauf ausgeschriebenen 2.400 Aktien à 500 Gulden (1,2 Millionen Aktienkapital) waren bereits vor Ende Januar 1856 alle gezeichnet. Als Direktor für die neue Fabrik wurde Heinrich Gyr aus Usten in der Schweiz eingestellt. Zu Mitte des Jahres 1858 waren über 20.000 Spindeln und 310 Webstühle in Betrieb. 1906 waren es über 51.000 Spindeln und 809 Webstühle. Der Umsatz war in 50 Jahren von 850.000 auf ca. 3,8 Millionen Mark gestiegen. Im Jahre 1961 wurde im Zuge der Krise in der Textilindustrie die Produktion eingestellt und die Werksanlagen in Brühl an die Daimler-Benz AG verpachtet. Die Werksanlagen der Württembergischen Baumwoll-Spinnerei und Weberei wurden zum Untertürkheimer Werksteil Brühl der Daimler-Benz AG. Von Mai 1962 bis März 1963 fand der Umzug der Daimler-Tauschaggregate-Fertigung in den neuen Werksteil statt.
4 50jähriges und 100jähriges Jubiläum (u. a. Festprogramme, Speisenfolge, Redner, Gästelisten, Festschriften) 1908, 1956
5 Korrespondenzen (u. a. mit Georgii (Doertenbach und Co.), König Wilhelm I., Joh. Jacob Rieter), Gründungsgenehmigung, Vertrag zwischen Verwaltungsrat und Joh. Jacob Rieter aus Winterthur 1855–1856, Statuten 1856, 1899, 1920, 1921, 1924, 1961
7 Einstellungs- und Verlängerungsverträge mit

den Direktoren und Vorständen Heinrich Gyr, Konrad Gyr und Eugen Anhegger 1856–1892, Korrespondenz zwischen Direktion und AR 1900–1936, Korrespondenz mit Behörden (u. a. Handels- und Gewerbekammer Stuttgart, Stadtschultheißenamt Obertürkheim) 1858–1878, Direktionsberichte für die Hauptversammlung 1858–1866, Monatsberichte der Direktion an den AR (enthält u. a. Rohbilanzen, Gewinnverteilungsvorschläge, Vorbereitung Generalversammlung) 1860–1867, 1896–1936, Geschäftsberichte 1884–1978, Kopierbuchserie (Direktion) 1894–1919, AR-Protokolle (u. a. Protokolle, Einladungen, Korrespondenzen) 1900–1942, Hauptversammlungsprotokolle (u. a. Protokolle, notarielle Beglaubigungen, Korrespondenzen, Anwesenheitslisten) 1901–1938, Jahresberichte der Direktion an den AR 1904–1944, Zusammenfassung der AR-Sitzungsprotokolle 1907–1955, Hauptversammlungsunterlagen (u. a. Einladungen, Tagesordnungen, Anwesenheitslisten, Geschäftsberichte, Korrespondenzen mit Aktionären und Banken, außerordentliche Hauptversammlung 1965) 1938–1968, Allgemeine Geschäftskorrespondenz 1960–1974

9 Unterstützungskasse, Betriebskrankenkasse, Pensionsfonds (u. a. Satzungen, Statuten, Anmerkungen und Berichte, Korrespondenzen, Protokolle, Bankbelege) 1874–1973, Leistungsbericht der Betriebsgemeinschaft 1942/43, Personalakten ca. 1945–1960, Personal-Eintrittsbuch, Personal-Austrittsbuch 1946–1961, Kindergarten Brühl 1950–1975

10 Grundstückskäufe, Grundstücksverkäufe, Grundstückstausch (u. a. Verträge, Korrespondenzen u. a. mit Bankhaus Doertenbach und Bankhaus G. H. Keller, Lagepläne, Lageplan Neckarbettverlegung 1915, Neckarverlegung, Feldbereinigung, Beurkundungen, Grundbuchauszüge, Verkäuferlisten, Quittungen) 1855–1951, Korrespondenz, Genehmigung und Beschreibung von Kanal und Turbinen 1856, Quelle Palmwald (u. a. Verträge, Korrespondenzen, Wasserleitungsbau, Reparaturen, Lagepläne) 1859–1954, Baugesuche (u. a. Genehmigungen, Lagepläne, Grund- und Aufrisse, Zeichnungen, Fotografien) 1885–1951, Fabrikgebäude (u. a. Baugesuche, Korrespondenzen, Baupläne) 1898–1964, Arbeiterwohnsiedlung Brühl (u. a. Lagepläne, Bebauungspläne, Baugesuche, Korrespondenzen u. a. Waschküche, Schulhaus, Kinderkrippe, Wirtschaft zum Brühl) 1902–1952, Neckarschifffahrt, Neckarkanal, Staustufe Obertürkheim (u. a. Korrespondenzen, Besprechungsprotokolle, Lagepläne) 1913, 1921–1922, Telefoneinrichtung (u. a. Lagepläne, Korrespondenzen) 1913, Wasserentnahme aus dem Brühlkanal (u. a. Genehmigung, Gutachten, Korrespondenzen, Quittungen) 1923, Korrespondenz Abwasserkanal und Gebäudetausch 1949–1953, Hauptabwasserkanal (u. a. Vertrag, Korrespondenzen) 1952, Turbinendaten und Wasserstandsstatistik 1952–1953, Korrespondenz Bundesstraße 10 1955–1964, Korrespondenz Fabrikkanal und Kanalbrücke 1961–1966, Kraftwerk (Korrespondenz Verkauf) 1961–1968, Wohnsiedlung Brühl (u. a. Mietverträge, Mietzahlungen, Beschwerden, Rechtsstreitigkeiten) 1960er und 1970er Jahre, Kanalisierung Brühl (u. a. Baugesuche, Korrespondenzen, Pläne), Grundstücke (Lagepläne) 1960er Jahre, Werksumbau und Verpachtung an Daimler-Benz AG (u. a. Korrespondenzen, Bauaufträge, Baurechnungen) 1960er Jahre, Mietunterlagen 1960, Einheitswerte 194–1979

11 Deutsche Bank 1965–1974, Bankhaus Kapff 1966–1973, Finanzplanung 1972

12 Strombezug (Korrespondenz mit ME) 1917–1970

13 Musterschutz 1958–1961

16 Monatsabschlüsse 1911–1916, Bilanzprüfberichte der Wirtschaftsprüfer (u. a. RM-Abschlußbilanz und DM-Eröffnungsbilanz) 1925–1966, Betriebsübersichten 1957–1961, Bilanzunterlagen 1961–1965, Kassenberichte 1964–1974, Quartalsunterlagen 1966–1967, Finanzstatus 1966–1971, Korrespondenz Wirtschaftsprüfer 1966–1970, Konzernabschlüsse 1967–1970, Zwischenbilanzen, Monatsabschlüsse 1968,

17 Spinnweberzusatzsteuer, Umsatzsteuer (u. a. Korrespondenzen, Gutachten) 1963–1968, Vermögenssteuer 1950–1963, Körperschaftssteuer 1962–1974, Berichte Betriebsprüfung 1931–1963

18 Korrespondenz mit Versicherungsanstalten 1962–1967

21 Anwaltskorrespondenzen 1965–1970

22 Krankenpflegeverein Mettingen/Brühl e. V. 1955

50 Georg Doertenbach, Die Württembergische Baumwollspinnerei und Weberei bei Esslingen

a. N. 1858–1908 Festschrift anlässlich des 50jährigen Betriebsjubiläum. Stuttgart 1908. 150 Jahre Joh. Jacob Rieter und Cie. Winterthur-Töss 1795–1945. Winterthur 1945. Christel Köhle-Hezinger, Die Württembergische Baumwollspinnerei und Weberei bei Esslingen. In: Esslinger Studien Zeitschrift 28 (1989), S. 167–186. Gert Kollmer, Zur Rolle der Banken in der württembergischen Textilindustrie in der Zeit des Deutschen Kaiserreichs. In: Zeitschrift für württembergische Landesgeschichte Jg. 47 (1988), S. 399–456. Gert Kollmer-von Oheimb-Loup, Zollverein und Innovation. Die Reaktion württembergischer Textilindustrieller auf den Deutschen Zollverein 1834–1874 (Beiträge zur südwestdeutschen Wirtschafts- und Sozialgeschichte Bd. 22). St. Katharinen 1996.

676
WCM, Heidenheim an der Brenz

Name Württembergische Cattunmanufaktur AG
Geschäftstätigkeit Textildruckerei
Branche Nr. 170/173
Umfang 46
Laufzeit 1856–1961
Benutzbarkeit Ja
Bestand B 45

Bestandsgeschichte Das Archivgut wurde 1982 übernommen. Die Überlieferung ist umfassend, wobei kaufmännisches Schriftgut sowie Korrespondenz und Akten der Geschäftsleitung Schwerpunkte bilden. Der Bestand wird ergänzt durch den Nachlass von Dr. Jacques Whitfield (WABW, N 1) über den Augsburger Kattunfabrikanten Johann Heinrich von Schüle und die Anfänge des Kattundrucks.

Geschichte Im Jahr 1766 eröffnete der Textilfabrikant Johann Heinrich Schüle aus Augsburg eine Baumwolldruckerei am Heidenheimer Brenzsee. 1768 kehrte er wieder nach Augsburg zurück. Johann Christian Meebold aus Sulz am Neckar kaufte die Gebäude und gründete Meebold, Hartenstein & Comp., seit 1788 Meebold, Schüle & Comp. Nach Auflösung der Kontinentalsperre geriet die Firma in Absatzschwierigkeiten, das Unternehmen wurde 1817 aufgelöst. Der Teilhaber Ludwig Hartmann kaufte Teile des Betriebs und gründete 1818 die Firma Hartmann, aus der später die Verbandstoff-Fabrik hervorging. 1823 erwarben die Brüder Christian Friedrich und Johann Gottlieb Meebold die von Hartmann nicht übernommenen Anlagen und gründeten die Indiennefabrik Gottlieb und Friedrich Meebold. Nach der Gründung des Deutschen Zollvereins wurde der Cattundruck ausgebaut und das Unternehmen mit modernsten Maschinen ausgestattet. Robert Meebold wandelte das Familienunternehmen 1856 in eine Aktiengesellschaft um.
1966 wurde die Produktion, 1981 der Textil-Detailverkauf eingestellt. Die Werkswohnungen in der Heidenheimer »WCM-Siedlung« wurden verkauft, die alten Betriebsanlagen in die WCM Beteiligungs- und Grundbesitz AG mit Sitz in Hamburg eingebracht.

2 Plan der Oberamtsstadt Heidenheim (M. 1:5000) 1927
4 Jubiläumsreden 1906
5 Übernahme Meebold-Gründung WCM 1856, Statuten 1886–1899, Gesellschaftsverträge 1921–1950
6 Deutsches Textilwerk Zittau 1926–1929, C A Becker in Leipzig (Schiebler & Co. Elberfeld) 1926–1950, Deutsche Textil AG Berlin 1929–1944, Langheinrich 1934
7 Korrespondenz Verwaltungsratsprotokolle 1857–1897, Aufsichtsrat und Vorstand 1895–1947, Kopierbuch 1895–1903, Direktor und Familie Poppe 1902–1909, Korrespondenzen Meebold, Metzger 1915–1916, WCM Privatkorrespondenz 1915–1926, Geschäfts- und Direktionskorrespondenz 1920–1958, Generalversammlung 1921–1934, Wiederaufbau nach Brandfall 1922, Aufsichtsrat 1923–1928, Korrespondenzen mit Reichsbahn, Ämter und Elektrizitätswerk 1923–1933, Korrespondenzen Direktoren Scheffler, Rolfsmeyer 1929, Korrespondenz mit den Firmen Baumwoll Weberei und Spinnerei Bayreuth, Ernst Reinemann Hannover, Voget & Rose, WSW Waldsee, KBC, NAK, S&B, Suma 1931–1952, Aktennotizen, Reiseberichte 1945–1952, Vorstandsberichte 1946–1949, Betriebsbesprechung 1948, Korrespondenz Dr. Wurster 1950–1956, Direktoren Klemm, Scheffler 1950, Vorstandsbesprechungen 1953–1956

8 WCM Archiv
9 Arbeiterbuch Meebold 1835–1849, Dienstordnungen 1859–1872, Löhne und Gehälter 1884–1959, Personalzeugnisse und -auskünfte 1900–1938, Mitarbeiterstatistik 1905–1948, Pensionskasse 1907, Arbeiterausschuß 1910, Urlaub, Arbeitszeit 1912–1940, Beitragsleistung Angestelltenversicherung 1913–1942, Betriebsrat 1919–1949, Pensionen Angestellte 1919–1927, Angestelltenkartei 1920–1930, Dienstaltersprämien 1924, Angestellten-Pensionäre 1928–1938, Betriebskrankenkasse 1932, Zuwendungen 1934–1950, WCM-Unterstützungsverein 1949–1950, Protokollbuch Betriebsrat-Direktion 1949, Ingenieurbewerbungen 1954, König Karl Medaille 1894–1937, Kinderkrippe 1904, Trauerfälle 1917–1940, WCM-Stiftung 1921–1954, Mietverträge mit Mitarbeitern 1926–1947, Lebenshaltungszuschuß Witwen, Waisen, invalide Arbeiter, Kriegerfrauen 1929–1950, Siedler-Darlehen 1936–1950, Deutsche Arbeitsfront 1942–1945
10 Wohnungsfragen 1919–1922, Bauakten (u. a. Architekt P.J. Manz) 1922–1923, Grundstücke 1930–1954, Betriebsbeschreibung 1940–1956, Fabrikerweiterung 1950–1952
11 Aktienbuch 1857, Aktien-Anmeldungs-Verzeichnis 1860, Aktien 1869, Anleihen 1873–1926, Dividendencouponsskonto 1884–1922, Partialobligationen 1891–1930, Wertpapiereinnahmen 1897, Teilschuldverschreibungen 1907, Betriebskapital 1909–1910, Banken, Kredite 1909–1930, Talons Teilschuld 1915, Deutsche Bank 1917, Aktien-Korrespondenz 1920, Aktienkäufe 1921, Kapitalerhöhung 1921, Pfandbriefe 1925–1928, Obligation-Aufwertung 1926–1927, monatlicher Geldbedarf 1928–1948, Gewinnanteilscheine 1929–1938
12 Rohwareneingangsbuch 1906–1917, Baumwollpreisnotizen 1917–1925
13 Tägliche Produktionsstatistik 1900–1920, tägliche Statistik über Verbrauch, Arbeitszeit und Produktion 1926–1944, Verbrauchsstatistik 1939–1948, Maschinen- und Motorenkartei 1920–1950, Maschinen 1922–1953, Energie 1930, Bestand und Verbrauch Chemikalien 1944–1945, Produktion 1945–1949, Patentangelegenheiten 1946–1948, Revisionsberichte Dampfkesselanlage 1956–1961
14 Versandstatistik 1911–1948, Verkaufspreise 1921–1926, Verkaufsbedingungen 1921, Verkaufsstatistik 1921, Vertreter 1921–1950, Bilanzen der Konkurrenz 1928–1947, Kundenkartei 1933–1942, Aufträge 1940–1949, Außenhandel 1940–1947, Frankfurt Export-Ausschuß 1948, Schweizer Firmen 1948, Vertreterrundschreiben 1949–1952
15 Musterbücher 1800–1951, Werbung 1950
16 Inventar Meebold & Co 1848, Inventar und Bilanz Meebold & Co 1849, 1856, Farbwareninventur Meebold & Co 1856, Rechnungsabschlüsse 1858–1956, Kalkulationen 1875–1958, Geschäftsberichte 1883–1957, Kreditorenbuchserien 1898–1929, Debitorenbuchserien Firmenkonten 1898–1930, Debitoren-Tagebuchserien 1901–1947, Kasse 1906–1934, Inventuren 1909–1949, Kontenbuchserien 1910–1927, Geheimbuch Direktoren 1910–1950, Wertberichtigungen 1911–1920, Revisionsberichteserie Treuhandgesellschaft 1914–1944, Haupt-Tagebuch-Kreditorenbuchserie 1917–1928, Gewinn- und Verlustrechnungen 1922–1936, Abschreibungen 1924–1928, Abschlußbuchungen 1928–1961, Monatsbilanzen 1928–1951, Bilanzunterlagen 1931–1959, Wechselbuchserie 1931–1937, Scheckbuchserien 1936–1942, Fertigungskosten 1940–1956, Gewerbewert, Erlöse 1940–1947, Umsatzmeldungen 1940–1945, Gewinn- und Verlustrechnungen 1942–1959, Privat- und Darlehenskonto 1944–1952, Treuhand-Berichte 1944–1953, Anlagevermögen 1948–1953, Kostenstellenplan 1949, Gemeinkosten 1949, Abschreibungen 1950–1958, monatliche Aufwands- und Ertragskonten 1950–1957, Statistik 1951–1952, Monatsbilanzen 1952–1954, Faconkosten 1955–1958, Kostenträger 1955, Kostenstellen 1960–1961
17 Gewerbesteuer 1900–1929, Einkommensteuer 1903–1922, Kriegssteuer, Reichsnotopfer 1914–1923, Körperschaftsteuer 1916–1933, Umsatzsteuer 1917–1935, Aufsichtsratssteuer 1919–1924, Kapitalertragsteuer 1920–1923, Steuerzahlungen 1924–1929, Zölle 1924–1926, Grunderwerbsteuer 1925–1927, Steuertermine 1925–1928, Kirchensteuer 1925–1926, Vermögensteuer (Reichsbewertungsgesetz) 1926, Steuergutschrift 1939, Steuergutscheine 1942
18 Brandschadenumlage 1916–1921, Gebäudebrandversicherungsanstalt (Brandfall) 1922–1944, Versicherungspolicen 1927–1945
19 Landwirtschaftliche Bezugs- und Absatzge-

nossenschaft 1917, Military Government Heidenheim 1945–1946, Wehrmachtsforderungen 1945–1950

20 Industrieverein Heidenheim 1919–1931, Vereinigung deutscher Stoffdrucker 1923, Textilarbeitgeberverband 1924–1928, Industrie- und Handelskammer Heidenheim 1928–1956, Forschungsstelle für allgemeine und textile Marktwirtschaft Universität Münster 1941–1949, Interessengemeinschaft Deutscher Stoffdruckereien 1941–1950, Vereinigung Textildrucker 1947–1949, Verein südbayerischer Textilindustrieller Augsburg 1947–1949, Verband südwestdeutscher Textilindustrieller Stuttgart 1950–1960, Vereinigung Stoffdruckverein e. V. Bonn 1953–1960

21 Rechtsstreite 1923

47 Fotos:
Fabrikgebäude (Gesamtansichten und Einzelgebäude): um 1750–1960 (Eisenschmelzwerk Heidenheim um 1770, Plan Eisenwerk und Kattunfabrik 1778, Heidenheimer Bahnhof 1929), Personen: J.G. von Schüle um 1770, Karl Kolb (Vorstand Baumwollspinnerei Bayreuth) um 1870, Geheimrat G. Wurster (Mitglied des Aufsichtsrat) 1923, K. Uhrmacher (Vorstand WCM) 1954, F. Behrens (Vorstand WCM) 1954, Ludwig Erhard auf WCM-Messestand Frankfurt a. M. 1950er Jahre,
Arbeit und Soziales: Badeanstalt um 1906–1940, Kinderkrippe um 1906–1960, Kantine um 1906–1940, Arbeiterwohnsiedlung 1906–1950, Werkskapelle 1930er Jahre, Betriebssport 1930er Jahre, Betriebsausflüge 1930er Jahre, Arbeitsjubiläen um 1930–1960, Betriebsversammlungen um 1930–1950, Lehrlinge 1930er Jahre,
Verwaltung und Produktion: Zeichenatelier, Ökonomiegebäude, Verwaltung, Gravure, Maschinenhaus, Kesselhaus, Bleiche, Färberei, Rauherei, Druckerei, Trocknerei, Legsaal, Fertiglager, Warenpräsentation um 1900–1960, Mechanische Baumwollspinnerei und Weberei Bayreuth (SWB): Außen- und Innenansichten um 1900–1955, Brand und Neubauten 1922–1953

48 Auszeichnungen: Halbrelief von König Wilhelm I. v. Württemberg (Gips in Goldrahmen) um 1850/60, allegorische Darstellung, Halbrelief »Zur Anerkennung allgemeiner Verdienste um Gewerbe und Handel (Gips in Goldrahmen) um 1850/60

49 WABW N 1 Whitfield (Waitzfelder)

50 Paul Hirschfeld, Württembergs Großindustrie und Großhandel, hrsg. von der Deutschen Export-Bank Berlin, Leipzig 1889, S. 55–57. Bruno Heinrichs, Die Württembergische Cattun-Manufactur Heidenheim a. Brenz 1856–1906, Ihre Entstehung und Entwicklung, Stuttgart 1906 (Festschrift). Das Land Württemberg, Seine wirtschaftliche und kulturelle Bedeutung, II. Ausgabe, Verlag Stuttgarter Neues Tagblatt, Stuttgart 1927, S. 22. Jacques Waitzfelder, Der Augsburger Johann Heinrich von Schüle, Ein Pionier der Textilwirtschaft im 18. Jahrhundert, Leipzig 1929. Vera Rosemarie Bloemer, Die Württembergische Cattunmanufaktur zu Heidenheim an der Brenz, Unternehmensstrategien in zwei Jahrhunderten, Dissertation Heidelberg 1991. Udo Klaußner, Zur Unternehmensgeschichte der »Württembergischen Cattunmanufaktur« in Heidenheim an der Brenz im Rahmen des Industrialisierungsprozesses Württembergs, Diplomarbeit Hohenheim 1984 (Typoskript im WABW). Reiner Flik, Die Textilindustrie in Calw und Heidenheim 1750–1870, Stuttgart 1990.

677
Weber, Heilbronn

Name Sammlung Alexander Weber
Geschäftstätigkeit Sammlung PKW, Eisenbahn, Nutzfahrzeuge, Omnibus, Fa. Märklin
Branche Nr. 340/350/365
Umfang 15
Laufzeit 1950–2014
Benutzbarkeit Eingeschränkt
Bestand Y 462

Bestandsgeschichte Das Archivgut wurde dem WABW in 2013 und 2014 übergeben.
Geschichte Alexander Weber ist als freier Journalist vor allem im Bereich Technikgeschichte und als Nutzfahrzeughistoriker tätig. Im Rahmen seiner Recherchen hat er dabei eine Sammlung mit Prospekten, Katalogen, Pressemappen etc. zu Nutzfahrzeugen und Omnibussen, aber auch zu den Themenbereichen PKW und Eisenbahn sowie zu den Modellbahnen der Fa. Märklin angelegt.

13 Prospekte und Pressemappen von PKW-Herstellern (u. a. Mercedes-Benz, Porsche, Audi) 1950–2014, Prospekte und Pressemappen von Nutzfahrzeugherstellern und Aufbauherstellern (u. a. Mercedes-Benz, MAN, Büssing, Liebherr) 1950–2014, Kataloge und Prospektblätter der Firma Märklin 1979–2014, Messekataloge
47 Fotos, Dias und Negative von Nutzfahrzeugen 1950–2010
48 Modell eines Gelenkomnibusses der Officina Meccanica della Stanga 1965
50 Alexander Weber: Magirus Omnibusse, Brilon 2013; Alexander Weber: Kässbohrer & Setra Omnibusse (2Bd.), Brilon 2014. Alexander Weber: MAN Omnibusse, Brilon 2015.

678
Wehra, Wehr/Baden

Name Wehra AG
Geschäftstätigkeit Teppich- und Möbelstoffweberei
Branche Nr. 170/175
Umfang 4
Laufzeit 1869–1990
Benutzbarkeit Eingeschränkt
Bestand Y 174

Bestandsgeschichte Das Archivgut wurde 1993 übernommen.
Geschichte Das Unternehmen wurde 1871 unter der Firma Neflin & Rupp in Wehr gegründet. Es befasste sich zunächst mit der Herstellung von Schuhplüschen und Pantoffelstoffen. In den 1880er Jahren wurde die Herstellung von Möbelstoffen aufgenommen. 1882 schloss sich die Firma mit Roth & Cie. aus Reutlingen zu den Süddeutschen Schuhstoff-Fabriken, Reutlingen zusammen. 1907 kam unter der Leitung von Alfrede Hauber eine Abteilung für Teppichweberei hinzu. 1921 wurde die Firma in die Wehra Aktiengesellschaft, Teppich- und Möbelstoffweberei umgewandelt. 1968 erfolgte die Übernahme durch die Falke-Gruppe und Gründung der Wehra GmbH. 1988 wurde die Wehra GmbH von der Buschmann-Unternehmensgruppe übernommen.
2 Ortsgeschichte Wehr
4 Festschrift zum 80-jährigen Bestehen, Chronik, Manuskript Firmengeschichte, Zeitungsausschnitte
5 Handelsregisterauszüge, Satzung der Wehra AG
6 Verkauf der Betriebsabteilung in Viersen 1966, Neflin & Rupp KG 1915–1918
7 Geschäftsberichte 1962–1967, Vorstandsberichte 1960er Jahre, Hauptversammlungsprotokolle 1947–1966, Verträge 1869–1936, Korrespondenzen 1960er Jahre
8 Organigramm 1979
9 Gehälter 1961–1968, Gefolgschaftshilfe, Unterstützungskasse 1927–1955, Bewerbungen 1970er Jahre
10 Bauvorhaben, Baupläne
11 Darlehen 1972, Kapitalerhöhung 1968, Dividenden 1951, Bankkorrespondenzen, Hypotheken
13 Produktionstechnik 1960–1970er Jahre, Abwasser 1957–1970, Maschinen- und Geräteinventar, Anlagekartei
14 Firma Hesselmann 1960er Jahre, Preislisten, Umsatz, Vertreterkonferenzen 1954–1957
15 Teppichkollektionen und -kataloge 1975–1990, Prospekte
16 Bilanzen 1923–1963, DM-Eröffnungsbilanz 1948, Jahresabschlußprüfungen 1948–1978, Abschreibungen 1960–1962, Hauptbuch 1928–1932, Privatkonten 1921–1923, Gewinn- und Verlustrechnungen, Bestandsaufnahme 1948–1959
17 Steuererklärungen 1923–1938, Steuern 1946–1967, Körperschaftsteuer 1950–1955, Betriebsprüfung 1967–1968
18 Schätzungsprotokolle zur Feuerversicherung 1907–1960
19 Demontagen, Reparationen 1939–1963
21 Schadensersatzklage 1967–1968, Rechtsstreit Bankhaus Kress 1966–1972, Prozess Hesselmann 1965–1972
47 Fotos: Firmenareal 1979, Produktion
50 Erich Köhrer (Hg.), Das Land Baden, Seine Entwicklung und seine Zukunft, 2. Auflage Berlin 1925, S. 284. 80 Jahre Wehra Möbelstoffe, Teppiche, Läufer, Wehr 1951 (Festschrift).

679
Weidner, Asperg

Name Eugen Weidner
Geschäftstätigkeit Gips- und Gipsdielenfabrik
Branche Nr. 266/452
Umfang 0,1
Laufzeit 1909–1917
Benutzbarkeit Eingeschränkt
Bestand Y 164

Bestandsgeschichte Die Geschäftsbücher wurden 1984 übernommen.
Geschichte Bereits die Oberamtsbeschreibung von 1859 erwähnt neun »Gypsmühlen« zur Ausbeutung der reichen Lager am Fuße des Aspergs. In der Beschreibung des Königreichs von 1904 stehen »zwei Gipsfabriken«, darunter vermutlich die von Eugen Weidner. In den Reichsadreßbüchern für Industrie, Gewerbe und Handel ist der Betrieb bis zur Ausgabe vom Jahre 1939 aufgeführt.
16 Journalbuchserie 1909–1917
50 Im WABW nicht vorhanden.

680
Weigle, Stuttgart

Name Orgelbau Karl Gottlieb Weigle
Geschäftstätigkeit Orgelbau
Branche Nr. 363
Umfang 0,1
Laufzeit 1846–1878
Benutzbarkeit Eingeschränkt
Bestand B 62

Bestandsgeschichte Bei der Renovierung der Pfarrkirche in Uhlbach (Stadtkreis Stuttgart) im Jahr 1988 wurde u. a. der hölzerne Blasebalg der Orgel entfernt. Auf der Rückseite von etwa 25 der demontierten Bretter waren die Papiere, die nun den Bestand bilden, aufgeklebt. Dafür boten sich zwei Erklärungen an: a) Nach Aussage des Pfarrers sollte das Papier ein Verziehen des Holzes verhindern. b) Das Papier sollte die Lücken zwischen den Brettern abdecken und so den Blasebalg luftdicht verschließen. Die Firma Orgelbau Weigle hatte die Blätter beim Neubau der Uhlbacher Kirchenorgel 1895, also 13 Jahre nach dem Tod des Gründers, verarbeitet bzw. verklebt. Der Restaurator des WABW löste 1988 die Papiere von den Brettern und restaurierte sie. Die überwiegende Mehrzahl des Schriftguts besteht aus – seiner Herkunft entsprechend fragmentarisch überlieferter – Geschäftskorrespondenz von Karl Weigle mit verschiedenen Gemeinden und Personen, in der Weigle um Kostenberechnungen für den Bau oder die Reparatur von Orgeln gebeten wird bzw. solche bietet bzw. konzipiert.
Der Bestand wurde trotz seines verbesserungsbedürftigen Erhaltungszustandes übernommen, da er zum einen vermutlich die einzige Überlieferung des Unternehmens aus dem 19. Jahrhundert darstellt, zum anderen rund die Hälfte der Schriftstücke einer bestimmten Gemeinde zugeordnet werden konnten.
Geschichte Karl Gottlieb Weigle, 1810 in Ludwigsburg geboren, begann 1826 eine Lehre im Orgelbauunternehmen seines Onkels Eberhard Friedrich Walcker und stieg dort zum ersten Gehilfen auf. 1845 gründete Weigle in Stuttgart sein eigenes Unternehmen, das später nach Echterdingen verlegt wurde. 1873 führte er auf der Weltausstellung in Wien seine Erfindung der Elektromagnetischen Orgel vor. 1880, zwei Jahre vor seinem Tod, übergab der Gründer die Geschäftsführung seinem Sohn Friedrich (1850–1906). Bis dahin hatte das Unternehmen rund hundert Orgeln gebaut, unter anderem in Stuttgart in der Johannis-, Hospital- und Eberhardskirche, in Hamburg und in Jerusalem. 1902 endete ein Konkursverfahren mit dem Fortbestand des Familienunternehmens, der Enkel des Gründers, Friedrich [II.] Weigle (1882–1958) übernahm die Geschäftsführung. 1985 baute die Firma mit der Orgel für die Stephanskirche am Standort Echterdingen ihre letzte Orgel.
14 Anfragen und Kostenberechnungen für den Bau oder die Reparatur von Orgeln für verschiedene Auftraggeber v. a. in Württemberg, auch Surinam und Westafrika
49 WABW Y 201 Walcker, Ludwigsburg
50 F[ranz] C[aspar] Huber, Festschrift zur Feier des 50-jährigen Bestehens der Württembergischen Handelskammern, II. Teil: Großindustrie und Großhandel in Württemberg, Stuttgart 1910, S. 96.

681
Weiland, Mannheim-Neckarau

Name Weiland GmbH & Co. KG Metallwerke
Geschäftstätigkeit Maschinenbau, Gießerei
Branche Nr. 270/275
Umfang 0,1
Laufzeit 1936–1960
Benutzbarkeit Ja
Bestand B 75

Bestandsgeschichte Die Fotografien wurden 1984 nach dem Konkurs übernommen. Da die Betriebsgebäude im Zweiten Weltkrieg völlig zerstört wurden, ist eine Überlieferung älterer Dokumente wohl nicht vorhanden.
Geschichte Die von Weiland 1896 gegründete Metallgießerei produzierte alle Arten von Metallguß in Messing, Rotguß, Bronze sowie Kokillenguß und Massenartikel auf Formmaschinen. Das Unternehmen wurde im Zweiten Weltkrieg total zerstört. Seit 1984 betreibt die neu gegründete MGM Metall-Gießerei Mannheim GmbH auf dem Grundstück der im November 1983 in Konkurs gegangenen Metallwerke Weiland GmbH & Co. KG eine Metallgießerei.
47 Fotos: Gebäude, Produktion, Maschinen, Betriebsausflüge, Geschäftsführung, Belegschaft, Werksgelände, Fuhrpark 1936–1960
50 Arthur Katz-Foerstner (Hg.), Handbuch der Badischen Wirtschaft, Berlin und Karlsruhe 1922, S. 102.

682
Weisser, Eugen, Heilbronn

Name Eugen Weisser & Co. KG
Geschäftstätigkeit Werkzeugmaschinenfabrik
Branche Nr. 294
Umfang 0,2
Laufzeit 1930–1944
Benutzbarkeit Eingeschränkt
Bestand Y 193

Bestandsgeschichte Das Archivgut wurde 1985 übernommen.
Geschichte 1921 gründeten Ernst Schweizer und Eugen Weisser eine Maschinenbau-Anstalt, die 1930 ins Handelsregister eingetragen wurde. Mit dem Aufkommen der Hartmetallwerkzeuge begann sie als eine der ersten Firmen in Deutschland, hochtourige Produktionsdrehbänke herzustellen. Auch die Fertigung von Spezialmaschinen für die Automobilindustrie, besonders zum Drehen, Vor- und Fertigbohren sowie Läppen von Automobilkolben, wurde schon früh betrieben. Nach fast vollständiger Zerstörung des Werkes bei einem Luftangriff 1945 entwickelte sich die 1963 rund 550 Mitarbeiter zählende Werkzeugmaschinenfabrik zu einem bedeutenden und exportintensiven Unternehmen. 1984 stellte die Firma Antrag auf Konkurs.
9 Lehrlingswesen um 1930–1940
15 Prospekte, Karten, Ausstellungen um 1930–1940
20 Wirtschaftsgruppe Maschinenbau 1936
47 Fotos: Produkte, Lehrlingsausbildung, Sozialeinrichtungen, Betriebssport um 1930–1944
48 Studienreisen USA
49 WABW A 21, Firmenakte 234
50 Julius Keil (Hg.), Die westdeutsche Wirtschaft und ihre führenden Männer, Land Baden-Württemberg Teil III, Frankfurt am Main 1963, S. 282–284.

683
Welker, Stuttgart

Name Welker GmbH und Co. KG
Geschäftstätigkeit Tonbildschauhersteller
Branche Nr. 744
Umfang 7
Laufzeit 1958–2000
Benutzbarkeit Eingeschränkt
Bestand Y 250

Bestandsgeschichte Das Archivgut wurde 2000 im Anschluss an die Liquidation von der Geschäftsleitung übernommen.
Geschichte 1958 von Irmgard Welker in Stuttgart gegründet, produzierte die Text und Bild Welker KG Tonbildschauen für Schulung, Verkaufsförderung, Werbung und Public Relation. Zum Kundenkreis zählten zahlreiche namhafte Firmen. Aus Baden-Württemberg waren dies z. B. Bosch, Voith, WMF und Stihl. Für die qualitativ anspruchsvollen Produkte erhielt Welker bei internationalen Film- und TV-Festivals die höchsten Auszeichnungen und Ehrungen. Seit 1989 wurden auch Videos und CDs hergestellt. Im Jahr 2000 wurde die Firma liquidiert.
8 Firmenhandbuch mit Hausmitteilungen, Arbeitsanweisungen und -abläufe 1967–1995, Betriebs- und Arbeitsanweisungen 1988–1998
11 Diverse Darlehen 1963–1968
12 Technische Geräte 1963–1969, Genehmigungen und Gebühren für Musikverlage 1971–1986
13 Drehbücher einzelner Tonbildschauen (um 670 Stück) 1965–1994, Verträge und Schriftwechsel mit Autoren, Grafikern, Sprechern, Fotografen 1969–1989, Statistiken 1978–1995, Vernichtung und Archivierung von Tonmaterial 1987–1990
14 Umsatzaufgliederung 1982–1984, Informationen über Konkurrenzunternehmen: Produkte, Preise 1963–1998, Kartei produzierter Tonbildschauen (nach Auftraggeber) 1965–1997, Preise und Lieferbedingungen 1972–1993, Akquise und Adressenlisten 1987–1995, einzelne Kunden: Bleyle 1973–1987, Gebr. Ditzel Tapetenfabrik 1980–1984, Hahn & Kolb 1980–1999, Lechler Chemie 1977–1985, Kreidler 1979/80, Salamander 1985/86, Voith 1979–1994, WMF 1968–1988
15 Tonbildschaufestivals: Deutsches Institut für Betriebswirtschaft 1969–1973, Frankfurt am Main 1962–1968, New York 1973–1988, Zürich 1964–1974, Presseinformationen 1978–1997, »Welker-Report« 1986–1999, Werbemaßnahmen,
16 Eröffnungsbilanz 1958, Bilanzen 1958–1960, Jahresabschlüsse 1961–1997, Kundenkontenkartei 1958–1986, Statistik zu Umsatz und Aufträgen 1980–1998
20 Diverse und Wirtschaftsförderung 1997–2000
49 Die Produkte (Tonbildschauen etc.) wurden vom Landesmedienzentrum (vorm. Landesbildstelle), Stuttgart, übernommen.
50 Im WABW nicht vorhanden.

684
Weller, Nürtingen

Name Weller KG
Geschäftstätigkeit Möbelfabrik, Einrichtungshaus
Branche Nr. 360
Umfang 7
Laufzeit 1904–1984
Benutzbarkeit Eingeschränkt
Bestand Y 144

Bestandsgeschichte Das Archivgut wurde 1986 von den Gesellschaftern übernommen.
Geschichte Die Firma wurde als Schreinerei 1895 von Schreinermeister Wilhelm Weller in Nürtingen gegründet und nahm in den Folgejahren einen steten Aufschwung. Seit Mitte der 1920er Jahre wurden serienmäßig Herren-, Speise- und Schlafzimmer produziert. 1932 ging der Betrieb auf die beiden Söhne Hans und Carl Weller über, die die ehemalige Fensterfabrik Gra in Nürtingen zukauften und weitere Gebäude in Stuttgart erwarben, in denen sie Ausstellungs- und Verkaufsgeschäfte einrichteten. Neben den Erzeugnissen des Nürtinger Stammhauses wurden dort sämtliche Gegenstände zur Innenausstattung geführt. 1987 musste das Unternehmen Konkurs anmelden.
5 Verträge um 1928–1984, Gesellschaftsverträge 1960–1976, Vergleich 1974/75
7 Kopierbuch 1914–1916, Lizenzverträge um

1967–1975, technisch-wirtschaftliche Berichte 1938–1941, Unternehmensberatung 1968–1984, Image-Analyse 1977
9 Unterstützungskasse 1942–1955, Arbeitsordnung 1953, Tarife 1948–1961, Bewerbungen 1932–1938, Gehaltslisten 1946–1954
10 Bauangelegenheiten 1973–1982
11 Darlehen und Kredite 1974, Kapital 1927–1932
13 Maschinenkonto 1946–1950
14 Versandbuchserie 1904–1916, Umsätze 1951–1971
15 Ausstellungseröffnung 1960, Werbebilder, Prospekte, Plakate um 1945–1980
16 Hauptbuchserie 1909–1982, Bilanzen und Inventuren 1934–1978, Treuhandberichte 1934–1983, DM-Eröffnungsbilanz 1945–1950, Betriebsabrechnungsbogen 1944–1952, Abschreibungen 1925–1953, Statistik 1948–1974, Wertgutachten 1966
17 Steuerbescheide 1957–1978, Vermögensteuer 1925–1939, Einkommensteuer 1925–1950, Gewerbesteuer 1941–1942
19 Kriegsschäden 1944
47 Fotos: Produkte, Firmengebäude, Belegschaft 1945–1980
49 WABW N 4 Bü 228
50 J. Kocher, Geschichte der Stadt Nürtingen Band III, Stuttgart 1928, S. 112. Hans Schwenkel (Hg.), Heimatbuch des Kreises Nürtingen Band II, Nürtingen 1953, S. 893 f.

685
Werkzeugfabrik Deggingen, Deggingen

Name Werkzeugfabrik Deggingen GmbH
Geschäftstätigkeit Werkzeugfabrik
Branche Nr. 286
Umfang 0,1
Laufzeit 1714–1944
Benutzbarkeit Eingeschränkt
Bestand Y 145

Bestandsgeschichte Das Archivgut wurde 1983 vom Konkursverwalter übernommen.
Geschichte Die Firma wurde 1823 in Deggingen gegründet. Sie war auf die Herstellung von Maurer- und Gipserwerkzeuge spezialisiert und beschäftigte 42 Mitarbeiter im Jahr 1952. 1982 meldete die GmbH Konkurs an.
5 Gesellschaftsverträge 1919
10 Lagepläne, Aufrisse 1921–1944, Grundbuchauszüge 1909–1923, Wasserrechte, Wasserbauakten, Wassertriebwerk 1714–1912
13 Maschinen 1903–1944, Zubehörschätzung 1924
47 Bild: Zeichnung der Fabrik um 1925
49 WABW A 12, Firmenakte
50 Im WABW nicht vorhanden.

686
Werner & Pfleiderer, Stuttgart-Feuerbach

Name Werner & Pfleiderer
Geschäftstätigkeit Maschinenfabrik
Branche Nr. 290
Umfang 110
Laufzeit 1837–1994
Benutzbarkeit Eingeschränkt
Bestand B 11

Bestandsgeschichte Das Archivgut wurde seit 1981 übernommen. Schwerpunkte der Überlieferung bilden der Briefwechsel der beiden Gründer, Akten der Geschäftsleitung, Finanzierung, Produktion, Verkauf und Werbung mit Katalogsammlung, Arbeit und Soziales, Rechnungswesen sowie Kooperationen, Tochtergesellschaften, Niederlassungen und Aufkäufe von Konkurrenzunternehmen. Das Archiv bietet umfangreiches Material zur gesamten Branche von Backöfen sowie Knet- und Mischmaschinen. Als Vorprovenienz enthält der Bestand Archivalien des Vorgängerunternehmens Hermann Pfleiderer & Co.
Geschichte 1879 eröffnete Hermann Werner nach seinem Maschinenbaustudium zusammen mit seinem Studienfreund Paul Pfleiderer, der bereits ein Handelsgeschäft für Knetmaschinen in London betrieb, in Cannstatt eine Werkstätte für die Herstellung von Maschinen. Sehr früh erfolgte eine Spezialisierung auf Universal-Knet- und Mischmaschinen sowie Dampfbacköfen und komplette Bäckereieinrichtungen. Zur Jahr-

hundertwende besaß das Unternehmen Werke und Niederlassungen in Berlin, Paris, London, Moskau, Wien und Saginaw (USA). Es wurden neben sämtlichen Spezialmaschinen für die Lebensmittelindustrie, insbesondere Bäckereien, aber auch Kneter, Mischer etc. für die Chemische und Kunststoff-Industrie gebaut. 1905 wurde der Sitz nach Feuerbach verlegt. Ende 1985 erfolgte die Umwandlung in eine Kapitalgesellschaft, seit 1986 ist sie als Gesellschaft mit beschränkter Haftung im Eigentum der ThyssenKrupp AG, Essen. Die Sparten von Werner & Pfleiderer wurden danach rechtlich selbständig und teilweise veräußert.

3 Familie Werner: Briefe von Johannes von Werner, Gustav Werner, Hermann Werner, Richard Werner, Otto Werner, Heinrich Otto und anderen Familienangehörigen über Privatangelegenheiten, Religionsfragen und Geschäftliches, Testamente, Immobilienangelegenheiten, Firmenjubiläen von Familienangehörigen um 1840–1950. Hermann Werner: Kommerzienratstitel, Ordensangelegenheiten 1897–1901. Erbschaftsangelegenheiten Familien Werner, Otto, Magirus und Hauschild 1889–1929: Vermögenserklärungen, Vermögensverteilung 1919–1964. Nachruf Dr. Richard Werner 1950, Genealogie. Familie Pfleiderer: Briefwechsel zwischen Hermann Werner und Paul Pfleiderer (privat und geschäftlich), Genealogie um 1837–1965

4 Chronik, Firmengeschichte, Erinnerungen von Mitarbeitern, Anekdoten, Firmenjubiläen, Entwicklungsgeschichte der Produkte 1890–1979

5 Vorläuferfirma Hermann Pfleiderer & Co (Gründungsverträge, Vorüberlegungen zur Firmengründung, Standortwechsel, Buchhaltung, Bilanzen, Prospekte und Preislisten, Referenzen) 1877–1880, Firma Werner & Pfleiderer (Anzeigen, Gründungsdarlehen 1879, Gesellschafterverträge) um 1880–1962

6 WP Wien: Geschichte, Korrespondenzen, Aufsichtsrat, Geschäftslage, Jahresabschlussberichte, Aktennotizen, Kosten, Rechnungswesen, Strategien, Personal, Produkte, Flugzeugbau, Patente, Aufträge, Absatzstatistik, Vertrieb, Referenzen 1879–1982. Baker Perkins (United Kingdom, USA): Geschichte, Verträge, Gründung, Beteiligungen, Kooperationen, Bilanzen, Geschäftsberichte, Korrespondenzen, Berichte, Absatz, Preise, Reiseberichte, Vertreter, Erfahrungsaustausch 1888–1981. WP Saginaw USA: Geschichte, Umwandlung, Aktien, Geschäftslage, Produkte, Produktion, Personal, Absatz 1897–1930. Draiswerke Mannheim: Übereignung, Gesellschaftsverträge, Handelsregister, Geschäftsordnung, Organisationsplan, Kapitalausstattung, Mendelssohnbank, Jahresabschlussberichte, Gesellschafterversammlungen, Beiratssitzungen, Protokolle, Korrespondenzen, Aktennotizen, Kapitalerhöhung, Satzungsänderung, Personal, Vertrieb, Kosten, Aufträge, Reise- und Besuchsberichte 1924–1985. Fides Treuhandgesellschaft Zürich: Geschäftsberichte, Korrespondenzen 1927–1955. Fr. Winkler Villingen: 1929–1935. Karl Seemann GmbH Berlin um 1950–1970. WP MIAG 1953. WP Corporation USA: Korrespondenzen, Aktennotizen, Personal, Kosten, Vertrieb, Aufträge 1959–1988. WP do Brasil Rio de Janeiro: Grundstücke, Bauakten und -pläne, Organisation, Geschäftsführung, Aufsichtsgremium, Produktionsprogramm, Jahresabschlussberichte, Bilanzen, Monatsberichte, betriebliche Kennzahlen, Umsätze, Geschäftsentwicklung, Korrespondenzen, Bürgschaften, Aktennotizen, Kapital, Budget, Lizenzverträge, Personal, Reiseberichte, Sanierung, Fortuna Stuttgart 1969–1988. WP Oslo: Gründung, Jahresabschlüsse, Korrespondenzen, Aktennotizen, Personal 1961–1974. WP Manufacturing: Gründung, Verträge, Bilanzen, Finanzen, Jahresabschlüsse, Gesellschaftsversammlungen 1965–1975. WP Freudenberg: Jahresabschlüsse, Gesellschafterversammlungen, Beiratssitzungen, Finanzen, Korrespondenzen, Aktennotizen, Personal, Vertrieb, Kosten, Aufträge, Bewertung um 1969–1991. WP Associates Stockport United Kingdom: Gesellschaftsvertrag, Gesellschafterversammlung, Bilanzen, Korrespondenzen 1974–1978. Civil Coating S. A. Brüssel: Gründung, Satzung, Verträge, Umwandlung in eine AG, Hauptversammlungen, Bilanzen 1974–1984. Ludwig Schwerdtel GmbH Karlsfeld: Gesellschafterverträge, Handelsregister, Jahresabschlüsse, Beiratssitzungen, Gesellschafterversammlungen, Organisationsplan, Kapitalausstattung, Lagepläne 1977–1984. WP Battenfeld: Verträge, Kooperationen, Aufträge 1979–1983. WP Hildebrand: Bilanzen, Beiratssitzungen, Korrespondenzen, Aktennotizen, Personal, Kosten, Vertrieb, Aufträge 1980–1983. WP Industriebeteiligungsgesellschaft mbH Stuttgart: Jahresberichte um 1980–1985. WP France, WP Helsinki, WP Iran, WP Stockholm, WP Mexico, WP Brüssel, WP Südafrika, WEPEX, Limac Lizenzverwertungs AG Luzern, Vema Vertriebs & Management AG Luzern, WP Haton, WP Luzern: Bilanzen, Korrespondenzen, Aktennotizen, Personal, Kosten, Vertrieb, Aufträge um 1979–1995. WP Italia: Bilanzen, Korrespondenz, Aktennotizen, Berichte, Personal, Kosten, Vertrieb, Aufträge 1981–1986. Gebr. van Capelleveen, Driebergen, Niederlande 1986–1991. Gemini Bakery Equipment Co., Philadelphia USA 1988–1992. Hefele GmbH Blaustein 1988–1993. Midwest-WP USA 1989–1991. Franz Daub & Söhne, Hamburg 1991–1992. Meccano Construzioni Speziali, Rovereto, Italien 1991–1993. D. Reimelt KG, Rödermark 1993

7 Kopierbuch-Serien 1877–1903, Korrespondenz zwischen Hermann Werner und Paul Pfleiderer 1878–1903, Berichte der Geschäftsführung, Verbesserungsvorschläge, Korrespondenzen (Richard Lehmann, Dresden, Draiswerke Mannheim, Deutsche Arkady Stuttgart), Richtlinien Konzernführung, Vorträge der Geschäftsführung, Geschäftsordnung für die Geschäftsleitung, Protokolle der Geschäftsführersitzungen, Verwaltungsrats- und Aufsichtsratsprotokolle, Verwaltungsratskorrespondenzen, Gesellschafterversammlungen, Spartenentwicklung, Bezirksleiterbriefe, operative Planung, Unternehmensergebnisse, Geschäftsleitungsklausuren, Wirtschaftsausschusssitzungen, Unternehmensstrategie, Situations- und Verbesserungsanalysen für WP und Tochterunternehmen, Kooperation Treuhandanstalt, Ausgliederungen 1878–1994, Teilhaber, Prokura 1886–1918, Dr. Otto Fahr 1920–1970, Korrespondenzen Richard Werner mit Alan R. Baker, London, 1929–1932

8 Telefonverzeichnisse um 1970–1990, Organisationspläne 1978–1985

9 Personalstatistik 1885–1983, Lehrverträge 1935–194, Betriebssportgemeinschaft 1938–1980, Anstellungsverträge, Lehrlingswesen, Urlaubsregelungen, Kündigungen, Betriebsfeiern, Arbeits- und Betriebsordnungen, Belegschaft um 1939–1985, Leistungsberichte 1940–1941, Mitarbeiterzeitschrift »Aus unserer Welt« 1957–1970, Unfallverhütung, Lärmbekämpfung 1958–1968, 40-jähriges Geschäftsjubiläum Dr. Otto Fahr 1961, WP-Unterstützungsverein um 1980, Firmenzeitschrift »Krupp Aktuell« 1988–1991, Betriebsrat 1990

10 Grundstücksangelegenheiten (Käufe, Verkäufe, Grundstücksverzeichnisse, Baugesuche, Pläne, Hypotheken) um 1890–1998, Industriegleisanschluss Feuerbach 1923–1976, Werkswohnungen (Baugenossenschaft Vereinigter Siedlungsgenossenschaften eGmbH Ditzingen-Stuttgart, Wohnungsbau für Stuttgart und Umgebung gem. GmbH, Siedlungsverein Groß-Stuttgart GmbH, Kleineigenheimsiedlung Reissach) 1929–1980

11 Korrespondenzen, Darlehen, Transaktionen, Kontoauszüge mit dem Bankhaus Mendelsohn & Co in Amsterdam 1908–1942, Baudarlehen Baker Perkins Ltd. Petersborough 1923–1927, Korrespondenz Neue Wiener Bankgesellschaft 1924/25, Bürgschaften 1949–1986, Kapitalerhöhungen, Kapitalentwicklung, Kapitalkonten 1956–1964, Konsolidierung 1979–1982

12 Einkauf 1939–1945

13 Patentrechte, Schutzzeichen, Schriftwechsel Patente, Erfindungsmeldungen 1873–1994, Knetmaschinenverzeichnis-Bücher 1878–1938, Maschinen und Anlagen 1880–1962, technische Pläne um 1890–1940, Ofenbestellbuchserie 1892–1963, Maschinenbuchserie um 1900–1965, Akkordbücher 1904–1925, Materialprüfung um 1915–1931, Produktion 1931–1945, Maschinentaxierung Werk Feuerbach 1935, Entwicklung Hydraulik um 1940–1975, Denkschrift Fertigung Teigwarenmaschinen 1944–1947, Teiglabor 1955–1957, innerbetrieblicher Schriftwechsel Produktion 1960–1980, Montageordnungen um 1960–1970, Projektentwicklung 1968–1981, Entwicklungskosten, Entwicklungsbudget 1976–1981, Produktstrukturanalysen um 1980–1990, Linzenzverwertung 1980/81, Lenkungsausschuß Produktion 1988–1993, Fertigungsstruktur 1991–1993

14 Verkaufsbücher, Verkaufsstatistik, Auftragsstatistik, Umsatzentwicklung 1874–1990, Preislisten und Preisbücher 1880–1980, Bestellungen 1882–1942, Versandbuch-Serie 1890–1938, Verkaufskartei, Kundenkartei um 1890–1965, Verkauf in Russland 1899–1900, Warenausgangsbücher 1899–1931, Auftragsbearbeitung der verschiedenen Produktionssparten um 1900–1970, Produktbeschreibungen um 1920–1990, Händ-

lervertrag Gebrüder Lochbihler, München 1935–1949, Vertreter 1938–1962, Fuhrpark 1945–1993, Kundenbuch (außereuropäische Kunden, Ostblockstaaten) 1946–1971, Kundenlisten Ausland um 1950–1985, Statistik Marktanteile um 1960–1965, Marktanalysen um 1960–1990, Verkaufsinformationen 1961/62, Großprojekte 1966–1984, Preisplanung 1966–1989, Rußlandgeschäfte 1969–1970, Auftragseingänge um 1970–1990, Vertriebsplanung 1986–1992, Reisekostenordnung 1994

15 Prospekte und Kataloge, sonstiges Werbematerial, Anzeigen 1877–1990, Referenzlisten 1934–1976, Pressearbeit, Zeitungsartikel 1922–1998, Ausstellungen, Auszeichnungen 1879–1914, 1960–1980, Beteiligung an nationalen und internationalen Messen (u. a. Brüssel, Hannover, Mailand, Oslo, Thessaloniki, Izmir, Kairo, Mexico, Sao Paulo) 1949–1957, Werbebriefe um 1950–1970, Messebudget 1960–1967, Auslandswerbung um 1960–1990, Werbegeschenke um 1960–1990, Druckschriftenverzeichnis 1988.

16 Bilanzen, Bilanzunterlagen, Bilanzkennzahlen um 1877–1990, Kassabuch Hermann Werner 1879–1912, Hauptbuchserie Hermann Werner 1879–1914, Journalbuch Hermann Werner 1879–1909, Wechselbuch 1880–1881, Bilanzbuch Hermann Werner 1881–1920, Statistik (Gesellschaftskapital, Direktionsbezüge, Gewinne, Umsatz, Bilanzkennzahlen, Auftragseingang) 1905–1940, Kassakonto Hermann Werner 1912–1921, Hauptbuchserie, Kontenkartenbücher um 1914–1955, Bilanzbuchserie 1921–1932, Kassenbuch 1921–1932, Jahresabschlussberichte (WP, WP Tochterunternehmen, WP Konzern) 1927–1983, Bewertung DM-Eröffnungsbilanz 1936–1948, Kontenbücher 1956–1959, Ertragsberechnungen 1974–1978, Geschäftsberichte 1976–1992, Investitionen, Investitionsplanung, Investitionsrichtlinien um 1978–1994, Gewinnplanung, Gewinnstrategie um 1980–1992, Controlling, betriebliche Kennzahlen 1989–1993

17 Steuerangelegenheiten 1919–1932

18 Versicherungen 1948–1978

19 Kriegsschäden 1943–1948, Militärregierung 1945–1950

47 Porträts (Ölbilder) von Hermann und Anna Werner (geb. Otto); Fotos: Personen: Familie Werner, Paul Pfleiderer, Friedrich Job, Gustav Kübler, Ernst Schlenk, F.C. Ihlee, Carl Pletscher, Dr. Otto Fahr u. a. Mitarbeiter; Gebäude: Werke Cannstatt, Feuerbach, Kriegsschäden; Produktion, Produkte, Kriegsfertigung, Anlagenbau, Messen, Backvorführungen, Betriebssportgemeinschaft um 1875–1990. WP Wien: Gewerbeausstellung, gebaute Anlagen, Maschinen, Flugzeugbau, Gebäude um 1890–1970. WP Saginaw, USA: Personal, Gebäude, Draiswerke Mannheim, WP do Brasil um 1900–1980

48 WP Anstecknadeln, Werbegeschenke

50 Rolf Ludwig Mehmke, Archiv für Schwäbische Wirtschaftsgeschichte 4, S. 1035–1042, Typoskript im WABW. 75 Jahre Werner & Pfleiderer Wien, Wien 1954 (Festschrift). Geschichte der Maschinenfabrik Werner & Pfleiderer Stuttgart 1879–1979, Stuttgart 1979 (Festschrift). Astrid Gehrig, Nationalsozialistische Rüstungspolitik und unternehmerischer Entscheidungsspielraum, München 1996.

687
Werzalit, Oberstenfeld

Name Werzalit Deutschland GmbH
Geschäftstätigkeit Holzgewerbe
Branche Nr. 200
Umfang 4
Laufzeit 1920–2013
Benutzbarkeit Nein
Bestand Y 561

Bestandsgeschichte Der Bestand wurde 2019 kurz vor Redaktionsschluss übernommen. Weiterführende Hinweise unter: https://wabw.uni-hohenheim.de

688
Whitfield (Schüle), Augsburg/St. Petersburg Beach

Name Nachlass Dr. Jacques Whitfield (Johann Heinrich von Schüle)
Geschäftstätigkeit Nachlass
Branche Nr. 732/173
Umfang 8
Laufzeit 1904–1984
Benutzbarkeit Ja
Bestand N 1

Bestandsgeschichte Der Nachlass wurde im August 1984 von der Witwe Whitfield (Waitzfelder) übernommen. Er besteht aus Fotokopien archivalischer Quellen, vollständig bzw. in Auszügen fotokopierten Büchern, Zeitschriften und Zeitungen, aus Schriftwechsel mit Archiven, Bibliotheken und Forschern sowie aus persönlichen Notizen über den Augsburger Kattunfabrikanten Johann Heinrich von Schüle und die Anfänge des Kattundrucks im 18. Jahrhundert, daneben auch zu Textilwirtschaftsregionen, Standorten des Kattundrucks, technischen Verfahren zur Herstellung und Weiterverarbeitung von Textilien und ähnlichen Themen.
49 WABW B 45
50 Jacques Waitzfelder, Der Augsburger Johann Heinrich von Schüle, ein Pionier der Textilwirtschaft im 18. Jahrhundert, Leipzig 1929.

689
Wieland, Pforzheim

Name Dr. Th. Wieland
Geschäftstätigkeit Scheideanstalt, Herstellung von Erzeugnisse für die Dentalindustrie
Branche Nr. 274/262
Umfang 3
Laufzeit 1871–2011
Benutzbarkeit Eingeschränkt
Bestand Y 456

Bestandsgeschichte Die Unterlagen wurden im Juni 2012 dem WABW von der Gesellschafterin Maria Wieland in Baden-Baden übergeben.

Geschichte 1871 erwarb der Chemiker Dr. Theodor Wieland eine Scheideanstalt in Pforzheim von seinem früheren Arbeitgeber namens Steinmann. 1896 eröffnete er auch eine Chemikalienhandlung am Sedansplatz. 1902 trat sein Sohn Eberhard in die Firma ein, der bis 1964 die Unternehmenspolitik aktiv mitbestimmte. 1923 bezog die in der Theaterstraße ansässige Scheideanstalt einen Neubau an der Museumstrasse. Neben der traditionellen Scheideanstalt, die in der Rückgewinnung von Abfällen der Schmuckindustrie ihren Geschäftszweck hat, wurden auch Zahngold, Schmucklegierungen und Chemikalien angeboten, die über rund 20 Verkaufsniederlassungen in ganz Deutschland vertrieben wurden. Bei einem Bombenangriff auf Pforzheim wurde im Februar 1945 das Fabrikgebäude fast vollständig zerstört. Nach der Währungsreform erfolgte der Wiederaufbau am bisherigen Standort. Im Rahmen der allgemeinen Industrieverlagerung aus dem Stadtzentrum entschloss sich Wieland zu einem Neubau auf der Wilfinger Höhe, der 1977 bezogen wurde.
Mit Wirkung vom 1.1.1950 wurde die Einzelfirma in eine Kommanditgesellschaft umgewandelt. 1968 nahm das Unternehmen die Produktion von zahntechnischen Geräten und Geräten für die dentale Galvanotechnik auf – eine Pionierleistung, der wenige Jahre später die Entwicklung des AGC-Verfahrens zur Herstellung galvanischer Kronen folgte. 1995 begann Wieland mit dem Vertrieb von Implantaten. 1996 wurde die rechtlich selbständige Chemikalienhandlung am Sedansplatz von der Asperger Unternehmensgruppe Häffner übernommen. 2001 wurde das Familienunternehmen neu strukturiert: Über eine Erhöhung des Kommanditkapitals beteiligte sich die BWK GmbH Unternehmensbeteiligung Stuttgart an der Gesellschaft, die fortan unter Wieland Dental + Technik GmbH & Co. KG firmierte. Ende 2010 fand sich ein Investor für das Edelmetall- und Recycling-Geschäft, die Saxonia mit Sitz im sächsischen Halsbrücke. Das Dentalgeschäft wird von der Firma Wieland Dental + Technik weitergeführt.
2 150 Jahre Scheideanstalten in Pforzheim, 1986, Die Pforzheimer Uhr, 1991
3 Heinrich Wieland (1877–1957) Chemiker u. Nobelpreisträger, Testament Theodor Wieland
4 Firmenchronik 1871–2001, Firmengeschichte, Festrede zur 100-Jahrfeier, 125-Jahrfeier

5 Handelsregisterauszüge 1871–2008
7 Geschäftsführung 1959–1995, Beirat 1996–2006, Gesellschaftsverträge, Gesellschafterversammlungsprotokolle 1950–2010
8 Organigramm Wieland Dental+Technik 2005
9 Mitarbeiter, Arbeitsjubiläen, Betriebsrat, Betriebsordnung, Altersversorgung, 1964–2009, Weihnachts- und Neujahrsglückwünsche 1945–1961, Mitarbeiterzeitschrift 1990–1992
10 Wieland Grundstücksgesellschaft b. R.mbH 1964–1998, Bauakten Schwenningerstraße, Theaterstraße, Sedanplatz, Chronologie Gebäude Museumstraße
11 Kreditverträge 1986–2010, finanzielle Lageberichte 1965–2008
12 Edelmetallkurse 1949–1966, Einfuhr-Unbedenklichkeitsbescheinigungen 1949–1956
13 Patente, Gebrauchsmuster und Warenzeichen 1927–2009; Produkt- und Verfahrensbeschreibung, Lieferprogramm, Zertifikate, Gutachten 1953–2008; Maschinen und Anlagen 1955–1969
14 Preislisten 1913–2009
15 Prospekte 1950–2007
22 Patenschaften, Stiftungen 1952–2006
47 Film Betriebsausflug o. D., Fotos von Gebäuden
49 Firmenakte WABW A 11 Bü 2604
50 Sigrid Harmsen-Spellerberg, Chronik der Firma Dr. Th. Wieland Scheideanstalt 1871–2001, 2011

690
Winkler, Gebr., Albbruck

Name Gebr. Winkler
Geschäftstätigkeit Sägewerk, Kistenhersteller
Branche Nr. 200
Umfang 0,5
Laufzeit 1918–1935
Benutzbarkeit Ja
Bestand B 31

Bestandsgeschichte Das Archivgut wurde 1983 übernommen.
Geschichte Das Unternehmen wurde zwischen 1850 und 1852 von den Brüdern Leopold und Josef Winkler gegründet und blieb bis zum Konkurs im Jahr 1983 im Eigentum der Familie. Neben der Schnittholzherstellung produzierte das Unternehmen auch Kisten vor allem für die südbadische Industrie.
9 Löhne, Deutsche Arbeitsfront, AOK Waldshut 1921–1935
10 Grundstücks- und Gebäudebewertung 1932
12 Holzeinkauf 1929
13 Maschinen 1919, 1926
14 Kunden, Umsatzbuch 1924–1932
15 Briefköpfe
16 Journalbuchserie, Hauptbuchserie, Statistik, Bilanzserie 1922–1933
19 Kleider- und Materialbeschaffung 1918
20 Arbeitgeberverband der südwestdeutschen Sägwerksbetriebe 1925
47 Fotos: Sägewerk, Langholzfuhren
50 Im WABW nicht vorhanden.

691
Winkler, Ingenieurbüro, Waldshut

Name Ingenieurbüro Winkler
Geschäftstätigkeit Ingenieurbüro, technische Untersuchung
Branche Nr. 742/743
Umfang 0,8
Laufzeit 1935–1986
Benutzbarkeit Ja
Bestand B 96

Bestandsgeschichte Die Erben von Kurt Winkler hatten den beruflichen Teil des schriftlichen Nachlasses einem Sammler historischer Zeugnisse aus dem Bereich der Elektrotechnik übergeben. Dieser überließ dem WABW Winklers Akten und Fotos anlässlich der Übernahme von Archivgut des Strombezugsverbands Waldshut-Bonndorf-St. Blasien (B 87) vom Stadtarchiv Waldshut. Der Bestand dokumentiert ausschließlich die technische Hinterlassenschaft des Betriebs bzw. dessen »Produkte« in Schrift und Bild. Vornehmlich spiegelt die Überlieferung den Bereich Materialprüfung wider, insbesondere Röntgenuntersuchungen von Wasserkraftanlagen im Auftrag vor allem der Schluchseewerk AG Freiburg. Daneben enthält der Bestand Zeugnisse der Tätigkeit Winklers als gerichtlich bestellter Sachverständiger sowie in Lehr- oder Ausbildungsfunktionen.

Geschichte Ende der 1940er Jahre eröffnete Dr. Ing. Kurt Winkler in Waldshut seine »Röntgen- und elektrotechnischen Werkstätten«. Die letzten Aufträge erledigte er 1983. Im Jahr darauf legte Winkler aus Altergründen auch seine Gutachtertätigkeit für die Kammer nieder.

13 Aufträge, Ausführung und Berichte zur Materialprüfung von Rohrleitungen und Turbinen insbesondere der Kraftwerke der Schluchsee- und der Hotzenwaldgruppe 1948–1983, Lehrtätigkeit 1960–1974, Gutachtertätigkeit 1976–1984
47 Fotos: Geräte und Anlagen zur Röntgen-Materialprüfung, Montage und Materialprüfung von Druckrohrleitungen, Eisenbrücken, Industriebehältern etc.
50 Im WABW nicht vorhanden.

692
Wirtschaftsjunioren, Stuttgart

Name Wirtschaftsjunioren Deutschland, Landesverband Baden-Württemberg
Geschäftstätigkeit Verband
Branche Nr. 910
Umfang 8
Laufzeit 1954–1996
Benutzbarkeit Eingeschränkt
Bestand Y 214

Bestandsgeschichte Das Archivgut wurde 1995 und 2004 von der IHK Region Stuttgart übernommen.

Geschichte Die Wirtschaftsjunioren sind ein Zusammenschluss von Unternehmern und Führungskräften im Alter bis zu 40 Jahren aus allen Wirtschaftsbereichen. Sie werden von den Industrie- und Handelskammern organisatorisch betreut. Während ihrer Gründerzeit in den 1950er Jahren verfolgten sie vor allem gesellschaftliche Interessen wie die Organisation von Ausflügen und Festivitäten. Seit Mitte der 1960er Jahre engagieren sie sich auf gesellschaftspolitischer Ebene. Ihr erklärtes Ziel ist es, die marktwirtschaftliche Wirtschaftsordnung zu erhalten und zu entwickeln. So gewannen Öffentlichkeitsarbeit und Arbeitskreise wie der Arbeitskreis Schule/Wirtschaft an Bedeutung. Auf Landesebene wurde im Herbst 1979 eine Geschäftsstelle eingerichtet, die zunächst bei der IHK Heilbronn auf fünf Jahre, danach bei der IHK Stuttgart angesiedelt war. Seit 1998 hat der Baden-Württembergische Industrie- und Handelskammertag die Koordination der Arbeit der Juniorenkreise übernommen.

20 Geschäftsordnungen, Landeskonferenzen, Landesvorsitzende, Juniorenkreise und Korrespondenz, Arbeitskreise, Seminare und Veranstaltungen, aktuelle Infos, Gespräche mit Landespolitikern, Bund Junger Unternehmer 1954–1996
50 Im WABW nicht vorhanden.

693
Wirtsverein Feuerbach, Stuttgart-Feuerbach

Name Wirtsverein e. V. Feuerbach-Weilimdorf
Geschäftstätigkeit Verein; Gaststätten
Branche Nr. 910/550
Umfang 0,5
Laufzeit 1905–1952
Benutzbarkeit Eingeschränkt
Bestand Y 464

Bestandsgeschichte Das Archivgut wurde 2014 vom WABW übernommen.

Geschichte Der Wirtsverein e. V. Feuerbach-Weilimdorf wurde 1890 gegründet.

7 Protokollbuch 1905–1913, Schriftwechsel 1929–1932, Korrespondenz zur Bezirksverwaltung 1934–1939; Konzessionsvergabe 1930–1933
9 Liederbuch »Grüß Gott mit hellem Klang« 1929–1932, Ausflüge 1951–1952
15 Amtliches Verzeichnis der deutschen Beherbungsbetriebe, Berlin ca. 1936
21 Gaststättengesetz 1938

694
Wittig, Schopfheim

Name Maschinenfabrik Karl Wittig GmbH
Geschäftstätigkeit Maschinenfabrik
Branche Nr. 292/297
Umfang 0,1
Laufzeit 1913–1948
Benutzbarkeit Ja
Bestand B 28

Bestandsgeschichte Das Geschäftsbuch wurde 1984 übernommen. Weiteres Schriftgut scheint nicht überliefert zu sein.
Geschichte Die Firma wurde 1885 von dem aus Sachsen stammenden Karl Wittig in Zell im Wiesental gegründet. Das Unternehmen war zuerst auf Textilmaschinen spezialisiert. Mit dem von Karl Wittig entwickelten Rotationskompressor und der Rotations-Vakuumpumpe wurde 1909 das Produktprogramm völlig umgestellt und es begann die Serienfertigung dieser patentierten Maschinen. 1931 wurde das Unternehmen in eine GmbH umgewandelt, die nach Schopfheim übersiedelte. 1956 wurde die Firma von der Mannesmann-Meer AG übernommen, behielt jedoch Name und Rechtsform bis zum 31.12.1974. Danach wurde das Unternehmen unter dem Namen Demag-Verdichtertechnik geführt, bis es am 1. Januar 1979 den heutigen Namen Mannesmann-Demag, Verdichter und Drucklufttechnik, Wittig erhielt.
16 Bilanzen, Gewinn- und Verlustrechnungen 1913–1948
50 Paul Weber (Hg.), Westdeutsche Wirtschaftschronik, Band 3: Baden und Rheinland-Pfalz, Stuttgart 1955, S. 454f. Der Wittig Rotationsverdichter: Eine erfolgreiche Konstruktion, Zum 75-jährigen Bestehen der Maschinenfabrik Karl Wittig, Schopfheim 1960 (Festschrift).

695
Wizemann, Stuttgart-Bad-Cannstatt

Name J. Wizemann & Co.
Geschäftstätigkeit Kraftfahrzeugteile
Branche Nr. 343
Umfang 6
Laufzeit 1912–1996
Benutzbarkeit Eingeschränkt
Bestand Y 348

Bestandsgeschichte Das Archivgut wurde 2008 von der ehemaligen Gesellschafterin übergeben.
Geschichte Das Unternehmen ging aus einer kleinen mechanischen Werkstätte in Stuttgart-Untertürkheim hervor, an der sich der Mechaniker Julius Wizemann 1923 beteiligt hatte. Anfangs wurden Fahrradnaben und Poliermaschinen hergestellt und auch Reparaturen an Lastkraftwagen ausgeführt. Als zu jener Zeit der Ingenieur und Pilot Hellmut Hirth an der Entwicklung von Kolben aus Leichtmetall für Verbrennungsmotoren arbeitete, ergriff Julius Wizemann die Gelegenheit, dafür die Bolzen zu fertigen. Nachdem Hirth die Kolbenproduktion an Mahle abgegeben hatte, verfolgte Wizemann erfolgreich die Weiterentwicklung dieses Produkts. Es gelang ihm mit eigens dafür konstruierten Läppmaschinen und unter Anwendung eines neuen Nitrier-Härteverfahrens Kolbenbolzen aus Stahl wesentlich form- und maßgenauer als bisher herzustellen. Sein JWECO-Kolbenbolzen galt als Pionierarbeit in der Entwicklung der Verbrennungsmotoren. 1928 weitete Wizemann die Produktion auf Zylinderbüchsen für Motoren aller Art aus. Seit 1950 wurden auch Ventilstößel und 1957 Nockenwellen aus Spezialhartguß produziert. Die stetige Aufwärtsentwicklung erforderte auch den Bau neuer Produktionsstätten: 1927 zog der Betrieb nach Bad-Cannstatt um, wo er sich zunächst in der Charlottenstraße, seit 1934 in der Quellenstraße ansiedelte. 1938/39 wurde in Gaildorf ein weiteres Werk, 1948 in Bad-Cannstatt eine eigene Gießerei eröffnet. Nach dem Tod von Julius Wizemann 1957 übernahm sein Sohn Kurt Wizemann das Unternehmen, das unter seiner Leitung im In- und Ausland expandierte. So entstanden die Werke in Vöcklabruck/Österreich (1961) und in Nova Fri-

burgo/Brasilien (1973). Im Inland wurden die Firmen Berthold in Beilstein (1970) und Döbele (1978) der Wizemann-Firmengruppe eingegliedert. In Hochberg bei Remseck unterhielt das Unternehmen eine Abteilung für Bootsmotoren und Bootsausrüstungen (1963–1990). Dort wurden in enger Zusammenarbeit mit Daimler-Benz und BMW Fahrzeugmotoren zu Schiffsmotoren umgerüstet und über ein eigenes Vertriebsnetz weltweit verkauft. 1973 beschäftigte die Firmengruppe rund 1 700 Personen. Nachdem sich Kurt Wizemann aus der aktiven Geschäftsführung zurückgezogen hatte, beschloss die Wizemann GmbH & Co. 1991, ihre Aktivitäten im Eisen- und Stahlbereich mit dem ehemaligen Konkurrenten, die Mahle GmbH, zusammenzuführen. Dazu wurde die Mahle J. Wizemann GmbH & Co. KG errichtet, an der die Mahle GmbH mehrheitlich beteiligt war. Nach Verlagerung der Produktion, wurde 1996 das Wizemann-Areal in Bad-Cannstatt einer völlig neuen Nutzung zugeführt.

2 Gaildorf, Hausmitteilungen

3 Lebensläufe Julius Wizemann, Kurt Wizemann

4 50-jähriges Firmenjubiläum, Chroniken: Werke Bad-Cannstatt; Gaildorf; Brasilien; Vöcklabruck, Österreich

6 Gesellschaftsvertrag Mahle-Wizemann Verwaltungs GmbH 1993–1996; Lizenzvertrag mit Croning & Co., Edel/Holstein 1959–1967; Schiffsmotorenverträge mit MTU, Motorenwerke Mannheim, Porsche, Berton, Kineo, USA, Titanium Marine 1986–1990

7 Treuhänderschaft 1947–1948; Vollmachten, Prokuren, Führungskräfte 1961–1991

8 Unternehmensanalyse 1989

9 Personalbuch 1912–1932; Lohnbuch 1921–1924; Arbeiter, Stand: 1945; Betriebsrat 1946–1952; Jubilarfeiern und Jubilare 1958–1991

10 Verkauf Hochberg, b. Remseck (Marinebereich) 1974–1990

13 Nitrierhärtung 1925–1958; Hirth-Motoren 1941–1954; Produktions- und Umsatzstatistik 1933–1946, 1955–1964

15 Prospekte

16 Bilanzen 1946–1949; Kassenbücher 1935–1950, Scheckkopierbuch 1969–1971

19 Produktionsverlagerung nach Vaihingen/Enz 1942–1943; Sonderzuwendungen an Einberufene, Gefallene Zweiter Weltkrieg 1940–1944; Entnazifizierung von Mitarbeitern, J. Wizemann 1947–1951; Flieger- und Kriegsschäden

20 Meldungen an den Verband der Automobilindustrie, Frankfurt 1949–1959

21 Arbeitsgerichtliche Streitigkeiten 1945–1950

47 Foto Julius Wizemann; Jubilarfeiern 1958–1987; Ausstellungen v. a. IAA 1979–1987; Produktionsstätte Brasilien 1978–1988, GMB Giesserei & Maschinenbau, Romanshorn, Schweiz 1983–1985; Filme: Betriebsausflüge 1937,1939, 1949, Gießerei Nockenwellenfertigung, Stößelfertigung 1975; 75. Geburtstag K. Wizemann

50 Westdeutsche Wirtschaftschronik, Stuttgart und sein Wirtschaftsgebiet, Bd. 1, S. 906–908

696
WKV, Stuttgart

Name Württembergischer Kreditverein AG – Bodenkreditanstalt –
Geschäftstätigkeit Bankgeschäft
Branche Nr. 650
Umfang 8
Laufzeit 1826–1976
Benutzbarkeit Ja
Bestand B 109

Bestandsgeschichte Das Archivgut wurde 2002 mit den Akten der Landesbank Stuttgart – Girozentrale (heute LBBW) übernommen. Aus Nachlieferungen der LBBW wurde der Bestand 2011 und 2013 ergänzt.

Geschichte Die Wurzeln der Württembergischen Kreditverein AG – Bodenkreditanstalt – reichen zurück bis ins Jahr 1826. Damals wurde der »alte« Württembergische Kreditverein, eine Art landschaftlich-genossenschaftlicher Zusammenschluss, für die Pflege des Hypothekarkredits als erstes Bodenkreditinstitut Württembergs eingerichtet. Durch Ausgabe von mündelsicheren Schuldverschreibungen wurden Geldmittel zur Gewährung erststelliger Hypothekendarlehen an kreditbedürftige Grundeigentümer ermöglicht. Die Folgen des Ersten Weltkriegs und der Inflation ließen die alte Rechtsform des Vereins unzulänglich erscheinen. Auf der Generalversammlung vom 15. Oktober 1923 wurde die Liquidation des Württembergischen Kreditvereins und die Gründung der Württembergischer Kreditverein AG – Bodenkreditanstalt Stuttgart beschlossen. Im Juli 1944 wurde das Geschäftsgebäude in der Kanzleistraße schwer zerstört. Der Kreditverein zog 1957 in ein neues Gebäude in der Gymnasiumstraße 3. Nach dem Zweiten Weltkrieg diente die Darlehensvergabe überwiegend dem Wohnungsbau in Baden-Württemberg, etwa ein Drittel verteilte sich auf die anderen Bundesländer. 1975 wurde der Kreditverein von der Württembergischen Kommunalen Landesbank – Girozentrale Stuttgart (später: Landesbank Stuttgart) als Tochtergesellschaft übernommen, welche das Institut im Mai 1976 aufgrund einer finanziellen Schieflage rückwirkend zum 1. Januar eingliederte.

4 Vorakten zur Geschichte des »alten« Württembergischen Kreditvereins 1826–1972; Sammlung historischer Dokumente zur Gründung der Württembergischen Kreditvereins AG, zusammengestellt von Harry Nitsch 1923–1973; Repertorium zum Archivbestand »alter« Württembergischer Kreditverein, erstellt von Uwe Ziegler 1971–1974; Vorbereitung einer Festschrift zum 50-jährigen Bestehen 1971–1973

5 Satzungen 1923–1973; Unterlagensammlung zur Geschichte der Kreditvereins AG 1923–1930; treuhänderische Abwicklung 1925–1947; Unterlagen zur Mündelsicherheit der Anstalt 1927–1940; Handelsregisterauszüge 1927–1949; Liquidation des »alten« Kreditvereins 1939/1940; Satzungsänderungen 1965

7 Handakten von Aufsichtsratsmitgliedern, u.a. Ludwig von Schmidt, Otto Lindenmayer, Emil Remppis 1870–1960; Vergütung von Vorstandsmitgliedern 1917–1935; Aufsichtsratsprotokolle 1923–1965; Vorstandsberichte 1923–1974; Eigenkapitalerhöhung 1930–1976; Hauptversammlungsprotokolle 1951–1974

9 Pensionssatzungen für Beamte 1904–1962; Betriebsausflüge 1934–1940; Unterstützungskasse 1939–1968

10 Geschäftsgebäude Gymnasiumstr. 3, Stuttgart 1939–1963

13 Rückstandslisten 1934–1935; Gewährung von Krediten gegen Grundstücksbeleihungen 1949–1961

16 Bilanzen 1924–1972; Geschäftsberichte 1924–1974; Jahresabschlussprüfungen 1947–1974; Depotprüfungen 1965–1973; Prüfung der Umstellungsrechnung 1950–1962

20 Zusammenarbeit mit Kreditinstituten 1941–1963; Zusammenarbeit mit Vereinen, Verbänden und Unternehmen 1954–1963; Arbeitsgemeinschaft süddeutscher Hypothekenbanken 1953–1956; Kontaktgemeinschaft Süd und Mitte 1959–1973

49 Hauptstaatsarchiv Stuttgart, Bestand P 11: »alter« Württembergischer Kreditverein, WABW B 106 (Landesbank Stuttgart-Gironzentrale)

50 Das Land Württemberg, seine wirtschaftliche und kulturelle Bedeutung, Bd. 1, Stuttgart 1927, S. 22; Arthur Katz-Foerstner (Hg.), Handbuch der württembergischen Wirtschaft, Berlin 1931, S. 106; Harry Nitsch, Signatur der Jahre, Württembergischer Kreditverein AG, Stuttgart 1973; Manfred Biehal, Der Württembergische Sparkassenverband 1916–1982, Berlin 1984

697 WLI, Blaubeuren

Name Württembergische Leinenindustrie Aktiengesellschaft Blaubeuren
Geschäftstätigkeit Leinwandspinnerei, -weberei, -bleicherei, -färberei
Branche Nr. 170
Umfang 7
Laufzeit 1726–1988
Benutzbarkeit Ja
Bestand B 47

Bestandsgeschichte Das Archivgut wurde in mehreren Ablieferungen zwischen 1982 und 1989 vom Vorstand übernommen. Es umfasst Schriftgut mehrerer Provenienzen: Der ehemaligen Blaubeurer Bleiche, der Mechanischen Leinenweberei Blaubeuren und der Württembergischen Leinenweberei Hoffmann & Co. in Laichingen sowie der nach der Fusion 1882 gegründeten Württembergischen Leinenindustrie AG.

Geschichte 1882 erfolgte die Gründung der Württembergischen Leinenindustrie AG. Sie ging aus der Fusion der im Eigentum der Familie Lang befindlichen Blaubeurer Bleiche und der Mechanischen Leinenweberei Blaubeuren mit der seit Anfang der 1850er Jahre gegründeten württembergischen Leinenweberei von Hoffmann & Co. in Laichingen hervor. Die Gebrüder Johannes und Andreas Lang und weitere Teilhaber betrieben in der ersten Hälfte des 18. Jahrhunderts einen Leinwandverlag der 1726 konstituierten Blaubeurer Bleichsozietät, deren Alleininhaber 1748 Andreas Lang wurde und der bereits 1729 ein uneingeschränktes herzogliches Leinwandhandlungs-Privileg erhielt. 1760 wurde sein Sohn Johannes Lang alleiniger Inhaber. Dessen Sohn Andreas Friedrich Lang gab der Leinwandhandlung den Namen A. F. Lang. 1864 wurde von Carl und Eduard Lang in Blaubeuren eine mechanische Weberei für Betttücher, Tischzeuge und Handtücher errichtet. 1975 wurde die Produktion eingestellt, seither war das Unternehmen eine Vermögensverwaltungsgesellschaft. 2012 erfolgte die Verschmelzung auf die VEM Vermögensverwaltung AG.

3 Familiengeschichte Lang, Geh. Kommerzienrat E. v. Lang, Stammtafeln, Familienregisterauszüge, Haussmann, Glöckler, Urlau 1911–1952
4 225-jähriges Jubiläum Blaubeurer Bleiche, 400 Jahre Blaubeurer Leinen, Papiermühle Blaubeuren 1726, 1925–1960
5 Gründung, Gründung der AG, Satzung, Beteiligungen, Stilllegung 1726, 1748–1788, 1856, 1882, 1924
6 Zusammenschluss 1978/79
7 Vorstand, Aufsichtsrat, Hauptversammlung, Geschäftsführung, Betriebsberatung
8 Organisation 1961
9 Fabrikordnungen, Betriebskrankenkasse, betriebliche Sozialleistungen, Gehälter, Löhne, Betriebsfeiern, Leistungsberichte, Betriebswohnungen, Betriebsrat, Streitigkeiten 1864–1976
10 Grundstücke, Gebäude, Wasserrechte, Grund- und Lagerbuchauszüge, Schätzungen, Pachtverträge, Baupläne, Kostenvoranschläge, Abwasser, Wasserbau, Fischwasser 1796–1988
11 Grundkapital, Finanzierung, Kredite 1825–1830, 1922, 1954–1981
12 Einkauf 1940–1973
13 Geschichte des Bleichens und Webens, Bleich- und Partienbücher, Rezepturen, Statistik, Kalkulation, Maschinen 1750–1988
14 Absatz, Preise, Konditionen, Qualitätsbestimmung, Fabrikverkauf, Reiseberichte 1819–1979
15 Musterbücher, Messen 1726, 1857–1962
16 Bilanzen, Gewinn- und Verlustrechnungen, Inventare, Abschreibungen, Jahresabschlußprüfungen, Hauptbuchserie, Journalserie, Liquidität, Kasse, Forderungen, Statistik, Betriebsberichte, Geschäftsberichte 1817–1987
17 Steuern 1746, 1802, 1939–1983
18 Gebäudebrandversicherung, private Feuerversicherung, Sachversicherungen 1884–1983
21 Arbeitsgerichtsprozesse 1953, 1962
47 Fotos: Inhaber, Belegschaft, Gebäude, technische Anlagen, Produktion. Wappen Lang
48 Klischees, Bildzyklus »Bleicherei« (Tusche), Firmenstempel 1900–1960
50 225 Jahre Blaubeurer Bleiche, [Blaubeuren 1951] (Festschrift). 400 Jahre Blaubeurer Leinen, 400 Jahre Qualität, [1960] (Festschrift). Gert Kollmer, Die Industrieentwicklung einer württembergischen Amtsstadt am Beispiel von Blaubeuren, in: Hansmartin Decker-Hauff und Immo Eberl (Hg.), Blaubeuren, Die Entwicklung einer Siedlung in Südwestdeutschland, Sigmaringen 1986, S. 627–664.

698
WLZ, Stuttgart

Name Württembergische Landwirtschaftliche Zentralgenossenschaft (Sammlung Karl Scheyhing)
Geschäftstätigkeit Genossenschaften
Branche Nr. 910
Umfang 2,7
Laufzeit 1923–1990
Benutzbarkeit Eingeschränkt
Bestand Y 351

Bestandsgeschichte Die Geschäftsunterlagen der WLZ-Raiffeisen AG wurden 2006 von Herrn Karl Scheyhing aus Sersheim übernommen. Herr Scheyhing war über 40 Jahre für die Württembergische Landwirtschaftliche Zentralgenossenschaft – Raiffeisen GmbH (WLZ) tätig. 1959 wurde er in die Geschäftsleitung der WLZ Stuttgart berufen. 1968 führte er den Vorstand der Württembergischen Raiffeisen- und Vermarktungs-AG Stuttgart und damit verbunden die Geschäftsführung des Marktkontors Obst und

Gemüse Württemberg e. V. sowie der Plochinger Getreidelager GmbH & Co. KG Plochingen.

2 Spezialliteratur u. Festschriften zu genossenschaftlichen Produktionszweigen (Vieh, Obst, Gemüse) 1950–70; Schrifttum zu Friedrich Wilhelm Raiffeisen

4 Handmappe Württembergischer Landesverband landwirtschaftlicher Genossenschaften 1940–1945; Presseartikel; 75 Jahre WLZ 1898–1973; 100 Jahre WLZ – Aus der Firmenchronik 1975

5 Statuten Württembergische Landwirtschaftliche Zentralgenossenschaft Raiffeisen eGmbH 1962–1975

6 Beteiligungsübersicht 1960; Tochtergesellschaften

9 Hauszeitschrift der WLZ 1955–2000

16 Geschäftsberichte 1923–1955

20 Geschäftsberichte verschiedener Genosschaftszweige

50 Das Raiffeisen-Kraftfutterwerk Stuttgart, o. J.; 60 Jahre genossenschaftliche Warenvermittlung in Württemberg, Stuttgart 1957; 50 Jahre Württembergische Viehverwertung eGmbH 1911–1961, Stuttgart 1961.

699
WMF, Geislingen

Name Württembergische Metallwarenfabrik Aktiengesellschaft
Geschäftstätigkeit Metallwarenfabrik
Branche Nr. 287/362
Umfang 37
Laufzeit 1871–1978
Benutzbarkeit Ja
Bestand B 70

Bestandsgeschichte Die Übernahme erfolgte in mehreren Etappen zwischen 1981 und 1997. Schwerpunkte bilden Unterlagen des Vorstands und Aufsichtsrats mit Vorprovenienzen der Firmen Straub & Sohn in Geislingen sowie A. Ritter & Co. in Esslingen. Von hoher kulturgeschichtlicher Bedeutung sind eine von den Anfängen bis 1978 umfassende Sammlung von Katalogen und Musterbüchern sowie eine Serie von Modellbüchern der galvanoplastischen Kunstanstalt von 1906–1940. Sie liefern einen wichtigen Beitrag zur Dokumentation der deutschen Plastik des frühen 20. Jahrhunderts. Zu verweisen ist auch auf eine alle Bereiche des Unternehmens umfassende Fotosammlung, die den Zeitraum von 1890 bis 1945 umfasst.

Geschichte Die Anfänge des Unternehmens gehen auf die 1853 gegründete Firma Straub & Schweizer in Geislingen zurück. Sie befasste sich mit der Herstellung von silberplattierten und kupferbronzierten Küchen- und Tafelgeräten. Nach dem Ausscheiden der Gebrüder Schweizer 1866 nahm Daniel Straub seinen Sohn als Gesellschafter in die nun unter dem Namen Straub & Sohn firmierende Metallwarenfabrik auf. 1868 wurde die erste Verkaufsfiliale in Berlin, 1879 eine Zweigwerk in Wien unter dem Namen Köhler & Cie. eröffnet. 1880 fusionierte die Firma auf Anraten von Dr. Kilian von Steiner, Vorstand der Württembergischen Vereinsbank, mit der 1871 in Esslingen gegründeten Konkurrenzfirma A. Ritter & Co. zur Württembergischen Metallwarenfabrik Aktiengesellschaft (WMF). 1882 wurde der Chemieindustrielle Gustav von Siegle Mehrheitsaktionär. Mit der Gründung des WMF-Wohlfahrtsvereins im Jahre 1887 wurde das Unternehmen zum Vorbild sozialer Betriebsleistungen. Bis zum Ersten Weltkrieg expandierte die WMF durch Gründung weiterer Zweigwerke, Fusionen und Firmenübernahmen: Plewkiewicz & Co. in Warschau 1886, Metallwarenfabrik Henschen in Geislingen 1888, Deutsche Industrie AG und die Neusilberwarenfabrik Katsch, beide in Berlin, 1889, Schauffler & Saft in Göppingen 1897, Orivit in Köln 1905. 1912 war das Unternehmen mit ca. 6.500 Mitarbeitern der größte Industriebetrieb in Württemberg mit 24 Verkaufsniederlassungen in Deutschland. 1939 war die Zahl der Filialen auf 141 angewachsen. Bis heute produziert die WMF Bestecke, Tisch- und Küchengeräte nach Entwürfen namhafter Designer. Seit den 1950er Jahren hat sich die Herstellung von Großkaffeemaschinen zu einem bedeutenden Geschäftszweig entwickelt. Ein vorrübergehendes Betätigungsfeld von kultureller Bedeutung war die Herstellung von Galvanobroncen. Zwischen 1884 und 1953 fertigte die galvanoplastische Kunstanstalt der WMF Grabplastiken und -schmuck sowie Denkmäler, Brunnen- und Bauplastiken. Die in den 1920er

Jahren gegründete »NKA Neue Kunstgewerbliche Abteilung« stellte Artikel aus Marmor, Metall und Glas (sogenanntes Ikora und Myra-Glas) her, wodurch die WMF durch die Zusammenarbeit mit namhaften Designern wie Fritz August Breuhaus de Groot zu internationalem Ansehen gelangte. Nach dem Zweiten Weltkrieg wurde das Auslandsvertriebssystem neu aufgebaut, die Produktion modernisiert und ausgeweitet. Seit 1956 übernahm ein Zweigwerk in Riedlingen die Silitproduktion (emaillierte Töpfe und Dampfkochtöpfe). Ende 1979 verkauften die Nachfahren von Gustav von Siegle ihre Aktienmehrheit an die Düsseldorfer Rheinmetall AG und die Deutsche Bank über. Aufgrund kartellrechtlicher Probleme gingen die Anteile der Rheinmetall AG 1985 auf den Wiesbadener Anwalt Wolfgang Schuppli und dessen Helvetic-Gruppe über, der sie 1994 wieder an institutionelle Anleger verkaufte. In den letzten Jahren erwarben verschiedene Unternehmen Beteiligungen an der WMF. 2016 übernahm die französische Group SEB die WMF von der amerikanischen Beteiligungsgesellschaft Kohlberg Kravis Roberts & Co.(KKR).

2 Ortsbaustatut Geislingen 1898

4 Firmengeschichtliches, Festschriftenentwürfe 1905, 1913, 1934/35, 1953

5 Ritter & Co Esslingen 1871–1880, Straub & Sohn Geislingen 1873–1882, Gründungsakten WMF 1880, Statuten 1898, 1911, 1922, 1927

6 Köhler & Cie Wien 1880–1920, R. Plewkiewicz Warschau 1881–1918, Filiale Berlin 1889, Orivit AG Köln 1894–1922, Miele & Cie Brüssel 1888–1914, Kunstanstalt für Galvanoplastik vormals Klumpp & Cie München, 1890–1995, Henninger & Co Berlin 1905, Oberrheinische Metallwarenfabrik Mühlhausen/Elsaß 1941–1945, Zweigwerk Riedlingen 1959–1960

7 Vorstandskorrespondenz, Vorstandsprotokolle, Berichte, Anstellungsverträge, Handakten 1880–1945, Aufsichtsratsprotokolle, Aufsichtsratskorrespondenz 1880–1946

8 Geschäftsordnungen, Organisationspläne 1880–1942

9 Arbeiterverzeichnis 1864–1914, Arbeiterverhältnisse 1904, Fabrikordnung von A. Ritter & Co., Esslingen 1880, Arbeitsordnungen 1892–1934, Zahltagszettel von A. Ritter & Co. in Esslingen für Otto Beh 1880, Betriebslohngruppenkatalog 1953, Lehrlingsordnung 1892 und 1935, Fortbildungsschule 1904, Wohlfahrtseinrichtungen und Wohlfahrtsverein 1887–1945, Leistungsberichte 1941/42, Arbeitsausschuss Deutsche Arbeitsfront 1943, Urkunden Deutsche Arbeitsfront, Dienstjubiläen 1909, G. Siegle Stiftungsfonds 1894–1902, Werksbibliotheksverzeichnisse 1912–1944

10 Grundstücksangelegenheiten und Bauprojekte 1887–1944, Verzeichnis der WMF-Gebäude 1963, Erwerb Haus Augsburg, Karolinenstrasse, 18. Jahrhundert

11 Finanzlage 1897–1899, Teilschuldverschreibung 1905, Prospekte zur Kapitalerhöhung 1905–1923

13 Technische Manuskripte betr. Metallfärbeverfahren, Patronenhülsenfertigung, Besteckfabrikation, Hohlwarenversilberung 1908–1945; Versuchsberichte Besteckfabrikation, Cromargan, Echtsilberfabrikation, Huberpresse, Untersuchungen von Bestecken der Konkurrenz 1923–1933; Fliessfertigung in der Kochgeschirrfabrikation 1927–1939; Warenzeichen 1871–1969; Neue Kunstgewerbliche Erzeugnisse, Ikora-Metall, Ikora- und Myra-Glaswaren, N.K.A. Abteilung 1927–1935, Produktionskarten für Kochgeschirr 1924–1940, Produktionsbücher Keramik 1938–1940

14 Reiseberichte In- und Ausland 1897–1945, Niederlagenverzeichnisse, Jahresberichte der Niederlagen 1904–1925, Reiseberatungen 1893–1937, Londoner Filiale 1894–1913, Studienreiseberichte 1951; Umsätze 1940/41,

15 Beteiligung an Ausstellungen 1913–1914, 1933, Katalogsammlung der WMF und Vorgängerfirmen 1856–1978 (detaillierte Erfassung s. Sammlung S 2)

16 Kopierbücher 1881–1894, Hauptbücher 1928–1939, Bilanzen 1890–1902, 1939–1944, Revisionsberichte 1895, 1933–1943, Geschäftsberichte 1903–1904, 1917–1945; Schrift zur Verbesserung des betrieblichen Rechnungswesens 1941, WMF-Kalkulationsschema 1946

17 Steuerbücher 1880–1900

18 Auszug aus den Gebäude-Brandversicherungsbüchern 1943–1961

19 Kriegsproduktion (Patronenhülsen) 1917–1918, Korrespondenz mit der interalliierten Kontrollkommission 1919

20 Industrieverband für Göppingen und Umgebung e. V. 1907

21 Patentangelegenheiten (Huber-Presse) 1905–1910, Streit Wellner 1926
47 Fotos: Fotobände der Abteilung Galvanoplastische Kunstanstalt v. a. als Produktionsnachweis von Einzelanfertigungen 1906–1940, umfangreiche Fotosammlung: WMF-Gebäude (Innen- und Außenaufnahmen), Niederlagen, Zweigfabriken, Arbeitsplätze und Werkstätten, Berufe, Lehrlingsausbildung, Wohlfahrtseinrichtungen, Betriebsaufnahmen für die Deutsche Arbeitsfront (Werksfrauengruppe, Maifeiern, Kundgebungen, Betriebsappelle, Betriebssport, Jugendbetreuung, Werkswohnungen, Personen (Daniel Straub, Alfred Ritter, Direktoren, Aufsichtsräte, Mitarbeiter, Arbeitsjubilare, Gruppenaufnahmen), Schaufenstergestaltung, Messen und Ausstellungen, Werbung, Produkte, Kriegsproduktion Erster Weltkrieg, Geislingen, Württemberg, Alltag rumänischer Rückwanderer
48 Patronenhülsen-Muster, Muster von Kunstemaille-Gegenständen um 1940, japanische Flächenmuster und Skizzen um 1940
49 Oberrheinische Metallwarenfabrik, Mülhausen im Elsass; MAG Maschinenfabrik Geislingen; WABW B 183
50 Die Feierstunde, Fabrikzeitschrift der WMF 1890–1914. Karlheinz Bauer, Geschichte der Stadt Geislingen an der Steige, Band 2: Vom Jahre 1803 bis zur Gegenwart, Geislingen [um 1975], S. 293–315. Volker Hecht, Die Württembergische Metallwarenfabrik Geislingen/Steige 1853–1945, Dissertation Hohenheim 1993. 150 Jahre WMF 1853–2003, Geislingen an der Steige 2003 (Festschrift).

700
Wöhr, Aalen-Unterkochen

Name Gebr. Wöhr GmbH & Co.
Geschäftstätigkeit Stahlbau
Branche Nr. 280/281
Umfang 8
Laufzeit 1900–1980
Benutzbarkeit Eingeschränkt
Bestand Y 146

Bestandsgeschichte Das Archivgut wurde 1991 übernommen.
Geschichte Jakob Wöhr (1842–1915) gründete 1871 in Stuttgart eine Bauschlosserei. Als »Fabrik für Eisenkonstruktionen« führten die Söhne die Werkstätte seit 1906. Die Firma befasste sich vor allem mit dem Bau von Bahnsteigen. Im Jahre 1910 verlagerte die Firma aus Raummangel ihre Produktion nach Unterkochen, 1919 folgten Geschäftsleitung und Verwaltung. Bedeutende Leistungen der Firma waren die Stuttgarter Hochbauten Hindenburgbau, Zeppelinbau, Karl-Olga-Krankenhaus, der Hafenbahnhof in Friedrichshafen und unzählige Fabrikbauten. 1933 kam die Abteilung Maschinenbau hinzu, die sich mit dem Bau von Transportanlagen und Laufkranen für Industrie- und Lagerbetriebe befasste. 1942 wurde die bisherige Einzelfirma in eine KG umgewandelt. Nach dem Zweiten Weltkrieg gewannen Stahlskelett-Konstruktionen für Hochbauten jeder Art, Schulen und Verwaltungsgebäuden, Werk- und Lagerhallen, elektrische Laufkrane, elektronisch gesteuerte Förder- und Verteileranlagen, der Bau von Beschickungsanlagen in Eisengießereien und zahlreiche Neukonstruktionen an Bedeutung.
7 Fabriktagebücher 1949–1980
9 Jubiläumsfeiern, Kameradschaftspflege, Maifeiern, Weihnachtsgeld 1934–1959, Arbeitsbuchserie um 1930–1940, Arbeiterbücher 1910–1931, Lohnbuchserie 1900–1910
12 Einkaufsbücher 1925–1945
13 Technische Pläne und Zeichnungen, Baupläne von Aufträgen um 1900–1980
14 WUHO-Kundennachweisbuch, Auftragsbücher 1922–1957, Anfragebücher 1925–1945, Versandbuch 1965–1967, Kommissionsbuch 1915–1919, Angebote und Bestellungen um 1920–1960
15 Prospekte Stahlbeton, WUHO-Mühlen 1935–1957

16 WUHO-Abschlußbuch 1922–1935, Wechselkopierbuch 1924–1976, Kassenbücher 1900–1917, Hauptbuchserie 1917–1928
47 Fotos: Firmengebäude, Produktion, Maschinen, Jubiläen, Aufträge um 1900–1980
50 Eisenwerk Gebrüder Wöhr KG Unterkochen 1871–1971, Unterkochen 1971 (Festschrift).

701
Wolff & Sohn, Karlsruhe

Name Wolff & Sohn GmbH
Geschäftstätigkeit Parfümerie- und Toiletteseifenfabrik
Branche Nr. 245
Umfang 0,1
Laufzeit 1932–1966
Benutzbarkeit Ja
Bestand Y 275

Bestandsgeschichte Das Fotoalbum wurde 2001 von der IHK Karlsruhe übernommen.
Geschichte Die Firma F. Wolff & Sohn wurde 1857 als Familienunternehmen gegründet. Das Unternehmen entwickelte sich aus kleinen Anfängen zu einer Weltfirma mit 1.200 Beschäftigten im Jahr 1914. Die Umwandlung in eine GmbH erfolgte 1911. Das Produktionsprogramm umfasste Feinseifen, Rasier- und Haarpflegemittel sowie Haut- und Körperpflegemittel. Weltbekannt waren die Rasier- und Toiletteseifen, die unter der Marke »Kaloderma« verkauft wurden. 1960 zählte das Unternehmen noch 500 Mitarbeiter. Ende der 1960er Jahre geriet es in eine Krise. Notwendige Rationalisierungsmaßnahmen konnten aus eigener Kraft nicht mehr durchgeführt werden. Die Hamburger Kosmetikfirma Hans Schwarzkopf GmbH erwarb zwischen 1970 und 1972 die Mehrheit der Gesellschaftsanteile und legte 1973 die Produktion still.
47 Fotos: Jubilarfeiern, Werksbesichtigungen u.a. Ministerpräsident Köhler 1933, 75-jähriges Firmenjubiläum
49 Das Firmenarchiv wird im Stadtarchiv Karlsruhe verwahrt.
50 Badisches Statistisches Landesamt (Hg.), Die Industrie in Baden im Jahr 1925, Karlsruhe 1926, S. 161 f.

702
Wolff, Johann Heinrich, Ulm

Name Johann Heinrich Wolff GmbH
Geschäftstätigkeit Ladeneinrichtungsbau
Branche Nr. 360/361
Umfang 15
Laufzeit 1843–1984
Benutzbarkeit Eingeschränkt
Bestand Y 147

Bestandsgeschichte Das Archivgut wurde 1989 vom Konkursverwalter übernommen.
Geschichte Das Unternehmen wurde 1843 von Johann Heinrich Wolff als eine Eisenhandlung in Ulm gegründet. Der Laden, nach eigenen Entwürfen eingerichtet, galt jahrzehntelang als geradezu revolutionär. Andere Händler baten Wolff, er möge ihnen ihre Läden einrichten. So nahm die Firma 1912 als zweites Standbein die Fabrikation von Laden- und Lagereinrichtungen unter dem Firmenzeichen »Ulmia« auf. Die Abteilung nahm in kurzer Zeit einen enormen Aufschwung. Das Produktionsprogramm reichte von Ladeneinrichtungen für Eisenwaren bis hin zu Spezialeinrichtungen für Haushaltswaren, Glas, Porzellan, Geschenkartikel und ähnliches. Im Zweiten Weltkrieg wurden 70 % der Produktionsanlagen zerstört. 1960 zählte das Unternehmen 360 Mitarbeiter. 1985 meldete die Johann Heinrich Wolff GmbH Konkurs an und wurde 1990 aus dem Handelsregister gelöscht.
6 Beteiligungen um 1930–1980
7 Kopierbuchserie 1889–1908, Rundschreiben Geschäftsleitung um 1930–1980
9 Lohnbuchserie 1924–1936, Gehaltsbuchserie 1897–1936, AOK-Meldebuchserie 1900–1966, Kontrollbuch für die Angestelltenversicherung 1913–1921, Personalstatistik 1939–1969, Gefolgschaftshilfe um 1930–1950
10 Immobilien 1913–1944, Grundbucheinträge um 1930–1980, Mietangelegenheiten 1913–1948
11 Kredite, Bürgschaften um 1930–1980
13 Zeichnungsbuch, technische Zeichnungen der Produkte um 1940–1980
14 Verkaufsbuch 1886–1888
15 Kataloge und Prospekte um 1906, 1980, Gau-Diplom 1938/39
16 Bilanzbuchserie 1849–1948, Handelsbilanz,

Konzept-Memorial 1930–1937, Jahresabschlüsse um 1950–1984, Inventarium/Warenaufnahme 1844–1901, Wertpapiere um 1930–1980, Forderungen um 1930–1980, Kassenbuchserie 1843–1883, Hauptbuchserien 1843–1912, Konto pro Dubiosi 1885–1912, Journalbuchserie 1919–1961, Buchungen für Geheimbuch-Konto 1910–1945, Konzeptheft für das Geheimjournal 1921–1944, Effektenbuchserie 1900–1918, Buchprüfungsberichte 1940–1957, Bankangelegenheiten 1924–1931, Postscheckkonto 1934–1936, Mahnverfahren, Bilanzunterlagen 1962–1979, Haupt- und Bilanzbuchserie 1960–1963, Monats-Salden-Bilanzen 1937–1939, statistische Meldungen und Erhebungen um 1930–1980, Kosten-Aufteilung um 1930–1980

17 Steuerangelegenheiten (u. a. Einkommen-, Bürger-, Gebäude-, Kirchen-, Vermögen-, Umsatz-, Gewerbe-, Grund-, Körperschafts-, Erbschaftssteuer, Steuergutscheine, Kreditgewinnabgabe, Soforthilfe/Lastenausgleich) 1927–1980

18 Versicherungen 1887–1954

19 Fliegerschäden 1945

20 Stuttgarter Mobilien-Zwecksparverband 1934–1942

47 Ölbild: Fabrikanlage mit Gleisanschluss und Ulmer Münster; Dias (Glas) von Schaufenstereinrichtungen

49 WABW A 11 Firmenakte 652

50 Tradition verpflichtet, Ein Werk biographischer Kreis- und Firmenchroniken der Stadt und des Kreises Ulm/Donau, Stuttgart 1953. Repräsentanten der Deutschen Industrie und Wirtschaft, Baden-Württemberg, Düsseldorf 1962/63, S. 158 f.

703
Wolff, Wilhelm, Pforzheim

Name Wilhelm Wolff KG
Geschäftstätigkeit Metallwarenfabrik
Branche Nr. 280
Umfang 1,5
Laufzeit 1913–1975
Benutzbarkeit Ja
Bestand B 2

Bestandsgeschichte Das Archivgut wurde 1981 vom Geschäftsführer übernommen.

Geschichte Die Firma wurde 1894 von Ernst Wolff in Pforzheim gegründet und produzierte versilberte Waren aller Art, insbesondere Fotorahmen, Bestecke sowie Pokale und Becher für Ehrenpreise und Festgaben. 1914 wurde das Unternehmen in eine Aktiengesellschaft umgewandelt. Ludwig Hummel kaufte 1939 das Unternehmen, das unter Beibehaltung des Firmennamens in eine GmbH umgewandelt wurde. 1980 stellte die Wolff KG die Produktion ein. Die Gesellschaftsanteile wurden verkauft. Karl August Gaedt, neuer Besitzer, verlegte die Firma unter dem Namen Wilhelm Wolff GmbH & Co. KG nach Schwäbisch Gmünd.

4 50-jähriges Jubiläum 1944

5 Veränderungen der Rechtsform, Gesellschaftsverträge 1914–1950

6 Wolffmetall Lda, Sao Paulo, Brasilien 1932–1969; Adolf Benk, Besteckfabrik, Karlsruhe 1939

7 Generalversammlungen, Berichte zur Geschäftslage, Aufsichtsratsprotokolle 1915–1975

9 Betriebsfeiern, Werkskantine 1942–1945, Vorschläge von W. Wolff gegen die Arbeitslosigkeit 1931

10 Kaufverträge, Grundbucheintragungen, Grund- und Aufrisse 1914–1952

11 Aktien, Grundkapital 1929–1956

13 Patente 1964–1965

14 Kunden, Angebote, Rechnungen, Reiseberichte, Vertreterberichte, Preis- und Produktpolitik 1919–1970

15 Kataloge 1937–1939

16 Bilanzen, Gewinn- und Verlustrechnung, Jahresabschlußprüfungen, Statistik 1920–1968

17 Vermögen- und Körperschaftsteuer 1914, 1940

18 Haftpflicht-, Wasserleitungsschäden-, Feuer-, Einbruchdiebstahl-, Unfall-, Kfz-, Lebens-, Betriebsunterbrechungs-, Transportversicherung 1913–1972
19 Betriebserhebungen der Militärregierung 1945–1946
21 Grundstücke, Urheberrechte 1915–1970
22 Spenden 1940–1944
47 Fotos: Firmengebäude, Belegschaft, Auslandsvertretungen, Messen, Werbung, Betriebsfeiern, Werkskantine 1925–1966
50 Pforzheim Stadt und Landkreis, Ein Heimatbuch mit Wirtschaftsbiographien, Stuttgart 1953, S. 92f.

704
Woll, Pforzheim-Dillstein

Name Emil Woll
Geschäftstätigkeit Holzgroßhandlung, Gaststättengewerbe
Branche Nr. 200/515/552
Umfang 0,1
Laufzeit 1936–1946
Benutzbarkeit Ja
Bestand B 64

Bestandsgeschichte Das Archivgut wurde 1985 übernommen.
Geschichte Eine Holzgroßhandlung Emil Woll gibt es heute in Pforzheim nicht mehr; ob es Verbindungen zur Firma Leonhard Woll, Holzgroßhandlung oder Woll KG, Kistenfabrik, beide Pforzheim, gibt, war nicht festzustellen.
7 Korrespondenz 1941–1943
9 Löhne 1941
14 Umsätze 1937–1940
17 Gewerbe-, Einkommen-, Grund-, Gebäude-, Umsatz-, Grunderwerb-, Vergnügungssteuer 1936–1946
19 Kraftstoffbeschaffung, Kfz-Nutzung 1941–1943
50 Im WABW nicht vorhanden.

705
Wolldeckenfabrik, Weil der Stadt

Name Wolldeckenfabrik Weil der Stadt AG
Geschäftstätigkeit Wolldeckenfabrik
Branche Nr. 170/174
Umfang 11
Laufzeit 1910–1971
Benutzbarkeit Eingeschränkt
Bestand Y 148

Bestandsgeschichte Das Archivgut wurde 1986 von der Geschäftsleitung übernommen.
Geschichte Die Wolldeckenfabrik Weil der Stadt geht auf eine Handweberei zurück, die bereits 1780 feine Tuche herstellte. Seit 1870 wurden auch Wolldecken ins Fabrikationsprogramm aufgenommen. Der Familienbetrieb wurde seit etwa 1910 als GmbH geführt und 1920 in eine AG umgewandelt. Die Firma meldete 1996 Konkurs an. 1999 wurden die Gebäude des Wolldecken-Areals in Weil der Stadt abgerissen.
4 Geschichte der Firma
5 Gründungsakten der Aktiengesellschaft 1920
6 Konsortialverträge 1921
7 Geschäftsführung 1939–1947, Direktor Schnaufer 1956, Verträge 1922
9 Gemeinschaftsbuch um 1940, Reichsarbeitsdienst 1938
10 Immobilienangelegenheiten (u. a. Kläranlage, Verwaltungsgebäude Schätzungsprotokoll) 1922–1950
11 Aktienbuch 1922, Börseneinführung 1922/23, Kapitalerhöhung 1921, Industrieobligationen 1925
12 Einkaufsgenehmigungen 1935–1946, Spinnstoff Anträge 1939–1942, Verteilungsstelle 1943, Überwachungsstelle für Wolle 1934–1937, Überwachungsstelle für industrielle Fettversorgung 1937, Überwachungsstelle für Seide/Zellwolle 1936, Reichsstelle für Baumwolle 1934, Reichsstelle für Wolle 1941, Spinnstoffe 1942, Reisskontingente 1937, Wolle 1935–1937, Baumwollabfälle 1936, Baumwollgarne 1935, Kettgarne 1937, Lagerbücher Reisswolle 1953–1959, Bestandsbücher Kamelhaar 1957–1962, Bestandsbücher Zellwolle 1951–1963, Bestandsbücher Lumpen für Heeresaufträge 1939, Bestandsbücher zellwollene Spinnstoffe 1970/71
13 Produktionsbuch 1926–1931, Produktions-

bücher Wolle 1954–1961, Spinnerei-Produktion 1952, Stromlieferungen und Energiestatistik 1917–1939, Meldungen Decken 1939
14 Kommissionsbücher 1922–1928, Behördenaufträge 1933/34, Luftwaffe 1937–1939, Bundesamt für Wehrtechnik 1961–1971, Export 1925, Preislisten 1922–1937, Preislisten von Verbandsfirmen 1925–1930, Frachtbuchserie 1935–1962, Speditionsbücher 1944–1949, Reichsstelle für Kleidung, Versandbuchserie 1941–1953
15 Holzplakat Immuna Wolldecken, Inserate 1951–1959
16 Steuer- und Bilanzunterlagen 1938–1944, Bilanzhefte- und bücher 1910–1948/49, Besitzstandsverzeichnis 1920, Kunden- und Lieferantenkartei um 1930–1960, Kalkulationen 1936, Statistiken um 1930–1960, Inventur 1928, Kreditlisten 1921–1923, Kreditoren- und Debitorenauszüge 1936–1944, Postscheckkonto 1948/49, Hauptbuchserie 1919–1949, Hauptbuch und Kreditoren 1932–1937, Debitorenbücher 1932–1937, Skontobuch 1927/28, Kassenbücher 1921–1949, Inventuren 1920–1948, Jahresabschlüsse 1914–1950, Memorial 1927/28, Kassenbuchserie 1910–1928, Journalbuchserie 1919–1949, Betriebsvergleich 1965–1968, Artikelrentabilität 1968
17 Umsatzsteuerbücher 1928–1947
18 Gebäudebrandversicherung-Schätzungsprotokoll 1918
19 Berechtigungsscheine 1939, Wehrmachtsbeschaffungsamt 1939, 1942, Gouvernementsachen 1945, Meldungen 1945
20 Fachuntergruppe Wolldeckenindustrie 1934, Fachuntergruppe Preisbildung 1939, Verband deutscher Wolldeckenfabrikanten 1916–1951, Informationsbriefe der Arbeitsgemeinschaft Wirtschaftshilfe 1948–1961, Reichsvereinigung chemische Fasern 1942, Verband Reichenbach 1939, Rundschreiben Verband deutscher Wolldeckenfabrikanten 1940, Reichsvereinigung Textilveredelung 1944
47 Fotos: Firmengebäude, Inhaber, Belegschaft um 1930–1960, Ansicht gegen den Bühlweg 1915
50 Handbuch der Deutschen Aktiengesellschaften 1951/52, Band 1, S. 815–817. Wer sind wir?, Weil der Stadt, Die Stadt, die Firma, die Menschen, die Produkte, Weil der Stadt [um 1975] (Werbeschrift).

706
Wolter, Schwäbisch-Gmünd

Name Otto Wolter
Geschäftstätigkeit Silberwarenfabrik
Branche Nr. 362
Umfang 2
Laufzeit 1875–1992
Benutzbarkeit Nein
Bestand Y 557

Bestandsgeschichte Der Bestand wurde 2019 kurz vor Redaktionsschluss übernommen. Weiterführende Hinweise unter: https://wabw.uni-hohenheim.de

707
Wörner, Schwenningen

Name Wörner GmbH
Geschäftstätigkeit Werkzeugmaschinenfabrik
Branche Nr. 294
Umfang 3,5
Laufzeit 1938–1990
Benutzbarkeit Eingeschränkt
Bestand Y 149

Bestandsgeschichte Das Archivgut wurde 1991 übernommen.
Geschichte 1933 gründete der Mechanikermeister Johannes Wörner in Schwenningen einen Betrieb zur Herstellung und Reparatur von Werkzeugen der Feinwerktechnik, die in der Uhren-, elektrotechnischen und Radioindustrie Absatz fanden. 1939 erwarb er ein Fabrikgebäude und begann mit der Entwicklung und Produktion von Präzisionsbohr- und Gewindebohrmaschinen für die Feinwerktechnikindustrie. Nach dem Zweiten Weltkrieg wurde der Maschinenpark von der französischen Besatzungsmacht vollständig demontiert. Infolge des großen Nachholbedarfs an Bohrmaschinen nahm das Unternehmen einen raschen Aufschwung und beschäftigte in den 1960er Jahren 100 Mitarbeiter. 1954 erfolgte die Umwandlung in eine Kommanditgesellschaft unter dem Namen J. Wörner GmbH & Co. KG. Der Schwerpunkt des

Fertigungsprogramms verlagerte sich von Standardbohrmaschinen auf Rundtakt- und Sonderbohrmaschinen, ab den 1970er Jahren auf NC-gesteuerte Sondermaschinen für die Automobil- und Fahrzeugzulieferindustrie. 1989 meldete die Firma Konkurs an.

4 Auszug aus dem Konkursbericht
7 Jahresberichte 1962–1974
9 Personalkosten, Statistik 1963–1972, Betriebsrat 1963–1981, Arbeitsordnung
10 Bauangelegenheiten 1951–1963
11 Darlehen
12 Einkaufsjahresberichte 1979–1983
13 Maschinen-Statistik 1964–1981, Maschinenausgangsbuch 1962–1981, Produktionsplanung 1967–1973, technische Zeichnungen 1930er und 1940er Jahre
14 Preislisten 1949–1989, Auftragseingänge 1965–1990
15 Prospekte 1954–1985, Werbeplakate für Bohrmaschinen
16 Bilanzen 1938–1979, Kalkulation 1960er Jahre, Kontenpläne 1970/71, Debitoren, Creditoren
17 Umsatz-, Mehrwertsteuer 1968–1979
18 Versicherungen 1953–1970
47 Fotos: Maschinen, Ausstellungen und Messen um 1950–1970, Produktion 1960er Jahre
49 WABW A1, 84
50 Im WABW nicht vorhanden.

708
Wössner, Schramberg

Name Andr. Wössner
Geschäftstätigkeit Spiralfedernfabrik
Branche Nr. 287
Umfang 0,1
Laufzeit 1895
Benutzbarkeit Ja
Bestand B 15

Bestandsgeschichte Das Kopierbuch gelangte 1981 mit den Archivalien der Spiralfederfabrik Pfaff & Schlauder in Schramberg ins WABW. Aus den Unterlagen ist nicht ersichtlich, ob ein Zusammenhang zwischen beiden Unternehmen bestand.

Geschichte Über die Gründung des Unternehmens ist nichts bekannt. Der Betrieb wurde am 30.9.1895 abgemeldet und an den Nachfolger Karl E. Neidig übergeben.

7 Kopierbuch 1895
9 Arbeitsordnung für die Firma Karl E. Neidig 1895
50 Im WABW nicht vorhanden.

709
WÜFO, Stuttgart-Bad Cannstatt

Name Württembergische Gesellschaft für industrielle Forschung Forschungsgesellschaft für industrielle Organisation e.V.
Geschäftstätigkeit Beratung, Forschung
Branche Nr. 741/742/910
Umfang 0,1
Laufzeit 1964–1966
Bestand V 4

Bestandsgeschichte Bei dem Bestand handelte es sich um Unterlagen aus dem Nachlass von Dr. Eberhard Georgii, Stuttgart-Bad Cannstatt. Der Nachlass wurde dem WABW von Herrn Gerhard Niess aus Gerlingen im März 2012 übergeben.

Geschichte Die WÜFO wurde um 1960 als gemeinnütziger Verein gegründet. Die Tätigkeit der Gesellschaft erstreckte sich auf unterschiedliche technische, betriebswirtschaftliche und volkswirtschaftliche Themen. Im Vordergrund standen die Programmierungs-Forschung (betriebswirtschaftliche Gesamt-Rechnung für elektronische Groß-Rechenanlagen, Schachbrettbilanzen auf datenverarbeitenden Maschinen), Unternehmensforschung (Planspieltechnik, Organisation), Entwicklungs-Forschung (neue Werkstoffe und Verfahren, Lizenzen) und Markforschung (Marktanalysen, insbesondere für EWG-Länder). Es sollten wissenschaftliche Erkenntnisse auf ihre praktische Verwertbarkeit überprüft und neue Ideen praxisreif umgesetzt werden. Diese Erkenntnisse sollten den Industriebetrieben des Landes nutzbar gemacht werden. Diese Aufgabe wurde in Arbeitskreisen durchgeführt. Die Ergebnisse sollten durch Lehrmaterial, Arbeitskreise, Seminare und Lehrgänge in Zusammenarbeit mit Wirtschaftsverbänden und Fortbildungsorganisationen sowie Gesprächskreisen öffentlich gemacht werden. Die WÜFO stellte ihren Mitgliedern Experten und Expertengruppen zur Beratung zur Verfügung. Maßgebliche Initiatoren und Betreiber waren Dr. Eberhard Georgii und Dr.-Ing. Walther Hartmann.

7 Arbeitskonferenz Schachbrettbilanzen 30.9.1964, Protokoll dazu vom 26. 10. 1964. Referate: Der Betrieb als System kybernetischer Regelkreise. Betriebswirtschaftliche Gesamtrechnung – Matrix-Rechnung – Schachbrett-Rechnung und Schachbrettbilanzen auf datenverarbeitenden Maschinen vom 19. 5. 1964. Vortrag über Schachbrett-Bilanzen vom 19. 4. 1964. Aufsätze von Dr. Eberhard Georgii: »Unternehmensplanung mit kybernetischen Betriebsstrukturen und Rechenstrukturen« in: Zeitschrift für das gesamte Rechnungswesen Heft 12, 1965; »Vorbereiten durch organisatorische Funktions- und Normbaukasten« in: Zeitschrift für das gesamte Rechnungswesen; »Von der eindimensionalen zur zweidimensionalen Rechnungsform« in: Zeitschrift für das gesamte Rechnungswesen Heft 3, 1966; »Der Weg zur Schachbrett-Bilanz. Quadratische Schachbrett-Matrix halbiert Buchungsarbeit« in: Zeitschrift für das gesamte Rechnungswesen Heft 4, 1966. Unterlagen zu Schachbrett-Bilanzen. WÜFO-Gesprächs-Protokoll mit der IBM Abteilung Data processing devision vom 21. 5. 1964

8 Aufgabenbeschreibung der WÜFO um 1964

47 Tonbänder: Arbeitskonferenz Schachbrett-Bilanzen auf datenverarbeitenden Maschinen. Dt. Institut für Betriebswirtschaft Frankfurt a. M. vom 30. 9. 1966. Rundfunk-Vortrag »Schachbrettrechnung« von Dr. Eberhard Georgii (um 1964)

710 Wuhrgenossenschaft, Tumringen-Lörrach

Name Wuhrgenossenschaft
Geschäftstätigkeit Genossenschaft
Branche Nr. 910
Umfang 1
Laufzeit 1880–1970
Benutzbarkeit Eingeschränkt
Bestand Y 271

Bestandsgeschichte Das Archivgut wurde 2001 vom Geschäftsführer übernommen.

Geschichte Die im 19. Jahrhundert gegründete Wuhrgenossenschaft hat die Aufgabe, das bei Tumringen am Fluss Wiese liegende Wehr mit Kieslauf und Uferschutzbauten gemeinschaftlich instand zu halten und zu benutzen. Ferner obliegt ihr die Aufgabe, den Kanal von der Einlassschleuse bis zur Schweizer Grenze zu reinigen und unterhalten. Mitglieder der Wuhrgenossenschaft sind die Stadtgemeinde Lörrach, das städtische Gas- und Wasserwerk Basel sowie Lörracher Industriebetriebe wie die Baumwollspinnerei F. Vogelbach & Cie., Tuchfabrik Lörrach und die KBC Manufaktur Koechlin, Baumgartner & Cie.

5 Satzungen 1898–1933

7 Protokolle der Vorstandssitzungen und Genossenschaftsversammlung [1880] 1897–1979, Protokolle der Generalversammlung 1891–1907, Protokolle der Ausschuss-Sitzungen 1890–1955

16 Kassenbücher 1903–1945

20 Bezirksamt, Landratsamt, Bürgermeister 1932–1960

49 WABW B 20, B 25, Y 270

50 Im WABW nicht vorhanden.

711
WÜLAG, Stuttgart

Name Württembergische Landes-Elektrizitäts-AG
Geschäftstätigkeit Energiewirtschaft
Branche Nr. 400
Umfang 5,2
Laufzeit 1909–1988
Benutzbarkeit Ja
Bestand B 2019

Bestandsgeschichte Das WABW übernahm die Archivalien der WÜLAG im Sommer 2000 zusammen mit dem Archiv der EVS. Aus den Einzelakten der Leitungsgesellschaft war im Archiv der EVS ein eigener Bestand gebildet worden.
Geschichte Das Unternehmen wurde im Oktober 1918 als Württembergische Elektrizitätsgesellschaft mbH gegründet und im Februar 1919 in Württembergische Landes-Elektrizitätsgesellschaft mbH (WLG) umbenannt. Ihr Geschäftszweck war zum einen der Zusammenschluss der in Bayern, Baden und Württemberg installierten Hochspannungsfernleitungen, zum zweiten der Stromaustausch zwischen größeren Wasser- und Wärmekraftanlagen innerhalb des Landes. Das erfasste Gebiet schloss rund drei Viertel der Fläche und Bevölkerung Württembergs ein. Die Anteile bei Gründung verteilten sich zu je knapp 35 Prozent auf die Stadt Stuttgart und die Neckarwerke Esslingen, 27 Prozent hielt der Verband Württembergischer Industrieller und fast 4 Prozent das Alb-Elektrizitätswerk Geislingen. Nach einer Kapitalerhöhung im Jahr 1919 erwarb das Deutsche Reich 10,6 Prozent, außerdem traten verschiedene Kommunen und Überlandwerke mit Anteilen von 2 bis 3 Prozent bei. Um ihren Geschäftszweck zu erfüllen, baute die Gesellschaft eine 110-Kilovolt-Leitung von der bayerischen Landesgrenze bei Niederstotzingen nach Stuttgart-Obertürkheim und eine 60-Kilovolt-Leitung von Niederstotzingen nach Ellwangen. 1921 gingen die ersten Anlagen in Betrieb. Den ursprünglich auch geplanten Ausbau von Wasserkraftanlagen nahm die Gesellschafterversammlung 1919 aus dem Aufgabenspektrum heraus. Die Württembergische Landes-Elektrizitätsgesellschaft firmierte 1923 in Württembergische Landes-Elektrizitäts-AG (WÜLAG) um. 1929 übernahm sie das sanierungsbedürftige Elektrizitätswerk Schwenningen und betrieb hier nun die unmittelbare Versorgung.
Beim Stromtransport konkurrierte die WÜLAG mit der 1923 gegründeten Württembergischen Sammelschienen AG (WÜSAG). Das Nebeneinander von zwei Leitungsgesellschaften mit ähnlichen Aufgaben empfanden die Gesellschafter zunehmend als unbefriedigend. Es war ihnen kaum möglich, weiter zu wachsen und den Verbundbetrieb auszubauen. Bereits in den 1920er Jahren versuchte die württembergische Regierung eine Kooperation anzustoßen, worauf die Leitungsgesellschaften jedoch nicht eingingen. Die Nationalsozialisten erhöhten im Rahmen ihres Zentralisierungskonzepts den Druck. 1934 übernahm die WÜLAG die WÜSAG und nannte sich in Elektrizitäts-Versorgung Württemberg AG (EVW) um. Damit war der Stromtransport in Württemberg zusammengefasst worden. Die EVW ging ihrerseits 1939 mit acht Zweckverbänden zusammen und änderte ihren Namen in Energie-Versorgung Schwaben AG (EVS).

4 Festschrift 1928

5 Gründung 1917–1919, gedruckte Gründungsmitteilung 1920, Satzungen 1923–1933

6 Elektrizitätswerk Schwenningen Hauptbuch 1929–1939, Übergang in die EVW 1933/34

7 Gesellschafter bzw. Anteilseigner 1918–1934, Aufsichtsrat 1920–1934, Hauptversammlung 1923–1934, Berichte des Geschäftsführers über Betriebsergebnisse 1929–1934, Großwirtschaft in Württemberg 1923–1934

12 Stromkauf und Verbundbetrieb 1923–1934, Kraftwerke 1921–1931

13 Leitungen und andere Verteilungsanlagen 1913–1934, Bau der Hochspannungsleitung Niederstotzingen-Stuttgart 1919–1923, Patente 1926–1933, Übernahme und Betrieb des Elektrizitätswerks Schwenningen 1928–1939

14 Stromlieferung 1913–1934, Elektrifizierung der Bahn 1927–1930, Pläne Umspannwerk Obertürkheim 1920–1930, Pläne Schaltanlage Niederstotzingen 1923–1938

15 Verschiedene Drucke 1925–1933

16 Hauptbuch 1918–1935, Geschäftsberichte 1921–1933, Bilanzprüfungen durch die Schwäbische Treuhand AG 1922–1934

20 Interessenverband württembergischer Elektrizitätswerke 1919–1930

49 WABW B 2000, B 2023, B 2024
50 Das Land Württemberg, Seine wirtschaftliche und kulturelle Bedeutung, I. Ausgabe, Verlag Stuttgarter Neues Tagblatt, Stuttgart 1927, S. 38. WLAG – Zehn Jahre Entwicklung der Württembergischen Landes-Elektrizitäts-Aktien-Gesellschaft Stuttgart, [Stuttgart] 1928 (Festschrift). Die Elektrizitäts-Wirtschaft im Deutschen Reich, Berlin 1934, S. 115–119. Wolfgang Leiner, Württembergische Landes-Elektrizitätsgesellschaft mbH, in: EVS-Bericht 1/1970, S. 26–28. Wolfgang Leiner, Geschichte der Elektrizitätswirtschaft in Württemberg Band 2.2: Der Weg zur Großwirtschaft (1916–1945), Stuttgart 1985, S. 274–291 und 362–378. Jürgen Gysin, Vor 75 Jahren. Gründung der Württembergischen Landes-Elektrizitätsgesellschaft, in: EVS-Bericht 6/1993, S. 36. Bernhard Stier, Staat und Strom, Die politische Steuerung des Elektrizitätssystems in Deutschland 1890–1950, Ubstadt-Weiher 1999, S. 166–198. Robert Möllenberg, Die ökonomischen Folgen unterschiedlicher Marktmacht und vertikaler Integration, Eine historische Fallstudie der Elektrizitätswirtschaft von Baden und Württemberg in der Zwischenkriegszeit (1918–1933) (Stuttgarter historische Studien zur Landes- und Wirtschaftsgeschichte 20), S. 137–140.

712
Würtenberger & Haas, Karlsruhe

Name Würtenberger & Haas GmbH & Co.
Geschäftstätigkeit Elektrotechnische Fabrik
Branche Nr. 310
Umfang 0,5
Laufzeit 1904–1994
Benutzbarkeit Eingeschränkt
Bestand Y 212

Bestandsgeschichte Das Archivgut wurde 1996 übernommen.
Geschichte Anton Würtenberger, gelernter Schmied, und Hermann Haas, Kunst- und Bauschlosser, arbeiteten beide nach beruflichem Aufenthalt in der Schweiz bei der Gesellschaft für Elektrische Industrie in Karlsruhe. 1910 gründeten sie gemeinsam eine Reparaturwerkstätte für elektrische Maschinen. Schon 1920 zählte das Unternehmen durch die Erweiterung seines Arbeitsprogrammes auf die Instandsetzung von Transformatoren sowie durch Aufnahme der Produktion und Reparatur von Schalt-, Anlass- und Steuergeräten aller Art über 100 Mitarbeiter und entwickelte sich zu einem der bedeutendsten Unternehmen seiner Art in Baden. 1995 ging die Firma in Konkurs.
3 Frau A. Würtenberger 1904–1962, Würtenberger Erben 1958–1965, Hans Roth 1973
5 Handelsregister 1972–1994, Gesellschaftsverträge 1972–1989
9 Gehälter 1926–1938, Versorgungen 1960/1961
10 Immobilienangelegenheiten (u. a. Grundbuch, Baubescheide, Kaufverträge, Baumaßnahmen) 1914–1986
13 Stromverträge 1904–1969, Aufzugsmotoren-Produktion 1950–1960, Revisionsbuch 1926–1970
16 Bilanzen und Prüfungsberichte 1948–1981
50 Baden, Monographien seiner Städte und Landschaften, Südwestdeutsche Rundschau für Kultur, Wirtschaft und Verkehr, Karlsruhe 1954 Heft 4. 50 Jahre im Dienste der Elektrotechnik, Würtenberger & Haas Elektrotechnische Fabrik Karlsruhe, Karlsruhe 1960 (Festschrift).

713
Württemberger Hypo, Stuttgart

Name Württembergische Hypothekenbank Aktiengesellschaft
Geschäftstätigkeit Bankgeschäft
Branche Nr. 650
Umfang 37
Laufzeit 1868–2002
Benutzbarkeit Eingeschränkt
Bestand Y 180

Bestandsgeschichte Das Archivgut wurde 1993, 2003 und 2008 übernommen.
Geschichte Die einsetzende Industrialisierung erforderte ein kapitalkräftiges Pfandbriefinstitut in Württemberg: Mit königlicher Genehmigung wurde 1867 die Württembergische Hypothekenbank gegründet. Unter den Gründern waren Carl

von Cotta, Albert Ebner, Julius Federer und Hermann Rothschild. Der Geschäftszweck war die Gewährung von Darlehen sowie die Ausgabe von Hypothekenpfandbriefen auch über die Landesgrenzen hinaus. Zur Förderung des Kommunalkredits erfolgte 1923 im Verbund mit weiteren süddeutschen Realkreditinstituten die Gründung der Süddeutsche Festwertbank AG mit Sitz in Stuttgart. Die ersten Geschäftsräume der Württembergischen Hypothekenbank lagen in der Königstraße 3. Schon 1871 konnte jedoch ein neu errichtetes Gebäude in der Schlossstraße 36 bezogen werden und 1908 wechselte die Bank in den von den Architekten Eisenlohr und Weigle gestalteten Neubau in der Büchsenstraße 28. Nach Wiederaufbau und Erweiterung des im Krieg zerstörten Gebäudes folgte 1969 der Umzug in den Bankneubau in der Büchsenstraße 26. Seit 1922 befand sich die Württembergische Hypothekenbank im mehrheitlichen Besitz der Bayerischen Hypotheken- und Wechselbank. Als diese 1998 fusionierte, ging die Mehrheitsbeteiligung auf die Hypo Real Estate Holding AG in München über. Mitte des Jahres 2009 fusionierten die beiden Pfandbriefbanken der HRE Holding, die Hypo Real Estate Bank AG und die DEPFA Deutsche Pfandbriefbank AG zur Deutschen Pfandbriefbank AG mit Sitz in München-Unterschleißheim. Der HRE Konzern, der durch die internationale Finanzkrise ab 2007 existenziell betroffen wurde, befindet sich seit Oktober 2009 vollständig im Besitz der Bundesrepublik Deutschland.

4 Chronik der Württembergischen Hypothekenbank AG von Viktoria Fischer (Typoskript) 1957, 90-jähriges Bankjubiläum 1947

6 Zweigstelle Berlin 1930–1966, Süddeutsche Festwertbank AG Stuttgart 1923–1937 (Geschäfts- und Prüfungsberichte, Hauptbücher, Bücher 5-prozentige Goldobligationen), Verhandlungen mit ausländischen Banken 1925–1928

7 Generalversammlungen 1927–1955, Hauptversammlungen 1961–1984, 60. Geburtstag und Verabschiedung des Vorstandssprechers Dr. H.W. Schmidt, Börseneinführung 1961, 50-jähriges Dienstjubiläum Wilhelm Bonnet 1931, 70. Geburtstag Dr. h. c. Georg Fahrbach 1973, Handakten Fahrbach 1920–1969

9 Bewerbungen 1950–1966, Personalangelegenheiten 1969–1976, Einladungen zu Betriebsfeiern 1920–1934, Protokolle und Wahl des Betriebsobmanns 1920–1928

10 Stuttgart Büchsenstraße: Wiederaufbau 1947–1950, Einweihung Bankgebäude 1969, Fa. H. & O. Marquardt oHG (Hotel Marquardt Stuttgart) 1932–1939, Grundstücksgemeinschaft Bolzstraße 4 Stuttgart (Bilanzen) 1938–1947

11 Auslandsanleihe holländisches Bankenkonsortium, Korrespondenz Internationale Bank te Amsterdam 1928–1940, Kapitalerhöhung 1952, 1954

14 Hypothekendarlehen, Darlehensregister 1920–1950, Pfandbriefkonditionen 1969–1976, Effekten Prima-Nota Verkauf 1939–1956, Tilgungspläne 1930–1950

15 Prospekt Goldpfandbriefe 1930er, Werbeplakat »Pfandbriefe«1960er, Prospekte unverlosbare Hypothekenpfandbriefe 1908–1930, Verlosung der Pfandbriefe (Zeitungsanzeigen) 1873–1937

16 Geschäfts- und Prüfungsberichte 1868–2002, Bilanzen und Bericht des Vorstands (mit DM-Eröffnungsbilanz) 1939–1965, Hauptbücher 1873–1948, Bilanzbuch 1921–1949, Kapitalkontobücher für Kommunalschuldverschreibungen und Pfandbriefserien 1939–1961, Kontobücher 1928–1968, Geschäftsbücher für diverse Pfandbriefserien ca. 1950–1970, für Hypothekenpfandbriefe 1932–1956, Hypothekenregister 1900–1923, Kontokorrent 1927–1932, Zinsvorgänge 1930–1950, Amerikaanleihe, Auszahlungsbuchserie 1939–1963, Umstellungsrechnung mit Grundstücksverzeichnissen 1949–1970, Wertpapierbereinigung 1959–1984, Altsparerentschädigungen 1964–1970, Umtausch RM-Aktien 1952, Auszahlungsregister 1952–1962

19 Konversionskasse für deutsche Auslandsschulden, Berlin: Zinsscheineinlösung 1930–1939

20 Arbeitsgemeinschaft süddeutscher Hypothekenbanken 1949–1953, Rundschreiben Verband des privaten Bankgewerbes in Württemberg-Baden 1949–1967, Verband privater Hypobanken (monatliche Meldungen, Statistik) 1965–1973

47 Fotos: Gebäude, Mitarbeiter, Betriebsausflüge und -feste, Jubilare 1930–1980, Tonbänder: Referate auf der Sachverständigentagung 6. Februar 1958

49 WABW Y 407 (Nachlass August Habermaas)

50 Hundert Jahre Württembergische Hypothekenbank, Frankfurt 1967. 125 Jahre Württembergische Hypothekenbank, Ein Streifzug durch die Jahrzehnte, Stuttgart [1992] (Festschrift).

714 Württembergische Bank, Stuttgart

Name Württembergische Bank AG
Geschäftstätigkeit Bankgeschäft
Branche Nr. 650
Umfang 38,5
Laufzeit 1871–1977
Benutzbarkeit Eingeschränkt
Bestand B 113

Bestandsgeschichte Das Archivgut wurde 2007 übernommen. Eine Nachlieferung erfolgte 2013.
Geschichte Am 5. Mai 1871 kam es nach längerer Vorgeschichte zum Entwurf eines Gesetzes zur Errichtung einer Notenbank für Württemberg. Die Eintragung ins Handelsregister erfolgte am 23. Oktober 1871. Am 23. November wurde die Berechtigung zur Ausgabe von Banknoten erteilt und etwa einen Monat später begann die Württembergische Notenbank mit dem Druck der ersten Noten. Von 1871 bis 1923 lag der Hauptsitz des Instituts in der Poststraße 8, ab 1926 in der Friedrichstraße 22 in Stuttgart. 1901 wurden die ersten 24 Agenturen errichtet, die während der Inflationsjahre wieder aufgehoben wurden. Ende 1935 war mit einer Verlängerung des Notenprivilegs nicht mehr zu rechnen, so dass die Aufgaben der Notenbank in die einer allgemeinen Geschäftsbank überführt wurden. Aus der Württembergischen Notenbank wurde 1936 die Württembergische Bank, ein selbstständiges regionales Kreditinstitut. Die Bank richtete 1944 eine Ausweichstelle in Tübingen im Bankhaus Rubensdörffer & Co. ein. Als nach dem Zweiten Weltkrieg das Gebäude in der Stuttgarter Friedrichstraße zu eng geworden war, bezog die Bank 1968 einen Neubau am Kleinen Schlossplatz. Die Depositenkasse in der Eberhardstraße 20 blieb erhalten. Die Württembergische Bank unterhielt zudem Niederlassungen in Göppingen, Hechingen, Metzingen, Nürtingen, Ravensburg, Reutlingen, Schorndorf, Sindelfingen, Tübingen, Uhingen und Ulm sowie ein Börsenbüro in Frankfurt am Main. 1977 fusionierte die Württembergische Bank mit der Badischen Bank und der Handelsbank Heilbronn zur Baden-Württembergischen Bank AG (BW-Bank) mit Hauptsitz in Stuttgart. Die BW-Bank wurde 2001 von der Landesbank Baden-Württemberg (LBBW) übernommen und 2005 als unselbstständige Anstalt eingegliedert.
4 Unterlagen zur Errichtung einer Württembergischen Notenbank 1865–1971, Überleitung Württembergische Notenbank zur Württembergischen Bank, Satzungs- und Firmenänderung 1933–1946, Karl Lotter: Die Württ. Notenbank in den Jahren 1871–1921 (Maschinenskript), Wilhelm Kohlhaas: Die Württ. Notenbank und Württembergische Bank in den Jahren 1871–1951 (Maschinenskript), 100-jähriges Jubiläum Württembergische Bank 1971
5 Satzungen Württembergische Notenbank und Württembergische Bank 1871–1977
6 Fusion Handelsbank Heilbronn 1971, geplante Fusionen 1975–1977, Filialen Ulm, Tübingen, Reutlingen, Göppingen 1946–1969, Unterlagen zu folgenden Beteiligungen 1938–1977: ADIG Allgemeine Deutsche Investment-Gesellschaft mbH München und Düsseldorf, J. F. Adolff Textilwerke Berlin GmbH, ARGENTA Internationale Anlagegesellschaft mbH München, Bankhaus Wiedmann Aalen, Bopfingen, Bankhaus Rubensdörffer & Co. KG Tübingen, Diskont-Kompagnie AG Berlin, Gritzer-Kayser AG Karlsruhe-Durlach, Fernsehturm GmbH Stuttgart, Handels- und Gewerbebank Heilbronn AG bzw. Handelsbank Heilbronn AG, Lias-Oelschiefer-Forschungsgesellschaft mbH Frommern, Papierfabrik Weißenstein, Reutlinger Wohnungsgesellschaft für Industrie mbH, Staatliche Sport-Toto GmbH, Stuttgart, Südöl Mineralöl-Raffinerie-Gesellschaft mbH Eislingen, Stuttgarter Kassenverein Wertpapiersammelbank AG, WKV Bank GmbH Stuttgart, WKV Kredit-Bank GmbH Karlsruhe, Wolldeckenfabrik Zoeppritz AG Heidenheim-Mergelstetten, Württembergische und Badische Versicherungs-AG Heilbronn, Württembergische Finanz AG Stuttgart, Patenturkunden der Patentzünder Union AG in Vaduz 1966
7 Statuten, Protokolle Generalversammlung

1875–1925, Protokollbücher 1871–1903 1919–1921, Aufsichtsratsprotokolle 1924–1977, Aufsichtsrats-Sitzungsunterlagen 1953–1965, Hauptversammlungsprotokolle 1926–1977, Verwaltungsratsausschuss 1924–1938 1951–1977, Anstellungsvertrag Heinrich Schmidt Stuttgart (Vorstand) 1925, Unterschriftenverzeichnisse 1925 1953–1974, Kreditkommission 1949–1964, Wirtschaftsausschuss 1962–1974, Nachlass Direktor Julius Stengel 1961
8 Organisatorische Überprüfung der Württembergischen Bank und Filialen 1960, Bestimmungen der Bank 1928–1945, Richtlinien des Hauptgeschäfts für die Filialen 1950er Jahre
9 Lehrlingsausbildung 1935–1950, Satzungen und Richtlinien der Unterstützungskasse, Betriebsordnung 1936–1965, Unterstützungsverein der Württembergischen Bank 1952–1978, Nachlass Günther Heitmann, Mitarbeiter, 1957–1965
10 Bankeigene Gebäude und Grundstücke 1923–1956, Bauakten Gebäude Friedrichstraße 22 und Zweigstellen Reutlingen und Göppingen 1948–1970
11 Eigenkapital, Kapitalerhöhungen 1949–1961
13 Aktienscheine, Coupons, Württembergische Notenbank Aktie (1871), Aktienmäntel 1950er: Deutsche Linoleum-Werke Bietigheim, Wolldeckenfabrik Zoeppritz
15 Werbebroschüre um 1969
16 Hauptbuch 1871–1973, Geschäftsberichte 1871–1976, Depositenkontobuch 1877–1923, Diskontumsätze 1884–1900, Reichsmark-Hauptbücher 1923–1939, Goldbestandsbücher 1923–1935, Bilanzen und Prüfungsberichte 1933–1978, Aktienbuch 1949, Depositenkasse Eberhardtstraße 1924–1963, Jahresabschlüsse 1950–1976, Umstellungsrechnung 1948–1965, Kassenprüfungen 1948–1963, Aufstellung der Betriebs- und Geschäftsausstattung 1958–1963, Kontenpläne 1948–1954, 1964–1972
17 Vermögenssteuer 1936–1977, Körperschaftssteuer 1935–1977, Gewerbesteuer 1924–1977, Umsatzsteuer 1925–1955
20 Wirtschaftsgruppe Privates Bankgewerbe, Rundschreiben 1944–1945
22 Spenden 1948–1977
47 Fotos: Gebäude Friedrichstr. 22 Stuttgart, Filiale Göppingen 1930–1950, Depositenkasse Eberhardtstraße, Fotoalben (Betriebsausflüge und Feste) 1930–1976, Imagefilm um 1970, Lehrfilm Bankwesen 1976
48 Siegelstöcke; Kassette »Grundsteinlegung« 1965; Medaillen 1964–1973
49 WABW B 110 (BW-Bank), B 112 (Handels- und Gewerbebank Heilbronn), B 114 (Badische Bank), B 166 (Bankhaus Joseph Frisch); WABW A 9 Fi 2826 BW-Bank Filiale Ulm
50 Karl Fischer, Württembergische Bank 1871–1971 – Werden und Sein –, in: Max Miller / Paul Sauer, Württembergische Geschichte 1871–1971, Stuttgart 1971, S. 259–287. Willi A. Boelcke, 125 Jahre Baden-Württembergische Bank, Stuttgart 1996. Die Württembergische Bank Stuttgart, Das Kronprinzenpalais und der Kleine Schloßplatz, Stuttgart 1969.

715 Württembergische Feuerversicherung, Stuttgart

Name Württembergische Feuerversicherung AG
Geschäftstätigkeit Versicherung
Branche Nr. 650
Umfang 8
Laufzeit 1765–1981
Benutzbarkeit Ja
Bestand B 92

Bestandsgeschichte Das Archivgut wurde 1987 übernommen und durch mehrere Nachlieferungen ergänzt.
Geschichte 1828 wurde die Württembergische Privat-Feuer-Versicherungs-Gesellschaft gegründet. Sie entwickelte sich in kurzer Zeit zur wichtigsten Versicherung dieser Art in Württemberg. Nach 1904 erfolgte die Ausdehnung der Geschäfte auf ganz Deutschland. Das Unternehmen bildete eine Organisationsgemeinschaft mit dem Allgemeinen Deutschen Versicherungsverein. 1913 erfolgte die Namensänderung in Württembergische Feuerversicherung auf Gegenseitigkeit. Die Aufnahme neuer Geschäftszweige (Einbruchdiebstahl-, Haftpflicht-, Unfall-, Kfz- sowie Glas- und Leitungsversicherung) und die Umwandlung in eine Aktiengesellschaft 1923 erweiterten und stärkten die Position des Unter-

nehmens auf dem Versicherungsmarkt. 1923 wurden Geschäftsbeziehungen zur Allgemeinen Rentenanstalt (ARA) aufgenommen. Nach dem Zweiten Weltkrieg wurden neue Versicherungszweige (Hagelrück-, Betriebsunterbrechungs-, Kreditrück-, Lebensrück-, Sturm- sowie Transportversicherung auch im europäischen Ausland) aufgenommen und die Zusammenarbeit mit der Allgemeinen Rentenanstalt Lebens- und Rentenversicherungs-AG verstärkt, ebenso das Auslandsgeschäft in den Niederlanden, Belgien und Frankreich. 1974 übernahm das Unternehmen die Vermittlung des Bauspargeschäfts für die Leonberger Bausparkasse AG. 1977 erfolgte die Namensänderung in Württembergische Feuerversicherung Aktiengesellschaft. 1991 schlossen sich Württembergische Feuerversicherung und Allgemeine Rentenanstalt zusammen. 1999 fusionierten die Württembergische AG Versicherungs-Beteiligungsgesellschaft (Württ AG) und die Bausparkasse Wüstenrot GmbH zur Wüstenrot & Württembergische AG (W & W AG), die im selben Jahr die Mehrheit an der Leonberger Bausparkasse übernahm. In der Folge fusionierten im Jahr 2000 die Württembergische Lebensversicherungs-AG und die Wüstenrot Lebensversicherungs-AG zur Württembergischen Lebensversicherung AG; 2001 sind die beiden Bausparkassen der Gruppe Leonberger und Wüstenrot unter dem Namen Wüstenrot Bausparkassen AG zusammengegangen.

4 Vorträge zur Firmengeschichte, Erinnerungen von Mitarbeitern, Festschriften, 75-jähriges Jubiläum, 100-jähriges Jubiläum, 125-jähriges Jubiläum, 150-jähriges Jubiläum 1928–1978

5 Statuten und Gründung 1765–1908

6 Stuttgarter Pferde- und Viehversicherungs-Gesellschaft (u. a. Korrespondenz, Protokolle, Verwaltungsrat, Aufsichtsrat, Generalversammlungen, 75-jähriges Jubiläum, Vertreter) 1885–1959

7 Vorstandsmitglieder (Dr. Carl von Geyer, Dr. Carl Raiser, Hepp), Verwaltungsausschußsitzungen, Jahresberichte, Rechenschaftsberichte, Aufsichtsratssitzungen, Aufsichtsratsmitglieder, Generalversammlungen 1828–1973

8 Innenorganisation, Bezirksdirektionen, Geschäftsstellen, Rückversicherungsabteilung, Bezirksvertreterausschuß, Versicherungsagenten (Rundschreiben, Nachrichten, Instruktionen) 1828–1981

9 Hauszeitschrift, Personal, Gehälter, Gewinnbeteiligung, Deutsche Arbeitsfront, betriebliche Sozialleistungen, Betriebsordnungen, Beamtenvereinigung, Beamtenfeiern, Beamtenkasse, Pensionskasse, Jubiläen, Leistungsberichte 1828–1964

10 Geschichte des Verwaltungsgebäudes Stuttgart, Paulinenstraße, 1928

11 Wertpapiere 1918–1929

14 Versicherungspolicen, Prolongationsurkunden, Anträge, Prämienrechnungen 1828–1950; Bezirksagenturen (Kopierbücher, Kassentagebücher, Geschäftsergebnisse, Rundschreiben) 1827–1953, Bezirksvertreterausschuß (Schriftwechsel, Protokolle), Listen der Versicherungsnehmer 1852–1964; Konkurrenz: Vaterländische Feuer-Versicherungs-Gesellschaft in Elberfeld (Prämientarife, Statuten, Agenten-Instruktionen, Liste von Versicherten, Generalversammlungs-Protokolle, Rundschreiben, Policen, Prolongationsscheine, Rechnungsabschlüsse, Rückversicherungsvertrag mit der Württ.-Feuer-Versicherung) 1823–1902, Württembergische Hagelversicherungs-Gesellschaft 1832, Globe Insurance London 1851–1856, Preußische National-Versicherungs-Gesellschaft in Stettin 1852–1865, Schweizerische Rückversicherungs-Gesellschaft in Zürich (Rückversicherungsvertrag, Korrespondenz) 1895–1907, Lübecker Feuerversicherungs-Gesellschaft a. G. in Lübeck 1917–1918, Gerling-Konzern Lebensversicherungs-Aktiengesellschaft 1923, Thuringia (Statut) 1853, Magdeburger Feuerversicherungs-Gesellschaft (Rechnungsabschluß) 1864, Monatsblätter verschiedener deutscher Versicherungsgesellschaften 1914–1915, Betriebsordnungen verschiedener deutscher Versicherungen 1935–1938

15 Telegrammwerbung Luftschiff Zeppelin, Plakate, Prospekte 1929–1972

16 Brandfälle, Schadensstatistik, Kfz-Statistik, Bilanzen, Geschäftsberichte, Prüfungsberichte, Inventare, Kassenberichte, Hauptbücher, Reichsaufsichtsamt (Statistik, Korrespondenz, Rechnungslegung) 1828–1945

19 Feldpostbriefe, Luftschutz 1939–1940

47 Fotos: Württ. Feuer-Versicherung: Portraits von Vorständen, leitenden Angestellten, Agenten, Jubiläums-Veranstaltungen, Betriebsfeste,

Sportveranstaltungen, Betriebsausflüge, Tagungen, Gebäude, Generalversammlungen, Dokumentation von Versicherungsschäden (Brandfälle, Verkehrsunfälle, Maschinenschäden, Flugzeugabstürze, Zugunglücke, Einbrüche) um 1880–1971; Stuttgarter Pferde- und Vieh-Versicherung: Portraits Direktion, Mitarbeiter und Verwaltungsrat, Aufsichtsrat, Verwaltungsgebäude um 1875–1950

48 Klischees, Textilien, Versicherungsschilder der Württembergischen Feuer-Versicherung 1830 bis um 1975

49 WABW B 90 (Wüstenrot), B 93 (Allgemeine Rentenanstalt, ARA), Y 291 (Leonberger Bausparkasse)

50 Das Land Württemberg, Seine wirtschaftliche und kulturelle Bedeutung, I. Ausgabe, Verlag Stuttgarter Neues Tagblatt, Stuttgart 1927, S. 30. Denkschrift zur Hundertjahrfeier 1828–1928, Stuttgart 1928 (Festschrift). 125 Jahre Württembergische Feuerversicherung AG in Stuttgart, Ein Kapitel deutscher Versicherungsgeschichte Stuttgart 1953 (Festschrift). Die Württembergische wie sie war und ist, Vortrag von Rolf Raiser beim Festakt zur 125-Jahrfeier, [1953]. 150 Jahre Württembergische, Ausgaben 2 und 3 1978 der Hauszeitschrift Württfeuer-Post.

716 Württembergische Holz-AG, Göppingen

Name Württ. Holz-Aktiengesellschaft (M. Grieser)
Geschäftstätigkeit Sägewerk und Holzhandlung
Branche Nr. 200
Umfang 1
Laufzeit 1922–1949
Benutzbarkeit Eingeschränkt
Bestand Y 151

Bestandsgeschichte Das Archivgut wurde 1988 von den ehemaligen Gesellschaftern übernommen.

Geschichte Das Unternehmen begann 1921 als Zusammenschluss von neun württembergischen holzverarbeitenden Betrieben für Haus- und Küchengeräte unter der Firma Süddeutsche Holzwarenindustrie AG. 1922 änderte die Generalversammlung den Namen in Vereinigte Württembergische Holzwarenfabriken AG Göppingen. Im Jahre 1923 wurde der Kaufmann Markus Grieser als Vorstand der Württembergischen Holz-Aktiengesellschaft in Göppingen, einer Tochter der Vereinigten Württembergischen Holzwarenfabriken, ins Handelsregister eingetragen; er übernahm damit faktisch die Geschäftsführung des Sägewerks in Göppingen-Holzheim. 1925 übernahm Grieser 76 % der Gesellschaftsanteile und leitete den Betrieb – nach dem Zweiten Weltkrieg als Sägewerk und Holzhandlung M. Grieser in Eislingen (Fils) – bis 1977, als er an das Land Baden-Württemberg verkaufte.

6 Württembergische Holzwaren-AG, Obertürkheim (Hauptbuch, Konto-Verwaltung) 1923–1948

7 Verträge, Aufsichtsrats-Protokolle um 1922–1945

9 Lohnbuch 1926–1949

10 Privatgleisanschluß

12 Holz-Einkaufsbuch 1924–1947, Holzbestandsbuch

14 Versandbücher 1923–1931, Sicherungsübereignungsverträge

15 Katalog 1923

16 Bilanzen um 1922–1943, Hauptbuchserie 1923–1948, Bankbuch 1923/24, Kassenbuch 1923–1949, Wechsel-Kopierbuch 1923–1929, Geschäftsberichte um 1922–1945

48 Aktien 1923–1925

50 Im WABW nicht vorhanden.

717
Württembergische Landessparkasse, Stuttgart

Name Württembergische Landessparkasse
Geschäftstätigkeit Bankgeschäft
Branche Nr. 650
Umfang 55
Laufzeit 1818–1994
Benutzbarkeit Ja
Bestand B 101

Bestandsgeschichte Das Archivgut wurde zwischen 2002 und 2004 von der Landesbank Baden-Württemberg (LBBW) übernommen. Kleinere Nachlieferungen erfolgten bis 2018.
Geschichte Die Württembergische Sparkasse wurde 1818 von Königin Katharina von Württemberg als Einrichtung der Armenfürsorge und Wohltätigkeit in Stuttgart gegründet. Vor allem der ärmeren Bevölkerungsschicht sollte damit die Möglichkeit geboten werden, Ersparnisse zinsbringend anzulegen. Die Sparkasse unterstand bis 1918 dem Protektorat des württembergischen Königshauses, eine Stiftung von 2.000 fl bildete das Startkapital. Die Sparkassengeschäfte wurden anfänglich von jährlich wechselnden Vorstehern geführt und von Kommissaren der Zentralleitung des Wohltätigkeitsvereins kontrolliert. Der Geschäftsbereich der Sparkasse umfasste das gesamte Königreich, zur Annahme von Spargeldern wurden in jedem Oberamt Agenten ernannt, die den Geldverkehr zwischen der städtischen Zentrale und den ländlichen Gebieten regelten. Das Passivgeschäft konzentrierte sich vor allem auf Einlagen bis 100 fl, beim Aktivgeschäft dominierten Anlagen von Staatspapieren, Vergabe von Privatdarlehen sowie Wechselschuldverschreibungen. 1912 wurde die Württembergische Sparkasse in Württembergische Landessparkasse (Laspa) umbenannt. Ab 1920 trat sie als selbständige öffentlich-rechtliche Anstalt mit eigener Rechtspersönlichkeit auf. Giro- und Scheckverkehr wurden zusätzlich zum Spargeschäft angeboten. An die Stelle der nebenamtlichen Agenten traten nach und nach hauptamtlich geführte Filialen und Zweigstellen. 1975 fusionierte die Württembergische Landessparkasse mit der Girokasse Öffentliche Bank und Sparkasse Stuttgart zur Landessparkasse-Girokasse, öffentliche Bank (ab 1977 Landesgirokasse, öffentliche Bank und Landessparkasse). Durch die Vereinigung der Landesgirokasse, der Südwest-LB und der Landeskreditbank Baden-Württemberg-Marktteil entstand 1999 die Landesbank Baden-Württemberg (LBBW).

2 Sammlung historischer Stadt- und Landkarten von Württemberg

3 Kondolenzschreiben an das Königshaus zum Tod der Königin Katharina 1819. Eleonore Wendel, Der Einfluss der Königin Katharina auf die Wohlfahrtsförderung Württembergs 1816–1819 (Typoskript), Stuttgart 1947. Zeitungsausschnittsammlung zur Biographie Königin Katharinas

4 Jubiläumsberichte Zentralleitung des Wohltätigkeitsvereins 1817–1867, Unterlagen zur Geschichte der Anstalt sowie zur Geschichte württembergischer und deutscher Sparkassen 1818–1967, Zentralleitung des Wohltätigkeitsvereins 1825–1919, Festschrift zum 70-jährigen Bestehen, Feststellungen der Württembergischen Landessparkasse zu den sparkassengeschichtlichen Untersuchungen 1936, Presseartikel zum 100–, 120–, 125–, 140–, 150-jährigen Jubiläum, Hundertfünfzig Jahre Württembergische Landessparkasse (Ansprachen, Grußworte und Vorträge) 1968, Zeitungsausschnitte zum 150-jährigen Jubiläum des Vorstandssekretariats, Jubiläumsveranstaltung in der Liederhalle zum 150-jährigen Jubiläum 1968, Aktionen und Zuwendungen anlässlich des 150-jährigen Jubiläums 1968

5 Grundbestimmungen 1818–1975, Urkunde 150 Jahre Württembergische Sparkasse, Allgemeine Geschäftsbedingungen 1930–1971, Partnerschaftsvertrag mit der Cassa di Risparmio di Genova e Imperia 1971

6 Agenturen und Zweigstellen A-Z 1832–1976, Zweigstellenpolitik 1934–1976, Zweigstellenverzeichnis 1948–1972; Beteiligungen: Württembergische Finanz-AG 1924–1953, Öffentliche Bausparkasse Württemberg 1936–1975, Württembergische Heimstätte GmbH 1937–1970, Württembergische Siedlungs- und Wohnungsbau GmbH 1938–1971, Gemeinnützige Genossenschaft der Eigenwohner eGmbH 1948–1955, Stuttgarter Kassenverein Wertpapiersammelbank AG 1949–1972, Württembergische Landsiedlung GmbH 1958–1977, Landesentwicklungsgesellschaft Baden-Württemberg für Städtebau und Wohnungswesen mbH 1968–1974; Übernahme Bankhaus Dorfner & Co. Kirchheim/Teck 1945–1975; Fusion Girokasse 1973–1975

7 Vorsteherratsprotokolle 1818–1974, Beamte 1830–1919, Kredit- und Verwaltungsausschussprotokolle 1855–1975, Verwaltungskonsulenten 1855–1920, Vorsteherratswahlen 1932–1974, Personalakten von Direktionsmitgliedern und Vorstehern 1933–1975, Jubiläen Arthur Nowy 1954–1974, Albrecht Egerer 1969–1975

8 Aktenplan 1950, Geschäfts- und Dienstanweisungen 1950–1975, mechanische Bearbeitung von Daueraufträgen (Adrema) 1943

9 Pensionsfonds 1868, Dienst- und Gehaltsordnung 1868–1913, Personaleinstellungen 1891–1917, Entwürfe für Jubiläumsbecher und Jubiläumsurkunden zur Auszeichnung langjähriger Mitarbeiter 1906, Ruhegehalt und Stellenbesetzung 1920–1923, 1950–1960, Vergütung der Angestellten 1949–1974, Dienstjubiläen von Mitarbeitern 1940–1971, Mitarbeiterzeitschrift »Laspa-Kontakt« 1972–1974

10 Geschäftsgebäude Schellingstr. 19 in Stuttgart 1898–1900, Erwerb, Neu- und Umbau von Geschäftsgebäuden 1898–1963, Pläne des Geschäftsgebäudes Kanzleistr. 25 in Stuttgart 1900, Grundstücks- und Hauskäufe 1949–1967, Grundrisse und Ansichten von Zweigstellen 1950–1975

13 Einlagescheine 1818–1928, Verzinsung der Einlagen 1824–1933, verschiedene Sparbücher 1930–1971, Sparkassenobligationen 1964–1972

14 An- und Verkauf von Wertpapieren 1856–1920, Kriegsanleihen 1914–1918, Wettbewerb und Konkurrenz 1924–1968, Kredite und Darlehen 1929–1972, Wettbewerb Kreissparkassen und Banken 1933–1969, Kommunalanleihen 1946–1972

15 Deutscher Haus- und Sparkalender 1926–1933, Prospekte 1929–1950, Hauskalender »Schwäbisches Land« 1954–1970, Werbeplakate Württembergische Landessparkasse 1954, Werbeschilder 1956–1957, Firmenlogo 1956–1964, Kunstkalender 1965–1974, Anzeigen 1962, Filmwerbung 1962–1966, wirtschaftspolitische Vorträge im Laspa-Haus 1972–1974, Ausstellungen 1972–1974, Formulare 1953–1975

16 Jahresrechnungen und -abschlüsse 1818–1974, Defektprotokolle 1839–1925, Einlagekontobücher 1851–1898, Kontrollregister 1854–1887, Erwerbungsbuch 1871–1874, Index der Hauptbücher 1876, Geschäftsberichte 1877–1974, Kassenbücher 1898–1917, Prüfungsberichte 1936–1971, Reichsmark-Schlussbilanz und DM-Eröffnungsbilanz 1948, Währungsumstellung 1948–1974, Betriebsstatistik 1950–1958, Jahresabschlüsse verschiedener Zweigstellen 1956–1957

17 Gewerbesteuer 1837–1969, Grundsteuer 1950–1955

18 Einbruch- und Beraubungsversicherung 1931–1971, Haftpflichtversicherung 1949–1969

19 Kriegsanleihen 1914–1918, Gleichschaltung 1933, Verhandlungen über das Fortbestehen der Landessparkasse 1936, Kriegswirtschaftsverordnung 1939–1941, Auswirkungen der Militärregierung 1945–1948

20 Verhältnis zum Württembergischen Sparkassen- und Giroverband und zu den Verbandssparkassen 1921–1948, Deutscher Sparkassen- und Giroverband DSGV, 1899–1933, Verband der Deutschen Freien und Österreichischen Vereinssparkassen e. V. 1920–1973, Industrie- und Handelskammern Württemberg 1950–1973, Mitgliedschaften 1959–1974, Wohlfahrtswerk 1969–1973, Handwerkerorganisationen in Baden-Württemberg 1971–1974, Teilnahme am Allgemeinen Deutschen Sparkassentag in Dresden 1920, Nürnberg 1921, Goslar 1922, Stuttgart 1924, Leipzig 1933

21 Fall Direktor Karl Roser 1934–1936, Volksbank Menden 1952–1959, Württembergisches Sparkassengesetz 1963–1973

22 Gesellschaft zur Förderung des Württembergischen Landesmuseums e. V. Stuttgart 1951–1974, Gesellschaft zur Förderung der wissenschaftlichen Forschung über das Spar- und Girowesen e. V. Bonn 1956–1974, Freunde und Förderer der Wilhelma Stuttgart 1959–1966, Landeswohlfahrtswerk 1969–1973, »Nowy-Stiftung« Prämienfonds der Württembergischen Landessparkasse bzw. der Landesgirokasse 1971–1977

47 Fotoarchiv (Fotos, Negative, Dias) Bestand WABW B 100: württembergisches Königshaus, Vorsteher und Direktoren, Jubiläen, Geburtstagsfeiern, Geschäftsgebäude Kanzleistr. 25/Schloßstr. 26 in Stuttgart 1898–1955, Zweigstellengebäude und Zweigstellenverwalter 1930–

1970, Zweigstellenwerbung 1943–1960, Betriebsausflüge 1930–1970, Werbung und Weltspartag; Festakt und Betriebsfest 150-jähriges Jubiläum 1968 (Fotos und Tonaufnahmen)
48 Spardosen 1950–1970, Siegelstempel »WL«, silberne Reliefplatte der Cassa di Risparmio di Genova e Imperia 1971
49 Staatsarchiv Ludwigsburg E 193, Hauptstaatsarchiv Stuttgart E 151/41 und E 10, WABW B 102 (Städtische Spar- und Girokasse Stuttgart), B 103 (Landesgirokasse)
50 Nachrichten über die Württembergische Sparkasse von der Zeit ihrer Gründung 1818–1868 zur Feier des fünfzigjährigen Jubiläums, Stuttgart 1868 (Festschrift). Die Württembergische Sparkasse in Stuttgart von ihrer Gründung im Jahre 1818 bis zum Jahre 1889, Stuttgart 1889 (Festschrift). Die Württembergische Sparkasse in Stuttgart am Ende des neunzehnten Jahrhunderts. Eine Denkschrift aus Anlaß des neuen Anstaltsgebäudes, Stuttgart 1900 (Festschrift). Württembergische Sparkasse – Landessparkasse – Festschrift zur Hundertjahrfeier 1818–1918, Stuttgart 1918. Das Land Württemberg, Seine wirtschaftliche und kulturelle Bedeutung, Stuttgart 1927, S. 23. Paul Weber (Hgg.), Westdeutsche Wirtschaftschronik, Band 1: Stuttgart und sein Wirtschaftsgebiet, Stuttgart 1954, S. 601–603. Max Rehm, Königin Katharina von Württemberg, Stuttgart 1968. 150 Jahre Württembergische Landessparkasse, Stuttgart 1968 (Festschrift). Einweihung des Hauptstellengebäudes der Württembergischen Landessparkasse Stuttgart, Kronprinzenstraße 8 am 25. Oktober 1969, Stuttgart 1969. 75. Geburtstag Staatssekretär a. D. Dr. Max Fetzer, Ehrensenator der Universität Stuttgart, Erster Vorsteher der Württembergischen Landessparkasse: Ansprachen beim Empfang im Laspa-Haus am 9. Februar 1970, Stuttgart 1970. Mathias Bergner, Das württembergische Bankwesen, Entstehung, Ausbau und struktureller Wandel des regionalen Bankwesens bis 1923, St. Katharinen 1993. Stefanie Fischer, Die Entwicklung des deutschen Sparwesens insbesondere der Württembergischen Sparkasse in Stuttgart um 1800 bis 1913, Diplomarbeit Hohenheim 1995, Typoskript im WABW. Kerstin Specht, Anspruch und Wirklichkeit der deutschen Sparkassen in der Mitte des 19. Jahrhunderts am Beispiel der Württembergischen Landessparkasse, Diplomarbeit Hohenheim 2006, Typoskript im WABW.

718 Württembergischer Revisionsverein, Stuttgart

Name Württembergischer Dampfkesselrevisionsverein (Sammlung Arno G. Krauß)
Geschäftstätigkeit Überwachung der technischen Sicherheit von Dampfkesseln
Branche Nr. 743
Umfang 2
Laufzeit 1883–1988
Benutzbarkeit Eingeschränkt
Bestand Y 411

Bestandsgeschichte Der Sammlungsbestand mit Unterlagen aus ganz Baden-Württemberg wurde von Herrn Arno G. Krauß, ehem. Referatsleiter der Fachgruppe Schweißtechnik beim TÜV Südwest, Filderstadt-Bernhausen, zusammengetragen und im Jahr 2010 dem WABW übergeben. Es handelt sich vor allem um Prüfungsberichte, Statuten und Korrespondenzen des Württembergischen Dampfkessel-Revisionsvereins (und seiner Nachfolgevereine), Pläne, Kesselzeichnungen sowie Stempel und Schilder. Ergänzt wird die Sammlung durch Unterlagen und Objekte aus der Griffeforschung von Friedrich Herig (Institut für Griff-Forschung, Rechtenstein/Donau).
Geschichte Als Reaktion auf eine Dampfkessel-Explosion wurde im Jahr 1866 die Gesellschaft zur Überwachung und Versicherung von Dampfkesseln in Mannheim gegründet, 1875 der Württembergische Dampfkessel-Revisionsverein in Stuttgart. Bis zum Jahr 1910 erweiterte sich das Aufgabengebiet der Vereine und umfasste u. a. die technische Überwachung von Acetylenanlagen, Zentrifugen, Aufzügen und Kraftfahrzeugen. Im Jahr 1938 verloren die Vereine ihre Selbständigkeit und erhielten neben einer Einheitssatzung durch staatliche Verordnung ihre heutige Bezeichnung Technischer Überwachungs-Verein. Zum 1. Januar 1990 schlossen sich TÜV Baden und TÜV Stuttgart zum TÜV Südwestdeutschland e. V. zusammen. Dieser fusionierte

1996 mit dem TÜV Bayern Sachsen zum TÜV Süddeutschland (TÜV SÜD).
5 Statuten Württ. Dampfkessel-Revisionsverein 1883, 1898, Satzungen TÜV Stuttgart e. V. 1938, 1948
7 Vorstandsbeschlüsse über Sonderzahlung für Prüfungen eingemauerter Kessel 1894 (1900)
8 Prüfungsvorschriften und Entwürfe zur Verordnung über Dampfgefäße 1905/06 u. 1922–1925, Werkstoff- und Bauvorschriften 1939–1946, Schweißerrichtlinien und -prüfungen 1940–1966
13 Prüfungsprotokolle und Pläne für Dampfkessel der Firmen (in Auswahl): Adolf Ehmann, Kompressorenfabrik Köngen a. N. 1937/38 u. 1954–1979, Portland-Cementwerke Heidelberg-Mannheim-Stuttgart AG 1897–1950, Kessel der Maschinenbaugesellschaft Karlsruhe für die Fa. Franz Ulrich & Cie in Pforzheim, Unterreichenbach 1895, Süddeutsche Textilberufsgenossenschaft, Augsburg, Zuckerfabrik Heilbronn, Vereinigte Filzfabriken Giengen, Gustav Feucht AG Göppingen, Langbein & Bühler AG Göppingen 1916–1927, Kali-Chemie AG Berlin, Werk Heilbronn 1915–1979, Panzerkaserne US-Army Böblingen ehem. Heeresbauleitung Vaihingen/F. 1938–1980, Kessel der Frankenthaler Kesselschmiede & Maschinenfabrik Kühnle, Kopp & Kausch für die Fa. Gideon & Söhne, Gideol-Werke Horb a. N., Margarine- und Seifenfabrik 1922–1980, Wilhelm Keller Schuhfabrik am Standort Bisingen 1908–1969, Acetylenwerk Ebersbach-Fils 1936
19 Feldpostbriefe an und von Mitarbeitern des TÜV Mannheim, Dienstelle Stuttgart 1939–1945
20 Protokoll Mitgliederversammlung Reichsverband der Technischen Überwachungsvereine 1941
47 Fotos: Dampfkesselreparaturen, Nieten und Schweißnähte der Fa. Gebrüder Haferkamp Elektro- und Autogen-Schweißerei Stuttgart 1940er–1950er, Behälter für Brauereiwirtschaft und Produktionshalle in Ludwigsburg (Süd) der Fa. A. Ziemann, Feuerbach-Stuttgart 1920er/30er
48 Metallschilder mit Betriebsvorschriften für Kesselwärter 1930er, Kesselschild G. Kuhn Stuttgart 1893, Kontrollmanometer 1880er–1960er, Handschlag-Stempel des TÜV Stuttgart 1960–1980, Holzstempel TÜV 1930er–1980, Dokumentation zur Grifftechnik und Griffeforschung von Friedrich Herig mit Patentanmeldung für Hammerstiele 1934–1988, Hammer mit Stielschutz ca. 1892
49 Bayerisches Wirtschaftsarchiv München, Bestand F 105 TÜV SÜD AG, München, u. a. mit Geschäftsberichten des Württembergischen Dampfkesselrevisionsvereins 1876–1915
50 125 Jahre technische Überwachung. Eine Chronik. Aus der Geschichte des TÜV, [Mannheim], [Stuttgart], [1991]; 75 Jahre Technische Überwachung in Württemberg. Technischer Überwachungs-Verein Stuttgart e. V. – sein Werden und Wirken von 1875 bis 1950, Stuttgart, [Selbstverlag]; TÜV 1875–1975. 100 Jahre Technischer Überwachungs-Verein Stuttgart e. V. Festveranstaltung und Vereinsgeschichte.

719
WÜSAG, Stuttgart

Name Württembergische Sammelschienen AG
Geschäftstätigkeit Energiewirtschaft
Branche Nr. 400
Umfang 0,4
Laufzeit 1923–1935
Benutzbarkeit Ja
Bestand B 2023

Bestandsgeschichte Das Wirtschaftsarchiv Baden-Württemberg (WABW) übernahm die Archivalien der WÜSAG im Sommer 2000 zusammen mit dem Archiv der EVS. Aus den Einzelakten der Leitungsgesellschaft war im Archiv der EVS ein eigener Bestand gebildet worden.
Geschichte Die Württembergische Sammelschienen AG (WÜSAG) wurde 1923 auf Initiative des Landes Württemberg und der stromerzeugenden württembergischen Zweckverbände in Stuttgart gegründet. Die WÜSAG sollte Hochspannungsfernleitungen bauen und betreiben. Das Herzstück ihres Leitungsnetzes bildete die Verbindung zwischen Bieringen und Heilbronn. 1925 begann sie mit dem Bau der Leitung und nahm sie 1926 in Betrieb. Die WÜSAG transportierte den Strom jedoch nicht nur, sondern kaufte und verkaufte ihn selbst auch und unterhielt einen Stromverbund mit der Rheinisch-

Westfälischen Elektrizitätswerk AG (RWE). In den Jahren 1924 bis 1927 schloss sie Stromlieferungsverträge mit Gemeindeverbänden und Kraftwerken. 1926 beteiligte sie sich an den Vorarlberger Illwerken Bregenz. Beim Stromtransport konkurrierte die WÜSAG mit der 1918 gegründeten Württembergischen Landes-Elektrizitäts-AG (WÜLAG).
Das Nebeneinander von zwei Leitungsgesellschaften mit ähnlichen Aufgaben empfanden die Gesellschafter zunehmend als unbefriedigend. Es war ihnen kaum möglich, weiter zu wachsen und den Verbundbetrieb auszubauen. Bereits in den 1920er Jahren versuchte die württembergische Regierung eine Kooperation anzustoßen, worauf die Leitungsgesellschaften jedoch nicht eingingen. Die Nationalsozialisten erhöhten im Rahmen ihres Zentralisierungskonzepts den Druck. 1934 übernahm die WÜLAG die WÜSAG und nannte sich in Elektrizitäts-Versorgung Württemberg AG (EVW) um. Damit war der Stromtransport in Württemberg zusammengefasst worden. Die EVW ging ihrerseits 1939 mit acht Zweckverbänden zusammen und änderte ihren Namen in Energie-Versorgung Schwaben AG (EVS).

5 Gründungsprotokoll, Gründungsakten, Gesellschaftsvertrag 1923
6 Verschmelzung mit WÜLAG 1934/35 mit Vertrag
7 Anteilseigner 1923–1934, Vorstand 1929–1934, Handakten Direktor Hubert Pütz 1934
10 Bauanlagenbuch 1925–1928
12 Strombezug 1923–1934
13 Energieplanung 1923–1936, Leitungsnetz 1924–1929
14 Stromabsatz und Kunden 1924–1934, Elektrifizierung der Bahn in Württemberg 1925
16 Abschlußprüfung 1928–1934, Geschäftsberichte 1924–1933
49 WABW B 2000, B 2019, B 2024
50 Das Land Württemberg, Seine wirtschaftliche und kulturelle Bedeutung, I. Ausgabe, Verlag Stuttgarter Neues Tagblatt, Stuttgart 1927, S. 39. Leiner, Wolfgang: Geschichte der Elektrizitätswirtschaft in Baden-Württemberg – Der Weg zur Großwirtschaft, Bd. 2,2, Stuttgart 1985, S. 378–408. Mitarbeiterzeitschrift EVS-Bericht 2/1967, S. 28 f. Möllenberg, Robert, Die ökonomischen Folgen unterschiedlicher Marktmacht und vertikaler Integration, Eine historische Fallstudie der Elektrizitätswirtschaft von Baden und Württemberg in der Zwischenkriegszeit (1918–1933) (Stuttgarter historische Studien zur Landes- und Wirtschaftsgeschichte 20), S. 140–142. Stier, Bernhard: Staat und Strom. Die politische Steuerung des Elektrizitätssystems in Deutschland 1890–1950. Ubstadt-Weiher 1999, S. 166–198.

720
Wüstenrot, Ludwigsburg

Name Bausparkasse Gemeinschaft der Freunde Wüstenrot
Geschäftstätigkeit Bausparkasse
Branche Nr. 650
Umfang 180
Laufzeit 1890–2011
Benutzbarkeit Eingeschränkt
Bestand B 90

Bestandsgeschichte Das Archivgut wurde in mehreren Teilen zwischen 1995 und 2017 von der Geschäftsleitung übernommen. Es umfasst die Überlieferung aller Unternehmensteile der Wüstenrot-Gruppe, insbesondere der Bausparkasse, der WVG (Wohnungswirtschaft Wüstenrot Verwaltungs- und Finanzierungsgesellschaft) sowie der Unternehmensteile Bank, Lebensversicherung und Hausbau. Der persönliche Nachlass des langjährigen Direktors Hermann Schuon (1886–1966) wurde wegen seines geringen Umfangs in den Firmenbestand, der laufend ergänzt wird, integriert. Eine erneute Übernahme erfolgte 2004.
Geschichte Im Jahr 1921 gründete Georg Kropp die Gemeinschaft der Freunde Wüstenrot und 1924 erfolgte die Gründung der ältesten Bausparkasse Deutschlands im Dorf Wüstenrot. Die mittlerweile in eine GmbH umgewandelte Bausparkasse zog 1930 nach Ludwigsburg um. Nach dem Zweiten Weltkrieg wurden folgende Unternehmen der Wüstenrotgruppe gegründet: Hausbau Wüstenrot (1945), Wüstenrot Holding (1967), Wüstenrot Bank (1968), Wüstenrot Lebensversicherung (1969), Wüstenrot Städtebau- und Entwicklungsgesellschaft (1971), Gesellschaft für Markt- und Absatzforschung

mbH (1972), Niederlassung Luxemburg (1978) und Wüstenrot Grundstücksverwertungsgesellschaft mbH (1983). Im Jahr 1990 wurde der Eigentümerverein in die Stiftung Deutscher Eigenheimverein als alleinige Gesellschafterin der Holding umgewandelt. Im selben Jahr wurden 15 Repräsentanzen in den neuen Bundesländern eröffnet, weitere Gründungen folgten: Wüstenrot Immobilien GmbH (1991), Bausparkasse Wüstenrot in Prag (1992), Bausparkasse Wüstenrot in Bratislava (1993) und die Wüstenrot Hypothekenbank AG (1995). Wüstenrot und der Versicherungskonzern Württembergische fusionierten 1999 zu einem neuen Finanzdienstleister unter dem Firmennamen Wüstenrot & Württembergische AG (W&W AG) mit Hauptverwaltung in Ludwigsburg und Stuttgart. Die Wüstenrot Lebensversicherung wurde 2000 in die Württembergische Lebensversicherung integriert. Im Jahr 2001 fusionierte die Wüstenrot Bausparkasse mit der Leonberger Bausparkasse AG, 2002 wurde die W&W Informatik gegründet und die Allgemeine Rentenanstalt Lebensversicherung (ARA), in der das fondsgebundene Geschäft gebündelt war, mit der Württembergischen Lebensversicherung verschmolzen. 2003 erfolgte die Übertragung des Wertpapiermanagements der Versicherungen auf die W&W Asset Management und die Aufgabe des externen Rückversicherungsgeschäfts der W&W und die Gründung der Wüstenrot hypotecni banka in Prag. Der W&W-Konzern übernahm 2005 die Karlsruher Versicherungsgruppe. Im selben Jahr fusionierte die Wüstenrot Hypothekenbank AG und die Wüstenrot Bank AG zur Wüstenrot Bank AG Pfandbriefbank mit Sitz in Ludwigsburg. Im Jahr 2009 wurde die Vereinsbank Victoria Bauspar AG gekauft und 2010 die Allianz Dresdner Bauspar AG übernommen.

2 750 Jahre Ortsteil Wüstenrot, Aufbau eines Bausparkassenmuseums in Wüstenrot, Berichte, Zeitungsartikel zur Wüstenroter Geschichte u. a. Geburtstagswünsche von Bürgermeistern an Georg Kropp, zur Stiftung einer Grabstelle und zur Verleihung der Ehrenbürgerwürde für Georg Kropp, Werbe- und Informationsprospekte von Wüstenroter Vereinen, zum Naturpark Schwäbisch-Fränkischer Wald, zu Wüstenrot und seinen Sehenswürdigkeiten und zu Georg Kropp 1930–1997

4 Firmengeschichte 1921–1996, Festreden, Zeitungsartikel, Firmenschrift, 10-jähriges Firmenjubiläum, 25-jähriges Firmenjubiläum, 30-jähriges Firmenjubiläum 1921–1974, Georg Kropp als Gründer 1890–1995, Geschichte des Bauspar- und Wohnungswesen in Deutschland und anderen Ländern 1921–1990

5 Gesellschaftsverträge, Umwandlung in eine GmbH, Satzungen 1921–1955

6 Tochtergesellschaften: Hausbau Wüstenrot 1956–1985, Wüstenrot Lebensversicherungs-AG 1960–1968, Wüstenrot Städtebau und Entwicklungsgesellschaft 1971–1979, Wüstenrot Bank 1964–1984, Wohnungswirtschaft Wüstenrot 1966–1968, Beteiligungen an Immobiliengesellschaften 1970–1986, Strukturbau Bosch und Wüstenrot GmbH 1967–1978, GdF Wüstenrot gem.reg.Gen. mbH Salzburg 1924–1979; Übernahme von anderen Bausparkassen: Bayerische Bausparkasse München 1928–1940, Deutsche evangelische Heimstätten-Gesellschaft mbH (Devaheim) Berlin und Deutsche Entschuldungs- und Zweckspar-AG (Deuzag) Berlin 1926–1935, Rat und Tat GmbH Ludwigsburg 1930–1961, Behaka Danzig 1930–1946, Bausparkasse Schwarzwald GmbH Pforzheim 1931–1948, Camca Straßburg 1938–1941, Unitas Mühlhausen 1932–1946, Heimbau AG Köln 1984–1985; Beteiligung an Unternehmen: Gartenstadt Pullach GmbH 1924–1951, Deutsche Kreditbank für Baufinanzierung AG Köln und andere

7 Gemeinde der Freunde e. V. Heilbronn bzw. Wüstenrot 1921–1939, Deutscher Eigenheimverein Gemeinschaft der Freunde Wüstenrot e. V. (DEV), Mitglieder, Mitgliederversammlungen 1921–1961, Geschäftsführung: Georg Kropp, Dr. Hermann Schuon, Prof. Stefan Schöck, Walter Englert, Ferdinand Sandgänger, Werner Lehmann 1915–2011, Gesellschafter, Gesellschafterversammlungen 1926–1989, Aufsichtsrat und Aufsichtsratsmitglieder 1924–1996, Reichsaufsichtsamt für Privatversicherung 1927–1945, Bundesaufsichtsamt für das Versicherungs- und Bausparwesen 1949–1973, sonstige Aufsichtsämter 1932–1986, Verhandlungen mit Behörden und Ministerien 1925–1977, staatliche Förderung des Bausparwesens 1931–1986, internationale Zusammenarbeit im Bausparwesen, Kongresse 1930–1959, innerbetriebliche Berichterstattung (Kredit-, Spar-, Rechtsabteilung,

Archiv) 1925–1986; Zusammenarbeit mit Unternehmen und Kirchen: Allianz Lebensversicherungs AG Stuttgart 1927–1986, Hamburg Mannheimer Versicherungs AG Hamburg 1931–1932, Albingia 1931–1942, Leonberger Bausparkasse 1930–1947, weitere Bausparkassen 1927–1983, Deutsche Bau- und Bodenbank AG Berlin 1928–1960, Kirchen 1925–1957, Treuhand-Gesellschaften, Prüfungsunternehmen, Wirtschaftsprüfer 1970–1986, Süddeutsche Treuhand-Gesellschaft München 1927–1985, Schwäbische Treuhand AG Stuttgart 1929–1939, Bauunternehmen 1930–1980

8 Organisationspläne 1926–1979, Betriebsanordnungen 1926–1958

9 Personalentwicklung, Personalangelegenheiten, Personalstatistiken 1926–1986, Löhne und Gehälter 1926–1986, Arbeits- und Betriebsordnungen 1930–1960, Arbeitszeit 1927–1984, Mitbestimmung, Betriebsrat, Arbeitskampf 1927–1996, Ausbildung, Weiterbildung 1955–1985, Unterstützungskasse der GdF 1934–1988, Gratifikationen 1938–1986, Altersversorgung, Hinterbliebenenversorgung 1950–1985, Betriebsveranstaltungen, Ausflüge 1933–1986, Mitarbeiterinformation 1926–1991, Betriebsfeuerwehr 1926–1930, Arbeitsbücher 1935–1947

10 Grundstücke: Kauf, Verkauf, Pacht, Miete 1906–1956, Gebäude 1958–1985, Baumaßnahmen 1922–1986, Werkswohnungsbau 1955–1981, Anmietung von Geschäftsräumen 1945–1949, Inventar 1926–1971, Villa »Daheim« 1922–1925, Villa »Speidel« 1925–1932

13 Lagepläne, Baupläne, technische Zeichnungen 1924–1996

14 Kunden 1924–1996, Konkurrenz 1924–1987, bauspartechnische Angelegenheiten 1924–1986, Tarife 1965–1968, Vertreter-Abschlusslisten 1942–1973

15 Werbedrucksachen, Werbeanzeigen, Werbebriefe, Werbeformulare 1921–1996, Informationsmaterial 1924–1990, Werbegeschenke (Kalender, Aufkleber etc.) 1926–1985, Messen und Ausstellungen 1928–1973, Wettbewerbe und Auszeichnungen 1934–1973, Zeitschrift »Mein Eigenheim« 1924–1995, Presseinformationen und Pressespiegel 1925–1986, Rundfunkbeiträge 1946–1974, Plakate, Gestaltungsrichtlinien 1971

16 Bilanzen, Gewinn- und Verlust-Rechnungen der GdF 1925–1988, Bilanzen, Gewinn- und Verlustrechnungen Salzburg 1930–1940, Prüfungsberichte, Revisionsberichte 1928–1948, Geschäftsberichte 1926–1988, Haushaltspläne 1926–1960, Kostenvoranschläge, Kostenentwicklung, Kostenvergleich 1931–1968, Kontenunterlagen 1926–1941, Kassenbelege 1925–1953, Hypothekenbücher 1926–1937, Geschäftsergebnisse 1926–1960, Spesenabrechnung 1949–1979

17 Steuerberichte 1932–1944, Steuern allgemein 1925–1985, Körperschaftsteuer 1925–1943, Einkommensteuer 1931–1946, Grundsteuer 1930–1940, Gewerbesteuer 1927–1944, Versicherungssteuer 1929–1947, Lohnsteuer 1925–1949, Börsenumsatzsteuer, Baulandsteuer, Gesellschaftssteuer, Bürgersteuer, Lotteriesteuer, Stempelsteuer und andere 1925–1957

18 Gruppenrisikoversicherungsvertrag 1956–1960, Personen-Garantie-Versicherungen 1955–1958, Kraftfahrzeug-, Haftpflicht- und Unfallversicherung 1930–1950, Kollektiv-Unfallversicherung, Einzel-Unfallversicherungen, Wasserleitungsschadenversicherung, Glasversicherung 1926–1937

19 Kriegsschäden 1939–1953, innerbetriebliche Kommunikation (Appelle, Feldpost) 1939–1945

20 Reichsverband deutscher Bausparkassen e. V., Fachgruppe Private Bausparkassen, Arbeitsgemeinschaft der Privaten Bausparkassen, Verband der Privaten Bausparkassen, Industrie- und Handelskammer Stuttgart, Arbeitgeberverbände 1925–1996, Arbeitgeberverband der Versicherungsunternehmer 1938–1988

21 Rechtsstreitigkeiten der GdF mit Georg Kropp, Bausparern, GdF-Mitarbeitern, anderen Bausparkassen 1927–1967, Gesetze und Verordnungen zum Bauwesen 1925–1986

22 Spenden und Stiftungen 1925–1995; Arbeitskreise, Projekte, wissenschaftliche Forschungen 1928–1984

47 Fotos: Personen: Georg Kropp, Dr. Schuon, Wilhelm Keil, Ankele, Mathilde Planck, Walter Englert, Theodor Heuss, Aufsichtsrat und Vorstand im Jahre 1929, GdF im Dritten Reich, GdF-Bausparerhäuser, Bausparkassen-Weltkongress 1935 und 1957, Verwaltungsgebäude der GdF in Ludwigsburg und in Salzburg, »Kropp-Haus« in Ludwigsburg, GdF-Filialen, Villa »Daheim«, Georg-Kropp-Altenzentrum, 30– und 50-Jahr-Feier 1954 und 1974, Betriebsausflüge 1935–

1939, Mitarbeiter 1930–1950. Filme, Tonbänder, Magnetplatten 1955–1979

48 Modellhäuser

49 WABW B 92 (Württembergische Feuerversicherung), WABW Y 291 (Leonberger Bausparkasse)

50 Das Land Württemberg, Seine wirtschaftliche und kulturelle Bedeutung, 2. Ausgabe, Verlag Stuttgarter Neues Tagblatt, Stuttgart 1927, S. 18. Wilhelm Keil, Bausparkasse Gemeinschaft der Freunde Wüstenrot, hrsg. von der GdF, Ludwigsburg [1954]. 10 Jahre Hausbau Wüstenrot 1949–1959, Ludwigsburg 1959 (Festschrift). Eine Million Wohnungen mit Wüstenrot, Bericht über die Jubiläumsveranstaltung am 10. Juni 1969 in Gürzenich, Köln [1969]. »Werke, nicht Worte«, 75 Jahre Wüstenrot, Frankfurt am Main 1996 (Festschrift). Marc Wilhelm Kohfink, Mit Eigenheimen gegen den Alkoholmißbrauch, Georg Kropps »Gemeinschaft der Freunde« und der soziale Liberalismus, in: Ludwigsburger Geschichtsblätter 50 (1996) S. 119–153. Wüstenrot & Württembergische Aktiengesellschaft, Verschmelzung der Württembergische AG Versicherungs-Beteiligungsgesellschaft auf die Wüstenrot Beteiligungs-AG zur Wüstenrot & Württembergische AG, [Stuttgart 1999]. Christoph Seeger, Georg Kropp und die Geschichte der Bausparkasse(n) in Wüstenrot, in: Wüstenrot, Wüstenrot 1999, S. 185–197.

Seit 50 Jahren bewährt -
schon die ersten Luftschiffmotoren
des Grafen Zeppelin wurden mit
Divinol - Ölen geschmiert.
ZELLER & GMELIN
MINERALÖLRAFFINERIE
EISLINGEN FILS (WÜRTT.)

721
Zählerprüfstelle Ravensburg, Ravensburg

Name Zählerprüfstelle Ravensburg
Geschäftstätigkeit Kontrolle und Eichung von Stromzählern
Branche Nr. 743
Umfang 2,1
Laufzeit 1910–2004
Benutzbarkeit Ja
Bestand B 2028

Bestandsgeschichte Die Leitung der Prüfstelle bei der Betriebsverwaltung der Energie Baden-Württemberg AG (EnBW) in Biberach übergab die Unterlagen 2005 ins WABW.
Geschichte 1922 richtete der Bezirksverband Oberschwäbische Elektrizitätswerke (OEW) seine erste Zählerprüfstelle in Biberach ein, die 1925 nach Schussenried und 1928 weiter nach Ravensburg umzog. Bei den Kunden eingebaute Zähler gab es flächendeckend erst ab den 1920er Jahren. Zuvor funktionierte die Verbrauchsabrechnung anders: auf der Basis von Elektrolyt-, Quecksilber-, Pendel- und anderen Zählern – oder der Verbrauch wurde einfach geschätzt. Das Gesetz über die elektrischen Maßeinheiten bestimmte 1898, dass Messgeräte zur gewerblichen Abgabe elektrischer Arbeit »richtig« zu gehen hätten. Eine Ergänzung von 1959 und das Eichgesetz von 1969 schrieben die Beglaubigung der Messgeräte durch eine amtliche Prüfstelle vor. Da der Staat die dazu nötige technische Infrastruktur nicht aufbringen mochte, wurde die hoheitliche Aufgabe der Prüfung auf Antrag den Elektrizitätswerken übertragen, die nachweisen mussten, über geeignetes Personal und ebensolche Einrichtungen zu verfügen. So gliederte die OEW 1930 mit Genehmigung der Physikalisch-Technischen Reichsanstalt (PTR) ein Elektrisches Prüfamt in die Zählerprüfstelle Ravensburg ein. Das Elektrische Prüfamt 11 (EP 11) war das zweite Prüfamt, welches nicht von staatlichen Institutionen getragen wurde. Die Aufgabe dieser kombinierten Einrichtung bestand in Austausch, Instandsetzung und Eichung der Zähler nach einem bestimmten Turnus. Dem Elektrischen Prüfamt 11 der Zählerprüfstelle Ravensburg waren zehn Außenstellen angeschlossen, die ebenfalls über begrenzte Prüfbefugnisse verfügten. 1970 erfolgte eine Umbenennung aufgrund des neuen Eichgesetzes in »Staatlich anerkannte Hauptprüfstelle für Messgeräte für Elektrizität« mit der Kurzbezeichnung EA 10. In der Bundesrepublik untersteht das Prüfwesen der obersten Bundesbehörde, der Physikalisch-Technischen Bundesanstalt (PTB) in Braunschweig, sowie den einzelnen Landesbehörden, in Baden-Württemberg der Landeseichdirektion. Leiter und Stellvertreter einer Elektrischen Prüfstelle pflegen öffentlich bestellt und vereidigt zu sein. Im Jahr 2000 zog die Einrichtung nach Biberach, wo sie als Gesellschaft für Messung und Abrechnung mbH (GMA) unter den Namen »Staatlich anerkannte Hauptprüfstelle für Messgeräte für Elektrizität EA 10« der Energie Baden-Württemberg AG (EnBW) arbeitete. Ihre Auflösung erfolgte 2003. Fortan wurden die Aufgaben durch die EBW 20 der Netze BW GmbH, später EA 20 der EnBW Operations GmbH mit Sitz in Esslingen am Neckar wahrgenommen.

4 Materialsammlung zur Geschichte der Prüfstelle

7 Physikalisch-Technische Reichs- bzw. Bundesanstalt 1929–2003, Dienstbesprechungen 1952–1981, EVS Zählerstatistik-Jahresberichte 1954–2002, Rundschreiben an die Außenprüfstellen 1938–2000

8 Prüfstellenverzeichnis und Befugnisse der Prüfstellen 1930–2004, Prüfamtsaußenstellen Friedrichshafen, Aistaig, Albstadt-Ebingen, Albstadt-Tailfingen, Enzberg, Freudenstadt, Giengen an der Brenz, Herrenberg, Künzelsau, Schwenningen, Sigmaringen, Teinach, Tuttlingen 1934–2000

9 Personal allgemein 1923–1975

13 Prüfungsscheine (Urkunden) der Physikalisch-Technischen Reichs- / Bundesanstalt 1928–1982, Bekanntmachungen über Prüfungen und Beglaubigungen durch die Elektrischen Prüfämter 1910–1954, EVS Zählerstatistik, Prüfungen und Beglaubigungen, Einbaustand, Tätigkeitsberichte 1940–1993, Prüftabellen für Wechsel- und Drehstromzähler 1933, Eichanweisung 1950, Beglaubigungsscheine, Meßanweisungen 1936–1968

47 Fotos: Zählertafeln, Meßwerkstatt

48 Metallschild 62x62 cm »EVS Zähler- und Messwesen« im Design Otl Aicher ca. 1981

50 Bericht – Zeitschrift für die Mitarbeiter der Energie-Versorgung Schwaben 5/1990, S. 25. Staatlich anerkannte Hauptprüfstelle bei der EVS: Stromzähler müssen stimmen, in: Strom zuhause – Kundenmagazin der Energie-Versorgung Schwaben 5/1982, S. 4.

722 Zahn Nopper, Stuttgart

Name Vereinigte Eisenhandlung Zahn & Cie. und Friedrich Nopper GmbH
Geschäftstätigkeit Eisen- und Stahlhandlung
Branche Nr. 515/520
Umfang 6
Laufzeit 1680–1986
Benutzbarkeit Ja
Bestand B 53

Bestandsgeschichte Das Archivgut wurde in drei Ablieferungen zwischen 1988 und 1991 übernommen.
Geschichte 1721 gründeten die Vettern Mose Doertenbach und Johann Georg Zahn die Calwer Gesellschaft Doertenbach & Co. Ein Sohn von Mose Doertenbach, Christoph Mose Doertenbach, gründete 1750 zusammen mit Christian Gottlieb Koch aus Sachsen in Stuttgart eine Handlung für Eisen, Spezereiwaren und Metallen. Als Koch 1770 aus dem Geschäft austrat, ging das Geschäft unter dem Namen Zahn & Comp. in das alleinige Eigentum des Hauses Doertenbach & Co. in Calw über, in deren Abhängigkeit das Geschäft bis 1816 blieb. Dann übernahm Johann Friedrich Doertenbach, Eberhard Heinrich Georgii und Friedrich Schauber selbständig die Firma Zahn & Compagnie. Dabei wurde das Schwergewicht auf den Metallhandel gelegt. 1817 erwarb sie in Liebenfeld einen Kupferhammer, der bis 1861 in Betrieb war, und pachtete den Kupferhammer in Stuttgart-Berg. 1853 gliederte Zahn & Compagnie die Stuttgarter Firma Kirchhofer mit ihrem Metallwarenhandel an. 1880 wurde in Zuffenhausen ein Lagerhaus mit Gleisanschluss für Grobeisen gebaut. Ebenfalls 1816 gründete Johann Friedrich Nopper in Stuttgart die Eisenhandlung Friedrich Nopper, die im Jahre 1900 mit der Firma Zahn & Cie. verschmolz. Zahn-Nopper verschmolz zu den Vereinigten Eisenhandlungen Zahn & Co. und Friedrich Nopper. 1944 wurde das Lager in Zuffenhausen und die Gebäude in der Stiftsstraße zerstört. Es folgte der Wiederaufbau und Ausbau des Geschäftshauses Tübingerstraße. 1960 trat die Eisenhandelsgesellschaft Gebr. Röchling, Ludwigshafen, in die Gemeinschaft der Gesellschafter ein. 1985 wurde der Großhandel liquidiert und der Einzel- und Stahlhandel bis 1988 von anderen Firmen übernommen.
2 Stuttgart (Baudenkmale, Gewerbe), Calw 1848–1959
3 Stammtafel der Christoph Martin Doertenbachschen Familie, Familienstiftung, Genealogie und Geschichte der Familie Doertenbach, Nachkommen der Eheleute Dr. Chr. Röchling und Charlotte geb. Wagner, Schattenrisse von Joh. Georg Friedrich Nopper und Friederike Karoline Nopper geb. Lachenmaier, Reisepass Carl Guckelberger 1824–1961
4 Firmengeschichte Vereinigte Eisenhandlungen Zahn & Cie. und Friedrich Nopper GmbH, Firmengeschichte Zahn & Co, Chronologie Zahn-Nopper, Festvortrag von Hansmartin Decker-Hauff zum 250-jährigen Firmenjubiläum, Firmenfestschriften, Firmenjubiläen 1920–1971
5 Gesellschaftsverträge, Handelsregisterauszüge, Teilhaber, Rundschreiben, Firmenname, Rechtsform, Geschäftsanteile, Fusion 1757–1954
6 Beteiligung Haus der Wirtschaft Hotel-Gesellschaft mbH Stuttgart 1959–1979
7 Direktoren und Teilhaber u. a. Kommerzienrat Carl von Doertenbach, Friedrich Barth, Carl Rivoir, Friedrich Nopper, Georg Doertenbach-Sick, Eduard Georgii, Gustav Staelin, Hermann Staelin, Wolf Doertenbach, Hellmut Beyer, Heinz Dämmrich, Prokuristen und Handlungsbevollmächtigte, Generalversammlungs-Protokolle, Sitzungsprotokolle der Geschäftsführung, Gesellschafterbeschlüsse, Korrespondenzen der Geschäftsführung, Empfehlungsschreiben,
9 Zeugnisse, Werkswohnungen, Personalverzeichnisse, Personalbuchserien (Arbeiter, Knechte, Taglöhner, Angestellte), Lohn- und Gehaltslisten, Berufsgenossenschaft, betriebliche Sozialleistungen, AOK, Tarifverträge, Gewerkschaft, Betriebsrat, Betriebsordnungen,

Arbeitsjubiläen, Jubiläumsurkunden 1905–1971, Betriebsfeiern und -ausflüge, Werkszeitung, 1843–1983
10 Grundstücke und Gebäude, Kaufverträge, Kaufvertrags-Urkunden 1680–1707, Pfandrechtsbestellungen, Bautätigkeit, Baukosten, Bau- und Lagepläne, Gebäudetausch, Privatanschlußgleis, Wasserleitungsbau, Werkswohnungen, Kriegszerstörungen und Wiederaufbau, Vermietung und Verpachtung, Grundbuchauszüge, Gebäudeverzeichnisse, Nachbarschaftsverträge, Wasserrechte, Denkmalschutz 1680–1982
11 Darlehen 1925–1928
12 Lieferantenverzeichnisse, Walzeisenangebote 1860, 1906
13 Kupferhammer, Zahnsches Hammerwerk in Liebenzell 1800–1861, Fuhrpark
14 Rechnungen, Preislisten, Angebote, Rundschreiben, Statistik, Preislisten, Warenverzeichnisse, Transport, Versand, Lieferverträge, Rechnungen, Kundenverzeichnisse, Konventionsverträge, Verkaufsseminar 1800–1966
15 Geschäftsformulare, Formbriefe, Rundschreiben, Musterbücher, Kataloge, Warenverzeichnisse, Anzeigen, Zeitschriftenbeiträge, Messen, Prospekte Gebr. Röchling in Mannheim 1800–1986
16 Bilanzbuchserie, Gewinn- und Verlustrechnungen, Geheimbuchserie, Journalbuchserie, Hauptbuchserie, Privatkonten, Inventare, Gewinnverwendung, Investitionsrechnung, betriebliche Kennziffern, Handelszuschläge, Preisabschläge, Debitoren, Kreditoren, Wechsel, Kassenscheine 1751–1961
17 Ordinari-Steuern, Kriegsschadensumlage, Bürgersteuer, Wachtgeld, Wohnsteuer, Schuldenzahlungsumlage, Quartiersteuer, Illuminationssteuer, Brandschadensumlage, Galli-Zins, Wohnaccise, Admodiatsakzise, Lohnsteuer 1789–1923
19 Dienstverpflichtung 1918, Gefallenenanzeigen 1916–1917, Gefallenentafel 1941, Kriegszerstörung und Wiederaufbau 1945–1950
20 Verband reisender Kaufleute Deutschlands, Süddeutsche Eisenzentrale Mannheim, Roheisen-Verband GmbH in Essen 1912–1921
21 Rechtsstreitigkeiten 1872–1904
47 Fotos: Inhaber, Geschäftsführer, Belegschaft, Verkaufsseminar, Arbeitsjubiläen, Firmenjubiläen, Verkaufsräume, Gebäude, Lageranlagen, Fuhrpark, Schaufensterwerbung, Ausstellungen, Produkte 1870–1980
48 Ehrenplakette der Industrie- und Handelskammer Stuttgart, Klischees und Stempel 1893–1963, Gefallenentafel 1918
49 Weitere Archivbestände aus Calw
50 Zum zweihundertjährigen Bestehen des Bankhauses Doertenbach & Cie GmbH in Stuttgart, 1921 (Festschrift). Friedrich Nopper, Zahn-Nopper: 1721 Zahn & Comp, 1816 Friedrich Nopper, 1900 Zahn-Nopper, [Stuttgart 1966] (Festschrift). Zahn-Nopper, 250 Jahre seit 1721, [Stuttgart 1971] (Festschrift). Doertenbach & Co., Frankfurt am Main [2000] (Festschrift).

723
Zanker, Tübingen

Name Hermann Zanker KG
Geschäftstätigkeit Hausgerätehersteller
Branche Nr. 299
Umfang 1,5
Laufzeit 1900–1989
Benutzbarkeit Ja
Bestand Y 176

Bestandsgeschichte Das Archivgut wurde im April 1993 anlässlich der Schließung des Werks übernommen.
Geschichte 1888 gründete Immanuel Zanker in Tübingen einen Handwerksbetrieb, der Wirtshausschilder, Bettflaschen und Kutscherlaternen herstellte. Seit den 1930er Jahren konzentrierte sich das Unternehmen auf die Fertigung von Waschmaschinen aller Art, nach 1945 zusätzlich auf Kühlschränke, Geschirrspüler, Bügelmaschinen und Heizgeräte. Es entwickelte sich nach dem Zweiten Weltkrieg zum größten gewerblichen Arbeitgeber Tübingens. 1967 übernahm Zanker die Firma Forbach. 1971 beteiligte sich der Elektrokonzern AEG-Telefunken mehrheitlich an Zanker. Im Gefolge der Krise der AEG zu Beginn der 1980er Jahre drohte die Schließung des Werks, das damals noch 1.200 Mitarbeiter zählte. Mit der Übernahme durch den schwedischen Konzern Electrolux 1985 schien das Werk gerettet, im Frühjahr 1993 wurde es jedoch stillgelegt.

4 Chronik 1985–1989, 90 Jahre Zanker
15 Briefköpfe
47 Fotos: Messen, Ausstellungen, Gebäude, Kundendienststellen, Vertretungen, Ausstellungsräume 1948–1980, Werk Tübingen 1950–1981, Brand 1960, Schulungen 1962–1978, Portrait Mitarbeiter, Jubiläen, Jubilare 1966–1980, neues Werk 1982, Produkte 1949–1970, Belegschaft um 1900–1980
50 100 [Jahre] Zanker 1888–1988, Tübingen 1988 (Festschrift). Ursula Metzger, Waschgeschichte von der Ammer, Mit Electrolux geht Zanker ins 2. Jahrhundert, in: Tübinger Blätter 75 (1988) S. 101 f. Axel Weiß, Zanker, Walter, Somfy ... und die Folgen, Harte Zeiten für Tübingen als Industriestandort, in: Tübinger Blätter 80 (1993/94) S. 71–73.

724
Zeidler, Stuttgart

Name Nachlass Prof. Gerhard Zeidler
Geschäftstätigkeit Wirtschaftsverbände
Branche Nr. 320/732/910
Umfang 2
Laufzeit 1962–2015
Benutzbarkeit Nein
Bestand Y 526

Bestandsgeschichte Das Archivgut wurde im Jahr 2017 von Prof. Zeidler in das WABW übernommen.
Geschichte Gerhard Zeidler, geboren am 12. Mai 1936 in Breslau, ist ein deutscher Ingenieur und Manager. Er studierte Nachrichtentechnik an der Technischen Hochschule Darmstadt. Nach seiner Promotion war er ab 1965 Entwicklungsingenieur für Kommunikationstechnik bei der Standard Elektrik Lorenz AG (SEL) in Stuttgart, einer Tochter des amerikanischen Mischkonzerns ITT. 1973 wurde er Leiter der Entwicklung vermittlungstechnischer Systeme und Geräte und im Jahr 1977 war er Entwicklungschef für die gesamte Sparte Nachrichtentechnik. Im Jahr 1979 wurde er als Leiter des Zentralbereichs Technik zu einem stellvertretenden Mitglied, ab 1980 zum ordentlichen Mitglied des Vorstands. Kurz vor dem Verkauf des Unternehmens durch den Mutterkonzern Ende des Jahres 1986 wurde er außerdem noch General Technical Director ITT Europe, Vice President ITT Europe und Vice President ITT.
Nach dem Eigentümerwechsel zur französischen Compagnie Générale d'Électricité (CGE) war die SEL Teil des neu gegründeten Telekommunikationsausrüsters Alcatel und Zeidler wurde Vice President und Mitglied des Executive Committee der Alcatel N.V. Nur zwei Jahre später wurde er 1989 schließlich zum Vorstandsvorsitzenden der Standard Elektrik Lorenz AG. 1995 gab Zeidler das Amt an Peter Landsberg ab. Im Juni 1996 übernahm Gerhard Zeidler den Vorsitz der Prüfgesellschaft Dekra in Stuttgart. Er richtete das Unternehmen neu aus und verfolgte konsequent dessen Internationalisierung. Zum 1. Januar 2006 zog sich Zeidler aus dem operativen Geschäft zurück und wechselte als Präsident des Präsidialrats an die Spitze des obersten Aufsichtsgremiums der Dekra. Sein Amt übergab er am 3. Mai 2011 an Thomas Pleines.
Im Februar 2002 wurde er zum Honorarkonsul der Republik der Philippinen für das Land Baden-Württemberg berufen, im Mai 2003 auch für das Bundesland Hessen. Er lehrt als Honorarprofessor an der Universität Stuttgart und ist Mitglied des Senats der Deutschen Akademie der Technikwissenschaften e. V. (acatech).
3 Veröffentlichungen zu Prof. Zeidler
7 Vice President ITT 1956–1988; Vorstandvorsitzender SEL 1989;
9 Vorträge bei Unternehmen, Verbänden etc. 1968–2013; DEKRA-Dialog 1999–2015; Vorlesungen an der Universität Stuttgart 1986–1995; Ehrensenator THD; Honorarprofessur;
13 Patente

725
Zeller + Gmelin, Eislingen/Fils

Name Zeller + Gmelin GmbH & Co. KG
Geschäftstätigkeit Mineralöle, Druckfarben, Chemie
Branche Nr. 243/246/230
Umfang 3
Laufzeit 1866–2007
Benutzbarkeit Eingeschränkt
Bestand Y 438

Bestandsgeschichte Der Bestand wurde im März 2011 in das WABW übernommen.
Geschichte 1865 gründete Albert Traugott Zeller in Eislingen eine Firma zur Produktion von Schmieröl. Ein Jahr später schloss er sich mit Paul Gmelin zusammen; gemeinsam ließen sie 1866 die Firma Zeller + Gmelin, Mineralölfabrikation in Eislingen ins Handelsregister eintragen. Nach dem Tod Paul Gmelins verkauften dessen Nachfahren seine Anteile an Albert Zeller, der nun als Alleineigentümer des Unternehmens fungierte. Bis 1914 gründete Zeller + Gmelin Zweigstellen in den Niederlanden, in Belgien sowie in Österreich-Ungarn. 1926 erweiterte das Unternehmen sein Sortiment um das Staubbindemittel »Lydtinol«, seit 1927 produzierte es Kaltasphalte für den Straßenbau und seit 1932 Druckfarben, Fußbodenreinigungs-, Bauten- sowie Pflanzenschutzmittel. 1935 gründete es das Tochterunternehmen Südöl, das seit 1937 Altöl aufbereitet. 1955 begann die Firma, ein Tankstellennetz aufzubauen.
In den 1980er Jahren reduzierte man die Geschäftsbereiche auf Industrie- und Autoschmierstoffe sowie Druckfarben und Industriechemie. Die Produktion von Asphalt und Bodenreinigungsmitteln wurde eingestellt.
4 Ausarbeitungen zur Chronik 125-jähriges Jubiläum 1991–2007, Pressespiegel 1979–1991; Festschrift 50-jähriges Jubiläum 1916, 100-jähriges Jubiläum 1966, Briefköpfe 1938
9 Mitarbeiterzeitschrift Z + G aktuell 1990–2010, Arbeitsordnungen 1966–1982, Arbeitssicherheit 1995
10 Lagepläne 1898–1990
12 Stromversorgungsvertrag 1916–1981
13 Produkt- und Lieferprogramm 1940–1947, Installation Crack-/Deinstallationsanlage Bergkamen 1951–1955, Kraftfahrzeugunterlagen 1937
14 Prospekte 1950–1980
16 Investitionsplanung 1980
19 Auflistung und Merkblätter zum Umgang mit Kriegsgefangenen 1943–1946, Eisernes Sparen 1941–1942
47 Fotos Kesselwagen, Arbeitssituation und Werksgelände 1920–1983, Baumaßnahmen 1994, Veranstaltungen 1963–1981, Tankstellennetz, Messeaufnahmen
50 Sander, Tim; Vom Lehn, Marcel: Zukunft mit Geschichte: 150 Jahre Zeller + Gmelin, Eislingen/Fils 2016.

726
Ziefle, Kehl

Name Schiffswerft Ziefle GmbH
Geschäftstätigkeit Schiffsbau
Branche Nr. 351
Umfang 1
Laufzeit 1947–1961
Benutzbarkeit Eingeschränkt
Bestand Y 157

Bestandsgeschichte Das Archivgut wurde 1984 vom Konkursverwalter übernommen. Es dokumentiert insbesondere die Erfassung und Regulierung von Besatzungsschäden sowie den Wiederaufbau der Schiffswerft im Rheinhafen von Kehl.
Geschichte Die Firma wurde als Stahlbaubetrieb von Albert Ziefle 1921 gegründet. Hinzu kam eine Schiffsreparaturwerft im Kehler Rheinhafen. Von 1945–1952 war der Betrieb in Kork ansässig. Nach erfolgter Freigabe des Kehler Hafens übersiedelte die Firma Eisenbau Albert Ziefle KG nach Kehl und baute die völlig zerstörte Schiffswerft im Rheinhafen wieder auf. Das Unternehmen beschäftigte Mitte der 1970er Jahre rund 250 Mitarbeiter. 1978 wurde die Schiffswerft vergrößert, um Schiffe bis zu 100 m Länge an Land nehmen zu können. Die Eisenbaufirma befasste sich mit der Herstellung von Verbindungsstücken, Armaturen und sonstigen Spezialerzeugnisse für den Rohrleitungsbau. 1983 meldete die Firma Konkurs an.

7 Dr. Liefer / Ziefle 1951–1958
10 Schiffswerft im Rheinhafen 1952–1955, Gebäude, Erweiterungen, Gleisanschluß 1956–1961
19 Besatzungsschäden, Requisitionen, Vorratsvermögen 1947–1959
49 WABW A4 Bü 575, 659, 715, 760
50 Wirtschaft im Südwesten, Zeitschrift der Industrie- und Handelskammern Hochrhein-Bodensee, Schwarzwald-Baar-Heuberg und Südlicher Oberrhein, 1985 Heft 2, S. 73.

727
Ziegelwerke Ludwigsburg, Ludwigsburg

Name Ziegelwerke Ludwigsburg
Geschäftstätigkeit Ziegelei
Branche Nr. 262
Umfang 0,1 m
Benutzbarkeit Ja
Bestand B 142

Bestandsgeschichte Die restlichen Unterlagen der Ziegelwerke Ludwigsburg wurden anläßlich der wirtschaftshistorischen Ausstellung der Bezirkskammer Ludwigsburg 2009 vom WABW übernommen.
Geschichte 1872 gründeten die Ludwigsburger Baumeister Ganzenmüller und Baumgärtner eine Ringofenziegelei westlich der Solitudeallee im Süden der Stadt, um dort die mächtigen Lehmlager abzubauen. 1899 wurde die Ziegelei in eine Aktiengesellschaft umgewandelt und firmierte unter Ziegelwerke Ludwigsburg vormals Ganzenmüller & Baumgärtner (ZWL). Sie beschäftigte im Jahr 1905 bereits 300 Arbeiter. Die Dachziegel fanden wegen ihrer ausgezeichneten Qualität Absatz in ganz Deutschland und dem angrenzenden Ausland. Im Zweiten Weltkrieg wurde die Werksanlage durch Bombenangriffe zerstört und die Produktion konnte erst 1950/51 wiederaufgenommen werden. In der Folgezeit boomte das Unternehmen, als die Nachfrage nach seinen Erzeugnissen Dachziegel und Kaminsteine in Zuge des Wiederaufbaus der kriegszerstörten Städte anstieg. Die ZWL besaß ein Filialwerk in Fellbach, das Ziegelwerk Fellbach Hangleiter & Co.; es wurde 1964 wegen Mangel an Rohmaterial eingestellt. Die ZWL waren auch beteiligt an den Ziegelwerken Ergoldsbach und Endersbach. 1971 wurde der Betrieb eingestellt, nachdem die Lehmlager in Ludwigsburg erschöpft waren. Die Firma wurde von Elring-Klinger aufgekauft und unter dem Namen ZWL Grundbesitz- und Beteiligungs AG weitergeführt. 1975/76 wurde auf dem Gelände ein Gewerbepark errichtet.
11 Aktien der ZWL Grundbesitz- und Beteiligungs- AG vorm. Ziegelwerke Ludwigsburg 1996
13 Kolorierte Zeichnungen von Dachziegeln, 1900
15 Katalog mit Preisliste, 1930er
47 Fotos vom Werksgelände, Gewerbepark, Außenansicht Gebäude, Innenaufnahmen von der Produktion 1930er, 1970er Jahre
50 –

728
Zoeppritz, Heidenheim an der Brenz

Name Zoeppritz AG
Geschäftstätigkeit Wolldeckenfabrik
Branche Nr. 170/174
Umfang 3
Laufzeit 1828–2013
Benutzbarkeit Ja
Bestand B 18

Bestandsgeschichte Der Bestand beinhaltet seit 1989 die Fotokopie eines Debitoren-Journals (1828–1832) aus der Wolldeckenfabrik in Mergelstetten. Ergänzt wurde der Bestand durch den Nachlass eines ehemaligen Mitarbeiters in den 1990er Jahren. Weitere Archivalien kamen aus Privatbesitz zwischen 2005 und 2014 hinzu. Einen weiteren Zuwachs erfuhr der Splitterbestand durch die Übergabe weiterer Archivalien durch den Heimat- und Altertumsverein Heidenheim an das WABW als Depositum.
Insgesamt liegt hier nicht ansatzweise eine geordnete Überlieferung aus einer (Alt-) Registratur vor, sondern letztlich eine umfängliche Menge von Überlieferungssplittern oder Überlieferungszufällen. Der Bestand weist so in starkem Maße einen Sammlungscharakter auf.

Geschichte 1828 gründeten Jacob und Georg Zoeppritz die Firma Gebr. Zoeppritz in Mergelstetten, heute Ortsteil der Stadt Heidenheim an der Brenz. Die Gründer kamen aus Pfungstadt bei Darmstadt, wo sie eine 1815 gegründete Wollmanufaktur besaßen. Das Unternehmen produzierte von Anfang an Wolldecken und Wollstoffe für Konfektion und technische Zwecke, etwa in der Landwirtschaft oder beim Militär. Als Spezialitäten galten die Herstellung von gemusterten Jacquarddecken und die Verarbeitung von Kamelhaar. Im Zusammenhang mit der Weltwirtschaftskrise musste die Württembergische Notenbank das Unternehmen 1929 übernehmen; sie wandelte es in eine Aktiengesellschaft um.
Im Zuge der Expansion nach dem Zweiten Weltkrieg eröffnete Zoeppritz 1956 im benachbarten Bolheim einen zweiten Produktionsstandort. 1964 kam die Herstellung von Teppichböden dazu. 1984 verkaufte die Baden-Württembergische Bank die Zoeppritz AG an die Daun-Gruppe in Oldenburg. 1992 verlagerte die Geschäftsleitung die Produktion von Decken nach Slowenien. Die Geschäftsführung stellte 1994 einen Vergleichsantrag, der im Oktober 1994 in den Konkurs mündete. 1995 übernahm die Dr. Zwissler Holding AG die Deckensparte, erweiterte die Produktionspalette über Wolldecken hinaus auf Schlafdecken, Reiseplaids, Kissen und Wohnaccessoires. Die aus dem Konkurs 1994 heraus gegründete Zoeppritz Teppichboden GmbH ging 2001 abermals in Konkurs und musste 2002 geschlossen werden.

4 Gemeinschaftsbuch der Betriebsgemeinschaft [1936]–1943, Sammlung besonderer Einzelstücke (Fotos, Plakate, Aktenvorgänge, Aktien, Blanko-Briefköpfe, Drucke, Geschäftsbericht, Zeitungsartikel; auch Kopien) zur Unternehmensgeschichte 1892–1982, Folioband »Die deutsche Industrie 1888–1913« Band 2 Leipzig (zahlreiche Firmenkurzporträts, u. a. aus Württemberg, u. a. Zoeppritz), Materialsammlung und Feier zum 100jährigen Jubiläum 1928, Feier zum 125jährigen Jubiläum 1953, Urkunde der Gemeinde Bolheim zum 125jährigen Betriebsjubiläum, Festschrift 1978, Pressespiegel 1967–2003, Zusammenstellung von Unterlagen zum Konkurs 1993–1995
5 Satzungen 1938–1966
7 Hauptversammlung 1962, Handakten der Geschäftsleitung 1960–1982
8 Berichte der DEORGA Deutschen Gesellschaft für Betriebsorganisation mbH, Stuttgart 1961/62
9 Postkarten-Urlaubsgrüße von Mitarbeitern 1960–1987, Auszubildende 1962–1989, Betriebsausflüge 1978–1997, Zoeppritzhilfe 1978
10 Schätzungsprotokoll Gebäudebrandversicherung Band 2 Zubehör 1934
11 Kreditinstitute (Verträge, Quittungen, Satzungen) 1940–1977, Aktienbuch 1953/54
13 Wasserrechtliche Genehmigungen Turbinenanlagen an der Brenz 1904–1989, Technische Zeichnungen von Maschinen 1945–1951, Baupläne für Kläranlagen 1949–1972, Monatliche Arbeitsberichte 1951, Revisionsbuch Dampfkessel 1953–1985
14 Präsentationsmappen für Handelsvertreter 1991–1993
15 Sammlung von Reklameannoncen 1948–1951, Produktkataloge 1964–1995, Zoeppritz-Film 1990 (Drehbuch)
16 Debitoren-Journal 1828–1832, Betriebsprüfungen 1932–1967, Geschäftsberichte für 1945–1986; Jahresabschluss-Prüfung 1933, 1936, 1938, Offene-Posten-Liste 1995
19 Porträtfotos 1939–1945 gefallener Mitarbeiter, Nachkriegswirtschaft 1945–1949
47 Fotoalbum 1936–1942, Zusammenstellung von 268 Fotos zur Tätigkeit des Unternehmens 1937–1969, Fotoalbum der Feier des 125jährigen Betriebsjubiläums 1953
48 Musterkoffer Teppichböden 1976
50 Rolf Ludwig Mehmke, Archiv für Schwäbische Wirtschaftsgeschichte 4, S. 1082–1105, Typoskript im WABW. Karl Kaspar Meck, Chronik von Heidenheim nebst Hellenstein II. Teil, Heidenheim 1910, S. 46–48. Das Land Württemberg, Seine wirtschaftliche und kulturelle Bedeutung, II. Ausgabe, Verlag Stuttgarter Neues Tagblatt, Stuttgart 1927, S. 45. 100 Jahre Gebr. Zoeppritz Wollwarenfabriken Mergelstetten 1828–1928, Mergelstetten 1928 (Festschrift). 125 Jahre Wolldeckenfabrik Zoeppritz Aktiengesellschaft, Heidenheim 1953 (Festschrift). 150 Jahre Wolldeckenfabrik Zoeppritz Aktiengesellschaft, Heidenheim 1978 (Festschrift).

729
Zurell, Stuttgart

Name Oskar Zurell
Geschäftstätigkeit Grafiker
Branche Nr. 744
Umfang 1
Laufzeit 1985–2000
Benutzbarkeit Eingeschränkt
Bestand Y 330

Bestandsgeschichte Das Archivgut wurde 2005 übernommen.
Geschichte Oskar Zurell war als ausgebildeter Industrie- und Grafikdesigner tätig für die DLR – Deutsches Zentrum für Luft- und Raumfahrt e. V. bzw. die DFVLR – Deutsche Forschungs- und Versuchsanstalt für Luft- und Raumfahrt e. V., hervorgegangen aus der Verschmelzung von seit 1907 in Deutschland gegründeten Forschungsinstitutionen im Bereich der Luft- und Raumfahrt-Forschung. Er war dort Mitarbeiter seit 1985. Nach der Ausgliederung zur Debis, ein Dienstleister der Daimler-Benz AG, führte er noch deren Erstpräsentationen durch, außerdem gibt es Bezüge zur IBM.
8 Arbeitsmaterialien zur EDV
14 Bedienungsanleitungen (u. a. für eine IBM-Kugelkopfschreibmaschine 1985)
15 Grafische Gestaltungen für die DLR, DFVLR, IBM und Debis 1985–2000

Anhang

Abkürzungen

A ...	Bestandsgruppe der IHK-Bestände im WABW
AG	Aktiengesellschaft
AR	Aufsichtsrat
B ...	Bestandsgruppe der Firmenbestände im WABW
BW	Baden-Württemberg
DAF	Deutsche Arbeitsfront
DKW	Dampfkraftwerk
EnBW	Energieversorgung Baden-Württemberg AG, Karlsruhe
EVS	Energieversorgung Schwaben
EW	Elektrizitätswerk
Fa.	Firma
fl	Gulden
H ...	Bestandsgruppe der Handwerkskammern im WABW
HStA	Hauptstaatsarchiv
HWK	Handwerkskammer
HV	Hauptversammlung
IHK	Industrie- und Handelskammer
KG	Kommanditgesellschaft
kgl.	königlich
KWR	Kraftübertragungswerk Rheinfelden
N ...	Bestandsgruppe der Nachlässe im WABW
NS	Nationalsozialismus
NSDAP	Nationalsozialistische Deutsche Arbeiterpartei
NWS	Neckarwerke Stuttgart
OHG	Offene Handelsgesellschaft
RKW	Reichskuratorium für Wirtschaftlichkeit
S ...	Bestandsgruppe der Sammlungen im WABW
SHW	Schwäbische Hüttenwerke, Wasseralfingen
StA	Staatsarchiv
TWS	Technische Werke der Stadt Stuttgart
V ...	Bestandsgruppe der Vereine, Verbände im WABW
WABW	Wirtschaftsarchiv Baden-Württemberg
WCM	Württembergische Cattun-Manufaktur, Heidenheim
WK	Weltkrieg
WMF	Württembergische Metallwarenfabrik, Geislingen
Y ...	Bestandsgruppe der noch nicht verzeichneten Bestände im WABW

Branchenschlüssel

Der Branchenschlüssel weist sämtliche Bestände mit den fortlaufenden Nummern [in eckigen Klammern], nach der diese Gesamtübersicht aufgebaut ist, aus.

000 **Land- und Forstwirtschaft**, Jagd, Fischerei und Fischzucht, Gärtnereien [70, 519, 539]

100 **Bergbau und Gewinnung von Steinen und Erden** [203, 274–275, 440, 567–569]

Steinkohlenbergbau und -brikettherstellung
Braunkohlenbergbau und -brikettherstellung
Torfgewinnung und Veredelung
Gewinnung von Erdöl und Erdgas
Eisenerzbergbau
NE-Metallerzbergbau
Gewinnung von Natursteinen
Gewinnung von Kies, Sand, Ton, Gips, Kalk, Kaolin und Farberden
Bergbau auf chemische und Düngemittelmineralien

140 **Gewinnung von Salz**

150 **Ernährungsgewerbe und Tabakverarbeitung** [19, 26, 53, 71, 120, 131, 147, 180, 216, 226, 254, 257, 313, 323, 333, 399, 404, 426, 450, 463, 475, 507, 518, 544, 546–547, 549, 560, 596, 606, 614, 621, 628, 643, 667]

151 Schlachten und Fleischverarbeitung
152 Fischverarbeitung
153 Obst- und Gemüseverarbeitung
154 Herstellung von Speiseöl, Margarine u. ä. Nahrungsfetten
155 Milchverarbeitung, Herstellung von Butter, Käse, Joghurt etc.
156 Mahl- und Schälmühlen, Herstellung von Mehl, Stärke, Grieß, Getreideflocken, Backwaren, Teigwaren etc.
157 Herstellung von Futtermitteln
158 Sonstige Nahrungsmittelproduktion, Süßwaren, Kaffeepulver, Würzmittel, Gelatine, Hefe, Essig, Fleischbrühe, Fertigsuppen, Puddingpulver und sonstige Fertigerzeugnisse, Essenzen, Aromen (ohne Getränkeherstellung)
159 Getränkeherstellung
160 Tabakverarbeitung

170 **Textilgewerbe** [4–5, 15, 44, 60, 66, 73, 76, 81, 97, 100, 102, 105, 116, 127, 133, 139, 145, 163, 187, 195, 205, 209, 241, 243, 250, 255, 259, 269, 315, 320, 327, 334, 345, 347, 349, 413, 441, 443, 446, 448, 451, 473, 478, 480, 489, 526, 532–533, 535, 561, 565, 578–579, 601, 603, 623, 629, 640, 645, 658, 663, 671–672, 675–676, 678, 688, 697, 705, 728]

171 Spinnerei, Garnherstellung
172 Weberei, Filzherstellung
173 Textilveredelung, Textildruck
174 Herstellung von konfektionierten Textilwaren, Kurzwaren, Fahnen, Sitzbezügen, Tisch- und Bettwäsche, Schläuchen, Säcken, Planen, Markisen, Rollos, Schirmen, Schnüren, Seilen (ohne Bekleidung)
175 Sonstiges Textilgewerbe: Herstellung von technischen Textilien, Kunststoff- und Metallgeweben, Verbandstoffen, Watte, textilen Bodenbelägen, auch Linoleum, Dämm-Materialien, Filter (ohne Herstellung von Maschenware)
176 Herstellung von gewirktem und gestricktem Stoff
180 Herstellung von Bekleidung (ohne Lederbekleidung)
182 Herstellung von Bekleidungszubehör (Knöpfe, Reißverschlüsse etc.)

190 **Ledergewerbe** [41, 143, 258, 317, 330, 396, 421, 513, 520, 563]

Gerberei, Lederverarbeitung
Herstellung von Lederwaren und Schuhen (auch aus anderen Materialien)
sonstige Erzeugnisse aus Leder
194 Zurichtung und Färbung von Fellen, Herstellung von Pelzwaren
Gewinnung und Verarbeitung von Federn und Haaren

200 **Holzgewerbe** (ohne Herstellung von Möbeln) [207, 353, 393, 401, 463, 527, 539, 596, 687, 690, 704, 716]

Säge-, Hobel- und Holzimprägnierwerke
Furnier-, Sperrholz-, Spanplatten-, Schichtholzplatten-, Faserplattenherstellung
Herstellung von Konstruktionsteilen, Fertigbauteilen und Ausbauelementen aus Holz, Holzfertighäuser, Zäune, Fenster, Türen, Parkett
Herstellung von Verpackungsmitteln und Lagerbehältern aus Holz
Herstellung von Holzwaren, Leitern, auch Streichhölzer
Herstellung von Kork-, Flecht- und Korbwaren, Pinseln, Besen, Bürsten aller Art (außer Drahtbürsten)
Erzeugung von Holzkohle
Verarbeitung von Horn und Elfenbein etc.

210 **Papiergewerbe** [3, 86, 115, 173, 343–344, 417, 481–482, 497, 531]

211 Herstellung von Holzstoff, Zellstoff, Papier, Karton, Pappe
212 Papier-, Karton- und Pappeverarbeitung
Herstellung von Verpackungsmitteln (auch aus pflanzlichen Rohstoffen)
Papierprodukte für Hygiene und Kosmetik
Dämm-Materialien, Papierfilter

220 **Verlagsgewerbe**, Druckgewerbe, grafisches Gewerbe, Herstellung und Herausgabe von Zeitungen, Zeitschriften, Büchern, Fotosatz, Reproanstalten, Vervielfältigung von bespielten Trägern: Schallplatten, Cassetten, Compact Discs, Videos [51, 59, 88, 96, 113, 121, 124, 175, 182, 316, 337–338, 412, 423, 553, 556, 564, 572, 581, 585–586, 620]

230 **Kokerei**, Gaserzeugung, Mineralölverarbeitung (Raffinerien) [725]
Herstellung und Verarbeitung von Spalt- und Brutstoffen
Teer-, Asphalt- und Bitumenerzeugung

240 **Chemische Industrie** [5, 57, 89, 98, 137, 206, 245, 314, 487, 496, 525, 537, 559, 571, 580, 631, 701, 725]

241 Herstellung von chemischen Grundstoffen, Farbstoffen
242 Herstellung von Schädlingsbekämpfungs- und Pflanzenschutzmitteln
243 Herstellung von Anstrichmitteln: Lacken, Holzschutzmitteln, Imprägnierungen, Beizen, Korrosionsschutzmitteln, Isolierungen, Dichtungsmassen, Klebstoffen, Kitten, Leimen Druckfarben, Künstlerfarben, Lösungsmitteln
244 Herstellung von pharmazeutischen Erzeugnissen
245 Herstellung von Seifen, Wasch-, Reinigungs- und Körperpflegemitteln, Haushaltsputz- und -pflegemitteln, Parfümstoffen, Desinfektionsmitteln
246 Herstellung von sonstigen chemischen Erzeugnissen, technischen Ölen und Fetten, Schmiermitteln, Laborhilfsmitteln, Fotopapieren und -chemie, Ton-, Bild- und Datenträgern, Feuerwerksstoffen, Sprengstoffen, Metall-Härtemitteln, Kühlmitteln, Lötmitteln
247 Herstellung von Chemiefasern und Kunststoffen (Grundstoffherstellung)

250 **Herstellung von Gummi- und Kunststoffwaren,** geformten Dichtungen aller Art (auch Metall), Kunstleder, Folien, Verpackungen, Reifen, Stempeln (ohne Bürsten) [207, 336]

260 **Glasgewerbe, Keramik, Verarbeitung von Steinen und Erden** [64, 75, 89, 91, 125, 203–204, 214, 318, 403, 424, 504, 543, 557, 660, 679, 689, 727]

261 Herstellung und Verarbeitung von Glas
262 Herstellung und Verarbeitung von Keramik: Ziegeleien, Porzellanfabriken, Sanitärkeramik, Schamotte
265 Herstellung von Zement, Kalk, gebranntem Gips, Mörtel, Putz, Beton, Asphaltbeton, Mörtel- und Zementzusatzstoffen
266 Herstellung von Erzeugnissen aus Beton, Zement und Gips
267 Be- und Verarbeitung von Natursteinen und Erden
268 Herstellung von sonstigen Mineralerzeugnissen, Dämm- und Isolierstoffen und ähnlichen Baumaterialien, Dachpappe, Teer- und Asphaltprodukten, Schleif- und Poliermitteln, Bremsbelägen, Produkten aus Asbestzement und Asbest

270 **Metallerzeugung und -bearbeitung**, Herstellung von Metallerzeugnissen [11, 104, 108, 117, 141, 171, 220, 267, 272–278, 308, 355, 397, 519, 530, 567–570, 598, 661, 681, 689]

271 Erzeugung von Roheisen, Stahl und Ferrolegierungen
272 Erzeugung von Rohren
273 Sonstige erste Bearbeitung von Eisen und Stahl, z. B. Walzwerke
274 Erzeugung und erste Bearbeitung von NE-Metallen, Verbundwerkstoffen, Edelmetall-Scheideanstalten
275 Gießereiindustrie, Glocken

280 **Stahl- und Leichtmetallbau, NE-Metalle,** Schweiß- und Lötarbeiten, Herstellung von Metallerzeugnissen, Reparaturen [6, 13, 65, 68, 108–109, 112, 126, 141–142, 171–172, 212, 244, 256, 272–274, 276–278, 312, 321, 339, 341, 355, 397, 400, 427, 447, 477, 483, 485, 492, 509, 511, 517, 545, 567–570, 597, 602, 646, 657, 659, 662, 671–672, 674, 685, 699–700, 703, 708]

281 Stahl- und Leichtmetallbau
282 Herstellung von Dampfkesseln, Zentralheizungskesseln und Heizkörpern, Tanks, Sammelbehältern, Armaturen, Ventilen, Schiebern, Rohrleitungen und Verbindungsteilen

284 Herstellung von Schmiede-, Press-, Zieh- und Stanzteilen sowie gewalzten Ringen, Eisenbahnschienen, Schneid- und Schweißteilen
285 Oberflächenveredelung, Härtung, Beschichtung, Schleiferei, Verzinnung, Verbleiung
286 Herstellung von Schneidwaren, Bestecken, (mech.) Werkzeugen, Vorrichtungen, Schraubstöcken, Schlössern, Schleifscheiben, Filtern, Sanitärarmaturen, landwirtschaftlichen Geräten, Gartengeräten, Transmissionen, Ventilen
287 Herstellung von sonstigen Eisen-, Blech- und Metallwaren
Drahtwaren, Drahtbürsten, Drahtgeweben, Drahtseilen, Sieben, Stahltrommeln und Behältern, Dosen, Verpackungen, Metallfolien, Containern, Druckwalzen
Schrauben, Nieten, Ketten und Federn, Beschlägen, Scharnieren, Schildern
Zahnrädern, Kugellagern, Rollen
Metallprofilen, Lagerregalen, Stahltüren, Werkbänken, Tresoren, Metallrolläden, Jalousien
Haushaltswaren

290 **Maschinenbau** [1, 9, 12, 20, 32, 35, 43, 47, 78, 80, 82–83, 85, 96, 108, 110, 112, 118, 132, 135, 146, 179, 194, 221, 225, 229, 248, 251, 260, 263, 270–274, 276–279, 311, 319, 328, 332, 336, 391, 397, 411, 425, 433–434, 438, 442, 455, 458, 483, 491, 506, 514, 538, 557, 567–570, 573, 575, 583, 593, 595, 598, 611, 615, 642, 649, 661–662, 664, 671, 682, 686, 694, 707, 723]

291 Herstellung von Maschinen für die allgemeine Erzeugung und Nutzung von mechanischer Energie:
Verbrennungsmotoren und Turbinen (ohne Fahrzeugmotoren), Dampfmaschinen und dazugehörende Armaturen: Meßgeräte, Absperr- und Drosseleinrichtungen (Ventile), Schalter und Regler
Lager, Getriebe und Antriebselemente, Kolben, Kupplungen
292 Herstellung von sonstigen Maschinen für unspezifische Verwendung:
Pumpen und Verdichter, Zentrifugen
Öfen und Brenner, Trockner, Verdampfer, Kälte- und Klimaanlagen, Klimakammern
Absaug- und Belüftungsanlagen, Ventilatoren
Hebezeuge und Fördermittel, automatische Lagersysteme, Aufzüge, Krane, Speisewasserzuführungen
Filteranlagen, Wasserdesinfektion
Hochdruckreiniger, Spritzen, Sauggeräte (Industriestaubsauger), Feuerlöschgeräte
Lackspritzanlagen, Schmiergeräte
Mischmaschinen, Rührgeräte, Mühlen, Abfüllmaschinen, Verpackungsmaschinen, Etikettiergeräte, Siebmaschinen
293 Herstellung von land- und forstwirtschaftlichen Maschinen und Fahrzeugen:
Ackerschlepper, Motorsägen, Dreschmaschinen, Lokomobilen, Rasenmäher, Häcksler
294 Herstellung von Werkzeug- und Metallbearbeitungsmaschinen: Drehbänke, Bohr-, Fräs-, Hobel- und Schleifmaschinen, Pressen, Maschinenscheren, Sägemaschinen, Bearbeitungszentren, Transferstraßen, Schweißgeräten, Lötgeräten
295 Herstellung von sonstigen Maschinen und Maschinenteilen für bestimmte Wirtschaftszweige, z. B.:
Maschinen für die Metallerzeugung
für die elektrotechnische und elektronische Industrie
Bau- und Bergwerksmaschinen, Baufahrzeuge
Maschinen zur Herstellung von Baumaterial
Maschinen für das Ernährungsgewerbe und für die Tabakverarbeitung, Kelterei, Öfen

Maschinen für Hotel und Gastronomie
Maschinen für die chemische Industrie, für Salinen
Maschinen für Holzbearbeitung und Kunststoffindustrie

296 Maschinen für das Papier- und Druckgewerbe

297 Maschinen für das Textil-, Bekleidungs- und Ledergewerbe, Industrienähmaschinen und Maschinenteile

298 Herstellung von Waffen und Munition

299 Herstellung von elektrischen und nichtelektrischen Haushaltsgeräten, auch Haushaltsöfen und -herde

300 **Herstellung von Schreibmaschinen**, Büromaschinen, Rechenmaschinen, Kopiergeräten, Bürodruckern, Abzugsmaschinen, Datenverarbeitungsgeräten, und -einrichtungen, Computern für allgemeine Verwendung, Diktiergeräten, Adressiermaschinen, Frankiermaschinen, Registrierkassen, Aktenvernichtern [280, 644]

310 **Herstellung von Geräten der Elektrizitätserzeugung und -verteilung** [1, 50, 167, 486, 630, 712]

311 Herstellung von Anlagen zur Erzeugung elektrischer Energie: Kraftwerke, Kraftwerksblöcke, Turbinen
Herstellung von Elektromotoren, Generatoren und Transformatoren und Maschinenteilen

312 Herstellung von Elektrizitätsverteilungs- und -schalteinrichtungen, Sicherungen, Widerständen, Kondensatoren, Signal- und Alarmanlagen, Zählern

313 Herstellung von isolierten Elektrokabeln, -leitungen etc., Installationsmaterial (Stecker, Steckdosen etc.)

314 Herstellung von Akkumulatoren und Batterien

315 Herstellung von elektrischen Lampen und Leuchten

316 Sonstige Elektrotechnik und Elektronik, Elektrowerkzeuge, Schweißelektroden, Elektromagneten

320 **Nachrichtentechnik**, Herstellung von Rundfunk-, Fernsehgeräten und elektronischen Bauelementen [170, 566, 724]

321 Herstellung von elektrischen und elektronischen Bauelementen

322 Herstellung von nachrichtentechnischen Geräten und Einrichtungen, Telefonanlagen und -geräten

323 Herstellung von Rundfunkgeräten, Fernschgeräten, Video-, Band- und Cassettengeräten, Platten- und CD-Spielern und Zubehör, Lautsprechern, Mikrophonen, Antennen

330 **Herstellung von Medizin-, Mess-, Steuer- und Regelungstechnik; Optik, Feinmechanik** [34, 46, 72, 96, 106, 129, 162, 176, 263, 336, 342, 352, 429–430, 466, 495, 501, 508, 510, 529, 562, 590, 669]

331 Herstellung von medizinischen Geräten und orthopädischen Vorrichtungen, Laborgeräten und -apparaten, Prothesen, Schutzmasken

332 Herstellung von Meß-, Regel, Steuer-, Kontroll-, Navigationsinstrumenten und -vorrichtungen (auch elektronische): Waagen, Mikrometer, Meßlatten etc.
(ohne industrielle Prozeßsteuerungsanlagen)

333 Herstellung von industriellen Prozeßsteuerungsanlagen, -rechnern und -programmen

334 Herstellung von optischen und fotografischen Geräten: Projektoren, Belichtungsmesser

335 Herstellung von Uhren

340 **Herstellung von Kraftwagen und Kraftwagenteilen** [13, 22, 24–25, 49, 63, 69, 111, 122, 125, 194, 271, 322, 412, 431, 435–436, 503, 514, 540, 567, 612, 642, 647, 673, 677, 695]

341 Herstellung von Kraftwagen und Kraftwagenmotoren (PKW, LKW, ohne Baumaschinen)

342 Herstellung von Karosserien, Aufbauten, Anbauten und Anhängern

343 Herstellung von Teilen und Zubehör für Kraftwagen und Kraftwagenmotoren, auch Autoelektrik und -elektronik (außer Reifen)

350 **Sonstiger Fahrzeugbau** [13, 33, 52, 77, 85, 92, 118, 161, 355, 431, 442, 677, 726]

351 Schiffbau und Schiffsmotoren

352 Schienenfahrzeugbau und Motoren, Fahrzeugteile

353 Luft- und Raumfahrzeugbau, Fahrzeugteile und -motoren

354 Herstellung von Krafträdern, Fahrrädern, Behindertenfahrzeugen und Fahrzeugteilen

355 Sonstiger Fahrzeugbau (außer Ackerschlepper): Karren, Transportgeräte mit und ohne eigenen Antrieb, Elektrokarren, Gabelstapler, Kutschen, Pferdewagen

360 **Herstellung von Möbeln**, Schmuck, Musikinstrumenten, Sportgeräten, Spielwaren, Schreibwaren [55–56, 93, 164, 193, 265, 341, 398, 417, 427, 460, 476, 492, 517, 527, 536, 554, 590, 599, 665, 674, 677, 680, 684, 699, 702, 706]

361 Herstellung von Möbeln und Matratzen:
Sitzmöbel, Büro- und Ladenmöbel, Küchenmöbel, Kantineneinrichtungen, Messemöbel, Objektausstattung incl. Glas und Metall

362 Herstellung von Schmuck und ähnlichen Erzeugnissen:
Prägen von Münzen und Medaillen, Abzeichen, Gold- und Silberschmiedewaren, Modeschmuck

363 Herstellung von Musikinstrumenten

364 Herstellung von Sportgeräten

365 Herstellung von Spielwaren

366 Herstellung von Büroartikeln und Schreibwaren, Zeichengeräten und Material, Lehrmitteln und Unterrichtsmaterial (ohne Bücher)

400 **Energieversorgung** [18, 29, 128, 136, 140, 148–160, 169, 196–200, 202, 211, 250, 253, 394, 402, 452, 464–465, 468, 474, 600, 624, 626, 632–633, 711, 719]

410 **Wasserversorgung**

450 **Baugewerbe** [42, 48, 64, 90, 94–95, 123, 166, 168, 191–192, 246, 335, 440, 488, 594, 613, 679]

451 Vorbereitende Baustellenarbeiten, Hoch- und Tiefbau, Fertigbauteile aus verschiedenen Materialien

452 Bauinstallation, Innenausbau, sonstiges Baugewerbe, Vermietung von Baumaschinen und -geräten mit Bedienungspersonal
Bautenschutz, Schädlingsbekämpfung, Isolierarbeiten, Sonnenschutzvorrichtungen, Blitzschutzanlagen, Heizungsbau, Elektro- und Sanitärinstallation und -reparatur, Messe- und Ausstellungsbau, Fensterbau, Malerarbeiten

500 **Kraftfahrzeughandel**; Instandhaltung und Reparatur von Kraftfahrzeugen; Tankstellen [99, 574]

Handel mit Kraftwagen
Instandhaltung und Reparatur von Kraftwagen
Handel mit Kraftwagenteilen und -zubehör, Reifen
Handel mit Krafträdern, Teilen und Zubehör,
Instandhaltung und Reparatur von Krafträdern
Tankstellen

510 **Handelsvermittlung und Großhandel, Vertrieb** [62, 79, 91, 107, 119, 134, 174, 210, 219, 224–225, 326, 349, 392, 404, 415–416, 432, 445, 453, 462, 473, 497, 515–516, 544, 552, 589, 704, 722]

511 Handelsvermittlung, Messen und Ausstellungen
512 Großhandel mit landwirtschaftlichen Grundstoffen und lebenden Tieren, Samen, Pflanzen
513 Großhandel mit Nahrungsmitteln, Getränken und Tabakwaren
515 Großhandel mit Rohstoffen, Halbwaren: Stoffe, Papier, Stahl, Holz, Baumaterialien, Treibstoffe, Chemikalien etc., mit Schrott und sonstigen Reststoffen, Gebrauchtwaren
516 Großhandel mit Maschinen, Ausrüstungen und Zubehör, Werkzeug, sonst. Industrie- und Bürobedarf
517 Sonstiger Großhandel
518 Groß- und Einzelhandel mit Brennstoffen

520 **Einzelhandel** (ohne Handel mit Kraftfahrzeugen und Tankstellen); Reparatur von Gebrauchsgütern [14, 40, 56, 87, 144, 165, 188, 208, 264, 268, 324, 329, 346, 351–352, 392, 418, 423, 454, 467, 500, 528, 534, 586, 625, 650, 722]

521 Einzelhandel mit Waren verschiedener Art (in Ladenräumen), z. B. Supermärkte, Kaufhäuser
522 Einzelhandel mit Nahrungsmitteln, Getränken und Tabakwaren (in Ladenräumen)
523 Apotheken, Facheinzelhandel mit medizinischen, orthopädischen und kosmetischen Artikeln (in Ladenräumen)
524 sonstiger Facheinzelhandel (in Ladenräumen)
525 Einzelhandel mit Gebrauchtwaren (in Ladenräumen)
526 Versandhandel, fahrender Handel
527 Reparatur von Gebrauchsgütern
528 sonstiger Handel (nicht in Ladenräumen)

550 **Gastgewerbe** [30, 58, 541, 668, 693, 704]

551 Hotels, Gasthöfe, Pensionen und sonstiges Beherbungsgewerbe
552 Restaurants und sonstiges Gaststättengewerbe, Kantinen und Caterer

600 **Verkehr und Transport** [178, 412, 439, 464, 670]

Eisenbahnen und sonstiger Landverkehr
Transport in Rohrfernleitungen
KFZ-Verkehr
Schiffahrt
Luftfahrt
Reisebüros und Reiseveranstalter, Personenbeförderung
Spedition und Lagerung, Warentransporte
sonstige Verkehrsvermittlung, Fremdenverkehrswerbung

640 **Nachrichtenübermittlung** [616]

Postdienste und private Kurierdienste
Fernmeldedienste

650 **Banken, Sparkassen, Bausparkassen, Börsen** [5, 8, 17, 31, 36–39, 84, 101, 103, 114, 138, 201, 217, 228, 232, 309, 340, 354, 385–390, 405–406, 414, 419, 422, 428, 469–472, 493, 502, 551, 576, 582, 584, 588, 604, 607, 609, 641, 651–655, 666, 696, 713–715, 717, 720]

Versicherungen
mit dem Kredit- und Versicherungsgewerbe verbundene Tätigkeiten

700 **Grundstücks- und Wohnungswesen**, Bauträgergesellschaften, Gebäudeverwaltung [326]

710 **Vermietung beweglicher Sachen** (ohne Bedienungspersonal)

720 **Datenverarbeitung und Datenbanken** [395, 644]

Hardwareberatung
Softwareberatung, -entwicklung und -verkauf
Datenverarbeitungsdienste
Datenbanken
Instandhaltung und Reparatur von Büromaschinen, Datenverarbeitungsgeräten und -einrichtungen
sonstige mit der Datenverarbeitung verbundene Tätigkeiten, individuelle Softwareentwicklung, Beratung, Schulung

730 **Forschung und Entwicklung** [54, 67, 161, 192, 215, 223, 315, 420, 436, 444, 449, 484, 537, 542, 577, 656, 688, 724]

- 731 Forschung und Entwicklung im Bereich der Natur-, Ingenieur- und Agrarwissenschaften sowie der Medizin, Auftragsforschung
- 732 Forschung und Entwicklung im Bereich der Rechts-, Wirtschafts- und Sozialwissenschaften sowie der Sprach-, Kultur- und Kunstwissenschaften

740 **Erbringung von Dienstleistungen** [45, 61, 130, 189, 191, 213, 218, 247, 261, 266, 331, 395, 456, 479, 536, 558, 587, 617, 627, 648, 683, 691, 709, 718, 721, 729]

- 741 Rechts-, Steuer- und Unternehmensberatung; Markt- und Meinungsforschung; Beteiligungsgesellschaften, Wirtschaftsprüfer, Revisionsgesellschaften
- 742 Architektur- und Ingenieurbüros, technische Beratung, Designbüros, Einrichtungsplaner, Raumausstatter, Polsterer, Tapezierer
- 743 Technische, physikalische und chemische Untersuchung und Inspektion
- 744 Werbung, Bild + Text, PR-Agenturen, Anzeigenagenturen
- 745 Gewerbsmäßige Vermittlung und Überlassung von Arbeitskräften, Modellagenturen
- 746 Auskunfts- und Schutzdienste, Inkasso, Wachdienste, Informationsdienste, Detekteien
- 747 Gebäudereinigung, Industriereinigung, Desinfektion, Kammerjäger
- 748 Erbringung von sonstigen Dienstleistungen: Fotolabors und -studios, Tonstudios, Wäschereien, Friseurgewerbe, Bestattungsunternehmen, Fitnessstudios, Lohnverpackung, Copyshops, Ausstellungs- und Messe-Einrichtungen
- 749 Journalisten, Pressebüros und -agenturen, Nachrichtendienste (Text + Bild)

750 **Kommunen, Länder, Bund:** Öffentliche Verwaltung, Verteidigung, Sozialversicherung, auswärtige Angelegenheiten, Rechtsschutz, öffentliche Sicherheit und Ordnung, Militär [149, 410, 437, 502]

Tourismusbehörden (allgemeine Ortsinformationen)
Arbeitsämter, Feuerwehr

800 **Erziehung und Unterricht** [181, 249, 539, 618, 637]

Kindergärten, Vor- und Grundschulen, weiterführende Schulen, Hochschulen, Erwachsenenbildung und sonstiger Unterricht, Fernkurse

810 **Kirchengemeinden**, religiöse Gemeinschaften

850 **Gesundheits-, Sozial- und Veterinärwesen** [183, 262]

900 **Abwasser- und Abfallbeseitigung** und sonstige Entsorgung, Rückgewinnung von Schrott und nichtmetallischen Reststoffen (Recycling)

910 **Wirtschafts- und Arbeitgeberverbände**, Berufsorganisationen, Genossenschaften, Gewerkschaften, Vereine, Parteien, Interessengemeinschaften, Bürgerinitiativen, Verkehrsvereine und -verbände, Hilfsorganisationen, Stiftungen, Logen und sonstige Organisationen ohne Erwerbszweck (ohne Sozialwesen und Sport) [21, 27–28, 51, 70, 177, 184–186, 190, 222, 227, 233–240, 281–307, 310, 348, 356–384, 407–408, 453, 457, 498–499, 505, 522–524, 540, 555, 579, 591–592, 605, 608, 634–639, 692–693, 698, 709–710, 724]

920 **Kultur, Sport, Unterhaltung** [175]

921 Film- und Videoherstellung, -verleih und -vertrieb, Filmtheater
922 Hörfunk- und Fernsehanstalten, Herstellung von Hörfunk- und Fernsehprogrammen
923 Erbringung von sonstigen kulturellen Leistungen
925 Bibliotheken, Archive, Museen, botanische und zoologische Gärten, Ausstellungen, Kunst und Künstler
926 Sport
927 sonstige Unterhaltung, Lotterien

950 Sonstiges, Privatunterlagen [7, 16, 54, 230–231, 242, 453, 512, 521, 539–540, 610, 629]

Konkordanzliste der Bestandssignaturen

Die Konkordanzliste der Bestandssignaturen gibt die Konkordanz zwischen den alphabetischen Bestandssignaturen und den fortlaufenden Nummern, nach der diese Gesamtübersicht aufgebaut ist, wieder.

Bestand	Nr.	Bestand	Nr.	Bestand	Nr.	Bestand	Nr.	Bestand	Nr.
A 01	303	B 11	686	B 47	697	B 83	76	B 125	130
A 02	304	B 12	497	B 48	401	B 84	528	B 126	673
A 03	289	B 13	44	B 49	519	B 85	33	B 127	533
A 04	296	B 14	19	B 50	172	B 86	232	B 128	163
A 05	288	B 15	708	B 51	144	B 87	600	B 129	543
A 06	292	B 16	527	B 52	353	B 88	29	B 130	641
A 07	300	B 17	661	B 53	722	B 89	169	B 131	655
A 08	293	B 18	728	B 54	427	B 90	720	B 132	651
A 09	307	B 19	121	B 55	345	B 91	553	B 133	653
A 10	286	B 20	645	B 56	87	B 92	715	B 134	103
A 11	297	B 21	48	B 57	14	B 93	17	B 135	588
A 12	284	B 22	241	B 58	219	B 94	117	B 136	422
A 13	282	B 23	264	B 59	107	B 95	280	B 137	652
A 14	301	B 24	622	B 60	207	B 96	691	B 138	551
A 15	298	B 25	623	B 61	188	B 97	140	B 139	666
A 16	299	B 26	66	B 62	680	B 98	624	B 140	201
A 17	306	B 27	432	B 63	143	B 99	154	B 141	493
A 18	283	B 28	694	B 64	704	B 100	406	B 142	727
A 19	285	B 29	97	B 65	317	B 101	717	B 143	430
A 20	287	B 30	595	B 66	573	B 102	582	B 144	4
A 21	291	B 31	690	B 67	557	B 103	405	B 145	578
A 22	294	B 32	93	B 68	73	B 104	37	B 146	402
A 23	281	B 33	518	B 69	425	B 105	36	B 147	355
A 24	305	B 34	454	B 70	699	B 106	609	B 148	416
A 25	302	B 35	265	B 71	672	B 108	414	B 149	326
A 26	295	B 36	60	B 72	515	B 109	696	B 150	520
B 1	400	B 37	351	B 73	6	B 110	101	B 151	81
B 2	703	B 38	455	B 74	465	B 111	607	B 152	324
B 3	43	B 39	145	B 75	681	B 112	228	B 153	478
B 4	545	B 40	343	B 76	500	B 113	714	B 154	642
B 5	79	B 41	658	B 77	507	B 114	31	B 155	354
B 6	98	B 42	614	B 78	254	B 115	385	B 156	142
B 7	485	B 43	532	B 79	671	B 121	22	B 157	179
B 8	32	B 44	446	B 80	649	B 122	464	B 158	615
B 9	256	B 45	676	B 81	344	B 123	665	B 159	42
B 10	78	B 46	243	B 82	463	B 124	104	B 160	531

Bestand	Nr.	Bestand	Nr.	Bestand	Nr.	Bestand	Nr.	Bestand	Nr.
B 161	209	B 1011	568	H 91	364	Y 12	46	Y 78	571
B 162	346	B 1012	569	H 92	357	Y 13	47	Y 79	418
B 163	141	B 2000	148	H 93	382	Y 14	53	Y 80	421
B 164	318	B 2001	18	H 100	185	Y 15	55	Y 81	424
B 165	212	B 2002	159	H 101	184	Y 16	64	Y 82	426
B 166	38	B 2003	633	H 102	523	Y 17	67	Y 83	447
B 167	167	B 2004	156	H 103	186	Y 18	71	Y 85	429
B 169	404	B 2005	160	H 104	27	Y 19	74	Y 86	431
B 170	72	B 2006	136	H 105	457	Y 20	75	Y 87	434
B 171	242	B 2007	452	H 106	498	Y 21	77	Y 88	438
B 172	49	B 2008	202	H 107	499	Y 22	83	Y 89	439
B 173	650	B 2009	151	H 108	348	Y 23	90	Y 90	445
B 174	468	B 2010	474	H 109	407	Y 24	89	Y 91	448
B 175	466	B 2011	155	H 110	28	Y 25	94	Y 92	460
B 176	598	B 2012	197	N 1	688	Y 26	95	Y 94	473
B 177	165	B 2013	199	N 2	215	Y 27	100	Y 95	480
B 178	617	B 2014	196	N 3	613	Y 28	115	Y 96	482
B 179	62	B 2015	158	N 4	444	Y 29	127	Y 97	483
B 180	216	B 2016	200	N 5	51	Y 30	131	Y 98	486
B 181	118	B 2017	198	N 6	85	Y 31	132	Y 99	487
B 182	393	B 2018	626	N 7	339	Y 33	147	Y 100	488
B 183	189	B 2019	711	N 8	161	Y 36	166	Y 101	491
B 184	391	B 2020	253	N 9	453	Y 37	174	Y 102	492
B 185	13	B 2021	211	N 10	656	Y 39	182	Y 103	495
B 186	245	B 2022	632	N 11	540	Y 40	183	Y 104	501
B 187	659	B 2023	719	N 12	315	Y 41	191	Y 105	505
B 188	556	B 2024	150	S 3	420	Y 42	193	Y 107	510
B 190	110	B 2025	153	S 4	261	Y 43	203	Y 108	514
B 191	229	B 2027	157	S 5	410	Y 44	206	Y 109	517
B 201	470	B 2028	721	S 6	50	Y 45	210	Y 111	525
B 202	469	B 2029	394	S 7	231	Y 46	214	Y 112	529
B 203	472	B 2030	616	S 8	230	Y 48	226	Y 113	138
B 204	471	B 2098	149	S 9	290	Y 49	246	Y 114	535
B 205	389	B 2099	128	S 10	428	Y 50	252	Y 115	541
B 206	390	H 1	238	S 11	502	Y 52	255	Y 117	550
B 207	576	H 2	236	V 1	190	Y 53	260	Y 119	559
B 250	442	H 3	235	V 2	635	Y 55	267	Y 120	563
B 251	108	H 4	233	V 3	608	Y 63	308	Y 121	564
B 252	397	H 5	237	V 4	709	Y 64	316	Y 122	565
B 1001	275	H 6	234	V 5	634	Y 66	325	Y 123	244
B 1002	278	H 7	239	V 6	70	Y 67	329	Y 124	575
B 1003	272	H 8	240	Y 1	2	Y 68	335	Y 125	581
B 1004	273	H 11	380	Y 2	3	Y 69	336	Y 126	585
B 1005	274	H 21	381	Y 5	10	Y 70	347	Y 127	593
B 1006	276	H 22	383	Y 6	12	Y 71	350	Y 129	601
B 1007	277	H 31	374	Y 7	16	Y 74	396	Y 131	619
B 1008	204	H 32	356	Y 8	20	Y 75	398	Y 132	620
B 1009	567	H 41	371	Y 10	34	Y 76	337	Y 133	625
B 1010	570	H 42	367	Y 11	41	Y 77	411	Y 134	628

Bestand	Nr.	Bestand	Nr.	Bestand	Nr.	Bestand	Nr.	Bestand	Nr.
Y 136	648	Y 192	670	Y 277	178	Y 350	629	Y 438	725
Y 138	657	Y 193	682	Y 278	449	Y 351	698	Y 439	459
Y 140	660	Y 198	54	Y 279	86	Y 353	170	Y 440	40
Y 141	664	Y 199	435	Y 280	603	Y 355	340	Y 442	84
Y 144	684	Y 202	513	Y 281	584	Y 356	171	Y 443	387
Y 145	685	Y 204	590	Y 282	349	Y 357	476	Y 445	270
Y 146	700	Y 206	320	Y 284	443	Y 358	146	Y 447	63
Y 147	702	Y 207	114	Y 285	258	Y 368	250	Y 448	23
Y 148	705	Y 209	80	Y 289	436	Y 369	221	Y 449	1
Y 149	707	Y 210	181	Y 290	477	Y 370	330	Y 450	218
Y 151	716	Y 211	508	Y 291	419	Y 371	644	Y 451	134
Y 152	321	Y 212	712	Y 292	314	Y 372	168	Y 453	594
Y 153	558	Y 214	692	Y 293	583	Y 373	462	Y 454	668
Y 154	30	Y 216	102	Y 295	630	Y 374	647	Y 456	689
Y 155	119	Y 218	511	Y 296	248	Y 375	56	Y 457	539
Y 156	504	Y 219	562	Y 297	313	Y 378	526	Y 458	611
Y 157	726	Y 220	15	Y 298	494	Y 380	606	Y 459	176
Y 158	341	Y 221	618	Y 299	39	Y 382	271	Y 460	26
Y 159	450	Y 222	262	Y 300	433	Y 383	640	Y 461	25
Y 160	208	Y 223	467	Y 301	187	Y 385	135	Y 462	677
Y 161	392	Y 226	263	Y 302	417	Y 389	384	Y 464	693
Y 162	612	Y 229	475	Y 305	509	Y 390	120	Y 465	92
Y 163	440	Y 230	269	Y 306	268	Y 391	91	Y 466	403
Y 164	679	Y 232	636	Y 308	352	Y 393	319	Y 467	669
Y 165	547	Y 234	458	Y 309	247	Y 394	496	Y 469	52
Y 166	546	Y 240	663	Y 310	542	Y 395	639	Y 471	621
Y 167	99	Y 241	137	Y 311	536	Y 396	35	Y 472	586
Y 168	602	Y 242	456	Y 313	597	Y 399	521	Y 473	379
Y 169	548	Y 245	225	Y 314	490	Y 400	257	Y 474	376
Y 170	45	Y 246	259	Y 316	479	Y 403	194	Y 475	377
Y 171	544	Y 247	68	Y 317	592	Y 407	217	Y 476	112
Y 172	643	Y 248	126	Y 322	195	Y 408	530	Y 479	366
Y 173	587	Y 249	311	Y 325	415	Y 409	59	Y 480	360
Y 174	678	Y 250	683	Y 328	124	Y 411	718	Y 481	310
Y 175	11	Y 253	481	Y 329	122	Y 412	638	Y 482	65
Y 176	723	Y 254	437	Y 330	729	Y 415	331	Y 483	589
Y 177	192	Y 255	627	Y 331	604	Y 417	359	Y 484	579
Y 178	57	Y 259	88	Y 336	549	Y 419	408	Y 485	365
Y 179	332	Y 262	58	Y 337	106	Y 420	368	Y 486	251
Y 180	713	Y 263	323	Y 340	312	Y 421	164	Y 487	441
Y 181	224	Y 266	82	Y 341	24	Y 423	375	Y 488/1	372
Y 182	205	Y 267	333	Y 342	489	Y 424	524	Y 488/2	373
Y 183	451	Y 268	21	Y 343	538	Y 427	386	Y 489	9
Y 184	139	Y 270	327	Y 344	395	Y 428	412	Y 490	662
Y 185	113	Y 271	710	Y 345	5	Y 429	534	Y 491	177
Y 186	227	Y 273	577	Y 346	180	Y 431	610	Y 492	123
Y 187	637	Y 274	279	Y 347	338	Y 432	173	Y 494	522
Y 190	561	Y 275	701	Y 348	695	Y 435	506	Y 497	555
Y 191	537	Y 276	109	Y 349	223	Y 437	516	Y 498	111

Bestand	Nr.	Bestand	Nr.	Bestand	Nr.	Bestand	Nr.	Bestand	Nr.
Y 503	675	Y 516/1	362	Y 527	358	Y 541	309	Y 555	69
Y 504	61	Y 516/2	363	Y 528	175	Y 542	605	Y 556	423
Y 505	409	Y 516/3	369	Y 529	566	Y 544	484	Y 557	706
Y 507	96	Y 517	213	Y 532	129	Y 545	105	Y 558	654
Y 508	249	Y 518	116	Y 533	591	Y 546	674	Y 560	560
Y 509	596	Y 520	133	Y 534	572	Y 547	334	Y 561	687
Y 510	646	Y 521	399	Y 535	503	Y 548	580	Y 563	370
Y 511	220	Y 522	125	Y 536	342	Y 549	162	Y 564	413
Y 512	552	Y 523	667	Y 537	574	Y 550	378	Y 565	322
Y 513	599	Y 524	631	Y 538	266	Y 551	7	Y 566	461
Y 514	152	Y 525	388	Y 539	222	Y 552	554	Y 567	8
Y 515	328	Y 526	724	Y 540	512	Y 554	361		

Archivaliengruppen von A-Z

Die folgende Liste der Archivaliengruppen gibt die Nummer der Archivalienrubrik (Nr. 1–50) wieder, unter der die Archivaliengruppe in den einzelnen Bestandsbeschreibungen zu finden ist (s. Archivalienrubriken Nr. 1–50 im Vorsatz sowie in der Anleitung zur Benutzung der Gesamtübersicht).

Abbildungsnachweis

B: Badenwerk AG, Karlsruhe, Netzbaukolonne 1920
C: Calwer Decken- und Tuchfabriken AG, Calw, Werbung um 1910
D: Drais Fahrradwerke, Waldhof-Mannheim, Katalog 1902
E: Eszet, Stuttgart, Werbung 1953
F: C. & E. Fein, Stuttgart, Werbung um 1920
G: Groz-Beckert KG, Ebingen, Briefkopf 1898
H: Handwerkskammer Karlsruhe, Meisterbrief 1926
I: Industrie- und Handelskammern zu Freiburg, Konstanz, Lahr, Schopfheim, Villingen, Notgeld 1923
J: Gustav Jaeger, Stuttgart, Schutzzeichen für W. Benger Söhne, ab 1879
K: KBC, Lörrach, Werbung 1950er Jahre
L: Louis Leitz, Stuttgart, Werbung 1905
M: Merkel & Kienlin, Esslingen, Lehrjungenbuch 1826
N: Nestler GmbH, Lahr, Werbung 1957
O: Offenburger Brauerei Karl Wagner, Offenburg, Zeichnung 1915
P: Progress Elektrogeräte GmbH, Stuttgart, Werbung um 1930
R: Reutter Karosseriewerk, Stuttgart, 1920er Jahre
S: Salamander AG, Kornwestheim, Werbepostkarte 1960
T: Tekrum-Werk, Ravensburg, Werbung 1915
U: Union AG, Aalen, Werbung 1930er Jahre
V: Voith GmbH, Heidenheim, Papierfabrik Gemmrigheim, Zeichnung 1866
W: WMF AG, Geislingen, Katalog 1903
Z: Zeller + Gmelin, Eislingen, Werbung 1950er Jahre

Alle Abbildungen einschließlich der Umschlagabbildungen: Wirtschaftsarchiv Baden-Württemberg

Die Schriftenreihen des Wirtschaftsarchivs

Beiträge zu südwestdeutschen Wirtschafts- und Sozialgeschichte

Veröffentlichungen des Wirtschaftsarchivs Baden-Württemberg

Herausgegeben von Gert Kollmer-von Oheimb-Loup und Harald Winkel

Bd. 1: Kollmer, Gert, Die Familie Palm. Soziale Mobilität in ständischer Gesellschaft.
1983. ISBN 3-922661-08-4

Bd. 2: Manz, Mathias, Stagnation und Aufschwung in der französischen Besatzungszone 1945 – 1948. Herausgegeben und mit einem Nachwort versehen von Werner Abelshauser.
1985. ISBN 3-922661-19-X

Bd. 3: Meidinger, Götz, Die Entwicklung der Heilbronner Industrie. Vom Ersten Weltkrieg bis zum Beginn der Achtziger Jahre.
1986. ISBN 3-922661-27-0

Bd. 4: Kleider, Werner, Die Entwicklung der Energieversorgung in Württembergisch-Franken 1862 – 1919.
1987. ISBN 3-922661-33-5

Bd. 5: Windmüller, Otto, Das Handwerk in Schwäbisch Hall vom Ende der Reichsstadtzeit bis zur Einführung der Gewerbefreiheit im Jahr 1862.
1987. ISBN 3-922661-34-3

Bd. 6: Seidelmann, Wolf-Ingo, Der Neckar-Donau-Kanal. 200 Jahre Planung für eine Wasserstraße quer über die Alb.
1988. ISBN 3-922661-41-6

Bd. 7: Merkle, Wolfgang, Gewerbe und Handel der Stadt Ulm am Übergang der Reichsstadt an Bayern im Jahre 1802 und an das Königreich Württemberg im Jahre 1810.
1988. ISBN 3-922661-45-9

Bd. 8: Schwankl, Herbert R., Das württembergische Ausstellungswesen. Zur Entwicklung der allgemeinen Gewerbe- und Industrieausstellungen im 19. Jahrhundert.
1988. ISBN–3-922661-46-7

Bd. 9: Borcherdt, Christoph u. a., Führer durch die Agrarstatistiken der südwestdeutschen Länder 1850 – 1939. 2 Bde.
1989. ISBN 3-922661-73-4

Bd. 10: Vögele, Jörg, Getreidemärkte am Bodensee im 19. Jahrhundert – Strukturen und Entwicklungen.
1989. ISBN 3-922661-74-2

Bd. 11: Gysin, Jürgen, »Fabriken und Manufakturen« in Württemberg während des ersten Drittels des 19. Jahrhunderts.
1989. ISBN 3-922661-78-5

Bd. 12: Walter, Rolf, Die Kommerzialisierung von Landwirtschaft und Gewerbe in Württemberg (1750 – 1850).
1990. ISBN 3-922661-79-3

Bd. 13: Göttmann, Frank, Getreidemarkt am Bodensee. Raum – Wirtschaft – Politik – Gesellschaft (1650-1810).
1991. ISBN 3-922661-91-2

Bd. 14: Adler, Renate Karoline, Demographie und Familiengeschichte der beiden Schwarzwalddörfer Aach und Schönmünzach im Kreis

Freudenstadt. Rückwirkungen der beginnenden Industrialisierung auf die ländliche Sozialstruktur.
1991. ISBN 3-922661-98-X

Bd. 15: Voss, Heinfried, »Das neue Haus der Reichswehr«. Militärische Sozialisation im politischen und militärischen Übergang. Der Aufbau der vorläufigen Reichswehr 1919-1920 und ihre politische Funktion in der Republik, dargestellt an ihren badischen Truppenteilen.
1992. ISBN 3-922661-99-8

Bd. 16: Bergner, Mathias, Das württembergische Bankwesen. Entstehung, Ausbau und struktureller Wandel des regionalen Bankwesens bis 1923.
1993. ISBN 3-928134-73-6

Bd. 17: Mauch, Gerhard, Betriebliche Sozialleistungen württembergischer Unternehmen im 19. Jahrhundert. Entwicklung, Rahmenbedingungen und Beweggründe ihrer Bereitstellung bis zur Sozialversicherungsgesetzgebung der 1880er Jahre.
1995. ISBN 3-89590-005-2

Bd. 18: Schafmeister, Klaus, Entstehung und Entwicklung des Systems der Politischen Ökonomie bei Friedrich List. Eine Rekonstruktionsanalyse seiner Beiträge zur wirtschaftlichen Entwicklung in Württemberg 1806 – 1823 und Pennsylvania 1806 – 1835.
1995. ISBN 3-89590-006-0

Bd. 19: Hecht, Volker, Die Württembergische Metallwarenfabrik Geislingen/Steige 1853 – 1945. Geschäftspolitik und Unternehmensentwicklung.
1996. ISBN 3-89590-008-7

Bd. 20: Nutz, Andreas, Unternehmensplanung und Geschäftspraxis im 16. Jahrhundert. Die Handelsgesellschaft Felix und Jakob Grimmel zwischen 1550 und 1560.
1996. ISBN 3-89590-018-4

Bd. 21: Sieg, Uwe, Eisenbahnen am Hochrhein und an der oberen Donau. Militärisch-politische Intentionen und Eisenbahnbau im deutschen Südwesten 1850 – 1914.
1996. ISBN 3-89590-026-5

Bd. 22: Kollmer-von Oheimb-Loup, Gert, Zollverein und Innovation. Die Reaktion württembergischer Textilindustrieller auf den Deutschen Zollverein 1834 – 1874.
1996. ISBN 3-89590-029-X

Bd. 23: Hubert, Eva-Maria, Struktur Öffentlicher Finanzen in Württemberg-Baden von 1945 bis 1952.
1998. ISBN 3-89590-054-0

Bd. 24: Schmitt, Elke, Kunst im Dienste der Industrie. Die Anfänge der „Werbe-Kunst“ am Beispiel der Firma Salamander.
1999. ISBN 3-89590-082-6

Bd. 25: Prinzing, Marlis, Strom für das Neckarland. Die Geschichte der Neckarwerke von 1900 bis 1945.
2000. ISBN 3-89590.097.4

Stuttgarter historische Studien zur Landes- und Wirtschaftsgeschichte

Eine Reihe des Historischen Instituts der Universität Stuttgart und der Stiftung Wirtschaftsarchiv Baden-Württemberg

Herausgegeben von Franz Quarthal und Gert Kollmer-von Oheimb-Loup

Ab Band 29 herausgegeben von Sabine Holtz, Gert Kollmer-von Oheimb-Loup, Sibylle Lehmann-Hasemeyer und Franz Quarthal

Bd. 1: Schad, Petra, Buchbesitz im Herzogtum Württemberg im 18. Jahrhundert am Beispiel der Amtsstadt Wildberg und des Dorfes Bissingen/Enz.
2002. ISBN 3-7995-5551-X.

Bd. 2: Biland, Stefan, Die Deutsch-Konservative Partei und der Bund der Landwirte in Württemberg vor 1914. Ein Beitrag zur Geschichte der politischen Parteien im Königreich Württemberg.
2002. ISBN 3-7995-5552-8.

Bd. 3: Neesen, Claudia Maria, Gabriel Bucelin OSB (1599-1681). Leben und historiographisches Werk.
2003. ISBN 3-7995-5553-6.

Bd. 4: Deutelmoser, Otto K., Kilian Steiner und die Württembergische Vereinsbank.
2004. ISBN 3-7995-5550-0.

Bd. 5: Lang, Thilo, Das Investitionsverhalten Metall verarbeitender Unternehmen in Württemberg 1924-1936. Zwischen Rationalisierungsmaßnahmen und Kapazitätserweiterungen.
2003. ISBN 3-7995-5555-5.

Bd. 6: Fritz, Gerhard, Eine Rotte von allerhandt rauberischem Gesindt. Öffentliche Sicherheit in Südwestdeutschland vom Ende des Dreißigjährigen Krieges bis zum Ende des Alten Reiches.
2004. ISBN 3-7995-5556-2.

Bd. 7: Kollmer-von Oheimb-Loup, Gert (Hg.), Die Bestände des Wirtschaftsarchivs Baden-Württemberg. Unternehmen, Industrie- und Handelskammern, Handwerkskammern, Verbände, Vereine, Nachlässe.
2005. ISBN 3-7995-5557-9.

Bd. 8: Gutmann, Gerold, Die Entwicklung der Kirchensteuer in Württemberg und die Auswirkungen auf die Diözese Rottenburg-Stuttgart.
2007. ISBN 978-3-7995-5558-6.

Bd. 9: Fliegauf, Uwe, Die Schwäbischen Hüttenwerke zwischen Staats- und Privatwirtschaft. Zur Geschichte der Eisenverarbeitung in Württemberg (1803-1945).
2007. ISBN 978-3-7995-5559-3.

Bd. 11: Kollmer-von Oheimb-Loup, Gert, Wischermann, Clemens (Hg.), Unternehmernachfolge in Geschichte und Gegenwart.
2008. ISBN 978-3-7995-5561-6.

Bd. 12: Fritz, Gerhard, Kirn, Daniel (Hg.), Florilegium Suevicum. Festschrift für Franz Quarthal zum 65. Geburtstag.
2008. ISBN 978-3-7995-5562-3.

Bd. 13: Hütter, Daniel, Nachfolge im Familienunternehmen. Eszet Staengel & Ziller und Freudenberg & Co. KG im 19. und 20. Jahrhundert.
2009. ISBN 978-3-7995-5563-0.

Bd. 14: Kollmer-von Oheimb-Loup, Gert, Einführung in die baden-württembergische Bankengeschichte des 19. und 20. Jahrhunderts. Hohmann, Wilhelm, Kompendium der Privatbanken in Stuttgart 1865 bis Ende der 1980er Jahre.
2009. ISBN 978-3-7995-5564-7.

Bd. 15: Kollmer-von Oheimb-Loup, Gert, Streb, Jochen (Hg.), Finanzierung von Innovationen.
2010. ISBN 978-3-7995-5565-4.

Bd. 16: Haaf, Hermann-Josef ten, Kreditgenossenschaften im „Dritten Reich". Bankwirtschaftliche Selbsthilfe und demokratische Selbstverwaltung in der Diktatur.
2011. ISBN 978-3-7995-5566-1.

Bd. 17: Kollmer-von Oheimb-Loup, Gert, Streb, Jochen (Hg.), Regulierung: Wettbewerbsfördernd oder wettbewerbshemmend?
2012. ISBN 978-3-7995-5567-8.

Bd. 18: Havlik, Jan, Haußmann, Wolfgang, Der Fürsprech. Politische Biographie einer liberalen Persönlichkeit in Baden-Württemberg.
2012. ISBN 978-3-7995-5568-5.

Bd. 19: Degner, Harald, Sind große Unternehmen innovativ oder werden innovative Unternehmen groß?
2012. ISBN 978-3-7995-5569-2. € 39,00.

Bd. 20: Möllenberg, Robert, Die ökonomischen Folgen unterschiedlicher Marktmacht und vertikaler Integration. Eine historische Fallstudie der Elektrizitätswirtschaft von Baden und Württemberg in der Zwischenkriegszeit (1918-1933).
2013. ISBN 978-3-7995-6671-5.

Bd. 21: Werner, Stefanie, Unternehmenskriminalität in der Bundesrepublik Deutschland. Umfang, Merkmale und warum sie sich lohnt.
2014. ISBN 978-3-7995-5572-2.

Bd. 22: Kollmer von Oheimb-Loup, Gert, Lehmann, Sibylle, Streb, Jochen (Hg.), Chancen und Risiken internationaler Integration. Mikro- und makroökonomische Folgen der Internationalisierung.
2014. ISBN 978-3-7995-5573-9.

Bd. 23: Erker, Paul, Der Boschhof. Das landwirtschaftliche und kulturlandschaftliche Engagement von Robert Bosch.
2014. ISBN 978-3-7995-5574-6. € 46,00.

Bd. 24: Theilacker, Manfred E., Kulturgut Glas und Spiegel. Wirtschafts- und Sozialgeschichte der Spiegelfabrik Spiegelberg (Württ.). Ein Regiebetrieb des Herzoglichen Kirchenrats.
2015. ISBN 978-3-7995-5575-3. € 94,00.

Bd. 25: Mahl, Tobias, Entstehung und Entwicklung der Verbandstoffbranche in Deutschland zwischen 1870 und 1918.
2015. ISBN 978-3-7995-5576-0.

Bd. 26: Kollmer von Oheimb-Loup, Gert, Schwäbische Tüftler und Erfinder – Abschied vom Mythos? Innovativität und Patente in Württemberg im 19. und frühen 20. Jahrhundert.
2016. ISBN 978-3-7995-5577-7.

Bd. 27: Theilacker, Manfred E., Der Kochemer Loschen. Die Sprache der Klugen. Zur Sozialgeschichte einer Sondersprache des Wanderhandels, der Hausierer, Bettler und Viehhändler in Württemberg. Aufgezeigt am Beispiel einer Fallstudie im Schwäbisch-Fränkischen Wald (Spiegelberg).
2017. ISBN 978-3-7995-5578-4.

Bd. 28: Kollmer von Oheimb-Loup, Gert, Lehmann-Hasemeyer, Sibylle, Kerkhof, Stefanie van de (Hg.), Ökonomie und Ethik, Beiträge aus Wirtschaft und Geschichte.
2017. ISBN 978-3-7995-5579-1.

Bd. 29: Proettel, Thorsten, Die Stellung der Sparkassen im Markt für gewerbliche Finanzierungen. Untersuchungen über das Kreditgeschäft der Sparkassen während der Industrialisierung.
2020. ISBN 978-3-7995-5580-7.

Index